KB071434

특별한 학습자를 위한
특수교육

Daniel P. Hallahan · James M. Kauffman · Paige C. Pullen 공저
장혜성 · 김수진 · 김호연 · 최승숙 · 최윤희 공역

Exceptional Learners:
An Introduction to Special Education (12th edition)

학지사

Exceptional Learners: An Introduction to Special Education (12th edition)
by Daniel P. Hallahan, James M. Kauffman and Paige C. Pullen

Authorized translation from the English language edition, entitled
EXCEPTIONAL LEARNERS: AN INTRODUCTION TO SPECIAL EDUCATION, 12th Edition, ISBN: 0137033702 by
HALLAHAN, DANIEL P.; KAUFFMAN, JAMES M.; PULLEN, PAIGE C., published by Pearson Education, Inc.,
Copyright ⓒ 2012 by Pearson Education, Inc.

KOREAN language edition published by HAKJISA PUBLISHER,
Copyright ⓒ 2014

모든 학생의 학습 수월성이 강조되는 추세에도, 장애의 유형과 결함에 초점을 두고 장애학생이 무엇을 할 수 있는지에 대해서는 주의를 기울이지 않으며 그들에게 학습 능력이 있다는 사실은 잘 인식되지 못하고 있다. 장애가 있건 없건 모든 학생은 학습할 수 있는 능력을 갖고 있다. 단지 그 능력을 찾도록 제대로 지도하지 못하고 있을 뿐이다. 이 책의 제목에서 말하는 '특별한 학습자'란 장애학생이 가지고 있는 잠재력을 개발하기 위해 특수교육을 필요로 하는 학생들을 의미한다. 이를 강조하기 위해 장애 유형에서도 '지체장애 학습자'와 같이 '학습자'라는 용어를 붙여서 설명하고 있다. 이는 비록 장애 진단을 받았지만 '학습 능력을 가진 학생'이란 의미를 내포하고 있는 명칭이라고 할 수 있다.

'특수교육'은 특별한 학습자들의 독특한 요구를 만족시키는 특별하게 설계된 교수를 의미한다. 여기서 교수란 특별한 교재, 교수 기술, 혹은 장비나 시설을 포함한다. 그러므로 가장 훌륭한 일반교육이 특수교육을 대체할 수 없으며 진정한 특수교육은 수업 진도, 수업 강도, 구조화 정도, 교사 대 학생 비율, 교육과정, 평가과정에서 보다 더 세심하게 준비되어야 한다. 특수교사들은 단지 좋은 가르침에 대한 책임만 있는 것이 아니라, 매우 개별화되고 집중적이며 매우 치밀하고 목표 지향적인 교수를 해야 할 책임이 있다.

지금까지 우리나라도 '특별한 학습자'를 위한 교육이 양적으로 많은 발전을 보였으나, 현재는 질적 발전에 더욱 관심을 보여야 할 때라고 생각된다. 2009년부터 교직 과목 중 '특수교육개론'이 필수이수과목이 되면서 교사 자격증을 받기 위해서는 특수교육과 학생뿐 아니라 예비교사까지 모두 이 과목을 듣게 되었다.

미래의 특수교사와 일반교사가 '특별한 학습자'들을 잘 이해하여 통합교육의 중요한 팀원으로 활동할 수 있도록 하기 위해서 적절한 교재를 찾던 중 역자가 대학교 재학 시절부터 존경해 왔던 특수교육의 대부인 Hallahan과 Kauffman 선생님의 *Exceptional Learners*(12th edition)를 접하게 되었다. 특히 이 책은 각 장마다 우리가 잘못 알고 있는 정보를 '오해'와 '사실'이란 항목으로 설명하여 잘못된 생각을 바로잡도록 하고 있으며, '사례 소개' '성공 스토리' '개인적 관점' '반응적 교수' '실천 사례' '핵심 개념' 등을 통하여 특수교육 및 통합교육 현장에서 쉽게 적용할 수 있도록 실제 인물의 소개 및 교수 전략을 구체적으로 소개하고 있다. 관련 인터넷 사이트를 통해서 좀 더 자세한 정보를 얻길 원하는 독자를 위해서는 검색을 할 수 있도록 '인터넷 자원'도 제공하고 있다.

　이 책은 전체 15개 장으로 구성되어 있으며, 각 장의 제목을 살펴보면 다음과 같다. 제1장 특수성과 특수교육(최윤희), 제2장 특별한 학습자의 지원 실제(김수진), 제3장 특수교육에서의 다문화 및 이중언어 접근(김호연), 제4장 부모와 가족(김수진), 제5장 지적장애 학습자(최윤희), 제6장 학습장애 학습자(최승숙), 제7장 ADHD 학습자(최승숙), 제8장 정서 · 행동장애 학습자(장혜성), 제9장 자폐 범주성 장애 학습자(최윤희), 제10장 의사소통장애 학습자(장혜성), 제11장 농/난청 학습자(김수진), 제12장 시각장애 학습자(김호연), 제13장 저출현, 중도 · 중복장애 학습자(장혜성), 제14장 지체장애 및 건강장애 학습자(김호연), 제15장 특별한 재능과 재주(영재성)를 지닌 학습자(최승숙).

　원서를 번역하는 과정에서는 최대한 원문에 가깝게 번역을 하면서도 우리나라 독자가 쉽게 이해할 수 있도록 전후 문맥과 우리나라 실정을 고려하여 번역하도록 노력하였다. 미국의 법률, 단체명, 관련 용어 등은 가장 근접한 우리말로 번역한 후 괄호 안에 원어를 삽입하여 원래의 뜻을 쉽게 이해할 수 있도록 하였다.

　끝으로 이 책이 나오기까지 지원해 주신 학지사의 김진환 사장님과 일일이 원문과 대조하여 용어 통일 및 문맥상의 매끄러운 번역까지 모니터해 주신 편집부 하시나 대리 외에 직원 분들에게 머리 숙여 감사의 마음을 전한다. 부디 이 책을 통해 우리나라 미래의 특수교육을 이끌어 나갈 예비 특수교사, 일반교사, 그리고 현직에 있는 특수교사와 통합교육 관련 교사들과 관련자들이 '특별한 학습자'를 잘 이해하고 질적인 교육을 제공하여 그들의 학습권이 보장될 수 있기를 기도한다.

2014년
역자 일동

『특별한 학습자를 위한 특수교육(*Exceptional Learners: An Introduction to Special Education*)』 12판은 특별한 학습자들의 특성과 교육에 대해 소개하고 있다('특별한'이란 의미는 전통적으로 장애가 있거나 영재성을 가지는 학생들을 위한 수식어로 사용되어 왔음). 이 책은 학급 상황에서 활용할 수 있는 실제적 방법은 물론 심리적, 사회적 그리고 의료적 측면에서의 장애와 영재성을 모두 포함하고 있다.

우리가 이 책을 집필할 때에는 두 부류의 독자층, 즉 특수교사뿐만 아니라 일반교사도 염두에 두었다. 미 연방법은 가능하다면 모든 장애학생이 통합되고 일반교사의 지원을 받도록 명시하고 있으며, 일반교사는 특수교사와의 협력을 통해 학생에게 최적의 교육을 제공하도록 되어 있다. 또한 이 책은 관련 서비스를 제공하는 전문가들(예: 언어치료사, 청각사, 작업치료사, 특수체육 교사, 상담사, 학교심리학자)에게도 유용하게 사용될 수 있을 것이다.

우리는 마음과 정신을 한데 모아 집필했다고 자부한다. 특별한 학습자들을 대상으로 일하는 모든 전문가는 탄탄한 지식과 더불어 자신의 직업과 학생들에 대한 건강한 태도가 형성되어 있어야 한다고 확신한다. 전문가는 새로운 이론, 연구, 실제 방법에 대해 터득하고자 지속적인 도전을 해야 하며, 자신이 지도하는 특별한 학습자들과 그들의 부모에 대해서도 민감한 이해를 할 수 있도록 노력해야 할 것이다.

12판에 새롭게 포함된 내용에는 어떠한 것들이 있는가

이전의 개정판 작업에서도 그러했듯이 이번에도 특수교육의 이론과 실제에 대한 가장 최신의 정보와 이슈를 담고자 노력하였다. 2장의 경우에는 새롭게 명칭을 부여하고 학생의 결과에 대한 관심과 교사의 반응성에 대한 강조를 하였다. 이 부분에 대한 정보는 중재반응모델(response-to-intervention: RTI)이라는 용어로 다른 많은 장에서도 언급되었으며, 좀 더 많은 인터넷 자료에 대한 정보(모든 페이지를 다단으로 나누어서 다양한 인터넷 자료가 안내되었음)를 제시하고 있다. 또한 다수의 참고문헌에는 디지털 자료 인식자(digital object identifiers: DOIs)가 포함되어 있다. 각각의 장에는 다음과 같은 내용이 부가적으로 제시되어 있다.

Chapter 1

- 선천적-후천적 논쟁의 범위 확장
- Kennedy와 장애인 올림픽의 새로운 범위에 대한 강조
- 미국 장애인교육법(IDEA), 개별화교육계획(IEP), 교사의 책무성에 대한 상세한 설명은 삭제하고 2장에 포함함

Chapter 2

- 중재반응모델 교수의 확대된 적용 범위
- 실제에 초점을 둔 특별한 학습자의 요구 관련 재구조화
- 교사의 역할과 책무성에 대한 새로운 강조
- 책무성을 가진 사정 실제에 대한 최근 논의

Chapter 3

- 중재반응모델이 다문화, 이중언어 특수교육에 미치는 영향에 대한 새로운 보도
- 특수교육에서 소수민족의 불균형 대표성에 대한 연구

Chapter 4

- 부모가 가질 수 있는 장애 자녀에 대한 긍정적인 영향에 관한 연구
- 장애아동이 확대된 가족 구성원에게 미치는 영향
- 장애아동이 형제에게 미치는 영향
- 장애아동의 가족중심 접근 연구
- 장애아와 가족을 위한 영아기관에서 유아기관으로의 전이의 중요성에 대한 정보

Chapter 5

- 저체중아의 출현율에 대한 연구
- 지적장애인에 대해 잘못 알려진 내용에 대한 정보
- 지적장애 예방을 위한 조기교육 프로그램에 대한 최신 정보
- 성인기로의 전환에 대한 최신 정보
- 자기결정 기술에 대한 최근 논쟁
- 지적장애를 가진 부모에 관한 대립된 논쟁
- 지적장애 학생을 위한 학교기반 직업훈련장에 대한 정보
- 맞춤형 고용과 자기고용에 대한 정보

Chapter 6

- 중재반응모델에 관한 연구
- 신경촬영법 전략에 관한 최근 연구
- 교육적 고려 사항에 관한 최근 정보와 폭넓은 재구성
- 중등과정 학생의 결과에 대한 최근 정보
- 전이 계획에서의 수행능력 요약(summary of performance: SOP)의 역할에 대한 논의

Chapter 7

- 18세기에 연구되어 온 ADHD에 대한 인식과 새로운 정보와의 연계
- 미국정신의학회에서 곧 개정할 ADHD 진단기준 논의
- 실행 기능의 역할에 관한 최근 연구
- 의학적 처치에 관한 최근 연구
- 조기 중재 프로그램에 관한 최근 연구
- 성인의 증후와 결과에 관한 최근 연구

Chapter 8

- 정서 · 행동장애에 대한 생태학적 접근 관련 설명
- 무관용, 기능적 행동분석, 긍정적 행동지원에 관한 확장된 정보
- 임시대안교육 환경에 대한 추가된 정보
- 판별에 대한 편견과 성공적 다문화 교육에 대한 추가적 설명

Chapter 9

- 자폐 범주성 장애의 진단기준 변경에 대한 미국정신의학회의 논쟁
- 출현율에 대한 광범위한 정보
- 자폐 범주성 장애의 원인으로 알려진 예방접종 논쟁에 대한 최근 연구
- 유전과 자폐 범주성 장애에 대한 최근 연구
- 자폐 범주성 장애 판별을 위한 진단검사에 관한 최신 정보
- 자폐 범주성 장애인의 사회적 행동에 대한 최신 정보
- 행동기능평가(FBA)와 긍정적 행동지원에 대한 논의
- 효과적인 교육 전략으로서 중심축 반응훈련에 대한 심층 정보
- 조기행동중재(EIBI) 프로그램에 대한 논의
- 성인기 성과에 대한 최근 연구

Chapter 10

- 언어장애 학생의 읽기 어려움에 관한 최근 연구
- 의사소통장애 학생의 사회적 상호작용에 관한 최근 연구

Chapter 11

- 유아와 검사가 어려운 아동, 영아 선별검사에 대한 최신 정보
- 중이염과 선천적 거대세포바이러스에 관한 최신 정보
- 청력 손상이 학업 성취에 미치는 영향에 대한 최신 정보
- 갤러뎃(Gallaudet) 운동에 대한 최신 정보
- 이중문화-이중언어 접근의 효율성에 대한 최신 정보

Chapter 12

- 기능시력 사정에 대한 최신 정보
- 피질시각장애와 미숙아망막증에 대한 최신 정보 및 시신경위축에 대한 추가 정보
- 안내견 사용에 대한 추가 정보
- 의안에 대한 최신 정보

Chapter 13

- 이라크, 아프가니스탄에서 귀국한 군인들의 외상성 뇌손상(TBI)에 대한 최신 정보
- 차지(CHARGE) 증후군, 어셔(Usher) 증후군의 원인과 출현율에 대한 최근 연구

Chapter 14

- 다양한 지체장애 및 건강장애에 대한 최신 정보 및 간질에 대한 응급 처지 정보

Chapter 15

- 영재학생을 위한 과학, 기술, 엔지니어링 그리고 수학에 중점을 둔 고등학교(STEM 고등학교)의 최신 정보
- 장애와 영재성의 추가 정보

인물 소개

사례 소개

이 책을 읽는 학생들이 청소년기의 특별한 학습자의 삶에 대해 읽는다면 특별한 학습자에 대해 더 잘 이해할 수 있을 것이다. 이 '사례 소개' 부분은 Mira Cole이 한 인터뷰를 기반으로 18세에서 25세 사이 장애학생의 사례에 중점을 두었다. 또래 장애인의 삶을 보면서 이 책을 읽는 대학생들은 그들의 삶이 자신의 삶과 다르지 않다는 것을 알게 될 것이다.

사례 소개: ERIC BREEDEN

ERIC BREEDEN은 버지니아 주 살럿츠빌에서 태어났고, 현재 앨버말(Albemarle) 고등학교 졸업반이다. Eric은 5학년 때 학습장애로 진단받았다. 그의 어머니는 처음에 Eric의 선생님께서 Eric이 교실에서 난폭한 행동을 한다고 알려 주어 걱정을 하게 되었다고 한다. Eric이 일단 진단을 받고 나니 교실에서 변화가 나타났고 폭력 행동이 사라졌다. 5학년 이후로 Eric은 교실의 앞쪽에 앉거나, 교를 위해 노트를 제공받거나, 시험 시간을 연장받거나, 학습도움실의 지원을 받게 되는 선택적 서비스를 받게 되었다. Eric은 다른 학생들보다 이러한 조정을 통해 훨씬 유익한 효과를 보였고, 성공적인 고등학교 경험을 갖게 되었다. Eric은 열정적인 운동선수이고 대학에 가서 미식축구도 하고 응용범죄학을 전공하기를 원하고 있다.

당신이 즐겨 하는 것은 무엇인가요? 저는 친구들과 많은 시간을 보내고 미식 축구하는 것을 좋아합니다.

학습도움실 수업에 가지 않고 학교에 다니는 것을 결정하였어요. 질병에 걸어요. 학습도움실 선생님의 안내를 여전히 받고 있긴 하지만 제가 따로 있지 않기 때문에 저의 학습장애가 거의 눈에 띄지 않음을 큰 문제 없이 제가 학교생활을 하고 있다고 느껴요.

당신의 장애가 당신이 목표로 하는 것을 이루는 데 영향을 미치나요? 아니요. 저는 여전히 제가 고등학교를 졸업할 수 있다고 생각해요. 제가 외국어 과목을 수강하지 못해서 고급 졸업장으로 졸업할 수 없을 것 같아 학습도움실 수업을 들었어요. 그러나 학습도움실 수업 듣는 것을 그만두고 나서 스페인어 과목도 듣고, 지금 저는 고급 졸업장을 받고 졸업할 거예요. 저는 대학에 갈 계획도 있고 대학에서 미식축구도 할 거예요.

장애가 당신의 사회적 관계에, 영향을 주었나요? 아니요. 전혀요.

성공 스토리: 현장의 특별한 교육자

일반교실에서부터 생활시설에 이르기까지 다양한 환경에서 일하는 특별한 교육자들. 그들의 주요 역할이 가르치는 것일지라도 이러한 전문가들은 상담, 협력, 자문 등의 다양한 활동과 관련되어 있다. 이러한 다양함을 알아보기 위해서 5장부터 15장까지의 11개 장에서는 특별한 교육자들의 업무 사례를 다루고 있다. 특수교육 행정가와 교사 경력을 가진 플로리다 대학의 Crockett 박사가 기록한 특별한 교육자의 다양한 경험담이 실려 있는데, 이는 특수교사의 역할에 따른 역동성과 책무, 희망적인 실제들을 보여 주고 있다. 이 부분에서 강조하고 있는 것은 CEC 기준과 관련된 학생들의 질문을 포함하여 강도 높은 특별한 요구에 대한 교육적 중요성이다.

★ 성공 스토리

부모와 전문가들로 이루어진 Nolan의 팀은 그가 일반 교육과정에 통합될 수 있도록 돕는다.

특수교사 Sheryl Simmons: "부모를 포함한 Nolan의 팀 구성원들은 Nolan이 일반학교에 통합되기 위해 필요한 요구를 찾아 지원한다."

9세인 Nolan Patrick Smith는 캔자스의 선플라워 초등학교에 다닌다. 다음은 그의 성공 비결이다.
* 집중적이고 전략적인 교육
* 끊임없는 팀 협력
* 명확한 목표와 사회적 지지

다운 증후군을 가지고 있는 Norlan Smith는 Kris Kohnke와 Sean Smith의 네 자녀 중 둘째다. 생후 3주부터 언어 조기 중재 서비스를 시작했다. 언어와 읽기, 쓰기의 집중적인 교육은 그의 성공에 있어 중요한 요소다. Nolan은 유아기부터 집중적이고 지속적이며 체계적인 특수교육을 토대로 잘 자라났다.

★ 집중적이고 전략적인 교육

Kohnke는 말한다. Nolan은 수업 중 절반은 20명의 반 친구가 있는 3학년 학급에서 보낸다. 올해 통합의 목표는 학업(과학과 사회)과 사회성 촉진이다. Nolan은 읽기에 목적이 있다는 것을 배우고 있으며, 그의 바람은 자신이 아는 것을 보여 주는 것이다. Nolan은 특수교육 보조원의 도움으로 반 친구들과 아침을 시작하며, 특수교사 Sheryl Simmons와 함께 하는 60분 동안 읽기와 수학의 집중적 교육을 위해 조용한 방으로 간다. 또 반 친구들과 합류하여 배

개인적 관점

여기에서는 이 책의 주제들이 어떻게 학생, 교사, 부모와 모든 사람의 개인적인 삶과 관련되어 있는지에 대해서, 그리고 다양한 실제 상황 안에서의 장애인들의 인간적인 측면에 대해서 보여 준다.

👓 개인적 관점

Kathy Koons

Kathy는 이분척추를 가진 19세의 어린 여성이다. 그녀는 매우 제한된 길에서만 다닐 수 있는 전동 휠체어를 탄다. 보조교사는 그녀가 학교 주변을 돌아다닐 수 있도록 도와주고, 그녀의 학급 활동을 보조하는 일을 한다. 그녀는 쓰기 및 교실 활동을 위한 자료 준비, 도시락을 꺼내서 스스로 먹기, 휠체어 조종하기에서 보조를 필요로 한다.

Kathy는 삼남매 중 둘째다. 결혼한 언니가 있고, 14세의 남동생이 있다. 아버지는 전기공이며 어머니는 가정주부다. 가족은 휠체어가 움직일 수 있도록 수리한 매우 멋진 집에서 산다.

그녀의 학교 출석률은 매우 저조하다. Koons 부인은 Kathy가 학교에 출석할 만큼 건강이 좋지 않다고 말하며 1년을 통틀어 대부분의 시간을 집에서 보내게 한다. 가족은 Kathy가 다섯 살을 넘길 수 없으며, 모든 걸 해 주어야 한다고

활 및 기능적 생활 기술을 배우는데, 이때는 보조교사와 함께 보낸다. Kathy는 몸단장 기술, 부엌에서 필요한 기술, 변화에 도전하기, 시간 말하기, 이동하기 등을 배우는 중이다. 그녀는 훌륭한 구어 기술을 가지고 있으나, 이동성의 제한으로 인해 쓰기 기술이 많이 떨어진다. 그래서 쓰기 표현을 증가시키기 위해 컴퓨터 사용 기술을 배우고 있다. Kathy는 전화를 사용하는 기술을 활용할 수 있는 직업을 갖고 살아 하며 자신이 배울 수 있다고 생각한다. 학교에 친구도 몇몇 있다. 그녀는 남자친구를 만들고 싶다고 말하며 그런 관계에 대해 자주 이야기한다. 그녀는 결혼을 누군가를 만나지 못할까 봐, 또한 집을 떠나야 한다는 것과 혼자 살아갈 일에 대해 매우 걱정한다.

Kathy의 언어성 IQ는 84이고, 동작성 IQ는 64이며, 전체 지수는 75다. 교육과정중심 평가 결과, 쓰기가 7.5학년 수준,

교실 소개

지적장애 학습자의 요구에 따른
반응적 교수

학급차원의 또래교수

연구의 개요

연구자들은 통합 환경에서 경도 지적장애 학생의 교육적 요구에 부응하기 위해 교수 구조화, 개별화, 성공에 이르기까지의 피드백을 중요한 교육 방법으로 제시하였다. 또 한 가지 방법은 바로 학급차원의 또래교수(classwide peer tutoring: CWPT)다(Delquadri, Greenwood, Stretton, & Hall, 1983). CWPT는 상호적인 방식으로 설명과 피드백을 제공하기 위해 또래들을 이용하는 것이다. 짝이 된 학생들은 매 시간 지도받는 학생과 지도하는 학생의 역할을 하게 된다. CWPT 절차는 모든 학생에게 활동적인 학업 참여를 가능하게 하지만 특히 학업 결손이 큰 학생을 위해 계획되었다(Greenwood, 1991).

조사 연구

한 팀의 연구자들은 CWPT의 유효성을 검사하기 위해 일반학급에 참여하고 있는 8명의 학생(경도 지적장애 학생 4명과 비장애 학생 4명)의 철자법수행에 대한 연구를 실시했다(Mortweet et al., 1999). 경도 지적장애 학생들은 철자법, 사회활동 시간 그리고

다. 만약 단어의 철자가 틀렸을 경우, 개별 지도 교사는 개별 지도를 받는 학생에게 철자법에 맞는 단어를 알려 주고, 학생은 그 단어를 한 글자씩 읽어 가며 세 번 적는다. 개별 지도 학생은 연습 단어를 철자법에 맞게 적으면 1점을 받을 수 있다. 10분이 지나면 서로 역할을 바꾼다.

① 교사는 프로토콜대로 지시를 잘 따르고 협동하는 팀에게 보너스 점수를 준다.

② 20분간의 철자 연습 시간이 끝난 후, 교사는 파트너 점수를 바탕으로 팀 점수를 계산한다. 우승한 팀은 쉬는 시간에 줄 맨 앞에 설 수 있는 특혜도 주어진다.

③ 지적장애 학생에게는 단어 목록을 짧게 하고, 확대된 연습 자료와 같은 수정된 자료를 사용하며, 지적장애 학생이 개별 지도 교사인데 단어를 읽을 수 없다면 개별 지도를 받는 일반 학생이 대신 읽어 주도록 수정하였다.

연구 결과

교사가 지도하는 경우와 비교했을 때, CWPT는 모든 학생의 향

반응적 교수: 학생 요구의 충족

대부분의 장애학생이 지닌 잠재력을 극대화하기 위해 집중적인 교수가 요구된다는 것이 우리의 강한 믿음이다. 본문 전체를 통해 제시된 '반응적 교수'의 내용은 네바다 대학교의 Kristin Sayeski 박사가 작성하였고, 장애학생 교수를 위한 다양한 연구기반 전략을 제시하고 있다(예: 기억 전략, 자기감독, 집단 강화, 교실 전체 또래교수, 컴퓨터 기반의 비디오 교수, 행동기능평가, 검사 조정). 이러한 전략들이 교수 방법에서 완벽한 수업 과정과 자료를 대신할 수는 없겠지만, 우리는 집중적인 교수를 통해 특별한 학습자의 요구를 충족할 수 있는 실제적 제안을 제공하는 것을 생각하고 있다. 책무성의 시대에서 이러한 내용들은 연구를 기반으로 하는 교수의 실제를 강조하고 있다.

실천 사례
지적장애와 발달장애 학생의 교사들과의 협력교수

"왜 이 학생이 나의 학급에 있어야 하는가"

지적장애 학생의 교사가 된다는 것은 어떤 의미인가 지적장애 학생을 위한 협력은 일반교사와 특수교사, 다른 관련 기관 직원과 부모를 포함한다. 다양한 구성원을 조직하는 것은 특수교사의 책임이며, 관리 능력과 대인관계 능력 모두를 필요로 한다. 지적장애 학생을 위한 교사는 다음과 같은 능력이 요구된다.

① 팀의 구성원들과 함께 협력하여 포괄적이고 종합적인 개별화 프로그램을 개발하고 시행한다.

② 교육 프로그램은 협력적으로 적용할 수 있는 교수 전략과 보조도구를 포함하여야 한다.

③ 수업 전략과 자료는 개인의 특성과 학습 요구에 따라 선정 및 조정한다.

④ 모든 구성원으로부터 성취 자료와 정보를 취합하여 학습 환경을 수정하고 계획한다.

⑤ 환경 전체에 걸쳐 사회참여를 향상하는 교육 프로그램을 설계하고 시행하며 평가해야 한다(Council for

협을 찾습니다. 붙어 선생님은 '함께 공부할 친구'를 찾도록 도와주었습니다. 붙어 선생님이 자신의 능력에 맞게 노력하도록 도와주면서 Will의 성취에 대해 놀라고 기뻐하였습니다.

일반교사와 Pat은 시험과 과제에 관해 자주 대화를 주고받았다. 예를 들어, 역사 교사는 시험 전에 전화를 주었고 그들은 함께 복습 문제를 만들었다. 또 다른 교사는 핵심 부분을 강조 처리한 공부 자료를 집으로 보내 주었다. 학급 과제를 설명해 주는 교사의 전화는 Will이 성취하도록 기대하였던 것을 정확히 완수하도록 도와주었다(Will이 언제나 수업에서 들었던 설명들을 완전히 이해했던 것은 아니었다). 특수교사가 해당 과목의 과제를 알면 특수교육 수업 시간에 Will이 그 과제를 할 시간을 제공하였다.

Will의 드라마 수업도 성공적이었다. 교사는 Will을 있는 그대로 참여하도록 해 주었고, 교사 회의에도 참여하게 해 주었다. 붙어 수업과 드라마 수업에서 다른 학생들의 긍정적

실천 사례: 협력교수

유형별 각 장들(5~15장)에는 Margaret Weiss 박사가 작성한 특수교사와 일반교사, 가족, 다른 전문가 간의 협력교수 내용이 제시되어 있다. 일반교육 교실에서 전문적인 특수교육자들이 협력에 기여할 수 있다는 것을 모든 교사가 이해하는 것이 중요하다는 것을 믿기 때문에, 각 '실천 사례'의 첫 부분은 특수교사가 해당 분야의 업무를 시작할 때 알아야만 하는 지식과 기술에 관한 정보를 다루었다. 이는 CEC의 수행기반 전문가 기준(Performance-Based Professional Standards, 2008)에 근거한 것이다. 두 번째 부분은 교사들이 실제 교실에서 성공적으로 협력하는 모습이나 협력할 때 사용할 수 있는 연구기반 교수의 실제에 관한 예들을 다루고 있다. 또한 설명된 전략이나 교실과 관련하여 더 많은 정보를 어떻게 얻을 수 있는지 구체적인 설명도 담고 있다.

현장 소개

핵심 개념

이 부분은 모든 교육자가 관심을 가지는 현재의 연구나 특별 주제에 관한 중요한 생각들에 대한 설명이다.

특별한 학습자에 대한 잘못된 생각: 오해와 사실

각 장의 주제에 대한 근거 없는 통념과 사실들을 나란히 서술하였다. 이전 판을 오랫동안 읽었던 독자들에게 익숙한 이런 설명 방식은 보다 나은 참고서의 역할을 할 것이다.

각 장의 시작 예문

이 책의 초판부터 각 장의 시작은 문학이나 노래에서 발췌하였다. 이러한 도입 방식은 학생들을 집중하게 하고 각 장의 주제로 이끌어 주는 데 매우 효과적이다.

인터넷 자원

웹사이트는 교재 토론(text discussions)과 관련된 유용하고 흥미 있는 정보를 제공한다.

 인터넷 자원

특수교육의 역사를 좀 더 배우려면 http://www.disabilityhistory.org나 npr.org/programs/disability 또는 http://www.museumofdisability.org를 방문하라.

디지털 객체 식별자

이 책을 사용하는 사람들이 우리가 인용한 논문의 디지털 복사본을 찾을 수 있도록 전자 주소를 제공하였다.

보충

이 책은 학생과 교수들이 학습과 가르침을 극대화할 수 있도록 포괄적이고 통합적인 최근 자료를 보충받을 수 있다는 장점이 있다. 모든 강사는 피어슨 교수자료센터(Pearson Instructor's Resource Center)에서 교수 자료를 이용할 수 있다. www.pearsonhighered. com에서 'Educators'를 클릭하여 로그인을 하거나 간단한 등록 절차를 거쳐 다음과 같은 보충 자료를 이용할 수 있다.

온라인 교수 매뉴얼과 문제풀이 은행(Online Instructor's Manual and Test Bank)

온라인상으로 또는 강의 과정으로도 각 장에 필요한 모든 자원을 이용할 수 있다. 교수 매뉴얼은 강의를 잘할 수 있도록 도움이 되는 많은 아이디어와 활동을 포함하고 있는 MyEducationLab과 통합되어 있다. 문제풀이 은행에는 선다형, 단답형, 에세이 형식의 문제들이 정답과 함께 제공되고 있다.

피어슨 개별 평가(Pearson MyTest)

피어슨 개별 평가는 강사가 쉽게 퀴즈와 시험을 만들고 인쇄할 수 있게 해 주는 평가 시스템이다. 언제 어디서나 온라인으로 문제와 질문을 만들고 인쇄할 수 있으므로 효율적이며 평가가 용이하다. 강사들은 www.pearsonmytest.com에 접속해 로그인하여 Pearson MyTest와 공란의 문제 파일을 내려받을 수 있다. Pearson MyTest의 특징은 다음과 같다.

수준 높은 평가 내용
- 방대한 라이브러리 평가 시스템에서 나만의 Pearson 교재와 학습 목표를 보충해 줄 자료를 수집할 수 있다.
- 자신의 교수 내용에 맞는 질문과 테스트로 편집 가능하다.

강사에게 익숙한 자원
- 간단한 조작을 통해 사진, 도표, 차트를 포함하여 자신의 질문을 쉽게 만들고 저장할 수 있다.
- Pearson에서 제공하는 질문의 난이도나 학습목표와 같은 부가적인 정보를 사용하여 당신의 테스트가 빨리 완성될 수 있도록 돕는다.

시간 절약

- 머리말이나 꼬리말을 달고 질문과 답을 선택하기 쉽게 되어 있다. 간단한 툴바 하나로 모두 가능하다.
- 테스트와 풀이를 다양한 형태(version)로 빠르게 만들 수 있고 완성되면 MS Word나 PDF 형식으로 저장하고 인쇄할 수도 있다.
- Blackboard 6.0, CE(WebCT), Vista(WebCT)에서 구동되며 온라인 방식으로 시험을 볼 수 있다.

온라인 파워포인트 슬라이드/OHP 자료(Transparency Masters)

시각적 보조자료는 각 모듈(module)에서 제시하는 핵심 정보를 보여 주거나 요약 · 설명할 수 있도록 도와준다. 모든 파워포인트 슬라이드는 신판의 내용이 반영되도록 지속적으로 업데이트 되었다.

MyEducationLab

PEARSON myeducationlab 실습(classroom practice)의 힘

Linda Darling-Hammond와 그의 동료들은 저서인 *Preparing Teachers for a Changing World*에서 실제 교실—교사와 학생 간, 그리고 학생과 교사의 활동의 예를 볼 때—에서 이루어지는 기초 교사교육은 현재 교실에서 이루어지는 교수의 복잡성을 고려할 때 매우 중요할 뿐만 아니라 필수 불가결하다고 지적하였다. MyEducationLab은 상호적 연습과 시뮬레이션, 교사들이 필요한 지식과 기술을 개발하는 데 도움이 되도록 고안된 다른 자원들을 제공하는 온라인 학습 방법이다. MyEducationLab에서 이루어지는 모든 활동과 연습은 교사를 위해 꼭 필요한 학습 결과물을 만들 수 있도록 되어 있으며 교수 지표가 된다. MyEducationLab에서는 학급 비디오를 이용하며 학생과 교사 간의 실제적인 문제(artifacts), 사례 연구, 교수 자료와 평가 등의 학습 경험을 축적할 수 있기 때문에 예비교사들에게는 좋은 교수 도구가 될 수 있다.

독자는 각 주제마다 다음에 기술하는 자료를 볼 수 있다.

국가 수준의 지침 수업 활동(coursework)이 국가 지표와 얼마나 관련이 있는지 알아보기 쉽다. MyEducationLab의 각 주제는 국가 지표에 부합하는 학습 결과를 따르도록 하고 있다. 또한 MyEducationLab에서의 모든 활동과 연습은 국가 지표와 학습 결과에 부합되도록 만들어졌다.

과제와 활동 수업 중 진행되는 개념에 대한 학생들의 이해를 높이고 강사들이 준비할 내용과 시간을 절약할 수 있도록 제시하였다. 여기에는 다양한 활동(비디오, 사례, 학생과 교사

간의 결과물 등)이 포함된다. 이러한 과제와 활동은 학생들에게 내용 지식에 대한 깊이를 더하고 책에서 읽은 개념과 전략을 적용하고 분석할 수 있도록 돕는다. (과제에 대한 정답은 강사들이 이용하는 교수자료실에서만 확인할 수 있다.)

교수 기술의 적용(Building Teaching Skills and Dispositions)   학습 단위(learning units)는 학생들이 질적인 교수에 필수적인 기술을 강화하고 연습하는 데 도움을 준다. 핵심 교수 과정이 포함된 이 단계를 거친 후에 학생들은 비디오, 학생과 교사의 결과물, 실제 수업에서의 사례 연구를 통해 이 기술들을 연습하게 된다. 이러한 과정을 통해 비판적 사고 기술뿐만 아니라 단일 교수 개념을 연습할 수 있는 복합적 기회를 제공하며, 각 활동을 이해하고 적용하는 데 도움이 된다.

IRIS 센터 자원   미국 교육부의 OSEP(Office of Special Education Programs)가 설립한 밴더빌트 대학의 IRIS 센터(http://iris.peabody.vanderbilt.edu)는 교사를 위한 사전 교육과 교사 연수를 위한 집중훈련 교재(training enhancement material)를 개발하고 있다. 센터는 상호적인 모듈, 사례 연구, 통합 환경의 학생들에게 필요한 타당성 높은 정보를 수록하고 있는 연구물을 제공하는 인터넷 서비스를 제공하기 위해 다양한 지역의 전문가들과 일한다. 이 내용을 당신의 MyEducationLab 과정의 적절한 곳에 포함시킬 수 있다.

교사 사례   이 부분에서는 자신들이 가르치는지에 대한 흥미로운 이야기를 담은 수석 교사들의 비디오를 소개한다. 이 비디오는 예비 교사들이 지금 배우고 있는 것이 교사로서 자신의 직업에 왜 중요한지를 생각해 보고 더 큰 그림을 그릴 수 있도록 도움을 준다. 이 교사들은 모두 교사로서 가장 오래되고 권위 있는 상인 'Council of Chief State School Officers Teachers of the Year'란 상을 수상하였다.

특별한 학습 계획을 수록한 교재   MyEducationLab의 학습 계획은 각 장의 목표와 연결된 다문항의 평가이며 학습 자료도 지원된다. 학습 계획이 잘 수립되어 있기 때문에 각 장에서 요구하는 목표를 확인하고 내용을 완전히 숙지할 수 있도록 다양한 기회를 제공한다.

- 각 장의 목표는 학생들이 읽고 학습하는 각 장의 학습 결과를 명확하게 해 준다.
- 다중선택 평가는 내용의 습득 정도를 평가한다. 이 평가는 각 장의 목표에 맞춰 출제되었으며, 학생들은 원하는 만큼 여러 번 퀴즈를 풀 수 있다. 이 퀴즈는 각 목표의 총점을 알려 줄 뿐만 아니라 어떤 문항의 답이 맞았는지 틀렸는지도 설명해 준다.
- 학습 교재: 검토, 연습, 심화는 학생들이 각 장의 내용 중 아는 것과 모르는 것을 알게 해 준다. 학습 교재에는 인용문, 힌트와 피드백을 포함한 활동, 비디오, 시뮬레이션, 사례나 교실 결과물로 이루어진 상호적인 멀티미디어 연습으로 이루어져 있다.
- 플래시카드는 각 장에 나오는 용어 정의를 학습하는 데 도움이 된다.

과정 자원(Course Resources)   MyEducationLab의 Course Resources는 효과적인 학습 계획을 세우고, 경력을 쌓기 위한 첫해의 강의 방향을 설정하고, 교육 지표, 정책, 법률을 이해하는 데 도움이 되도록 고안되었다.

과정 자원은 다음과 같은 항목을 포함한다.

- Lesson Plan Builder는 효율적이고 사용하기 쉬운 도구라서 학생들이 새로 만들고 업데이트하거나 질적인 학습 계획을 공유하기 쉽게 되어 있다. 이 소프트웨어는 어떤 학습 계획도 주 단위 학습 내용 지표로 통합하기 쉽게 만들어졌다.
- IEP Tutorial은 IEP를 개발하는 방법과 효과적인 IEP 회의를 운영할 수 있는 방법을 보여 준다.
- Preparing a Portfolio는 고품질의 교수 포트폴리오를 만들기 위한 지침을 제공한다.
- Beginning Your Career는 다음 항목에 대한 지침, 조언과 다른 유용한 정보를 제공한다.
  - Resume Writing and Interviewing: 인상적인 이력서 작성과 면접을 준비하는 방법에 관한 전문적인 조언을 포함하고 있다.
  - Your First Year of Teaching: 학급, 학생 관리, 교수와 평가를 조직할 때 좀 더 쉽게 할 수 있도록 실제적인 조언을 제공한다.
  - Law and Public Policies: 아동낙오방지법(No Child Left Behind Act)과 2004년 개정된 IDEA에 부합하는 자세한 지표와 교사들에게 요구되는 법적 지침을 알려 준다.
- Special Education Interactive Timeline은 특수교육의 역사와 발전의 다른 측면에 근거하여 당신 자신만의 상세한 연대표를 작성하기 위해 사용한다.
- Introduction to Teaching and Foundations of Teaching Interactive Timeline (OPTIONAL)은 교육과 교수의 전문성을 위한 역사와 발전의 다른 측면에 근거하여 상세한 연대표를 작성하기 위해 사용한다.

자격증(Certification and Licensure)   Certification and Licensure는 학생들이 자격시험에 통과할 수 있도록 주 단위 시험 문제들을 연습할 수 있도록 만들어져 있다.

- 주 자격 시험: 학생들은 해당 주(State)를 클릭하고 그 주에서 치러야 할 자격 시험 목록을 받을 수 있다.
- 자격 시험(Licensure Exam) 항목을 클릭하면 다음과 같은 사항을 알 수 있다.
  - 각 시험에 대한 기본 정보
  - 각 시험에서 요구하는 내용에 대한 설명
  - 예비 문항과 정답
- Pearson에서 제공하는 국가 평가 제도(National Evaluation Series: NES): 학생들은 국가평가제도(NES)에서 시험을 볼 수 있는데, 각 시험에 무엇이 나오는지 알 수 있고 간단한 예비 문항으로 시험을 보고 정답을 맞춰 볼 수도 있다. 학생들은 Pearson 평가 시스

템과 Pearson 교사교육 프로그램 개발팀에서 개발한 상호 온라인 지도서를 구입할 수 있다.

- ETS 온라인 Praxis 지도서: ETS와 Pearson 교사교육 프로그램 개발팀에서 개발한 상호 온라인 지도서를 구입할 수 있다. 지도서는 Praxis I 시험을 이용할 수 있고 Praxis II 시험을 선택할 수 있다.

www.myeduationlab.com을 방문해서 새로운 온라인 교수 자료를 시험 운용해 보라.

제 언

12판을 보면서 일부 독자는 다소 실망하였을지도 모르겠다. 그러나 우리는 11판과 마찬가지의 열정으로 12판을 만들었다고 장담할 수 있다. 11판의 단골 독자들을 고려하여 새로운 변화와 업데이트를 매우 세심히 조절했다. 우리는 지난 몇 년간 특수교육 분야의 많은 변화를 반영했을 뿐 아니라 컴퓨터 데이터베이스와 인터넷으로 얻을 수 있는 엄청난 정보를 수록했음을 자부한다. 또한 특별한 학습자를 교육하는 데 필요한 연구를 지속적으로 제공했다는 약속을 지켰음에 기쁘다.

DPH
JMK
PCP

간략 차례

차 례

Chapter 15 특별한 재능과 재주(영재성)를 지닌 학습자 588

chapter

1 특수성과 특수교육

오로지 용감한 자만이 회색빛을 볼 수 있으며
누구도 그것을 쉽게 설명할 수 없고,
그로 인해 오히려 실수를 하게 되며,
그 원인을 이해할 수 없어서,
우리는 그냥 그걸 받아들이고 살아야만 한다.
그러므로 오직 용감한 자만이 움츠러들지 않고
그 차이점을 받아들이게 된다.

-Richard H. Hungerford • '메뚜기 떼(On Locusts)'

주요 질문

● 특수성과 특수교육의 기원은 어떻게 변화되었는가?

● 특별교육 대상자의 교육적 정의는 무엇인가?

● 특별교육 대상자의 출현율은 어떠한가?

● 특수교육의 정의는 무엇인가?

● 특수교육의 역사와 기원은 무엇인가?

● 특수교육에 영향을 끼친 법률과 소송에는 어떤 것이 있는가?

● 특수교육의 진보에 대한 우리의 전망은 어떠한가?

특별한 학습자에 대한
잘못된 생각

오해 • 공립학교는 장애학생들에게 교육을 제공하기에는 적절하지 않다.

사실 • 연방법은 모든 학교가 연방기금을 받아 어떤 장애를 가진 학생에게도 무상의 적절한 공교육(FAPE)을 제공하도록 규정하고 있다.

오해 • 대부분의 장애는 원인이 알려져 있으나 장애를 극복하거나 보상할 수 있는 방법은 거의 알려지지 않았다.

사실 • 장애가 발생하는 원인에 대해 조금씩 알려지고 있지만 대부분의 경우 장애의 원인을 알 수 없다. 장애의 원인보다는 중재(처치)에 대해 더 많이 알려지고 있다.

오해 • 장애를 가진 사람들은 다른 사람들과 다르다.

사실 • 이 세상에 같은 사람은 하나도 없다. 장애를 가진 사람도 다른 사람과 마찬가지로 독특한 특성을 가진 개인이다. 대부분 경우, 그들의 능력은 장애를 갖지 않은 일반인들과 비슷하다. 그럼에도 장애는 다른 사람들과 같지 않은 특성이다. 그러므로 장애를 가진 사람들이 갖고 있는 많은 장애를 찾는 것이 중요한 것이 아니라 장애로 인해 그들이 어떠한가—다른 사람들과 공유할 수 있는 특징—를 인식하는 것이 중요하다.

오해 • 장애는 사회적 제약이다.

사실 • 장애는 특정 영역의 부족으로 인해 어떤 것을 할 수 없는 것이다. 사회적 제약(handicap)이란 개인이 겪게 되는 불이익이다. 장애는 환경에 따라 사회적 제약이 될 수도 있지만 그렇지 않을 수도 있다. 예를 들어, 걷는 것이 어려운 사람은 글을 배우는 데는 제약이 없지만 공놀이를 할 때는 제약이 될 수 있다. 때때로 사회적 제약이라는 표현은 장애를 가진 사람들에게 적절하지 않다. 예를 들어, 펜을 사용해서 글을 쓰지 못하는 학생은 워드프로세서나 타이프라이터로 글을 쓸 수 있기 때문에 글을 쓸 수 있는 도구가 없다고 표현해야지 사회적 제약이라고 표현하는 것은 맞지 않다.

別한 학습자에 대한 연구는 차이(difference)에 대한 연구다. 특별한 학습자들은 몇 가지 면에서 일반인들과 다르다. 간단히 정의하면, 특별한 학습자는 생각하거나 보거나 듣거나 말하거나 사회관계를 가지거나 움직이는 데 있어서 어려움이 있거나 특별한 재능이 있는 사람을 일컫는다. 가끔은 특별한 능력이나 장애를 복합적으로 갖고 있는 경우도 있다. 오늘날 미국 전역의 공립학교에 이런 차이를 가진 학생의 수는 600만 명이 넘는 것으로 확인되었다. 미국에서는 학교에 다니는 학생들 중 1/10 이상이 특별한 학습자다. 심지어 정상으로 분류되는 학생들도 학교와 관련된 문제를 가지고 있다는 사실 때문에 특수성(exceptionality)에 대한 연구의 필요성이 커지고 있다.

특별한 학습자에 대한 연구는 또한 유사성에 대한 연구이기도 하다. 특별한 사람들은 일반인들과 모든 면에서 다른 것은 아니다. 실제로 특별한 학습자는 일반인들과 다른 점보다는 비슷한 점이 더 많다. 최근까지 비전문가뿐만 아니라 전문가들도 모든 개인은 거의 비슷하다는 개념을 배제하고 특별한 학습자와 일반적인 학습자(nonexceptional learners) 간의 차이에만 관심을 두는 경향이 있었다. 현재는 이들이 어떤 공통점(성격, 요구 사항, 학습 방법)을 가지고 있는지에 대해 더 관심을 두고 있다. 따라서 특별한 학습자에 대한 연구는 더 복잡해지게 되었고, 장애 아동과 청소년, 특출난 재능을 가진 특별한 학습자에 대한 연구가 다양해지고 있다.

특수교육 대상자와 특수교육의 방향

자연과학을 공부하는 학생들은 기억하고 통합해야 하는 사실이 많기 때문에 연구 주제가 어렵다는 것을 자랑하기도 한다. 특수교육을 공부하는 학생들은 전혀 다른 문제와 직면한다. 그들은 분명 사실을 연구하지만, 답이 없는 질문이나 애매모호한 것을 탐구해야 한다. 인간을 연구하는 모든 학문은 그 학문에 내재하는 모호성, 모순과 미지의 것들을 고려해야만 한다. 어느 개인이 규준에서 벗어났을 때, 우리는 그 사람이 갖고 있는 특수성을 인간 행동과 발달에 대한 일반적인 의문점에서부터 확장시켜야만 한다. 일반적으로 받아들여지는 정상 발달에 대한 단순한 이론이 없기 때문에 특별한 학습자에 대한 명확한 설명은 적고 논쟁거리는 많다(Kauffman, 2008; Kauffman & Hallahan, 2005a, 2011).

낙관론의 이유

Hungerford(1950)의 고전에서는 햇살이 회색빛 속에서 빛나고 있다고 표현되었는데, 이는 앞의 시와 연관되어 있다. 전문가가 장애인 한 사람의 원인을 정확히 판별하기는 어렵지만, 몇몇 장애의 원인을 판별하는 방법은 진전을 이루었다. 예를 들어, 5장에서 우리는 중등도의 지적장애나 발달장애(최근에 지적장애나 지적발달장애라고 일컫는 정신지체)로 분류되는 **다운 증후군**의 원인에 대해서는 대부분 판별할 수 있다. 마찬가지로 시각장애의 가장 큰 원인인 **미숙아망막증**의 발생률이 급격히 감소한 것은 그 원인을 발견했기 때문이다. 대사장애인 **페닐케톤뇨증**(PKU)은 수십 년 전에 발견되었으며, 현재는 신생아 출생 후 의무적으로 PKU 검사를 하기 때문에 PKU로 인한 지적장애는 예방할 수 있다. 가장 최근에는 **낭포성 섬유증**—만성적인 호흡계통과 소화계통 문제가 특징으로 나타나는 유전 질환—의 발현 유전자도 규명되었다. 약물치료의 발전은 근육의 진행성 퇴

인터넷 자원

'advances in treatment of disability'라는 검색어를 검색하라. 장애 분야에서 권위 있다고 알려진 외과의사들과의 인터뷰는 http://www.childrensdisabilties.info/parenting/batshaw.html에서 확인할 수 있다.

화로 특징지을 수 있는 유전적 장애인 **근이영양증**의 잠재적 치료 가능성을 열었다(Welch et al., 2007). 미래에는 이와 마찬가지로 다른 많은 질병과 장애를 유발하는 유전자가 발견될 것이다. 과학의 진보는 장애를 유발하는 다양한 상태를 예방하거나 치료하는 약물, 유전적 치료의 가능성을 높일 것이다. 현재 의사들은 두뇌 주변에 체액이 누적되어 정신적이나 육체적으로 장애가 발생될 수 있는 **수두증**과 같은 증상이 태아에게 나타날 경우 출산 이전에 자궁 내에서 외과 수술을 통해 문제를 바로잡을 수 있다. 그리고 머지않아 인간의 배아 조직이나 줄기세포로 새로운 기관의 배양이 가능한 연구가 진행되어 손상된 폐, 췌장이나 다른 내부기관을 교체하고 연결된 신체장애를 피할 수 있게 될지도 모른다. 또한 생식 기술의 발달은 많은 장애를 예방하게 해 줄 수도 있다(Kauffman & Hallahan, 2009).

의학적 발전 외에도 다양한 연구를 통해 개인의 심리학적 · 사회적 · 교육적 환경이 학습과 관련이 있다는 이해가 높아지고 있다. 예를 들어, 특수교사, 심리학자, 소아과 의사들은 아동이 학습이나 행동에 문제를 일으킬 가능성이 높은 환경 조건을 알아낼 수 있다(Bolger & Patterson, 2001; Hallahan, Lloyd, Kauffman, Weiss, & Martinez, 2005; Hart & Risley, 1995; Kauffman & Landrum, 2009; Walker & Sprague, 2007 참조).

교육방법론 역시 진보해 왔다. 현재의 장애 원인에 대한 지식과 비교했을 때, 교실 안에서 특별한 학습자에 대한 효과적 교수법이나 교수 내용에 대한 지식이 훨씬 더 유용하다. 비록 특수교사들은 의문에 대한 답이 모두 존재하지 않는다는 것을 비통해하지만, 몇 년 전보다 오늘날 특별한 학습자들에 대한 교육방법이 훨씬 더 많이 알려져 있다(예: Hallahan et al., 2005; Heward, 2003; Kauffman & Hallahan, 2011; Lloyd, Forness, & Kavale, 1998; Stichter, Conroy, & Kauffman, 2008).

우리는 장애로 인해 한 개인이 가진 능력을 알아보지 못하거나 지나치게 관심을 기울임으로써 그들의 능력을 간과하지 않도록 조심해야 한다.

특별한 학습자에 대한 주제로 들어가기 전에 우리는 다음과 같은 중요한 점 때문에 Hungerford의 관점을 반대한다. 우리는 모두 무능함(disabling)과 같은 특수성을 가지고 살아가는 방법을 배워야 하지만 그것을 쉽게 받아들이려 하지 않는다. 게다가 우리는 장애를 가진 사람들이 적절한 교육을 받지 않고 특별한 도움이 없어도 그들이 할 수 있는 것보다 더 충만한 삶을 살 수 있도록 지원해야 한다는 사실을 깨달아야 한다.

능력의 중요성

장애를 가진 많은 사람은 장애에만 초점을 두고 무엇을 할 수 있는지에 대해서는 주의를 기울이지 않기 때문에 능력이 있다는 사실을 잘 인식하지 못한다. 우리는 특수 유아 및 아동에 대한 연구를 통해 학교에서 어떻게 그들의 능력을 최대한 사용할 수 있게 해야 하는지를 배워야 한다. 장애가 있는지 없는지 불확실한 일부 학생은 특별한 교육 프로그램을 통해 그들의 삶이 행복하고 생산적이 될 수 있도록 도와주는 서비스가 필요하다. 특별한 학습자의 가장 중요한 특성은 그들의 능력이지 장애가 아니라는 것을 망각해서는 안 된다.

장애와 사회적 제약

우리는 장애(disability)와 사회적 제약(handicap)의 중요한 차이에 대해 알고 있다. 장애는 특정한 방법으로 수행하는 능력이 부족하여 무엇을 하지 못하는 것인 반면에, 사회적 제약은 개인에게 불리하게 부여된 부당함을 말한다. 그러므로 장애는 환경에 따라 사회적 제약이 될 수도 있고 되지 않을 수도 있다. 마찬가지로 사회적 제약은 장애 때문일 수도 있지만 그렇지 않을 수도 있다. 예를 들어, 시각장애는 장애이지만 어둠 속에서는 사회적 제약이 되지 않는다. 실제로 어둠 속에서는 볼 수 있는 사람이 오히려 사회적 제약이 된다. 휠체어를 필요로 하는 것은 특정 환경에서는 사회적 제약이 될 수 있지만, 인공적인 장벽이나 다른 사람의 반응에서부터 기인되는 불리함이지 걷지 못하는 것 자체가 불리함은 아니다. 어떤 사람들은 자신과 다른 피부색, 신체 사이즈, 외모, 언어 등으로 삶에서 그들을 정형화하거나 할 수 있는 일에 대한 기회를 주지 않음으로써 그들을 불리하게 만든다. 장애인들과 함께 일하거나 생활할 때 우리는 장애와 사회적 제약이 별개라는 것을 인식해야 한다. 즉, 사회적 제약으로 인한 불리한 환경이 되지 않도록 그들의 장애를 수용하고 우리의 부정적인 태도가 더 큰 사회적 제약이 되지 않도록 해야 한다.

장애와 불능

불능(inability)과 장애(disability)도 중요한 차이점이 있다. 모든 장애는 어떤 일을 수행함에 있어 불능이다. 그러나 모든 불능이 장애는 아니다. 즉, 장애는 불능의 부분 집합이다. "장애란 대부분의 사람이 일반적인 연습과 지도를 통해 할 수 있는 것들을 못하는 것이다."(Kauffman & Hallahan, 2005a, p. 30; Stichter et al., 2008) 연령과 능력을 생각해 보라. 6개월 된 유아는 대부분 걷거나 말하지 못하지만 그 연령에서는 못하는 것이 맞기

인터넷 자원

세계장애인협회(World Congress on Disabilities)의 웹사이트는 http://www.thewcd.org이며, 'World Congress on Disabilities'로 검색할 수 있다. 특수교육에 관한 소식은 http://www.specialeducationnews.com에서 볼 수 있다. ■■■

인터넷 자원

장애인에 관한 많은 영화가 있
다. 이 영화들은 http://www.
gosprout.org/touring에서 볼
수 있다. Sprout 조직에 대해
더 조사하려면 http://www.
gosprout.org를 방문하면 된다.

때문에 장애가 있다고 하지는 않는다. 그러나 시간이 흘러 대부분의 유아가 걷고 말하는 것을 배울 충분한 시간이 지난 후에도 걷거나 말하지 못한다면 그러한 불능은 장애로 간주된다. 가르침의 역할에 대해 생각해 보자. 성인이 읽는 법을 배우지 못했을 때는 그 불능이 읽기장애는 아니다. 일반 성인이 들 수 있는 무게에 대해 생각해 보자. 보통의 성인 남성은 약 45kg(100파운드)을 한 번에 들 수 없고 대부분의 사람도 들 수 없기 때문에 장애로 여겨지지는 않는다. 70대 노인의 경우 약 15km(10마일)를 뛸 수 없지만 걸을 수는 있다. 70대 노인이 15km를 못 뛴다고 해서 장애라고 하지는 않지만 전혀 걷지 못한다면 장애라고 말한다. 요컨대, 연령과 주어진 기회, 교육을 통해 대부분의 사람이 할 수 있을 것으로 예상되는 것과 너무 다른 경우가 장애다.

특수교육 대상자에 대한 교육적 정의

교육의 목적에서 보면, 특수교육 대상자는 인간으로서의 가능성을 최대한 실현하기 위하여 특수교육과 일련의 서비스가 요구되는 사람들이다(Kauffman & Hallahan, 2005a). 그들은 다른 학생들과 한 가지 이상의 면에서 매우 다르기 때문에 특수교육이 필요하다. 즉, 그들은 지적장애, 학습 또는 주의력장애, 정서 · 행동장애, 신체적 장애, 의사소통장애, 자폐성 장애, 외상성 뇌손상, 청각장애, 시각장애나 특수한 재능을 가졌을 수 있다. 이 장에서는 특수성을 가졌다는 것이 무엇을 의미하는지 가능한 한 정확히 정의하려고 한다.

특수교육 대상자에 대한 교육적 정의는 두 가지 개념이 중요하다. ① 다양한 특성과 ② 특수교육의 필요성이다. 다양성의 개념은 특수성(exceptionality)의 정의에 내재되어 있다. 특수교육의 필요성은 교육적 정의에 내재되어 있다. 특별한 학습자들은 대다수의 (전형적이거나 평균적인) 개인과 교육 방식에서 차이가 난다. 그들의 특별한 교수적 차이는 일반적인 학습자들과는 다른 방식이 필요하다(Kauffman & Hallahan, 2005a; Kauffman & Konold, 2007; Stichter et al., 2008).

다음의 〈개인적 관점〉의 사례를 생각해 보자. Doug Landis의 정교한 야생동물 그림은 장애인의 능력이 얼마나 제한되는지를 보여 주는 것보다 무엇을 할 수 있는지에 초점을 맞추어야 한다는 것을 확인해 준다.

가끔 분명한 장애인데도 진단되지 않는 경우가 있으며, 그로 인해 사회뿐만 아니라 가족과 당사자에게 미치는 결과는 정말 비극이다(Kauffman & Brigham, 2009). 또 장애로 진단받고도 특수교육을 받지 못해 발달의 기회를 놓쳐 버리는 것도 안타까운 일이다. 조기 진단과 중재가 장애를 심화시키는 것을 막아 준다는 것이 확실함에도 불구하고 예방 차원의 조치가 취해지지 않고 있다(Kauffman, 1999b, 2005; Kauffman & Brigham,

개인적 관점

Doug Landis

Doug Landis는 고등학교 시절에 레슬링 도중 사고로 인해 목 아래부터(목 밑으로 움직일 수 없는) 전신마비가 되었다. 그의 형제는 그가 TV를 너무 많이 본다고 생각하여 연필을 입에 물고 그림을 그리도록 독려하였다. Doug는 입에 연필을 물고 그림을 그려 야생동물을 정밀한 선으로 표현하는 유명 화가가 되었고, 이제는 그림에 뛰어난 재능을 지니게 되었다. 그는 단편 만화영화도 제작하였다. Doug에 관해서는 http://www.mouthart.com/mouthart나 www.vdmfk.com을 방문하면 된다.

Association of Mouth and Foot Painting Artists Worldwide의 허가 후 게재함.

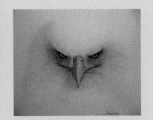

Association of Mouth and Foot Painting Artists Worldwide의 허가 후 게재함.

2009; Stichter et al., 2008).

작가인 Martha Randolph Carr의 경우를 생각해 보자(Carr, 2004). 그녀는 아들의 (주의력결핍 과잉행동장애로 인한) 학습장애와 아들이 고등학생이 될 때까지 장애를 알아차리지 못한 자신의 무능함에 대해 고백하고 있다. 이는 장애를 받아들이기 싫은 그녀의 마음이 전형적인 거부로 나타난 행동이다. 그것은 낙인찍기(label)와 자기 이미지(self-image) 때문이다.

인터넷 자원

Martha Randolph Carr와 그녀의 작품에 대해 더 알아보려면 그녀의 이름을 검색하거나 그녀의 Facebook 혹은 http://www.martharandolphcarr.com을 방문하라.

Louie가 1학년 때 읽기에 어려움이 있다는 것을 확실하게 알게 되었다. 아들이 낙인찍히는 것을 피하기 위해 나는 최선이라고 생각한 것을 실행하였다. 즉, 나는 Louie에게 글을 읽어 주기 시작했다. Louie는 초등학교와 중학교 시절, 교사들의 배려 덕분에 대부분 B 학점을 받았고 지적이고 논리 정연한 소년으로 자라났지만, 그가 읽은 것의 극히 일부만을 이해하는 문제를 보였다. Louie와 나는 그 문제에 관해 거의 얘기하지 않았기 때문에 아무도 몰랐다.

내가 알 수 있었던 아들의 유일한 문제는 난독증이었고 나머지는 모두 정상이라고 생각했다. Louie가 자신에게 뭔가 문제가 있다고 느낄 경우에 자신에 대해 나쁘게 생각할 것이고, 대학에서는 학습장애 학생은 입학시키지 않았기 때문에, 나는 내가 잘하고 있다고 스스로에게 주입시켰다. 다행히 고등학교는 잘 넘기는 것 같았다.

그러나 결국 고등학교에서 그녀와 Louie는 그의 장애를 숨길 수가 없었다. 자신의 장애를 알게 된 아들의 반응은 그녀가 예상한 것과는 매우 달랐다.

내가 Louie에게 진단 결과를 말했을 때 그는 속상해하거나 혼란스러워하지 않았다. 하지만 편안한 얼굴로 소리쳤다. "엄마, 내가 바보가 아니란 거죠?" 나는 깜짝 놀라 울기 시작했다. 그렇지만 아들은 계속 편안한 모습으로 얘기했다. "엄마도 걱정했어요?" 나는 더 심하게 울었다.

나 자신에게 진실을 부정하고 아들에게도 숨기면서 나는 Louie가 친구들보다 열심히 공부하지 않으면 따라갈 수 없다고 밀어붙였던 것이다.

특수교육이 해야 할 일을 항상 수행하는 것은 아니지만, 특수교사들은 학생의 장애를 조기에 인지하고 최소 제한적 환경에서 효과적인 교육을 제공한다. 학생들의 요구를 어떻게 다루어야 하는지를 결정할 때 학생의 부모가 참여하여 학생의 개선된 성취와 행동을 통해 특수교육의 결과를 판단한다.

특수성을 갖는 학생들은 일반 집단에 비해 매우 다양하기 때문에 일반적인 것 대부분은 특수성을 가진 개인에게 적용되지 않을 수도 있다. 그들의 특수성은 감각 능력, 육체적 능력, 인지 능력, 감정적 능력과 소통 능력에서 나타나는데, 이들 중 몇 가지에서 특수성이 동시에 나타날 수 있다. 더구나 특수성은 원인, 정도에 따라 교육과정에 미치는 영향이 매우 다르며 이 영향은 각자의 연령, 성별과 생활환경에 따라 다르다. '특별한 학습자(exceptional learner)'로 표현되는 모든 개개인은 어떤 면에서는 특별한 학습자가 되지만 어떤 면에서는 전혀 그렇지 않을 수 있다.

특수교육을 받는 학생들은 대부분 장애가 명확하게 드러나지는 않는다. 그(특수교육을 받는 학생의 과반수는 남성이다)는 초등학생이나 중학생이고, 학교에서 학습하거나 적절한 행동을 성취하는 데 지속적인 문제를 갖는다. 특별한 학습자의 문제는 주로 학업과 사회적 행동에 있으며, 많은 교사는 몇 주 혹은 몇 달간 그와 생활하지 않는 이상 명확하게 알지 못한다. 일반학교 프로그램에서 부딪히는 그들의 문제를 해결하려는 교사의 노력에도 불구하고 장애학생의 문제는 지속된다. 그는 주로 학습장애가 있거나 장애로 인해 학습과 사회적 측면에서의 진전이 어렵다는 진단을 받기도 한다.

연방법에 의하면, 학교는 학생들의 독특한 요구에 맞는 특별한 서비스를 제공하지 않고 그들이 일반학교의 정규 프로그램을 수행하기 어렵다고 판단해서는 안 되며, 정확한 평가가 나오기 전까지는 그들을 특수교육 대상자로 배치해서는 안 된다고 규정하고 있다(Huefner, 2006). 특수교육법과 규정은 특수교육을 필요로 하는 몇 가지 조건(학습장애, 자폐와 청각장애와 같은 구분)을 정의하고 있다. 이 법과 규정에서 학교는 장애로 인해 발생하는 특수한 요구를 모두 만족시키기 위해 정규 교육과정이 충족하지 못하는 특별한 서비스를 제공하도록 요구하고 있다. 단순히 학생이 장애를 가졌기 때문에 특수교육을 제공해야 한다고 정하는 것이 아니다.

특수교육 대상자의 출현율

출현율(prevalence)은 특수성을 지닌 개인의 수나 전체 인구 중의 비율을 말한다. 예를 들어, 지적장애인의 출현율은 2.3%로 표현되는데, 이는 지적장애인이 전체 인구의 2.3%나 1,000명당 23명이라는 것을 의미한다. 만약 영재아의 출현율이 3%에서 5% 사이라면 1,000명 중 30~50명이 어떤 방면이든 영재성을 갖는다고 할 수 있다. 출현율의 정확한 평가는 주어진 집단에서 어떤 특수성을 가진 사람들의 수를 정확하게 세는 것에 달렸다.

특수성을 나타내는 학생들의 수를 결정하는 업무는 매우 단순해 보이지만 대부분의 특수성에 대한 출현율은 아직도 불명확하고 논란의 여지가 많다. 이런 여러 가지 요소 때문에 특수성을 가진 사람들의 수를 정확하게 기술할 수 없다. 이들 요소는 정의에 대한 모호성, 정의에 대한 주기적인 변화와 특수성을 결정하는 학교의 역할이 포함된다. 이들 주제에 관해서는 이 책의 후반부에서 다룰 것이다(Kauffman & Hallahan, 2005a, 2011).

정부 통계에 의하면, 21세기 초반 100명의 학생 중 약 10명이 특수교육을 받고 있었다(U.S. Department of Education, 2008). 1970년대 중반 이후로 특수교육을 받는 학생 수가 점차 늘어나 1976년에는 375만 명이었다가 21세기 초에는 600만 명까지 증가되었다. 특수교육을 받는 영유아의 대부분은 6세에서 17세 사이의 아동들이다. 취학 전 아동과 18세에서 21세 사이에 장애로 진단받는 수가 늘어나고 있지만 대부분은 학령기 아동과 청소년 시기에 진단을 받는다.

장애 범주에 따른 특수교육 인구의 비율은 수십 년 동안 큰 변화를 맞았다. 예를 들어, 학습장애로 진단받은 학생의 수는 1970년대 중반보다 두 배 이상 증가하였다. 특수교육을 받는 학생 중 학습장애 학생이 대략 절반 정도를 차지하고 있다. 그에 반해 언어장애 학생의 비율은 점진적으로 줄어들었고(그러나 다시 증가하고 있다), 지적장애는 1976년보다 절반 수준이 되었다. 누구도 이런 변화에 대해 확실한 설명을 할 수는 없다. 그러나 정의가 변하고 장애에 대한 진단기준이 바뀌며 '학습장애'에 대한 사회의 수용도가 반영되기 때문이다. 이후의 장에서는 특정 장애 범주의 출현율에 대해 설명할 것이다.

인터넷 자원

연방 특수교육법의 수행에 관한 국회의 연간 보고서는 http://www2.ed.gov/about/reports/annual/osep/index.html을 방문하라.

다출현과 저출현의 장애 범주

일부 장애는 상대적으로 높은 빈도로 발생하기 때문에 **다출현** 장애(high-incidence disabilities)라고 한다. 학습장애, 의사소통장애, 정서장애 그리고 경도 지적장애가 다출현 장애에 포함된다(Stichter et al., 2008). 시각장애, 청각장애, 시청각장애와 심각한 지적

자폐 범주성 장애(autistic spectrum)의 진단은 매우 빠르게 증가하고 있다. 이는 개선된 진단 절차와 경도 자폐성 장애의 진단이 가능해졌기 때문이지 실제로 증가했기 때문은 아니다.

장애는 상대적으로 드물게 나타나며, 이들은 저출현 장애(low-incidence disabilities)라고 한다.

21세기 초에 대부분의 다출현 장애의 발생률은 상대적으로 안정된 상태이지만, 몇 가지 저출현 장애는 증가하고 있다. 예를 들어, **자폐**와 **자폐 범주성 장애**(autistic spectrum disorder)의 진단은 1995년 이후로 증가해 왔다(9장에서 다룰 예정이다. Stichter et al., 2008 참조). 저출현 장애 중 크게 증가한 장애는 **외상성 뇌손상**(traumatic brain injury: TBI)과 정형외과적 장애(orthopedic impairments)가 있다. 이는 척추 손상과 의학의 발달에 따라 심각한 신체적 손상이 있더라도 생존율이 높아졌기 때문이다.

자폐 범주성 장애의 진단은 매우 빠르게 증가하고 있다. 이는 개선된 진단 절차와 경도 자폐성 장애의 진단이 가능해졌기 때문이지 실제로 증가했기 때문은 아니다(National Research Council, 2001). TBI의 증가도 어느 정도 진단의 발달에 기인하기는 하지만, 13장에서 언급하듯이 뇌손상이 증가했기 때문이다. 정형외과적 장애의 증가는 심각한 신체기형의 출생과 안전사고 후 생존율이 증가하였기 때문이다. 청각 및 시각 장애의 증가 또한 장애의 진단 기술이 발달하였기 때문이라고 볼 수 있다.

특수교육의 정의

특수교육이란 특수교육 학생의 특별한 필요에 부합하도록 특별히 고안된 교수법을 의미하며(Huefner, 2006 참조) 특수한 교재, 교수법과 보조도구를 필요로 한다. 시각장애 학생들은 크게 인쇄되거나 점자로 된 읽을거리가 필요하고, 청각장애 학생들은 보청기나 수화교육이 필요하며, 지체장애 학생들은 특수 장치가 필요하다. 반면에 정서·행동장애 학생들은 보다 적은 인원수의 구조적인 수업이 필요하고, 영재학생들은 보다 더 전문적인 수업이 필요할 것이다. 특수교육이 보다 더 효율적이기 위해서는 관련 서비스—특별한 이동수단, 심리평가, 물리치료, 작업치료, 약물치료와 상담—가 필요하다. 특수교육의 가장 큰 목표는 특별한 학생의 능력을 발견하고 활용하는 것이다.

가장 훌륭한 일반교육이라도 특수교육을 대체할 수 없다. 특수교육은 진도나 비율, 강도, 치밀함(relentlessness), 구조, 강화, 교사 대 학생 비율, 교육과정, 모니터링이나 평가에 있어서 보다 더 세심하게 조절해야 한다(Kauffman & Hallahan, 2005a; Kauffman & Landrum, 2007). 우리는 모든 아동의 교육을 개선하는 것이 맞고 21세기 초 연방교육법의 목적이 바로 이것이라고 생각한다. 그러나 장애아동에게는 개선된 좋은 일반교육이라도 특수교육을 대신할 수는 없다(Kauffman & Hallahan, 2005a; Kauffman & Konold, 2007; Kauffman & Wiley, 2004; Zigmond, 2007; Zigmond & Kloo, 2011; Zigmond, Kloo, & Volonino, 2009).

특수교육의 역사와 기원

인터넷 자원

특별한 학습자는 언제나 있었지만 그들의 요구에 부합되는 특수교육 서비스가 항상 존재한 것은 아니다(Holmes, 2004; Metzler, 2006 참조). 미국과 프랑스 혁명 후인 18세기 말에 감각장애(즉, 시각장애와 청각장애, Winzer, 1993)가 있는 아동들을 가르치기 위한 효과적인 방법이 고안되었다. 19세기 초에는 '바보' 같고 '제정신이 아닌' 아동들을 교육하기 위한 새로운 체계적인 시도가 만들어졌다. 현재는 **지적장애**와 **정서·행동장애**라고 한다(Kauffman & Landrum, 2006; Stichter et al., 2008).

특수교육의 역사를 좀 더 배우려면 http://www.disabilityhistory.org 나 npr.org/programs/disability 또는 http://www.museumofdisability.org를 방문하라.

혁명기 전에는 장애아동에게 사회가 제공할 수 있는 최선의 방법이 보호였다. 이때의 보호란 그들이 죽지 않고 살아남는다 하더라도 존엄성을 찾기 힘든 사회로부터의 잔인한 격리를 말한다. 그러나 민주주의, 개인의 자유, 그리고 미국과 프랑스 전역을 뒤덮은 평등주의 사고로 인식의 전환이 일어났다. 의료계와 교육계의 정치적 개혁가와 지도자들은 '불완전'하거나 '완벽하지 못한' 사람들이 독립적이고 생산적인 시민이 될 수 있도록 교육을 시키자는 주장을 하면서 장애인들을 옹호하기 시작했다. 이러한 인도주의적 감정은 장애인들을 보호하고 지키려는 감정을 뛰어넘었다. 초기 지도자들은 장애인들을 정상화하려는 것에서부터 그들에게 부족하다고 생각되는 인간의 존엄을 최대한 가능하게 하고자 하였다.

특수아동에 대한 현대의 교수법은 1800년대 초기에 개발된 방법에서 기인한다. 오늘날 필수적이고 논란이 많은 이슈의 대부분은 특수교육이 시작된 이래로 계속 관심을 받고 있다. 현대의 일부 저자는 특수교육의 역사가 현재의 이슈를 이해하는 데 매우 중요하며 과거로부터 많은 교훈을 얻을 수 있으므로 반드시 배워야 한다고 믿는다(예: Gerber, 2011; Kauffman, 1999a; Kauffman & Landrum, 2006). 여기서는 1800년 이후 주요 역사적 사건과 동향에 대한 일부 토론에서부터 인물과 사상의 역사, 법규의 선정, 직업과 부모 단체, 그리고 입법에 관해 간단히 언급할 것이다.

인물과 사상

특수교육 창시자는 대부분 유럽의 의사들이었다. 그들은 주로 자신의 친구나 멘토가 속해 있는 저명한 전문가들의 지식에 도전하는 젊고 야망에 찬 사람들이었다(Kanner, 1964; Kauffman & Landrum, 2006; Stichter et al., 2008).

대부분의 역사학자는 오늘날 우리가 알고 있듯이, 귀에 대한 질병과 청각장애 학생 교육의 권위자인 프랑스 의사 Jean-Marc-Gaspard Itard(1775~1838)를 특수교육의 기원으로 삼는다. 19세기 초에 이 젊은 의사는 프랑스의 숲에서 벌거벗은 채 발견된 약 12세의 야생소년(때때로 '야생소년' 또는 '아비뇽의 야생소년'이라고 불린다)을 교육하기 시작했다. Itard의 멘토이자 정신 이상인(insane) 사람들을 돌본 프랑스 의사 Philippe Pinel(1745~1826)은 Itard에게 야생소년인 Victor는 '가망 없는 바보(hopeless idiot)'이기 때문에 그의 모든 노력은 허사가 될 것이라고 조언하였다. 그러나 Itard는 굴하지 않았다. 그는 Victor의 장애를 없애지는 못했지만 인내심 있고 체계적이며 교육적인 절차를 통해 야생소년의 행동을 획기적으로 개선시켰다(Itard, 1962).

Itard의 제자인 Édouard Séguin(1812~1880)은 1848년 미국으로 이주했다. 그 시대 지식인들의 대부분은 바보에게는 아무것도 가르칠 수 없다고 확신하고 있었지만, Séguin은 그런 아동들의 교육자로 유명해졌다.

초기 특수교육자들의 생각은 그 시대에 실로 혁명적인 것이었다. 다음 내용은 오늘날 특수교육의 기초를 형성한 Itard와 Séguin, 그리고 그 계승자들의 혁명적인 생각의 일부다.

- 개별화된 교수: 미리 규정된 학문적 내용보다는 아동의 특성에 따라 교육 기술의 기반을 제공함
- 신중하게 순서화된 시리즈의 교육적 과제: 아동이 수행할 수 있는 과제에서 시작하여 점진적으로 더 복잡한 학습으로 이끌기
- 촉진 및 아동의 반응을 일깨우는 것(awakening)에 대한 강조: 아동을 훨씬 더 깨닫게 하고 교육적 자극에 더 반응하도록 함
- 아동 환경의 세심한 배치(arrangement): 환경의 구조 및 이에 대한 아동의 경험을 자연스럽게 학습으로 이끌어 냄
- 바른 수행에 대한 즉각적인 보상: 목표 행동에 대한 강화 제공
- 기능적 기술에 대한 교수(tutoring): 일상적 삶에서 아동을 가능한 한 자족적이며 생산적으로 만듦
- 모든 아동은 가능한 한 최대한의 범위로 교육받아야 한다는 믿음: 모든 아동은 어느 정도까지는 진보할 수 있기 때문임

지금까지 우리는 특수교육의 시초로 판단되는 유럽 의사들에 대해서만 언급하였다. 비록 많은 초기 작업이 유럽에서 일어났으나, 미국 연구자들도 이러한 초기 작업에 크게 기여하였다. 그들은 최선을 다해서 유럽의 발전에 대한 정보를 알아냈고, 일부는 장애아동의 교육에 대한 직접적인 정보를 얻고자 하는 특정한 목표를 위해 유럽을 여행하였다.

장애학생에 대한 교육을 생각한 젊은 미국 사상가들 중에 1824년에 하버드 의대를 졸업한 Samuel Gridley Howe (1801~1876)가 있다. 의사나 교육자가 되는 것에 더해, Howe는 정치 및 사회 개혁가였으며 인도주의 및 해방론의 챔피언이었다. 그는 매사추세츠 주 워터타운에 있는 퍼킨스 맹학교(Perkins School for the Blind) 설립에서 중요한 역할을 하였고, 또한 농-맹 학생을 가르쳤다. 농-맹이었던 Laura Bridgman을 가르치는 데 있어서의 그의 성공은 Helen Keller의 교육에 지대한 영향을 미쳤다. 1840년에 Howe는 지적장애 학생을 위한 실험학교를 정식 기관으로 만들었고, 개인적으로는 Séguin과 알고 지냈다.

특수교사들은 단지 좋은 가르침뿐만 아니라, 매우 개별화되고 집중적이며 매우 치밀하고 구조화된 목표 지향적 교수를 해야 할 책임이 있다.

장관인 Thomas Hopkins Gallaudet(1787~1851)은 앤도버 신학교(Andover Theological Seminary)의 학생 시절, 청각장애인 소녀를 가르치려고 노력하였다. 그는 청각장애인 교육에 대해 배우기 위해 유럽을 방문하였고, 1817년에 청각장애 학생을 위한 미국 최초의 기숙학교를 설립하였다(코네티컷 주 하트퍼드에 위치, 현재는 미국 청각장애학교[American School of the Deaf]로 알려짐). 유일하게 청각장애인을 위한 교양 단과대가 있는 워싱턴 DC의 갤러뎃 대학교(Gallaudet University)는 그의 명예를 따라 이름 지어졌다.

초기의 특수교육은 새로운 생각들이 더해지면서 생동감이 넘쳤다. Itard, Séguin, Howe 그리고 동시대인들의 연구는 낭만주의, 이상주의를 뛰어넘는 공적이다. 그들이 성취한 결과는 진실로 특수교육 분야에서 뛰어난 것이었다. 오늘날 특수교육은 진보, 흥미진진함, 이상주의, 논쟁이 곧 규준(norm)이 되는 생동감 넘치는 영역이다. 특별한 학습자를 가르치는 교사들—그리고 모든 교사—은 어떻게 그리고 왜 특수교육이 학문으로 등장했는지를 반드시 이해해야 한다(Gerber, 2011 참조).

특별한 학습자들의 교육을 포함한 가장 큰 논쟁 중의 하나는 천성(nature)과 양육(nurture) 중 어느 것이 아동의 성장에 더 많은 영향을 미치느냐에 관한 것이다. 유전 혹은 신체적 특성처럼 생물학적 요소에 기인하는 것과 기회, 격려, 교수와 같이 환경적 요

핵심 개념

천성 – 양육 논쟁

수년 동안, 이론가들은 천성 – 양육 논쟁을 둘 중 하나의 관점으로 보았다. 유전이 지적 발달을 결정하거나, 환경이 모든 것을 결정하는 중요한 요소라고 생각하였다. 그러나 오늘날 대부분의 전문가는 유전 및 환경 둘 다 지능을 결정하는 중요한 요소라고 믿는다. 몇몇 과학자는 지능이 유전에 의해 얼마나 결정되는지, 또 환경에 얼마나 영향을 받는지를 발견하기 위해 많은 연구를 해 왔으나, 다양한 관점에서 이 질문은 헛된 것이었다. 연구자들은 지능이 만들어지기 위해 유전과 환경이 더해지는(additive) 양식으로 결합되는 것이 아니라 유전과 환경의 상호작용이 지능을 만든다고 주장한다.

생물심리학 교수와 그의 학생이 나눈 다음의 대화는 지능을 이러한 방식—유전과 경험의 단순한 결합이 아닌 두 가지 상호작용의 결과라는 방식—으로 바라봐야 하는 중요성을 알려 준다.

내 학생들 중 한 명이 나에게 그녀의 지능은 1/3이 유전, 2/3는 환경이라는 것을 책에서 읽었는데 이것이 진실인지 궁금하다고 말했다. 내가 나의 알프스 경험부터 이야기를 시작했을 때 그녀는 분명 혼란스러웠을 것이다. "나는 알프스 산 정상과 산등성이를 느릿느릿 배회하고 있었다. 그때 이상한 소리를 들었고 내 앞에는(그리고 나는 그의 뒤에 있었고) 어떤 어린 남자가 이상하게 생긴 악기를 불며 벼랑의 난간에 앉아 있었다. 나는 그의 뒤에 있는 햇빛이 가득 쏟아지는 커다란 돌 위에 앉아 그의 악기 소리를 들었다. 그런 후 나는 조용히 일어나 그에게 방해가 되지 않게 조심스레 산등성이를 내려왔다.

나는 다음과 같은 질문을 그 학생에게 던졌다. "만약 내가 그 소년과 음악을 이해하고 싶었다면 그 음악이 무엇이며 그 악기는 무엇인지를 물어보아야 했을까?" "아니에요, 그렇게 하는 것은 바보 같은 짓이에요."라며 그 학생이 대답했다. "그 음악은 그 소년과 악기 둘 다로부터 시작된 것이에요. 그에게 음악을 어떻게 시작하였으며 악기를 어떻게 다루게 되었는지 물어보는 것은 말이 안 돼요. 그 음악은 소년과 악기의 상호작용이고, 선생님은 그 상호작용에 대해서 물어보셨어야 했어요." "바로 정확히 맞았어." 나는 말했다. "이제, 너는 왜……" "더 이상 말하지 마세요." 그녀가 끼어들었다. "선생님이 왜 이런 예를 드셨는지 알겠어요. 지능이 유전과 경험의 상호작용에서 비롯된 것이지, 유전에서 얼마만큼, 경험에서 얼마만큼 기인했는지를 알아내려는 것은 바보 같은 짓이에요."(Pinel, 2006, p. 23)

소에 기인하는 것은 무엇인가? 이것은 Itard의 19세기 초의 작업이고, 여전히 21세기 초 심리학자 및 유명한 저자들의 논쟁거리다.

정상화, 탈시설화 그리고 통합

20세기 특수교육의 중요한 사상 중에 **정상화**, 즉 우리는 반드시 "개인적 행동 및 특성을 수립하거나 유지하기 위해 가능한 한 문화적으로 정상적인 수단"을 사용해야 한다는 철학이 있다(Wolfensberger, 1972, p. 28). 정상화라는 개념으로 사회는 장애를 가진 사람들의 참여를 위해 장벽을 무너뜨린다. 정상화의 개념은 그 자체로 중요하며 시설 철폐 및 일반학급 및 일반학교 내 특수교육 학습자들과 관련된다.

정상화는 특수교육의 목표가 되기도 하며 장애와 관련된 다른 모든 측면과 연관되기

개인적 관점

Kathy Koons

Kathy는 이분척추를 가진 19세의 어린 여성이다. 그녀는 매우 제한된 길에서만 다닐 수 있는 전동 휠체어를 탄다. 보조교사는 그녀가 학교 주변을 돌아다닐 수 있도록 도와주고, 그녀의 학급 활동을 보조하는 일을 한다. 그녀는 쓰기 및 교실 활동을 위한 자료 준비, 도시락을 꺼내서 스스로 먹기, 휠체어 조종하기에서 보조를 필요로 한다.

Kathy는 삼남매 중 둘째다. 결혼한 언니가 있고, 14세의 남동생이 있다. 아버지는 전기공이며 어머니는 가정주부다. 가족은 휠체어가 움직일 수 있도록 수리한 매우 멋진 집에서 산다.

그녀의 학교 출석률은 매우 저조하다. Koons 부인은 Kathy가 학교에 출석할 만큼 건강이 좋지 않다고 말하며 1년을 통털어 대부분의 시간을 집에서 보내게 한다. 가족은 Kathy가 다섯 살을 넘길 수 없으며, 모든 걸 해 주어야 한다고 들었다. 어머니는 Kathy가 스스로 해야 하는 일을 다 해 주고 있으며 그 일을 하는 데 시간을 다 보낸다. Kathy는 집에 있을 때 대부분의 시간을 휠체어에 앉은 채 TV 앞에서 보내거나 마루의 담요 위에서 몸을 뻗고 누워 있다. 가족 내에서 Kathy는 스스로 할 수 있는 것이 아무것도 없다.

Kathy는 네 개의 특수교실(resource room, 수학, 언어 예술, 사회 연구, 직업 탐색)과 두 개의 일반교실(컴퓨터와 가정 경제)로 이동하며 공부하고 있으며, 하루에 한 시간은 일상생활 및 기능적 생활 기술을 배우는데, 이때는 보조교사와 함께 보낸다. Kathy는 몸단장 기술, 부엌에서 필요한 기술, 변화에 도전하기, 시간 말하기, 이동하기 등을 배우는 중이다. 그녀는 훌륭한 구어 기술을 가지고 있으나, 이동성의 제한으로 인해 쓰기 기술이 많이 떨어진다. 그래서 쓰기 표현 기술을 증가시키기 위해 컴퓨터 사용 기술을 배우고 있다. Kathy는 전화를 사용하는 기술을 활용할 수 있는 직업을 갖고 싶어 하며 자신이 배울 수 있다고 생각한다. 학교에 친구도 몇몇 있다. 그녀는 남자친구를 만들고 싶다고 말하며 그런 관계에 대해 자주 이야기한다. 그녀는 결혼할 누군가를 만나지 못할까 봐, 또한 집을 떠나야 한다는 것과 혼자 살아갈 일에 대해 매우 걱정한다.

Kathy의 언어성 IQ는 84이고, 동작성 IQ는 64이며, 전체 지수는 75다. 교육과정중심 평가 결과, 쓰기가 7.5학년 수준, 수학은 6.8학년 수준으로 나왔다. 그녀는 자신의 학업적 한계에 대해 알고 있으나, 자신의 삶을 위해 무언가를 하기를 원한다. Kathy는 더 독립적인 삶을 살기 위해 직업 기술을 개발하고 배우고 싶어 한다. 그녀는 고등학교의 다른 친구들보다 나이가 많기 때문에 지체장애인을 위한 기숙형 독립생활센터로 가기로 계획을 세웠고, 그룹홈에서 직업을 갖고 생활하기 위해 필요한 많은 것을 배우기로 하였다. Kathy는 이러한 계획에 대해 매우 신나했으나, 그녀의 부모는 걱정을 하고 있다.

출처: Sitlington, P. L., & Clark, G. M. (2006). *Transition education and services for students with disabilities* (4th ed., p. 83). Boston: Allyn & Bacon/Peasron. 허가 후 게재함.

때문에 지속되어야 한다. 위의 〈개인적 관점〉에 제시된 Kathy Koons의 사례를 보라. 지체장애를 가진 어린 여성인 그녀는 상대적으로 낮은 지능을 가졌으며 지역사회에서의 독립적인 삶으로의 전환을 기대한다. 그녀에게 개인적 관계, 고용, 지역사회 삶에서의 정상화는 중요한 목표가 된다.

장애인들이 비장애인과의 활동 참여를 통해 거대한 장벽이 무너진 것은 20세기 후반 **탈시설화** 운동을 이끌게 된 사상이다. 한때 지적장애나 정신질환을 가진 거의 모든 아동 및 성인을 기숙 시설에 배치하는 것은 당연한 일이었다. 1960년대와 1970년대, 장애인들을 시설 밖으로 나오게 하여 지역사회와 접촉할 수 있도록 더 가까운 곳으로 돌려보내려는 체계적인 노력이 이루어졌다. 탈시설화로 인해 많은 장애아동이 가족의 품 안에서 성장하게 되었으며, 장애인들이 갖고 있는 여러 가지 문제와 상관없이 시설은 문을 닫게 되었다. 오늘날은 지역사회 내 작은 시설들이 일반적이다. 정서적 어려움을 가진 사람들이 더 이상 커다란 시설에 고립될 필요가 없으며 그들을 위해 시설과 가정의 중간 정도가 되는 시설이 존재한다. 사실 시설에 있었던 사람들 상당수가 아직도 노숙자로 떠돌거나 감옥에 있다(Earley, 2006; Goin, 2007; Lamb & Weinberger, 2001; Nomani, 2007; Torrey & Zdandowic, 1999 참조).

정상화에서 가장 논쟁적인 이슈는 **통합**(inclusion)이다. 사실 통합(inclusion)이나 통합(integration)은 특별한 재능을 가진 아동을 포함한 모든 특수아동에게 오랫동안 이슈가 되어 왔다. 비록 역사적으로 교육자들은 장애학생이 다양한 서비스 전달 체계를 선택할 수 있도록 교육 프로그램을 만들어 왔지만(Crockett & Kauffman, 1999, 2001; Kauffman et al., 2008), 몇몇 옹호자에게는 일반학급에서 특수교육 학습자들과 일반학생을 통합하는 것이 가장 중요하고 유일한 이슈다. 통합의 이슈는 20세기 후반 부모 및 전문가들에게 가장 뜨겁고 지속적인 논쟁거리다.

21세기 초의 통합 논쟁은 특히 모든 학생에게 기대되는 높은 기준에 따라 더욱 날카로워졌다. 논쟁의 방향은 누구도 예측할 수 없다(Bateman, 2011; Kauffman & Hung, 2009; Kauffman & Landrum, 2009; Kauffman et al., 2008; Kauffman & Hallahan, 2005b; Kauffman & Konold, 2007; Warnock, 2005; Zigmond & Kloo, 2011; Zigmond et al., 2009). 우리는 특수교육 학습자들의 요구를 충족하기 위한 집중적인 교수의 중요성을 간과할 수 없다. 따라서 특수아동은 집중적인 교수가 제공될 가능성이 가장 많은 곳으로 배치되어야 한다.

특수교육협의회 및 전문성의 개발

특수교육은 갑자기 새로운 학문으로 나타나거나 다른 학문과 분리된 상태에서 발달한 것이 아니다. 특수교육은 심리학 및 사회학의 출현, 특히 20세기 초 심리검사가 광범위하게 사용되면서 성장하게 되었다. 학습에 대한 심리학자의 연구와 검사 도구를 이용하여 학교 실패나 성공에 대한 예측을 하게 되면서 특별한 요구를 가지는 아동 교육에 초점을 맞추게 되었다. 사회학자, 사회운동가, 인류학자들은 특수아동의 가족 및 지역사회가 그들에게 적절하게 대응하고 특수아동의 학습 및 적응에 영향을 미치는 방법에 주의를 기울이게 되었다. 지적장애 혹은 정신장애의 일화 기록이 19세기 문헌에도 발견되지만, 우리가 오늘날 심리학, 사회학, 특수교육에서 인식하는 교육적 개념은 없었다(예: Hallahan & Kauffman, 1997; Kauffman & Landrum, 2006 참조). 심지어 20세기 초 장애에 대한 개념도 오늘날의 개념에 비하면 미숙하다.

교육의 전문성이 향상됨에 따라 의무적인 학교 출석이 제도화되고, 교사 및 학교 관리자들은 수많은 학생에게 학급에서 이루어지는 일상적인 경험을 뛰어넘는 무언가를 제공해야만 하였다. 20세기 초 뉴욕의 교사였던 Elizabeth Farrell은 전문가로서 특수교육의 발달에 매우 중요한 인물이었다. 그녀와 뉴욕 시의 학교 교장은 아프거나 일반 학급 및 학교에서 제외되는 아동 및 청소년의 필요에 부응하기 위해 아동 발달, 사회복지, 지능검사, 교수에 대한 정보를 사용하기 시작하였다. Farrell은 특별한 요구를 지닌 학생들을 위한 서비스 옹호자였다. 그녀의 추진력은 동료교사와 관리자까지 함께 움직이도록 만들었으며, 그들은 모든 아동이(지금까지 배제되던 아동 및 청소년을 포함하여) 적절한 교육을 받고 최대한의 학습이 이루어질 수 있는 건강 및 사회적 서비스를 선택할 수 있어야 한다는 것을 주장하였다(Gerber, 2011; Hendrick & MacMillan, 1989). 1922년 Farrell과 미국 및 캐나다의 특수교육자들은 특수교육협의회(Council of Exceptional Children: CEC)를 설립하였는데, 이 단체는 아직까지도 특수교육자들의 중요한 전문 단체다.

특수교육은 몇 가지 학문(특히 의학, 심리학, 사회학, 사회복지)에 뿌리를 두는 전문 영역이다. 특별한 훈련 프로그램을 요구하는 전문 교육과는 다르지만, 학교 적응과 교수 방법에 관심을 둔다는 기본적인 핵심은 유사한 영역이다.

개개인, 부모 그리고 조직

개개인과 그들의 사상이 특수교육의 역사를 만들어 왔으나 수년에 걸쳐 이루어진 많은 진보는 주로 부모 및 전문가의 집단적 노력에 의한 것이라고 말할 수 있다. 전문가 집단은 19세기 초에 조직되었다. 미국에서 영향력 있는 전국적인 부모 조직은 1950년대 이후에 출범하였다(〈개인적 관점〉 '중도장애 아동 통합에 대한 부모의 생각' 참조.).

특수교육의 발달에 영향을 미치거나 미쳤던 많은 사람, 혹은 장애인에게 기회가 주어졌던 사건에는 이름이 붙여진다. 그들 중 지적장애 여동생이 있었던 Eunice Kennedy Schriver는 장애인 올림픽을 최초로 시작한 사람이다. 경쟁을 할 수 있는 스포츠 경기가 장애인들의 삶을 풍요롭게 한다는 데는 누구도 이의를 제기하지 않는다. 비록 장애인 올림픽에 대한 비난은 계속되지만, 그래도 여전히 장애인 올림픽은 장애인에게 공정한 기회와 돌봄을 제공하기 위한 권리 옹호의 대표적인 사례다. Kennedy의 여동생 Schriver는 많은 장애인의 자기인식과 장애에 대한 일반 대중의 인식을 바꾸는 데 큰 역할을 하였으며 많은 사람의 삶의 질을 증진시켰다.

부모 단체에는 장애 자녀가 없는 사람들도 회원으로 가입할 수 있지만 주로 장애 자녀를 둔 부모가 회원이 되며, 그들이 갖는 특별한 문제가 중요한 이슈가 된다. 부모 단체들은 다음의 세 가지 기능이 필수적이다. ① 다른 부모의 문제와 필요를 이해하고 그들의 불안과 좌절을 다룰 수 있도록 돕는, 부모를 위한 비공식적 조직, ② 서비스 및 잠재적 자원을 포함한 정보 제공, ③ 장애 자녀에게 필요한 서비스를 얻을 수 있는 구조 제공. 또한 부모들의 노력으로 몇몇 조직이 만들어졌는데, ARC(공식적으로 Association for

인터넷 자원

특수교육협의회(Council of Exceptional Children)에 대한 정보는 http://www.cec.sped.org를 확인하라. ARC에 대해서는 http://www.thearc.org, 장애인 올림픽에 대해서는 http://www.specialolympics.org, 학습장애협회(Learning Disabilities Association)는 http://www.ldanatl.org나 구글에서 이름을 검색하면 부모 협회나 전문가 단체가 많이 나온다.

개인적 관점

중도장애 아동 통합에 대한 부모의 생각

통합을 지지하는 중도장애 아동의 부모는 다음과 같은 이유를 언급하였다.

① 아동은 일반학급에서 더 높은 기대 및 더 큰 자극을 받기 때문에 학업적 혹은 기능적 기술을 더 많이 습득할 수 있다.
② 장애아동을 이해하게 되면서 비장애 아동들이 이익을 받는다. 특히 그들은 장애인에게 더 민감해진다.
③ 장애아동은 '일반적인' 아동과 함께 있으면서 사회적 기술을 배울 수 있다.
④ 장애가 있거나 없는 형제자매가 같은 학교에 함께 다닐 수 있다.
⑤ 어떤 종류의 차별도 도덕적으로 잘못이다. 따라서 통합이 도덕적으로 옳다.

통합을 지지하지 않는 중도장애 아동의 부모는 다음과 같은 이유를 언급하였다.

① 아동의 장애 유형이나 정도가 통합을 방해할 수 있다.
② 통합은 일반교사나 학생에게 과도한 짐이 되거나 부정적

인 영향을 미칠 수 있다.
③ 일반 교육과정은 아동의 요구에 맞지 않는다.
④ 일반교육에서 아동에게 필요한 교사의 주의집중이나 서비스를 받지 못한다.
⑤ 아동은 일반학급에서 비장애아동에게 잘 대우받지 못할 수 있다.
⑥ 아동은 일반학급에서 이익을 얻지 못하거나 환경에 압도당하기 쉽다.
⑦ 아동이 통합을 통해 이익을 얻기에는 너무 어리거나(더 많은 감독이나 구조를 필요로 하거나), 너무 나이가 많을 수 있다(특수학급에 익숙해져 있다).
⑧ 아동은 유사한 장애를 가진 다른 아동과 어울리는 것이 필요하다. 아동은 특수교육 환경에서 더 잘 어울릴 수 있고, 낙인찍히거나 다르다는 느낌을 덜 받으며, 진정한 친구를 만날 수 있다.
⑨ 아동은 일반학급에 있기엔 너무 산만하거나 공격적이거나 문제행동이 너무 많다.
⑩ 일반교육 현장의 교사나 관련인들이 장애아동의 요구를 다룰 수 있는 적절한 훈련을 받지 못했다.

출처: "Taking Sides: Parent's Views on Inclusion for their Children with Severe Disabilities," by D. S. Palmer, K. Fuller, T. Arora, & M. Nelson, 2001, *Exceptional Children, 67*, 467–484. Copyright ⓒ 2001 by the Council fo Exceptional Children. 허가 후 게재함.

Retarded Citizen), 우수아 국가협회(National Association for Gifted Children), 학습장애협회(Learning Disabilities Association), 미국자폐협회(Autism Society of America), 아동의 정신건강을 위한 부모연합(Federation of Families for Children's Mental Health) 등이 포함된다.

법적 논쟁과 소송

장애 아동 및 청소년의 교육적 요구를 만족시키기 위해 진보적인 주(state)는 특별한 학습자들을 공교육 체계로 통합하도록 요구하는 법률이 제정되어 있다(Bateman, 2007, 2011; Bateman & Linden, 2006; Huefner, 2006). 우리는 여기서 수십 년의 입법 역사에서 정점을 보여 주는 최근의 입법에 대해 초점을 맞춘다. 그러나 소송(고소 또는 법적 결

정) 또한 특수교육의 발전에 주요한 역할을 했다(Rozalski, Miller, & Stewart, 2011; Yell, Katsiyannis, & Bradley, 2011 참조).

획기적 사건이었던 연방법 **전장애아교육법**(Education for All Handicapped Children Act)이 1975년에 통과되었다. 이 법은 주로 공법 94-142*로 알려져 있다. 이 법은 1990년에 **미국 장애인교육법**(Individuals with Disabilities Education Act: IDEA)으로 개정되었다. 1997년 미국 장애인교육법(IDEA)은 다시 개정되었으나 명칭은 변하지 않았으며(Bateman & Linden, 2006; Yell, 2006 참조), 2004년 미국 장애인교육발전법(Individuals with Disabilities Education Improvement Act: IDEIA)으로 재인준되었다(Huefner, 2006 참조). 2004년 개정은 IDEA 2004로 불리기도 하지만(Stichter et al., 2008), 간단히 IDEA로 알기 위해서 법의 기본적 요구 사항은 수정하지 않았다. IDEA로 알려진 연방법은 모든 장애 아동과 청소년이 무상의 적절한 공교육을 받아야 함을 분명히 하고 있다.

또 다른 획기적 사건이 된 연방법은 1990년에 입법된 **미국장애인법**(Americans with Disabilities Act: ADA)이다. ADA는 장애인의 삶 전 영역에서 차별받지 않을 권리를 보장하고, 고용, 대중교통, 공공기관의 개선, 주 및 지역 정부, 전자통신의 특정 영역에서 시민권을 보호한다.

영유아기의 중재(공법 99-457)에 대해 초점을 두는 IDEA와 다른 연방법은 장애 정도나 특성과 상관없이 3~21세의 모든 아동 혹은 청소년을 위한 무상의 적절한 공교육을 명령한다. 또 공법 99-457은 장애나 장애 위험을 가진 영아를 위한 조기 중재 프로그램을 개발하는 주에 인센티브를 제공한다. 이와 함께 법은 공립학교가 장애를 가진 모든 아동 및 청소년을 판별하고 이 학생들에게 특수교육 및 관련 서비스를 제공할 것을 요구한다.

우리가 IDEA로 알고 있는 연방법은 모든 장애아동을 위한 무상의 적절한 공교육을 명령한 첫 번째 연방법으로 매우 혁명적이다. 이 법의 기본 조항들은 다음의 〈핵심 개념〉에 기술되어 있다.

IDEA는 1990년에 통과되었고 1997년과 2004년에 개정되었는데, 공립학교는 장애를 가진 모든 학생에게 동등한 교육의 기회를 제공하는 것을 포함한다.

* 법은 주로 PL(공법)이라고 지명하는데 숫자에 하이픈을 붙인다. 첫 번째 숫자는 법안이 통과된 의회의 숫자를 나타내며, 두 번째 숫자는 그 법안의 수다. 공법 94-142는 94회 의회에서 통과된 142번째 공법이라는 뜻이다.

IDEA의 주요 조항

각 주 및 지역은 다음 내용이 분명히 포함되도록 계획을 수립해야 한다.*

판별	모든 장애 아동 및 청소년을 선별하고 판별하기 위한 다각도의 노력
무상의 적절한 공교육(FAPE)	모든 장애학생은 부모 및 후견인의 비용 지불 없이 적절한 공교육을 받음
적법절차	학생이 평가, 진단, 배치를 받기 전에 정보와 제공된 정보 내용에 대한 학생과 부모의 권리, 만약 학교의 결정에 동의하지 않을 때는 공평한 적법절차를 들을 수 있는 권리
부모/대리후견인 상담	학생의 부모 혹은 양육자는 학생의 평가, 배치, 교육 계획에 대해 상담해야 함. 만약 부모나 양육자가 이해하지 못하거나 적절한 교육이 불가능하다면 학생을 도와줄 수 있는 대리부모를 선정해야 함
최소제한환경(LRE)	학생의 교육적 필요에 부합하는 환경에서 교육받아야 하며 가능한 한 비장애아동과 함께 최소제한환경에서 교육받아야 함
개별화교육 프로그램(IEP)	장애를 가진 개별 학생을 위한 공식적인 개별화교육 프로그램이 준비됨. 기능의 현행 수준, 장기 목표, 학생이 일반학급이나 일반 교육과정에 참여하지 않는다면 그 범위, 제공될 서비스, 서비스 시작일과 평가 계획, 필요한 전환 서비스(학교부터 직업, 평생교육까지)를 포함함
비차별적 평가	학생은 장애로 인해 관련되는 모든 영역의 평가를 받되, 언어나 문화적 특성, 장애로 인한 편견이 평가에 영향을 주어서는 안 됨. 평가는 반드시 초학문적 팀이 수행하며, 배치 및 계획 시 단일한 평가 절차만을 준거로 사용해서는 안 됨
비밀보장	학생의 부모나 양육자는 기록을 볼 수 있지만, 평가 결과와 배치에 대한 비밀을 지켜야 함
인력 개발, 현직교육	장애학생의 요구를 충족하는 데 있어서 일반교사를 위한 현직교육을 포함한 교사 및 다른 전문가를 위한 교육과 훈련

* 주요 연방법과 정부 제도에 대한 자세한 적용은 이 주요 규정에 따름.

역사적으로 소송은 점차 구체적이 되었고 의무화되었다. 그러나 1980년대 초반, 정치적 전략에 의해 철폐된 연방법은 주의 권리 및 지방자치 권한을 강조하였는데, 이로 인해 IDEA(이때는 여전히 공법 94-142로 알려진)의 조항 일부를 무효화하고 연방 규제를 완화시키려는 시도가 있었다. 교육에 대한 연방정부의 투자 중단 및 특수교육 프로그램의 철폐는 아직도 대다수 사람이 지지하는 생각이다. 특수교육에 대한 연방법이 비난을 받게 된 것은 당연하다. 연방법에 대한 불만은 연방정부가 특수교육 기금을 상대적으로 적게 배분했다는 사실 때문이다. IDEA의 요구가 구체적이기 때문에 주 및 지방 정부는 특수교육 프로그램 비용의 대부분을 지불한다. 몇몇 사람은 특수교육의 법적 역사를 '길고, 이상한 여행'으로 특징짓는다(Yell, Rogers, & Rogers, 1998, p. 219). 특수교육법은 매우 논쟁적이고, IDEA를 넘어서려는 싸움도 여전히 진행 중이다. 1997년과 2004년의 IDEA의 개정 및 존속은 학교, 고용주, 정부기관에 장애인의 능력을 인식하도록 요구하는 의무를 일관되게 명시하고 있지만, 2004년 개정으로 인한 실제적인 변화에 대해서는 여전히 논쟁 중이다(Turnbull, 2007; Vitello, 2007). IDEA와 ADA는 장애인들도 비장애인들이 당연하게 여기는 일상의 모든 활동에 가능한 한 최대한 참여할 수 있도록 수정을 요구한다. ADA의 요구는 장애인에게 고용, 이동, 공적 수정, 주 및 지방 정부, 전자통신에서 동등한 기회를 주고자 하는 의도가 포함되어 있다.

21세기 초, 조지 부시 대통령은 연방법에 아동낙오방지법(No Child Left Behind: NCLB)을 포함시켰으며, 이는 특수교육을 포함한 공공학교의 핵심 사항이 되었다(Heufner, 2006; Yell & Drasgow, 2005 참조). NCLB는 장애학생을 포함한 모든 학생의 학업 수행을 증진시키려는 시도다. NCLB와 IDEA에서는 장애학생도 학업 성취에 대한 표준화 검사를 실시하고 비장애학생과 동등한 수준을 성취해야 한다는 것을 명시하였다. 게다가 모든 교사에게 결과로만 해석할 수 없는 수준을 언급하면서 '매우 높은 질'을 요구하고 있다(Gelman, Pullen, & Kauffman, 2004). 어떤 사람들은 NCLB의 요구가 합리적이지도 않고 성과적이지도 않다고 언급하는데, 특히 특수교육 분야가 그렇다(Kauffman, 2004, 2005, 2010; Kauffman & Konold, 2007; Rothstein, Jacobsen, & Wilder, 2006).

법은 법원에서 실제로 요구하는 것이 무엇인지 정확하게 해석하기 전까지는 장애인의 삶에 영향을 미치지 못한다. IDEA와 관련 연방 및 주 법이 통과된 이래 부모 및 전문단체의 행동을 통해 특수아동의 삶이 법정에서 조금씩 보장받기 시작하였다. 따라서 미국의 법 체계가 특수아동을 위한 적절한 교육을 지키거나 방해하는지에 대한 그림을 완성하기 위해 우리는 반드시 소송을 살펴봐야 한다.

Zelder(1953)는 공교육이 시작된 초창기에 학교 출석은 학교 공무원의 판단에 따라 각 아동에게 상으로 주어지거나 제지로 사용되는 특권이었다고 주장하였다. 19세기 후반과 20세기 초, 법원은 질서를 유지하고 과도한 요구에 시달리는 교사를 보호한다는 명목하에 일반아동에게 방해가 되는 장애아동을 학교에서 제외할 수 있다는 것을 알게 되었다. 20세기 초반 법원은 학교에 다니는 대다수의 아동을 보호한다는 명목으로 소수의 장애학생을 제외하고 있었다. 그러나 현재는 더 이상 장애아동을 학교로부터 배제하지는 못한다.

오늘날 법원은 학교에 다니는 것은 장애와 관계없이 모든 아동의 권리로 해석해야만 한다. 최근의 소송은 모든 아동이 그들의 개별적 요구에 맞는 적절한 교육을 받는지를 확실하게 하는 데 초점을 둔다. 몇몇 법학자가 지적한 것처럼, 이는 법 혹은 소송이 모든 장애학생의 일반교육으로의 완전통합을 지지하는 것은 아니다(Bateman, 2007, 2011; Dupre, 1997; Huefner, 1994, 2006).

소송이 발생하는 이유는 다음 두 가지 중 하나다. ① 특수교육 서비스를 원하는 부모와 학생에게 특수교육 서비스를 제공하지 않을 경우, ② 특수교육 서비스를 원하지 않는데 학생을 특수교육 서비스로 배치하는 경우다. 특수교육을 위한 소송은 주로 장애아동이 모든 교육에서 거부당하거나, 제대로 된 특수교육 서비스를 받지 못할 때 이루어진다. 이러한 소송을 제기하는 부모는 장애 판별에 의한 불이익보다는 특수교육 서비스를 받기 위한 판별의 장점을 중요시한다. 특수교육을 거부하는 소송은 주로 경도나 확실치 않은 장애를 가진 학생의 부모에 의해 이루어진다. 이러한 부모들은 그들의 아동이 특수교육으로 이익을 얻기보다는 낙인찍히고 차별받는다고 믿는다. 따라서 오늘날의 법정은 개별 학생의 특성이 특수교육 프로그램에서 어느 정도의 무게를 갖는지 결정하도록 요구받는다.

부모는 장애 자녀의 요구에 적절한 교육을 원하지만, 불필요하게 낙인찍히지 않고 가능한 한 일반학급에서 교육받는 무상의 적절한 공교육을 원한다. 교육과 관련된 법은 교육에 대한 부모 및 아동의 권리를 인식하고 있다. 오늘날의 법원에서 입증 책임(burden of proof)은 궁극적으로 지역 및 주 교육 전문가에게 있는데, 학생의 능력과 장애가 확실하고 적합하게 진단되었으며 적절한 교육적 절차가 사용되고 있다는 것을 보여 주어야만 한다. 특수교육 관련 소송은 대부분 아동의 특수교육 적격성을 결정하기 위해 사용한 지능 및 다른 표준화 검사의 사용에 대한 논쟁도 포함된다. 비록 지능검사에 대한 논쟁이 신랄하지만, 몇몇 학자는 IQ 점수가 그 자체로 아동을 특수교육에 배치하는 것이 적격하다고 분류하는 주요 수단이 될 수 없음을 발견해 왔다.

1980년대에 역사적인 법원 판례가 있었다. 1982년 미국 고등법원은 Hudson 대 Rowley 판례에서 공법 94-142(현재의 IDEA)에 대한 첫 번째 해석을 하였다. 이 사례는 청각장애를 가진 Amy Rowley라는 아동에 대한 것이다. 법원은 청각장애 아동을 위한 적절한 교육이 반드시 최대한의 잠재적 성과를 생산하는 교육을 의미하는 것은 아니라고 하였다. Rowley의 부모는 만약 수화 통역사가 제공되었다면 Rowley가 학교에서 더 잘 배울 수 있었을 것이라고 주장하였다. 그러나 법원은 학교가 Rowley를 위한 특수한 서비스로 개별화된 프로그램을 설계하였고 Rowley가 일반학급 친구들과 같거나 그 이상을 성취하였기 때문에 학교는 적절한 교육을 제공했으니 위법이 아니라고 판결하였다.

앞으로의 판례들은 당연히 '적절한 교육'과 '최소제한환경'이 의미하는 바를 명확하게 할 것이다. 2장에서 우리는 법과 그것이 의미하는 바에 대해 더 자세히 살펴볼 것이다. 우리는 개별화교육 프로그램(IEP)의 기록과 최소제한환경(LRE)의 의미에 대해 더욱 관심을 기울일 것이다.

특수교육의 진보

특수교육은 미국 공교육에 도입된 이래로 100년에 걸쳐 긴 길을 걸어 왔다. 특수교육은 공교육 시스템에 포함되어야 하는 것이지 예외적이거나 실험적인 대상은 아니다. 25년 전 IDEA가 입법화되었고 그 이후 많은 진보가 있어 왔다. 현재 장애 자녀와 부모들은 무상의 적절한 공교육을 받을 권리를 가진다. 이제 그들은 적절한 교육이나 관련 서비스를 제공하지 않는 학교 관리자와 마주쳐도 무력해지지 않는다. IDEA의 입법은 학교와 부모 간 힘의 관계를 바꾸는 20세기의 매우 드문 사건 중 하나다(Gerber, 2011; Sarason, 1990).

비록 IDEA나 관련 법, 법원의 판례가 특수아동을 위한 완벽한 프로그램까지 이끌지는 못했지만 미국 공립학교에서 장애학생에게 더 나은 교육 기회를 제공하는 변화를 가져왔다(Bateman, 2007). 20세기와 21세기에 입법된 법들은 장애를 가진 모든 신생아 및 영아가 조기 중재를 받도록 보장하는 것을 돕는다. ADA 같은 법들은 장애 아동과 성인이 미국 사회에서 차별받지 않도록 보장한다. 법과 법원 판례들은 우리 사회의 모든 문제를 제거하지는 못하지만, 장애인에 대한 기회를 공평하게 만들고 불이익을 최소화하려는 우리의 노력에 엄청난 도움이 되었다. 그러나 특별한 학습자에게 그들이 필요로 하는 교육을 제공하기 위해서는 법 이상의 것이 요구된다. 특수교육은 다양한 관점과 개념, 구체적으로 예방, 조기 중재, 현대 의학이 제공하는 과학적인 것에 기반을 둔 효과적 처치에 강조를 두어야만 한다(Kauffman, 2007; Kauffman & Hallahan, 1974, 2009).

그동안 우리는 많은 진보를 이루어 왔지만, 우리가 희망하는 것을 구체화하는 것은 계속되는 투쟁일 뿐만 아니라 앞으로도 계속될 것이다. 2장에서는 분류에 초점을 둔 현재의 이슈와 특수교육 및 관련 서비스의 발전 방향에 대해 논의할 것이다.

요약

특수성과 특수교육의 기원은 어떻게 변화되었는가?

- 특수성은 유사점과 차이점을 포함한다.
- 낙관론에 대한 기대는 더 나은 처치 및 교육, 의학적 해결 그리고 예방을 포함한다.
- 장애뿐만 아니라 능력은 반드시 인식되어야 한다.
- 장애는 어떤 것을 할 때 무능한 것을 말한다. 사회적 제약은 누군가에 의해 강제로 제한되는 것이다.
- 무능력한 사람이 모두 장애인인 것은 아니다. 장애는 대부분의 사람이 전형적인 성숙이나 기회, 교육을 통해 할 수 있는 어떤 것에 대한 무능력을 말한다.

특수교육 대상자의 교육적 정의는 무엇인가?

- 특수교육 대상자는 그들이 갖고 있는 잠재력을 개발하기 위해 특수교육을 필요로 하는 사람들이다.
- 대부분의 장애인이 특수교육을 필요로 하나, 그렇지 않은 사람도 있다.

특수교육 대상자의 출현율은 어떠한가?

- 100명당 약 10명의 학생(학생 인구의 약 10%)이 특수교육 대상자로 판별된다.
- 몇몇 장애 범주는 높은 발생률을 나타내는데, 이는 다른 장애에 비해 상대적으로 빈번하게 발견되기 때문이다(예: 학습장애, 의사소통장애, 정서·행동장애).
- 몇몇 장애 범주는 낮은 발생률을 나타내는데, 이는 상대적으로 잘 나타나지 않기 때문이다(예: 시각장애, 청각장애, 농-맹).

특수교육의 정의는 무엇인가?

- 특수교육은 특별한 학습자들의 독특한 요구를 만족시키는 특별하게 설계된 교수를 의미한다. 이것은 특별한 교재, 교수 기술, 혹은 장비나 시설을 포함한다.
- 최신 경향은 일반교육 환경으로 최대한 가깝게 배치하는 것이 보편적인데, 특히 어린 아동일수록 그렇다.

특수교육의 역사와 기원은 무엇인가?

- 특수교육은 기관에서 제공하게 되었으며, 19세기에는 주요 도시에서 공교육을 실시하였다.
- 의사 및 심리학자들이 특수교육의 초기에 중요한 역할을 하였다.
- 20세기에는 미국 장애인 특수교육협의회(Council for Exceptional Children: CEC)와 같은 중요한 부모 및 전문가 단체가 많이 설립되었다.

특수교육에 영향을 끼친 법률과 소송에는 어떤 것이 있는가?

- 특수교육에 주요 영향을 미친 법률은 미국 장애인교육법(Individuals with Disabilities Education Act: IDEA)이며, 1970년대에 입법되었고, 2004년에 미국 의회에 의해 개정되었다.
- 중요한 다른 법은 미국장애인법(Americans with Disabilities Act: ADA)이며, 고용 및 의사소통에서의 장애인에 대한 차별을 금지하였다.
- 21세기에는 아동낙오방지법(No Child Left Behind: NCLB) 또한 특별한 학습자의 교육에 중요한 영향을 미쳤다.
- 고소(소송)가 법의 의미 및 적용에 해석을 부가하였다.
- 어떤 부모들은 자녀가 특수교육 대상자로 판별되는 것을 막고 일반교육 환경에서 교육받기 위해 소송을 한다. 반면 어떤 부모들은 자녀가 특수교육을 받을 수 있도록 판별받고 좀 더 특별한 환경에 배치될 수 있도록 소송을 한다.

특수교육의 진보에 대한 우리의 전망은 어떠한가?

- 특수교육은 엄청난 진보를 해 왔으며, 이것을 좀 더 발전시키는 것은 지속적인 투쟁이 될 것이다.

특수교육협의회

전문적 기준

이 장에서 다루어진 미국 장애인 특수교육협의회(Council for Exceptional Children: CEC)의 공통 핵심 지식 및 기술: ICC1K1, ICC1K2, ICC1K4, ICC1K5, ICC1K6, ICC1K8, ICC4S4, ICC5K2, ICC5S1, ICC5S3, ICC5S10, ICC7S1, ICC7S9, ICC8S2, ICC9K4, ICC9S5, ICC10K1, ICC10K4, ICC10S1, ICC10S4

부록: CEC의 공통 핵심 기준과 관련된 지식 및 기술을 제공한다.

MYEDUCATIONLAB

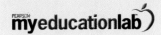

MyEducationLab(www.myeducationlab.com)의 주제 1: 법, LRE와 IEP에서 다음의 내용을 찾을 수 있다.

- 국가 수준의 기준들과 관련된 전반적 개념에 대한 학습 성과
- 각 장의 내용을 보다 심도 있게 이해하도록 도와주는 과제 및 활동 수행
- IRIS Center Resources에서 볼 수 있는 어려운 상황들에 대한 검토
- 교수 기술 수립과 학습 주제 경향을 확인할 주요 개념 이해에 대한 실제의 적용
- Book-Specific Resources의 Study Plan을 통한 교재 내용에 대한 이해도 측정. 여기에서 각 장의 퀴즈 수행, 정답에 대한 피드백을 통해 복습, 연습, 심화 활동으로 이해도를 높일 수 있음
- CCSSO 올해의 교사상 수상자의 교사 면담 코너를 통해 '왜 나는 가르치는가?'에 대한 답변 영상 시청

특별한 학습자의 지원 실제

펜으로 예언하는
작가와 논객들이여 오라
그리고 눈을 크게 뜨라
기회는 다시 오지 않으니.
운명의 바퀴는
아직 돌고 있으니
서둘러 논하지 말고
서둘러 규정하지 말라.
지금의 패자들은
훗날 승자가 되리니
시대는 변하고 있으므로.

-Bob Dylan • '시대는 변한다(The Times They Are A-Changin)'

주요 질문

● 학교 환경에서 특수교육 서비스를 받을 특별한 학습자는 어떻게 평가되고 판별되는가?

● 장애학생의 개별화된 교육에 있어서 특수교육법은 어떻게 그 목적을 실행하는가?

● 특별한 학습자를 위한 다양한 배치 선택은 무엇인가?

● 완전통합에 찬성하거나 반대하는 주된 논쟁으로는 어떠한 것들이 있는가?

● 협력과 중재에 관한 학교에서의 현재의 실제는 어떠한가?

● 개별화교육 프로그램을 제공하는 데 있어서 일반교사와 특수교사의 역할은 무엇인가?

● 장애학생을 학교에 통합하는 것에 대한 경향과 이슈들은 무엇인가?

● 표준기반 개혁(standards-based reform)은 특수교육에 어떤 영향을 주었는가?

● 특별한 학습자에게 제공되는 서비스에 대한 견해는 무엇인가?

오해 • 모든 전문가는 장애인을 돕기 위해서 공학(technology)을 최대한으로 이용해야 한다는 것에 동의한다.

사실 • 일부 전문가는 장애인이 지나치게 의존적이 될 수도 있기 때문에 공학은 조심스럽게 사용되어야한다고 믿는다. 일부 전문가는 장애인이 그들의 능력을 개발하는 대신에 공학에 의존하려는 경향이 있다고 믿는다.

오해 • 모든 장애학생은 일반학생과 마찬가지로 표준화된 시험에 포함되어야 한다.

사실 • 대부분의 장애학생은 표준화된 시험 절차에 포함될 것이다. 그러나 어떤 학생들에게는 주어진 시험이 부적절할 수 있다. 어떤 학생은 그들의 특별한 장애에 적절한 시험 절차 수정을 요구할 것이다. 하지만 장애학생이라고 해서 표준화된 평가에서 더 이상 자동적으로 제외할 수는 없다.

오해 • 의심의 여지 없이 특수학급들은 비효과적이며 통합이 효과적이라는 것이 연구로 입증되었다.

사실 • 특수교육 대 일반교육 배치를 비교한 연구는 결정적인 것이 아니다. 왜냐하면 이런 연구 대부분은 방법론적인 면에 문제가 있기 때문이다. 이제 연구자들은 좀 더 효과적인 통합 방법을 찾는 것에 중점을 두고 있다.

오해 • 조기 중재 프로그램을 담당하고 있는 교사는 아동뿐만 아니라 부모도 평가할 필요가 있다는 것에 모든 이가 동의한다.

사실 • 현재 일부 전문가는 가족이 중재 프로그램의 중요한 부분이고 어떤 점에서는 개입이 되어야 하지만, 특수교사들은 기본적으로 부모가 아닌 아동에게 그들의 평가 노력의 중점을 두어야 한다고 믿고 있다.

오해 • 좋은 조기 중재 프로그램은 장애아동이나 일반아동 모두에게 동일해야 한다는 데 모든 이가 동의한다.

사실 • 장애아동들을 위한 조기 중재 프로그램이 전형적인 일반 유아 프로그램들처럼 아동 주도여야 하는지, 아니면 좀 더 교사 주도여야 하는지에 대한 의견 대립이 전문가들 사이에 존재한다.

오해 • 전문가들은 중·고등학교에 다니는 모든 장애학생에게 직업 준비에 중점을 둔 교과과정이 제공되어야 한다고 동의한다.

사실 • 전문가들은 장애 정도가 경한 학생들이 직업 지도와 대비해서 교육적인 교수를 어느 정도 받아야 하는지에 대해 갈등한다.

Bob Dylan은 풍부한 논쟁과 변화로 이루어진 특수교육 역사를 위해 '시대는 변한다(The Times They Are A-Changin)'(51쪽 참조)의 가사를 썼을 수도 있다. 논쟁과 변화는 장애에 대한 교수와 연구를 도전적이고 흥미롭게 만든다. 1장에서 간단히 서술한 특수교육의 역사에는 예상치 못한 우여곡절이 충분히 있었다. 과거에는 많은 발달이 예상치 못한 결과들을 만들었고, 오늘날의 많은 사건 사고와 양상은 우리가 예측하지 않은 결과들을 초래할 것이다.

극적인 변화들은 21세기 첫 10년 동안 발생했고 더 많은 변화가 의심할 여지 없이 이어질 것이다. 오늘날 특수교육의 비판적인 중요한 이슈 중 하나는 특수교육 서비스를 제공하기 위하여 특수교육이 필요한 학생인지를 판별하는 것이다. 특히 학습장애 영역이 그러하다. 판별 방법에 대한 장기간의 논쟁으로 인해서 중재반응(response to intervention: RTI)이란 모델이 나왔다. 중재반응모델이란 학습장애 학생들을 판별하기 위한 접근 방식으로, 현재 많은 전문가의 주목을 받고 있다. 3장의 주제인 다문화 특수교육 운동 역시 특수교육 분야에서 앞서 가고 있다. 이 장에서 우리는 개별 장애인의 요구에 관한 중요한 이슈들뿐만 아니라 특별한 학습자들에게 제공되는 서비스의 중요한 동향에 대하여 탐구한다.

특별한 학습자의 평가와 판별

미 공법 94-142인 전장애아교육법(Education for All Handicapped Children Act)이 통과한 이래 특수교육 상황이 극적으로 변화했음에도 한 가지 중요한 이슈는 지속적으로 남아 있다. 1975년에 만들어진 이 법의 원래 목적은 오늘날과 동일하게 모든 장애아동에게 반드시 무상의 적절한 공교육(free appropriate public education: FAPE)을 제공하기 위한 것이다(Yell & Crockett, 2011). 장애학생들에게 그들의 잠재적 능력을 최대화하는 환경(최소제한환경)에서 적절한 교육을 제공하기 위해서 학교는 효과적인 실제를 적용해야 한다. 특별한 학습자를 판별하는 가장 좋은 방법이 무엇인지에 대해서는 오랫동안 논쟁이 계속되고 있다. 다음에서는 특수교육 서비스를 받기 위한 학생들을 파악하는 두 가지 중요하고도 기본적인 방법에 대해서 논의한다.

의뢰전 팀

전통적으로 교사가 학교에서 어려움을 겪고 있는 아동을 관찰했을 때 **의뢰전 팀**(prreferral team: PRT)이라 불리는 전문가 그룹(예: 특수교사, 상담가, 행정가, 심리학자)은 특수교육 평가를 의뢰하기 전에 그 학생을 위해 대안적 교육 전략을 찾기 위해서 일반

교사와 함께 일하도록 소집되었다. 일반적으로 교사들은 가르치기 힘든 학생을 돕기 위해 자신만의 전략들을 시행하다가 지쳐 버린 후에야 도움을 요청했다. 그러면 의뢰전 팀은 교사가 의뢰한 학생 정보를 검토했다. 그런 다음 교사가 학생을 돕기 위해 시도해 볼 만한 내용들을 제안했다. 만약 학생이 계속 어려움을 겪는다면 특수교육으로 의뢰되고, 전체적인 평가가 실시되었다. 의뢰전 팀 방법은 매우 인기 있었고 오늘날에도 여전히 실행되고 있기는 하지만, 그

전문가 그룹은 어려움을 겪고 있는 학생들을 위한 정책을 마련하기 위해서 때때로 일반교사들과 함께 일한다.

효율성에 대한 연구는 거의 이루어지지 않고 있다(Hallahan, Lloyd, Kauffman, Weiss, & Martines, 2005 참조).

중재반응모델

가장 최근의 장애인교육법(Individuals with Disabilities Education Act: IDEA)의 재인준으로 의회는 학습장애라고 의심되는 경우에 특수교육을 받을 자격이 있는지를 결정하기 위해서 추가적인 선택권들을 포함했는데, 그것은 특수교육으로 위탁되기 전에 일반교육에서 다양한 단계의 지원을 하도록 하는 것이다. 그 규정은 "미국 주(states)에서는 아동이 구체적인 학습장애가 있는지 여부를 결정하는 데 있어서 평가의 한 부분으로서 과학적 연구기반 중재에 반응하는지 아닌지를 결정하는 절차에 의뢰할 수 있다."라고 서술하고 있다. 실제에서 이런 개념은 **중재반응모델**(response to intervention: RTI)이라는 용어로 일컬어지고 있다.

중재반응모델(RTI)이란 무엇인가 중재반응모델이란 교수 결과인 학생의 학업적 수행이나 행동 변화(혹은 변화의 부족)를 나타낸다(Duhon, Messmer, Atkins, Greguson, & Olinger, 2009; Fuchs, Mock, Morgan, & Young, 2003; O'Connor & Sanchez, 2011). 중재반응모델에서, 학생은 특수교육 서비스 제공 여부에 대한 공식적인 평가를 하기 전에 일반교실에서 양질의 지도를 받아야만 한다. 교사는 학생이 교수 후에 도움이 되었는지를 결정하는 데이터를 모은다. 그 학생이 연구에 기초한 일반교사들의 양질의 지도가 도움이 되지 못했다는 교사들의 결정이 있은 후에야 특수교육을 받을지에 대한 공식적인 평

인터넷 지원

중재반응모델의 효과적인 이행에 관한 더 많은 정보를 얻기 위해서는 RTI Action Network 웹사이트(http://rtinetwork.org/)를 방문하라. 그리고 RTI 과정에서 전문가들의 역할을 서술하는 자료집은 http://asha.org/uploadedFiles/slp/schools/prof-consult/rtiroledefinitions.pdf/에서 찾을 수 있다.

가가 진행된다.

중재반응모델은 대개 학습장애와 학업적 학습과 연관이 있다. 그러나 중재반응모델은 어떤 장애를 지녔든지 모든 장애학생에게도 영향을 미치며, 학습장애에만 국한되지 않고 다른 사회적 행동에도 적용될 수 있다(Cheney, Flower, & Templeton, 2008; Fairbanks, Sugai, Guardino, & Lathrop, 2007). 전문가들은 다양한 중재반응모델 접근 방식들을 경도장애와 행동장애, 지적장애, 자폐, 영재성을 포함한 다양한 장애학생에게 적용하고 있다.

판별을 위한 다단계 모델 중재반응모델 접근 방식은 예방의 다단계 모델(multitiered model of prevention)을 기반으로 하고 있다. 그 어떤 모델도 누구에게나 일반적으로 받아들여지는 것은 아니지만 중재반응모델은 어려움을 경험하고 있는 학생을 위해 계속해서 집중적인 세 가지 지도 단계를 제공한다(Mercer, Mercer, & Pullen, 2011; O'Connor & Sanchez, 2011). 일반적으로 1단계(Tier 1)는 학업 실패 위험에 처해 있을 수도 있는 학생들의 선별, 우수하고 연구에 기반을 둔 교수, 학생의 진보 향상을 매주 관찰하기를 포함한다(Fuchs, Fuchs, & Stecker, 2010). 교사는 교과과정과 또래 학생들과의 관계 등에 대한 학생의 진보 향상을 관찰하고, 차별화된 다른 교수를 제공한다. 만일 그 학생의 성과가 향상되면 더 이상의 다른 행동은 취해지지 않는다. 만약에 학생의 수행이 더 나아지지 않으면 2단계(Tier 2)로 옮겨진다. 여기에서는 보통 작은 그룹으로 지도를 받는데, 학생이 어려움을 겪는 분야(예: 읽기, 쓰기)에 대해 연구로 입증된 프로그램을 일주일에 3~4회씩 교사나 고도로 수련된 보조원들이 지도한다. 만일 여기에서도 학생의 수행이 향상되지 않으면 학생에게 장애가 있는지 결정하기 위해 여러 분야의 전문가들로 구성된 팀이 소집된다. 그러고 나서 3단계(Tier 3), 즉 특수교육을 받을 자격이 된다. 적절한 배치 안에서 특수교사가 제공하는 좀 더 집중적인 중재가 진행된다. [그림 2-1]은 중재반응모델의 틀 안에서 특수교육에서의 지도와 가능한 배치가 어떻게 용이하게 이루어지는지를 보여 준다.

중재반응모델의 진단 · 평가 실제 중재반응모델에서 진단 · 평가의 기본적인 목적은 학업 실패의 위험이 증가하고 있을지도 모르는 학생들을 찾아내고, 교수의 효율성을 결정하는 데이터들을 모아서 적절한 교

연방법은 일반 교육과정의 진보 평가에서 장애학생들을 통합하는 것은 각 개인의 개별화교육 프로그램(IEP)을 반드시 고려해야만 한다는 것을 요구하고 있다.

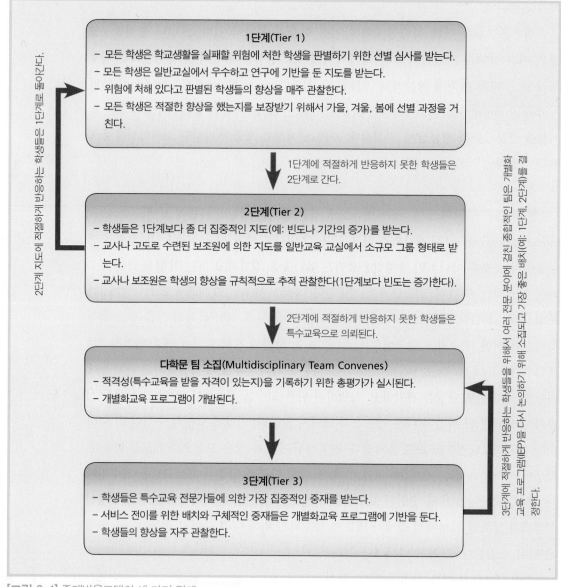

[그림 2-1] 중재반응모델의 세 가지 단계

육적 결정을 할 수 있게 하는 데에 있다(Mercer et al., 2011). 중재반응모델 절차의 가장 흔한 두 가지 진단·평가 형식은 선별(screening)과 진보 평가(progress monitoring)다.

교사나 학교심리학자들은 학교생활 실패의 위험에 처해 있을지도 모르는 학생들을 확인하기 위해서 **선별 도구**(screening instruments)를 사용한다. 선별 도구는 전형적으로 전체 학생 그룹에 행해지고 짧은 시간 안에 많은 학생에게 주어진다. 교사는 선별 결과를 이용해서 추가로 진보 평가와 2단계 지도가 필요한 학생들을 알아낸다.

진보 평가는 교사가 일정한 간격을 두고 시행하는 자주 그리고 빠르고 쉽게 측정할 수 있는 평가이며, 학생이 기대한 만큼 배우고 있는지 아닌지에 대한 정보를 제공한다. 진보 평가 도구들을 시행하는 목적은 현재의 교육 실습이 학생 개개인을 위해 적합한지 아닌지를 결정하고 그들의 교육적 요구를 판별하기 위해서다. 진보 평가의 가장 보편적인 형태는 **교육과정중심 측정**(curriculum-based measurement: CBM)이다. 교육과정중심 측정은 평상시의 교육 자료들에 대한 학생의 반응과 연관이 있는데, 학생의 교육과정 수행의 직접적이고 빈번한 샘플 수집으로 이루어진다. 교육과정중심 측정은 학생의 중재반응모델에 대한 반응을 결정하는 방법으로 가장 흔하게 사용된다(L. S. Fuchs et al., 2007). 우리는 본문을 통해 교육과정중심 측정이 다양한 특수성(exceptionalities)을 가지고 있는 학생들의 진단·평가와 지도에 어떻게 연관되어 있는지를 좀 더 자세히 논의한다.

　　중재반응 판별 모델의 지원　중재반응 판별 모델을 옹호하는 사람들은 그것이 특수교육으로 의뢰되는 학생들의 수를 감소시킬 것이라고 주장한다. 단계마다 제공되는 고품질 교수의 결과로서 중재반응모델은 학생이 정말 장애가 있는지, 그 학생에게 적절한 교수가 이루어지지 않았거나 학생이 교수를 받지 못한 대상은 아닌지를 결정하는 것을 도와준다(Boardman & Vaughn, 2007 참조). 불행하게도 중재반응모델이 효과적인지의 여부를 결정하는 검증된 연구 결과는 거의 없다. 미국 내에서 단지 몇몇 학군(school district)의 학교들만이 중재반응모델을 대규모로 사용하고 있다. 게다가 미국 장애인교육법은 중재반응모델을 장애학생들을 판별하기 위해서뿐만이 아니라 모든 학생의 교육 향상의 수단으로도 사용할 수 있는 선택권을 학교들에게 주었다. 최근에는 중재반응모델이 학습에 어려움을 겪고 있는 학생들을 위해 조기 중재와 교수를 향상시킬 수 있는 방법이라고 옹호하지만, 일부에서는 장애를 판별하는 수단으로서 중재반응모델의 사용은 의심스럽다는 논쟁이 일고 있다(Boardman & Vaughn, 2007; Kavale, Kauffman, & Bachmeier, 2007). 우리는 이러한 이슈들에 대해 6장 '학습장애 학습자'에서 좀 더 논의하기로 한다.

특수교육법의 목적:
장애학생을 위한 개별화 교육

　　1975년에 통과되고 이후 개정된 특수교육법의 기본적인 의도는 장애학생이 적절한 교육적 서비스를 반드시 받게 하기 위해서 교사가 장애학생 개인의 요구에 중점을 두게 하려는 것이다. 학교 기관 관련 구성원뿐만 아니라 부모와 장애학생 당사자를 포함하는 다학문 팀은 개인이 받는 서비스의 적절한 시기를 결정한다. 개별화교육 프로그램은 이런 점에 초점을 둔다. 즉, 개별화교육 프로그램은 학교가 장애학생들의 요구에 응하기 위해 어떻게 계획을 세우는지를 상세하게 설명한다. 개별화교육 프로그램 이외에도 영아들을 위한 개별화가족서비스계획과 청소년들을 위한 전환교육은 장애 아동들과 청소년들에게 적절한 개별화 프로그램을 제공하는 중요한 계획이다.

개별화교육 프로그램

개별화교육 프로그램(individualized education programs: IEP)은 학생들이 받는 교육적인 서비스들을 서술하는 법률 문서다. 개별화교육 프로그램은 아동마다 그리고 학군마다 그 형식과 세부 사항이 매우 다양하다. 개별화교육 프로그램 작성을 도와주는 안내

〈표 2-1〉 개별화교육 프로그램의 법률적 필요조건

장애인교육법(IDEA)에 의하면 개별화교육 프로그램에 필수적으로 요구되는 내용은 다음과 같다.

1. 아동의 학업 성취와 기능 수행의 현재 수준에 대해 진술해야 한다. 많은 개별화교육 프로그램 형식에서 이것은 현재 수행 단계(present level of performance: PLOP)라고 불린다. 몇몇 경우 현재 수행 단계(PLOP)는 학업 성취와 기능 수행의 현재 단계(present level of academic achievement and functional performance: PLAAFP)라는 리스트로 작성된다.
2. 학업적 · 기능적 목표를 포함하는 측정 가능한 연간 목표를 진술해야 한다. 그 목표들은 아동이 일반교육의 교육과정에 접근하는 것을 가능하게 해 주는 것이어야 한다는 것을 법으로 분명히 명시하고 있다.
3. 연간 목표에 도달하기 위한 아동의 향상 정도를 어떻게 측정할지에 대한 서술과 그것에 대한 주기적 보고서를 언제 보고할지에 대해서 명시하고 있다.
4. 아동이 받게 될 특수교육과 그것에 관련된 서비스, 추가적인 도움과 서비스에 대해 진술해야 한다. 서비스들은 반드시 동료들이 서로 평가하거나 검토한 연구를 기반으로 해야 한다.
5. 표준화된 성과 사정에서 아동의 학업 성취와 기능 수행을 측정하기 위해 반드시 필요한 개인에게 적합한 수정에 대해서 진술해야 한다. 만일 아동이 주나 전체 학군에서 사용하는 평가 대신에 대안 평가를 해야 한다면, 왜 그 아동이 일반 평가에는 참여할 수 없으며 왜 특별한 대안 평가가 적합한지 진술해야 한다.

개별화교육 프로그램은 16세 학생을 위해 다음과 같은 전환교육 서비스(related-to-transition services)를 요구한다.

1. 적절하게 측정 가능한 고등학교 과정 이후의 목표는 훈련, 교육, 직업, 독립적인 생활 기술(만일 필요하다면)과 관련된 나이에 적절한 전환교육사정(age-appopriate transition assessments)을 기초로 하여 서술되어야 한다.
2. 이런 목표들에 도달할 수 있도록 학생을 도와주는 데 필요한 전환교육 서비스(학과 수업에 포함된)가 필요하다.

개별화교육 프로그램 팀을 구성하는 것은 법률로 명시되어 있다. 다음은 개별화교육 프로그램 팀의 필수적인 구성원이다.

1. 장애아동의 부모
2. 최소 한 명의 일반교사
3. 최소 한 명의 특수교사 또는 아동의 특수교육 제공자
4. 지역 교육 단체나 기관의 대표자. 이 사람은 장애아동의 독특한 필요에 맞게 특별히 구성된 교수 방법을 제공하거나 지도 감독할 수 있는 자격이 있어야 하고, 일반교육의 교육과정과 자원(resources)의 가능성에 대해 알고 있어야 한다.
5. 평가 결과의 교육적인 영향을 설명해 줄 수 있는 사람
6. 타당하다면 관련된 서비스 직원들을 포함하여 그 아동에 대해 특별한 전문 지식이 있는 사람
7. (필요시에는 언제든지) 장애아동

출처: Individuals with Disabilities Education Act, U.S. Department of Education.

서도 이용할 수 있다(예: Gibb & Dyches, 2007). 〈표 2-1〉은 개별화교육 프로그램의 법률적 필요조건을 요점 정리한 것이다.

연방 및 주 규정들은 정확히 얼마나 많은 세부 사항이 개별화교육 프로그램에 포함되어야 하는지를 구체적으로 명시하지는 않았지만, 지역 학군 대리인, 교사, 부모나 보호자, 그리고 (필요시에는) 아동이 만나서 개발한 진술서여야만 하고 어떤 몇 가지 요소는 반드시 포함되어야만 한다. 대부분의 학교에서 작성되는 개별화교육 프로그램은 그 계획의 중심, 즉 교육적인 구성 요소들 이외에도 미국 장애인교육법(IDEA)의 기술적 요구 사항들과 관련된 많은 정보를 포함하고 있다. [그림 2-2]는 개별화교육 프로그램의 예를 제시하고 있다. Curt는 "의욕이 낮고 훈육 문제를 가지고 있는 '태도가 불량한' 학생이라고 여겨졌던, 학업 성취도가 낮은 9학년 학생이었다. 그의 부모는 그를 특히 국어 과목에 학습장애가 있는, 의욕을 상실하고 낙담한 학생이라고 인정했다."(Bateman, 2011; Barteman & Linden, 2006, p. 150)

개별화교육 프로그램

| 학생: Curt | 나이: 15세 | 학년: 9 | 날짜: 2010년 |

개별적인 교육적 요구, 특성 그리고 학업 성취의 현행 수준과 기능적 수행(PLOPs) (일반 교육과정 참여에 영향을 주는 장애학생의 능력을 포함)	특수교육, 관련 서비스, 보조 도구, 서비스(실행 증대를 위한 또래-관점 연구에 기반), 보조적인 기술과 수정 혹은 개인적 지원 (각각에 대한 참여 시작 날짜, 빈도, 기간, 위치 포함)	측정 가능한 연간 목표와 단기 목표(진보 표시),[1] 일반 교육과정에서 진보를 보일 학업 및 기능적 목표 포함, 장애에 대한 다른 요구에 대한 목표들 (각각의 목표에 대한 진보 측정 방법 포함)
사회적 기술의 현행 수준: Curt는 일을 완수하지 못했을 때 폭력과 욕을 하고 성인의 추가적인 지시를 따르기를 거부한다.[2] 사회적 요구: • 특히 욕하는 것과 관련되어 분노조절 기술 배우기 • 요청을 받아들이는 것 배우기	1. 교사나 상담자는 분노 조절과 관련된 교수법과 프로그램에 관해 행동 전문가의 자문 받기 2. Curt를 위한 분노 조절 제공하기. 주 3회, 30분 3. 역할극 등을 포함한 또래 집단 선정. Curt는 긍정적인 역할 모델을 볼 수 있고 새롭게 배운 분노조절 기술을 연습하기 4. Curt에게 스스로 행동 점검의 책임감을 주기 위한 행동 계획 개발하기 5. Curt와 시간을 보낼 교사나 다른 멘토 제공하기(대화, 게임, 신체 활동 등) 6. Curt의 요구/목표에 관한 멘토 훈련 제공하기	장기 목표: 학기의 마지막 4/1 기간 동안, Curt는 어떤 이유에서든 2회 미만으로 방과 후에 남을 것이다. 단기 목표 1: 첫 번째 4/1학기의 마지막에, Curt는 10회 미만으로 방과 후에 남을 것이다. 단기 목표 2: 두 번째 4/1학기의 마지막에, Curt는 7회 미만으로 방과 후에 남을 것이다. 단기 목표 3: 세 번째 4/1학기의 마지막에, Curt는 4회 미만으로 방과 후에 남을 것이다. 장기 목표: Curt는 모든 교사가 수용할 만한 방법으로 말과 행동을 조절할 것이다. 단기 목표 1: 2주 때 수업 끝 부분에 Curt의 행동과 말에 대해 물었을 때 교사 6명 중 3명이 '수용할 만함'으로 대답한다. 단기 목표 2: 6주 때 수업 끝 부분에 Curt의 행동과 말에 대해 물었을 때 교사 6명 중 4명이 '수용할 만함'으로 대답한다. 단기 목표 3: 12주 때 수업 끝 부분에 Curt의 행동과 말에 대해 물었을 때 교사 6명 중 6명이 '수용할 만함'으로 대답한다.

학업 기술/조직화 기술:
- 교재 읽기
- 필기하기
- 노트 공부하기
- 암기하기
- 수업 자료 준비하기
- 주의집중 시간 늘리기와 과제 수행 행동 개선하기

현재 수준:
Curt는 위의 모든 부분에서 기술이 부족하다.

1. 말하기/언어 치료사, 특수교사, 그리고 현재 담당교사는 학업 기술을 위한 직접적이고 특별한 교수를 제공할 것이다.
   - 수업 중 필기하기
   - 시험을 위해 노트 필기 활용하기
   - 암기 힌트
   - 정보를 얻기 위한 교재 읽기 전략
2. 각 수업마다 Curt를 위한 '공부 짝꿍' 지정하기
3. 모든 수업 자료를 준비할 수 있도록 Curt의 동기 유발하기
4. 주의집중 시간과 과제 수행 시간을 늘리기 위한 동기부여 계획 개발하기
5. 첫 번째 달에 과제 수행 행동을 모니터하는 도움 제공하기와 Curt의 자기주도 기술 지도하기
6. 각 수업에서 학업 과제를 완수하기 위한 자기기록 형식과 동기 체계 제공하기

장기 목표: 학기 마지막에, Curt는 더 나은 점수를 받고 스스로 작성한 기록을 가지고 새로운 기술을 배울 것이다.

단기 목표 1: 20~30분 안에, Curt는 강의/구두 수업에서 교사가 인정할 정도로 적절하게 필기할 것이다.

단기 목표 2: 읽어야 할 10~15페이지가 주어졌을 때, Curt는 교사가 인정할 정도로 정보를 보유할 적절한 전략—즉, 지도 그리기, 밑줄 긋기, 관계망 그리기, 개요 정리, 노트하기 등—을 사용할 것이다.

학업 기술/쓰기:
Curt는 철자법, 구두점, 대문자 쓰기, 활용을 도울 강력한 교정이 필요하다.

현재 수준:
Curt는 이러한 관련 기술들의 수준이 동료보다 뒤처진 2학년 수준 정도다.

1. 구조화된 연계 프로그램을 통한 쓰기 기술(철자법, 구두점, 대문자 쓰기, 활용)을 위한 직접교수 제공
   학습도움실에서 4명 미만의 소집단 활동, 50분/매일
2. 단기 암송 기억의 어려움을 돕기 위한 지속적이고 누가적인 복습하기
3. Curt의 쓰기 프로그램을 위해 출판 목록 중 한 개를 이용하여 공통적으로 사용되는 단어 쓰기 목록 늘리기

장기 목표: 일 년 내에, Curt는 표준검사로 6학년 수준에서 1.5나 2점 수준으로 쓰기 기술 능력이 향상될 것이다.

단기 목표 1: 10개의 받아쓰기 문장이 주어졌을 때, Curt는 90%의 정확성으로 구두점과 대문자 쓰기를 할 것이다(배운 각 단원의 마지막에 검사)

단기 목표 2: 30개의 화용적인 문장이 주어졌을 때, 그의 현재 교수적 수준에서 Curt는 28개 이상의 문장을 바르게 선택할 것이다.

단기 목표 3: 6학년 쓰기에 사용되는 150개의 공통적인 단어 목록이 주어졌을 때, Curt는 95% 수준에서 철자법을 정확하게 쓸 것이다.

정규 프로그램 수정:
- 모든 수업에서 Curt는 교실의 앞자리에 앉아야 한다.
- Curt는 과제를 하는 동안 자주 불려야 한다.
- 모든 교사는 쓰기/언어 전문가와 특수교사에 의해 훈련된 교수 기술로 Curt를 도와야 한다.
- 프로그램의 주/월 초에 교사는 Curt의 수행을 면밀하게 점검하여야 한다.

---

[1] 학년 기준 평가 대신 보완적인 평가가 필요한 학생을 위해서 IEP는 단기 목표를 포함하여야 한다(진보 표시). 다른 학생들의 경우에도 IEP는 단기 목표를 포함할 수 있다. IEP는 반드시 학생의 진보 상황을 어떻게 측정하였는지를 명확하게 기술하여야 한다. 그러한 진보는 정해진 일정대로 반드시 부모에게 보고되어야 한다.

[2] 이 PLOP는, 예를 들어 매일 4회 이상이라면 질적으로 더 유용하게 사용될 수도 있다.

[그림 2-2] Curt의 IEP 예

출처: Bateman, B. D., & Linden, M. A. (2006). *Better IEPs: How to develop legally correct and educationally useful programs* (4th ed.). Verona, WI: Attainment. 허가 후 게재함.

개별화교육 프로그램을 작성할 때에 그 팀은 명료하고 유용하며 법적으로 옹호할 수 있는 문서로 개별화교육 프로그램을 개발하여야 한다. 개별화교육 프로그램들의 구성 요소들 간 관계는 특별하고 특정 개인의 요구를 고려한 맞춤교수로서 개별화 프로그램의 주안점을 유지하기 위해 명료하고 실제적이어야 한다. Curt의 개별화교육 프로그램([그림 2-2])에서 볼 수 있듯이, 구성 요소들 간의 관계는 연계되어 정리되어 있다. 개별 학생의 독특한 특징들이나 요구, 그리고 수행의 현행 수준을 알 수 있다. 이를 통해 Curt에게 필요한 특별한 서비스와 조정, 그리고 그 필요와 관련된 연간 목적과 목표 혹은 기준을 알게 된다.

개별화교육 프로그램을 작성하는 절차와 문서 자체는 아마도 미국 장애인교육법(IDEA)의 내용과 형식을 준수하는 가장 중요한 요소들일 것이다. Bateman과 Linden(2006)은 법에서 명시한 개별화교육 프로그램을 준비할 때에 준수해야 할 사항을 다음과 같이 요약한다.

- 학생들의 특별한 요구는 신중하게 평가되어야 한다.
- 전문가들로 이루어진 팀과 부모는 학생의 필요에 최선으로 부응한 교육 프로그램을 구성하기 위해서 함께 일해야 한다.
- 장기와 단기 목표들은 그것에 도달하는 과정을 평가할 수 있게 하기 위해서 명료하게 기술되어야 한다.

개별화교육 프로그램이 종종 잘못된 시기에 작성되는데, 이것은 큰 문제가 될 수 있다(Bateman & Linden, 2006). [그림 2-3]에서 제시한 것처럼 법적인 개별화교육 프로그램은 학생의 장애에 대한 평가와 판별 후에, 그리고 배치 결정을 하기 전에 작성된다. 즉, 교사들은 먼저 학생이 필요로 하는 것이 무엇인지 결정하고, 그러고 나서 필요한 서비

인터넷 자원

개별화교육 프로그램(IEP) 개발을 위해 도움이 되는 자료는 Wrightslaw로부터 얻을 수 있으며, 주소는 http://www.wrightslaw.com/info/iep.index.htm이다.

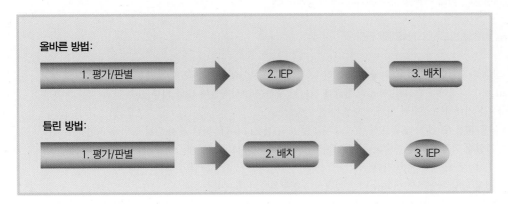

[그림 2-3] 배치의 올바르고 틀린 경로
출처: Bateman, B. D., & Linden, M. A. (2006). *Better IEPs: How to develop legally correct and educationally useful programs* (4th. ed.). Verona, WI: Attainment. 허가 후 발췌함.

스가 제공될 수 있는 최소제한환경의 배치에 대한 결정을 내린다. 우리는 너무 자주 가능한 배치에 대한 개별화교육 프로그램을 토대로 한 교육적으로 잘못된(그리고 비합법적인) 관행을 본다. 다시 말해서, 가능한 배치와 서비스들을 고려하고 난 후에 학생의 개별화교육 프로그램이 작성되는 것이다.

개별화교육 프로그램을 작성하는 데에 있어서 흔하게 일어나는 또 다른 오류는 국가 기준에 의존하는 것이다. '표준기반(standards-based)' 개별화교육 프로그램은 학생 개개인의 필요보다는 국가 기준을 기반으로 하여 성과에 초점을 맞추는 것이다(Bateman, 2011). 분명히, 국가 기준과 일반교육 교육과정에 대한 접근은 중요하다. 그러나 학생의 개별화교육 프로그램은 국가 기준에 따라야 하는 것이 아니라 그 아동에게 적합한 성과에 기반을 두어야 한다.

개별화가족서비스계획

현재 연방법은 장애가 있다고 판별된 모든 영유아에게 다양한 조기 중재 서비스를 받도록 한다. 이런 서비스들은 특수교육, 물리치료, 언어치료 그리고 의료 진단 서비스와 같은 서비스들을 포함하고 있다. 취학 전 연령의 장애아동에게는 **개별화가족서비스계획**(individualized family service plan: IFSP)이란 법률 문서가 그 아동이 받게 될 서비스들을 서술하고 있다. 개별화가족서비스계획(IFSP)은 개별화교육 프로그램(IEP)과 유사한데, 아동뿐만 아니라 그 가족까지 확대되어 포함된다. 사실 연방 법률규정은 개별화가족서비스계획의 발달에는 가족이 관련이 있다는 것을 명시하고 있다. 〈표 2-2〉는 개별화가족서비스계획의 법률상의 요구 사항들을 서술하였다. Noonan과 McCormick(2006)의 언급처럼, 개별화가족서비스계획은 6세까지의 아동들을 위해서 쓰일 수도 있지만 대

〈표 2-2〉 미국 장애인교육법에서 요구하는 개별화가족서비스계획의 필요조건

> **개별화가족서비스계획은 다음 사항을 반드시 포함해야만 한다.**
>
> 1. 신체적(시력, 청력 건강 상태를 포함한), 인지적, 의사소통, 심리적, 적응 행동 분야에서 아동 현행 발달 수준에 대한 기술 진술
> 2. 가족의 장점, 자원(resources), 걱정이나 관심사, 아동의 발달과 관련된 우선순위 사항들에 대한 기술 진술
> 3. 아동과 가족이 성취해 내기를 기대하는 주요한 성과 결과에 대한 기술 진술
> 4. 아동과 가족이 원하는 성과를 얻을 수 있는 데 필요한 조기 중재의 빈도와 강도, 서비스 전달 체계 전달 방법에 대한 기술 진술
> 5. 서비스가 제공될 수 있는 자연적 환경에 대한 진술이나 왜 그 자연적 환경에서는 서비스가 제공될 수 없는지에 대한 진술
> 6. 서비스 시작의 예상 날짜와 서비스의 예상 지속 기간
> 7. 개별화가족서비스계획의 실행 담당 책임자의 이름과 다른 기관이나 전문가들과의 서비스 조절
> 8. 공립학교에서 제공되는 유아교육기관 서비스로의 성공적인 전이를 확실하게 하기 위해 실행되어야 하는 단계
> 9. 부모나 법적 보호자의 서면 동의

개는 영아와 3세까지의 아동들을 위해서 쓰이고, 개별화교육 프로그램은 3세부터 그 이상의 아동들을 위해 더 흔하게 쓰인다.

장애 청소년을 위한 전환교육 계획

대부분의 학생은 고등학교를 마치고 직업을 구해서 직업훈련 프로그램에 들어가거나 적응의 어려움을 경험하지 않은 채 대학에 입학한다. 우리는 경제적으로 불황인 지역사회에서는 청소년의 중퇴율과 실업률이 훨씬 더 높다는 것을 알고 있다. 그러나 장애학생들의 전망은 아마도 훨씬 더 좋지 않을 것이다. 중퇴율과 관련된 발표들은 주의 깊게 살펴보아야 하는데, 용어를 정의하고 통계를 산출하는 데는 다양한 방법이 많이 있기 때문이다. 그러나 일반학생들과 비교해서 더 높은 퍼센트의 장애학생들이 청소년기에서 성인기로의 전환과 학교에서 직장으로의 전환에 어려움을 겪고 있다. 그 결과 많은 장애인은 고등학교 졸업장을 받지 못한 채 실업자가 되거나 불완전 고용 상태이며 삶의 질이 낮다고 보고된다(Everson & Trowbridge, 2011; Moon, 2011; & Scanlon, 2011). 그러므로 성인기로의 전환—직업과 고등과정 이후의 교육, 독립적인 생활, 지역사회 참여를 포함하는—은 지속적으로 매우 중요한 이슈다.

미국 장애인교육법(IDEA)을 포함해서 연방법은 청소년 학생들을 위한 **전환 계획**(transition plans)에 주의를 기울일 것을 요구하고 있다. 이 전환 계획은 학생의 개별화교육 프로그램과 반드시 함께 연관되어서 협력적으로 진행되어야 한다. 전환 서비스는 학교로부터 고등과정 후의 교육, 직업훈련, 통합고용(integrated employment, **지원 고용**을 포함하는), 성인 평생교육, 성인 서비스, 독립적인 생활, 지역사회 참여 등을 고취시키는 내용을 포함하고 있다.

미국 장애인교육법은 개별화교육 프로그램에 학생이 16세가 되었을 때, 그리고 16세 이후부터는 매년 전환 서비스에 대한 기술을 요구하고 있다(실패할 위험이 있다고 여겨지는 학생들이나 적절하다고 여겨지는 학생들에게는 좀 더 어린 나이일 때 전환 기술들이 개별화교육 프로그램에 포함되어야만 한다). 그 외에도 개별화교육 프로그램은 학생이 학교 환경을 떠나기 전에 프로그램에 참여하는 대리인들의 책무성 연계에 대한 진술이 포함되어야 한다.

인터넷 자원

유아특수교육(Early Childhood Special Education)을 위한 두 가지 유용한 자원은 개별화가족서비스계획과 장애인을 위한 전환 계획에 관한 자원을 제공하는 미국 국립유아교육기술지원센터(National Early Childhood Technical Assistance Center, www.nectac.org/default.asp)와 미국 국립특수아동보급센터(National Dissemination Center for Children with Disabilities, www.nichcy.org)다.

특수교육의 제공: 특별한 학습자를 위한 배치

일반교사에 의한 약간의 지원 제공에서부터 특수시설에서의 24시간 재택 간호에 이르기까지, 특별한 학습자들의 교육을 위해 가능한 여러 가지의 행정 계획이 있다. 누가

일반교사들은 통합교실에 있는 학생들을 위한 특별한 교수 방법에 관한 조언이나 정보를 줄 수 있는 특수교사 또는 전문가들로부터 자문을 받을 수 있다.

특별한 학습자들을 가르치는지, 그리고 어디서 그들이 교육을 받는지는 다음 두 가지 요인에 따른다. ① 학생이 다른 일반학생들과 어떻게, 얼마만큼 다른가, ② 학교와 지역사회에서 가능한 자원들은 무엇인가. 교육을 위한 행정 계획들은 장애학생들과 일반학생들이 같은 교사에게 같은 장소에서 배우는 물리적 통합 정도에 따라서 다양하다.

최소한의 특별한 환경에서 시작해서 학생들의 개인적인 요구를 알고 있고, 그 요구들에 응하는 기술이 있는 일반교사들은 적절한 재료와 장비, 교육적인 방법들을 얻는 게 가능할지도 모른다. 이 수준에서는 전문가들의 직접적인 서비스가 필요 없을지도 모른다. 즉, 일반교사의 전문 지식이 학생들의 요구를 충족할 수도 있을 것이다. 장애학생들 일부는 특수교육을 받지 않아도 잘 적응할 수 있을 것이다.

일반교사들은 특별한 교구 및 교재 또는 방법들을 사용하는 대신에 특수교사 또는 다른 전문가(예: 학교심리학자)의 자문이 필요할 수도 있다. 특수교사는 일반교사를 가르칠 수도 있고, 일반교사에게 다른 자원에 대한 정보를 줄 수도 있으며, 교구 및 교재, 장비, 방법들을 사용하는 방법을 보여 줄 수도 있다. 일반교사와 특수교사는 서로 교수를 제공하고, 특수교사는 특별한 학습자의 지도를 강조하면서 협력교수(co-teach)를 할 수 있다.

특수교사(resource teacher)는 학교에서 학생들과 교사들에게 서비스를 제공한다. 학습도움실(resource room)을 사용하는 학생들은 일반교실에 소속을 두고 특별히 수련된 교사와 그들의 특별한 문제의 정도와 특성에 따라서 결정된 횟수만큼 일정 시간을 함께 공부한다. 특수교사는 학생들과 교사들의 요구를 계속해서 사정하고 학습도움실에서 사용 가능한 교구 및 교재들과 장비들을 가지고 일대일 또는 소그룹으로 지도를 한다. 일반적으로 특수교사는 일반교사에게 어떻게 교수를 하고 일반교실에서 어떻게 장애학생을 지도하는지에 대해 자문가로서 일을 하며 교수 기술을 시범 보이기도 한다. 융통성 있는 계획과 장애학생이 대부분의 시간을 일반 또래 친구들과 함께 있다는 사실은 매우 매력적이고 인기 있는 대안을 계획하게 만들었다.

최근 몇 년간 가장 눈에 띄고 논란이 많은 대안 서비스는 특수학급(self-contained class)이다. 이 학급에는 일반적으로 15명이나 그 이하의 특별한 특성이나 요구를 지닌 특별한 학습자들이 소속되어 있다. 교사는 특수교사로서 훈련을 받았고 보조교사의 도움을 받아서 교육의 전부 혹은 대부분을 제공한다. 이런 학급에 배정받은 학생들은 일반 또래 친구들과 분리되어 학교생활의 대부분 혹은 전부를 보내게 된다. 그러나 대부분의 장애학생은 대부분의 학교생활(체육, 음악, 혹은 그들이 잘 참여할 수 있는 다른 활동 등)을 일반학생들과 함께 통합되어 지낸다.

특수 주간학교(day school)는 특별한 요구에 전념하는 하루 종일의 특별한 배치다. 주간학교는 대개 특별한 범주의 장애학생들과 그들을 돌보고 교육하는 데 필요한 특수 장비들이 갖춰져 있다. 수업 이후에 학생들은 집으로 돌아간다.

병원 또는 가정방문 교수(hospital or homebound instruction)는 어떠한 대안교육 방법도 가능하지 않은 정서ㆍ행동장애 학생들이 가끔 머물게 되지만, 대부분은 신체적 장애학생들이 필요로 한다. 일반적으로 청소년은 비교적 짧은 시간 동안 집이나 병원에 있고 병원이나 가정방문 선생님은 일반교실 선생님과 연락을 유지한다.

기숙학교(residential school)에서는 장애학생들이 집에서 멀리 떨어져서 24시간 동안 보살핌을 받는데, 대부분 그들의 지역사회와 먼 거리에 있다. 이것은 미국 장애인교육법(IDEA)에서 요구하는 대안 배치의 연속체에서 가장 상위 수준의 전문성과 헌신성을 필요로 한다. 학생들은 주기적으로 집을 방문하거나 또는 매 주말 집으로 돌아갈 수 있으나, 주중에는 기숙사에서 일상생활 관리 외에도 학업 지도를 받는다.

[그림 2-4]는 일반학급과 또래로부터의 분리 정도가 다양한 여러 가지 배치 형태를 보여 준다. 교육의 '특별한' 정도는 연속체다. 다시 말해서, 교육은 '어느 정도' 특별할 수도 있고 혹은 아주 특수화될 수도 있다.

특별한 학습자들에게 도움이 되는 효과적이고 경제적인 방법들을 찾기 위해 노력하는 과정에서 많은 학교 시스템은 서비스 전달 체계에서 일하는 특수교사와 그 외 전문가들의 역할과 대안적 방법들을 결합하거나 수정하게 된다. 학교 시스템은 특별한 학생

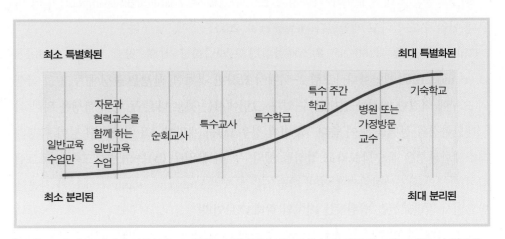

[그림 2-4] 배치 선택의 연속성은 또래들과 일반학급으로부터의 분리 정도와 교육의 특수성 정도에 따른 선택적 배치를 나타낸다.

들을 위해 배치 종류가 매우 다양하다.

최소제한환경

우리가 1장에서 주목했듯이, 특수교육법은 학생들을 **최소제한환경**(least restrictive environment: LRE)에 배치하는 것을 요구하고 있는데, 그것은 일반학급 또래, 가정, 가족, 지역사회로부터 학생들을 가능한 한 분리해서는 안 된다는 것을 의미한다(Rozalski & Miller, 2011 참조). 학생의 삶은 가능한 한 일반적인 것이어야 하고, 중재는 개인의 요구를 고려하여서 일관적이고 필요 이상으로 개인의 자유를 방해하지 말아야 한다. 예를 들어, 학생들이 특수교사에게 충분한 도움을 받을 수 있다면 특수학급에 배치하지 말아야 하고, 특수학급이 학생들의 요구에 맞게 서비스를 제공한다면 그들을 기숙학교에 배치하지 말아야 한다.

학생들을 최소제한환경에 배치하는 것은 칭찬할 만하지만, 최소 제한적이란 말의 정의는 그렇게 간단한 것이 아니다. 몇 년 전 Cruickshank(1977)는 물리적인 환경을 더 많이 제한한다고 해서 그것이 꼭 심리적인 자유나 인간의 잠재능력을 더 많이 제한한다고 할 수 없다는 점을 지적했다(Bateman, 2007; Crockett & Kauffman, 1999, 2001 참조). 실제로 일부 학생은 그들이 행복하게 잘 배울 수 있는 특수학급이나 주간학교보다 일반교실에서 사람들에게 거부당하고 꼭 필요한 기술들을 습득하는 데 실패하여 결국에는 더 크게 제한이 될 수도 있다는 것을 유추해 볼 수 있다(Gliona, Gonzales, & Jacobson, 2005; Kauffman, Bantz, & McCullough, 2002; Warnock, 2005).

학생들의 궁극적인 목표들을 기억하고 최소 제한적이란 용어가 뜻 없는 구호가 되어 교육을 받는 학생들을 기만하는 일이 없어야 한다(Crockett & Kauffman, 1999, 2001; Huefner, 2006; Kauffman, 1995; Kauffman, McGee, & Brigham, 2004). Mercer와 동료들은 최소제한환경 대신에 최대 가능성이 있는 환경(most enabling environment)이 더 나은 용어일 수도 있다고 제안한다(Mercer et al., 2011).

Gliona와 동료들(2005)은 최소제한환경의 개념화를 위해 '직접 접근 모델(direct assess model)'을 제안했다. [그림 2-5]에서 묘사한 것처럼, 학생을 중심에 두고 그 학생의 요구에 적절한 배치를 선택할 수 있다. 그림에서는 서로 다른 두 명의 학생을 위한 최소제한환경의 선택을 보여 준다. 첫 번째 경우 (a)는 개별화교육 프로그램 팀이 학생의 최소제한환경은 특수학교라고 결정을 했다. 두 번째 경우 (b)는 개별화교육 프로그램 팀이 학생의 최소제한환경을 특별 학습도움실 서비스(resource room service)와 자문을 받으면서 일반교실을 병행하는 배치의 형태로 보았다.

1980년대 말 이후로 장애학생들을 일반교육 교실에 더 많이 배치하는 것이 꾸준한 추세인 것을 데이터가 보여 주고 있고, 그에 상응하는 추세는 적은 수의 장애학생

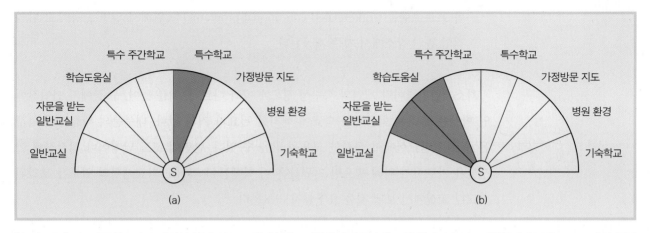

[그림 2-5] 최소제한환경에서 배치의 직접 접근 모형. (a) 최소제한환경이 특수학교인 학생. (b) 최소제한환경이 복합 프로그램인 학생
출처: Gilona, M. F., Gonzales, A. K., & Jacobson, E. S. (2005). Dedicated, not segregated: Suggested changes in thinking about instuctional environments and in the language of special education. In J. M., Kauffman & D. P. Hallahan (Eds.), *The illusion of full inclusion: A comprehensive critique of a current special education bandwagon* (2nd ed., p. 144). Austin, TX: Pro-Ed.

을 학습도움실과 분리된 교실 및 분리된 기관에 배치하는 것이다(U.S. Department of Education, 1995, 2005, 2009). 장애학생들의 배치에 있어서 주마다 많은 변화가 있으며, 주 안에서도 학교 시스템들 간에 상당한 변화가 있다. 하지만 대부분의 특별한 학습자는 현재 일반교실에서 교육을 받고 있다. 현재 전국적으로 특별한 아동과 청소년의 50% 이상이 기본적으로 일반교실에 배치되고 있다. 비교적 적은 수의 장애학생만이 일반학교 이외의 곳에 배치된다. [그림 2-6]은 21세기 초에 학생들이 있었던 각 유형별 배치의 거의 정확한 백분율을 보여 주고 있다.

　6세 이하의 유아들은 취학 연령 아동보다 흔히 더 적은 수가 일반학급에서 교육을 받고 더 많은 수가 분리된 학교에 다닌다. 좀 더 나이가 있는 10대들이나 청소년들은 초등학교나 고등학교 학생들보다 흔히 더 많은 수가 특수교실, 분리된 학교에 다니고 가정방문 지도와 같은 다른 환경의 교육을 받는다. 이런 차이점은 몇 가지 사실로 설명할 수 있다.

• 특별한 학습자로 판별된 유아나 청소년은 유치원부터 12학년까지의 학생보다 더 장애가 심한 경향이 있다.
• 일부 학교 시스템은 유아와 청소년을 위한 일반학급이 없는 경우도 있다. 그러므로 일반교실 외의 배치가 일반적으로 더 많이 가능하고 더욱 적절하다.
• 장애 청소년들을 위한 교육과정과 직업 관련 교

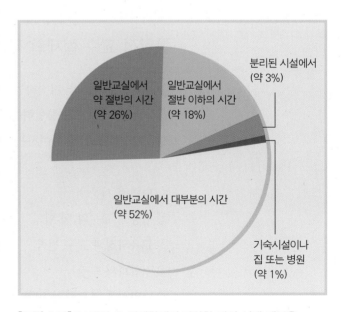

[그림 2-6] 21세기 초 장애학생의 다양한 배치 선택 백분율
출처: 미 교육부(U.S. Department of Education, 2009)에서 장애인교육법 실행에 대해 의회에 제출하는 연간 보고서 자료.

육 프로그램들(work-related educational programs)을 위해서 일반 고등학교 밖의 직업 관련 장소에서 자주 제공된다.

최소제한환경이란 개인의 특수성 정도에 따라 다르다. 예를 들어, 주 장애가 언어장애인 학생은 분리된 학급이나 학교에 배치할 필요가 거의 없다. 대부분의 학습장애 학생은 주로 일반교실에서 적절한 교육을 받을 수 있다. 반면에 고도 난청이나 시각장애 학생들을 가르치기 위해 필요한 자원들은 이 학생들이 적어도 학교생활의 일부를 분리된 학교나 교실에서 보낼 것을 요구할지도 모른다.

학교에서의 통합

교사들은 흔히 통합이란 용어를 장애학생들을 일반 또래들과 똑같은 환경에서 가르치는 것을 의미하는 것으로 상용한다. 현재 교육 분야에서 통합은 전 세계적인 이슈다(예: Anastasio & Keller, 2011; Simpson & Kauffman, 2007; Warnock, 2005). 누구의 견해든 상관없이, 특수교육과 일반교육의 관계에 대한 논란은 교사들로 하여금 어느 학생들에게 구체적인 교육과정을 가르쳐야 하는지, 어떤 학생들이 특별한 주목이나 서비스를 받아야 하는지, 그리고 어디서 누가 이런 서비스들을 제공해야 하는지를 결정하는 문제들을 더 인식하게 만든다(Crockett & Kauffman, 1999, 2001; Kauffman & Hallahan, 1997, 2005b; Kauffman, Mock, Tankersley, & Landrum, 2008; Mock & Kauffman, 2005; Zigmond & Kloo, 2011).

통합적 교수 실제의 적용

완전통합의 개념을 지지하든 그렇지 않든 간에, 대부분의 교사가 장애학생들을 일반학생들과 어느 정도는 통합하는 것을 선호하는 것은 사실이다. 일반적으로 학교는 장애학생들이 일반교실에 참여하는 것을 돕기 위해서 다섯 가지 방법을 사용한다.

① 협력적 자문
② 협동적 교수와 팀 협의
③ 교육과정과 교수 전략
④ 적합화와 수정
⑤ 다양성을 조정하기 위한 일반교사의 훈련

현재 추세는 다양한 협력적 합의를 향해 가고 있다. 모든 학교는 장애학생들의 혜택을 위해서 일반교육과 특수교육 사이의 협력을 증가하려는 의도를 가지고 있다.

협력적 자문   개별화교육 프로그램 팀이 어떤 학생이 장애가 있다는 것이 사실이라고 결정을 내리면, 그 학생은 협력적 자문을 통해 일반교실 내에서 특수교육 서비스들을 받을 수도 있다. **협력적 자문**을 통해 특수교사나 심리학자들은 일반교사에게 조언을 제공하는 전문가의 역할을 한다. 특수교사는 지도 방식을 바꿀 것을 제안할 수도 있고, 행동 계획이나 학교와 집에서의 상황을 의사소통하기 위한 노트를 사용할 것을 추가로 요청할 수도 있다.

협력교수   때때로 협력적 교수(collaborative teaching)나 **협동적 교수**(cooperative teaching)로 언급되는 **협력교수**(co-teaching)는 상호관계를 다루는 협력 자문에서 한 걸음 더 나아간 것이다(Cook, McDuffie, Oshita, & Cook, 2011; Scruggs, Mastropieri, & McDuffie, 2007; Walsh & Jones, 2004). 일반교사들과 특수교사들 사이의 협력교수는 "둘 혹은 그 이상의 전문가가 한 물리적인 공간에서 다양하고 혼합된 학생 집단에게 실질적인 교수를 전달하는 것"을 의미한다(Cook & Friend, 1998, p. 454).

학교는 많은 형태의 협력교수를 사용한다. 하지만 가장 흔히 사용하는 것은 한 교사가 가르치고 다른 교사는 어떤 방식으로든 돕는 것이다(Scruggs et al., 2007). 교사들은 때때로 이것이 매우 효과적이고 실행 가능한 것이라는 것을 안다. 어떤 경우 협력교수는 교사들과 학생들에게 많은 도전을 안겨 준다. 협력교수가 잘되려면 어떻게 해야 하는지에 대한 연구는 안타깝게도 드물다(Zigmond, 2007).

모든 학생에게 적절한 교육을 하기 위해서 특수교육과 일반교육이 어떻게 함께 일해야 하는지에 대한 확실한 답은 없지만, 협력과 협동의 관계는 반드시 있어야 한다. 각자의 다른 역할들에도 불구하고 일반교사와 특수교사는 독자적인 기능을 행사하거나 교육의 큰 틀에서 서로를 배척해서는 안 된다. 5장에서 15장까지 제시한 〈실천 사례〉라 불리는 특별한 글은 각 장애 영역에서의 통합에 대해 이야기를 한다.

일반교사와 특수교사 사이의 효과적인 협력은 장애학생들을 일반학급에 성공적으로 참여하게 하는 주요 요소다.

교육과정과 교수 전략   교사 협력 이외에도, 구체적인 교육과정과 교수 전략은 장애학생들이 일반학급에서 성공적으로 학습하는 것을 도울 수 있다. **협력학습**

인터넷 자원

밴더빌트 대학교(Vanderbilt University)는 또래교수 모형을 발전시키고 연구했다. 이 모형에 대한 자원은 그들의 웹사이트(http://kc.vanderbilt.edu/kennedy/pals/)에서 제공되고 있다.

(cooperative learning)은 많은 통합 지지자들이 장애학생들을 일반 또래들과 통합하는 효과적인 방법이라고 믿고 있는 교수 전략이다. 협력학습에서 문제를 풀거나 정반응을 연습할 때 학생들은 능력이 서로 다른 소집단으로 함께 공부한다.

장애학생들의 통합을 향상하기 위한 또 다른 연구를 기반으로 하는 교수 전략은 **또래 중재 교수**(peer-mediated instruction)다(Fuchs et al., 2001; Gardner et al., 2001; Maheady, Harper, & Mallette, 2001; Fulk & King, 2001과 그들이 작성해 놓은 웹사이트 목록 참조). **또래교수**(peer tutoring)라고도 불리는 또래 중재 교수는 **또래 교사**(peer confederates)를 이용해서 행동 문제를 다루거나, 교사가 계획한 과제 수행과 또래들을 대상으로 학급 친구에게 학업적 · 사회적 기술을 가르치는 것을 도와주기 위한 훈련을 한다.

반 전체가 참여했을 때 이 전략은 **학급차원의 또래교수**(classwide peer tutoring: CWPT)라고 불린다. 즉, 일반교실의 모든 학생이 읽기나 수학 같은 특정 과목에 일상적으로 참여한다(Greenwood, Arrega-Mayer, Utley, Gavin, & Terry, 2001; Kourea, Cartledge, & Musti-Rao, 2007). 학급차원의 또래교수는 교사가 교수를 전혀 제공하지 않는 것을 의미하지는 않는다. 반대로 교사들은 또래들이 어떻게 가르쳐야 하고 가르치는 시간에 어떻게 만족할 만한 성과를 얻는지 지도하여야 한다. 또래교수를 통해 또래 간에 자기가 할 수 있었던 행동 기술을 연습하게 된다.

또 다른 교수 전략인 **부분 참여**(partial participation)는 일반교실에서 실제적으로 모든 학생이 경험하는 모든 활동 중에 장애학생들을 제한된 범위에서 참여하도록 하는 것이다. 심각한 지적장애 학생이나 신체적으로 제한이 있는 학생들을 포함시켜도 되는지에 대해 의문을 갖는 것은 시간 낭비다. 왜냐하면 그들은 일반학생들이 할 수 있는 것과 동일한 방법으로는 학교 활동들을 통해서 도움을 받을 수 없기 때문이다. 부분 참여가 실질적으로 학생들에게 혜택을 주는 목표들을 성취할 수 있는지에 대한 여지는 다양하다.

교수 적합화와 수정   교수는 장애가 있는 학습자들을 위해 수정될 수 있다. **조정**(modification)은 보통 수정된 자료나 과제들의 형식을 취하는데, 교육과정이나 교수 전략의 변화와는 다른 것이다. **적합화**(accommodation)는 교육과정 내용이나 개념적인 난이도를 크게 바꾸지 않는 범위 내에서 교수 변화를 주는 것이다. 대안적으로 **수정**(adaptation)은 일반적으로 조정보다는 좀 더 의미 있는 교수 수정을 하게 된다(Miller, 2002).

단계적 과제(tiered assignments)는 수정의 한 예인데, 교사가 한 가지 주제에 대해 다양한 난이도의 과제를 선택해서 제공하는 것이다(Tomlinson, 2001). 예를 들어, 소설에 대해 공부할 때 책으로부터의 예문을 이용해서 어떤 학생들은 등장인물을 묘사하는 단락을 쓸 수도 있고, 어떤 학생들은 각 등장인물의 특징을 분석하는 단락이나 리포트를 쓸 수도 있을 것이다. 이런 경우에 과제는 다르게 점수가 매겨진다.

일반교사의 훈련   일반교사나 특수교사 모두에게 필요한 견해 중 하나는 그들은 함께 일해야 하지만 해야 할 각각의 역할도 있다는 것이다. Zigmond(2007)는 장애학생들을 가르치는 것은 2인 1조의 작업이라고 묘사하는데, 이것은 효과적인 특수교육은 일반교사와 특수교사 모두 공통 목적을 위해서 단지 함께 일만 하는 것이 아니라 다른 영역에 대해서 교육을 받을 것을 요구한다는 의미다. 통합(inclusion)과 협력(collaboration)에 대한 출판물에서, Zigmond는 특수교육의 주된 역할과 기능을 교사들이 놓쳐 온 것 같다고 말한다.

> 내가 제안하는 것은 각 학교마다 상담과 직업훈련을 지도할 수 있는 직원을 육성, 담당하는 '특수교육 코치'를 배치하여 일반교육 담당교사들이 학급에서 다양한 학생의 요구를 충족해 줄 수 있는 능력을 개발하도록 도와주어야 한다는 것이다(p. 130).

Zigmond(2007)는 협력에 있어 인기 있는 협력교수 모델이 학습장애나 행동장애 학생(아마도 짐작건대 다른 장애가 있는 많은 학생에게도)의 향상을 위한 집중적인 지도를 제공하지 못한다고 주장한다. 더욱이 특수교사들은 특화되고 개별화된 교육과정을 가르치는 데 있어서 특별한 전문 지식이 필요하다고 주장한다. 일반교사들은 만족스러운 전문가들이고 광범위한 교육적 요구들을 다루기 위해서는 '특수교육 코치'에게 훈련을 받아야만 한다. 그러나 그들이 특수교사들을 대신할 수는 없다(Zigmond & Kloo, 2011).

특수교육 실행에서의 교사 역할

우리는 공립학교에 다니는 학생들 중에 특별한 학습자라고 판별된 대부분의 학생이 적어도 학교생활의 일부분을 일반교실에서 지내도록 배치되었다는 것에 주목했다. 게다가 장애나 영재성이 있다고 판별되지 않은 다수의 공립학교 학생이 특별한 학습자의 많은 특성을 공유한다고 믿는 다양한 이유가 있다. 따라서 모든 교사가 모든 특별한 학습자를 가르치기를 기대하는 것은 비논리적인 일임에도 불구하고, 모든 교사는 특별한 학습자들을 다루기 위한 준비가 되어 있어야만 한다(Kauffman & Hallahan, 2005a; Mock & Kauffman, 2002; Zigmond, 2007; Zigmond & Kloo, 2011).

지도해야 할 사례가 있을 때에 일반교사와 특수교사들의 역할이 항상 명료한 것은 아니다. 때때로 그들은 책임 분배 시의 애매모호함으로 극도의 스트레스를 받을 수 있고, 학생을 위한 특별한 수정(adaptation)이 누구의 일인지 분명하지 않기 때문에 또는 단지 다른 교사들과 협력해서 일을 해야 하므로 불편함을 느낄 수 있다.

일반교육과 특수교육의 관계

1980년대에 급진적인 개혁가들은 교육의 한 부분으로 분리되고 구분된 특수교육을 없앨 것을 권장하기 시작했고, 모든 학생을 독특하고 특별하게 그리고 똑같은 양질의 교육을 받을 자격이 있다고 보는 하나의 통일된 교육 시스템을 요구하기 시작했다. 제안된 많은 개혁이 강력하게 전달되었고, 그중 일부는 특수교육과 일반교육의 통합을 기반으로 하여 장애학생들을 위해 혜택을 가져올 수 있었음에도 불구하고 통합이 초래할지도 모르는 최종 결과에 대한 의문들이 있어 왔다(예: Bateman, 2007; Crockett & Kauffman, 1999, 2001; Fuchs & Fuchs, 1994; Hockenbury, Kauffman, & Hallahan, 1999-2000; Kauffman, 1995, 1999-2000; Kauffman & Hallahan, 2005a, 2005b; Martin, 1995; Mock & Kauffman, 2002, 2005; Warnock, 2005; Zigmond, 2007; Zigmond & Kloo, 2011).

특수교육과 장애 위험 학생

장애 위험에 처한(at risk)이란 용어는 명확하게 정의 내려지지 않는다. 그러나 이 용어는 학교에서 잘 수행하지 못하거나 행동하지 못하고 실패할 것처럼 보이거나 잠재능력을 발휘하지 못하는 학생들을 나타낸다. 개혁을 옹호하는 일부 사람들은 장애 위험에 처한 학생들은 경증 장애를 가진 학생들과 구별될 수 없거나 구별되어서는 안 된다고 제안한다. 장애 위험에 처한 학생들의 문제는 무시되는 경향이 있는데, 특수교육이 일반교육 자원을 축소하기 때문이라는 논쟁이 있다. 일반교육이 장애 위험에 처한 학생들에게 더 잘 반응하게 하기 위한 목적으로 특수교육과 일반교육을 통합하여야만 하는가? 아니면 특수교육은 특수교육의 분리된 독자성을 유지하고 이런 학생들을 포함시키기 위해서 확장되어야만 하는가?

'장애 위험에 처한'이란 용어는 명료하게 규정되지는 않지만, 일반적으로 잘 수행하지 못하거나 행동하지 못하고 실패할 것처럼 보이거나 잠재능력을 발휘하지 못하는 학생들을 언급하는 것이다. 특수교육은 이러한 학생들을 포함하도록 확장되어야만 하는가?

이런 질문들에는 준비된 대답이 없다. 위험에 처해 있다고 고려되는 학생들을 장애학생들과 분리해서 선을 긋는 것과 상관없이 그 경계란 임의적인 것이고 일부 학생에 대해 의문을 갖는 것으로 이어진다. 다른 말로 하자면, 장애 위험에 있다는 것과 장애가 있다는 것 사이에 전체적으로 분명한 구분이란 존재하지 않는데, 이것은 교육적 성취와 사회 능력은 매우 다양할 수 있고, 갑작스럽고 극적인 단절은 학생의 성취 수준에 존재하지 않기 때문이다(Boardman & Vaughn, 2007; Kauffman & Hallahan, 2005a; Kauffman & Konold, 2007).

모든 교사의 기대

모든 교사의 한 가지 한계는 그들이 자신의 분야에서 매우 뛰어나다고 할지라도 인기 있는 대중매체에서 묘사하는 것처럼 기적을 행할 수는 없다는 것이다(Moore, 2007). 현실의 교사들은 영화 속 교사들만큼 활기차고 자기희생적이고 이상적이며 영향력이 큰 사람이 될 수 없으며, 대부분의 교사가 우수한 업적으로 상을 타는 교사들과 똑같을 수는 없다. 하지만 능숙한 교사들은 그들과 함께 공부하는 아동들의 삶에 의미 있는 큰 변화를 줄 수 있다. 그러나 미디어에 의해 만들어진 기대나 정부 및 일

일반교사와 특수교사는 학생들의 특별한 요구에 응하기 위해서 효과적인 전략들을 결정하고 실행할 책임을 함께한다.

반 대중들에 의한 기대치들은 비현실적이다. 다른 직업에 종사하는 사람들과 마찬가지로 교사들도 그들이 마음대로 사용할 수 있는 자원을 가지고 최선을 다해야만 한다. 탁월하려는 노력은 존경하지만, 현실 세계의 한계를 인지하고 합리적인 관점으로 의무를 완수하며 자신이 할 수 있는 최선을 다하면서 행복해하는 것이 비록 그것이 덜 완벽하다 할지라도 현 상황에서는 있는 그대로 학생과 교사를 위해서 중요한 일이다.

구체적인 특수교육에 관한 훈련 여부와 상관없이, 일반교사들은 다음 방법들 중 어떤 한 가지로든 장애학생들을 교육하는 데 참여하여야 한다.

① **학생 개인의 요구를 수용하기 위해 최대한 노력하기**: 공립학교에서 가르친다는 것은 각 학급마다 다양한 학생을 다룰 것을 요구한다. 모든 교사는 중재반응모델(RTI) 과정에 참여해야만 하고, 평균이거나 전형적인 학생과는 다소 다른 개인들의 요구에 어떤 식으로든 응하기 위해서 노력해야만 한다. 중재반응모델(RTI)은 증거에 기반한 교수를 요구하는데 필요에 따라 강도가 증가된다. 유연성과 수정, 조정 그리고 특별한 주의는 모든 교사에게 기대되는 점이다. 특수교육은 학생의 개별적 요구를 충족하기 위한 교사의 최선의 노력이 성공적이지 못할 때에만 필요하다고 여겨져야 한다.

② **학업적인 능력과 장애의 평가**: 심리학자나 다른 특별한 학교 교직원이 학업 분야의 공식적인 표준화 시험으로 학생들을 관리하지만, 적절한 평가란 교실 안에서 학생의 수행에 대한 교사 사정을 요구한다. 교사들은 중재반응모델(RTI) 과정의 한 부분으로, 그들이 책임지고 있는 모든 학업적 영역에서 학생들이 어떻게 수행할 수

있는지와 수행하지 못하는지에 대해 구체적이고 명확한 보고를 할 수 있어야 한다.

③ **평가 의뢰**: 법에 의해 모든 공립학교 시스템은 장애를 가지고 있는 모든 취학 연령의 아동이나 청소년을 선별하고 판별하는 데에 폭넓은 노력이 필요하다. 일반교실에서 교사가 학생 요구를 수용하기 위해 다양한 많은 노력을 하고 그것이 성공하지 못했을 때 비로소 그 학생은 특수교육에 의뢰된다. 의뢰란 이런 전략들이 실패했을 때에만 정당하다. 이것은 전형적으로 중재반응모델(RTI) 과정을 통해 가능하다.

④ **적격성 여부를 결정하는 회의 참석하기**: 학생에게 특수교육이 제공되기 전에 반드시 간학문적 팀(interdisciplinary team)이 학생의 적격성을 결정해야만 한다. 그러므로 교사들은 학생의 특수교육 적격성 여부를 결정하는 데에 다른 분야(예: 심리학, 의학, 사회복지)의 전문가들과 함께 일할 준비가 되어 있어야 한다.

⑤ **개별화교육 프로그램을 작성하는 데 참여하기**: 장애가 있다고 판별되고 특수교육을 받는 모든 학생은 문서로 된 개별화교육 프로그램을 요구해야 한다. 교사들은 개별화교육 프로그램을 개발하기 위한 회의(최대한 가능한 대로 다른 전문가들뿐만 아니라 학생이나 학부모 혹은 양쪽 다를 포함해서)에 참여할 준비가 되어 있어야 한다.

⑥ **부모나 보호자와 의사소통하기**: 교사들은 아동의 특수교육과 개별화교육 프로그램의 입안, 계획되어 있을 수도 있는 다른 어떤 특별 프로그램의 재평가 등에 관해 적격성을 평가하는 동안 학부모(때로는 학부모 대리)나 보호자들과 상담해야 한다. 교사들은 아동의 문제점들, 배치, 진보에 관한 학교와 부모의 의사소통에 함께하여야 한다.

⑦ **적법절차 청문회 과정과 협상에 참여하기**: 교육적 요구에 대한 학교 측의 반응에 만족하지 못하는 학부모나 보호자 혹은 장애학생들 스스로는 적합한 서비스에 대한 적법절차 청문회나 협상을 요구할 수 있다. 교사들은 이런 청문회나 협상에서 관찰이나 의견 혹은 제안 등을 요구받을 수 있다.

⑧ **장애학생을 판별하고 학생들의 능력을 최대화하기 위해 다른 전문가들과 협력하기**: 일반교사들과 특수교사들은 특별한 요구가 있는 학생들을 교육하는 데 함께 책임을 나누기로 되어 있다. 그 외에도 교사들은 담당 학생의 특수성에 따라 다른 전문가들(예: 심리학자, 상담 전문가, 의사, 물리치료사)과 협력해야 할 필요가 있을지도 모른다.

이러한 기대들에 순응하기 위해서는 높은 수준의 전문가적 능력과 윤리적 판단이 필요하다. 가르친다는 것은 아동 발달의 해박한 지식과 교수를 위한 전문 지식을 요구한다. 그뿐 아니라 때때로 교사들은 한편으로는 학생과 그들의 부모의 요구에 응하기 위한 노력을 하면서, 또 다른 한편으로는 법률적이고 행정적인 압력을 따르기 위한 시도를 하는 과정에서 직업적이고 윤리적인 심각한 딜레마에 빠지기도 한다(Crockett & Kauffman, 1999; Kauffman & Hallahan, 2007). 예를 들면, 학생이 장애를 가지고 있을지도 모른다는 조짐을 교사가 관찰했을 때, 학교가 불충분하고 부적절한 서비스를 제공하고 있다는 것을 알면서도 그 학생을 위해 특수교육을 받기 위한 평가와 배치를 의뢰해야만 하는 것일까? 경도 지적장애 10대 학생들에게는 성교육이 필요하다고 강하게 믿고 있는 교사가 성교육은 미리 정한 교육과정 규정에서 벗어나고 학교 이사회가 눈살을 찌푸리는 일이기 때문에 학생들에게 필요한 정보를 주는 것을 삼가야만 하는가?

특수교사에 대한 기대

모든 교사에 대한 기대에 부응하는 충분한 능력 이외에도, 특수교사는 다음과 같은 영역의 기술과 지식에 관한 특별한 전문 지식을 갖추어야 한다.

① **학습 문제가 있는 학생을 교수하기**: 장애학생들은 대다수가 학업적 기술들을 배우는 데 있어 일반학생들보다 더 많은 어려움이 있다. 이것은 장애를 초래하는 상태의 모든 범주 안에서 사실인데, 감각 손상이나 지체장애, 지적장애나 정서장애 등 모든 장애는 학업 습득을 더욱 어렵게 하는 경향이 있다. 때론 그 어려움이 가볍기도 하고 심각하기도 하다. 특수교사들은 교사의 자질이 필요하지만 인내와 희망 그 이상의 것을 가져야만 하고 학업 과제를 제시하여서 장애학생들이 이해하고 적절하게 반응할 수 있게 기교도 갖추어야 한다. 특별 교수는 특수교육을 향상하기 위한 열쇠다(Kauffman & Hallahan, 2005a; Kauffman & Landrum, 2007). 〈표 2-3〉은 특수교육만의 독특한 것은 아니지만 특수교육을 특별하게 만드는 여덟 가지 차원(dimension)의 목록이다. 즉, 목록이 특수교사들'만'이 알고 있거나 이용하는 독특한 것은 아니라는 것이다. 모든 교사가 어떤 방식으로든 사용하고 있는 교수과정의 수정이나 변형이다. 특수교육을 특별하게 만드는 것은 교수 자체만이 아니라 특별한 학습자들의 요구에 맞게 변경해서 고치는 지도 방식에 있다. Kauffman과 Hallahan(2005a)은 일반교육도 어느 정도는 특별할지도 모른다고 지적했다. Zigmond(2007)는 일반교육을 필요에 따라 특별하게 하기 위해서는 특수교사들이 종종 필요하다고 결론을 내린다.

② **심각한 행동 문제 다루기**: 많은 장애학생은 행동적인 문제를 가지고 있다. 실제로 그들 중 일부는 부적절하거나 방해 행동 때문에 주로 특수교육을 필요로 한다. 특수교사들은 일상적인 말썽을 피우는 행동보다 더 효과적으로 이런 행동들을 다룰 줄 알아야만 한다. 이해하고 공감하는 것 외에도, 특수교사들은 내성적인 학생들의 입을 열게 하고, 지나치게 공격적이고 끊임없이 방해 행동을 하는 학생들을 통제하며, 그런 학생들에게 중요한 사회적 기술들을 가르치기 위한 기술에 능통해야 한다. 적극적이고 상황을 주도하는 행동 중재 계획들은 장애 진단을 받은 장애

〈표 2-3〉 특수화될 수 있는 특수교육의 요소

교수의 요소	정의	교수 변화
1. 속도(완급)	수업 속도, 새로운 개념을 소개하는 교수 전달 속도	학생의 특성에 맞추어 더 빠르거나 더 느리게 함
2. 강도	힘든 정도, 어려움, 복합성	학습자에 맞춘 학습 단계의 크기, 시도해 보는 횟수, 빈도수
3. 지속성	지속, 반복되는 시도	필요하면 다른 방법 사용하여 반복 시도
4. 구조	직접성, 예측 가능성, 교사 지시, 안내, 반응 즉각성	개별 학생에 따라 조정
5. 강화	바람직한 행동에 대한 보상	증가한, 더 자주, 즉각적이고 분명한, 필요에 따라 분명히 보이는 강화
6. 교사 대 학생 비율 (학급 규모)	교사 대 학생 수	수를 좀 더 적게, 더 개별적으로
7. 교육과정	교수의 내용, 활동의 목적	개인의 필요에 따라 결정
8. 모니터링(사정)	진보 확인	구체적인 과제와 목표의 성취에 대해 매일 또는 거의 매일 점검(시험)

유형과 상관없이 특수교육을 받고 있고 심각한 행동 문제들을 표출하는 모든 학생을 위해 꼭 필요한 것이다(Kauffman, Mostert, Trent, & Pullen, 2006; Landrum & Kauffman, 2006).

③공학 기술의 발전을 평가하기: 공학 기술(technology)은 특별한 학생의 교수에 점점 더 많이 적용되고 있고, 그들의 일상생활을 개선하고 있다. 특수교사들은 가르치는 특수 아동들과 청소년들을 위해 공학 기술의 장점과 단점들을 평가해야 한다.

④특수교육법에 대해 알기: 좋든 나쁘든 오늘날 특수교육은 많은 상세한 법률과 관련되어 있다. 장애학생들의 권리는 주 연방법으로 상당히 자세하게 설명되어 있다. 이런 법과 동반되는 시행령들은 새로운 법원의 결정으로 계속해서 새롭게 해석되고 있다. 특수교사들이 변호사일 필요는 없다. 하지만 장애학생들을 옹호하기에 충분하려면 법률 규정들과 금지 규정들을 알고 있어야만 한다.

모든 특수교사가 숙달해야만 하는 지식과 기술들은 특수교사의 주요 전문 기관인 특수교육협의회(Council for Exceptional Children)에 자세하게 나와 있다. 이런 것들은 모든 특수교사의 역할과 관계가 있는 일반적인 기대 영역들이다. 그러나 특수교사에게는 좋은 교수뿐만 아니라 고도의 개별화되고 집중적이고 시급하며 목표 중심적인 교수를 제공할 책임이 있다(Hallahan, 2007; Kauffman & Hallahan, 2005a; Kauffman & Landrum, 2007; Zigmond, 2003, 2007). 끝으로, 3장부터 15장까지 제시된 특별한 읽을거리인 〈반응적 교수〉는 집중적인 목표 지향적 교수를 도와주는 연구를 기반으로 한 실행들에 대한 정보들을 제공한다.

장애인의 더 넓은 사회로의 통합

장애인들을 보다 더 큰 사회로 통합하는 추세는 수십 년 전부터 시작됐고 오늘날 더욱 강조되고 있다. 통합 옹호자들은 보호시설에서 사는 사람들의 수와 특수학교와 특수학급에 다니는 학생의 수를 감소시킨다는 자부심을 가지고 있다. 학교는 우리 사회의 한 부분이지만 더 큰 사회의 축소 복사판은 아니다(Warnock, 2005). 그렇기 때문에 우리는 학교에서의 통합에 대해서 논할 뿐만 아니라 그다음으로 더 넓은 사회로의 통합에 대해서도 논의한다.

우리는 논쟁하는 많은 안건이 서로 중첩되는 것에 대해서도 주목한다. 예를 들어, 학습의 보편적 설계, 차별화된 교수 그리고 통합은 서로 완전하게 분리되는 안건들이 아니다. 자기결정은 흔히 장애 청소년과 청장년(성년 초반의 사람들)들을 위한 전환 계획의 한 부분으로 보인다. 장애인들의 사회에서의 통합(integration)과 학교에서의 통합(inclusion)은 다면적인 사안들이고 이런 과정의 중요한 주제들에 대해 논의해 본다.

자기결정

탈시설화(deinstitutuinalization)는 장애가 있든 없든 사람들은 어디서 일할지, 누구를 사귈지, 어떤 교육을 추구할지에 대한 것 등을 포함한 인간 생활의 중요한 양상들에 대해 본인 스스로 결정을 내릴 권리인, **자기결정**(self-determination)을 행할 권리가 있다는 인식을 확대시켰다. 자기결정이란 학생에게는 '우리 스스로 결정을 함'으로 정의될 수도 있을 것이다(Sitlington & Clark, 2006, p. 238). Schwartz, Jacobson과 Holburn(200)은 **인간중심 계획**(person-centered planning)의 주요한 특징에 대해서 "사람의 활동, 서비스 그리고 지원은 본인의 꿈과 흥미, 선호도, 힘 그리고 능력을 기반으로 한다."(p. 238)라고 제안한다. 자기결정의 주된 생각은 장애인은 그들의 개인적 삶을 스스로 조절해야 한다는 것이다(Brolin & Loyd, 2004; Chambers et al., 2007; Greene & Kochhar-Bryant, 2003; Power et al., 2007). 즉, 심리학자나 심리상담가, 부모, 교사, 행정가 등의 다른 사람들이 장애인을 위한 결정을 내려서는 안 된다는 것이다.

학교를 모든 아동이 중요한 결정을 내리는 데 의미 있는 목소리를 내는 곳으로 만드는 것은 매우 중요한 일이다. 연구자들은 학교에서, 심지어 초등학교에서도 자기결정을 하는 법을 배우고 가르쳐야만 한다는 것을 점점 더 인정하고 있다(Browder, Wood, Test, Karvonen, & Algozzine, 2001; Hughes, Wood, Konrad, & Test, 2006; Jones, 2006; Palmer & Wehmeyer, 2003).

장애학생을 위한 핵심 목표는 선택을 하고, 그들 자신의 인생을 조절하며, 자기 자신을 옹호할 수 있는 능력인 자기결정을 고취시키는 기술들을 배우는 데에 있다.

자신의 인생을 책임지기   일반적으로 자기결정이란 자신의 인생을 책임진다는 것을 의미한다. 교사들은 자기결정을 하는 기술들에 대한 교수를 제공하고, 이 기술들이 실행될 수 있는 환경을 조성함으로써 학생들이 그들의 인생을 책임지기 위해 필요한 능력과 태도를 고취시키는 데에 중요한 역할을 할 수 있다. 일부 전문적인 기관은 자기결정에 대한 정책 선언도 가지고 있다. 자기결정에 대해서는 5장에서 좀 더 살펴본다.

자기결정이 장애를 교정하는가   중증 정신질환과 같은 일부 장애에서 자신의 치료에 대한 결정을 하는 것은 인간 비하로 보일 수도 있다(Earley, 2006). 이와 같이 누구에게나 보편적으로 받아들여지는 것처럼 보이는 생각이 사실은 편협한 문화적 전통이나 환경적인 상황에서만 적용되는 것일 수도 있고, 혹은 그 장애의 본질이 어떤 것인지에 달려 있을지도 모른다.

또한 자기결정의 한 부분으로서 인간중심 계획이 발달장애인을 더 넓은 사회로 통합하기 위해서 검증받고 입증된 전략보다 오히려 거짓 희망을 나타내는지 아닌지에 대해서 논쟁 중이다. 예를 들어, Osborne(2005)은 다음과 같이 서술하고 있다.

나는 인간중심 접근 방식(person-centered approaches)이 발달장애인을 다루는 테크닉이라고 알려진 모든 거짓 해결책 중에서 가장 최근의 것이라고 주장한다. 거짓 해결책(faux fixes)이란 문자 그대로 틀린, 가짜 해결책(false fix)을 말한다. 보통 그것은 풀기 어려운 문제점들을 직면했을 때…… 무비판적으로 채택하는, 정치적으로 정당한(적어도 그 순간만큼은) 절차나 사회과학 운동이다(p. 318).

보편적 설계와 교수를 위한 보편적 학습설계

건축 원리 중의 하나인 **보편적 설계** 원리를 기초로 하는 **보편적 학습설계**(universal design for learning: UDL)는 더 많은 학생을 통합 프로그램에 접근하게 하는 교수를 일반적인 목적으로 한다. 교사들은 표시(재료들), 표현(의사소통 방법), 참여(학생들의 교육과정 반응 정도) 등을 수정하여 더 광범위하게 많은 학생을 일반교실 교수에 포함시킬 수 있다(Spooner, Baker, Harris, Ahlgrim-Delzell, & Browder, 2007).

더 많은 사람에게 활용되기   장애인의 월드와이드웹(World Wide Web)에 대한 접근은 디자인의 중요성을 보여 주는 현재의 경향이다. 미국 재활법(Rehabilitation Act) 제508조는 정부 기관이 장애인이나 일반인 모두가 정보와 서비스뿐만 아니라 새로운 전자정보 공학 기술에 동등하게 접근하는 것을 반드시 보장해야 한다는 것을 요구하고 있다. 더욱이 미국 장애인교육법(IDEA)은 교사들에게 장애학생들을 가르치면서 보조공학 도구들을 사용할 것을 고려하도록 하였고, 보조공학은 더 많은 다양한 학생이 전형적인 일반교실에 통합할 수 있게 하는 것을 가능하게 한다(Spooner et al., 2007).

보편적 설계는 주문 디자인의 필요성을 없애는가   계속되는 쟁점은 보편적 설계가 가지는 제한성과 생산에 대한 시기를 추측하는 것이다. 발명가들과 디자이너들은 '스마트한 시작(smart from the start)'이 되도록 최선을 다할지도 모르지만(Pisha & Coyne, 2001), 어떤 잠재적인 사용자들의 요구가 간과되고 있지는 않은지 확신할 수 없을 것이다. 어떤 점에서 누군가는 그 디자인이 그 시대에 만들어질 수 있는 보편적인 것이라는 가정하에 기구나 기술을 만들어 낼지를 결정한다.

보편적 학습설계에 사용되는 교수 조정들은 보다 더 광범위한 학생들을 위해 적합한 수업들을 만들 수 있게 한다. 이처럼 교사는 학생들의 다양성을 위해 적절한 수업 계획들을 설계할 수 있다는 가능성을 간과해서는 안 된다.

'보편적'이란 용어는 '모든 것'이란 용어처럼 너무 문자 그대로 받아들여져서는 안 되는데, 이는 오히려 문제를 더 키울 수도 있다. 아마도 개인을 위한 '주문화된' 요구는 항상 존재할 것 같다. 교수에 있어서조차 일부 특수교육 연구자는 장애학생들이 일반학생들에게는 적합하지 않은 개별화된 교육을 필요로 한다는 것에 주목한다.

새로운 공학 기술의 사용

공학 기술이 전보다 더 정교해짐에 따라 자립의 쟁점은 보다 더 중요해질 것이다. 일반적인 지침 하나는, 장애인이 할 수 없었던 무엇인가를 할 수 있도록 해 준다면 공학 기술은 그들에게 최고의 이익이 된다는 점이다. 하지만 공학 기술이 새롭거나 더 나은 일을 하도록 해 주면서 동시에 새로운 제약을 부과한다면 공학 기술의 혜택에 대해서 다시 생각해 볼 필요가 있을지도 모른다.

모든 유형의 공학 기술의 진보는 장애인에게 영향을 미칠 수 있다. 공학 기술의 진보는 ① 의학적 치료, ② 인간의 생식(복제), ③ 의사소통의 세 가지 분야에서 두드러진다. 이런 발전 중의 일부, 특히 의학적 치료나 의사소통에 관한 것은 매우 논란이 많다. 논란은 전형적으로 어떤 것이 행해질 수 있는 것인지 아닌지, 행해져야만 하는 것인지 아닌지에 대한 것인데, 논의되는 공학 기술의 두세 가지와 연관이 있을 수도 있다. 예를 들

인터넷 자원

특수교육 프로그램 관리국(The Office of Special Education Programs: OSEP)은 보편적 학습설계(UDL)를 지원하는 유용한 도구를 가지고 있으며, 주소는 http://www.osepideasthatwork.org/UDL/letter.asp다.

모든 유형의 공학 기술의 진보는 장애인에게 영향을 미칠 수 있다.

어, 인공적인 내이(內耳)인 **인공와우 이식수술**(11장에서 좀 더 논의한다)은 청각장애 유아들이 가능하면 언제든지 들을 수 있게 하기 위해서 사용되어야 하는가? 이 쟁점은 의학적 치료와 의사소통의 두 가지 모두와 연관이 있을 수 있고 인간 재생과도 관련이 될 수 있다. 만일 가능하다면 장애는 출생 전에(자궁 안에서) 외과적으로 정정되어야 하는가? 만일 가능하다면 태아의 줄기세포 연구의 결과는 신체적 장애를 치료하기 위해서 적용되어야 하는가? 부모들이 자녀의 어떤 생물학적 형질을 선택하는 게 허용되어야만 하는가? 이런 점들이 뒤에 나오는 장들에서 논의할, 논쟁이 많은 윤리적 쟁점들 중의 일부다.

공학 기술과 특수교육에 관한 더 많은 정보를 얻기 위해서는 응용과학기술센터(Center for Applied Science Technology) 웹사이트(http://www.cast. org)를 방문하라. ■ ■ ■

　공학 기술의 양면성　공학 기술의 발달 속도가 빨라짐에 따라 장애인의 일상생활에 공학 기술을 적용하는 것도 빨라졌다. 공학 기술은 많은 방식으로 장애인이나 일반 사람들이 정보에 접근하고 의사소통을 하며 여행을 하고 다른 많은 일상의 일을 수행할 수 있도록 발전하고 있다. 공학 기술의 적용은 일부 장애인이 일반 사람들처럼 기능하는 것을 가능하게 한다.

　몇몇 불리한 면은 공학 기술에 대한 의존성과 그 신뢰도의 문제들이다. 사람들은 대체적인 방식으로 어떻게 일을 할 수 있는지를 배우는 대신에 오히려 그들이 사용하는 공학 기술에 더 의존하는 경향이 있고, 그래서 어떤 도구나 장치가 제대로 작동하지 않으면 전통적인 과거의 방식으로 어떻게 일을 해야 하는지 생각해 내지 못한다.

　할 수 있다고 해서 그 일을 해야만 하는가　더 많은 논쟁을 불러일으킬 수 있는 쟁점은 우리가 새로운 공학 기술을 가지고 할 수 있는 일들을 해야만 하는지 아닌지에 관한 것이다. 장애이기보다 들을 수 없거나, 볼 수 없거나, 걸을 수 없거나, 의사소통을 할 수 없는 것과 같은 한계점들을 제거하기 위한 수단으로 만들어지는 공학 기술의 효과성에 대한 도덕적이고 윤리적인 딜레마들은 앞으로 수년 동안 더 증가할 것이다. 특히 부모들이 가능한 범위 내에서 '맞춤 아기(designer babies)'를 창조해 내는 것을 허용해야만 하는지 아닌지에 대한 쟁점은 골칫거리가 될 것이다. 예를 들어, 대부분의 사람이 장애가 있든 없든 간에 맞춤 아이들을 낳는 것을 허용해야만 하는가? 윤리적인 딜레마에 빠지는 것 외에도, 어떤 특정 형질(예: 농, 왜소증, 당뇨, 정신분열증이나 우울증의 기질)이 있는 또는 없는 배아를 선택하는(혹은 배아를 만들어 내는) 능력은 장애의 정의와 의미에 대한 어려운 쟁점들을 불러일으키고 있다(Kauffman & Hallahan, 2007).

표준기반 개혁과 특수교육

1990년대와 2000년대 초의 표준을 기초로 한 개혁 운동은 주와 연방 정책 입안자들이 학생들의 교육적 성취의 전반적인 하락을 깨닫고 우려하게 되었다는 사실을 기반으로 하고 있다. 그 결과로서 그들은 '표준기반(standards-based)' 개혁을 강조했다. 이런 개혁들은 표준화된 시험들로 측정한 학습의 기준을 세우는 것을 포함하고 있다. 개혁가들은 교사들의 기대치가 너무 낮아졌고 모든 학생은 더 높은 기준에 준해져 있다고 믿었다(Finn, Rotherham, & Hokanson, 2001; Hoover & Patton, 2004; Pugach & Warger, 2001; Thurlow, 2000; Thurlow, Nelson, Teelucksingh, & Draper, 2001 참조).

표준기반 개혁 운동은 더불어 장애학생들이 일반 교육과정에 접근하는 것에 큰 중점을 두는 결과를 초래했다(Hoover & Patton, 2004; Pierangelo & Giuliani, 2006; Thurlow & Quenemoen, 2011; Zigmond, 2007). 장애학생들을 위한 교육과정은 흔히 일반교육의 교육과정과는 다르다. 장애학생들에게 일반교육에서 배우는 것과 똑같은 것을 가르치는 데 실패한다는 것은 이런 학생들에 대한 기대는 더 낮아지고, 그 결과 그들의 낮은 성취도를 야기하며, 성인 생활로의 성공적인 전환에 실패한다는 의미로 해석된다.

당연하게도 표준기반 개혁 운동은 더 많은 논란을 불러일으켰다. 교육과정은 어떤 것이어야 하는가? 표준은 무엇이어야 하는가? 그 기준을 세우는 것은 누구인가? 표준의 달성이나 표준을 향한 진전은 어떻게 측정되어야 하는가? 만약에 표준에 미치지 못한다면 학생들에 대한―그리고 학교나 주에 대한―결과는 무엇이 되어야 하는가? 읽기나 수학 같은 핵심 과목을 중심으로 다른 과목을 종합 편성하는 핵심 교육과정에서 반드시 향상하기 위해서는 음악, 예술, 시, 체육 그리고 다른 어떤 분야를 포기해야 하는가?

장애학생들에게는 다음과 같은 추가적인 질문들이 발생한다. 장애와 상관없이 모든 학생에게 모든 기준을 적용해야 하는가? 대체 표준들은 어떤 상황에서 적합한가? 어떤 상황에서 표준을 향한 진전을 하기 위해서는 어떤 특별한 수정이 이루어져야 하는가? 이런 질문들에 대답하기 위해서는 개별적인 경우마다 전문가적인 판단이 요구되고, 그러한 판단은 법에 따른 요구를 받는다(Bateman, 2007, 2011; Huefner, 2006; Johns, 2003; Kauffman & Hallahan, 2005a; Yell, 2006 참조). 더욱이 장애학생들이 일반학생들과 평균적으로 똑같은 점수를 받기를 기대하는 것은 불가능을 기대하는 것이다(Kauffman, 2004; Kauffman & Konold, 2007; Kauffman & Wiley, 2004).

현재 초중등교육법(Elementary and Secondary Education Act: ESEA)은 재인증 과정에 있다. 그것은 아마도 새로운 이름을 가지게 될 것이다. 즉, 아동낙오방지법(No Child Left Behind: NCLB)은 과거의 이름이 될 것이다. 초중등교육법(ESEA)의 재인증 다음 과정으로는 미국 장애인교육법(IDEA)의 재인증이 있을 것이다. 이 두 법 모두 의심할 여지없이 표준기반 평가와 교사의 학생 성적 책임, 그리고 장애학생을 위한 일반 교육과정에의 접근에 그 중점을 둘 것이다.

책무성과 평가 문제

앞에서 논한 법들(아동낙오방지법[NCLB]과 미국 장애인교육법[IDEA 1997, 2004])의 목적은 장애학생들이 모든 학생에게 요구되는 교육적 진보 평가에 반드시 포함되어 그들을 위한 교수를 개선하는 것에 있다. 평가란 특수교육에서 항상 중요하게 여겨지긴 했지만, 특히 표준기반 개혁의 시대에 집중 조명을 받았다. 아동낙오방지법(NCLB)은 다양한 하위집단 학생들의 평균 점수가 보고되기를 요구했고, 장애학생들을 포함한 모든 학생이 진전을 보이기를 요구했다. 이런 비교들을 하기 위해 참여해야 하는 장애학생들의 평가는 결과를 측정하는 것으로 간주된다.

결과 측정　결과를 측정하는 것은 앞서 설명한 중재반응모델(RTI)의 맥락에서 본 선별(screening)이나 진보 평가(progress monitoring)와는 다르다. 교사들은 혹시 장애가 있을지도 모르는 위험에 있는 학생들을 판별하고, 프로그램 계획을 하는 데 도움이 되는 최신 자료를 제공하며, 이런 측정들로 집단(group setting)을 관리하기 위해서 선별과 진보 평가를 이용한다. 결과 측정에서는 한 학생의 수행을 다른 학생의 수행과 비교하거나, 주나 학군의 수행을 다른 주나 학군의 수행과 비교한다.

시험 조정　표준화된 학업 성취 평가에 포함되는 일부 장애학생은 시험 조정을 받을 자격이 있다. 시험 조정이란 장애학생들에게 동등한 평가에 접근하는 것을 보장하는 절차다(Thurlow, 2010). 시험 조정은 행정 절차의 변경이나 시험의 형태를 달리하는 것과 연관이 있을지라도 평가되는 내용은 변하지 않는다(Lazurus, Thurlow, Lail, & Christensen, 2009).

평가 절차의 조정은 환경(장소)이나 시험 제시 방식(presentation format) 및 반응 형식(response format)을 변경하는 것과 관련이 있을 수도 있다. 조정의 본질은 학생의 구체적인 요구를 기반으로 한다. 환경이나 스케줄의 조정은 소그룹

특수교육법의 목적은 장애학생들이 모든 학생에게 요구되는 교육적 진보 평가에 반드시 포함될 수 있도록 하는 장애학생들의 교수 개선에 있다.

관리나 시간을 더 주는 것과 같이 평가의 환경이나 시간을 변경하는 것이다. 제시 조정 (presentation accommodations)은 문제나 지시사항을 큰 소리로 읽어주는 것과 같이 학생에게 제공되는 평가 방식을 변경하는 것이다. 반응 조정은 구두로 또는 타자를 쳐서 대답하는 것과 같이 학생이 평가의 질문에 대답하는 방식을 변경하는 것이다.

표준과 장애의 딜레마를 해결할 수 있는가

일부에서는 장애학생들이나 또 다른 이유로 시험에 적합하지 않은 모든 학생에게 국가고시(state exams)를 치르라고 요구하는 것은 학생이나 교사 모두에게 잔인한 것이라고 여긴다(Kauffman, 2002, 2004; Kauffman & Konold, 2007; Kauffman & Wiley, 2004). 하지만 장애학생들을 위한 프로그램이 '일을 하고 있는지' 아닌지를 알기를 원한다면 결과를 알아내는 시험은 필요한 것이다(Kauffman & Konold, 2007). 표준화된 시험들은 결과에 접근하는 데 있어서 합법적인 위치를 차지하고 있고 시험 자체들을 악마 취급을 하는 것은 지양해야 한다. 그러나 "시험은 정당한 이유로 올바른 비교를 할 때만 유용한 것이다."라고 이해하는 것은 중요하다(Kauffman, 2002, p. 240). 특수교육에서 장애학생들의 결과를 일반학생들의 결과와 비교하는 것은 잘못된 것이다. 올바른 비교는 특수교육을 받고 있는 장애학생들(혹은 다른 어떤 치료를 받고 있는 학생들)과 특수교육을 받지 않는 장애학생들 간의 차이를 대조하거나, 장애학생들의 특수교육을 받기 전과 후를 비교하는 것이다(Kauffman, 2004; Kauffman & Hallahan, 2005a).

특수교육에 대한 맺음말

논란이 많은 특수교육의 특성에 압도되는 기분을 느끼는 것은 이해할 만하다. 이 분야에서는 해답이 나오지 않는 수많은 질문에 직면해 있다. 우리가 생각하는 것을 찾아내는 것이 바로 장애학생들을 어떻게 교육해야 하는지에 관한 특정한 질문들에 대한 올바른 대답들인 것처럼 보이고 더 도전적인 질문들이 모습을 드러내기도 한다.

최종적인 결론에 도달하기에는 이런 무능력함이 이 분야의 혼란스러운 상황을 나타내는 것으로 보일 수도 있다. 끊임없이 질문이 나오는 이런 상태는 건강하고 활기차다는 징후이고 특수교육이 철학이나 단지 추측을 기반으로 하는 것이 아니라 과학적인 이해에 그 기반을 두고 있다는 것을 나타낸다. 최종적인 대답을 찾고 제공하는 것은 결코 아니지만 과학은 미지의 것들을 즐기고 논쟁을 즐긴다. 사실 연구에는 규칙이 있다. 즉, 과학이란 조사에 관한 모든 것이고 가장 신뢰할 수 있는 정보다(Kauffman & Sasso, 2006a, 2006b; Mostert, Kavale, & Kauffman, 2008; Sasso, 2001, 2007 참조).

논란이 되는 특수교육의 특성은 특수교육을 흥미롭고 도전적인 것으로 만든다. 만약에 특수교육 전문가들이 이 분야의 모든 중요한 쟁점에 대해 갑자기 완벽하게 동의를 한다면 우리는 걱정스러울 것이다(장애인이나 그들의 가족들도 걱정스러울 것이라고 믿는다). 우리는 우리가 구할 수 있는 가장 뛰어난 증거를 기반으로 해서 장애인들에게 교육과 그와 관련된 서비스를 제공하도록 더 나은 방법을 찾는 것에 끊임없이 노력해야만 한다(Lloyd & Hallahan, 2007). 이런 노력에도 의견의 차이는 불가피한 것이다.

요약

특수교육 서비스를 받을 특별한 학습자는 어떻게 평가되고 판별되는가?

- 의뢰전 팀은 특수교육 판별 절차에 오랜 역사를 가지고 있다.
- 중재반응모델은 과학적이고 조사를 기반으로 하는 지도에 대한 학생들의 반응을 나타낸다.
- 중재반응모델은 학습장애 학생들을 판별하는 수단으로 제안되고 있지만 판별 도구로서 그것의 유용성에 대해서는 몇 가지 의문이 있다.

장애학생의 개별화된 교육에 있어서 특수교육법은 어떻게 그 목적을 실행하는가?

- 미국 장애인교육법(IDEA)의 기본적인 주요한 관심은 장애가 있는 모든 아동에게는 무상의 적절한 공교육(FAPE)이 제공된다는 것이다.
- 개별화교육 프로그램(IEP)은 어떤 특정 프로그램을 만들기 위한 시도인데 장애가 있는 각각의 아동을 위해 쓰였고 다음과 같다.
  - 학생의 요구는 주의 깊게 평가된다.
  - 전문가들로 구성된 팀과 학부모는 그 학생의 요구에 가장 잘 응하기 위한 프로그램을 설계하는 데 함께 일한다.
  - 그 목적과 목표들은 분명하게 진술되어서 그것들에 도달하려는 진전을 평가할 수 있다.
- 장애학생의 개별화교육 프로그램은 최소한 16세가 되면 전환 계획을 포함해야 한다고 법으로 규정하고 있다.
- 조기 중재는 법으로 규정되어 있는데 조기 중재의 기반은 개별화가족서비스계획(IFSP)이다.

특수교육은 어떻게 제공되는가?

- 특수교육은 일반교사에 의해 어느 정도 특별히 제공되는 것부터 특별한 시설에서 24시간 지내면서 돌봄을 받는 것까지 그 범위가 광범위하다. 그 계획은 다음의 두 가지 요소에 따라 선택된다.
  - 그 학생이 어떻게, 얼마나 평균적인 학생들과 다른가.
  - 학교와 지역사회에서 가능한 자원들은 무엇인가.
- 차이가 나는 배치의 선택은 다음을 포함하는데, 서로 간에 결합

할 수도 있다.
  - 교사가 조정을 하는 일반학급 배치
  - 특수교사와 협의하는 일반교육
  - 전문가에 의한 순회교육 서비스
  - 학습도움실 서비스
  - 특수학급
  - 특수 주간학교
  - 병원, 가정방문 교수
  - 기숙학교
- 연방법인 미국 장애인교육법(IDEA)은 학생의 요구와 양립할 수 있는(화합할 수 있는) 최소제한환경(LRE)에 배치할 것을 요구하고 있다.

특별한 학습자를 학교에 통합할 수 있는 현재의 실제는 무엇인가?

- 중요한 쟁점들은 완전통합, 일반교사와의 협력, 중재반응모델, 교육적인 진보 평가에 참여하기, 조기 중재, 전환, 관련자들과 연관이 있다.

완전통합과 관련된 논란은 무엇인가?

- 완전통합은 매우 논란이 많은 데 다음 네 가지 가정을 기반으로 한다.
  - 사람에게 꼬리표를 붙이는 표찰은 유해한 일이다.
  - 특수교육 없애기 프로그램은 효과적이지가 않다.
  - 장애인을 소수 그룹으로 봐야 한다.
  - 윤리는 경험론보다 우선하는 것이다.
- 완전통합을 반대하는 사람들은 다음과 같은 논리를 펼친다.
  - 전문가들과 부모들은 현재 수준의 통합에 대체로 만족하고 있다.
  - 일반교사들은 모든 장애학생에게 마지못해 대처하거나 대처할 능력이 없다.
  - 장애를 소수집단 신분과 동일시하는 데는 많은 합법적인 방법이 있다고 해도 그것을 교육적인 프로그램의 권장 사항으로 옮기는 데는 한계가 있다.

- 경험적 증거를 고려하기를 꺼린다는 것은 직업적으로 무책임한 것이다.
- 이용 가능한 경험적 증거는 완전통합을 지원하지 않는다.
- 특수교사는 하나의 서비스 전달 모델을 지원하는 데이터가 없을 때에는 배치의 연속체를 보존해야만 한다.

일반교육과 협력하는 실제는 무엇인가?

- 일반교육과의 협력이란 특수교사들과 일반교사들이 의뢰전 팀, 자문 그리고 협력교수와 같은 합의하에 함께 일하는 것을 의미한다.
- 일부 교사는 협력교수와 같은 인기 있는 협력 방식의 효율성에 대해 의문을 가지고 특수교사들이 광범위한 학생들을 조정하도록 일반교사들을 교육하든지, 아니면 실제로 장애학생들을 가르치는 것에 참여할 것을 추천한다.

장애인을 더 넓은 사회로 통합하기 위한 정책은 무엇인가?

- 주요한 동향과 쟁점들은 표준화, 탈시설화, 자기결정, 보편적 설계 그리고 새로운 공학 기술의 사용을 포함하고 있다.

보편적 설계의 동향과 쟁점은 무엇인가?

- 보편적 설계는 가능한 한 많은 사용자를 위해 어떤 장치나 프로그램의 실행 가능한 것이어야 한다는 원리를 언급하는 것이다.
- 도구나 프로그램이 광범위한 사용자들을 위해 설계된 것이라고 할지라도 문자 그대로 모든 사람이 사용할 수 있게 만들어지는 것은 많지 않고, 보편적 설계는 아마도 일부 사용자를 위해 언제나 필요할 것이다.

공학 기술을 사용하는 데 있어서 현재의 정책은 무엇인가?

- 장애인을 위한 주요 공학 기술 중에 논란이 되는 것은 의학적 발달, 인간 복제(human reproduction, 인간 생식) 그리고 의사소통과 관련이 있다.
- 우리가 할 수 있다고 해서 어떤 일을 해야만 하는지 아닌지에 대한 논쟁이 있다.

표준기반 개혁의 맥락에서 특수교육과 연관이 있는 쟁점은 무엇인가?

- 미국 장애인교육법(IDEA)과 아동낙오방지법(NCLB)은 장애학생들의 대부분이 일반적인 교육적 진보 평가에 참여할 것을 요구하고 있다.
- 참여를 지지하는 사람들은 특수교육이 학생들의 진보에 책임을 지지 않은 채로 있어 왔다는 것을 제시한다.
- 일부 교사는 훌륭하게 지도를 한다고 해도 장애학생들의 평균적인 성취는 일반학생들의 그것보다 낮다는 것을 지적한다.

특수교육의 현재 실제에 대한 강조점은 무엇인가?

- 우리는 논란이 특수교육 분야가 살아 있고 잘되어 가는 것을 나타낸다고 믿고 있다.
- 우리는 더 나은 특수교육을 위해서 끊임없이 노력해야만 한다.

특수교육협의회

전문적 기준

 **Council for Exceptional Children**

이 장에서 다루어진 미국 장애인 특수교육협의회(Council for Exceptional Children: CEC)의 공통 핵심 지식 및 기술: ICC1K4, ICC1K6, ICC7K5 ICC7S1, ICC7S2, ICC7S7, ICC7S9, ICC8K3, ICC8K4, ICC8S1, ICC8S4, ICC9S12, ICC10S5, ICC10S6, ICC8S6, ICC10K1, ICC10K3, ICC10S2, ICC10S4

부록: CEC의 공통 핵심 기준과 관련된 지식 및 기술을 제공한다.

MYEDUCATIONLAB

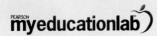 **myeducationlab**

MyEducationLab(www.myeducationlab.com)의 주제1: 법, LRE와 IEP에서 다음의 내용을 찾을 수 있다.

- 국가 수준의 기준들과 관련된 전반적 개념에 대한 학습 성과
- 각 장의 내용을 보다 심도 있게 이해하도록 도와주는 과제 및 활동 수행
- IRIS Center Resources에서 볼 수 있는 어려운 상황들에 대한 검토
- 교수 기술 수립과 학습 주제 경향을 확인할 주요 개념 이해에 대한 실제의 적용
- Book-Specific Resources의 Study Plan을 통한 교재 내용에 대한 이해도 측정. 여기에서 각 장의 퀴즈 수행, 정답에 대한 피드백을 통해 복습, 연습, 심화 활동으로 이해도를 높일 수 있음
- CCSSO 올해의 교사상 수상자의 교사 면담 코너를 통해 '왜 나는 가르치는가?'에 대한 답변 영상 시청

Chapter 3

특수교육에서의 다문화 및 이중언어 접근

나는 학교가 비열하다고 생각한다. 아마도 가장 비열한 점은 다른 거울을 통해 우리 자신을 보게 하는 점이다. 나는 학교가 우리는 누구이며 우리가 어떻게 살아왔는지를 미국 사람들에게 알려줄 책임이 있다고 생각한다. 학교는 좀 더 정확하고 통합적인 다문화 프로그램을 적용해야 하는 곳이 되어야 하고, 교실에서는 다른 인종이나 문화권의 학생들이 자신에 대해서도 배우고 다른 사람들에 대해서도 배우되, 그 방법은 정보를 제공하고 체계적이며 위협적이지 않는 방법이어야 한다. 교육의 책임이 없는 방송이나 대중매체에 의지하는 것보다는 우리의 이러한 소망을 이루어 주는 곳이 학교였으면 한다.

- Ronald Takaki • '다른 거울을 통해서 세상을 보는……
(Reflections from a Different Mirror)'

주요 질문

- 문화적 긍지와 수치는 어느 정도로 받아들이는 것이 합당할까?
- 미국인은 다문화를 어떻게 정의 내리고 있는가?
- 교육에서의 문화적 다양성에 대한 주요 개념은 무엇인가?
- 다문화적/이중언어적 특수교육에서 가장 중요한 측면은 무엇인가?

특수교육에서의 다문화 및 이중언어 접근에 대한

잘못된 생각

오해 • 다문화 교육이란 소수민족이 그들의 자녀에게 자신의 선조가 인지적 · 사회적 · 예술적으로 오늘날의 문화에 얼마나 영향을 미쳤는지를 알려 주는 교육이다.

사실 • 부분적으로는 맞다. 그러나 다문화 교육이란 모든 인종 집단 학생이 자신의 조상이 물려 준 문화유산에 감사하도록 하는 교육을 담고 있다. 또한 미국 문화 자체가 다문화임을 교육 내용에 포함한다.

오해 • 모든 사람은 다문화 교육이 이 나라의 미래를 위해 매우 중요하다고 생각하고 있다.

사실 • 소수민족들 중에는 오히려 다문화 교육이 잘못 시도되어 미국 문화와 응집하고 통합하는 데 방해가 된다고 생각하는 사람들도 있다.

오해 • 다문화 교육은 비교적 쉽다. 커리큘럼에 다양한 문화에 대한 정보를 포함시키고, 그 문화에 존경을 갖도록 지도하는 것이다.

사실 • 다문화 교육을 위한 커리큘럼을 결정하거나 교수 방법을 결정할 때 많은 것이 사회적 이슈가 된다. 어떠한 문화를 얼마나 소개해야 하는지, 또한 그것을 어떻게 지도하는지에 대해 많은 논란이 되고 있다.

오해 • 다문화 교육에서는 다른 인종에 대해 분명한 정의를 가지고 있고 다른 인종들은 고유한 특성과 문화적 공헌을 했다고 분명하게 언급할 수 있다.

사실 • 다문화 교육에서는 인종 간으로 나누어 보는 것이 전형적일 수 있으나 인종은 그 범위가 너무 넓어서(예: 아시아 사람, 아프리카 사람 등) 그 자체가 논란이 되기도 한다. 또한 다문화 교육에서는 인종에 대한 것뿐만 아니라 성별, 종교, 장애 등 여러 가지 이슈가 포함되므로 매우 복잡하다.

오해 • 특별한 인종에서 장애로 판정되는 경우가 많은 것은 아니기 때문에 특수교육에서 더 이상 이러한 문제는 없다.

사실 • 아직도 특정 장애 영역에서 특정 인종이 더 많은 장애 판정을 받기도 하고 더 낮게 판정을 받기도 한다. 예를 들어, 흑인 남학생은 정서 · 행동장애 영역에서 더 많은 장애 판정을 받는 경향이 있고, 영재 영역에서는 판정을 받는 학생이 다소 적다.

오해 • 장애는 인종과는 전혀 상관이 없다.

사실 • 특정 장애 중에는 유전적으로 관련 있는 것들이 있어 특정 인종에게 더 많이 나타나는 것이 있다. 예를 들면, 겸상적혈구증(유전되는 중증의 만성 혈액 질환)은 아프리카, 중동 및 카리브해 지역, 사우디아라비아, 인도 사람들 사이에서 더 많이 나타난다.

오해 • 학생이 영어로 말할 줄 안다면 교사는 이중언어 교육에 대해 신경 쓸 필요가 없다.

사실 • 일상생활 영어와 교실에서 교육과정을 적용하는 중에 사용하는 영어는 형식과 기술적인 측면에서 상당히 다르다. 그러므로 교사는 학생이 교실에서 수업 중에 사용하는 영어를 완벽하게 이해했는지를 확인해야 할 필요가 있다.

많은 나라와 종교는 당파, 부족 등으로 다시 나뉘어 있다. 나뉜 과정을 살펴보면 특정 인물이나 집단이 다른 사람들에게 매우 비열한 짓을 하며 분리된 경우도 많다. 국가, 종교 간의 분쟁으로 나뉘기도 하고, 부족, 피부색, 성별, 사회경제적 수준, 장애 등으로 분리되기도 한다.

어느 누구도 피부색, 종족, 성별, 국가 등에서 나와 다르다고 차별해서는 안 된다. 그러나 이것은 현재 인류가 해결해야 할 주요한 문제다. 21세기 초반까지도 노예 제도가 존재한 나라가 있었고, 현재에도 자신과 인종적·종교적·문화적으로 다르든 다르지 않든 간에 교도관들은 죄수들에게 학대를 일삼는 경우도 있으며, 자살폭탄으로 자신은 물론 다른 사람을 죽이는 경우도 있다. 그리고 그리 오래지 않는 과거에 더 나은 사회를 구축한다는 일환으로 장애인을 죽이기까지 한 나라도 있다. 이러한 역사를 통해 우리는 좀 더 현명해져야 한다(Mostert, 2002).

문화적 차이에 근간을 둔 학대가 계속되고는 있지만 문화적 다양성이 없는 곳에서 살고 싶어 하는 사람은 거의 없다. 문화적 다양성이란 사람의 경험에 있어 매우 가치 있는 요소다. 또한 하나의 발전된 문화가 다른 문화에 영향을 주며 변화·발전한다. 마르코 폴로가 중국을 여행하고 온 후 이탈리아의 문화가 발전되었고 이윽고 유럽 전체로 중국 문화가 영향을 미치기도 하였다. 또한 미국의 흑인 노예들이 유럽의 음악을 접하면서 흑인 영가가 탄생하게 되었고, 블루스, 재즈, 가스펠과 같은 새로운 음악 장르가 형성되기도 하였다(Gardner, Ohio State University). 우리의 역사를 보면 하나의 문화가 다른 문화를 통해 변화·발전해 온 수많은 예를 찾아볼 수 있고, 그와 더불어 다른 문화를 짓밟고 무시한 예도 많이 발견할 수 있다.

대부분의 문화적·인종적 집단에서는 선조에 대한 긍지를 가질 수도 있지만 어느 시점에 보였던 외국 문화에 대한 냉대, 타 인종에 대한 노예 제도 등 부담으로 느껴지는 부분도 분명히 많을 것이다. 또한 자신이 속한 집단, 즉 같은 나라 사람이거나 같은 부족의 경우에도 일부 부족하다고 여겨지는 사람을 무시하고 냉대하는 것으로 확대되기도 하였다. 종교가 갈등의 뿌리가 되기도 하고(예: 북아일랜드, 이라크), 단지 대부분의 사람과 모습이 다르다는 이유만으로 차별의 대상이 되기도 했다. 예를 들면, Frank McCourt(1996)가 집필한 『안젤라의 유해(*Angela's Ashes*)』라는 책에는 20세기 중엽 아일랜드의 가톨릭 신자들이 자신들을 '저항하는 머리카락'이라고 칭한 것에 대한 내용이 다음과 같이 기술되어 있다.

머리를 빗어 줄 테니 이리로 오렴 하고 나의 할머니는 말했다. 덥수룩한 머리카락을 보렴, 차분해지지 않는구나. 근데 이 머리카락을 우리 가족이 아닌 다른 사람들로부터 받은 것이 아니다. 그야말로 진짜 북아일랜드 사람들의 머리카락이고 너는 그 머리카락을 너의 아버지로부터 물려받았다. 그런 머리카락이 장로교 사람들에게서 볼 수 있는 종류의 머리카락이다. 만약 너의 엄마가 다른 종족의 사람과 결혼했더라면 너는 이런 머리카락을 갖지 않았을 것이다. 이 머리카락이야말로 북아일랜드, 장로교 사람들의 머리카락이다(p. 128).

거의 모든 사회, 종족, 인종, 나라에서는 자신과 다르다는 이유로 소수를 차별해 왔다. 그러므로 우리는 나와 다른 사람도 '사람'이라는 기본 원칙하에 학습하는 것이 매우 중요하다. 또한 모든 교사는 **다문화 교육**의 필요성과 목적에 대해 잘 이해하고 있어야 한다. 다문화 교육의 목적은 성별, 사회경제적 지수, 인종, 장애 여부, 그 밖의 문화적 차이와 상관없이 모든 학생이 동일한 교육 기회를 갖도록 교육과정을 편성하고 교육을 제공하는 것이다. 또한 교사는 학생들이 다문화적인 개념(다른 문화에 대한 지식과 역사를 이해하고 그 문화를 존중하고 받아들이는 것을 의미함)을 형성하도록 교육할 수 있어야 한다. 이 장 처음에 제시된 Takaki의 말처럼, 학교는 다문화 교육의 제공에서 가장 중요한 역할을 해야 하는 기관이다.

'다문화주의'에서 위험한 것은 어떠한 행동에 대한 긍지 또는 죄책감을 집단적으로 갖게 되는 경우다. 그 나라 사람 한 명이 뭔가 큰일을 해내면 그 나라 사람 모두가 긍지를 가져도 되는가? 혹은 누군가가 뭔가 나쁜 일을 하면 그 나라 사람 모두가 책임을 져야 하는가? 한 사람에 대한 분노로 인해 그 나라 전체를 미워하고, 인종차별을 하고, 대량 학살을 하고, 폭력을 행사하는 것으로 연결되기도 한다. 또한 잘못된 국가적 자긍심은 잘못된 선민 사상으로 연결될 수도 있다.

인터넷 자원

케네디 센터(Kennedy Center)의 ArtsEdge에서는 유치원에서 12학년에 해당하는 학생들을 위한 다문화 교육을 위해 예술 영역과 연관된 수업 자료를 제공하고 있다(http://artsedge.kennedy-center.org/content/2316). 예일 뉴헤이븐 교사 연구소(Yale-New Haven Teacher's Institute)도 이와 같은 자료를 제공하고 있다(http://www.eale.edu/ynhti/curriculum/units/1994/4/94.04.04.x.html).

미국과 다문화주의

세상의 어느 것도 다양성이 반영되지 않는 것은 하나도 없다. 지구의 풍경을 보면 각기 다른 모양, 형태, 색깔이 자기만의 정체성, 영혼을 지키면서도 전체로서의 조화를 이루고 있다. 미국이라는 곳도 좋은 예가 될 수 있는데, 미국도 퀼트의 조각이 연결되어 조화를 이루고 미국에 사는 사람 모두는 각기 다르다. 기후 환경만 보더라도 지역마다 다르다. 태평양 쪽에서 대서양 쪽으로 이동하면서 훑어보면 따뜻한 사막이 나왔다가 눈 덮인 산맥이 나오고, 금빛 평지가 나오는가 하면 초록의 골짜기가 나오고, 풀이 무성한 늪지대도 나오고, 모래사장이 있는 해안가도 펼쳐진다. 모두 다르지만 함께 모여 미국이라는 하나의 나라를 구성하고 있다. 지리적인 조건뿐만 아니라 거기에 사는 사람들도 다를 수 있다는 좋은 예를 보여 준다(de Melendez & Beck, 2010, p. 5).

de Melendez와 Beck(2010)도 언급한 것처럼, 미국은 점점 더 다양화되고 있는 나라

다. 미국이 이상적으로 바라는 다양성은 모든 사람이 자신의 문화에 대한 긍지를 갖고 각기 다른 타인의 문화를 존중하는 것을 넘어, 한 개인의 잘못에 대해 그 사람이 속한 집단을 증오하고 학대하고 위협을 가하는 분위기를 모두 제거하는 것이다. 다문화적 조망을 가지고 이상을 추구하고자 할 때, 우리는 두 가지 측면을 동시에 고려해야 한다. 첫째, 우리는 사회적 정의를 추구하고 다른 사람의 문화를 존중하고 이해할 수 있어야 한다. 둘째, 다양성을 더 강하게 지켜 줄 보통의 '선'과 '가치'에 대해 더욱더 존중하고 이를 지킬 수 있어야 한다. 인간성에 대한 존중, 민주적 이상, '선'에 대한 추구는 우리에게 진정한 의미의 자유를 줄 것이고, 좀 더 옳은 방향으로 우리의 옛 문화를 존중할 수 있도록 해 줄 것이다.

문화적 차이와 관련된 문제는 어느 곳에나 있다. 그러나 문화성 다양성이 없는 사회는 지루하고 따분할 것이다. 다문화주의는 인간의 경험과 사회의 발전에 뒤얽혀 있는 개념이다.

미국에서는 1960년대 이후 인권에 대한 주장이 높아지면서 교육 관계자들이 학교에서의 문화·인종 간의 차이와 다양성을 존중하는 범위가 더 넓어졌다. 그리고 국제적으로도 다문화 교육에 대한 관심이 높아졌다. 그러나 그 발전은 더디었다. 많은 인종은 자신이 속한 집단이 표준이고 다른 문화권은 바꿔야 한다는 사고를 해 왔기 때문이다.

학교나 사회가 다문화를 실천해 왔다고 자부하지만 그러한 생각을 비판적으로 분석할 필요가 있다. 모든 교육자가 다문화적인 이상을 추구한다고 할지라도 하나의 교육 과정에 모든 인종과 그룹을 만족시킬 만한 가치를 포함한다는 것은 매우 어려운 일이다. 게다가 일부는 다문화적 이상보다 공동의 미국 문화를 찾는 것이 좀 더 중요하다고 강조하였고, 미국의 학생들이 공동의 문화적 소양을 갖는 것이 더 중요하다고 하였다(Ravitch, 2003). 또한 그동안 미국의 다문화주의를 은유적으로 표현해 왔던 '문화적 용광로(cultural melting pot)'마저 논란의 대상이 되고 있다. 일부 사람은 용광로라는 표현이 각각의 것을 한데 모아서 녹인 다음 새로운 물질로 만든다는 의미에서 각각의 문화를 섞어서 뭔가 다른 하나로 만들었다고 해석될 수 있어서 반대를 하고 있다. 그들은 각각의 그룹에 독립적이고 독특한 것으로서 정당화될 수 있는 새로운 표현을 원한다.

미국과 다른 여러 나라에서 인종주의와 인종차별은 아직까지는 심각한 문제로 남아 있다. 많은 문화권에서 '다름'에 대한 의미 때문에 서로 갈등하고 있는데, 표면적으로는 큰 문제가 아닌 것처럼 보이지만 내면을 들여다보면 상당한 갈등이 되고 있는 경우도 많다. Anne Rewis(〈개인적 관점〉 참조)가 지적한 것처럼, 1954년 5월 Brown 대 교육부의 재판에서 연방법원은 인종차별을 종식시키라는 판결을 내렸다(Lewis, 2004). 그런데

개인적 관점

통합과 악화

명석한 교사들의 부족 현상(일부 영역에서는 교사 자체가 부족)으로 인하여 가장 경험이 적고 성적이 낮은 교사들이 가장 가난한 학생들을 지도하고 있다. 교육청에서는 중산층의 부모와 좋은 교사를 만족시키고자 좋은 교사들을 중산층 지역에 배치한다. 예산이 풍족한 것이 아니기 때문에 가장 힘이 없는 사람들이 가장 안 좋은 것을 갖기 마련이다.

선택은 중산층의 백인에게 돌아갈 여지가 많다. 부모 선택 사항에는 바우처와 같은 것도 포함되는데, 부족한 교육 예산이 이렇게 사용되고 있다. 아동낙오방지법(No Child Left Behind: NCLB)의 부모 선택 사항은 이처럼 중산층이 오히려 혜택을 받다 보니 무용지물이 될 수밖에 없다. 보스턴에서 발표한 최근의 연구는 차터 학교(Charter School)가 또 다른 형태의 분리가 되어 있음을 밝혔다. 한 차터 학교에는 영어가 모국어가 아닌 학생이 하나도 없는 경우도 있었고, 사회적 수준을 보면 일반학교의 경우 3/4이 저소득층인 반면 차터 학교는 절반 정도만이 저소득층인 것으로 나타났다. 그리고 열 곳 중 한 곳의 학교에서만 장애아동이 포함되어 있었다. 차터 학교는 이러한 기득권층에게 이롭게 작용하는 것으로 나타났다.

2002년에 제정된 아동낙오방지법(NCLB)은 백인들에게 유리하도록 뒷받침해 주어 학교 차별을 가져온 또 하나의 법으로 여겨지기도 하였다(Kauffman & Konold, 2007 참조).

피부색, 성별, 종교, 입양, 장애와 비장애, 정치적 신념 등으로 인한 '다름'에 대해 아직까지도 오해와 수난이 계속되고 있다. 유대인에 대한 반감, 특정 인종에 대한 태도 등은 미국뿐만 아니라 세계 여러 나라에서도 현재까지 문제로 남아 있는 등 어떤 나라도 인종 간, 종교 간의 갈등에서 자유롭지 않은 듯하다. 모든 학생이 흑인인 워싱턴 DC에 있는 한 고등학교의 유태인 교사 Susie Kay의 경험을 들여다보면 다음과 같다.

> Kay의 학생들은 특별히 백인들을 많이 접해 보지는 않았지만 TV를 통해 백인 문화를 많이 접했기 때문에 백인 문화에 대해서 잘 안다고 말했다. 학생들 중에 유태인을 만나 본 경험이 있는 학생들은 전혀 없었고 Kay 선생님을 통해 처음 유태인을 만난다고 하였다. 한 학생이 물었다. "백인과 유태인은 어떻게 다른가요?" 그리고 덧붙여 말했다. "둘 다 부자네요, 그렇지요, 선생님?"(Horwitz, 1998. p. F1)

'다름'에 대해 민감하게 받아들이는 것만으로 문제가 해결되는 것은 아니다. 유럽중심 사상이 유럽 거부증과 만나고, 중화 사상이 중국 거부증과 만나며, 동성연애주의자가 동성연애 거부증인 사람과 만나게 되면 다른 사람의 생각이나 사상이 전혀 눈에 들어오지 않는다(Hicks, 2005 참조). 우리 스스로가 편견이 있을 수 있다는 사실을 받아들이지 않는다면 우리는 변화할 수 없다(Kauffman, 2001, 2003; Kauffman & Hallahan, 2005). 그러므로 학생들에게 자신이 속한 집단과 다른 사람의 집단 모두를 자기가 현재 생각하는 관점에서 조금 다른 관점으로 바라볼 수 있도록 교육하는 것도 하나의 해결책이 될 수 있다.

다문화 교육의 긍정적인 효과는 국가가 겪는 문제를 공유할 수 있게 하고 인간이 지녀야 하는 궁극적인 가치를 생각하게 해 주는 점이다. 또한 다문화 교육은 우리로 하여금 우리의 문화를 다른 사람과 나누도록 하고, 다른 문화를 받아들여 더 나아지자고 하는 교육이기 때문에 매우 유의미하다.

다른 문화가 인간의 영혼을 해치는 것은 아니다. 문화적 편협성의 가장 좋은 해독제는 통합이다. 편협성은 다문화주의를 추구하는 진정한 미국 문화의 가치를 통해 극복될 수 있을 것이다.

다문화주의는 현재 학문 및 연구 영역의 하나로 분화되어 있다. 다문화주의에 대한 학문은 여기에서 다룬 내용과 비교할 수 없을 정도로 다양한 내용을 포함한다. 다만 특수교육의 영역에서는 문화적 다양성과 더불어 특수성에 대한 이슈가 주요 관심이 되고 다문화 사회에서 특수교육이 일반교육과 어떻게 연관 지어 가야 하는지에 대한 논의가 주 관심에 포함된다. 문화적 다양성 측면에서 특수교사가 직면하는 문제는 다음에 제시하는 세 가지의 요인과 관련되는데, 교육적 가능성과 어려움에 대한 사정, 교수 방법 그리고 사회성이 바로 그것이다. 각각의 요인을 논의하기에 앞서 특수교육에서의 다문화 및 이중언어 접근에 대한 각각의 주요 개념을 요약하고자 한다.

교육과 문화의 다양성

문화의 정의는 매우 다양하다. 하지만 거의 대부분의 문화에 대한 정의에는 다음과 같은 요소가 포함된다.

① 문화적 가치와 전형적인 행동 특성
② 언어와 방언
③ 비언어적 의사소통 양식
④ 문화적 개성에 대한 인식
⑤ 세계관 또는 일반적인 관념

효과적인 다문화 교육은 자신의 고유 문화에 대한 자긍심을 높여 주고, 다른 학생들이 속해 있는 다른 문화에 대한 이해와 감사를 가져온다. 또한 다문화 교육은 문화적 배경의 차이에도 불구하고 평등한 교육의 기회가 주어질 수 있도록 도움을 준다.

이와 같은 요소가 합쳐지면 국가적 또는 공유한 문화권 등이 구성된다. 큰 문화권 내에는 그 문화를 공유하는 여러 개의 **하위문화권**(subculture)이 있다. 하위문화권은 단지 큰 문화권의 한 부분일 뿐, 다르게 해석되어서는 안 된다. 하위문화권이라고 해서 중요성이 떨어지는 것이 아니며 크기로 인하여 다른 문화권에 구속을 받는 것이 마땅하다고 여겨져서도 안 된다. 우리는 작은 문화권을 미시문화(microculture)로도 칭할 수 있는데, 이 용어를 더 좋아하는 경향이 있다. 하위(sub)라는 말은 뭔가 큰 것과 연결되어 그에 부속된 개념처럼 느껴지지만 미시(micro)는 단지 작다는 것을 의미하기 때문이다. 하위문화권이라고 해서 꼭 작은 것은 아니다. 대다수의 사람이 사는 지방, 기구 등이 포함되기도 하기 때문이다. 유럽계 미국인은 미국 내의 하나의 하위문화권에 속한다. 그러나 이 문화권은 시간이 지나면서 더욱더 확장되어 현재는 미국의 대다수가 이 문화권에 속한다. 그러나 유럽계 미국인은 대다수에 속할지 모르지만 지역, 나라 등에 근간을 둔 하나의 하위문화권이라고 말할 수 있다.

하위문화권은 또한 국가, 정당, 인종, 성별, 연령, 장애 여부에 따라 다양한 범주로 나뉠 수 있다. 하위문화권은 독자적인 가치, 행동 특성, 언어와 방언, 비언어적 의사소통 양식, 관점, 인식 등이 있다. 이러한 특성 중에서는 자신이 선택하는 것(예: 종교, 정당 등)도 있고, 그냥 주어지는 것(예: 피부색, 성별)도 있다. [그림 3-1]은 한 개인이 얼마나 많은 하위문화권으로 구분될 수 있는지를 나타내 주고 있다. 어떤 하위문화권에 속하느냐에 따라 사람의 행동은 달라질 수 있다. 미국의 큰 문화권은 문화권 전체를 둘러싸는 몇 가지의 가치—정의, 평등, 인간 존엄—가 있다. 미국이라는 하나의 큰 문화권 내에서는 이러한 가치가 공유되겠지만 그 방법은 또한 약간씩 다를 수 있다.

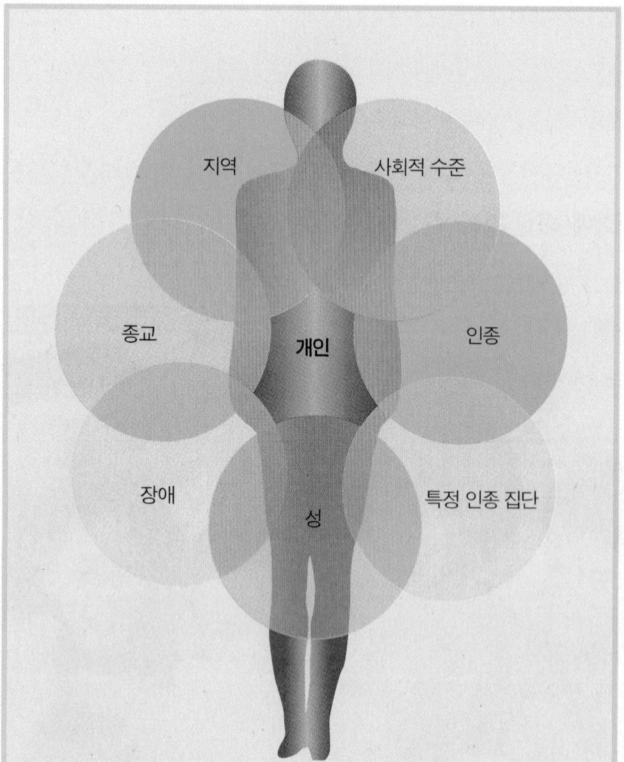

이민의 활성화, 특히 동남아권에서 오는 이민자가 늘면서 미국 학교에서 볼 수 있는 하위문화권은 최근 10년 사이에 좀 더 다양해졌다. 그러나 숫자는 늘었지만 오히려 하위문화권에 대한 이해와 민감성은 좀 더 높아졌다.

현재 미국에서는 사회경제적 수준이 낮은 가정에 속한 학생들이 많다. 가난한 가정의 경우에는 그렇지 않은 경우보다 장애의 위험성이 더 높은 경향이 있다(Fujiura & Yamaki, 2000). 가난한 생활환경과 건강 관리 수준의 저하로 인해 신체적·심리적 스트레스 지수가 높고, 이러한 환경이 만성적인 건강 문제와 장애의 원인이 되기도 한다(Lustig & Strauser, 2007). 도시 빈민 지역에 있는 많은 아동은 방과 후 시간을 그저 거리에서 보내기도 하고, 심지어 집 없이 떠돌아다니는 노숙자인 경우도 많다(Walker, 2000). 이렇듯 21세

[그림 3-1] 다양한 하위문화권에 속해 있는 개인

출처: James A. Banks (2006), *Cultural Diversity and Education: Foundations, Curriculum and Teaching, Fifth Edition*. Boston: Allyn & Bacon/Pearson, p. 77. 허가 후 게재함.

기의 미국은 매우 다양하며 다양한 하위문화권에는 인종, 사회경제적 지수, 생활 양상, 장애 등이 다양하게 포함되어 있다.

일부 하위문화권에 속한 학생들은 학교생활이나 학업 성적이 좋은 반면에 다른 일부 하위문화권 출신의 경우에는 대체로 그렇지 못하다. 많은 사회과학자가 하위문화권이 학생들의 학업 수행에 영향을 미치는지, 또 그에 영향을 미치는 요인이 무엇인지에 대해 연구하고 있지만 매우 복잡하다. 그들은 학생의 학업 수행을 성공적으로 가져오는 요인을 태도, 신념, 전통, 기회 등의 관점에서 찾아보고 있다. 특정한 인종적 하위문화권이 학생들의 수행 수준과 학교생활 행동에 많은 영향을 미친다는 점에 대해서는 비교적 명백한 증거가 있지만, 이에 대한 논의는 세 가지 관점에서 매우 조심스럽다. 첫째, 우리는 사람에 대한 고정관념(특정 문화권의 학생이 학업 수행이 더 높다거나 경제지수가 높을 것이라는 등)을 배제해야 한다. 둘째, 하위문화권의 학생들이 학교에 많은 영향력을 미친다고 하더라도 그 학교에서 다문화 교육을 소홀히 해도 된다는 뜻은 아니다. 모든 학생이 자신의 문화권이 이 사회와 학교 교육에 포함되어 있다고 느낄 수 있도록 다문화 교육을 반영해야 한다. 셋째, 교사나 학교 관련인 모두가 모든 문화권의 학생들에 대한 교육에 가치—학생들의 기대도 포함하며 학생이 성취 가능한 적정의 기대치를 의미함—를 두어야 한다. 왜냐하면 가족이나 하위문화권 사회의 지지만으로는 학교 교육의 성공을 가져오는 데 역부족이기 때문이다. 아직까지도 학생들의 학업 능력이나 행동과는 상관없이 소수자라는 이유로 가치를 인정하지 않는 경우도 많은 실정이다.

일반적으로 다문화 교육의 목적은 자신의 문화적 유산에 대한 자긍심을 높이고 자신이 속하지 않은 다른 문화에 대한 이해를 높이며, 문화적 다양성에 대해 긍정적인 태도를 갖고, 모든 학생에게 동등한 교육의 기회를 보장하는 것이다. 학생들이 자신의 문화에 대한 가치를 인정하지 않고, 다른 문화의 가치를 존중하며 받아들여 인정하지 않는 한 이 목적은 실현될 수 없다. 우연한 기회에 다른 문화권의 사람들과 만난다고 해서 자동적으로 한 문화의 가치를 인정하고 받아들이게 되는 것은 아니다. 교사는 구조를 갖추어 교수를 계획하고 문화에 대해 가르치며, 학생이 그것을 이해하고 인정하는 과정에 적극적으로 개입하여 지도해야 한다.

표면적으로는 문화의 가치를 받아들이고 인정하도록 지도하는 것이 간단한 것으로 느껴진다. 그러나 교사는 우선 두 가지 문제에 봉착한다. 어떤 문화를 교육에 포함시킬까? 문화의 무엇을 어떻게 가르칠까? 첫 번째 문제를 해결하기 위해서는 각 학교의 학생들이 어떤 문화권에 속하는지를 살펴보고 해당 문화를 전부 고려하여 교육 내용을 편성해야 한다. 예를 들어, 이민자의 분포가 높은 도심의 한 학교에 20개의 다른 언어를 사용하는(가정에서) 학생들이 존재한다면 이 모두를 교육에 반영해야 하는 것은 물론 학교 행사나 학생회나 동아리에서 이 학생들의 참여 비율을 함께 고려해야 한다. 두 번째 질문에 대한 답도 쉽지 않다. 교육 방법과 내용을 결정하기가 쉽지 않기 때문이다. 특정 문화권에서는 다른 문화의 전통, 가치, 기념일 등에 대해 받아들이지 않고 심지어는 공격적인 경우도 있다. 그러므로 교육 내용과 방법을 결정할 경우 갈등에 대한 내용을 포함시켜야 할 것이다. 모든 문화에 대한 평등한 관심과 존경은 매우 중요하게 비춰질 수도 있고, 논리적으로 극복하기 어려운 문제로 여겨질 수도 있으며, 개인적인 문제로 보일 수도 있다.

인종이나 국적은 문화적 다양성에 대한 다문화 프로그램의 영역에서 하나의 작은 국면에 지나지 않는다. 하나의 인종이라고 해서 하나의 문화를 가지는 것은 아니다. 그 안에는 문화가 존재한다(Anastasiou, Gardner, & Michail, 2011). 또한 하나의 인종, 종교, 장애, 그 밖의 문화권에 포함된 개개인이 동일한 가치 체계를 가지고 있다는 것은 편견이다(Kauffman, Conroy, Garnder, & Oswald, 2008 참조).

다문화 교육에서 가장 문제가 되는 이슈 중의 하나는 '언어'의 사용이다. 예를 들면, 한 학교나 교육구에 소수자들이라고 일컫는 구성원이 절반이 넘는다면 이를 소수자라고 해야 하는가, 아니면 소수자들이라고 해야 하는가에 대한 문제가 있다. 다양한 그룹을 정의할 때 어떻게 명칭을 붙여야 하는지, 수업에서 사용해야 할 주요 언어는 무엇이 되어야 하는지 등도 문제가 될 수 있다. 이민자 수가 대폭 늘어나면서 그와 관련하여 이중언어 교육과 다문화주의 등이 중요한 이슈가 되었다. 특히 장애아동의 경우에는 이중언어 교육이라는 것이 좀 더 큰 문제가 된다(Gersten & Baker, 2000). 서로 다른 문화, 다양성을 공평하고 정확하게 교육과정에 반영하는 것은 있을 수 없는 일이기 때문에 교사는 거짓과 위선의 소용돌이에 휩싸일 수밖에 없다. 그런데 교사는 불가피하게 문화의 가치에 대해 학생들에게 제시하여야 한다. 또한 특정 문화적 가치와 특성을 받아들여야 한다고 제시하여야 하는데 어떻게 할 수 있을까? 그렇다면 다른 것은 피하고 또 제거해야 하는가? 이러한 모든 것이 문제가 될 수 있다. 예를 들어, 여성을 노예나 하나의 도구로 생각하는 문화, 갱 조직의 문화, 노예 문화 등은 어떻게 받아들여야 하는가? 그리고 하나의 문화가 개개인에게 얼마나 영향력을 미쳐야 한다고 생각하는가? 가령 농 문화에 대해 우리는 어떻게 반응해야 하는가? 농인들 중에는 수술이나 도구를 사용하여 청인이 될 수 있음에도 불구하고 의도적으로 이를 반대하는 사람들이 있는데 그러한 문화를 어디까지 수용할 수 있을 것인가?(Kauffman, Hallahan, 2005; Mundy, 2002 참조) 그리고 학교 교육을 거부하는 문화에 대해서는 어떻게 생각해야 하는가?(Welsh, 2004 참조)

문화, 문화유산, 다문화 교육의 역할 등을 어떻게 정의 내리느냐에 따라 교사들은 다양한 문화적 갈등을 겪게 될 것이다. 그래서 혹자는 20세기 후반과 21세기 초반은 문화적 전쟁의 시대라고 말한다. 특수교육에서 다문화적 도전에 대해 가장 효율적으로 대처하는 방법은 무엇이 특수교육과 가장 적절하게 맞는지를 생각하는 것일 것이다.

다문화 및 이중언어 특수교육

특수교육에서 가장 중요하게 다루어야 할 하위문화는 '인종'과 '특수성'에 대한 것일 것이다. 인종에 따라서는 주류 사회와는 다른 그 집단에서 추구하는 전통, 가치, 행동 패턴, 정치·경제적 관심사 등이 있을 것이다. 한 인종은 한 국가나 문화권의 주류가 될 수 있고, 또 다른 인종은 비주류가 될 수 있다. '특수성'에 대한 생각도 특수교육에서는 중요하게 다루어져야 할 이슈다. 국가나 인종마다 '다르다'는 개념이 다를 수 있기 때문이다. 영어를 읽거나 쓰지 못하

다문화 교육에서 가장 논쟁이 되는 이슈 중 하나는 언어 사용에 관한 문제다. 이민자들이 지속적으로 증가하는 가운데 이중언어 교육에 대한 이슈는 점점 더 중요한 문제로 부각되고 있다.

는 학생의 경우, 영어권 나라에서는 그들을 장애아동으로 분류하지만 비영어권에서는 영어 사용 능력을 가지고 장애로 분류하지 않는다.

다문화 교육에서 좀 더 효과적인 교사가 되기 위해서 할 수 있는 가장 좋은 방법은 교사들이 자신의 문화, 역사 그리고 편견을 정확하게 인식하는 것이다. 유색인종이 많이 분포된 학교의 학생의 학업 능력이 상대적으로 낮기 때문에 부모나 정책 입안자 그리고 교사 양성 과정의 교수들은 교사교육의 중요성을 강조하고 있다. 교사 자격을 충분히 갖춘 교사를 모든 학교에 배치하는 것이 NCLB의 목표 중 하나다. 그러나 충분한 자격을 갖춘 교사들이 과연 잘 가르치는 교사인지에 대해서는 의문을 갖고 있다(Gelman, Pullen, & Kauffman, 2005). 사실 충분한 자격이 있는 교사가 매우 효율적인 교사로 통용되고 있기 때문이다.

교사교육에서 교사는 자신의 문화와 자신이 가르치는 많은 학생의 문화에 대해 많은 지식을 갖추고 있고 적절히 대응할 수 있도록 지도해야 할 것이다. 교사교육을 담당하는 교수는 교사가 될 개인이 자신이 속한 문화, 역사, 지역사회, 법과 규칙, 언어, 가치체계를 잘 이해하는 것이 하나의 좋은 방법이라고 강조한다(Artiles, Trent, Hoffmann-Kipp, & Lopez-Torres, 2000; Osher et al., 2004).

인종과 특수성이라는 두 가지 개념은 분명히 다른 개념이다. 이 두 가지의 개념을 중요하게 다룰 때 특수교육에서도 다문화 교육 목표가 실현될 수 있을 것이다.

인터넷 자원

미국 국립원이중언어교육협회(National Association for Bilingual Education)에서는 관련 자료와 연구물을 제공하고 있다 (http://www.nabe.org).

① 교육적 특수성의 이름으로 인종의 가치를 무시해서는 안 된다.
② 하위문화의 특수성, 다른 문화와의 연관성에 대해 최대한 이해해야 한다.

　　모든 사람에게 적용할 표준을 설정할 경우 특수성 때문에 인종적 특수성이 무시되는 경우가 있다. 예를 들면, 눈 맞춤, 신체적 접촉, 사용 언어, 윗사람에 대한 태도 등은 인종 간에 매우 다르다. 그러므로 같은 구성원들 사이에서는 인종이 다른 구성원들이 보이는 행동이나 사고가 이상하게 느껴지거나 받아들여지지 않더라도 각각의 인종 내에서는 그것이 받아들여질 수도 있음을 이해하도록 해야 한다. 나와 다르기 때문에 쉽게 장애 또는 영재라고 판단하는 것은 옳지 않다는 것을 알려 주어야 한다.
　　남녀 차이, 인종 차이로 인하여 장애 판정을 더 많이 받는 경우도 있다. 연구 결과에 의하면 아메리카 원주민(아메리칸 인디언)이나 아프리카계 미국인은 다른 인종에 비해 학습장애로 판정될 가능성이 더 높은 것으로 나타났다(Anastasiou et al., 2011; U.S. Department of Education, 2009). 이와 유사하게 한 연구에 의하면 유아기에 특별한 학습자로 판정받아 교육을 받은 학생 그룹 중 남학생, 아프리카계 미국인, 히스패닉 그룹은 여학생 그룹, 유럽계 미국인에 비해 특별한 학습자로 지속적으로 남아 있는 비율이 더 높은 것으로 나타났다(Daley & Carlson, 2009).
　　남학생 집단과 특정 인종이 특별한 학습자로 선정되는 비율이 높은 문제는 어제 오늘의 문제가 아니다. 남학생의 경우 특정 장애 영역에서 50%가 훨씬 웃도는 비율을 차지하기도 한다. 예를 들면, 정서장애의 경우에는 남학생 비율이 75% 정도에 육박한다(Coutinho & Oswald, 2011; George & Vannest, 2009). 이와 유사하게, 어떤 인종의 경우에는 특정 장애 영역에 더 많이 포함되기도 하고 혹은 더 적게 포함되기도 한다.
　　〈표 3-1〉은 인종 간 전체 학생의 비율이 제시되어 있고, 인종 간 특수교육 대상 학생의 비율도 아울러 제시되어 있다. 예를 들면, 흑인과 아메리카 원주민의 경우에는 전체 학생 비율과 비교하여 장애학생으로 분류된 학생의 수가 더 많다는 것을 알 수 있다. 그러나 이 표를 해석할 때는 유의해야 할 점이 있다. 예를 들어, 이 표를 보고 흑인 학생들 중 20%가 특수교육 대상 학생이라고 해석하는 경우도 있는데 이는 분명 잘못된 해석이

〈표 3-1〉 인종 간 전체 학생비율 및 특수교육 대상 학생 비율

	백인	흑인	아시아/태평양인	히스패닉	아메리카원주민
인종 간 전체 학생 비율	62.1	15.1	4.1	17.2	0.98
인종 간 특수교육 대상 학생 비율	58.7	20.5	2.1	17.7	1.5

출처: U.S. Department of Education (2009). *Twenty-eighth annual report to Congress on the implementation of the Individuals with Disabilities Education Act.* Washington, DC: Author.

다. 특수교육을 받는 대상 학생들 중 20%가 흑인이라고 해석하는 것이 적절하다.

장애학생들의 잘못된 분포의 문제는 모든 인종이나 모든 지역, 교육구 등에서 동일하게 나타나는 현상은 아니다. 전체 학생의 인종 간 분포가 어떻게 되어 있느냐에 따라 다르게 나타날 수 있다(Anastasiou et al., 2011; Coutinho & Oswald, 2000; Osher et al., 2004; Oswald & Coutinho, 2001 참조).

과잉 또는 과소 분류에 관한 이슈는 주요한 인권 문제와도 연관되어 있다. 또 한편으로는 인종에 상관없이 특별한 학습자로 분류된 경우에는 인종 간 분포에 관한 문제와 상관없이 그에 상응하는 적절한 교육을 받아야 할 것이다. 인종 간의 잘못된 분포로 어쩌면 특수교육으로 분류되어야 할 아동 중의 일부가 적절한 교육을 못 받는 경우도 있을 것이고, 잘못 배치되어 필요한 교육을 못 받는 경우(분리교육 또는 낙인)도 있을 것이다. 그리고 또 다른 경우에는 소수 학생의 교육에 있어 등한시하는 경우도 있을 것이다. 그러므로 개개 학생들은 자신에게 필요한 적합한 교육을 받지 못하게 될 수 있다(Kauffman & Landrum, 2009).

잘못된 분류는 아동의 현재 수준 사정과 관련될 수도 있다. 그러나 또 다른 요인으로는 그 사회에서 받아들여지는 표준 그리고 사회적 자원 등과도 맞물려 있을 것이다. 유색인종 중에는 가난에 노출되는 비율이 좀 더 높을 수 있는데, 가난은 장애에 영향을 줄 수 있다는 사실에 대해 크게 반대할 수 없을 것이다. 통계 자료만 보더라도 저학력은 장애의 주요 예측 요인 중의 하나다. 국가의 표준 시험 성적에서도 유색인종의 성적은 상대적으로 더 낮은 경향을 보인다(Hosp & Reschly, 2004). 그러나 이것이 전부는 아니다. 잘못된 비율의 문제는 매우 복잡하고 특별한 해결책이 있는 것은 아니다(Anastasiou et al., 2011; Oswald & Coutinho, 2001). 미국 장애인교육법(IDEA)은 문제에 대해 학교가 주의할 것에 대해서는 강조하였으나 구체적으로 어떻게 하라는 지침은 포함되어 있지 않다.

이러한 문제를 해결하기 위해서는 통합적이며 다면적인 노력이 필요하다. 소수인종에게도 좀 더 적절하고 좋은 교육을 보장하기 위하여 교육 정책가, 연구자, 부모, 인권운동가, 학생, 지역사회의 참여가 필요하다. 인종 간 특별한 학습자 비율의 불균형 문제를 해결하기 위해서는 다음과 같은 노력이 필요하다.

① 일반교육과 특수교육 현장에서 모든 학생에게 높은 품질의 교육을 보장하여야 한다.

② 효과적이고 적절한 특수교육 정책을 반영하고 조기교육, 대상자 의뢰, 사정, 적격심사, 분류, 배치, 재평가의 과정에서 적절한 조치를 취해야 한다.

③ 교육에서 가정, 학교, 사회의 참여 수준을 높여야 한다.

④ 모든 학생을 위한 교육 프로그램의 효과를 높이기 위하여 지역사회의 다양한 자원을 이용한다.

특수교육에서 다문화 관련 문제에는 인종 간 특별한 학습자 비율의 불균형 문제만 있는 것이 아니다. 특수성을 지닌 경우에는 또 다른 하위문화를 형성한다(Gollnick & Chinn, 2006). 예를 들어, 중증 청각장애의 경우에는 '농 문화'라고 일컬어지는 문화 그룹에 속하게 되는데, 농 문화는 청인 사회에서 잘 이해되지 않아서 청인들로부터 소외되거나 분리되기도 한다. 특수교육에서 다문화 관련 이슈 중 가장 중요한 것 중의 하나는 장애와 관련된 다른 문화에 대한 인식, 이해 그리고 존중일 것이다. 특수교육에서 다문화 교육이란 단순히 학생의 편견이나 고정관념을 배제하는 문제는 아니다. 교사는 스스로 다양한 학생에게 맞는 사정 방법을 개발하고, 효과적인 지도 방법을 강구하며, 자연스러운 사회화를 촉구할 수 있도록 해야 한다.

장애의 정의와 분류

사정이란 가르칠 내용을 결정하기 위하여 개인이나 하나의 집단의 관련 정보를 수집하는 것을 의미한다. 교육에서의 사정은 시험, 면담, 관찰 등에 의해 이루어진다. 사정의 목적은 다양하다. 선별(screening, 정밀한 사정 또는 집중적인 교육이 필요한지를 알아보기 위해 실시하는 간단한 측정), 진단(특정 문제를 알아보기 위한 측정), 진보 평가(학습 상황을 알아보기 위한 빈번한 측정) 그리고 결과 평가(교육 프로그램의 효과성을 결정하기 위한 측정)다. 이렇게 사정은 중요한 결정을 하는 데 필요하다. 그러므로 교육 사정은 정확하고 공정하고 공평해야 한다는 신념이 널리 퍼져 있다.

불행하게도 특수교육의 교육 사정에서의 정확성, 공정성 및 공평성에 대한 의문이 제기되었다(McDonnell, McLaughlin, & Morison, 1997; Utley & Obiakor, 2001a). 인종이라는 하위문화권이 교육 사정에 관여되었을 때, 인종, 성별, 장애 여부와 상관없이 교육 사정이 공정하고 공평해야 한다는 미국의 이상적인 신념이 흔들린다는 것이다. 즉, 교사나 심리학자들이 특정 인종에 대한 편견으로 인해 장애를 진단할 때 특정 인종의 학생이 어느 유형에 더 많이 포함될 수 있다는 것이다(Artiles, Rueda, Salazar, & Higareda, 2005; Macswan & Rolstad, 2006).

학생을 사정할 때 발생할 수 있는 문제는 매우 다양하고 복잡하여 간단한 해결책으로는 대응할 수 없다(Thurlow, Nelson, Teelucksingh, & Draper, 2001; Utley & Obiakor, 2001a). 사정에서의 많은 문제는 전통적인 표준화 검사와

문화, 인종, 성별, 장애와 상관없이 모든 학생에게 공정하고 균형 있는 교육적 기회를 제공하자는 미국의 교육 취지에 비추어 볼 때, 전통적인 방식의 사정 방법은 상당한 문제가 있는 것으로 여겨지고 있다.

관련이 있다. ① 표준화 검사 도구는 문화적 다양성이 반영되어 있지 않다. ② 개인의 문제나 결함이 무엇인지 중점적으로 다룬다. ③ 이 검사들은 교사의 지도에 도움이 되지 않는다. 이러한 문제점이 충실하게 극복되지는 않았지만 많은 사람이 그에 대해 인식하고 있으며, 다문화 학생들에게 좀 더 적절한 사정을 하려고 노력하고 있다.

다문화 및 이중언어 특수교육에서의 중재반응모델

많은 학교가 중재반응모델(RTI)을 사용하고 있으며(2장에 소개되어 있음), 현재 장애아동으로 진단하기 위해 미국에서 많은 학교가 이 모델을 채택하여 사용하고 있다. 중재반응모델은 문화적으로 혹은 언어적으로 다른 학생들에게 이점이 있다. 그러나 이 모델의 효과성을 입증한 연구는 모두 단일 언어(영어)를 사용하는 학생들을 대상으로 한 것이다. 게다가 읽기장애를 진단할 때의 중재반응모델은 모두 단일 언어를 사용하며 영어를 모국어로 사용하는 학생들에 맞추어 개발된 것이다(Linan-Thompson, Vaughn, Prater, & Cirino, 2006). 현재 사용되고 있는 증거기반 교육이 문화적·언어적으로 다양한 학습자에게 모두 옳은 것인지에 대한 문제가 제기되기도 하지만 RTI는 장애 분류 이전에 질 높은 교육을 제공하도록 되어 있기 때문에 불필요하게 특별한 학습자로 분류되는 문제를 예방할 수 있을지도 모른다(Klingner & Edwards, 2006). 그리고 RTI는 문화적 편견이 다소 높을 수 있는 표준화 검사를 활용하기보다는 교육과정중심 평가 방식에 의존하기 때문에 더 바람직할 수 있다. 하지만 다른 사정과 교수 방법과 마찬가지로 RTI도 언어적·문화적으로 다른 학습자들에게 적합한지에 대한 여부는 면밀한 검토가 필요할 것이다.

영재교육 대상자 분류에 대한 이슈

장애아동에 대한 분류뿐만 아니라 영재아동의 분류도 문제가 되고 있다. 장애아동의 경우처럼 유색인, 소수민족의 학생들 중 특별한 재능이 있는 학생들도 무지와 편견으로 적절한 교육에서 배제되는 경우가 있다. 현재 영재아동을 분류하는 방법에도 대안적인 방법이 개발·연구되고 있다. 2007년도에 실시된 어느 연구(Pierce et al., 2007)에서는 대안적인 분류 방법으로 인해 히스패닉 계통의 학생들과 타 언어권 학생들이 영재아동으로 분류되는 비율이 높아졌다고 보고되었다. 1장에서 우리는 학생의 능력과 장애를 잘 구분해 내는 것이 매우 중요함을 강조하였다. 타 문화 및 언어권 학생들의 능력을 잘 이해하고 그 학생들의 능력을 알아보는 것은 중요하다.

다문화 및 이중언어 특수교육에서의 사정에 대한 이슈

교사들이 학생의 현재 수준과 목표를 설정하기 위하여 사정을 할 경우에는 사정 과정과 내용에서 문화적인 편견이 있을 수 있다는 사실을 잘 인지해야 한다. 우리가 2장에서 논한 바와 같이, 사정의 내용이나 절차에서 표준화된 결과에 더 많이 의지하고 있고, 점차 더 많은 장애학생도 주정부나 교육구에서 실시하는 표준화된 시험을 치르게 되는 경우가 많아졌다. 그러나 아울러 학생의 진전 상황을 비형식적인 사정을 통해 평가하는 경우도 점차 증가하고 있다.

다행히도 현재의 장애아동 관련법(즉, NCLB, IDEA)에 근거하여 학생의 중재에 대한 반응을 점검하는 방식을 채택하는 경우가 많아졌다. 또한 비형식적인 평가 방법을 택하는 경우도 많아졌는데, 이러한 방식은 표준화된 평가보다는 사회적 편향성이 낮아서 다양한 문화권에서 온 학생들을 평가하는 데 더욱 적절하다. 예를 들면, **교육과정중심 측정**(curriculum-based measurement: CBM)은 교육과정 내에서 직접 배운 내용을 활용하고 수업 중에 한 방식으로 평가를 받기 때문에 학생들에게는 편안하고, 문화적인 편견을 줄이는 데 있어서 교사에게 좀 더 유용하게 활용될 수 있다.

표준화된 시험은 대체로 학생의 수행 수준을 기록하거나, 연간 목표를 계획하거나 학교 예산이나 교사의 임금을 결정하기 위한 책무성(accountability) 평가에 활용된다. 표준화된 시험의 경우에는 테스트 내용이 특정 경험과 연관되어 있어 문화적으로 다른 환경에서 성장한 경우에는 그 상황을 경험하지 못한 것일 수 있기 때문에 사회적 편향성이 생길 수밖에 없다. 예를 들면, 테스트 내용에 포함된 사항들이 유럽계 미국인(백인)의 중류층 가정에서 경험할 수 있는 내용의 것이라면 다른 문화권에 속한 학생의 경우에는 익숙하지 않을 수밖에 없을 것이다(Singh, Baker, Winton, & Lewis, 2000). 또한 어떤 내용은 시각, 청각, 그 밖에 다른 장애를 가지고 있는 학생들이 보통의 방법으로 문제를 풀기에는 불리한 내용으로 작용할 수도 있다.

시험에 대한 편의는 장애학생들뿐만 아니라 영어가 능숙하지 않는 학생들에게도 제공된다. 시험에 대한 편의란 장애나 다른 애로점이 있을 때 적절하게 평가받을 수 있도록 사용하는 것으로 '이점'이 되어서는 안 된다. 앞으로 나오게 될 각 장애별 장들에서는 그러한 장애에 요구되는 시험에 대해 어떠한 편의가 주어져야 하는지를 언급할 것이다. 여기에서는 문화적·언어적으로 다른 학생들을 위한 편의를 언급할 것이다.

영어를 현재 습득하는 단계에 있는 학생들을 위한 시험에 대한 편의는 시험 결과에 영향을 줄 언어적 걸림돌을 최대한 제거해 주는 것이다(Albus, Thurlow, Liu, & Bielinski, 2005). 비영어권 학생들에게 가장 흔히 제공되는 시험 편의는 시험 관리 방식을 수정

하거나(예: 시간의 연장, 소집단 또는 개별 평가) 사전을 활용하게 하는 것이다. 다른 방법
은 학생의 **모국어**로 시험 문제를 제공하는 것인데, 이러한 편의 제공은 드물다(Abedi,
Hofstetter, & Lord, 2004). 불행하게도 이러한 편의에 대한 효과를 입증하는 실질적인 연
구의 결과는 제공되지 않고 있다. 사전을 사용하게 한 관련 연구에서는 사전의 사용이
평가에 크게 이점이 되지 않았다고 밝혔다(Albus et al., 2005).

다문화 및 이중언어 특수교육에서의 지도

　다문화 교육에서의 주요 교육 목표는
모든 학생이 문화적 차이로 인하여 교육
이 불리한 상황을 최대한 예방하고 더 나
아가 학생들의 문화적인 유산을 교육에
활용하는 것이다(Council for Exceptional
Children, 2000 참조). 그러나 이러한 교육
목표를 달성하기 위한 교수 방법은 현재
교육 현장에서 상당한 논란의 대상이 되고
있다. 다문화 교육의 중요성을 강조하는 모
든 사람은 다양한 문화권의 학생들에게 교
육적 기회의 균등을 제공하기 위한 방법
(IDEA는 제거하려 했지만 미국 공교육에서 일
부 존재해 왔던 불평등과 차별을 예방하는 방

다문화 교육은 기본적으로 불균형한 차원에서 시작하더라도 그 목표는 균형을 이루어야 한다.
다른 방식으로 학습하는 학생들에게 다른 교수 방법을 적용하더라도 모든 학생에게 균등한 기
회가 제공되고 학업 성취를 할 수 있도록 지원해야 한다.

법)을 찾기 위해 애를 쓰고 있다. 그러나 아직까지도 어떤 방법이 가장 효과적인지에 대
한 논의는 계속되고 있다.

　개개 학생의 차이점이 무시된다면, 학생들은 자신의 요구에 부합하는 교육을 받기 어
려울 것이다. 대다수의 학생이 배우는 방식으로 가르칠 경우 다문화 학생들은 필요한
기술을 습득하기 어려울 것이다. 예를 들면, 영어가 모국어가 아닌 학생들에게 학생들의
언어와 문화유산을 무시하고 영어를 쓰도록 강요한다면 그들의 학교생활은 매우 어려
울 것이다.

　그러나 소수집단의 문화를 이해하는 것만이 능사가 아니다. 어떤 기술은 소수집단에
서 중요하게 여겨지는 것일 수 있으나 그 사회에서 일반적으로 사용되지 않는 것일 수
도 있는데, 그러할 경우 그 하위문화권의 학생이 그러한 기술에 집중하다 보면 차이가
더 커질 수도 있다는 의문이 생기게 된다. 예를 들면, 비영어권의 학생들에게 자신의 모
국어로 지도하게 되면 영어학습의 기회가 낮아져서 영어를 쓰는 사회에서의 적응에 어

려움이 따르게 될 것이다.

비영어권 학생들에게 자신의 모국어를 포기(문화-언어적 차이의 무시)하고 영어만을 사용하도록 하는 것이 옳은가? 아니면 학생의 모국어로 주요 내용을 가르치고 영어를 제2언어로 따로 지도하는 것(문화-언어적 차이의 존중)이 더 나은가? 이러한 문제는 청 각장애 학생들에게 동일하게 적용될 수 있다. 수화를 사용하는 것이 더 좋은가? 구화를 사용하여 지도하는 것이 좋은가? 장애아동을 지도할 경우에도 이와 유사한 문제가 있다. 어느 정도까지 다르게 지도하고 어떠한 편의를 제공해야 하며, 또 어느 정도까지 동일하게 대하고 가르쳐야 하는가의 문제다(Kauffman, McGee, & Brighanm, 2004).

분명하게도 이러한 문제에 대한 해결은 쉽지 않을 것이다. 더군다나 장애가 있는 이중 언어 학생들의 경우에는 더욱더 난제일 것이다(Gersten & Baker, 2000). 그러나 분명한 것은 문화적인 다양성을 받아들이고 교육에 포함시킨다고 해서 미국이라는 일반적인 사회가 요구하는 다양한 기술을 습득하는 것을 게을리해서는 안 된다는 점이다.

많은 교육자는 학습자의 문화적 특성에 적합하고 문화적으로 민감하게 반응하는 교육을 제공해야 한다고 주장하고 있다(예: McIntyre, 2007; Shealey & Callins, 2007; Villegas & Lucas, 2007). 문화적으로 민감하게 반응하는 교육의 전제조건이란 다른 문화적 배경의 학생들은 다르게 가르쳐야 한다는 것이다. 그리하여 학교가 소속 학생들의 다양한 문화적 배경에 민감하게 대처하여 다양한 프로그램을 활용하고 '다름'을 교육과 정에 반영하기도 할 것이다. 그러나 한 학급에 다양한 문화권 학생들이 많으면 많을수록 교사는 모든 학생을 효과적으로 지도하는 데 더 많은 어려움이 따를 것이다. 우리가 문화적인 것을 잘 반영할 때 학생들이 가장 효율적으로 교육받을 수 있다고 전제한다면 더욱 그러할 것이다.

그러므로 특정 문화 배경을 가진 학생이 특정한 방법으로 교육받았을 때 가장 효과적 이라면 다문화 학생들이 많이 소속된 학급의 교사는 무척 어려울 것이다. 소집단 활동 에서 다양한 문화권의 학생들을 어떻게 그룹 짓는 것이 좋은가? 특정 교수법을 사용해 야 한다면 어떠할까? 모든 문화권에 반응하지 못할 경우는 또 어떠한가? 아니면 문화적 인 것을 그냥 무시하는 것은 나쁜 것인가? 학생이 자신의 문화권에 속한 교사를 통해 배 우게 되면 가장 잘 배울 수 있는가? 다양한 문화권의 특수교육 대상 학생들이 계속 증가 하고 있는데(Kauffman et al., 2008; Tyler, Yzquierdo, Lopez-Reyna, & Flippin, 2004 참조), 특수교사들은 어떻게 잘 대처해야 하는가? 교사로서 교수 능력이 더 중요한가, 아니면 문화적 민감성이 더 중요한가? 어느 것 하나 중요함이 덜하지 않다면 교사를 어떻게 양 성하고 채용해야 하는가?

물론 우리는 다문화 학생을 비롯하여 모든 학생에게 효과적이라고 생각하는 교수 방 법들도 존재한다고 믿는다(Council for Exceptional Children, 2000; Kauffman et al., 2008 참조). 예를 들면, 직접교수, 협력학습, 또래교수, 다양한 연령대가 속한 소집단 교육 등은 다양한 문화권의 학생들에게도 민감하게 적용할 수 있는 방법이 될 수 있을 것이다. 그중 **학급차원의 또래교수**(classwide peer tutoring)와 같은 교수 방법은 초등학교 수준에서 영어가 익숙하지 않은 학생들이 영어를 좀 더 효율적으로 학습하는 데에도 도움을 줄 수 있는 방법이다(Fulk & King, 2001; Greenwood, Arrega-Mayer, Utley, Gavin, & Terry, 2001). 또래교수는 또한 학생들의 읽기 기술의 향상에도 도움을 준다는 다양한 연구 결과(예: DIBELS Nonsense Word Fluency and Phonemic Segmentation Fluency, Good & Kaminski, 2002)가 제시되었다. 특히 히스패닉 학생들을 대상으로 한 연구들에서 그 결과가 명백하게 입증되었다(Calhoon, Al Otaiba, Greenberg, King, & Avalos, 2006; Calhoon, Al Otaiba, Cihak, King, & Avalos, 2007). 읽기 기술 향상뿐만 아니라, 또래교수가 사회적 상호작용에도 도움이 된다는 연구 결과들도 있다(Xu, Gelfer, Sileo, Filler, & Perkins, 2008). 학자들 중에는 '특정한 교사 행동(예: 정적 강화, 발문 기술)'이 학생들의 학업 능력을 향상한다는 연구 결과를 발표하였다. 즉, 교사가 이러한 능력이 부재한 경우에는 학생의 학습 능력이 잘 향상되지 않는다는 것이다(Tyler et al., 2004, pp. 27-28). 다문화 학생의 여부를 떠나 교사가 개개 학생에게 민감하게 대처하고 효과적인 교수 기술을 가지고 있다면 다문화 교육에서도 성공을 거둘 수 있을 것이다. Kauffman 등(2008)은 다음과 같은 결론을 내렸다.

> 다문화 교육을 위해 다양한 학생과 그 가족들의 문화적 배경에 대해 교사가 잘 인식하고 이해하는 것이 가장 중요한 것으로 여겨지고 있다. 그러나 많은 연구는 다문화 교육에서 우선적으로 중요한 것이 교수 전략이라고 밝히고 있다(Heward, 2003). 인종을 넘어 이러한 연구 결과는 모든 학생에게 동일하게 적용될 것이다…….
> 다시 말해서, 문화적 감수성이란 결국 학생 한 사람, 한 사람에게 주어진 관심에 근거하여 생겨날 수 있다. 학생의 능력과 요구에 대한 관심이 있는 사람이 학생의 문화적 배경에 관심이 없을 리 없다. 결국 교사가 문화적으로 반응하는 내용을 도입했다고 하더라도 효율성이 낮은 교육은 학생의 교육적 및 문화적 요구에 부합되었다고 말하기 어렵다. 그러므로 문화적 감수성을 높이기 위해서는 가장 효율적인 방법과 수단을 활용하여 학생이 학습 목표를 달성할 수 있도록 도와야 한다.

특수교육과 일반교육은 학생들의 문화적 배경이 다르더라도 학생들이 미국 사회에서 성공적으로 생활해 낼 수 있는 교육을 도입하여 지도해야 한다. 다음에 제시하는 다섯 가지의 교수 목표는 연구 결과를 통해서도 나타나고 있으며, 미국이라는 사회가 주장하고 있는 기회의 평등, 공평함이라는 가치와도 일맥상통하는 것이다.

① 다름에 대한 인내와 존중을 지도한다.

② 학생들의 가족과 함께 협력한다.

③ 다른 언어권의 학생들을 위하여 교수 기술을 향상한다.

④ 효율적인 교수-학습 방법을 적용한다.

⑤ 영어를 제2외국어로 학습하는 학생들을 위해 효과적인 읽기 방법을 모색하여 지도한다.

118쪽에 제시된 〈반응적 교수〉는 문화적 · 언어적으로 다양한 학생들에게 적절한 교육 방법을 보여 주고 있다.

인내와 존중에 대한 지도

우리가 말하는 '인내'라는 용어는 다른 사람들이 보이는 바람직하지 못한 행동에 대해 참는 것만을 의미하지는 않는다. 즉, 여기서 '인내'란 가치의 존중과 인정을 의미한다. 거부, 명예훼손, 필요악에 대한 인내 등과는 반대되는 개념일 것이다. 인내라는 것은 평등을 위해 일하고 공평한 대우, 다른 사람의 문화를 내 것과 동일하게 대우하는 것 등을 의미한다. 그러나 아직까지 우리 사회에는 다른 문화에 대해 적대적으로 거부하고 놀리는 문화도 존재하고 있다.

『포용력 지도(*Teaching Tolerance*)』에서의 기사에서 유명한 역사학자 Ronald Takaki (1994)는 하와이로 이민 와서 사탕수수밭에서 노동자로 일한 할아버지를 회상했다. 노벨상을 수상한 작가 Elie Wiesel(2004)은 강제수용소로부터 구출된 내용을 회상하였다. 이 두 사례에서 그들은 우리 스스로가 인종차별과 편견으로부터 자유로울 때 미국의 평등과 공정성이 비로소 현실이 된다고 제언한다. 우리 스스로 인종차별과 편견에서 벗어나기 위해서는 우리의 과거에 대해 정확하게 이해하고 과거의 유산을 통해 터득하는 것으로부터 시작된다.

편견을 극복하고 학생들에게 남과 다르다는 것을 존중하도록 하는 것은 결코 쉽지 않다. 그리고 어떠한 연구에서도 특별한 해결책을 제시하진 못했다. 그러나 교사가 학생들로 하여금 학생 스스로의 자존감을 높이고 '다름'을 이해할 수 있도록 하는 방법에도 유용한 것들이 있다. 가령 일부 학교에서는 '반편견' 클럽과 같은 것을 조직하도록 도와서 다양성과 '다름'을 이해하는 데 도움을 주고 있다(예: Bennett, 2000; Collins, 2000; McAfee, 2000).

여기서 말하는 '다름'이란 인종, 성별, 언어적 차이만을 의미하는 것이 아니다. 장애와 같은 모든 종류의 다름을 전부 포함하는 개념이다.

인터넷 자원

『포용력 지도』의 내용과 여러 교수 방법에 대한 아이디어는 www.tolerance.org/teach를 참고할 수 있다.

가족과의 협력

학교 교육의 성공은 일정 부분 가족 참여와 지원에 따라 결정된다. 가족과의 협력은 매우 중요하기 때문에 4장에서는 가족 참여를 별도의 장으로 하여 다루고 있다.

문화적으로 다른 가족은 문화적으로 독특한 특수성과 문화적으로 다른 요구가 있음을 의미한다(Cho, Singer, & Brenner, 2000; Pullen, 2004). 특히 미국에 온 지 얼마 되지 않은 경우라면 문화적인 차이나 요구가 매우 다를 수 있으므로 각별한 이해가 필요하다. 또한 장애가 결부된 경우에는 좀 더 어려울 수 있다는 사실도 이해해야 한다.

언어적 소수자 학생을 위한 지도법을 향상하기 위한 방법

제2외국어로 영어를 습득해야 하는 학생들의 경우에는 새로운 언어를 배워야 한다는 부담과 동시에 새로운 교과 지식을 습득해야 하는 어려움이 있다. 게다가 장애가 있는 경우라면 장애가 가져오는 특수성 때문에 거기에 또 하나의 어려움이 부가되는 셈이다. 그러므로 이중언어 특수교육은 매우 논란의 여지가 크며 딜레마에 빠지게 된다. 게다가 NCLB는 영어 사용 능력이 떨어지는 경우 언어학습에 대한 논란을 가중시키고 있다.

모국어가 영어가 아닌 학생들을 위한 하나의 지도 방법은 학생의 모국어 사용을 강조하는 것이다. 이러한 접근 방법을 활용할 경우에 교사는 모든 학습 자료를 학생의 모국

교육 프로그램은 모든 학생이 자신의 능력을 증진시킬 수 있을 정도로 도전적이어야 하며, 소수자 학생들에게도 기대 수준을 낮추는 일은 없어야 한다.

어로 만들어 제공하여야 하고 영어는 별개의 교과로 따로 지도해야 한다. 시간이 지나 학생들의 영어가 능숙해지면 모든 교과에서 영어로 수업하는 방식으로 전이시킨다.

또 다른 방법으로는 영어로 교수 내용을 지도하되 초기에는 '보호된' 방식으로 교수 내용을 이해 가능하도록 수정하는 방법이다. 이 방법의 목표는 교과 내용을 배우면서 동시에 영어를 학습하도록 하는 것이다.

첫 번째 언급한 방법—모국어 강조—은 학생이 처음 학교가 시작되면 거의 모국어로 수업을 하다가 영어가 어느 정도 능숙하게 되면 영어로 교과 수업을 받는 방식이고, 두 번째 **보호 영어 방식**(sheltered-English approach)은 쉬운 영어이기는 하나 학교가 시작하는 첫날부터 대부분을 영어로 교육받게 하는 방식이다. 그러나 장애를 가진 학생들에게는 어느 방법이 더 좋은지에 대한 해답이 나와 있지 않다. 하지만 학생이 전학을 하여 다른 접근 방식의 학교 프로그램을 따라야 하는 경우에는 많은 어려움이 있는 것으로 나타났다(Gersten & Baker, 2000).

또 다른 논란의 대상은 교육 내용이다. 비영어권 학생들의 영어교육이 자연스러운 언어 사용에 초점을 두느냐, 아니면 어휘나 발음 등 기술적인 측면을 강조해야 하느냐의 문제다. 그러나 이러한 논란은 두 개를 놓고 양단 간에 결정해야 할 때 발생하는 것이다. 학생들은 실생활에서 흥미 있고 의미 있는 언어 사용과 기술적인 측면의 교육이 적절히 조화를 이루는 것을 요구할 것이다(Gersten & Baker, 2000). 그리고 이러한 학생들을 위한 교육 방법을 일관적으로 유지할 때 더욱더 효과적일 것이다.

효과적인 교수 방법의 적용

효과적인 다문화 교육 방법은 일반적으로 활용되는 효과적인 교육 방법과 크게 다르지 않다. 효과적인 다문화 교육은 학생들의 문화유산에 민감하게 반응할 수 있어야 하고, 자신에 대한 느낌, 세계을 바라보는 시각, 필요한 지식이나 기술 등을 포함하고 있어야 한다. 다양한 문화, 다름에 대한 이해 등에 대한 내용을 별개의 것으로 가르치는 것이 아니라 교육과정 내에서 스며들 듯이 지도하는 것이 바람직하다(Banks & Banks, 2010). 그럼에도 불구하고 비영어권 학생들(실은 모든 학생)에게 효과적인 교육을 위해 좀 더 구체적이어야 한다(Kauffman et al., 2008 참조). Gersten, Brengelman과 Jimenez(1994)는 다음과 같이 효과적인 교수를 위한 여섯 가지 구성 요소를 제시하였다.

① **비계설정**(scaffolding) **및 교수 전략**: 학생들은 교사가 문제 해결을 위한 전략을 지도하고 지식의 구조를 알려 주며 비계를 제공해 줄 때 더 효율적으로 학습할 수 있다. **비계설정 교수**에서는 교사가 학생들이 새로운 것을 학습할 때 지원해 주다가 점점 학생들이 독립적으로 전략을 사용하여 학습할 수 있도록 한다. 학생들이 좀 더

인터넷 자원

학습장애분과(Division for Learning Disabilities: DLD)는 교사들을 위한 많은 양의 학습 자료를 제공하고 있다. 기억술 등을 활용한 교수 전략을 포함하여 많은 정보를 제공하고 있다. 기억술에 대한 더 많은 정보를 원할 경우에는 웹사이트 www. teachingld. org/ld-resources/alers/5.htm 을 방문하길 바란다. ■■■

쉽게 학습할 수 있도록 지원하는 수단으로는 이야기 활용, 시각적 조직자(예: 사진, 다이어그램, 아웃라인 등), **기억술**(기억을 돕는 운문, 이미지 등), **상보적 교수**(학생이 교사가 학습 전략을 활용하는 방법을 관찰한 후 직접 그 방법을 적용하는 것) 등이 포함된다.

②**도전**: 특수교육 영역에서조차 학생들이 자신의 능력에 적절한 도전적 과제를 부여받지 못하고 있다. 모든 학생—문화적 소수계층, 고위험군, 장애학생을 전부 포함하여—은 자신에게 적절하게 도전적인 과제를 부여받을 필요가 있다. 적절하게 도전적인 과제란 학생들이 해결할 가능성이 있는 과제다. 이는 너무 불가능하지도 않으면서 학생들이 진지하게 노력하고 자신의 능력을 최대한 확장했을 경우 해결할 수 있는 수준의 과제를 의미한다. 그런데 소수계층 학생들이나 장애학생들의 경우 교사가 학생을 과소평가하는 경우가 많아 학생들이 필요로 하는 정도의 교육을 시키지 못하고 있는 현실이다.

③**참여**: 학생들은 복잡한 언어 구조로 된 높은 수준의 의사소통에도 참여할 수 있도록 해야 한다. 교사와 학생 간의 대화가 언제나 짧고 단순하고 직접적이어서는 안 된다. 그 대신 교사는 학생들이 잘 이해하고 있는지 질문을 통해 확인하고, 경험을 나누며, 학생들이 활발하게 참여하도록 유도할 수 있어야 한다.

④**성공**: 실패의 가능성이 높으며, 학교를 중도에 그만두는 학생은 일상적인 학교생활에서 성공의 경험이 낮은 학생들이다. 모든 학생은 많은 성공의 경험이 필요하다. 그리고 적정 수준의 도전 과제를 주어 성공의 경험을 높이고 실패가 만연되지 않도록 도와야 한다.

⑤**조정과 피드백**: 학생이 피드백 없이 너무 오랫동안 학습하거나 모호한 피드백을 받거나 아니면 뭔가를 기계적으로 풀게 할 경우 학생의 학습에 지장이 생긴다. 학생들에게 이해할 수 있도록 적절한 빈도의 피드백을 주는 것은 효과적인 지도의 필수 사항이다. 교사는 학생의 대답 속에서 학생의 수준을 가늠하고 학생들이 생각할 수 있도록 적절한 질문을 할 수 있어야 한다.

⑥**문화 및 개인적 다양성에 대한 반응**: 교사는 지도하는 내용을 학생들의 경험—다양한 문화적 배경의 학생들의 경험을 포함하여—을 담아서 지도할 수 있어야 한다. 다문화 교육이라는 이름하에 몇 시간을 할애하여 개인과 문화의 다양성을 따로 지도한다는 것은 별로 효율적이지 못하다. 이러한 내용은 학교 교육과정 내에서 자연스럽게 포함되어 있어야 한다(p. 9).

효율적인 읽기 지도

'The Launching Young Readers: Reading Rochets' 웹사이트는 비영어권 학생들을 위한 읽기 전략과 관련 자료를 제공하고 있다. 정보를 원하면 http://www.readingrockets.org/article/c61/을 방문해 보길 바란다.

모든 학업 기술 중에서 읽기는 매우 중요한 영역이다. 읽기 기술은 학교뿐만 아니라 인생의 성공과도 밀접한 연관이 있기 때문이다. 그러므로 읽기는 과학적으로 증명된 방법에 근거하여 지도해야 한다(Reyna, 2004). 그러나 이렇게 중요한 읽기 기술에 있어서 비영어권 학생들은 많은 어려움을 보인다(McCardle, McCarthy, & Leos, 2005; Polland-Durodola, Mathes, Vaughn, Cardenas-Hagna, & Linan-Thompson, 2006; Vaughn, Mathes, Linan-Thompson, & Fancis, 2005). 다행스럽게도 연방정부는 비영어권 학생들의 읽기 기술에 대한 포괄적인 연구를 위해 연구기금을 제공하였다(McCardle & Leung, 2006). 현재 많은 학자는 연구를 통해 읽기에 어려움을 보이는 일반학생(영어권)에게 효율적인 읽기 기술이 비영어권 학생들의 읽기교육에도 효율적인가를 연구하고 있다. 초기에 밝혀진 연구 결과는 포괄적인 중재 방법(예: 음소 인식, 알파벳 원리, 유창성, 어휘력, 이해력이 포함된 명시적 교수)이 비영어권 학생들에게 효율적임을 밝혀냈다(Linan-Thompson et al., 2006; Vaughn, Cirino, et al., 2006; Vaughn, Linan-Thompson, et al., 2006; Vaughn, Mathes, et al., 2006) 포괄적이지 않은 프로그램의 경우에는 유효한 결과가 나타나지 않았다(Denton, Anthony, Parker, & Hasbrouck, 2004). 비영어권 학생을 대상으로 하여 이렇게 지속적으로 많은 관심과 연구가 거듭되다 보면 조만간 실제적으로 매우 효율적인 읽기 프로그램이 교사들에게 소개될 것이다. 예를 들면, 다음의 〈반응적 교수〉는 연구 결과 실질적으로 검증된 전략을 제공하고 있다.

특히 유아교육에서는 환경의 중요성에 대해 점차 더 강조하는 추세다. 글을 읽고, 책을 탐험하고, 음운 인식, 쓰기, 인쇄 매체에 대해 보고 얘기하기 등과 같은 다양한 활동에 참여하는 데 환경은 중요한 영향을 미친다(Hammill, 2004; Peck & Scarpati, 2004). 그러므로 가정 내의 환경도 매우 중요하다. 또한 교사는 각각의 문화적 차이점에 대해 이해한 후 접근하여야 한다. 그리고 효율적인 방법으로 지도하고 안내할 수 있어야 하며, 이것이 특수교육의 기초가 된다(Kauffman & Hallahan, 2005; Kauffman et al., 2008).

누구에게나 실행 가능한 다문화 교육과정이 만들어져 교사들에게 보급된다는 것은 거의 있을 수 없는 일이다(Banks & Banks, 2010). 교사는 주어진 상황 속에서 가치, 전망, 자신의 교수 방식 등을 적절히 고려하여 무엇을 어떻게 가르칠지를 결정한다. 다문화 교육과정 적용을 위해서는 어떻게 소개하고, 어떻게 상호작용하고, 어떻게 협동하고, 또 어

읽기는 학업생활 및 일상생활에서 가장 중요한 기능일 것이다. 연방정부의 기금으로 행해진 연구에서는 비영어권 학생들에게 집중적인 영어교육 프로그램을 적용할 경우 읽기 향상에 많은 도움이 되었다고 밝히고 있다(MaCardle & Leung, 2006).

장애가 있는 비영어권 학습자의 요구에 따른
반응적 교수

목적 달성을 향상하기 위한 개념맵

연구의 개요

비영어권 학습자가 학문적인 성공을 이루도록 하기 위한 교육 환경을 조성하는 데 중요한 것은 학교가 이러한 학생들에게 어느 정도의 도전감을 줄 수 있는지를 이해하는 것이다. Cloud(2002)는 교사가 비영어권 학생들의 요구에 부응할 수 있는 영역을 다섯 가지로 나누어 제시하였다. ① 교육과정과 교재, ② 교실 상호작용, ③ 교육 접근법, ④ 자료 운영, ⑤ 상담 및 부모 지원. 교재를 선정할 때 학생들의 경험과 관련이 있는 것을 선택하고 교실의 분위기를 편안하게 상호작용하는 분위기로 조성한다(예를 들어, 어떤 학생들은 또래교수를 선호할 수도 있지만, 어떤 학생들은 교사 주도의 직접교수를 선호할 수도 있을 것이다). 교사가 어휘나 언어 학습에서 효율적인 학습 전략을 사용하게 되면 학문적 성공을 가져오는 교실 환경이 조성될 것이다.

개념 매핑(concept mapping)이란 비영어권 학습자나 장애학생들에게 모두 효율적이라고 연구를 통해 밝혀진 학습 방법이다(Chularut & DeBacker, 2003; Gersten & Baker, 2000). 특히 이러한 학습자를 위해서 개념 매핑은 문화적으로 관련 있는 자료를 활용하면서 어휘를 학습하거나 개념을 발달시킬 때 효율적인 방법이다.

조사 연구

Chularut과 DeBacker(2003)는 비영어권 학생들의 학습 신장을 위한 개념맵의 효과를 검증하기 위한 연구를 실시하였다. 개념맵이란 학습 주제를 시각적으로 표상해 주어 학습의 효과를 증진시키는 접근 방법이다. 개념맵은 하나의 개념이 어떠한 관계를 통해 나타나는지를 보여 준다([그림 A] 참조).

연구에서는 비영어권 학습자(총 79명)를 무선적으로 두 집단에 배치하였다. 한 그룹은 개념맵을 통해 지도하였고, 다른 한 그룹은 개별학습과 토론을 통해 지도하였다. 이 실험은 4주에 걸쳐 진행되었는데, 우선 사전검사를 실시한 후 5개의 다른 읽기 자료를 가지고 5회의 읽기 지도가 이루어졌다. 한 집단은 개념맵을 사용하여 지도하였으며, 다른 한 집단은 개별학습과 토론을 병행하였다. 그리고 사후검사가 실시되었다. 개념맵 집단은 개념맵을 그리는 방법에 대한 교육을 받고 매일 개념맵을 그리는 연습을 하도록 유도하였다. 교사는 학생들이 그린 개념맵이 어떻게 향상되는지를 체크하고 생산적인 피드백을 제공하였다. 그러나 교사는 읽기 내

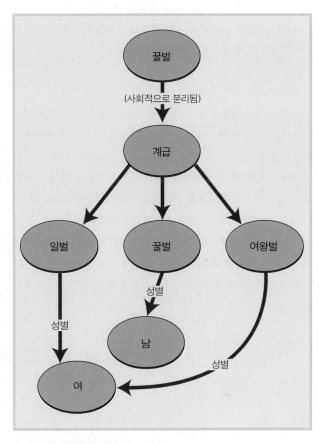

[그림 A] 개념맵: 꿀벌

출처: Sutphin, M. (2007, January). *Mapping concepts form the classroom to the computer: Instructors hope to combine concept maps and the Internet to test agriculture students.* Blacksburg, VA: Virginia Technical University College of Agriculture and Life Sciences. 허가 후 게재함.

용을 읽어 주거나 번역하는 것과 같은 지도는 하지 않았다.

개별적인 학습과 토론을 병행하는 그룹도 동일한 읽기 자료를 제공받았다. 그러나 이 그룹은 어려운 어휘나 개념에 대한 정의나 어휘 해석을 한 별도의 자료를 제공받았다. 읽기 자료를 독립적으로 학습(경우에 따라 지원을 요구할 수 있음)한 후 학생은 교사가 주도하는 전체 학생 토론에 참여하여 읽기 자료의 의미와 시사점 등을 학습하였다. 두 그룹 모두 자료에 대한 시험이 있다는 사실을 공지받았다.

연구 결과

두 그룹을 비교한 결과 개념맵을 사용한 집단의 사후검사 결과

가 더 높은 것으로 나타났다. 또한 개념맵을 사용한 그룹 내에서 영어 능력이 더 높은 집단이 더 많은 향상을 보인 것으로 나타났다. 연구 결과, 개념맵을 사용한 그룹과 개별학습과 토론을 병행한 그룹 모두 향상된 결과를 가져왔다. 그러나 개념맵을 사용한 그룹의 향상 정도가 더 높은 것으로 나타났다. 결국 자료에 대한 기억을 유지하고 내용을 이해하는 데 개념맵 접근법이 좋은 방법이라고 말할 수 있다. 이러한 결과는 비영어권 학습자의 영어 능력의 단계에 맞는 교육 접근에도 활용 가능하다.

연구의 적용

교사는 개념 매핑을 교수-학습에 적용할 때 교사가 만든 개념맵을 학생들에게 제공할 수도 있고, 학생들이 스스로 개념맵을 작성하게 할 수도 있다. 연구 결과에서 이 두 가지 방법 모두 학생들에게 효과적이라고 밝혀졌으나 더 높은 성과가 있었던 방법은 학생들 스스로 개념맵을 작성하도록 한 방법이다(Ruzie & O'Connell, 2001). 교사는 개념맵을 다양한 수업에서 활용할 수 있는데, 글짓기를 위한 브레인스토밍을 할 때, 복잡한 개념을 제시할 때, 이미 학습한 내용과 새로운 정보를 연결시킬 때, 학생들의 이해 정도를 알아보기 위한 사정을 실시할 때 등 다양하게 활용할 수 있다.

개념맵 작성을 위한 단계는 다음과 같다.

① 연구 자료 및 그리기 도구를 준비한다. 학생들이 자신의 개념맵을 그릴 경우, 학생들에게 적합한 다양한 참고 자료를 찾게 한다(예: 교과서, 사전, 교사가 추천한 웹사이트, 사진, 그래프 등). 그리기 도구에는 색깔이 있는 펜, 자, 모양자 등이 포함될 것이다.
② 개념맵의 다양한 형태 중 하나의 형태를 결정한다. 다양한 형태에는 거미 형태 맵, 계급 맵, 플로어차트 맵 등이 있다. 주제에 따라 적절한 형태의 맵을 선정하면 된다.
③ 대표적인 개념맵(Novak & Gowin, 1984)에서는 개념이 동그랗게 표시되고 또 다른 개념과 연결이 되고 이들 사이의 관계가 설명된다. 각각의 개념은 한 번만 표시되어야 한다(Ahlberg, 2004).
④ 전체적인 문제와 주요 개념과 관련하여 브레인스토밍을 하여 맵을 형성한다. 개념들을 연결하면서 그 관계에 제목을 붙인다.
⑤ 개념맵을 정교화하고 수정한다. 보편적으로 대여섯 차례의 수정을 거쳐 최종 개념맵이 완성된다.

■ ■ ■ ■ ■ ■ ■ ■ ■

떻게 개인적으로 내면화할 것인지에 대한 교수 전략이 포함되어야 한다. 이러한 조망은 교수 방식뿐 아니라 작문에도 반영된다. 학생들을 위한 교재에는 다문화에 대한 내용이 하나의 장으로 따로 떼어져 소개되지 않아야 한다. 이 장과 같이 다문화에 대한 내용이 별도의 장으로 구성된 이유는 그에 대한 중요성을 강조하기 위한 목적이 있다. 그러나 모든 장마다 다문화적 이유가 반영되도록 하는 의도를 가지고 있다.

사회화

학업 지도는 교육에서 두 가지의 의도를 가지고 진행되는데 그중 하나가 '사회화'다. 친구를 도와주는 과정에서 적절한 사회적 개념을 형성하고 어떻게 사회적 상호작용을 하는 것이 바람직한지를 학습하게 된다. 사회화의 과정이라고 하더라도 모든 행동이나 태도가 학교에서 수용되는 것은 아니며, 사회화라는 이름으로 개개인의 다른 문화를 무시하라는 뜻은 아니다. 차이점보다는 공통점이 훨씬 더 많다고 하더라도(Cushner,

핵심 개념

긴급 사항에 대한 공동의 견해

우리는 교육에서 정말로 중요한 것이 무엇인지에 대해 정확하게 이해해야 한다. 예를 들면, 우리는 좋은 교사라면 모든 학생을 사랑하고 염려해야 한다고 누구나 강조한다. 가령 어떤 교사는 휴일에 불우한 자기 반 학생들을 데리고 예술 공연, 미술관, 박물관, 도서관 등을 방문하면서 시간을 보낸다. 그러나 한편 그 교사의 일반 초등학교 수업 시간에는 질서가 없이 난장판이 될 때가 많고, 그러다 보니 의미 있는 학습이 거의 이루어지지 않는다고 하자. 설령 그 교사는 효율적으로 지도하기를 원하기는 하지만 교수 기술이 부족하여 그 방법을 모르고 학생들은 그 교사의 수업을 통해 필요한 만큼 배울 수 없다. 좀 더 구체적으로 말하면, 학교에서 우선적으로 기본이 되어야 하는 사항은 학교는 학생들이 제 학년에 배워야 할 모든 교육과정을 잘 수행할 수 있도록 돕는 것이다. 교실에서의 수업 시간이 헛되이 낭비되지 않아야 하고, 교사는 교수 전략에 대한 훈련을 잘 받아서 잘 지도해야 하며, 학생들의 향상도를 지속적으로 점검하고 효과적으로 수행하기 위하여 필요하다면 그에 따른 추가적인 교육을 제공할 수 있어야 한다.

수행 수준이 떨어지는 비영어권 학생들이 소속되어 있는 학교에서는 무엇이 우선되어야 하는지에 대한 이와 같은 공동의 공감대가 형성되어야 한다. 많은 교사가 비영어권 학생들도 어느 누구와 마찬가지로 사랑하고 적대적 차별을 하지 않는다고 주장할 것이다. 그러나 교사들 중에 그 학생들에게 우선적으로 제공되어야 할 긴급한 사항에 대해 잘 이해하고 학생들이 최대한의 능력을 발휘하도록 기대하는 것이 가장 좋은 교육의 예라고 알고 있는 교사는 그리 많지 않을 것이다. 자신의 반 학생들 중 2/3에서 3/4 정도의 비영어권 학생들이 학업에서 2개 혹은 3개 학년이 지체된 경우라고 한다면 의식하였든 그렇지 않았든 간에 교사가 차별을 한 것이라고 감히 말할 수 있다.

출처: Cartledge, G. (2004). Another look at the impact of changing demographics on public education for culturally diverse learners with behavior problems: Implications for teacher preparation. In L. M. Bullock & R. A. Gable (Eds.), *Quality personnel preparation in emotional/behavioral disorders: Current perspectives and future directions* (pp. 64–69). Denton, TX: Institute for Behavioral and Learning Differences at the University of North Texas. 허가 후 게재함.

McClelland, & Safford, 2006) 모든 학생의 공감대를 이끌어야 하는 교사들에게 문화적·언어적 차이라는 것은 큰 어려움이 될 수 있다(Carledge & Loe, 2001; Osher et al., 2004 참조).

학생들에게 사회성 기술을 지도하기 위하여 그들의 부모에게 교육을 시켜야 하는 경우도 있을 것이다(Elksnin & Elksnin, 2000). 이 경우에는 교사가 그 가족이 속한 문화에 대해 잘 이해하고 있어야 한다. 다른 문화권들 사이의 비생산적인 사회적 편견은 미국 학교와 사회의 고질적인 문제로 남아 있다. 특히 언어가 다르거나 사회적 행동이 다른 경우 편견이 더 심하다(Osher et al., 2004). 이러한 문제에 접근하기 위하여 학교는 학생들에게 문화에 대해 어떻게 생각하고 있는지를 스스로 생각하게 한다.

차별과 관련된 예로는 인종차별, 성차별, 장애인 차별 등이 있다. 예를 들면, 뇌성마비가 있는 Adelaide Ruffner는 1960년대 당시 교사가 되지 못하였다. 그러나 그 후 석사학위를 받고 장애를 가진 학생들과 부모님들을 위해 많은 일을 한 결과 그 분야에서 수상을 하는 영광을 갖게 된다. Dadurka(2004)는 그녀의 수상 소감의 일부를 다음과 같이 기록했다.

> 그녀의 가족은 그녀에게 지원을 아끼지 않았지만 다른 사람들이 그녀를 항상 받아들이는 것은 아니었다. 그녀가 Johnson 초등학교에서 교육 실습을 했을 당시 학교는 그녀가 실습을 다 마치지도 못했는데, 6주 만에 그만두기를 원했다.
> "부모님들의 불평이 심하다는 이유에서였어요. 그 당시는 외모로 사람을 판단하던 시절이었고, 사람들은 저를 무서워하기도 했어요. 그야말로 차별 그 자체였지요."라고 그녀가 말했다(p. A2).

Adelaide Ruffner가 1960년대에 겪었던 차별이 지금은 없어졌다고 선뜻 장담할 수는 없다. 교사들과 교사 양성 기관의 교수들은 우선 자신의 문화에 대한 깊은 이해와 정체성 그리고 자신의 편견 등에 대해 충분히 숙고한 이후에 학생들을 지도해야 한다. 그렇게 할 때 민주적 이상, 즉 인간 존중, 정의, 평등에 대한 좀 더 나은 교육을 제공할 수 있을 것이다(Banks & Banks, 2007). 교사나 학생 모두 자신이 속한 문화권에 대한 정체성에 대해 편안하게 받아들이는 일이야말로 다문화 교육의 중요한 목표 중의 하나다. 문화에 따라서는 그 가치를 인정하고 받아들이는 일이 상당히 어려울 수도 있다.

다른 문화에 대해 고유의 가치를 가르쳐 주는 일은 인종 간의 갈등을 좀 더 해소하고 '다름'에 대한 이해를 높일 수 있을 것이다. 또 매우 중요한 것은 학생들이 교실에서 다른 사람을 이해하고 받아들이는 상호작용의 분위기를 형성하는 일이다. 편견을 줄이고 학생들 상호 간의 적절한 상호작용을 불러일으키기 위해서 할 수 있는 효과적인 방법 중의 하나는 **협력학습**이다. 다른 능력과 다른 문화적 특성을 가진 학생들이 한 팀을 이루어 함께 협력함으로써 학생들은 상호 의존성이 형성될 것이다.

특수 아동 및 청소년을 지도하는 교사는 학생들이 속한 문화권이 다양할 수 있을 거라는 것에 대한 이해를 분명히 가지고 있어야 한다. 96쪽의 [그림 3-1]에 제시된 바와 같이 다양한 측면에서 다양한 문화를 이해할 수 있다. 이 그림도 모든 것을 포함하고 있지는 않는데 문화 정체성 중 성정체성에 대한 내용은 포함되어 있다. 장애가 있는 학생들의 경우에는 눈에 띄지 않고 잘 드러나 있지 않은 게이, 레즈비언 문화에 대한 이해에 어려움을 겪는다. '이성애자'인 경우 동성애에 대한 편견이 있을 수 있는데, 이러한 편견은 동성애를 받아들이지 않는 주변의 동료들이나 부모들의 견해로 인하여 편견의 벽이 더 높아질 수 있고, 종교적인 문제나 정치적인 견해들로 인해 가중될 수 있다. 게이 및 레즈비언 학생들은 학교에서 동료들로부터 심한 언어적 모욕과 학대를 받을 가능성이 높아서 심한 우울감을 호소하기도 하고 심리적 문제를 가져오기도 한다. 또한 신체적인 외모나 옷을 입는 성향 등으로 인하여 게이나 레즈비언이 아님에도 불구하고 그러한 가정하에 다른 학생들로부터 모욕과 학대를 받기까지 한다(Associated Press, 2004; Bell, 2004 참조). 본인이 게이인 학생들은 모욕이나 차별에 대한 두려움 없이 자신의 정체성을 찾을 수 있어야 한다(Elliot, 2000). 그리고 게이나 레즈비언 학생들 중에도 영재학생이 있을 수 있고, 장애나 그 밖의 학습 문제를 가질 수 있다는 생각을 잊지 않아야 한다.

여기에서 강조하고 있는 것은 다문화 사회에서는 다양한 양상의 문화가 존재한다는 사실을 잊지 않아야 한다는 사실이다. 그리고 문화가 다르다는 이유로 사회적 거부, 소외, 배제 등이 존재할 수 있다는 사실이다. 대부분의 장애학생은 외로움을 경험하며 우정을 쌓는 것에 대한 높은 요구를 가지고 있다(Pavri, 2001). 교육자로서 우리는 다양한 문화가 가지고 있는 다양성을 이해하고 인정하는 노력을 해야 한다. 또한 학생들로 하여금 자신이 속한 문화에 대한 긍지를 가지도록 지도할 수 있어야 한다. 이미 알려진 바와 같이 많은 청각장애인은 자신이 청각장애인으로 불리기보다는 농인(the deaf)으로 불리기를 선호한다. 다양한 문화를 경험하고 이해하게 되면서 농인이나 맹인은 자신이 속한 농인이나 맹인으로서의 고유한 문화에 대한 정체성에 대해 긍지를 가지기 시작한 것이다(Gallucci, 2000).

장애인 가족, 노인, 종교 집단, 알코올을 극복한 사람들 등 다양한 사회 및 문화권의 사람들은 다문화에 대한 국가적인 지원과 사회적으로 다문화에 대해 이해하려고 하는 노력이 자긍심을 높여 주었다고 말하고 있다. 교사는 학생들이 속한 사회 및 문화에 대한 가치를 인정할 수 있다.

장애인으로 낙인찍힌다고 생각하여 장애 등록을 거부하고 장애인으로 살기를 거부하게 되면 장애가 없는 일반학생들 사이에서 교육을 받게 될 것이다. 종종 교사들조차도 장애학생들이 받는 교육보다는 일반학생들이 받는 교육이 더 바람직하다는 메시지를 공공연하게 전하고 있을 수 있다. Bateman(1994)은 다음과 같이 언급하였다. "똑똑한 학습장애 학생들에게 다른 학습장애 학생들과 함께 교육받지 말고 일반학생들과 같이 교육받는 것이 좋다고 말하는 것은 모욕적인 얘기가 아니다."(p. 516) 다문화에 대한 이해를 높이고자 노력하는 가운데 우리는 장애에 대한 명칭이나 특이한 특성을 거부하고 피하기보다는 이해하고 받아들이는 것이 결국 교육적이고 생산적이라는 사실을 알게 되었을 것이다.

교사들에게 가장 어려운 일 중의 하나는 학급의 규칙(학급 운영)을 통해 학생들이 서로 사회성을 높일 수 있도록 북돋워 주는 일이다. 학급의 행동 규칙을 만들고 학급을 경영하는 일은 모든 교사에게 어려운 일일 것이다. 특히 특수교사들에게는 더욱 어려운 일이 될 수 있을 것이다(Evertson & Weinstein, 2006; Kauffman, Mostert, Trent, & Pullen, 2006 참조). 다문화적인 측면에서 교사가 학급 행동 규칙을 만들고 운영할 경우에는 다음에 제시하는 두 가지 사항을 고려하여야 한다. 학생이 가정에서 어떻게 양육되고 있는지에 대한 사항을 알고 이와 일정 부분 연관을 맺도록 하는 것이고, 교사가 학생들이

문화적 · 언어적으로 다양한 학습자의 요구에 따른
반응적 교수

참여를 높이고 방해 행동을 낮추는 응답 카드의 활용

연구의 개요

문화 및 언어적으로 다양한 학생에 대한 선행 연구에서는 학업적 성공을 위해 학생들의 참여가 매우 중요하다는 사실을 밝히고 있다(Cartledge & Kourea, 2008). 학생들의 학업 부진이 지속적으로 계속되는 이유 중 하나는 수업 시간에 참여할 기회가 부족한 것에 기인한다고 밝힌 연구도 있다(Greenwood, Hart, Walker, & Resley, 1994). 특히 문화 및 언어적으로 다양한 학생 중에서도 가정의 사회경제 지수가 낮은 학생들은 높은 학생들에 비해 수업 시간의 참여도가 떨어진다(Good & Nichols, 2001). 응답 카드, 손 신호, 그 밖의 다른 카드를 활용할 경우 학생들이 대답하거나 참여하는 비율이 향상되었으며, 이러한 방법은 사회적 타당도(학생들이 스스로 사용할 것임)와 효과(학습이 일어남)를 가져다주는 것으로 연구들은 밝히고 있다(Christle & Schustesr, 2003; Lampert, Catledgy, Heward, & Lo, 2006).

조사 연구

Lampart와 동료들(2006)이 실시한 연구에서는 도시 지역 학교의 4학년 학생을 대상으로 응답 카드를 활용하여 학생들의 사회적 및 학업 관련 행동에 어떠한 영향을 주는지 알아보았다. 연구 참여자는 학업 성취 정도가 낮으며, 다문화 학생으로 급식비 지원 또는 일부 보조를 받는 학생들로 구성되어 있으며, 수업 시간에 빈번한 수업 방해 행동을 보이는 학생들로 구성되었다.

수업 방해 행동, 손들기, 수업 시간에 대답하기, 정확하게 대답하기, 응답 카드 활용에 대한 만족도 등을 조사하여 그 자료를 수집하였다. 교사는 수업 시간에 경우에 따라서 두 가지(손들기, 응답 카드 들기) 중의 하나를 활용할 수 있도록 학생들에게 지도하

였다. 응답 카드 방식을 활용할 경우, 손을 드는 대신에 작은 화이트보드에 답을 적어 그것을 들게 하였다. 손들기 방식을 택할 수도 있었는데, 교사는 수업 중에 이를 적절히 선택하여 수업을 하였다. 연구가 끝날 때쯤 연구자들은 학생과 교사를 대상으로 두 가지 방식 중 어떤 방법이 더 좋았는지 그 선호도를 조사하고 인터뷰도 실시하였다.

연구 결과

연구 결과, 연구 대상자들은 교사가 응답 카드 방식을 채택하였을 때 수업 방해 행동 비율이 낮아진 것을 알 수 있었다. 데이터를 분석한 결과 응답 카드 방식과 수업 방해 행동 간에는 유의미한 상관이 있는 것으로 나타났다. 또한 응답 카드 방식을 활용하였을 때 학생들의 응답 비율 또한 더 높게 나타났다.

연구의 적용

교사는 응답 카드 방식을 쉽게 수업에 적용할 수 있다. 화이트보드는 응답 방식을 좀 더 융통성 있게 할 수 있는 방식이다. 예를 들면, 글씨를 적을 수도 있고, 그림을 그릴 수도 있으며, 간단히 숫자로 나타낼 수도 있다. 응답 카드 방식을 수업 시간에 활용할 경우 다음과 같은 지침을 활용하는 것이 좋다. ① 응답 카드에 어떻게 응답을 제시할 수 있는지에 대해 간편하게 예를 제시한다. ② 가능한 범위에서 학생들의 활발한 참여를 유지시킨다. ③ 응답 카드 방식을 수업에 활용하기 전에 학생들이 충분히 친숙해질 수 있도록 시간을 할애한다. ④ 학생이 자신의 답을 응답 카드에 적고 교사가 응답을 유도할 때 응답 카드를 들게 한다(Randolf, 2007).

■ ■ ■ ■ ■ ■ ■ ■ ■

속한 문화권에 대해 깊이 이해하여 반영해야 한다는 것이다.

교사들 중에는 자신들이 고려하여 가장 효율적이고 인간적인 형태의 학급 규칙을 정하면서 학생들이 속한 문화권에서 기본적으로 받아들이는 사항과는 매우 다른 형태를 취하는 경우도 있을 것이다. 많은 사람과 마찬가지로 교사들 중에도 자신이 속한 문화

권의 가치에 중점을 두고 자신의 가치관이 옳고 다른 문화권은 틀리다는 개념을 갖고 있는 경우도 있다. 교사들의 생각이 상식적으로 옳을 수도 있고, 인간적이며 효과적일 수도 있다. 그러나 이러한 교사는 학생과 그 가족이 속한 문화권의 가치에 대해서는 민감하지 못할 수 있다. 교사는 학생들이 속한 문화권에 대해 민감해야 한다. 다만 많은 연구에서 밝혀진 기본적인 인간 행동의 중요성이 민감하게 대처하는 것보다는 우선시되어야 하는 것도 옳다(Kauffman et al., 2008).

다양한 문화권에 속한 학생들의 훈육이나 학생 관리는 아동 학대나 방임 등에 대한 생각이 달라서 갈등을 겪기도 한다. 문화권에서 받아들여지는 생각이 다르기 때문에 이를 어디까지 받아들이고 이해하느냐를 결정하는 것은 쉬운 일이 아니다.

끝으로, 교육을 통해 학생들이 사회적으로 잘 적응하고 사회적 관계를 이루도록 도와주는 것으로 그쳐서는 안 된다. 다문화 교육의 목표 중에는 학생이 필요할 경우 주변을 변화시킬 수 있도록 스스로 노력하는 것도 포함되어 있다. 다시 말해, 소수자라는 이유로 당하거나 주변인이 그런 일을 당할 경우 스스로 자신과 주변인을 위해 옹호자가 되어 사회를 변화시키도록 하는 것도 포함된다(Banks & Banks, 2010; Utley & Obiakor, 2001b).

요약

문화적 긍지와 수치는 어느 정도로 받아들이는 것이 합당할까?

- 어떤 문화권이든 문화에 대한 긍지가 있다.
- 어떤 문화권이든 문화에 대한 수치감이 있다.
- 너무 많은 긍지나 수치감은 모든 문화권에서 하나의 문제가 될 수 있다.

미국인은 다문화를 어떻게 정의 내리고 있는가?

- 미국은 다양한 문화권이 모여서 만들어진 사회이고 그 속에서 모든 사람에게 이로운 정의를 찾고 있다.
- 미국 문화는 공공의 가치라는 기본 틀 안에서 다양성을 인정하는 문화 중의 하나다.

교육에서의 문화적 다양성에 대한 주요 개념은 무엇인가?

- 미국 사회는 다양한 문화의 집합체이고 그 안에는 다양한 하위문화권이 존재한다. 이 하위문화권은 다음과 같은 특성으로 나뉜다.
  - 전형적인 행동 및 가치
  - 언어 또는 사투리
  - 비언어적 의사소통 방식
  - 문화 정체성에 대한 인식
  - 세계관 또는 일반적인 관점
- 특수교육은 다양한 문화적 환경 맥락 속에서 발전되어야 한다.

다문화적/이중언어적 특수교육에서 가장 중요한 측면은 무엇인가?

- 적절한 판별과 분류를 통해 학생들은 적소에 배치되고 합리적인 특수교육 서비스를 받을 수 있다.
- 교육적 사정을 실시할 때 학생들이 속한 문화권의 유산이 학생들에게 곤경에 빠뜨리지 않도록 존중되어야 한다.
- 학생이 가진 문화적 강점을 교육에 활용하고 그 가치를 인정하며, 가족과 연계된 학습을 제공함에 있어서 언어 능력과 문해력을 향상할 수 있어야 하고 효과적인 교수 전략을 적용할 수 있어야 한다.
- 다문화적인 표준에 대한 사회화

특수교육협의회

전문적 기준

이 장에서 다루어진 미국 장애인 특수교육협의회(Council for Exceptional Children: CEC)의 공통 핵심 지식 및 기술: ICC1K5, ICC1K8, ICC2K3, ICC3K3, ICC3K4, ICC3K5, ICC4S3, ICC5K8, ICC5K9, ICC5S1, ICC5S13, ICC6K2, ICC6S1, ICC7S2, ICC7S8, ICC8S2, ICC8S4, ICC10K3, ICC10K4, ICC10S3, ICC10S4

부록: CEC의 공통 핵심 기준과 관련된 지식 및 기술을 제공한다.

MYEDUCATIONLAB

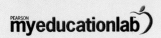

MyEducationLab(www.myeducationlab.com)의 주제 4: 문화 및 언어적 다양성에서 다음의 내용을 찾을 수 있다.

- 국가 수준의 기준들과 관련된 전반적 개념에 대한 학습 성과
- 각 장의 내용을 보다 심도 있게 이해하도록 도와주는 과제 및 활동 수행
- IRIS Center Resources에서 볼 수 있는 어려운 상황들에 대한 검토
- 교수 기술 수립과 학습 주제 경향을 확인할 주요 개념 이해에 대한 실제의 적용
- Book-Specific Resources의 Study Plan을 통한 교재의 내용에 대한 이해도 측정. 여기에서 각 장의 퀴즈 수행, 정답에 대한 피드백을 통해 복습, 연습, 심화 활동으로 이해도를 높일 수 있음
- CCSSO 올해의 교사상 수상자의 교사 면담 코너를 통해 '왜 나는 가르치는가?'에 대한 답변 영상 시청

4 부모와 가족

장애아를 키우는 독특한 경험을 해 보지 못한 사람들을 이해시키고, 그게 어떤 느낌인지 헤아려 보기 위해서 나의 경험을 이야기해 달라는 부탁을 자주 받는다. 그것은 다음과 같다.

아이를 낳으려는 것은 기막히게 좋은 이탈리아 휴가 여행을 계획하는 것과 같다. 많은 안내서를 사고, 훌륭한 계획들을 세운다. 콜로세움. 미켈란젤로의 다비드 석상, 베니스의 곤돌라를 그려 보며 유용한 이탈리아어 몇 구절을 배울지도 모른다. 이 모든 것은 매우 신나는 일이다.

간절하게 고대하던 몇 개월 후에 그날은 마침내 다가온다. 짐을 꾸리고 떠난다. 몇 시간 후에 비행기는 착륙한다. 승무원은 다가와서 말한다. "네덜란드에 오신 것을 환영합니다."

"네덜란드요?" "네덜란드라니요?? 나는 이탈리아를 예약했어요! 나는 이탈리아에 있어야 해요. 평생 동안 나는 이탈리아에 가는 것을 꿈꿔 왔다고요."

그러나 비행 계획서는 변경되었다. 네덜란드에 착륙을 했고 그곳에 머물러야만 한다.

중요한 점은 끔찍하고, 역겹고, 아주 더러운 곳, 악성 전염병과 기근 그리고 질병이 가득한 곳으로 데려간 게 아니라는 것이다.

그곳은 단지 다른 장소일 뿐이다. 이탈리아보다 느리게 전개되고 덜 요란스러운 곳. 잠시 동안 그곳에 있은 후에 숨을 돌리고 나서 주위를 둘러본다……. 그리고 네덜란드에는 풍차가 있고…… 네덜란드에는 튤립이 있고, 심지어 네덜란드에는 렘브란트의 작품들도 있다는 것을 알아채기 시작한다.

하지만 당신이 아는 모든 사람은 이탈리아를 오가느라 바쁘다……. 그리고 그들은 모두 이탈리아에서 얼마나 좋은 시간을 보냈는지를 자랑한다. 그리고 남은 일생 동안 당신은 "그래, 이탈리아는 내가 가기로 예정되었던 곳이야. 거기가 바로 내가 계획했던 장소였어."라고 말할 것이다.

그리고 그 아픔은 절대, 결코, 단 한 번도 사라지지 않을 것이다……. 왜냐하면 그 꿈의 손실은 아주 의미심장한 손실이기 때문이다.

그러나 만일 당신이 이탈리아에 도착하지 않았다는 사실에 애통해하면서 평생을 보낸다면, 아마도 당신은 네덜란드의 매우 특별하고 아주 아름다운 것들을 결코 즐길 수 없을 것이다.

-Emily Perl Kingsley • '네덜란드에 오신 것을 환영합니다(Welcome to Holland)'

주요 질문

● 부모에 대한 전문가의 견해는 어떻게 변화되었는가?

● 장애아가 가족에게 미치는 영향은 무엇인가?

● 가족을 치료와 교육에 참여시키기 위한 가장 좋은 방법은 무엇인가?

장애인의 부모와 가족에 대한
잘못된 생각

오해 • 전문가들의 중재는 장애아의 부모, 특히 장애아의 어머니한테만 중점을 두어야 한다.

사실 • 전문가들은 친구들뿐만 아니라 가족, 특히 확대가족(부모와 자녀 이외의 친족을 포함한 가족)도 장애아의 중재 프로그램에 포함되어야 한다고 믿고 있다.

오해 • 부모는 장애 자녀가 가지고 있는 많은 문제에 대한 책임이 있다.

사실 • 부모는 자녀의 행동에 영향을 줄 수 있지만, 자녀 또한 부모의 행동에 영향을 끼칠 수 있다. 연구에 의하면 일부 장애아는 부모의 행동에 영향을 줄 수 있는 까다롭고 특이한 기질을 가지고 태어난다.

오해 • 부모는 장애아가 태어난 것에 적응하기 전에 충격과 혼란, 부정, 슬픔, 불안과 공포, 분노 등의 일련의 반응을 경험해야만 한다.

사실 • 부모들은 모두 획일적인 동일한 방법으로 감정의 반응을 거치지 않는다. 이런 감정의 일부 또는 전부를 경험할지 모르지만 반드시 꼭 어떤 순서에 의한 것은 아니다.

오해 • 장애 영유아의 많은 부모는 긍정적인 진단을 받기 위해서 이 의사 저 의사를 찾아다닌다.

사실 • 정확히 그 반대인 경우가 흔한 사실이다. 부모들은 자신의 자녀가 어디가 이상이 있는지 자주 의심하지만 전문가들에게 걱정하지 않아도 된다는 말을 듣는다. 그 아이의 문제가 커지게 될 때 또 다른 견해를 찾는다.

오해 • 장애아의 발달에 있어서 아버지는 별로 중요하지 않다.

사실 • 연구자들은 아버지의 역할을 무시하고 대개는 어머니보단 아버지가 스트레스를 덜 겪는다고는 하지만, 아버지는 가족 상호관계에 있어서 중요한 역할을 할 수도 있다.

오해 • 장애아의 부모는 스트레스와 고통 속에 살아야 하는 운명이다.

사실 • 심한 혼란과 스트레스를 겪는 부모들도 있지만, 시간이 지나면서 많은 부모는 극복하는 법을 배우게 된다.

오해 • 형제자매들은 가족 중에 장애아가 있다고 해도 대개는 영향을 받지 않는다.

사실 • 형제자매들은 그들의 부모가 경험하는 것과 똑같은 감정의 반응을 자주 겪는다. 그리고 부모보다는 덜 어른스럽기 때문에 그런 감정을 극복하는 것이 더 어려울 수도 있다.

오해 • 조기 중재 전문가들의 중요한 역할은 가족을 위해 전문 지식을 제공하는 것이다.

사실 • 조기 중재 전문가들은 부모가 좀 더 적극적으로 가족을 위한 의사결정을 하도록 도와줘야만 한다.

오해 • 미국의 전형적인 가족은 중산층으로, 아버지가 나가서 일하는 형태다.

사실 • 인구 통계는 급속도로 변하고 있다. 더욱더 많은 가정이 부모가 맞벌이를 하고, 한부모 가정과 빈곤 가정이 늘어났다.

오해	• 자녀의 교육과 치료에 적극적으로 개입하지 않는 부모는 무관심하고 게을러서다.
사실	• 부모가 개입하는 것이 바람직하기는 하지만, 때로는 일하고 아이 돌보는 등의 다른 가족 기능 때문에 그렇게 하기가 매우 어렵기도 하다.
오해	• 전문가들은 장애인의 가족을 돕는 일에 언제나 최고의 위치에 있다.
사실	• 가족이 장애 가족 구성원에 적응하는 것을 돕는 데에는 대가족 구성원이나 친구들에 의한 편안한 비형식적인 도움이 특수교육 전문가들이나 기관 같은 공적인 지원보다 더 효과적이다.
오해	• 교사는 부모의 사생활을 존중하고 자녀가 심각한 행동 문제를 나타낼 때와 같이 반드시 필요할 때에만 의사소통을 해야 한다.
사실	• 부모와 신뢰 관계가 조성되어 있으면 심각한 행동 문제나 위반 상황이 발생한다 해도 대처할 수 있으므로 교사들은 가능한 한 빨리 부모와의 만남을 시작해야만 한다.

이 장 서두 인용문(123쪽 참조)에서 다운 증후군 아이의 어머니인 Emily Perl Kingsley가 지적한 것처럼, 장애아가 태어난다는 것은 가족에게 심각한 영향을 끼칠 수 있다. 그러나 그 영향의 정확한 특성은 항상 확실하지는 않다. 장애에 대한 가족 구성원의 반응은 절대적인 부정부터 완벽한 수용, 심한 분노부터 강렬한 사랑, 완전한 방임부터 과보호에 이르기까지 온갖 다양한 형태를 보여 줄 수 있다. 그러나 가장 중요

부모는 자녀와 함께 살면서 생활 속에서 특별한 통찰력을 찾을 수 있도록 도와야 한다는 것이 현재 전문가들의 지배적인 철학이다.

한 점은 장애아가 가족의 건강과 행복(well-being)을 항상 위협하는 것은 아니라는 것이다. 실제로 어떤 부모들은 장애가 있는 가족 구성원이 있다는 것이 가족 간의 유대를 강하게 해 준다고 증언한다.

이 장에서 우리는 장애아가 있는 가족의 원동력을 탐구하고 치료와 교육에 있어서 부모의 개입에 대해 논의한다. 그러나 먼저 장애아동의 부모와 가족의 역할에 대한 역사적인 관점을 소개해 본다.

부모와 가족에 대한 전문가의 변화된 관점

오늘날 특별한 학습자와 함께 일하는 전문가들은 가족의 중요성에 대해 알고 있다. 부모뿐만 아니라 가족은 장애인의 성공적인 적응을 위해 중요하다는 것도 제일 잘 알고 있다. 가족 중재 옹호자들 중에 영향력 있는 한 팀은 다음과 같은 의견을 내놓는다.

> 조기 중재가 가족 중심의 접근 방식으로 발전하기까지는 가족보다는 부모에게 거의 모든 중재의 중점이 강조되었다. 정책을 만드는 사람들과 전문가들은 이제는 협력적 관계가 단순히 부모에게(특히 어머니에게만) 제한되어서는 안 된다는 것을 알고 있다. 전문가와 다른 가족 구성원 사이의 파트너십은 부모, 조부모, 형제와 자매, 친척, 가까운 친구들과도 관련이 되어야 한다. 가족 구성원들은 특별한 학습자를 위한 교육적인 성과를 지지하거나 사기를 북돋아 줄 수 있다(Turnbull, Turnbull, Erwin, & Soodak, 2006).

부모 역할에 대한 전문가들의 견해는 극적으로 변화했다. 언제나 그렇지는 않지만 교육자들이 치료와 교육적인 프로그램에 있어서 부모와 가족의 관심을 고려하는 게 매우 중요하다는 점을 알고 있다. 과거에 일부 전문가는 부모가 자녀 문제의 일차적 원인이라는 꼬리표를 달았고, 전문가들의 중재가 효과가 없으면 부모를 비난했다. 이제는 적어도 두 가지 이유로 교육자들은 자녀 문제에 있어서 부모에게 자동적으로 책임을 지우는 것이 부적절하다는 것을 알고 있다.

첫 번째로, 자녀와 부모 행동 사이의 인과관계 연구에서는 영향이 쌍방향적이라는 결과를 보여 준다(Bell & Harper, 1977; Bellefontaine, Hastings, Parker, & Forman, 2006). 때로는 부모가 영유아기 자녀의 행동을 바꾼다. 그러나 그 반대의 경우도 사실이다. 몇 년에 걸쳐 영아기부터 청소년기까지 연령대의 장애인의 광범위하고 다양한 행동을 연구한 조사는 장애 자녀의 행동이 자녀에 대한 부모의 행동에 영향을 줄 수도 있다는 것을 확인했다(Brooks-Gunn & Lewis, 1984; Mahoney & Robenalt, 1986; Orsmond, Seltzer, Greenberg, & Krauss, 2006; Slonims & McConachie, 2006; Smith, Greenberg, Seltzer, &

Hong, 2008). 예를 들면, 돌보는 사람들의 자극에 비교적 반응이 없는 장애영아와 상호
작용하는 것은 어렵다. 부모와 자녀 사이의 상호작용의 본질을 이해하면, 발달장애 영아
를 안으려다가 느끼는 어머니의 좌절이나, 정서장애나 행동장애가 있는 10대 청소년 자
녀를 다루려다 생긴 아버지의 분노를 좀 더 동정할 수 있다.

　두 번째로, 많은 부모는 장애아의 긍정적인 발달을 최대화하기 위해서 자녀와의 상호
작용에 매우 익숙하다는 것이 밝혀졌다(Guralnick, Neville, Hammond, & Connor, 2008;
L. E. Smith et al., 2008). 모성 본능과 부모 본능은 장애 자녀에게 긍정적인 영향을 미친다.
과거 많은 연구에서 자녀에게 미치는 긍정적인 효과를 위해서는 부모훈련이 필요하다
고 권고하였음에도, 현재는 가능한 한 언제라도 전문가들은 부모가 제공할 수 있는 특
별한 통찰력을 찾아내는 역할을 하여야 한다는 것이 지배적인 철학이다. 더 나아가 오
늘날 최고 전문가들의 견해는 부모를 준치료사나 준교사로 훈련하는 것이 조기 중재의
목적이 아니라는 것이다(Berry & Hardman, 1998). 오늘날 전문가들은 조기 중재의 목적
은 자연스러운 부모-자녀 관계의 본성을 가능한 한 많이 발달시키고 지켜야 하는 것이
라고 믿고 있다. 건강한 부모-자녀 관계는 본질적으로 의미 있는 관계인 것이다.

〈표 4-1〉 가족과 교사 협력의 중요성

가족은……
- 어떤 행동이 교실에서 일어났을 때 왜 그랬는지 설명할 수 있는 학생의 개인적인 정보를 교사에게 제공한다.
- 학생이 어떤 특정한 방식으로 행동하고 학습할 때 왜 그러는지 교사가 이해할 수 있도록 교사와 학교에 학생의 배경지식과 의료 기록을 제공한다.
- 교사가 학생에게 주는 지시들, 특히 가정에서의 과제에 대한 지시들을 강화한다.
- 교실에서 자원봉사나 보호자 역할을 수행해서 교사를 지원한다.
- 학생이 무엇에 관심이 있고 흥미가 있는지 알아내는 것을 도와서 교사와 부모가 장기적인 교육과 직업의 목표를 세울 수 있게 한다.
- 어떤 유형의 훈육과 학습 전략이 자녀에게 가장 잘 적용되는지 교사에게 전달한다.
- 각 학생의 장점과 요구를 교사가 알아내는 것을 도와서 적절한 교육적인 목표를 설정할 수 있게 한다.

교사는……
- 자녀의 발달과 성공에 대한 자료를 가족에게 제공한다.
- 자녀의 교육에 좀 더 적극적으로 관여할 수 있도록 가족을 돕는다.
- 가족이 자녀의 관심과 흥미가 어디에 있는지 알아내는 것을 도와서 부모가 알맞은 장기적인 목표를 세울 수 있게 한다.
- 가족이 사는 지역사회에 기여하는 구성원으로서 성공할 수 있도록 학생에게 필요한 사회적 기술을 가르치고 강화한다.
- 자녀가 교실에서 부적절한 행동을 보이거나 학업적인 요구가 있을 때는 가족에게 이야기한다.
- 자녀를 위해 가족이 이용할 수 있는 기회들에 대해 더 많이 알고 최신의 흐름을 따를 수 있도록 교육적 정보와 지역사회 자료를 제공한다.
- 자신이 담당하는 모든 가족에게 도움의 손길을 주고, 귀를 기울이며, 친절한 얼굴로 그들을 대한다.

출처: O'Shea, D. J., & O'Shea, L. J. (2001). Why learn about students' families? In D. J. O'Shea, L. J. O'Shea, R. Alozzine, D. J. Hammitte (Eds.), *Families and teachers of individuals with disabilities: Collaborative orientations and responsive practices* (pp. 5-24). Austin: Pro-Ed, Inc. Copyright ⓒ 2001. Pro-Ed, Inc. 허가 후 발췌함.

가족의 중요성을 인지한 의회는 학교가 부모와 가족을 장애아의 교육에 참여시키기 위해 협조하고 노력해야 한다는 것을 몇 개의 연방법으로 명시했다. 현재의 법률은 학교가 학생의 개별화교육 프로그램(IEP; 1장 참조)을 계획하는 데 부모를 포함시키는 것을 의무화한다. 출생부터 두 살까지의 영아의 경우, 학교는 **개별화가족서비스계획(IFSP)**을 개발하는 데 반드시 부모를 포함시켜야 한다. 개별화가족서비스계획의 중점은 가족중심이다. 즉, 장애아의 요구에 부응하는 것만이 아니라 발달을 촉진하기 위해서 가족은 어떤 서비스가 필요한지를 구체화해서 가족에게 초점을 맞추는 데에 중점을 두어야한다.

부모와 교사가 공생 관계란 것은 사실이다. 부모와 교사는 서로에게 커다란 도움이 될 수 있다(〈표 4-1〉 참조).

장애아동이 가족에게 끼치는 영향

어느 자녀든 자녀의 탄생은 가족의 원동력에 의미 있는 영향을 미칠 수 있다. 부모와 아이들은 새로운 구성원의 존재에 적응하기 위해서 다양한 변화를 겪어야 한다. 장애자녀의 탄생이 가족에게 미치는 영향은 좀 더 엄청난 것일 수도 있다.

장애아가 있는 가족에게는 대부분의 많은 가족이 당연하게 여기고 행하는 매일의 일상이 종종 무너지곤 한다(Keogh, Garnier, Bernheimer, & Gallimore, 2000; Stoneman & Gavidia-Payne, 2006). 예를 들어, 장애아가 있는 집은 주택 문제에 있어서 변경이 요구되기도 하고(예: 치료 전문가와 좀 더 가까운 곳으로 이사하기로 결정할 수도 있다), 가정을 유지하는 계획들이 수정되기도 한다(예: 시간이 부족해서 가사 일을 빨리 끝내지 못할 수도 있다). 심지어는 부모의 직업적인 목표가 바뀔 수도 있다. 예를 들어, 절반 이상의 가정이 장애아가 있다는 이유로 한 명 혹은 더 많은 가족 구성원이 그들의 직장에서 일하는 시간을 변경했고, 더 적은 시간을 일하거나 직업을 바꾸고, 일을 그만두기도 한다는 조사 결과가 있다(Anderson, Larson, Lakin, & Kwak, 2002).

장애아가 부모와 그들의 형제자매 모두에게 다양한 방법으로 영향을 줄 수도 있다는 것을 주목하는 것은 중요하다.

어느 자녀든 자녀의 탄생은 가족의 원동력에 의미 있는 영향을 끼치는데, 장애아가 태어나면 그 영향은 좀 더 엄청난 것일 수도 있다.

부모의 반응

단계 이론　전통적으로 연구자와 임상의들은 부모가 장애아를 가진 것을 알게 된 후에는 일련의 힘든 단계를 거친다는 의견을 제시했다. 이 단계들의 일부는 사랑하는 사람의 죽음에 동반되는 일련의 연속적 반응들과 유사하다. 중도 신체장애 유아의 부모 인터뷰를 통해 밝혀진 것은, 대표적인 반응 단계들은 충격과 혼란, 부정, 슬픔, 불안함과 두려움, 분노 그리고 마지막으로 수용 단계라는 것이다(Drotar, Baskiewicz, Irvin, Kennell, & Klaus, 1975).

관련자들은 부모의 반응을 이해하는 데 이 단계별 접근에 의문을 가진다. 이 엄격한 단계 모델에 반대하는 논쟁은 많은 부모가 자신들은 '부정' 단계를 거치지 않는다고 보고한 사실에서 유래한다. 사실 그들은 이 문제에 대해 의구심을 갖는 첫 번째 사람들이다. 장애 자녀의 부모는 좀 더 선호하는 진단을 받기 위해 이 의사 저 의사를 '쇼핑'하듯이 찾아다닌다는 것도 큰 오해다. 사실 많은 부모는 자신의 아이에게 무언가 문제가 있다고 의사를 설득해야만 한다.

부모들이 엄격한 방식으로 이런 반응들을 겪지 않을 수도 있지만, 일부 부모는 한두 번쯤은 이런 감정의 일부나 전부를 경험한다. 가장 흔하게 보고되는 반응은 죄책감이다.

죄책감의 영향　장애아의 부모는 자신들이 자녀의 장애 상태에 책임이 있는 것은 아닌가 하는 감정과 자주 씨름한다. 확실히 그 어떤 근거가 없음에도 불구하고 이런 생각들은 광범위하게 존재하는데, 죄책감은 특수아들의 부모들이 보고한 감정 중에 가장 흔한 것이다. 만연된 이 죄책감은 아마도 많은 장애의 기본적인 중요한 원인이 알려져 있지 않다는 데서 기인하는 것 같다. 장애의 원인에 대한 불확실성은 부모들에게 자신들이 비난받아야 한다고 추측하게 한다. 특히 어머니들은 상처받기 쉽다. 맹인이자 수두증이 있었고 중증 지적장애, 뇌성마비와 발작 증세가 있었던 한 소년의 어머니인 Featherstone 씨는 다음과 같이 이야기했다.

> 우리의 아이들은 경이로운 산물이에요. 그들의 몸이 우리 내부에서 자라나요. 만일 그들의 결점이 자궁에서 유래한 것이라면 우리는 우리의 부족한 신체와 부주의함을 비난해요. 만약에…… 우리가 우리 아이들의 신체적인 아름다움을 받아들인다면(그리고 우리 대부분은 그래요, 우리 마음속으로), 그다음에는 필연적으로 엄마는 자녀의 신체적인 결점들의 책임을 감수해요.
> 임산부들은 소중하게 대우받아요. 사람들은 문을 열어 주고, 무거운 짐을 들어 주고, 발을 얹는 받침대를 제공하고, 원하지도 않은 충고도 해 줘요. 이 모든 관심은 무엇인가 우수하고 훌륭한 것을 창조해 내고 있다는 생각을 어떻게 해서든지 기정사실로 받아들

장애인들은 그들에 대한 부적절한 반응을 접하게 되고, 부모는 종종 그런 행동에 대한 자녀의 반응을 도와주어야 한다.

이게 하는 것처럼 보이지요. 아이가 불완전한 상태로 태어나면 산모는 자신이나 남편을 실망시키는 것뿐만 아니라 나머지 세상에도 실망을 안겨 주었다고 느낍니다.

곧 이러한 부족함에 대한 느낌은 더욱 날카로워지지요. 거의 모든 어머니는 행동의 어떤 측면에만 매달리고 이 비극을 그런 것들 때문이라고 탓하지요(pp. 73-74).

일반 대중 대하기 아이의 장애의 원인에 대한 양가감정(예를 들면, 애정과 증오처럼 상반된 감정을 동일한 대상에 동시에 갖는 것—역자 주) 외에도 부모들은 다른 사람들이 장애 자녀의 문제를 어떻게 다루는지에 대해서 다른 사람들의 비판에 상처받은 느낌을 가지기 쉬울 수도 있다. 장애아의 부모들은 가끔 다른 사람들이 아이의 치료와 교육적 배치나 기타 여러 결정에 관심을 쏟는 것을 느낀다. 그 예로 그런 감시받는 느낌에 굴복하지 않기로 결심한 한 어머니가 쓴 〈개인적 관점〉을 보자.

때때로 일반 대중들은 장애인에 대한 반응에 있어서 잔인할 수도 있다. 장애인들—특히 그 장애가 쉽게 식별될 수 있는 사람들—은 그들 주위의 사람들로부터의 부적절한 반응을 맞닥뜨려야 한다. 그리고 부모들은 자주 대중으로부터의 부적절하고 잔인하기까지 한 반응에 대응해야 하는 부담을 지고 있다. 다음의 자폐아 어머니의 경험은 그런 점을 분명히 보여 준다.

기진맥진한 채로 나는 내 가방을 좌석 밑으로 던져 두고 창밖으로 보이는 검은 아스팔트를 멍하니 바라보고 있다. 마지막으로 탑승한 한 여자와 열 살쯤 되어 보이는 여자애가 좁고 사람들로 붐비는 기내에 들어오기 위해 애쓰고 있다. 그 소녀는 신경질적으로 자기 손을 엄마의 얼굴 가까이에서 흔들고 있다 그 둘은 돌진하는 것처럼, 짝을 이뤄 발을 질질 끌며 걷는 것같이 움직인다. 어머니의 눈은 비행기의 뒤쪽을 향해 굳게 고정되어 있고 손은 아이의 팔목에 고정된 특수 장치를 잡고 있다. 나는 이 시나리오를 알고 있다. 그것은 어머니와 자폐증 딸이 여행 중인 것이다. 세상 참 좁다.

그 여자아이는 목 뒷부분에서 나오는 듯 낮게 으르렁거리는 소리, 거의 신음하는 듯 하고 거의 소리 지르는 것 같은 큰 소리를 내고 있다. 아이 입에서 나온 소리를 듣고 내 근처의 사람들이 자신의 좌석에서 자세를 바꾸고 초초하게 목소리를 가다듬었다.

그 아이의 소리는 비행기가 난기류를 만났을 때 점점 더 고조되기 시작한다. 몇몇 승

개인적 관점

Sophie에게 멜빵바지는 안 돼!

지난번에 내 친구 Kim이 나에게 그녀의 딸에게 이젠 작아진 벨벳으로 된 분홍색 멜빵바지를 주었다. 나는 그 바지를 빤히 쳐다보았다. 내 아이가 입은 모습을 그려 봤다……. 아마도 다음 달에 두 살이 되는 Sophie에게 잘 맞을 사이즈다. 그러나 나는 Sophie에게 그 바지를 입힐 수가 없다. 그건 내가 나 스스로에게 절대 하지 않을 거라고 약속한 일들 중의 하나다. Sophie는 다운 증후군을 가지고 있다. 그녀는 장애아다. 현재로서는 그녀가 얼마나 지체되었는지는 모른다. 내 개인적으론 그녀는 꽤 똑똑하다고 생각하지만…….

하지만 그건 사실이다. Sophie는 장애아다. 그리고 나는 장애인들은 멜빵바지를 입으면 안 된다는 강한 신념을 가지고 있다. 그건 좋은 옷차림이 아니다! 나는 지금 당신이 무슨 생각을 하고 있는지 알고 있다. 저 여자는 지옥에 갈 거야라고……. 하지만 나는 옷을 입는 스타일에 대한 나만의 패션 감각을 따를 것이다. 그리고 내 아이들도 그럴 것이다. 특히 Sophie는…….

나는 내가 왜 장애인들과 멜빵바지에 대해서 그런 식으로 생각하는지 여전히 100% 확신하지는 못한다……. 남편에게 말했다. 그는 나를 잠시 동안 재미있다는 듯이 보고 나서 마침내 말했다. "내 생각에 그건 〈생쥐와 인간(Of Mice and Men)〉에 나온 John Malcovich 때문이야. 당신도 알잖아, 그는 장애인이었고 멜빵바지를 입고 있었고……."

지난 2년 동안 Sophie는 그냥 아기였다. 또래의 다른 아기들보다는 작다. 그건 발달 지체가 있다는 것을 가려 줬다. 그러나 최근에 나는 사람들이 Sophie를 쳐다보는 것을 알아챘다. 그들은 알 수 있는 것이다. 최근에 우리는 놀이공원에 갔다. 내가 Sophie의 유모차를 사람들 사이로 밀고 갔을 때 Sophie는 눈에 보이는 모든 사람에게 맹렬하게 손을 흔들었고 흥분해서 웃고 즐거운 시간을 보냈다. 아무도 Sophie에게 다시 손을 흔들어 주지 않았고, 심지어는 정말 아무도 Sophie를 쳐다보지 않았다. 나는 갑자기 Sophie가 12세가 되는 10년 후의 미래의 장면이 떠올려지면서 Sophie가 군중 속에서 바보같이 똑같은 행동을 하는 것을 상상했다. 순간 난 정신이 멍해졌다. 눈물이 쏟아져 나왔다.

그리고 나서 나는 내가 그것을 받아들여야 된다는 것을 깨달았다. 나는 다른 선택권을 가지고 있지 않다. 그러나 나는 Sophie가 무엇을 입을지는 선택할 수 있다. 나는 그 바지를 치워 버리고 아름다운 분홍 줄무늬 원피스를 입혔다. 그리고 우리는 Sophie가 소리 내어 웃으며 손 키스를 날리고 손을 흔들었던 그곳으로 외출했다……. 많은 사람이 미소를 보내고 Sophie를 따라서 다시 손을 흔들어 주었다.

Amy Silverman

Amy Silverman은 작가이자 편집자이고 교사다. 그녀 *Phoenix New Times*란 지역 주간 신문의 편집 주간으로 16년 동안 일하고 있다. 그녀의 글은 라디오 쇼 〈This American Life〉에도 소개되었고, *New York Times, Travel+Leisure, salon.com, George, Playboy* 그리고 *Fit Pregnancy*에도 소개되었다. 그녀는 '파티 모자를 쓴 소녀(Girl in a Party Hat)'라는 블로그(http://www.girlinapartyhat.com) 작가이기도 한데, 그 블로그는 다운 증후군 아이를 양육하는 것에 주요 초점이 맞춰져 있다.

출처: Silverman, A. (2005). A version of this first appeared on KJZZ, the National Public Radio Affiliate in Phoenix, AZ.

객은 중얼거린다. 물론 나에게는 이것이 마치 집에 온 기분이다.

소음은 점점 더 커진다. 아이는 분명히 화가 나고 기분이 안 좋은 것이다. 적어도 내게 그건 분명했다. 귀에서 느껴지는 압력은 아마도 아이에게 몹시 고통스러운 아픔을 주고 있을 것이다. 어떤 한 남자가 차갑게 내뱉은 말에 나는 내 마음속의 생각에서 퍼뜩 깨어난다.

"왜 조용히 있지 못하는 거야?" 내 뒤에 앉은 승객이 큰 소리로 불평한다.

"아니 도대체 왜 저 아이를 비행기에 데리고 온 거지." 또 다른 사람이 야유한다. 그들 옆에 앉은 승객들은 낄낄거린다.

그들을 돌아보지 않고 소리치는 것만이 내가 할 수 있는 것이다. "당신들이 저렇게 불편하지 않은 것에 기뻐하세요. 당신들 같은 머저리들의 신랄한 불평 때문에 40분 걸리는 짧은 비행도 두려워해야 하는 저 아이를 돌보는 사람이 당신들이 아니라는 점에 기뻐하세요. 저 아이가 당신들의 아이가 아니라는 점이 기쁘지 않으세요? 만일 당신들의 아이라면 당신들은 그냥 비행기에서 내리지도 못할 것이고 아이 곁을 떠날 거예요!" 그러나 나는 아무 말 없이 가만히 있었다.

비행기는 하강하고 있다. 우리는 곧 땅을 밟을 것이다. 내 뒤의 사람들은 비행기에서 내리고 그들의 여행 가방을 끌고 차로 간다. 어쩌면 집에 가기 전에 마티니 한 잔을 하기 위해 잠깐 멈춰 설지도 모른다. 걱정할 대상은 자기 자신들뿐인 채로.

비행기 뒤쪽에 있는 그 어머니는 다른 사람들이 다 내릴 때까지 기다릴 것이다. 곧 무너질 듯한 걸음걸이와 너무나 많은 짐을 가지고 고군분투하고, 피곤함과 쉽게 짜증을 내는 그 아이를 꽉 움켜쥐고 자신의 몸을 지탱하려는 노력을 할 것이다. 그리고 일주일 후에 다른 사람들은 이번 비행이나 그렇게 많은 소음을 냈던 그 소녀를 기억조차 못 할 것이다. 그렇지만 나는 그녀를 잊을 수 없을 것이다(Gerlach, 1999, pp. 108-110).

아동의 감정 다루기   장애 자녀에 대한 대중의 반응을 상대하는 것 외에도, 부모들은 자녀에게 장애에 대해서 이야기를 해야 하는 미묘한 임무에 직면하게 된다. 이것은 매우 어려운 책임일 수도 있는데, 부모는 그 장애가 실제로 중요한 것보다 덜 중요하게 보이도록 조심스럽게 이야기해야 하기 때문이다. 다른 말로 하자면, 부모들은 아이를 불안하게 만들거나 필요 이상으로 아이가 그 장애에 대해서 걱정하게 만드는 걸 원하지 않는다.

그럼에도 불구하고 장애 자녀들은 대개 다음과 같은 질문들을 한다. 내가 어떻게 해서 그런 장애를 가지게 되었나요? 점점 더 나빠질까요? 내가 커서 성인이 되면 혼자서 사는 게 가능할까요? 가능한 한 부모들은 추상적인 설교를 하기보다는 그들이 대답할 수 있는 구체적인 질문을 아이가 할 때까지 기다려야만 한다. 그러나 가능한 한 아이가 어렸을 때, 특히 수많은 부모와 자녀가 의사소통에 문제를 가지는 시기인 10대가 되기 전에 부모는 아이와 정직하게 이야기하는 것이 좋다.

가족 구성원의 감정 다루기   자주 간과되는 것은 장애아가 가족 구성원들(예: 부모, 조부모, 형제자매)에 대해 가지게 될 강력한 영향력이다. 그리고 다음의 내용이 보여 주듯이 확대가족 구성원들은 직계가족에게 안정감과 지지를 제공하는 데 있어서 중요한 역할을 할 수 있기 때문에 그들의 반응은 매우 중요하다.

나는 지난 수년간 내 부모님께 걸어야만 했던 모든 전화 통화에 대해 생각한다. 통금 시간 어기기. 자동차 사고. 대학교에 다닐 때 일 년 동안 휴학하고 싶다고 결정했을 때. Tom과 함께 서부 지역으로 이사 가기. Tom과 둘이서 수천 마일 떨어진 이곳에서 생활 터전을 만들기로 한 결정. 그러나 여전히 지금 거는 전화 통화와 비교하면 그 전의 모든 전화 통화는 아무것도 아니다. 이것은 내 인생에서 가장 하기 힘든 전화 통화일 것이다.

나는 숫자들을 누른다. 나는 "Avery가 다운 증후군이에요. Avery가 다운 증후군이에요. Avery가 다운 증후군이에요."라는 말을 엄마한테, 아빠와 그의 부인인 Pam에게, 나의 유일한 자매인 Glynnis에게 얘기하고 또 얘기한다.

아빠는 "그 아이는 괜찮을 거야."라고 말한다.

Pam은 "그는 건강하지? 그렇지? 그거면 됐다. 그는 아주 잘할 거야."라고 말한다.

엄마는 "오, 세상에."라고 말하고 나서 "얘야, 내가 뭐 해 줄 건 없니?"라고 말한다.

Glynnis는 "나는 네가 내 자매라는 게 자랑스러워."라고 말한다.

그건 울먹거림이었고 '사랑한다'와 '괜찮을 거야' 그리고 '연락하고 지내자'는 말이다. 그리고 그게 끝이다.

나는 손이 떨리지 않게 하는 것에 집중을 한다. 나는 숨을 쉰다. 숨을 들이마시고 내뱉는다. 전화를 걸어야 하는 사람들은 더 많을 것이다. 그러나 나는 기다릴 것이다. 지금으로서는 난 다 끝냈다(Groneberg, 2008, p. 43).

부모의 적응

장애아의 부모는 평균적인 양보다 더 많은 스트레스를 겪는다는 것을 수많은 증거가 보여 준다(Fiedler, Simpson, & Clack, 2007). 그 스트레스는 커다란 재앙 같은 사건들에서 유래하는 것이 아니라 오히려 자녀를 돌보는 것과 관련된 일상의 책임들이 누적되는 것의 결과다. 가족 구성원이 중병에 걸린 것과 같은 하나의 사건은 가족을 위기에 빠지게 할 수도 있다. 그러나 가족이 복합적인 일상의 자잘한 일들 때문에 이미 스트레스를 겪고 있었다면 그것의 영향력은 훨씬 더 대단히 파괴적이다.

스트레스에 대한 가족의 반응 누군가가 그렇게 생각할 수 있을지도 모르겠지만 스트레스는 아이의 장애 정도와 항상 연결되어 있는 것은 아니다. 예를 들어, 좀 더 중증 장애아의 부모들은 좀 더 큰 육아 부담을 가질 수 있을지도 모르지만, 경도 장애아의 부모들은 비장애아들에게 느끼는 것과 연관이 있는 스트레스(예: 학업 성취도, 데이트, 운전하기와 관련된 스트레스)를 부가적으로 더 경험할 가능성이 많을지도 모른다. 하지만 스트레스는 부적절한 사회적 기술을 보이고 행동 문제가 있는 아동들의 부모에게서 더욱 일반적인 것으로 나타나고 있으며(Davis & Carter, 2008; Plant & Sanders, 2007), 특히

만일 그 문제들이 사회적인 공격 행동과 분열성 행동과 관련이 있으면 발생하게 된다 (Hastings, Daley, Burns, & Beck, 2006; Orsmond et al., 2006).

부모가 어떻게 스트레스를 극복할 것인지를 예견할 수 있는가를 나타내는 요소는 부모가 이전에 가졌던 심리적 보상과 결혼생활의 행복, 다른 사람들로부터 받는 비공식적인 편안한 지원의 양과 그 정도 등이다. 예외가 있음에도 불구하고, 아이가 태어나기 전에도 적응을 잘했고 행복한 결혼생활을 했던 부모들은 심리적인 문제나 결혼생활의 문제가 있었던 부모들보다 스트레스를 극복할 수 있는 더 나은 기회들을 가지고 있는 경우가 많다.

부모들이 서로 간에, 확대가족 구성원들로부터, 그리고 친구들과 다른 사람들로부터 받는 사회적 지원은 장애아를 키우는 데서 오는 스트레스를 극복할 수 있게 도와주는 중요한 것이 될 수도 있다(Plant & Sanders, 2007; Singer, 2002). 그 지원은 보육을 제공하는 것과 같은 육체적인 것일 수도 있고 심리적인 것일 수도 있다. 단지 내가 문제들에 관해서 이야기할 누군가가 있다는 것만으로도 도움이 될 수도 있다.

부모 적응의 변화된 관점   일찍이 대부분의 전문가는 장애아의 부모는 스트레스를 받고 비참한 인생을 살도록 예정되어 있다고 가정했다. 전문가들은 이제 이 가설이 대체로 타당하지 않다는 것을 알고 있지만 부모들, 특히 장애아의 어머니들은 보다 큰 우울증의 가능성을 가지고 있다는 것을 부정할 수 없는 연구 결과들이 많다. 몇몇의 연구를 통해 발달장애가 있는 아동들의 어머니들은 우울증을 경험할 위험이 점점 증가하고 있다는 것을 알아냈다(Singer, 2006). 이런 어머니들의 29%가 우울증을 경험했다.

29%라는 수치는 장애아의 어머니들은 우울증에 걸릴 만큼 상처 입기 쉽다는 것을 분명히 알려 주지만, 71%는 우울하게 되지 않는다는 것을 의미한다는 것을 명심해야 한다. 게다가 이 우울증은 자녀가 커 감에 따라 감소하는 경향이 있다는 것을 나타내는 강력한 증거들이 있다(Glidden & Jobe, 2006; Singer, 2006).

전문가들은 장애아의 부모가 다양한 수준의 우울증을 경험할지도 모른다는 가능성에 대한 연구를 하여야 한다. 그와 동시에 많은 부모는 가족에게 장애아가 있다는 것은 기대하지 않았던 긍정적인 혜택들을 갖게 된다는 것도 보고하고 있다(Ferguson, 2002; Scorgie & Sobsey, 2000; Skinner, Bailey, Correa, & Rodriguez, 1999). 그들은 인생이 변화하는 경험을 겪고 있는 중이라고 보고했는데, 그 경험이란 다음과 같은 것들을 포함하고 있다.

- 다른 사람들의 다른 점에 대해서 좀 더 관대함
- 사회적인 이슈들에 대해서 좀 더 관심을 가지게 됨
- 좀 더 나은 부모

- 더욱 친밀해진 가족
- 인생에 대해 좀 더 철학적이고 정신적인 측면을 바라봄

흥미롭게도, 백인 앵글로 가족들보다는 라틴계 가족들이 장애아가 있다는 것에 대한 관점이 부정적인 경험보다 오히려 긍정적인 경험을 더 많이 할 가능성이 있다는 증거가 제시되었다. 한 연구조사팀(Blacher & Baker, 2007)은 이에 대해 "아무리 나쁜 것에도 좋은 일이 있다(No hay mal que por bien no venga)."라는 표현을 예로 들면서 이것을 역경을 향한 그들의 철학적인 태도에 기인한 것으로 본다(Zuniga, 1992, p. 115). 그것은 또한 가족을 중요하게 여기는 라틴 문화와 강한 가족 관계에서 얻을 수 있는 사회적 자원으로 인한 것이기도 하다.

Elizabeth King Gerlach는 장애 자녀의 부모가 되면서 우리 사회의 정상(normalcy)에 대한 강박관념과 철학적 관점에 관해 다음과 같이 확신에 찬 토로를 하게 되었다.

어떤 부모들은 가족에게 장애아가 있다는 것에 대해 다른 사람들의 다른 점에 대해 좀 더 관대해졌고, 더 나은 부모가 되었으며, 더욱 친밀해진 가족이 되었다는 점 등을 포함한 기대하지 않았던 긍정적인 결과를 보고한다.

　　　이 사회는 장애를 '비극'으로 여긴다. 사실 보다 큰 비극은 '정상'이란 상태가 있다고 보는 사회의 더 크고 잘못된 관점이다.

　　'정상'이란 것은 존재한다. 그렇지만 그것을 찾아내어야 한다. 두 개의 극단 가운데 어딘가에는 그것이 있다. 예를 들면, 하나의 정상이란 것의 좋은 예는 내 빨래 건조기에서 '보풀'과 '줄어듦' 사이에서 발견될 수도 있다. 그 사이의 영역은 '정상'이라고 표시되어 있다. 나는 이 정상 세팅을 사용하는데, 그것은 내가 일상에서 보통 얻어지는 정상이란 것에 가장 근접한 것이기 때문이다.

　　사실 '정상'이란 단어는 인간의 상태에는 적용되어서는 안 되는 것이다. 사람들은 모두 다르고 끊임없이 변한다. '정상'의 가까운 근사치는 '균형이 잡힌'일지도 모른다……. 그리고 우리 중 일부는 우리 자신 안에서, 우리의 가족 안에서, 그리고 우리의 지역사회 안에서 균형 잡힌 상태를 고수하려고 노력한다. 우리는 이게 우리 스스로를 위해서 무엇을 의미하는지 발견해야만 한다. 그리고 이 역시 시간이 지나면 변한다.

　　나는 '정상적인, 행복한 가족'과도 같은 것이 있다고 생각하곤 했다. 그리고 그것은 노력하면 이룰 수 있는 무엇이라고 생각하곤 했다. 나는 그것을 아이였을 때도 경험하지 못했다. 그래서 나는 성인이 되어서 그것을 창조할 준비를 하였다. 그러나 자폐증은 그런 생각을 사라지게 하였다. 오히려 다행이다. 자폐적 성향의 다양함과 심한 정도에 따

라 관련된 모든 사람이 많은 방식으로 고통스럽다는 것은 아니지만, 나는 단지 그 고통의 일부는 그걸 이해하고 받아들이면서 완화된다는 것을 말하고 있는 것이다. 장애아의 부모가 된다는 것은 나에게 인생이 얼마나 소중한 것인지를 보여 주었고, 인간으로 산다는 것은 사랑하는 것을 배우는 거라는 걸 보여 주었다. 이 이해의 단순함과 복잡함은 나를 놀라게 하는 것을 절대 멈추지 않는다(pp. 4-6).

우리의 의도는 장애아가 있어서 더해지는 스트레스가 종종 가족의 안정성을 파괴할 만한 충격을 줄 수도 있다는 사실을 최소화하는 것이 아니다. 그래도 장애아의 출생이 심리적으로 안정되어 있던 부모나 결혼의 안정성을 자동적으로 끝장내는 마력을 가진 것이라고 가정하는 것은 위험하다.

형제의 반응

인터넷 자원

작가 Brady Udall은 장애가 있는 그의 형제에 대해 형제로서 느낀 것을 드러내는 감동적인 단편소설을 들려주었다. 이 이야기는 국립공용라디오(National Public Radio)의 〈This American Life〉에서 다운로드해서 구매 가능하다. http://www.thisamericanlife.org/radio-archives/episode/154/In-Dog-We-Trust?bypass=true

부모의 반응에 관해서는 비교적 많은 양의 문헌들이 있지만, 장애인의 형제자매의 반응에 대한 정보는 많지 않다. 그러나 이용 가능한 정보를 보면 형제자매들도 부모들이 느꼈던 것과 똑같은 두려움, 분노, 죄책감 등의 감정을 경험할 수 있고 또 자주 경험하기도 한다는 것을 나타내고 있다. 사실 어떤 점에서 형제자매들은 그들의 부모가 이런 감정들을 극복하려고 한 것보다 처음에는 더욱 힘든 시간을 가질지도 모른다. 특히 그들이 더 어렸을 때는 그렇다. 덜 성숙하기 때문에 그들은 그들의 부정적인 생각을 제대로 된 관점으로 보는 것이 더욱더 어려울지도 모른다. 그리고 그들은 부모를 곤란하게 하는 질문을 부모에게 물어보는 게 불편할지도 모른다. 〈표 4-2〉는 그들이 걱정하고 궁금해하는 점들을 보여 준다.

그들의 장애 형제에 대한 어떤 느낌이 수년간 사라지지 않을지 모르지만 상당수의 보고서가 장애가 없는 또래들은 어린 나이 때부터 그들의 형제나 자매가 어떤 점에서는 다르다는 것을 알고 있다는 것을 보여 준다. 앞서 〈개인적 관점〉(131쪽 참조)에 나오는 다운 증후군인 Sophie의 어머니 Amy Silverman이 기록한 블로그에 제시된 다음의 내용은 부모들이 아이의 장애를 아이의 형제자매에게 설명할 때 적당한 말을 찾기 위해 얼마나 고군분투하는지를 보여 준다.

어제 밤에 Sophie가 자러 간 후에 Annabelle과 나는 소파에 앉아 있었다. Annabelle은 언니라서 좀 더 늦게까지 깨어 있는다.

"Sophie는 내일이면 다섯 살이 돼요." Annabelle이 말했다.

"그래."

"Sophie가 정말 유치원에 다닐 거예요? Sophie는 말을 잘 하지 못해요."

〈표 4-2〉 형제자매의 궁금한 점은……

장애 형제	• 무엇이 장애의 원인인가? • 왜 내 형제는 그렇게 이상하게 행동하는가? • 내 자매가 혼자 독립해서 살 수 있을까?
부모	• 왜 부모는 내 형제에게 그렇게 많이 관대한가? • 왜 부모는 모든 시간을 내 자매에게만 할애해야 하는가? • 왜 부모는 항상 나보고 아기를 돌보라고 하는가?
자신	• 왜 내 자매에 대해 복합적인 감정을 갖는 것인가? • 나도 장애를 갖게 될까? • 보통의 형제자매 관계를 갖게 될까?
친구	• 제일 친한 친구에게 내 장애 형제에 대해 어떻게 말할까? • 학교에서 내 친구들이 모든 사람에게 말할까? • 다른 아이들이 장애인을 보고 놀리면 난 어떻게 해야 할까?
학교와 지역사회	• 특수학급에서는 무엇을 하는가? • 내 장애 자매와 비교될 것인가? • 낯선 사람에게 무엇이라고 해야 하는가?
성인기	• 부모님이 돌아가시면 내가 장애 형제를 책임져야 하는가? • 나도 유전적인 상담이 필요한가? • 부모나 형제 모임에 참여하여야 하는가?

출처: *Brother & Sister—A special part of exceptional families* (3rd ed.), by P. A. Gallagher, T. H. Powell, & C. A. Rhodes, 2006, Baltimore, MD: Paul H. Brookes에서 발췌. 허가 후 게재함.

"너는 그게 왜 그런지 알고 있지, 그렇지?"

"아니요."

(나는 Annabelle이 알고 있다고 생각하지만, 진짜 그런지는 누가 알겠는가. 나는 내 인생에서 한두 번쯤 일부러 모르는 체한 적이 있다.)

"음, Sophie는 다운 증후군이야. 그래서 그게 우리와, 다른 애들하고는 조금 다르게 만든 거야."

"네."

다행히도 Ray가 자전거 타기에서 돌아왔다. 그를 소파로 오라고 불러들였고, 거기서 그는 모든 사람은 하나의 세포에서 시작되는데 Sophie의 경우에는 그 세포가 달랐고(우리는 다른 단어를 찾아내야 할 것이다. 그는 '유전자 물질'이란 표현은 거의 일곱 살이 다 된 아이한테는 맞지 않다는 것을 알게 되었다), 그래서 Sophie의 모든 부분이 아주 조금씩은 다른 거라고 설명했다(때때로 아주 조금씩보다는 조금 더 많이).

"Sophie가 다르다는 것이 너를 슬프게 하니?" 나는 물었다.

"아니요." Annabelle은 무미건조하게 대답했다. "Sophie는 Sophie일 뿐이에요."

(Silverman, 2005)

장애아의 형제들은 종종 어린 나이부터 그들의 형제자매에게서 다른 어떤 점들을 자주 알아차린다. 형제의 태도는 그들의 삶에서 다른 단계를 거친다. 예를 들어, 사춘기에는 장애 형제에 대한 대중적인 시선에 점점 더 신경을 쓰게 된다.

비장애 형제자매들이 나이가 들어 감에 따라 그들의 관심은 이 사회가 장애인들을 어떤 관점으로 대하고, 그들의 장애 형제자매들을 어떤 시각으로 볼지에 대해 중점을 두게 된다. 청소년기는 특히 어려운 시기다. 또래들에게 거부당하는 게 두려운 10대들은 종종 다르게 보이는 것을 원하지 않는다. 그런데 장애 형제가 있다는 것은 그 다른 한 명이 되게 할 수 있다.

형제의 적응

부모와 마찬가지로 아동은 장애 가족과 잘 지낼 수도 있고 그렇지 않을 수도 있다. 이 주제에 관한 연구들이 많지는 않다. 지적장애의 형제는 약간의 높은 위험을 가지지만 부모들이 겪는 우울과 근심 정도보다는 낮은 수준이라는 연구 결과가 있다(Rossiter & Sharpe, 2001). 그렇지만 형제를 둔 부모는 이점을 가지고 있는 경우가 있다. 〈개인적 관점〉 '남동생에게 얻은 교훈!'을 참조하라.

다른 사람들이 부정적이지 않은데도 어떤 형제는 왜 그렇게 부정적인 반응을 보이는지는 전적으로 이해되지는 않는다. 다만 확언할 수는 없어도 출생 순서, 성별, 나이에 따라 형제간의 적응에 차이를 보인다는 증거들이 있다. 장애 형제보다 손위의 여자 형제는 부모가 장애 자녀의 육아에 도움을 주는 역할로 의존하기 때문에 손아래 남자 장애 형제에게 더 많은 스트레스를 받는다는 연구 결과도 보고되고 있다(Fiedler et al., 2007; Floyd, Purcell, Richardson, & Kupersmidt, 2009). 그러나 성인이 되었을 때, 여자들은 장애 형제들에 대해 남자들이 경험하는 것보다 더 호의적인 애착을 경험하고, 장애인들에게 더욱더 우호적인 응대를 보인다(Orsmond & Seltzer, 2002).

정보를 얻게 되는 것은 장애아의 형제들의 적응을 위해 중요하다. 〈표 4-2〉에서 언급했듯이, 그들은 자기 형제자매의 장애에 관하여 무수히 많은 질문을 가지고 있다. 그 질문들에 대한 복잡하지 않고 간단한 대답들은 그들의 두려움을 극복하는 데 도움이 될 수도 있다. 부모들과 마찬가지로 교사들은 이런 질문들의 일부분에 대하여 대답해 줄 수 있다. 정보를 제공하고 형제들을 지원하는 최고의 자원은 장애 형제들을 돕기 위해 특별히 설계된 sibshops란 워크숍이다(Meyer & Vadasy, 2008).

인터넷 자원

형제 지원 프로젝트(The Sibling Support Project, http://www.siblingsupport.org)는 장애인 형제들을 위한 워크숍 프로그램(sibshops)에 대한 아주 많은 자원을 제공한다.

개인적 관점

사실 나는 최근에 질문을 받기 전까지는 내 남동생이 다운 증후군이라는 사실이 내가 의사가 되겠다고 결정하는 데 얼마나 많은 영향을 미쳤는지에 대해 결코 생각해 본 적이 없었다. 골똘히 생각해 보고 얻은 결론은 내 남동생과의 경험이 내가 의사가 되겠다고 한 결정에 영향을 준 게 아니라 의술을 실행하는 방법에 영향을 준 것이라고 단정을 지었다. 동생을 돌보면서 배운 행동들은 내과의사로서와 엄마로서의 내 두 가지 역할에 훌륭하게 적용되고 있다.

내 동생의 16년 동안의 짧은 삶은 나의 인생과 내가 다른 사람들을 대하는 생각과 태도에 지속적인 영향을 끼치고 있다. Carlton은 내게 인내심과 귀를 기울여 듣기, 결코 다른 이들을 과소평가하거나 나 자신을 과소평가하지 않을 것, 배움에 늦음이란 없다는 것, 그리고 인생의 단순한 즐거움의 기쁨을 가르쳐 주었다. 내 동생이 우리와 함께했던 시간들은 내 인생의 모든 면을 변화시켰고, 나는 동생이 가르쳐 준 모든 것을 지금도 깨닫고 있는 중이다.

내 동생은 16세 때 1미터가 조금 넘는 키에 야윈 소년처럼 보였다. Carlton은 그의 남은 일생 동안 '아기'로 남아 있었다. 기저귀를 차고 있었고, 넘어지지 않도록 잡아 줄 때에만 걸을 수 있어서 어디든 기어 다니고, 마치 자그마한 우리 엄마의 엉덩이에 매달린 긴 다리처럼 매달려서 돌아다녔다.

내 동생은 동생만이 알고 있는 시각적인 즐거움을 얻기 위해서 좀 더 많이 돌출된 그의 눈을 엄지손가락으로 주기적으로 누르곤 했다. 어린 소녀였을 때, 나는 내 동생이 왜 스스로 고통을 자초하는 자해 행위처럼 보이는 그런 행동을 하는지 이해하기 위해서 비록 그렇게 세게는 아니었지만 동생이 유일하게 하는 행동이었던 그 동작을 따라 해 보았다. 나는 단

지 약간의 산발적인 빛의 파열만을 본 후에 포기했고, 그런 행동을 하는 것이 우리 뇌의 다른 신경 회로 때문이라고 여겼다. 그렇다고 하더라도, Carlton은 적어도 내게 다른 사람의 관점에서 사물을 보려고 노력하는 것을 가르쳐 주고 있었던 것이었다. 사실상 그때 배운 교훈은 심리적인 상태에 영향을 미쳤고 감정이입의 공감 능력을 갖게 해 주었다.

10년이 넘는 기간 동안 걸음마를 배우는 아이의 사고방식을 가진 아이가 행복하게 햇볕을 쬐거나 꼼지락대는 한 무리의 강아지 사이에서 즐거워서 어쩔 줄 모르게 웃는 모습을 지켜본 후에 나는 새롭게 발견된 인식과 단순한 모든 것이 주는 고마운 마음을 갖게 되었다.

제한된 자원으로 특수아동을 돌보는 어머니와 그 모든 것에도 불구하고 잘 자라는 동생을 지켜본 것은 내가 의료계에서 성공하는 데 필요하지만 부족했던 불굴의 용기의 씨를 뿌려 주는 것이었다. 나는 지금 앨라배마 시골 출신의 가난한 흑인 소녀가 그녀에게 맞선 역경들이 쌓여져서 내과의사가 된 것이라는 것을 깨닫고 있다. 나는 결코 길게 늘어선 장애물들을 하나의 전체로 본 적이 없고, 단지 그 장애물들을 차례로 한 번에 하나씩 해결해야 하는 것으로 받아들였다. 실패란 있을 수 없었다. 왜냐하면 내 동생 Carlton과 나는 절대 다른 사람들이나 나 자신을 평가절하하는 법을 배우지 않았기 때문이다.

Valencia Clay

Valencia Clay 박사는 앨라배마 대학교 의과대학 (University of Alabama School of Medicine) 졸업생이다. 내과 전문학위를 취득하였고 상해보험회사 의료실장과 호스피스 의료고문으로 일하고 있다.

출처: Clay, V. (2006). Lessons from my brother. *Exceptional Parent, 36*(12), 24-25. 허가 후 게재함.

치료와 교육에 대한 가족중심 접근

앞서 살펴본 것처럼, 오늘날의 교육자들은 부모가 특수아동들의 발달에 긍정적인 영향을 준다는 것을 더 많이 깨닫기 시작했다. 이러한 좀 더 긍정적인 태도는 부모를 장애자녀의 교육과 치료에 중요 요소로 포함시키는 교육자들의 변화된 접근 방식을 반영하

고 있다.

한때 장애아의 부모들을 위한 조기 중재 프로그램들은 대부분 전문가들이 전문 지식을 가지고 있고 부모는 부모 역할을 수행하기 위해서 그 전문 지식을 필요로 한다는 철학에 따라 운영되었다. 하지만 오늘날 대부분의 관계자는 **가족중심 모델**(family-centered model)을 옹호한다(Bailey, Raspa, Humphreys, & Sam, 2011; Mangelsdorf & Schoppe-Sullivan, 2007). 가족중심 모델에서는 전문가들이 가족의 목표를 위한 자원을 동원하고 공식적이고 비공식적인 지원을 하는 한편, 서비스에 대하여 가족들이 그들 스스로 결정을 내릴 수 있도록 부모를 장려한다. 가족중심 접근 방식은 전문가들이 가족을 '위해서' 하는 모델이다. 가족중심 접근은 가족들을 위한 긍정적인 결과물을 가져온다고 보고된다.

가족들을 위해 긍정적인 결과물을 가져다주는 것 외에도, 가족중심 접근은 가족 구성원 개개인을 존중하고, 인간의 존엄성 그리고 선택의 자유를 존중하기 위해 우리 사회가 지니고 있는 가치들의 전형적인 예가 된다. 가족중심 실습에 관여함으로써 중재란 가족들의 요구와 갈망에 즉시 대응해야만 하고, 그들이 목적과 서비스를 위해 우선적으로 더 선호하는 것을 존중해야만 하는 소비자 지향의 기업이다……라는 전제를 우리는 확실히 단언한다. 조기 중재와 의료 상황 모두에 대한 연구는 전문가들이 가족중심 접근 방식을 채택했을 때…… 육아에 있어서 만족함의 증가와 개선에 분명히 보이는 많은 혜택이 확실히 있음을 보여 준다(Bailey et al., 2011).

가족중심 모델은 부모를 전문가의 충고를 받는 수동적인 사람으로 보는 것에서 그들의 자녀를 위한 치료와 교육 프로그램을 발전시키는 동등한 동반자로 보는 것으로의 변화를 반영하고 있다. 그 개념은 전문가들이 단지 가족에게 직접적인 서비스를 제공하지 않고 가족 스스로 자신과 자녀들을 돕도록 장려할 때, 가족은 그들 자신의 삶을 조절한다고 추정하고 때로는 전형적인 전문가-가족 관계와 연관된 의존성을 피한다는 것이다.

도움을 제공하는 것과 가족에게 독립적인 결정을 허용하는 것 사이의 적당한 균형을 잡는 것은 힘든 일일 수도 있다. 예를 들면, 부모들과의 인터뷰를 한 결과 다음과 같은 권고들이 나왔다.

- 직접적일 것—그러나 우리에게 무엇을 하라고 얘기하지 말라.
- 진실을 이야기하고 정직할 것—그러나 역시 희망을 주고 격려해 달라.
- 지식이 풍부할 것—그러나 정답을 모를 때는 정답을 모른다는 사실을 인정하라.
- 압도적이지 말 것—그러나 정보를 차단하지는 말라(Meadow-Orlans, Mertens, & Sass-Lehrer, 2003).

가족중심 모델은 가족을 위한 서비스에 있어서 다른 현재의 추세들과 일관되는데, 그것을 **중복 서비스 체계**(wraparound service system)라고 한다. 중복 서비스 체계는 아동 개인과 가족들의 요구를 충족하기 위해서 단지 교육적인 서비스들을 사용하는 것만 포함하는 게 아니라 가능한 지역사회 서비스들(예: 정신건강, 사회복지, 소년법원 등)을 이용하는 것을 포함한다(Fiedler et al., 2007). 이런 다양한 서비스는 서비스 제공자들이 가능한 한 많은 가족의 요구에 집중하기 위해서 가족 '주위를 둘러싸고' 있다.

가족체계 이론

가족체계 이론의 기본 원칙은 다른 사회 체계의 맥락 안에서 가족의 행동을 이해하고 가족의 맥락 안에서 개인의 행동을 이해하는 것의 중요성이다(Lambie, 2000). 연구자들은 몇 가지 가족체계 이론을 연구해 왔는데, 교육 프로그램이나 처치들은 가족 구성원 간의 상호작용과 관련을 가질 때 더 성공적이라는 것이다. 장애인의 가족에게 가족 특성, 가족 상호작용, 가족 기능, 가족생활 주기의 네 가지 요인은 상호 관련을 가진다(Turnbull et al., 2006).

가족 특성   **가족 특성**은 장애 정도, 가족의 크기, 문화적 배경, 사회경제적 상황, 상황 대처 형태, 특별한 상황(예: 배우자 학대, 모성 우울증)에 대한 가족의 기본적인 정보를 포함하고 있다. 가족 특성은 가족 구성원들이 서로서로 어떻게 상호작용을 하고, 가족 이외의 다른 사람들과는 어떻게 상호작용을 하는지를 나타낸다. 이런 특성들은, 예를 들어 아이가 학습장애인지 혹은 청각장애인지, 가족의 유일한 아이인지 혹은 다섯 명의 형제자매가 있는지, 중산층 이상의 아이인지 혹은 빈곤층 아이인지 등을 포함할 수 있다.

미국 사회의 최근 추세는 교사가 가족 특성을 고려하는 것을 더욱더 중요하게 여긴다. 특히 교사들은 미국 내에서 점점 더 많아지는 인종의 다양함에 주의를 기울여야만 하는데, 특히 특별한 학습자들에게는 더욱 그렇다. 주로 백인인 많은 특수교사가 만나는 어려움 중의 하나는 다른 문화에서 온 가족들을 어떻게 교육에 참여하게 만드는지에 관한 것이다. 다양한 배경의 부모들은 교사나 전문가들과 상호작용을 하는 어떤 특별한 방법도 가지고 있지 않다는 것을 염두에 두는 것이 가장 중요하다. 예를 들어, 문화적으로나 언어적으로, 아니면 문화적·언어적으로 모두 다양한 배경에서 온 가족 구성원들은 전문가들을 권위 있는 전문가들로 여겨서 존경하는 경향이 있지만, 다른 사람들은 때로는 학교 교직원을 불신할 수도 있다는 것을 지적했다(Parette & Petch-Hogan, 2000). 다시 말해, 전문가들은 이런 가능한 차이점에 주의를 기울일 필요가 있고, 그들에게 맞게 적응하려고 노력할 준비가 되어 있어야 한다. 학교에 대해 의구심을 가지고 믿지 못하는 가족들의 경우, 예를 들어 교사들은 지역사회에 있는 사람들(목사, 의사, 그 가

인터넷 자원

Fiesta Educative는 장애아동이 있는 스페인어를 구사하는 가정을 위한 정보를 제공하는 것에 중점을 둔 프로젝트다. www.fiestaeducative.org

족이 신뢰해서 가족과 학교 사이의 다리 역할을 할 수 있는, 같은 민족성을 가진 은퇴한 교사 등)과 접촉하려는 노력을 해야 할지도 모른다.

폭넓은 인종의 다양성 외에도, 가족들의 다른 변화는 요즘 그 수가 늘어나고 있는 맞벌이 가족, 한부모 가족, 같은 성의 결합(동성 결합) 그리고 빈곤층 가족을 포함한다. 특히 장애아를 양육하는 데서 오는 스트레스에 취약한 가족들은 가난과 한부모 상태로부터 발생하는 추가의 고통까지 직면하게 된다. 불행하게도 한부모 가족이나 빈곤층 가족들의 장애 비율은 더 높다(Parish, Rose, Grinstein-Weiss, Richman, & Andrews, 2009).

장애아동을 양육하는 수가 증가하고 있고 상당한 도전에 직면하고 있는 또 다른 그룹은 군인 가족이다. 군대에 있는 이들의 인구통계 변화는 다음과 같은 문제점들의 원인이 되었다. 직장생활의 기회로 군대를 고려해 보는 저소득층 여성들의 수가 증가하고 있다. 즉, 군인의 80% 이상이 자녀가 있는 기혼자이고 군대는 미국 내에서 한부모들의 가장 큰 고용주가 되고 있다(Taylor et al., 2005). 최근 몇 년 동안 가장 큰 변화는 아마도 해외 배치 때문에 군인들이 그들의 가족과 떨어져 지내야 하는 것과 관련이 있는 추가적인 스트레스의 증가일 것이다. 이런 스트레스는 군인의 배우자들만 힘들게 하는 것이 아니라 특히 어머니, 그녀 자신이 군인일 경우 그 가족들도 역시 힘들게 한다. 한 조사팀이 장애아나 아이들을 키우려고 시도하고 있는 군대에 있는 저소득층 어머니들과의 심도 깊은 인터뷰를 하고 난 후 다음과 같은 결론을 내렸다.

> 우리가 조사한 여성들은 하나의 직업으로서 군대에 들어갔고 그들이 사병이 되었을 때 군대가 제공해 줄 수 있는 기회에 대해 매우 긍정적으로 느꼈음에도 불구하고 일단 그들이 장애아의 어머니가 된 후에는 경제적인 곤란과 일하는 지역의 유동성이 장애아의 육아를 성공적으로 하기에는 부적합하다는 것을 증명했다(Taylor et al., 2005, p. 96).

이런 인구통계의 변화들과 관련되어 그 영향을 받은 오늘날의 가족은 매우 많은 스트레스 속에서 살고 있다. 이런 스트레스에 더해지는 것은 2001년 9월 11일에 일어났던 세계무역센터(World Trade Center)와 국방부(The Pentagpn)의 폭격 이후에 따르는 테러리즘의 위협 및 지난 몇 년 동안의 경제적인 위기에 수반하는 인생의 불확실성이다. 한편으로는 생계를 꾸려 나가야 하는 압박 때문에 부모는 그들의 자녀에게 안락함을 제공할 자원이 더 적어지고 있다.

이런 극적인 사회적 변화는 장애아동의 가족과 일을 하는 데에 큰 도전을 보여 준다. 예를 들어, 두 부모 가족에게는 성공적인 접근 방식이 편모에게는 적합하지 않은 것일지도 모른다. 또한 전문가들도 오늘날의 부모들은 증가하는 스트레스 속에서 살고 있다는 것을 이해할 필요가 있으며 부모가 자녀를 위해서 시간과 에너지를 바쳐 일하는 것이 상대적으로 어려운 것이라는 점을 알아야 한다.

가족 상호작용　Turnbull의 모델에서 **가족 상호작용**이란 가족 '건강'의 중요한 요소인 가족의 화합(cohesion)과 적응력을 나타낸다(Turnbull et al., 2006). 일반적으로 가족은 적당한 정도의 화합과 적응성이 있다면 보다 더 건강하다고 한다.

화 합　화합이란 가족 구성원 개개인이 다른 가족 구성원들과 독립적으로 자유롭게 행동하는 것을 가리킨다. 적당한 양의 가족 화합이란 개별 가족 구성원이 자주적인 사람이 되는 반면 동시에 필요하다면 다른 구성원의 지원을 이끌어 내는 것을 허용한다. 화합의 정도가 낮은 가족은 장애아에게 필요한 후원을 제공하지 못할 것이고, 반면에 지나치게 결합된 가족은 과잉보호를 할지도 모른다. 한 연구조사에서는 좋은 화합이 아이뿐만 아니라 다른 가족 구성원에게도 긍정적인 혜택을 준다는 것을 제안하고 있다(Howell, Hauser-Cram, & Kersh, 2007; Magana, Schwartz, Rubert, & Szapocznik, 2006).

만약 그렇지 않다면 건강한 가족은 종종 화합에 있어서 적당한 균형을 찾는 데 어려움을 갖는다. 때때로 장애 자녀를 돕는 데 너무 열중하고 지나치게 도우면서 자녀의 독립성을 제한한다. 가족 간의 유대를 느슨하게 하는 것이 정상적인 일인 청소년기는 특히 스트레스가 심한 시기다. 청소년기는 장애아가 있는 가정에게는 힘든 시기다. 장애가 있기 때문에 그 필요성에 따라 가족은 종종 아이를 좀 더 보호한다. 화합은 장애 성인에게도 이슈가 될 수 있다. 현재 추세는 장애인들이 지역사회 내에서 살아가야 한다는 것을 지지하지만 성공하기 위해서는 가족의 많은 지원이 필요하다. 가정생활을 유지하는 것이 비장애 젊은 성인들에게도 쉬운 일은 아니다. 개인 재정 관리나 일정 관리, 그리고 계획을 세우거나 식사를 준비하는 등의 일정 수준의 일상생활의 기술을 요구한다. 젊은 성인 장애인이 가족으로부터 독립하는 것은 의미 있는 도전이 될 수도 있다. 중증 지적장애를 가진 딸을 위한 장래의 주거 환경을 설명하는 한 어머니는 다음과 같이 이야기한다.

지적장애 성인들, 특히 자신의 집에서 사는 지적장애인은 가족으로부터 적당히 독립하여 사는 것에 특별한 문제를 갖곤 한다. 집에서 멀리 떨어져 살게 되면 부모는 사회적으로 고립되지 않게 충분한 지원을 제공하는 것에 대해 걱정을 한다.

나는 딸이 가까이 사는 것을 보고 싶어요……. 물론 어떤 지원을 필요로 한다는 건 알고 있어요……. 그리고 나는 우리가 항상 지속적으로, 지속적은 아니라도 딸을 볼 수 있을 만큼 가까이 살아서 딸이 우리를 필요로 한다면 언제나 그곳에 있을 거예요. 그리고 Tim과 나는 그게 바로 우리가 할 일이라는 점에 동의해요. 그러나 우리가 한 달 동안 어딘가로 떠나기를 원한다면, 우리는 우리 딸이 필요로 하는 지원을 요청할 수 있는 다른 사람들이 있을 거라는 것도 알고 있어요(Lehmann & Baker, 1995, p. 30).

적응력 적응력이란 가족이 그들이 평소와 다르거나 스트레스를 받는 상황을 만났을 때 상호작용하는 방식을 바꿀 수 있을지의 정도를 나타낸다. 어떤 가족들은 그런 상황이 주어진다면 가족 구성원의 누가 무엇을 해야 할지 예측하기 힘들 정도로 혼란에 빠지게 된다. 그런 불안정한 환경 속에서 장애가 있는 가족 구성원의 요구는 못 보고 지나치거나 방치될 수도 있을 것이다. 엄격하게 각자의 역할이 정해진 가족들의 경우 적응력에 어려움을 갖게 된다. 각 가족 구성원은 미리 정해진 가족 역할이 있다. 이러한 엄격함은 새로운 구성원이, 특히 그 구성원이 장애가 있다면 추가되는 것에 적응하는 것을 어렵게 만든다. 예를 들어, 어머니가 장애 자녀의 치료 기간 동안 이동하는 것을 맡는다면 아버지는 다른 자녀들을 돌보는 것에 더욱더 관여해야 하는 것이 필요할 수도 있을 것이다.

가족 기능 **가족 기능**이란 가족이 가족 구성원의 많고 다양한 요구—경제적인, 일상의 돌봄, 의학적이거나 교육적인—를 충족해 주기 위해 참여하는 수많은 일상의 일이다.

교사나 전문가들이 고려해야 할 중요한 점은 교육이란 가족의 기능 중의 단지 하나라는 점이다. 다수의 전문가는 특히 중복장애가 있는 학생들을 위해서 부모의 시간을 확보하는 데 어려움을 가질 수 있다. 부모가 가능한 한 많이 관여하기를 교사가 바라는 것은 자연스러운 일이다. 부모가 치료 프로그램의 일부가 되는 것은 긍정적인 장점을 가져온다. 그러나 그와 동시에 교사는 교육이란 가족이 참여해야만 하는 많은 기능 중의 단지 하나일 뿐이란 사실을 존중할 필요가 있다.

다수의 해당 관련자는 장애학생의 어떤 가족들은 그들의 자녀교육에 관여하는 정도에 있어서 적극적이기보단 오히려 소극적이기를 더 원하는 경우도 있다고 보고했다(Turnbull & Turnbull, 2006). 어떤 가족들은 종종 좀 더 소극적인 역할을 하는 것에 대해 타당한 이유를 가지고 있기도 하다. 예를 들어, 어떤 문화에서는 부모가 교육적인 일에 있어서 학교 담당자의 역할에 간섭하는 것을 삼가는 것이 관례이기도 하다. 게다가 어떤 부모들은 단지 다른 가족 기능들에 참여하느라 너무 바빠서 대부분의 교육적인 결정을 교사에게 위임해야만 하기도 한다. 교사들은 부모가 그들의 자녀의 교육에 대하여 비교적 수동적인 역할을 하기를 원하는 것도 존중해야만 한다.

가족생활 주기 몇몇 가족 이론가는 가족이 장애아동에게 미치는 영향이 시간이 지나면서 변한다는 것(Berry & Hardman, 1998; O'Shea, Algozzine, & Hammitte, 2001)과 장애아의 가족을 **가족생활 주기**의 관점에서 살펴보는 것의 가치에 대해 주목했다. 대부

분의 가족 이론은 나이에 기초를 둔 가족생활의 네 가지 단계, 즉 영유아기, 아동기, 청소년기 그리고 성인기를 고려한다.

생활 주기 단계 사이의 전환은 가족에게, 특히 장애아의 가족에게 자주 스트레스를 준다. 우리는 그 단계의 전환 관점에서 그들의 아이가 어른이 되어 가면서 좀 더 독립적인 일과 주거 환경(living setting)으로 이동할 때 가족이 직면하는 어려움을 이미 언급하였다. 성인기로 접어드는 장애 자녀의 부모들 중 일부에게 특히 어려운 주제는 정신적인 경쟁과 후견의 문제다. 자녀가 그들 자신을 위험에 빠트리지 않고서는 이성적인 선택을 할 능력이 없다고 판단한 부모는 그들 자녀의 후견 자격을 얻기 위해서 법률적인 절차를 거칠 수 있다. **후견**이란 법원에서 승인한 지휘권이 있는 어떤 사람이 다른 사람을 위한 결정을 할 수 있는 것을 의미한다. 후견은 그 정도의 범위가 전체이거나 의사결정에 있어서 좀 더 제한적이거나 일시적인 권한까지 정해질 수 있다.

특히 골치 아픈 또 다른 전환은 비교적 친밀한 영아 프로그램에서 좀 더 독립성을 요구하는 유아교육 환경의 보다 넓은 맥락까지일 수도 있다. Amy Silverman이 다운 증후군 딸이 마지막으로 유아원으로 가는 것을 지켜본 것은 다음과 같다.

오늘 아침, 나는 Sophie를 마지막 유아원 버스에 태웠다. Sophie는 버스 운전사인 Dorothy와 Tina에게 감사 인사 선물을 건넸다……. 그리고 나는 Dorothy에게 인사를 했다. Dorothy는 곧 은퇴할 것이다. Dorothy는 나를 보고 미소를 지으며 말했다. "나는 유치원이 Sophie에게보단 엄마에게 훨씬 더 어려울 것 같다는 느낌이 들어요."

그녀는 내 마음을 읽었다. 요즘은 힘들지 않다. 그러므로 나는 명확하게 내 생각을 느낄 수가 있었다. 나는 Sophie를 주간보호에 데려갔던 첫날, Sophie가 유아원 교실에 들어갔던 첫날, 내가 처음으로 Sophie를 버스에 태웠던 날에 똑같은 것을 느꼈다는 것을 상기해야만 한다. 그건 Sophie의 유아원 선생님인 Janice와의 상호 의존에 가까운 애착을 발전시켜 왔다는 점과는 별개의 느낌이었다(Silverman, 2005).

다른 단계 사이의 전환은 가족에게 닥치는 각각의 새로운 단계의 불확실성 때문에 어렵다. 불확실성의 이유 중 하나는 장애아동과 함께 일하는 전문가들의 교체와 관계가 있다. 특히 다수의 전문가의 서비스가 필요한 중복장애 아동의 부모는 특별히 전환이란 관점에서 볼 때 그 아동이 살아갈 동안 많이 발생할, 치료사들과 교사들이 바뀌는 것에 대해서 걱정을 할 수도 있다.

가족에 대한 사회적 지원

가족들은 다른 사람들이 제공하는 사회적 지원으로부터 수많은 혜택을 얻을 수 있다

인터넷 자원

〈The Gillian Film〉은 지적장애가 있는 딸의 독립적인 생활로의 전환(transition)을 받아들이는 한 어머니의 고군분투에 관한 매우 뛰어난 다큐멘터리다. http://www.thegillianfilm.com/index.htm

인터넷 자원

여러 프로젝트 중 연방정부의 자금 지원을 받는 많은 프로젝트는 장애아동의 가족을 지원하고 정보를 제공하는 것에 중점을 두고 있다. 다음은 몇 가지 예다.

- Pacer Center: www.pacer.org
- Beach Center: www.beachcenter.org
- Federation for Children with Special Needs: www.fcsn.org
- Family Village of the Waisman Center, University of Wisconsin: www.familyvillage.wisc.edu/index.htmlx
- Parents Helping Parents: http://www.php.com
- Through the Looking Glass: www.lookingglass.org
- National Center for Infants, Toddlers and Families: Zero to Three: www.zerotothree.org

*Exceptional Parent*는 장애아동이 있는 가족에 초점을 맞춘 잡지이며, 웹사이트(www.eparent.com)에서도 유용한 정보를 제공하고 있다.

(Lenhard et al., 2007; Singer, 2002). **사회적 지원**이란 그것이 필요한 사람에게 제공되는 감정적, 정보적 또는 물질적인 도움을 말한다. 전문가들이나 기관에서 얻는 도움과는 대조적으로, 사회적 지원이란 확대가족이나 친구들, 교회 그룹, 이웃들, 사회적 모임 등에서 얻어지는 비공식적인 것이다.

민족성과 사회적 지원   한 연구는 소수민족 집단 가족들에 대한 가족적이고 종교적인 지원의 증거를 보여 준다(Harry, 2002; Magana et al., 2006). 일부 소수집단의 가치는 장애가 있든 없든 그 자신의 가족 구성원을 돌보는 것을 크게 강조하는 점에 있다. 그 가족이 다니는 교회는 그들이 장애가 있거나 없거나 상관없이 많은 소수집단에게 중요한 사회적 지원을 하는 역할을 한다.

부모지원 그룹   특히 최근에 장애를 진단받은 아동의 부모를 위한 흔한 유형의 사회적 지원은 같거나 비슷한 장애아동의 부모들로 구성된 부모지원 그룹들이다. 이런 그룹은 비교적 체계화되어 있지 않거나 불특정 안건을 가지고 드물게 만날 수도 있다. 혹은 좀 더 조직될 수도 있다. 그들은 부모를 위한 수단으로 그들의 경험을 나누고, 교육적이고 정서적인 지원을 제공한다. 그러나 부모지원 그룹들이 모든 부모에게 이익이 되는 것은 아니다. 일부 부모는 문제점을 나누거나 다른 사람들의 문제들을 듣는 것으로부터 더 많은 스트레스를 받는 것을 실제로 경험한다(Berry & Hardman, 1998).

부모를 위한 인터넷 자원   인터넷은 장애아동을 가진 부모들에게 아주 훌륭한 자원이다. 수많은 전자우편 목록들, 뉴스 그룹, 블로그 그리고 웹사이트들은 이제는 장애와 관련된 주제들을 다룬다. 이런 방법들을 통해서 장애아의 부모들은 서로서로 의사 교환을 할 수도 있고, 장애인들 그리고 이론상의 쟁점뿐만 아니라 실용적인 주제에 대해서 전문가들과 의사소통을 할 수도 있다. 보다 보편적인 장애뿐만 아니라 구체적인 장애(예: 다운 증후군, 주의력결핍 과잉행동장애, 뇌성마비, 낭포성 섬유증)를 위한 사이트들도 있다.

가족 센터   미국 교육부는 100개 이상의 부모 훈련과 정보 센터(Parent Training and Information Centers)와 지역 부모 자원 센터(Community Partent Resource Centers)를 세웠고, 각 주에는 적어도 이런 센터들이 하나씩은 있다(*Exceptional Parent Magazine*, 2009년 1월호에 각 주마다 있는 센터들의 모든 목록이 있음). 학부모를 위한 공학기술지원 제휴센터(Technical Assistance Alliance for Parent Centers, http://www.taalliance.org/about/index.asp)는 이 센터들의 일을 도와주고 조직화한다. 이런 센터들의 일반적인 목적은 "장애 영아 및 유아와 초등 학령기 아동들 그리고 청소년들과 그들과 함께 일하는 전문가들에게 훈련과 정보를 제공하는 데에 있다. 이런 보조는 부모들이 전문가들과 함께 자녀의 교육적인 필요를 맞추는 일에 보다 더 효과적으로 참여하는 것을 도와준다."(Technical Assistance Alliance for Parent Centers, 2009)

긍정적인 행동 중재와 행동 문제를 위한 지원

일부 장애아동은 특히 전문가들과 가족 구성원 모두를 힘들게 하는 행동들을 보인다. 예를 들어, 정서 · 행동장애가 있는 아동들이나 자폐증이 있는 아동들은 이따금 공격성을 갑자기 표출하거나 자해하는 행동을 보인다. 이런 사실을 뒷받침한 연구에 따르면 이런 행동들은 가족에게 중대한 영향을 끼칠 수도 있다.

연구는 소수민족 집단 가족들에 대한 가족적이고 종교적인 지원의 증거를 보여 준다(Harry, 2002; Magana et al., 2006).

> 우리가 인터뷰한 가족들은 가족생활이 깊게 침범되었다고 묘사했다……. 전체 가족 체계는 아동의 문제행동에 대응해서 다양한 방식을 나타냈다. 이 가족들은 아동의 문제행동에 대해서 걱정하거나 신체적 중재의 지속적이고 힘에 부치는 결과를 경험한다. 가족생활에 있어서 문제행동의 감정적이고 육체적이며 구조적인 영향을 충분히 전달하는 것은 쉽지 않은 일이다. 문제행동은 가족 관계와 신체적인 상황, 사회적 네트워크 그리고 일상적인 활동들에 직접적인 영향을 준다(Fox, Vaughn, Wyatte, & Dunlap, 2002, p. 448).

이런 극단적인 행동들은 종종 단지 친구나 지역사회로부터의 사회적 지원보다 그 이상의 것을 요구한다. 이런 경우에 전문가가 가족을 돕기 위해서 그 아동과 상호작용을 하는 행동 원리를 적용하는 것이 필요할지도 모른다. 행동적인 문제들을 다루는 데에는 두 가지의 효과적인 접근방식이 있는데 **행동기능평가**(functional behavioral assessment: FBA)와 **긍정적 행동 중재와 지원**(positive behavioral intervention and support: PBIS)이다 (우리는 이것들을 8장에서 좀 더 깊게 다룬다). 간단히 말해서, 행동기능평가란 부적절한 행동들을 계속 하게 하는 선행 사건들과 결과들, 그리고 전후 조건과 관련된 요소들을 평가하는 것이다. 그리고 긍정적 행동 지원이란 부적절한 행동을 벌주는 대신에 적절한 행동의 지원과 강화를 강조하는 과학적인 원리들을 체계적으로 이용하는 것이다. 〈표 4-3〉에는 부모가 행동기능평가에 참여하는 일원으로서 부모 스스로 평가할 수 있는 질문들의 예가 제시되어 있다.

가족을 위한 긍정적 행동 중재와 지원(PBIS)은 긍정적이거나 적절한 행동을 강화하는 기회로서 식사 시간이나 계절별 축하행사, 친척들 방문하기 등을 포함할 수도 있다.

가족들과 긍정적 행동 중재를 적용하기 위해서는 식사 시간이나 계절별 축하행사, 친척들 방문, 쇼핑, 휴가 떠나기, 레스토랑에서 식사하기 등과 같은 가족이 관련된 일상의 생활들 속에 **가족활동 환경**에 초점을 맞추어야 한다 (Licyshyn, Horner, Dunlap, Albin, & Ben, 2002; Singer, Goldberg-Hamblin, Peckham-Hardin, Barry, & Santarelli, 2002). 전문가들의 지도 아래 전형적인 가정들은 더 많이 확장하기 전에 일단 한 가지나 두 가지의 환경에 집중을 해서 시작을 한다. 행동기능평가와 긍정적 행동 중재와 지원을 통해서 가정에서 문제행동들을 줄이는 열쇠는 그들의 자녀를 가장 잘 아는 부모와 효과적으로 행동 원리를 적용해서 부모를 돕는 데 전문적인 지식이 있는 전문가들 사이에 밀접한 의사소통을 하는 데 있다.

부모와 전문가 사이의 의사소통

사실상 모든 가족 이론가나 관련 전문가가 부모와 일을 하는 데 어떤 특정 접근 방식을 사용한다고 해도 그 프로그램의 성공 열쇠는 부모와 전문가가 어떻게 함께 잘 일하느냐에 달려 있다. 만일 전문가와 부모가 서로 효과적으로 의사소통할 수 없다면 가장 창의적이고 발상이 좋은 모델이라도 실패하게 되어 있다.

〈표 4-3〉 부모가 행동기능평가에 참여할 때 스스로에게 물을 수 있는 질문의 예

- 내 아이의 가장 큰 장점은 무엇인가?
- 우리 아이가 선호하는 활동이나 사물 혹은 다른 아이템들은 무엇인가?
- 어떤 행동을 가장 우려하는가?
- 그 행동은 얼마나 자주 일어나는가?
- 그 행동은 언제/어디서 가장 많이/적게 발생하는가?
- 그 행동에 대응하여 나와 다른 가족 구성원들은 무엇을 하는가?
- 행동을 증가/감소시키는 원인으로는 무엇이 있는가?
- 나는 내 아이가 하는 이 행동과 관련해서 어떤 가설(추측)이 있는가?

출처: Fiedler, C. R., Simpson, R. L., & Clark, D. M. (2007). *Parents and families of children with disabilities: Effectives school-based support services* (p. 238). Upper Saddle River, NJ: Pearson에서 발췌.

불행히도 그런 의사소통이 쉽게 이루어지는 것은 아닌데, 상황의 여러 요소를 고려하면 그리 놀라울 일은 아니다. 이 복잡하고 변화하는 사회 속에서 장애 자녀를 키우는 스트레스를 극복하려고 노력하는 부모들도 있다. 또 다른 한쪽에는 아이의 문제에 대한 모든 해답을 가지고 있지 않기 때문에 좌절할지도 모르는 교사, 언어치료사, 의사, 심리학자, 치료사 등의 전문가들이 있다.

전문가들과 부모 간의 오해를 피할 수 있는 비결 중의 하나는 의사소통이다(Kauffman, Mostert, Trent, & Pullen, 2011). 교사들은 부모에게 정보를 제공하는 것뿐만 아니라 부모로부터 정보를 받는 것도 중요하다. 부모는 자녀와 보내는 시간이 상당히 많고 정서적으로 자녀에게 좀 더 많은 것을 쏟는다. 그러므로 부모는 자녀의 특징과 흥미에 대하여 매우 귀중한 자원이 될 수도 있는 것이다. 교실에서의 자녀의 활동에 대해 부모가 알고 있도록 하면서, 교사들은 필요한 경우 부모에게 지원을 요청할 수 있는 관계를 조성할 수도 있다.

과제는 특히 자주 오해와 갈등의 원천이 되는 부분이기에 부모의 협조가 요구된다. 다음의 〈핵심 개념〉 '과제'에서는 장애학생의 과제 경험 향상을 위한 몇 가지 전략을 제안하고 있다.

대부분의 전문가는 교사와 부모 사이의 의사소통은 가능한 한 빨리 시작되어야 하고, 부정적인 학생 행동이 있을 때에만 의사소통을 시작해서는 안 된다는 점에 동의한다. 학부모들, 특히 행동장애가 있는 학생들의 부모는 그들의 아이가 잘못 행동했을 때에만 학교 직원으로부터 얘기를 들을 수 있다고 자주 불평한다. 학부모와 상호 간의 관계를 성립하기 위해서는 어떤 교사들은 이메일을 보내는 연습을 하거나 학년 초에 올해 목표의 개요를 적은 간단한 형식의 편지를 보낸다. 또 어떤 교사들은 주기적으로 이메일이나 뉴스레터를 보내거나 가끔은 학부모에게 전화를 걸기도 한다. 학년 초에 학부모들과 의사소통 라인을 만듦으로써 교사들은 필요한 경우 좀 더 집중적이고 중점적인 대화를 시작하기 위한 더 나은 위치에 있게 된다. 의사소통의 세 가지 방법은 부모-교사 회의, 가정-노트 프로그램, 교환일기다.

부모-교사 회의   부모-교사 회의는 교사와 학부모가 정보를 나눌 수 있는 효과적인 방법이 될 수도 있다. 마찬가지로 이 방법은 교사가 학부모의 관점에서 본 학생에 대해서 좀 더 알 수 있는 기회를 준다. 모든 학부모에게 개방된 정기 모임 이외에도, 교사는 특별한 학생의 부모에게 개별적인 면담을 원할지도 모른다. 계획을 세우는 것이 성공적인 부모-교사 회의를 진행하는 비결이다. 예를 들면, 교사가 어떻게 회의를 시작하는가 하는 것은 매우 중요한 사안이 될 수도 있다. 〈표 4-4〉는 부모-교사 회의를 용이하게 하기 위해서 교사들이 그들 스스로에게 물어봐야 하는 질문들을 나타낸다.

회의의 목적이 무엇이든지 전문가는 아이에 대해서 이야기할 때는 그 아이를 그 아이

핵심 개념

과 제

교사와 행정가들을 위한 팁

가정에서의 과제를 어떻게 하면 가장 잘 다룰 수 있는지에 대해 고려해 볼 만한 연구조사가 이루어졌다. Warger (2003-2004)는 이 조사의 상당 부분을 검토하고 교사와 행정가가 고려해 볼 만한 몇 가지 점을 발전시켰다. 그 팁들은 다음과 같다.

알아듣기 쉽고 분명한 과제를 내줄 것

만일 과제가 너무 어렵고 너무 바쁘게 해야 하는 것이라고 여겨지거나 완성하는 데 너무 오랜 시간이 걸린다면 학생들은 과제를 무시하고 과제를 하는 것에 저항한다.

• 학생들과 부모들이 빼먹거나 늦게 제출한 과제나 추가로 얻을 수 있는 점수, 학생의 상황에 맞춘 가능한 변형 등에 대한 방침을 알게 한다.
• 학생들에게 주기적으로 과제 마감 날짜를 상기시킨다.
• 다른 교사들과 조정해서 과제가 너무 많은 것을 금지한다.
• 학년 초에 어떻게 과제를 내줄 것인지에 대한 틀을 세운다.
• 수업을 시작할 때 과제를 부과한다.
• 어떻게 과제를 해야 하는지 설명하고 그 예를 제공하고 칠판에 하는 방법을 적어 준다.
• 수업 중에 학생들이 과제를 시작하도록 해서 학생들이 이해를 했는지 점검하고 필요하다면 도움을 준다.

과제에 대한 합의를 만들 것

• 추가로 학생들에게 일대일 도움을 제공한다.
• 대체 가능한 양식을 허용한다(예를 들어, 학생에게 녹음 테이프 과제를 허락한다).
• 과제의 양을 조절한다.
• 또래교사를 제공하거나 학생을 스터디 그룹에 배정한다.
• 학습 도구(예: 계산기)를 제공한다.
• 평가 기준을 조정한다.
• 보다 더 적은 과제를 내준다.

가정과 학교 간의 분명하고 투명한 의사소통을 보장할 것

부모와의 의사소통을 개선할 수 있는 추천된 방법들은 다음과 같다.

• 부모가 어떻게 과제하는 걸 도울 수 있는지에 대한 목록을 제공한다. 예를 들어, 매일의 과제를 부모가 아이와 함께 검토할 것을 요구한다.
• 과제에 대하여 자주 글로 적어서 부모와 의사소통을 한다.

행정가가 교사들이 의사소통을 개선하는 것을 지원해 줄 수 있는 방법들은 다음을 포함한다.

• 교사들에게 의사소통을 도와주는 데 필요한 기계 장치들(예: 자동응답 전화 시스템, 이메일, 과제 상담전화 등)을 제공한다.
• 부모와 대면하는 모임에 참여하는 교사들에게 인센티브(예: 자유 시간, 보상)를 준다.
• 학생들에게 추가로 과제를 도와주는 방과후 교실과 또래교수 혹은 둘 중 하나를 제공할 것을 학군에 제안한다.

만의 독특한 장점과 단점 그리고 흥미를 가지고 있는 개별적인 인격체로 대하는 확고한 태도를 보여 주며 학부모와 의사소통을 하는 게 핵심이라는 연구 결과가 있다(Esqruivel, Ryan, & Bonner, 2008). 부모는 장애아로 진단받거나 특수교육의 범주 안에서(예: 학습장애, 행동장애) 규정되는 것 같다는 평가를 듣고 화를 낼 수도 있다.

만약에 회의의 중점이 학생의 부진 학습이나 잘못된 행동에 있다면 교사는 가능한 한

〈표 4-4〉 학부모-교사 회의에 대하여 교사들이 스스로에게 해야 할 질문

해야 할 과제는 다 했는가?
• 학생의 지난 누적된 기록을 검토했다.
• 다른 전문가들과 상담했다.
• 학생의 학업과 행동의 발달 성취도를 기록했다.
• 회의 전에 학부모와의 관계를 점검했다.
• 학생과 그 가족의 문화에 대해서 숙지했다.

회의 전에 학부모들과 연락이 있었나?
• 학부모들과 회의의 목적에 대해 상의했고 필요한 조언을 구하려고 했다.
• 타당한 방법으로 학생의 행동을 지도했다.
• 상호 간에 편한 회의 날짜와 시간을 정했다.
• 회의 전에 서면 통지를 보냈다.

회의 동안에 어떻게 학부모에게 행동하는가?
• 시작 전에 학부모들을 친절하게 맞이하고 편안하게 이야기한다.
• 이 회의의 목적에 대해 다시 한 번 말한다.
• 아이의 장점부터 논의하는 걸로 시작한다.
• 구체적인 예와 자료들로 당신의 관점을 지원한다.
• 학부모를 장려하여 그들의 통찰력을 공유한다.
• 개방형 질문을 한다.
• 특수용어 사용을 피한다.
• 적극적으로 듣는 연습을 한다. 교사의 가장 큰 업무 중의 하나는 학부모의 말을 경청하는 것임을 잊지 않는다.
• 부수적인 자원들(예: 지지 그룹이나 가족 자원 센터나 웹사이트 등)을 제공한다.

회의 후에는 무엇을 하는가?
• 회의 결과를 자료로 만든다.
• 그 학생에 대해 같이 일하는 동료들과 결과를 함께한다.
• 변화한 점들을 논의하기 위해 필요하다면 학부모에게 후속 조치를 한다.

출처: Kauffman, J. M., Pullen, P. L., Mostert, M. P., & Trent, S. C. (2011). *Managing classroom behaviors: A reflective case-based approach* (5th ed.). Upper Saddle River, NJ: Pearson에서 발췌.

요령 있게 대처할 필요가 있을 것이다. 대부분의 관계자는 교사가 학생이 문제를 일으키는 행동을 한 것에 대해 객관적으로 이야기를 하는 반면에 그 학생에 대해 말할 뭔가 긍정적인 것을 찾을 것을 권유한다. 교사는 학생의 위반 행위나 부진한 성적에 대해 객관적으로 설명해 주면서도 그들을 옹호한다는 것을 보여 주는 미묘하고 섬세한 균형을 가져야 한다. 만일 학부모가 교사가 화가 나 있다는 것을 발견하면, 이것은 그들의 자녀가 받을지도 모르는 처지에 대해서 걱정하고 불안하게 만들 수도 있을 것이다. 좋은 소식만을 전하는 것도 학부모의 신뢰도를 약하게 한다. 만일 부모가 좋은 소식만을 듣는다면 심각한 문제가 발생했을 경우 매우 놀라게 될 것이다.

가정-노트 프로그램   때때로 가정연계(home-contingency) 프로그램으로 언급되는 가정-노트 프로그램(home-note programs)은 부모와 의사소통하는 방식을 말하고 부모도 학교에서 일어나는 행동을 강화하는 것을 말한다(Jurbergs, Palcic, & Kelley, 2007; Kelley, 1990). 학부모로 하여금 강화를 시행하게 함으로써 교사는 학부모가 대개 교사가 하는 것보다 마음대로 사용할 수 있는 강화 인자를 더 많이 가지고 있다는 점을 인식하고 이를 활용한다.

교사는 몇 가지 유형의 가정-노트를 선택할 수 있다(이메일이나 웹사이트를 통한 홈 노트의 전자버전을 시행할 수도 있다). 전형적인 가정-노트 프로그램은 어떤 행동 범주(예: 사회적 행동, 과제 다 하기, 과제 제대로 하기, 수업 시간의 학습 완수, 교실에서의 정확한 학습)에 대해서 '예' '아니요' '해당되지 않음'이라고 교사가 그 위에 기록하는 단순한 양식으로 구성되어 있다. 그 양식에는 교사와 학부모가 약간의 간단한 코멘트를 적을 공간이 있기도 하다. 학생은 그 양식을 집으로 가져가서 부모에게 사인을 받고 그다음 날 가져온다. 부모는 학생의 수행을 위해 강화를 전달한다. 교사는 종종 날마다 집으로 노트를 보내기 시작하다가 일주일에 한 번이 될 때까지 점차적으로 그 횟수를 줄여 나간다.

가정-노트를 실행하기 위해서는 교사와 학부모 모두 학생의 행동을 관리하기 위한 행동 접근 방식에 동의하는 것이 중요하다. 행동의 틀을 만들기 위한 수단으로 강화를 사용하는 것을 교사와 부모 중에 반대하는 쪽이 있다면 가정-노트 프로그램은 성공하기 어려워 보인다.

교환일기   교환일기는 학교와 가정에서 서로 주고받는 것인데, 가정-노트보다는 덜 공식적이고 특히 여러 전문가를 만나는 학생들에게 적합하다. 교사와 언어치료사, 물리치료사 같은 다른 전문가들은 학부모에게 간단한 메시지를 적을 수가 있고 그 반대의 경우도 마찬가지다. 게다가 교환일기는 서로 다른 전문가들도 그 학생과 각각 무엇을 하는지 알 수 있게 한다. [그림 4-1]은 뇌성마비가 있는 2세 아동의 교환일기에서 발췌한 것이다.

부모 옹호

우리가 1장에서 살펴보았듯이, 미국 장애인교육법(IDEA)은 부모에게 그들의 아동에 관한 수많은 안전 수단을 제공한다. 예를 들어, 부모들은 법정에서의 소송 절차는 아니지만 공명한 청문회 담당자 앞에서 열리는 적법 절차 청문을 할 자격이 있다. 불행하게도 이 **적법 절차 청문**이 항상 양측을 만족시키는 것은 아니어서, 그 결과 비용이 많이 들고 장기간의 법원에서의 소송 과정을 초래하기도 한다. 매해 미국 전역에 걸쳐 각 교육국은 장애아가 있는 가족과 학군 간의 분쟁을 해결하기 위해 100만 달러 이상을 소비한

Sara,   9/15

　우리는 Lauren이 구어로 의사소통을 하려는 아주 의미 있는 순간을 분명히 목격했어요. Lauren은 식사 후에 "다 먹었어요."라고 말하려고 노력했어요. 완벽하게 한 건 아니지만, 조금도 과장하지 않고 노력에 대해서만큼은 'A'를 받았어요. 간식 시간 후에 이 점에 대해서 강화를 해 주실 수 있나요? 그냥 Lauren에게 물어보세요. "간식을 다 먹고 나서는 뭐라고 말하지?"

고마워요,

Lynn

9/28

　Lauren은 오늘 아주 특별히 잘 지냈어요! 많이 웅얼거렸어요. 매우 표현력 있게 목소리를 내고 중얼거렸어요. 저는 Lauren이 뭐 필요한 거 없냐는 질문을 몇 번 받고 나서 "네."라고, 혹은 그것과 근접하게 말한 것을 알아요. Lauren은 특히 돼지나 말과 같은 동물 소리를 낼 때 정말 귀여운데, 그 소리를 내기 위해서 정말 노력했어요. 이런 반응을 보는 것은 처음이에요. 그리고 여전히 많이 돌아다녀요. Lauren은 저와 함께 교실과 체육관 이곳저곳을 걸었어요. Lauren은 다다다다, 마마마마 같은 자음과 모음의 소리를 내는데, 그 소리는 확실히 달라졌고 향상되었어요.

Sara

9/29

　저는 Lauren이 넓은 손잡이의 스푼이나 덮개가 있는 스푼을 가지고 숟가락질을 혼자서 좀 더 잘할 수 있게 되었는지 보기 위해서 다음 주에는 좀 다른 숟가락들을 가져오면 좋겠어요.

Joan

Joan,   10/1

　Lauren을 식사 시간 동안 좀 더 독립적으로 만들 선생님의 아이디어는 괜찮다고 생각하지만, 현재로서는 알맞게 변형된 스푼으로 자기 스스로 밥을 먹는 것을 시작하지 않은 게 더 나을 것 같아요. 그 이유는

　1. 제가 Lauren에게 밥을 먹일 때나 스푼을 쥐게 하고 Lauren의 손을 이끌 때면 저는 숟가락 전체를 입안에 밀어 넣어 주고 Lauren이 그것을 입술로 덮게 할 수 있어요. Lauren이 도움 없이 혼자 숟가락을 사용할 때는 Lauren은 숟가락을 거꾸로 핥거나 겨우 숟가락 끝만 입안에 넣고 음식을 빨아 먹어요.

　2. 우리는 Lauren이 언제나 일들을 '정상적으로' 하게 하려고 해요. 예를 들면, 어떤 특별한 컵이나 'Tommy Tippee(빨대컵, 양손컵 등을 생산하는 브랜드 이름—역자 주)' 같은 것도 사용을 한 적이 없어요. 물론 연습하는 데 1년이나 걸렸지만 일반 컵을 사용해서 잘 마시고 가끔은 조금 흘리기도 하지만 잘 하고 있어요. 우리는 Lauren에게 일반 숟가락을 줘서 연습하는 걸 더 선호하므로 Lauren은 특별히 변형된 도구를 사용하지는 않아도 될 것 같아요.

Lynn

2/26

　좋은 소식이에요! Lauren이 교실부터 체육관까지 왔다 갔다 걸었어요. 그녀는 또한 체육관 끝에서 끝까지 걸었어요!

　다른 선생님 몇 명도 Lauren이 걷는 것을 보았고 흥분했어요. Lauren은 두 번쯤 넘어졌어요! 그러나 혼자서 일어났답니다.

Sara

3/2

　Lauren은 굉장한 언어치료 시간을 가졌어요! 우리는 장난감을 가지고 놀았는데 Lauren이 "나는 도움을 원해요."라고 분명하게 말했어요. 그 후에는 "크래커를 원해요."라고 말했고, 치료 시간이 끝날 쯤에는 "Cindy, 가자."라는 말을 흉내 냈어요. 최고예요!

Marti

[그림 4-1] 교환일기

이 짧은 발췌문들은 유치원 특수학급을 다니는 두 살짜리 뇌성마비인 Lauren의 교환일기에서 무작위로 발췌한 것들이다. 이 교환일기는 Lauren의 엄마인 Lynn, Lauren의 선생님인 Sara, 그녀의 작업치료사인 Joan, 그리고 언어치료사인 Marti 사이에서 편하게 주고받는 대화 형식으로 제공된다. 이 대표적인 예에서 보이듯이, 의사소통은 격식에 얽매이지 않고 편안하지만 Lauren에 대하여 다양하고 매우 유용한 정보를 준다.

인터넷 자원

미 국립특수아동보급센터(National Dissemination Center for Children with Disabilities)에는 개별화교육 프로그램(IEP) 절차에 대한 정보와 부모가 가치를 찾아야만 하는 다른 주제에 대한 풍부한 정보도 있다. http://www.nichcy.org/Pages/Home.aspx

장애교육권 및 변론기금(Disability Rights Education Defense Fund)의 임무는 합법적인 지지, 훈련, 교육, 공공정책, 그리고 입법 발달을 통해 장애인의 시민 권리와 인권을 발전시키는 것이다. http://www.dredf.org/about/index.shtml

다(Mueller, Singer, & Draper, 2008).

그럼에도 불구하고 이따금 부모와 전문가들 사이에 대립의 개념과 결합하여 부모 옹호는 이런 분쟁을 막는 것에 도움이 되는 길이 될 수도 있다. 부모와 전문가들은 그들의 옹호 노력에 있어서는 함께 일해야만 한다. 옹호는 부모가 그들의 자녀를 위한 결과물의 통제력을 가질 수 있도록 돕는 한편, 아동들을 위해 필요하거나 개선된 서비스들을 발전시킬 수도 있다.

부모는 그들의 옹호의 중점을 그들의 아동들을 돕는 데뿐만 아니라 다른 장애인들을 돕는 데 둘 수 있다. 후자의 경우 학교나 에이전시를 위해서뿐만 아니라, 예를 들어 장애 학생들에게 적절한 교육적인 문제에 동조하는 학교 이사회 구성원들을 위한 캠페인 등의 정치적 활동을 하는 자문들을 위해서 자원봉사 활동을 할지도 모른다.

옹호만큼 중요한 것은 모든 부모가 이런 활동들에 관여하는 성격과 시간을 가지고 있는 것은 아니라는 것이다. 또한 옹호도 어떤 부모들에게는 그들의 자녀의 발달의 다양한 단계에 따라 더 많게 혹은 더 적게 적합할지도 모른다. 예를 들어, 어떤 부모들은 그들의 자녀가 어릴 때에는 이런 노력에 깊게 관여하지만 몇 년의 시간이 흐르면서 매우 지치게 될지도 모른다. 반면 어떤 부모들은 그들이 나중에(예를 들면, 10대 때 전환 프로그램에 있어서) 문제를 맞닥뜨렸을 때에야 비로소 그들의 자녀를 대신해서 중재를 필요로 할지도 모른다. 교사들에게 주는 최선의 충고는 부모들을 격려해서 그들의 자녀들을 위한 옹호자가 되도록 하는 데에 있지만 이런 책임을 지는 것을 부모가 망설일 때에도 그것을 존중해 주라는 것이다.

결 론

오늘날의 지식이 풍부하고 견문이 넓은 교육가들은 장애아가 가족의 관계에서 가질 수 있는 수많은 영향을 인정한다. 그들은 아동이 행사할 수 있는 긍정적인 영향뿐만 아니라 부정적인 영향의 진가를 알아본다. 장애아동이 있는 가족은 아동을 위해서 지원이 풍부한 보고가 될 뿐만 아니라 교사들을 위해서도 매우 유용한 정보의 자원이 될 수도 있다는 점을 깨달았다. 수없이 많은 발전이 이루어졌다고는 해도 전문가들은 장애아동들의 발달에 공헌을 하는 가족의 잠재력에 대해서 이제 막 그 중요성과 가능을 타진하기 시작하는 중이다. 전문가들은 가족으로 하여금 장애아동을 위해 지원적이고 풍요로운 환경을 제공할 수 있게 하는 일을 이제 막 시작했다. 그리고 전문가들은 가족의 전문 지식을 활용하여 장애아에게 가능한 최상의 프로그램을 제공하는 것도 바로 막 시작하는 중이다.

요약

부모에 대한 전문가의 견해는 어떻게 변화되었는가?

- 부모에 대한 전문가들의 관점은 적어도 두 가지 이유에서 그 전에 한때 그들이 그랬던 것보다는 더욱더 긍정적이다.
  - 부모의 행동이 자녀에게 영향을 끼치는 것뿐만 아니라 그 반대의 경우도 발생할 수 있다.
  - 가족은 교육과정에 있어서 긍정적인 효과를 가질 수도 있다.
- 의회는 가족들이 개별화교육 프로그램(IEP)과 개별화가족서비스계획(IFSP)을 발달시키는 데 관여하는 것을 의무화하는 법률을 통과시킴으로써 가족의 긍정적인 영향을 잠재적으로 인정하였다.

장애아가 가족에게 미치는 영향은 무엇인가?

- 가족에게 장애아가 추가된다는 것은 가족 원동력과 작업 유형에 중대한 영향을 미칠 수도 있다.
- 장애아의 탄생에 대해 부모는 다양한 반응을 보일 수 있는데, 죄책감(근거 없는)은 자주 나타나는 경향이 있다.
- 부모들은 장애아의 감정에 대해서뿐만 아니라 그 아이에 대한 대중들의 반응들도 다루어야만 한다.
- 실질적인 연구가 장애아들의 부모들은 상당한 양의 스트레스를 겪는다는 것을 보여 준다.
  - 부모들은 그전의 심리적인 보상과 결혼생활의 행복에 따라서뿐만 아니라 그들이 받는 사회적 지원의 양과 질에 따라서 달라지는 스트레스를 어떻게 다루는가?
  - 현재의 연구는 많은 부모가 장애아를 가졌다는 것에 잘 적응한다는 것을 나타내고 있고, 일부는 그런 경험에서 얻어지는 좋은 점도 있다고도 한다.
- 장애아동의 형제들은 부모가 경험하는 것과 감정들 중의 일부와 똑같은 감정을 자주 경험한다.
  - 동성 및 나이가 비슷한 형제자매들은 더 많은 충돌을 겪는 경향이 있고, 나이가 들어 가면서 여성들이 장애가 있는 형제자매에 대해서 좀 더 친밀한 애착을 갖는다는 것을 보여 주는 증거들이 있다.
  - 정확한 정보에 의한 접근 방식은 형제들이 좀 더 긍정적으로 적응하는 것을 도와준다.

가족을 치료와 교육에 참여시키기 위한 가장 좋은 방법은 무엇인가?

- 많은 관계자는 가족이 좀 더 의사결정의 책임을 지고 전문가들은 가족이 그들의 목표에 도달할 수 있도록 지원을 공급한다는 가족중심 모델을 옹호한다.
- 많은 관계자는 가족체계 이론을 강조한다. 그러한 모델(Turnbull)의 하나는 가족 특성, 가족 상호작용, 가족 기능 그리고 가족생활주기로 구성되어 있다(Turnbull et al., 2006).
- 비전문가들에 의해 제공되는, 감정적이고 정보를 주며 물질적인 도움을 주는 사회적 지원은 가족에게 중요하다.
  - 어떤 소수민족 집단은 특히 훌륭한 사회적 지원을 제공한다는 증거를 제시한다.
  - 사회적 지원의 두 가지 보편적인 유형은 부모지원 그룹과 장애 자녀가 있는 부모를 위한 인터넷 사이트들이다.
- 행동기능평가(왜 부적절한 행동이 일어나는지를 결정하는)와 긍정적인 행동 중재와 지원(긍정적인 강화를 사용하는)은 행동장애 문제가 있는 자녀들을 둔 부모에게 중요한 도구다.
- 전문가와 부모 사이의 의사소통은 가족을 참여시키는 것에 대해 비판적이다.
  - 부모-교사 회의는 의사소통의 중요한 방법이고 회의 준비를 잘하는 것이 회의를 성공하는 열쇠다.
  - 가정-노트 프로그램은 교사들이 부모를 장려해서 학교에서 일어나는 행동들을 강화하는 의사소통의 수단과 방법이다.
  - 교환일기는 한 명의 혹은 더 많은 전문가가 부모와 의사소통하는 방법이다.
- 가족 옹호는 자녀의 치료와 교육에 가족이 관여하게 되는 아주 중요한 방식이다.
  - 옹호는 대립할 필요가 없다.
  - 옹호하는 가장 흔한 방법은 개별화교육 프로그램(IEP) 회의에 적극적으로 관여하는 것이다.
  - 교사들은 부모 옹호를 장려해야 하지만 그런 식으로 관련되는 것을 원치 않는 부모들도 존중해야만 한다.

특수교육협의회

전문적 기준

 이 장에서 다루어진 미국 장애인 특수교육협의회(Council for Exceptional Children: CEC)의 공통 핵심 지식 및 기술: ICC1K1, ICC3K3, ICC5S15, ICC7K5, ICC9S8, ICC9S11, ICC9S12, ICC10K1, ICC10K3, ICC10S3, ICC10S4, ICC10S7

부록: CEC의 공통 핵심기준과 관련된 지식 및 기술을 제공한다.

MYEDUCATIONLAB

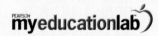 MyEducationLab(www.myeducationlab.com)의 주제 2: 협력과 협력교수에서 다음의 내용을 찾을 수 있다.

- 국가 수준의 기준들과 관련된 전반적 개념에 대한 학습 성과
- 각 장의 내용을 보다 심도 있게 이해하도록 도와주는 과제 및 활동 수행
- IRIS Center Resources에서 볼 수 있는 어려운 상황들에 대한 검토
- 교수 기술 수립과 학습 주제 경향을 확인할 주요 개념 이해에 대한 실제의 적용
- Book-Specific Resources의 Study Plan을 통한 교재 내용에 대한 이해도 측정. 여기에서 각 장의 퀴즈 수행, 정답에 대한 피드백을 통해 복습, 연습, 심화 활동으로 이해도를 높일 수 있음
- CCSSO 올해의 교사상 수상자의 교사 면담 코너를 통해 '왜 나는 가르치는가?'에 대한 답변 영상 시청

지적장애 학습자

내가 한 걸음 물러나서 Nicole의 삶에서 '정상'이 무엇인지 생각할 때마다…… Nicole의 성인기가 나나 Matt가 생각했던 것과 얼마나 달랐는지 충격을 받았다. [최근에야] 나는 지역센터를 방문했다…….

요즘 그곳은 얼마나 다른 세상인지 새삼 느끼고 있다. 발달 지체의 위험이 있거나 발달 지체로 판별받은 유아의 부모들은 지역센터에서 아동과 가족을 위한 진단, 상담, 치료, 주간보호 서비스를 받을 수 있다.

우는 아기를 업은 엄마가 도서관으로 들어왔다. 나는 소음 속에서 자원봉사자와 이야기하려고 애쓰는 그 엄마를 보고 있었는데, 태어나면서부터 문제가 있는 자녀를 돌보느라 거의 탈진해 버린 상태였다. 불완전한 아기의 탄생이 그녀의 모든 것을 바꾸어 버렸다는 것을 알 수 있었다.

나는 윗층으로 올라가 Colleen Mock을 따라갔는데……, 전문가들의 최근 관점에 대해 설명하고 있었다……. 전문가들은 장애를 가진 아동이나 성인을 자신의 삶에 있어 스스로 결정을 내릴 수 있는 전인적인 인간으로 간주한다. 소비자……, 즉 아동들은 성장함에 따라 적절한 지원을 받고 부모들은 옹호자로서 보충적인 지원을 받아 그들 스스로 목표를 세우고 의사결정을 할 수 있도록 격려함으로써 역량이 강화되어야 한다. 장애 자녀의 부모를 위한 보조 서비스가 계속 지원되어야 하며, 그들은 소비자로서 지역사회 자원을 사용하여 발생하는 문제들을 해결할 수 있어야 한다. 또한 서비스 제공자들에게 의존하기보다는 가족 구성원, 친구, 이웃, 또는 동료 직원과 같은 '자연스러운 지원자'들이 참여하는 지역사회에서 이성적인 존재로 통합되어야 한다.

–Sandra Z. Kaufman • '정신지체는 바보가 아니다(Retarded Isn't Stupid, Mon!)' (1999)

주요 질문

● 이제는 왜 많은 전문가가 정신지체보다 지적장애라는 용어를 사용하는가?

● 전문가는 지적장애를 어떻게 정의하는가?

● 지적장애의 출현율은 어떠한가?

● 지적장애의 원인은 무엇인가?

● 지적장애 판별에 사용되는 평가 방법은 무엇인가?

● 지적장애 학습자의 심리 및 행동적 특성은 무엇인가?

● 지적장애 학습자를 위한 교육적 고려 사항은 무엇인가?

● 전문가는 학업과 적응 행동에서 지적장애 학생의 진보를 어떻게 평가하는가?

● 지적장애 학습자의 조기 중재에서 교육자와 다른 전문가는 어떤 이슈를 고려해야 하는가?

● 지적장애 학습자의 성인기로의 전환에 대한 고려 사항은 무엇인가?

지적장애 학습자에 대한
잘못된 생각

오해 • 지적장애의 정의에 대해 전문가들은 동의한다.

사실 • 전문용어, 분류, 정의에 대한 전문가들의 의견은 다양하다.

오해 • 일단 지적장애로 진단받으면 평생 지속된다.

사실 • 한 개인의 지적 기능은 항상 동일하지 않으며 특히 지적장애가 경미한 경우에는 더욱 그렇다. 집중적인 교육 프로그램을 통해 더 이상 지적장애가 나타나지 않도록 향상되는 사람도 소수 있다.

오해 • 지적장애는 IQ 검사 점수에 의해 진단된다.

사실 • 지적장애를 진단하기 위해서는 다음 두 가지 기준을 충족해야 한다. ① 낮은 지적 기능, ② 낮은 적응 기술.

오해 • 대부분의 경우 지적장애의 원인을 확인하기 쉽다.

사실 • 지적장애 원인에 대한 지식과 의학이 발달했지만 경도 지적장애인을 포함하여 대다수 지적장애인들의 원인을 정확하게 알아내기 어렵다.

오해 • 심리적 요소가 경도 지적장애의 중요 원인이다.

사실 • 정확히 알 수 없다. 그러나 경도 지적장애 중 유전적 증후군의 사례가 확인되고 있다.

오해 • 지적장애 학생들에게 직업과 관련된 기술을 가르치는 것은 중등학교 이후에 진행해야 한다.

사실 • 지적장애 학생들에게 초등학교부터 직업과 관련된 내용을 소개하는 것이 적절하다.

오해 • 지적장애인들은 경쟁적인 직업 시장에서 일하기 어렵다.

사실 • 지적장애인들은 점점 더 경쟁 고용을 통해 직업을 갖는다. 또한 지원 고용을 통해서도 많은 도움을 받는다. 이때 직무지도원이 적응하도록 도울 수 있다.

몇년 전과 비교하면, 지적장애인과 발달장애인들을 위한 서비스의 양과 질에서 엄청난 차이가 있다. 동시에 지적장애와 관련된 것들 중 몇 가지는 거의 변화되지 않았다. 자녀가 지적장애를 갖는다는 것은 부모에게 평생에 걸친 도전에 직면하게 한다. 비록 부모들이 처음에는 감정에 휘둘릴지라도, 그들은 점차 희망의 신호를 보게 되고 주위를 돌아볼 수 있게 된다. 또한 그들은 지적장애인들이 점차 독립적인 삶을 살고, 경쟁적이거나 비경쟁적인 직업 환경에서 일하는 것을 보게 된다.

Mock이 Kaufman에게 설명했듯이, 지적장애인들이 이루어 낸 많은 성공은 자신의 인생에 영향을 미칠 수 있는 선택과 결정권에 대한 철학의 변화를 가져왔다. 이 장 후반부에서 자기결정과 선택에 대한 중요한 철학적 변화에 대해 논의할 것이다.

지적장애인들이 직업과 지역사회 생활에 대한 존중, 자신들의 잠재력을 최대한 보장 받기 위해서는 선의에 대한 철학 이상의 것이 필요하다. 그들이 자기결정과 선택에 대한 철학을 실행하기 위해서는 수년간 특수교사들의 교육과 전문가들의 협력, 일반교사의 참여가 필요하다.

또한 지난 몇 년 동안 지적장애 분야의 다른 변화들도 지대한 영향을 끼쳤다. 그중 가장 중요한 것은 명칭의 변화다. 명칭은 정신지체(mental retardation)에서 지적장애 및 발달장애(intellectual and developmental disabilities)로 변하고 있다.

명칭: 정신지체 대 지적장애와 발달장애

2007년 1월 지적장애인들을 위한 주요한 전문 단체─'미국정신지체협회(American Association on Mental Retardation: AAMR)'─가 그 명칭을 '미국 지적장애 및 발달장애 협회(American Association on Intellectual and Developmental Disabilities: AAIDD)'로 변경하였다. 오랫동안 평균 이하의 지적 능력을 가진 사람들이 조롱과 경멸의 대상이 되어 왔다는 사실을 잘 알 것이다. 전문가들이 지적 능력이 떨어지는 사람들에게 어떤 명칭을 부여하든 결국 대중들은 그들에 대한 명칭을 경멸적으로 사용하였다. 예를 들면, 최근까지도 바보, 멍청이, 천치 등의 용어가 장애가 심하든 그렇지 않든 대부분의 지적장애나 정신지체를 가진 사람들을 호칭하는 명칭이었다는 것은 그리 놀라운 사실이 아니다. 실제로 전문가들도 이러한 명칭을 사용할 뿐만 아니라 전문기관에서도 '공식' 용어로 사용하기도 한다. 오늘날 이 용어가 너무 모욕적이며 부적절하다고 지적하는 사람도 있지만 그들은 정치적으로도 사용한다. 바보, 멍청이와 마찬가지로 정신지체(mentally retarded)라는 용어도 사용하는데, 이 용어에서 사용하는 'retard'는 저능하다는 욕설이다.

정신지체라는 용어의 부정적 편견이 증가하면서, 전 세계적으로 사용되는 용어인 장애(disability)와 다른 요인들이 결합되면서 AAIDD의 명칭 변경을 가져오게 되었다. 지적(intellectual)장애는 생각의 한계를 의미한다. 발달(developmental)장애는 기능의 한계를 의미한다. 실제로 대부분의 전문가가 간편하게 더 짧은 용어인 지적장애(intellectual disability)를 사용한다.

AAIDD가 상당한 신뢰성이 있기는 하지만, 어떤 전문가는 정신지체라는 용어가 문제라고 생각하지 않는다. 바보(idiot)와 같이 역사적으로 오용되어 온 용어를 제외하고 더 적절한 용어를 찾으려 노력하는 것은 부적절하다고 주장한다. 또 다른 이들은 바보와 달리 정신지체와 같은 용어는 줄임말 형태인 저능아(retard)를 제외하고는 비방의 의미

인터넷 자원

1876년까지 미국정신지체협회 (American Association on Mental Retardation, 현재는 미국 지적장애 및 발달장애 협회[American Association on Intellectual and Developmental Disabilities: AAIDD]로 바뀜)는 정신지체에 관한 세계에서 가장 오래된 전문 단체였다. 이 단체의 설립 목적은 '지적장애인을 위한 보편적 권리 증진과 진보적인 정책 촉구, 연구, 실천'이다. 웹사이트(http://www.aamr.org/)를 방문하면 AAMR에서 발간한 뉴스레터와 공지 사항부터 지적장애와 관련된 정보를 볼 수 있다. ■ ■ ■

가 담기지 않았다고 주장한다.

명칭과 관련하여 정답은 없기에 이 장에서 우리는 우세한 견해를 따라가기로 결정하였다. 우리는 원래 이 장의 제목에서 '지적장애 및 발달장애'를 사용했지만, 많은 전문가와 같이 줄임말 형태인 '지적장애'로 하였다. 가장 중요한 것은 개인으로 이루어진 집단의 기본적인 정의를 서술하는 데 지적장애라는 용어가 최소한 정신지체만큼 정확하다는 것이다. 또한 어떤 사람은 정신(mental)은 정신병(mental illness; Glidden, 2006)과 같이 감정을 나타내는 데 더 많이 사용되기 때문에 지적(intellectual)이 더 정확하다고 주장할 수도 있다. 그러나 아직도 많은 공립학교에서는 여전히 정신지체라는 용어를 사용하고 있다.

정의

정신지체와 지적장애의 정의에 대한 이슈는 계속되고 있다. 예를 들면, 1950년대 이래로 AAIDD는 일곱 가지의 서로 다른 정의를 지지해 왔으며, 정신지체나 지적장애를 결정하기 위한 세 가지 이유는 다음과 같다.

① 전문가들은 소수집단 아동에 대한 지적장애 오진단에 대해 관심을 갖게 되었다. 1980년대와 1990년대, 특히 흑인과 히스패닉계의 소수집단 학생들은 학교에서 적응을 못하고 학업 성적이 낮았기 때문에 정신지체로 분류되었다. 소수집단에 대한 오진단 논란은 오랫동안 지속되었고, 흑인과 백인 학생 간 지적장애 진단의 불균형은 공립학교에서 확인되었다.
② 정신지체와 지적장애로 진단받는 이유는 이들의 낮은 자존감과 다른 사람들의 부정적 판단 때문이다.
③ 지적장애는 사회적으로 구성된 상태다. 예를 들면, AAIDD는 지적장애를 개인적 특성이 아닌 인간과 환경 간 상호작용의 결과라고 말한다.

마지막 관점에 대해서는 반대하는 견해들도 있다. 몇몇 전문가는 AAIDD가 인간 내면의 특징 중에서 지적장애의 특성이 있다는 사실 자체를 지나치게 부인한다는 것을 지적한다(Baumeister, 2006).

AAIDD의 정의

현재 AAIDD의 정의는 다음과 같다.

> [지적장애]는 지적 기능과 일상생활의 개념적 · 사회적 · 실제적 적응 기술이 포함된
> 적응 행동의 두 가지에서 유의한 제한성을 가진 장애다. 이 장애는 18세 이전에 발견된
> 다(AAMR Ad Hoc Committee on Terminology and Classification, 2010, p. 1).

AAIDD의 정의에는 두 가지 중요한 관점이 있다. 즉, 지적장애는 지적 기능뿐만 아니라 적응 행동상의 문제를 포함하며, 지적장애인의 지적 기능과 적응 행동은 고정 불변이 아니라 향상될 수 있다는 것이다.

적응 행동   오래전부터 정신지체(지적장애) 진단은 오로지 IQ 점수에 근거하였다. 오늘날 우리는 지능검사가 일반적으로 정확하지만 완벽하지는 않다고 인식한다. 지능은 사람이 기능할 수 있는 능력의 한 가지 지표일 뿐이다. 전문가들은 지적장애를 정의할 때 IQ뿐만 아니라 **적응 행동**(adaptive behavior)을 고려한다. 지능검사 점수가 낮았음에도 불구하고 일상생활에 대처하는 학생들을 보면서 적응 행동을 인식하기 시작하였다. 예를 들어, 지하철을 이용하고 방과 후 아르바이트를 하는 지적장애 학생들이 있다.

보편적으로 받아들여지는 적응 행동에 대한 단 한가지의 정의는 없다. 전문가들은 **사회적 지능**(social intelligence)과 **실제적 지능**(practical intelligence)을 이론적으로 적응 행동 개념의 기초로 본다(Greenspan, 2006b). 사회적 지능은 사람들과의 사회적 상호작용을 이해하고 해석하는 것을 포함한다. 예를 들어, '다른 사람의 생각 읽기'를 할 수 있다는 것은 누군가 화가 났을 때 그 이유를 알고 나쁜 사람에게 속지 않거나 쉽게 조정당하지 않는다는 것을 말한다. (잘 속는다는 것이 무엇인지에 대한 것은 이후에 더 자세하게 이야기할 것이다.) 실제적 지능은 문제를 해결하는 능력을 포함한다. 예를 들어, 매일 식사를 준비하고, 대중교통을 이용하며, 기회를 잘 활용하고, 인터넷을 사용하며, 직장생활에서 부딪히는 문제들을 해결하는 능력을 말한다.

실제적 지능이란 매일 식사를 준비하고, 대중교통을 이용하며, 기회를 잘 활용하고, 인터넷을 사용하며, 직장생활에서 부딪히는 문제들을 해결하는 능력을 말한다.

지적장애인은 향상될 수 있음   과거에 많은 전문가는 지적장애인이 기능적으로 강화되는 것을 목표로 하지 않았다. 그들은 근본적으로 지적장애가 치료될 수 없다고 믿었다. 그러나 오늘날 우세한 의견은 지적 기능을 가진 모든 사람은 사실상 아주 적게라도 기능이 향상될 수 있다는 것이며, 특히 경도 지적장애인들은 더 이상 지적장애의 범주가 아닐 만큼 향상될 수 있다고 본다.

지적장애가 향상될 수 있다는 데 동의하는 개념으로, 현재 AAIDD 정의의 개발자는 지적장애인들의 기능이 환경으로부터 받는 지원의 양과 직접적으로 관련이 있다고 말한다. 지원은 AAIDD의 지적장애 개념에 필수적인 요소다. AAIDD의 정의에서 **지원**(support)은 전략과 자원을 말하는데, "한 인간이 규범적인 인간으로 기능하기 위해 요구되는 모든 것을 말한다."(Thompsom et al., 2009, p. 135)

지원은 다양한 형태를 갖는다. 예를 들면, 업무를 완성하는 데 따른 단계를 보여 주는 개인 디지털 보조(PDA)와 같은 기술이 지원이 될 수 있다……. 버스 기사나 지역사회에서 일대일로 일하는 유료 직업 감독자와 같은 사람도 지원이 될 수 있다(AAMR Ad Hoc Committee on Terminology and Classification, 2010, p. 111).

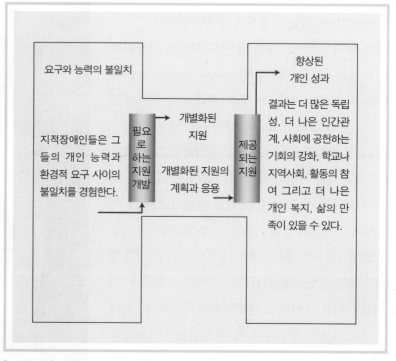

[그림 5–1] 개별 요구 지원 모형

출처: Thompson, J. R., Bradley, V. J., Buntinx, W. H. E., Schalock, R. L., Shogren, K. A., Snell, M. E., et al. (2009). Conceptualizing supports and the support needs of people with intellectual disability. *Intellectual and Developmental Disabilities, 47*, p. 137. 허가 후 게재함.

　지원은 그들의 환경적 요구와 개인적 능력의 불일치를 수용하는 방법이기 때문에 중요하다([그림 5-1] 참조). 예를 들면, 작업을 완료하기 위해 한 단계씩 수행해야 하는 사람에게 PDA를 사용하는 방법을 가르쳐 단계별 수행 내용을 보여 준다면 도움이 될 수 있다.

지적장애의 분류

　학교에서 지적장애 학생들을 분류하는 것은 상태의 심각성에 따른다. 비록 AAIDD가 이러한 분류를 찬성하지 않더라도, 미국심리학회(American Psychological Association)와 미국정신의학회(American Psychiatric Association)는 장애 정도에 따라 분류하고 있다. 대부분 학교 시스템은 미국심리학회의 기준인 **경도**(IQ 50~70), **중등도**(IQ 35~50), **중도**(IQ 20~35), **최중도**(IQ 20 이하)로 지적장애를 분류한다.

출현율

　지능검사에서 평균 점수는 100이다. 이론적으로, 우리는 평균적으로 인구의 2.27%가 표준편차(IQ=70, 웩슬러 아동용 지능검사 4판[WISC-IV]) 2이거나 평균보다 더 낮을 것이

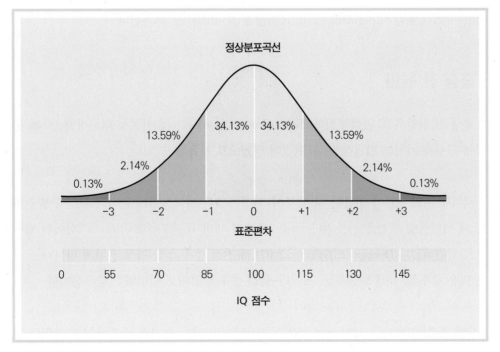

[그림 5-2] 정상분포곡선을 기초로 한 IQ 점수의 이론적 분포

라고 기대한다. 이 기대는 가정된 지능을 기반으로 하는데, 많은 사람이 정상분포곡선을 나타낸다. [그림 5-2]는 지능의 가상적인 정상분포곡선을 보여 준다. 이 곡선은 표준편차에 따라 8개의 영역으로 나뉜다. 하나의 표준편차는 IQ 15점인데, 55점에서 70점 사이의 인구가 2.14%이며, 55점 아래는 0.13%다. 따라서 0에서 70점 사이는 2.27% 정도다(지능검사에 대한 자세한 내용은 173쪽 참조).

그러나 지적장애로 확인된 학생들의 실제적인 출현율은 더 낮다. 최근 몇 년 동안, 지적장애 출현율은 1% 정도였다. 이는 교사들이 학생의 적응 행동을 고려하고, 폭넓은 지능의 정의와 지적장애를 진단하기 위한 IQ 점수도 고려하기 때문이다. 학생의 IQ 점수가 70 정도일 때, 부모나 학교는 정신지체나 지적장애로 진단하기보다는 낙인의 부정적 인식이 적은 학습장애로 진단받는 것을 선호하는 것 같다.

원인

인터넷 자원

휴먼 게놈 프로젝트에 관한 정보를 더 알고 싶으면 www.ornl.gov/sci/techresources/Human-Genome/home.shtml을 방문하라.

1990년대 중반까지만 해도 지적장애 사례의 10~15% 정도만이 알 수 있었다. 하지만 휴먼 게놈 프로젝트에 의한 인간 유전자 코드 지도는 지적장애의 원인과 관련된 많은 정보를 알게 해 주었다. 이러한 발전은 오히려 다른 여러 가지 골치 아픈 문제를 일으켰다(〈핵심 개념〉 참조). 지적장애의 모든 원인이 꼭 유전과 관련된 것은 아니며, 대부분의 경우(대략 50% 정도) 지적장애의 원인을 정확하게 집어낼 수 없다(Polloway et al., 2011).

지적장애 원인을 분류하는 가장 일반적인 방법은 발생 시기에 따른 것이다. 즉, **출생 전**(prenatal), **출생 시**(perinatal) 그리고 **출생 후**(postnatal)로 분류된다.

인터넷 자원

휴먼 게놈 프로젝트와 관련하여 아크(Arc)의 대표인 Sharon Davis는 www.ornl.gov/hgmis/resource/ar.html로 접속하라.

출생 전 원인

출생 전 원인은 ① **염색체 장애**(chromosomal disorders), ② 선천성 대사장애, ③ 뇌 형성에 영향을 미치는 발달장애, ④ 환경의 영향으로 분류할 수 있다.

염색체 장애   앞서 언급한 바 있듯이, 과학자들은 지적장애의 유전적 원인을 발견하는 데 비약적인 발전을 이루었다. 최소 1,000여 개의 유전적 증후군이 지적장애의 원인으로 발견되었다(Hodapp & Dykens, 2007). 유전적 증후군 중 가장 흔하게 나타나는 것은 다운 증후군, 약체 X 증후군, 프래더-윌리 증후군 그리고 윌리엄스 증후군이다.

다운 증후군(Down syndrome)   전부는 아니지만 많은 유전적 증후군이 유전으로 전이된다. 하지만 이 증후군들 중 아직까지 가장 흔한 **다운 증후군**은 유전적으로 물려받는

핵심 개념

휴먼 게놈 프로젝트: 지적장애와 관련된 윤리적 문제

미국 휴먼 게놈 프로젝트는 공식적으로 1990년에 시작해서 2003년에 끝났다. 하지만 새로운 조사 결과와 주제들이 드러나면서 이 프로젝트의 웹사이트는 계속해서 업데이트되고 있다. 이 프로젝트의 목표는 다음과 같다.

- 인간 DNA 안에 있는 대략 2만 개에서 2만 5,000개의 유전자를 모두 밝혀낸다.
- 인간 DNA를 형성하는 30억 염기쌍의 구조를 밝혀낸다.
- 이 정보를 데이터베이스에 저장한다.
- 데이터 분석을 위한 장비들을 개선한다.
- 관련 기술을 민간 부문으로 옮긴다.
- 이 프로젝트를 통해 발생할 수 있는 윤리적, 합법적 그리고 사회적 주제를 고민한다(Human Genome Project, 2008).

프로젝트 관리자들이 말하는 실제적인 혜택 중 하나는 장애를 진단하고 치료하여 유전적으로 예방할 수 있는 획기적인 방법을 개발하는 것이다. 하지만 이러한 목표는 몇몇 사람을 힘들게 만들기도 했는데, 예를 들어 어떤 사람들은 지적장애를 예방하기 위해 유전 정보를 사용하는 것은 지적장애인들의 삶을 평가절하하는 것이라고 주장한다.

장애가 인정받지 못하는 세상에서는 장애인들 또한 인정받지 못하며, '정상화'를 위한 우리의 노력은 불가능한 것이 되고 있다. 우리는 '성공'에 대한 강조와 함께 장애인들을 평가절하하게 하고, 장애로 인해 성취는 불가능하다고 가르치는 문화에 어떻게 대항해야 하는가? 결국에 정신지체를 '치료'할 수도 있다는 잠재적 유전 치료법들을 둘러싼 윤리적 문제들은 어떻게 되는가? 장애인들이 자신의 장애를 가진 채 만족한 삶을 살 수 있을까 없을까? 전문가들은 사회에서 그들의 가치나 부족함에 대해 시류가 변할 때마다 어떻게 그들을 돕고 지원할 것인가?(Kuna, 2001, pp. 159-160)

다른 한편,

유전 치료법에 찬성하는 주요한 주장은 유전 질환으로 심각한 어려움을 갖고 있는 사람들을 치료할 수 있다는 것이다. 예를 들어, 의사소통 부족, 격렬한 움직임, 무의식적인 자해 행동을 특징으로 하는 레쉬-니한(Lesch-Nyhan) 질환이 있다. 이 장애를 가지고 있는 남성의 자해를 막기 위해서는 강력한 제지 방법을 써야 하는데, 예를 들어 입술을 물어뜯지 못하게 치아를 제거하기도 한다. 만약 이 질병을 치료할 수 있는 새로운 의학 기술을 찾는다면 사용해야 하지 않을까?(Davis, 1997)

휴먼 게놈 프로젝트의 웹사이트(www.ornl.gov/sci/techresources/Human_Genome/elsi.elsi.shtml)는 다른 분야의 장애뿐만 아니라 지적장애와 관련된 윤리적 타당성에 대한 보고서를 담고 있다(Human Genome Project, 2008, 2009a, 2009b).

- 개인의 유전자 정보를 알아야 하는 사람이 누구이며, 어떻게 사용할 것인가?
- 개인의 삶을 손상시키는 장애를 가진 사람을 치료하기 위한 치료법을 찾아야 하는가?
- 유전자 정보는 소수 지역사회의 구성원들에게 어떻게 영향을 미치는가?
- 어떠한 치료도 가능하지 않을 때에는 실험이 허가되어야 하는가?
- 정상과 장애는 어떻게 다르며, 누가 결정하는가?

질환이 아니다. 다운 증후군은 21번 **염색체**(chromosomes) 쌍의 변형 때문이다. 다운 증후군은 대부분 21번 염색체(보통 인간의 세포에는 23쌍의 염색체가 있다)가 쌍이 아닌 세 개로 이루어져 있다. 이 때문에 가장 흔한 유형의 다운 증후군은 **3염색체성**(trisomy 21)

가장 흔한 유전적 증후군인 다운 증후군은 유전적으로 물려받는 질병이 아니라 21번 염색체의 변형으로 발생한다. 21번 염색체가 3염색체로 알려진 다운 증후군은 태어났을 때 확인될 수 있는 지적장애의 가장 흔한 형태다.

으로 불린다. 다운 증후군은 출생 시부터 드러나는 가장 흔한 유형의 지적장애다(Beirne-Smith, Patton, & Kim, 2006).

다운 증후군은 독특한 신체적 특징을 나타내는데, 바깥쪽에서 보면 눈을 위쪽으로 살짝 비스듬하게 보이게 만드는 두꺼운 내안각췌피가 있다. 또 다른 특징으로는 작은 키, 근긴장도의 저하, 관절의 과굴곡, 혀를 돌출하게 하는 작은 구강, 하나밖에 없는 손바닥 주름과 짧고 넓은 손, 심장병, 상기도 감염이 자주 일어나는 민감성 등이다(R. L. Taylor, Richards, & Brady, 2005). 또한 다운 증후군과 알츠하이머병이 연관된다는 증거도 있다(〈핵심 개념〉 참조).

다운 증후군을 가지고 있는 사람들의 지적장애 정도는 매우 다양하다. 최근 많은 다운 증후군 아동이 집중적인 특수교육을 받으면서 과거보다 가벼운 지적장애 범위에 속하는 IQ 점수를 성취하였다. 다운 증후군의 발생률은 산모의 나이와 관련된다(Beirne-Smith et al., 2006). 어머니의 연령과 아버지의 연령, 방사선의 노출, 몇 가지 질병의 노출과 같은 원인들이 발생 관련 변인이다. 하지만 이러한 요인에 대한 연구는 아직 예비 단계에 머물러 있다.

다운 증후군과 몇몇 다른 선천적 장애를 검사할 수 있는 방법은 다음과 같다.

- **모계 혈청 검사**(maternal serum screening: MSS): 어머니로부터 혈액 샘플을 채취하여 **이분척추**(spina bifida, 척추가 제대로 닫히지 못하는 현상)나 다른 증후군의 가능성을 확인하기 위한 검사다. 만약 결과가 양성 반응으로 나오면 내과의사는 양수천자나 융모막 융모 채취와 같은 더 정확한 검사를 권할 수 있다.
- **양수천자**(amniocentesis): 내과의는 태아 주변의 주머니로부터 양수 샘플을 채취하고 염색체 이상을 확인하기 위해 태아 세포를 분석한다. 양수로 태아의 척추에서 흘러나왔을 수도 있는 단백질을 검사하여 이분척추 유무를 확인할 수도 있다.
- **융모막 융모 생검법**(chorionic villus sampling: CVS): 내과의는 융모(나중에 태반이 되는 조직들)의 샘플을 채취하여 염색체 이상을 확인하기 위한 검사를 한다. CVS의 이점은 양수천자보다 더 빨리 검사할 수 있다는 점이다.
- **경추 반투명초음파검사**(nuchal translucency sonogram): 태아의 목 뒤 유체 분석을 통해 검사한다. 이 검사도 양수천자보다 더 빨리 할 수 있으며, 유체의 양이 많을 경

다운 증후군과 알츠하이머병

연구자들은 100년 전부터 다운 증후군을 가진 사람들의 노쇠에 대해 주목하였다(Fraser & Mitchell, 1876: Evenhuis, 1990에서 재인용). 20세기 초반 다운 증후군을 가진 사람들의 뇌에 대한 사후 연구는 알츠하이머병을 가진 사람과 유사한 신경병리학적 징후들을 찾아냈다(Carr, 1994). 하지만 과학자들은 1980년대와 1990년대가 되어서야 이 연관성에 대해 심각하게 고심하기 시작했다.

다운 증후군을 가진 사람의 뇌에 대한 사후 연구는 다운 증후군을 가지고 있는 35세가 된 모든 사람이 알츠하이머병을 가진 사람과 매우 흡사한 두뇌 이상을 가지고 있다는 것을 보여 준다(Alvarez, 2008; Hof et al., 1995). 그리고 치매의 행동 징후 또는 정신적인 황폐가 다운 증후군을 가지고 있는 60세 이상의 사람들 중 반을 훨씬 넘는 사람들에게서 나타났

다. 불행하게도, 공격성, 두려움 그리고 우울과 같은 문제행동들이 치매를 진전시키는 증상으로 밝혀졌다(Urv, Zigman, & Silverman, 2008).

다운 증후군과 알츠하이머병의 관련성 연구 결과를 통해 두 병에 대한 유전적 근거를 밝혀냈다. 연구자들은 어떤 유형의 알츠하이머병은 21번 염색체의 돌연변이와 관련된다는 사실을 발견하였다(Bush & Beail, 2004). 또한 특정 단백질이 다운 증후군을 가진 사람들에게 나타나는 알츠하이머의 발병과 연관이 있다는 증거를 찾아냈다(Tansley et al., 2007). 그렇지만 알츠하이머병이 다른 원인에 의한 지적장애를 가진 성인들에게 더 자주 나타난다는 증거는 전혀 없다(Alvarez, 2008).

우 다운 증후군을 의심할 수 있다.

약체 X 증후군(fragile X syndrome)   약체 X 증후군도 지적장애의 원인이 되는 유전적 질환이며 다운 증후군 다음으로 흔하다(Polloway et al., 2011). 약체 X 증후군은 남성 4,000명 중 1명, 여성 6,000명 중 1명의 비율로 발생한다(Meyer & Batshaw, 2002). 학습장애와 같이 인식이 확산된다면 2,000명 중 1명의 비율로 증가할 수도 있다(Hagerman, 2001). 이 증후군은 23번 염색체 쌍에 있는 X염색체의 이상이다. 남성의 경우, 23번 염색체 쌍은 X염색체와 Y염색체로 이루어져 있으며, 여성의 경우 두 개의 X염색체로 이루어져 있다. 이 증후군이 발생한 사람들을 보면 몇몇 혈구 안의 X염색체 아랫부분이 뜯겨져 나가 있기 때문에 약체 X 증후군이라고 불린다. 이 증후군은 여성의 경우, 만약 X염색체 중 하나가 손상되더라도 보호해 줄 수 있는 여분의 X염색체가 하나 더 있기 때문에 여성에게는 더 적게 나타난다. 약체 X 증후군을 가지고 있는 사람들은 몇 가지 신체적 특징이 있는데, 큰 머리, 크고 납작한 귀, 길고 좁은 얼굴, 돌출된 이마, 넓은 코와 돌출된 네모난 턱, 큰 고환, 큰 손과 두꺼운 손가락이 있다. 지적장애의 정도가 심하지 않아 여성들은 정상적인 범위의 지능 지수를 나타내기도 하지만 그 영향은 매우 다양하다(Dykens, Hodapp, & Finucane, 2000).

프래더-윌리 증후군(Prader-Willi syndrome)   프래더-윌리 증후군을 가지고 있는 사람은 대부분 아버지의 염색체 이상이 유전되며 어머니의 염색체 이상이 유전되는 것은 소수다(Percy, Lewkis, & Brown, 2007). 프래더-윌리 증후군은 두 개의 뚜렷한 단계가 있다. 영아들은 무기력하며 음식을 먹는 데 어려움을 겪는다. 하지만 1세 정도가 되면서부터 음식에 집착하게 되고, 비만의 가장 뚜렷한 유전적 원인이다. 비만으로 인한 의료 문제가 심각하지만, 호르몬 부족으로 인한 작은 키, 심장병, 낮 동안에 졸려 하는 증상과 **수면 무호흡**(sleep apnea)과 같은 수면장애, 그리고 **척추측만증**(scoliosis)을 포함한 다양한 건강 문제도 위험한 정도로 나타난다. 지적장애의 정도는 각기 다르나 대부분은 가벼운 정도에 속하며 일부는 정상 범위의 IQ를 나타낸다(R. L. Taylor et al., 2005).

윌리엄스 증후군(Williams syndrome)   윌리엄스 증후군은 7번 염색체 부재가 원인이다. 지적장애의 정도는 경도에서 중등도다(Mervis & Becerra, 2007). 심장병을 가지고 있는 경우가 많고 소리에 대한 특이한 민감성을 나타내며 '요정 같은' 얼굴 특징을 보인다. 윌리엄스 증후군은 가족력과 상관없이 발생한다. 즉, 유전적으로 물려받는 것은 아니지만 윌리엄스 증후군을 가진 사람의 유전자는 자식에게 유전될 수 있다(Haldeman-Englert, 2008).

선천성 대사장애   선천성 대사장애(inborn errors of metabilism)는 아미노산, 탄수화물, 비타민 또는 미량 요소와 같이 신체의 기본적인 물질의 대사 작용에 사용되는 효소가 결핍되어 발생하는 유전 질환이다(Medline Plus, 2007). 가장 흔한 것이 **페닐케톤뇨증**(phenylketonuria: PKU)이다. PKU는 보통 식이물질—페닐알라닌—을 타이로신으로 전환시키는 몸의 기능이 상실되어 발생한다. 그 결과, 페닐알라닌이 몸 안에 축적되어 뇌 손상을 일으킨다. 모든 주정부는 신생아들에게 PKU 검사를 필수로 한다. PKU를 가지고 있는 아기들은 즉시 지적장애 발생을 예방하기 위한 식이요법을 시작한다. 예를 들어, 우유, 계란, 그리고 인공 감미료 아스파탐은 상당한 양의 페닐알라닌을 함유하고 있기 때문에 제한된다. 예전에는 의사들이 유년기 중반부터는 식이요법을 중단해도 된다고 생각했지만, 지금은 성장기 이후에도 식이요법을 계속해야 한다고 권장한다. 그 이유는 식이요법을 중단하면 지적장애나 다른 행동장애가 발생할 위험이 있고, PKU를 가지고 있는 여성의 경우 PKU를 가진 아이를 출산할 위험이 매우 크기 때문이다.

뇌 형성 발달장애   여러 가지 질환이 뇌의 구조 발달에 영향을 미치고 지적장애를 초래할 수 있다. 그 중 어떤 것은 유전적이며, 어떤 것은 감염과 같은 다른 질병에 의해 발생한다. **소두증**(microcephalus)의 경우 머리가 비정상적으로 작으며 원뿔 모양의 형태를 하고 있다. 이로 인한 지적장애는 주로 중등도에서 중도까지다. 소두증의 치료 방법은 없으며 평균 수명은 짧다(National Institute of Neurological Disorders and Stroke, 2008).

수두증(hydrocephalus)은 뇌 안팎의 뇌척수액이 축적되어 발생하는 질환이다. 뇌척수액이 막히면 뇌에 과도한 압력이 더해져 두개골이 확장된다. 지적장애의 정도는 치료 시기에 달려 있다. 두 가지의 치료법이 가능한데, 수술을 통해 초과량의 액체를 뇌로부터 복부로 이동시키는 션트를 배치하는 방법과 액체가 막힌 구역을 우회하도록 하는 장치를 삽입하는 방법이다.

환경 요인   다양한 환경 요인이 임산부와 태아의 발달에 영향을 미칠 수 있다. 예를 들어, 모성 영양실조가 있다. 만약 임산부가 영양 상태가 좋지 않으면 태아의 두뇌 발달에 문제를 가져올 수 있다.

코카인이나 헤로인 같은 유독 물질, 담배나 알코올 같은 잠재적인 독성 물질까지 다양한 물질이 해로운 영향을 끼친다. 특히 **태아 알코올 스펙트럼 장애**(fetal alcohol spectrum disorders: FASD)는 임신 중 과도한 양의 알코올을 섭취한 여성에게서 태어난 아기에게 나타나며 다양한 장애를 유발할 수 있다. 가장 심각한 것 중 하나가 **태아알코올증후군**(fetal alcohol syndrome: FAS)으로, FAS 아동은 지적장애와 함께 비정상적인 얼굴과 발육 지연이 특징이다.

태중의 태아에 대한 방사선 위험은 꽤 오래전부터 알려져 왔다. 예를 들어, 내과의들은 꼭 필요한 경우가 아니면 임산부를 엑스레이에 노출시키지 말도록 권고하며, 사람들은 원자력 발전소 방사선의 잠재적인 위험에 대해서도 걱정을 하게 되었다.

임산부의 감염은 태아에게도 영향을 미칠 수 있으며 지적장애를 불러일으킬 수도 있다. **풍진**(rubella, German measles)은 임신 초기 3개월 동안 가장 위험한데 지적장애를 초래할 수 있다.

출생 시 원인

출산을 하는 동안 발생하는 다양한 문제는 뇌손상과 지적장애를 초래할 수 있다. 예를 들어, 만약 아기가 자궁 안에서 제대로 위치하지 않으면 분만 중에 뇌손상이 일어날 수 있다. 분만 중의 어려움 때문에 때때로 일어나는 문제 중 하

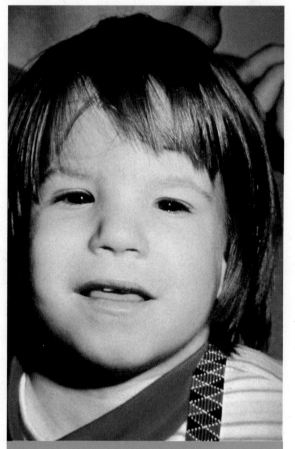

우리는 코카인이나 헤로인 같은 유독 물질, 담배나 알코올 같은 잠재적 독성 물질의 해로운 영향들에 대해 잘 알고 있다. 태아 알코올 스펙트럼 장애는 임신 중 과도한 양의 알코올을 섭취한 여성에게서 태어난 아기에게 나타나며 다양한 장애를 유발할 수 있다.

인터넷 자원

소아마비 구제 모금운동(The March of Dines) 웹사이트는 출생 시 저체중과 그 예방에 관계된 정보가 포함되어 있다. http://www.marchofdimes.com/professionals.14332_1153.asp

나가 바로 **산소 결핍**(anoxia)이다.

　출생 시 저체중(low birth weight: LBW)은 지적장애를 포함한 다양한 행동장애와 의료 문제를 초래할 수 있다(H. G. Taylor, Klein, Minich, & Hack, 2000). 대부분의 저체중 아기들은 조산이기 때문에 두 가지 용어—저체중과 조산—가 동의어로 사용된다. 저체중은 주로 5.5파운드(약 2.497kg)이거나 더 낮은 경우에 해당되며 여러 가지 요인—영양 부족, 10대의 임신, 약물 남용, 과도한 흡연—과 관련이 있다. 저체중은 가난한 생활을 하는 어머니들에게 더 흔하다. 아시아와 중남미는 미국보다 저체중아 출산 비율이 낮으며, 놀랍게도 전 세계에서 오직 아프리카만이 북미(미국과 캐나다를 합친)보다 높다(Beck et al., 2010).

　매독(syphilis)과 **단순포진**(herpes simplex)과 같은 전염병은 출산 중에 어머니로부터 아기에게 전염될 수 있다. 이 성병들은 잠재적으로 지적장애를 초래할 수 있다(구강 발진이나 입 주위의 단순포진은 주로 생식기에 영향을 미치지 않는 한 성병으로 분류되지 않는다).

출생 후 원인

　우리는 출생 후에 일어나는 지적장애 원인을 두 개의 범주로 분류할 수 있는데 생물학적 원인과 심리사회학적 원인이다.

　생물학적 원인　생물학적 원인에는 감염, 영양실조, 독소가 있다. **수막염**(menigitis)과 **뇌염**(encephalitis)은 지적장애의 원인이 되는 감염이다. 수막염은 다양한 박테리아나 바이러스성 물질이 원인이 되어 뇌척수막에 감염을 일으킨다. 뇌의 염증인 뇌염은 지적장애를 초래하고 지능에 심각한 영향을 미친다. 납은 지적장애를 일으키는 독소다. 페인트 제조 시 납의 사용은 금지되었지만 빈곤 지역 유아들은 여전히 납을 주성분으로 한 페인트 조각을 먹고 중독이 되기도 한다. 유아에게 미치는 납중독의 영향은 매우 커서 사망에 이를 수도 있다.

　심리사회학적 원인　출생 후 빈곤한 환경에서 성장하는 아동들은 지적장애의 위험에 노출되어 있다. 학대와 방임, 외부 자극의 부족은 지적장애를 초래할 수 있다. 또한 전문가들은 상호작용의 부족이나 부실한 교육, 읽을거리의 부족과 같이 덜 심각한 환경적 요인들도 지적장애, 특히 경도 지적장애를 초래할 수 있다고 믿는다. 그 예로, 12년 이하의 교육을 받은 10대 어머니에게서 태어난 26만 7,277명을 대상으로 한 대규모 연구 결과에서 그들은 경도나 중등도의 지적장애를 초래할 수 있는 위험이 있었다(Chapman, Scott, & Mason, 2002).

　비록 경도 지적장애의 환경적 원인을 부인할 수는 없지만, 유전 역시 한 요인이 된다. 그 예로, 유전과 경도 지적장애에 관한 주요 연구에서 연구자들은 일란성 쌍둥이들의 지적 실행의 유사성과 이란성 쌍둥이의 행동 유사성을 살펴보았다(Spinath, Harlaar, Ronald, & Plomin, 2004). 일란성 쌍둥이는 같은 수정란에서 태어나서 같은 유전자 구성을 가지고 있다. 이란성 쌍둥이는 서로 다른 수정란에서 태어난다. 일란성 쌍둥이에게 경도 지적장애 출현율이 더 높았으며 더 높은 유전력을 나타냈다.

오래전부터 경도 지적장애의 경우 심리사회학적 원인이 높지만 중도 지적장애는 생물학적인 요인이 원인인 경우가 많다고 추정되어 왔다. 하지만 최근에는 경도 지적장애의 경우에도 특정 유전적 증후군에 의한 것일 수도 있다고 의심하기 시작했다(Dykens et al., 2000; Hodapp & Dykens, 2007; Polloway, Smith, & Antoine, 2010). 프래더-윌리 증후군과 윌리엄스 증후군을 가지고 있는 사람들과 약체 X 증후군을 가지고 있는 여성들과 같이 경도 지적장애를 나타내는 많은 사례를 통해 가까운 미래에 경도 지적장애의 원인이 되는 새로운 유전적 증후군들이 발견될 것이라고 추측하고 있다.

판 별

지적장애를 판별하기 위해서는 지능과 적응 행동의 두 가지 범주를 평가해야 한다.

지능검사

많은 유형의 IQ 검사가 이용 가능하다. IQ 검사의 정확도와 예측력 때문에 학교심리학자들은 특수교육 대상 학생을 확인할 때 집단 검사보다는 개별 검사를 사용한다. 아동들에게 가장 일반적으로 사용되는 IQ 검사는 WISC-IV다(Wechsler, 2003). WISC-IV는 Full-Scale IQ 검사와 더불어 4개의 종합점수—언어 이해(Verbal Comprehension), 지각 추론(Perceptual Reasoning), 작동기억(Working Memory), 처리 속도(Processing Speed)—로 이루어져 있다.

모든 IQ 검사가 이 계산 방식을 요구하지는 않지만, **정신연령**(mental age)을 **생활연령**(chronological age)으로 나누고 100을 곱하면 그 사람의 IQ를 대강 짐작할 수 있다. 예를 들어, 생활연령이 10세인데 정신연령이 8세인 학생은 IQ 80이 나올 것이다.

많은 심리검사와 비교해서 WISC-IV와 같은 IQ 검사가 가장 타당하다. IQ 검사의 타당성은 학생이 학교에서 얼마나 잘 성취할지에 대한 하나의 지표로 여겨진다. 하지만 어느 IQ 검사든 단 하나의 검사 점수로 확신하는 것은 경계해야 한다. 그 이유는 다음과 같다.

인터넷 자원

미국심리학회(American Psychological Association)의 Monitor에 속한 Etienne Benson의 글인 '지적장애 검사(Intelligent intelligence testing)'는 IQ 검사의 역사에 대한 간단한 요약과 사용 방법 및 오용을 둘러싼 논란을 소개하고 있다. http://www.apa.org/monitor/feb03/intelligent.aspx

① 개인의 IQ는 검사에 따라 달라질 수 있고, 비록 흔하진 않지만 때때로 그 변화가 극적일 수 있다(Whitaker, 2008).

② 모든 IQ 검사는 문화적으로 어느 정도 편견이 있다. 크게는 언어와 경험의 차이 때문에 소수민족이나 다른 지역에서 온 사람들은 불리할 수 있다.

③ 아동이 어릴수록 검사의 타당도가 떨어진다. 유아 지능검사들은 특히나 의심스럽다.

④ IQ 검사는 사회 안에서 기능하기 위해 한 사람의 능력을 평가하는 데 절대적인 결정 요인이 아니다. 우수한 IQ라고 해서 성공적이고 행복한 인생을 보장하지 않으며 IQ가 낮다고 해서 비참한 존재로 불행한 운명을 맞는 것은 아니다. 한 사람이 사회 안에서 대처하기 위해 필요한 능력은 다양하다. 그렇기 때문에 전문가들도 적응 행동을 평가하는 것이 한 가지 예가 된다.

적응 행동

적응 행동 평가는 부모, 교사 또는 다른 전문가가 개인의 적응 기술 수행에 관한 질문에 답변하는 단순한 형식으로 되어 있다. 우리는 이 평가들 중 몇 가지를 뒤의 '적응 행동 평가' 부분에서 다룰 것이다.

심리 및 행동적 특성

지적장애인의 특성 중 주의 집중, 기억, 언어, 자기조절, 동기부여, 사회성 발달에서 문제가 나타날 수 있는데, 이러한 문제가 모두 나타나는 것은 아니다.

배움에 대한 관심은 매우 중요하다. 배우기 위해서는 먼저 관심을 기울여야 한다. 지적장애인은 자신의 관심을 적절하게 배분하는 데 어려움을 겪는데, 흔히 잘못된 것에 관심을 기울이는 경우가 많다.

지적장애인은 기억에서 광범위한 어려움이 있지만 주로 작동기억에 특정 문제들이 나타난다(Conners, 2003; Van der Molen, Van Luit, Jongmans, & Van der Molen, 2007). **작동기억**(working memory)은 다른 인지 작업을 하면서 동시에 정보를 잊지 않고 기억해 두는 능력을 말한다. 어느 곳으로 가야 할 때 그곳에 어떻게 가야 하는지 설명을 들으면서 주소를 기억하는 것이 작동기억이다.

모든 지적장애인은 언어 이해와 산출에 한계가 있다. 언어 문제의 유형은 지적장애의 원인에 따라 좌우된다(Abbeduto, Keller-Bell, Richmond, & Murphy).

자기조절(self-regulation)은 스스로 자기 행동에 대한 규제 능력을 가리키는 일반적인 용어다. 지적장애인들은 자기조절 능력과 밀접한 관계가 있는 초인지에 어려움을 겪는다(Bebko & Luhaorg, 1998). **초인지** (metacognition)는 자신의 일을 수행하기 위해 어떤 전략이 필요한지에 대한 인식과 전략을 어떻게 활용할지에 대한 계획을 세우는 능력, 그리고 전략이 얼마나 잘 적용되고 있는지에 대한 평가를 포함한다. 그러므로 자기조절은 초인지의 구성 요소가 된다(초인지에 대해서는 6장에서 다시 논의한다).

지적장애인의 행동을 이해하기 위해서는 동기부여의 어려움을 인정해야 한다(Switsky, 2006). 실패 경험이 누적되어 온 지적장애인들은 자신에게 일어나는 일을 스스로 통제할 수 없다고 믿게 된다. 그렇

지적장애 아동은 친구를 만들고 유지하는 데 문제들이 있을 수도 있지만 긍정적인 사회적 상호작용은 성취될 수 있으며 육성되고 격려되어야 한다.

기 때문에 그들은 내부적 원인보다는 외부적 원인을 찾고 외부 요인에 동기를 부여하는 경향이 있다.

지적장애인들은 다양한 사회적 문제를 겪는다. 부적절한 행동으로 인해 친구를 만들기 어렵고 사회적 상황에 대해 어떻게 대처하고 반응해야 하는지에 대한 인식이 부족하다(Snell et al., 2009). 많은 연구가 이루어진 사회적 상황에 대한 지적장애인의 반응 중 한 가지는 좀 더 높은 IQ를 가지고 있는 지적장애인들이 잘 속는다는 것이다. **쉽게 속음** (gullibility)은 "매우 의심스러운 말이나 주장에도 쉽게 믿는 성향"이라고 정의될 수 있다(Greenspan, Loughlin, & Black, 2001, p. 102). 다음의 〈핵심 개념〉을 참조하라.

유전적 증후군을 특정 행동 표현형과 연결하기

최근까지 대부분의 연구자는 행동 특징을 고려할 때 지적장애의 유형에 대해 등한시했다. 그러나 연구자들은 몇몇의 유전적 증후군과 연관된 행동 특징 또는 **행동 표현형** (behavioral phenotypes)의 전반적인 유형들을 찾기 시작했다.

연구자들은 우리가 지적장애의 출생 전 원인으로 논의했던 네 가지 유전적 증후군— 다운 증후군, 윌리엄스 증후군, 약체 X 증후군, 프래더-윌리 증후군—이 비교적 독특한 행동 표현형을 가지고 있음을 확인하였다(Abbeduto, Murphy, et al., 2003, 2006, 2007; Dykens, 2001; Dykens et al., 2000; Fidler, Hepburn, Most, Philofsky, & Rogers, 2007; Hatton et al., 2003; Hodapp & Fidler, 1999; Mervis & Bercerra, 2007; Moldavsky, Lev, & Lerman-Sagie, 2001; Roberts, Price, & Malkin, 2007). 예를 들어, 다운 증후군을 가진 사람들은 흔히 시공간적 능력에 비해 언어와 문법에 심각한 장애가 있다. 윌리엄스 증후

핵심 개념

쉽게 속음: 피노키오에서부터 미연방 대법원까지

지적장애 분야에서 유명한 연구원인 Stephen Greenspan은 특별히 쉽게 속는 것을 지적장애, 특히 가벼운 지적장애를 가지고 있는 사람들의 전형적인 특징으로 제시했다(Greenspan, 2004, 2006a, 2006b, 2009; Greenspan et al., 2001). Greenspan은 잘 속는다는 것은 인지 능력과 인격 요인의 조합이라고 예상하였다. 인지 능력의 제한은 어떤 것이 거짓일 때 이를 알아차릴 수 없는 것이고, 인격 요인은 외부 요인에 동기를 부여하는 지나치게 의존적인 것과 관련된다. Greenspan은 경도 지적장애를 가지고 있는 사람의 예로, 19세기 이탈리아의 어린이 소설에 나오는 캐릭터 피노키오를 잘 속는 전형적인 인물로 지적한다.

출처: Collodi. (1883). *Pinocchio: The adventures of puppet*. (1930, ranslated by M. A. Murray), New York: A. L. Burt Co.

피노키오는 진짜 소년이 되기를 갈망한 나무 인형으로, 자신의 아버지인 외롭고 늙은 노인 제페토와의 재회를 위해 노력하는 기나긴 모험을 경험한다. 피노키오는 나쁜 사람들과 연속해서 만나면서 거듭 사기를 당하고 자신의 목표를 이루지 못하게 된다. 결국 '파란 머리를 가진 요정'의 도움과 용서에 의해 피노키오는 사기꾼들과 거짓말쟁이들이 가득한 세상에서 생존하고 승리하기 위한 사회 지능과 도덕성을 발달시키게 되고, 제페토 할아버지와 재회하며 진짜 소년이 된다(Greenspan, 2004, p. 123).

단지 어린이들의 우화에서나 나오는 인형을 넘어서서 잘 속는 문제는 지적장애인이 법률 제도에 휘둘리는 과정에서도 나타난다. 잘 속기 때문에 많은 지적장애인이 잘못된 유죄 선고를 받게 된다. 그 예로 최소 53개의 거짓 자백 사례가 기록되어 있다. Robert Perske(2008)는 수십 개나 되는 이러한 사건들을 모았는데 여기에 그중 두 개의 사례를 소개한다.

DNA가 구한 Michael Gayles(2001, 미시간)

'IQ 71'인 18세의 Gayles는 36시간의 취조 끝에 결국 12세 여자아이를 강간하고 살해한 사실을 자백하였다. 그는 스스로 읽지도 못하면서 타자로 작성된 자백서에 서명을 했다. Gayles가 체포되고 2주 뒤, DNA 증거로 인해 그의 무죄가 밝혀졌고 풀려났다(Kresnak, 2001). (Perske, 2008, p. 470)

DNA가 구한 Lourdes Torres(2007, 뉴욕)

'문맹이고 정신지체'였던 멕시코 출신의 불법 체류자인 31세 여성 Torres는 49세의 전 남자친구를 살해했다는 자백을 하기 전까지 4년 동안 감옥에 있었다. 자백서는 14시간의 취조 끝에 작성되었다. Torres는 경찰이 그녀가 자백할 경우 풀어 주겠다는 약속을 했다고 주장했다. 자백서의 진술은 살인 사건의 사실들과 전혀 일치하지 않았다. 그 뒤에 두 명의 남성이 살인범이라는 DNA 증거를 찾았다(Dienst, 2007). (Perske, 2008, p. 475)

지적장애인들이 잘 속는 문제는 미연방 대법원 판결에서도 큰 논쟁거리였다. 2002년 Atkins 대 Virginia 사건으로 인해 미연방 대법원은 수년간의 토론 끝에 지적장애인의 사형 집행을 금지하는 판결을 내렸다. 이에 찬성하는 많은 논의의 핵심은 그들이 잘 속는다는 것이었다. 전문가들은 지적장애인의 여러 가지 특성 중에서 잘 속는 경향으로 인해 속아서 범죄를 저지르거나 자신이 사실상 저지르지 않은 범죄에 대한 자백을 하게 만들었다고 주장했다(Patton & Keyes, 2006). Atkins 판결은 지적장애인의 정의에 적응 행동을 포함하고 특히 잘 속는 특징을 보이는 그들의 특성이 중요하게 다루어져야 한다는 Greenspan과 다른 이들의 주장에 힘을 보태 주었다.

개인적 관점

윌리엄스 증후군: 픽시 전설에 대한 상상?

많은 전설이나 설화에는 마법의 '작은 사람들'인 픽시, 엘프, 트롤 그리고 요정이 등장한다. 몇 가지의 신체적 · 행동적 유사성을 볼 때 이야기들 중 몇 가지는 윌리엄스 증후군을 가진 사람들을 모델로 만들어졌을지도 모른다. 이러한 관점은 다량의 민속과 신화가 현실을 바탕으로 만들어졌다는 사학자들의 논쟁과 일치한다.

윌리엄스 증후군을 가진 사람들의 얼굴 특징은 주로 요정스럽다고 묘사되고 있다. 민속이나 예술에서 윌리엄스 증후군을 가지고 있는 사람들은 작고, 들창코에 낮은 콧등, '부은 듯한' 눈, 타원형의 귀, 그리고 작은 턱과 도톰한 입술의 넓은 입을 가지고 있다. 실제로 이런 특징들은 너무나 닮아서 윌리엄스 증후군을 가진 아이들은 자신의 친척들보다 서로가 더 비슷하게 생겼다. 이 증후군은 성장과 발달도 느리기 때문에 대부분 키가 작다.

많은 민간 설화 속 '마법을 사용하는 조그만 사람들'은 흔히 음악가나 이야기꾼들이다. 요정들은 '자신이 들은 음악을 따라 부르고' 자신의 멜로디로 인간들에게 '마법을 건다'. 일반적으로 보통 이하의 IQ를 가지고 있음에도 불구하고 생생한 묘사 능력을 보여 주고 음악에 재능을 보여 주는 윌리엄스 증후군을 가진 사람들의 특성과 매우 유사하다. (대체로 요정으로 연상되는 크고 뾰족한 귀는 신화 속에 나오는 사람들의─그리고 윌리엄스 증후군을 가진 사람들의─음악과 전반적인 소리에 대한 민감성을 상징적으로 묘사하는 것으로 보인다.)

윌리엄스 증후군을 가진 사람들은 대부분 애정이 많고, 신뢰할 수 있으며, 배려심이 많고, 다른 사람의 감정에 대해 매우 민감하다. 비슷하게, 엘프도 '좋은 사람'으로 착하고 마음씨가 고운 영혼으로 묘사된다. 전설의 요정과 무척 닮은 윌리엄스 증후군을 가진 사람들은 규칙적이고 예측 가능한 일상을 필요로 한다. 이러한 요구는 일상생활에 적응하고 미래를 살아가기 위해 필요한 조건으로 윌리엄스 증후군을 가진 사람들에게 꼭 필요하다.

사진 속의 어린이들은 서로 관련이 없는 아이들로서 요정의 얼굴 모습을 한 윌리엄스 증후군의 임상적 특징을 나타내는 아동들의 모습이다.

과거 이야기꾼들은 그들이 이해할 수 없던 형상을 설명하기 위해 상상 속에 존재하는 인물을 소재로 민간 설화들을 만들어 냈다. 아마도 윌리엄스 증후군의 특색 있는 신체적 · 행동적 특성이 이용되었을 것이다. 오늘날의 연구자들은 윌리엄스 증후군의 뇌가 어떻게 기능하는지에 대한 비밀을 알아내고자 노력하고 있다.

출처: Williams syndrome and the brain by Howard M. Lenhoff, Paul P. Wang, Frank Greenberg, & Ursula Bellugi (1997, December) p. 73에서 발췌. Copyright © 1997 by Scientific American, Inc. All rights reserved. 허가 후 게재함.

군을 가진 사람들은 주로 그 반대다. 실제로 윌리엄스 증후군의 경우, 그들의 사교성과 요정 같은 얼굴, 자신의 이야기에 감정적 어조를 끼워 넣기 위해 음의 높이와 목소리의 크기를 조절하여 이야기를 전하는 능력은 민간 설화에서 묘사된 픽시, 엘프, 페어리 같은 요정이 윌리엄스 증후군을 가진 사람들이었을 것이라는 추측을 가능하게 한다(〈개인적 관점〉 참조).

〈표 5-1〉은 다운 증후군, 윌리엄스 증후군, 약체 X 증후군, 그리고 프래더-윌리 증후

〈표 5-1〉 유전적 증후군들과 행동 표현형의 연관성

유전적 증후군	행동 표현형	
	약점	강점
다운 증후군	수용언어와 표현언어, 특히 문법 얼굴 표정을 해석하기 어려워함 인지 능력의 지체가 진행됨 알츠하이머의 조기 발병	시공간 능력 시각의 단기기억
윌리엄스 증후군	시공간 능력 소근육 조절 불안, 두려움, 공포증 지나친 애정 표현 사회적 관계 맺음	표현언어, 특히 어휘력 단기 언어 기억 정서적 반응 모방 얼굴 인식과 기억 음악적 관심과 기술들
약체 X 증후군	단기기억 순차적 처리 능력 반복적인 말 패턴 읽기 사회적 불안과 위축	어휘의 이해와 표현 장기기억 적응 행동
프래더-윌리 증후군	청각 처리 능력 영아기 섭생의 어려움 과식, 아동기와 성인기의 비만 수면장애 강박 행동	비교적 높은 IQ(평균 약 70) 시각적 처리 능력 퍼즐 조각 맞추기

출처: Abbeto et al., 2003, 2007; Abbeduto, Murphy, et al., 2006; Bailey, Raspa, Holiday, Bishop, & Olmsted, 2009; Belser & Sudhalter, 2001; Dimitropoulos, Feurer, Butler, & Thompson, 2001; Dykens et al., 2000; Fidler et al., 2007; Fidler, Hodapp, & Dykens, 2002; Hodapp & Dykens, 2007; Hatton et al., 2003; John, Rowe, & Mervis, 2009; Kasari, Freeman, & Hughes, 2001; Mervis & Becerra, 2007; Mervis, Klein-Tasman, & Mastin, 2001; Moldavsky et al., 2001; Roberts et al., 2007.

군과 연관된 주요한 행동 특징들이다. 하지만 이러한 특징들이 진단과 연결되는 것은 아니라는 것을 명심해야 한다. 이 증후군을 가지고 있는 모든 사람이 반드시 제시된 모든 행동을 나타내지는 않기 때문이다.

교육적 고려

일반적으로 교육 프로그램은 학생의 지적장애 정도와 얼마나 많은 지원을 필요로 하느냐에 따라 결정된다. 예를 들어, 지적장애의 정도가 약할수록 교사는 자립, 집단생활 그리고 직업 기술 능력을 강조한다. 하지만 실제로 지적장애 학생들의 장애 정도가 어떠하든 간에 학업, 자립, 집단생활 그리고 직업과 관련하여 어느 정도의 지원을 필요로 한다. 우리는 여기서 초등학교에서 필요한 지원에 초점을 둘 것이다. 유치원과 중등학교는 이후 절에서 논의할 것이다.

특수교사들이 직면한 중요한 문제는 지적장애 학생들이 기능적 기술을 배우면서 동시에 미국 장애인교육법(Individuals with Disabilities Education Act: IDEA, 1장 참조)에 명시된 것처럼 어떻게 일반교육에 접근할 수 있게 하느냐는 것이다. 지적장애의 수준이 심각할수록 일반교육에의 접근은 더욱 복잡해진다. 전문가들은 기능적 교육과정과 학문적 교육과정을 통합하라고 한다. 학문과 기능적 기술을 통합하고자 하는 생각이 학문을 일상생활 기술로 가르치는 **기능적 학업**(functional academics)을 만들어 냈다. 장애가 없는 아동들은 다른 학문(예: 역사)을 배우기 위해 학문(예: 읽기)을 배우는데, 지적장애 아동들은 독립적으로 생활하기 위해 읽는 법을 배운다. 지적장애 아동은 신문 읽기, 전화번호부 읽기, 마트의 상품과 상표 읽기, 취업 신청서에 기입하기와 같은 기능적 행동을 수행하기 위한 학업을 한다.

지적장애 학생들, 특히 더 심각한 지적장애인들을 위한 교육 프로그램은 체계적 교수와 실제 상황에서 실제 도구를 사용한 지도라는 두 가지 특성을 포함하고 있다.

체계적 교수

지적장애 학생들에게 효과적인 수업은 **체계적 교수**(systematic instruction)다. 이는 교육적 촉진의 사용, 아동 수행에 대한 반응 대가, 자극을 통제할 수 있는 전이 전략들도 포함한다(Davis & Cuvo, 1997). 지적장애 학생들은 주로 적절한 방법으로 촉진하고 단서를 제공해야 한다. 이러한 촉진에는 언어적 촉진, 신체적 촉진 또는 물리적 촉진이 있으며, 교사들이 시범을 보일 수도 있다(Davis & Cuvo, 1997). 언어적 촉진은 "다음에는 뭘 해야 하지?"와 같은 질문이나 "양말을 옷 서랍장 제일 위 칸에 넣어."와 같은 지시가 될 수 있다. 신체적 촉진은 질문이나 지시를 하면서 양말이나 옷 서랍장을 가리키는 것을 포함할 수 있다. 학생의 손을 잡아서 양말 위나 서랍장 위에 놓는 것은 물리적 촉진의 예다. 어른이 먼저 양말을 서랍장에 넣는 시범을 보여 주고 학생에게 하게 할 수도 있다.

올바른 반응에 이르기까지 긍정적으로 강화된 학생들이 더 빨리 배운다는 연구 결과들이 계속 발표되었다. 정적 강화물은 칭찬에서부터 상품, 다른 보상들과 교환될 수 있는 교환권들까지 범위가 넓다. 특히 중도 지적장애 학생들에게는 보다 즉각적인 강화가 더 효과적이다. 학생이 바

올바른 반응에 이르기까지 긍정적으로 강화된 학생들이 더 빨리 배운다는 연구 결과들이 계속 발표되었다. 특히 중도 지적장애 학생들에게는 보다 즉각적인 강화가 더 효과적이다(Kaiser & Grim, 2006).

라던 행동을 수행한다면, 목표는 학생이 외적 강화에 의존하지 않도록 하는 것이다. 학생이 촉진이나 유도에 의존하지 않고 독립적일 수 있는 시점에 도달하는 것이 목표가 된다. 유도된 촉진에서 자연 발생적인 자극으로 옮기기 위해서, 교사들은 요청하기와 유도하기 사이에 기다리는 지연 시간을 포함한 여러 가지 기법을 사용해야 한다 (Kaiser & Grim, 2006). 예를 들어, **연속 시간 지연**(constant time delay)은 교사가 지시("옷을 치워라.")를 한 후에 유도("옷을 서랍장 제일 위 칸에 넣어라.")를 동시에 해야 한다. 그다음 지시와 유도 사이에 일정 시간(예: 5초) 동안 기다려 주어야 한다. **점진적 시간 지연** (progressive time delay)을 사용할 때에도 교사는 지시와 유도를 동시에 하지만 둘 사이의 간격을 점차 늘려 간다.

실제 사물과 상황에서의 교육

교육은 교실에서, 모의 상황에서, 또는 실제 상황에서 이루어질 수 있다. 한 연구에 의하면 지적장애 학생의 일상생활 기술훈련은 그 기술을 사용할 실제 환경에서 이루어질 때 더 효과적이다(McDonnell, 2001). 실제 상황보다 교실이 교육하기에 더 쉽기 때문에 대부분의 교사는 교실에서 교육을 하고 실제 상황을 보충하기도 한다. 예를 들어, 교사는 교실에서 다양한 쇼핑 활동에 관한 연습 문제지와 사진을 사용하고 상품을 진열한 선반들과 계산대를 가진 모의 가게를 만들어 놓고 교육할 수 있다(Morse & Schuster, 2000). 그다음 마트를 주기적으로 방문하여 교실 활동을 보충한다. 마찬가지로 실제 식품과 실제 돈을 사용하는 것이 상품 상표를 읽고 잔돈을 거슬러 받는 행동을 지도하기에 더욱 좋다.

서비스 제공 모델

학령기의 지적장애 학생을 위한 배치는 일반학급에서부터 주거시설까지 다양하다. 비록 특수학급이 보편적이긴 하지만 점점 더 많은 지적장애 학생이 통합 환경에 배치되고 있다. 통합의 정도는 장애 정도에 따라 결정되는 경향이 있으며, 덜 심각한 지적장애 학생들이 더 많이 통합된다.

하지만 심각한 장애를 가지고 있는 학생들도 때때로 일반학급에서 추가적인 서비스 (예: 특수교육 보조원이나 특수교사)를 받으며 통합될 수 있다. 연구자들은 학급차원의 또래교수가 일반학급에서 지적장애 학생들을 통합하는 데 도움을 줄 수 있는 효과적인 방법이라는 것을 발견하였다(Delquadri et al., 1983; Greenwood, 1991; 〈반응적 교수〉 참조).

비록 모든 전문가가 어느 정도 통합해야 할지에 대해 동의하지는 못하지만, 거의 대부분이 일반학생들과의 상호작용이 전혀 없는 특수학급에 배치되는 것은 부적절하다

지적장애 학습자의 요구에 따른
반응적 교수

학급차원의 또래교수

연구의 개요

연구자들은 통합 환경에서 경도 지적장애 학생의 교육적 요구에 부응하기 위해 구조화, 개별화, 성공에 이르기까지의 피드백을 중요한 교육 방법으로 제시하였다. 또 한 가지 방법은 바로 학급차원의 또래교수(classwide peer tutoring: CWPT)다(Delquadri, Greenwood, Stretton, & Hall, 1983). CWPT는 상호적인 방식으로 설명과 피드백을 제공하기 위해 또래들을 이용하는 것이다. 짝이 된 학생들은 매 시간 지도받는 학생과 지도하는 학생의 역할을 하게 된다. CWPT 절차는 모든 학생에게 활동적인 학업 참여를 가능하게 하지만 특히 학업 결손이 큰 학생을 위해 계획되었다(Greenwood, 1991).

조사 연구

한 팀의 연구자들은 CWPT의 유효성을 검사하기 위해 일반학급에 참여하고 있는 8명의 학생(경도 지적장애 학생 4명과 비장애 학생 4명)의 철자법 수행에 대한 연구를 실시했다(Mortweet et al., 1999). 경도 지적장애 학생들은 철자법, 사회활동 시간 그리고 점심시간에 일반학급에 배치되었다. CWPT 모형은 전통적인 교사 주도 교육과 비교되는데, 연구자들은 철자법 시간 동안 CWPT 시간을 위해 다음과 같은 체계를 사용하였다.

① 지적장애 학생들은 각각 장애가 없는 또래와 짝을 정한다.
② 개별 지도 시간은 일주일에 4회, 20분씩 이루어진다.
③ 개별 지도 자료에는 철자법 단어 목록, 요점 자료, 연습 자료를 포함한다.
④ 교사는 팀별로 경쟁 상대팀을 정해 주었다. (짝과 함께 얻은 점수가 매일 팀 점수 합계에 포함된다.) 짝과 팀은 주 단위로 재배정되었다.
⑤ 매 시간 학생들은 10분은 개별 지도 교사의 역할을, 나머지 10분은 개별 지도를 받는 학생의 역할을 한다.
⑥ 교육은 개별 지도 교사가 개별 지도를 받는 학생에게 단어 철자를 읽어 주면 개별 지도를 받는 학생은 글자를 크게 말하면서 단어를 적는다. 만약 단어의 철자가 맞았을 경우, 개별 지도 교사는 개별 지도를 받는 학생에게 상으로 2점을 준

다. 만약 단어의 철자가 틀렸을 경우, 개별 지도 교사는 개별 지도를 받는 학생에게 철자법에 맞는 단어를 알려 주고, 학생은 그 단어를 한 글자씩 읽어 가며 세 번 적는다. 개별 지도 학생은 연습 단어를 철자법에 맞게 적으면 1점을 받을 수 있다. 10분이 지나면 서로 역할을 바꾼다.
⑦ 교사는 프로토콜대로 지시를 잘 따르고 협동하는 팀에게 보너스 점수를 준다.
⑧ 20분간의 철자 연습 시간이 끝난 후, 교사는 파트너 점수를 바탕으로 팀 점수를 계산한다. 우승한 팀은 쉬는 시간에 줄 맨 앞에 설 수 있는 특혜도 주어진다.
⑨ 지적장애 학생에게는 단어 목록을 짧게 하고, 확대된 연습 자료와 같은 수정된 자료를 사용하며, 지적장애 학생이 개별 지도 교사인데 단어를 읽을 수 없다면 개별 지도를 받는 일반 학생이 대신 읽어 주도록 수정하였다.

연구 결과

교사가 지도하는 경우와 비교했을 때, CWPT는 모든 학생의 향상된 학업 성과, 주의 집중 시간의 증가(매 시간 각 학생당 대략 5~10분씩 더), 그리고 교사와 학생 간의 긍정적인 수용이 증가되는 결과를 보여 주었다. 이와 같이 CWPT는 다양한 요구를 갖는 통합교실에서 교사들이 사용할 수 있는 융통성 있는 교수 전략을 제공한다.

연구의 적용

CWPT의 효율성을 고려할 때 교사들은 비슷한 절차를 교실에서 진행할 수 있다. 수학, 철자법, 소리 내어 글자 읽기, 그리고 단어 인지와 같은 과제에서 CWPT를 활용할 수 있다. 교사들은 개별 학생에게 맞는 교수 자료를 만들고, CWPT의 핵심인 높고 낮은 수준의 학생들로 짝을 지어 지도 방법(즉, 개별 지도 시작 전에 충분한 연습)을 명확하게 설명하여 개별 지도를 하는 학생이 잘 지도할 수 있게 구조화된 과제를 제시하며, 개별 지도를 받는 학생이 개별 지도 교사가 되는 기회를 주고 성공적인 수행에 대한 보상 체계를 잘 활용한다.

• Kristin L. Sayeski

지적장애 학생들이 일반학급에 통합될 때 특수교사와 일반교사는 일반학생과 장애학생 모두 성공적인 경험을 할 수 있는 방법을 계획해야만 한다. 이러한 계획이 없다면 학생들은 사회적으로 고립될 수밖에 없다. 일반 또래들을 '단짝'으로 지정하는 것은 사회적 상호작용을 증가시키는 데 있어 유익한 방법으로 알려져 있다

인터넷 자원

'최고의 단짝(Best Buddies)' 프로그램을 위한 정보를 얻으려면 다음 사이트를 보라. www.bestbuddies.org ■ ■ ■

는 것에는 동의한다. 그리고 소수의 전문가는 여전히 큰 거주시설이 최적의 배치라는 의견을 주장한다. 예전에는 거주시설이 중도 지적장애인의 일반적인 배치였다. 하지만 1960년대에 시작된 탈시설화 운동 이후로는 시설에 사는 지적장애인의 수가 꾸준히 감소하고 있다. 국가기관의 시설 거주자들 중 지적장애인의 수는 1970년도에 비해 20%나 감소하였다(Scott, Lakin, & Larson, 2008).

지적장애 학생들이 일반학급에 통합될 때, 일반교사와 특수교사가 함께 협력하여 학생들이 성과를 낼 수 있도록 계획을 세우는 것은 중요하다. 이러한 계획이 없다면 지적장애 학생들은 사회적으로 고립될 가능성이 크다(Carter, Hughes, Gruth, & Copland, 2005; Kemp & Cater, 2006). 일반 또래들을 '단짝'으로 지정하는 것은 사회적 상호작용을 증가시키는 데 도움이 된다(Carter et al., 2005). 이와 유사하게, 최고의 단짝 대학 프로그램(Best Buddies College Program, 비영리 단체인 Best Buddies International을 통한)은 지적장애 학생과 '단짝'으로서 도움을 준 대학생들 모두에게 유익했던 것으로 밝혀졌다(Harman & Clark, 2006).

진보 평가

지적장애 학생들에 대한 평가는 학습 능력, 적응 행동 그리고 삶의 질을 포함한 여러 영역에 초점을 맞춰야 한다. 지적장애 학생들의 학습 능력은 교육과정중심 측정(curriculum-based measurement: CBM)과 같이 장애 분야에서 흔히 사용하는 방법으로 평가할 수 있다. 지적장애 학생 중 소수는 표준화된 학업 평가에 참여하기도 한다. 하지만 대부분의 지적장애 학생은 표준화된 평가에 참여하기 위해 수정이 필요하고, 수정을 통해서도 평가에 참여하기 어렵다면 대안적인 방법으로 평가받아야 한다.

적응 행동 평가

적응 행동은 자료기반 결정에 따라 제공된 서비스를 포함하는 중재와 통합되어 평가

되어야 한다. 인터뷰, 관찰 그리고 자기보고 방법들이 적응 기술의 변화를 관찰하는 데 도움이 된다(Harrison & Boney, 2002). 적응 행동에 대한 표준화된 평가들은 개입 후 개인의 성과에 관한 결과 데이터를 제공할 수 있다. 전형적으로 적응 행동은 '정보 제공자'가 평가척도나 인터뷰를 통해 특수교사나 다른 전문가에게 제공하는 간접적인 방법으로 측정한다(Venn, 2007). 정보 제공자는 학생과 친밀해야 하며 주로 부모, 조부모, 교사 또는 다른 주 양육자가 될 수 있다. 바인랜드 적응행동척도 개정판(Vineland-II, Sparrow, Chicchetti, & Balla, 2005)은 태어나서부터 18세까지 적응 행동을 평가하는 보편적인 평가다. 이 척도는 의사소통, 일상생활 능력, 사회화, 운동 기능 그리고 문제행동과 같은 여러 가지 영역을 포함한다.

삶의 질 평가

자기결정에 대한 현재의 강조점(이 장의 뒤에서 논의)과 더불어, 점점 더 많은 전문가가 지적장애인들의 삶의 질에 대한 평가에 관심을 갖고 있다. 하지만 삶의 질을 평가하는 것은 특정 개인이 인지하는 삶의 질과 사회에서 평가하는 것이 다르기 때문에 어려운 일이다(Brown & Brown, 2005; Cummins, 2005a). 따라서 개인이 인지하는 만족 수준과 함께 삶의 질에 대한 사회적 관점을 반영하는 객관적이고 주관적인 측정 둘 다를 포함해야 한다.

지적장애 청소년과 성인을 평가하기 위해 흔히 사용되는 방법은 삶의 질 설문지(Quality of Life Questionnaire, QOL-Q, Schalock & Keith, 1993)로, 영어와 스페인어를 쓰는 사람들 모두에게 사용될 수 있다(Caballo, Crespo, Jenaro, Verdugo, & Martinez, 2005). 이 설문지는 만족, 웰빙, 사회적 소속감, 자존감, 역량강화/자기조절을 포함한 다섯 가지 지수로 구성되어 있다(Schalock et al., 2002). 좀 더 객관적인 척도로는 개인이 가진 일상적인 삶의 경험 정도를 측정하는 삶의 경험 점검표(Life Experiences Checklist, LEC; Ager, 1990)가 있다. 이 점검표는 가정, 관계, 자유, 여가, 자기강화를 위한 기회를 포함한 다섯 가지 분야로 구성되어 있다(Cummins, 2005b).

검사 수정과 대안 평가

지적장애 학생을 위한 표준화된 검사의 수정에는 스케줄 조정, 표현 방식, 반응 방식이 포함된다. 스케줄 조정은 시간을 연장해 주거나 시간 제한 없이 계속하거나 평가 중에 쉴 수 있도록 하는 것에서부터 며칠에 걸쳐 평가를 하는 것 등 다양하다. 표현 방식의 수정에서 대표적인 것은 학생에게 지시를 하거나 문제를 읽어 주는 것이다. 지적장애 학생들은 신체적 문제가 있는 경우도 있기 때문에 반응 방식의 수정이 필요할 수도 있다. 예를 들어, 학생이 워드프로세서를 사용하거나 반응을 해석해야 하는 경우도 있다.

전통적인 방식의 평가가 어려운 학생에게는 대안적인 평가가 사용되어야 한다. 일반 (학업적인) 교육과정 대신 대안적인 교육과정(예: 생활 기술, 직업 기술)에 참여하는 지적장애 학생은 대안적인 평가에 참여해야 한다. 대안적인 평가는 실제적인 기술을 측정하고, 다양한 영역을 다루며, 여러 시간에 걸쳐 다양한 평가를 포함해야 한다(Ysseldyke & Olsen, 1999). 평가는 특정 행동에 대한 직접 관찰과 점검표, 평가척도 그리고 교육과정중심 측정을 포함해야 한다. 여러 분야가 반드시 포함되어야 하는데, 예를 들면 기능적 문해, 의사소통, 여가−레크리에이션 기술, 가정생활 기술, 직업 기술 등을 들 수 있다(Spinelli, 2006).

조기 중재

지적장애 아동을 위한 유아기 프로그램은 인지적 결함으로 인한 장애를 예방하고 이미 지적장애로 확인된 유아의 발달 촉진을 목표로 한다. 일반적으로 장애 예방은 경도의 지적장애 위험이 있는 유아를 주 대상으로 하며, 더 심한 정도의 지적장애를 가진 유아는 발달 촉진을 목표로 한다.

예방을 위한 유아기 프로그램

20세기 말, 연방정부는 장애 위험 가능성이 있는 유아와 가족을 위한 조기교육 프로그램의 영향을 연구하였다. 이 프로그램들은 대부분 가난한 가정에 초점을 두고 있다. 가장 많이 알려진 것 중에 페리 유아 프로젝트(Perry Preschool Project)와 초보자 프로젝트(Abecedarian Project)가 있는데, 둘 다 긍정적인 결과를 가져왔다. 페리 유아 프로젝트는 유아들에게 초점을 두었고, 초보자 프로젝트는 유아와 그 가족을 대상으로 하였다. 페리 유아 프로젝트의 연구자들(Schweinhart et al., 2005)은 조기 중재를 받은 유아에 대한 후속 연구를 진행하였다. 27세와 40세에 조사했을 때, 참가자들은 조기 중재를 받지 않았던 다른 사람들과 여러 차이를 보여 주었다.

- 조기 중재를 받은 사람들은 학업검사와 지능검사에서 더 높은 점수를 기록했다.
- 조기 중재를 받은 사람 중 소수만이 학교에서 지적장애로 분류되었다.
- 조기 중재를 받은 사람 중 더 많은 사람이 일반 고등학교를 졸업하였다.
- 조기 중재를 받은 사람 중 소수만이 범죄를 저질렀다.
- 조기 중재를 받은 사람 중 더 많은 사람이 자기 집을 마련하였다.

• 조기 중재를 받은 사람 중 소수만이 청소년기에 임신을
  하였다.
• 조기 중재를 받은 사람들이 수입이 더 많았다.

더 나아가 복지 제도와 형사사법 제도 비용, 근로소득 등
을 계산한 비용 분석에서는 페리 유아 프로젝트에 투자된
1달러당 12.90달러의 수익을 보여 주었다.

초보자 프로젝트(Ramey & Campbell, 1984, 1987)의 경
우, 가난한 가정의 임신한 여성을 대상으로 출생 전에
참가자를 선정하였다. 선정된 참가자들이 태어난 후에
는 무작위로 두 그룹에 배정하였다. 유아들의 절반은 특
수교육을 제공하는 탁아소 집단에, 그리고 나머지 절반
은 특수교육을 받지 못하는 통제집단에 배치하였다. 특
수교육을 제공하는 탁아소 집단은 지각 운동, 인지, 언

성공적인 조기 중재 프로그램은 지적장애 영유아의 발달을 향상할 수
있도록 고안되었다.

어, 사회적 발달을 촉진하는 프로그램을 받았다. 대상 유아의 가족은 사회복지 서
비스와 의료 서비스를 받았다. 초보자 프로젝트의 결과, 20세가 되었을 때 특수교육
이 제공된 유치원 출신의 유아들은 지능과 학업 측정에서 더 높은 점수를 받았으며,
4년제 대학교에 진학한 경우가 더 많았다(Campbell, Ramey, Pungello, Sparling, &
Miller-Johnson, 2002).

발달 촉진을 위한 유아기 프로그램

이미 지적장애를 가지고 있다는 것을 확인한 유아의 발달을 촉진하기 위한 유아기 프
로그램은 언어와 개념 발달을 강조한다. 지적장애로 진단받은 유아들은 복합적인 장애
를 가지고 있는 경우가 많기 때문에, 언어치료사나 물리치료사와 같은 다른 전문가들과
함께 프로그램을 실시한다. 좋은 프로그램들은 부모 참여의 기회도 제공한다. 예를 들
어, 다음의 〈성공 스토리〉에서 Nolan Smith의 부모가 교사나 치료사들과 얼마나 협력
하였는지를 주목하라. 부모들은 교사들처럼 실습을 통해 몇 가지 기술을 배울 수 있다.
예를 들어, 뇌성마비와 같은 지체장애 유아의 부모들은 물리치료사들에게 자녀의 신체
발달을 촉진시키기 위해 다뤄야 하는 적절한 기술을 배울 수 있다. 마찬가지로 부모들
은 언어치료사로부터 음식 먹이는 기술을 배울 수도 있다.

인터넷 자원

〈Jon의 교육(The Teaching of
Jon)〉은 다운 증후군 남성의 삶
을 태어났을 때부터 성년기까지
연대순으로 기록한 다큐멘터리
다. 그의 삶에 대해 더 알기 위해
서는 다음 사이트를 방문하라.
http://www.teachingsofjon.
com

★ 성공 스토리

부모와 전문가들로 이루어진 Nolan의 팀은 그가 일반 교육과정에 통합될 수 있도록 돕는다.

특수교사 Sheryl Simmons: "부모를 포함한 Nolan의 팀 구성원들은 Nolan이 일반학교에 통합되기 위해 필요한 요구를 찾아 지원하였다."

9세인 Nolan Patrick Smith는 캔자스의 선플라워 초등학교에 다닌다. 다음은 그의 성공 비결이다.

- ★ 집중적이고 전략적인 교육
- ★ 끊임없는 팀 협력
- ★ 명확한 목표와 사회적 지지

다운 증후군을 가지고 있는 **Norlan Smith**는 Kris Kohnke와 Sean Smith의 네 자녀 중 둘째다. 생후 3주부터 언어 조기 중재 서비스를 시작했다. 언어와 읽기, 쓰기의 집중적인 교육은 그의 성공에 있어 중요한 요소다. Nolan은 유아기부터 집중적이고 지속적으로 체계적인 특수교육을 토대로 잘 자라났다.

★ 집중적이고 전략적인 교육

Nolan은 이제 단순히 지능 지수로만 설명할 수 없는 넓은 범위의 인지 능력을 지닌 외향적인 9세 소년이다. 그는 또래들과 함께하는 것을 즐기지만 읽기, 쓰기, 수학에 어려움을 겪는다. Nolan은 1학년 수준의 읽기 기술을 갖고 있기 때문에 단어 읽기가 더 높은 수준으로 향상되도록 돕는 것이 목표다. 그는 글을 이해하려는 의욕이 강하고 어느 정도 전략을 사용하기도 하지만 인지적 어려움이 방해가 된다. 필기 또한 Nolan에게는 힘든 일이라 필기 과제를 위해 수정된 키보드(adaptive keyboard)를 사용한다. "Nolan은 컴퓨터를 매우 좋아합니다."라고 Sean Smith는 말한다. "이제 문제는 그 아이가 그것을 어떻게 사용하는가입니다."

Nolan은 쉽게 산만해지기 때문에 촉진이 필요하고 과제를 계속 할 수 있도록 자주 지시한다. "그 아이는 바보 같을 수도 있고 학교생활이 어려울 수도 있을 겁니다."라고 Kris Kohnke는 말한다. Nolan은 수업 중 절반은 20명의 반 친구가 있는 3학년 학급에서 보낸다. 올해 통합의 목표는 학업(과학과 사회)과 사회성 촉진이다. Nolan은 읽기에 목적이 있다는 것을 배우고 있으며, 그의 바람은 자신이 아는 것을 보여 주는 것이다. Nolan은 특수교육 보조원의 도움으로 반 친구들과 함께 아침을 시작하며, 특수교사 Sheryl Simmons와 함께 하는 60분 동안 읽기와 수학의 집중적 교육을 위해 조용한 방으로 간다. 또 반 친구들과 합류하여 배우는 과학, 보건 또는 사회 수업 전에는 학습도움실에 간다. 특수교사 Simmons는 배운 것들을 이해하고 적용할 수 있도록 요소들을 시각적으로 자극하는 "시각적 수업이 Nolan에게 효과적이에요."라고 말한다. 그의 개별화교육 프로그램(IEP)에서 Nolan의 또 하나의 성공적 전략은 일반학급에 가기 전에 내용기반 질문에 대한 답을 교사와 함께 연습하는 것이다. 이 전략은 그의 기억 능력을 보강하고 말할 때 더듬거리는 습관을 줄여 준다.

★ 끊임없는 팀 협력

Nolan의 성공에서 많은 부분은 그의 부모와 교사들 그리고 치료사들의 협조 지원에 의존한다. "Nolan의 진짜 강점은 우리가 인쇄물 외에 다양한 방법과 다른 형식으로 개념들을 보여 줄 때 이해할 수 있다는 것입니다."라고 Sean

성인기로의 전환

중등학교에서는 대다수의 지적장애 학생이 적어도 한 가지의 직업훈련과 생활기술/사회기술 수업을 받는다. 그리고 일반교육 수업을 들을 때에는 대부분이 수정된 일

Smith는 말한다. Nolan은 집과 학교의 끊임없는 공동 작업 덕분에 열대우림에 대해서 배웠다. 그의 교사들은 과학 교과서를 수정하여 Nolan의 부모와 언어치료사들이 그가 열대우림 용어들을 배울 수 있게 도왔다. "Nolan이 예비 시험을 치를 때쯤에는 이미 위장, 멸종 위기의 동물들 그리고 지구 온난화의 개념에 대해 알고 있었습니다."라고 Sheryl Simmons는 말한다. "Nolan은 자신의 성취를 매우 자랑스러워했습니다."

학교 교직원과의 협조는 최우선순위다. Nolan의 부모는 그의 의사소통과 진보를 파악하기 위해 3주마다 특수교사와 일반교사를 만난다. Nolan의 연간 목표는 3학년 학급과 교육과정에서 이루어진다. "'필요할 때마다' 많은 모임이 이루어지며, 대부분의 IEP 모임은 형식적이며 골치 아픕니다."라고 Sean Smith는 말한다. "정기적인 비공식 모임을 통해 우리는 Nolan과 학교의 요구들, 그리고 우리가 어떻게 그 아이의 가정교육을 지원할 수 있을지에 대해 더 쉽게 이야기할 수 있습니다."

★ 명확한 목표와 사회적 지지

Kris Kohnke와 Sean Smith는 Nolan의 목표가 그에게 실용적이고 의미 있기를 바라는 강력한 지지자들이다. 올해의 장기 목표는 단어 읽기, 유창하게 읽기, 이해력, 실제 생활에서 수학적 문제들을 풀 수 있도록 돈과 시간을 다루는 산술 능력을 키우는 것이다. 격주로는 교우 관계를 강화시키기 위해 상담교사와 함께 점심시간에 사회성 프로그램(Lunch Bunch)에 참여한다. 특수체육을 위한 Nolan의 목표, 그리고 작업치료와 언어치료는 그의 신체 조절, 자기관리, 의사소통 향상을 돕는다.

학업적·실용적·사회적 능력들을 강화시키는 것은 학교 밖의 바쁜 일상에서도 Nolan에게 도움이 된다. Smith가의 네 자녀들은 지역사회에서 활발히 활동하는데, Nolan도 예외는 아니다. 로렌스 올스타 장애인 올림픽(Lawrence Parks and Recreation's All-Star Sports and Special Olympics)은 그의 삶의 큰 부분이며 그의 친한 친구이자 팀 동료인 George와도 여기서 만난다. Nolan의 부모

는 Nolan도 형제들과 똑같이 일반적인 활동을 하게 한다. "Nolan에게 많은 관심을 주어야 하기 때문에 가끔씩 다른 형제들이 힘들어합니다. 그래서 우리는 다운증후군협회의 '짝과 함께(Buddy Walk)'와 같은 행사에 Nolan의 형제를 참여하게 하고, Nolan이 지역사회 일원으로 참여하는 것을 긍정적으로 볼 수 있게 해 줍니다."라고 Sean Smith는 말한다. "올해 7,000명의 사람이 캔자스시티의 행사에 참여하였고 Nolan의 여동생도 참여하여 '다운 증후군을 가지고 있는 다른 참석자들과 그들의 가족 및 친구들과 함께했습니다.'"

CEC 표준: 성공을 위한 길

CEC 지식과 지적장애를 다루기 위한 특수교사로서 필요한 기초 기술을 다루기 위해 준비된 당신의 전문 지식, 기술, 기질의 성장을 확인하는 다음 질문을 풀어 보라.

전문성 개발을 위한 성찰

만약 당신이 Nolan의 교사라면……
- 지적장애/발달장애 학생들을 가르치기 위해 더 알아야 할 분야는 무엇인가?
- Nolan의 학업적·행동적 문제를 다루기 위해 필요한 구체적인 기술은 무엇인가?
- 제한된 인지 능력을 가지고 있는 학생들을 가르치고 당신이 발전하기 위해서는 어떠한 개인 성향이 중요하다고 생각하는가?

CEC 표준의 사용
- 지적장애나 발달지체를 가지고 있는 사람들과 관련된 행동장애는 무엇인가? (MR1K6)
- 지적장애와 발달장애를 가지고 있는 사람들을 위한 긍정적 교육환경을 만들기 위해 어떠한 접근법을 활용할 수 있는가? (MR5K1)
- 가족들과 전문가들이 서로 존중하고 유익한 관계를 형성하기 위한 방법은 무엇일까? (CC10S3)

• Jean B. Crockett

반 교육과정을 듣게 된다(Institute of Education Sciences, National Center for Special Education Research, 2009).

대부분의 전문가는 전환 프로그램이 나이 많은 학생에게 필요하다고 주장하지만 초등학교부터 시작되어야 한다고 강조한다. 〈표 5-2〉는 가정, 지역사회 생활, 여가 그리고 직업 기술과 관계된 교육과정의 예 중 일부를 설명하고 있다.

〈표 5-2〉 가정, 지역사회 생활, 여가 그리고 직업 기술들을 위한 교육 활동

기술 범위			
가정	지역사회 생활	여가	직업
초등학생: Tim			
설거지하기 옷 입기 몸단장하기	식당에서 식사하기 식당의 화장실 이용하기	놀이기구 타기 보드 게임하기 친구와 술래잡기 하기	장소에 맞게 장난감 보관하기 식사 후 식탁 정리하기
중학생: Mary			
빨래하기 밥하기 낙엽 쓸기 목록에 있는 물품들 구매하기	안전하게 거리 횡단하기 백화점에서 물품 구매하기 대중교통 이용하기	에어로빅 수업 듣기 친구와 바둑 게임하기 미니어처 골프 하기	바닥에 왁스 칠하기 빨래 널고 세탁물 모으기 탁자 정리하기 일을 순서대로 처리하기
고등학생: Sandy			
일주일간 용돈 계획하기 요리하기 자신의 요구 처리하기 몸단장하기와 유지하기	은행에 저축하기 지역사회 의료기관 이용하기 (내과의사, 약사)	조깅하기 활 쏘기 대학 농구 보기 비디오게임 하기 정원 가꾸기	J.C. Penney에서 청소부 업무를 수행하기 Moon's Laundromat에서 세탁 물 업무를 수행하기

출처: P. Wehman, M. S. Moon, J. M. Everson, W. Wood, & J. M. Barcus. (1988). *Transition from school to work: New challenges for youth with severe disabilities* (Baltimore: Paul H. Brookes), pp. 140-142에서 발췌. 허가 후 게재함.

자기결정

전환 프로그램의 중요한 목표는 지적장애인들이 가능한 한 자기결정을 많이 하도록 돕는 것이다. **자기결정**(self-determination)은 자발적으로 행동하고, 자기조절을 하며, 심리적으로 자율적인 방식으로 행동하고, 자기인식의 방법으로 행동하기 위해 필요한 능력이다(Wehmeyer & Mithaug, 2006). 자발적으로 행동하는 것(acting autonomously)은 다른 사람들에게 의지하지 않고 자기 스스로의 선택에 따라 행동하는 것을 뜻한다. 자기조절(self-regulated)은 자기 자신의 행동을 스스로 평가하여 조절하는 것을 말한다. 심리적으로 역량이 강화되었다는 것(psychologically empowered)은 바라던 결과에 영향을 미칠 수 있는 정도까지 사건들을 통제할 수 있다고 믿는 것이다. 자기인식(self-realized)은 자신의 강점과 약점을 알고 받아들이며 목표를 이루기 위해 그 지식을 활용하는 것을 의미한다.

대부분의 전문가는 초등학교부터 가능한 한 빨리 자기결정을 가르치도록 권장하지만, 자기결정은 청소년기와 성년기에 이르러 더 강조된다. 지적장애인들은 인지 능력의 결함을 갖고 있기 때문에 오래전부터 전문가들과 부모들은 그들이 스스로 결정을 내릴 수 없다고 여겨 왔다. 이런 가부장적 태도는 지적장애인들에게 자신의 삶을 스스로 조

절할 수 있는 기회를 주지 않았다. 하지만 오늘날 많은 전문가와 부모는 지적장애인의 자기결정을 촉진하는 것을 중요하게 생각한다. 실제로 이 분야의 부모 단체인 아크(The Arc)와 전문가 단체인 AAIDD는 자기결정의 개념을 지원하는 의견서를 채택하였다.

자기결정의 강력한 옹호자들 중 일부가 저지르는 실수는 지적장애인이 스스로 자기결정력을 발달시킬 것이라고 짐작하는 것이다. 지적장애인이 학습에서 취약하고 **학습된 무기력**(learned helplessness)의 특성을 갖고 있다는 것을 감안할 때, 지적장애인들이 스스로 결정할 수 있게 되기까지는 매우 큰 어려움을 겪을 것이다. 연구원들은 최근 자기결정을 발전시킬 수 있는 방법들을 개발하기 시작했지만(예: Wehmeyer, Garner, Yeager, Lawrence, & Davis, 2006; Wehmeyer, Palmer, Agran, Mithaug, & Martin, 2000), 지적장애 학생들이 자기결정력을 키울 수 있는 최선의 방법을 개발하는 연구는 아직도 많이 필요하다.

한 가지 중요한 고려 사항은 자기결정이 개인의 특정 문화에 따라 다르게 정의될 수 있다는 것이다. 어떤 문화들은 개성과 자율성에 가치를 두는 것을 지향하는 반면, 어떤 문화들은 그것을 중요하게 생각하지 않는다. 그 예로, 라틴계 어머니들은 자녀가 성인이 되어도 가족과 함께하는 것을 가치 있게 생각하기 때문에 지적장애 자녀가 자립을 해야 한다는 것을 중요하게 생각하지 않는다(Rueda, Monzo, Shapiro, Gomez, & Blacher, 2005).

어쩌면 자기결정에 관련되는 가장 중요한 사안은 장애인이 단독으로 결정하는 것에 얼마나 깊게 관여할지를 결정하는 것일 것이다. 어떤 사람들은 자기결정의 개념이 도가 지나치다고 주장한다(〈개인적 관점〉 참조).

자기결정과 관련된 많은 논쟁 중 하나는 장애인들이 자녀를 갖고 육아를 지원하는 복지 서비스를 받을 권리에 대한 것이다. 심각한 장애를 가지고 있는 이들에게는 부모가 되는 것을 고려할 수 없을지도 모르지만, 경도의 지적장애인들은 자녀를 가질 수 있다. 하지만 불행하게도 지적장애 부모에 대한 연구에 따르면, 그들은 대부분 빈곤과 지원 체계의 부족으로 인해 자녀 양육의 어려움을 겪게 된다(Tarleton & Ward, 2007). 반대로 적절한 지원과 조직적인 훈련을 통해 지적장애 부모들이 성공적인 부모가 될 수 있다는 점도 시사한다(Kazdin, 연도 미상; Tymchuk, 2006; Wade, Llewellyn, & Matthews, 2008).

자기결정 프로그램의 철학에 따라 많은 전문가는 이제 인간중심 전환 계획을 권장한다. **인간중심 계획**(person-centered planning)은 가족보다는 개인에게 더 중점을 둔다는 점을 제외하면 우리가 4장에서 논의한 가족중심 계획(family-centered planning)과 유사하다. 인간중심 계획은 전문가들이 자원과 지원을 동원하여 장애인이 자신의 목표를 이룰 수 있도록 돕는 동안 장애인 스스로 서비스의 선택을 결정하게 하는 소비자 주도적 모델이다.

지적장애인들을 위한 전환 프로그램은 지역사회 적응과 취업의 두 가지 관련 분야를 포함한다.

개인적 관점

자기결정: 지나친 친절?

일부 사람들은 자기결정이 너무 지나치지 않은지에 대해 심각하게 고민하기 시작했다. 예를 들면, 어떤 사람들은 자기결정을 자원을 아끼기 위한 방법으로 보고 있다.

'자기결정'이라고 부르고 '선택'이라고도 부르지만, '더 적은'이라고도 부른다. 창조적인 서비스 제공자들에게 충분한 융통성이 주어졌을 때 더 적은 것을 가지고 더 많은 것을 할 수 있다는 것은 시스템상으로 봤을 때는 매력적이지만 공상적인 생각이다. 그 발상은 가족, 친구, 지역사회 구성원들을 포함한 성공담으로 인해 과장되고 있다. 얼마나 많은 사람과 가족이 그들이 필요로 하는 모든 요구에 대한 지원을 정말로 원하는가, 또 정말로 그런 능력이 있다는 말인가? 공공 서비스 제공자들과 가족들은 이미 장애인에 대한 지원에 과도하게 쫓기고 있다. 그들은 무관심한 지역사회에서 산다…….

이제 자기결정은 재정 지원 삭감을 위해 가장 적은 비용으로 효율성을 높일 수 있는 단체의 재정 지원 삭감을 위해 사용되고 있다(Ashbaugh, 2002, pp. 416-417).

어떤 사람들은 자기결정을 지나치게 많은 것을 약속하는 비현실적인 만병통치약으로 본다.

인간의 품위와 이른바 자연법은…… 이 결정들이 제한되고 장애가 있거나 지적 능력이 부족한 사람들을 항상 꼭 만족스럽게 하지 않더라도, 만약 상황이 필요로 한다면 그들을 대신하여 기꺼이 현명한 결정들을 내려 줄 수 있고 그럴 능력이 되는 능숙한 지지자들이 곁에 있어야 한다는 것을 우리에게 알려 준다(Wolfensberger, 2002b, p. 257).

자기결정의 효용성에 대해 이의를 제기하는 이들에 대한 응답으로 어떤 사람들은 윤리 규범을 떠올린다.

Ashbaugh는…… 자기결정 체제에 대한 논의에서 제기된 여러 가설을 지지하는 실증적인 증거는 부족하다고 지적했다…… 분명히, 우리는 어떤 것이 도덕적이고 비도덕적인지를 알려 주는 연구가 필요하지는 않다. 장애를 가진 사람들은 자신의 인생을 본인 스스로가 맡아야 한다. 그러나 우리는 이것을 현실로 만들기 위해 서비스 전달 체계를 어떻게 정착시킬 것인지에 대한 구체적인 자료들이 필요하다(Romer, Richardson, Aigbe, & Porter, 2003, p. 293).

지역사회 적응

인터넷 자원

〈베드퍼드 가의 사람들(The Collector of Bedford Street)〉은 지적장애인인 Larry Selman이라는 남성과 그의 이웃들이 그를 돕기 위해 어떻게 단결했는지에 대해서 보여 주는 좋은 다큐멘터리다. Larry와 자기결정을 위한 그의 고군분투에 대해 더 배우기 위해 이 영상을 제시하는 웹사이트(http://www.thecollectorofbedfordstreet.com/)를 보라.

지역사회에서 적응하기 위해 지적장애인들은 자립에 속하는 여러 가지 기술을 습득해야 한다. 예를 들어, 돈을 관리하고, 대중교통을 이용하며, 단정하게 꾸미고, 자신의 주거 공간을 잘 손질해 놓을 수 있어야 한다. 그들은 또한 지역사회의 다른 사람들과 사이좋게 지내기 위해 좋은 사회성 기술들을 갖고 있어야 한다. 일반적으로 지역사회의 생존 기술의 교육은 개인이 주거하는 실제 환경 안에서 이루어질 때 성공할 수 있다. 다음의 〈반응적 교수〉는 식사 준비와 관련된 '생존 기술'의 구체적인 예를 제공한다. 〈표 5-3〉은 더 나은 지역사회 생활로 이끌어 줄 수 있는 자기결정 기술을 촉진하기 위한 수업 전략의 예다.

앞에서 언급했듯이, 지적장애인들을 위한 대형 주거시설들은 여전히 남아 있기는 해도 빠른 속도로 사라지고 있다. 최근의 추세는 작은 **지역사회 거주시설**(community residential facilities: CRF)로 기울고 있다(Lakin, Prouty, & Coucouvanis, 2006; Prouty,

지적장애 학습자의 요구에 따른
반응적 교수

요리를 지원하기 위한 장비 사용하기

연구의 개요

독립은 많은 지적장애 학생을 위한 중요한 목표다. 지적장애 학생들의 전환 계획은 일반적으로 자기관리와 자기점검 기법들을 통한 자립 촉진을 위한 전략을 수반하고 있다(Sands & Wehmeyer, 2005). 독립생활의 가치 있고 경제적인 측면인 음식 준비 과정은 수십 년간 연구되어 왔다(Agran, Fodor-Davis, Moore, & Deer, 1989; Lancioni, O'Reilly, Seedhouse, Furniss, & Cunha, 2000; Martin, Rusch, James, Decker, & Trtol, 1982). 음식을 준비하는 능력은 자급자족과 일자리 취업의 기회를 만들어 준다. 연구자들은 사진에서 비디오 모델링을 거쳐 비디오 촉진까지, 독립적인 요리 기술의 성장을 촉진시키기 위해 다양한 방법을 사용해 보았다. 최근 연구에서는 손에 들고 쓸 수 있는 컴퓨터와 같은 학생 중심의 기구들, 또는 요리처럼 다단계 기술을 촉진하기 위한 휴대용 DVD들도 사용하고 있다(Lancioni et al., 2000; Mechling, Gast, & Fields, 2008; Sigafoos et al., 2005). 이러한 장비들은 지원과 독립을 위한 새로운 방법을 보여 준다.

조사 연구

Mechling과 동료들(2008)은 요리 과제를 마치기 위해 휴대용 DVD 플레이어를 사용하도록 했다. 19~22세의 중등도 지적장애를 가진 세 명의 성인이 연구에 참여하였다. 각각 전환 계획의 일부분으로 간단한 식사를 준비하는 목표가 있었다.

연구를 위해 요리 과정의 각 단계별로 분할된 비디오가 만들어졌다. 학생들은 휴대용 DVD 플레이어의 '재생' '멈춤' '건너뛰기(이전으로)' 버튼들을 사용함으로써 비디오를 작동할 수 있었다. 모델링은 개별적으로 준비되었다(즉, 학생이 과제를 수행하는 관점에서). 비디오를 준비하기 위해 연구자들은 다양한 요리의 단계적 과제 분석을 수행하였다(예: 구운 치즈 만들기, 햄 샐러드 준비하기, 햄버거 요리하기). 세 단계의 개입이 필요했다. ① 학생들이 DVD 플레이어를 사용하는 법, 특히 재생과 반복재생 과정을 숙달하도록 가르치기, ② DVD 플레이어 없이 요리 단계들을 따라하기, ③ DVD 자기촉진 절차를 따라 요리하기. 비디오 촉진의 각 단계들을 위해 학생들은 ① 성공적으로 단계를 완료하는지, ② 단계를 완료하는 데 실패했는지, 또는 ③ 촉진에 반응하지 않았는지 평가되었다. 만약 학생이 단계를 완료하는 데 실패할 경우, 세 가지 단계의 촉진이 제공된다. 첫 번째 촉진인 자기촉진을 위해서 학생은 DVD 플레이어의 건너뛰기/반복 기능을 사용해 단계를 다시 볼 수 있다. 촉진의 두 번째 단계는 교사가 언어적 촉진을 하는 것이다. 마지막 단계는 교사가 완성하는 것이다.

연구 결과

성공적인 완료 단계가 점차 증가하였는데 모두 교사의 촉진으로 완수하였다. 가장 어려웠던 단계는 디지털 타이머를 설정하는 것, 스토브 다이얼을 조작하는 것, 그리고 타이머를 기다리는 것이었다. 가장 성공적인 과제는 구운 치즈 샌드위치를 준비하는 것이었다. 학생들은 DVD의 건너뛰기/반복 기능을 사용하는 기술은 성공했지만 교사의 촉진이 요구되었다.

연구의 적용

지적장애 학생들의 교사들은 휴대용 DVD 플레이어를 요리와 같은 독립생활 과제들을 수행하는 데 사용할 수 있다. 비교적 저가 장비와 재생, 멈춤, 반복 기능을 통해 학생들은 휴대용 DVD 플레이어를 사용할 수 있고, 학생들이 학교를 떠나 전환할 때 유용한 도구로 사용할 수 있다. 교사들은 Mechling과 동료들(2008)이 설정한 단계들을 따라 함으로써 촉진을 포함한 개별적인 비디오 모형을 만들 수 있다. 각 기술을 과제 분석하고 각 단계마다 간단한 비디오 화면으로 녹화해야 한다. 각 단계의 마지막에는 '멈춤'이라는 지시를 내려 학생들이 비디오를 멈추고 단계를 수행하도록 촉진해야 한다. 학생의 학습 의욕을 증가시키고 성공적으로 도구를 다룰 수 있도록 학생들이 좋아하는 음식이나 배우고 싶어 하는 활동을 알아내는 것이 필요하다.

• *Kristin L. Sayeski*

〈표 5-3〉 지역사회 생활에서의 성취를 향상하기 위한 교수 활동, 교수 방법, 자기결정 기술

교수 활동과 교수 방법	자기결정 기술
학생이 주거생활의 목표를 정할 수 있도록 질문한다. '고등학교 졸업 후 어디에 살고 싶은가?' 사회 수업 활동에서 지도, 신문, 전화번호부, 인터넷을 사용하여 탐구하도록 한다.	자기이해 의사결정 기술 목표 설정 기술
룸메이트들에 대한 토론을 한다. 룸메이트의 어떤 점이 좋고 어떤 점이 안 좋은지에 대해 논의한다. '조용한 사람이 좋은가, 말하는 것을 좋아하는 사람이 좋은가?' '화장실을 같이 쓰는 것이 괜찮은가?' 룸메이트를 구하는 광고를 신문에 낼 수 있도록 돕는다. 서로 룸메이트로 인터뷰하는 역할극을 한다.	자기이해 선택 기술 의사결정 기술 목표 설정 기술 자기옹호 기술
집을 떠나 독립하기 위해서 필요한 기술이 무엇인지 논의할 수 있도록 질문한다. '집에서 어떤 가사를 돕는가?' '집을 떠나기 전에 무엇을 배워야 하는가?' '어떤 도움이 필요한가?' '지금 누가 도와주고 있는가?' '혼자 살게 된다면 어떻게 도움을 요청할 것인가?'	자기이해 자기평가 기술 목표 설정 기술 자기교수 기술 자기옹호 기술
학생들이 해비타트(Habitat for Humanity)나 마을방범대(Neighborhood Watch)와 같은 주거 활동에 자원하게 한다.	자기옹호 기술
그룹홈, 지원 주거, 자가 소유 주택 등 지역사회의 주거생활 프로그램을 방문한다. 어떤 주거 환경이 좋고 싫은지에 대해 논의를 한다. '선택한다면 어떤 것이 제일 좋았는가? 제일 싫은 주거 환경은 무엇인가? 그 이유는?'	선택 능력 의사결정 기술 목표 설정 기술 자기옹호 기술
장애인들을 초대하여 자신의 주거생활 경험에 대한 이야기를 듣는다.	의사결정 기술

출처: Everson, J. M., & Trowbridge, M. H. (2011). Preparing students with low-incidence disabilities for community loving opportunities. In J. M. Kauffman & D. P. Hallahan (Eds.), *The handbook of special education*. New York: Routledge에서 발췌.

Coucouvanis, & Lakin, 2007). 그 예로, 1970년대 이후 CRF 안에 거주하는 지적장애인의 수는 10배 이상으로 증가한 반면, 16인 이상의 시설에 거주하는 이들은 3배 이상 감소했다. CRF 또는 그룹홈들은 작은 그룹(3~10명)을 관리하는 '가정 부모'의 통솔 아래 가정집에서 거주한다. 거주는 영구적일 수도 있고 개인들이 독립적인 생활을 준비하기 위해 임시적일 수도 있다. 두 가지 경우 모두 CRF의 목적은 독립생활 기술들을 큰 기관들이 제공하는 것보다 더 평범한 환경에서 가르치는 것이다.

몇몇 전문가는 CRF가 지역사회 통합에 충분한지에 대해 의문을 제기한다. 그들은 지적장애인들이 자신의 집, 이동주택, 공동주택 단지 또는 아파트와 같이 자연스러운 환경에서 살면서 지원받을 수 있는 **주거 지원**(supported living)을 권장한다. 이런 생각은 지역사회 일반 거주자들이 이용하는 곳을 선택하여 장애인들도 함께 살 수 있게 하기 위한 것이다(Everson & Trowbridge, 2011). 어떤 연구들은 CRF보다 주거 지원이 지적장애인의 자기결정 기술을 더욱 향상시켰다는 것을 보여 주고 있다(Stancliffe, Abery, & Smith, 2000).

점점 더 많은 전문가가 지적장애인의 지역사회 적응과 취업에 성공하게 하는 핵심 요소가 가족이라는 점을 강조한다. 비록 많은 전문가가 주거 지원을 이상적으로 여기고 있지만, 사실 대부분의 지적장애 성인들은 자신의 가족과 함께 산다(MR/DD Data Brief, 2001). 집에서 독립한 사람들에게도 여전히 가족은 지역사회에서 사는 것과 구직 활동, 취업 지원의 중요한 자원이다.

고용

지적장애 성인의 실업률은 매우 높다(Rusch, 2008; Stitlington, Neubert, & Clark, 2010). 지적장애 노동자들을 위한 고용 통계는 비관적이지만, 이 분야에서 일하는 대부분의 전문가는 지적장애 성인의 고용을 위한 교육 프로그램의 가능성에 대해서는 낙관적이다. 적절한 교육을 받는다면 출근율, 고용주 만족, 고용 기간을 증가시킬 수 있으며 이를 통해 지적장애 성인이 직업을 유지할 수 있다는 결과가 많다(McDonnell, Hardman, & McDonnell, 2003).

학교는 취업을 위한 다양한 경험을 제공하고 지적장애 학생의 취업을 준비시키기 위해 고심한다. 교육이 끝나자마자 학생들을 노동 현장에 배치하는 경우도 있지만, 먼저 학교 환경 안에서 현장 실습을 하고 점차 실제 노동 환경으로 전환시키기도 한다(Drew & Hardman, 2007). 〈표 5-4〉는 학교에서 실시하는 현장 실습들 중 몇 가지를 제시한 것이다.

지적장애 학생이 학교를 떠나면, 대부분은 보호작업장이나 지원 경쟁 고용 중 선택하게 된다. 맞춤 고용과 자영업은 지원 고용과 아주 밀접하다.

보호작업장　**보호작업장**(sheltered workshop)은 훈련을 받은 장애인이 다른 장애인 노동자들과 함께 비교적 낮은 기술을 사용하는 업무 환경을 말한다. 보호작업장은 영구적인 배치이거나 경쟁 노동시장에서 일자리를 구한 후에 이동 가능한 배치다. 예전부터 보호작업장은 지적장애인들이 구할 수 있는 유일한 고용 유형이었다. 비록 보호작업장이 여전히 지적장애인들을 위한 가장 흔한 노동 환경이지만(Winsor & Butterworth, 2008), 점점 더 많은 관계자가 이러한 작업장에 대한 불만을 토로하고 있다. 불만의 내용은 다음과 같다.

① 보호작업장은 수익이 거의 없기 때문에 노동자들이 매우 적은 급료를 받는다. 보통 경영 관리에 대한 전문 지식이 없는 사람이 관리하기 때문에 대부분 자선 기부금에 의존한다.
② 보호작업장은 장애 노동자들과 비장애인들의 통합이 없다. 이렇게 분리된 환경은

〈표 5-4〉 학교의 현장 실습

종류	예시
낮은 강도	
현장 견학/현장 방문	수학 수업은 환경공학 회사를 방문하여 직업 현장에서 수학의 실질적인 사용에 관하여 본다.
면접	영어 수업은 고용인을 인터뷰하고 그의 커리어에 대해 쓰게 한다.
직업 체험	학생들은 관심 분야의 고용인과 짝을 지어 반나절을 두 번 정도 관찰하며 보낸다.
학교 내 일자리	학생은 학교 도서관 안에 있는 책장의 책들을 정리하며 매일 한 시간씩 일한다.
학교기반 사업	학교 과학 부서가 공학 기술 회사와 계약하여 학생들이 지역 강물 수질검사를 매월 실시한다.
지역사회 회사 내 인턴직	상급반의 절반은 가을 학기에 일주일에 3일씩 작업장에서 보낸다. 나머지 설반도 봄 학기에 똑같이 한다.
높은 강도	
학교 지원 일자리	학교는 '고학년 후반기' 동안 학생들을 위해 그들의 관심사와 능력을 기반으로 지역사회 일자리를 발전시키고 지원한다.

출처: Rusch, F. R. (2008). *Beyond high school: Preparing adolescents for tomorrow's challenges*. Upper Saddle River, NJ: Pearson 에서 발췌.

지적장애 노동자들이 비장애인 노동자들과 경쟁적인 노동 현장에서 나란히 일하는 것을 어렵게 만든다.

③ 보호작업장은 현장 연수 경험이 매우 제한된다. 좋은 작업장은 수습 직원들에게 새로운 기술을 배우기 위한 다양한 기회를 제공해야 한다. 하지만 대부분의 보호작업장은 너무 단순하고 반복적이며 최신 산업 기술을 사용하지 못한다.

지원 경쟁 고용   보호 고용과는 다르게, **경쟁 고용**(competitive employment)은 대부분의 노동자가 장애가 없는 통합된 노동 환경 안에서 최소한 최저 임금의 일을 하는 것이다. **지원 경쟁 고용**(supported competitive employment) 안에서 지적장애인은 경쟁 고용이긴 하지만 주로 **직무지도원**(job coach)으로부터 지속적인 지원을 받는다. 현장훈련과 더불어 직무지도원은 적절한 일 찾기, 고용주나 다른 고용인들과 소통하기, 대중교통 이용하기, 다른 기관과의 연계와 같은 관련 분야에서 지원을 제공할 수도 있다.

고용에 대한 더 많은 연구가 필요하지만, 지금까지의 연구는 이제 지원 경쟁 고용이 더 나은 결과를 가져온다는 것을 보여 주었다(McDonnell et al., 2003). 비록 몇몇 지적장애 성인의 궁극적인 목표는 경쟁 고용일 수 있지만, 다수는 일정 기간 동안 또는 영구적으로 지원 고용이 필요할 것이다.

보호작업장과 비교해서, 지원 경쟁 고용은 자기결정 철학과 더 많이 부합된다. 하지만 자기결정의 목표를 이루기 위해서는 직무지도원에게 너무 의존적이어서는 안 된다. 이 때문에 직무지도원의 역할이 최근에 와서 많이 변하였다. 많은 전문가가 이제는 직무지도원이 지적장애인의 동료를 트레이너나 멘토로 훈련하는 것을 지지한다(Mank, Cioffi, & Yovanoff, 2003). 일정 기간 후에 지적장애인 노동자는 직무지도원의 의존에서 벗어나 보다 본연의 지원 사용법을 배울 수 있다. 이 장의 서두 인용문에서 소개된 Sandra Kaufman이 사회기관 직원보다는 친척, 이웃, 친구 그리고 동료들로부터 지원받는 것에 대한 철학의 변화에 관하여 이야기한 인용문(159쪽)을 기억해 보자.

경쟁 고용과 더불어, 자기결정을 위한 두 가지 고용 모델인 맞춤 고용과 자영업도 인기를 얻고 있다.

맞춤 고용과 자영업   **맞춤 고용**(customized employment)은 개인의 강점, 약점, 관심사에 대한 평가에 기반을 두고 있다(Inge & Moon, 2011). 고용주들은 누가 그 사람의 관심사와 능력, 프로필에 맞는 일자리를 가지고 있는지를 평가하는 것을 목표로 한다. 맞춤 고용은 지원 고용과 비슷하지만 개별화에 더 부합한다(Inge & Moon, 2011). 이용 가능한 지원에 따라서 소수의 지적장애인은 맞춤형의 자영업을 가질 수도 있다. 언뜻 보기에는 사업을 한다는 것이 전적으로 사업을 운영한다는 의미로 이해되기 때문에 자영업은 불가능할 것 같아 보일 것이다. 하지만 사업주들은 주로 다른 전문가들(예: 회계사, 판매 사원 등)에게 의존한다. 그러므로 가족으로부터 충분한 지원을 받으면서 사업을 하는 것은 일부 지적장애인들에게 불가능한 것은 아니다. 예를 들면, 동물에 대한 관심이 많은 지적장애인은 가족 구성원들, 직무지도원 그리고 다른 이들의 도움을 받아 애완동물 관리 사업을 할 수 있다.

미래에 대한 예상

현재 지적장애 성인을 위한 고용 수치와 거주 형태는 다소 암울해 보일 수도 있지만, 미래에 대해 낙관적인 이유가 있다. 지적장애 성인들의 고용과 거주 형태는 조금씩이지만 서서히 개선되고 있다. 이 장의 서두 인용문에서 Kaufman이 언급했듯이, 획기적인 전환 프로그램의 발전과 함께 많은 지적장애인이 지역사회에서의 생활과 고용에 있어 불가능할 것 같던 자립생활을 성취하고 있다. 이 성공의 대부분은 부모, 학생 그리고 많은 전문가의 협력을 필요로 한다. 다음의 〈실천 사례〉에는 부모의 입장에서 성공을 보여주는 프로그램이 제시된다.

실천 사례
지적장애와 발달장애 학생의 교사들과의 협력교수

"왜 이 학생이 나의 학급에 있어야 하는가"

지적장애 학생의 교사가 된다는 것은 어떤 의미인가

지적장애 학생을 위한 협력은 일반교사와 특수교사, 다른 관련 기관 직원과 부모를 포함한다. 다양한 구성원을 조직하는 것은 특수교사의 책임이며, 관리 능력과 대인관계 능력 모두를 필요로 한다. 지적장애 학생을 위한 교사는 다음과 같은 능력이 요구된다.

① 팀의 구성원들과 함께 협력하여 포괄적이고 종합적인 개별화 프로그램을 개발하고 시행한다.
② 교육 프로그램은 협력적으로 적용할 수 있는 교수 전략과 보조도구를 포함하여야 한다.
③ 수업 전략과 자료는 개인의 특성과 학습 요구에 따라 선정 및 조정한다.
④ 모든 구성원으로부터 성취 자료와 정보를 취합하여 학습 환경을 수정하고 계획한다.
⑤ 환경 전체에 걸쳐 사회참여를 향상하는 교육 프로그램을 설계하고 시행하며 평가해야 한다(Council for Exceptional Children, 2003).

협력을 위한 성공 전략

Pat Daniels는 다운 증후군 고등학생인 Will의 어머니다. Will의 고등학교 교육은 부모, 일반교사, 특수교사 그리고 코치들 간의 협력이 필요했다. 결국 Will은 특수교육 수료증을 받았고 교직원이 수여하는 10대 우수학생 상을 받았다. Pat은 자신의 경험에 대해 다음과 같이 말하였다.

선생님과 부모 간의 의사소통은 매우 중요했습니다. 저는 학기가 시작하기 전에 일일이 각각의 선생님을 만났습니다. 불어 수업은 보다 성공적인 수업 중 하나였습니다. 불어 선생님은 Will을 어떻게 해야 할지 알지 못했지만 Will에 대해 적극적으로 알려고 했습니다. 그래서 저는 Will의 약점이 아닌 특성을 이야기했고, 불어 선생님은 Will이 성공적이고 성취 가능하도록 다양한 활동을 시도하게 해 주었습니다. Will이 사용하는 교과서가 있었고, 교실에서 친구들과 함께 숙제를 했으며, 자신이 배운 것을 평가하는 시험을 쳤습니다. 불어 선생님은 '함께 공부할 친구'를 찾도록 도와주었습니다. 불어 선생님은 Will이 자신의 능력에 맞게 노력하도록 도우면서 Will의 성취에 대해 놀라고 기뻐하였습니다.

일반교사와 Pat은 시험과 과제에 관해 자주 대화를 주고받았다. 예를 들어, 역사 교사는 시험 전에 전화를 주었고 그들은 함께 복습 문제를 만들었다. 또 다른 교사는 핵심 부분을 강조 처리한 공부 자료를 집으로 보내 주었다. 학급 과제를 설명해 주는 교사의 전화는 Will이 성취하도록 기대하였던 것을 정확히 완수하도록 도와주었다(Will이 언제나 수업에서 들었던 설명들을 완전히 이해했던 것은 아니었다). 특수교사가 해당 과목의 과제를 알면 특수교육 수업 시간에 Will이 그 과제를 할 시간을 제공하였다.

Will의 드라마 수업도 성공적이었다. 교사는 Will을 있는 그대로 참여하도록 해 주었고, 교사 회의에도 참여하게 해 주었다. 불어 수업과 드라마 수업에서 다른 학생들의 긍정적인 태도도 중요했다. Will은 학생들 사이에 앉았고, 선생님은 Will을 참여시켰으며, 친구들은 Will을 팀의 일원으로 활동에 참여하게 하였다. Will의 참여는 다른 모든 학생과 마찬가지로 가치 있었다.

Will은 또한 여학생 대표팀 두 군데의 매니저를 담당하였고, 육상경기 팀의 일원이었다. 특수교사는 배구 팀의 보조 코치였기 때문에 Will이 매니저 역할을 하도록 가르쳐 주었고 함께 일하였다. 농구 코치는 매니저 활동을 하는 Will을 보고는 적절한 업무를 요청하였다. 코치는 Will이 연습이 부족한 선수들을 대신하여 참여하는 것과 원정 경기에도 버스를 타고 함께 가는 것과 같이 다른 매니저들과 같은 일을 할 수 있을 것이라고 기대하였다. Pat은 코치와 이야기를 하였고 Will의 어려움에 대해서 상의하였다. 코치는 Will의 능력을 바탕으로 결정하였고 좋은 결과를 가져왔다. 많은 경기장에서 팀 동료와 참가자들, 상대 팀의 관중들은 Will에게 '달려'라는 격려의 말을 외쳤다. 코치와 함께한 협력 덕분에 청각장애 학생과 그의 통역사가 농구 팀에 합류하게 되었다!

• *Margaret P. Weiss*

요약

이제는 왜 많은 전문가가 지적장애라는 용어를 사용하는가?

- 과거에 정신지체라고 표기했던 사람들이 이제는 지적장애라는 용어를 사용한다.
- 정신지체에서 지적장애로 용어가 바뀐 것은 특히 '지체된 (retarded)'이라는 짧은 단어가 주는 낙인의 의미를 버리기 위함이다.

전문가는 지적장애를 어떻게 정의하는가?

- AAIDD는 지적장애를 지적 기능과 개념적 · 사회적 · 실제적인 적응 기술과 같은 적응 행동의 제한을 갖고 있는 것으로 표현했다. 지적장애는 18세 이전에 나타난다.
- 이 정의는 두 가지 원칙을 반영한다. ① 지적장애는 지적 기능뿐만 아니라 적응 행동상의 문제를 포함한다. ② 지적장애인은 향상될 수 있다.
- 대부분의 학교와 많은 전문기관에서는 다음 분류를 사용한다. 경도(IQ 50~70), 중등도(IQ 35~70), 중도(IQ 20~35), 최중도(IQ 20 이하)

지적장애의 출현율은 어떠한가?

- 전적으로 IQ 검사 점수에 의한 지적장애의 통계 비율은 인구의 2.27% 정도다. 그러나 학령기 인구의 약 1% 정도가 지적장애가 있다고 밝혀졌다.
- 학교에서 출현율이 낮은 이유는 다음과 같다. ① 학교는 IQ 점수의 기준이 낮을 뿐만 아니라 적응 행동 기준이 낮기 때문이다. ② 지적장애보다 학습장애가 낙인이 적다고 생각하기 때문에 학습장애로 진단받는 것을 선호한다.

지적장애의 원인은 무엇인가?

- 출생 전 원인은 다음과 같다. ① 염색체 장애, ② 선천성 대사장애, ③ 뇌 형성에 영향을 미치는 발달장애, ④ 환경의 영향.
  - 다운 증후군, 약체 X 증후군, 프래더-윌리 증후군, 윌리엄스 증후군은 염색체 이상이다. 다운 증후군과 윌리엄스 증후군은 전형적인 염색체 이상에 의한 것이며, 약체 X 증후군과 프래더-윌리 증후군은 유전된다.
  - 선천성 대사장애로 인한 지적장애의 예로 페닐케톤뇨증이 있다.
  - 소두증과 수두증은 뇌 발달을 방해하는 질병 중 하나다.
  - 태내 환경 중 모계의 영양실조, 태아알코올증후군, 풍진은 태아에게 부정적인 영향을 준다.
  - 산전검사로 다운 증후군과 다른 질병을 밝혀낼 수 있다.
- 출생 시 원인 중에는 산소 결핍, 출생 시 저체중, 단순포진이나 매독과 같은 감염이 있다.
- 출생 후 원인에는 생물학적 · 심리학적 문제를 기반으로 다음과 같은 것이 포함된다.
  - 생물학적인 원인은 외상성 뇌손상과 뇌수막염, 뇌염과 같은 감염이다.
  - 심리학적인 원인(예: 성인과 아동 간의 부족한 상호작용)도 경도 지적장애를 가져올 수 있다.
  - 비록 경도 지적장애의 환경적 원인을 부인할 수 없지만, 유전적인 원인도 큰 역할을 한다. 대부분의 전문가가 유전과 환경의 상호작용이 지능을 결정한다고 믿는다.
  - 최근 연구들은 경도 지적장애의 경우 특정 유전적 증후군이 원인인 경우가 많다고 말한다.

지적장애 판별에 사용되는 평가 방법은 무엇인가?

- 지능을 측정하기 위해 개인 지능검사를 사용한다. 이때에는 주의할 점이 있다. ① 개인의 지능 지수는 변할 수 있다. ② 모든 지능검사는 문화적으로 어느 정도 편견이 있다. ③ 어릴수록 타당도가 떨어진다. ④ 성공적인 삶은 전적으로 IQ에 의지하지 않는다.
- 적응 행동의 측정 시 부모와 교사, 다른 전문가를 포함하며, 개인의 독립성과 일상생활 기술 그리고 부적응 행동에 대한 응답으로 평가한다.

지적장애 학습자의 심리 및 행동적 특성은 무엇인가?

- 지적장애인의 주요한 문제는 주의 집중, 기억(특별히 작동기억), 언어, 자기조절, 동기부여, 사회성 발달이다.
  - 전문가들 중에는 지적장애인, 특히 경도 지적장애인이 쉽게 속는 특징을 갖는다고 말한다.
- 연구자들은 유전적 증후군과 특별한 행동 패턴, 표현형과 연관을 짓기 시작했다.
  - 다운 증후군은 표현언어 기술이 떨어지는 반면 시공간적 기술이 높은 편이다.
  - 윌리엄스 증후군은 시공간적 기술이 떨어지는 반면 표현언어 기술이 높은 편이다.
  - 약체 X 증후군은 단기기억이 떨어지나 적응 행동은 상대적으로 높다.
  - 프래더-윌리 증후군은 청각 과정에 어려움을 갖고 식사 조절이 어려운 반면 시각 과정은 좋은 편이다.

지적장애 학습자를 위한 교육적 고려 사항은 무엇인가?

- 경도 지적장애의 경우 교사들은 학업 기술을 강조한다. 중도 지적장애는 자립, 지역사회 생활, 직업 기술에서 어려움이 크다.
- 전문가들은 기능적 교육과정과 학업적 교육과정의 조합을 추천하며, 이것은 기능적 학업을 가르침으로써 성취될 수 있다.
- 지적장애 학생들에게 효과적인 지도 방법은 체계적 교수다. 교수적 촉진, 수행에 대한 반응 대가, 자극을 통제할 수 있는 전이 전략.
- 특수학급이 보편적이긴 하지만 지적장애 학생들은 더욱더 통합된 환경에 있어야 한다.

지적장애 학생의 진보는 어떻게 평가하는가?

- 교육과정중심 측정은 학업 진전도를 점검하는 데 사용할 수 있다.
- 적응 행동은 인터뷰, 관찰, 자기보고, 표준화된 검사로 측정할 수 있다.
- 삶의 질은 표준화된 설문조사로 측정할 수 있다.
- 지적장애 학생의 적응을 위해서는 다음 내용이 수정되어야 한다.
  - 스케줄 조정(예: 추가 시간 제공)
  - 표현 방식(예: 지시 읽기)
  - 반응 방식(예: 대답한 후에 따라 하기)
- 수정을 하더라도 전통적인 방법으로 측정하기 어렵기 때문에 직접관찰, 점검표, 기능적인 읽기의 교육과정중심 측정, 여가, 그리고 직업 관련 기술은 대안적인 평가를 해야 한다.

지적장애 학습자의 조기 중재에서 중요한 고려 사항은 무엇인가?

- 유아기 프로그램의 목표는 지적장애를 예방하기 위한 것과 이미 지적장애로 진단받은 아동의 발달을 촉진하는 것이냐에 따라 다르다.
- 보편적으로 예방 프로그램은 경도 지적장애로 발전될 위험을 가진 유아를 대상으로 한다. 지적장애로 진단받은 유아를 위한 프로그램은 중도 지적장애 아동 프로그램에 중점을 둔다.
- 연구는 조기 중재와 유아기 이후 삶을 연결할 수 있는 지원을 찾는 것이다.

지적장애 학습자의 성인기로의 전환에 대한 고려 사항은 무엇인가?

- 자기결정을 촉진하는 것이 지적장애 학생의 교육에서 주요한 원칙이다.
- 전환 프로그램은 지역사회 적응과 고용의 두 가지 관련된 영역을 포함한다.
  - 지역사회 기술은 돈을 관리하는 것, 대중교통 이용하기, 그리고 주거 환경을 유지하는 것이다. 대형 거주시설은 사라지고 작은 지역사회 주거시설(CRF)로 빠르게 변화하고 있다. 주거 지원을 선호하는 사람부터 자가 소유 아파트나 가정, CRF 등 다양한 주거 환경이 있다.
  - 고용 모델의 두 가지 형태는 보호작업장과 지원 경쟁 고용이다. 보호작업장은 훈련을 받고 장애를 가진 다른 노동자들과 함께 비교적 낮은 기술이 필요한 일을 하는 구조화된 환경이다. 지원 경쟁 고용은 대부분의 노동자가 장애가 없는 통합된 노동 환경 안에서 직무지도원의 지원을 받으면서 최소한 최저 임금의 일을 하는 것이다. 두 모형은 개인 요구에 맞춘 것이냐 혹은 자기 고용이냐에 따라 다르며, 고용주의 목표는 지원을 통해 지적장애인의 자기결정 기술을 향상시키는 것이다.

특수교육협의회

전문적 기준

이 장에서 다루어진 미국 장애인 특수교육협의회(Council for Exceptional Children: CEC)의 공통 핵심 지식 및 기술: ICC1K5, ICC1K6, ICC1K8, ICC2K1, ICC2K5, ICC2K6, ICC3K3, ICC4S4, ICC4S5, ICC4S6, ICC5S3, ICC7K2, ICC7S1, ICC7S5, ICC7S7, ICC8K2, ICC8S6, ICC10K1, ICC10K3, ICC10S4

부록: CEC의 공통 핵심 기준과 관련된 지식 및 기술을 제공한다.

MYEDUCATIONLAB

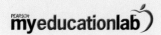

MyEducationLab(www.myeducationlab.com)의 주제 9: 지적장애에서 내용을 찾을 수 있다.

- 국가 수준의 기준들과 관련된 전반적 개념에 대한 학습 성과
- 각 장의 내용을 보다 심도 있게 이해하도록 도와주는 과제 및 활동 수행
- IRIS Center Resources에서 볼 수 있는 어려운 상황들에 대한 검토
- 교수 기술 수립과 학습 주제 경향을 확인할 주요 개념 이해에 대한 실제의 적용
- Book-Specific Resources의 Study Plan을 통한 교재 내용에 대한 이해도 측정. 여기에서 각 장의 퀴즈 수행, 정답에 대한 피드백을 통해 복습, 연습, 심화 활동으로 이해도를 높일 수 있음
- CCSSO 올해의 교사상 수상자의 교사 면담 코너를 통해 '왜 나는 가르치는가?'에 대한 답변 영상 시청

학습장애 학습자

나는 난독증(dyslexic)이 무엇인지 표현할 수 있는 가장 완벽한 말을 찾고 싶지만 할 수 없었습니다. 당신에게 난독증이 무엇인지 이해시키는 것보다 당신이 나에게 난독증이 무엇이 아닌지를 이해시키는 것이 더 쉬울 것입니다. 나는 단지 추측하고 상상할 뿐입니다. 몇 해 동안, 나는 정상인이 되고 싶어 나를 가둔 허물을 벗을 수 있는 방법을 찾아보았지만, 그것들은 나를 다시 제자리로 돌려놓았습니다. 그러는 동안 다른 사람들은 나를 지켜보고 있었습니다. 나를 불쌍하게 여기는 사람들, 나에 대해 포기한 사람들, 나를 믿고 지지하는 사람들, 내가 동물원에 있는 것처럼 보는 사람들이 있었습니다. 그러나 대부분의 사람은 난독증이 무엇인지 이해하기를 원하였고 그 시달림을 어떻게 가르쳐야 하는지를 알고자 했습니다. 모두 다른 사람을 이해하고자 하는 마음이 간절한 것으로 보였습니다.

-Lynn Pelkey • '학습장애의 거품 속에서(In the LD Bubble)' (2001)

주요 질문

- 전문가는 학습장애를 어떻게 정의하는가?
- 전문가는 학습장애 학생을 어떻게 판별하는가?
- 학습장애의 출현율은 어떠한가?
- 학습장애의 원인은 무엇인가?
- 학습장애 학습자의 심리 및 행동적 특성은 무엇인가?
- 학습장애 학습자를 위한 교육적 고려 사항은 무엇인가?
- 전문가는 학습장애 학습자의 학업 진보를 어떻게 평가하는가?
- 학습장애 학습자의 조기 중재에서 중요한 고려 사항은 무엇인가?
- 학습장애 학습자의 성인기로의 전환에 대한 중요한 고려 사항은 무엇인가?

잘못된 생각

오해 • IQ-성취 불일치는 학생의 학습장애 여부를 결정하는 간단하고도 오류가 없는 방법이다.

사실 • IQ-성취 불일치를 사용할 때는 많은 개념적 문제가 발생한다.

오해 • 중재반응모델(RTI)은 학생의 학습장애 여부를 결정하는 데 오류가 없는 방법으로 문서화되어 왔다.

사실 • RTI에 관한 연구들이 거의 없고 특히 대규모로 적용된 사례 연구들이 거의 없기 때문에 RTI 실제에 관한 많은 문제점이 남겨져 있다.

오해 • 모든 학습장애 학생은 두뇌 손상이 있다.

사실 • 학습장애 학생들이 중추신경계의 기능장애를 가지고 있다고 언급하는 많은 전문가는 두뇌의 실제 조직 손상이 아니라 두뇌가 제대로 기능하지 못하는 문제라고 말한다.

오해 • 그간 제안되어 온 많은 학습장애 정의들은 이 분야가 얼마나 혼란한 상황인지를 나타내 주는 지표다.

사실 • 한 번씩이라도 제안된 정의가 최소 11개 있지만, 전문가들은 두 가지로 합의를 보았다. 즉, 연방정부 정의와 미국학습장애협의회(National Joint Committee on Learning Disabilities) 정의다. 이 두 정의는 다른 측면도 있지만 많은 공통점이 있다.

오해 • 학습장애 출현율의 빠른 증가는 오로지 엉성한 진단 과정 때문이다.

사실 • 부실한 진단 과정이 증가율에 영향을 끼칠 수도 있지만, 출현율 증가에는 타당한 사회적/문화적 이유들이 있다. 또한 학교 관련자들이 더 낙인이 되는 '지적장애' 대신 학습장애로 학생을 판별하기 위해 진단 과정 규칙들을 '비틀었을' 수도 있다는 증거들이 있다.

오해 • 우리는 학습장애의 원인이 무엇인지에 대해 거의 알고 있지 못하다.

사실 • 개별 사례에서 학습장애의 원인을 결정하기 위한 단순한 임상적 검사가 존재하지는 않지만, 최근 연구에서는 아마도 유전적 요인, 독소, 의료적 요인으로 인한 신경학적 역기능과 관련된 원인이 강하게 제기되고 있다.

오해 • 수학장애는 상대적으로 드물다.

사실 • 수학장애는 읽기장애만큼이나(혹은 거의 가깝게) 높게 나타난다.

오해 • 학습장애 학생들의 문제는 학업적인 것이기 때문에 그들의 사회·정서적 안녕에 대해서는 고려할 필요가 없다.

사실 • 많은 학습장애 학생은 사회·정서적 영역에서의 어려움 또한 겪고 있다.

오해 • 많은 학습장애 아동은 성인이 되면 장애에서 벗어난다.

사실 • 학습장애는 성인기에도 지속되는 경향이 있다. 성공한 학습장애인들은 그들의 문제를 처리하기 위한 방법을 배워야만 했고, 그들 삶의 통제력을 얻기 위해 매우 많은 노력을 쏟아부었다.

이 장의 서두 인용문에 제시된 난독증이나 읽기장애에 관한 Lynn Pelkey(2001)의 이야기는 1960년대 연방정부에 의해 공식적으로 인정된 후 학습장애를 정의하는 데 어려움을 겪는 연구자, 교사, 부모, 정책가들에게 어느 정도의 위로가 되고 있다. Pelkey는 학습장애의 특정 유형인(비록 가장 일반적이기는 하지만) 읽기장애를 가지고 있다. 그녀는 같은 상태로 35년간 살아온 이후에도 여전히 난독증의 본질을 분명하게 설명하지 못하고 있다. Pelkey와 학습장애를 정의하고자 하였던 최고의 연구자와 실천가들이 정확한 언어로 학습장애를 정의하지 못한다고 해서 그녀의 장애가 실제가 아니라는 것을 의미하지는 않는다. 그녀의 나머지 이야기를 읽는다면 당신은 다른 많은 학습장애인처럼 그녀도 학업적인 것뿐만 아니라 사회적으로 큰 어려움에 직면해 왔음을 알수 있을 것이다. 당신은 또한 Pelkey가 결국 거부에 대한 감정을 극복하고 성공적으로 직업을 갖고, 2년제 대학에서 준학사 학위를 받은 것을 알게 될 것이다. 그녀의 성공은 타인의 지원과 노력뿐만 아니라 그녀가 지닌 학습장애 용어로부터 온 것이기도 하다. "그다지 오래전이 아닌 어느 날, 나는 내 안에서 평화를 찾길 원한다면 '멍청함'에 관한 나의 감정과 싸워 이겨야 한다는 것을 매우 분명하게 깨달았다."(Pelkey, 2001, p. 27) 우리가 이 장 후반부에서 논의하겠지만, 스스로의 삶을 통제할 수 있다는 것은 학습장애인들 중 성인으로서 성공적으로 살아가는 사람과 그렇지 않은 사람으로 나누게 되는 점이다.

학습장애의 본질을 해명하기 위한 노력은 전문가들에게 이러한 학생을 교육하는 데 가장 좋은 방법이 무엇인지에 관하여 종종 혼란을 가져왔다. 이 분야가 발전할수록 학습장애를 어떻게 정의하는가, 학습장애를 어떻게 판별하는가, 학습장애의 원인은 무엇인가, 가장 교육적인 중재 접근은 무엇인가 등의 주요 이슈에 관한 합의를 이루어 왔다. 동의가 이루어졌다고 하더라도 이러한 이슈와 관련하여 결코 만장일치가 이루어질 수 없다. 예를 들어, 정의와 판별과 관련해서는 여전히 의견 충돌이 존재한다.

인터넷 자원

학습장애에 대한 설명이 처음인 사람들은 LD 온라인(http://www.idonline.org/firstperson)을 방문하라.

정의

1960년대 초, 부모 모임에서 Samuel Kirk(1963)는 상대적으로 정상적인 지능을 지녔으나 학습에 문제를 가지고 있는 아동을 서술하기 위해 사용되는 많은 명칭의 혼란에 대한 절충안으로 학습장애라는 용어를 제안하였다. 이러한 아동들은 미세 뇌손상, 느린 학습자, 난독증 혹은 지각장애라는 용어로 불리곤 하였다.

많은 교사뿐만 아니라 부모들은 '미세 뇌손상'이란 명칭이 문제를 지니고 있다고 믿고 있었다. **미세 뇌손상**은 두뇌 손상의 신경학적 신호가 아닌 행동적 신호를 보이는 사람을 일컫는다. 그들은 실제 두뇌 손상을 가진 사람들과 유사한 행동(예: 산만함, 충동성, 지각적 방해)을 나타낸다. 그러나 신경학적 검사에서 그들을 비장애인들과 구별하기는 어렵다고 한다. 역사적으로 미세 뇌손상의 진단은 확실한 신경학적 자료에 근거하기보다는 의심스러운(미심쩍은) 행동에 근거하기 때문에 모호한 경우가 있다. 게다가 미세 뇌손상이란 진단이 처치의 계획과 실행에 거의 도움을 주지 않으므로 교육적으로 의미 있는 용어가 아니다. 느린 학습자라는 용어는 어떤 영역에서는 아동의 수행을 설명하지만 학습할 수 있는 능력을 나타내는 지능검사와 같은 다른 영역에서는 그렇지 못하다. 난독증도 오직 읽기장애만을 서술하는 용어이기 때문에 제한적인 용어이고, 많은 해당 아동은 수학과 같은 다른 학업 영역에서도 문제를 가지고 있다. 아동을 지각장애로 기술하는 것은 지각적 문제만이 학습에서의 영문 모를 어려움을 의미하는 것일 수 있으므로 문제를 더 혼란스럽게 한다. 그래서 부모 집단은 최종적으로 교육 지향적인(교육적인 경향을 담은) 용어로 학습장애에 동의하였다. 따라서 지금은 미국학습장애협회(Learning Disabilities Association of America)로 알려진 학습장애아동협회가 설립되었다. 몇 년 후 부모, 전문가, 연방정부의 안내에 따라 학습장애라는 용어를 공식적으로 인정하였다.

교사들은 일반적으로 정상적인 지적 능력을 가진 것으로 보이는 아동임에도 불구하고 학습 문제를 지닌 것으로 묘사되는 학습장애 용어의 분명하고 종합적인 정의를 제시하는 것에 어려움을 겪는다.

학습장애의 관심은 많은 수의 아동이 필요한 교육적 서비스를 받지 못하고 있다는 인식의 확산으로 진전되었다. 해당 아동들은 지능검사에서 정상적인 지능 범위 안에 있으므로 지적장애 학생을 위한 학습 배치에 적절하지 않았다. 그리고 해당 학생들 중 많은 수가 부적절한 행동 문제를 보였으나 그렇지 않은 학생들도 있었다. 그러므로 정서장애 학생을 위한 학습 배치도 적절치 않다고 생각되었다. 부모들은 기대되는 잠재능력에 맞게 성취하지 못하는 그들 자녀들(학습장애 아동)의 학업 성취 문제를 바로 잡기를 원하였다.

1960년대 초 학습장애 분야의 시작 이후 현재 열한 개의 다른 학습장애 정의가 받아들여지고 있다(Hanmmill, 1990). 개별 전문가들과 전문가 및 법조인 단체가 내린 정의는 각각 약간씩 다른 경향을 보인다. 가장 영향력이 있는 두 개의 정의는 연방정부의 정의와 미국학습장애협의회(National Joint Committee on Learning Disabilities: NJCLD)의 정의다.

연방정부 정의

대부분의 주는 연방정부의 정의를 적용한다. 이 정의는 1975년 처음 법적으로 제시된 것으로 1997년에 다시 채택되었고(약간의 단어를 수정하여) 2004년 재인준되었다. 다음 절에서 논의하겠지만 판별 절차에서 변화가 일어났다. 그러나 재인준된 2004년 IDEA에서는 1997년 재인준에서 담긴 정의가 바뀌지 않았다.

- 일반적으로: '특정학습장애'란 구어나 문어 형태의 언어를 이해하고 사용하는 것과 관련된 기본 심리적 과정들의 하나 혹은 그 이상에서의 장애를 지칭하며, 이는 듣기, 사고하기, 말하기, 읽기, 쓰기 혹은 수학적 계산 능력의 결함으로 나타난다.
- 포함되는 장애: 이 용어는 지각장애, 뇌손상, 미세뇌기능장애, 난독증 그리고 발달적 실어증과 같은 상태들을 포함한다.
- 포함되지 않는 장애: 이 용어는 시각 또는 청각 장애, 운동장애, 정신지체, 정서장애 또는 환경적 · 문화적 · 경제적인 불리함이 일차적으로 작용하여 초래된 학습의 어려움을 포함하지 않는다(IDEA, 1997 재인준, Sec. 602(26), p. 13).

미국학습장애협의회(NJCLD) 정의

학습장애 학생들과 관련된 주요 전문가 조직을 대표하여 구성된 NJCLD는 대안적인 정의를 제시하였다. 연방정부에서 다음과 같은 요소들은 인정하지 않았기 때문에 그들의 정의를 제시하는 것이 필요하다고 간주하였다.

① 심리적인 과정에 관한 언급: 학습장애 분야의 많은 초기 개척자는 시각적이고 청각적인 정보 처리 과정이나 이러한 정보 감각(시각장애나 청각장애로 판별된 이들이 보이는 시력과 청력과는 뚜렷이 다른)이 읽기장애와 같은 학습 문제의 원인이라고 믿었다. 게다가 그들은 학생에게 학업 자료와는 별개로 시각, 청각 정보 처리 기술을

훈련하는 것이 그들의 읽기 문제를 극복하도록 도울 수 있다고 믿었다(Frostig & Horne, 1964; Kephart, 1971; Kirk & Kirk, 1971). 연구자들은 이러한 지각과 지각–운동 활동이 학생의 읽기 성취에 영향이 없음을 최종적으로 제시하였다(Hallahan, 1975; Hallahan & Cruickshank, 1973 참조). 증명되지 않은 지각적 훈련 프로그램의 확산을 막기 위해 NJCLD는 '기본적 심리 과정'의 문구에 반대하였다.

② **학습장애의 본질적 특성의 제외**: 연방정부의 정의는 우연히 발생되는(casual) 요인들은 언급하고 있지 않지만 NJCLD의 정의는 학습장애가 개인 내 중추신경계(CNS)의 역기능으로 인한 것임을 고려하고 있다.

③ **성인기의 제외**: NJCLD의 정의는 학습장애가 단순히 아동기의 장애만이 아니라는 인식의 확대를 인정하였다. 학습장애는 생애 주기적인 상태다.

④ **자기통제와 사회적 상호작용 문제의 제외**: NJCLD의 정의는 학습장애 학생들이 종종 자기통제와 사회적 상호작용에 어려움을 경험한다는 인식을 인정하였다.

⑤ **정의하기 어려운 용어들의 포함**: NJCLD는 지각장애, 난독증, 미세뇌기능장애와 같은 정의하기 어려운 용어들이 포함되어 있기 때문에 연방정부의 정의가 혼란스럽다고 믿었다(Hammill, Leigh, McNutt, & Larsen, 1981).

⑥ **배제 조항에 대한 혼란**: 연방정부는 학습 문제가 주로 다른 장애 상태(지적장애와 같은) 때문임을 제외하였으나, 한 사람이 학습장애와 다른 장애를 모두 가질 수 있다는 측면에서 이는 모호한 내용이다. NJCLD는 지적장애인이 학습장애를 지닐 수 있는 것처럼 한 장애가 다른 장애를 지닐 수 있다는 가능성에 대한 분명한 진술을 선호하였다.

⑦ **철자의 포함**: NJCLD는 철자가 쓰기에 포함되기 때문에 철자의 언급이 필요 없다고 믿었다.

연방정부 정의가 지닌 제한점이라 알려진 일곱 가지 근거에 의해 NJCLD는 다음의 정의를 제안하고 있다.

학습장애는 듣기, 말하기, 읽기, 쓰기, 추리 혹은 산수 능력의 습득과 사용에 현저한 어려움을 보이는 이질적인 장애 집단을 지칭하는 포괄적인 용어다. 이 장애들은 각각의 개인에게 내재되어 있는 것으로, 중추신경계의 기능장애에 의한 것으로 가정되며, 일생을 통해 나타날 수 있다. 자기조절 행동, 사회적 지각 그리고 사회적 상호작용에 문제점들이 나타날 수도 있으나, 이것들만으로 학습장애가 성립되지는 않는다. 학습장애는 다른 장애 상태(예: 감각적 손상, 정신지체, 사회적 행동, 정서장애) 혹은 환경적인 영향(예: 문화적 차이, 불충분하거나 바람직하지 못한 교수, 심인성 요인들)과 동시에 나타날 수 있으나, 그러한 상태나 영향의 직접적인 결과로 나타나는 것은 아니다(National Joint Committee on

학습장애 학생들은 정상적인 지적 능력을 보이지만 항상 겪게 되는 학습 문제로 학생, 교사, 부모 모두 좌절하게 된다.

Learning Disabilities, 1989, p. 1〕

판 별

학습장애 학생의 판별 절차는 현재 과도기 상태다. 1장에서 제시된 것처럼 연방정부는 2004년 IDEA를 재인준하였다. 재인준 과정에서 학습장애 학생을 위한 특수교육 서비스의 적격성을 판단하는 방법에 매우 큰 변화를 가져왔다. 이 장에서는 학습장애 학생을 판별하는 전통적인 접근법인 성취와 능력의 불일치를 논하고자 한다. 그 후 재인준에 제시되었고 연방제가 선호하는 학습장애 판별 방식인 중재반응모델(RTI)에 대해 이야기하겠다. 우리가 '연방제가 선호하는'이라고 표현하는 이유는 법에서의 표현과 연방정부의 연구 우선 사항에서는 분명히 RTI의 사용을 선호하기 때문이다. 예를 들어, 법은 정부가 지적 능력과 성취 간의 심한 불일치의 사용을 요구해서는 안 된다는 것을 주장하고 있다. 구체적으로 정부는 RTI의 사용을 허용해야 한다고 요구하고 있다.

성취와 능력의 불일치

1977년 정의가 제시된 직후 연방정부는 학습장애 학생을 어떻게 판별하는지에 관한

인터넷 자원

2001년 미국 교육부는 학습장애 학생을 판별하고자 하는 실제와 관련하여 학습장애회의를 개최하였다. http://idsummit.air.org에서 보고서를 볼 수 있다. 발표자와 토론자의 보고서는 학술지에 게재되었다. Danielson, L., Bradley, R., & Hallhan, D. P. (Eds.). (2002). *Identification of learning disabilities: Research to practice.* Mahwah, NJ: Erlbaum.

규정을 게재하였다. 학습장애를 판별하는 규정에서의 주요 내용은 학생들이 '성취와 지적 능력 간의 심한 불일치'를 보여야 한다는 것이다. 다시 말하면, 자신이 지닌 잠재력보다 낮은 성취를 하는 아동을 학습장애로 판별한다는 것이다.

연방정부는 학생이 심한 불일치를 가졌는지를 정확히 결정하는 방법을 각 주가 결정하도록 남겨 두었다. 많은 주는 IQ-성취 불일치(IQ-achievement discrepancy), 즉 표준화된 지능검사와 성취검사 점수 간의 비교에 의존하였다. 많은 주는 IQ-성취 불일치를 판별하기 위한 다른 통계적 계산 방식을 채택하였다. 그러나 계산 방식 중 어떤 것은 통계적으로 결함이 있고 잘못된 판단을 할 수 있게 하였고, 어떤 방식은 통계적으로는 적절하나 어렵고 실행하기에 비용이 많이 드는 방법이었다. 게다가 계산 방식은 잘못 적용할 수 있는 상황을 만들었다. 즉, 학교 관련자가 계산 공식에서 점수 하나를 줄일 수도 있도록 하였는데, 이는 학습장애 판별에서 중요한 결정이 될 수 있다.

수학 공식을 사용하는 문제에 덧붙여 몇몇 전문가는 다른 개념적 근간에 비추어 IQ-성취 불일치 사용을 반대해 왔다. 예를 들어, 어떤 전문가는 학습장애 학생들의 IQ 검사 점수가 과소평가되는데, 이는 IQ 검사의 수행이 읽기 능력에 어느 정도 의존하고 있기 때문이다. 다시 말하면, 빈약한 읽기 기술을 지닌 학생들은 주변에 대한 학습과 어휘의 확장에 어려움을 겪게 된다. 그 결과, 그들은 IQ 검사에서 평균보다 낮은 점수를 얻게 되고, 이는 IQ와 성취 간의 불일치를 줄이게 된다. 또한 교육자들은 불일치의 개념이 초등학교 저학년에게는 실질적으로 유용하지 않은 내용이라 지적하고 있다. 1학년 혹은 2학년에는 아동이 읽기와 수학에서 많은 내용을 성취하리라 기대되지 않아서 불일치를 찾는 것이 어렵다. 이러한 판별에서의 지연 때문에 IQ-성취 불일치 접근이 '실패하기를 기다리는' 모델이라고 말하고 있다.

중재반응모델

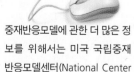
인터넷 자원

중재반응모델에 관한 더 많은 정보를 위해서는 미국 국립중재반응모델센터(National Center on Response to Intervention)의 웹사이트(http://www.rit4success.org/index.php)를 방문하라.

앞서 언급한 IQ-성취 불일치의 비판을 바탕으로 연구자들은 학습장애 학생을 판별하기 위한 대안적인 방법인 **중재반응모델**(response to intervention: RTI) 혹은 **처치에 대한 반응 접근**(response to treatment approach)을 제안하였다. 2장에서 언급하였듯이, 보편적으로 받아들여지는 RTI는 없는 실정이다. 그러나 전형적으로 RTI는 점진적으로 더 집중적인 교수로 구성되는 세 단계가 있고 각 단계마다 학생의 진보 정도를 감독한다([그림 2-1] 참조). 1단계에서는 일반교사에 의해 일반학급에서 전형적인 교수(증거기반이라 여겨지는)가 제공된다. 순조롭게 반응하지 않는 학생들의 경우 2단계로 옮겨 가고, 2단계에서는 일주일에 몇 번씩 소집단 교수를 받게 된다. 소집단 교수에서 반응하지 않는 학생은 특수교육 평가에 의뢰된다(3단계).

1장에서 언급하였듯이, 학습장애 학생들을 포함하여 장애학생을 판별하는 데 RTI의 효과성에 대한 판단은 아직 이르다(D. Fuchs, Fuchs, McMaster, Yen, & Svenson, 2004; D. Fuchs, Mock, Morgan, & Young, 2003; L. S. Fuchs, 2003; O'Connor & Sanchez, 2011; Vaughn & Fuchs, 2003). 다음은 RTI에서 나타날 수 있는 유의점들이다.

- 학습장애 학생을 판별하는 데 있어서 RTI의 효과성과 관련된 연구 증거들 중 대규모로 적용된 연구는 거의 없다.
- 우리가 RTI에 대해 아는 내용의 대부분은 읽기에만 초점을 두고 있다.
- 현재 많은 일반교육 교사는 1단계의 증거기반 교수를 적용하지 못하고 있다.
- 현재 2단계에서는 교수의 유형, 교수 시간, 누가 교수자인지(예: 일반교사, 특수교육 교사, 학교심리학자, 특수교육 보조원)가 매우 다양하게 나타나고 있다.
- 대부분의 RTI가 초등학교 저학년에서만 적용되기 때문에 읽기에서 점점 더 복잡한 기술이 요구되는 3학년, 4학년 혹은 5학년 때까지 읽기에서 심각한 어려움을 겪지 않는 학생들은 진단되지 않는 경우가 있다.
- 2단계로 의뢰된 학생이 충분히 잘하면 1단계로 돌아가고, 읽기 문제를 다시 경험하면 2단계로 의뢰된다. 이러한 1단계와 2단계의 반복은 3단계로의 의뢰를 지연할 수 있다.

이러한 우려에도 불구하고 대부분의 학교 행정가는 RTI가 학습장애 학생 판별을 위해 신뢰할 만한 방법이라고 보고 있다. 사실상 모든 주는 지역학교분과가 사용하도록 RTI를 개발하거나 적용하고 있다(Berkeley, Bender, Peaster, & Saunders, 2009). 그리고 연방정부에서 향후 몇 년 동안 RTI에 관한 연구를 우선순위로 두고 재정 지원을 마련하고 있기 때문에 위에 언급되었던 우려들은 개선될 수 있을 것이라 희망한다.

출현율

미국 정부 자료에 따르면, 6세부터 17세 사이 아동의 5% 정도는 공립학교에서 학습장애 학생으로 판별되어 왔다. 학습장애는 특수교육에서 가장 큰 범주에 속한다. 특수교육이 요구되는 것으로 판별되는 공립학교 학생들의 절반이 학습장애를 가지고 있다.

출현율의 증가와 감소

연방정부가 출현율 수치를 처음으로 보유하기 시작하였던 1976~1977년 이후 학습장애 영역은 두 배 이상의 규모가 되었다. 많은 전문가는 학습장애 영역의 빠른 팽창이 빈약한 진단 실제를 반영하는 것이라 하였다. 그들은 아동들이 과잉 판별되고 있고 교사들은 약간의 학습 문제가 있는 학생에게도 교사의 교수적 실제에 잘못이 있을 수 있다는 가능성을 고려하기보다는 너무 빨리 학생에게 학습장애라는 꼬리표를 단다고 믿었다. 앞서 언급한 것처럼, 이는 학습장애 분야에서 학습장애 학생을 판별하는 방법으로 IQ-성취 불일치에서 RTI로 옮겨 간 이유 중 하나다. 그러나 어떤 사람들은 이러한 증가는 사회적 · 문화적 변화가 학습장애가 나타날 수 있는 아동의 취약점을 높이고 있다고 주장한다(Hallahan, 1992). 예를 들어, 1975년과 1993년 사이에 빈곤층 아동의 수가 두 배가 되었다. 1990년대에 그 수가 감소하기는 했지만 다시 올라가고 있는 실정이다. 1,400만 아동이 연방정부의 하위 수준의 빈곤층 가정에서 살고 있고(Wright, Chau, & Aratani, 2010), 빈곤은 사회, 학습 문제와 높이 연관되어 있다. 게다가 빈곤층이 아닌 가족들조차도 아동들이 자신의 학교 공부에 전념하기 위해서 더 많은 시간을 사용하고 사회적 지원을 위한 부모의 능력도 더욱 요구되고 있기 때문에 예전보다 많은 스트레스를 받는 상황이다.

여전히 다른 전문가들은 지적장애로 판별된 학생의 수가 줄어드는 것과 학습장애 학생의 수가 늘어나는 것 간에 인과관계가 존재한다는 의견을 고수하고 있다. 증거로는 학교 관련자들은 지적장애로 판별받을 수 있는 학생을 만났을 때 사회적으로 더 낙인이 되는 '지적장애'로 판별하기보다는 '학습장애'로 판별하기 위해 진단기준을 느슨하게 적용하는 경우가 종종 있다는 것이다(MacMillan, Gresham, & Bocian, 1998; MacMillan & Siperstein, 2002).

학습장애로 판별받은 학생의 출현율이 1970년대에 두 배로 증가되었지만 1990년대 후반부에 5.66%로 치달은 이후 비율이 점차 안정적으로 낮아져서 현재는 5% 이하 수준이다. 이러한 반전은 계속 제시되는 학습장애 출현율의 증가에 관한 많은 우려와 관련하여 판별 시 좀 더 보수적인 방법을 적용하기 위해 의식적으로 노력하고 있기 때문일 것이다. 어느 정도의 감소가 판별 도구인 IQ-성취 불일치 대신 출현한 RTI에 기인한 것이라 설명할 수 있는지는 아직 알 수 없다.

성별 차이

학습장애 범주에서는 3 대 1의 비율로 남학생이 많은 수를 보이고 있다(Cortiella, 2009). 몇몇 연구자는 남성의 학습장애 출현율이 높은 이유로 남성이 생물학적으로 더욱 취약하기 때문이라고 한다. 남아의 신생아 사망률은 여아보다 높고 남성이 여성보다 다양한 생물학적 기형 위험을 더 많이 지니고 있다. 그러나 다른 연구자들은 남성의 높은 학습장애 출현율은 의뢰 시의 편견에 기인한 것이라 주장한다. 남학생들은 과잉행동과 같이 교사의 수업을 방해하는 행동들 때문에 특수교육에 더 많이 의뢰된다고 하였다. 이러한 주제와 관련하여 다양한 연구가 진행되었다(Clarizio & Phillips, 1986; Leinhardt, Seewald, & Zigmond, 1982; S. E. Shaywitz, Shaywitz, Fletcher, & Escobar, 1990). 해당 관점에서 아마도 다음과 같은 결론이 적절할 것이다.

> 몇몇 편견이 존재하지만 남성의 생물학적 취약성 또한 중요한 역할을 한다. 예를 들어, 연방정부의 통계치에 따르면 의뢰나 진단 과정에서 편견이 반영되기 어려운 청각 손상(53%가 남성), 정형외과적 손상(54%가 남성) 그리고 시각 손상(56%가 남성)의 상황을 포함하여 남성이 모든 장애에 걸쳐 더 많은 출현율을 나타낸다(Hallahan, Lloyd, Kauffman, Weiss, & Martinez, 2005, p. 35).

원인

수년간 많은 전문가는 학습장애의 주요 원인을 신경학적 요인으로 의심하였다. 학습장애 분야가 나타났을 때 전문가들은 이러한 아동들의 많은 수가 두뇌 손상(뇌졸중이나 머리 부상)을 가진 것으로 알려진 사람들이 보이는 행동적 특성(예: 산만성, 과잉행동, 언어 문제, 지각적 장애)과 유사함을 보인다고 하였다(Hallahan & Mercer, 2002 참조).

그러나 학습장애 아동의 대부분은 두뇌 조직의 실질적인 손상이라는 신경학적 증거가 거의 나타나지 않는다. 그러므로 최근에는 부상(injury)이나 손상(damage)이라는 용어 대신 역기능(dysfunction)이라는 용어를 사용한다. 학습장애 아동은 두뇌 손상보다는 CNS 역기능으로 종종 불린다. 역기능의 용어는 조직 손상을 의미는 것이 아닌 두뇌나 CNS의 기능 저하를 의미한다.

연구자들은 **자기공명영상**(MRI), **기능적 자기공명영상**(fMRI), **기능적 자기공명기록법**(fMRS), **양전자방사단층촬영**(PET) 스캔과 **사건관련전위**(ERP)처럼 두뇌 전기적 활동을 측정하는 방법의 신경촬영법 기술을 사용하여 학습장애의 원인을 신경학적 역기능으로 기록하여 왔다.

- MRI는 머리에 전자파 에너지를 보내면 두뇌 횡단면의 이미지를 생성한다.
- fMRI와 fMRS는 MRI를 수정한 것이다. MRI와는 달리 사람이 읽기와 같은 과제에 참여하고 있는 동안 두뇌 활동의 변화를 알아내기 위해 사용된다.
- PET 스캔은 fMRI와 fMRS와 같이 사람이 과제를 수행하는 동안 사용된다. 대상자에게 적은 양의 방사선 물질을 주사하는데, 해당 물질로 기능하는 신경세포를 알 수 있다. 방사성의 물질을 감지하는 스캐너의 사용을 통해 연구자들은 다양한 과제를 하는 동안 두뇌의 어느 부위가 활발하게 참여하는지를 알 수 있다.

• ERPs는 지각과 인지 처리 과정의 두뇌 반응을 측정한다. 이 결과는 **뇌파전위기록장치**(EFG, 뇌파계의 시행)를 통해 나타난다.

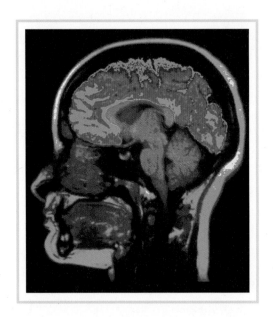

[그림 6-1] 두뇌의 좌측 측두엽과 그 주위 영역들은 읽기장애와 밀접히 관련되어 있다.

연구자들은 이러한 신경촬영법을 사용하여 학습장애(특히 읽기장애)를 지닌 사람과 그렇지 않은 사람들의 두뇌의 구조적·기능적 차이에 관한 증거들은 모아 왔다. 구조적 차이는 다양한 두뇌 영역의 크기를 말한다. 기능적 차이는 두뇌의 활동을 의미한다. 신경촬영법 연구 결과들은 난독증을 지닌 사람들의 **좌측 측두엽**과 그 주위 영역에서 구조적·기능적 차이를 지속적으로 제시하고 있다(Gabrieli, 2009 참조). [그림 6-1]을 참조하라.

연구자들은 ERPs를 사용하여 신생아의 언어적 자극에 대한 반응이 유치원 시기의 언어 점수와 상관이 있고(Guttorm et al., 2005) 8세 정도에 읽기장애를 갖게 되는지의 여부를 예측할 수 있음을 알아냈다(Molfese, 2000). 증거들은 ERPs 측정이 훗날 읽기장애 위험 아동을 결정하기 위해 교육적·심리학적 검사와 함께 사용될 수 있는 가능성이 충분히 있음을 제안하고 있다(Hoeft et al., 2007).

전체적으로 볼 때, 이러한 연구들은 학습장애로 판별된 모든 학생이 신경학적 문제를 지닌다는 확정적인 증거는 아니다. 그러나 이러한 결과들은 CNS의 역기능이 학습장애의 주된 원인이라는 믿음에 회의적이었던 여러 사람의 생각을 바꾸었다.

학습장애인들이 어느 정도 확실하게 신경학적 역기능을 지니고 있다는 증거들이 제시되지만 여전히 질문은 남겨져 있다. 이 사람들은 어떻게 신경학적 역기능을 갖게 되었는가?

유전적 요인, 독소, 의학적 요인의 세 가지 범주로 가능한 이유를 생각해 볼 수 있다.

유전적 요인

학습장애는 유전된다는 증거들이 수년간 수집되어 왔다. 학습장애의 유전적 근거를 조사하기 위한 연구의 가장 흔한 두 가지 유형은 가계 연구와 유전학 연구를 적용한 것이다.

가계 연구는 단일 가계에서 학습장애와 같은 상태가 어느 정도 나타나는가를 조사하는 것(특정한 상태가 가계에서 전해지는 경향을 보는 것)이다. 연구자들은 읽기장애를 지닌 개인 1세대(부모와 형제)의 35~45% 정도가 읽기장애를 가지고 있고(Hallgren, 1950; Olson, Wise, Conners, Rack, & Fulker, 1989; Pennington, 1990; Schulte-Korne et al.,

2006), 읽기장애를 지닌 부모의 자녀들은 성장하여 읽기장애를 갖게 될 위험을 지닌다고 하였다(W. H. Raskind, 2001). 같은 정도의 가계력이 언어장애(Beichtman, Hood, & Inglis, 1992; Lewis, 1992; Schulte-Korne et al., 2006)와 철자장애(Schulte-Korne, Deimel, Muller, Gutenbrunner, & Remschmidt, 1996; Schulte-Korne et al., 2006)를 지닌 사람들의 가계에서도 나타났다.

학습장애가 가계에서 전해지는 경향에서는 환경적 요인 또한 기인할 수 있다. 예를 들어, 학습장애 부모가 아동을 양육하는 과정에서는 그들의 장애가 전달될 수 있다. 학습장애가 유전되는가를 결정하는 좀 더 확실한 방법은 일란성과 이란성 쌍둥이에서 나타나는 학습장애의 출현율을 비교하는 **유전학 연구**를 살펴보는 것이다. 연구자들은 읽기장애, 언어장애, 수학장애가 이란성 쌍둥이보다 일란성 쌍둥이에서 더 많이 나타남을 알아냈다(DeFries, Gillis, & Wadsworth, 1993; DeThorne et al., 2006; Lewis & Thompson, 1992; Reynolds et al., 1996; Shalev, 2004). 다시 말하면, 일란성 쌍둥이와 이란성 쌍둥이가 각각 학습장애를 지니고 있다면 이란성 쌍둥이보다는 일란성 쌍둥이가 학습장애를 더 많이 지닐 수 있다는 것이다.

분자유전학의 급속한 발전으로 많은 연구에서 학습장애와 관련된 유전자를 정확히 찾아내기 위한 시도를 하였다. 명백하게, 모든 유전학자는 학습장애의 원인이 되는 단일 유전자가 없다는 것에 동의한다. 현재까지 연구자들은 학습장애와 어느 정도 관련되는 최소 네 가지의 유전자를 판별하였다(Fisher & Francks, 2006; Galaburda, LoTurco, Ramus, Fitch, & Rosen, 2006; McGrath, Smith, & Pennington, 2006; Plomin & Kovas, 2005; Smith 2007). 그리고 흥미롭게도 이러한 유전자들은 학습장애의 한 가지 이상의 유형과 연관되어 있다는 증거가 제시되었다. 다시 말하면, 같은 유전자들이 읽기, 수학, 철자장애와 연관되어 있다(Hayworth et al., 2009; Plomin & Kovas, 2005).

이러한 유전학 결과들은 지적장애의 경우와 마찬가지이고 환경적인 요인 또한 학습장애에서 주요한 역할을 하고 있음을 의미한다(5장에서 논의하였음). 이는 학습장애의 초기 단계(예: 조기 읽기 기술)에서 특히나 적합한 내용이다(Petrill, Deater-Deckard, Thompson, DeThorne, & Schatschneider, 2006).

독소

독소는 태아의 발달에서 기형이나 결함의 원인이 되는 매개체 역할을 한다. 5장에서 지적장애의 잠재적 원인을 이끄는 **태아알코올증후군**과 **태아 알코올 스펙트럼 장애**에 대해 이야기하였다. 전문가들 중에는 이러한 물질에 노출되는 것이 지적장애가 나타날 정도로는 아니나 학습장애의 원인이 될 수 있다고 추측하고 있다.

의학적 요인

몇몇 의학적 상태는 학습장애의 원인이 될 수 있다. 이러한 질병 중 많은 질병이 정도에 따라 지적장애의 원인이 될 수도 있다. 예를 들어, 조산은 신경학적 역기능과 학습장애의 위험에 놓일 수 있고(Aarnoudes-Moens, Weisglas-Kuperus, van Goudoever, & Oosterlaan, 2009), 소아 AIDS는 신경학적 손상으로 인해 학습장애가 나타날 수 있다.

심리 및 행동적 특성

학습장애인의 공통적인 특성들을 논의하기 전 해당 집단의 가장 중요한 두 가지 특성에 대해 말하고자 한다. 학습장애인들은 매우 높은 수준으로 개인 내 및 개인 간 다양성을 보인다.

개인 간 차이 변이

학습장애 학생 집단에서 어떤 학생은 읽기 문제를, 어떤 학생은 수학 문제를, 어떤 학생은 철자 문제를, 또 어떤 학생은 주의 집중의 어려움 등을 보일 수 있다. 이러한 개인 간의 다양성을 이질성(heterogeneity)라고 한다. 이질성은 특수교육 내 모든 범주 아동들의 대표적인 특성이지만, "둘이 어떠한 것도 똑같지는 않다."는 옛말은 학습장애 학생들에게 특히나 적절하다. 이러한 학습자의 이질성은 교사들에게 교실 내 다양한 집단의 학생들을 위한 교육적 프로그램 개발에 어려움을 줄 수 있다.

개인 내 차이 변이

서로 간의 차이에 덧붙여, 학습장애 아동은 자신의 장애 프로필 안에서 다양성을 보이는 경향 또한 있다. 예를 들어, 한 아동이 읽기는 학년 수준에서 2년 혹은 3년 이상의 수행을 보이나 수학에서는 학년 수준보다 2년 혹은 3년 정도 떨어질 수 있다. 이러한 고르지 않은 프로파일은 학습장애 문헌에서 특정학습장애로 설명된다. 우리는 학습장애인의 가장 일반적인 특성들에 대해 이야기하고자 한다.

학업 성취 문제

학업 결함은 학습장애의 전형적인 특징이다. 정의에 근거하여 학업 문제가 존재하지 않는다면 학습장애가 아니다.

　　읽 기　읽기는 대부분의 학습장애 학생이 가장 어려워하는 영역이다. 읽기장애 학생들은 읽기의 세 가지 측면—음독, 유창성, 이해—에서 어려움을 경험하는 경우가 많다(Hallahan et al., 2005). **음독**은 프린트를 구어로 변환할 수 있는 능력이고 음운 인식과 음소 인식 능력에 많은 부분을 의존한다. **음운 인식**은 말이 단어, 음절, 음소와 같이 소리의 작은 부분으로 이루어짐을 이해하는 것이다(Pullen, 2002; Troia, 2004). 음소 인식은 특히나 중요하다(Blachman, 2001; Boada & Pennington, 2006). **음소 인식**을 할 수 있는 아동은 단어가 소리나 음소의 조합으로 구성됨을 이해한다. 예를 들어, bat라는 단어는 /b/, /a/, /t/의 세 개 음소로 구성되어 있다. 다음의 〈성공 스토리〉는 5학년 학습장애 학생의 해당 영역에서의 성취를 기술하고 있다.

　　흥미롭게도, 영어를 사용하는 사람은 다른 언어를 사용하는 사람보다 음운론적 인식에 더 취약한 문제를 지니고 있는 것으로 나타났다. 몇몇 전문가는 이러한 점이 다른 나라보다 영어를 사용하는 나라에서 더 많은 읽기장애인이 나타나는 이유가 아닐까 추측하고 있다(218쪽의 〈핵심 개념〉 참조).

　　음독에 어려움을 갖는 학생들은 유창성에도 항상 문제를 지닌다. **읽기 유창성**은 쉽고 순조롭게 읽을 수 있는 능력을 일컫는다. 읽기 속도와 적절한 표현력을 지니고 읽는 능력이 읽기 유창성의 요소다. 읽기 유창성의 문제들은 읽기 이해에 어려움을 지닌 학생들의 주요 원인이다(Good, Simmons, & Kame'enui, 2001). **읽기 이해**는 읽은 내용으로부터 의미를 얻을 수 있는 능력을 말한다. 다시 말해, 너무 느리게 읽거나 자주 끊어지는 방식으로 읽기를 하는 것은 자료를 이해하는 데 방해를 받는다.

　　문 어　학습장애인은 글씨 쓰기, 철자, 작문의 영역에서 하나 혹은 그 이상의 어려움을 가진다(Hallahan et al., 2005). 성적이 좋은 학생들도 글씨를 잘 쓰거나 다소 못 쓰거나 할 수 있지만 학습장애 학생 중에서 글씨 쓰기 문제를 지닌 학생들은 훨씬 심한 정도를 보인다. 이러한 학생들은 매우 느리게 쓰거나, 쓴 글씨를 읽을 수 없을 정도다. 철자는 소리와 글자의 대응을 이해하지 못할 때 나타나는 주요한 문제가 될 수 있다(앞 절에서 설명하였음).

　　학습장애 학생은 글씨 쓰기와 철자 같은 기술적인 영역 말고도 창의적인 측면에서 작문하기에 빈번한 어려움을 보인다(Graham & Harris, 2011). 예를 들면, 학습장애 학생은 비장애 또래들과 비교하여 덜 복잡한 문장 구조를 사용하고, 소수의 단어를 포함하고, 덜 구조화된 단락을 쓰고, 쓰기 과제에 아이디어가 부족하고, 주요 등장인물, 배경, 갈등 해결과 같은 주요 요소가 부족한 이야기를 쓴다(Hallahan et al., 2005).

⭐ 성공 스토리

Randy는 가정과 학교에서 열심히 공부하여 학년 수준의 읽기에 도달하였다.

특수교사 Celia Gottesman: "선생님이 열심히, 빨리, 집중적으로 일하지 않는다면 학생들은 따라잡을 수 없습니다."

Randy Daniels는 10세인 플로리다 레이크 포리스트 초등학교 5학년이고 학년 수준의 읽기능력을 가지고 있다.

다음은 Randy의 성공 비결이다.

⭐ 읽기와 수학의 집중적인 교수

⭐ 엄격한 진보 점검

⭐ 구체적인 보상과 부모의 지원

Randy Daniels는 또래들보다 1년 뒤처진 2학년 수준으로 3학년을 마쳤다. 올해 Randy는 읽기를 따라잡았고 이를 매우 자랑스러워했다. 이 좋은 소식을 들었을 때 Randy는 "내가 해냈어요. 해냈어!"라고 하였다. 특수교사인 Celia Gottesman 박사는 "Randy는 1년 동안 두 번의 여름학교 수업을 하면서 2년 과정을 따라잡았어요. 이는 정말 놀랄 만한 성취랍니다."라고 하였다. 가정과 학교에서 열심히 공부한 경험은 Randy가 집중적이고, 엄격하고, 구체적인 특수교육을 통해 성공하도록 도왔다.

⭐ 읽기와 수학의 집중적인 교수

Randy Daniels는 미식축구를 제일 좋아하지만 지난해 일반학급에 참여하는 것을 어려워하였다. 여름학교 때 Randy는 Celia Gottesman과 Waltraus Schmid와 함께 학습도움실에서 매일 90분간 집중적인 교수를 받았다. Gottesman과 Schmid는 형성평가, 직접교수, 인지적 전략 훈련을 혼합하여 Randy의 학업적 기술을 강화하였다. "우리는 많은 긍정적 강화와 개인적인 관심을 주었어요."라고 Celia는 말하였다. Gottesman과 Schmid 팀은 좋은 결과를 거두었고 올해 학교의 빈곤층 학생들에 대한 적절한 연간 진보(adequate yearly progress)를 달성하였다. Celia

Gottesman은 레이크 포리스트 초등학교에서 특수아들을 대상으로 읽기와 수학을 지도하고 있다. Waltraus Schmid 또한 은퇴 전 학교에서 특수교사로 일하였다. 현재는 학교 자원봉사자로서 Celia를 도와 지도 계획을 세우고 주 5회 체계적인 교수를 실시한다. Celia에게 학습장애 학생들을 가르치는 일은 가능하면 빨리 진보를 보이도록 하는 것을 의미한다. "우리는 학생들이 어느 수준에 있는지, 어떤 학업과 사회적 기술이 필요한지를 보기 위해 자주 평가해요. 그녀는 자신이 학습장애를 지닌 세 명의 대학생 자녀를 둔 엄마라고 솔직히 말하였다. "교사가 열심히, 빠르게, 그리고 더욱 집중적으로 일하지 않으면 학습장애 학생들은 따라잡을 수 없답니다."

Randy의 읽기 유창성과 이해력을 향상하기 위해 Celia는 교수의 속도를 수정하였고, 비슷한 개념과 어휘에 어려움을 갖는 다른 학생들과 함께 소그룹을 구성하여 Randy를 지도하였다. 그녀는 또한 그의 기초 학업 내용을 돕기 위해 증거기반 학습 전략을 지도하였다. 또한 Randy는 Waltraus Schmid로부터 매일 일대일 보충 교수를 받았다. Schmid는 Randy의 기술 수준을 목록화하였고 그의 진보를 도표화하였다. "첫해 Schmid 씨의 일은 약사와 같았답니다. 그녀는 데이터를 수집하는 것의 중요성을 알고 있었지요."

구 어 많은 학습장애 학생이 언어의 기계적이고 사회적인 사용에 있어 문제를 지닌다. 기계적 사용으로는, **구문론**(문법), **의미론**(단어 의미), 앞서 언급하였던 **음운론**(단어를 소리들로 나누고 단어를 만들기 위해 개별 소리를 묶음)에 어려움을 보인다.

언어의 사회적 사용은 일반적으로 **화용론**을 의미한다. 학습장애 학생은 종종 대화 중 산출과 수용의 측면에서 서투르다. 즉, 그들은 전혀 이야기를 잘하는 사람이 아니다. 학

★ 엄격한 진보 점검

Celia Gottesman은 다양한 평가 방법을 기반으로 지도하였다. "우리는 올해 많은 진단 정보를 가지고 시작하였어요. 우리는 교수를 계획하기 위해 많은 종류의 데이터를 사용하였고 주정부 시험, 읽기 목록, 교육과정중심 측정을 사용하여 진보를 점검하였지요." Randy의 경우, Schmid는 읽기 유창성과 수학 검사를 위해 수업 자료를 사용하였다. 그녀는 Randy가 1분 동안 읽은 단어 수를 그래프로 그렸고 6주간 매일 수학 계산 문제의 맞은 수와 틀린 수를 도표화하였다. 이러한 자세한 진보 점검은 Celia가 Randy를 교수하는 데 도움을 주었다. "우리는 각 학생들의 기초 점수를 바탕으로 학생들마다 습득 수준을 마음속에 그려 놓고 있습니다. 우리는 지도하고자 하는 기술을 구분해 놓고, 해당 기술을 지도하기 위해 타당한 방법들을 사용하며, 우리의 지도에 대한 학생의 반응을 측정하지요. 우리는 Randy가 주 성취도 시험에서 75점을 향상하기를 기대했지만, 그는 읽기에서는 100점 이상, 수학에서는 200점 이상 향상했어요."

★ 구체적인 보상과 부모의 지원

Randy의 교사들은 Randy의 성공은 집에서 항상 읽기 연습을 시킨 엄마의 역할이 컸다고 하였다. "나는 아들이 흑인이기 때문에 주정부의 통계 대상이 되는 것을 원치 않았어요. 나는 Randy가 열심히 노력한다면 성공할 수 있다는 것을 배우길 원했어요." 엄마인 Lee 부인은 방과 후 무료 튜터링 시간을 계획하였고, 읽기습득 책을 한 권 더 준비하여 Randy를 도왔다. "나는 Gottesman 박사에게 'Randy를 어떻게 가르치는지 저에게 가르쳐 주세요. 그러면 그 방식대로 제가 집에서 Randy를 지도하겠습니다.'라고 말했어요." Lee 부인은 Randy의 읽기 점수를 향상하기 위한 보상 프로그램에 참여하기 시작하였고, Randy가 매일 적어도 30분간 읽기를 하도록 하였다. Randy가 받는 보상은 그의 아버지가 현재 코치로 있는 지역 Pop Warner 미식축구 리그에서 경기를 하는 것이었다. Randy는 여동생 두 명이 있고 부모님은 모두 직업을 가지고 있었다. Randy를 성공시키고자 하는 그들의 노력은 쉽지 않았지만 가치 있는 일이었다. "그는 매우 바쁜 어린이죠."라고 Lean은 말하였다. "보상은 Randy를 동기부여시켰고 그가 지금 이룬 것은 정말 대단해요."

CEC 표준: 성공을 위한 길

학습장애 학생들의 초임교사들을 위한 CEC 기준과 기술들에 부합하는지를 평가하여 봅시다. 전문가로서의 지식, 기술, 성향의 성장 정도를 성찰하기 위해 다음의 질문들을 적용하여 봅시다.

전문성 개발을 위한 성찰

만약 당신이 Randy의 교사라면……
- 학습장애 학생들을 지도하기 위해 더 알아야 할 영역은 무엇인가?
- 학습장애 학생을 지도하기 위해 필요한 구체적인 기술들은 무엇인가?
- 학습장애 학생들이 새로운 기술을 성공적으로 습득하도록 지도하기 위해 당신이 지녀야 할 가장 중요한 성향을 무엇이라 생각하는가?

CEC 표준의 사용
- 학습장애 위험을 지니고 있는 유아들을 판별하기 위해 어떠한 절차를 적용할 수 있는가? (LD8K3)
- 학습장애 학생들의 지각, 이해, 기억, 인출의 결함을 강화하고 보완하기 위하여 어떠한 교수 방법을 적용할 수 있는가? (LD4S5)
- 학습장애 학생을 위한 특별한 교육과정, 자료, 자원들은 무엇인가? (LD7K2)

• Jean B. Crockett

습장애 학생은 대화에서 상호 주고받기에 참여하지 못한다. 예를 들어, 학습장애 학습자와의 대화에서는 비장애 또래가 대화를 계속 이어 나가기 위해 사용하는 꽤 미묘한 전략들을 사용하지 못하기 때문에 종종 대화가 침묵으로 끊기게 된다. 그들은 다른 사람들의 질문이나 진술에 대해 적절히 반응하지 못하고 상대방이 반응할 기회를 갖기 전에 자신의 질문에 답해 버리는 경향이 있다. 그들은 과제와 상관없는 의견을 말하거나 함

핵심 개념

난독증: 같은 두뇌, 다른 언어

영어 사용 국가에서 영어 사용 능력이 떨어지는 사람들은 어려움을 많이 겪는다. 새로운 연구에서 그들은 특히 난독증을 보이기 쉬울 수 있고, 이는 그들의 언어가 너무 까다롭기 때문이라고 말하고 있다.

철자와 기억 문제의 뚜렷한 양상은 난독증이 강한 유전적 기반을 가지고 있고 어떤 신경학적 이상은 장애로 나타나고 있음을 제시하고 있다. 그러나 문화적 요소 또한 반영되는데, 특정 국가에서 난독증이 특히나 많이 출현하고 있기 때문이다. 예를 들어, 미국에는 난독증의 정의에 부합하는 특성을 보이는 사람이 이탈리아에 비해 두 배 정도로 나타난다. 연구자들은 특정 언어가 장애에 노출이 되는 반면 어떤 언어는 난독의 문제가 발생되지 않도록 보완하는 기능이 있는 것은 아닌가 의심하고 있다. 지금 뇌영상 연구 결과는 이러한 이론을 지원한다.

다국적 연구자로 구성된 연구팀은 PET 스캔을 사용하여 영국, 프랑스, 이탈리아 성인이 책을 읽는 동안 그들의 두뇌 활동을 관찰하였다(Paulesu et al., 2001). 언어와는 상관없이…… 난독의 증후군을 지닌 사람들은 두뇌의 읽기에 필수적인 부위의 신경 활동이 덜 나타났다.

이탈리아 밀란 비오카 대학교(University of Milan Biocca)의 신경학자 Eraldo Paulesu는 다른 언어를 말하는 사람들에게서 "신경학적으로 매우 비슷한 증상을 보였다."라

고 말하였다. "그러므로 (다른 나라 간의) 임상적 증후의 출현에서 나타나는 차이는 무언가 다른 것이어야만 한다." 연구자들은 언어를 거론하였다. 영어는 단지 40개의 소리로 구성되지만 음소들은 1,120개의 다른 방법을 적용하여 철자로 쓰여진다. 프랑스 철자는 거의 미치게 만든다. 반대로 이탈리아어로 말하는 사람은 스물다섯 가지의 다른 말소리를 33개 글자의 혼합으로 만든다. 당연히 이탈리아 아동들은 영국 아동들보다 더 빠르고 정확하게 읽는다. 영어나 프랑스어처럼 철자에서 매우 복잡하고 임의적인 체계를 가진 언어를 사용하는 사람들이 읽기장애를 극복하기 위해 어려운 시간을 겪는다는 것은 놀랄 일이 아니다. 일반적인 독자와 비교하여 세 나라의 난독증을 지닌 사람들은 읽기를 하는 동안 좌측 측두엽 부분이 덜 활성화되는 것으로 보였다([그림 6-1] 참조). 덜 활용되는 영역은 신경학자들에게 익숙하다. 뇌졸중을 입은 환자의 경우 이 영역에 손상을 받아 유창하게 말하여도 읽고 철자하기의 능력을 잃곤 하였다.

이 연구는 그들의 읽기장애를 극복하기 위해 난독 학생들을 어떻게 도울 것인지에 대한 해결책을 제시하지 못한다. Paulesu에 따르면, 이탈리아, 터키, 스페인에는 철자가 단순하고 복잡하지 않다. 영어와 불어 사용 학생이 임의적으로 철자화된 단어를 암기하는 것을 불평할 때 측은히 여기라. 그들이 억울한 감정을 느끼는 것은 맞다.

출처: Helmuth, L. (2001). Dyslexia: Same brains, different languages. *Science, 291*, 2064-2065에서 허가 후 게재함. Copyright ⓒ 2001 by American Association for the Advancement of Science.

께 말하고 있는 사람들을 불편하게 하는 경향이 있다. 종종 언급되는 관련 연구에서는 학습장애 학생들과 일반 학생들에게 모의 TV 토크쇼에서의 사회자 역할을 하도록 하였다(Bryan, Donahue, Pearl, & Sturm, 1981). 일반학생들과는 달리, 사회자 역할을 하는 학습장애 학생들은 손님 역할을 하는 비장애 또래들과의 대화에서 압도되는 모습을 나타냈다. 또한 학습장애 학생들은 손님 역할을 할 때 일반학생들이 할 때보다 더 불편한 태도를 보였다.

수 학   전통적으로 읽기, 쓰기, 언어의 장애가 수학 문제보다는 더 관심을 받았지만 최근 수학의 어려움이 많은 집중을 받고 있다. 전문가들은 수학장애가 읽기장애 출현율과 비슷하거나 매우 비슷한 수준으로 나타난다고 인식하고 있다(Kunsch, Jitendra, & Sood, 2007; Swanson & Jerman, 2006). 이 학생들이 보이는 어려움의 유형은 수학 연산과 문장제 문제다(L. S. Fuchs et al., 2011). 문장제 문제의 어려움은 종종 비효율적인 문제해결 전략 적용으로 인한 것이다.

지각, 지각-운동 그리고 협응의 문제

연구에서 어떤 학습장애 학생들은 시·청·지각의 장애를 지니고 있다고 말한다(Hallahan, 1975; Willows, 1998 참조). 시지각적 문제가 있는 아동은 퍼즐을 맞춘다거나 시각적 도형을 기억하는 데 어려움을 겪을 수 있다. 예를 들어, 이들은 글자를 반전된 것으로 인식한다(예: d를 b로 읽음). 청지각적 문제를 지닌 아동은 소리가 거의 비슷한 두 단어를 구별하거나(예: fit과 fib) 구두로 제시된 지시문을 따르는 데 어려움을 가질 수 있다.

교사와 부모들은 어떤 학습장애 학생들은 운동 기술이 반영된 신체적 활동에 어려움을 겪는다고 언급하였다. 이러한 아동들은 '춤을 추거나 운동을 하는 동작이 어색하여 발이 엉기는 모습(two left feet)'이거나 '손재주가 없는(ten thumbs)' 모습을 지닌다. 이러한 문제들은 소근육 운동(작은 운동 근육)과 대근육 운동(큰 운동 근육) 기술에 모두 관여가 될 것이다. 소근육 운동 기술은 종종 시각과 운동 체계의 협응이 요구된다.

주의력결핍 과잉행동장애

주의 집중 문제를 지닌 학생들은 산만함, 충동성, 과잉행동과 같은 특성을 보인다. 이러한 아동들의 교사와 부모는 아동이 한 과제를 오랫동안 할 수 없고, 다른 사람들의 이야기 듣는 것을 못하고, 끊임없이 말하고, 머릿속에 생각나는 대로 불쑥 말하거나, 학교 안팎에서 활동을 계획하는 데 정리되어 있지 못하는 특성을 나타낸다고 하였다. 이러한 문제들은 심한 정도에 따라 **주의력결핍 과잉행동장애**(ADHD)라고 진단한다(ADHD에 대해서는 7장에서 주로 다룬다). 추정치가 다양하긴 하지만, 연구자들은 ADHD와 학습장애 간에 10~25%가 공존하는 것으로 제시하고 있다(Forness & Kawale, 2002).

기억과 초인지 문제

기억과 초인지의 어려움은 서로 상당히 관련이 있다. 해당 영역 중 하나에 문제가 있는 사람들은 다른 부분에서도 어려움을 지니곤 한다.

기 억   교사와 부모는 학습장애 학생이 과제나 약속 등을 기억하는 데 어려움을 지니고 있음을 잘 알고 있다. 사실 교사나 부모는 어떻게 이렇게 똑똑한 아동이 잘 잊어버릴까 이해할 수 없어 화가 나 소리치게 된다.

학습장애 학생들은 **단기기억**과 **작동기억**의 최소 두 가지 유형의 기억 문제를 지니고 있다(Swanson, Kehler, & Jerman, 2010; Swanson, Zheng, & Jerman, 2009). 단기기억 문제는 보거나 듣고 나서 짧은 시간 후에 정보를 회상하는 데 어려움을 겪는 것이다. 작동기억은 다른 인지적 과제를 수행하는 동안 동시에 머릿속에 정보를 유지할 수 있는 능력에 영향을 끼친다. 좋은 예로 수학 기술을 들 수 있다. 학습자는 수학적 계산을 하는 동안 단계에 따라 최종 답을 산출하기 위해 머릿속으로 어떤 개념이나 계산을 유지할 수 있어야 한다.

연구자들은 학습장애 학생들이 또래 비장애학생들과 달리 기억 과제를 잘 수행하지 못하거나 전략을 사용하지 않는 주요한 문제를 나타냄을 알아냈다. 예를 들어, 기억해야 할 단어 목록들을 제시했을 때 대부분의 아동은 그것들의 이름을 되새긴다. 또한 되새긴 단어들을 비슷한 집단으로 목록화할 것이다. 학습장애 학생들은 이러한 전략을 쉽게 사용하지 않았다. 그러나 연구에서 학습장애 학생들도 시연을 통해 기억 전략을 배울 수 있고, 이후 학습장애 학생의 학업 수행이 향상되었음을 제시하고 있다.

초인지   **초인지**는 최소 세 가지 요소로 구성되어 있다. ① 과제 요구들을 인식할 수 있는 능력, ② 적절한 전략을 선택하고 적용할 수 있는 능력, ③ 수행을 모니터하고 조정할 수 있는 능력(Butler, 1998).

첫 번째 요소—과제 요구들을 인식하는 능력—와 관련하여 학습장애 학생들은 과제가 얼마나 어려운가를 판단하는 데 자주 문제를 보인다. 예를 들어, 높은 수준의 전문적 정보를 읽을 때에도 편하게 읽기를 할 때와 같은 수준의 강도로 접근한다.

두 번째 요소—적절한 전략의 선택과 적용 능력—의 예로, 학습장애 학생들은 "너는 아침에 숙제를 학교에 가지고 와야 하는 것을 어떻게 기억할 수 있니?"와 같은 질문에서 과제 수행 능력의 여부가 나타난다. 학습장애 학생들은 비장애학생들이 하는 것처럼 많은 전략(예: 잊지 않기 위해 노트에 쓰기, 문 앞에 숙제를 두기)을 생각하지 않는다.

마지막 초인지 요소—수행을 점검하고 조정하기—의 예는 이해력 점검이다. **이해력 점검**은 읽기를 하면서 본문 자료의 이해를 위한 시도를 적용할 수 있는 능력을 의미한다. 많은 학습장애 학생은 그들이 읽고 있는 것을 이해하고 있는지에 대해 알아차리는 능력이 부족하다(Butler, 1998). 훌륭한 독자는 자신의 이해 여부를 알아차릴 수 있고 필요할 때는 천천히 읽거나 모르는 부분을 다시 읽거나 하는 등의 조정을 할 수 있다. 읽기에 어려움을 지니는 학생들은 단락의 주요 아이디어를 뽑아내는 데 어려움을 가지기도 한다.

사회적 · 정서적 문제

모두 혹은 대다수는 아닐 수 있지만, 학습장애 학생들은 비장애 또래들보다 심각한 사회적 · 정서적 문제들은 지니고 있다. 예를 들어, 그들은 우울증, 사회적 거부, 자살 생각, 외로움 등의 위험 요소에 노출되어 있다(Al-Yagon, 2007; Bryan, Burstein, & Ergul, 2004; Daniel et al., 2006; Maag & Reid, 2006; Margalit, 2006). 행동 문제를 경험하는 학생들은 그 영향이 오래 지속되고 충격적이다. 청소년기에 거부당한 상처는 고통스럽고 쉽게 치료되지도 않는다(McGrady, Lerner, & Boscardin, 2001). 〈개인적 관점〉 '학습장애와 거부의 고통'에는 학습장애인들이 겪는 깊은 정서적 상처에 관한 증언이 제시되어 있다.

학습장애 학생이 지닌 사회적 문제의 그럴듯한 이유 중 하나는 그들이 사회적 인지의 결함을 지니고 있다는 것이다. 이는 그들이 사회적 단서들을 잘못 알아차리고 다른 사람들과의 감정과 정서를 잘못 해석할 수 있다는 것이다. 예를 들면, 대부분의 아동은 그들의 행동이 언제 다른 사람을 괴롭히는지의 여부를 알 수 있다. 학습장애 학생들은 때때로 그들의 행동이 또래에게 영향을 끼치고 있다는 것을 의식하지 못하는 것처럼 행동한다. 그들은 또한 다른 사람의 입장이 되어 생각하는 데 어려움을 갖는다.

연구자들은 사회적 상호작용의 어려움이 수학, 시공간적 과제, 촉각적 과제, 자기조절과 조직화에 어려움을 보이는 아동들에게서 더욱 많이 나타나는 경향이 있다고 제시하였다(Rourke, 1995; Worling, Humphries, & Tannock, 1999). 몇몇 연구자는 이러한 아동들이 다른 사람의 감정을 '읽는' 데 있어서 어려움을 나타내는 자폐 범주성 장애(9장 참조)와 유사하다고 밝히고 있다(Semrud-Clikeman, Walkowiak, Wilkinson, & Minne, 2010). 이러한 행동 군집 특성을 보이는 사람들을 **비언어적 학습장애**라고 한다. 그러나 이 용어는 다소 부적절한 명칭인데, 이러한 사람들이 종종 언어적 사용에서, 특히 사회적 상황에서 미묘한 문제들을 보이기 때문이다. 연구자들은 우반구가 수학, 시공간적 · 촉각적 기술과 관련되어 있는 것으로 알려져 있기 때문에 비언어적 학습장애가 우반구의 역기능 때문이라고 짐작하고 있다. 비언어적 학습장애인들은 아마도 사회적 거부나 고립을 경험할 수 있기 때문에 우울증의 위험이 있는 것으로 나타났다. 극심한 상황의 경우, 높은 수준의 자살 위험을 겪는다(Bender, Rosenkrans, & Crane, 1999).

인터넷 자원

다음은 비언어적 학습장애를 가진 딸의 어머니가 만든 웹사이트로, 비언어적 학습장애와 관련된 다양한 자료가 담겨 있다. http://www.nldontheweb.org/home.html

동기에 관한 문제

많은 학습장애인이 지닌 문제들의 다른 근원은 삶의 많은 어려움과 문제들을 해결하기 위한 그들의 능력에 관한 동기 혹은 감정이다. 학습장애인은 사건이 발생했을 때 통제하기 위한 시도 없이 사건들이 일어나도록 내버려 두고 그 영향을 받게 된다. 심리학자들은 이를 내적이 아닌 외적 **통제 소재**라 일컫는다. 다시 말하면, 이러한 생각을 하는

개인적 관점

다음은 34세인 학습장애 성인의 자서전에서 발췌한 내용으로 학습장애인이 친구를 사귀고 함께 지내는 데 얼마나 어려움을 겪는지를 안타깝게 묘사하고 있다.

새로운 친구를 사귀는 것은 내가 시도한 적도 거의 없지만 가장 어려운 일이었습니다. 1학년 때 나는 매우 수줍어했고 다른 아이들은 나를 괴짜로 보고 내게 다가오는 것을 꺼렸습니다. 나는 처음부터 사회적으로 왕따를 당하였습니다. 나의 아버지도 친구가 많지 않은 분이어서 내가 가진 사회적 문제를 들으시고는 다소 현명하지 못한 조언을 해 주셨습니다. "친구들이 너를 좋아하지 않는다면 허튼소리(bullshit)를 해서 놀라게 해 버려." 결국 나는 허튼소리로 친구들에게 해가 되는 태도를 보였고, 진정한 친구를 만들려는 예상은 망치게 되었습니다. 관심 있는 아이들을 친구로 만들기 위해 나는 나 자신을 더 요란스럽게, 신나게 만들었습니다. 다른 사람의 눈에 비친 나의 이미지를 좋게 하기 위한 기회가 주어졌을 때 나는 달려들었습니다. 얼마나 충격적인 거짓말인지도 상관없이…….

너무도 빨리, 이러한 행동은 또래들에게 역효과를 낳기 시작하였습니다. 나는 나의 거짓말로 인한 시련을 겪기 시작하였습니다. 한동안, 나는 내가 만든 이야기 속에 서 있었습니다. 나는 내가 왜 그들에게 그렇게 말했는지 알 수 없었고, 그것이 다른 이들에게 미치는 영향에 대해서도 몰랐습니다.

그러나 시간이 지나고 급우들의 계속적인 의심으로 결국 나의 거짓말이 드러났습니다. 3학년이 되었을 때 나는 친구들에게 맞았고, 방어할 수 없었고, 피할 수 있는 곳도 없었습니다. 나는 공개적으로 거짓말을 했다고 말하였습니다. 그 후 나의 고백은 학교에 유행처럼 퍼져 나갔고, 나는 혼자가 되었습니다. 학교에서 누구도 거짓말쟁이와 친구가 되려 하지 않았고, 나는 진실을 말하지 않는 사람이었습니다. 또래들이 서로 친해지며 지내는 시간 동안 나는 그들에게 먼지 같은 존재로 서 있었습니다. 초기에 나는 나 자신이 되기 위해 노력하였으나 점차 나 자신에게서 멀어졌습니다. 나는 사회적으로 받아들여질 수 있다는 희망으로 모두를 위해 모든 것을 하였습니다. 그러나 결국 나는 사회적·정서적으로 아무것도 없이 남겨졌습니다(Queen, 2001, p. 5).

사람들은 그들의 삶이 결정력이나 능력과 같은 내적 요인보다는 운이나 운명과 같은 외적 요인에 의해 조정된다고 믿는다(Hallahan et al., 2005). 이러한 관점을 지닌 사람들은 때때로 **학습된 무기력**, 즉 아무리 그들이 열심히 시도하여도 결국 실패할 것이기 때문에 포기하는 경향을 보인다.

이러한 동기의 문제들은 교사, 부모 그리고 학습장애인들이 학습과 동기 문제의 상호 관계성을 다루는 데 어렵게 만든다(Morgan & Fuchs, 2007). 악순환은 계속된다. 즉, 학생은 과거 경험에 근거하여 어떠한 새로운 상황에서도 실패를 예상하는 것을 학습하게 된다. 이러한 실패에 대한 예상 혹은 학습된 무기력은 학생들이 어렵거나 복잡한 과제에 당면할 때 너무 쉽게 포기해 버리는 것의 원인이 된다. 결과적으로 새로운 기술을 습득하는 것에 실패할 뿐만 아니라 학생은 또 다른 나쁜 경험을 하게 되고, 무기력과 무가치한 감정을 강화하게 되고, 이는 순환하게 된다.

전략 사용에 어려움 있는 수동적인 학습자

우리가 설명하였던 많은 심리 및 행동적 특성에서 학습장애 학생들은 학습 문제를 다룰 수 있는 전략이 부족한 수동적인 학습자라는 것으로 요약할 수 있다(Hallahan et al., 2005). 구체적으로, 연구자들에 따르면 학습장애 학생들은 자신의 능력을 믿지 못하고 (학습된 무기력), 문제를 해결하기 위해 사용 가능한 전략을 부적절하게 선택하며(빈약한 초인지 기술), 자발적으로 적절한 학습 전략을 산출하는 데 어려움을 지니고 있다.

이러한 특성들의 복합적인 작용으로 학습장애 학생은 독립적으로 활동하는 데 어려움을 겪는 것이다. 그들은 '스스로 시작하는' 가능성이 없어 보인다. 스스로 하도록 요구되는 숙제나 활동에서 교사가 적절한 정도의 지원을 주의 깊게 제공하지 않으면 문제가될 수 있다. 4장에서 제시되었듯이, 숙제는 많은 장애학생에게 주요한 문제가 된다. 이는 특히 학습장애 학생에게 나타난다(Bryan & Sullivan-Burstein, 1998; Epstein, Munk, Bursuck, Polloway, & Jayanthi, 1998). 학생들의 어려움은 숙제를 집에 가져오는 것을 잊는 것에서부터 숙제를 하는 동안 산만해지거나 숙제를 제출하는 것을 잊는 것으로 나타난다.

교육적 고려

여기서는 ① 인지적 훈련, 전략 결함이 있는 수동적 학습자와 연관된 문제들을 다루기 위해 개발된 접근, ② 학업(읽기, 쓰기, 수학, 과학과 사회과의 내용 영역) 문제를 다루기 위해 개발된 교수 접근, ③ 교수를 위한 두 가지 일반적 접근—직접교수와 또래교수—을 다룬다.

인지적 훈련

인지적 훈련에는 세 가지 요소가 포함되어 있다. ① 사고 과정의 변화, ② 학습을 위한 전략 제공, ③ 자기주도 교수. 행동수정은 관찰 가능한 행동의 수정에 초점을 두는 반면 인지적 훈련은 관찰이 어려운 사고 과정을 수정하고 행동으로의 관찰 가능한 변화를 촉진하는 것과 관련되어 있다. 인지적 훈련은 많은 학습장애 학생의 다양한 학업 문제의 향상을 돕는 데 성공적임이 밝혀졌다(Hallahan et al., 2005). 특히 인지적 훈련은 초인지와 동기의 문제에 초점을 두기 때문에 학습장애 학생에게 적절하다.

인지적 훈련이라는 주제와 관련된 구체적인 전략들은 다양하다. 여기서는 자기교수, 자기감독, 비계설정 교수, 상보적 교수의 네 가지를 간단하게 논의하고자 한다.

자기교수   **자기교수**(self-instruction)의 목적은 학생들이 과제를 수행하는 동안 문제 해결 과제의 다양한 단계를 인식하고 언어적 통제를 통해 행동으로 나타내도록 하는 것이다.

한 연구에서는 5학년과 6학년 학습장애 학생들이 수학 문장제 문제를 풀 때 자기교수를 적용하도록 하였다(Case, Harris, & Graham, 1992). 이는 5단계로 이루어졌는데, 학생들은 문제를 소리 내어 말하고, 문제에서 중요한 단어를 보고 동그라미 치고, 어떤 내용인지 설명하는 데 도움을 줄 수 있도록 그림을 그리고, 수학 문장으로 쓰고(계산 과정), 답을 쓴다. 또한 학생들에게 다음의 자기교수를 따르도록 촉진한다.

① **문제 판별**: "나는 무엇을 해야 할까?"
② **계획하기**: "나는 이 문제를 어떻게 풀 수 있을까?"
③ **전략 사용**: "다섯 단계 전략은 문제의 중요한 단어를 찾는 데 도움을 줄 것이다."
④ **자기평가**: "내가 어떻게 하였지?"
⑤ **자기강화**: "잘했어. 내가 맞게 했어."

자기감독   **자기감독**(self-monitoring)을 할 때, 학생들은 자신의 행동을 돌아보고 그 과정에서 자기평가와 자기기록의 두 가지 요소를 적용하게 된다(Hallahan, Kneedler, & Lyod, 1983). 학생들은 자신의 행동을 평가하고 행동이 일어났는지 아닌지를 기록한다. 학생들은 다양한 학업 행동을 자기감독하도록 배운다. 예를 들어, 학생들은 수학 문제 몇 개를 푼 후 답을 체크하고 맞은 답의 수를 기록지에 기록한다. 며칠 후에 학생과 교사는 학생 진보의 관찰 가능한 기록을 얻게 된다.

비계설정 교수   **비계설정 교수**(scaffolded instruction)에서 교사는 학생이 처음 과제를 학습할 때 지원을 제공하고 점차적으로 지원을 줄여서 최종적으로는 학생이 과제를 독립적으로 하도록 한다. 예를 들어, 한 연구에서 교사는 쓰기를 위해 3단계 전략을 모델링하였고 다음의 단계를 소리 내어 말하였다.

비계설정 교수에서는 학생이 첫 과제 수행을 할 때 지원이 제공되고 추후 점점 줄어들어 최종적으로 학생이 독립적으로 수행한다.

① **생각하기**: '이것을 누가 읽을 것이고 나는 왜 이것을 쓰는가?'를 생각한다.
② **계획하기**: TREE(note Topic sentence[주제 문장 쓰기], note Reasons[근거 쓰기], Examine reasons[근거 검토하기], note Ending[마무리 쓰기])를 사용하여

　　말하는 것이 무엇인지 계획한다

　③ **쓰고 더 말하기**(Sexton, Harris, & Graham., 1998. p. 30)

　이 전략을 모델링하는 동안, 교사는 학생과 전략에 대해 여러 부분을 논의하고 학생은 점진적으로 이 전략을 암기하고 자신의 것으로 적용하게 된다.

　상보적 교수　　비계설정 교수처럼 **상보적 교수**(reciprocal teaching)도 교사와 학생 간의 상호 대화로 진행된다. 이때 교사와 학생 간의 관계는 전문가(교사)와 견습생(학생)의 관계와 유사하다. 교사는 점진적으로 자신만이 유일한 교사라는 생각에서 벗어나 학생도 협력교사로 가정해 준다. 교사는 학생에게 전략들을 사용할 수 있도록 모델링해 주고 격려한다.

학업 관련 교수 접근

　정의에 의하면, 학습장애 학생들은 읽기, 쓰기, 수학, 과학, 사회과의 교과 영역에서 한 가지 혹은 그 이상의 학업 문제를 경험한다. 우리가 각각 나누어 논의하긴 하지만 경험에 근거한 법칙들도 이러한 영역을 통해 명백하게 나타난다. 1장에서 제시하였듯이, 특수교육 수업은 속도, 강도, 엄격함, 구조화, 강화, 교사-학생 비율, 교육과정, 모니터링, 평가를 정확하게 통제한다(Kauffman & Hallahan, 2005).

　읽기 교수 접근　　2000년에 미국 읽기 패널(National Reading Panel)은 아동들이 어떻게 읽기를 배우는지와 읽기 교수를 위한 좋은 방법에 관한 연구를 종합하였다(National Institute of Child Health and Human Development, 2000). 이 보고서는 효과적인 읽기 교수의 다섯 가지 필수적 요소, 즉 음운 인식 훈련, 발음중심 교수, 유창성 교수, 어휘 교수, 읽기 이해 교수를 확인하였다. 또한 가장 성공적인 읽기 교수는 명시적이고 체계적이다.

　이 장 앞부분에서 설명하였듯이 **음운 인식**은 말소리가 단어, 음절, 음소처럼 소리의 작은 단위로 구성됨을 아는 것을 의미한다. **음소 인식**은 음운 인식의 한 요소로 단어가 소리나 음소로 만들어짐을 아는 것을 말한다. 연구에서는 읽기장애 학생들에게 단어들에서 음소를 조작할 수 있도록 가르치는 것이 읽기 기술을 습득하도록 도와주는 가장 효과적인 방법임이 강력하게 제시되고 있다.

　발음중심 교수는 글자와 단어들이 해당 소리와 짝을 이루도록 하는 알파벳 체계를 학습하는 것이다. 효과적인 발음중심 교수는 명시적이고 체계적이며 많은 연습을 제공한다(Mercer, Mercer, & Pullen, 2011).

　읽기 유창성은 힘을 들이지 않고 순조롭게 읽을 수 있는 능력이다. 읽기 유창성 문제를 위한 성공적인 중재는 학생들이 소리를 내어 읽는 것을 반영한다. 특히 효과적인 전략은 **반복 읽기**로, 학생이 오류 없이 적절한 속도로 읽을 때까지 동일한 짧은 단락을 반복적으로 소리 내어 읽는다.

학생의 듣기와 읽기 어휘력을 향상하기 위해 유용한 방법이 많다. 개인의 어휘력은 간접적으로 학습하는 양이 많기 때문에 다양한 자료를 많이 읽도록 하는 기회를 제공하는 것이 중요하다. 직접적으로 어휘력을 지도하는 것과 관련하여 가장 효과적인 방법은 "본문에서 새롭거나 잘 모르는 단어를 읽기 전에 예습하고 특정한 단어들은 시간을 연장하여 다른 맥락들을 통해 널리 교수하는 것이다."(Mercer et al., 2011, p. 269)

다양한 전략은 학생들이 읽은 내용을 이해하는 데 도움을 줄 수 있다. 어떤 방법은 우리가 이미 논의하였던 인지적 훈련 전략의 유형을 담고 있다. 또 다른 방법으로 이 장 후반부의 내용 영역 교수를 위한 접근에서 설명할 내용향상 전략이 있다.

쓰기 교수 접근   읽기와 쓰기 능력은 매우 밀접하게 연결되어 있다. 읽기장애 학생은 종종 쓰기에서도 문제를 보인다. 연구자들은 학습장애 학생을 위한 효과적인 쓰기 교수는 계획하기, 수정하기, 편집하기의 명시적이고 체계적인 전략을 반영하고 있음을 알아내었다(Graham & Harris, 2011).

자기조정 전략 개발(self-regulated strategy development: SRSD, Graham & Harris, 2003; Harris, Graham, & Mason, 2003)은 연구를 기반으로 한 매우 효과적인 모델이다(Regan & Mastropieri, 2009). SRSD는 계획하기, 지식, 기술을 반영하여 문제해결 과제로서 쓰기를 하는 접근이다. SRSD에서는 쓰기의 다른 측면에 초점을 두는 전략들이 있다. 좋은 예는 이야기 쓰기 전략이다. 이 전략은 POW+WWW, What=2, How=2다. POW=Pick my idea(나의 생각을 정하기), Organize my note(나의 메모를 조직화하기), Write and say more(쓰고 더 말하기). WWW=Who is the main character?(누가 주인공인가?), When does the story take place?(이야기가 언제 일어났는가?), Where does the story take place?(이야기가 어디서 일어났는가?). What=What does the main character do?(주인공이 무엇을 하였는가?), What happens then?(그러고 나서 무슨 일이 있었는가?). H=How does the story end?(이야기는 어떻게 끝이 났는가?), How does the main character feel?(주인공은 어떤 느낌이었을까?)

수학 교수 접근   연구자들은 학습장애 학생을 위한 효과적인 수학 교수를 특징짓는 원칙을 알아냈다. 가장 중요한 것은 교수가 명시적이어야 한다는 것이다(L. S. Fuchs et al., 2011; Gersten et al., 2009). 수학에 관한 구성주의적 견해, 탐구 중심의 접근은 학습 문제를 경험하지 않는 학생들은 성공할 수 있겠지만 학습장애 학생들은 교사 지시와 더 많은 구조화가 필요하다. 다른 원칙들로 교사는 오류를 줄이기 위해 교수를 위계화해야 하지만 오류가 나타날 때 즉각적으로 잘못을 바로잡아야 한다. 교수에서 개념과 연산을 누적적으로 복습하고, 학생의 진보는 자세하게 감독되어야만 한다.

　과학과 사회과 교수 접근　학습장애 학생들은 과학과 사회과와 같은 내용 영역에서도 문제를 보이곤 한다. 특히 교재를 통해 내용이 전달되는 것이 주된 방법일 경우 그렇다. 불행하게도 현재 기준기반(standard-based) 학습과 고부담(high-stake) 검사의 분위기는 교재를 기반으로 한 과학과 사회과에 큰 비중을 두는 결과를 가져왔다. 교재중심 교수는 학습장애 학생이 지닌 선행 지식, 읽기, 어휘 그리고 기억에서의 단점들을 보완하기 어렵다. 학습장애 학생에 의한 구조화된 경험의 요구는 활동 지향적인 교수의 적용에 문제를 나타낼 수 있다. 활동중심 교수는 주의 깊게 구조화하고 계열화하여야 하고 학생의 진보를 모니터링하고 누적적으로 복습하는 것을 강조해야 한다. 그럴 때 학습장애 학생에게 효과적일 수 있다(Scruggs, Mastropieri, & Marshak, 2011).

　교재를 사용할 때, 연구자들은 학습장애 학생을 위해 과학과 사회과 자료의 내용 향상이 매우 효과적임을 알아냈다(Gajria, Jitendra, Sood, & Sacks, 2007). **내용 향상**(content enhancement)은 자료들을 핵심적이고 중요한 내용으로 구성되게 만드는 방법으로 다양한 형태를 취할 수 있다. 내용을 증진시키는 두 가지 효과적인 방법은 그래픽 조직자와 기억술이다. **그래픽 조직자**(graphic organizer)는 "정보를 구조화하기 위해 선, 원, 박스들을 적용하는 시각적 장치다. 위계적, 원인과 결과, 비교와 대조, 순환이나 연속성을 나타낼 수 있다."(E. S. Ellis & Howard, 2007, p. 1) **기억술**(mnemonics)은 정보의 기억을 돕기 위해 그림이나 단어를 사용하는 것이다. 기억술에 대한 설명과 교실에서 그것이 어떻게 적용될 수 있는지는 〈반응적 교수〉 '기억술'을 참조하라.

직접교수

　직접교수(direct instruction: DI)는 교수 과정의 세부 사항에 초점을 둔다. 상업용으로 개발된 직접교수 프로그램은 읽기, 수학, 과학, 사회과의 학업 영역에서 사용 가능하다. 직접교수를 옹호하는 사람들은 학생의 특성에 관한 분석보다는 가르칠 개념의 체계적인 분석을 강조한다. 직접교수의 중요한 요소는 **과제 분석**이다. 과제 분석은 학업 문제들을 과제 분석 요소 영역들로 쪼개서 교사가 각 부분들을 나누어 가르칠 수 있고, 가르치고 나면 학생은 전체 기술을 보여 주기 위해 각 부분들을 합하게 된다.

　본래 이 분야의 개척자인 Sigfried Engelmann과 이후 연구를 진행한 Wesley C. Becker에 의하면 직접교수 프로그램은 4~10명의 소집단 학생들에게 매우 위계적이고, 스크립트화되어 있고, 반복 연습과 훈련을 중요시하며 빠른 속도로 수업 지도를 하는 것으로 구성되어 있다. 교실에서의 직접교수에 대한 많은 정보는 〈반응적 교수〉 '직접교

인터넷 자원

DI에 관한 더 많은 정보는 직접교수협회(Association for Direct Instuction)의 웹사이트(http://www.adihome.org)에서 찾을 수 있다.

학습장애 학습자의 요구에 따른
반응적 교수

기억술

기억술은 무엇인가

기억술이라는 용어는 그리스의 기억의 여신인 므네모시네(Mnemosyne)에서 나왔다. 므네모시네라는 이름은 '의미를 염두에 두는'의 'mnemon(기억소)'에서 파생되었다. 오늘날, 기억술은 기억을 향상하는 전략을 말하고 있다. 우리 모두가 한 번쯤은 기억술을 사용해 본 적이 있을 것이다.

행성의 순서를 외우기 위해 많은 학생이 'MY Very Educated Mother Just Served Us Nine Pizzas'의 문구를 배웠다. 음악에서 학생들은 음계를 기억하기 위해 'Every Good Boy Deserves Fudge'를 배웠다. 운율은 기억술의 또 다른 형태다. 'I before E, except after C, or when pronounced as A as in neighbor and weigh.' 기억술은 다양한 형태로 사용되지만, 정의로는 특정 정보의 보유를 돕기 위한 능력이라 할 수 있다.

연구의 개요

연구자들은 실험실 환경(예: 교실의 교사에게서 배우기보다는 일대일로 훈련됨)과 교실 환경에서 학습장애 학생의 기억술을 연구해 왔다. 이러한 연구들의 결과로 기억술 사용을 배운 학생들이 다음과 같은 이점을 얻었음이 밝혀졌다.

- 기억술 핵심어 방법은 정보 회상을 향상했다.
- 학습장애 학생들은 소집단으로 다양한 기억술 전략을 배웠고 며칠 후에도 특정한 기억술의 효과는 줄어들지 않았다.
- 기억술의 그림들은 과학과 역사 교과서에서 제시된 정보를 회상하고 이해하는 데 도움을 준다.
- 학습장애 학생들은 자신만의 기억술을 개발하고 그것을 성공적으로 적용하도록 지도받았다.
- 학습 및 정서 장애학생들은 교사가 개발한 기억술을 통해 혜택을 얻고 기억술을 제공받지 못한 학생들보다 더 오래 정보를 보유할 수 있었다
- 기억술은 학습 동기, 효과, 의지를 향상하는 결과가 나타났다 (Mastropieri & Scruggs, 1998; Scruggs et al., 2011).

교실에서의 기억술 적용

두 가지 효과적인 기억술 전략은 핵심어(key word)와 페그워

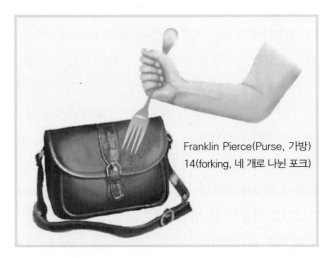

Franklin Pierce(Purse, 가방)
14(forking, 네 개로 나뉜 포크)

[그림 A] 미국의 14대 대통령이 Franklin Pierce임을 상징하는 기억술이다.

출처: Mastropieri, M. A., Scruggs, T. E., & Whendon, C. (1997). Using mnemonic strategies to teach information about U.S. presidents: A classroom-based investigation. *Learning Disability Quarterly, 20*, 13–21에서 발췌. Copyright 1994 by Thomas E. Scruggs and Margo A. Mastropieri.

드(pegword) 방법이다(Lasley, Matczynski, & Rowley, 2002). ([그림 A]를 참조하라.) 핵심어 접근을 사용할 때 학생은 낯선 단어들을 어떻게 익숙한 단어들로 전환하는지 배운다. 예를 들어, 'accolade'라는 단어는 핵심어인 'Kool-Aid'와 연계될 수 있다. accolade의 정의와 Kool-Aid를 연계하기 위해 학생은 누군가 Kool-Aid가 담긴 컵을 상을 주는 것처럼 받은 하객과 건배를 하는 모습을 생각할 수 있다. 그러므로 '상을 준다'의 정의가 accolade와 가깝게 연결된 것이다(Levin, 1993).

페그워드 전략을 사용하기 위해 학생은 낯익고 운이 맞는 단어와 수를 상관 짓는 것을 학습한다. 교사는 내용 연계에 따른 페그단어를 포함한 그림을 개발한다. 숫자가 개념과 연계되었거나 정보를 순서대로 기억해야 할 때 이 전략을 사용한다. 예를 들어, 학생이 Monroe가 5대 대통령임을 기억해야 할 때 Monroe의 핵심어(money)와 5대(five)를 위한 페그워드는 hive다. 그래서 벌이 돈을 벌통으로 가져가는 그림이 기억술이 될 것이다(Mastropieri & Scruggs, 1998).

• *Kristin L. Sayeski*

직접교수 프로그램은 4~10명의 소집단 학생들에게 명확하게 위계화된 빠른 속도의 수업을 제공하는 것으로 학습장애 학생들에게 즉각적이고 장기적인 학업 능력 향상을 가져올 수 있다.

수'를 보라. 직접교수 프로그램은 학습장애 학생을 위해 사용 가능한 최고의 연구 기반화된 상업용 프로그램이다. 이러한 프로그램의 사용은 즉각적인 학업 효과뿐만 아니라 장기적인 학업 효과를 가져올 수 있다(A. K. Ellis & Fourts, 1997; Tarver, 1999).

또래교수

교사들은 학습장애 학생들과 몇몇 유형의 또래교수 배치를 성공적으로 사용하여 왔다. 두 가지 예가 **학급차원의 또래교수**(classwide peer tutoring: CWPT)와 **또래보조 학습전략**(peer-assisted learning strategies: PALS)이다. 5장에서 지적장애 학생을 위한 CWPT의 적용에 대해 이야기하였다(5장 181쪽 〈반응적 교수〉 참조). 연구자들은 학습장애 학생을 위한 CWPT의 효과성을 문서화하였다(Kourea, Cartledge, & Musti-Rao, 2007; Maheady, Harper, & Mallette, 2003). CWPT는 "담임교사가 훈련하고 감독한 또래에 의해 지도받은 학생"으로 구성된다(Maheady et al., 2003, p 1). '훈련받은'과 '감독받은'은 교사가 주의 깊게 또래교수 경험을 구조화하는 것을 반드시 해야 하기 때문에 강조된다. 다른 말로 하면, 단지 학생에게 교수를 넘기는 것을 의미하는 것이 아니다.

PALS는 음운 인식, 음독, 이해 전략처럼 읽기에서 연구로 증명된 가장 효과적인 실제다(D. Fuchs & Fuchs, 2005; D. Fuchs, Fuchs, & Burish, 2000). PALS는 낮은 수준의 수행을 보이는 학생과 높은 수준의 수행을 보이는 학생이 짝이 되어 매우 구조화된 또래교

인터넷 자원

PALS에 관한 더 많은 정보는 다음의 웹사이트에서 찾을 수 있다. http://www.kc.vanderbilt.edu/pals

학습장애 학습자의 요구에 따른

반응적 교수

직접교수

직접교수란 무엇인가

직접교수는 고도로 구조화된 교사 주도의 교수 방법이다. 직접교수 프로그램의 주요한 특성은 다음과 같다.

- 현장에서 검증된 스크립트화된 수업 계획
- 완전학습 이론을 바탕으로 하는 교육과정(예를 들어, 학생들은 개념을 완전 습득할 때까지 다음 단계로 나아가지 못한다)
- 빈번한 교사의 질문과 학생의 반응에 의존하는 빠른 속도의 교수
- 성취 집단화
- 빈번한 평가

Siegfried Engelmann은 1960년대 초에 읽기 연구를 바탕으로 직접교수를 개발하였다. 그의 DISTAR Reading과 같은 조기 직접교수 프로그램의 개발 이후 직접교수 프로그램은 읽기, 언어, 수학, 과학, 사회의 영역에서 개발되어 왔다. 직접교수 프로그램의 중요한 특성 중 하나는 교수의 모든 측면이 프로그램에 포함되기 전에 세밀한 평가를 받는다는 것이다. 연구자들은 집단 크기부터 최상의 효과를 달성하기 위한 학생의 반응 방법에 관한 교사의 지시문까지 모든 것을 평가한다. 그 결과, 직접교수 프로그램은 교수 프로그램들의 독립 분석에서 가장 효과적인 프로그램으로 알려져 있다(Ellis, 2001).

연구의 개요

프로그램의 전반적인 효과를 알기 위해 연구자들은 메타분석을 실시하였다. 메타분석을 하기 위해 연구자들은 구체적인 전략이나 프로그램을 적용한 모든 연구를 확인하였고, 전체적으로 얼마나 효과적인 전략인지를 통계를 적용하여 산출하였다. 직접교수의 개발과 적용 이후 직접교수 교육과정과 관련하여 종합적인 평가가 진행되었다. 최근 직접교수와 다른 프로그램을 비교하는 메타분석이 173건 넘게 이루어졌다. 결과는 ① 64%는 직접교수를 적용한 집단 간에 통계적으로 유의한 차이가 나타났다. ② 35%는 프로그램들에서 차이점이 나타나지 않았다. ③ 1%는 직접교수보다 다른 프로그램에서 효과가 나타났다(Adams & Engleman, 1996). 간략히 말하면, 직접교수 프로그램의 전반적인 효과는 해당 교육 분야에서 가장 높은 것으로 나타났다.

활동 3
소리 내어 말하기
주의: 칠판에 단어를 쓰지 말 것. 이 활동은 구두로 하는 활동이다.

1. 들어 보세요. fffe¯e¯e¯. (각 소리는 손가락을 세워 표시한다.)
2. 소리를 말해 보세요(쉼). fffe¯e¯e¯. 시작하세요. (각 소리는 손가락을 세워 표시한다.) fffe¯e¯e¯. (학생들이 멈추지 않고 소리들을 말할 때까지 반복한다.)
3. 빨리 말하세요. (신호) Fee.
4. 어떤 단어지요? (신호) Fee. 네, Fee.
5. fish, sam, at, me, rim, she, we, ship, fat, miff와 같은 단어를 2~4단계를 사용하여 반복한다.

[그림 A]

교육과정의 적용

직접교수를 적용하기 위해 교사들은 프로그램에 관한 훈련을 받아야 한다. 직접교수 자료의 특성이 매우 구조화되어 있기 때문에 많은 교사와 관리자는 직접교수가 '교사 증거(proof)'라고, 즉 누구나 자료를 효과적으로 사용할 수 있을 것이라고 잘못 가정한다. 이는 사실이 아니다. 자료를 쉽게 사용함으로써 각 요소의 근거를 이해하여 학생들과 의사소통이 가능해지고 스크립트에는 나타나 있지 않은 교수 기술을 요구하는 학생들의 독특한 요구를 충족하기 위해 교수의 속도를 조절할 수 있다.

초기 훈련 후에 코치나 촉진자들은 교사들이 확실하게 교육과정 효과를 극대화하도록 직접교수 프로그램을 사용하는 교사에게 지속적으로 지원을 제공한다.

직접교수는 어떠한 모습인가

[그림 A]의 예시 활동은 단어 재인과 이해의 기초를 습득하지 못한 3.5학년에서 12학년 학생을 위한 읽기 촉진 프로그램인 읽기교정(Corrective Reading)에서 발췌한 내용이다. 단어 음독 수업에서 학생들은 음운 인식, 글자−상징 판별, 단어를 소리 내어 말하기에 참여한다. 함께 소리 내어 반응하기는 학생의 참여 기회를 향상하고 개별 질문은 학생 개개인의 습득을 강화한다.

• *Kristin L. Sayeski*

수 시간에 참여하는 것을 의미한다. 학생들은 '교사(튜터)'와 '학생(튜티)'을 번갈아 가면서 하게 된다.

서비스 전달 모형

수년 동안 학습장애 학생에게 가장 일반적인 형태의 교육 배치는 특수교육 학습도움실이었다. 1990년대 중반, 통합을 향한 움직임을 따르게 되면서 일반교육 교실은 학습도움실을 능가하는 가장 인기 있는 장소가 되었다. 또한 분리 교실 배치의 수도 점차 감소되었다. 2007년에 6세와 21세 사이인 학습장애 학생들의 59%가 주로 일반교육 교실에서 교육을 받았는데, 2000년대에는 그 수가 단지 40%에 불과하였다(Cortiella, 2009).

2장에서 논의하였던 것처럼, 점점 더 많은 학교가 일반교육 교사와 특수교육 교사가 일반교육 교실에서 함께 수업을 하는 협력교수 형태를 운영하게 되었다. 몇몇 옹호자들은 이러한 모델은 학습장애 학생들이 일반교실에 있으면서 특수교육 지도를 받을 수 있기 때문에 특히 학습장애 학생들에게 적절하다고 믿고 있다. 그러나 협력교수에 관한 연구기반은 아직 초기 단계다(Cook, McDuffe, Oshita, & Cook, 2011; Murawski & Swanson, 2001). 〈실천 사례〉의 8학년 대수학 교실에서 진행된 협력교수 상황을 참조하라.

학습장애 학생들이 특수교육 대상 학생 중 가장 많은 범주를 차지하고 있고 그들의 학업 및 행동 문제가 지적장애 학생이나 행동장애 학생만큼 심각한 것이 아니기 때문에 그들은 완전통합의 대상이 된다. 그러나 대다수의 전문가와 부모 협회에서는 모든 학습장애 학생을 완전통합 환경에 배치하는 것에 대한 반대 보고서를 제시하였다. 학습장애 학생을 위한 효과적인 통합과 관련 연구 또한 모든 학습장애 학생에게 완전통합을 적용하는 것을 반대하고 있다(Zigmond & Kloo, 2011). 연속적인 교육 배치를 요구하고 있는 IDEA의 법률적 권한은 학습장애 학생에게도 적절한 정책이다.

진보 평가

교수 전략 계획을 돕기 위한 평가 정보는 학습장애 영역의 전문가 활동에서 많은 인기를 얻게 되었다. 예를 들어, **교육과정중심 측정**(curriculum-based measurement: CBM)은 미국 미네소타 대학 학습장애 연구소의 Deno와 동료들(Deno, 1985; L. S. Fuchs, Deno, & Mirkin, 1984)에 의해 상당 부분 개발되었다. CBM 이외에, 교사는 학생의 진보를 평가하고 교수 결정을 하기 위해 다른 형태의 비형식적 평가도 적용할 수 있다. 다음에서는 CBM과 수학, 읽기, 쓰기 영역에서 진보를 평가하기 위해 다른 비형식적 측정과 관련된 간략한 개요를 제공하고자 한다.

실천 사례
학습장애 학생을 위한 협력교수

"특수교사가 내가 아는 대수학(algebra)을 모른다면 나를 어떻게 도와줄 수 있나요?"

특수교사가 일반교사만큼 교과 영역의 전문가가 아닌 경우 학습장애 학생의 학습 요구를 충족하기 위해 특수교사와 어떻게 협력교수를 할 수 있는가? 아마도 당신은 고급문학 과목에서 말하는 용어 그대로의 동등한 협력이 목표라고 생각할 수도 있지만, 학습장애 학생을 지도하는 교사들은 어떠한 협력교수팀에서도 적극적인 역할을 할 수 있는 학습과 관련한 지식을 지니고 있다.

학습장애 학생의 교사가 되는 것은 어떤 의미인가

학습장애 학생의 교사를 위한 대부분의 프로그램은 내용 영역에 걸쳐 적용되는 효과적 학습 전략과 학습 과정에 초점을 두고 있다. 구체적으로 미국 장애인 특수교육협의회(Council for Exceptional Children, 2003)는 학습장애 학생의 교사가 다음과 같은 내용을 할 수 있어야 한다고 진술하고 있다.

① 문제 해결을 위해 인지적 처리를 독립적으로 적용할 수 있도록 개별 학생을 위한 교수 방법을 적용한다.
② 개별 학생에게 중요한 내용을 찾아내고 조직화하는 것을 안내할 수 있는 교수 방법을 적용한다.
③ 개별적, 소집단, 대집단 환경에서 개별 학생의 학업 성공을 확실시할 수 있는 교수 방법을 적용한다.
④ 지각, 이해, 기억 그리고 인출에서의 결함을 보상할 수 있고 강화하기 위한 교수 방법을 적용한다.
⑤ 일반 교육과정에 나타나는 필수적인 개념, 어휘, 내용을 확인하고 가르친다.

협력교수를 위한 성공 전략

Joan Hamilton은 중학교와 고등학교 과정에서 일반교사와 협력교수를 하였던 전직 특수교사다. 그녀는 자신이 내용 영역의 전문가는 아니었으나 모든 학생을 위해 명시적인 전략 교수를 제공할 수 있었기 때문에 성공적으로 협력교수에 참여할 수 있었다고 한다.

저는 본래 8학년부터 12학년을 대상으로 사회과 교육을 가르칠 수 있는 자격증을 가지고 있어요. 제가 교사생활을 시작했을 때, 몇몇 학생이 제가 사용하는 교과서를 읽는 데 정말 어려움을 겪고 있다는 것을 알게 되었고, 그래서 학습장애에 대해 관심이 생겼지요.

특수교육으로 석사 자격을 취득한 후, 저의 첫 활동은 8학년 수학 수업에서 협력교수를 하는 것이었어요. 저는 자료에 대해서는 알고 있었지만 내용을 가르치기 위한 좋은 방법에 대해서는 자신이 없었어요. 협력교사와 나는 18명의 학생을 지도하였는데, 그중 11명은 장애학생으로 판별받았고(9명이 학습장애) 나머지 학생은 선수 수학 과목에서 낮은 수행을 보였지요. 교사용 자료들은 수업에서 융통성 없는 계획을 적용하도록 규정하고 있었어요. 숙제 검토, 다음 수업 교수, 몇 가지 연습 문제 풀기. 지역구에서 제공되는 수업 진행 속도에 관한 안내(그리고 나의 협력교사 평가 기준의 일부분)는 창의적인 교수를 운영할 기회를 많이 주지 않았어요. 우리는 같은 8학년 수업팀이었지만 함께 계획을 하기 위해 팀 회의를 할 시간이 거의 없었지요. 그래서 많은 논의를 거친 후에 우리는 이 과목에 본격적으로 뛰어들었어요. 몇 주 후, 우리는 학생들과 함께 활동할 수 있는 적절한 리듬을 찾았지요.

첫째, 나의 협력교사는 내가 학생들을 위해 오버헤드에 필기를 하는 동안 학습 내용을 가르쳤어요. 나는 종종 중간에 예시 문제에 동그라미를 그렸어요. 동그라미 처진 문제에 관한 활동을 하면서 나는 단계를 설명하기 위한 단어들을 사용하였어요(Rooney, 1998 참조). 이러한 활동은 내게 협력교사가 가르치는 개념을 이해하는 데 도움을 주었어요. 그리고 학생들에게도 주석을 단 예시 문제를 제시하게 되었지요.

그런 다음 우리는 학생들이 연습 문제를 완성할 동안 교실을 돌아다니며 학생을 도왔어요.

다음 날, 나는 과제를 검토하였어요. 이 시간은 저에게 검토를 위해 그래픽 조직자를 다시 사용하고 필요하다면 (나의 협력교사가 전에 가르쳤던) 문제 단계를 다시 가르칠 수 있게 하는 기회를 주었지요. 이는 또한 협력교사가 교실을 돌아다니면서 학생들을 개별적으로 지도할 시간을 만들어 줍니다.

이러한 협력교수 계획은 아마도 협력교수와 관련된 책이나 학술지에 기술되었던 구조들을 합한 것일 거예요. 우리는 교실과 교육과정 상황에서 우리가 느끼기에 학생들을 가장 잘 지원할 수 있는 것을 제공하였어요. 이 과목에서 실패한 소수 학생은 과제 시도도 하지 않은 학생들이었지만 대부분의 학생은 학습 자료를 완성하였고, 대수학과 관련 된 기본 개념을 이해하였고, 자신들의 노트를 어떻게 구조화하여 쓰고 질문에 대답하는지 알고 있어요.

• *Margaret P. Weiss*

교육과정중심 측정

학습장애 학생의 교사들은 교수에 대한 학생의 반응을 문서화하고 학업 진보를 평가하기 위한 방법으로 CBM을 많이 사용하고 있다.

CBM은 학생들이 실제 배운 교육과정에서 문항을 추출하고 그에 대한 수행을 빈번하게 실시하여 얻어진 표본들이다. 각각의 교육과정중심 측정은 학생이 구체화된 목표를 향해 진보를 보이는지 아닌지를 결정하기 위해 동일한 난이도의 다양한 형태로 정기적인 시간 간격을 두고 실시된다.(McMaster& Espin, 2007). 교사는 단지 몇 분만 소요되는 짧은 퀴즈 형태의 측정을 적용한다.

예를 들어, 읽기에서 CBM은 전형적으로 구두 읽기 유창성에 초점을 두고 학년 읽기 자료에서 1분당 맞게 읽는 단어 수(CWPM)를 계산한다. 구체화된 목표를 향한 진보를 평가하기 위해 교사는 우선 학생의 현재 1분당 맞게 읽는 단어 수를 결정하기 위한 자료를 수집한다. 교사는 이 정보를 사용하여 **기초선 측정점**(baseline data point)을 계산한다. **기대 성장 규준**(expected growth norms)의 자료를 사용하여(예: Hosp, Hosp, & Howell, 2007 참조), 교사는 학생을 위한 목표를 설정하고 학생이 시간에 맞추어 수행을 보여야만 하는 지점을 묘사하기 위해 그래프에 **목표선**(aim line)을 그린다. 교사는 매주 두 번이나 그 이상 CBM 조사(probe)로 학생의 읽기를 평가하고, 학생이 구체화된 목표에 도달했는지 아닌지를 결정하기 위한 자료를 그래프화한다.

[그림 6-2]는 Billy라는 학습장애 4학년 학생의 CBM 그래프다. Billy의 교사는 기초선 자료를 수집하였고 Billy가 분당 56개의 단어를 정확하게 읽는다는 것을 알았다. 그러고 나서 교사는 18주 교수(한 학기)의 목표선을 설정하였다. 기대되는 성장 규준(L. S. Fuchs et al., 1993; Hosp et al., 2007)과 1분당 맞게 읽은 단어 수의 기초선 자료에 근거하여, 교사는 Billy가 학기 말에 분당 79단어를 정확하게 읽어야만 한다고 결정하였다. Billy는 교수 첫 5주 후부터 목표에 도달하기 위한 궤도에 있었다. 그러나 6주부터 8주 동안에는 그의 CWPM이 감소하기 시작하였고, Billy가 목표에 도달할 수 없을 것으로 보였다. 이 시점에서 교사는 교수를 조정하여 주 2회의 또래교수를 매일 15분 늘렸다. 그 이후 Billy는 향상을 보였고, 실제 학기 말에 그의 목표를 넘어서는 82 CWPM을 보였다.

구어 읽기 유창성 조사는 CBM의 가장 일반적인 형태이지만 교사들은 읽기의 다른

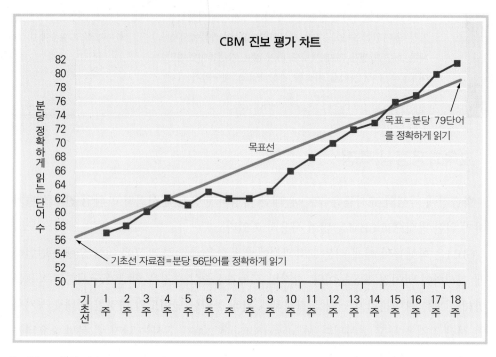

[그림 6-2] 학습장애 4학년인 Billy의 구두 읽기 유창성에서 교육과정중심 측정을 적용한 진보 평가 차트

영역(예: 음운 인식, 음독, 이해), 수학, 철자, 쓰기에서 학생 진보를 평가하기 위해 추가적인 방법을 사용한다. 연구자들은 수학에서 이차적인 기술을 통해 초기 수학에서 공간적 주제와 관련된 CBM을 개발하였다. 유치원 입학 전 단계에서 학생들은 다양한 과제를 통해 수학적 지식을 시연하기 위한 CBM에 참여할 수 있을 것이다(예: 숫자를 아는지를 시연하기 위해 숫자에 동그라미 하기, Foegen, Jiban, & Deno, 2007). 학령기 학생들을 위한 대부분의 CBM은 기초 연산에 초점을 두고 있다. 그러나 CBM은 연산뿐만 아니라 개념적 지식에서도 사용될 수 있다.

비형식적 평가

인터넷 자원

진보 평가와 관련된 더 많은 정보는 National Center on Student Progress Monitoring 의 웹사이트(http://www. studentprogress.org)를 방문 하라.

교사는 학생의 진보를 평가하고 교수 계획을 위해 CBM 이외에 비형식적 평가를 적용할 수 있다. 예를 들어, 읽기 영역에서 교사는 난이도에 따라 제시된 단어 리스트나 읽기 단락의 시리즈인 **비형식적 읽기 목록**(informal reading inventory: IRI)을 사용할 수 있다. 교사는 시리즈에서 학생에게 쉬운 수준의 단어나 단락을 읽게 한다. 학생은 점점 높은 난이도 자료 읽기를 계속하고, 교사는 학생의 수행을 감독한다. IRI의 결과가 모이면 교사는 학생을 위한 읽기 자료의 적절한 난이도를 추정하기 위해 결과를 사용할 수 있다.

수학 역동적 평가(mathematics dynamic assessment: MDA)는 교수를 정보화할 수 있는 비형식적 평가의 다른 예다. MDA를 사용하여 교사는 다음의 내용이 반영된 연구를 기반으로 한 평가 전략을 통합할 수 있다. ① 구체적 · 반구체적 · 추상적 수준에서의 수학적 이해를 검사함, ② 수학적 흥미나 경험을 평가함, ③ 오류 유형을 검사함, ④ 자유로운 인터뷰를 적용함(Allsopp, Kyger, & Lovin, 2008). 이러한 비형식적이지만 종합적인 평가 과정은 교사가 학습장애학생의 독특한 요구를 충족할 수 있는 효과적인 교수를 구성할 수 있도록 한다.

유치원에서 이후에 발생할 수 있는 학습 문제의 가장 정확한 예측 요인은 글자, 수, 모형, 색깔 세기나 판별하기와 같은 발현적 문해 기술이다.

검사의 조정

학습장애 학생을 위한 조정은 5장에서 제시한 지적장애 학생을 위한 내용과 유사하다. 많은 학습장애 학생이 표준화 검사에서 일정을 변경하거나 제시 형태나 반응 형태를 변경하는 것과 같은 조정을 받는다. 학습장애 학생들을 위한 가장 일반적인 조정은 시간을 연장하는 것과 소집단 환경에서의 관리다.

학습장애 학생을 위한 검사 조정이 일반적이기는 하나, 연구에서는 특히 시간 연장의 경우 효과적인 검사의 조정으로 명확치 않다고 한다. 예를 들어, 조정이 학생들에게 그들의 지식을 나타낼 수 있는 공정한 기회를 주는 것인지 혹은 실제 그들의 수행을 향상하는 것인지에 대한 것이 명확치 않다. 이처럼 특정 학생들을 위한 가장 좋은 검사의 조정이 무엇인가를 결정하기 위해 더 많은 연구가 요구된다.

조기 중재

학습장애 아동을 위한 유치원 과정의 프로그램은 거의 없는데, 어린 연령에서 학습장애를 판별하는 것이 어렵기 때문이다. 우리가 학습장애와 관련하여 유치원 아동의 검사에 대해 이야기할 때, 우리는 판별보다는 예측에 대해 이야기한다. 엄격하게 말해서, 유치원 연령의 아동들은 읽기나 수학과 같은 학업에 많이 노출되지 않았기 때문이다. 불행하게도 다른 모든 상황이 동일할 때 예측은 항상 판별보다 덜 정확하다. 게다가 유치원 시절 어떤 아동들은 발달적 지체를 경험한다. 비장애아동은 해당 연령에서 늦은 발달적 진보를 보이지만 곧 그들의 또래 수준으로 진보를 보인다.

유치원 아동의 학습장애 판별을 조심하는 것은 현명한 일이지만 연구자들은 이후 학습장애를 상당히 잘 예측할 수 있는 몇 가지 위험 요소를 결정하였다. 〈표 6-1〉은 부모와 교사가 유치원 과정에서 모니터해야 하는 발달적 지표의 목록이다.

〈표 6-1〉 중요한 발달적 지표

- 구어 이해 그리고/혹은 표현의 지연
  - 제한적인 구어 어휘
  - 낮은 수준의 표현 어휘('말 늦은 아이')
  - 간단한 지시문(예: 한 단계) 이해의 어려움
  - 말할 때 단조로운 톤이나 비정상적인 운율적 어조
  - 낮은 수준의 지적 능력
  - 드물거나 부적절한 자연적 의사소통(발성, 언어 혹은 비언어)
  - 미성숙한 구문론
- 발현적 문해 기술의 지연
  - 사물과 색깔 이름 말하기에서 늦은 속도
  - 제한적인 음운 인식(예: 리듬, 음절 혼합)
  - 프린트에 대한 적은 관심
  - 제한된 프린트 인식(예: 책 다루기, 환경적 프린트의 인식)
- 지각-운동 기술의 지연
  - 대근육이나 소근육 운동 협응의 문제(예: 깡충깡충 뛰기, 옷 입기, 자르기, 구슬 꿰기)
  - 색칠하기, 베껴 쓰기, 그리기에서의 어려움

출처: National Joint Committee of Learning Disabilities. (2006). *Learning disabilities and young children: Identification and intervention*에서 발췌. Retrieved from http://www.ldonline.org/about/partners/njcld

성인기로의 전환

한때 전문가들은 아동의 학습장애가 성인이 됨에 따라 점점 덜 심각해진다고 생각했다. 그러나 우리는 이제 이것이 사실이 아님을 알고 있다. 학습장애인의 장기 예후는 다른 장애아동(예: 행동장애)의 예후보다 훨씬 긍정적이지만 잠재적 어려움은 여전히 존재한다. 대다수의 학습장애 학생이 학교를 그만두지는 않지만 그들의 중퇴율은 25% 정도로 비장애학생들의 2~3배다(Cortiella, 2009; Rojewski & Gregg, 2011). 또한 많은 학습장애 성인이 학습, 사회화, 직업 유지, 독립적인 생활에 있어서 지속적으로 문제를 지닌다(Scanlon, Patton, & Raskind, 2011). 상대적으로 성공적인 전환기를 지낸 사람들조차도 매일의 일상에서 문제 해결을 위해 상당한 에너지를 기울여야만 한다.

성공적 전환과의 상관 요인

몇몇 연구는 학습장애 성인들이 성공적으로 적응하는 데 어떤 요인이 기여를 하는지에 대한 주제를 다루고 있다(Bear, Kortering, & Braziel, 2006; Gerber, Ginsberg, & Reiff, 1992; Kavale, 1988; Lindstrom & Benz, 2002; M. H. Raskind, Goldberg, Higgins, & Herman, 1999; Reiff, Gerber, & Ginsberg, 1997; Rojewski & Gregg, 2011; Spekman,

Goldberg, & Herman, 1992). IQ와 성취는 성공의 가장 높은 예측 요인인 것처럼 보이지만, 성공을 한 학습장애 성인은 성공하지 못한 사람들과 다음과 같은 영역에서 차이를 보였다.

고등학교에서 대학으로 전환하고자 하는 학습장애 학생들이 직면한 가장 주된 어려움은 성인이 제공하는 안내의 정도가 줄어들고 자기훈련이 많이 요구되는 것이다.

- 놀라울 정도의 인내심
- 자신을 위해 목표를 세울 수 있는 능력
- 강점을 만들려는 태도로 단점을 현실적으로 받아들임
- 친구와 가족으로부터의 사회적 지원의 강한 네트워크 접근
- 집중적이고 장기적인 교육적 중재의 노출
- 직장 혹은 중등 이후 직업과 관련된 높은 수준의 훈련
- 지원적인 직장 환경
- 그들의 삶을 조절할 수 있는 능력

마지막 특성은 특히 성공에서 지속적으로 다루어지는 주제다. 그들은 장애가 자신들을 지배하도록 하지 않고 오히려 자신의 운명을 통제하기 위한 진취력을 가졌다. 한 성인은 자신의 중등학교 시절을 떠올리며 다음과 같이 말하였다.

학습장애(LD)를 가진다는 것은 시각장애인이 되는 것과 맹장을 잃는 것과 같을 겁니다. 당신 삶의 모든 면에 영향을 주기 때문이지요. LD를 다루기 위해서 당신에게는 두 가지 선택이 있습니다. 하나는 당신이 LD와 기생적인 관계를 가지고 있음을 인정하고 그 존재를 뛰어넘기 위해 의식적으로 노력하는 것입니다.

……또 다른 길은 LD가 점차적으로 당신을 주도하고 당신이 겪는 모든 실패의 희생양이 되는 것입니다. 좋은 직장을 찾을 수 없다고요? LD 때문입니다. 관계가 항상 실패한다고요? LD라 그렇습니다. 당신이 이렇게 망쳐진 길을 따른다면 당신 삶의 나머지를 LD가 조정하도록 하면서 보낼 것입니다(Queen, 2001, p. 15).

Eric Breeden(〈사례 소개〉 참조)의 이야기는 학습장애가 장기간의 목적 달성을 방해하지 않도록 노력한 좋은 예 중 하나다.

사례 소개: ERIC BREEDEN

ERIC BREEDEN은 버지니아 주 샬럿츠빌에서 태어났고, 현재 앨버말(Albemarle) 고등학교 졸업반이다. Eric은 5학년 때 학습장애로 진단받았다. 그의 어머니는 처음에 Eric의 선생님께서 Eric이 교실에서 난폭한 행동을 한다고 알려 주어 걱정을 하게 되었다고 한다. Eric이 일단 진단을 받고 나니 교실에서 변화가 나타났고 폭력 행동이 사라졌다. 5학년 이후로 Eric은 교실의 앞쪽에 앉거나, 그를 위해 노트를 제공받거나, 시험 시간을 연장받거나, 학습도움실의 지원을 받게 되는 선택적 서비스를 받게 되었다. Eric은 다른 학생들보다 이러한 조정을 통해 훨씬 유익한 효과를 보였고, 성공적인 고등학교 경험을 갖게 되었다. Eric은 열정적인 운동선수이고 대학에 가서 미식축구도 하고 응용범죄학을 전공하기를 원하고 있다.

당신이 즐거워하는 것은 무엇인가요? 저는 친구들과 많은 시간을 보내고 미식 축구하는 것을 좋아합니다.

당신이 가장 좋아하는 휴식 방법은 무엇인가요? 집에서 쉬거나 음악을 듣습니다.

당신이 잘하는 것은 무엇인가요? 운동이요! 미식축구, 레슬링, 육상이요.

당신이 싫어하는 것은 무엇인가요? 지는 것, 실패하는 것, 포기하는 것이요. 운동할 때 학교에서요.

당신의 인생에 긍정적인 영향을 준 선생님이 있나요? 네, 유치원 때 선생님이요. 선생님은 제가 학교를 좋아하도록 해 주셨어요. 재미있는 분이셨고, 아직도 그분을 기억하고 있어요.

당신이 롤모델(유명인사, 가족)로 삼고 있는 분이 있나요? 왜 그 사람이 롤모델인가요? 미식축구 선수인 레이븐(Raven) 팀의 Ray Lewis요. 저는 그가 NFL 선수 중에 최고이기 때문에 그를 존경해요. 그는 정말 최고의 선수인데도 자만하거나 떠벌리지 않아요.

장애로 인해 가장 어려운 점은 무엇인가요? 5학년 때 제가 학습장애로 진단받았을 때 저는 학습도움실에서 선생님과 공부를 시작했어요. 선생님은 제가 과제 외에 정리하고 앉아 있는 것을 도와주셔서 어떤 면에서 매우 도움이 많이 되었어요. 그러나 고등학교에 들어오고 나서는 내 친구들처럼 선택 수업을 들을 수 없어서 어려워졌어요. 학습도움실 수업 때문에 저는 미술 수업이나 외국어 수업을 들을 수 없었어요. 이런 것이 어려웠지만 10학년 때 학습도움실 수업에 가지 않고 학교에 다니는 것을 결정하였어요. 잘해 왔어요. 학습도움실 선생님의 안내를 여전히 받고 있긴 하지만 제가 따로 있지 않기 때문에 저의 학습장애가 거의 눈에 띄지 않아요. 큰 문제 없이 제가 학교생활을 하고 있다고 느껴요.

당신의 장애가 당신이 목표로 하는 것을 이루는 데 영향을 미치나요? 아니요. 저는 여전히 제가 고등학교를 졸업할 수 있다고 생각해요. 제가 외국어 과목을 수강하지 못해서 고급 졸업장으로 졸업할 수 없을 것 같아 학습도움실 수업을 들었어요. 그러나 학습도움실 수업 듣는 것을 그만두고 나서 스페인어 과목도 듣고, 지금 저는 고급 졸업장을 받고 졸업할 거예요. 저는 대학에 갈 계획도 있고 대학에서 미식축구도 할 거예요.

장애가 당신의 사회적 관계에 영향을 주었나요? 아니요, 전혀요.

장애가 있다는 것에 대해서 다른 사람이 알면 깜짝 놀랄 만한 장점이 있나요? 그렇지는 않아요. 수업 시간에 노트를 받을 수 있었고 다른 시험 형식을 받을 수도 있었어요. 그러나 지금은 이러한 많은 서비스를 사용하고 있지 않아요.

다른 사람들이 당신을 바라보는 시각에 대해서는 어떻게 생각하나요? 재미있고 활달하고…… 운동선수요.

다른 사람들이 당신에 대해 알았으면 하는 점은 무엇인가요? 저는 대학에서 미식축구를 하고 싶어요. 지금은 라인배커, 리시버로 활동하지만 저는 정말 대학에서도 미식축구를 하고 싶어요.

10년 뒤에 당신은 어떤 모습일까요? 희망하는 것은 응용범죄 분야에서 직장을 갖고 가족이 있는 것이에요. 아마도 뉴욕, 플로리다, 아니면 캘리포니아에서 살 것 같아요.

다음 빈칸을 채워 주세요: 나는 _____ 없이 살 수 없다. 운동이요!

Eric은 온라인을 통한 당신의 연락을 환영합니다.
jbreeden@charlottesvilleday
school.org

중등 프로그램

중등 수준에서 학습장애 학생의 교육 접근은 학생이 대학을 준비하는지 혹은 취업을 준비하는지에 따라 다르다. 학생의 목표가 고등학교 졸업 후 취업을 하는 것이라면 수학, 언어, 읽기에서 기초적인 학업 기술을 배워야 한다. 그들은 또한 직장에서의 행동, 이력서 작성법, 은행예금 관리법들과 같은 기능적 기술도 배워야 한다. 이는 종종 학교 생활에서 직업을 경험하는 직업 연구와 결합될 수 있다. 이상적으로 학생은 관심 있는 다양한 직업을 탐색할 수 있다. 고등학교 시절 동안 돈을 받고 일을 하는 경험에 참여하는 것은 졸업 후 성공적인 고용에 도움이 된다(Rojewski & Greg, 2011).

대학에서 공부하고자 하는 학생들은 그들의 학업 과목에서 지속적인 지원을 받아야 한다. 초등학교와 비교하여 고등학교에서의 특수교사 역할은 내용 영역(예: 수학, 역사, 과학)에서 일반교육 교사의 자문 역할 이상으로 바뀌게 된다. 일반교사는 내용을 가르치며 특수교사는 내용의 형태를 수정하는 것을 권유하고 학생에게 학습 전략을 가르친다. 예를 들어, 캔자스 대학 학습연구소센터(University of Kansas Center for Research Learning)에서는 학습 전략을 적용하여 그들의 초인지 결함을 극복하기 위해 학생을 지도하는 데 초점을 둔 학습 전략 모델을 개발하였다(Deshler et al., 2001). 캔자스 연구단은 학생이 정보를 조직하도록 돕고 그것을 더욱 효과적으로 학습하기 위한 다양한 전략을 개발해 오고 있다.

취업이나 대학으로의 전환에 초점을 두건 그렇지 않건 간에 성공적인 전환 프로그램의 중심 요소는 학생이 자신의 미래를 위한 선택들과 관련된 정보를 듣고 책임을 질 수 있도록 하는 것이다(Cobb & Alwell, 2009). 이러한 능력을 향상하는 방법 중 하나는 학생들에게 그들의 전환 계획에 참여하도록 하는 것이다. **전환 계획**(transition plan, 2장 참조) 외에도, 연방법은 현재 학교에게 학생이 중등학교를 마칠 때 학생의 수행 능력이 연령에 적합한지 혹은 넘어서는지와 관련하여 각 장애학생을 위한 **수행 요약**(summary of performance: SOP)을 개발할 것을 요구하고 있다. SOP는 평가 보고, 제공되었던 조정, 미래 조정과 관련된 권고, 보조공학, 그리고 고용, 훈련 혹은 중등 이후 학교에서 적용될 수 있는 지원 서비스와 같이 관련된 정보를 요약하여 제시하도록 구성되어 있다. SOP는 학생이 입력하는 섹션도 있다. SOP는 2007~2008년에 적용되기 시작하였기 때문에 효과성과 관련된 연구가 거의 없다(Gerber, 2009).

중등 이후 프로그램

중등 이후 프로그램은 직업과 기술적인 프로그램뿐만 아니라 커뮤니티 컬리지(community colleges, 우리나라 2년제 대학과 유사 —역자 주)와 4년제 대학을 포함한다. 많

인터넷 자원

캔자스 대학 학습연구소센터 (University of Kansas Center for Research on Learning)와 관련된 더 많은 정보를 얻기 위해서 다음의 웹사이트를 방문하라. http://www.ku-crl.org

은 학습장애 학생이 대학에 등록할수록 대학은 이러한 학생들을 위한 특별한 프로그램과 서비스를 만들어야만 한다.

대학을 선택할 때 학생들과 그 가족들은 어떤 종류의 학생 지원 서비스를 제공하는지 알아보아야 한다. 1973년 직업재활법 제504조(공법 93-112)는 대학에서 장애학생들을 위해 적절한 조정을 해야 하고 장애학생들은 그들의 장애를 이유로 차별받아서는 안 된다고 명시하고 있다. 전형적인 조정은 시험에서 시간을 연장하는 것, 주의 산만해지는 자극이 없는 방에서 시험을 치도록 하는 것, 녹음된 교재나 강의 자료를 제공하는 것, 강의를 위해 대필자를 제공하는 것이다.

장애학생들은 조정의 권리를 지니고 있지만 이러한 서비스를 받기 위해 K-12 교육체계에 있었을 때보다 훨씬 더 적극적으로 대처할 필요가 있다. 그러므로 학습장애 대학생을 위해 잠재적으로 유용한 기술은 자기옹호다. 즉, 자신의 장애를 이해하고 자신의 법적 권리를 인식하고 교수와 관리자에게 자신의 권리와 필요에 대해 의사소통할 수 있는 능력을 말한다(Madaus & Banerjee, 2011). 이상적이지만, 자기옹호 기술은 중등학교에서 학습장애 학생에게 지도되어야만 하고, 많은 학생은 자기 자신에 대해서 자신 있지만 대립하지 않는 태도로 어떻게 옹호하는지에 대해 배울 필요를 가지고 대학에 들어온다.

학습장애 학생이 풍부하고 성취감을 느낄 수 있는 성인기를 경험하도록 하기 위한 효과적인 프로그램에 대해서 더 많은 내용을 배울 필요가 있다. 그러나 이러한 프로그램들은 올바른 방향으로 상당히 진행되고 있다. 1997년 이후 학습장애 학생들의 고등학교 중퇴율이 40%로 낮아졌고, 일반 고등학교 졸업장을 받고 졸업하는 비율은 20% 높아졌으며(Cortiella, 2009), 대학에 입학하는 수도 늘어났다.

요약

전문가는 학습장애를 어떻게 정의하는가?

- 가장 일반적인 정의는 연방정부의 정의로 1975년 이후 효력을 발휘하고 있다(1997년 몇 가지 단어 표현의 변화가 있었다).
- 미국학습장애협의회(NJCLD)는 다음과 같은 측면에서 연방정부의 정의와는 다른 정의를 제시하였다. ① 심리적 과정을 언급하지 않았고, ② 학습장애의 내적 특성을 포함하였으며, ③ 성인기를 포함하였고, ④ 자기조절과 사회적 상호작용 문제를 포함하였으며, ⑤ 정의하기 힘든 용어들을 삭제하였고, ⑥ 배제 준거에 관한 의도적인 혼란을 줄였으며, ⑦ 철자를 삭제하였다.

전문가는 학습장애 학생을 어떻게 판별하는가?

- 1970년대 후반, 학습장애를 판별하는 주요한 방법은 IQ−성취 불일치를 찾는 것이었다.
- 최근 들어서 전문가들은 중재반응모델(RTI)을 제안하였다.
  - RTI는 다층적인(전형적으로 3단계) 예방 모델에 근간하고 있다.
  - 다양한 RTI가 제안되고 적용되고 있다.
  - RTI의 대단위 적용에 관한 많은 문제점이 여전히 남아 있다.

학습장애 출현율은 어떠한가?

- 학령기 학생들의 5% 이하가 학습장애로 판별되고 있으며 학습장애는 현재까지 특수교육에서 가장 큰 범주에 속한다.
- 학습장애의 출현율은 1970년대 후반에는 두 배였으나 1990년대 후반 이후 다소 감소하기 시작하였다.
  - 어떤 이들은 빈약한 진단의 실제가 증가해서라고 믿는다.
  - 어떤 이들은 이러한 증가는 '지적장애'라고 낙인찍히길 꺼리는 학생들과 사회적 · 문화적 변화 때문일 수 있다고 믿는다.
- 남학생과 여학생의 학습장애 출현율 비율은 3:1이다.
  - 어떤 이들은 이러한 출현율이 의뢰 과정에서 발생하는 성별에 대한 편견 때문이라고 믿는다.
  - 어떤 이들은 남아가 생리학적으로 더 취약한 상황이 부분적인 원인이라고 믿는다.

학습장애의 원인은 무엇인가?

- 신경촬영법 기술의 발달로 대부분의 전문가는 중추신경계의 역기능이 학습장애의 기저를 이룬다고 믿고 있다.
- 학습장애의 많은 사례가 유전된다는 증거들이 많이 제시되고 있다.
- 독소(예: 태아알코올증후군)와 의료적 요인(조산)은 학습장애의 원인이 될 수 있다.

학습장애 학습자의 심리 및 행동적 특성은 무엇인가?

- 학습장애인들은 개인 간 그리고 개인 내 변이를 보인다.
- 학업 결함은 학습장애의 주된 특성이다.
  - 읽기장애는 학업장애의 가장 일반적인 형태이고 음독, 유창성, 이해 문제를 나타낸다.
    * 음운 인식은 말소리가 소리(단어, 음절, 음소)의 단위로 구성됨을 이해하는 것이고 음독 능력의 기초가 된다.
    * 음소 인식은 단어가 소리나 음소로 만들어짐을 이해하는 것으로 음독을 위한 학습에 특히나 중요하다.
  - 쓰기장애는 글자 쓰기, 철자, 작문을 포함하고 학습장애 학생들에게 일반적이다.
  - 구어언어장애는 구문론(문법), 의미론(단어 의미), 음운론, 그리고 화용론(언어의 사회적 사용)의 문제를 포함한다.
  - 수학장애는 계산과 문장제 문제의 어려움을 포함한다.
- 몇몇 학습장애 학생은 지각, 지각−운동, 전반적 협응 문제들을 경험한다.
- 많은 학습장애 학생은 주의 집중 문제를 지니고 학습장애와 주의력결핍 과잉행동장애(ADHD) 간의 공존율은 10∼25%다.
- 기억 문제들은 단기기억과 작동기억의 문제를 지닌다.
- 초인지 문제는 과제 요구 인식, 적절한 전략의 선택과 적용, 수행의 모니터링과 조정에 결함을 지닌다.
- 사회 · 정서 문제는 또래 거부, 빈약한 자아개념과 사회적 인지를 포함한다.
  - 사회적 상호작용의 문제는 수학, 시각−공간, 촉각 과제, 자기조절의 문제를 지닌 학생들에게서 더 많이 나타난다. 이러한 학생들은 비언어적 학습장애라고 말한다.
  - 동기와 관련된 문제들은 외적 통제 소재와 학습된 무기력을 포함한다.

– 몇몇 전문가는 앞서 설명된 특성들이 많은 학습장애 학생이 적극적인 학습자보다 수동적인 학습자임을 의미한다고 믿고 있다.

학습장애 학습자를 위한 교육적 고려 사항은 무엇인가?

- 인지적 훈련은 ① 사고 과정의 변화, ② 학습을 위한 전략 제공, ③ 자기주도 교수에 초점을 두고 있다.
  – 자기교수는 학생들이 해야 할 것을 소리 내어 말하게 한다.
  – 자기감독은 학생들이 학업 과제를 하고 있는 동안 학생 자신이 평가하고 자신에 대해 기록하는 것이다.
  – 비계설정 교수는 그들이 학업 과제를 하는 동안 학생에게 교사 지원을 제공하는 것이다.
  – 상보적 교수는 교사가 맞는 수행을 모델링하고 나서 네 가지 전략(예측하기, 질문하기, 요약하기, 명확하게 하기)을 적용하는 동안 학생을 협력교사로 간주한다.
- 읽기를 위한 효과적인 교수 접근은 명시적이고 체계적이며 음운 인식, 발음, 유창성, 어휘, 이해에 초점을 둔다.
- 효과적인 쓰기 교수는 명시적이고 체계적이다. 예로는 자기조정 전략 개발(SRSD) 모형이 있다.
- 효과적인 수학 교수는 명시적이고 체계적이며 오류를 줄이기 위해서 위계적이지만, 오류는 즉각적으로 바로잡는다.
- 주의 깊게 구조화되고 위계적인 과학 및 사회과 교수는 효과적이며, 내용 향상(예: 그래픽 조직자, 기억술)은 교재기반 교수를 더욱 효과적으로 돕는 전략이다.
- 직접교수(DI)는 인지적 훈련보다 학업에 더욱 직접적으로 초점을 둔다. DI의 중요한 요소는 과제 분석과 더불어 다음과 같은 내용이다.
  – 분야에서 검증된 스크립트화된 수업
  – 완전 습득을 기반으로 한 교육과정
  – 성취 집단화
  – 빈번한 평가
- 또래교수 전략의 적용은 학습장애 학생이 교사에게 지도받고 훈련받은 비장애학생에 의해 개인지도를 받는 것이다.
- 서비스 전달 모형에 대하여, 이용 가능한 연구 증거는 학습장애 학생을 위한 완전 연속 배치(full continuum of placements)가 적절한 정책임을 나타낸다.

전문가는 학습장애 학생의 학업 진보를 어떻게 평가하는가?

- 교육과정중심 측정(CBM, 학업 수행의 간단한 표본)은 진보를 평가하는 데 사용될 수 있다.
  – 읽기에서 CBM은 전형적으로 분당 정확하게 읽은 단어 수(CWPM)에 초점을 둔다.
  – CBM은 기초선과 기대 성장 규준에 근거한 목표선에 근거하여 학생의 수행을 비교한다.
- 비형식적 읽기 목록은 진보를 평가하기 위해 적용될 수 있다.
- 표준화된 검사의 조정은 일정 조정, 제시와 반응 형식에서의 변화를 포함한다.

학습장애 학습자의 조기 중재에서 중요한 고려 사항은 무엇인가?

- 아동이 이후 학업 문제를 갖게 될지 예측하는 것이 어렵기 때문에 학습장애 유아를 위한 유치원 과정의 프로그램은 거의 없는 실정이다.
- 예측이 완벽한 것은 아니지만 구어의 이해와 표현, 발현적 문해 기술, 지각적 기술과 관련된 몇 가지 발달적 지표는 학습장애를 갖게 될 위험을 나타내 준다.

학습장애 학습자의 성인기로의 전환에 대한 중요한 고려 사항은 무엇인가?

- 성공적인 전환과 관련된 요인은 다음과 같다.
  – 상당한 인내심
  – 목표 설정
  – 장점을 기반으로 결합된 단점의 수용
  – 사회적 지원의 강한 네트워크
  – 집중적이고 장기적인 교육적 중재
  – 높은 수준에서 제공되는 직장이나 중등 이후의 직업훈련
  – 지원적인 업무 환경
  – 자신의 삶을 조절함
- 중등과정의 프로그램은 졸업 이후 대학이나 직장을 준비하는 목표에 따라 다양하다.
  – 직장을 준비하는 학생들은 기초적인 학업 기술, 기능적 기술, 감독받는 직업 경험과 관련하여 훈련을 받는다.
  – 대학에 들어가고자 하는 학생들은 특수교사로부터 지원적인 서비스가 함께 주어지는 학업훈련을 받는다.
  – 중등과정 프로그램의 핵심 요소는 학생들에게 그들의 미래를

위한 정보들을 선택하고 책임을 질 수 있게 하는 것이다.

－전환 계획에 덧붙여 수행 요약(SOP)은 직업이나 중등 이후 교육으로의 전환을 위해 잠재적으로 효과적인 도구다. SOP는 평가 보고서, 조정, 보조공학과 지원적 서비스를 위한 권고와 같은 정보를 포함한다.

• 중등 이후 프로그램은 직업과 기술 프로그램뿐만 아니라 2년제 대학과 4년제 대학을 포함한다.

• 더 많은 학습장애 학생이 대학에 입학하고 있다.

특수교육협의회

전문적 기준

이 장에서 다루고 있는 미국 장애인 특수교육협의회(Council for Exceptional Children: CEC)의 공통적 핵심 지식 및 기술: ICC1K5, ICC1K6, ICC1K8, ICC2K1, ICC2K2, ICC2K5, ICC2K6, ICC3K1, ICC3K2, ICC4S2, ICC4S3, ICC4S4, ICC4S5, ICC4S6, ICC5K4, ICC5S8, ICC5S9, ICC8K2, ICC8K3, ICC8S2, ICC8S4, ICC8S6, ICC10K3, ICC10S4

부록: CEC의 공통 핵심 기준과 관련된 지식 및 기술을 제공한다.

MYEDUCATIONLAB

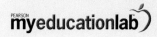

MyEducationLab(www.myeducationlab.com)의 주제 8: 학습장애에서 다음의 내용을 찾을 수 있다.

• 국가 수준의 기준들과 관련된 전반적 개념에 대한 학습 성과

• 각 장의 내용을 보다 심도 있게 이해하도록 도와주는 과제 및 활동 수행

• IRIS Center Resources에서 볼 수 있는 어려운 상황들에 대한 검토

• 교수 기술 수립과 학습 주제 경향을 확인할 주요 개념 이해에 대한 실제의 적용

• Book-Specific Resources의 Study Plan을 통한 교재 내용에 대한 이해도 측정. 여기에서 각 장의 퀴즈 수행, 정답에 대한 피드백을 통해 복습, 연습, 심화 활동으로 이해도를 높일 수 있음

• CCSSO 올해의 교사상 수상자의 교사 면담 코너를 통해 '왜 나는 가르치는가?'에 대한 답변 영상 시청

ADHD 학습자

Philip이 꼬마 신사처럼 행동할 수 있는지 어디 볼까요.
글쎄, 그가 이번만은 테이블에 가만히 앉아 있을 수 있는지 두고 봅시다.
아빠는 Philip에게 바르게 행동하라 명령할 것이고
엄마는 이를 매우 심각하게 쳐다볼 것입니다.
그러나 가만히 있지 못하는 Philip은
조용히 앉아 있지 못하고 꼼지락거리고 낄낄거리고
또 마치 흔들목마에 탄 것처럼 의자를 앞뒤로 흔들고 뒤집고……
나는 이렇게 소리 지르겠지요.
"Philip! 점점 화가 나는구나."

-Heinrich Hoffmann • '안절부절못하는 필립(The Story of Fidgety Philip)' (1865)

주요 질문

- ADHD의 역사적 기원은 무엇인가?

- ADHD에 대한 오늘날의 정의는 무엇인가?

- ADHD의 출현율은 어떠한가?

- 전문가는 ADHD를 판별하기 위하여 어떤 평가 방법을 사용하는가?

- ADHD의 원인은 무엇인가?

- ADHD 학습자의 심리 및 행동적 특성은 무엇인가?

- ADHD 학습자를 위한 교육적 고려 사항은 무엇인가?

- ADHD 학습자를 위한 의학적 고려 사항은 무엇인가?

- 전문가는 ADHD 학생의 학업, 주의 집중, 행동적 진보를 어떻게 평가하는가?

- ADHD 학습자의 조기 중재에서 중요한 고려 사항은 무엇인가?

- ADHD 학습자의 성인기로의 전환에 대한 중요한 고려 사항은 무엇인가

ADHD 학습자에 대한
잘못된 생각

오해 • 모든 ADHD 아동은 과잉행동을 보인다.
사실 • ADHD의 정신의학적 분류는 주의 집중에 어려움만 보이는 경우, 혹은 과잉행동/충동성만 보이는 경우, 혹은 두 가지 모두 보이는 경우를 고려하고 있다.

오해 • ADHD의 주된 증후는 주의 집중을 못하는 것이다.
사실 • 최근 개념화된 ADHD에서는 행동 억제, 실행 기능, 시간 인식과 관리 그리고 목표 지향적 행동의 문제를 주된 행동 문제로 보고 있다.

오해 • ADHD는 최근 미국에서 유행이 되는 진단이고 ADHD의 실체에 관한 연구들은 거의 없다.
사실 • 18세기, 19세기 중반, 20세기 초반에 주의 집중 문제와 과잉행동의 존재를 인식하는 의사들에 관한 문헌이 제시되었다. 주의 집중 문제에 관한 과학적 연구는 20세기 초반과 중반에 시작되었다. 현재 ADHD의 존재를 지지하는 연구 결과들이 확실하게 정립되었다. 다른 여러 국가에서 나타나는 ADHD의 출현율은 적어도 미국에서 나타나는 만큼이나 높다.

오해 • ADHD는 주로 미세 뇌손상에 의한 것이다.
사실 • ADHD의 대부분의 사례에서 실제 두뇌 손상이 존재하는지에 관한 증거는 없다. 대부분의 전문가는 ADHD가 신경의 역기능의 결과이고 유전적인 요소와 종종 관련되어 있다고 한다.

오해 • ADHD 학생의 사회적 문제들은 사회적으로 어떻게 상호작용하는지 모르기 때문이다.
사실 • 대부분의 ADHD를 지닌 사람은 어떻게 상호작용하는지를 알고 있지만 행동 억제에 문제가 있어 사회적으로 적절한 행동을 실행하는 데 어려움을 갖게 된다.

오해 • 리탈린과 같은 정신자극제 사용은 ADHD 아동들이 코카인나 마리화나 같은 다른 약물을 쉽게 남용하게 할 수 있다.
사실 • ADHD를 위한 정신자극제 사용이 약물 남용에 직접적인 영향을 끼친다는 증거는 없다. 사실 리탈린을 처방받은 아동들은 10대가 되었을 때 불법 약물에 덜 노출될 수 있다는 증거가 있다. 그러나 아동이나 다른 사람들이 처방된 정신자극제를 잘못 사용하지 않도록 주의 깊은 관리가 필요하다.

오해 • 정신자극제는 아동을 활성화하기보다는 진정시킨다는 점에서 '모순적 효과'를 지니고 있다. 또한 이 효과는 ADHD 아동에게만 나타난다.
사실 • 정신자극제는 아동을 안정시키는 대신에 행동 억제와 실행 기능을 담당하는 두뇌 영역을 활성화한다. 게다가 이러한 효과는 ADHD를 지니고 있지 않은 사람에게도 나타난다.

오해 • ADHD 학생들은 자극에 강하게 반응하기 때문에 그들의 자연적인 학습 스타일에 도움이 될 수 있도록 학습 환경을 고도로 비구조화하여야 한다.
사실 • 많은 전문가는 ADHD 학생들에게는 특히 교수의 초기 단계에서 고도로 구조화된 학습환경 구성을 권고하고 있다.

이 장의 서두 인용문에 나오는 Fidgety Phil은 독일 의사인 Heinrich Hoffmann 의 시에 나오는 주인공인데, 오늘날 주의력결핍 과잉행동장애(attention deficit hyperactivity disorder: ADHD)로 불리는 아동의 사례가 서양 문학에서 처음 등장한 다(Barkley, 2006c). 앞서 언급한 Phil의 충동적인 행동에 대한 조절력 부족은 오늘날 ADHD라 불리는 상태와 유사한 특성을 가지는데, 이는 한 사람의 행동에 대한 조절 능력보다 주의력이 부족한 현상을 말한다. 우리는 앞으로 이 개념에 대하여 자세하게 알아보겠지만, 여기서 Phil의 과도한 운동력 또는 과잉활동이 ADHD를 지닌 어린아이들의 특성을 대략적으로 설명해 줄 수 있다는 점을 알아야 한다. 흥미롭게도 Hoffmann은 다른 시도 썼는데, 이는 과잉활동을 보이지는 않지만 ADHD를 지닌 한 아동에 대한 시 '멍한 조니의 이야기(The Story of Johnny Head-in-Air)'다.

인터넷 자원

www.fln.vcu.edu/struwwel/ guck_e.html과 http://home. earthlinknet/~mishal/phil1. html에 들어가면 '안절부절못하는 필립'과 '멍한 조니의 이야기' 라는 시와 관련된 자료를 볼 수 있다. ■■■

개 요

주의력 결핍에 관한 기존의 연구 자료들이 많다는 것은 매우 중요한 사실이다. 오늘날 ADHD는 주로 비판의 대상이 되며 게으르고 동기부여가 안 되는 사람들에 대한 전통적인 진단, 유행에 따른 현상이나 유령 같은 상황으로 불린다. 믿을 수 없을 정도로 어떤 사람은 ADHD에 관한 적절한 진단을 받지 못하는 실정이고, 몇몇 증거에서는 이러한 상황이 매우 실제적 상황인 것으로 드러났다. 또한 다음 이야기에서 살펴보겠지만, ADHD는 최근 밝혀진 증상이 아니라 매우 오랫동안 지속되어 온 증상이다.

Alexander Chrichton 경의 논문 「주의 집중과 그 질병(On Attention and Its Diseases)」

Hoffmann의 '시적 사례 연구' 외에, 주의집중장애와 관련하여 초기의 과학적인 준거가 되는 두 가지 내용이 있다. 한 가지는 Hoffmann보다 앞선 것으로 40년 전에 제시된 것이다. Alexander Chrichton 경(1798)은 의사로 전문적 문헌에서 주의력 결핍 문제를 처음 다루었다(Barkley, 2008; Palmer & Finger, 2001). 주의력 결핍에 관한 Chrichton의 많은 생각이 오늘날의 내용과 일관성이 있다. 그는 주의집중하고자 하는 능력은 자동적이 아닌 적극적인 노력이 요구된다고 하였고, 사람들은 주의력장애를 지니고 태어나거나 두뇌에 영향을 주는 질병을 통해 주의력장애를 얻을 수 있다고 이론화하였다.

인터넷 자원

1998년 국립건강협회는 ADHD 판별과 처치를 위한 합의를 도출하기 위해 의료, 심리, 특수교육 분야를 포함한 다양한 분야의 전문가들로 구성된 패널을 구성하였다. 다양한 주제와 관련하여 더 많은 연구가 필요하다고 결론내려졌지만 전문가들은 ADHD의 타당성에 대해 단언하였다. ADHD에 관한 독립적인 진단 검사가 존재하는 것은 아니지만 해당 장애의 타당성을 지지하는 증거들이 있다(NIH, 1998). 많은 연구가 1998년 이후 실시되었고 중요한 역사적 기록이 되었다. 완성된 NIH Consensu Statement를 확인하기 위해서 http://consensus.nih.gov/19 98/1998AttentionDeficitHy peractivityDisorder110html. htm을 방문하라. NIH는 ADHD 에 관한 현재 정보를 알기 위해 Medline Plus에 접속하기를 권고한다. ■■■

George F. Still 박사가 말하는 '도덕적 자제력 결함'을 지닌 아동

George F. Still 박사는 Chrichton의 연구보다 훨씬 이후에 한 연구를 발표하였는데, 이는 현재 의학 전문의들이 아는 지식보다 훨씬 더 과학적인 발견이었다. 1902년에 런던 로얄 의과 전문대학교에서는 세 가지 강의가 진행되었다. 이 강의에서 Still은 심술궂은 행동, 잔인성, 불복종, 집중력장애 및 과잉행동을 보이는 아이들에 대해 설명하였다. 그는 이러한 아이들을 "도덕적 자제력이 결핍된 아이들"이라고 묘사하였다(Still, 1902, p. 1008). 그당시 Still은 이러한 아이들이 충동적이고 부적절한 행동에 대한 자제력이 부족하다고 말했다([그림 7-1] 참조).

Still의 연구는 오래전에 발표되긴 했지만 현재에도 여전히 그 영향력을 미치고 있다. 오늘날 가장 영향력이 있는 심리학 이론은 ADHD가 행동 억제력 부족에 영향을 받는다는 설에 기반을 두고 있다(Barkley, 1997, 2000a, 2000b 2006e). Still의 연구 결과는 또한 ADHD를 가진 사람들에게 나타나는 적어도 다섯 가지 특징을 정확히 묘사한다.

① Still은 이러한 많은 수의 아동이 두뇌의 미세한 병리적 이상을 가지고 있다고 추측했다.

② 많은 아동은 정상적인 지적 능력을 가지고 있다.

③ 이러한 증상은 여아보다 남아에게 더욱 두드러졌다.

④ 이러한 증상이 유전적이라는 증거가 있다.

⑤ 이러한 아동들과 친인척 대부분은 우울증 또는 틱과 같은 신체적 또는 심리적 문제를 가지고 있다.

우리는 추후 Barkley의 이론 및 앞의 다섯 가지 특성에 대하여 다시 한 번 되짚어 볼 것이다. 여기서는 Still이 말한 '도덕적 자제력 결함'을 지닌 아동들이 오늘날 ADHD 또는 품행장애를 동반한 ADHD로 진단받을 수 있다는 정도로만 말해 둔다. 8장에서 더 자세하게 알아볼 **품행장애**는 공격적이고 분열적인 행동을 보이는 양상을 나타낸다.

> ### The Goulstonian Lectures
> ON
> ### SOME ABNORMAL PSYCHICAL CONDITION IN CHILDREN.
>
> *Delivered before the Royal College of Physicians of London on March 4th, 6th, and 11th, 1902,*
>
> By GEORGE F. STILL, M.A., M.D. CANTAB. F.R.C.P. LOND.,
> ASSISTANT PHYSICIAN FOR DISEASES OF CHILDREN, KING'S COLLEGE HOSPITAL; ASSISTANT PHYSICIAN TO THE HOSPITAL FOR SICK CHILDREN, GREAT ORMOND-STREET.
>
> #### LECTURE I.
> *Delivered on March 4th.*
>
> MR. PRESIDENT AND GENTLEMEN,—The particul psychical conditions with which I propose to deal in the lectures are those which are concerned with an abnorm defect of moral control in children. Interesting as the disorders may be as an abstruse problem for the professo psychologist to puzzle over, they have a very real practic —shall I say social?—importance which I venture to thir has been hardly sufficiently recognised. For some yea past I have been collecting observations with a view investigating the occurrence of defective moral control as morbid condition in children, a subject which I cannot b think calls urgently for scientific investigation. It lo

[그림 7-1] '도덕적 자제력 결함'을 지닌 아동에 대한 George F. Still 박사 강의의 초반부

출처: Still, G. F. (1902). Some abnormal psychical conditions in children. *The Lancet, 1*, 1008-1012.

Kurt Goldstein의 제1차 세계대전 뇌손상 군인

Kurt Goldstein은 제1차 세계대전에서 머리를 다쳐 뇌손상을 입은 군인들이 지닌 심리적 영향에 대하여 보고하였다. 다른 특성보다도 그는 환자들에게서 비조직화 행동, 과잉행동, **고착성** 및 '자극에 대한 강한 민감성'이 나타남을 보고하였다(1936, 1939). 똑같은 행동을 계속 반복하는 증상인 고착성은 오늘날 ADHD 환자들의 특성으로 알려져 있다. 그리고 그들이 가진 자극에 대한 강한 민감성은 주의 산만과 비슷한 증상이다.

스트라우스 증후군

Goldstein의 연구는 Heinze Werner 및 Alfred Strauss가 1930년과 1940년 사이에 발표한 연구의 기반이 되었다(예: Werner & Strauss, 1939, 1941). 히틀러 통치 이후 독일에서 미국으로 이민을 간 후 Werner 및 Strauss는 한 팀이 되어 Goldstein의 연구를 다시 실행하기로 하였다. 그들은 정신지체 아동들에게서 주의 산만성 및 과잉행동을 발견하였다.

임상적 관찰 외에도 Werner 및 Strauss는 대상자에게 전경/배경 슬라이드를 잠깐 동안 보여 주는 실험 방법을 사용하였다. 이 슬라이드들은 파도와 같은 물결선 배경에 모자가 그려진 전경들을 묘사하고 있다. Werner 및 Strauss는 뇌손상을 입었다고 가정된 아동들에게 무엇을 보았는지 물어보았을 때 정상 아동들보다 더 많은 수의 아동이 전경(모자)을 보지 못하고 배경(물결선)을 보았다고 말한 것을 알아냈다(Strauss & Werner, 1942; Werner & Strauss, 1939, 1941). 이 연구를 통해서 전문가들은 과잉행동을 보이고 산만함을 보이는 아동들의 증상을 **스트라우스 증후군**(Strauss syndrome)이라 불렀다.

WIlliam Cruickshank의 연구

William Cruickshank와 동료들은 Werner와 Strauss의 전경/배경 연구 방법을 사용하여 뇌성마비를 가진 아동들이 전경보다는 배경에 더 잘 반응을 한다는 사실을 밝혀냈다(Cruickshank, Bice, & Wallen, 1957). 연구는 기존 Werner와 Strauss의 연구를 두 가지 중요한 측면에서 확장했다. 첫 번째로, Werner와 Strauss는 그들이 연구한 아동들이 뇌손상을 입었다고 가정하였지만 Cruckshank의 연구에 참여한 아동들은 뇌성마비를 가지고 있었으며, 뇌성마비는 뇌손상으로 움직임에 손상을 가져오는 특성을 지니고 있고 상대적으로 진단이 쉬운 상태다(14장 참조). 두 번째 발견은 Cruckshank가 연구한 아동들은 정상적인 지적 능력을 가지고 있었으며, 그러므로 정신지체(지적장애)를 가지지 않은 아동들도 주의 산만 및 과잉행동을 보일 수 있다는 결론이 나온다. Cruickshank는 역사적으로도 매우 중요한 인물이다. 그 이유는 이 장의 뒤에서 더욱 자세하게 설명하 겠지만 오늘날 ADHD 기준에 부합하는 아동들을 위한 교육 프로그램을 처음으로 만든 사람이기 때문이다. 하지만 그 당시(1950년 후반)에는 이러한 많은 아동이 '미세 뇌손상' 을 가지고 있다고 여겨졌다.

미세 뇌손상 및 과잉행동 아동 증후군

정상적인 지적 능력을 가진 아동들을 대상으로 한 Werner와 Strauss의 연구를 확장 한 Cruickshank와 비슷한 시기에 우리가 알고 있는 고전적 연구의 결과가 출판되었다 (Pasamnick, Lilienfeld, & Rogers, 1956). 출생 후 가지는 합병증에 관한 이 연구는 Still (1902)의 연구 방향을 동일하게 다시 시행하였다. 즉, 이 연구는 아주 미세한 두뇌 관련 질병이 과잉행동 및 주의 산만과 같은 행동장애를 일으킬 수 있다는 사실을 밝혀냈다. 전문가들은 **미세 뇌손상**이라는 이름을 정상의 지적 능력은 가졌지만 주의가 산만하고 충동적이며 과잉행동을 보이는 아동들의 증상을 표현하는 데 사용하였다. 1950년대와 1960년대에 이 명칭이 대중적으로 사용되었지만 전문가들은 두뇌의 실질적인 조직 손 상을 문서화하기가 어렵다고 생각했기 때문에 '미세 뇌손상'의 명칭을 사용하지 않았다 (Brich, 1964).

미세 뇌손상이라는 명칭은 1960년대에 '과잉행동 아동 증후군'이라는 명칭으로 바 뀌었다(Barkley, 2006c). **과잉행동 아동 증후군**이라는 이름이 더 선호되었던 이유는 이 명칭이 행동을 설명해 주고 미세 뇌손상의 모호하고 신뢰할 수 없는 진단에 의존하지 않았기 때문이다. 이 용어는 1970년대까지 대중적으로 확장되었다. 하지만 이 용어는 1980년대 연구에서 이러한 아동들이 가지는 주요 증상으로 과잉행동만이 아닌 주의 산 만을 명시하기 시작한 때를 기점으로 사용되지 않았다. 사실 몇몇 아동은 과잉행동이 없는 주의력장애를 보였다.

주의 산만이 과잉행동보다 더 중요한 요소로 인식되기 시작한 것은 ADHD에 대한 오 늘날의 정의와 기존의 정의에 반영되었다. 후반부에서 논의하겠지만, 몇몇 전문가는 현 재 ADHD의 주요 결함으로 행동 억제의 결함이 아닌 주의집중장애로 대체할 것을 권고 하고 있다.

정 의

대부분의 전문가는 미국정신의학회(APA)가 만든 『정신장애의 진단 및 통계 편람 (*Diagnostic and Statistical Manual of Mental Disorders: DSM*)』 기준에 의존하여 한 개인

이 ADHD를 가지고 있는지 여부를 결정한다(American Psychiatric Association, 2010). 이 책이 발간될 때 DSM은 개정 작업을 거치게 되어 2012년에 발간될 예정이다(2013년에 DSM-5가 출간되었음— 역자 주). 현재 DSM은 ADHD의 하위 유형을 인지하는데, 이는 ① ADHD 주의 산만 우세형, ② ADHD 과잉행동 및 충동 행동 우세형, ③ ADHD 혼합형으로 나뉜다(American Psychiatric Association, 2000). 이러한 하위 유형들을 결정하는 기준의 예는 다음과 같다. ① 주의력: 자세한 부분에 주의 집중하는 것의 어려움, 주의력을 지속하는 것의 어려움, 생각을 정리하는 것의 어려움, 주의 산만, ② 과잉행동: 안절부절못함, 부적절한 횟수로 자리를 떠남, 과도하게 말함, ③ 충동성: 순서를 기다리는 데 있어서의 어려움, 다른 사람을 방해함.

새로운 DSM에서 제시될 변화 내용을 예상하는 것은 어렵지만 몇몇 이슈는 미국정신의학회(2010)에서 토론된 바 있다. 그 내용은 다음과 같다.

ADHD 성인과 아동 및 그 부모들은 ADHD와 관련된 협회에서 다양한 정보를 찾을 수 있다. ADHD와 관련된 가장 오래된 협회는 '주의집중/과잉행동장애 아동과 성인(The Children and Adults with Attention Deficit/Hyperactivity Disorder: CHADD)'이다. 최근 설립된 협회는 국립 주의집중장애협회(National Attention Deficit Disorders Association: National ADDA)로, 해당 사이트는 www.chadd.org와 www.add.org다.

- '주의력결핍장애'는 그 자체의 진단 목록으로 진단되어야 하는데, 이는 최소한 초기 주의력 결핍의 하위유형이 '주의력 결핍 우세형' 및 '제한적 주의력 결핍'으로 나뉘어야 하며, 대상자들이 명백한 주의력 결핍을 가지고 있는지, 아니면 주의력 결핍과 관련이 있는지를 의미한다(전문가들은 많은 수의 개인은 순수 주의력 결핍이라고 말한다).
- 이러한 증상이 현재 절삭(cut-off) 나이인 7세 대신에 12세에 시작되는 것인가?(전문가들은 몇몇 아동의 증상은 7세 이후까지 ADHD로 보일 만큼 심각하지 않았다고 말한다.)
- 청소년 및 성인의 진단에 있어 적은 수의 증후를 요구하는가?(전문가들은 나이가 많을수록 증후의 수가 줄어든다고 말하지만 그들의 기능은 여전히 심각한 문제를 보인다고 말한다.)

출현율

행동 문제를 보이는 아동들이 클리닉에 의뢰되었을 때 ADHD는 가장 빈번한 원인 중 하나로 널리 인식되어 왔다. ADHD는 행동장애에 있어 가장 주요한 원인으로 알려져 있다. 대부분의 연구자는 학령기 아동들의 3~7%가 ADHD로 추정된다고 말한다(Barkley, 2006d). 하지만 미국 교육부가 ADHD를 특수교육 분야에서 하나의 독자적인 분야로 인정하지 않기 때문에 얼마나 많은 ADHD 학생이 특수교육을 받고 있는지를 알기란 매우 어렵다. 1970년대 중반 연방정부는 모든 주요 특수교육 분야에서 학생들의 출현율을 조사했는데, ADHD 학생들은 여기에 포함되지 않았다. 이는 부분적으로 두 가지 상호 연관된 요소 때문이다. 첫 번째로는 이 분야에서의 연구가 아직 초기 단계

질병관리 및 예방센터(The Centers for Disease Control and Prevention: CDC)는 다양한 인구학적 통계 자료를 지니고 있다. http://www.cdc.gov/ncbddd/adhd/

이며, 두 번째로는 ADHD 아동들을 위한 옹호 기반이 아직 발달되지 않았기 때문이다. 1990년대 초 ADHD 학생의 통합교육을 위해 옹호 집단이 로비를 하였으나, 미국 교육부는 ADHD를 독립적인 분류로 구분하는 것에 동의하지 않았다. 하지만 1991년 미국 정부는 ADHD 학생들을 '기타 건강장애(OHI)'로 분류하여 특수교육을 받게 하였으며, "ADD는 만성 또는 급성 건강 문제로 교육적 수행에 부정적 영향을 주는 경우"로 기술하였다. 또한 ADHD 학생들은 다른 법령(1973년의 재활법 제504조)에 의하여 조정을 받을 수 있었다.

1991년 이후 더 많은 ADHD 학생이 OHI로 판별받으면서 OHI 분야는 점점 확대되고 있다. 예를 들어, 1990년대 중반부터 6~17세 학생들의 OHI 출현율은 네 배로 늘어났다. 하지만 최근 발표에 의하면 2007년에서 2008년 사이 1.22%였으며 이는 3~7%의 출현율보다 훨씬 낮은 수치다. 많은 연구자가 ADHD 학생들의 절반 미만이 특수교육을 받는다고 생각한다.

ADHD는 지역사회 기반의 표본 집단에서 3:1 정도로 여아보다 남아에게서 훨씬 많이 나타난다(Barkely, 2006d). 그 이유에 대해 몇몇 연구자는 남아들의 ADHD 특성이 눈에 잘 띄는 과잉행동이나 충동성인 반면 여아들에게는 주의력 결핍 유형인 경우가 많기 때문이라고 밝혔다. 의뢰에서의 성별 편견이 존재할 수도 있지만, 우리의 연구 결과는 남아 및 여아들의 출현율을 파악하기에는 불충분하다는 것을 보여 준다. 성별로 차이를 보이는 이유는 각기 타고난 체질이나 생물학적 차이에 기인한 것일 가능성이 크다.

전문가들은 ADHD가 성취 및 규칙이나 관습에 순응하는 것을 중요시하는 사회적 특성의 결과로 주로 미국에서 나타나는 현상이라고 주장하였다. 그러나 통계 자료들은 이러한 주장을 뒷받침해 주지 않는다. 각기 진단기준, 표집 전략, 문화적 기대감이 다르기 때문에 국가별로 출현율을 비교하는 것은 어렵지만, 몇몇 다른 나라들에서도 미국에서만큼 높은 출현율로 나타나고 있음을 보여 주는 증거들이 제시되고 있다. 예를 들어, 아프리카, 중동, 오세아니아, 남아공, 아시아, 북미 및 유럽을 포함한 세계 각국의 출현율 조사에서 실질적으로 출현율이 전체적으로 5.29%로 나타났다(Polanczyk, Silva de Lima, Horta, Biederrman, & Rohde, 2007). 그리고 가장 높은 비율을 보인 나라는 북미가 아닌 남미와 아프리카였다. 또한 각기 다른 국가에서 발견된 ADHD 학생들의 행동 특성들에 대한 조사는 그들이 같은 주요 증상을 가지고 있고, 이는 ADHD가 문화에 따라 발생한다는 설을 반박할 수 있는 증거다(Bauermeister, Canino, Polanczyk, & Rohde, 2010).

몇몇 비판가는 또한 미국 흑인 아동들, 특히 남아들의 경우 불균형적으로 ADHD로 진단받은 것을 제시하였다. 불행히도 이 주제에 대한 확실하고 광범위한 연구가 아직 없다. 이렇게 빈약한 증거들이 제시하는 바는 흑인 아동들의 경우 백인 아동들에 비해 ADHD를 형식적으로 판별받기가 어렵다는 것이다(Rowland et al., 2001). 하지만 몇몇 증거는 교사들이 주의력결핍 및 과잉행동 학생들을 바라보는 시선에 문화적 편견이 어느 정도 존재한다는 사실을 보여 준다. 예를 들어, 한 연구에서는 흑인 교사들보다 백인 교사들이 흑인 아동들을 집중력이 떨어지고 과잉행동을 보인다고 평가하는 것으로 드러났다(Reid, Casat, Norton, Anastopoulos, & Temple, 2001). 또 다른 연구에서는 백인 교사들에 비하여 히스패닉계 교사들이 백인이 아닌 히스패닉계 학생들이 좀 더 이러한 증상을 보인다고 생각하는 것으로 드러났다(DeRamirez & Shapiro, 2005).

판 별

연구 자료들은 교사 및 전문가들이라고 해서 주의력 결핍 및 과잉행동에 관하여 언제나 정확하게 판별을 하는 것은 아니라는 사실을 보여 준다. 그러므로 연구자들은 ADHD를 판별하기 전에 여러 정보 자료를 사용할 것을 권고한다. 대부분의 전문가는 학생이 ADHD를 가지고 있는지 평가하기 위해 네 가지 중요한 요소가 있음에 동의하고 있다.

의학적 검사, 임상 면접, 교사 및 부모 평정척도, 행동관찰 등이 있다. 의학적 진단은 뇌종양 또는 발작장애와 같이 주의력 결핍 및 과잉행동의 원인이 될 수 있는 증상들을 발견하는 데 있어 필수적이다(Barkley & Edwards, 2006).

부모들 및 아동들과의 임상 면접은 아동들의 신체적 및 심리적 특성을 알아내는 데 정보를 제공해 주며, 가족관계 및 또래들과의 상호작용에 대한 정보도 제공해 준다. 이러한 인터뷰가 ADHD를 진단하는 데 있어 필수적이지만, 임상가들은 면접 상황의 주관성에 대하여 인식할 필요가 있다. ADHD 아동들 중 어떤 아동은 진료실의 구조화되고 새로운 환경에서는 놀랄 만할 정도로 '정상적인' 행동을 보일 수 있다. 판별 과정에서 양적 측정을 위한 시도로 연구자들은 교사와 부모 및 경우에 따라서 아동이 답할 수 있는 평정척도를 개발하였다. 그중 가장 잘 알려져 있고 신뢰할 만한 척도는 코너스-3(Conners-3, Conners, 2007)와 ADHD 평정척도-IV(Dupaul, Power, Anastopoulos, & Reid, 1998)다. 평정자들은 (전혀 또는 거의 안 하거나 가끔, 종종 매우 자주) 각 개인이 자세한 사항에 대하여 집중하지 않고 얼마나 쉽게 산만해지고, 다른 아이들을 방해하며, 안절부절못하고 또한 이

의료적 검사와 임상적 관찰 외에도, 교사와 부모 및 경우에 따라서 아동에 의해서도 작성되는 평정척도는 ADHD 아동을 판별하는 과정에서 양적 측면의 도움을 줄 수 있다.

와 관련된 다른 증상을 얼마나 자주 보이는가에 대하여 답한다. 가능할 때마다 임상가들은 학생들을 관찰해야 한다. 이는 교실에서 이루어질 수 있다. ADHD 아동을 다루고 진단하는 전문가는 아동이 집중력이 요구되는 과제를 수행하는 것을 관찰할 수 있도록 특별히 고안된 관찰실을 지니고 있기도 하다.

원인

ADHD 진단을 위해 혈액검사와 같은 단순한 진단검사들이 존재하지 않아 ADHD의 실제 원인에 관하여 역사적으로 매우 많은 논란이 있어 왔다(〈핵심 개념〉 'ADHD에 관한 이론들 사이에 존재하는 논란' 참조). 하지만 현재 ADHD의 신경학적 비정상성이 연관성이 있다는 강한 증거들이 있다.

앞서 보았듯이, 20세기 초반과 중반의 전문가들은 주의력 결핍 및 과잉행동의 원인을 두뇌의 손상으로 인한 신경학적 문제로 돌렸다. 연구자들이 ADHD의 실질적인 조직 손상을 밝히지 못했을 때 많은 전문가는 ADHD와 관련하여 신경학적 기반을 둔 개념에 관심을 잃었다. 하지만 6장에서 학습장애에 대하여 논의하였듯이, 1980년대 및 1990년대의 자기공명영상(MRI), 양전자방사단층촬영(PET) 및 기능적 자기공명영상(fMRI)과 같은 신경촬영 기술들은 과학자들이 처음으로 뇌의 기능에 대하여 자세하고 믿을 만한 측정을 할 수 있도록 해 주었다. 연구자들은 이러한 기술들을 사용하여 ADHD의 신경학적 기반에 대한 근거를 만들 수 있었다. 학습장애의 경우처럼, 연구자들은 ADHD는 실질적 뇌의 손상보다는 신경적 역기능이 더 큰 원인이 될 수 있다는 사실을 보여 주고 있다. 또한 연구를 통하여 나온 증거들은 신경적 역기능의 가장 큰 원인을 유전이라고 보며, 이는 기형 발생 물질 및 다른 의학적 요소들이 어느 정도의 영향을 준다는 사실도 보여 주고 있다.

영향을 받는 두뇌 부위: 전전두엽, 전두엽, 기저핵, 소뇌 및 뇌량

연구팀들은 신경촬영법을 사용하여 ADHD를 갖고 있는 사람들의 뇌의 부위 중 다섯 가지 부위—전전두엽, 전두엽, 기저핵(특히 미상[caudate]과 담창구[globus pallidus]), 소뇌와 뇌량—에서 어느 정도 일관적으로 비정상적인 부분을 찾아냈다(Arsten, Berridge, & McCracken, 2009; Bender, Banaschewski, & Resch, 2010; Cherkasova & Hechtman, 2009; Shaw & Rabin, 2009, [그림 7-2] 참조).

핵심 개념

ADHD에 관한 이론들 사이에 존재하는 논란

수년에 걸쳐 어떠한 요소들이 과잉행동 또는 ADHD에 영향을 주는가에 대한 논란이 있어 왔다. 그중 대부분은 과학적으로 충분히 증명되지 않았다. 아주 좋은 예로 설탕이 있다. 부모 및 교사들은 유아들이 탄산음료, 케이크 및 사탕 섭취로 설탕을 먹었을 때 좀 더 과잉행동을 보인다고 말한다. 하지만 연구자들은 이것이 사실이 아니라는 것을 밝혀냈다(Wolraich, Wilson, & White, 1995). 이러한 잘못된 가설은 아마도 아동들이 단것을 먹는 상황에서 과잉행동을 하는 아동을 관찰한 것에서부터 비롯되었을 것이다. 상대적으로 자극적이고 격식이 갖추어지지 않은 파티와 같은 상황에서 아동들은 좀 더 과잉행동을 보일 것이다.

또 다른 좋은 예로는 TV 시청 및 비디오게임이 있다. 많은 사람은 일반적으로 TV를 너무 많이 보거나 비디오게임을 너무 많이 하면 아이들이 ADHD 증상을 갖게 된다고 생각한다. 한 연구는 취학 이전에 TV를 더 많이 본 아이들이 7세가 되었을 때 더 주의력이 떨어진다는 사실을 밝혀냈다(Christakis, Zimerman, DiGuiseppe, & McCarty, 2004). 하지만 이는 TV 시청이 ADHD 또는 좀 더 높은 수준의 주의력 결핍을 발생시키는 원인이라는 사실에 대한 증거가 될 수 없다. 오히려 주의 집중 문제가 아동들에게 TV를 더 보고 싶어 하게 하는 원인이 될 것이다. 또는 부모들이 아동들의 과잉행동을 잠시 동안이라도 멈출 수 있다고 믿는 방법이 TV일 것이다. 또는 아이들에게 TV를 더 많이 보게 하는 부모들로 인하여 아

이들이 주의력을 잃을 수도 있다. 이러한 행동들은 통제를 잃게 한다.

ADHD를 일으킨다고 믿어지는 다른 환경 요소들은 인공식용 색소 또는 첨가물이다. 이러한 이론을 처음 만든 사람은 소아 알레르기 전문가인 Benjamin Feingold다. Feingold는 첨가물이 들어가지 않은 음식들을 먹이라고 제안했다. 비록 많은 연구가 이러한 음식들이 ADHD 아동들에게 좋지 않다고 말하지만(Kavale & Forness, 1983), 최근에 나온 한 연구에 의하면 부모들은 아동들이 색소 및 첨가물이 들어간 음식들을 먹을 때 그렇지 않았을 때보다 과잉행동을 보인다고 생각한다고 말한다(Bateman et al., 2004). 이러한 연구의 강점은 부모들은 아동들이 이러한 음식들을 먹는지 안 먹는지에 대하여 모르게 하고 연구를 진행하였다는 것이다. 그러나 주요한 주의 사항은 식단을 받았든 받지 않았든 아동의 행동이 클리닉에서 연구자들에 의해 진행된 주의력 결핍 및 과잉행동에 관한 객관적인 측정과 다르지 않았다는 것이다.

또 다른 주의 사항은 이러한 연구들(Bateman et al., 2004)이 여전히 음식과 ADHD에 대한 진단에 있어 인과관계에 대한 증거를 보여 주지 못한다는 것이다. 향후 연구는 ADHD 아이들 중 하위집단에 따라 색소 및 첨가물 조절의 영향을 받는지에 대하여 연구해야 할 것이다. 한편, 음식 조절을 하는 모든 ADHD 아동이 영향을 받는지에 대한 연구 자료가 없다.

전전두엽, 전두엽   뇌의 앞부분에 위치해 있다. 특히 뇌의 앞쪽에 있는 **전두엽** 중에서도 **전전두엽**은 실행 기능을 담당한다. 실행 기능은 행동을 조절하는 능력을 의미한다(우리는 후반부에서 실행 기능에 대해 더 많이 논의할 것이다).

기저핵   뇌의 깊숙한 곳에 위치한 **기저핵**은 몇 가지 부분으로 이루어져 있다. **미상핵** 및 **담창구**는 ADHD를 지닌 사람의 경우 비정상적인 구조를 가지고 있는 부분이다. 기저핵은 운동 행동 조절에 영향을 미친다(Pinel, 2006).

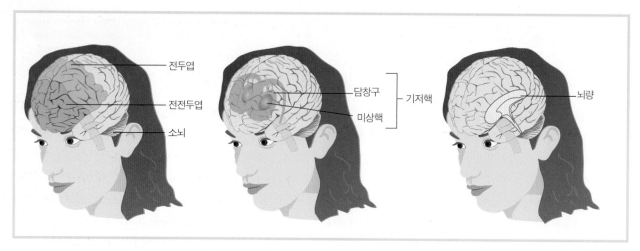

[그림 7-2] ADHD를 지닌 사람의 비정상적인 두뇌 영역

소 뇌   **소뇌** 또한 운동 행동의 협응과 조절에 영향을 미친다. 이 부분이 매우 작아 뇌의 10%에 지나지 않지만 두뇌의 복잡한 뉴런의 절반 이상을 포함하고 있다(Pinel, 2006).

뇌 량   **뇌량**은 좌반구와 우반구를 연결하는 수백만 개의 섬유질로 이루어져 있다. 이 부위는 두뇌 반구의 소통에 영향을 주며 다양한 인지 기능에 중요한 역할을 한다.

관련된 신경전달물질: 도파민 및 노르에피네프린

신경전달물질들의 비정상성이 ADHD를 일으키는지에 관한 많은 연구가 이루어지고 있다. **신경전달물질**들은 두뇌의 뉴런들 사이에 메시지가 전달되는 데 도움을 주는 화학물질이다. 연구에서는 두 신경전달체인 **도파민** 및 **노르에피네프린**의 비정상적 수준이 ADHD와 연관성이 있다고 밝혀졌다(Barkely, 2006b; Tripp & Wicknes, 2009; Volkow et al. 2007).

유전적 영향

대부분의 연구자는 ADHD가 유전적 영향을 받는다는 사실에 동의한다. 연구 결과들은 하나의 ADHD 유전자가 존재하는 것이 아님을 언급하고 있다. 오히려 여러 가지 유전자(적어도 스무 가지)가 연관성을 갖는다. 또한 이러한 유전자들 중 다수는 도파민이 뉴런에서 다른 뉴런으로 어떻게 움직이는지의 연관성을 지닌다(Floet, Sheiner, & Grossman, 2010; Li Sham, Owen, & He, 2006). ADHD 유전적 원인에 대한 이론으로는 적어도 세 가지 증거—가족 연구, 쌍둥이 연구와 분자유전학 연구—가 있다.

가족 연구   일반적으로 ADHD 아동들의 형제자매가 ADHD를 갖고 있을 확률은 약 32% 정도다(Barkely, 2006b). ADHD 성인들의 자녀들이 ADHD를 갖고 있을 확률은 57% 정도로 나타난다(Beiderman et al. 1995). 또한 몇몇 연구는 ADHD 아동들의 부모가 그렇지 않은 부모들보다 2배에서 8배 이상 ADHD를 지니고 있을 확률이 높다는 사실을 보여 준다(Faraone & Doyle, 2001).

쌍둥이 연구   몇몇 연구자는 ADHD의 형제자매 중 한 명이 ADHD를 갖고 있는 일란성 및 이란성 쌍둥이들의 출현율을 비교해 보았다. 이 연구들은 만일 일란성 쌍둥이 및 이란성 쌍둥이 모두 ADHD를 갖고 있다면 두 번째 일란성 쌍둥이는 두 번째 이란성 쌍둥이에 비하여 ADHD를 갖고 있을 확률이 높다는 사실이 일관적으로 제시되고 있다(Levy & Hay, 2001; Nigg, 2006; Nikolas & Burt 2010).

분자유전학 연구   인간 유전자 지도가 발전해 오면서 유전 정보(DNA, RNA 그리고 단백질)를 주관하는 분자를 다루는 연구인 **분자유전학**이 발달하였다. ADHD에 관한 분자유전학 연구는 초기 단계이지만, 이 연구들은 몇몇 유전자가 ADHD에 영향을 줄 것이라는 사실에 일관적으로 기여하고 있다.

독소 및 의학적 요인

5장과 6장에서 우리는 **독소**—태아의 미성숙을 일으킬 수 있는—에 관하여 논의하였다. 이 물질은 어떤 경우 지적장애 및 학습장애의 원인이 된다. 독소에 대한 증거는 유전에 대한 증거보다는 약하지만, 몇몇 경우에서 이러한 물질들이 ADHD와 연관성이 있다는 사실이 밝혀졌다. 예를 들어, 여러 연구는 ADHD 아동들의 혈중 납 농도가 높게 나타나며, 이는 이러한 독소가 ADHD를 갖고 있지 않은 아동들보다 갖고 있는 아동들에게 큰 영향을 미칠 수 있다는 사실을 보여 준다(Nigg, Nikolas, Knottnerus, Cavanagh, & Friderici, 2010).

다른 의학적 조건들을 가진 아동들이 ADHD를 가질 위험이 있다. 이 증거 또한 유전적인 정보에 비하여 부족하지만, 출산 합병증과 저체중 출산이 ADHD과 관련이 있다(Levy, Barr, & Sunohara, 1998; Millberger, Beiderman, Faraone, Guite, & Tsuang, 1997). 임신 중 흡연은 저체중 유아를 출산할 확률을 높인다. 이에 대한 증거들은 산모를 통한 간접 흡연으로 인하여 이미 태아가 유전적인 성향을 지니게 되어(도파민 관련 유전자를 근거로) ADHD 발생 확률을 크게 높여 준다는 사실을 보여 준다(Neuman et al., 2007).

심리 및 행동적 특성

심리 및 행동적 기능들에 대한 ADHD의 영향은 매우 심각하여 삶의 질에 큰 영향을 준다(Danckaerts et al., 2010). 기능의 많은 부분이 영향을 받지만 그중 몇 가지는 매우 중요하다. 대부분의 사람은 주의력 결핍이 ADHD의 가장 큰 특성이라고 믿고 있지만, 최근 나온 연구들은 주의력 결핍 및 과잉행동과 충동성이 행동장애의 주요 특징이라는 사실을 보여 주고 있다.

ADHD에 관한 Barkley의 모델

다수의 연구에서 ADHD를 갖고 있는 사람들에게 나타나는 큰 문제는 행동 억제라고 말한다(Barkley, 1997, 2000a, 2006e; Schachar, Mota, Loban, Tannock, & Klim, 2000; Semurd-Clikeman et al., 2000; Willcutt, Pennigton, et al., 2001). 앞서 보았듯이 Russell Barkley는 ADHD에 관한 모델, 즉 행동장애가 가장 주요한 문제라는 사실을 제안하였다. 이 모델은 아주 단순한 형태를 지니고 있는데, 이는 행동 억제가 실행 기능 및 시간에 대한 인식과 관리에 관하여 문제를 일으킨다고 예기하며 이러한 문제들은 지속적인 목표를 향한 행동을 수행하는 데 어려움을 일으킨다.

행동 억제   **행동 억제**는 다음과 같은 능력들에 영향을 미친다.

① 반응을 지연시킨다.
② 과제의 갑작스러운 변화로 인한 반응이 부적절하다고 감지한다면 반응이 계속되는 것을 중단시킨다.
③ 산만하거나 경쟁적인 자극에 반응을 할 수 없게 한다(Lawrence et al., 2002).

행동 억제의 문제는 차례를 기다리는 능력이나 대화를 이어 가는 능력에서 나타나고, 일하는 도중 잠재적인 집중력 저하로 나타나며, 또는 더 큰 혹은 더 장기적인 보상이 요구되는 일을 위하여 즉각적인 만족

ADHD를 지닌 학생들은 자신의 순서 기다리기, 부적절한 반응 받아들이기 혹은 주의 산만을 제지하기를 포함한 행동 억제 어려움을 경험할 수 있다.

ADHD 학습자의 요구에 따른
반응적 교수

과제의 변환: ADHD 학생을 준비시키기

연구의 개요

수많은 연구자는 ADHD 학생들의 가장 부족한 점이 행동 억제의 부족이라고 말한다(예: Barkley, 1997, 2000a, 2006e; Willcutt, Pennington, et al., 2001). 즉, ADHD 학생은 과제를 시작하면 새로운 활동으로 정신적인 전환을 하는(mentally switched) 데 어려움을 갖는다. 연구자들은 ADHD 학생들이 일반학생들보다 현재 활동을 '억제하게' 하고 다른 활동을 '시작하기' 위한 실행 조절 능력이 떨어진다고 말한다.

연구 결과

연구자들은 ADHD 학생들과 그렇지 않은 학생들의 과제 전환 능력을 실험하였다(Cepeda, Cepeda, & Kramer, 2000). 연구 결과, 약물치료를 받지 않은 학생에게서 과제 전환 후 첫 번째 시도에서 수행 능력 부족이 나타났으며, 두 가지 과제 모두 숫자에 관한 과제로 두 과제가 연관성이 있었을 경우에도 비슷한 결과를 보였다. ADHD를 갖고 있는 모든 학생은 투약 여부를 떠나 새로운 과제(기존의 과제와 연관성이 없는)를 받았을 때 과제를 전환하는 데 있어 오랜 시간이 걸렸다(예: 숫자 인지 과제에서 단어 인지 과제로의 전환). 이러한 종류의 과제들은 숫자에 대한 생각의 억제를 요구하였으며 문자 및 소리를 생각하기 위한 준비를 필요

로 하였다. 연구 결과는 ADHD 학생과 그렇지 않은 학생들이 효율적 및 효과적으로 과제를 전환하는 능력에 있어 큰 차이가 있다는 사실을 보여 준다.

연구의 적용

이와 같은 연구들은 ADHD 학생들이 한 활동에서 다른 활동으로 넘어갈 때 지원이 필요하다는 사실을 보여 준다. 이러한 전환을 위한 인지적 지원은 다음과 같은 요소들을 포함한다.

- 어떤 일을 하도록 요구한 후 그들의 반응을 기대하는 데 있어 학생들에게 시간을 주는 것(즉, 대기 시간 증가).
- 학생이 작동기억을 유지할 수 있도록 단계나 순서를 제한하거나 시각적인 자료를 제공하여 학생들의 과도한 작동기억 적응을 피하는 것(Barkley, Murphy, & Kwasnik, 1996).
- 매일 전환 과정에 있어 주기적인 절차를 만들어 주는 것
- 학생들이 질문에 대답을 할 때 필요한 반응 유형에 대하여 준비할 수 있도록 하는 것
- 하루 종일 교수를 일관성 있고 예측 가능한 순서로 나누어 제공하는 것

• *Kristinc L. Sayeski*

감이 지연되는 상황에서 나타난다(Tripp & Alsop, 2001). 교실에서 행동 억제와 관련된 문제는 다른 과제로 전환할 때 나타날 수 있다. 이 주제에 관한 연구와 해당 연구가 수업에서 어떻게 활용될 수 있는지를 기술한 위의 〈반응적 교수〉를 참조하라.

실행 기능 목적 지향형 행동에 따른 행동 억제는 **실행 기능**에 있어 필수적인 요소다(Weyandt, 2009b). 실행 기능은 각 개인으로 하여금 그들의 행동을 스스로 조절할 수 있도록 도와준다. 수많은 연구 자료에서 신경촬영법을 통해 실행 능력이 전전두엽 및 전두엽에 의하여 조절되며 ADHD 아동들의 두뇌에서 이 부분에 나타나는 비정상적인 증상을 보여 준다.

★ 성공 스토리

필요한 조정(accommodations)을 얻기 위한 자기옹호 능력의 개발:
Josh가 대학에서 성공할 수 있었던 주요 원인

Josh Bishop: "이는 힘든 일이 아니다. 단지 시행하면 된다."

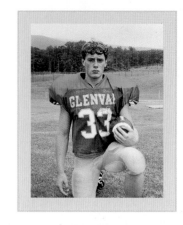

고등학교 2학년인 Josh Bishop은 조직화와 시간을 관리하는 데 어려움이 있지만 전국대학체육협회에서 미식축구 선수로 활동하길 원한다.

그의 성공을 위해 다음과 같은 요소들이 필요하다.
★ 강도 높은 교실 구조화와 일관적인 기대감
★ 지속적인 긍정적 강화와 행동 지원
★ 구체적인 조정과 자기옹호

Josh Bishop은 학교 과제를 하는 데 어려움이 없지만 과제를 완성하는 데는 어려움을 겪는다. 특수교육 교사인 Jane Warner는 Josh가 축구를 하고 싶어 하는 대학에 속해 있는 장애학생들을 지도했다. 그녀는 Josh와 같은 많은 학생을 지도하고 많은 ADHD 신입생들에게 자기옹호를 하도록 격려했다. Josh가 특수교육을 받지는 않지만 그의 엄마인 Joni Poff는 Josh가 자신의 미래 목표를 만들어 가는 방법을 찾도록 그를 격려하였다.

★ 강도 높은 교실 구조화와 일관적인 기대감

Josh는 훌륭한 운동선수이지만 교실에서는 어려움을 겪었다. "나는 잘 정돈된 사람이 아니에요. 초등학교에서는 그럭저럭 지냈지만 중학교는 내게 큰 도전이었어요. 6학년에 들어서서 나는 수업 중에 내 모든 숙제를 끝냈어요. 그런데 7학년이 된 후부터 모든 수업의 숙제가 밀리기 시작했지요."

Josh는 과제물을 제대로 하지 못하였다. "내가 마감일을 지키지 못했을 때 나는 그 과제를 아주 포기해 버렸어요. 나는 숙제를 해야 한다는 것을 알고 있고 앞으로 할 거야라고 말하지만 그 즉시 숙제를 하지 못하고 0점을 맞았죠. 나는 학교에서는 숙제를 할 수 있지만 집에서는 절대로 하지 못해요." 그의 엄마는 "Josh는 구조화된 환경에서 짧은 시간으로 나누어 하는 일에서는 더 나은 모습을 보입니다."라고 말한다. 집에서 그는 과제를 지속하는 데 어려움을 보였다. 그의 소아과 의사는 Josh가 낮에 약물을 복용하는데 밤에는 집중력이 떨어진다고 하였다.

Josh는 그가 받는 약물치료에 대해서는 말했지만, 숙제를 하고 정리를 하는 기술 또는 조심성에 있어서 겪는 어려움에 대해서는 말하지 않았다. 그는 다른 학생들과 다른 방식으로 대해졌지만 몇몇 교사만이 그에게 필요한 수업의 구조에 대하여 설명해 주었다고 말한다. 그의 어머니는 Josh를 지도하는 데 있어서 성공적인 교사들은 수업에서 매우 조직화를 잘할 수 있었으며 Josh에게 분명한 기대감을 보여 준 교사였다고 말한다. "그러한 교사들은 우유부단하지 않았어요. 그들은 Josh가 갖고 있는 어려움에 대하여 진심으로 걱정해 주었죠. 그들은 그가 일부러 게으르거나 무례한 행동을 하는 것이 아니라는 것을 이해하면서 Josh에게 여전히 높은 기대감을 보여 주었어요."

수많은 증거가 ADHD가 실행 능력 결함으로 나타난다는 것을 보여 준다(Barkley, 1997; Goldstein & Kennemer, 2009; Weyandt, 2009b). Barkley의 모델에 의하면, ADHD를 지닌 사람들은 실행 기능에 있어 네 가지 양상으로 문제를 보일 수 있다. 첫 번째로, 그들은 작동기억에 종종 문제를 갖는다. 5장에서 보았듯이, 작동기억이란 '현재 및 가까운 미래에 있어 한 사람의 행동을 정하는 데 사용되는' 정보를 기억하는 능력을 말한다(Barkley & Murphy, 1998, p. 2). ADHD 학생들의 경우 작동기억력의 부족은 건망증, 뒤늦은 깨달음과 일 시작 전에 충분히 생각하는 것, 그리고 시간 관리 문제로 이어질 수

★ 지속적인 긍정적 강화와 행동 지원

소아과 의사는 Josh가 일곱 살 때 ADHD 진단을 내렸다. 엄마는 "Josh는 언제나 과잉활동 수준을 보였어요."라고 말한다. "그는 유치원 교사에 의하여 긍정적인 행동 강화 방법으로 스티커를 받는 행동 계약을 했지만, 1학년 때 선생님은 그의 행동 관리를 지속하지 않았어요." 2학년 시절 약물치료를 받아 보라는 말을 들었다. Josh의 가족은 650명의 학생들이 다니는 조그마한 학교로 전학을 갔다. 학교와 집 사이의 거리는 매우 가까웠다. 하지만 Josh는 성장하고 학업 요구가 늘어날수록 어려움을 겪었다. "고등학교는 Josh에게 어려웠어요. 최근 나는 Josh에게 개인선생이나 Josh의 행동을 강화할 구조화된 지원을 받아 보라 했지만 Josh는 스스로 하기로 결정한 것 같아요."

★ 구체적인 조정과 자기옹호

Jane Warner는 혼자서 문제를 해결하는 것이 항상 답은 아니라고 말한다. ADHD 학생들은 주로 고등학교에서 대학교를 갈 때 지원이 필요하다고 말한다. "공부하는 기술과 시간 관리하는 능력은 ADHD 학생들에게 문제를 발생시키지요. 이로 인해 모든 것이 무너질 수 있어요. 학생들은 몇몇 수업에서 아쉬워할 것이며 다시는 되돌릴 수 없다고 생각하여 성적이 떨어져 가는 것을 지켜보고만 있을 것입니다. 또한 그들의 자존감은 떨어지고 그들은 마침내 좌절하게 되지요." Warner는 학생들에게 그들의 학습 요구를 자신 있게 밝히고 캠퍼스의 장애 지원 서비스에 연락하라고 말한다. ADHD 학생들 중 고등학교 때 특수교육을 받지 않은 학생들은 학교로 하여금 특별한 조정을 취할 수 있도록 서류를 작성할 것을 권고한다. Warner는 "우리는 지난 3년간 지켜본 자격 있는 전문가에 의한 종합적 평가가 필요합니다."라고 말한다. "IEP는 퍼즐의 한 부분이지만 IEP가 중등 이후 교육 조정을 위한 한 가지 문서로 사용될 수는 없습니다." Warner는 현재의 평가 방법이 장단점을 확실하게 보여 주는데, 이는 특히 평가자가 그 평가의 결과가 무엇인지 정확하게 설명해 주고 교육 방법에 대하여 자세하게 설명해 줄 때 더욱 그러하다고 말한다. "현재부터 고등학교 졸업 사이에 임상적 평가를 받는 것은 자기옹호와 Josh가 목표를 이룰 수 있게 능력을 개발하는 데 있어 매우 중요합니다."

CEC 표준: 성공을 위한 길

모든 초임 특수교사들은 CEC 지식 및 기술 기반에 부합하는지 스스로를 평가하라. 다음과 같은 질문을 사용하여 당신의 전문적 지식, 기술 및 성향을 성장시키는 데 반영하라.

전문성 개발을 위한 성찰

만약 당신이 Josh의 교사라면……
• ADHD 학생들을 교육하기 위해 더 알아야 할 부분은 무엇인가?
• 어떠한 구체적 기술들이 그의 학업적 및 행동적 어려움을 다루는 데 있어 도움을 주는가?
• ADHD 학생들을 지도하면서 당신에게 가장 중요하다고 생각되는 개인적 성향은 무엇인가?

CEC 표준의 사용
• ADHD 개인들의 심리적 및 사회·정서적 특성들은 어떻게 설명할 것인가? (GC2K4)
• ADHD 개인에게 있어 다양한 약물의 효과는 무엇인가? (CC2K7)
• ADHD 학생들에 있어 자기인식, 자기관리, 자기조절, 자기의존 및 자존감을 향상하기 위해 어떠한 과정을 사용할 것인가? (CC4S5)

• Jean B. Crockett

있다.

두 번째로, ADHD를 지닌 사람들은 지연된 내적 언어를 보인다. 내적 언어란 사람들이 문제를 해결할 때 다양한 해결책에 대해 마음속으로 자신에게 말하는 마음속의 목소리를 말한다. ADHD 학생 중 내적 언어에 문제를 갖고 있는 학생들은 규칙 및 지시를 따르는 것이 요구되는 상황에서 그들의 행동을 조절하는 데 문제를 갖게 된다.

세 번째로, ADHD 아동들은 그들의 감정 및 각성의 수준을 조절하는 데 문제를 갖는다. 그들은 주로 부정적이거나 긍정적인 경험에 과도하게 반응한다. 예를 들어, 그들은 좋은 뉴스를 들으면 크게 소리를 지르거나 감정을 조절하지 못한다. 마찬가지로 이러한 어린 아동들은 절망적인 경험을 할 때 즉시 화를 낸다.

네 번째로, ADHD 성인과 아동들은 문제를 분석하고 다른 사람과 해결책을 공유하는 데 어려움을 갖는다. 그들은 문제가 되는 상황에 직면하였을 때 유연하지 못하고 일단 생각나는 대로 충동적인 반응을 한다. Josh의 〈성공 스토리〉는 실행 기능의 장애에 관한 많은 부분을 보여 준다. Josh는 숙제를 하고 문제를 해결하며 지속적으로 일을 하는 데 어려움을 겪는다. Josh는 대학에서 스포츠 선수로 활동하기를 원하기 때문에 반드시 체계적으로 일을 하고 학업에서 더 나은 성적을 얻을 수 있는 방법을 배워야 한다.

시간 인식 및 관리   Barkley(2000a)는 시간 인식과 관리 능력 결함이 ADHD를 갖고 있는 사람들에게 매우 중요한 문제라는 것을 제시하였다.

시간을 이해하고 시간 내에 우리의 행동을 어떻게 조직화하는가는 ADHD를 이해하는 데 있어 매우 중요한 요소다. 나는 ADHD를 지닌 사람들에게 시간에 대해 인식하는 것은 눈에 보이지 않는 장애의 극치라고 믿는다(p. 30).

지속적인 목표 지향 행동   ADHD를 지닌 사람들이 갖는 실행 기능과 연관된 많은 문제는 지속적인 목표 지향적 활동에 참여하는 데 결함을 일으킨다.

ADHD를 지닌 사람들의 주요 특징인 지속적인 집중력의 저하는 목표 또는 과제 지향성 활동에 있어 문제를 유발하며, 이는 자기조절에 대한 억제 및 참을성 부족에서 온다. 또한 ADHD를 지닌 사람이 보이는 주의 산만은 자기통제 및 지속적인 과제 수행에 필요한 실행 기능을 저하시키는 다른 외적 및 내적 사건들로 인한 간섭에 따른 것이다. 이와 관련된 영향으로, 즉각적인 보상이 없는 과제를 지속적으로 수행할 수 없어 활동을 완성하지 못한 채 다른 활동으로 옮겨 가게 된다. ADHD로 인한 주의집중장애는 현재 주된 증후로 볼 수 없다. 이는 행동의 자기통제나 실행 기능을 생성하거나 행동 억제 및 간섭 조절의 손상으로 나타난 결과다(Barkley, 1997, p. 84).

자기조절 및 실행조절 능력의 저하로 인해 ADHD 학생들은 노력과 집중이 요구되나 내적으로 즐겁지 않은 과제(예: 많은 학교 관련 활동)에 집중하는 데 큰 어려움을 갖는다. 수많은 연구 결과는 ADHD 학생들이 그렇지 않은 학생들에 비하여 낮은 학업 성취도를 보인다는 사실을 보여 준다(Frazier, Youngstrom, Glutting, & Watkins, 2007).

적응 행동

적응 행동 기술(예: 자기조절, 지역사회 이용, 가정에서의 활동 등) 개념은 예로부터 정신지체 또는 지적장애 영역과 연관성을 가져왔다. 이 정의는 미국 지적장애 및 발달장애협회에 의하여 정의되었다. 예를 들어, 지적장애란 지적 및 적응 행동에 있어서 손상이 있는 것을 말한다(5장 참조). 최근 들어 ADHD에 관한 연구 단체들은 ADHD 성인과 아동 또한 적응 행동에 있어 어려움을 갖는다는 사실을 보여 주었다(Barkley, 2006a; Whalen et al., 2006). 한 가지 좋은 예로, ADHD 청소년 및 청년들은 운전을 하는 데 어려움이 있는 것으로 드러났다. 예를 들어, 그들은 교통사고를 많이 일으키고 난폭운전을 한다(Cox, Merkel, Kovatchev, & Seward, 2000; Fischer, Barkley, Smallish, & Fletcher, 2007; Woodward, Fergusson, & Horwood, 2000). 빈약한 행동 억제력을 지니고 있는 사람들이 운전에 있어 문제를 가질 수 있다는 것은 매우 논리적이며, 이에 대한 증거들은 이러한 문제들이 빈약한 분노조절 능력과도 연관이 있다는 것을 보여 준다(Richards, Deffenbacher, Rosen, Barkley, & Rodricks, 2007).

사회적 행동 문제

연구들은 또래들이 다른 장애학생들보다 ADHD 학생들을 더 싫어한다는 사실을 보여 주고 있다(Mikami, Jack, & Lerner, 2009). ADHD 학생들은 사회적 상황에서 짧은 시간 내에 소외된다. 불행히도 ADHD 학생들이 겪는 이러한 부정적인 사회적 지위는 극복하기가 힘들며, 일반적으로 오랫동안 지속된다. 또한 사회적 문제에 덧붙여 많은 ADHD 학생은 부모, 형제자매 및 교사와의 관계에서도 문제를 갖고 있다(Mikami et al., 2009). 이러한 사회적 거부는 쉽게 사회적 고립으로 진행된다. 그 결과, 많은 ADHD 아동 및 성인은 그들이 원하더라도 친구가 별로 없다. 이는 악순환으로 이어져 그들이 다른 사람과 함께할 수 있는 기회가 있을 경우 상대방에게 집착하는 결과를 보이게 된다. 하지만 친구에 대한 이러한 집착으로 인하여 충동억제 능력의 부족을 겪게 되고, 이는 그나마 남아 있는 친구들을 괴롭히거나 귀찮게 하는 결과를 낳게 된다.

이러한 행동 억제에 관련된 문제를 보면 많은 ADHD 아동과 성인이 사회적으로 소외되는 것은 놀라운 일이 아니다. 하지만 그들은 어떻게 행동하는 것이 옳은지는 알고 있다(Landau et al., 1998). 다시 말해, 무엇이 올바른 행동 양상인지에 대한 질문을 받게 되면 그들은 사회적으로 적절한 답변을 할 것이다. 하지만 실제적인 상황에 놓이면 행동 억제 능력의 부족으로 인해 충동적으로 행동하고 감정적으로 과도하게 행동한다.

공존 상태

ADHD는 학습장애 또는 정서 · 행동장애와 같은 다른 행동 및 학습 문제를 동반하여 일어난다. 또한 ADHD를 갖고 있는 사람들은 보통 사람들에 비하여 약물을 남용할 가능성이 높다.

학습장애   세심한 진단기준을 사용한 연구들은 ADHD와 학습장애가 10~25%의 중복성이 있다는 사실을 밝혀냈다(Forness & Kavale, 2002). 몇몇 연구 단체들은 주의 집중 우세형 ADHD 학생들에게서 이러한 상관관계가 주로 나타남을 제시하였다(Marshall, Hynd, Handwerk, & Hall, 1997; Willcutt, Chhabildas, & Pennington, 2001).

정서 · 행동 장애   ADHD 중복성에 관한 추정은 매우 다양하지만 ADHD를 지닌 사람들 중 25~50%가 다른 행동장애를 보일 수 있다는 것은 확실하다(Forness & Kavale, 2002; Hallahan & Cottone, 1997). ADHD를 갖고 있는 몇몇 사람의 경우 공격적이고 과다한 행동을 보이는 반면 다른 사람들은 불안감 및 우울증과 같은 위축된 행동을 보이게 된다. 사실 불안감은 ADHD 어린 아동들의 15~35%에서 보이며, 그들은 특히 장애가 없는 학생들에 비하여 중복적인 불안장애를 가질 확률이 높다(Schatz & Rostain , 2007).

약물 남용   ADHD 성인들은 술, 담배 또는 불법 약물을 남용할 가능성이 크다(Molina et al., 2007). 대중매체에 발표된 몇몇 연구는 리탈린과 같은 정신자극제를 사용하여 ADHD를 치료하는 아동들은 불법 약물을 남용할 가능성이 크다는 사실을 밝혀냈다. 하지만 이에 대하여 동의하는 연구들은 적다(Connor, 2006).

ADHD가 왜 다른 학습 및 행동 장애와 함께 일어나는지에 대한 이유는 확실하지 않다. 연구들은 어떠한 가능성이 ADHD와 다른 장애가 함께 일어나게 하는지 밝히는 시작 단계에 있다. 예를 들어, ADHD를 갖고 있는 것은 학생을 학습장애 및 우울증과 같은 다른 장애를 갖게 할 위험 상황에 처하게 하는가? 또는 ADHD 및 다른 장애는 따로따로 일어나는가? 또는 이러한 수많은 조건에 유전적 기반이 존재하는가? 향후

외향적 행동 문제를 지닌 ADHD 아동들은 조기 약물 복용에 노출되기 쉽다.

연구들은 이러한 질문들에 대한 답을 하기 위해 노력해야 한다.

교육적 고려

여기서 우리는 ADHD 학생들을 위한 효과적인 교육 프로그램의 두 가지 측면을 알아
보고자 한다.

- 교실 구조화와 교사의 지시
- 행동기능평가와 유관기반 자기조절

교실 구조화와 교사의 지시

앞서 말했듯이, William Cruickshank는 오늘날 ADHD 기준에 부합하는 아동들을
위한 체계적인 교육 프로그램을 처음으로 개발한 사람 중의 하나다. 그가 만든 프로그
램의 두 가지 특징은 학습과 관련이 없는 자극들을 줄이고, 학습과 관련된 중요한 자료
들을 강화시키며, 교사가 주도적으로 지시함으로써 구조화된 프로그램을 만들어 내는
것이다.

Cruikshank는 주의력 문제가 있는 아동들은 집중력을 방해하는 요소들에 매우 민감
하다고 가정했기 때문에 가능한 한 관련성이 없는 자극들을 최소한으로 줄였다. 예를
들어, 학생들이 공부하는 공간은 집중력을 방해하는 요소들을 줄이기 위하여 3면으로
이루어지게 하였다. 반면 교사들로 하여금 매력적인 밝은 색의 교육 자료를 사용하도록
하였다. 이러한 구조화는 매일, 매 시간 각 학생들을 위해 체계적인 활동 스케줄을 통하
여 이루어졌다(Cruikshank, Bentzen, Ratzeburg, & Tannhauser, 1961).

오늘날 Cruikshank의 프로그램에 담긴 모든 요소, 특히 3면으로 된 공간을 사용하
는 교사들은 거의 없다. 많은 연구 단체는 현재 모든 ADHD 학생이 환경적인 요소에 따
라 집중력 저하가 일어나는 것이 아니라고 말한다. 하지만 어떤 전문가들은 주의 산만
한 학생들에게는 과도한 자극을 줄이기 위하여 3면으로 된 공간을 제공하는 방법을 사
용하라고 권고한다. Cruckshank가 말한 교실 구조화 및 교사의 지시 정도는 오늘날 거
의 사용되지 않는다. 왜냐하면, 첫째, 이러한 구조화의 강도는 독립적인(self-contained)
교실에서만 사용될 수 있는데, 오늘날 대부분의 ADHD 학생은 일반교실 환경에서 교육
을 받고 있기 때문이다.

둘째, 오늘날 대부분의 연구자는 체계적인 프로그램이 ADHD 학생들을 지도하는 초
기 단계에서 매우 중요하지만 이러한 학생들은 점차적으로 스스로 학습할 수 있는 방법

교사 주도의 일반교육 수업은 다양한 색깔로 수정된 시각적 자료, 둘러막힌 영역, 교사와의 근접성이 ADHD 학생의 성공적인 학습 환경이 된다.

을 배울 필요가 있다고 말한다. 그럼에도 불구하고 Cruckshank의 많은 아이디어는 오늘날의 전문가의 교육적 권고 사항에서 여전히 많이 참조되고 있다. 예를 들면 다음과 같다.

모든 ADHD 아동은 특히 분명하고 예측 가능하며 복잡하지 않은 일상 및 구조로부터 이점을 얻을 수 있다. 하루를 시간 단위로 쪼개고 이러한 패턴이 매일 반복된다면 매우 효율적이다. 시간표에 나와 있는 각각의 수업 시간은 하위 과제 및 활동으로 나뉘어야 한다. 이렇게 하는 데 있어 너무 지나치게 자세한 사항을 보여 주어서는 안 된다. 여기서 가장 중요한 목표는 단순하고 매일 반복되는 일과를 만들어 학생들이 진정으로 학습을 할 수 있도록 하는 것이다. 과제의 수는 최소한으로 줄이고 시간이 너무 빠듯한 구조는 피해야 한다. 시간표 및 과제 구조의 복잡성은 ADHD 학생들에게 혼란을 주는데, 이는 각기 다른 정보를 구분하고 정돈하는 능력이 발달하지 않았기 때문이다. 교육과정을 둘러싼 부분들을 잘 정리하려는 노력 없이는 정식 교육과정을 관리하는 데 어려움이 있다. 이렇게 사용 가능한 매일의 일정이 만들어지고 나면 이는 공식적으로 학생의 책상 또는 가정에 붙여져야 한다(Cooper, 1999, p. 146).

ADHD 학생들을 위한 교실의 계획에 대하여 더 자세하게 알아보려면 다음의 〈반응적 교수〉를 참조하라.

ADHD 학습자의 요구에 따른
반응적 교수

일반교육 교실에서 수업받는 ADHD 학생을 위한 계획

연구의 개요

대부분의 ADHD 학생은 일반교육 교실에서 수업을 받는다. 교사들은 기존의 교육 방식에 중요한 부분의 수정 및 지원을 통하여 장애가 없는 다른 학생들의 교수에 영향을 끼치지 않고 ADHD 학생들의 요구를 충족할 수 있다.

다음에 제시된 학습 순서는 교사들이 각각의 지도 단계와 지원이 ADHD 학생들이 필요로 하는 부분을 어떻게 충족해 주는지에 대한 연구 기반을 보여 준다.

연구의 적용

1단계: 계획 전-교수를 의미 있는 '묶음(chunk)'으로 나누기

설명: 지도하기에 앞서 지도 과정을 의미 있는 묶음 또는 단계로 나누라(Rossenshine, 1995). 교수 단계를 작고 의미 있는 구간으로 나누는 과정을 통하여 당신은 모든 학생이 이해할 때까지 충분한 연습을 하고 각 단계에서 교사에게 피드백이 제공될 수 있다.

근거: 긴 과제들은 ADHD 학생들에게 과도할 수 있다. 묶어서 제시하는 것은 교수 단계에 따른 활동 변화에 짧은 기간 동안 집중하도록 하고, 연습에 집중하게 하며, 작동기억에 의존하는 것을 줄여 준다(Kemp, Fister, & Mclaughlin 1995).

2단계: 도입

설명: 이 과정에서 교사는 일일 교수 목표를 소개한다. 도입에서 포함되어야 하는 정보나 활동은 다음과 같다. ① 학습의 근거, ② 학습 결과가 무엇인지의 설명이나 제시, ③ 교수 활동의 순차에 대한 선행 조직자(Allsopp, 1999).

근거: 이러한 활동들은 학생들이 따라갈 수 있는 일종의 '안내 지도'를 제공한다. 주요 과제나 목적에 집중하는 데 어려움을 갖는 ADHD 학생들을 위해서는(Barkley, 1997) 학습 목표 또는 그 결과에 대하여 명백하게 제시해야 하고, 외부적 목표 설정 안내를 분명하고 상세한 단계로 개발한다.

3단계: 교수와 모델링

설명: 교사가 학습의 단계를 설정하고 나면 학습의 교수 부분이 시작된다. 이 단계에서 교사는 주요 교수 개념과 연관된 활동에 학생들이 참여하게 하거나, 학생들에게 해결해야 하는 문제 상황을 제시하거나, 절차나 현상에 대해 제시할 수 있다. 특정 교수 방법과 상관없이 학생들은 교사가 무엇을 하는지, 학생들이 이에 대하여 무엇을 해야 하는지에 대하여 확실하게 이해해야 한다. 효율적인 교수 전략에는 ① 학습의 초반에 있어 생각을 소리 내어 말하기, ② 학생들이 완성해야 하는 정확한 단계를 모델링하기, ③ 교수 단계 중 학생으로부터의 피드백을 포함한다.

근거: ADHD 학생은 학습과 활동의 교수적 측면, 과제 또는 학습지 사이의 연관성을 이해하는 데 있어 어려움을 겪을 수 있다. 교사는 작업이 필요한 부분에 대한 명확한 모형을 제공하고, 그들의 사고를 안내하도록 내적 언어의 유형을 제시해 주고(큰 소리로 생각하는 것을 통하여), 학생들의 이해도를 점검하게 함으로써 학생들이 그들이 받는 교수와 개념의 실천이나 적용 사이의 연관성을 이해하게 할 수 있다(Kucan & Beck, 1997).

4단계: 안내된 연습

설명: 안내된 연습 단계는 교수와 독립적 연습 사이의 중요한 전환 단계다. 안내된 연습 동안, 학생들은 교사가 적극적으로 피드백을 주는 동안 배운 개념에 대하여 연습하고 과제를 수행할 기회를 얻는다(Allsopp, 1999; Kemp et al., 1995). 안내된 연습은 책상 위 칠판 및 화이트보드에 학생들이 풀 문제를 제시하거나, 학생이 자신의 언어로 다른 학생들에게 수업 시간에 배운 내용을 설명하거나, 학생들 몇몇에서 그룹을 만들어 과제의 첫 번째 부분을 해결하고 결과를 다른 학생들에게 발표하는 과정으로 이루어진다. 이 과정의 가장 주요 부분은 학생이 독립적 연습에 참여하기 전에 교사가 잘못된 부분을 수정하고 다시 가르쳐 주는 것이다.

근거: 안내된 연습은 교수 중 제공된 교수 안내나 권고 사항에 반응적인 ADHD 학생들에게 중요한 가교 역할을 하여 그들이 과제를 하면서 교수 안내나 또는 교사가 제공하는 권고 사항을 잘 수용할 수 있도록 만들어 준다(Kemp et al., 1995). 또한 안내된 연습은 학생들에게 이해를 시도하는 것에 대해 긍정적인 강화를 할 수 있게 해 준다.

학습을 각각의 부분으로 나눔으로써 교사들은 교수 모델링과 안내된 연습 단계를 두세 번 시행할 수 있다. 지속적인 활동에서의 변화를 통하여 짧은 집중력, 과제 수행에서의 어려움 및 단기기억 문제를 갖고 있는 ADHD 학생들에게 추가적인 지원을 해 줄 수 있다(Rooney, 1995).

5단계: 독립적 연습

설명: 독립적 연습은 다양한 형태로 진행되는데, 이는 개인별 연습, 두 사람 또는 소그룹 활동 또는 가정에서의 과제 수행 등이 있을 수 있다. 이러한 독립적 연습의 목표는 학생들이 배운 것을 적용할 수 있게 하는 데 있다. 이러한 교수적 과정에서 학생들은 과제가 요구하는 것을 이해해야 하며 자신감을 가지고 능숙하게 과제를 수행할 수 있다(Rosenshine, 1995).

근거: 학생에게 좌절 수준의 과제를 제시하는 것은 일반적인 ADHD 행동(의자에 앉지 않거나 언어적, 신체적 방해)을 촉진할 수 있다. 독립적 연습에 대한 분명한 기대감을 만드는 것, 학생들이 과제를 수행할 수 있도록 확실히 해 주는 것, 지원을 제공해 주는 것을 통하여 교사들은 학생들이 의미 있는 과제 참여를 할 수 있는 가능성을 높일 수 있다.

6단계: 마무리와 복습

설명: 매 학습이 끝날 때마다 교사들은 학생들이 학습의 가장 주요한 개념을 되새길 수 있는 시간을 주어야 한다. 마무리를 위해서 교사들은 가장 주요한 어휘들을 복습할 수 있고, 학생들에게 배운 것에 대하여 말하게 하거나 간략하게 요약하는 활동을 하도록 할 수 있다. 마무리하는 동안 교사들은 학습의 가장 중요한 개념에 대하여 강조하는 것과 동시에 기존에 배운 것과 앞으로 배울 내용을 연관시켜야 한다(Kameenui & Carnine, 1998).

근거: ADHD 학생들은 정보를 종합하는 데 어려움을 겪을 수 있다(Barkley, 1994). 매 학습 과정마다 마무리하면서 학생들이 그날 배운 개념들의 연관성을 만드는 데 필요한 지원을 해 줄 수 있다(Rosenshine, 1995).

요약하자면, 교사들은 ADHD 학생들이 필요로 하는 독특한 요구에 반응적인 교수를 제공함으로써 많은 ADHD 학생을 일반교실에서 효과적으로 가르칠 수 있다.

• Kristin L. Sayeski

행동기능평가와 유관기반 자기조절

행동기능평가(functional behavioral assessment: FBA)는 지적장애를 갖고 있는 학생들의 행동 문제를 다루는 데 있어 중요한 요소다. 또한 ADHD 학생들을 위한 교육 프로그램에도 매우 유용하다. FBA는 부적절한 행동을 유지할 수 있게 해 주는 선행 사건 및 결과, 배경 사건들을 포함한다(Horner & Carr, 1997). ADHD 학생들이 지닌 부적절한 행동의 전형적인 기능은 과제를 회피하고 또래 또는 어른들로부터 관심을 얻는 것이다(DuPaul & Ervin, 1996).

유관기반 자기조절(contingency-based self-management) 방법은 일반적으로 사람들이 그들 자신의 행동에 대하여 스스로 점검한 다음 행동에 대한 대가를 받게 하는 것을 말한다(Davies & Witte, 2000; DuPaul, Arbolino, & Booster, 2009; Sahpiro, Dupaul, & Bradely-Klug, 1995). 예를 들어, 교사들은 학생들이 자기감독을 통하여 얼마나 자주 수업 도중 자리를 떠나는지를 기록하게 할 수 있다. 교실에서의 자기감독을 사용하는 방법에 대해서는 다음의 〈반응적 교수〉와 6장을 참조하라.

FBA와 유관기반 자기조절을 같이 사용하는 것은 초등학교 및 중·고등학교 ADHD 학생들의 행동 향상에 있어 성공적인 것으로 드러났다(DuPaul, Eckert, & McGoey, 1997; Ervin, DuPaul, Kern, & Friman, 1998; Shapiro et al., 1998). 예를 들어, 한 연구(Ervin et al.,

ADHD 학습자의 요구에 따른
반응적 교수

자기감독과 집단 강화의 장점

연구의 개요

많은 ADHD 학생은 자기감독 능력이 부족하다. 자기감독은 상황을 평가하고 그에 대한 다른 반응 방법을 고려하게 하며 반응과 관련하여 나타날 수 있는 결과를 고려할 수 있는 능력을 필요로 한다(Shapiro, DuPaul, & Bradley-Klug, 1998). 행동하기 전에 생각하는 능력이 부족한 것은 ADHD 학생들에게 있어 수업에 집중하고 사회적 상황에 적절하게 반응하며 과제를 끝내는데 있어 문제를 일으킨다. 이러한 문제를 다루기 위해서 교사들은 학생들이 자신의 행동에 대하여 감독하고 기록하며 강화하는 자기조절 과정을 배우게 함으로써 학생들에게 도움을 줄 수 있다(Davies & Witte, 2000). 많은 연구가 이러한 전략의 효율성을 계속적으로 제시해 주고 있다(Cobb, Sample, Alwell, & Johns, 2006; Harris, Friedlander, Saddler, Frizzelle, & Graham, 2005; Lloyd, Hallahan, Kauffman, & Keller, 1998; Reid & Lienenmann, 2006; Reid, Trout, & Schartz, 2005).

ADHD 학생들에게 자기조절에 대하여 가르치는 것이 효율적이라고 알려졌지만, 많은 교사는 학급 전체 수업 또는 집단 강화 계획을 선호한다. 집단 강화 모형을 사용하면 한 학생의 행동이 집단 전체의 결과와 연관된다. 집단 강화 모형은 집단 구성원이 목표 달성을 위해 함께 활동해야 하기 때문에 독립성을 향상한다(Tankersely, 1995). 집단 강화에서 교사들은 모든 학생을 위해 동일한 행동 관리를 사용할 수 있고 자기조절 도움이 필요한 소수 학생의 처치를 차별화할 필요도 없다. 그러므로 집단 강화는 ADHD 학생들이 있는 일반교실에서 효율적으로 사용될 수 있다.

조사 연구

한 연구는 일반교실에서 수업을 받는 3학년 ADHD 학생들의 행동에 있어 관리 프로그램의 효율성에 대하여 연구하였다(Davies & Witte, 2000). ADHD 학생과 그렇지 않은 학생들 모두 자신의 행동을 감독하도록 하였으며 연구자들은 집단 수행을 위한 유관을 제시하였다. 집단 중재 절차는 다음과 같다.

① 만일 학생이 목표 행동(적절하지 못한 언어의 사용)을 보이면 자신이 속한 그룹 차트의 녹색 부분에서 파란색으로 점을 옮긴다. 만일 그 학생이 10초 안에 옮기지 못하면 교사는 그 점을 차트의 빨간색으로 옮긴다.

② 한 집단이 받는 보상은 중재 기간이 끝나고 그 집단이 녹색에서 얼마나 많은 점을 가지고 있느냐에 달려 있다. 각 집단은 적어도 녹색 부분에 하나 이상의 점이 있어야 강화물을 받을 수 있다(각각의 그룹은 5개의 점을 갖고 시작한다)(Davies & Witte, 2000, p. 141).

연구 결과

이 연구의 결과, 4명의 ADHD 학생이 순서와 상관없이 이야기하는 횟수가 감소하였다. 또한 위협이나 부정적 언어를 사용하여 또래를 압박하는 부정적인 효과도 보이지 않았다(Davies & Witte, 2000).

연구의 적용

이 연구의 결과는 집단유관의 맥락에서 자기관리의 효과에 대하여 보여 주었다. 교사는 다음의 유사한 관리 전략을 적용할 수 있다. ① 목표가 되는 바람직하지 않은 구체적인 행동을 제거하거나 바람직한 구체적인 행동을 강화하기, ② 자기관리를 위한 학생 사용 차트를 개발하기, ③ 차트에 행동을 기록하는 절차를 의사소통하기(예: "네가 목표 행동을 하면 차트에 기록하렴." 혹은 "비퍼가 울렸을 때 네가 목표 행동을 하고 있으면 차트에 기록하렴.") 또는 ④ 자기관리 절차를 집단 유관과 연계하기(예: "모든 학생이 수업 시간 동안 포인트를 얻으면 모두 숙제를 면제받을 수 있어요.")

• *Kristin L. Sayeski*

학생들에게 자신의 행동과 수행을 감독하도록 하는 프로그램은 그들이 학교에서 적절한 행동을 유지하도록 격려할 수 있다.

1998)에서는 FBA와 유관기반 자기조절이 두 명의 ADHD 청소년들의 과제 수행 능력에 향상을 준 것으로 나타났다. 그중 한 학생의 교사에게 FBA 인터뷰와 교실 관찰을 실시한 결과, 연구자 및 교사들은 청소년의 분열적 행동이 또래의 관심을 얻기 위한 기능을 지닌다고 결론지었다. 대상 학생의 주의 집중하지 못하는 행동의 선행 자극은 또래들이 대상 학생을 쳐다보거나 이름을 부르거나 제스처를 보이는 것이고, 주의 집중하지 못하는 행동의 결과는 또래들이 웃거나 그에게 말하는 것이다.

이러한 유관기반 자기조절 단계는 매 수업이 끝날 때마다 과제 집중 행동을 5단계 척도(0 = 적합하지 않음, 5 = 뛰어남)로 평가하게 하는 것을 포함한다. 또한 교사는 학생들의 행동에 점수를 매기고 교사가 평정한 것과 얼마나 일치하느냐에 따라서 보상을 해주었다. 작문 수업 중 교사는 학급 학생 모두가 주의 집중을 보이는 행동 반응을 하는가에 따라 부정적 또는 긍정적 점수를 주었다. 두 수업에서 학생들은 그들이 받은 점수를 사용할 수 있다.

강화의 역할   연구자들은 유관기반 자기조절을 통한 학습에서 유관성이 중요한 역할을 하고 있음을 지적하였다. 사회적 칭찬 또는 특권과 바꿀 수 있는 포인트 점수와 같은 강화는 특히나 자기조절 전략의 효율적 운영에 있어 매우 중요하다.

예를 들어, 광범위한 연구 분석을 통하여 유관기반 자기조절 전략이 단순 강화 전략보다 교육적이어서 ADHD 학생의 행동을 긍정적 행동으로 변화시키는 데 큰 효과가 있다는 사실이 밝혀졌다(DuPaul & Eckert, 1997).

강화와 같은 행동 절차의 사용에는 많은 논란이 있으며 어떤 전문가들은 이에 반대한다(Kohn, 1993). 하지만 많은 연구자가 이러한 방법들이 ADHD 학생들을 지도하는 데 있어 필수적인 요소라고 말한다. 예를 들어, 연구팀에 의해 제시된 중재 원칙의 한 부분으로 행동 절차가 제시되었다(Pfiffner, Barkley, & DuPaul, 2006, 〈표 7-1〉 참조).

〈표 7-1〉 Pfiffner, Barkley와 DuPaul의 ADHD와 관련된 중재의 원칙

> 1. 규칙 및 교수는 분명하고 간략하며 때때로 시각적이고 외부적인 제시 방법을 사용하여 전달된다.
> 2. 결과는 반드시 신속하고 즉각적으로 제시되어야 한다.
> 3. 결과는 더욱 자주 제시되어야 한다(ADHD를 갖고 있지 않은 학생들보다).
> 4. 결과의 종류는 반드시 ADHD를 갖고 있지 않은 학생들보다 더 강력해야 한다.
> 5. 적절하고 종종 풍부한 수준의 인센티브가 제공되어야만 한다.
> 6. 강화 또는 특히 보상들은 자주 바뀌고 순환되어야 한다.
> 7. 예측이 중요하다. 특히 활동 또는 수업의 전환 단계 동안 교사들은 미리 머릿속으로 계획을 해야 하고, 이는 아동들이 앞으로 일어날 규칙들(그리고 결과)을 인식하고 있다는 것을 확실시할 수 있다.

출처: Pfiffner, L. J., Barkley, R. A., & Dupaul, G. J. (2006). Treatment of ADHD in school settings. In R. A. Barkley, *Attention-deficit hyperactivity disorder: A Handbook for diagnosis and treatment* (3rd ed.). New York: Guilford Press, 2006, pp. 554–555에서 요약. 허가 후 발췌함.

서비스 배치 모델

미국 교육부가 ADHD를 특수교육에서 독립적인 범주로 인정하지 않기 때문에 우리는 얼마나 많은 ADHD 학생이 각기 다른 교실 환경에서 공부하는지에 대한 통계가 없다. 하지만 ADHD 학생들을 연속적인 서비스 배치를 통해 찾을 수 있다. 그러나 앞서 말했듯이 그들 중 절반 조금 못되는 학생들만이 특수교육을 받고 있다는 것은 명백한 사실이기 때문에 ADHD 학생들 대부분이 일반교실에서 수업을 받고 있을 것이라고 추측할 수 있다. 다음의 〈실천 사례〉에서는 이러한 학생들이 특수교육을 받는지 여부에 따라 그들을 도울 수 있는 협력교수의 다양한 방법을 설명하고 있다.

모든 장애학생처럼 ADHD 학생을 위한 가장 좋은 교육적 배치는 개별적으로 결정되어야 한다. 비록 일반교실에서의 통합교육이 몇몇 ADHD 학생에게 적절할 수도 있지만, 심각한 ADHD 증상이 있는 학생들에게는 교실의 구조화, 교사 지시, 행동기능평가, 유관기반 자기조절과 같은 최고의 연구기반 실제를 적용하는 것이 필요하다.

의학적 고려

특수교육에 있어 가장 논란이 많은 주제 중 하나는 ADHD 학생들에 대한 의학적 치료다. 신경 기능을 자극하거나 활성화하는 **정신자극제**들은 ADHD 학생들의 치료에 가장 많이 쓰이는 약물들이다. 하지만 비자극성 약물을 사용하는 연구들도 진행되고 있다(Spencer, Biederman, & Wilens, 2010). **스트라테라**(Strattera)는 ADHD에 처방되는 약품들 중 비자극성 약품이다. ADHD 환자에게 쓰이는 가장 자극적인 약품에는 메틸페

실천 사례
ADHD 학생을 위한 협력교수

"이 학생을 어떻게 집중하게 할 수 있을까요?"

ADHD 학생의 교사가 된다는 것은 어떤 의미인가

현재 특수교육협의회(CEC)에서는 주의력결핍 과잉행동장애(ADHD)를 갖고 있는 학생을 지도하는 교사들을 위한 구체적인 주요 역량을 가지고 있지 않다. 앞에서 말했듯이, ADHD는 미국 교육부에서 아직 단독적인 특수교육 분야로 인정되지 않았다. 하지만 이러한 학생들은 부수적인 장애 상태를 지니고 있으며 특수교육 분야 전문가인 교사들의 교육을 받고 있다. 여기서 말하는 전문가는 다음의 사항들에 대해 이해하고 있을 수 있다.

① 다양한 특수성과 관련된 교육적 영향의 이해
② 특수한 학습적 요구를 지닌 개인들의 다양한 약물치료 효과의 이해
③ 개인의 자기인식, 자기조절, 자기통제, 자기의지 및 자존감 향상을 위한 과정의 이해

협력교수를 위한 성공 전략

협력교수 수업 형태는 어떠한 형태로든 이루어질 수 있으며, 교사들에게 ADHD 학생의 요구를 충족하기 위해 '더 많은 도움'을 제공한다. Vaughn, Schumn과 Arguelles(1997)는 이 장과 〈표 7-1〉에 설명되어 있는 교수적 전략으로서 협력교수의 다섯 가지 모형을 제시했다.

한 교사 교수, 다른 한 교사 지원

이 모형에서 한 교사는 지도에 책임이 있고 다른 교사는 교실 내를 돌아다니면서 학생들을 감독한다. 이 모형은 돌아다니며 지원하는 교사가 관찰을 통해 과제를 잘 수행하지 못하는 학생들에게 재지시를 하고, 학생들 감독 내용을 기록하며, 각 개인의 집중력과 참여에 대한 피드백을 주고, 정기적으로 강화나 결과를 제공한다.

스테이션 교수

스테이션 교수에서 협력교사들은 교육 내용을 두 부분으로 나누고 학생들을 세 집단으로 나눈다. 각각의 교사들은 두 가지 교육 내용 중 하나씩을 각 집단에게 가르치고, 다른 집단은 독립적인 활동을 하도록 한다. 학생 집단은 각 스테이션으로 이동한다. 교사들은 모든 학생이 집중할 수 있도록 학습 내용을 더 작은 부분으로 나눈다. 각각의 교사들은 소집단으로 이루어진 학생들을 지도하며, 이는 그들이 집중하고 학습을 하는지 쉽게 확인할 수 있다. 이는 또한 학생들이 함께 활동을 하고 더 자주 강화물과 결과를 제공받을 수 있게 한다. 이러한 모형에 있어서 어려움은 ADHD 학생이 독립 스테이션에서 적절히 학습하는지를 확인하는 것이다.

평행교수

평행교수에서 두 교사들은 교실 내 학생들을 두 집단으로 나누고 각 소집단의 학생들에게 동일한 내용을 교수한다. 해당 모형은 스테이션 교수처럼 같은 교육 자료의 교수적 전달을 수정할 수 있는 기회와 함께 학생의 요구에 부응할 수 있는 기회를 제공한다.

대안적 교수

대안적 교수는 한 교사는 대집단의 학생들에게 전체 교수를 제공하고 다른 교사는 소집단 학생들에게 교정적 혹은 보충적인 교수를 제공하는 것이다. 소집단의 교사는 교육 내용의 전달을 수정하고 결과와 보상의 전달을 조절하며 학생들을 좀 더 가까이에서 감독하고 관찰할 수 있다. 또한 소집단을 담당하는 교사는 자기감독과 같은 전략을 교수에 적용할 수 있다.

팀 교수

팀 교수에서 협력교사는 팀을 번갈아 또는 두세 사람을 한 조로 묶어 가르칠 수 있다. 이 방법을 사용하는 데 있어 협력교사는 잘못된 개념, 혼동, 부주의 및 산만함을 주의해야 한다. 교사들은 가변적이 아닌 전체 수업 과정을 통해서 이러한 문제들을 다룰 수 있다. 또한 협력교사들은 모든 학생의 필요를 충족하기 위하여 학습 내용 및 학습 전략을 함께 모색할 수 있다.

모든 모델에서의 적용

모든 교수 방법을 사용하는 데 있어 교사들은 협동하여 토

론하고 규칙들 및 교수가 명확하고 간단하게 ADHD 학생들에게 적절하게 시행되었는지 의논할 수 있다. 협력교사들은 함께 ADHD 학생의 어려운 점, 특히나 과제의 변동에 있어 어려운 점, 일상의 변화 또는 복잡한 과제를 수행하는 데 있어 어려운 점에 대하여 논의할 수 있다(〈표 7-1〉 참조). 협력교사들의 다양한 모델은 교사들이 교수 방법을 사용하여 목적을 달성하고 ADHD 학생들이 필요한 부분을 충족해 주는 데 있어 유연성하게 적용할 수 있다.

주의 사항

보조교사는 많은 경우에 특수아동을 지도하는 데 있어 한 가지 방법만을 사용하는 경우가 있다. 이는 한 교사가 지도 및 계획을 세우는 데 있어 적극적으로 참여하지 않았다는 것을 의미한다. 협력 교수의 모델들은 지도에 필요한 부분들을 맞추기 위하여 개발되었다. 두 교사 모두 그들의 전문적인 지식을 동원하여 지도에 참여해야 한다.

• *Margaret P. Weiss*

니데이트(methylphenidate) 또는 **리탈린**(Ritalin)이 있다. **애더럴**(Adderall) 및 **바이반스** (Vyvanse)는 또 다른 자극성 치료제다. 대부분의 의사는 언뜻 보기에 과잉행동을 보이는 사람들에게 이러한 신경 자극성 물질을 처방한다. 사실 수년 동안 전문가들은 리탈린이 ADHD를 지니지 않은 사람들에게 정반대의 효과를 나타냈기 때문에 **리탈린의 모순 효과**에 대해 언급해 왔다. 하지만 연구자들은 리탈린이 신경전물질인 도파민과 노르에피네프린을 나오게 하기 때문에 뇌의 실행 기능이 정상적으로 작동하게 한다고 결론지었다(Arnesten et al., 2009; Connor, 2006; Floet et al., 2010). 또한 현재는 리탈린이 ADHD를 갖고 있지 않은 사람들과 갖고 있는 사람들에게 똑같은 작용을 한다는 사실이 널리 알려져 있다(Solanto, 1998). 자극제에 대한 반응은 개인마다 매우 다르므로 약물의 사용량과 복용 횟수는 사람마다 다르다.

인터넷 자원

미국 국립정신보건원(National Institute of Mental Health: NIMH)은 ADHD의 약물치료와 관련된 웹사이트를 운영하고 있다. http://www.nimh.nih.gov/health/publications/attention-deficit-hyperactivity-disorder/complete-index.shtml#pub6

리탈린에 반대하는 사람들

모든 전문가, 부모 및 비전문가가 정신자극제를 사용하여 ADHD를 치료하는 것을 좋아하는 것은 아니다. 사실 리탈린은 대중매체로부터 다양한 비난을 받아 왔다. 〈Oprah〉〈Geraldo〉〈20/20〉을 비롯하여 아침, 저녁 뉴스에서 이 약물에 대하여 비난을 하였다. 『사이언톨로지(Scientology)』의 리탈린에 대한 비난은 Tom Cruise 같은 할리우드 배우들에 의하여 더욱 지지를 받았다. 이런 비난은 경미하기는 했지만, ADHD가 가짜 진단이라는 주장부터 전문가들이 약물로 아동들을 조정하며 그들을 순종적으로 만든다는 주장까지 하고 있다.

연구 증거

지난 30~40년간 세계의 다수의 연구팀은 ADHD 치료를 위한 약물에 대하여 연구하였다. 대부분은 정신자극제 리탈린에 그 중점을 두었다.

효과성   미디어를 통하여 많은 비판이 있어 왔지만 대부분의 ADHD 연구자는 리탈린의 사용을 선호한다. 많은 연구가 발표된 이후 관련 연구들은 이 증상을 갖고 있는 학생들이 행동 억제와 실행 기능이 정상적으로 되는 데 리탈린이 큰 효과가 있다고 주장하고 있다(Connor, 2006; Meszaros et al., 2009; Spencer et al., 2010). 또한 리탈린은 부모 및 교사 평정에 있어 더 나은 결과를 보여 줄 뿐만 아니라 학업 성취도를 향상시키고(Scheffler et al., 2009), 노트 정리, 과제 집중 행동, 퀴즈 점수, 숙제 완성 및 쓰기 과제와 같은 교실 행동에 있어 더 나은 결과를 보여 준다(Evans et al., 2001).

무반응 및 부작용   많은 연구가 리탈린의 일반적인 효과에 대하여 언급했지만 모든 이에게 효과가 있는 것은 아니라는 것이 중요하다. 리탈린을 복용한 환자들 중 30%는 부정적인 대답을 보였다(Barbaresi et al., 2006). 또한 불면증, 식욕 감퇴, 복부 고통, 두통 및 짜증과 같은 부작용이 일어날 수 있다. 아주 적은 경우이기는 하지만 리탈린이 틱 증상을 이미 갖고 있던 환자들의 증상을 악화시킬 수 있는 가능성이 있다는 사실이 밝혀졌다(DuPaul, Barkely, & Connor, 1998). 리탈린을 복용한 아동들이 짜증을 부리는 반동 효과에 대한 증거들도 많이 있다. 대부분의 경우 이러한 부작용들은 심각하지 않으며 조절이 될 수 있다. 예를 들어, 가장 흔한 부작용인 불면증 및 식욕 부진의 경우 리탈린을 식사 시간 또는 잠자리에 드는 시간과 너무 가깝게 복용하지 않도록 해야 한다. 반동 효과에 대하여 몇몇 연구자는 리탈린을 사용하는 데 있어 지효성(time-release, 효력이나 효능이 늦게 나타나는 성격—역자주)형태를 사용하라고 권고한다.

정신자극제, 특히 리탈린은 ADHD 치료에 있어서 국가적인 논란이 되어 왔다. 리탈린은 모든 이에게 효과적인 것은 아니며 부작용이 있지만, 많은 연구 결과가 리탈린의 효과성을 지지한다.

약물 남용   리탈린에 대하여 가장 흔한 오해는 ADHD 아동이 청소년 또는 성인이 되어 마리화나 또는 코카인 같은 약물을 남용할 가능성이 크다는 것이다. 이러한 현상에 대한 증거는 거의 없다(Connor, 2006).

사실 증거들은 ADHD를 지닌 사람들 중 리탈린을 어린 시절 복용한 사람의 경우 10대 때 불법 약물을 복용할 확률이 낮아진다고 제시하고 있다(Katusic et al., 2005). 몇몇 연구자는 리탈린을 복용하지 않은 사람들이 마음의 안정을 찾거나 휴식을 취하기 위해서 다른 약들을 찾을 것이라고 말한다.

약물에 관한 주의 사항

연구들이 약물치료가 적절한 행동 향상에 있어 매우 효과적이라고 말하지만 주의할 점들은 많이 남아 있다.

- 약물들은 행동 문제가 초기 발생하였을 때 처방되어서는 안 된다. 학생들의 행동 및 환경에 대한 신중한 분석 이후 약물치료를 고려해 보아야 한다. 미국에서 ADHD의 치료에 정신자극제 물질을 사용하는 경우는 1970년대에서 1990년대 사이 대략 8배 늘어났으며(Wilens & Biederman, 1992), 21세기 초 5년 동안 약 두 배가 늘어났다(Castle, Aubert, Verbrugge, Khalid, & Epstein, 2007). 최근 들어 나타난 이러한 증가가 여성 및 성인을 위한 약물 처방의 증가와 이러한 사람들에 대한 진단의 증가에 영향을 주었을 수 있지만, ADHD를 지닌 사람들을 위한 해결책으로 너무 조기에 약물을 사용하는 것은 여전히 경계해야 한다.
- 연구 결과들이 행동 억제 및 실행 기능에 있어 약물 사용의 효율성을 증명했지만, 학문적 연구 결과들은 크게 나타나지 않는다. 그러므로 교사들은 약물치료가 학생이 직면하는 모든 학업 성취도에 영향을 줄 것이라고 기대해서는 안 된다.
- 부모와 교사 및 의사들은 약물 사용량을 매우 신중하게 감독하여 복용량이 효과를 발휘하되 너무 많이 사용하지 않도록 해야 한다. 적절한 약물 사용량은 경우에 따라 매우 다르다.
- 교사 및 부모들은 아이들이 약물이 자신에 대한 책임감 및 적극성을 길러 줄 것이라고 생각하게 해서는 된다.
- 교사 및 부모들은 약물을 만병통치약이라고 생각해서는 안 된다. 교사나 부모 또한 아동들이 과제를 수행하는 데 있어 책임과 적극성을 갖고 있어야 한다.
- 부모 및 교사들은 정신자극제를 사용하는 데 있어 조절을 잘 해야 한다는 사실을 기억해야 한다. 형제자매, 또래 또는 아동 자신은 자신에게 약물을 시험해 볼 가능성이 충분히 있다.
- 약물의 효과적인 사용에 있어 마지막으로 중요한 점은 부모, 의사, 교사 및 아동들 간의 의사소통이다.

약물치료 대 행동 관리

　수년 동안 부모 및 전문가들은 약물치료가 행동 관리만큼 효과가 있는지 여부에 대하여 논의해 왔다. 불행히도 연구들은 이에 관하여 명확한 답을 주지 못했다. 미국 국립정신보건원(NIMH)은 이 질문을 해결하기 위하여 대규모 연구를 진행하였다(MTA Cooperative Group, 1999). 약물치료 14개월 후 약물치료와 행동 관리를 함께 사용하는 것이 약물만 사용하는 것보다 효과적인 방법이라는 사실이 밝혀졌다. 행동 관리는 몇몇 학생에게는 효율적이지만, 우선순위로 고려되는 방법은 아니다. 하지만 처치 그룹이 약물치료나 행동 관리를 지속적으로 받지 않고 8년이 지난 결과, 처치 그룹은 점차적으로 효과를 나타내지 못했다(Molina et al., 2009; Swanson et al., 2008).

　이러한 결과들을 바탕으로(Fabiano et al., 2007; Majewicz-Hefley & Carlson, 2007), 가장 좋은 결과를 나타내는 과정은 약물치료와 행동 관리의 결합이라고 나타났다. 지속적인 향상의 기회들은 이러한 처치들의 지속적이고 세밀한 감독을 통해 나타날 수 있다.

진보 평가

　ADHD 학생들의 평가는 사회적, 정서적 그리고 학업적 기술들을 평가하는 과정을 포함한다. 6장에 나와 있는 학습장애 학생들에게 적용 가능한 과정들이 ADHD 학생들에게도 적절하다.

학업 기술의 평가

　앞서 언급했듯이, ADHD 학생들은 학업 과제에 있어 부주의, 충동성, 낮은 실행 기능 기술로 인하여 어려움을 겪는 경우가 많다. 또한 그들은 일반적으로 학습장애를 동반한다.

　6장에 나와 있는 **교육과정중심 측정**(CBM)은 ADHD 학생들의 학업 성취의 진보를 평가하는 데 적절한 방법이다. ADHD 학생들의 중재에서 CBM의 장점은 측정 시간이 매우 적게 걸리며 특정 과제에 중점을 둔다는 것이다. CBM은 ADHD 학생의 학업 성취가 적절한지를 확인하기 위하여 시행되어야 한다.

집중력과 행동에 대한 평가

　학생들의 과제에 대한 집중력 및 사회 · 정서적 행동을 평가하는 데 있어 평정척도 및 직접관찰의 두 가지 방법이 가장 많이 사용된다. 학생들의 결과와 학생들의 향상 정도를 감독하기 위해 사용되는 평정척도의 한 가지 예는 코너스-3(Conners-3, Conners, 2007)다. 이 방법은 반항적인 행동, 부주의, 불안감 및 사회적 문제를 측정한다.

또한 교사들은 학생들의 집중력, 학업에 집중하는 시간 그리고 파괴적 행동을 주기적으로 직접 관찰해야 한다. 행동 기록 시스템은 체계적인 관찰을 할 수 있는 틀을 마련해 준다. 예를 들어, **순간시간표집**은 교사들이 간단한 관찰을 하고 특정 행동에 대하여 자료를 수집할 수 있도록 해 준다. 이 방법을 사용하는 데 있어 관찰자는 관찰 시간을 결정하고 그 사이의 시간을 간격으로 나누어야 한다(예: 15분이면 1분씩 15개 간격으로 나눌 수 있다). 각 간격이 시작될 때, 관찰자는 그 학생이 집중을 하는지 여부를 관찰하고 나서 다음 간격이 시작될 때까지 학생을 관찰하지 않는다.

[그림 7-3]은 과제에 집중하는 시간을 늘리려고 노력하고 있는 Susie라는 학생의 순간시간표집 차트의 예를 보여 준다. 이 관찰은 15분 동안 진행되었다. 각 분의 시작에 Susie를 빨리 보고 관찰자는 Susie가 과제에 집중하고 있으면 박스에 체크를 하고 만일 집중을 하지 못하면 × 표시를 한다. 관찰이 끝나면 교사는 Susie가 15분 동안 과제에 집중한 행동의 비율을 결정하기 위해 과제에 집중한 간격의 수를 계산한다. Susie는 15개의 간격 중 10회 동안 과제에 집중을 하여 집중도가 67%로 드러났다. Susie의 교사들은 아마도 순간시간표집을 주기적으로 사용하여 Susie의 과제에 대한 집중력을 감독하고 필요한 경우 중재를 수정할 수 있다.

학생의 결과를 측정하는 데 있어 한 가지 독특한 측정 방법은 전화 인터뷰 조사다(Telephone Interview Probe: TIP, Corkum, Andreou, Schachar, Tannock, & Cunnigham, 2007). 이 방법에서는 부모 및 교사들과 짧은 전화 인터뷰를 하여 ADHD 학생 중재의 효과를 결정한다. 아동이 특정 시간이나 환경에서 정신자극제를 사용할 때 약물 효과 평가에서 특히 유용할 수 있다. 많은 평정척도는 장기간에 걸쳐 시행되어야만 하고 약물치료와 관련된 결정 사항과 관련하여 자세한 내용을 제공하지 않는다. TIP는 부주의,

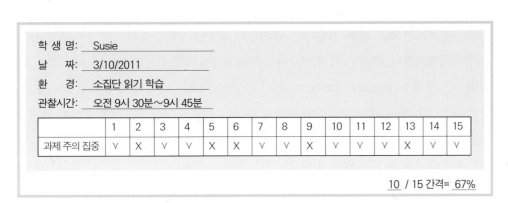

[그림 7-3] 순간시간표집법-특정 기간 동안 목표 행동을 기록하기 위한 간격 기록 절차

충동성, 과잉행동, 반항 행동 및 문제 상황에 있어 하루 세 번(즉, 아침, 점심, 저녁)의 평정 결과를 제공한다.

조기 중재

유아들의 ADHD 진단은 특히나 어렵다. ADHD를 갖고 있지 않은 많은 어린 아동도 운동 활동이 활발하고 충동 조절 능력이 떨어지기 때문이다. 하지만 최근 ADHD를 갖고 있는 미취학 아동들의 수가 늘어났다. 취학 전 아동의 출현율이 2~6%로 나타나 취학 아동의 3~7%와 경쟁적인 수치를 보이고 있다. 또한 더욱 심각한 사실은 부모들이 자녀의 ADHD 증상이 처음으로 나타나는 나이가 2세에서 4세 사이라고 보고하고 있다는 것이다(Posner, Pressman, & Grennhill, 2009).

미취학 아동들의 행동 억제와 주의력 결핍은 각각 초등학교 저학년 때 ADHD 증상과 글을 읽고 쓰는 기술을 예측할 수 있는 지표가 된다(Campbell & von Stauffenberg, 2009; Walcott, Scheemaker, & Bielski, 2009). 그러므로 ADHD 미취학 아동을 위한 조기 중재는 매우 중요하다.

과잉행동과 충동적인 행동은 어린 아동들에게 비교적 정상적인 행동이기 때문에 ADHD 미취학 아동들은 특히나 다루기 더 어려울 수 있다. ADHD 미취학 아동들의 경우 부모들 및 교사들에게 어려움을 던져 준다. 교실의 구조화, 교사 지시, 행동기능평가 및 유관기반 자기조절의 교육적 원칙은 미취학 아동들에게 매우 중요하다. 대부분의 전문가는 자기조절 기술이 부족한, ADHD를 갖고 있지 않은 어린 아동들에게도 칭찬, 포인트 그리고 눈에 보이는 상을 적용한 강화의 사용을 더욱 강조하고 있다.

성인기로의 전환

얼마 전까지만 해도 많은 전문가는 ADHD가 청소년기에 감소하고 성인이 되면 사라진다고 가정하였다. 하지만 현재 연구자들은 과잉행동과 관련된 많은 증상이 성인이 되어 줄어든다 해도(Weyandt, 2009a) ADHD 증상 중 50%는 남아 있게 된다고 말한다. 또한 추가적인 25%는 ADHD로 밝혀질 만큼 증상이 심하지는 않지만 잔존 증상이 잠재적으로 방해를 줄 수 있다고 한다(Ramsay, 2010). 다음의 〈개인적 관점〉에서는 ADHD가 성인에게 가져올 수 있는 영향에 대하여 설명한다.

 **개인적 관점**

ADHD 성인: Ann의 이야기

나는 나 자신에 대하여 좋지 않은 느낌을 가지고 자랐다. 학교생활에서 교과 수업 시간에 앉아 있기 힘들었고 그 어떤 과제도 제대로 끝내기 힘들었다…… 선생님들은 내 뒤에 있었다. 그들은 내가 좋은 아이라고 말하였지만 나를 이해하지 못했다. 그래도 나는 정말 열심히 노력했다. 하지만 나는 어떤 것도 끝낼 수 없었다……. 나는 모든 것에 매우 쉽게 산만해졌다. 만일 어떤 사람이 재채기를 하면 나는 그를 바라보았고 나의 마음은 수만 가지 방향으로 흩어졌다. 나는 창문을 바라보았으며 그가 왜 재채기를 했을지가 궁금했다.

이러한 상황은 성인이 되어서도 이어졌다. 나는 매우 혼란스러운 사람이 되었다. 집안일을 예로 들어 보자면, 저녁 식사 후 접시들을 닦기 시작했을 때 접시를 닦다 말고 테이블을 닦고 캐비닛을 닦고 전화를 하며 그 어떤 것도 완벽하게 끝내지 못했다. 이러한 일들을 끝내기 위해서는 나는 매우 집중하고 "설거지를 다 끝내야 한다."라고 나 스스로에게 말을 해야 했다. 그렇게 해야 겨우 일을 끝낸다. 하지만 여전히 하던 일을 멈추고 방에 있는 테이블을 닦는다. 이는 마치 다른 사람이 나를 부추기는 것 같다. 나의 옷장과 서랍장은 내가 아이였을 때처럼 여전히 뒤죽박죽이다. 가장 힘든 것은 서류로 만들어진 일을 끝내는 것이다. 세금 고지서가 그 예다. 이를 정리하는 것은 내 남편의 몫이다. 만일 내가 이 일을 맡았다면 나는 아마도 세금 문제로 감옥에 갈 것이다. 최근 45세가 되어서야 책상에 앉아 편지를 쓸 수 있게 되었다. 나는 주로 작은 우편 편지만 작성한다.

나는 세상에서 가장 충동적인 사람이다. 이러한 성격으로 인해 나는 많은 문제를 겪는다. 만일 내가 사지 말아야 할 어떤 것이 있어도 나는 그것을 살 것이다. 또는 나는 하지 말아야 할 말을 해서 그 후에 후회를 할 것이다.

나는 마음을 차분히 하고 편안해지고 싶다. 나는 여전히 앉아 있는 데 문제를 갖고 있다. 사람들은 내가 사람들을 매우 불안하게 만든다고 말한다. 하지만 나는 내가 무엇을 하고 있는지를 알지도 못한다. 이로 인해 나는 마음이 아프다. 나는 다른 사람들과 다르고 싶지 않다.

내 꿈은 항상 상담사가 되는 것이었지만 나는 대학에 맞지 않는다고 생각하여 결혼을 했고 지금은 두 아이가 있다. 나는 공인중개사 자격증을 갖고 있다. 나도 내가 어떻게 이 시험을 통과했는지 궁금하다. 아마 찍어서 답을 맞혔을 것이다. 판매업에 있어 내가 좋아하는 것은 항상 움직여야 한다는 것이다. 또한 나는 사람들을 좋아한다. 나는 이 일이 딱 맞다. 하지만 나는 유머 감각이 없다. 나는 감정이 약하다. 나는 매우 상처를 잘 받는다. 나는 어려운 일이 닥치면 울고 나만의 공간으로 들어간다.

나는 감정의 기복이 매우 심하다. 그래서 기분이 매우 좋거나 매우 안 좋거나 둘 중 하나다. 나는 집이 깨끗해 보일 때는 기분이 매우 좋다. 내가 생각한 모든 것을 끝냈을 때 나는 기분이 좋다. 나는 많은 사람에게 책임감을 느낀다. 만일 내 남편이 기분이 좋지 않거나 내 아이, 내 엄마, 내 여동생의 일이 잘 안 되면 나는 슬프다. 나는 내 문제가 무엇인지 모르겠다.

Ann Ridgley

출처: Weiss, L. (1992). *Attention deficit disorder in adults* (pp. 11-14). Lanham, MD: Taylor Publishing Co. 허락 후 게재함.

성인의 진단

과학 단체 및 대중매체에 의해 ADHD에 대한 인식이 높아지면서 많은 성인이 ADHD로 진단받고 있는 것으로 드러났다. 하지만 ADHD 성인에 대한 진단은 매우 논란의 여지가 많다. ADHD가 성인이 됨에 따라 없어진다는 가정 때문에 성인 ADHD에 관한 연구들은 비교적 드물게 나타났다. 하지만 최근 전문가들은 성인의 ADHD를 판별하고 그들을 처치하는 데 진보를 보이고 있다. ADHD 진단검사가 없기 때문에 대부분의 연구

단체는 대상자의 **임상 병력**을 매우 중요하게 생각한다. 한 연구팀은 다음과 같은 결과를 보여 주었다.

> 판별된 환자(아동 또는 성인) 및 다른 사람(부모, 배우자 또는 다른 중요한 사람)으로부터 병력을 얻는 것은 평가에 있어 가장 중요한 부분이다. 보통 병력을 검사로 고려하지는 않지만 우리가 하는 정보를 수집하는 방법 중 가장 좋은 방법은 병력이다. 때로는 우리가 필요한 유일한 '검사'다. ADHD를 진단하는 데 있어 많은 학교에서 혹은 전문가들이 하는 가장 흔한 오해는 ADHD를 진단하는 검사가 심리적 검사나 또는 두뇌 스캔을 통하여 정확한 진단을 할 수 있다는 것이다. 하지만 그러한 검사는 없다. 우리가 사용할 수 있는 가장 좋은 도구는 병력이다. 이 방법은 종이와 펜을 사용한 검사나 두뇌를 스캔하는 방법보다 훨씬 더 가치 있는 방법이다.
> 의사들이 병력이라고 부르는 개인 자신의 이야기는 ADHD의 진단 여부를 결정한다 (Hallowell & Ratey, 2006, pp. 117-118).

앞서 언급한 것처럼, 성인들의 증상은 미미하지만(특히 과잉행동과 관련하여) 의사들은 병력을 통하여 ADHD 아동들이 보이는 증상과 비슷한 증상을 찾는다. 또한 이러한 증상들은 각기 다른 상황에서 나타나기 때문에 형태도 다르다. 예를 들어, 교실 환경보다는 일과 관련된 증상 또는 가정환경에서의 아동보다는 부모나 배우자로서의 역할과 관련된 상황에서 나타나는 증상이 다를 수 있다. 예를 들어, ADHD 성인들은 비교적 반복적인 일에 쉽게 지루함을 느끼거나 작업 일정을 정리하는 데 문제를 겪는다. 또는 이러한 환자들은 배우자 또는 아동들이 말하는 것에 대하여 집중을 하지 못하며 너무 많은 집안일을 하지만 대부분 끝내지 못한다.

성인의 결과

전반적으로 ADHD 성인들은 다수의 이상 증상을 갖고 있는데, 이는 교육적 성취, 정신적 문제(예: 우울증 및 불안감), 결혼생활에서의 문제, 교통 법규 위반, 약물 남용이나 도박과 같은 중독 증상을 보인다(Barkley & Murphy, 2007; Biederman et al., 2010; Ramsay, 2010; Rucklidge, Brown, Crawford, & Kaplan, 2007; Weyandt & DuPaul, 2006). ADHD를 지닌 사람들이 좋지 않은 증상을 보인다 하더라도 많은 ADHD 성인은 자신의 직업에 있어 성공적이며 결혼 및 가정 생활에 있어서도 성공적인 모습을 보이는 경우가 많다는 것도 중요한 부분이다. 예를 들어, 다음의 〈사례 소개〉에 나오는 Brittany Sanders는 ADHD에 매우 잘 적응했으며 그녀의 방식대로 행복한 성인으로서의 생활을 누리고 있다.

사례 소개: Brittany Sanders

Britany Sanders는 4학년 때 ADHD로 진단받았다. 그녀는 버지니아 주 루이자 카운티에서 자랐다. Brittany는 현재 노스캐롤라이나에 있는 베닛 컬리지(Bennett College)라는 여학교에서 특수교육을 전공하였고 2011년 졸업할 예정이다. 그녀는 여름은 버지니아 주 샬럿츠빌의 장애유아 치료 캠프에서 유아들을 지도하는 데 보낸다.

당신이 즐거워하는 것은 무엇인가요? 나는 내 친구들과 시간을 보내는 것을 좋아해요. 우리는 시내나 공원에 가는 것을 좋아해요. 또한 친구들과 볼링을 치는 것을 좋아하고 여행을 가는 것을 좋아해요.

당신이 가장 좋아하는 휴식 방법은 무엇인가요? 혼자서 있는 시간이 내가 휴식을 취하도록 도와줘요. 나는 아무도 없이 '나'만 있는 시간을 갖는 것을 좋아해요.

당신이 잘하는 것은 무엇인가요? 아이들과 함께하는 것이요. 나는 특히나 장애아동들과 함께하는 것을 좋아해요.

당신이 싫어하는 것은 무엇인가요? 몇 가지가 있는데 아주 정말 싫어하는 것들이에요. 첫 번째로, 사람들이 먹을 때 소리 내는 것을 싫어해요. 또 나에게 같은 말을 계속 하는 것을 싫어하고, 우유부단한 사람들을 보면 미칠 것 같아요.

당신의 인생에 긍정적인 영향을 준 선생님이 있나요? 네. 고등학교 때 교생 선생님이 멘토예요. 그녀는 Steppe 선생님이에요. 그녀는 내가 다른 학생들과 같이 했던 예비교사 과정의 리더였어요. 그녀는 이상적인 교사였죠. 그녀는 우리의 친구였고 우리는 그녀에게 모든 것을 말할 수 있었고, 그녀는 우리를 판단하지 않고 우리의 말을 들어 주었어요.

당신이 롤모델(유명인사, 가족)로 삼고 있는 분이 있나요? 왜 그사람이 롤모델인가요? 우리 엄마예요. 엄마는 항상 우리를 위해, 특히나 내가 대학에 처음 들어갔을 때 내 곁에 있었어요. 나는 공부를 썩 잘하지 못했지만 엄마는 나를 지지해 주었고 내가 힘들 때 여전히 나를 잘 도와주세요. 인생은 항상 쉬울 수는 없어요. 하지만 엄마는 항상 우리 곁에 있어요. 엄마는 정신적인 조언자이고 엄마도 저도, 둘 다 다른 사람을 돕는 것을 좋아해요.

장애로 인해 가장 어려운 점은 무엇인가요? 어렸을 때는 어려움이 많았어요. 가만히 있지 못했던 것으로 기억해요. 나는 내 자리에 앉아 있지를 못했어요. 항상 연필 깎으러 일어나고 또는 다른 것을 하러 움직였어요. 내가 나이를 더 먹었을 때에는 자리에 앉아 집중을 할 수 있었어요. 하지만 집중하는 데 어려움을 겪었어요. 때로는 내가 집중하는 것처럼 보이지만 내 마음은 항상 어지러워요. 나는 또한 많은 것을 잊는데, 이는 다른 사람들을 미치게 만들지만 내가 어떻게 할 수 없는 때가 많아요. 나는 애더럴을 복용하고 있고 복용하지 않을 때는 분명히 큰 차이가 있어요. 또한 나는 자기감독에 대해서도 배웠어요.

당신의 당신이 목표로 하는 것을 이루는 데 영향을 미치나요? 전혀 그렇지 않아요. 나는 여전히 사회적이에요. 내 남자친구는 내가 집중하지 못하고 잘 잊기 때문에 어려움이 있지만 남자친구나 나의 친구들은 이런 나를 받아들이는 것을 배웠어요.

장애가 당신의 사회적 관계에 영향을 주었나요? 아니요. 나는 다른 사람들이 할 수 있는 모든 것을 할 수 있어요.

장애가 있다는 것에 대해서 다른 사람이 알면 깜짝 놀랄 만한 어떤 장점이 있나요? 잘 모르겠어요. 나는 최선을 다하려고 노력하지만 항상 성공하는 것은 아니에요. 하지만 가장 중요한 것은 내가 항상 노력을 하는 것이에요.

다른 사람들이 당신을 바라보는 시각에 대해서는 어떻게 생각하나요? 음…… 매우 행복해요. 나는 항상 웃고 사회적이에요. 사람은 다른 이에게 무엇이라도 해 줄 수 있어요. 그것이 다른 사람들이 나를 바라보는 시선이기를 바라요.

다른 사람들이 당신에 대해 알았으면 하는 점은 무엇인가요? 나는 걸스카우트를 좋아해요. 내 생각에 훌륭한 프로그램이에요. 나는 초등학생 때 브라우니로 시작하여 고학년이 될 때까지 항상 걸 스카우트에 참여했어요. 나는 언젠가 내 군단을 만들고 싶어요.

10년 뒤에 당신은 어떤 모습일까요? 결혼해서 아이들과 살 거예요. 그리고 내가 초등학교 교사를 하고 있었으면 좋겠어요. 나는 노스캐롤라이나로 돌아가고 싶어요.

다음 빈칸을 채워 주세요: 나는 _____ 없이 살 수 없다. 내 가족이요. 그들은 진심으로 나를 받아들이고 내가 ADHD를 갖고 있다는 사실을 인정해요. 내 어머니는 항상 나를 최선을 다해 보살피려고 노력하세요.

Brittany는 온라인을 통한 당신의 연락을 환영합니다. BSanders@Bennett.edu

취 업   특히나 ADHD를 지닌 사람들의 취업에 있어 가장 중요한 요소 중 하나는 그 사람이 가지고 있는 강점을 최대화하고 약점을 최소화할 수 있는 직업을 선택하는 것이다. 이러한 사람들의 직장에서의 성공은 구조화 대 독립성에 대한 개인의 요구에 맞는 직장을 구하는 데 달려 있다. 여러 사람과 일하는 직업을 찾는 사람들의 경우 ADHD에 대하여 잘 알고 있는 상사가 있는 곳에서 일하는 편이 좋다. 너무 제한되게 구조화된 회사를 찾는 사람들은 유연하고 다양성을 가지고 있으며 독립적으로 일할 수 있는 기업을 택하는 편이 좋다(Hollowell & Ratey, 2006).

결혼 및 가족   ADHD를 지닌 사람들의 배우자들은 ADHD를 지닌 배우자가 말을 잘 들어 주지 못하거나 건망증이 있고, 신뢰가 없고 지저분하며, 그 외에 다른 이유로 불만을 표출한다. 한 개인의 ADHD 증상은 가족 전체에게 부정적인 영향을 미친다. ADHD 부모들은 자녀들의 일상을 조절하는 데 어려움을 겪는다. 어떤 사람은 "나는 어렸을 때 양치질하는 것을 잊어버렸고, 현재는 내 아이들에게 양치질하라고 말하는 것을 잊어버린다."(M. Weiss, Hechtman, & Weiss, 2000 p. 1060)

많은 연구 단체는 처치의 첫 단계는 모든 가족원이 ADHD의 개념에 대하여 공부하는 것이라고 말한다. ADHD는 한 가족 전체의 문제이기 때문에 모든 가족이 그 증상을 처치하는 데 있어 협조자가 되어야만 한다고 권고하고 있다.

코칭의 중요성

치료 기법에 있어 매우 좋은 방법 중 하나는 코칭(coaching)이다(Hollowell & Ratey, 2006). **코칭**은 ADHD 성인이 지원을 의존할 수 있는 사람을 찾는 것이다. 코치는 치료사 또는 친구와 같이 ADHD 성인이 목표에 집중할 수 있도록 돕기 위해 주기적으로 몇 분씩 같이 있어 줄 수 있는 사람들이다. 코치는 앞으로 있을 사건 및 활동에 대한 계획을 세울 수 있도록 도와주며 과제가 달성되었을 때 칭찬을 해 준다.

의료적 · 교육적 · 심리적 상담이 적절하게 함께 제공되는 대부분의 ADHD 성인은 평생 동안 어려움을 겪긴 하지만 그들에게도 만족스러운 직업과 가정의 적응이 가능하다. 현재 대부분의 연구자는 ADHD가 성인기에도 지속된다고 인식하고 있고, 더욱 많은 성인 ADHD의 처치에 관하여 연구할 것이다. 이러한 연구는 성인 ADHD를 위한 더욱 긍정적인 관점을 갖게 할 것이다.

요약

ADHD의 역사적 기원은 무엇인가?

- 19세기 중반 Heinrich Hoffmann 박사는 '안절부절못하는 필립(Fidgety Phillip)'과 '멍한 조니의 이야기(The Story of Johnny Head- in- Air)'라는 동시를 썼다.
- 1798년 Alexander Chrichton 경은 주의집중장애에 대한 논문을 썼다.
- 1902년 의사 George F. Still은 '도덕적 자제력 결함'을 지닌 아동에 대하여 말하였다.
- 1930년대 Kurt Godstein은 제1차 세계대전에서 머리에 손상을 입은 군인들에 대하여 연구하였다.
- 1930년대와 1940년대 Heinz Werner와 Alfred Strauss는 두뇌 손상을 입은 것으로 추정된 지적장애 아동에 대해 보고하고 이를 스트라우스 증후군이라 불렀다.
- 1950년대 WIlliam Cruickshank는 Werner와 Strauss의 연구를 정상 지능을 갖고 있는 아동에 대한 연구로 발전시켰다.
- 1950년대와 1960년대 전문가들은 '미세 뇌손상'이라는 단어를 사용하여, 정상 지능을 갖고 있지만 주의집중장애, 충동성 및 과잉행동을 갖고 있는 아동들에 대하여 묘사하였다.
- 1960년대와 1970년대는 과잉행동 아동 증후군이라는 용어가 대중적이었다.

ADHD에 대한 오늘날의 정의는 무엇인가?

- 대부분의 전문가는 미국정신의학회의 『정신장애의 진단 및 통계 편람(DSM)』에 의존한다. 현재 이 지침서는 개인들을 다음과 같이 구분한다. ① ADHD 주의산만 우세형, ② ADHD 과잉행동 및 충동 행동 우세형, ③ ADHD 혼합형. 이 지침서의 개정본은 2012년에 나올 예정이며, 이는 다음과 같은 수정된 부분을 포함하고 있다. ① 많은 개인이 과잉행동 없이 주의집중장애를 갖고 있다. ② 어떤 아동들은 7세 이후까지 ADHD 증상을 보이지 않는다. ③ 성인들은 아동들보다 증상이 적다.

ADHD의 출현율은 어떠한가?

- 학령기 아동들의 경우 3∼7%인 것으로 나타났다.
- ADHD 남아가 여아에 비하여 많으며, 그 이유는 생물학적 차이 및 의뢰 시 편견에 따른 영향일 수 있다.

전문가는 ADHD를 판별하기 위하여 어떤 평가 방법을 사용하는가?

- 전문가들은 일반적으로 다음과 같은 평가 방법을 사용한다. ① 의학적 검사, ② 임상 면접, ③ 교사 및 부모 평정척도, ④ 행동관찰. 행동관찰은 교실 및 임상가의 사무실에서 이루어질 수 있다.

ADHD의 원인은 무엇인가?

- 수많은 연구를 통하여 ADHD 증상에 영향을 받는 두뇌의 5영역—전전두엽, 전두엽, 기저핵, 소뇌 및 뇌량—이 밝혀졌다.
  - 전전두엽과 전두엽은 실행 기능 또는 사람의 행동을 조절하는 데 영향을 미친다.
  - 기저핵과 소뇌는 운동 행동의 협응과 조절에 관여한다.
  - 뇌량은 두뇌의 좌반구와 우반구를 연결하며 둘 사이의 신경 신호를 연결해 주는 통로다.
- 연구 결과, 두 가지 신경전달물질인 도파민 및 노르에피네프린 사이의 불균형이 발견되었다
- 가족 연구, 쌍둥이 연구, 분자유전학 연구는 유전이 ADHD의 큰 원인일 수 있다는 것을 보여 준다.
- 납과 같은 독소 및 출생 시 합병증, 출생 시 저체중 같은 의학적 요소 또한 ADHD의 원인이 될 수 있다.

ADHD 학습자의 심리 및 행동적 특성은 무엇인가?

- Barkley의 ADHD에 관한 이론은 ① 행동 억제, ② 실행 기능, ③ 시간 인식 및 관리, ④ 지속적인 목표 지향 행동과 관련된 문제를 지적하였다.
- ADHD를 지닌 사람들은 또한 적응 행동 및 또래들과의 관계에 있어 어려움을 겪는다.
- 몇몇 증상이 ADHD와 함께 나타난다. 학습장애와 우울증과 불안과 같은 정서 · 행동 문제가 나타난다. ADHD를 갖고 있는 사람들은 또한 약물 남용을 할 위험을 지니고 있다.

ADHD 학습자를 위한 교육적 고려 사항은 무엇인가?

- ADHD를 갖고 있는 학습자를 위한 좋은 교육 프로그램은 교실을 고도로 구조화하고 교사 주도적인 활동을 많이 해야 한다.
- ADHD를 갖고 있는 학습자를 위한 좋은 교육 방법에는 행동기능평가와 유관기반 자기조절이 있다.
  - 행동기능평가(FBA)는 부적절한 행동을 유지시키는 결과, 선행 사건, 배경 사건들을 밝히는 것이다.
  - 이러한 접근 방법에는 또한 자기감독 또는 자기조절을 통하여 학생이 스스로 자신의 행동을 기록하도록 할 수 있다.

ADHD 학습자를 위한 의학적 고려 사항은 무엇인가?

- 리탈린과 같은 정신자극제가 가장 많이 사용되며 스트라테라와 같이 자극이 없는 약물이 사용되기도 한다.
- 과학적 연구들(미국 국립정신보건원의 지원을 받은 대규모 연구 포함)은 의학 치료의 효과에 대하여 증명하며 대부분의 ADHD 관련 전문가는 이러한 방법을 선호한다.
- 이에 대한 우려로는 어떤 사람들의 경우 약이 듣지 않으며, 약의 투약 비율을 신중하게 감독해야 하며, 몇몇 사람은 부작용을 겪으며(심각하지는 않더라도), 아동들은 자신의 행동을 조절하는 데 있어 약에 의존하지 말아야 하며, 약물치료는 치료 초기에 사용되어서는 안 된다는 점이다.

전문가는 ADHD 학생의 학업, 주의 집중, 행동적 진보를 어떻게 평가하는가?

- 학업적, 주의 집중, 행동적 진보를 평가할 수 있는 방법에는 교육과정중심 측정이 있을 수 있다.
  - 순간시간표집의 경우 행동 진보를 평가하는 데 있어 특히 많이 쓰인다.
- 시험 조정에는 소집단 또는 조용한 교실에서의 개별 평가, 시간 연장 및 주기적인 휴식 등이 있다.

ADHD의 조기 중재에서 중요한 고려 사항을 무엇인가?

- 어린 나이에 ADHD를 진단하기란 매우 어려우며, 이는 유아들의 경우 집중력이 대부분 짧으며 운동 능력이 활동적이기 때문이다.
- 교실의 구조화, 교사 지시, 행동기능평가 및 유관기반 자기조절은 ADHD 미취학 아동에게 중요한 교수 원칙이다.
- 어린 아동들은 일반적으로 자기조절 기술이 부족하기 때문에 칭찬, 포인트 점수, 가시적인 보상을 통한 강화가 중요하다.

ADHD 학습자의 성인기로의 전환에 대한 중요한 고려 사항은 무엇인가?

- ADHD 성인을 진단하기 위해서 전반적인 임상 기록을 살펴보는 것이 중요하다.
- 예외는 있지만 ADHD 성인들은 취업, 결혼, 가족 및 일반적인 사회적 행복에 있어 ADHD를 지니지 않은 사람들보다 부정적이 결과를 얻는 경우가 많다.
- 코칭은 ADHD 성인들에게 좋은 치료 전략이다.

특수교육협의회

전문적 기준

이 장에서 다루어진 미국 장애인 특수교육협의회(Council for Exceptional Children: CEC)의 공통 핵심 지식 및 기술: ICC1K5, ICC1K8, ICC2K1, ICC2K2, ICC2K3, ICC2K6, ICC2K7, ICC3K1, ICC4S6, ICC5S3, ICC5S8, ICC5S10, ICC5S11, ICC8K2, ICC8S3, ICC8S6, ICC9S2, ICC10K3, ICC10S2, ICC10S3

부록: CEC의 공통 핵심 기준과 관련된 지식 및 기술을 제공한다.

MYEDUCATIONLAB

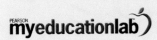

MyEducationLab(www.myeducationlab.com)의 주제 11: ADHD 에서 다음의 내용을 찾을 수 있다.

- 국가 수준의 기준들과 관련된 전반적 개념에 대한 학습 성과
- 각 장의 내용을 보다 심도 있게 이해하도록 도와주는 과제 및 활동 수행
- IRIS Center Resources에서 볼 수 있는 어려운 상황들에 대한 검토
- 교수 기술 수립과 학습 주제 경향을 확인할 주요 개념 이해에 대한 실제의 적용
- Book-Specific Resources의 Study Plan을 통한 교재 내용에 대한 이해도 측정. 여기에서 각 장의 퀴즈 수행, 정답에 대한 피드백을 통해 복습, 연습, 심화 활동으로 이해도를 높일 수 있음
- CCSSO 올해의 교사상 수상자의 교사 면담 코너를 통해 '왜 나는 가르치는가?'에 대한 답변 영상 시청

8 정서 · 행동장애 학습자

나는 늘 친구를 사귀는 것이 어려웠다. 친구를 사귀고 싶었지만 어떻게 사귀어야 하는지를 몰랐다. 나는 사람들이 서로 농담을 주고받는 것을 혼자 진지하게 받아들이기 일쑤였고 그 내용을 한참 동안이나 깨닫지 못하곤 했다. 나는 그러한 상황에 어떻게 적응해야 하는지를 몰랐다.

나는 항상 사람들과 싸움을 하였는데, 사람들의 장난을 심각하게 받아들여 문제를 일으키곤 했다. 내가 어렸을 때에는 이렇게까지 관계에 어려움을 겪었던 기억이 별로 없다. 다만 사람들은 나를 안쓰럽다고 생각하거나 내가 조금 특이하다고 생각하였던 것 같았다. 나는 또래 아동들 사이에서 떨어져서 학교 화장실에 숨거나 내 책상 밑으로 들어가 숨기도 했다.

병원에 다녀와서부터 나는 그 누구와도 어울리지 못하게 되어 버렸다. 그때부터 아이들은 나를 '지체아'라고 부르기 시작했다. 나는 지체되지는 않았다. 그러나 나는 내가 누구인지 혼란스러웠고 나에게 무슨 일이 일어나고 있는 것인지 알 수 없었다. 처음에는 아동들이 나에 대해서 하는 말이 무엇을 의미하는지 잘 알지 못했다. 나는 특수학급 수업에서 간신히 여자아이와 친구가 되었다. 그 아이가 나를 친절하게 돌봐 주곤 했다. 나는 중학교에서 또 다른 친구를 사귀었는데 그 친구도 내게 친절하게 대해 주었다. 그러나 나의 가장 친한 단짝 친구는 내가 기르는 강아지 '신디'다. 때로는 내가 신디를 힘들게 하지만, 신디는 항상 나에게 잘해 주려고 하였다.

나는 무엇이든 혼자 열심히 노는 것을 좋아한다. 나는 이야기 또는 판타지를 구상하는 것을 좋아한다. 엄마는 내가 풍부한 상상력과 책 한 권으로 만들 수 있을 만큼의 스토리를 구상했음에도 불구하고 글쓰기 실력이 부족하다는 점을 매우 안쓰럽게 생각하신다.

−익명

주요 질문

- 정서 · 행동장애를 기술할 때에 어떤 용어를 사용하는가?
- 정서 · 행동장애의 정의는 무엇인가?
- 정서 · 행동장애는 어떻게 분류되는가?
- 정서 · 행동장애의 출현율은 어떠한가?
- 정서 · 행동장애의 원인은 무엇인가?
- 정서 · 행동장애는 어떻게 판별할 수 있는가?
- 정서 · 행동장애 학생의 가장 두드러지는 특성은 무엇인가?
- 정서 · 행동장애에 대한 주요한 교육적 고려 사항은 무엇인가?
- 전문가는 정서 · 행동장애 학생의 진보를 어떻게 평가하는가?
- 정서 · 행동장애 학습자의 조기 중재에서 중요한 고려 사항은 무엇인가?
- 정서 · 행동장애 학습자의 성인기로의 전환에 대한 중요한 고려 사항은 무엇인가?

정서 · 행동장애 학습자에 대한
잘못된 생각

오해 • 주위 사람들이 대부분의 정서 · 행동장애 아동이나 청소년이 문제가 있다는 것을 잘 알아차리지 못한다.

사실 • 대부분의 정서 · 행동장애 아동과 청소년은 비록 그 문제의 유형과 원인을 알아내기는 어렵다 할지라도, 그들이 공격적이든 내성적이든 상관없이 사람들은 비교적 쉽게 알아챌 수 있다.

오해 • 정서 · 행동장애 학생들은 대개 매우 똑똑하다.

사실 • 비록 거의 없는 경우이긴 하지만 몇몇의 정서 · 행동장애 학생은 매우 똑똑하다. 그러나 대부분의 학생은 평균 이하의 지능 지수를 보인다.

오해 • 교사들에게 문제아로 보이는 학생은 누군가에게 방해를 받은 것이 아니라 자신이 다른 사람들을 방해하는 사람이다.

사실 • 다른 사람을 방해하는 학생은 그 자신도 누군가에게 방해를 받은 경험이 있는 사람이다. 정서적으로 건강하거나 잘 적응하는 학생들은 지나치게 공격적이라든지 지장을 주는 행동을 하지 않으며, 또한 지나치게 말이 없거나 사회적으로 내성적이지도 않으면서 다른 사람들이 신경 쓰이지 않도록 행동한다.

오해 • 대부분의 정서 · 행동장애 학생은 지속적으로 문제행동을 보인다.

사실 • 대부분의 정서 · 행동장애 학생은 보통은 일반적인 행동을 보인다.

오해 • 대부분의 정서 · 행동장애 학생은 특수교육을 받거나 정신건강 서비스를 받는다.

사실 • 대다수의 정서 · 행동장애 학생은 적시에 판별을 받거나 정신건강 서비스나 특수교육 서비스를 받지 못한다. 소수의 학생(20% 추정)만이 특수교육 및 정신건강 서비스를 받고 있다.

오해 • 부끄러움이 많거나 불안 행동을 보이는 청소년들은 지나치게 공격 행동을 보이는 사람보다 더 심각한 장애를 갖고 있다.

사실 • 공격적이거나 돌발 · 과격 행동을 보이는 청소년들은 성인이 되었을 때 사회적으로 잘 적응하거나 정신적으로 건강할 확률이 더 적다. 신경과민의, 부끄러워하는, 불안해하는 아동들과 청소년들은 위축 정도가 심한 경우에도 직업을 갖거나 그들 자신의 문제를 극복하거나 감옥이나 정신병원에서 벗어날 확률이 더 높다. 이것은 특히 남자 아동의 경우 더 그렇다.

오해 • 대부분의 정서 · 행동장애 학생은 그들이 받아들여진다고 느껴지고 또 그들 스스로를 받아들일 수 있는 관대한 환경을 필요로 한다.

사실 • 연구에서는 매우 구조화되고 예측 가능한 환경이 대부분의 학생에게 가장 효과적이라고 한다.

오해	•	정신과 의사, 심리학자, 사회복지사만이 정서 · 행동장애 아동들과 청소년들이 그들의 문제를 극복하는 데 도움을 줄 수 있다.
사실	•	대부분의 교사와 부모는 정서 · 행동장애 청소년들을 도와주는 데 매우 효과적일 수 있다. 때로는 폭넓은 교육이나 전문가 자격이 없이도 가능하다. 이런 아동들과 청소년들은 동시에 고도로 교육된 전문가의 서비스를 필요로 하기도 한다.
오해	•	바람직하지 않은 행동은 단순한 증상에 불과하다. 진정한 문제는 개인의 정신 깊숙한 곳에 숨겨져 있다.
사실	•	원인에 대한 과학적 근거는 없다. 행동과 행동의 사회적 맥락이 문제다. 원인은 사고, 감정, 개념을 포함할 수도 있다.
오해	•	청소년 범죄와 품행장애로 알려진 공격적 행동은 아동들과 청소년들이 그들의 잘못된 행동으로 인해 처벌받는다는 사실을 안다면 강도 높은 처벌로 단절시킬 수 있다.
사실	•	구금 등의 강도 높은 처벌은 잘못된 행동을 단절시킬 수 없을 뿐만 아니라 많은 사람이 용납할 수 없는 품행을 나타내는 환경을 조성할 수 있다.

정서 · 행동장애 아동들과 청소년은 전형적으로 친구를 잘 사귀지 못한다. 그들에게서 가장 잘 드러나는 문제는 그들을 도와줄 수 있는 다른 사람들과 가깝고 만족스러운 감정적인 관계를 갖는 데 실패한다는 것이다. 이 장 서두의 청소년 이야기에서도 볼 수 있듯이, 정서 · 행동장애를 가진 사람들은 물리적으로나 감정적으로 쉽게 숨어 버린다. 설사 그들이 친구를 사귄다고 할지라도 이는 대체로 비행청소년일 확률이 높다(T. W. Farmer, 2000; T. W. Farmer, Quinn, Hussey, & Holahan, 2001; Kauffman & Landrum, 2009b; Landrum, 2011; Walker, Ramsey, & Gresham, 2004).

이런 아동들 중 일부는 내향적 성향을 보인다. 일부 주변의 아동들이나 어른들이 이런 아동에게 다가가려 하면 이 아동들은 대개 그들을 두려워하거나 관심을 보이지 않는다. 많은 경우에 아동과 친구가 되려는 사람이 스스로 포기하기까지 계속적으로 그들을 거부한다. 친밀한 감정적 유대관계는 상호 사회적 반응에 의해 만들어지는 것이기 때문에 일반 사람들은 이와 같이 사회적 반응(social overture)을 보이지 않는 사람에게는 흥미를 잃게 된다.

정서 · 행동장애를 가진 또 다른 부류의 아동들은 그들이 다른 사람의 친밀한 접근에 대해 내성적으로 반응하지 않고 적대적이고 공격적인 행동을 취하기 때문에 고립되곤 한다. 그들은 폭력적이고, 파괴적이고, 예측 불가능하고, 무책임하고, 우두머리 행세를 하려 하고, 걸핏하면 싸우려 들고, 짜증을 잘 내고, 질투하기를 좋아하고, 반항한다. 대부분의 또래 친구나 어른은 꼭 필요한 경우가 아닌 경우에는 이런 아동들과 굳이 시간을 보내려 하지 않는다. 이런 아동들과 청소년들이 항상 사람들과의 싸움에 휘말리는 것은 당연한 일일지도 모른다. 대부분의 또래 아동과 어른의 반응은 싸움에 휘말리지 않도록 회피하는 것인데, 이렇게 거절된 경험을 한 아동들은 어떻게 타인들이 수용할 수 있는 행동을 해야 하는지를 잘 알지 못한다. 교사와 품행이 바른 아동들은 자연스럽게 그들을 회피하곤 하는데, 이런 행동은 정서 · 행동장애 아동들이 교육적 · 사회적 기술을 배우는 기회를 감소시키는 것이다.

가장 보편적이지만 심각한 정서 · 행동장애 학생들에 대한 오해는 정서 · 행동장애 학생들은 장애가 있는 것이 아니라 그저 문제아일 뿐이라는 것이다. 학생들은 누군가를 힘들게 할 수도 있고 누군가에게 방해를 받을 수도 있다. 정서 · 행동장애를 가졌을 수도 있고 그저 교사를 괴롭히는 것뿐일 수도 있다. 실제로 교사를 괴롭히는 어떤 학생은 정서 · 행동장애를 갖고 있지 않기도 하다. 그러나 대부분의 정서 · 행동장애 학생은 교사를 괴롭히곤 한다. 게다가 지속적으로 타인을 괴롭히는 학생은 정서 · 행동장애를 가질 위험성이 높다. 만일 정서 · 행동장애를 아직 갖고 있지 않지만 교사나 또래 친구에 대한 행동이 주로 부정적이고 적대적일 때에도 정서 · 행동장애를 유발할 가능성이 있다.

또 다른 정서 · 행동장애 아동 및 청소년에 대한 보편적인 오해는 그들이 언제나 문제적 행동을 한다는 것이다(24/7, 즉 '24시간 일주일 내내'). 사람들은 이 장애가 가끔 발생할 수도 있고 굉장히 다양한 경우, 때로는 특정 상황에만 기인한다(즉, 그들에게 특정한 행동을 하도록 요구되는 상황에서만 발현되거나 혹은 집 밖이나 가족에게서 떨어져 있을 때만 발현되는 경우가 있다)는 사실을 이해하지 못한다. 사람들은 종종 그들이 잘 관찰하기만 하면 정서 · 행동장애를 보이지 않는 순간이 있다는 사실을 이해하지 못한다. 또한 많은 사람은 정신적으로 문제가 있는 부모가 자녀에 대해 잘못된 설명을 할 수 있다는 사실을 잘 인식하지 못한다. 그리고 종종 매우 좋은 부모에게서 문제가 있는 자녀가 있을 수 있다는 것을 잘 이해하지 못한다. 정서 · 행동장애 아동들이 항상 문제적 행동을 보일 것이라고 생각하는 것은 발작장애를 가진 사람들이 항상 발작을 할 것이라고 생각하는 것과 마찬가지다. 정서 · 행동장애는 지적장애나 뇌성마비와 같이 지속적으로 발현되는 장애가 아니다.

문제는 어디서부터 시작되는가? 다른 사람을 방해하고 화나게 하고 괴롭히는 행동들에서 시작되는 것인가? 아니면 사회적인 환경이 아동들에게 너무 불편하거나 부적절하여 아동들로 하여금 내성적이 되거나 공격적이 되도록 하는 것인가? 이러한 질문들에 대한 답은 현재까지의 연구 결과로는 완전히 설명되지 않는다. 현재까지의 최선의 답이라 할 수 있는 것은 아동의 행동이나 환경이 어느 것 하나도 단독적인 원인이라고는 볼 수 없다는 것이다. 아동과 사회적 환경 사이의 상호작용의 부적절성이 문제를 야기하게 된다. 그리고 행동과 그에 대한 반응이 모두 문제를 야기하게 한다. 문제는 적절한 행동과 그에 대해 잘못된 반응을 보이는 것뿐만 아니라 제대로 지도되었음에도 불구하고 나타난 바람직하지 못한 행동 등이라고 할 수 있다. 이것은 생태학적 관점, 즉 아동이 처한 환경의 부정적인 측면을 가지고 문제를 해석하는 것이다. 또한 사람들이 흔히 범하는 두 가지 오류가 있다. 첫째, 부적절한 행동을 보이는 아동에게서만 문제가 발견될 것이라는 가정이다. 둘째, 아동의 행동이 문제가 아니라 그 문제를 발생하게 하는 맥락이 문제라는 것이다. 어떤 경우에는 잘못된 행동으로 인해 문제가 발생하고, 어떤 경우에는 잘못된 관리 때문에 문제가 발생한다. 그러나 특수교사가 개입할 경우에는 대개 잘못된 행동과 잘못된 관리 모두가 문제가 된 경우라고 볼 수 있다.

전문용어

극단적인 사회 · 대인관계 혹은 개인 내의 문제를 가진 아동들을 지칭하기 위해 많은 용어가 사용되어 왔다. 예를 들면, 정서장애, 행동장애, 사회적/정서적 장애, 정서적 갈등(emotionally conflicted), 중증 행동장애 등이 있다. 이러한 용어들은 장애를 유형별로 분명하게 나타내지 못한다. 즉, 아동과 청소년의 명확하게 다른 유형을 설명하지 못한다는 것이다. 어떤 경우에는 개인적 선호도에 따라 명칭이 결정되기도 하고 약간 차이가 있는 다른 이론적 기반을 혼동하게도 한다.

중증 정서장애는 연방 특수교육법에서 1997년까지 사용되었던 용어다. 1997년에 **중증**이라는 단어가 빠지게 되었다. 정서장애는 미국 장애인교육법(Individuals with Disabilities Education Act: IDEA)에서 사용되었다. 행동장애는 CCBD(Council for Children with Behavioral Disorderes, 미국 장애인 특수교육협의회의 부서)의 용어와 일치하며, 이러한 아동들의 문제행동을 명확하게 관찰 가능하게 한 것이 장점이다. 많은 기관은 해당 아동들이 정서장애나 행동장애 혹은 이 두 가지를 동시에 가지고 있다는 것을 의미할 수 있는 용어를 선호한다(Cullinan, 2004, 2007; Kauffman & Brigham, 2009; Kauffman & Landrum, 2009b; Landrum, 2011). 30명 이상의 전문가와 시민단체를 대표하는 미국의 국립정신건강 및 특수교육협회(National Mental and Special Education Coalition)는 1990년 연방정부 법규에 정서장애(emotional disturbance)를 대치하는 용어로 정서 · 행동장애(emotional or behavioral disorder)라는 용어를 제의하였다(Forness & Knitzer, 1992).

인터넷 자원

CCBD(The Council for Children with Behavioral Disordes)의 사이트는 http://www.ccbd.net다.

정의

정서 · 행동장애를 정의하는 것은 항상 문제가 있었다. 전문가들은 자유롭게 자신의 전문적 목적에 맞게 개인적으로 정의를 내리려 하였다(Kauffmans & Landrun, 2006, 2009b; Landrum, 2011). 그래서 그 누구도 모든 전문가가 이해하고 받아들일 만한 정의를 내리지 못했다.

정서 · 행동장애를 정의하는 것은 마치 친숙한 경험(예: 화냄, 외로움, 행복감)을 정의하는 것과 같다. 우리는 모두 이러한 경험들이 무엇을 의미하는지에 대한 직관적 파악이 가능하지만 그것을 객관적으로 정의 내리는 것은 어렵다. 정서 · 행동장애를 정의하는 것이 이와 같다고 볼 수 있다. 정신적 건강과 정상적인 행동을 명확하게 정의하는 것은 쉽지 않다. 마찬가지로 정서 · 행동장애를 정의하는 것은 어려운 작업일 수밖에 없다. 개념적 모델—왜 사람이 특정한 행동을 하는가 그리고 우리가 그것에 대해서 무엇을 해야 하는가에 대한 가정 또는 이론들—은 문제가 무엇인지에 대한 상충하는 개념을 제공할 수 있다. 정서 · 행동장애는 다른 장애와 겹치는 부분이 많다. 특히 학습장애와 지적장애와 많이 중복된다. 마지막으로, 각 전문가 그룹은 정서 · 행동장애를 지도하는 서로 다른 이유들을 갖고 있다. 예를 들어, 임상심리학자, 학교심리학자, 사회복지사, 교사, 청소년법 당국은 그들 각자의 고민이 있고 그들만의 용어를 사용한다. 서로 다른 전문가들의 서로 다른 주안점은 정의에 대한 또 다른 차이를 만들어 낸다.

최근의 정의

정서 · 행동장애에 대해서는 다음과 같은 사항에 일반적으로 동의를 한다.

- 중증(extreme) 행동: 일반적 행동에서 완전히 벗어난 행동
- 만성적(chronic) 문제: 쉽게 나아지지 않는 문제
- 사회적 혹은 문화적 기대 때문에 수용이 어려운(unacceptable) 행동

연방정부의 정의   미국 장애인교육법(IDEA)을 이행하는 연방정부의 법규는 정서장애(emotional disturbed)를 다음과 같이 정의한다.

  i. 오랜 시간 지속적으로 그리고 뚜렷한 정도의 다음과 같은 특징을 하나 이상 나타내는 상태로서, 교육적 수행에 부정적인 영향을 주는 상태를 나타내는 용어다.
  A. 지능적, 감각적 혹은 건강 요소에 의해 설명될 수 없는 학습의 무능력

B. 또래 친구 혹은 교사와 만족할 만한 관계를 맺지 못하는 것

C. 일반적인 상황에서 부적절한 행동이나 감정을 드러내는 것

D. 일반적으로 만연하는 우울함, 슬픔; 또는

E. 개인적인 혹은 학교에서의 문제와 관련된 신체적 증상 또는 두려움으로 발전시킬 수 있는 성향

ⅱ. 이 용어는 정신분열증 아동도 포함한다. 정서장애라고 진단되지 않는 한, 사회 부적응 아동은 포함하지 않는다(45 C. F. R. 121a5[b][8][1978]).

이러한 포함 및 불포함 사항(위 ⅱ 참조)은 불필요한 것이다(Bower, 1982; Kauffman & Landrum, 2009b). Bower의 정서장애에 대한 다섯 가지 항목(위 A~E 참조)에서는 정신분열 아동은 포함되어야 하고 사회 부적응 아동은 포함되지 않아야 한다고 정의한다. 더욱이 '교육적 수행에 부정적인 영향을 주는'이라는 내용은 교육적 수행이라는 것의 정의를 명확히 하지 않는다면 장애에 대한 정의를 내리는 것이 불가능해진다. 교육적 수행이란 학습 성취도만을 의미하는 것인가? 그렇다면 위의 행동적 특징들은 나타내지만 학습 수준을 성취한 학생들은 정의 내용에 의해 제외되어야 할 것이다.

이 정의에 대해 가장 많이 논쟁이 되고 비판받고 있는 점은 사회 부적응자이지만 정서장애는 아닌 아동을 제외했다는 것이다. 어떤 주 혹은 지역들은 사회 부적응 장애를 **품행장애**—공격적, 파괴적, 반사회적 행동—로 해석하기 시작했다. 미국심리학회(American Psychologycal Association)와 CCBD는 이러한 정의를 과학적 근거가 없는 관행이라며 비난했다(Kauffman & Ladrum, 2009b; Landrum, 2011).

대안적 정의　미국 국립정신건강 및 특수교육협회는 1990년에 대안적 정의를 제안했다. 협회가 제안한 정의는 다음과 같다.

ⅰ. 정서 · 행동장애라는 용어는 학교에서의 정서적 · 행동적 반응이 정상적 연령대, 문화적인 측면 혹은 민족적 규범과 너무 큰 차이를 보여 그것이 교육적 수행력에 부정적으로 영향을 주는 특징을 가진 장애를 말한다. 교육적 수행력은 학교, 사회, 직장, 개인적인 기술을 포함한다. 이 같은 장애는:

A. 환경 안에서 스트레스를 받았을 때

정서 · 행동장애를 정의하기 위해 객관적인 기준을 정하는 것은 문제가 되기도 한다. 이는 불행함 또는 분노와 같은 감정이 모든 사람에게 익숙하거나 혹은 평범하게 보일 수 있기 때문이다.

일반적으로 나타낼 수 있는 반응보다 더 심각할 때다.

B. 두 개 이상의 환경에서 발현되며, 최소한 한 개의 환경은 학교와 연관된 것이다. 그리고

C. 일반교육의 직접 중재에는 반응이 없거나 아동의 상황이 일반적인 교육의 중재 만으로는 불충분한 상태다.

ii. 정서 · 행동장애는 다른 장애들과 함께 중복되기도 한다.

iii. 이 범주는 정신분열장애, 정서장애, 불안장애, 또는 다른 지속적 행동 혹은 적응장 애가 (i)의 내용과 함께 교육적 수행력에 부정적인 영향을 미칠 때, 이런 장애를 가 진 청소년이나 아동을 포함한다(Forness & Knitzer, 1998, p. 13).

연방정부 정의에 비해 대안적인 정의의 장점은 다음과 같다.

- 현재 전문가들이 선호하는 용어와 낙인을 최소화하는 점을 반영하는 용어를 사용 한다.
- 정서와 행동에 대한 장애를 모두 포함하며 그 둘이 각각 혹은 결합되어 나타날 수 있음을 인식한다.
- 학교 중심이지만 학교 밖에서 나타나는 장애도 중요하다는 점을 인정한다.
- 민족적 그리고 문화적 차이에 민감하다.
- 사소한 혹은 단기적인 문제나 스트레스에 대한 일반적인 반응은 포함하지 않는다.
- 의뢰 전 중재의 중요성을 인정하나 극단적 경우에서의 맹목적인 이행을 요구하지 는 않는다.
- 아동과 청소년은 중복장애를 가질 수 있음을 인정한다.
- 임의적인 배제 없이 정신건강과 특수교육 전문가들이 생각하는 정서 · 행동장애의 전체적인 범위를 포함한다.

분류

연구자들은 행동장애에 대해 두 가지의 지배적이고 광범위한 차원으로 인지하고 있 다. 그것은 외면화와 내면화 행동이다. **외면화 행동**(externalizing behavior)은 다른 사람 을 향해 공격적인 행동을 보이는 것을 포함한다(Furlong, Morrison, & Jimerson, 2004 참 조). **내면화 행동**(internalizing behavior)은 정신적이고 감정적인 갈등, 즉 우울증이나 염 려증을 말한다(Gresham & Kern, 2004 참조). 어떤 연구자들은 보다 구체적인 장애를 찾 았으나 두 가지 기본적 차원 안에 모두 포함될 수 있다.

사람들은 위의 두 차원의 특징적 행동을 모두 나타낼 수 있다. 이 차원들은 상호 배타적인 관계가 아니다. 아동 혹은 청소년은 몇몇의 내면화 행동장애와 관련된 행동(예: 짧은 주의 집중 시간, 주의력 결핍)을 보이면서 몇몇의 외면화 행동장애와 관련된 행동(예: 싸움, 파괴적 행동, 다른 사람을 괴롭히는 행위)을 동시에 보일 수 있다. 실제로 **공존이환**(comorbidity)—한 개인에게 두 개 혹은 그 이상의 증세가 나타나는 것—은 흔한 경우다. 소수의 정서·행동장애인만이 하나의 사회 부적응 행동을 보인다.

전문가들은 정서·행동장애의 외면화와 내면화 범주를 다르게 구분한다. 외면화 행동은 다른 사람에게 폭력적으로 대하는 것, 기물을 파손하는 것 외에도 여타 파괴적인 행동을 뜻한다.

아동들은 문제행동의 심각성 정도가 매우 다양하게 나타날 수 있다. 즉, 어떤 종류의 문제행동이라도 심하게 혹은 더 경한 정도로 발현될 수 있다. 그 범위는 정상적인 것에서 중증 장애까지 다양하다. 예를 들어, 한 개인은 공공연하게 공격적이고 파괴적인 행동과 같은 외면화 행동 문제, 또는 도둑질, 거짓말하기, 방화 등의 은밀한 형태의 반사회적 행동을 보이는 중증 품행장애일 수도 있다. **정신분열증**은 경한 정도가 아닌 중증의 사고장애다. 그들은 자신이 외계인에 의해 통제된다고 생각할 수도 있고 그 이외의 망상이나 환영에 시달릴 수도 있다. 통상적으로 그들의 감정은 실제 상황에는 적합하지 않으며 그들 자신이 만든 세계에 빠져 버리는 경향이 크다.

인터넷 자원

미국정신의학회(American Psychiatric Association: APA)의 진단 및 통계 편람(Diagnostic Statistical Manual: DSM)에서 분류하는 정신의학적 분석을 보려면 http://www.psych.org/dsmv로 가면 된다. 미국정신의학회(APA)의 사이트는 http://www.apa.org/다.

출현율

미국을 포함한 많은 나라의 신뢰할 만한 연구들은 학령기 아동 및 청소년 중 최소한 6~10%가량이 심각하고 지속적인 정서/행동적 문제를 나타내고 있다고 끊임없이 주장해 왔다(Kauffman & Landrum, 2009b; Landrum, 2011). 그러나 미국 학령기 아동의 1%도 안 되는 인원만이 특수교육이 요구되는 장애아동으로 분류되어 있다(U.S. Department of Education, 2008). 또한 아동의 정신건강에 대한 미국 공중위생국 보고서에서는 정서·행동장애 아동의 극소수만이 정신건강 서비스를 받고 있다고 한다(U.S. Department of Health and Human Services, 2001). 최근의 연구 결과는 미국 공중위생국의 보고서를 더욱 뒷받침하고 있다(예: Costello, Foley, & Angold, 2005; Costello, Foley, & Angold, 2006). Costello 등(2005)은 다음과 같이 결론을 내렸다.

인터넷 자원

아동 정신건강에 대한 미국 공중위생국(U.S. Surgeon General)의 2001의 보고서는 http://www.surgeongeneral.gov/topics/cmh에서 볼 수 있다.

실질적으로 기능적으로 손상된 정신질환 장애아동들 중에서 소수만이 치료를 받고 있다고 단언할 수 있다. 정신질환 아동 및 청소년이 효과적인 치료를 받는 것이 매우 드물었을 과거에는 유감스럽게도 이와 같은 내용이 주요한 공중위생 이슈는 아니었다. 비극은 대부분의 정신질환 장애의 발병 원인이 어렸을 때 나타난다는 유력한 증거로 시작되었다. 심지어 어른이 되어 발병하는 장애도 종종 아동기의 어려움에 의해 증가되며, 초기 발병된 장애가 어른이 되어서 다시 나타나는 등의 위험이 있다는 것 역시 문제다. 그러므로 공중위생국이 조기 중재를 지시한 것은 당연한 것이다……. 그러나 현실은 다르다(p. 982).

출현율과 정신건강과 특수교육 서비스 추정치 사이의 차이는 매우 크다(Costello et al., 2006; Kauffman & Landrum, 2009b; Kauffman, Mock, & Simpson, 2007; Kauffman, Simpson, & Mock, 2009). 정서 · 행동장애에 대한 특수교육을 받는 학생들이 나타내는 가장 일반적인 종류의 문제는 외면화 행동—공격성, 과잉행동, 파괴적 행동—이다. 이런 행동은 여자 아동보다는 남자 아동이 5배 정도 혹은 그 이상으로 더 많이 나타낸다. 전체적으로 남자 아동들이 여자 아동들보다는 더 많은 공격성을 나타내는 경향이 있는 반면 여자 아동들의 반사회적 행동이 최근 증가하고 있다는 것은 또 다른 문제다(Coutinho & Oswald, 2011; Furlong et al., 2004; Schaffner, 2006 참조).

품행장애로 알려진 청소년 비행과 반사회적 행동은 그 출현율을 추정하는 데 특별한 문제를 나타낸다. 다양한 종류의 장애를 초래할 조건들은 일반학생들보다 비행청소년들 사이에서 훨씬 많이 나타난다(Nelson, Leone, & Rutherford, 2004; O'Mahony, 2005). 더구나 비행 및 반사회적 행동에 대한 사회 및 경제적 비용은 어마어마하다. 심각한 반사회적 행동을 보이는 학생들은 여러 가지 부정적인 결과들을 초래할 위험이 있을 뿐 아니라 학교의 실패라는 결과를 가져올 위험성이 매우 높다(Kauffman & Landrum, 2009b; Walker et al., 2004).

비행청소년들을 모두 정서 · 행동장애를 가진 것으로 보아야 하는지에 대한 의견은 서로 다르다.

원 인

연구자들은 정서 · 행동장애의 원인을 다음과 같이 네 가지로 제시한다.

① 생물학적 장애와 질병

② 병적인 가족 관계

③ 학교에서의 바람직하지 않은 경험

④ 부정적인 문화적 영향

　대다수의 경우 이 네 가지 요인이 직접적으로 연관되어 있다는 결정적인 실증은 없지만, 몇 개 요인은 아동들이 문제적 행동을 보이는 데 영향을 미쳤을 수 있고, 어떤 것들은 병을 촉발하거나 원인 제공을 했을 수 있다. 즉, 어떤 요소들, 이를테면 유전적인 것과 같은 것들이 행동에 오랜 시간 영향을 미치거나 사회 부적응 반응을 일으킬 가능성을 증가시킨다는 것이다. 다른 요소들(예: 부모가 폭력을 가하는 것을 관찰하는 것)은 부적응 행동에 더 즉각적인 영향을 줄 수 있고 또한 이미 문제행동을 보이는 경향이 있던 사람에게서 사회 부적응을 유발시킬 수 있다.

　모든 이론에서 중요시되는 또 다른 개념은 기여 요인들이 장애 위험성(risk of a

인터넷 자원

정서·행동장애를 포함한 아동 정신건강에 대한 웹사이트는 http://www.mcleanhospital. org에서 찾아볼 수 있다.

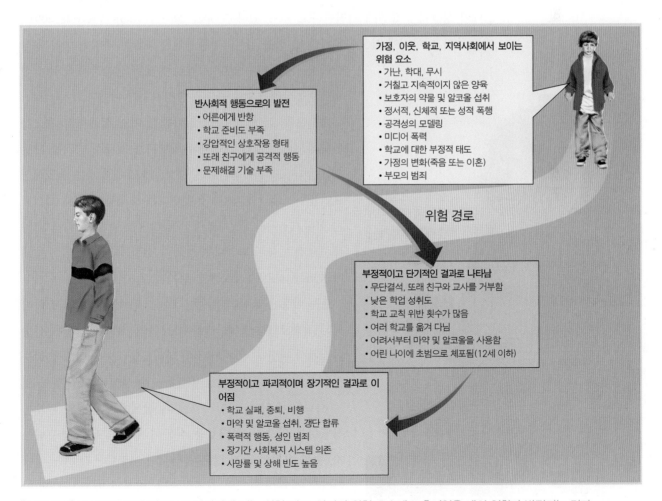

가정, 이웃, 학교, 지역사회에서 보이는 위험 요소
- 가난, 학대, 무시
- 거칠고 지속적이지 않은 양육
- 보호자의 약물 및 알코올 섭취
- 정서적, 신체적 또는 성적 폭행
- 공격성의 모델링
- 미디어 폭력
- 학교에 대한 부정적 태도
- 가정의 변화(죽음 또는 이혼)
- 부모의 범죄

반사회적 행동으로의 발전
- 어른에게 반항
- 학교 준비도 부족
- 강압적인 상호작용 형태
- 또래 친구에게 공격적 행동
- 문제해결 기술 부족

위험 경로

부정적이고 단기적인 결과로 나타남
- 무단결석, 또래 친구와 교사를 거부함
- 낮은 학업 성취도
- 학교 교칙 위반 횟수가 많음
- 여러 학교를 옮겨 다님
- 어려서부터 마약 및 알코올을 사용함
- 어린 나이에 초범으로 체포됨(12세 이하)

부정적이고 파괴적이며 장기적인 결과로 이어짐
- 학교 실패, 중퇴, 비행
- 마약 및 알코올 섭취, 갱단 합류
- 폭력적 행동, 성인 범죄
- 장기간 사회복지 시스템 의존
- 사망률 및 상해 빈도 높음

[그림 8-1] 반사회적 폭력 행동으로 나아가게 되는 위험 경로. 알려진 위험 요소에 노출되었을 때의 영향과 발전되는 결과

출처: Early Identification and intervention for Youth with Antisocial and Violent Behavior by J. Sprague and H. Walker. *Exceptional Children, 66*, p. 371. Copyright © 2000 by the Council of Exceptional Children. 허가 후 게재함.

disorder)을 고조시킬 수 있다는 것이다. 한 개의 요인이 주도적으로 장애를 유발하는 경우는 거의 없다. 보통 여러 가지 요인이 함께 문제를 야기하는 데 영향을 준다. 대부분의 경우, 어떤 특정한 요소가 장애를 야기하였는가에 대해서는 아무도 대답할 자가 없다. 그러나 전문가들은 종종 아동에게서 장애가 생긴 요인—아동에게 장애를 유발할 가능성이 있는 요인을 지닌 상황이나 조건—을 알아내기도 한다(Sprague & Walker, 2000). [그림 8-1]은 아동이나 청소년에게 반사회적이거나 폭력적인 행동(주로 품행장애라고 불리는)을 유발할 위험 요소들이 어떻게 축적되는지를 보여 준다. 폭력적 행동은 청소년들에게 가장 흔하고 문제가 되는 정서 · 행동장애 중 하나다(Kazdin, 2008 참조).

생물학적 요인

정서와 행동은 유전적 · 신경적 · 생화학적 요인 혹은 이 모든 것이 복합적으로 영향을 줄 수 있다. 물론 몸과 행동이 서로 연관되어 있으므로 이는 어떤 종류의 정서 · 행동장애가 생물학적 요인에 기인한다고 볼 수 있다(Cooper, 2005; Forness & Kavale, 2001). 예를 들어, 태아기에 알코올에 노출될 경우 정서 · 행동장애를 포함한 다양한 종류의 장애에 영향을 줄 수 있다. 그러나 특정한 생물학적 요인이 정서 · 행동장애를 유발한다고 증명하기는 어렵다.

대부분의 정서 · 행동장애 아동은 어떤 생물학적 요소가 단독적으로 그들의 장애를 유발했다는 실제적 증거를 보일 수는 없다. 그러나 심각한 중증장애 아동들에게는 생물학적 요인들이 그들의 장애를 유발했다는 증거들이 종종 제시되곤 한다. 더구나 정서 · 행동장애 학생들 중 많은 학생이 약물치료가 도움이 되었다는 증거가 점점 증가하고 있는 추세다(Konopasek & Forness, 2004).

모든 아동은 행동적 특성이나 기질 등이 생물학적으로 결정된 상태로 태어난다. 물론 아동들의 태생적 기질은 성장 과정에서 변할 수 있지만 소위 까다로운 기질이라고 불리는 경우에 정서 · 행동장애로 발전될 가능성이 많다고 믿고 있는 사람들이 있다. 그러나 기질과 장애에 일대일의 관계는 성립하지 않는다. 까다로운 아동이 좋은 교육을 받는다든지, 순한 아동이 좋지 않은 환경에서 자란다든지 하는 것에 따라서 결과는 그들의 원초적 행동 방식과 매우 다르게 나타날 수 있다(Keogh, 2003). 기질(예: 질병, 영양실조, 뇌손상) 이외의 다른 생물학적 요소들이 정서 · 행동 문제를 유발하

약물 남용은 정서 · 행동장애 문제를 야기할 수 있다. 그러나 이것이 언제 어떻게 직접적으로 원인을 제공했는지 판단하기는 어렵다.

는 데 영향을 줄 수 있다. 약물 남용 역시 정서·행동을 유발할 수 있다. 아주 드문 경우를 제외하고는 이러한 요소들이 정서·행동의 직접적인 원인이 된다고 단정하기는 어렵다(Kauffman & Landrum, 2009b; Landrum, 2011 참조).

정서·행동장애는 생물학적이든 아니든, 근본적으로 사회적 현상이다. 정서·행동장애의 원인이 전적으로 생물학적이거나 심리학적인 것은 아니다. 생물학적 장애가 한번 나타나면 거의 대부분 정서 또는 행동 장애의 요인이 되는 심리학적 문제가 생긴다(Forness & Beard, 2007; Konopasek & Forness, 2004). 약물치료가 많은 도움이 될 수 있으나 유일한 중재 방법이라고 할 수 없다. 장애의 심리적·사회적 면에서 설명되어야 한다.

가족력 요인

중증 정서·행동장애에서도 부모의 영향에 의해 아동이 장애를 갖게 되었다는 확실하고 신뢰 가능한 연구 결과는 거의 없다(Kauffman & Landrum, 2009b; Landrum, 2011). 매우 모범적인 부모들에게 중증의 정서·행동장애 자녀가 있을 수도 있고, 무능하고 태만하거나 폭력적인 부모들에게 이렇다 할 정서·행동장애를 보이지 않는 아동이 있을수도 있다. 부모의 양육과 정서·행동장애의 관계는 그리 간단하지 않다. 그러나 부모의 특정한 습관이 다른 요인보다 더 영향을 미친다.

교사들은 정서·행동장애 청소년의 부모들 대부분이 자녀가 보다 적절하게 행동하길 원하고 자녀들을 돕기 위해 무엇이든 지원할 수 있다는 것을 알아야 한다. 이러한 부모들은 굉장히 힘겨운 가족 상황을 헤쳐 나가는 것에 대해 사람들의 지지와 도움—비난이나 비판이 아닌—을 필요로 한다. 국립 어린이 정신건강을 위한 가족 연맹(National Federation of Families for Children's Mental Health)이 지지와 원조를 위해 1989년에 설립되었다. 또한 부모들은 서로에게 추가적인 원조를 제공하기 위해 여타 많은 지역 단체를 통해 조직적인 움직임을 만들어 가고 있다.

학교 요인

어떤 아동들은 입학 시기에 이미 정서·행동장애를 갖고 있다. 어떤 학생들은 학교를 다니는 도중에 정서·행동장애를 갖게 되기도 하는데, 이는 교실에서의 부적절한 경험에 의한 것이라고 예측 가능하다.

입학 시기에 정서·행동장애 학생들은 그들이 교실에서 어떻게 생활했는지에 따라서 증상이 좋아질 수도 있고 악화될 수도 있다(Furlong, Morrison, & Fisher, 2005; Kauffman & Landrum, 2009b; Landrum, 2011; Walker et al., 2004). 학교에서의 경험은 의심할 바 없이 학생에게 매우 중요한 것이다. 그러나 생물학적 요인, 부모 요인과 같은 경우도 학교

인터넷 자원

교육권리를 위한 부모옹호단체(Parent Advocacy Coalition for Educational Rights: PACER) 센터의 홈페이지는 http://www.pacer.org다.
국립 어린이 정신건강을 위한 가족 연맹(National Federation of Families for Children's Mental Health) 사이트는 http://www.ffcmh.org다.

문제행동을 보이는 아동은 부정적인 상호작용에 빠지게 되어 교사와 또래 친구와의 관계에서 문제가 더욱 악화될 수 있는 위험이 있다.

에서의 경험들이 학생의 장애 행동과 어떻게 연관이 되는지를 밝히기가 쉽지 않다.

매우 위험한 경우는 문제행동을 보이는 학생이 또래 친구 또는 선생님과의 부적절한 관계에서 서로 괴롭히는 관계로 악화되면서 부정적인 상호작용에 휘말릴 수 있다. 교사가 학생의 장애 행동에 어떻게 기여할 수 있는지를 고려해 본다면, 교사는 그들 자신의 학업 교수 방법, 기대, 행동 지원 접근 방향에 대해 스스로 고민해 보아야 한다. 교사는 학생에게 영향을 주지 않았던 부분에 대한 책임을 자신에게 돌려서는 안 된다. 그러나 동시에 교사는 자신이 학생의 잘못된 행동에 영향을 주었던 모든 요소를 제거하는 것이 중요하다(Kauffman & Brigham, 2009; Kauffman & Landrum, 2009b, Kauffman, Pullen, Mostert, & Trent, 2011 참조)

인터넷 자원

교실 행동 관리에 대한 조언과 전략들을 인터넷상에서 찾아볼 수 있다. 그중 일부는 철학을 기반으로 한 의견만을 제공하는 반면 신뢰 가능한 연구 결과에 의한 제안을 제공하기도 한다. 다음은 논리적인 제안을 하고 있는 사이트들이다. 교육, 장애, 청소년 사법을 위한 국립센터(National Center on Education, Disability and Juvenile Justice)는 http://www.edjj.org에서 확인할 수 있다. The Oregon Social Learning Center는 http://www.oslc.org에서 확인 가능하다. 긍정적 행동 중재와 지원을 위한 보조공학센터(Technical Assistance Center on Positive Behavioral Interventions and Support)는 http://www.pbis.org에서 확인할 수 있다.

문화적 요인

아동들, 그들의 가족, 학교는 문화에 뿌리를 두고 있으며, 문화는 아동들에게 영향을 끼친다(Anastasiou, Gardner, & Michail, 2011; Walker et al., 2004 참조). 가족과 학교 이외에 많은 환경적 요소가 아동들에 대한 성인의 기대와 아동들 스스로 자신에게 그리고 자신의 또래 친구에 대한 기대에 영향을 준다. 성인은 아동들과 소통할 때에 다양한 문화적 요소, 요구, 금지, 모델들을 통해 가치와 행동의 기준을 삼는다. 어떤 특정한 문화의 영향을 생각해 보자. 미디어에 나오는 폭력의 수준(특히 텔레비전이나 영화에서), 강제적인 수단인 테러, 유흥 목적의 마약 사용과 마약 남용의 정도, 성문화에 대한 변화, 종교 요구 사항과 금지 사항, 핵 관련 사고, 테러, 전쟁의 위험 등이 있다. 또래 친구는 또 다른 매우 중요한 문화적 영향의 원천이다. 특히 아동이 초등학교 고학년으로 올라갈수록 더욱 그렇다(T. W. Farmer, 2000; T. W. Farmer et al., 2001).

판 별

행동장애를 판별하는 것은 이를 정의하고 그 종류와 원인을 분류하는 것보다는 훨썬 쉬운 작업이다. 대부분의 정서·행동장애 학생들은 교사의 눈에 띄게 마련이다. 때때로 이 학생들이 아무도 괴롭히지 않아 눈에 띄지 않을 때도 있지만, 경험 있는 교사들은 어떤 학생이 도움을 필요로 하는지를 쉽게 판별할 수 있다. 교사는 가끔 정서·행동장애 학생의 장점을 평가하지 못할 수 있다. 학생의 취약점 혹은 장애뿐만 아니라 학생의 정서·행동 요소들을 진단·평가하는 것이 중요하다(Epstein & Sharma, 1997; Jones, Dohrn, & Dunn, 2004).

정서·행동장애의 가장 흔한 형태는 즉각적으로 주의를 집중시켜 겉으로 드러나는 특성인 품행장애이므로 장애를 인지하는 것은 사실상 그리 큰 문제는 아니다. 내면화 장애를 가진 학생은 판별하기에 쉽지 않을 수 있으나 장애를 인지하는 것은 그다지 어렵지 않다. 정서·행동장애 학생들은 학교 교직원들에게 너무 쉽게 인지되므로 대부분의 학교에서는 굳이 체계적인 선별 과정을 거치지 않는다. 또한 정서·행동장애 학생을 위한 특수 서비스의 유효성도 현저히 떨어진다. 유효한 치료 서비스가 제공되지 않는다면 문제행동을 선별하는 것은 사실상 별 의미가 없다. 정신분열증 아동들이 정상적인 아동으로 보이는 경우는 매우 드물다. 그들의 비정상적인 언어, 매너, 다른 사람과 어울리는 방식 등은 부모나 교사, 많은 일상적인 주변인에 의해 발견된다. 정신분열증을 앓는 아동은 정서·행동장애 아동들 가운데 매우 적은 비율을 차지하며, 그들의 증상을 알아보는 것은 매우 쉽다. 그러나 처음에는 다른 장애로 오인되기도 하는데, 예를 들면 주의력결핍 과잉행동장애, 우울증과 같은 장애로 잘못 판단되었다가 나중에 정신분열증 판정을 받는 경우가 많다.

그럼에도 불구하고 교사들이 학생이 정서·행동장애를 보이는지에 대해 어떤 의문도 가지고 있지 않다고 결론지어서는 안 된다. 어리면 어릴수록 아동의 행동이 정서·행동장애의 심각한 문제를 나타내는지 판단하는 것이 어렵다. 그리고 어떤 경우에는 교사가 학생의 정서·행동장애를 민감하게 알아채지 못하거나 더 심각한 행동을 보이는 학생들이 있는 환경 속에 묻혀 장애가 드러나지 않기도 한다. 특히 문화적 편견은 교사가 학생을 잘못 판단하게 할 수도 있고, 장애학생을 발견하지 못하게 할 수도 있다. 때로는 민감하고 편견이 없는 교사들조차 학생의 장애를 판단하는 데 실수를 범하곤 한다. 또한 정서·행동장애 학생들이 학교에서는 그 문제를 드러내지 않기도 한다는 점을 명심해야 한다.

정서·행동장애 아동을 판별하는 데 있어서 교사의 판단은 대개 신뢰성 있고 경제적인 측면에서 효율성 있는 방법이다.

교사의 중재 계획을 목적으로 하는 이전 선별과 정확한 초기 판별은 앞서 거론된 정의의 문제 때문에 복잡해졌다(Lane, Kalberg, & Menzies, 2009 참조). 그러나 일반적으로 교사의 비공식적 판단은 정서 · 행동장애를 알아내는 타당하고 유효하며 신뢰성 있는 검사 수단으로서의 역할을 해 왔다(심리학자나 정신과 의사와 비교해 보았을 때). 보다 공식적인 검사 절차가 사용되었을 때, 아동 행동에 대한 교사의 판별은 비교적 정확했다(Walker, Ramsey, & Gresham, 2003-2004a; Walker et al., 2004).

심리 및 행동적 특성

정서 · 행동장애 아동과 청소년들의 특성을 묘사하는 것은 해당 특성이 매우 다양하다는 측면에서 어려운 작업이다. 개인별로 지적 능력, 성취도, 생활환경, 정서적 · 행동적 특성에서 현저하게 차이를 보인다(Kauffman & Brigham, 2009).

지적 능력과 성취도

정서 · 행동장애 아동과 청소년들이 특별히 지적 능력이 뛰어나다는 의견은 근거가 없는 것이다. 연구 결과에 의하면, 평균적으로 정서 · 행동장애 아동들의 IQ가 일반지수보다 약간 떨어지며(dull-normal range, 90 정도) 평균 이상의 범주에 속하는 경우는 거의 드물다. 일반지능을 범주와 비교할 때 정서 · 행동장애 아동들은 학습 부진이나 경도 지적장애를 나타낸다. Kauffman과 Landrum(2009b)은 정서 · 행동장애에 대한 지적 능력 연구 결과를 토대로 [그림 8-2]와 같은 지적 능력 분포도를 만들었다.

한 집단의 아동들의 지적 능력 특성 분포를 IQ 검사를 통해 분석하는 것은 위험한 일이다. IQ 검사라는 것 자체가 '지적 능력'을 판단하는 완벽한 도구일 수 없으며, 정서 · 행동장애 자체가 학생들이 최대한으로 능력을 발휘하는 데 방해가 될 수 있다. 그럼에도 불구하고 IQ 정상 이하에 속하는 학생들은 다른 학생들이 잘 수행하는 과업들을 수행하는 능력이 떨어짐을 보여 준다. 또한 낮은 점수는 다른 분야의 기능에 있어 결여된 점이 있다는 것과 연관되어 있다(즉, 학업 성취도와 사회적 기능). IQ는 학생이 학업적 · 사회적으로 얼마나 성장할 것인가를 예측하는 상대적으로 좋은 척도이며, 중증 장애의 경우에도 마찬가지로 적용된다.

표준화 검사에 따르면 대부분의 정서 · 행동장애 학생은 또한 학교에서 학습 부진 아동이다. 정서 · 행동장애 학생들은 정신연령에 적합한 성취력을 보이지 못한다. 상위 수준의 학습 능력을 보이는 학생은 거의 없다. 중증 장애 학생은 기본적인 읽기 능력과 수학 능력이 떨어지며, 읽기와 수학이 가능할지라도 그것을 일상생활에서 적용하지 못한다(Kauffman & Landrum, 2009b; Lane & Menzies, 2010).

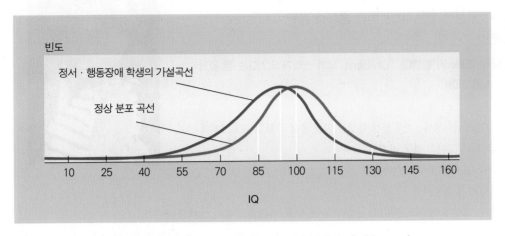

[그림 8-2] 정서·행동장애 학생의 가설적 빈도분포도와 정상 학생의 빈도분포도 비교

출처: *Characteristics of Emotional and Behavioral Disorders of Children and Youth* (9th ed.), by J. M. Kauffman and T.J. Landrum. Copyright ⓒ 2009 by Pearson Education, Inc. Merrill/Pearson의 허가 후 게재함.

사회적 · 정서적 특징

앞에서 우리는 행동 평정(rating) 분석에 기반을 둔 두 가지 행동장애의 종류, 즉 외면화군/내면화군에 대해 살펴보았다. 외면화군은 공격적이고 과잉행동으로 특징지을 수 있고, 내면화군은 두려움, 내성적 행동, 우울증으로 특징지을 수 있다. 여기서는 이 두 가지 행동군에 집중하여 살펴보기로 한다.

경우에 따라서 학생이 시간에 따라 공격적 성향과 내향적 성향 및 우울증을 동시에 보일 수 있다. 정서·행동장애 학생들은 다양한 문제를 갖고 있다. 이 장의 시작 부분에서 대부분의 정서·행동장애 학생이 모두 같은 행동을 보이지 않는다는 것과 그들이 모두 비행청소년은 아니라는 것에 대해 서술하였다. 일반 초·중등학교 학생들의 사회적 위치에 대한 연구에 따르면, 정서·행동장애 학생들은 사회적으로 거부당한 학생일 수 있다. 또래 친구로부터의 거부가 조기에 시작되거나 혹은 공격적 행동에 노출되는 경우, 후에 사회·정서적 문제를 갖게 될 위험이 커진다. 거절감을 느낀 적은 없지만 공격 성향을 보이는 학생들 중 많은 학생이 주로 주변의 공격적 성향을 가진 이들과 접촉이 있었다(T. W. Farmer, 2000, T. W. Farmer, Farmer, & Gut, 1999, 2001). 정서·행동장애와 의사소통장애의 관계는 점점 명료해지고 있다(Rogers-Adkinson & Griffith, 1999). 많은 정서·행동장애 아동과 청소년은 사회적 상황에서 언어 사용 방법과 이해력에 어려움을 겪는다. 다음 〈성공 스토리〉의 주인공인 정서·행동장애 중학생 Christina는 언어를 이해하는 데 큰 어려움을 겪었다. 교사는 Christina의 사회성을 향상하기 위해 긍정적 행동지원과 어휘력 발달에 집중하였다.

★ 성공 스토리

사회적 기술 교수, 긍정적 행동지원, 학습 중재를 통한 Christina의 중학교 성공 스토리

교장 선생님인 Teresa Zutter가 말했다. "Christina, 네가 스타가 되었다는 걸 알려 주려고 널 교장실에 부른 거야!"

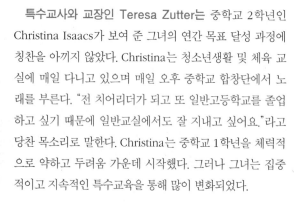

14세인 Christina Isaacs는 정서 · 행동장애 학생을 위한 공립 중학교 프로그램에 참석한다. 다음의 항목들이 그녀의 성공 비결이다.

★ 사회성 기술 및 학습 분야의 집중교수
★ 지속적인 긍정적 행동지원
★ 학습 성취도, 성인에 대한 의존도 감소, 친구 관계 구축, 자존감 상승에 대한 특별중재

특수교사와 교장인 Teresa Zutter는 중학교 2학년인 Christina Isaacs가 보여 준 그녀의 연간 목표 달성 과정에 칭찬을 아끼지 않았다. Christina는 청소년생활 및 체육 교실에 매일 다니고 있으며 매일 오후 중학교 합창단에서 노래를 부른다. "전 치어리더가 되고 또 일반고등학교를 졸업하고 싶기 때문에 일반교실에서도 잘 지내고 싶어요."라고 당찬 목소리로 말한다. Christina는 중학교 1학년을 체력적으로 약하고 두려움 가운데 시작했다. 그러나 그녀는 집중적이고 지속적인 특수교육을 통해 많이 변화되었다.

★ 집중교수: 사회성 기술과 학습

헌던(Herndon) 센터는 정서 · 행동장애를 가진 중학교 1~2학년 학생 60명을 교육하는 곳이다. 집중적인 관심을 필요로 하는 학생들이었고, 프로그램은 학생과 교사의 비율을 최소화하였다. 센터에는 Zutter 교장을 포함하여 13명의 교사와 심리학자, 사회복지사, 생활지도사, 건강인식 모니터 요원, 갈등해결 교사가 있다. 매주 직원 모임을 통해 학생들의 필요를 파악하고 교사들을 위한 연수를 개최하며 직원들이 문제 현안에 대해 토의할 수 있는 환경을 제공한다. "우리 스태프들은 매우 활기찹니다. 우리는 많이 웃고 서로를 많이 아낍니다."라고 Zutter 교장은 말한다.

각 교실은 주 사무실과 핫라인으로 연결되어 있다. 카펫이 깔린 조용한 방은 화난 학생들에게 휴식 공간이 된다. Zutter 교장은 학부모와 긴밀하게 협력하면서 부모의 잘못된 행동을 경고하고 때로는 그들의 자녀를 집으로 데려가라고 전화를 하기도 한다. 규칙과 방침들은 학생, 교사, 가족모두에게 명료하게 지시된다. 신뢰를 얻는 것이 매우 중요한 것이다. Zutter 교장은 "학생들에게는 개별화와 구조화가 절대적으로 필요합니다."라고 말한다. "우리는 언제든지 학생들에게 가서 도움을 주고 대화할 준비가 되어 있는 사

인터넷 자원

청소년의 폭력행동 예방에 대한 정보는 http://www.vida-health.com/node/127에서 확인할 수 있다. 보다 일반적인 사이트부터 시작하고 싶다면 http://www.vida-health.com 을 먼저 확인하라. ■ ■ ■

공격적이고 과잉행동(외면화군) 우리가 앞서 보았던 것처럼, 품행장애는 정서 · 행동장애 학생들에게 나타나는 가장 흔한 문제라고 할 수 있다. 남을 때리는 행위, 싸움 걸기, 괴롭히기, 소리 지르기, 요구에 저항하기, 울기, 파괴적 행동 보이기, 기물 파손하기, 강탈하기와 같은 행동을 자주 보인다면 그 아동/청소년은 '장애가 있는(disturbed)'이라고 분류될 수 있다. 정상 아동도 울고 소리 지르고 때리고 싸우고 부정적이고 하는 등 정서 · 행동장애 아동들이 보이는 행동들을 보일 수는 있지만, 그 경우가 잦지 않으며 그렇게 충동적이지도 않다. 우리가 여기서 다루는 행동군의 학생들은 어른들로 하여금 정신을 잃도록 만든다. 이러한 학생들은 또래 친구 사이에서 인기 있는 학생이 되지 못한다. 그들은 전형적으로 그들을 걱정하고 도와주려는 어른들의 좋은 의도를 긍정적으로 받아들이지 않고 또한 빠르게 반응하지도 않는다.

람들입니다. 따라서 학생들이 소통하기 위해 폭력을 사용하지 않아도 됩니다."라고 말한다.

★ 지속적인 긍정적 행동지원: 스트레스와 맞서다

이 센터의 교육 모델은 학생들이 긍정적 강화를 즐긴다고 가정한다. 비신체적 처벌(nonphysical punishment)이 가끔 사용되지만 꼭 필요한 정도까지만 사용되며, 학생들은 그들의 불안감을 다스리는 메커니즘을 배운다. "스트레스를 받은 소녀와 소년들의 기분이 좋아지게 할 수 있습니다"라고 Zutter 교장은 말한다. "그들은 당분간은 정서장애뿐 아니라 고질적인 문제행동도 가지고 있습니다. 그것은 일생의 투쟁이지요. 그들은 중재, 스트레스를 다루는 법을 배우지 않고서는 좋아질 수 없습니다."

Christina의 사례가 좋은 예일 것이다. 그녀는 중학교 1학년을 시작했을 때 현실감이 부족했고, 틈만 나면 거울에 비치는 그녀의 모습을 바라보기 일쑤였으며, 환상에 젖어들곤 했다. 그녀는 사회성이 떨어져서 다양한 상황에서 행동하는 방법을 배워야만 했다. 그녀는 자신만의 생각에 갇혀 있을 때 짜증을 내거나 싸움을 걸었으며, 그런 행동이 사람들과의 관계에 미칠 영향에 대해서는 생각하지 못했다. 그녀는 또한 반항하는 성향을 드러냈다.

Christina는 조심스럽게 힘든 상황에 맞서거나 다른 학생들 앞에서 당황하지 않는 한에서 대체로 교정을 받아들였다. 그녀는 자신의 외모와 음악적 재능에 자부심을 가지고 있었다. 그녀는 사회적으로 모든 사람의 친구가 되려고 했으나, 친구들은 그녀의 변덕스럽고 공격적인 행동을 여전히 두려워했다. "Christina는 다른 사람이 하는 말에 지나치게 민감한 반응을 보였고, 그것이 그녀와 관련된 것이든 그렇지 않든 개의치 않았어요."라고 Christina의 엄마는 말했다. 화가 나면 비속어를 쓰고 물리적 위협을 가하곤 했다. 올해 Christina는 몇 명의 여자친구와 안정적이고 소중한 관계를 맺는데 성공했다.

★ 구체적 중재: 어휘 발달, 향상된 성인의 관심, 숙제 조정

Christina는 거의 모든 과목이 평균 이하인 상태에서 중학교 1학년을 시작했다. 그녀는 단어를 읽을 수 있었지만 내용을 이해하지 못했다. 그리고 자신의 생각을 정리할 줄 몰랐다. 반복된 확인(reassurance)과 많은 도움을 통해 연말에는 모든 과목에서 평균 정도의 성적을 거두는 성과가 있었다. 언어치료는 어휘 발달을 도와주었고, 수수께끼나 농담 등에 쓰이는 다의적 단어들도 사용할 수 있게 해 주었다. 추가적 성인의 관심과 교실 활동에서 더 많은 시간을 들이는 것, 과제의 양을 줄이는 것, 또래 친구의 도움, 지시 사항을 여러 번 이야기해 주는 것 등의 수정 사항이 포함되었다. Christina는 몽상가였지만 그녀가 도움을 받을 때만큼은 자신의 일에 열심히 집중하려고 노력했다. 그녀는 이제 자신의 일의 성취도에 대해 걱정하는 성실한 학생이 되었다. "Christina는 언제나 어려움에 부딪힐 겁니다. 그러나 그녀를 도와준다면 그녀는 자신의 환상 세계에서 서서히 벗어날 것입니다. 우리는 그녀가 자기 자신을 소중히 여길 줄 알며 현실 감각이 있는 학생이 되기를 바랍니다."라고 Zutter 교장은 말한다.

• Jean B. Crokett

공격성은 많은 관점에서 분석되었다. 실증 연구에서 가장 지지를 많이 받고 있는 분석은 사회학습 이론들과 행동심리학자들의 연구다(Colvin, 2004; Walker et al., 2004). 그들의 연구는 예측된 공격성의 결과를 기반으로 하여 아동의 경험과 동기를 다룬다. 간략히 말해, 이러한 연구자들은 공격성을 학습된 행동이라고 보며 공격성을 배우는 환경을 판별하는 것이 가능하다고 가정한다.

아동들은 부모나 형제, 친구, TV나 영화에 나오는 인물들을 관찰하는 과정에서 많은 부분 폭력적인 행동을 학습하게 된다. 사회적 지위가 높은 사람이 보이는 공격적 행동이라든지, 공격적 행동으로 인해 벌을 받지 않고 오히려 보상을 받는 모습의 경우, 아동들이 이를 모방할 가능성이 커진다. 특히 어떠한 좋지 못한 결과도 경험하지 않았거나 누군가를 희생시킴으로써 보상을 받은 경우가 있다면 이와 같은 현상은 더 심해진다.

빈번한 부정적 충돌로 공격적이고 충동적으로 행동하는 아동들은 주로 다른 또래 친구들이 좋아하지 않는다.

만약 학생이 불쾌한 상황에 처하고 그로부터 벗어나지 못하거나 공격성을 제외한 보상을 받는다면 그 학생은 공격성을 나타낼 가능성이 크다. 그리고 이것이 다른 사람에 의해 용인되거나 강요된 것이라면 더욱 그렇다. 공격성은 외부적 보상(사회적 지위, 권력, 희생의 고통, 원하는 물건을 얻는 것)에 의해 유발된다. 그리고 다양한 보상(공격적 행동으로 인해 원하는 결과를 얻는 누군가를 본 경우)과 자기강화(스스로를 축하하거나 혹은 자기 이미지의 강화) 등에 의해 유발된다. 만일 아동이 자신의 마음속에서 공격성을 정당화할 수 있다면(타인의 행동과의 비교를 통해 혹은 피해자를 비인간화함을 통해), 그들은 공격적 성향을 나타낼 가능성이 크다. 처벌은 어떤 상황에서는 공격성을 더 강화시킬 수 있다. 예를 들면, 처벌이 지속적이지 않거나 지연된 경우, 처벌받은 행동에 대한 다른 긍정적인 대안이 없는 경우, 자신을 처벌한 사람에게 반항한 것이 성공한 것처럼 보였을 경우다.

공격적인 성향의 아동이 공격성을 줄이도록 가르치는 것은 단순한 문제가 아니다. 그러나 사회학습 이론과 행동 연구는 몇몇의 일반적 지침을 제공한다. 일반적으로 아동이 공격성을 자유롭게 나타내도록 내버려 두는 것이 현명하다는 인식은 연구 결과 잘못된 것으로 나타나고 있다. 가장 도움이 되는 기술은 공격성을 일으키는 상황에서 공격적이지 않은 예가 되는 반응 행동을 보여 주는 것인데, 이 과정에서 아동이 비공격적인 역할극을 하게 하거나 리허설을 하도록 도와주고 비공격적 행동을 강화해 주며, 공격성에 대해 아동이 긍정적 결과를 얻지 못하도록 막고 공격성에 대한 처벌을 할 때 최대한 비공격적인 반응으로 하는 것이 좋다(때리거나 소리 지르는 것이 아닌 타임아웃을 히거나 짧은 혼자만의 시간을 주는 것; Colvin, 2004; Kauffman et al., 2011; Walker et al., 2003-2004b, 2004). 다음의 〈반응적 교수〉에는 공격성과 괴롭히는 행동을 감소시키기 위한 학교에서의 전략에 대한 설명이 제시되어 있다.

아동의 공격성과 과잉행동의 심각성은 과소평가되어서는 안 된다. 이런 아동이 지속적으로 문제를 일으키더라도 그들이 소극적이고 내향적인 아동만큼 심각한 장애는 아니라는 인식이 오랫동안 있었다. 이러한 인식은 연구 결과에 의해 깨지게 되었다. 아동기에 학교에서의 실패, 공격성, 반사회적 행동이 복합적으로 나타날 때 이는 사회 적응과 정신건강의 측면에서 암울한 미래를 예견하게 된다. 특히 남자 아동의 경우 더욱 그렇다. 품행장애와 비행 행위가 학교 실패와 상호 연관이 높다는 것을 고려할 때, 과잉행동과 학교에서 성취 미달을 보이는 아동의 요구를 적절하게 지원해 주는 것이 중요하다

정서 · 행동장애 학습자의 요구에 따른

반응적 교수

학교에서의 따돌림을 감소시키는 접근법

따돌림 이해하기

최근 학교에서 따돌림에 직간접적으로 연관된 비극은 관계자들과 교사, 학생들의 학교 따돌림 문제에 대한 관심을 증가시켰다. 연구자들이 추천하는 한 프로그램은 따돌리는 가해자 학생이 적절한 행동을 배우도록 도와주고 피해자 학생은 따돌림에 대응하는 자세를 알려 주는 주요 인물을 배치할 것을 강조한다. 관련된 모든 사람을 포함하여 이 프로그램은 몇 가지 시점의 중요성에 대해 언급한다(Garrity, Jens, Porter, Sager, & Short-Camili, 1996, 2000).

따돌림 감소를 위한 종합적 접근

Garrity와 동료들의 프로그램은 학생의 가족뿐 아니라 모든 학교의 관계자(학생, 교사, 행정 관련자, 직원)를 포함시킨다. 직원들은 반응 과정에 대한 훈련을 받고 그들의 교실에서 프로그램을 적용한다. 이 방법의 요약 내용은 다음과 같다.

누가 포함되어야 하나

① 교사들과 다른 직원들: 학교의 모든 직원은 기본 절차에 대해 알고 있어야 하며 이를 실행에 옮길 준비가 되어 있어야 한다. 가해학생과 피해학생 모두 교사와 직원들이 사건에 대해 반응을 보일 것이라는 것을 반드시 알고 있어야 한다.

② 보살펴 주는 대다수의 학생: 이 학생들은 따돌리는 쪽도 따돌림을 당하는 쪽도 아니어야 한다. 그들은 따돌리는 상황을 인지하고 있지만 때때로 어떻게 반응하여야 할지 모른다.

③ 따돌리는 학생들: 가해자들은 그들의 공격성을 중지하고 그들의 욕구를 보다 친사회적 방향으로 돌리는 방법들에 대해 배워야 한다.

④ 피해학생들: 피해학생은 보호와 도움을 받아야 한다. 그러나 동시에 내 · 외부적 도움을 찾는 데 꼭 필요한 사람들과의 상호작용 기술을 배울 필요가 있다.

⑤ 부모들: 부모는 학교의 정책과 규정에 대해 인지하고 있어야 한다. 이에 대한 정보를 미리 알고 있는 부모는 자녀를 학교에 보낼 때 보다 안심할 수 있으며 아동이 따돌림의 가해자 혹은 피해자가 되었을 때의 대응 방법들에 대해 알고 있게 된다.

무엇이 포함되는가

① 직원교육: 모든 학교 직원은 교육에 포함되어야 한다. 여기서 직원에는 버스기사, 방과후학교 직원들, 미디어 전문가, 기타 직원 등 모두가 포함된다. 교육을 받는 동안 직원들은 따돌림의 다양한 징후에 대해 배운다(예: 물리적 공격, 이름을 부르는 행위, 나쁜 소문 내기, 겁주는 전화, 언어적 위협, 구석진 곳으로 몰아가는 행위 등). 가해학생 혹은 피해학생을 다루는 방법, 갈등을 해결하는 법에 대한 역할극, 특히 가해학생에게 확고하고 간단명료하게 말하는 법, 따돌림을 반대하는 상황을 만들어 내는 것, 예를 들어 따돌림과 피해자의 이야기를 다룬 문학도서를 다룬다든지 혹은 비슷한 주제의 예술작품을 다룬다든지, 따돌림 사건을 다루는 종합적 학교 계획을 개발하는 것 등.

② 교실 중재: 교사들은 학생들이 따돌림을 추방하는 규율, 따돌림에 대응하는 방법, 따돌림을 목격했을 때의 대응 절차를 교육하여야 한다.

다음의 규율, 전략, 단계들은 Garrity와 동료들(1996, 2000)이 제안한 것이다.

a. 교실에서의 따돌림을 추방하는 규율
　i. 우리는 친구를 따돌리지 않는다.
　ii. 우리는 따돌림을 당하는 학생을 돕는다. 이를 위해 큰 소리로 외치거나 어른의 도움을 요청한다.
　iii. 우리는 학교의 모든 학생의 노력을 합쳐 따돌림을 막는다.

b. 내가 따돌림을 당할 경우 무엇을 할 수 있는가
　i. HA = Help and assert, 도움과 자기주장
　ii. HA = Humor and avoid, 유머와 피하기
　iii. SO = Self talk and own it, 스스로 이야기하고 내가 해결하기

c. 따돌림을 목격하였을 때 내가 해야 할 행동
　i. 창의적으로 문제 해결하기
　ii. 어른의 도움 요청하기
　iii. 상황에 개입하기
　iv. 공감하기

마지막으로, Garrity와 동료들은 피해학생들이 힘을 얻을 수 있는 다음의 전략들을 제안하였다. ① 친구 사귀는 기술의 다양한 방법 알려 주기, ② 자존감이 친구 관계에 미치는 영향을 이해하게 도와주고 따돌림에 어떻게 대응해야 하는지 알려 주기, ③ 피해학생이 따돌림에 대응하는 법을 배우고 자신에게 해결할 수 있는 능력이 있다는 것을 느끼도록 도와주기.

• *Kristin L. Sayeski*

■ ■ ■ ■ ■ ■ ■ ■ ■

(Kauffman & Landrum, 2009b; Walker et al., 2004).

미숙한, 위축된 행동과 우울증(내면화군)   공격성과 과잉행동의 심각성에는 관심을 가지면서 미성숙함, 위축, 우울증에 대해서는 소홀하게 여기는 경향이 있다. 이런 장애들은 아동기에 심각한 결과를 가져올 뿐 아니라 성인기의 정신건강에 좋지 않은 예후를 보인다. 극단적인 미성숙함과 위축된 혹은 우울증 유형 아동은 인간관계에서도 정상적인 성장의 특징인 친밀하고 만족스러운 관계를 맺지 못한다. 이런 아동은 매일 일상에서의 요구와 압박감을 이겨 내는 것을 힘들어할 것이다. 학교의 환경은 이러한 걱정 많고 내향적인 청소년들이 특별히 가장 고통을 많이 겪는 곳이다(Masia, Klein, Storch, & Corda, 2001).

공격성과 과잉행동의 경우와 마찬가지로 위축된 행동, 우울증은 다양하게 해석될 수 있다. 정신분석학 접근에서는 내적 갈등과 무의식적 동기를 근본적 원인이라고 생각한다. 행동심리학자들은 이런 장애를 사회학습의 실패라고 본다. 이러한 관점은 다른 견해보다 실증적인 연구 자료로 뒷받침된다(Kauffman & Landrum, 2009b; Landrum, 2011). 사회학습 분석은 위축된 행동과 미성숙함이 부적절한 환경에서 기인한다고 본다. 일반적인 요소들에는 지나치게 제한하는 부모의 규율, 적절한 사회적 반응을 위한 처벌, 고립된 행동을 위한 보상, 사회적 기능을 학습하고 연습하는 기회 부족, 부적절한 행동 모델 등이 포함된다. 미성숙하거나 위축된 아동들은 적절한 행동을 배우고 실행할 기회들을 만들어 줄 때 그들이 부족한 부분들을 배울 수 있다. 이때 적절한 행동에 대한 모델을 보여 주고 향상된 행동에 대한 보상을 주어야 한다.

미성숙함과 위축된 행동의 특히 중요한 부분은 우울증이다. 정신건강 관련자들과 특수교사들이 우울증이 아동들과 청소년들 사이에 널리 퍼져 있고 심각한 문제라는 것을 알게 된 것은 매우 최근의 일이다. 오늘날 심리학자들은 아동과 청소년의 우울증 유형이 성인과 비슷한 부분이 많다는 것에 동의한다. 우울 증상으로는 감정과 분위기 장애 및 생각하고 집중하는 능력의 부재, 동기 부재, 건강 상태 악화 등이 있다. 우울증에 걸린 아동이나 청소년은 슬프고 외롭고 무관심한 태도를 보인다. 자존감이 낮고 죄책감이 강하며 비관론에 빠져 있다. 과제와 사회적 경험을 기피하고, 신체적 문제를 호소하며,

혹은 불면증, 먹는 것의 문제를 보인다. 우울증은 때로 야뇨증, 분별실금, 학교에 가는 것에 대한 극단적인 두려움 혹은 거부감, 학교 실패, 자살 시도나 자살에 대한 언급 등을 수반하기도 한다. 우울증은 또한 빈번하게 품행장애와 복합적으로 나타나는 경우가 많다.

15~24세의 청소년기 학생들의 사망 원인 중 큰 비중을 차지하는 것은 자살이다. 특히 절망을 동반한 심각한 우울증은 자살과 자살 시도에 더 큰 영향을 준다. 따라서 청소년과 관계된 모든 성인은 우울증의 증상을 알아채야만 할 필요가 있다. 약물 남용 또한 아동, 청소년들의 우울증과 연관되어 있는 주요 문제다.

정서 · 행동장애 학생을 일반교실에 포함시키는 것은 때로 문제가 된다. 이는 사회적 상호작용이 가장 기본적으로 고려되어야 할 사항이기 때문이다.

우울증은 때로 생물학적 원인에 의해 발생한다. 그리고 때로는 약물치료가 우울증에 빠진 아동들과 청소년들이 문제를 극복하는 데 성공적으로 작용한다(Konopasek & Forness, 2004). 그러나 많은 경우에 어떤 생물학적 원인도 발견되지 않기도 한다. 우울증은 환경적 · 심리적 요인에 의해 발생할 수 있다. 이러한 요소들은 사랑하는 사람의 죽음이나 부모와의 떨어짐, 학교 실패, 또래 친구들로부터의 거부, 혼란스럽고 처벌이 많은 가정환경 등이 포함된다. 다음 일화에 나오는 소년의 경험을 생각해 보자.

> 어느 날 아침, 우리 집에 끔찍한 일이 일어났다. 어머니 옆에서 주무시던 아버지가 주무시는 도중 세상을 떠난 것이다. 그날은 1989년 12월 5일, 내 생일 바로 전날이었다……. 아버지의 죽음은 우리 가족에게 큰 충격이었다. 어머니는 한창 클 나이의 두 아들을 홀로 떠맡게 되었고, 활기차 보이기 위해 노력하셨지만 남몰래 밤마다 눈물을 훔치시던 것을 나는 알고 있었다. 나는 집안의 장남이란 사실이 부담으로 다가왔다. 몇 년 후, 나는 극심한 우울증에 시달리게 됐다. 나는 살고 싶지 않았다. 나는 침대에 누워 일어날 줄을 몰랐고 먹는 것, 노는 것 모두 그만두었다. 몇 번의 입원과 긴 회복의 기간들이 내 앞길에 놓여 있었다(Godwin, 2004, p. C10).

때로 단지 친밀한 관계를 구축할 수 있는 누군가와 함께하는 것이 우울증을 극복하는 주요인이 된다. 위 글의 사례자에게 형 역할을 해 줄 사람이 있었다면 매우 도움이 되었을 것이다. 또한 사회학습 이론 기반의 중재는 이러한 경우에 종종 성공적인 결과를 가져온다(Gresham & Kern, 2004). 이 중재는 아동과 청소년에게 사회적 상호작용 기술과 자기제어 기술을 알려 주고 자기 자신을 보다 긍정적으로 생각하는 법을 알려 준다.

교육적 고려

인터넷 자원

다음의 블로그를 참조할 수 있다. http://www.ebdblog.com

정서 · 행동장애 학생들은 일반적으로 성적이 낮고 학습에 만족할 만한 결과를 얻지 못하며 다른 학생 집단에 비해 학교를 중도에 포기하는 비율이 높고 졸업률이 낮다. 또한 그들은 매우 제한적인 환경에 처하기 쉽다. 더욱이 이러한 학생들은 가난하거나 소수민족 가정환경 출신이기도 하고 청소년 사법 정책에 의해 처벌받은 경험이 있기도 하다. 결과적으로 특수교육이 직면하고 있는 가장 중요하면서도 힘든 과업은 그들을 성공적으로 교육시키는 것이다(Landrum, Tankersley, & Kauffman, 2003). 정서 · 행동장애 학생들을 위한 프로그램에서 소수민족의 불균형을 해소하는 프로그램을 찾아내는 것이 매우 중요하다. 그러나 성공적인 다문화적 교육을 위해서라면 다양한 학생들을 위한 효과적인 중재전략을 찾는 것 역시 동일하게 중요하다(Ishii-Jordan, 2000; Kauffman, Conroy, Gardner, & Oswald, 2008; Kauffman et al., 2011; Kauffman & Landrum, Conroy, Gardner, & Oswald, 2008; Kauffman et al., 2011; Kauffman & Landrum, 2009c; Landrum & Kauffman, 2003).

안타깝게도 정서 · 행동장애 학생들을 교육하는 과제에 대해 특수교사들 모두가 공감하는 방법을 아직까지 도출하지 못하고 있다. 비록 정서 · 행동장애 학생들을 위한 서비스의 질 개선을 위해서 국가적 사안으로 문서화된 바 있지만(Chesapeake Institute, 1994; Kauffman, 1997 참조), 중재를 계획하고 가이드 하는 데에는 별 가치가 없다(Kauffman & Landrum, 2006, 2009a).

교사들은 몇 가지 다른 교육의 개념적 모델들을 수십 년간 제안해 왔다(Kauffman & Landrum, 2006). 이 모델들의 복합체가 현재 대부분의 교육 프로그램을 이끌고 있다(Kauffman & Landrum, 2009a, 2009b; 이 모델들의 설명과 사례들 참조). 신뢰할 만한 모든 개념적 모델은 두 가지 목표를 가지고 있다. ① 잘못된 행동을 제어하는 것, ② 학생들에게 필요한 사회적 · 학습적 기술을 가르치는 것. 이 모델들은 하나를 제외하고 다른 하나의 목표에만 집중하는 것이 아니다. 그들은 학생들에게 필요한 모든 교육적 · 심리학적 · 사회적 서비스들이 통합될 필요가 있다는 것을 인식하고 있다.

행동 제어와 학업적 · 사회적 학습 균형 맞추기

정서 · 행동장애 학생들을 위한 교육 프로그램은 때때로 그 질이 매우 낮다는 의견이 몇몇 저자에 의해 제기되어 왔다. 그것은 주로 학생들의 행동을 외부적으로 제어하는 것에만 집중하였고, 학문적인 배움이나 사회성 학습은 거의 부차적으로 다루거나 아예 제외하기도 했다. 교사들은 읽기교수와 같은 기본 기술에 대한 지식조차 가지고 있지 않기도 하였다(Coleman & Vaughn, 2000). 프로그램에서의 교수의 질이 현저하게 떨어지기는 하지만 효과적인 학문적 · 사회적 지도에 대한 사례들이 학생들의 각 수준별로 발견되기도 한다(Lane & Menzies, 2010).

행동 제어 전략은 정서 · 행동장애 학생들을 위한 교육 프로그램에서 매우 중요한 부분을 차지한다(Colvin, 2004). 파괴 행동을 제어하는 효과적인 방법이 없이는 학문적 · 사회적 학습이 일어날 것이라고 예상하기는 매우 힘들다. 훌륭한 학업교수(academic instruction)는 주요한 학업 기술(academic skills)을 가르치는 데 중요할 뿐 아니라 또한 많은 문제행동을 감소시킨다(Kauffman et al., 2011; Kerr & Nelson, 2010; Lane & Menzies, 2010 참조). 그럼에도 불구하고 최고의 교수(best instruction)도 모든 학생의 문제행동을 제거하지는 못한다. 정서 · 행동장애 학생들을 가르치는 교사들은 효과적인 제어 전략을 가지고 있어야 하며, 더 나아가 학생들이 가능한 한 스스로 제어할 수 있도록 하는 것이 더 좋다. 또한 교사들은 학생들에게 학문적 · 사회적 기술을 가르쳐 그들이 남과 더불어 배우고, 생활하고 일할 수 있게 지도해야 한다. 교사들은 학생들이 선택할 수 있는 모든 선택 기회를 열어 두어야 한다(Jolivette, Stichter, & McCormick, 2002; Kauffman et al., 2011).

통합 서비스(integrated services)의 중요성

정서 · 행동장애 아동과 청소년은 여러 가지 복잡한 요구(needs)를 가지고 있는 경향이 있다. 학교 문제뿐 아니라 일반적으로 가족 문제, 공동체에서 다양한 문제를 겪고 있다(예: 불법적 행동에의 연루, 또래 친구나 어른과의 원만한 관계 부재, 약물 남용, 직업을 찾거나 찾더라도 유지하는 것의 어려움 등). 따라서 정서 · 행동장애 아동들 혹은 청소년들은 특수교육뿐만 아니라 다양한 가족지원 서비스와 정신과 도움, 상담, 지역사회 지원, 직업훈련 등이 필요하다. 어떤 하나의 서비스 기관이 아동 및 청소년의 이 모든 요구를 채울 수는 없다. 학교가 여기에서 중요한 역할을 하고 있는 것은 분명하다(E. M. Farmer & Farmer, 1999; Kauffman & Landrum, 2009b). 이와 같이 요구되는 서비스들을 통합하여 보다 조직화되고 효과적인 노력으로 전환하는 것이 현재 매우 필요하다.

효과적인 전략

조기 중재부터 모든 수준에서의 성공적인 전략들은 학문적 · 사회적 기술에 균형을 유지하며 통합된 서비스를 제공한다. 이러한 전략들은 다음의 요소들을 포함한다.

- **조직적, 데이터 기반 중재**(data-based interventions): 중재는 조직적이고 지속적으로 적용되며, 신뢰할 만한 연구 결과에 기초해 진행한다.
- **지속적인 진단 · 평가 및 과정 모니터링**: 교사들은 모니터링 계획을 기반으로 수행에 대해 매일 직접 진단 · 평가를 한다.
- **새로운 기술의 연습**: 기술은 분리되어서 가르치는 것이 아니라 매일의 상황에서 모델링, 시연, 안내된 연습(guided practice)을 통해서 직접 적용한다.
- **학생의 문제와 연관된 처치**: 중재는 개별 학생의 요구와 학생의 일상 상황에 적절하게 계획되어야 하고 자연적, 복잡성, 문화 맥락, 문제의 정도를 무시하는 구성이어서는 안 된다.
- **다양한 종류의 처치**: 다양한 다른 중재를 실시하고 있는 교사들과 다른 전문가들은 가능한 한 최대로 학생들의 필요를 충족하기 위해 노력해야 한다(예: 사회기술 훈련, 학문적 교정, 약물치료, 상담 및 심리치료, 가족 처치 및 부모교육 등).
- **전이와 유지를 위한 프로그램**: 중재는 새로운 상황에서도 습득이 가능하게 지도한다. 성급한 교정은 일반화를 어렵게 할 수 있다.
- **지속적인 중재**: 많은 정서 · 행동장애 아동은 발달장애로 치료되기 쉽지 않으며 평생에 걸쳐 지원을 필요로 한다.

서비스 전달 체계

정서 · 행동장애 아동이나 청소년으로 공식적인 진단을 받거나 특수교육이나 정신건강 서비스를 받고 있는 수는 매우 적다(Costello et al., 2005). 결과적으로 특수교육을 받는 아동들은 매우 심각한 문제를 가지고 있을 가능성이 크고, 대부분의 아동은 일반적으로 경한 장애로 '간주'되고 있는 실정이다. 아마 정서 · 행동장애라고 확인된 학생들(지적장애 혹은 학습장애를 가진 자들 또한 포함하여)은 다른 장애학생들보다 제한적인 환경에 있는 경향이 많다. Mattison(2004)은 정서 · 행동장애 학생의 교사들은 "그들은 지역사회에서 가장 제 기능을 하지 못하는 학생들을 가르치고 있다."(p. 177)라고 생각한다고 하였다.

명백하게, 전형적인 정서 · 행동장애 학생들은 많은 사람이 추측하는 것보다 훨씬 심각한 문제를 갖고 있다. 중증(severe)이라는 용어는 정신분열증에만 적용되는 것이 아니다. 예를 들어, 아동은 중증 품행장애 혹은 중증 우울증을 가지고 있을 수 있다. 그리고 이와 같은 장애는 매우 심각한 영향을 미칠 수도 있고 지속적으로 문제가 이어질 수도 있다.

통합 경향   장애의 심각성 및 특성에 관계없이, 정서 · 행동장애 학생들을 위한 프로그램의 경향은 일반 학교 및 교실에서의 통합을 지향한다. 학생이 분리교육을 받더라도 교사들은 일반학생과 다시 통합되기를 원한다. 이러한 학생들의 통합은 일반적으로 어려운 일이고 상황별로 별도의 집중적인 작업을 필요로 한다. 더욱이 어떤 교사, 연구자, 부모들은 지속된 문제로 인해 높은 위험에 노출된 정서 · 장애 학생이 특수학급에서 지원이 필요하다고 주장한다. 즉, 일반교육을 받는 것보다 분리교육을 받는 것이 더 좋다는 것이다(Kauffman, Bantz, & McCullough, 2002; Kauffman, Mock, Tankersley, & Landrum, in 2008). 다음의 〈실천 사례〉는 일반교실에서 정서 · 장애 학생들에게 긍정적 행동지원(PBS)을 적용하는 방법을 알려 준다.

다른 필요는 다른 배치를 요구함   정서 · 행동장애 학생들의 배치 결정들은 특히 문제가 있다. 가장 심각한 정서 · 행동장애 학생을 가르치는 교사들은 이런 아동들 및 청소년들을 위한 특별화된 환경이 필요함을 피력한다. 즉, 일반적인 교육 환경에서는 학생 대 교사 비율이 높은 특수교실과 기관에서만큼의 집중적이고 개별적이고 고도로 구조화된 환경을 만들어 낼 수 없다는 것이다(Brigham & Kauffman, 1998; Kauffman & Brigham, 2009 참조).

이런 이유로 정서 · 행동장애 학생들을 위한 적절한 교육 프로그램과 특수교육 관련 서비스들을 구성한 이후에 이를 기반으로 하여 개인에게 맞는 배치를 결정하는 것이 매우 중요하다. 학생들은 그들이 필요한 경우 외에는 일반학교 밖에 배치되는 일이 없어야 한다. 그러나 학생의 적절한 교육과 안정성 때문에 덜 제한적인 환경에 배치될 수 있다.

교수적 고려 사항   많은 정서 · 행동장애 학생은 특별한 학습자로 판별되기 이전에 일반적인 교육 환경, 즉 그들이 적절한 또래 친구들로부터 관찰하고 배울 수 있는 곳에 배치된다. 그러나 이러한 학생들은 현실에서 적절한 일반학생들의 모습을 배우지 못한다. 그들은 일반학생들로부터 어떤 긍정적인 효과를 얻는 것이 거의 불가능하다. 이는 우연적 사회학습(incidental social learning)이 그들의 장애를 교정하기에는 불충분하기 때문이다. 정서 · 행동장애 학생들이 또래 친구로부터 적절한 행동을 배우게 하기 위해서는 누구를, 무엇을 모방할 것인지에 대해 분명하고 집중된 교수가 필요하다(Hallenbeck & Kauffman, 1995). 또한 사회적 기술에서 언제, 어디서, 어떻게 특정한 행동을 해야 할지를 지도해야 하는 분명하고 집중적인 교수가 필요할 수 있다(Walker et al., 2004).

대부분의 정서 · 행동장애 학생을 위한 학습 교육과정은 일반 교육과정과 거의 유사

실천 사례
정서 · 행동장애 학생의 교사들과의 협력교수

"규칙을 따르지 않는다면 그를 내 교실에 둘 수 없다!"

공립학교의 교육적 성과를 향상하고 안전을 향상하는 무관용(zero tolerance, 아무리 사소한 위반 행위라도 벌칙을 적용하는 방침—역자 주) 정책을 위한 주 전체(state wide) 기준은 교사들에게 압박감을 증대시켰다. 이러한 두 가지 사항은 많은 일반교사가 일반교실 운영 외의 것은 교육받지 못했다는 점과 결합되어 특수교사들이 정서 · 행동장애 학생들을 일반교실에 함께 포함시켜 협력하는 것을 주저하게 만들었고, 심지어는 규칙을 지키지 않는 많은 학생이 장애로 판별되지 않았는데도 거부되었다. 학교 징계의 증가로 일반교사들이 평가와 문제행동을 다루는 기술이 있는 교사들과 협력하게 되었다.

정서 · 행동장애 학생의 교사가 된다는 것은 어떤 의미인가

정서 · 행동장애 학생을 지도하는 교사의 전문성은 학습력 증가를 위한 이해, 진단 · 평가, 행동 관리 등이다. 특별히 미국 장애인 특수교육협의회(Council for Exceptional Children, 2008)는 정서 · 행동장애 학생의 교사를 시작하는 이들이 가져야 할 필수 기술들은 다음과 같이 정하였다.

① 정서 · 행동장애에 처할 위험이 있는 아동을 예방하거나 중재하는 다양한 방법
② 특정 행동을 제어하는 비혐오적 기술 사용과 정서 · 행동장애 아동의 지속적인 관심
③ 일관성 있는 교실 환경을 조성하고 문제를 해결하며 갈등을 중재하는 기술 사용
④ 행동의 강도와 같은 수준의 개별화된 강화 시스템을 계획, 실행, 환경적 수정
⑤ 정서 · 행동장애 아동을 가르치기 위한 교수 전략과 실행의 장점 및 제한점 이해
⑥ 각 개인의 사회적 행동의 적절성과 문제에 관한 진단 · 평가

협력교수를 위한 성공 전략

긍정적 행동지원(positive behavioral support: PBS)이 만성적인 행동장애 아동들에게 사용되는 것이 최근 연구 결과로 인해 승인되었다(U.S. Department of Education, 2009). 긍정적 행동지원의 기술적 도움에 의하면,

이는 행동기반 접근을 적용한 것으로 학교, 가정, 지역사회의 능력을 강화하여 연구가 승인한 실행 방안 및 교수와 학습이 발생하는 환경을 연결하여 이를 향상하도록 하는 효과적인 환경을 만드는 것이다. 첫째로 전 학교, 둘째로 교실의, 셋째로 개별 지원 시스템을 만들어 모든 아동과 청소년의 덜 효과적이고 덜 효율적이며 덜 관련 있는 문제행동을 적절한 원하는 행동으로, 좀 더 기능적으로 할 수 있게 하여서 일상생활(개인적, 건강, 사회적, 가정의, 직업의, 레크리에이션)에서 결과를 향상하는 것에 집중하였다.

Lewis(2000)는 어떤 교실에서도 학생이 긍정적 행동지원(PBS) 계획을 개발할 수 있는 6단계를 만들었다(세 번째 중재). 이러한 단계들은 일반 및 특수 교사들 사이의 특별한 협력 기회를 제공한다. 특수교사와 일반교사는 각 단계마다 협력하여 서로 다른 관점의 의견을 제공하며 일관성 있게 지원을 하게 된다.

- Step 1: 행동에 대해 조작적인 정의를 한다. 각 교사는 서로에게 피드백을 줌으로써 학생이 교실에서 무엇을 하고 있는지에 대해 정확하게 서술할 수 있다(단순히 "그 아동은 파괴적이에요."가 아닌).
- Step 2: 행동기능평가(FBA)를 한다. 행동기능평가는 시간이 오래 걸리고 행동에 대한 관찰, 분석, 가정을 포함한다. 두 명 혹은 그 이상의 교사들이 함께 협력하여 교실 이외의 시간에도 놓치는 부분 없이 공식화된 관찰과 비공식적인 관찰 모두를 사용하여 서로 다른 시간과 환경에서 학생을 관찰한다.
- Sep 3: 학생이 특정 행동을 하는 이유(목적)에 대한 가정을 세운다.
- Step 4: 대체 행동을 만든다. 바람직하지 않은 행동 대신에 학생에게 교사가 원하는 행동이 무엇인가? 학생을 잘 아는 교사들은 함께 협력하여 이 행동을 판별하고 과제 분석을 함께 하며 새로운 행동(지향하는 행동)을 가르치

는 계획을 수립하기 위하여 학생이 가진 기술과 하지 못하는 기술을 기술해 본다.

- Step 5: 교사들은 함께 협력하여 새로운 행동을 가르치고 교실에서 이를 강화시켜 주며 학생과 교사들 모두 학생의 목표 수행을 확인한다.
- Step 6: 이전의 부적절한 행동이 동일한 결과를 가져오지 않도록 환경적 부분을 충분히 수정해 준다. 이것이 가장 어려우면서도 팀 협력이 절대적으로 필요한 작업이라고 할 수 있다. 학생은 아마도 예전의 행동을 거듭 시도하려 할 것이다. 교사들은 바람직하지 않는 예전 행동을 다시 보길 원하지 않으며, 만일 학생이 같은 행동을 보인다면 실망할 것이다. 그러한 점에서 교사들끼리 서로를 격려해 주고 학교 관리자나 부모, 다른 교사들의 도움을 구하는 것이 계획을 진행하는 데 있어서 필요하다.

PBS에 대한 더 많은 정보는 '긍정적 행동 중재와 지원' 웹페이지(www.pbis.org/)의 '특수교육 프로그램의 기술적 지원센터(Special Education Program's Technical Assistance Center)' 사무실에서 받아 볼 수 있다.

• Margaret P. Weiss

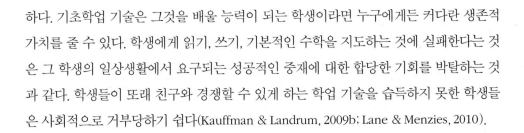

하다. 기초학업 기술은 그것을 배울 능력이 되는 학생이라면 누구에게든 커다란 생존적 가치를 줄 수 있다. 학생에게 읽기, 쓰기, 기본적인 수학을 지도하는 것에 실패한다는 것은 그 학생의 일상생활에서 요구되는 성공적인 중재에 대한 합당한 기회를 박탈하는 것과 같다. 학생들이 또래 친구와 경쟁할 수 있게 하는 학업 기술을 습득하지 못한 학생들은 사회적으로 거부당하기 쉽다(Kauffman & Landrum, 2009b; Lane & Menzies, 2010).

사회적 기술의 필요   대부분의 정서 · 행동장애 학생은 사회적 기술을 위한 특별한 교수가 필요하다. 우리는 두 가지 점을 다음과 같이 강조한다. ① 기초학업 기술(basic academic skills)을 가르치기 위해서 효과적인 방법이 필요하다. ② 사회적 기술과 정서적 경험은 학습 기술만큼 중요하다. 어떻게 자기 자신의 감정과 행동을 다스리는가, 어떻게 타인들과 어울릴 것인가는 정서 · 행동장애 학생들을 위한 교육과정에서 고려해야 하는 점들이다. 이러한 학생들은 일반적인 사회화의 과정이 결여되어 있기 때문에 교수 없이 이런 기술들을 습득하기 어렵다(Walker et al., 2004)

정신분열증 학생들과 다른 주요 정신적 질병 학생들은 행동적 면이나 학습적 면에서 매우 다양한 특성을 보인다. 어떤 학생들은 입원치료와 집중치료가 필요하다. 어떤 학생들은 집에 있고, 일반 공립학교를 다니기도 한다. 다시 말하자면, 최근 추세는 시설이나 특수학교보다는 일반 공립학교에 통합하는 것이다. 어떤 경우에는 주요 정신장애 학생들이 일반학교에서 재적되어 있으면서 특수반에 들어가기도 한다.

청소년 범죄 학생들의 요구   청소년 범죄 학생들을 위한 교육 배치는 비행이라는 단어가 교육적 정의가 아닌 법률적 용어라는 점에서, 또한 극단적인 문제가 되는 청소년들이 주 · 지역마다 각각 다르기 때문에 일반적인 용어로 설명하기 어렵다. 위협 혹은 폭력을 가하거나 파괴적인 행동 이력이 있는 청소년들을 위한 특수 학급이나 학교가 때때로 제공되기도 한다. 이러한 학급이나 학교는 특수교육법에 의해 운영되지만 정서장애로 판별되지 않은 학생들은 혜택을 받지 못한다. 아동들과 청소년들을 수감하는 감옥이나 감화원, 다른 구류시설들의 교육적 실행은 매우 다양하게 이루어진다. 감금된 장애 아동과 청소년들의 교육은 감금되지 않은 학생들을 위한 교육과 동일하게 적용되지만, 감금된 학생들 중 많은 수가 자원 부족, 기관들의 비협조적 태도, 범죄자나 비행청소년들은 법을 준수하는 일반 시민들과 동등한 교육적 기회를 받을 수 없다는 인식 등으로 인해 그들의 필요에 적합한 교육이나 진단·평가를 받지 못하고 있다(Kauffman & Landrum, 2009b; Nelson et al., 2004).

교사의 특별한 도전　이와 같은 모든 상황을 종합해 볼 때, 정서·행동장애 학생들을 가르치는 교사들은 불편과 거부를 감수하고 공격적이거나 위축되지 않는 것이 필요하다. 이러한 학생들은 다른 사람들로부터 거부를 당해 온 아동들이다. 만일 친절함과 배려가 그들이 필요로 하는 모든 것이라면, 그들은 장애를 가진 사람으로 분류되지 않았을지 모른다. 교사들은 학생들이 스스로 배려하며 예의 바른 학생으로 언제나 돌아올 것이라고 기대하지 않아야 하고, 교사 자신의 학생 지도와 생활 기술 지도에 대한 중요성과 확신을 가지고 있어야 한다. 교사들은 스스로 지혜롭지 못한 행동을 선택하는 학생들이 스스로 지혜로운 선택을 할 수 있게 지원해야 한다(Kauffman & Landrum, 2009b; Kauffman et al., 2011; Kerr & Nelson, 2010).

징계의 고려

교실 운영과 징계는 교사들에게 가장 어려운 문제로 인식되고 있다. 이는 일반교육이나 특수교육이나 마찬가지다(Evertson & Weinstein, 2006; Kauffman et al., 2011). 정서·행동장애 학생들은 행동 관리를 더욱 어렵게 한다. 교사들은 현재 정서·행동장애 학생들에게 긍정적 행동지원과 행동중재계획을 더욱 강조한다. 연구자들은 비록 좋은 교수만으로 문제행동을 충분하게 해결하지 못하지만 교사의 효과적 교수는 문제행동의 빈도를 줄일 수 있다는 것을 안다.

징계는 논란이 되는 주제이며 특히 행동장애 학생들에게는 더욱 그렇다. 많은 교사와 학교 관계자는 법에 대해서 혼란스러워한다. 때로는 장애로 판별된 학생들에게는 특별한 규칙이 적용되기도 한다. 어떤 경우에는 전형적인 학교 법칙이 적용되기도 하고 그렇지 않은 경우도 있다. 정서·행동장애 학생들에게는 이 문제가 더욱 논쟁이 되고 있는데, 이는 그들의 행동이 심각하게 문제가 있다고 하더라도 그 행동 원인이 무엇인지를 알아내는 것이 매우 어렵기 때문이다.

불확실성과 논쟁은 주로 무기 소지 혹은 불법 마약류를 학교에 가져오는 등의 심각한 문제행동 학생의 배치, 정학 혹은 퇴학에 연관된다. 장애학생들의 IDEA 징계 조항은 장애학생의 장애로 인한 영향을 고려하여 적법한 절차로, 그들의 권리를 침해하지 않는 범위 내에서 안전한 학교 환경을 유지하도록 한다(Mayer & Cornell, 2010; Yell, Katsyiannis, & Bradley, 2011 참조).

무관용   심각한 공격에 대한 징계를 포함하는 가장 극적이고 논쟁의 여지가 있는 조치 중 하나가 **무관용**(zero tolerance, 아무리 사소한 위반 행위라도 벌칙을 적용하는 방침—역자 주) 정책이라 알려져 있다(Skiba & Rausch, 2006). 학교 관계자들과 교사들은 학교에 무기를 가지고 오는 것과 같은 특정한 위법 행위에 대한 처벌을 결정하는 데 그들의 재량권을 남용해 왔다는 평을 받아 왔다. 이에 따라 많은 경우에 상위 기관(예: 교육이사회)은 교사와 하위 행정기관의 재량권을 없애 버렸다. 상위 기관들은 장기정학 혹은 퇴학과 같은 특정한 행위에 대한 처벌을 규정하였고, 이때 주변 상황과 같은 요소들은 배제되었다. 예를 들면, 우연히 과일 깎는 칼을 도시락에 넣어 들고 온 초등학생 소녀가 퇴학을 당할 수 있다. 공사용 칼을 깜빡하고 주머니에 넣고 왔다가 금지 물품인 것을 알고 교무실에 제출한 고등학생도 퇴학을 당할 수 있다. 총이 무기인지도 모르는 지적장애 학생은 장난감 총을 학교에 들고 왔다가 그 역시 금지되어 있기 때문에 퇴학을 당할 수 있다. 무관용 정책의 근거는 어떤 예외도 인정하지 않으며 상황에 대한 정상참작도 용납하지 않는다.

교사와 학교 관계자들은 무관용 정책이 있지만 장애학생들에게 법적으로 허용되는 징계에 대한 자유와 제한에 대해 불명확하다고 생각한다. 그들은 장애학생의 인권과 안전한 일반학교 환경을 유지해야 하는 경계 사이에서 갈등할 수밖에 없다.

학교에서의 폭력, 장애, 마약은 해결해야 하는 심각한 문제들이다(Mayer & Cornell, 2010). 그러나 특정 행동에 대한 학생의 특성이나 특정 상황을 고려하지 않은 경직된 처벌은 특수교육에서 특정한 문제를 야기한다(예: Fenning & Bohanon, 2006; Liaupsin, Jolivette, & Scott, 2004; Martella, Nelson, & Marchand-Martella, 2003). 특수교사들은 또한 학생의 장애와 관련된 것에 기초한 예외, 문제가 되고 있는 상황을 고려할 것을 주장한다. 그리고 무관용 정책이 학교를 안전하게 만드는 것이 아니라고 강조한다(Skiba & Rausch, 2006 참조).

증거 명시   장애로 판별된 학생들의 어떤 심각한 문제행동을 관리하는 데는 특별한 규칙이 적용된다. 즉, 어떤 경우에는 전형적인 학교 규정이 적용되지만 어떤 경우에는 그렇지 않다(Bateman & Linden, 2006; Huefner, 2006; Yell, 2006; Yell et al., 2011 참조). 어떤 경우든지, 징계에 관한 많은 특수교육 옹호는 학교에서의 무기 소지, 마약 소지, 타인을 위험에 빠뜨리는 행위에 대한 처벌로 정학, 퇴학에 대한 대안을 찾는 데 중점을 두고 있다. 학생을 학교에서 분리하는 것은 그들에게 적절한 행동을 가르치는 것에 도움을 주는 효과적 방법이라 할 수 없다.

세 가지의 개념과 관련된 절차가 장애학생 징계를 둘러싼 많은 논쟁에 해결점을 제공한다.

① 학생 행동이 장애에서 비롯된 것인지 아닌지를 판단한다.
② 만일 일시적으로 학생의 현재 환경에서 분리가 필요하다면 그 기간 동안 대안교육 장소를 제공한다.
③ 긍정적이고 미리 사전에 대처하는 행동 계획을 개발한다.

인터넷 자원

'증거 명시'를 인터넷에서 검색하면 방대한 사이트에서 어떤 요소들이 고려되는지, 법적인 부분, 절차에 대한 부분 등의 정보를 얻을 수 있을 것이다.

학생의 잘못된 행동이 장애의 징후인지 아닌지를 결정하는 것을 **증거 명시**(manifestation determination: MD)라고 한다. 이것은 장애로 인해 잘못된 행동을 하게 된 학생을 처벌하는 것은 불합리하다는 인식에 기반한다. 그러나 잘못된 행동이 장애에 따른 것이 아니라면 일반학생들이 받는 정규 처벌이 적용되어야 할 것이다. 예를 들어, 경련장애, 다른 신경 손상에 의한 장애, 지적장애, 정서장애 등으로 인해 발생한 문제행동의 경우에는 학생이 그로 인해 처벌을 받아서는 안 될 것이다.

증거 명시는 논쟁의 여지가 매우 많다. 그리고 어떤 저자들은 교육적 목적보다는 정치적 목적이 더 강하다고 믿고 있기도 하다(Sasso, Conroy, Stichter, & Fox, 2001). 어떤 사람들은 증거 명시의 규정과 과정이 완전히 객관적이지 않으며 문제행동 원인에 대한 주관적 판단이라고 생각하여 실제적으로는 이 과정이 오히려 공정성을 저해하고 있다고 주장한다(Sasso et al., 2001).

행동기능평가   IDEA는 학생이 지속적으로 문제를 일으킬 때 **행동기능평가**(fuctional behavioral assessment: FBA)를 요구한다. 그러나 기능 평가는 법적인 맥락에서는 완전히 명백하지 못하다. FBA는 학생의 잘못된 행동을 야기하는 요소를 판단하고 바꾸는 것을 담당하는 교사들을 지원한다. 그럼에도 불구하고 FBA에 대해 특수교사와 다른 학교 관계자들에게 법이 요구하는 바가 정확히 무엇인지 불분명할 때가 있다(Landrum, 2000; Mueller, Edwards, Trahant, 2003; Sasso et al., 2001; Sugai & Horner, 1999-2000). 분명, 법적 의도는 교사들이 학생의 행동을 적절히 평가하여 어떻게 학생들이 바람직한 행동을 하도록 할 것인지 그리고 효과적인 중재 전략으로까지 이끌어 낼 것인지를 알아내도록 하는 것이었다. 다음의 〈반응적 교수〉에서는 교사들이 문제행동을 관리하는 데 FBA를 어떻게 적용할지를 알려 준다.

정서 · 행동장애 학습자의 요구에 따른
반응적 교수

행동기능평가

연구자의 개요

행동기능평가(functional behavioral assessment: FBA)는 개별화교육 프로그램(IEP) 개발을 통해 표준화된 관행으로 자리잡았다. 특히 행동중재계획(behavior intervention plan: BIP) 요소에서 정서 · 행동장애 학생들에게 더욱 그렇다. IDEA하에, 학군에서는 10일 이상의 정학 혹은 징계 사유로 인한 배치 이동을 받는 모든 학생에게 FBA와 BIP를 실행해야 한다. 안타깝게도 이 평가가 매우 다양한 모습으로 이루어지고 있으며 도구의 효율성 역시 천차만별일 수밖에 없는 실정이다(Fox & Davis, 2005; Sasso et al., 2001). 연구들은 FBA를 기반으로 한 중재의 효과성을 말하고 있다(Fox & Davis, 2005). 따라서 FBA가 잘 이행되고 있는지를 확인하는 것은 학군의 업무라고 할 수 있다.

조사 연구

Van Acker와 동료들(Van Acker, Boreson, Gable, & Patterson, 2005)은 실행에 있어 '최상의 실제'의 보급을 위해 전국적으로 시행되는 FBA와 BIP를 분석 · 조사했다. 이 연구는 주 정부가 3년의 기간을 들여 교사들에게 하루에서 이틀의 워크숍 기간을 제공함으로써 시행되었다. 200개 이상의 학군 및 관련 중재 기관이 연수에 참여했다. 많은 학교가 제한된 대표자들을 연수에 참가시켰다는 것에 주목해야 할 필요가 있다. 이러한 대표자들이 자신의 학교로 돌아가 연수에 참여하지 못한 IEP팀원들에게 정보를 전달하였다. 연수 기간이 끝난 후, 71개의 IEP팀이 연구를 위해 자신들의 FBA와 BIP를 제출하였다. 연구원들은 각각의 FBA와 BIP를 기준평가표에 따라 점수 매겼다.

연구 결과

주 전체의 고질의 FBA/BIP 개발 계획에도 불구하고 대부분의 계획들에 문제가 있는 것으로 밝혀졌다. 가장 흔한 문제는 다음과 같았다.

① 특정 목표 행동을 판별하는 데 실패함: FBA/BIP의 가장 중요한 목표는 문제행동을 줄이고 제거하며 대체하는 것이다. 그래서 명백하게 측정 가능한 목표 행동을 찾지 못한다는 것은 중점을 잃은 계획, 혹은 문제행동과 직접적으로 연관되지 않은 계획을 의미한다. 관련된 결함은 일련의 행동(예: 때리

는 것, 욕하는 것, 반항하는 것 등)이 모두 같은 기능에 연관되어 있다고 간주해서 각각의 행동에 대한 서로 다른 평가가 수행되지 못하였다.

② 행동의 가설적 기능을 입증하는 데 실패함: 팀들이 FBA를 개발할 때는 먼저 가설을 세우게 된다. 다시 말해, 왜 학생이 바람직하지 못한 행동을 하는 것인가에 대해 가정을 한다는 것이다. 팀들은 이 가설을 다양한 조정(즉, 교사의 관심이 가설의 기능이었다면 행동이 증가되는지를 확인하기 위해 교사의 관심을 제거하는 것)을 통해 검증해 볼 수 있다. 이와 유사하게 데이터 삼각측량법을 사용할 수도 있다(한 개 이상의 데이터를 사용해 가설을 입증하는 것). 팀들은 대체로 중재를 개발하기 전에 가설이 맞는지를 입증하지 않았다.

③ 확인된 BIP의 특정 중재와 행동의 기능을 연결시키는 데 실패함: 연구 결과 가장 중요하고 문제가 되는 결함은 FBA에 명시된 쟁점들을 BIP가 다루지 못했다는 것이다. 연구자들은 단지 25개의 중재만이 행동 기능 및 바람직하고 적절한 행동의 촉진 기능에 확실히 연결되어 있다고 밝혔다. 교사가 바람직한 행동을 강화하기 위한 촉진을 사용하고 환경을 조성함으로써 긍정적 행동 중재와 지원의 원칙에 기반한 BIP를 만드는 것이 가장 이상적이다. 긍정적 중재 및 행동지원과는 대조적으로 제출된 56개의 계획이 회피하는 결과와 지나치게 관련되어 있다고 드러났다. 어떤 경우에는 회피하는 결과가 바람직하지 못한 행동과 같은 기능을 하기도 했다. 예를 들어, 행동기능평가(FBA)에서 학생이 학업 기술 부족으로 수업에 들어가지 않는다고(즉, 도망친다고) 한다면, 행동중재계획(BIP)에서는 회피 결과로 정학을 당하게 된다. 명백하게, 이는 바람직하지 못한 행동을 줄이기보다는 늘리는 결과를 가져왔다.

연구의 적용

연구에서 드러난 것과 같은 위험을 또다시 자초하지 않기 위해서 Van Acker와 동료들(2005)은 다음과 같이 팀을 위한 자가평가 계획 체크리스트를 만들었다.

① 목표 행동을 명확하게 판별한다.
② 목표 행동 기능에 대한 가설을 입증한다.

③ 행동의 기능을 말해 주는 명확한 BIP를 개발한다.

④ 긍정적 행동지원을 지시한다.

⑤ BIP의 일환으로 물리적·사회적 맥락을 수정한다.

⑥ BIP를 평가하고 모니터링하는 계획을 세운다.

마지막으로, Van Acker와 동료들은 그룹 중에서 최소 한 명의

인원이 주요 연수에 참가한 경우 더 우수한 FBA/BIP가 나온다는 것을 발견했다(예: 응용행동 분석 연수, FBA에 대한 지역 혹은 주 연수). 그래서 학군과 학교 관계자들은 IEP 구성원들을 위해서 훈련의 기회를 주고 활발하게 지원하여야 한다.

• *Kristin L. Sayeski*

■ ■ ■ ■ ■ ■ ■ ■ ■

바람직한 행동 지원

IDEA의 가장 중요한 훈련 조항은 학교가 문제행동을 지닌 장애학생을 위한 **긍정적 행동중재계획**(positive behavioral intervention plan: BIP)을 고안해야 한다는 요구 사항일 것이다. 이 요구 사항은 사전 대책을 강구하고 긍정적인 중재와 처벌을 피하는 방안을 만들어 내는 데에 중점을 둔다. 훈련이 시작될 때에 학교는 반드시 학생의 IEP를 재평가해 보아야 하고, 문제로 발전된 잘못된 행동에 대해 고민하는 노력을 해야 하며, 이때 가능한 한 최대로 긍정적인 수단(벌이 아닌)을 사용해야 한다.

한 연구 결과 밝혀진 지원에 대한 접근은 **긍정적 행동 중재와 지원**(positive behavioral intervention and support: PBIS)이다(Kauffman, Nelson, Simpson, & Mock, 2011). 이는 가치 있는 성과와 인간 행동의 과학, 인증된 절차와 삶의 질을 향상하며 문제행동을 감소시키는 시스템을 통합하는 것이다. 그 근본적인 목표는 연구로 인증된 실행과 가르치고 배우는 환경 사이의 연관성을 향상하는 것이다. PBIS는 행동 기반의 시스템으로 학교, 가정, 지역사회가 효과적인 배움의 환경을 조성하여 모든 아동과 청소년의 삶의 질 향상에 기여하도록 하는 것이다(개인적, 건강, 사회적, 가족, 직장, 오락 등). 이러한 환경은 문맥상으로, 문화적으로 적절한 중재에 적용되어 문제행동의 효과 및 효율성이 감소되고 바람직한 행동이 더욱 기능적이 되도록 한다. 그러나 행동을 다룸에 있어서 비폭력적인 부정적 결과(벌)의 가치를 인식한다.

중도의 대안교육 환경   IDEA는 학교가 장애학생이 일반교실 및 학교에서 만족할 만한 교육을 받지 못하는 경우에 **중도의 대안교육 환경**(interim alternative educational setting: IAES)을 사용하는 것을 허용하고 있다. 예를 들어, IAES는 분리된 특수학교로서 행동장애를 교육할 수 있고, 공립학교 내의 별도기관(특수 분리교실과 같은)일 수 있으며, 또는 학생 혼자만의 독립교실일 수 있다. IAES는 학교들이 정학이나 퇴학 방식보다는 이러한 대안적인 방안을 강구할 것을 권장한다. IAES에 대한 명확한 법적 정의는 없으나 무엇을 제공해야 하는가에 대한 것은 명시되어 있다. 즉, 지속적인 교육 및 수정은

학생의 개별화교육 프로그램(IEP)에 명시되어 있다. IAES는 분리라는 결과를 초래한 행동이 재발하는 것을 막는 특수 프로그램을 반드시 포함하여야 한다. 학교들은 이러한 세팅을 중증 행동장애 학생들의 전형적인 학교와 수업의 연장선상에서 사용할 수 있다. 그러나 정서 · 행동장애 학생들이 어떤 환경으로 이동되는지에 관계없이, 특수교사들은 그들이 제공할 수 있는 한 가장 긍정적이고 기능적인 행동적 지원을 제공하도록 노력해야 할 것이다(Yell et al., 2011).

　　MDs, FBAs, PBIS, IAES는 어떻게 성공할 것인가　장애학생들의 징계와 관련된 문제를 해결하려는 노력은 지금도 계속되고 있다. 한편으로는 학교 관계자들이 가능한 한 최고의 기대치의 통일성(모든 학생에게 동일하게 적용되는 높은 기대)을 원하면서, 다른 한편으로는 특수교사들과 장애학생들의 옹호자들이 학생 개개인의 능력과 요구를 적용하는 데 실패한 것으로 징계의 절대적 통일성을 생각하기도 한다. 정학과 퇴학을 포함한 징계에 관련된 법적인 요구는 심각한 문제행동을 다루는 성과 있는 방법을 교사들이 더욱더 많이 찾아냄에 따라 더욱 발전할 것이다. 문제행동이 학생의 장애에서 비롯된 것인지 판단하는 것은 어려운 것이다. 그리고 증거 명시는 법이 요구하는 한 계속해서 논쟁을 불러오게 될 것이다.

　　유용한 FBA의 요소는 무엇인가? 교사들은 다른 사람의 도움 없이 이런 분석이 가능할까? 어떤 사람들은 FBA가 사람들이 생각하는 것보다 상당히 복잡하며 IDEA가 필요한 분석 능력 이상의 것을 교사들에게 요구해 왔다고 말한다. 아이디어가 좋다고 할지라도, 몇몇 교사는 유용한 FBA 수행이 가능하다 할지라도 기능적 분석들이 제대로 수행되고 있지 못하고 있다(Fox & Gable, 2004). 장애의 징후를 항상 발견할 수 있을 것인가? 만약 장애의 징후가 발견되지 못한 경우엔 어떻게 할 것인가? 어떤 환경에서 교사들은 긍정적 행동지원을 할 수 있는가? 적절한 행동 지원이 주어진다면 정서 · 행동장애 학생이 일반교육 환경에서 성공적으로 생활할 수 있는가? 이러한 의문들은 분명 앞으로 수십 년 동안 교사들을 당혹스럽게 만들 것이 분명하다.

진보 평가

　　현재 진행 중인 정서 · 행동장애 학생 진보 평가 프로그램은 대인관계 기술, 공부 기술(study skills), 동기, 관계(engagement)를 포함한 학업 습득(academic learning)에 영향을 주는 사회 · 정서적 행동의 여러 영역을 측정해야 한다(DiPerna, 2006). 교사들은 일반적으로 행동 중재에서 학생의 진보를 평가할 때 직접 관찰을 하며 평가척도를 사용한다.

　　몇 개의 점수척도는 학생의 사회적 기술을 평가하는 데 사용될 수 있다. 사회적 행동

척도(School Social Behavior Scales, SSBS-2, Merrell, 2002)는 사회적 능력 및 반사회적 행동을 평가하며 반드시 교사 혹은 학교 관계자에 의해 평가되어야 한다. 각각 두 개의 척도는 32개의 항목으로 다음과 같이 분류된다. 또래 친구 관계, 자기 관리 및 순응, 학습적 행동, 적대적-짜증 정도, 반사회적-공격 정도, 파괴적-반항 정도.

학습과 공부전략 목록(Learning and Study Strategies Inventory, Weinstein, Palmer, & Schulte, 2002)은 고등학생(LASSI-HS)과 대학생(LASSI)용으로 학습과 공부 전략을 평가하는 데 적절한 자기보고식(self-report) 평가 도구다. LASSI 평가표는 태도, 동기, 시간 관리, 걱정, 집중도, 학습도우미, 시험 전략을 포함한다.

학업능력평가표(Academic Competence Evaluation Scales: ACES, DiPerna & Eliott, 2000)는 학업 기술뿐 아니라 학업 성취로 이어지는 사회적·행동적 기술을 평가하는 척도다. ACES의 학습적 요소들은 읽기, 언어, 수학, 비판적 사고다. 그리고 학습 기술과 더불어 ACES는 동기, 관계(engagement), 공부 기술, 대인관계 기술을 평가한다. 이는 대학생뿐 아니라 K-12(즉, 유치원에서 고등학교 3학년까지) 환경에 있는 학생들에게 적절하다. 특히 목표달성 척도는 학생의 진보 정도를 측정하며 중재의 효과를 평가하는 데 도움을 준다.

조기 중재

조기 발견 및 예방은 장애의 모든 분야에서 가장 기본이 되는 목표라 할 것이다. 정서·행동장애에서 이러한 목표는 특히 어렵다. 그러나 또한 가능성도 있다(Dunlap et al., 2006; Walker & Spraque, 2007). 정서·행동장애의 정의와 척도와 관련된 것이 어려운 부분이라 볼 수 있는데, 특히 어린 아동들에게 더욱 그렇다. 반면 어린 아동들의 정서·행동장애는 비교적 유연하기 때문에 예방을 위한 노력이 성공 가능성을 보여 준다(Kauffman, 1999, 2005; Kauffman & Brigham, 2009).

Thomas와 Guskin이 주목하였던 것처럼, "어린 아동들의 파괴적 행동에 대한 진단은 그들이 과잉행동, 공격성, 일탈적 행동과 유사한 다양한 위험 요소가 있어서 어려움이 있다."(2001, p. 50) 그럼에도 불구하고 정서·행동장애의 조기 판별 및 예방―혹은 문제행동이라고 정의된 것―은 가능하다(Qi & Kaiser, 2003). 〈표 8-1〉은 부모와 교사가 그러한 행동을 예방할 수 있는 세 가지 방안을 제시한다.

취학 전 아동의 경우 문제행동으로 드러나는 유형으로는 또래 친구 혹은 형제자매, 보호자 혹은 부모들과의 잦은 갈등, 냉담한 태도 등이 있다. 7~12세 사이에 파괴적 행동으로 진단받은 많은 아동은 3~4세 혹은 그 이전에 그 문제행동이 명확하게 드러났다.

'어려운 기질'을 보이는 영유아―짜증을 내거나, 불규칙적으로 먹고 자고 배변 활동

〈표 8-1〉 문제행동의 예방

> ① 정신적·물리적으로 돌보는 부모의 자녀는 문제행동 혹은 사회적 문제를 일으키지 않는 경향이 있다.
> ② 보살핌과 긍정적인 양육은 아동이 건강한 관계를 갖게 하고 문제행동을 감소시킨다.
> ③ 양질의 조기교육 환경과 양육자의 중재는 사회 기술을 발달시키고 문제행동을 감소시킨다.

출처: "Prevention and Intervention with Young Children's Challenging Behavior: Perspectives Regarding Current Knowledge," by G. Dunlap, P. S. Strain, L. Fox, J. J. Carta, M. Conroy, B. J. Smith, et al. *Behavioral Disorders, 32*, 29–45. Table, 1, p. 33. Copyright ⓒ 2006 by the Council for Exceptional Children. 허가 후 게재함.

을 하거나, 새로운 상황에 부정적 반응을 하는—는 부모가 각별한 신경을 써서 돌보지 않으면 심각한 문제행동으로 발전할 위험이 높다. 미취학 연령의 아동들은 그들 자신이 또래 아동들보다 더 공격적이거나 내성적인 경우에 그들의 친구들 혹은 어른들로부터 부정적인 반응을 이끌어 내기 쉽다. (같은 생활월령의 또래와 비교하는 것이 중요하다는 것을 기억하라. 걸음마기의 아동들은 자신이 원하는 것을 잡으며 다른 아동들을 밀어 넘어뜨리고 물건을 집어 던지며, 자신이 원하는 것을 얻지 못할 때 발로 차고 소리 지른다. 걸음마기의 아동들은 보통 사회적 상호작용에서 꼼꼼하지 못하며 낯선 사람을 피해 숨는다.)

아동들의 행동은 사회적 환경 조건에 굉장히 반응적이고 어른들에 의해 형성될 수 있기 때문에 1차 예방을 위한 잠재성—중증 문제행동을 사전에 막는 것—이 매우 많다. 부모와 교사들이 효과적인 양육 기술을 교육받는다면, 아마도 많은 혹은 대부분의 경우가 예방될 수 있을 것이다. 더욱이 부모와 교사들이 그런 기술을 터득한다면 정서·행동장애를 이미 갖고 있는 아동들도 증상이 더 악화되는 것을 막을 수 있을 것이다(2차 예방). 그러나 1차 예방 과제는 그렇게 간단하지 않다. 우선 아동을 교육하는 데 필요한 엄청난 양의 돈과 훈련교사를 배치하는 것이 불가능하다. 또한 돈과 교사의 조건을 모두 충족했다고 하여도 전문가들이 어떤 유형의 행동을 예방해야 하는가에 대해 혹은 문제행동이 악화되는 것을 어떻게 막느냐에 대해 일치된 의견을 갖고 있지 않다는 것도 걸림돌이 된다(Kauffman, 1999, 2005).

미취학 아동에게서 과도한 공격성이나 위축된 행동이 보인다면 어떤 종류의 중재가 가장 바람직할 것인가? 행동 중재들은 대체적으로 효과가 있다. 행동적 접근은 아동의 행동을 측정하고 정의하는 것을 의미하며 또한 아동이 보다 적절한 행동을 수행할 수 있도록 가르치고 지원하기 위해 환경을 재정리하는 것을 의미한다(특히 문제아동에 대한 어른과 주변 아동들의 반응). 공격적 성향을 가진 아동의 경우는 공격성에 대한 사회적 보상을 막아야 한다. 예를 들어, 다른 아동을 때린다든지 성질을 내는 행동은 어른이 관심을 가져 주거나 원하는 것을 얻는 대신 타임아웃이나 간단한 사회적 고립으로 대한다(Kauffman & Brigham, 2009; Kazdin, 2008).

요약하자면, 정서·행동장애를 가질 위험이 높은 아동을 조기에 발견해 내는 것은 가능하다. 이러한 아동들은 극단적인 공격성이나 사회적 고립을 드러내며 사회적으로 거절감을 느꼈을 가능성이 크고 일탈 행동을 하는 또래 친구들과 어울릴 가능성이 크다. 그들은 가능하면 어릴 때 발견될수록 좋으며, 이런 아동들의 교사와 부모는 필수적인 사회 기술들을 어떻게 아동에게 가르칠 것인지 배워야 하며 그들의 문제행동을 긍정적이고 비폭력적인 절차로 다루는 법을 배워야 한다. 정서 · 행동장애 아동이 조기 발견되고 중재가 충분히 종합적 · 집중적 · 지속적으로 이루어진다면 그들이 회복되고 정상적인 행동 유형을 보일 가능성은 더 높아진다.

그럼에도 불구하고 연구자들은 실제로 조기 중재는 대부분 일어나지 않는다고 말한다(Dunlap et al., 2006; Kauffman, 2010). 조기 중재가 드문 기본적인 이유는 종합적이고 집중적이며 지속적인 중재가 아동에게 낙인 효과를 초래할 수 있다는 우려와 아동이 나아질 것이라는 낙관 때문이다(즉, 아동이 문제행동을 딛고 발전할 것이라는 가정). 또한 심각한 문제행동을 보이는 아동들의 요구를 알려 줄 자원의 부족, 정서 · 행동 문제의 조기 증상에 대한 무시 등도 조기 중재가 드문 이유에 포함된다.

성인기로의 전환

정서 · 행동장애 청소년들을 위해 설계된 프로그램은 목표와 구조 면에서 매우 다양하다(Cheney & Bullis, 2004; Nelson et al., 2004). Nelson과 Kauffman(1997)은 다음 유형들을 설명하는데, 이들은 오늘날의 기본 선택 사항들로 남아 있다.

- 정규 공립 고등학교 교실
- 개별화된 학습 및 행동 운영을 제공하기 위하여 일반교사와 함께 일하는 자문교사
- 아동들이 학교 일과의 전체 혹은 일부를 보낼 수 있는 학습도움실과 특수학급 교실
- 직업교육과 직업 경험을 학업 공부와 조합할 수 있는 학업 프로그램
- 다른 환경에서 정규 고등학교 교육과정을 가르치는 특수 사립 혹은 공립 학교
- 환경 및 내용 면에서 전형적이지 않은 매우 개별화된 프로그램을 제공하는 대안학교
- 사립 혹은 공립 기숙학교

정서 · 행동장애로 감금된 청소년들은 특수교육에서 경시된 집단이다(Nelson et al., 2004). 감옥에 있는 많은(혹은 대부분의) 청소년의 특수교육적 요구는 그들이 정서장애보다는 사회 부적응 학생들이라고 정의되었기 때문에 경시되어 왔다. 현재의 연방정부 정의는 매우 심각한 행동장애와 장기간 학교에서 실패를 보이는 많은 청소년에 대한 특수교육 서비스의 거부를 용인하고 있다.

정서 · 행동장애 학생들을 위한 중등교육 프로그램을 설계하는 것은 매우 어렵다. 이 시기의 청소년들은 매우 다양하기 때문이다. 정서장애로 인해 특수교육 대상으로 분류된 청소년들은 행동 문제 범위가 극심한 내향성부터 비행 수위의 공격성까지이고, 지적 능력도 매우 낮은 수준부터 매우 우수한 수준까지 다양하며, 또한 학습 기술도 취학전 수준에서 대학 수준까지 매우 광범위하다. 한 종류의 프로그램이나 모델이 모든 청소년에게 적절한 것이라고 말하기는 현실적으로 어려운 부분이 있다. 사실상 정서 · 행동장애 청소년들은 다른 어느 범주보다 더 예외가 많으며 고도로 개별화되고 창의적이며 유연한 교수를 필요로 한다. 프로그램은 보호기관에서 일상생활 기술을 가르치는 것부터 대학의 상위반 배치까지, 일반교육 배치부터 병원교육까지, 그리고 전통적 교육과정부터 특수한 직업훈련까지의 범위로 이루어져 있다(Brolin & Loyd, 2004; Sitlington & Clark, 2006).

학교에서 일터로 그리고 성인으로서의 삶으로의 전환은 정서 · 행동장애 청소년들에게 특히나 어려운 부분이다. 대부분의 이런 학생들은 성공적인 취업을 위해 필요한 기본적인 학업 기술이 결여되어 있다. 게다가 동료, 고용주, 이웃, 학우들이 좋아하고 도울수 있는 방향으로 행동하지 않는다. 정서 · 행동장애 학생들이 학교를 포기할 가능성이가장 많은 집단이고 전환 프로그램을 훈련시키기 어려운 집단이라는 점은 당연한 것이라고 보인다(Cheney & Bulis, 2004; Sitlington & Clark, 2006).

Brolin과 Loyd(2004)는 '정서 · 행동장애' 학생의 한 사례를 보여 준다.

> Stephen은 또래 친구와 교사들 사이에서 적절한 관계를 형성하고 유지하는 데 어려움이 있는 16세 소년이다. 일반학급에서 대부분의 시간에 산만하고 학교 숙제를 완성하지 못한다. 이는 학교 진도를 따라가지 못하는 결과를 야기한다. Stephen의 읽기와 수학 능력은 중학교 2학년 수준이다. Stephen은 때때로 우울해하고 불행해 보인다. 교실과 비교과 환경에서 그의 행동은 부적절하고 미성숙한 면이 있다(p. 240).

많은 정서 · 행동장애 아동 및 청소년은 독립적이고 생산적인 삶을 사는 성인으로 성장하는 데 어려움을 겪는다. 품행장애 아동 및 청소년들의 미래는 특히 더 암울하다. 대중적 의견과는 대조적으로, 부끄럼이 많고 걱정이 많으며 신경증이 있는 아동 혹은 청소년이 성인기에 정신적 문제를 앓는 경우는 적다. 그보다는 오히려 행동장애(과도하게 공격적인) 아동 및 청소년이 미래에 사회적으로 용납될 수 없는 행동과 사회 숙련도가떨어지는 행동으로 특징지어지는 성인이 되는 경향이 있다(Walker et al., 2004). 과도한공격성을 보이는 아동의 절반 정도가 성인이 되었을 때 법적 중재 혹은 정신의학적 보호가 필요한 문제를 갖게 된다.

성인기로의 성공적인 전환은 종종 무시되고 남용되거나 부적절한 가족 관계에 의해 복잡해진다. 품행장애 청소년 중에는 이런 가정환경을 가진 비율이 높다. 그러나 처벌과 수감의 강조, 특히 흑인계 남성에 대한 이런 조치는 오히려 역효과를 낳는다. 처벌에 대한 강조는 가정을 악화시키고 바람직하지 않은 행동을 영구화하는 좋지 않은 조건을 만드는 원인이 될 뿐이다.

상대적으로 성공적인 고등학교와 전환 프로그램의 예가 있는데, 그 대부분은 행동 접근법을 채택한다(Cheney & Bullis, 2004). 그러나 상대적이라는 용어를 강조하는 것이 매우 중요하다. 많은 중증 품행장애 아동 및 청소년이 평생에 걸쳐 중재가 필요한 발달장애를 갖고 있다는 점은 교사들이 몇 십 년 동안 보아 온 사실이다(Wolf, Brukmann, & Ramp, 1987). 이러한 반사회적 청소년들이 고등학교에 갈 즈음의 가장 효과적인 프로그램 목표는 그들이 자신의 장애에 적응하도록 도와주는 것이다. 이러한 프로그램은 학습 및 사회적 기술을 지도하기보다는 학교와 지역사회 그리고 더 나아가 일에서와 일의 발전적인 면에서 어떻게 대처해야 할지와 살아남는 법에 대해 가르친다.

요약

정서·행동장애를 기술할 때에 어떤 용어를 사용하는가?

- 연방정부법의 현재 용어는 정서장애(emotionally disturbed)다.
- 여러 주와 지역의 용어는 다양하며 때로는 혼란스럽기도 하다. 정서장애, 행동장애, 사회적 부적응 등과 같은 용어들이 혼용되고 있다.

정서·행동장애의 정의는 무엇인가?

- 일반적으로 어떤 정의든 극단적인 것, 만성적인 문제, 사회적·문화적 기대에 의해 용납 불가능한 행동을 말한다.
- 현재의 연방정부 정의는 다섯 가지의 특징을 목록화하였다. 이 목록은 뚜렷한 정도로 나타나야 하고, 일정 기간 이상이어야 하며, 교육 성취에 악영향을 주어야 한다.
  - 학습에 장애가 있음
  - 만족할 만한 관계를 형성하지 못함
  - 부적절한 행동
  - 전반적인 불행함과 우울함
  - 신체적 증상, 고통, 두려움
- 국립정신건강 및 특수교육협회(National Mental Health and Special Education Coalition) 정의의 주안점은 다음과 같은 행동들이다.
  - 스트레스적인 상황에서 예상된, 일시적 반응 이상의 행동
  - 서로 다른 두 가지 상황에서 동일하게 보이는 행동, 한 상황은 학교에서 보이는 행동
  - 일반교육에서의 직접 중재에 반응이 없거나 일반교육의 중재로는 불충분한 행동

정서·행동장애는 어떻게 분류되는가?

- 정신의학적 분류는 교사들에게 그다지 유용하지 않다.
- 가장 유용하고 신뢰할 수 있는 분류는 외면화(타인에게 행동함)와 내면화(자신에게 행동함)의 기본 차원에 기반을 둔 분류다.

정서·행동장애의 출현율은 어떠한가?

- 대부분의 연구 결과에서 아동 인구의 5~10%가 이 장애를 갖고 있다고 밝혀졌다.
- 특수교육과 정신건강은 중증 장애로 도움이 필요한 아동들의 극히 일부분만을 지원하고 있다(즉, 장애아동 인구의 약 1%).

정서·행동장애의 원인은 무엇인가?

- 원인은 다양하고 복합적이며 한 가지 원인만으로 판명되는 경우는 거의 없다.
- 주요 원인은 생물학, 가족력, 학교, 문화 요인이다.

정서·행동장애는 어떻게 판별할 수 있는가?

- 교사의 판단이 가장 중요한 역할을 한다.
- 대부분 학생이 지적·학업적 성취 면에서 평균 이하를 나타낸다.
- 학생들은 외면화(타인에게 공격적인), 내면화(미숙하고 내성적이고 우울한)를 보이거나 혹은 이 두 가지를 혼합한 태도를 보인다.

정서·행동장애에 대한 주요한 교육적 고려 사항은 무엇인가?

- 행동 조절과 학업 교수 사이의 균형이 요구된다.
- 통합교육이 중요하다.
- 최선의 전략은 다음과 같다.
  - 조직적이고 자료 기반의(data-based) 중재
  - 지속적인 진단·평가와 진보의 모니터링
  - 새로운 기술을 적용하기 위한 규정
  - 문제에 적합한 처치
  - 다양한 요소를 지닌 치료
  - 전환과 유지를 고려한 프로그래밍
  - 지속적 중재를 전념하게 함
- 서비스 전달 체계는 적절한 때 통합하고 연속적인 대안적 배치의 중요성을 강조한다.
- 교수는 고도로 구조화되고 학생의 생활과 밀접하게 연관되어야 한다.
- 특별 규정적 고려 사항은 행동기능평가(FBA)와 긍정적 행동 중재와 지원(PBIS)을 포함한다.

전문가는 정서·행동장애 학생의 진보를 어떻게 평가하는가?

- 전문가들은 다양한 표준화된 척도를 사용할 수 있고 행동 평가를 위해 관찰할 수 있다. 교육과정중심 측정은 학습 진전을 평가할 때 추천된다.
- 검사 조정은 시험 보는 시간 연장과 같은 스케줄의 대체, 크게 소리 내어 읽기와 내용들을 포함한다.

정서·행동장애 학습자를 위한 조기 중재에서 중요한 고려 사항은 무엇인가?

- 조기 중재는 종종 제안되지만 거의 실행되지 않는다.

정서·행동장애 학습자의 성인기로의 전환에 대한 중요한 고려 사항은 무엇인가?

- 대부분의 학생이 취업 성과가 좋지 않고 장기적이지 못한 부분이 있기 때문에 성인기로의 전환이 어렵지만 매우 중요하다.

특수교육협의회

전문적 기준

이 장에서 다루어진 미국 장애인 특수교육협의회(Council for Exceptional Children: CEC)의 공통 핵심 지식 및 기술들: ICC1K2, ICC1K5, ICC1K6, ICC1K8, ICC2K1. ICC2K2, ICC2K3, ICC24, ICC2K5, ICC2K6, ICC3K1, ICC4S6, ICC5K2, ICC5K6, ICC5S4, ICC5S5, ICC5S10, ICC7S7, ICC8K4, ICC8S1, ICC8S2, ICC8S4, ICC8S6, ICC8S8, ICC9K3, ICC10K2, ICC10K3, ICC10S3, ICC10S6
부록: CEC의 공통 핵심 기준과 관련된 지식 및 기술을 제공한다.

MYEDUCATIONLAB

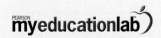

MyEducationLab(www.myeducationlab.com)의 주제 10: 정서·행동장애에서 대한 다음의 내용을 찾을 수 있다.

- 국가 수준의 기준들과 관련된 전반적 개념에 대한 학습 성과
- 각 장의 내용을 보다 심도 있게 이해하도록 도와주는 과제 및 활동 수행
- IRIS Center Resources에서 볼 수 있는 어려운 상황들에 대한 검토
- 교수 기술 수립과 학습 주제 경향을 확인할 주요 개념 이해에 대한 실제의 적용
- Book-Specific Resources의 Study Plan을 통한 교재 내용에 대한 이해도 측정. 여기에서 각 장의 퀴즈 수행, 정답에 대한 피드백을 통해 복습, 연습, 심화 활동으로 이해도를 높일 수 있음
- CCSSO 올해의 교사상 수상자의 교사 면담 코너를 통해 '왜 나는 가르치는가?'에 대한 답변 영상 시청

chapter

9 자폐 범주성 장애 학습자

한 친구가 '모든 사람에게 고마워'라는 제목의 자서전을 발간하였다. 그 자서전에는 자신에게 영향을 끼친 Woody Allen부터 내 여동생 Betsy까지 모든 사람에게 감사함을 표현하였다. 만약 나도 자서전을 쓸 수 있다면, 난 '모든 사람에게 미안해'라고 제목을 붙일 것이며, 젊은 시절 나의 무지함에 대해 사과할 것이다. 튀어나온 턱을 가진 7학년의 소녀(유난히 유인원 같은 모습으로 인해 난 결코 그녀에게 나의 열정을 쏟을 수 없었다)에게. 그리고 Caruso[1]의 공연 기간 중 우리 집에 와서 〈청아한 아이다(Celeste Aida)〉 녹음을 점검하면서 소중한 주말 오후를 견뎌 낸 소녀에게도. 이제 막 성인이 된 이상하게 생긴 젊은 여인이 어떻게 그의 연인이 되었으며, 어떻게 그들이 그렇게 급작스럽게 가까워졌고 어떤 물리적 힘에 의해 사랑이 싹 텄는지 이해할 수 없었다. 하지만 나는 게임도 더 하고 눈 맞출 겨를도 없이 잠재된 파트너로서의 근거를 찾고자 사라져 버린 그들에 대해 말할 수 있다.

-Tim Page ●
'병행놀이: 쉼 없는 고립의 삶(Parallel Play: A Lifetime of Restless Isolation Explained)'
The New Yorker, 2007. 8. 20, p. 39.

주요 질문

● 자폐 범주성 장애의 숨겨진 역사는 무엇인가?

● 전문가는 자폐 범주성 장애를 어떻게 정의하는가?

● 자폐 범주성 장애의 출현율은 어떠한가?

● 자폐 범주성 장애의 원인은 무엇인가?

● 자폐 범주성 장애를 판별하는 데 사용되는 방법은 무엇인가?

● 자폐 범주성 장애 학습자의 심리 및 행동적 특성은 무엇인가?

● 자폐 범주성 장애 학습자를 위한 교육적 고려 사항은 무엇인가?

● 자폐 범주성 장애학생의 진보는 어떻게 평가하는가?

● 자폐 범주성 장애 학습자의 조기 중재에서 중요한 고려 사항은 무엇인가?

● 자폐 범주성 장애 학습자의 성인기로의 전환에 대한 중요한 고려 사항은 무엇인가?

---

1. Enrico Caruso: 20세기 초 이탈리아의 유명한 가수로, 세계적으로 유명한 테너 가수 중 한 명이다.

자폐 범주성 장애 학습자에 대한

잘못된 생각

오해 • 자폐는 단일의, 잘 규정된 장애다.
사실 • 자폐는 장애 범주가 매우 넓고 장애 정도도 매우 심한 정도부터 매우 가벼운 정도까지 매우 다양하다.

오해 • 자폐 범주성 장애인은 지적장애가 있기 때문에 고등교육을 받고 전문직에 종사하기 어렵다.
사실 • 자폐 범주성 장애인의 지적 능력은 범위가 넓다. 비록 지적장애를 가진 비율이 높지만 경한 정도의 자폐인도 많다. 아스퍼거 증후군과 같이 높은 지능을 갖고, 학위를 취득하며, 성공한 전문가들도 있다.

오해 • 모든 자폐인은 몇몇 인지적 부분이 손상되어 있으나 다른 부분에서는 천재적이거나 높은 지능을 가지고 있다.
사실 • 자폐를 가진 극소수의 사람만이 특출난 기술을 보인다. 자폐 천재라고 일컬어지는 사람들은 일반적인 의미로 볼 때 천재는 아니지만—기능적이지 않은—매우 뛰어난 단편적 기술을 가지고 있다.

오해 • 자폐는 유행병이며 바이러스나 독소와 같이 우리 주위에 퍼져 있는 위험한 것이다.
사실 • 자폐로 진단되는 사람들이 증가하고 있다. 이것은 세 가지 이유로 설명할 수 있다. 첫째, 자폐를 진단하는 기준이 아스퍼거 증후군과 같은 경도의 장애가 포함될 만큼 넓어졌다. 둘째, 자폐에 대한 인식이 의학적, 심리학적 그리고 교육적 전문가들뿐만 아니라 일반 대중까지 확산되었다. 셋째, 이전에는 자폐를 지적장애(mentally retarded)와 같은 다른 장애로 진단했을 것이다.

오해 • 홍역, 볼거리, 풍진 바이러스가 자폐의 원인이다.
사실 • 미국의학협회(Institute of Medicine of the National Academics)의 보고서에서는 MMR 백신과 자폐는 인과관계가 없다고 발표하였다.

오해 • 나쁜 양육 태도, 특히 차갑고 무반응의 냉장고형 엄마가 자폐의 원인이다.
사실 • 양육 태도가 자폐의 원인이 된다는 증거는 없다. 오히려 부모의 무반응은 유아의 낮은 반응이나 비정상적인 행동으로 인한 부모의 스트레스와 관련될 수 있다.

앞서 인용된 Tim Page의 증언에 나왔던 가슴 아픈 단어처럼, 자폐인들은 종종 오해를 불러일으킨다. Page가 묘사한 것처럼 자폐인들은 다른 사람의 사회적 단서를 이해하지 못하기 때문에 오해를 받는다. 자폐인들은 자신의 행동이 어떻게 이상하게 보이는지, 그리고 그것이 다른 사람에게 어떤 영향을 미치는지를 잘 모른다. 이것은 Page가 강조한 특별한 행동—사회적 단서를 읽는 능력의 결함—은 지각, 인지, 언어, 사회적 행동에서의 결함과 같이 자폐인들이 나타내는 여러 행동 특성 중 하나다. 비록 몇 가지 결함은 일관된 패턴을 보이지만 자폐인들의 특성은 차이가 매우 크다. 특성은 다양할 뿐만 아니라 정도의 차이도 매우 넓다. 장애 정도가 심한 사람들과의 의사소통은 매우 어렵다. 반면 『워싱턴 포스트』의 퓰리처 음악상을 받은 Page와 같은 사람은 여러 분야에서 매우 높은 기능 수준을 나타낸다. 아스퍼거 증후군과 같이, 자폐에 대한 정의와 범주가 바뀌게 된 몇 가지 역사적 논의는 자폐를 이해하는 데 도움이 될 것이다.

역사적 사건: Kanner와 Asperger의 연구들

자폐에 대한 중대한 발표는 1년 차이(1943년과 1944년)로 발행된 두 과학 잡지에 두 명의 의사가 쓴 논문으로부터 시작되었다. 바로 Leo Kanner(1943/1973)와 Hans Asperger(1944/1991)다. 흥미롭게도 두 사람 모두 비엔나에서 태어났다. 그러나 Kanner는 미국으로 건너갔고, 그의 역사적인 논문은 영어로 발표되었다. Asperger의 업적은 수년 동안 드러나지 않았는데, 이는 그의 논문이 제2차 세계대전 당시 독일에서 발행되었기 때문이다.

또 흥미롭게도 Kanner와 Asperger 둘 다 그들이 관찰해 왔던 아동을 언급하면서 자폐라는 용어를 사용했다. 자폐라는 명칭은 20세기 이전에 만들어졌고(Bleuler, 1916/1951), 인간관계가 극히 좁고 환경 내에서 매우 제한된 상호작용을 나타내는 사람들을 언급하는 용어였다. "사회생활로부터 위축되어 자기(self) 안으로 들어가 버린 사람. 그래서 '자폐성(austic)'과 '자폐(autism)'라는 단어는 그리스어의 '자아(self)'에 어원을 둔다."(Frith, 2003, p. 5)

Kanner의 연구

Kanner(1943/1973)는 존스홉킨스 대학의 아동 정신의학자로 11세 아동의 사례를 발표했다. 이 아동들은 다음과 같은 몇 가지 주요한 특징으로 구별된다.

- 다른 사람들을 대하는 기본적인 예의범절의 무능력
- 외부 세계로부터 고립되어 보이는 극도의 자폐성
- 부모가 데려가려 하거나 잡으려 할 때의 확실한 저항
- 반향어를 포함한 언어적 결함
- 큰 소리에 대한 극도의 두려움
- 반복에 대한 강박적인 요구와 반복

- 전형적인 놀이 행동과 같은 몇 가지의 자발적인 활동
- 제자리에서 빙빙 돌거나 몸을 흔드는 등의 특이하고 반복적인 신체 움직임

(Scheuermann & Weber, 2002, p. 2)

Kanner는 이 아동들이 적어도 세 가지 분야에서 **정신분열증** 아동과 구별된다고 결론을 내렸다.

① 정신분열증 아동은 외부 세계와 단절하는 경향이 있는 반면 자폐 아동은 사회적 관계를 만들기 위한 시작을 전혀 하지 못한다.
② 자폐 아동은 대명사의 반전(예: I를 it으로, he를 she로)과 **반향어**, 단어 또는 구문의 반복과 같은 독특한 언어 패턴을 보인다.
③ 정신분열증 아동들과는 달리 자폐 아동은 시간이 지나면서 기능이 퇴보하지는 않는다.

Asperger의 연구

인터넷 자원

아스퍼거 증후군의 정의, 원인 그리고 치료에 대한 포괄적인 개요를 얻기 위해서는 국립신경질환 및 뇌졸중연구소(National Institute of Neurological Disorders and Stroke)의 웹사이트(www.ninds.nih.gov/disorders/asperger/asperger/htm)를 보라.

Asperger(1944/1991)는 여름 캠프에서 그가 관찰했던 아동 중 혼자 놀기를 좋아하고 다른 아동들과 상호작용하지 않는 아동의 사례 네 가지를 보고했다. 이 아동들은 주목할 만한 예외적인 특징 두 가지 외에는 Kanner의 사례와 유사했다. 첫째, 비록 그들이 기계나 산수와 같은 좁은 분야에서 강박적인 집착과 지적인 취미에 관심을 쏟는 것처럼 보일지라도, 그들은 평균적인 지능을 갖고 있었다. 둘째, 그들의 언어는 정상으로 여겨진다. (이 장 후반부에서 미묘한 언어적 이상에 대한 최근 연구에 대해 논할 것이다.)

Asperger는 '자폐적 정신병'을 갖고 있던 사례들을 언급했다. 거의 40년 후 Lorna Wing(1981)이 아스퍼거의 원 논문을 재언급했을 때 그 주제에 대한 관심과 함께 Asperger의 업적은 악평을 얻게 되었다. Lorna Wing은 Asperger 이후 증후군이라는 명칭을 제안한 사람 중의 한 사람이다. 자폐의 상태에 초점을 두었던 Lorna Wing의 논문은 아스퍼거 증후군을 증상에 초점을 두고 인식하게 한 기폭제가 되었다.

인터넷 자원

자폐증과 자폐 범주성 장애에 대한 포괄적인 중요한 보고서는 국립과학협회(National Academny of Science, http://www.nap.edu/catlog.php?record_id=10017)에서 확인할 수 있다.

자폐 범주성 장애의 정의

자폐는 1990년 미국 장애인교육법(IDEA)에 의해 독립된 범주로 분리되었고, 다른 유사한 장애들이 **자폐 범주성 장애**(autism spectrum disorders)라는 광범위한 용어 안에 포함되었다. 미국정신의학회(APA)에서는 자폐 범주성 장애의 정의와 진단기준을 수

정하고 있으며 2013년에 『정신장애의 진단 및 통계 편람
(*DSM-V*)』을 개정하여 발행할 예정이다(2013년에 DSM-5가
출간됨—역자 주). 미국정신의학회(APA)는 자폐 범주성 장애
를 진단하기 위한 세 가지 규준을 명시하였다.

자폐 범주성 장애 아동은 여러 특성으로 구별되는데, 또래와의 상호
작용을 회피하는 것이 대표적이다.

1. 사회적 의사소통과 상호작용에서 임상적으로 명확하
   고 지속적인 결함: 다음 세 가지 내용을 모두 포함한다.
   a. 사회적 상호작용을 위한 비언어적 · 언어적 의사소
      통의 뚜렷한 결함
   b. 주고받기(give-and-take)와 같은 사회적 상호성의
      부족
   c. 발달 수준에 적합한 또래 관계 형성과 유지의 실패
2. 행동과 흥미, 활동에서의 제한적이고 반복적인 형태: 다음 중 적어도 두 가지를 포
   함해야 한다.
   a. 틀에 박힌 신체 움직임이나 언어 행동 또는 독특한 감각 행동
   b. 규칙적인 일상에 대한 지나친 집착과 의례적인 행동 패턴
   c. 제한적이며 고착된 관심
3. 증상은 유아기에 나타난다(제한된 능력을 넘는 사회적 요구가 있을 때까지 드러나지 않
   을 수 있다)(American Psychology Association: DSM-V Development, 2010).

DSM-V가 발행되기 전이지만, 이 분야의 기초가 되었던 이전의 기준이 약간 변화되
었다. 하지만 또다시 약간의 변화가 있을 것이다.

〈표 9-1〉의 여러 장애 목록은 APA 개정 시 자폐 범주성 장애라는 용어로 포함될 것이
다. 목록에 있는 증상 중 출현율이 가장 높은 장애는 자폐와 아스퍼거 증후군이기 때문
에 이 두가지 장애에 대해 논의할 것이다.

〈표 9-1〉 DSM-V의 자폐 범주성 장애 분류 기준

- 자폐: 극도의 사회적 위축과 의사소통에서의 결함; 정형화된 움직임, 변화에 대한 저항, 감각 경험
  에 대한 비전형적인 반응; 보통 3세 이전에 나타남.
- 아스퍼거 증후군(또는 아스퍼거 장애): 경도 자폐와 같으나 인지와 언어에서의 명확한 결함이 없음.
- 아동기 붕괴성 장애: 적어도 2세부터 10세까지 정상적인 발달을 하다가 중요한 기능에서의 결함이
  나타남; 일반적으로 남성에게 더 많음.
- 비전형적 전반적 발달장애(PDD-NOS): 전형적인 자폐의 행동에서 약간 벗어나 있으며 3세 이후
  에 나타남.

출현율

과거 몇 년 전부터 자폐 범주성 장애의 출현율은 급격하게 증가하고 있다. 1960년 대에 실시하였던 첫 번째로 시행된 큰 규모의 자폐 역학 조사(Lotter, 1966)에서는 0.04%(2,500명 중 1명)의 출현율을 보고하였다. 1970년대, 1980년대의 몇몇 다른 조사 에서도 유사한 비율을 보고하였다. 그러나 2000년 이후 많은 조사에서 자폐 범주성 장 애가 99명 중 1명부터 333명 중 1명으로 급격하게 높은 비율이 보고되고 있다(Kogan et al., 2009). 만약 출현율의 공식 수치를 찾는다면 질병통제예방센터(Centers for Disease Control and Prevention: CDCP)에서 제공한 110명당 1명의 비율이 최상일 것이다. 비록 최근의 연구는 단지 자폐에만 초점을 맞추었던 초기 연구에 비해 자폐 범주성 장애 집 단으로 범주가 넓어졌지만 그 증가율은 엄청나다. 2002년에서 2006년까지 자폐 범주성 장애는 57%나 증가하였다. 아스퍼거 증후군이나 자폐 범주성 장애의 드문 범주 중 하 나가 자폐를 가진 사람 중에 얼마나 많은지는 알 수 없다. 그러나 이 사례의 대부분이 아 스퍼거 증후군보다는 자폐 범주성 장애다.

자폐 범주성 장애의 출현율에서 몇 가지 중요한 부분을 확인할 수 있다. 첫째, 출현율 은 여아보다 남아가 4배 더 높다. 다른 장애(예: 학습장애, 주의력결핍 과잉행동장애)처럼 남아가 생물학적으로 더 예민하고 신경학적인 역기능의 결함이 다양하기 때문에 남자 아동이 정상적인 범위를 벗어난 행동들을 보일 때 전문가들은 더 많이 의뢰하거나 진단 하려는 편파적인 경향이 있다. 둘째, 발병률은 라틴계 미국인과 아프리카계 미국인보다

자폐 범주성 장애의 발병률은 연구마다 서로 다르지만, 남성의 발병 률이 여성보다 높다는 사실은 일관되게 보고되고 있다.

유럽계 미국인이 더 높다(Mandell et al., 2009). 출현율에서 인종적 차이가 나타나는 것은 두 가지 이유에서다. 유럽계 미국인은 의료 서비스를 더 많이 받을 수 있다. 또는 편견으 로 인해 라틴계 미국인과 아프리카계 미국인들은 자폐와 함 께 지능이 낮게 나오면 자폐로 진단받는 대신 지적장애로 진단받기 때문이다.

자폐 출현율의 급격한 증가는 우리의 환경에서 밝혀지 지 않은 독소가 자폐를 전염시킬 것이라는 추측을 불러일 으켰다. 또 다른 관점은 현재 널리 사용되고 있는 예방접종 (〈핵심 개념〉'예방접종과 자폐는 관계가 있을까' 참조)이다. 대 부분의 과학자는 예방접종이 원인이라는 것에 반대한다. 이 는 두 과학 캠프에서 보고된 믿을 만한 사례가 증가하였기 때문이다. 첫 번째는 진짜 자폐 사례가 증가한 것이 아니라 는 것이다(Fombonne, 2001; Frith, 2003; National Research

핵심 개념

예방접종과 자폐는 관계가 있을까

홍역, 볼거리, 풍진 예방접종(MMR)이 자폐증을 유발하는지에 대한 논란은 격렬하다. 특히 수은이 포함된 방부제 소독제가 주범이라는 주장은 계속된다.* 수은의 과다 복용은 신경 결손을 유발한다고 알려져 있다. 그러나 백신과 자폐증 사이의 관계는 없다는 주장이 강하다. 허약 좋은 이론은 어떻게 나왔을까? 다수의 대중에게 미친 영향을 어떻게 설명할 수 있을까? 이는 과학과 언론 그리고 정책이 어떻게 상호 관련되는지에 대한 흥미로운 교훈이다.

Wakefield의 원 논문

1998년 Wakefield와 12명의 공저자는 저명한 의학 저널 중 하나인 *Lancet*에 잉글랜드의 병원에서 의뢰된 위장 문제와 언어 결함을 가진 12명의 아동에 대한 언급이 있었다. Wakefield와 동료들은 자폐와 관련된 두 가지 주요한 결과를 보고했다. 첫째, 9명의 아동이 자폐다. 둘째, 그 아동 중 8명의 부모나 의사가 자폐 증상은 MMR 백신 때문인데 증상은 접종 후 갑자기(48시간에서 2주 내) 나타났다고 말했다.

두 번째 결과와 관련해서 "우리는 백신과 자폐 증상의 관련성을 증명할 수 없다…… 이 문제를 해결하기 위한 연구를 할 것이다."라고 결론지었다(Wakefield et al., 1998, p. 641).

이와 관련하여 *Lancet* 편집위원회 편집장은 Wakefield의 논문에 제한점이 있다고 논평하였다. 중요한 제한점 중 하나는 예방접종 후 증상은 아주 짧게 접종과 동시에 나타난다는 것이다.

처음 MMR 백신은 영국에서 매년 60만 명의 아동을 접종했는데 대부분 2세 미만의 아동이었고 자폐가 나타나는 시기와 동일하다. 그러므로 몇몇 경우는 MMR 백신 후에 나타나는 것이 당연하다(Chen & DeStefano, 1998, p. 612).

Wakefield 논문에 대한 대중의 반응

비록 Wakefield와 동료들은 MMR 백신이 자폐를 유발한다는 것을 증명하지 못했고 논평은 독자들에게 쉽게 결론 내리지 말라는 경고를 하지만, 이러한 경고는 대중들에게 효과가 없었다. 일단 백신과 자폐의 관련성이 언론에 보도되었고 대중의 두려움은 유럽뿐만 아니라 북미까지 빠르게 퍼졌다.

반대로 이러한 반응은 MMR 백신에 대한 대중의 신뢰를 잃게 하였고 홍역을 발생시켰다. 많은 연구자와 의사가 *Lancet* 편집장에게 다음과 같은 편지를 썼다.

이제는 홍역 발생을 막아야 할 때다. 만약에 부모들이 MMR 백신을 거부한다면 이것은 다시 죽음에 이르거나 어린 나이에 신경 손상을 입게 하는 홍역과 풍진을 재발하게 할 것이다(Bedford et al., 1998, p. 907).

홍역 재발

Wakefield의 논문이 출판된 후 미국에서 MMR 예방 접종 비율이 급격히 감소하였다. 이로 인해 영국과 미국에서는 홍역이 재발되었다. 예를 들어, 미국에서 홍역의 재발은 2008년에 일어났는데 이 중 90%가 예방접종을 하지 않았다(Centers for Disease Control and Prevention, 2008).

몇몇 연구자의 논문 철회

13명의 Wakefield 논문 연구자 중 10명이 대중의 반응을 걱정하며 자신의 주장을 철회하였다(Murch et al., 2004). 그들은 논문의 주요 쟁점은 아동의 위장 내 문제이며 MMR 백신과 자폐의 연관성에 대한 자료는 불충분했다고 지적했다. 더구나 대중 건강에 끼친 부정적인 영향을 고려할 때 "지금이 우리가 다 함께 공식적으로 논문의 결과 해석을 철회할 적절한 시기다."라고 하였다(Murch et al., 2004, p. 750).

미국의학협회의 위임 보고

Wakefield 논문의 출판 이후 몇몇 전염병 연구에서 자폐와 MMR 백신의 관계에 대한 가능성을 조사하였다. 몇 개의 연방기관은 미국의학협회(Institute of Medicine of the National Academies)를 포함한 공신력 있는 기관에 검토 의뢰 하였다. 세 번째이자 마지막 논문에서 위원회는 "MMR 백

---

* 1999년, 미국 소아과학회와 미국 공중위생국은 백신에서 티메로살을 빼라는 공동성명을 발표하였다. 그 이후로, 미국 제약회사들은 백신에 티메로살을 사용하지 않았고 2001년 이후로는 티메로살을 함유한 MMR 백신 접종이 이루어지지 않았다고 추정된다.

신과 자폐증 사이에 관계가 없다."라고 결론지었다(Institute of Medicine, 2004, p. 7). 그리고 미국의학협회의 논문 이후 계속해서 MMR 백신과 자폐는 관계가 없다고 보고되고 있다. 연구자들은 오히려 티메로살을 뺀 백신이 나온 뒤에도 자폐 출현율은 계속 증가하고 있다는 것을 예로 설명하고 있다(Schechter & Grether, 2008).

*Lancet*의 철회

2010년 2월 2일 *Lancet*은 Wakefield의 논문을 철회한다고 발표했으며 방법론적 결함을 비판하였다(Editors of The *Lancet*, 2010).

몇몇 부모는 여전히 불신: 대부분의 과학 커뮤니티는 확신

과학적 증거가 많음에도 불구하고 많은 부모는 여전히 MMR 백신이 아동의 자폐 유발의 원인이라고 믿는다. 하지만 대부분의 과학자들은 티메로살과 관계없이 백신은 자폐와 관계가 없다는 연구를 하고 있다.

Council, 2001; Shattuck, 2006, Wing & Potter, 2002). 대신 다음과 같은 세 가지 이유 때문에 증가했다고 주장한다.

① 자폐의 진단기준이 넓어지고, 아스퍼거 증후군과 같은 경미한 장애도 포함되었기 때문이다.
② 자폐에 대한 인식이 의학, 심리학, 교육 전문가들뿐만 아니라 일반 대중들에게도 확산됐다.
③ 이전에 정신지체(지적장애, Coo et al., 2008)로 진단받거나 언어발달장애(Bishop, Whitehouse, Watt, & Line, 2008)를 가진 사람들이 자폐 범주성 장애로 진단받는 '진단의 대체' 현상 때문이다.

두 번째는 앞에서 말한 요소들이 과학적으로 타당하기 때문에 자폐가 증가하고 있다는 설명이 되지만, 이것이 증가의 원인 전부를 설명하는 것은 아니다. 따라서 우리가 알지 못하는 아직 알려지지 않은 요소들이 자폐 증가의 원인일 수 있다는 가능성을 배제해서는 안 된다(CDCP, 2009; Hertz-Picciotto & Delwiche, 2009).

원인

자폐 범주성 장애의 급격한 증가는 자폐 원인에 대한 연구의 증가를 가져왔다. 이러한 연구는 자폐 원인에 대한 우리의 이해를 완전히 바꾸어 놓았다. 이전의 추측에 근거한 이론들은 과학에 기초한 이론으로 대체되었다.

초기 원인 이론

Hans Asperger는 자폐가 생물학적이며 유전적 원인에 기초한다고 추측했다(Hewetson, 2002). Kanner도 생물학적 원인으로 추론했지만, 자폐 아동의 부모는 '따뜻한 마음'이 없다는 것도 지적했다.

> 그룹 전체를 볼 때 따뜻한 마음을 가진 부모님이 매우 적다. 심지어 가장 행복한 결혼 생활을 하는 몇몇 커플조차도 차갑고 형식적인 애정 관계를 보였다. 세 커플은 실패였다. 이러한 사실이 아동의 상태에 영향을 주지 않았을까 싶다. 생애 초기부터 외로움을 가진 아이들은 초기 부모-자녀 관계에서의 어려움을 가져오고 인생 전반에 영향을 미치리라는 생각이 들었다.
> 따라서 이 아동들은 사람들과의 애정적인 접촉을 위한 일반적이고 생물학적인 능력에서의 어려움을 나타내는 것이라고 추측된다(Kanner, 1943/1973, pp. 42-43).

Asperger와 Kanner는 자폐증의 생물학적 원인에 기반을 두고 있었지만, 1960년대에는 자폐의 복잡한 상태에 대한 대답을 발견한 전문가들도 몇 년간 심리적 원인을 주장하였다. 특히 한 의사는 부모, 특히 엄마의 생각이 자녀의 자폐 원인에 매우 큰 영향을 미친다고 말했다. 따뜻한 마음이 없는 부모라고 언급했던 Kanner의 이야기는 이후 "냉장고처럼 차가운 엄마가 자폐 아동을 만든다."는 말로 확대되었고(Eisenberg & Kanner, 1956), Bruno Bettelheim(1967)은 차갑고 냉담한 엄마가 자폐를 유발한다는 이론을 만들었다. 전문가들이 사용하는 냉장고형 엄마(refrigerator moms, 자폐 아동의 어머니를 언급하는 용어)라는 용어는 Bettelheim으로부터 만들어졌다.

우리가 4장에서 언급했듯이, 자녀의 문제로 인해 부모를 비난하는 것은 그리 오래되지 않았기에 Bettelheim의 생각이 그리 극단적인 견해는 아니다. 현재는 아동과 성인 간의 상호작용은 쌍방향이라는 것을 알게 되었다(Bell & Harper, 1977). 상대적으로 반응적이지 않은 영아의 부모들은 시간이 지남에 따라 자녀에게 점점 더 차갑고 거리감 있는 행동을 하게 된다. 더군다나 자폐 아동의 부모와 가족은 너무나 갑작스럽고 예상치 못한 자녀의 장애에 직면했기 때문에 상당한 스트레스를 경험한다. 대개 자폐 아동들은 전형적인

20세기 대부분 동안 부모, 특히 엄마들이 자폐의 원인으로 추측되었다.

아동과 달라 보이지 않고 짧은 기간이긴 하지만 부모가 뭔가 이상하다고 생각하기 전까지 정상적인 발달을 보이기도 한다. 따라서 자폐아 부모는 스트레스와 걱정으로 다소 다른 반응을 할 것이라는 점을 이해해야 한다.

오늘날의 원인 이론

과학자들은 아직 자폐 범주성 장애가 뇌에서 무엇을 잘못되게 하는지는 정확히 알아내지 못했지만, 그 원인은 사람과 사람 사이의 관계 문제가 아닌 신경학적이라는 것을 밝혀냈다(National Research Council, 2001; Muller, 2007; Strock, 2004). 또한 많은 경우 유전이 작용한다는 명확한 증거를 확인하였다. 그러나 자폐 증상의 범위나 심각성의 수준을 고려할 때 신경학적인 원인이나 유전적 원인 중 하나만이 단일하게 영향을 주었다고 말할 수는 없다.

자폐 범주성 장애의 신경학적 원인   자폐 범주성 장애가 신경학적인 원인이라는 것은 자폐 성향을 나타내는 사람이 뇌 발작이나 인지 능력의 결함을 보인다는 사실로 뒷받침이 된다(Volkmar & Pauls, 2003). 앞 장에서 학습장애나 주의력결핍 과잉행동장애(ADHD) 연구에 사용되었던 사체의 부검이나 신경 영상 연구를 통해(예: 양전자방사단층촬영, 컴퓨터 단층촬영, 자기공명영상 등) 뇌의 많은 영역이 서로 연관된다는 것을 알게 되었다(Muller, 2007; Strock, 2004; Volkmar & Pauls, 2003). 많은 학자가 뇌는 많은 영역이 연결되기 때문에 요즘은 자폐 범주성 장애가 뇌의 특정 부분의 이상이라기보다 신경 계통의 장애라고 생각한다. 게다가 자폐인의 뇌세포가 연결의 결함을 보이고 이로 인해 세포들 간의 기능이 원활하지 않다는 연구 결과들도 나오고 있다(Glessner et al., 2009; Wang et al., 2009). [그림 9-1]은 주요 뇌 구조에 영향을 주는 부위들을 보여 주고 있다.

또 다른 신경 연구 중 흥미로운 것은 자폐인의 머리 크기와 뇌의 관련성에 관한 연구다(Courchesne, Carper, & Akshoomoff, 2003; Courchesne et al., 2001; Elder, Dawson, Toth, Fein, & Munson, 2008; Fombonne, Roge, Claverie, Courty, & Fremoile, 1999; Fukomoto et al., 2008; Piven, Arndt, Bailey, & Andreason, 1996; Piven et al., 1995). 연구에서는 자폐 아동의 머리와 뇌가 태어난 첫해에 갑자기 급격하게 자란다는 사실을 지적하였다. 그 이후 머리와 뇌의 성장 속도는 점차 감소하여 청소년기에는 정상 크기가 된다. 생후 초기 2년간의 뇌 성장이 비정상적인 속도로 이루어진다는 것은 뇌 조직 형성의 결정적 시기가 매우 중요하다는 것을 강조하는 것이다.

뇌의 구조화가 이루어지는 생후 2년 동안 아동은 언어 습득과 추리 능력, 자기인식 능력(Herschkowitz, 2000)과 같은 복잡한 정보 처리를 담당하는 신경의 발달이 이루어진다

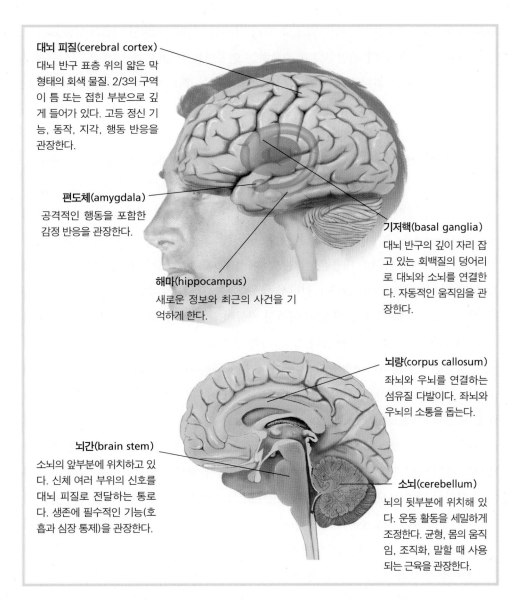

대뇌 피질(cerebral cortex)
대뇌 반구 표층 위의 얇은 막
형태의 회색 물질. 2/3의 구역
이 틈 또는 접힌 부분으로 깊
게 들어가 있다. 고등 정신 기
능, 동작, 지각, 행동 반응을
관장한다.

편도체(amygdala)
공격적인 행동을 포함한
감정 반응을 관장한다.

해마(hippocampus)
새로운 정보와 최근의 사건을 기
억하게 한다.

기저핵(basal ganglia)
대뇌 반구의 깊이 자리 잡
고 있는 회백질의 덩어리
로 대뇌와 소뇌를 연결한
다. 자동적인 움직임을 관
장한다.

뇌량(corpus callosum)
좌뇌와 우뇌를 연결하는
섬유질 다발이다. 좌뇌와
우뇌의 소통을 돕는다.

뇌간(brain stem)
소뇌의 앞부분에 위치하고 있
다. 신체 여러 부위의 신호를
대뇌 피질로 전달하는 통로
다. 생존에 필수적인 기능(호
흡과 심장 통제)을 관장한다.

소뇌(cerebellum)
뇌의 뒷부분에 위치해 있
다. 운동 활동을 세밀하게
조정한다. 균형, 몸의 움직
임, 조직화, 말할 때 사용
되는 근육을 관장한다.

[그림 9-1] 자폐증과 연관된 주요 뇌 구조

출처: Strock, M. (2004). *Autism spectrum disorders* (pervasive developmental disorders). Bethesda, MD: U.S. Department of Health and Human Services, National Institutes of Health, National of Mental Health. Retrieved from www.nimh.nih.gov/publicat/autism.cfm

(Minshew, Sweeney, & Luna, 2002)(Lainhart, 2003, p. 394).

이론은 다양하지만 몇몇 사람은 비정상적인 뇌 성장이 호르몬 성장 수치의 급상승
과도 연관될지 모른다고 생각한다(Mills et al., 2007). 자폐 아동의 호르몬 관련 연구 이
론은 과학자들과 언론에서 관심을 끌고 있다. 몇몇 연구자는 출생 전 양수에서 높은 수
치의 **안드로겐**(남성성의 발달을 주관하는 호르몬)이 자폐 성향을 나타나게 한다고 주장한
다(Auyeung et al., 2009; Baron-Cohen, 2002, 2003; Baron-Cohen, Auyeung, Ashwin, &

Knickmeyer, 2009). 이런 결과를 기초로 자폐 범주성 장애는 **강력한 남성의 뇌**(extreame male brain: EMB)로부터 기인한다고 추론하는 연구자들도 있다. 이 이론은 그럴듯하기는 하지만 대부분의 과학 단체에서 타당성에 대해서는 회의적이다(Barbeau, Mendrek, & Mottron, 2009; Falter, Plaisted, & Davis, 2008; Skuse, 2009). 이 이론에 대한 많은 비평 중 하나는 이 이론이 실제 자폐로 진단받는 사람과 안드로겐의 관계를 연구한 것이 아니라 일반인 중에서 자폐 성향을 가진 사람과 안드로겐의 관계를 연구했다는 것이다.

인터넷 자원

자폐 범주성 장애의 정의, 원인 그리고 치료를 포함한 포괄적인 개요를 얻기 위해서는 국립정신 건강연구소(National Institute of Mental Health)의 웹사이트 (www.ninds.nih.gov/Publcat/ autism.cfm)를 보라.

자폐 범주성 장애의 유전적 기초   자폐의 유전적인 요소에 대한 과학적 증거는 매우 강하다(Sutcliffe, 2008). 자폐로 진단받은 아동 중 그들 형제가 자폐로 진단받을 확률은 15%라고 한다. 이러한 비율은 전체 인구에서 자폐로 진단받는 비율보다 25~75%나 더 높은 비율이다(Sutcliffe, 2008). 일란성 쌍둥이 중 하나가 자폐를 나타낼 때 다른 하나가 자폐 범주성 장애를 보일 확률이 이란성 쌍둥이 중 하나가 자폐일 때 다른 하나가 자폐로 진단받는 비율보다 훨씬 높다. 또한 가족 구성원 중 자폐를 가진 사람이 있다면 자폐로 진단받지는 않더라도 가까운 친구가 없거나 특정 관심에만 몰두하고 반복적인 것을 선호하는 자폐 성향을 나타내는 가족이 있을 확률이 높다(Stone, McMahon, Yoder, & Walden, 2007; Volkmar & Pauls, 2003).

자폐 범주성 장애의 유전적 원인 외에 몇몇의 경우 유전학적 돌연변이도 발생할 수 있다는 증거가 있다. 연구자들은 작은 유전자 변형—유전물질의 탈락 또는 복제—이 자폐의 원인이 되며 부모 중 한 명이나 두 명으로부터 자녀에게 전달될 수 있다는 것을 발견했다(Autism Genome Project C/onsortium, 2007; Sebat et al., 2007). 이는 21번째 염색체 변형을 가진 다운 증후군 아동들과 비슷한 양상이다. 또한 다운 증후군과 비슷하게 돌연변이의 빈도가 부모의 나이, 특히 엄마의 나이가 높아질수록 증가한다.

아직까지 유전자의 정확한 결합에 대한 연구는 미흡하다. 하지만 단 하나의 자폐 유전자가 존재하는 것은 아니라는 주장이 압도적이다. 즉, 여러 유전자가 영향을 주지만 자폐 범주성 장애를 가진 사람들이 모두 같은 유전자를 갖고 있는 것은 아니다.

판 별

자폐 범주성 장애는 APA(2010)에서 정한 기준인 의사소통 능력, 사회적 상호작용, 반복적인 상동 행동 여부에 따라 정신과 의사가 진단한다. 임상가들은 진단실에서 아동을 관찰하는 것 외에도 부모로부터 상세한 정보를 얻으며, 행동관찰 도구를 사용하여 부모나 교사에게 관찰 항목에 체크해 오도록 한다. 일반적으로 표준화된 두 도구, 즉 자폐 진단관찰 스케줄(Autism Diagnostic Observation Schedule: ADOS)과 자폐 진단 면담지 개정판(Autism Diagnostic Interview-Revised: ADI-R, Conroy et al., 2011; Le Couteur, Haden, Hammal, & McConachie, 2008)이 자폐 범주성 장애의 진단에 가장 적합한 기준으로 여겨진다. 자폐 범주성 장애의 진단 시 두 가지 도구를 함께 사용하도록 되어 있다. ADOS는 반구조화된 놀이 활동 중에 아동을 관찰하는 항목이 몇 가지 포함되어 있으며, ADI-R은 아동의 언어나 의사소통 능력, 상호작용, 제한적이거나 반복적인 상동 행동에 대해 양육자와 면담하도록 되어 있다.

대부분의 자폐 아동은 만 3세에 진단되지만 그 이전에 진단되기도 한다. 아스퍼거 증후군은 증상이 심각하게 나타나지 않아 진단받기까지 더 오래 걸리기도 한다. 연구자들은 그들이 이러한 장애를 영아기에 더 빨리 진단할 수 있는 방법을 개발하려고 한다. 부모들은 자폐로 진단받기 이전에 자신의 자녀가 다른 아동들과 좀 다르다는 것을 알아차리지만(〈표 9-2〉 참조) 진단은 대개 3세 이후에 받게 된다(K. M. Gray, Tonge, & Bereton, 2006).

〈표 9-2〉에 나타난 것처럼 자폐 범주성 장애의 지표는 옹알이나 언어 또는 또래 간의 사회적 기술의 결함이나 퇴행이다. 자폐 아동 부모 중 몇몇은 자신의 자녀가 첫 2년 동안은 정상적으로 발달하였는데 그 이후 갑자기 퇴행하기 시작했다고 말한다. 이 **자폐적 퇴행**(austic regression)의 범위는 자폐 아동의 20~47% 정도로 추정할 수 있다(Werner & Dawson, 2005). 연구자들은 그 부모들의 기억이 사실인지를 확인하기 시작했고 타당하다는 것을 알게 되었다(Landa, Holman, Garrett-Mayer, 2007; Werner & Dawson, 2005). 예를 들어, 첫 번째와 두 번째 생일파티의 홈 비디오테이프를 비교했는데, 자녀가 퇴행했다고 말한 부모의 아동은 퇴행의 증거를 확실히 보여 주었다(Werner & Dawson,

〈표 9-2〉 초기 자폐 범주성 장애의 증상

6개월
- 큰 웃음이 없거나 다른 사람에게 따뜻함이나 즐거움을 표현하지 않음

9개월
- 소리, 웃음, 그리고 다른 얼굴 표정의 공유를 앞뒤로 하지 않음

12개월
- 자신의 이름에 일관된 반응 없음
- 옹알거림 없음
- 앞뒤 손짓, 가리키기, 보여 주기, 닿기, 흔들기가 없음 또는 세 갈래의 응시(예를 들어, 아동이 어른을 보고 흥미로운 장난감을 바라볼 때 어른의 뒤를 보면서 장난감에 대해 의사소통하는 행동)

16개월
- 말 없음

24개월
- 두 단어의 의미 있는 구를 말하지 않음(모방이나 반복 없이)

어떠한 연령에서도 말이나 옹알거림이나 사회 능력의 결핍

출처: Cadigan & Eastrem (2006/2007); Rogers (2000); Travis & Sigman (2000).

2005). 이러한 사실은 부모들이 백신이 자폐의 원인이 된다고 주장하는지를 설명하는 증거가 되기도 한다(앞의 〈핵심 개념〉 '예방접종과 자폐는 관계가 있을까' 참조).

심리 및 행동적 특성

이미 언급했듯이 다양한 자폐 범주성 장애와 관련된 행동 특성에는 몇 가지 다양성이 있다. 이 장에서는 자폐 범주성 장애와 아스퍼거 증후군에 초점을 두어 설명하고 있다.

자폐 범주성 장애

우리는 자폐인들이 사회적 상호작용과 의사소통에서 결함을 보이고 반복적이고 상동적인 행동을 한다는 것을 알고 있다. 게다가 그들은 인식 능력의 결함과 감각 지각의 비정상성을 보인다.

사회적 상호작용의 어려움   자폐인의 사회적 상호작용에서 갖는 어려움은 사회적 반응에서의 결함으로 나타난다. 자폐 아동의 부모는 자녀가 아기 때 꼭 끌어안거나 안아 주었을 때 정상적으로 반응하지 않았다는 것을 이야기한다. 자폐 아동은 일반아동이 부모나 형제, 교사에게 보이는 반응과 다르게 낯선 사람에게 반응하는 것처럼 반응을 보이지 않는다. 그들은 사회적 상황에서 잘 웃지 않고 우습지 않은 상황에서 웃기도 한다. 자폐 아동의 눈 응시는 다른 사람들과 매우 다른데 다른 사람과의 눈 맞춤을 피하거나 초점 없이 바라본다. 그들은 다른 사람들에게 전혀 흥미가 없지만 물체에는 집중되어 있다. 그들은 정상적으로 노는 것을 배우지 못할지도 모른다. 이러한 특성은 지속되고 부모와의 애착이나 또래와의 우정 형성을 방해한다.

의사소통의 결함   대부분의 자폐 아동은 **의사소통 의도**(communicative intent)나 사회적인 목적으로 의사소통하고자 하는 욕구가 부족하다. 자폐인의 약 50% 이상이 **무언어이며**(mute), 언어를 사용하지 않거나 거의 말을 하지 않는다. 말을 하는 자폐인들도 억양이나 속도, 크기, 내용에서 비정상성을 보여 준다(Scheuermann & Webber, 2002). 그들의 목소리는 '로봇' 같거나 반향어를 보이고 들은 이야기를 의미 없이 되풀이한다. 자폐인들은 대명사를 반대로 말하기도 한다(예: 너[you]와 나[I]를 혼돈하거나 자신을 나[I 또는 me]보다 그[he] 또는 그녀[she]로 말한다). 자폐인들은 사회적 상호작용을 위해 언어를 사용하는 것이 특히 어렵다. 언어를 습득했더라도 상대방의 반응을 인식하지 못하기 때문에 상호작용의 상황에서 언어를 사용하는 것이 매우 어렵다.

자폐 연구에서 강력하게 지적하는 것은 영유아기 자폐 아동의 의사소통 능력과 사회적 기술의 결함이 공동 주의집중의 어려움과 연관된다는 것이다(Adamson, Bakeman, Deckner, & Romiski, 2009; Clifford & Dissanayake, 2008; Murray et al., 2008). **공동 주의집중**(joint attention)이란 다른 사람을 응시하고 지적하기와 같은 비언어적인 수단으로 환기시키는 과정을 말한다. 예를 들어, 한 사람이 다른 사람을 응시한 후에 사물을 가리키고 다시 그 사람을 쳐다보는 것이다. 이때 가리키는 동작을 한 사람은 사람에게서 물체로 시선을 옮김으로써 '공동 주의집중을 시작한(initiating joint attention)' 사람이 된다. 그리고 가리킨 사물을 보는 사람은 '공동 주의집중에 반응하는(responding to joint attention)' 사람이 된다(Joint Attention, 연도 미상).

반복적 상동 행동   자폐인 중 다수는 **움직임이나 구어적 행동**(stereotyped motor or verbal behaviors), 즉 비틀기, 사물 돌리기, 손 흔들기 등 맹인과 같은 반복적이고 습관적인 행동을 나타낸다(12장 참조). 자폐인들에게 자주 보이는 또 다른 특성 중 자폐 장애와 관련된 것은 사물에 대한 극도의 집착이나 매우 제한적인 관심이다. 자폐 아동은 몇 시간씩 한 가지 사물을 가지고 습관적인 방식으로 놀기도 하고 특이한 형태의 물체에 지나친 관심을 보이기도 한다. 그들은 환경의 변화(예: 집이나 교실에서 새로운 것이나 새로운 장소)나 일상의 작은 변화에 화를 내며 어떤 자폐인은 동일성을 보존하려 하며 변화나 전이를 극도로 어려워한다(Adreon & Stella, 2001; Myles & Simpson, 2001).

인지 기능의 결함   자폐 범주성 장애를 가진 사람은 대부분 지적장애인과 비슷하게 인지적 결함을 보인다. 그러나 인지 과정에서의 몇 가지 문제는 자폐인에게만 나타나는 것 같다.

> 자폐 아동은 정보의 부호화나 범주화에 어려움을 보이고, 글자 그대로 해석하며, 개념에 대한 이해보다는 공간에서의 위치를 더 잘 기억한다(Schuler, 1995). 예를 들어, '쇼핑'은 상점에 가서 물건들을 살펴보고 무언가를 산다는 개념보다는 어떤 거리에 있는 특정한 상점에 가는 것을 의미한다. 사실 자폐 범주성 장애를 가진 사람들은 '기억 창고와 같은 에코 박스'를 사용하여 생각하는 것 같다(Grandin, 1995; Hermelin, 1976). 이러한 면은 왜 자폐 아동이 퍼즐 맞추기나 블록 쌓기, 그림 맞추기나 똑같이 그리기에 뛰어난지를 설명해 준다. 그러나 그들은 구어 이해와 표현언어를 요구하는 과제를 수행하는 것은 어려워한다(Scheuermann & Webber, 2002, p. 9).

언어와 개념과 관련된 시지각과 공간 지각 능력에서의 두드러진 차이는 설비를 다루는 가축 디자이너이자 콜로라도 주립대학교의 동물과학 교수인 Temple Grandin의 그림으로 생각하기(thinking in pictures)라는 용어로 알 수 있다. 비록 Grandin은 아스퍼거 증후군을 가진 전형적인 사람이지만 그녀의 뛰어나 공간 지각 능력은 아스퍼거 증후군을 가진 사람뿐 아니라 자폐 범주성 장애를 가진 사람에게도 적용된다.

> 나는 동물을 이해할 수 있게 만드는 나의 시각화 능력을 믿는다……. 나의 초기 가축 디자인 프로젝트는 들판에서 소에게 먹이를 주기 위해 깊은 먹이통을 만드는 것이었다……. 먹이통은 7피트 정도로 매우 좁고 깊은데 가축이 혼자 움직일 수 있는 수영장 모양이었다. 이 통은 진드기나 이, 기생충들을 제거하기 위한 살충제로 채워져 있다. 소들은 가파르고 미끄러운 경사로의 통 안으로 들어가야 하기 때문에 매우 공포스러워한다.
>
> 내가 가축 사육장에 도착했을 때 처음으로 한 것은 마치 내가 소의 머리로 들어간 것처럼 소가 되어 소의 눈으로 밖을 보는 것이었다. 소의 눈은 머리 옆에 있기 때문에 소는 넓은 각도의 시야를 가진다. 이런 눈 때문에 소들은 비행기의 비상 미끄럼에서 떠밀려 바다로 떨어지는 것처럼 느끼게 된다.
>
> 내가 처음 한 것은 철판으로 되어 있던 경사로를 콘크리트로 바꾸는 것이었다. 만약 내가 송아지의 몸이나 발굽을 가졌다면 미끄러운 철 경사로를 걷는 것이 무서울 것이다. 마지막으로는 콘크리트 경사로의 각도를 25도로 디자인하는 것이었다. 이제 깊은 통으로 들어가는 통로는 콘크리트의 안전한 발판으로 바뀌었다. 경사로는 점차적으로 물로 들어가는 것처럼 보이지만 소에게는 물 아래로 갑자기 떨어지는 것처럼 느껴진다. 그러나 동물들은 화학물질을 타서 진해진 물 색깔 때문에 자신들이 떨어지는 것처럼 느끼지 않는다. 소들이 물 안으로 들어갔을 때는 이미 몸의 중심이 중력을 되돌아올 수 있는 지점을 지났으므로 이제는 조용히 들어가게 된다(Grandin, 2002, p. 56).

인터넷 자원

다음 웹사이트는 비디오 동영상을 포함한 자폐 천재의 다양한 정보를 제공해 준다. http://www.wisconsinmedicalsociety.org/savant_syndrome ■ ■ ■

인터넷 자원

3세에 자폐로 진단받은 Stephen Wiltshire는 어릴 때부터 특이하게 도시 풍경을 기억하여 그리는 놀라운 재능을 나타냈다. 다음 웹사이트는 매혹적인 그의 삶과 재능에 대한 많은 정보를 보여 준다. http://www.stephenwiltshire.co.uk ■ ■ ■

얼핏 보면 몇몇 자폐인은 천재라고 생각하게 할 만한 비범한 능력을 가졌다. 이러한 사람들은 **자폐 천재**(autistic savants)로 불린다. 자폐 천재는 상대적으로 심각한 자폐 증세를 가질 수 있고 이로 인해 사회적 기능과 지적 능력 전반에 있어 심각한 발달 지체를 보인다. 이러한 상태로 인해 특출한 능력이나 기술은 전반적인 능력과 분리된 기술이 되어 버린다. 자폐 천재는 음악 연주나 그림, 계산 등에서 비상한 능력을 보여 준다. 예를 들어, 어떤 자폐 천재는 2020년 5월 2일과 같이 미래의 어떤 날짜를 말하면 그날이 월요일이라는 것을 바로 말할 수 있다. 그러나 이 사람은 식료품점에서 물건을 구입하는 것과 같은 기능적인 산수 기술은 없다. Dustin Hoffmann이 연기했던 영화 〈레인 맨(Rain Man)〉(Guber & Levinson, 1988)의 주인공 레이먼드는 자폐 천재였다(다른 예는 Sacks, 1995; Treffert, 2006 참조).

자폐 천재의 특정 능력은 매우 특출나기 때문에 언론에서 가끔 다루어진다. 〈레인 맨〉(Guber & Levinson, 1988)이나 〈샤인(Shine)〉(Scott & Hicks, 1996, 피아니스트 David

Helfgott의 일생을 주제로 만든 영화), 〈모차르트와 고래(Mozart and the Whale)〉(Naess & Bass, 2005)와 같은 영화나 출판물은 일반 대중들에게 자폐인들이 모두 비범한 능력을 가졌을 거라는 잘못된 인식을 심어 준다. 비록 정확한 수치를 알 수는 없지만 자폐인들의 약 10% 정도가 자폐 천재다.

비정상적인 감각 인식　자폐인들은 환경 내에서 특정 자극에 대해 과다 반응이나 과소 반응을 한다(Ben-Sasson et al., 2009). 예를 들어, 어떤 사람은 형광 불빛과 같은 시각 자극에 매우 민감한 반면, 어떤 사람은 촉각 자극에 대해 과도하게 민감하다. 또 반대로 어떤 사람들은 모든 자극에 둔감한 반응을 보이기도 한다. 그들은 소리나 시각, 촉각 자극에 대해 거의 반응하지 않는다. 이러한 반응은 청각장애나 시각장애인에게 나타나는 반응과 같다. 반면에 또 다른 사람들은 과다 반응과 과소 반응을 결합해 반응하는데, 예를 들어 화재 경보와 같은 큰 소리는 인식하지 못하는 반면 멀리 떨어진 곳에서 나는 휘파람 소리에는 크게 반응하기도 한다.

자폐 범주성 장애를 가진 사람들은 감각의 신경계가 뒤엉키는 것과 같은 감각혼란을 경험한다. 감각혼란(synaesthesia)은 하나의 자극이 감각이나 인식 체계로부터 다른 감각이나 인식 체계에 영향을 줄 때 발생한다. Danial Tammet은 아스퍼거 증후군을 가졌는데 파이부터 22,514의 소수 자리까지 기억하는 엄청난 기억력과 천재적인 수학 능력을 나타낸다. Tammet은 자신의 공감각을 그의 회고록『우울한 날의 탄생(Born on a Blue Day)』에서 다음과 같이 묘사하고 있다.

나는 1979년 1월 31일 수요일에 태어났다. 나는 그날이 수요일이었다는 것을 기억하는데, 그날은 내게 우울한 날이었고 수요일은 항상 우울한 날이다. 마치 숫자 9가 큰 소리로 싸우는 소리와 같이 느껴지기 때문에…… 숫자들은 나의 친구이고 그들은 항상 내 주위에 있다. 숫자 각각이 내게는 독특하고 개별적인 특성을 갖고 있다. 11은 친근감이 느껴지고, 5는 시끄럽고 성가신 반면, 4는 조용하고 수줍어하기 때문에 내가 제일 좋아하는 숫자다. 23, 667, 1179는 매우 크게 느껴지는데, 6, 13, 581은 작게 생각된다. 333 같은 숫자는 아름답다는 생각이 들고, 289…… 등은 좀 못생긴 것 같다.

내가 어디를 가든, 무엇을 하든 간에 숫자는 내 사고 속에서 멀리 떨어져 있지 않다. 뉴욕에서 토론 진행자 David Letterman과 인터뷰할 때 나는 그가 키 크고 호리호리한 숫자 117처럼 보였다. 밖으로 나갔을 때 나는 엄청난 높이의 빌딩을 올려다보게 되었는데 그 빌딩을 보는 순간 마치 숫자 9로 둘러싸인 것처럼 느껴졌다. 그 빌딩의 이름은 내게 거대함과 숫자 같은 느낌을 주는 타임스퀘어였다(Tammet, 2006, pp. 1-2).

아스퍼거 증후군

아스퍼거 증후군을 가진 사람들은 자폐 범주성 장애를 가진 사람들과 같은 영역(즉, 사회적 상호작용, 의사소통, 반복적이고 상동적인 행동, 사고 처리 과정, 감각 지각 능력)에서의 손상이나 결함을 나타내지만 그 정도가 경미하다. 연구자들은 아스퍼거 증후군인 사람들의 가장 큰 어려움은 사회적 상호작용이며 의사소통의 문제로 인한 사회적 부적응을 유발한다고 말한다.

사회적 상호작용의 결함 아스퍼거 증후군인 사람들이 사회적 상호작용에서 어려움을 겪는 가장 큰 이유는 그들이 사회적 단서를 잘 읽지 못하기 때문이다. 그러나 그들은 단서가 없어도 적절한 사회적 행동을 한다. 오히려 그들은 말을 아주 잘하고 지적이기 때문에 사회 예절을 무시한다고 느낄 수 있다. 주위 사람들도 이런 식으로 대하기 때문에 그들은 점차 동료들로부터 배척당하고 친구를 만들거나 친구 관계를 유지하는 것이 어렵다. 다음의 〈개인적 관점〉을 보면 동료들이 아스퍼거 증후군인 사람들의 독특한 성격을 이해할 필요가 있다는 것을 알게 된다.

아스퍼거 증후군인 많은 사람의 사회적 상호작용의 어려움은 미묘한 방식으로 상황에 대해 생각하는 능력이 없기 때문이다. 그들은 종종 다른 이들의 언어나 행동을 읽는 그대로 받아들인다. 그리고 그들은 종종 상황에 대해 감정을 배제하고 논리만을 이용해서 해석한다. Stephen Shore(2003)는 그의 어려움 전체를 문자로 표현했다.

내 친구가 나에게…… "피자를 좋아한다."라고 말했다. '그 친구가 피자에게 사랑을 느낀다는 말인가?' 나는 대학에 들어갈 때까지 '그 친구가 피자를 먹고 싶었던 것'이라는 뜻을 몰랐다. 그 이후 나는 대부분 입을 다물고 있었는데, 혹시라도 숙어를 사용하게 되면 사람들이 웃을까 봐 말하기 전에 몇 번이나 생각한 후에 말하게 된다. 그렇게 해도 나는 '무슨 뜻이지? 도대체 어떻게 하라는 거야……?'라는 생각이 든다.

John Elder Robison은 감정을 배제하고 오로지 논리적으로만 생각하는 자신의 사례를 이야기했다.

엄마 친구인 Betsy가 놀러와 두 분이 소파에 앉아 이야기를 하고 있을 때 나는 그 주위를 돌아다니고 있었다…….

Betsy가 말했다. "Eleanor Parker의 아들 이야기를 들었어요? 아들이 지난주 토요일 기차에 치여 죽었대요. 아이가 기찻길에서 놀고 있었다네요."

나는 그 말에 웃었다. 그러자 Betsy 아줌마는 놀란 표정으로 나를 쳐다보셨다. "어떻

개인적 관점

아스퍼거 증후군인 아동서 작가 *Kathy Hoopmann*

호주의 아동서 작가 Kathy Hoopmann은 『파란 병의 미스테리(*Blue Bottle Mystery*)』(2000), 『쥐와 외계인(*Of Mice and Aliens*)』(2001), 『리사와 레이스를 만드는 사람(*Lisa and the Lace-maker*)』(2002), 『아지랑이(*Haze*)』(2003)와 같은 '아스퍼거의 모험 시리즈'로 유명한데, 그 책의 주인공들은 아스퍼거를 가진 사람들이다. 이런 책과 비슷하게 2006년에는 『고양이는 모두 아스퍼거 증후군이다(*All Cats Have Asperger syndrome*)』라는 책은 썼는데, 이 책은 유아부터 어른들, 특히 고양이를 좋아하는 모든 사람에게 인기가 많다. 한 독자는 "이 책의 스토리는 어떤 사람들에게나 흥미로운 주제다. 그리고 나는 이 책을 치료사나 의사, 학교 교사들에게 추천하고 싶다."라고 서평을 쓰고 있다(Sayers, 2010). 여기에 책의 몇 페이지를 소개한다.

고양이는 자기를 좋아하는 사람 곁에 있는 것은 좋아하지만, 사람들이 안아 주는 것은 싫어한다.

⋯⋯분위기 있는 곳에서 안는 것은 좋다.

사람들이 다가오는 것은 편치 않고, 장난감이⋯⋯ 더 낫다.

⋯⋯또는 애완동물이 더 낫다.

출처: Hoopmann, K. (2006). *All cats have Asperger syndrome* (pp. 3–6). Londen: Jessica Kingsley. 허가 후 게재함.

게 그 말에 웃을 수 있니?"

나는 너무 당황했고 창피했다. "아니에요. 난 그런 게 아니에요."라고 말하며 슬그머니 도망쳐 나왔다.

나는 Eleanor가 누구인지 정말 모른다. 그리고 그녀의 아들을 한 번도 만난 적이 없다. 그래서 나는 기쁘거나 슬프거나 한 감정을⋯⋯ 느낄 수가 없다. 다음 글은 그 여름날 내가 느낀 마음을 써 놓은 것이다.

누군가 죽었다.

젠장! 내가 죽이지 않아서 다행이다.

우리 부모님이 죽지 않아 기쁘다.

내 친구들이 모두 죽지 않아서 기쁘다.

기찻길에서 놀다니 그 아이는 진짜 멍청한 아이다.

나는 기찻길에서 절대 도망치지 못했을 것이다.

내가 무사해서 정말 기쁘다.

인터넷 자원

John Elder Robison의 웹사이트(http://www.johnrobison.com/)에는 자폐 범주성 장애와 관련된 다양한 주제가 올라와 있다. 또 그의 블로그와 페이스북, 트위터에도 연결되어 있다.

나는 안도의 웃음을 지었다. 그 아이가 죽든 말든 나에게는 중요하지 않았다. 나는 알지도 못하는 아이다. 모든 것은 괜찮을 것이고 적어도 나는 괜찮다. 오늘도 나는 그때와 똑같은 느낌을 받았다. 하지만 그때와 다른 것은 이제는 얼굴 표정을 더 잘 통제할 수 있다는 것이다…….

만약에 브라질에서 버스 사고로 10명이 죽어도 나는 아무것도 느낄 수 없다. 그냥 나는 이것은 슬픈 일이라는 것을 인지적으로 이해할 뿐 진짜 슬픈 감정을 느끼지는 못한다…….

어떤 사람들은 이 사실에 대해 슬퍼하고 울겠지만…… 나는 그들이 진짜 그렇게 느끼는 건지, 아니면 그런 척하는 것인지 정말 궁금하다. 나에게는 이런 것들이 정말 힘들다. 사람들은 1분마다 세계 여러 곳에서 사망한다. 만약 우리가 이 모든 죽음을 슬퍼한다면 우리의 심장은 터져 버릴 것이다(Robison, 2007, pp. 29-31).

아스퍼거 증후군인 사람들의 사회적 어려움에 대한 또 다른 시각은 잠재적 교육과정에 주목하는 것이다(Myles & Simpson, 2001, 2003). **잠재적 교육과정**(hidden curriculum)이란 대부분의 사람이 매일의 일상 중에 우연히 배우거나 다른 사람들에 의해 허용되는 것과 아닌 것을 경험하면서 배우는 '해야 할 것과 하지 말아야 할 것'과 같은 것들이다. 이 장의 서두에 수록된 Tim Page의 글을 보면 원숭이같이 생긴 친구의 얼굴을 언급했던 자서전의 제목을 '모든 사람에게 미안해'라고 바꾸고 싶다고 말한 내용을 떠올릴 수 있다. 아스퍼거 증후군인 사람들에게는 이처럼 행동 이면에 드러나지 않는 단서가 있다는 사실이 너무 어렵다. 또 이보다 더 어려운 것은 숨겨진 단서가 상황마다 다르게 적용된다는 것이다.

Robbins 선생님은 학생들이 과제를 마치면 교실에서 휘파람을 불어도 된다고 허락했지만 Cook 선생님은 교실에서는 절대 떠들어서는 안 된다고 하였다. 또 Johnson 교감선생님은 훨씬 더 엄격하기 때문에 그의 앞에서는 욕을 하거나 건들거려서는 안 된다는 것을 모두 알고 있다. 또 거친 아이들(힘없는 아이들을 패는 아이들)은 선생님의 눈을 피하기 위해 미끄럼틀 뒤에 숨어 있다는 것을—오로지 아스퍼거 증후군을 갖고 있는 아이들을 제외하고—우리 모두는 알고 있다.

학교 밖에서 잠재적 교육과정은 더 큰 문제가 될 수 있다. 낯선 사람이 타라고 하거나 태워 주겠다고 하는 것은 어떤 것이 감춰진 것일까? 버스 운전사도 낯선 사람인데 운전기사가 타라고 하면 타도 된다. 무료 장난감 샘플을 나누어 주는 사람에게서는 사탕을 받아도 되지만 길모퉁이에 서 있는 이상한 사람한테 사탕을 받는 것은 조심성 없는 짓이다(Myles & Simpson, 2003, p. 132).

이러한 사회적 상호작용의 어려움 때문에 아스퍼거 증후군인 사람들은 다른 사람들과 어울리는 것을 좋아하지 않는 사람으로 오해를 받는다. 어떤 사람들은 그럴 수도 있지만 모든 자폐인이 그런 건 아니다. 자폐 범주성 장애를 가진 사람들이 쓴 많은 자서전을 보면 그들도 다른 사람들과 가능한 사회적 활동을 하고 싶다고 한다(Causton-Theoharis, Ashby, & Cosier, 2009). 그들은 외로움을 느끼며 다른 사람들과 어울리는 것에 대한 걱정을 많이 한다(Kuusikko et al., 2008).

의사소통 기술의 결함   아스퍼거인들은 대개 연령에 적합한 단어와 문법을 사용하지만, 언어나 언어 관련 행동에서 특이한 모습을 많이 보인다. 특히 언어의 사회적 사용인 **화용론**에서 문제를 가진다(Colle, Baron-Cohen, Wheelwright, & van der Lely, 2008). 예를 들어, 단조로운 억양과 같은 비정상적인 목소리, 너무 크게 말하거나 또는 너무 빠르거나 느리게 말하며, 혼자 독백하는 것처럼 대화할 때 차례를 잘 지키지 않고 같은 말을 계속 반복해서 말한다. 6장에서 학습장애인이 화용론에 문제가 있다는 것을 지적했지만, 아스퍼거인의 화용론적 문제는 매우 심각하고 지속적이다. 아스퍼거인의 화용론에서의 어려움은 비구어 의사소통 기술로 확대되기도 한다.

> 일반적으로 수용되는 거리보다 더 가까이 다른 사람들 옆에 서 있고, 다른 사람의 얼굴을 한참 동안 빤히 쳐다보기도 하며, 이상한 자세로 한참 동안 있기도 하고, 눈길을 회피하거나 관심이 없는 듯 보이기도 하며, 찬성이나 반대의 의사 표시가 없이 무표정하게 있거나, 다른 사람의 몸짓이나 얼굴 표정을 이해하려 하지 않고 사용하지도 않는다(Myles & Simpson, 2003, p. 9).

자폐 범주성 장애의 통합 이론 구축

자폐 범주성 장애의 다양한 심리적·행동적 특징들이 광범위하게 설명되고 있지만, 몇몇 연구자는 앞에서 묘사된 행동들을 종합적으로 설명할 수 있는 이론을 구축하려 한다. 이 중에서 문제로 나타나는 중요한 결함을 가장 명확히 판별해 주는 이론은 ① 실행 기능, ② 취약한 중앙 응집력, ③ 마음이론이다(Frith, 2003; National Research Council, 2001; Volkmar & Pauls, 2003). 비록 이 세 가지 이론 중 어느 하나만으로는 수없이 많은 문제를 설명하지 못하지만, 이 세 가지 이론을 결합하면 자폐 범주성 장애에 대한 큰 그림을 그리는 데 도움이 될 것이다.

실행 기능   7장에서 우리는 ADHD를 가진 사람들이 자기주도적 행동에 어려움을 겪는다는 것을 알게 되었다. 자기주도적 행동 또는 **실행 기능**(executive function)은 작동기억, 감정의 자기조절, 미리 계획하는 능력을 포함한다. 연구자들은 자폐인이 실행 기능에 문제가 있다는 것을 지적하였다(Luna, Doll, Hegedus, Minshew & Sweeney, 2007). 실행 기능의 어려움은 ADHD인 사람보다 훨씬 더 심각할 수도 있다.

중앙 응집력   연구자들은 자폐인들이 **중앙 응집력**(central coherence)이 약하다는 것을 확인하였다(Firth, 2003). 중앙 응집력은 대부분의 사람이 갖고 있는 자연스러운 성향으로, 환경에서 얻을 수 있는 정보들을 각각 이해하는 것이 아니라 순서와 의미를 부여하여 하나의 통합적인 구성으로 받아들이는 것을 말한다. 그러나 자폐인들은 '나무는 보지만 숲은 볼 수 없는' 것처럼 세세한 작은 것에 집착한다.

흥미롭게도, 자폐인들은 정보를 처리하는 자신의 방식이 일관성이 없다는 것을 모를 뿐 아니라 단편적인 지각을 모아 보려는 요구나 필요성조차 없는 것처럼 보인다.

> 유아기부터 강박적으로 소년법원의 주소를 모아 왔던 자폐 증상을 보이는 한 환자가 있었다. 이렇게 이상한 극단적 관심이 어떻게 생겨났는지는 모르지만 법원이나 건물, 도시 계획에 대한 일상적인 흥미로부터 생겨난 것이었다면 덜 이상했을 것이다. 그렇다면 그 흥미는 작은 단편적 관심으로부터 출발하여 큰 그림의 부분이 될 수 있을 것이다. 하지만 이 경우는 명확히 달랐다. 그 소년에게 왜 소년법원의 주소는 알고 싶지 않으냐고 물어봤을 때, 그는 "그건 너무너무 지겨우니까요."라고 대답했다. 그것은 농담이 아니었다. 그의 대답은 자신의 관심이 즉흥적이거나 제멋대로가 아니라 좋고 싫음에 대한 일관된 패턴이 있다는 것을 우리가 제대로 알지 못한다는 것을 보여 준 것이다(Frith, 2003, pp. 157-158).

마음이론   **마음이론**은 한 개인이 다른 사람의 관점을 받아들일 수 있는 능력을 말한다. 이는 다른 사람의 의도나 감정, 신념, 요구와 결부된 다른 사람들의 마음을 읽을 수 있는 능력이기도 하다. 앞서 우리는 아스퍼거 장애를 가진 사람들이 사회적 단서를 읽는 것이 얼마나 어려운지에 대해 이야기했다. 사회적 단서를 읽는다는 것은 다른 사람이 생각하고 있는 것을 이해하고 예측하여 말하는 또 다른 방법이다. 우리는 대화할 때 상대방의 목소리나 얼굴 표정과 같은 단서를 통해 감정 상태를 추론할 수 있다. 마찬가지로 우리가 사용하는 단서에 대해 상대방이 어떻게 반응하는지도 가늠할 수 있다.

다른 사람들의 생각을 이해하는 자폐인들의 어려움은 그 정도의 차이가 크다(Kaland, Callesen, Moller-Nielson, Mortensen, & Smith, 2008). 어떤 자폐인은 자신의 생각이 다른 사람들의 생각과 다르다는 것을 전혀 이해하지 못하는 것 같다. 자폐 아동에게 나타나는 마음이론의 문제에 대한 연구를 소개한 〈핵심 개념〉을 보라.

핵심 개념

마음이론: Sally와 Anne 실험

이미 고전 연구가 된 마음이론 문제를 가지고 6~16세 사이의 자폐아동을 대상으로 다른 사람들이 판단할 때 잘못된 신념에 근거한다는 것을 아는지 모르는지를 실험하였다(Baren-Cohen, Leslie, & Frith, 1985). 세 그룹의 아이들(자폐아, 다운 증후군, 일반아동)에게 두 개의 인형(Sally와 Anne)으로 다음과 같은 시나리오로 연기를 해 보였다.

Sally는 바구니를 갖고 있고 Anne은 상자를 갖고 있다. Sally가 공을 갖고 있었는데 공을 자기 바구니에 넣어 놓고 밖으로 나갔다. 방에 있던 Anne은 Sally가 밖으로 나간 사이 바구니 안에 있던 Sally의 공을 꺼내어 자기 상자 안에 몰래 넣는다. Sally가 방으로 들어왔고 공을 갖고 놀려고 한다. 이때 우리는 각 그룹의 아이들에게 결정적인 질문을 던진다. "Sally는 어디서 자신의 공을 찾을까?" 정답은 물론 "바구니 안이요."다(Firth, 2003, pp. 82, 84).

대부분의 일반아동과 심지어 다운 증후군 아동도 정답을 맞혔다. 그러나 자폐아동들은 대부분 답을 맞히지 못했으며 몇 명만이 정답을 맞혔다. 자폐아동들은 Sally가 공이 다른 곳에 들어 있다는 것을 모른다는 사실을 이해할 수 없었다. 즉, 자폐 아동은 Sally가 자기가 넣어 둔 바구니에서 공을 찾을 거라는 생각을 이해할 수 없었다.

교육적 고려

앞서 말했듯이 자폐 범주성 장애의 특성은 매우 다양하다. 이 특성들이 심각하다면 초기에 아무리 집중적인 중재를 하더라도 진보를 추측하는 것은 조심스럽다. 조금 향상되기는 하지만 심각한 자폐 특성을 나타내는 아동은 대부분 완전히 변화되기 어렵다(National Research Council, 2001).

자폐 증상은 너무나 독특하고 쉽게 치료되지 않기 때문에 잠시 유행하거나 검증되지 않은 일회적인 치료 방법들이 난무해 왔다. 한 연구자는 다음과 같이 말했다.

자폐 범주성 장애(ASD) 분야는 검증되지 않고 논란의 여지가 많은 중재나 치료 방법을 너무나 쉽게 수용하고 받아들이고 있다. 이러한 방법 중 상당수가 임상적인 기반도 없고 논리적인 토대도 없이 효과적인 방법으로 소문이 나고 있다(Simpson, 2004, p. 139).

인터넷 자원

OASIS@MAAP(http://www.aspergersyndrome.org/) 사이트는 기사와 교육 자료를 제공하고, 지역사회나 국가, 세계 지원 그룹과 연결될 수 있으며, 전문가의 도움이나 캠프, 학교에 대한 정보를 제공하고, 학회에 대한 정보, 추천 도서와 자폐 범주성 장애인을 위한 지원 메시지를 담은 게시판이 있다.

자폐 범주성 장애학생의 교육 설계 원리

자폐 범주성 장애학생을 위한 교육은 ① 기술의 직접교수, ② 자연스러운 환경에서의

자폐 범주성 장애학생에게 의사소통, 사회적 상호작용, 인지, 기능적 학업기술을 가르치기 위한 효과적인 교수는 소그룹이나 일대일 교수 환경에서의 직접교수다.

지도, ③ 필요한 경우 기능 평가와 행동 지원을 포함한 행동 관리를 포함해야 한다는 점에는 대부분이 합의하고 있다.

기술의 직접교수   자폐 범주성 장애학생을 효과적으로 지도하기 위해서는 과제에 대한 단계적 분석과 행동심리학의 기본 원리를 적용한 직접적이고도 구조화된 접근이 요구된다. **응용행동분석**(applied behavior analysis: ABA)은 기능적 기술을 가르치고 진보에 대한 지속적인 평가에 초점을 맞춘 매우 구조화된 접근 방식이다. 행동학습 이론에 근거를 둔 ABA는 긍정적인 강화와 바람직한 행동의 보상을 강조하는 포괄적인 접근 방식이다. 본래 ABA의 개념에는 바람직하지 않은 행동에 대한 처벌도 포함하고 있다. 오늘날 많은 전문가는 처벌을 강조하지 않고 아예 하지 않는데 이렇게 해도 효과가 떨어지지 않는다는 연구들이 있다(Sallows & Graupner, 2005). ABA는 자폐인들을 포함하여 여러 다양한 집단에도 효과적이라는 것을 보여 주는 많은 증거를 갖고 있다(Simpson et al., 2005).

자연스러운 환경에서의 지도   자폐 범주성 장애학생들을 가르치는 교사들은 점점 더 자연스러운 환경과 자연스러운 상호작용—일반아동이 경험하는 환경과 상호작용—내에서 행동심리학을 적용하는 것을 강조하고 있다. 연구자들은 일반아동들이 언어나 사회적 기술을 배우는 것처럼 자연스러운 상호작용을 이용하여 지도하려고 노력하고 있다.

행동 관리   자폐 범주성 장애학생들, 특히 심각한 자폐를 가진 학생들은 때때로 물기, 때리기 또는 소리 지르기와 같은 매우 부적절한 행동을 보인다. 지적장애, ADHD, 정서·행동장애에서 설명했듯이(5, 7, 8장 참조), 연구자들은 **행동기능평가**(functional behavioral assessment: FBA)와 **긍정적 행동 지원**(positive behavioral intervention and support: PBIS)을 함께 사용하는 것이 이러한 행동들을 소거하거나 감소시키는 데 효과적이라고 말한다. FBA는 문제행동을 유지시키는 배경 사건과 선행 사건 그리고 결과를 확인하는 과정을 포함한다(Horner, Albin, Sprague, & Todd, 2000). 결과(consequences)는 그 개인이 그러한 행동을 하게 하는 목적과 연관된다. 선행 사건(antecedents)은 그 행동을 유발시키는 것을 말한다. 배경 사건(setting events)은 그 행동이 발생하게 되는 상황적 요인을 말한다. 예를 들어, 학생의 문제행동은 피곤한 하루가 끝나갈 무렵에 더 많이 발생할 수 있다.

PBIS는 문제행동에 대한 처벌보다는 학생의 긍정적 행동을 지원하는 방법을 찾는 것이다. 그래서 학생에 대한 직접적인 지도를 포함하여 학생의 전반적인 환경에 초점을 맞춘다.

이 장 후반부에 나오는 〈성공 스토리〉('일반유치원 통합을 위한 집중적인 조기 중재: 응용행동분석')는 이러한 전략(직접교수, 행동 관리, 자연스러운 환경에서의 지도)을 결합하여 6세 자폐 유아 Wesley가 어떻게 유치원의 목표들을 달성하도록 도와주었는지를 보여 준다.

자폐 범주성 장애학생을 위한 교육 프로그램

자폐 범주성 장애학생의 어려움의 유형과 심각성 정도는 너무나 광범위하기 때문에 모든 문제에 적용되는 단 하나의 프로그램은 없다. 그래서 대부분의 교육 전략이 문제의 특정 영역에 초점을 맞추는 경향이 있다. 예를 들어, 언어 능력의 제한이 심한 학생은 그림 교환 의사소통 체계(Picture Exchange Communication System: PECS)의 그림을 사용하여 기능적 의사소통을 시작하고 유지할 수 있도록 도와준다(356쪽의 〈반응적 교수〉 참조). 그리고 언어 능력은 괜찮은데 사회적 단서를 이해하는 것이 어려워 상호작용의 문제가 있는 학생은 사회적 상황 이야기 중재를 많이 사용한다(357쪽의 〈반응적 교수〉 참조).

좀 더 광범위하게 사용된 포괄적인 중재는 상당한 정도의 연구가 뒷받침된 중심축 반응교수(또는 반응훈련)다(L. K. Koegel, Koegel, Harrower, & Carter, 1999; R. L. Koegel & Koegel, 2006). **중심축 반응교수**(pivotal response teaching: PRT)는 특정 기술이 다른 영역의 기능에 대단히 중요하고 중심적인 역할을 한다는 가정에 기본을 두고 있다. 따라서 이러한 중심적인 기술 중재에 초점을 맞추면 그 효과는 다른 영역의 기술로 쉽게 전파될 수 있다는 것이다. PRT는 지속적 평가를 기반으로 하는 ABA의 구조적 접근 방식과 중심 기술을 가르치는 행동학습 이론에 근거를 두고 있다.

중심 영역은 동기(motivation), 자기조절(self-management), 개시(initiations), 복합적 단서에 대한 반응(responding to multiple cues)인데, 이 영역 모두 자폐 범주성 장애인들에게는 어려운 분야다. 분명히 동기는 학습의 많은 영역에서 매우 중요하다. PRT는 아동의 선택에 대한 자연스러운 보상을 강조하기 때문에 동기를 불러일으킨다. 따라서 교사는 아동이 선호하는 자료를 사용한다. 자신의 행동을 관리할 수 있다는 것은 타인의 통제로부터 벗어나는 독립성과 자율성으로 이끄는 기술이다. 자폐 학생의 대다수가 수동적이며 환경에 참여하는 것이 어렵기 때문에, PRT는 학생에게 "저것은 무엇이니?" 또는 "무슨 일이 일어났니?"와 같이 상황을 말하게 하는 간단한 질문으로 시도 행동을 하도록 가르친다. 또한 주위의 많은 자극 중에서 장시간 한 가지 사물에만 집착하거나 장

인터넷 자원

PECS와 관련된 제품은 Pyramid Education Products의 온라인 (http://www.pecsusa.com/index.php)에서 살 수 있다.

자폐 범주성 장애 학습자의 요구에 따른

반응적 교수

그림 교환 의사소통 체계(PECS)

연구의 개요

많은 자폐 아동이 언어 습득에 어려움을 보인다. 자폐 아동의 1/3~1/2 정도는 기능적 의사소통의 어려움이 있다고 예상된다(National Research Council, 2001). 이런 아동에게 수화나 음성출력 의사소통 도구(voice-output communication aids: VOCA)와 같은 보완대체 의사소통 체계를 사용하거나 의사소통 발달을 돕고 보완할 수 있는 상징과 그림을 사용할 수 있다.

그림 교환 의사소통 체계(PECS)는 교사들이 자폐 아동의 의사소통을 돕기 위해 성공적으로 사용해 온 보완대체 의사소통(AAC) 체계의 하나다(Sulzer-Azaroff, Hoffmann, Horton, Bondy, & Frost, 2009). 언어 사용이 어려운 자폐아동은 PECS를 사용하여 요청하거나 설명할 수 있다. PECS는 대체 의사소통 체계(의사소통의 기본 수단)나 보완대체 의사소통 체계(말의 보조 수단이나 기능적 언어 발달을 위해)로 사용할 수 있다.

조사 연구

2009년 Sulzer-Azaroff와 동료들은 PECS에 관한 연구들을 모두 분석하였다. 분석의 목적은 PECS 효과에 대한 과학적 증거를 종합하기 위함이었다. PECS에 대한 연구 논문 중에서 34개의 논문을 분석하였는데, 논문의 선정 기준은 PECS 프로토콜에 따라 적용하였는가와 연구 결과를 수록한 논문으로 제한하였다. 연구 목적(예: 기능적 의사소통의 촉진, 주고받는 대화 시 PECS의 효과, 구화 의사소통의 발달, 행동 변화, 수화나 VOCA와 같은 AAC 체계와 비교하기 위해 PECS를 사용하였다), 장소(예: 특수학교 또는 일반학교, 유치원, 가정), 훈련 전문가(예: 교사, 부모, 상담자, 대학 부속기관 언어치료사), 평가 방법(예: 정답 비율, 자발적 의사소통, 의사소통의 길이와 복잡성)이 다양하였다. 그러나 모든 연구에서 대부분 PECS 중재 결과 의사소통의 향상이 있었다는 것

을 보고하고 있다.

연구 결과

연구 변인을 보면, PECS의 효과는 연구마다 다르게 나타났다. 그러나 대부분 연구 대상자와 양육자, 교사, 부모, 지역사회 구성원 등 성인과의 의사소통이 향상되었으며 요구하는 기술이 증가하였다. AAC와 비교한 연구에서는 PECS가 의사소통 능력을 향상하는 데 있어서 다른 방법보다 효과적이라고 밝혔다(Sulzer-Azaroff et al., 2009). 다른 연구들도 언어 능력의 향상, 문제행동이나 공격 행동의 감소, 새로운 환경에서 의사소통 기술의 일반화를 보여 주었다.

연구의 적용

모든 연구의 한 가지 공통점은 PECS 실행 시 프로토콜을 준수한다는 것이다. PECS 실행은 6단계로 구성되어 있다. ① 1단계: 원하는 행동이나 사물에 해당하는 그림카드 한 개 교환하기, ② 2단계: 새로운 장소나 다른 사람과 1단계에서 사용했던 그림카드 사용하기, ③ 3단계: 그림카드 구별하기(예: 두 개 이상에서 선택하기), ④ 4단계: '원한다'는 의미의 그림카드와 원하는 물건 짝짓기처럼 같은 간단한 문장 구성하기, ⑤ 5단계: "원하는 것이 무엇이냐?"와 같은 질문에 PECS로 답하는 법 배우기, ⑥ 6단계: 주위 환경에 대해 '나는 본다.' '나는 듣는다.' '나는 느낀다.'와 같은 간단한 문장의 PECS 사용하여 표현하기. 연구 대상자들은 대부분 3, 4단계까지 성공하였다. PECS 사용에 관심이 있는 교사와 부모, 중재자들은 http://www.pecsusa.com/에서 자료, 훈련, 지원 방법에 대한 정보를 얻을 수 있다.

•Kristin L. Sayerski

자폐 범주성 장애 학습자의 요구에 따른
반응적 교수

청소년을 위한 사회적 상황 이야기

연구의 개요

자폐 범주성 장애학생들은 의사소통, 행동, 사회적 상호작용에 있어 어려움을 경험한다. 이러한 어려움을 돕는 데 성공적이라고 알려진 방법은 사회적 상황 이야기다. 사회적 상황 이야기는 자폐 범주성 장애 학생들이 어떤 상황에서 필요한 기술을 익히는 데 도움을 주는 만화 형식의 짧고 개별화된 이야기다. 예를 들어, 카페 안의 소음에 놀란 한 자폐 학생은 고함을 지를 수 있다. 이때 교사는 다음과 같은 이야기로 사회적 상황 이야기를 만들 수 있다.

① Mary는 '심호흡을 하는 것'을 배우고 조용히 점심을 먹는다. (식탁에서 점심을 먹고 있는 Mary의 그림)
② 매일 나는 점심을 먹기 위해 그 카페에 간다. (학생들로 가득 찬 카페 그림)
③ 카페에는 많은 아이가 점심을 먹고 있는데 매우 시끄럽다. (식탁에서 점심 식사를 하고 있는 학생들의 그림)
④ 카페에 갔을 때 나는 점심을 먹고 나서 벨이 울리기를 기다리고 있었다. (점심을 먹고 있는 Mary의 그림)
⑤ 내가 조용히 점심을 먹을 때 선생님과 친구들이 편안하다. (점심을 먹으며 웃고 있는 학생들의 그림)
⑥ 내가 조용히 점심을 먹고 있을 때 우리 선생님은 말한다. "Mary, 잘했구나!" (웃고 있는 선생님의 그림)

사회적 상황 이야기는 바람직하지 않은 행동을 줄이고 사회적으로 적절한 기술을 증가시키는 데 효과적인 중재라는 것을 강조한다(Ali & Frederickson, 2006).

조사 연구

Graetz, Mastropieri와 Scruggs(2009)는 세 명의 자폐 청소년을 대상으로 사회적 상황 이야기가 그들의 행동에 미치는 영향을 조사하였다. 사회적 상황 이야기와 관련된 연구들이 대부분 어린 아동을 대상으로 하기 때문에 Graetz와 동료는 ① 사회적 상황 이야기가 청소년들에게도 효과가 있는지, ② 연습한 스토리가 포함되지 않은 상황에서도 행동이 일반화되는지, ③ 상황 이야기 중재가 종료된 후에도 행동이 유지되는지를 알아보았다. 세 명의 실험 대상자는 모두 길리엄 자폐평정척도(Gilliam Autism Rating Scale, Gilliam, 1995)로 진단했을 때 중도 자폐 범위로 분류되었다. 목표 행동은 혼자서 서 있기(체육시간에 서 있기를 거부하고 땅바닥에 누워 있는 문제행동 지도), 적절한 목소리 사용(교실에서 고성과 가성음을 내는 문제행동 지도), 손 아래로 내리기(수업 시간에 손가락을 빨거나 물건을 입에 넣는 문제행동 지도)로 정하였다.

연구자들은 목표 행동을 수행하는 모습에 실험 대상자의 사진을 넣어 사회적 상황 이야기를 만들었다. 교사들은 그 이야기를 어떻게 쓸 것인가(즉, 목표 상황 전이나 목표 상황에서 바람직하지 않은 행동에 대한 반응으로 적절한 시간에 이야기 읽어 주기)와 그 이야기에 대해 학생들에게 어떻게 피드백을 줄 것인가에 관해 훈련을 받았다.

연구 결과

사회적 상황 이야기를 사용하자 세 명의 참여자 모두 문제행동이 감소하였으며 중재가 끝난 후에도 그 효과가 유지되었다. 연구자들은 교사와 보조원에게 앞으로도 사회적 상황 이야기를 사용할 것인가에 대해 질문하였다. 그들은 사회적 상황 이야기를 만드는 것이 어렵지 않으며 실행할 수 있다고 대답했다. 게다가 교사와 보조원은 이후 자폐 범주성 장애학생들을 지도할 때 사회적 상황 이야기를 사용할 자신이 있다고 말했다.

연구의 적용

교사들은 자폐 범주성 장애 아동의 부적절한 사회적 행동들을 지도하기 위해 그 아동에게 맞는 개별적인 이야기를 만들어 낼 수 있다. 각각의 이야기에는 아동이 좋아하는 상황에 대한 설명문(예: 이야기 나누기, 자유 놀이 시간, 교사의 지시에 따르는 시간), 바람직한 행동을 묘사하는 최소 한 개의 지시문(예: 조용히 앉아 있기, 손을 가만히 두기, 바람직한 반응을 보이기), 그 상황에서 다른 사람들의 감정을 묘사하는 조망문을 포함한다(Gray & Garand, 1993). 좀 더 발전된 사회적 상황 이야기는 그림(사진이나 만화)과 삽화에 대한 설명이 포함되기도 한다.

시간 대상의 한쪽 측면에만 집중하는 자폐 학생들에게 주위 환경의 자극 중 복합적인 단서에 반응하는 기술들을 가르치는 것을 목표로 한다. 이는 "나무는 보되 숲은 보지 못한다."는 오래된 속담을 연상시킨다. PRT는 복합적 단서에 대한 훈련을 많이 시킨다.

예를 들어,

> 어떤 아동에게 초록색 운동복을 가져오라고 지시하는 것은 다양한 옷 중에서 운동복을 가져 오되, 여러 색깔의 옷 중에서 초록색 옷을 가져오라는 상황 변별을 요구하는 지시다. 그 아동은 색깔(예: 빨간색이 아닌 초록색)과 종류(예: 초록색 치마가 아닌 초록색 운동복)의 두 가지 조건을 모두 염두에 두어야만 한다. 이런 식으로 아동은 주어진 단서의 수를 완전히 이해하여 반응하는 것을 연습한 후, 단서의 수를 점차 증가시키거나 체계적으로 증가시킬 수 있다(예: 초록색 운동복에서 새로 산 초록색 운동복 상의로)(L. K. Koegel et al., 1999, p. 177).

교육 전달 모델

자폐 학생의 배치 형태는 특수학급이 가장 보편적이다. 자폐 학생의 약 42%는 분리된 특수학급, 약 29%는 일반학급, 약 18%는 학습도움실, 약 10%는 특수학교, 약 1%는 거주시설에 배치되어 있다. 자연스러운 상황과 환경에서 매일 상호작용하고 교육하는 것의 중요성이 강조되면서 자폐 범주성 장애 아동들은 어릴 때부터 지역사회 내 학교와 일반학급에서 교육받고 있다. 이때 일반교사와 특수교사들이 자폐 학생의 개별적 요구에 맞도록 협력하는 것이 매우 중요하다. 그러나 학급에서 어떻게 협력이 이루어지는지에 관한 연구는 거의 없다. 가장 바람직한 형태는 자폐 통합 협력(Autism Spectrum Disorder Inclusion Collaboration) 모델(Simpson, deBoer-Ott, & Smith-Myles, 2003; 〈실천 사례〉 참조)이다. 자폐 아동을 효과적으로 교육하기 위해서는 일대일 교수나 소그룹 지도가 필요하며 일반학급의 교육이 비효율적인 경우도 있다.

그러나 특수학교에서 집중적인 교수가 제공되더라도 최신의 교수법은 가장 자연스러운 환경 안에서의 상호작용을 강조한다. 유치원에서는 일반학급에서 일반유아들과의 자연스러운 상호작용을 강조한다. 초등학교에서는 일반학급에서 일반학생들과의 협동학습을 하게 한다. 유치원 통합을 준비하기 위해 진행된 집중적인 교수의 예로 다음의 〈성공 스토리〉 '일반 유치원 통합을 위한 집중적인 조기 중재: 응용행동분석'을 보라.

인터넷 자원

TEACCH에 관한 더 많은 정보는 www.teacch.com에서 찾을 수 있다.

실천 사례

자폐 범주성 장애 학생의 교사들과의 협력교수

"저는 자폐 범주성 장애 학생에 대하여 아무것도 모릅니다. 어떻게 해야 하지요?"

자폐 범주성 장애 학생의 교사가 된다는 것은 어떤 의미인가

특수교육협의회는 자폐 범주성 장애 학생을 가르치는 교사를 위한 특별한 지식이나 기술에 대한 요구들을 명시하지 않는다. 교사들은 대부분 정서 · 행동장애나 개별화 교수, 개별교육과정을 전공하고 이 분야의 자격을 취득하였다. 비록 자폐 범주성 장애 학생을 교육하는 교사 준비 프로그램의 구체적 지침은 없지만, 이 분야는 새롭게 성장하고 있는 연구 분야이며 최근 많은 대학(다른 단체)이 구체적인 훈련 프로그램을 제공하기 시작하였다. 노스캐롤라이나 대학의 TEACCH(The University of North Carolina's Treament and Education of Austistic and related Communication-Handicapped CHildren) 프로그램이 한 예다.

협력을 위한 성공 전략

자폐 범주성 장애 학생을 위한 협력 전략은 생소하기도 하고 아직까지 일반학급에서의 효과가 검증되지 않았다. 그럼에도 불구하고 연구자들은 모델 프로그램을 만들어 긴밀하게 일하고 있는 일반교사와 특수교사를 지원하려고 노력하고 있다. 이러한 모델 프로그램 중 하나는 자폐 통합 협동(Autism Spectrum Disorder Inclusion Collaboration) 모델(Simpson et al., 2003)인데, 이 프로그램은 "일반교사와 특수교사, 지원부서 직원의 책임감 공유와 의사결정의 공유를 강조하며, 학습자 행동과 교육적 요소 둘 다를 고려한다."(p. 117) 이 모델의 다섯 가지 중요한 요소는 다음과 같다. ① 환경과 교육과정 수정, 일반학급 지원, 교수 방법, ② 사회적 지원, ③ 팀 구성원의 역할 조정과 책임, ④ 통합 과정에 대한 지속적인 평가, ⑤ 가정과 학교 간 협력. 이 모델은 교실 내 협력에 대한 권고 사항은 없다. 그러나 성공적인 협력을 위한 구체적인 요소를 제시하고 있다. 협력을 위한 구체적인 요소는 다음과 같다.

환경과 교육과정 수정
- 훈련된 지원부서 직원
- 직무 연수
- 적절한 교육 방법 적용
- 보조교사 활용
- 교수 계획을 위한 시간
- 적은 수의 학생

사회적 지원
- 학교 행정가는 통합에 대해 긍정적 태도를 갖고 있다.
- 자폐장애 학생을 지도하는 사람들에게 행정적 지원이 제공된다.
- 자폐장애에 대한 정보를 제공한다.
- 자폐장애 학생을 이해하고 그들의 요구에 민감한 교육과정과 경험을 사용하고 있다.
- 자폐장애 학생을 위한 사회적 상호작용 훈련을 한다.

팀 구성원의 역할 조정
- 서비스 체계를 잘 수립하기 위해 각 직원의 역할에 대한 정의가 명확하다.
- 의사소통이 효과적으로 이루어진다.
- 의사결정은 함께 한다.

통합 실제에 대한 지속적인 평가
- 지원과 서비스가 적절한지에 대해 평가한다.
- 참여와 교육으로 얻어진 혜택이 명확하다.
- 적절한 참여 정도에 대해 학생이 직접 말한다.

가정과 학교 간 협력
- 참여가 의미 있다.
- 행정적 지원이 적합하다.
- 학교는 가정의 이야기를 기꺼이 들으려 한다.

• Margaret P. Weiss

★ 성공 스토리

일반 유치원 통합을 위한 집중적인 조기 중재: 응용행동분석

Wesley의 어머니인 Gilmer: "Wesley의 성공으로 우리는 미래에 대해 더욱 낙관적이 되었습니다."

6세인 Wesley Gilmer는 자폐 아동을 위한 특수학교 유치부에 다녔다. 올해 Wesley는 특별한 지원을 제공하는 일반유치원에 다닐 것이다.

다음은 그의 성공의 열쇠들이다.

★ 사회적 기술과 학업에서의 집중적이고 명확한 교수
★ 지속적이고 구조화된 긍정적 행동지원
★ 기술 습득과 의사소통을 위한 특별한 중재

특수교육 코디네이터인 Toni Elitharp는 Wesley Gilmer가 이제 일반학교 유치원으로 가게 된다고 신이 나서 말했다. Wesley는 유치원에서 성취해야 할 목표를 완수하였고, 일반유치원에 가서도 교육과정에 따라 특수교육적 지원을 계속 받을 것이다. Wesley는 자신의 경험을 말로 표현하진 않지만 미소와 같은 표정으로 이야기를 대신 한다. Wesley는 3세 때 자폐로 인해 특수학교 유치부에 다니기 시작하여 집중적이고 지속적이며 명확한 특수교육을 받았고 점차 발전하기 시작했다.

★ 사회적 기술과 학업에서의 집중적이고 명확한 교수

마운틴뷰 초등학교는 지역 학생들에게 유치원에서 5학년의 교육과정을 제공한다. 그 학교는 또한 개별적인 지도가 필요한 자폐아동을 위해 교사당 학생 수가 적은 학급에서 특수교육 프로그램을 제공한다. 마운틴뷰의 교직원들은 모두 적극적으로 참여하여 따뜻하고 편안한 협동적인 분위기를 만들고 있다. 자폐아들과 함께 공부하기 위해 가장 중요한 것은 그들의 독특한 특성을 이해하는 것이라는 점을 발견한 Elitharp는 "우리 학교는 학생이 중심입니다."라고 말한다.

Toni Elitharp는 교사들이 응용행동분석(ABA), 즉 개별화된 기술 습득과 문제행동 감소를 목적으로 하는 교육 모델을 사용할 수 있도록 돕는다. 자폐 아동을 위한 ABA 접근 방식은 과제 분석, 분산학습, 긍정적 강화, 행동 중재, 개별 점검을 강조한다. Elitharp는 "시각 전략은 매일의 계획을 통해 학생을 지도하는 데 필요합니다."라고 말한다. "시각적으로 분명하게 제시되지 않은 채 하루 일과를 한다는 것은 자폐아동에게는 굉장히 어려운 일입니다." "Wesley는 시각 스펀지입니다."라고 Gilmer는 말한다.

★ 지속적이고 구조화된 긍정적 행동지원

Elitharp는 "자폐아동은 규칙, 반복적인 일과, 환경에 대한 예측이 가능해야 한다."라고 말한다. 그녀는 Wesley를 예측하기 어려운 상황에 적응할 수 있도록 지속적이고 구조화된 지원을 제공하여 성공한 자폐아의 한 예로 본다.

Wesley가 유치원에 입학했을 때 그는 나이에 맞는 놀이 기술이나 사회적 기술이 없었다. "나는 Wesley가 좀 이상하고 독특하다는 것을 알았어요. 하지만 Wesley는 특이한 재능도 가지고 있지요."라고 Gilmer는 말한다. Wesley는 이제 하루 일과를 그림으로 기록한 일정을 보게 하고 일

진보 평가

자폐 범주성 장애 학생의 두 가지 중요한 평가 영역은 언어 발달과 사회성(적응) 행동의 향상이다.

정이 바뀔 때 미리 알려 주면 모든 활동에 참여할 수 있다. Wesley는 자기가 하는 활동에 자신감을 느끼고 있으며 친구나 성인과 상호작용을 하고 상황에 맞게 적절한 감정을 다양하게 표현할 수 있다.

Wesley는 자폐성 발달 지체 유아로 유치원을 시작하였다. Wesley의 의사소통 기술과 사회적 기술, 학습 준비 능력은 매우 제한적이었지만, 배워야 할 기술을 과제 분석하여 가르치고, 예측 가능하도록 제시하며, 시각적 전략과 긍정적 강화를 통해 그의 능력은 향상되었고 유치원이 끝날 무렵에는 또래들과 비슷한 수준이 되었다.

★ 구체적 개입: 기술 습득과 의사소통

"ABA는 학습하는 방법을 배울 수 있도록 도와줍니다."라고 Elitharp는 말한다. 그녀는 교사들에게 기술을 가능한 한 작게 나누어 학생들이 이해하기 쉽게 하고, 각 아동에게 작게 쪼갠 활동을 연습시키며, 마지막에는 작은 활동들이 서로 의미 있게 연결되도록 돕는 방법을 보여 준다. "신체적 촉진을 사용하여 학습을 정확하게 하도록 강화합니다. 그런 다음 기술이 유지될 때까지 조금씩 촉진 사용을 줄여 갑니다."라고 설명한다.

Elitharp는 교사들이 자폐 아동이 학습한 기술을 일반화할 수 있도록 도와주는 다양한 의사소통 방식과 보조도구를 사용하도록 권장한다. 언어치료사는 Wesley가 표현언어를 향상할 수 있도록 도왔다. Gilmer는 "Wesley가 언어 발달이 촉진되면서 점점 더 행복한 아이가 되었어요."라고 말한다. "이제 Wesley는 배우고 싶은 것을 알려 달라고 재촉한답니다."

"당신의 자녀가 자폐라는 사실을 처음으로 알았을 때 당신은 그것이 무슨 의미인지를 알고 싶어 합니다. 그리고 아마도 그 사실은 당신을 낙담시킬 것입니다."라고 Gilmer는 말한다. "우리는 용기를 주는 이야기들을 찾으려고 노력했습니다. 우리는 궁금한 것이 아주 많았지요." Gilmer는 회

상한다. "우리는 Wesley에게 작은 목표를 제시했어요. 그 목표를 달성하기를 바라면서요. Wesley를 도왔던 선생님들의 인내와 지원 덕분에 그 목표는 마침내 달성될 수 있었습니다." Elitharp에 따르면 Wesley는 처음 그가 시작했던 지점으로부터 훨씬 멀리 왔다고 한다. "Wesley는 열심히 노력했고 앞으로도 자신에게 낯선 이 세계로 나아가기 위해 열심히 노력할 것입니다." 물론 훈련받은 교사들의 끊임없는 노력과 특수교육을 통해 Wesley는 성공을 이어 갈 것이다.

CEC 표준: 성공을 위한 길

특수교육을 처음 시작하는 교사를 위한 CEC 지식과 기술에 들어가 일반 교육과정과 개별 교육과정을 시작해 보라. 다음 질문은 당신의 전문 지식과 기술, 역량을 성장시킬 것이다.

전문성 개발을 위한 성찰

만약 당신이 Wesley의 교사라면……
- 자폐 아동을 교육할 때 더 알아야 하는 것은 무엇인가?
- 자폐 학생의 학업과 행동 문제를 다루기 위해 도움이 될 구체적인 기술은 무엇인가?
- 자폐 아동을 가르칠 때 당신이 좀 더 발전하기 위해 가장 필요한 능력은 무엇이라고 생각하는가?

CEC 표준의 사용
- 연구에 기반을 둔 자폐아동 교수법은 무엇인가? (GC4S1)
- 자폐아동의 교수 계획을 세울 때 과제 분석은 어떻게 할 것인가? (CC7S5)
- 자폐아동을 위한 개별 강화 체계와 환경 수정은 어떻게 계획하고 실행할 것인가? (IC7S1)

• Jean B. Crockett

언어 발달의 진전도 점검

자폐 범주성 장애인의 언어 습득은 그들의 삶에 장기적으로 중요한 영향을 미치기 때문에 그들을 위한 중재에서 가장 핵심은 언어 중재다. 또한 교사들은 중재가 학생의 요구에 부합되는지 아닌지를 결정하기 위하여 언어 발달을 지속적으로 점검해야 한다. 국립 청각 · 의사소통장애 연구소(National Institute on Deafness and Other Communication

Disonders)에서는 특히 자폐 범주성 장애 유아의 표현언어 평가는 다양한 자료로 해야한다는 것을 결정하기 위해 위원회를 소집하였다(Tager-Flusberg et al., 2009).

여러 자료에는 다양한 의사소통 상황에서 수집된 언어 샘플과 질문지나 면담을 통한부모 보고, 표준화된 도구를 사용한 직접 평가가 포함된다. 언어 평가의 내용은 음운론과 어휘, 구문론, 화용론을 포함한 포괄적인 것이어야 한다.

교사는 유아의 언어 발달 진도 점검을 위해 맥아더-베이츠 의사소통 발달척도 2판(MacArthur-Bates Communicative Development Inventory-Second Eition: CDI-II, Fenson et al., 2003)을 사용할 수 있다. 이 도구는 일반아동을 대상으로 개발되었지만 자폐장애를 포함하여 장애아동에게도 타당도가 검증되었다(Luyster, Lopez, & Lord, 2007; Luyster, Qiu, Lopez, & Lord, 2007). CDI-II는 8~13개월 아동에게 적합하며, CDI-3는 37개월까지 사용할 수 있다. 연령이 더 높은 아동들은 기초언어임상평가-4(Clinical Evaluation of Language Fundamentals-4: CELF-4, Semel, Wiig, & Secord, 2004)를 사용하면 된다. CELF-4는 5~21세까지 언어 이해력, 언어 표현력, 문법, 의미론의 사용 기술을 평가한다.

사회적응 행동의 진도 점검

자폐장애 학생에게 적용되는 가장 보편적 중재는 여전히 사회 적응 행동에 초점을 맞춘다. PDD 행동척도(PDD Behavior Inventory: PDDBI, Cohen & Sudhalter, 2005)는 2세에서 11세 학생의 사회 적응 행동을 평가하기 위해 만들어졌다. 이 도구는 부모용과 교사용이 있는데 부적응 행동 영역은 다음과 같다. ① 감각/지각 행동, ② 변화에 대한 집착/저항, ③ 사회/실제적 어려움, ④ 의미론/화용론적 문제, ⑤ 흥분 억제의 어려움, ⑥ 특정한 공포, ⑦ 공격성. 적응 행동의 평가는 ① 사회적 의사소통 능력의 이해와 ② 사회적 의사소통 능력의 표현을 포함한다.

사회적 반응척도(Social Responsiveness Scale: SRS, Constantino & Gruber, 2005)는 사회/적응 행동(사회 인식, 사회 정보 처리, 상호 사회적 의사소통, 사회 불안과 회피)의 진보를 점검할 수 있는 부모/교사용 척도다. SRS는 4세에서 18세 자폐장애인의 사회성 결함 정도를 평가한다.

자폐사회기술검사(Autism Social Skills Profile: ASSP, Bellini & Hopf, 2007)는 자폐장애아동과 청소년의 사회적 기술을 평가하는 표준화 검사다. ASSP는 교사나 부모가 작성하는데 세 개의 하위척도로 나뉜다. ① 사회적 호혜성, ② 사회적 참여/회피, ③ 나쁜 사회적 행동.

아동기 자폐증 평정척도(Childhood Autism Rating Scale: CARS, Schopler, Reichler, & Renner, 1988)는 선별과 진단을 목적으로 할 때 자주 사용되며 중재 효과를 평가하는 데

도 사용될 수 있다(Cohen et al., 2003). CARS는 전형적인 발달을 보이는 아동의 일탈 행동에 초점을 맞추는데 2세 이상의 아동에게 적절하다.

조기 중재

대부분의 조기 중재 프로그램은 아스퍼거 장애와 같이 덜 심각한 장애보다는 자폐와 같은 심각한 정도의 자폐성 장애 아동에게 초점을 맞춘다(앞서 말했던 것처럼, 아스퍼거 장애는 유치원을 졸업할 때까지 진단되지 않는 경우가 많다).

보다 효과적이려면 자폐 학생의 교육과 중재는 가능한 한 일찍 집중적으로 실시되어야 하고, 구조화가 아주 잘 되어야 하며, 가족을 포함하여야 한다. 아직까지는 어떤 중재도 장애로부터 완전히 벗어나는 획기적인 성공은 없지만, 조기에 집중적으로 중재하는 것은 자폐 아동에게 뚜렷한 결과를 가져온다. 교육은 점차 자연스러운 환경에서 학생을 가르치기 위해 가능한 한 일반학급에 배치하고 자연스러운 상호작용에 초점을 맞추고 있다. 국립연구소(National Research Council[NRC], 2001)에서는 그동안의 연구와 실제를 분석하여 자폐 범주성 장애 아동에게 효과적인 유치원 프로그램의 핵심 요소를 다음과 같이 제안하였다.

- 자폐 범주성 장애의 진단이 심각하게 고려되자마자 중재 프로그램을 시작하라.
- 아동의 생활연령과 발달 수준에 따른 다양한 연간 프로그램으로 진행하되 학교처럼 주 5일(최소 25시간)의 집중적인 교육 프로그램에 적극적으로 참가하라.
- 개별 교수 목표에 맞게 일대일 개별 지도와 소집단 지도를 포함하여 어린 유아를 위한 짧은 시간(예: 15~20분 간격)으로 구성된 교수 기회를 계획하고 반복하라.
- 부모훈련을 포함한 가족 구성원을 합류시키라.
- 학생-교사 비율(한 교실에 자폐장애 아동 2명당 어른 1명)을 낮추라.
- 아동의 진보에 대한 평가를 지속적으로 하고 그 결과를 프로그램에 반영하라(p. 175).

부모의 역할에 대한 이해가 늘어난 후 많은 치료 프로그램에서 부모들을 '동료 치료사'로 끌어들였다. 만일 조기 중재를 집중적이고 지속적으로 진행한다면 가족 참여는 필수적이다. 중재자로서 부모의 역할을 강조하는 NRC의 권고 사항을 따른 프로그램 중 하나는 **조기 집중적 행동중재**(early intensive behavioral interventions: EIBI)다. ABA에 뿌리를 둔 EIBI는 부모나 치료사가 각각의 기술을 적용하려면 상당히 구조화된 훈련을 받아야 하기 때문에 상당한 시간이 필요하다. 그래서 어떤 전문가들은 이 방법을 적극적으로 추천하지 않는다. 그러나 전부는 아니지만 몇몇 연구에서 자폐 아동의 언어 능력과 기능적 기술을 향상하는 데는 효과가 있다는 것을 발견했다(Eldevik et al., 2009; Howlin, Magiati, & Charman, 2009; Reichow & Wolery, 2009).

성인기로의 전환

자폐 범주성 장애 아동도 성인기로 연결된다. 우리는 아스퍼거 장애와 같이 덜 심각한 자폐 범주성 장애학생과 구별하여 자폐증과 같이 심각한 자폐 범주성 장애학생의 성인 기 전이에 대해 설명하였다.

자폐 범주성 장애인 사람을 위한 전환 프로그램

비록 과거보다 성인 자폐증에 대한 성과가 좋음에도 불구하고, 우리가 바라는 정도 까지 가기에는 아직도 갈 길이 멀다. 예를 들어, 대부분이 독립적인 생활을 하지 못한다 (Handricks & Wehman, 2009). 많은 점에서 자폐인들의 결과는 지적장애인과 비슷하며, 인지적 기능 수준에 따라 달라진다(Cederlund, Hagber, Billstedt, Gillberg, & Gillberg, 2008).

그러므로 자폐인의 전환 프로그램은 지적장애인의 전환 프로그램의 원칙과 같다(5장 참조). 전환 계획은 초등학교 때부터 가능한 한 빨리 시작되어야 하고 중학교와 중등 교

많은 자폐인이 작은 지역사회 거주시설이나 자신의 집, 아파트 같은 주거 지원 형태로 지역사회에 통합되고 있다.

육과정에서는 점차 강도를 높여 가야 한다. 최근의 철학은 장애인이 가능한 한 스스로 결정을 하도록 격려하는 **인간중심 계획**(person-centered planning)이다. 점점 더 많은 자폐인들이 작은 **지역사회 거주시설**(community residential facilities)이나 자신의 집, 아파트 같은 **주거 지원**(supported living) 형태로 지역사회에 통합되고 있다. 직장에서는 **경쟁 고용**(competitive employment)이나 **지원 경쟁 고용**(supported competitive employment)이 목표다.

아스퍼거 증후군인 사람을 위한 전환 프로그램

아스퍼거 증후군인 사람들을 위한 성인기 전환 계획의 핵심은 사회적 상호작용에 대한 것이다. 예를 들면, 〈사례 소개〉에 나오는 Kevin Lourens를 위한 전환 계획은 사회적 상호작용에 초점을 둔 집단 훈련 참여를 포함하고 있다. 아스퍼거 증후군의 사회적 상호작용에서의 어려움은 청소년기와 성인기에 이를 때까지 증가하는 경향이 있다(Myles & Simpson, 2003). 불행하게도, 사회적 상호작용의 어려움이 증가하는 것은 취업의 어려움을 가져온다. 또한 아스퍼거 장애인들은 작업 활동에서의 어려움을 겪는데, 우리는 그 원인이 일의 수행 능력 때문이라고 쉽게 생각하지만 그보다는 사회적 상호작용의 부적절함 때문이다(Gerhardt, 2003).

사회적 상호작용의 결함에 대한 접근 방법 중 하나는 사회적 생존 기술부터 사회적 능력까지를 연속체로서 고려하는 것이다. 이 접근 방법은 아스퍼거 장애인들의 독립을 위해 최소한으로 필요한 기술이기 때문에 교사나 치료사는 사회적 생존 기술에 초점을 맞춘 이 접근 방법을 먼저 사용한다(Gerhardt, 2003). 예를 들면, 좋은 매너를 갖는 것과 지저분하게 먹지 않는 것을 배우는 것이 식사하는 동안 어떤 대화를 하는 것이 좋을지를 배우는 기술보다 더 중요한 기술이다.

장애인을 위한 전환 프로그램에서 고용주, 대학 교수, 그리고 그와 비슷한 위치에 있는 사람들이 장애 특성을 제대로 이해하는 것은 매우 중요하다. 많은 경우 아스퍼거 증후군인 사람들은 잘 이해되지 않는다. 똑똑하지만 특이한 행동을 하기 때문이다.

아스퍼거 장애인의 사회적 특이성으로 인해 직장 문화와 관련된 행동에서 어떻게 문제가 되는지 또 얼마나 참고 있는지를 일반 동료들에게 물어봐야 한다. 대부분의 사람은 타인을 괴롭히거나 해를 끼치는 경우가 아니라면 규범에 맞지 않게 행동하는 사람의 사회적 태도는 개선될 수 있다고 생각할 것이다. 아스퍼거 장애인이 취업을 했을 때 그들이 이전에 취업된 다른 일반 노동자들과 맞지 않는 것이 얼마나 문제가 되는지를 묻는 것이 맞을 것이다. 다음 인용문은 아스퍼거 증후군인 사람의 개인적 변화와 이 상황에서 다른 사람들의 사회적 반응의 변화 간에 나타나는 긴장을 잘 표현하고 있다.

인터넷 자원

다음 웹사이트는 아스퍼거 증후군 대학생을 위한 특별 지원을 제공하고 있다. www.users.dircon.co.uk/~cns/

인터넷 자원

Alex Planck의 웹사이트(http: www.wrongplante.net/)는 자폐 범주성 장애에 관한 다양한 정보를 포함하고 있다(회원을 위한 채팅방과 웹 블로그도 있다).

사례 소개: KEVIN LOURENS

Kevin Lourens는 네 살 때 자폐로 진단받았다. 그는 아스퍼거 증후군을 가지고 있고 유치원 때부터 언어치료와 학교심리학자와 함께 하는 사회성 훈련 서비스를 받아 오고 있다. 그는 고등학교를 졸업했고 가을에는 해양생물학을 공부하기로 계획한 미라 코스타 커뮤니티 컬리지(Mira Costa Community college)에 입학할 예정이다. Kevin은 요즘 캘리포니아 주 샌디에이고에 있는 소년·소녀 클럽에서 일한다.

1. 당신이 즐거워하는 것은 무엇인가요? 나는 바닷가로 놀러 가는 것과 비디오게임 하는 것, 자전거 타는 것을 좋아해요.

2. 당신이 가장 좋아하는 휴식 방법은 무엇인가요? 음악을 들으며 쉬는 것이 제일 좋아요. 80년대 음악을 주로 들어요.

3. 당신이 잘하는 것은 무엇인가요? 나는 학문적으로 말하는데, 특히 수학, 대수학에 자신이 있어요.

4. 당신이 싫어하는 것은 무엇인가요? 가장 큰 불만은 나랑 비슷한 상황에 있는 다른 사람이 자신을 인정하고 도움받는 것을 거부하는 것이에요. 또한 사람들이 장애인을 놀림거리로 삼는 것을 참을 수 없어요.

5. 당신의 인생에 긍정적인 영향을 준 선생님이 있나요? 고등학교 때 스페인어 선생님이요. 그는 아주 잘 가르쳤어요. 다른 교사들과 달랐죠. 숙제를 거의 내주지 않았어요. 그러나 그건 중요하지 않아요. 수업 시간이 너무 재미있었고 다양한 방법으로 가르쳐 주었고 배운 것을 생활에 적용할 수 있게 해 주었어요. 그는 우리를 위해 다양한 방식을 사용했고, 심지어 위험도 감수했죠. 한번은 학교에 그의 강아지를 데리고 오기도 했어요.

6. 당신이 롤모델(유명인사, 가족)로 삼고 있는 분이 있나요? 왜 그 사람이 롤모델인가요? Jeff Corwin인데, 그는 Steve Irwin 같은 사람이에요. 그는 TV에 나오는데 동물을 찾기 위해 전 세계를 탐험하죠. 그는 가끔 새로운 종을 발견해요. 그는 동물학자예요. 그리고 나는 그와 비슷한 길을 가고 싶어요. 지금 나는 정말로 해양생물학에 흥미가 있어요.

7. 장애로 인해 가장 어려운 점은 무엇인가요? 내가 장애를 갖고 있다는 것을 아는 것이에요. 나는 내 증상을 잘 모르고 하는 경우가 많은데 그 증상을 알려고 주의를 기울여야 하는 것이 매우 힘들어요. 예를 들어, 손이 마구 움직이거나 정말 미칠 것 같아지면 너무 혼란스러워 어찌할 바를 모르겠어요.

8. 당신의 장애가 당신이 목표로 하는 것을 이루는 데 영향을 미치나요? 직업이나 전문적인 면으로는 전혀 상관없어요. 나는 대학을 갈 거예요. 내가 학문에 재능이 있다는 것을 알았어요. 나는 해양생물학자가 될 것이고 목표를 달성할 수 있을 거라고 생각해요.

9. 장애가 당신의 사회적 관계에 영향을 주었나요? 영향을 주었어요. 사회적 관계는 정말 어려워요. 초등학교를 다니는 동안 나는 다른 아이들과 관계 맺기를 원하지 않았어요. 중학교에 갈 때까지 나는 그들이 나를 다르게 본다는 것을 깨닫지 못했죠. 대부분의 아이가 나의 사회적 상호작용을 참지 못하기 때문에 나만 가만히 있어야 하는 경우가 많았어요. 나는 2주에 한 번 학교상담사와 학생 집단에서 만나요. 이때 삶이나 학교생활, 그 밖에 여러 가지를 이야기해요.

10. 장애가 있다는 것에 대해서 다른 사람이 알면 깜짝 놀랄 만한 어떤 장점이 있나요? 나는 그렇다고 생각해요. 부모님은 아스퍼거 증후군이 있는 것은 내가 공부를 하는 데 도움이 될 수 있다고 말했어요. 수학을 공부하는 데 진짜 많은 도움이 되고, 다른 많은 것을 할 수 있어요. 그런데 비판적 사고를 하는 것은 나에겐 정말 어려워요.

11. 다른 사람들이 당신을 바라보는 시각에 대해서는 어떻게 생각하나요? 글쎄요, 많은 사람이 내가 자폐증이 있다는 것을 잘 몰라요. 그래서 나는 다른 사람들이 나를 자신들처럼 평범한 사람으로 볼 거라 생각해요.

12. 다른 사람들이 당신에 대해 알았으면 하는 점은 무엇인가요? 글쎄요, 나는 사진 촬영하는 것을 좋아해요. 또 내가 일하는 소년·소녀 클럽에서부터 자전거를 타고 매일 10마일을 다니고 있지요.

13. 다음 빈칸을 채워 주세요. 나는 _____ 없이는 살 수 없다. 음음음…… 피자!

Kevin은 온라인을 통한 당신의 연락을 환영합니다.

kevinlourens@att.net

몇 년 전에 내가 만든 성인 아스퍼거 증후군을 위한 지원 그룹인 더글러스 그룹 (Douglass Group)에서는 가끔 감정을 표현하였다. "만약 당신이 NTs(neurotypicals, 신경장애를 갖지 않은 아스퍼거 증후군을 가진 사람을 묘사하기 위한 용어)여서 모든 기술을 갖고 있다면 왜 잠깐이라도 그것을 적용하지 않는 겁니까?" 아스퍼거 증후군을 가진 사람을 변화시키는 것에만 초점을 맞추는 전문가들은 열심히만 하면 된다고 생각하는 장님과 비슷하다. 그룹 구성원들은 아스퍼거 학습자 중재의 초점은 기술을 가르치는 것이 아니라 지역사회 교육을 포함하는 것으로 확대되어야 한다는 것을 토론하였다.

아스퍼거인들은 그들 스스로와 자신과 비슷한 사람들의 변호인이 되고 있다. 예를 들면, 아스퍼거인들이 만든 많은 웹사이트는 다양한 정보와 지원을 제공한다(〈개인적 관점〉참조).

개인적 관점

다른 이들을 돕기 위한 한 젊은이의 웹, 잘못된 행성

아스퍼거 증후군인 사람들은 자신이 '잘못된 행성'에 있고 그 행성에 맞지 않는다고 느낀다. 그러나 10대들은 자신들이 세상 밖에 있다고 느끼지 않으려고 노력한다. 샬럿츠빌 고등학교 고학년으로 올라가는 18세의 Alex Planck는 아스퍼거 증후군을 가진 사람을 위한 새로운 웹사이트의 창립자다.

사이트 www.wrongplannet.net은 지난달에 만들어졌으나 벌써 회원이 300명 가까이 있다. 그 사이트에는 채팅방이 있고, 회원의 프로필과 아스퍼거에 관한 기사, 개인 웹 로그와 블로그가 있다. 사이트에서는 셔츠부터 마우스패드 등 모든 것을 온라인으로 판매한다.

"다른 웹사이트들도 있지만 다른 사이트들은 엘리트주의자 경향이 있습니다."라고 그는 말한다. 그의 사이트는 커뮤니티의 특성에 맞게 운영되고 있으며 회원들의 구미에 딱 맞는다.

"다른 사이트는 우리 사이트만큼 다양한 모습을 갖고 있지 않아요."라고 Planck는 덧붙였다.

Plank에게는 이 사이트를 만들고 유지하는 것이 가장 즐겁다. 사이트에는 뉴질랜드, 호주, 덴마크 그리고 세이셸, 인도양의 제도 등으로부터 많은 방문객이 온다.

Planck는 자신의 최고 열정은 새로운 것을 배우는 것이라고 말했지만, 컴퓨터가 가장 오랫동안 관심을 기울이는 흥밋거리라고 시인했다.

"컴퓨터에 빠지는 것은 당연한 일이에요. 왜냐하면 그 안에는 너무 많은 것이 들어 있기 때문이죠."라고 설명했다.

Planck의 사이트 창립 멤버로 버몬트 출신의 15세 Dan Grover는 이미 원더워프(Wonderwarp)라는 자신의 소프트웨어 그룹을 만들었다. Planck는 최근 그 그룹에 프로그래머로 합류하였다.

Planck의 어머니인 Mary는 교사이며, 아버지인 Doug은 변호사다.

"그 사이트는 일종의 정리된 자원이라고 생각합니다. 아스퍼거 소년들이 다루는 것을 상상하는 것은 매우 어려운 일이에요." 그의 어머니는 말했다.

컴퓨터와 교육 이외에 그 10대들은 산악자전거에 빠져 있다. 그의 희망은 내년에 버지니아 대학에 진학하는 것이다.

"그가 무언가 하려고 할 때 그리고 그것에 집중할 때 그는 놀랍습니다." Mary Planck는 말했다. "우리는 그를 자랑스럽게 생각해요."

출처: Cannon, J. (2004, July 22). Youth uses Web to help others on "wrong planet." *Charlottesville Daily Progress*. 허가 후 게재함.

요약

자폐 범주성 장애의 숨겨진 역사는 무엇인가?

- 1943년, Leo Kanner는 '자폐증'이라는 이름의 사례를 보고했는데, 그들은 특이한 반복적인 움직임과 변화에 대한 강박적 저항뿐만 아니라 의사소통과 사회적 상호작용에 심각한 문제를 나타냈다.
- 1944년, Hans Asperger는 정상 지능과 언어를 갖고 있으나 사회적으로 고립되어 있고 특이하고 좁은 분야에 강박적인 흥미를 가진 아동을 '자폐적 정신질환'으로 지칭하며 사례를 보고하였다.

전문가는 자폐 범주성 장애를 어떻게 정의하는가?

- 자폐 범주성 장애는 임상적으로 의사소통과 상호작용의 심각한 결함이 특징이다.
- 아스퍼거 증후군인 사람들은 전형적인 자폐증보다 높은 인지와 언어 기술을 가지고 있으나 다른 영역의 문제를 갖고 있는데, 특히 사회적 상호작용에서의 어려움이다.

자폐 범주성 장애의 출현율은 어떠한가?

- 미국 질병예방본부에서는 110명 중 1명이 자폐 범주성 장애인이라고 추정한다.
- 남성이 여성보다 4:1 비율로 월등히 많다.
  - 아프리카계 미국인과 라틴계 미국인보다 유럽계 미국인의 출현율이 더 높다.
- 지난 30~40년 동안 자폐의 수치가 급격하게 증가하고 자폐증이 '유행병'처럼 확산되자, 어떤 사람들은 우리 환경에서 의심스러운 독소나 풍진, 볼거리, 홍역(MMR) 접종이 원인이라고 주장한다. 최근의 과학적인 증거는 풍진, 볼거리, 홍역 접종은 자폐증의 원인이 아니라고 지적하였다.
- 자폐 범주성 장애가 증가하는 원인은 자폐의 판별 기준이 확대되었고 자폐에 대한 인식이 확산되었으며 진단이 대체되었기 때문이라고 전문가들은 주장한다(예: 현재 자폐 범주성 장애로 진단받은 사람들이 이전에는 지적장애로 진단되었을 것이다).

자폐 범주성 장애의 원인은 무엇인가?

- 초기 원인 이론은 정신분석 이론에 영향을 받아 무관심한 부모, 특히 차갑고 반응적이지 않은 엄마가 원인이라고 하였다.
- 최근의 원인 이론은 자폐의 신경학적이고 유전적인 근거에 초점을 맞춘다.
  - 대뇌 피질, 기저핵, 편도체, 해마, 뇌량, 뇌간, 소뇌 등의 영역이 영향을 받는데, 이 때문에 전문가들은 자폐 범주성 장애를 신경계 장애로 진단한다.
  - 자폐의 원인에는 유전자 돌연변이뿐만 아니라 유전이라는 증거가 있다.
  - 그러나 유전의 증거가 단지 한 가지 유전자는 아니다(여러 유전자가 복합적으로 작용한다).

자폐 범주성 장애를 판별하는 데 사용되는 방법은 무엇인가?

- 자폐를 진단하는 임상적 기준은 의사소통 기술, 사회적 상호작용, 반복적이고 상동적인 행동에 초점을 맞춘다.
  - 자폐의 초기 신호는 다음 내용의 결함이다. 기쁨의 표현(6개월), 양육자와 소리와 얼굴 표정으로 주고받는 감정(9개월), 자신의 이름에 대한 일관된 반응(옹알이, 주고받는 몸짓, 12개월), 단어 사용(16개월), 두 단어의 의미 있는 문장 사용(24개월), 전 연령에서 언어나 사회적 기술의 부재.
  - 임상가들은 자폐 범주성 장애를 진단하는 확실한 기준을 위해 두 가지 도구를 사용한다. 자폐 진단관찰 스케줄(Autism Diagnostic Observation Schedule: ADOS), 자폐 진단 면담지 개정판(Autism Diagnostic Interview-Revised: ADI-R).

자폐 범주성 장애 학습자의 심리 및 행동적 특성은 무엇인가?

- 자폐인들은 사회적 상호작용, 의사소통, 인지 영역의 결함과 반복적이고 상동적인 행동 패턴, 비정상적인 감각 지각을 갖고 있다.
  - 대부분은 의사소통 의도가 부족하고, 사회적 의사소통에 대한

욕구가 별로 없다. 자폐 영아와 유아는 응시하기나 지적하기와 같이 한 사람이 비언어적 수단으로 다른 사람에게 어떤 자극을 알려 주는 과정인 공동 주의집중이 어렵다.

- 지적장애인과 유사한 인지적 결함을 갖고 있다. 또한 개념적이고 언어적인 것보다 시공간 과정의 선호 특성을 갖는다.
- 자폐 천재라고 불리는 소수는 특별한 기술을 갖고 있다.
- 비정상적인 감각 지각이 있다. 과잉반응, 과소반응, 감각혼란(감각 정보의 뒤섞임).

- 자폐인과 비교하면 아스퍼거인들의 사회적 상호작용의 특이성, 의사소통, 반복적이고 상동적인 행동 특성, 인지 과정, 감각 지각에서의 결함은 경한 편이다.

- 아스퍼거 증후군인 사람들은 종종 사회적 상호작용, 숨겨진 단서에 대한 이해(매일의 생활 중에서 할 것과 하지 말아야 할 것), 쓰인 그대로만 이야기하는 등의 어려움을 갖는다.
- 아스퍼거 증후군인 사람들의 의사소통에서 또 하나의 문제는 언어적 · 비언어적 의사소통 기술을 사회적 상황에서 사용하는 화용론적 어려움이다.

- 자폐 범주성 장애의 다양한 결함을 설명하는 세 가지 이론이 있다. 그중 어느 하나도 모든 장애의 모든 결함을 완벽하게 설명하진 못하지만 이들 이론을 합쳐 사용하기 시작하였다.

- 작동기억, 정서 조절 능력, 미리 계획하는 능력을 포함하는 실행 기능에 결함을 갖는다.
- 중앙 응집력에 문제가 있기 때문에 인지적 처리 과정에서 지나치게 집중하거나 작은 부분에만 집중한다. 그래서 전체를 개념화하는 것에 어려움을 갖는다.
- 마음이론의 문제는 다른 사람의 관점을 받아들이거나 생각을 '읽는 것'의 결함을 가져온다.

자폐 범주성 장애 학습자를 위한 교육적 고려사항은 무엇인가?

- 자폐 범주성 장애학생의 교육은 직접교수, 응용행동분석(ABA), 자연스러운 환경에서의 지도, 행동기능평가와 행동지원(PBIS)을 사용한 행동 관리가 포함되어야 한다.
- 자폐 범주성 장애학생을 위한 접근 방법에는 그림 교환 의사소통 체계(PECS), 사회적 상황 이야기, 중심축 반응교수(PRT)가 있다.

자폐 범주성 장애학생의 진보는 어떻게 평가하는가?

- 언어 발달과 사회적/적응 행동의 진보는 개발된 척도를 사용할 수 있다.

자폐 범주성 장애 학습자의 조기 중재에서 중요한 고려 사항은 무엇인가?

- 조기 중재 프로그램은 매우 집중적이고 구조화되어 있으며 가족을 포함해야 효과적이다. 소수에게는 효과적이나 모든 아동에게 효과적이지 않은 프로그램 중 한 가지는 조기 집중적 행동중재(Early Intensive Behavioral Intervention: EIBI) 프로그램이다.
- 조기 중재 프로그램은 가능한 한 일반 유치원의 자연스러운 환경에서 상호작용하는 프로그램을 사용한다.

자폐 범주성 장애 학습자의 성인기로의 전환에 대한 중요한 고려 사항은 무엇인가?

- 자폐인의 자립은 인간중심 계획을 강조하는데 지역사회 주거시설이나 주거 지원, 경쟁 고용이나 지원 경쟁 고용의 배치로 삶을 준비하게 한다.
- 아스퍼거 증후군인 사람은 고등교육 환경과 취업 현장 모두에서 사회적 상호작용의 증진에 초점을 맞춘다.

특수교육협의회

전문적 기준

이 장에서 다루어진 미국장애인 특수교육협의회(Council for Exceptional Children: CEC)의 공통 핵심 지식 및 기술들: ICC1K5, ICC1K6, ICC1K7, ICC1K8, ICC2K1, ICC2K2, ICC2K4, ICC2K6, ICC3K2, ICC3K3, ICC3K4, ICC4S3, ICC4S6, ICC5K4, ICC5K8, ICC5S3, ICC6K4, ICC7K1, ICC7S2, ICC8S1, ICC8S2, ICC8S6, ICC10K3, ICC10S4,

부록: CEC의 공통 핵심 기준과 관련된 지식 및 기술을 제공한다.

MYEDUCATIONLAB

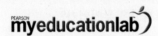

MyEducationLab(www.myeducationlab. com)의 주제 13: 자폐에서 다음의 내용을 찾을 수 있다.

- 국가 수준의 기준들과 관련된 전반적 개념에 대한 학습 성과
- 각 장의 내용을 보다 심도 있게 이해하도록 도와주는 과제 및 활동 수행
- IRIS Center Resources에서 볼 수 있는 어려운 상황들에 대한 검토
- 교수 기술 수립과 학습 주제 경향을 확인할 주요 개념 이해에 대한 실제의 적용
- Book-Specific Resources의 Study Plan을 통한 교재 내용에 대한 이해도 측정. 여기에서 각 장의 퀴즈 수행, 정답에 대한 피드백을 통해 복습, 연습, 심화 활동으로 이해도를 높일 수 있음
- CCSSO 올해의 교사상 수상자의 교사 면담 코너를 통해 '왜 나는 가르치는가?'에 대한 답변 영상 시청

chapter

10 의사소통장애 학습자

말더듬기는 특정한 소리로 시작되는 한 단어에 대한 두려움으로부터 같은 소리로 시작하는 모든 단어에 대한 두려움을 일반화하는 경향이 있다. 나는 여름 동안 내가 쓰는 모든 단어에서 F를 없앴다. 단, 두려움을 조장하기엔 사소했던 'for'라는 전치사는 예외였다. 몇 주 뒤, F에 대한 나의 두려움은 끝이 났는데 그때 다른 단어—내 생각에 L이었던 것으로 기억한다—가 두려워지기 시작했기 때문이다.

–David Shields • 『죽은 언어들(*Dead Languages*)』 (1990)

주요 질문

- 의사소통장애는 어떻게 정의되는가?
- 의사소통장애의 출현율은 어떠한가?
- 의사소통 문제와 장애의 차이는 무엇인가?
- 주요 언어장애에는 어떤 것들이 있는가?
- 주요 말장애에는 어떤 것들이 있는가?
- 의사소통장애에 대한 주요한 교육적 고려 사항은 무엇인가?
- 의사소통장애 학생의 진보 평가 과정에서의 주안점은 무엇인가?
- 의사소통장애의 조기 중재에서의 주안점은 무엇인가?
- 의사소통장애 학생의 전환에 있어 교육자들이 강조하는 것은 무엇인가?

의사소통장애 학습자에 대한
잘못된 생각

오해 • 언어장애 아동은 항상 말하는 데 어려움(speech disabilities)을 가지고 있다

사실 • 아동이 앞뒤가 맞지 않는 말을 할지라도 말(speech) 자체에는 문제가 없을 수 있다. 그러나 대부분의 언어장애 아동은 동시에 말장애(speech disorders)를 가지고 있다.

오해 • 의사소통장애 아동은 항상 정서·행동장애 혹은 지적장애를 가지고 있다.

사실 • 일부 의사소통장애 아동은 인지, 사회성, 정서적 발달 면에서 정상이다.

오해 • 현재는 아동이 어떻게 언어를 배우는지는 잘 알려져 있다.

사실 • 최근의 연구들이 언어 습득 과정에 대한 많은 부분을 밝혀냈고 이것이 언어발달 이론으로 발전되었지만, 어떻게 아동이 언어를 배우는지를 정확하게 규명해 낸 것은 아니다.

오해 • 주로 매우 높은 IQ의 사람들이 말을 더듬는다. 말을 더듬는 아동은 성인이 되어서도 말을 더듬는다.

사실 • 지적 능력 정도에 상관없이 말을 더듬을 수 있다. 말 더듬는 아동 중 어떤 아동들은 성인이 되어서도 말을 더듬는다. 그러나 대부분의 경우에 청소년기 이전 혹은 청소년기에 말-언어병리학자의 도움으로 말을 더듬지 않게 된다. 말 더듬는 증상은 주로 아동기에 나타나며 여자 아동보다 남자 아동에게 더 많이 나타난다.

오해 • 음운(혹은 조음)장애는 결코 심각한 문제가 아니며 언제든 쉽게 교정할 수 있다.

사실 • 음운장애는 무슨 말을 하는지 이해 불가하게 만들 수 있다. 음운 혹은 조음 장애는 때로 교정하기 매우 어렵다. 특히 뇌성마비이거나 지적장애이거나 정서·행동장애일 경우에 더욱 교정이 어렵다.

오해 • 지능과 의사소통장애는 아무런 관련이 없다.

사실 • 의사소통장애는 매우 지능이 높은 사람에게 나타나기도 하지만 지능이 낮은 사람들에게 보다 빈번하게 나타나는 경향이 있다.

오해 • 언어장애와 학습장애는 겹치는 부분이 많지 않다.

사실 • 언어적 기술 영역—듣기, 읽기, 쓰기, 말하기—의 문제는 주로 학습장애의 주요 특징이다. 언어장애의 정의와 여타 다른 장애의 정의들은 중복되는 부분이 있다.

오해 • 유치원에 들어가기 전, 언어적 기술을 거의 배우지 않은 아동들은 일반교실에서 좋은 또래 모델을 찾기만 한다면 쉽게 그들이 필요로 하는 언어 기술을 습득할 수 있다.

사실 • 언어 습득의 초기 단계는 이후 언어 발달에 매우 중요하게 작용한다. 언어 습득이 늦어진 아동은 단지 또래 모델을 관찰하는 것만으로는 언어를 효과적으로 사용하는 법을 배우기 어렵다. 대부분의 경우 보다 집중적인 중재가 필요하다.

의사소통은 우리의 매일의 생활에서 너무나 자연스러운 부분이기 때문에 우리는 그것을 생각할 필요조차 느끼지 않는다. 가족, 친구, 일상적으로 만나는 사람들과의 사회적 의사소통은 노력이 필요한 것도 아니기에 그것에 어려움을 겪는다는 것은 상상하기 어렵다. 다음 Hulit과 Howard(2010)의 말을 생각해 보자.

말이란 인간이 가장 당연하게 여기는 경험의 한 부분이다. 그러나 그것은 인간에게 주어진 가장 놀라운 재능이다. 다음에 당신이 한 명 혹은 그 이상의 사람들과 대화를 나누게 될 때에 말하는 자와 듣는 자를 이어 주는 말의 연결고리에 대해 생각해 보라. 메시지의 송신과 수신 사이의 경이로움을 느껴 보라(p. 15).

우리는 때때로 자신이 하는 말이나 언어의 적합성에 대해 고민하곤 한다. 이는 수많은 관중 앞에서 연설을 한다든지 혹은 취업 면접을 본다든지 등의 특수한, 스트레스를 받고 비일상적인 사회적 상황에서만 해당하는 일이다. 만일 우리가 의사소통에 대해 항상 걱정해야만 한다면 우리는 사회적 상호작용의 모든 순간마다 걱정을 해야만 할 것이다.

그러나 어떤 사람들에게는 이러한 의사소통이 노력 없이 되지 않고 즐겁지 않을 수 있다. 그들의 의사소통은 많은 노력을 필요로 한다. 예를 들어, 어떤 사람들은 명확한 목소리를 내는 것에 심각한 문제를 갖고 있기도 하다. 이것이 음성장애다. 어떤 사람들은 다른 사람들이 말하는 것을 이해하지 못한다. 이를 수용언어장애라고 한다. 이 장 서두에 인용된 David Shields라는 젊은 청년은 유창한 말을 하는 것이 불가능한 사람이었다. 그는 적절한 속도와 리듬으로 말하지 못했다. 이것이 유창성장애 혹은 말더듬이다.

모든 의사소통장애가 말장애를 포함하는 것은 아니다. 모든 말장애인이 말더듬과 같은 사회적 상호작용에 장애가 있는 것이 아니며 말더듬이 가장 흔한 말장애도 아니다. 말더듬이는 전체 아동의 20명에 한 명꼴로 나타난다. 100명 중 한 명만이 평생을 말더듬으며 살아간다. 아동기에 말을 더듬었던 거의 대부분의 경우에 성인이 되면서 말을 더듬는 문제를 해결한다(Owens, Metz, & Farinella, 2010; Yairi & Ambrose, 2004).

오늘날, Shields가 묘사한 것과 같은 어려움은 의사소통장애의 한 사례에서 보고되

인터넷 자원

라디오 〈미국인의 생활〉에서는 말더듬 대학생이 그의 장애를 어떻게 극복했는지에 대해서 들려준다. 웹사이트(http://www.thisamericanlife.org/radio-archives/episode/203/recordings-for-someone)에 들어가서 'ACT TWO. SPECIAL EFFECTS Story'를 검색하면 Kevin Murphy의 이야기를 들을 수 있다. Kevin은 국립말더듬협회(National Stuttering Association)가 자신의 생활을 변화시킨 것에 대하여 설명하고 있다. 또한 Kevin의 웹사이트(http://www.westutter.org)에서도 확인이 가능하다.

는 것이다. 이것이 언어의 주요 목적인 사회적 상호작용에 장애로 작용하기 때문이다. 이 젊은 청년의 말 더듬는 증상은 특정한 단어들을 말하지 못하게 하고 두렵게 하는 것뿐 아니라 그의 생각과 감정을 전달하지 못하게 했다. 의사소통장애를 생각해 볼 때, 의사소통의 세 가지 요소가 고려되어야 한다. 의사소통이 발생하는 맥락(예: 소그룹 안에서, 교실 안에서)과 의사소통에 의해 표현된 기능들 또는 의사소통을 하는 이유(예: 요청하기 위해, 지적하기 위해, 판단하기 위해), 그리고 실질적인 의사소통 이해 및 표현의 수행이다.

정 의

인터넷 자원

의사소통장애에 대한 더 자세한 정보를 위해서는 미국언어청각협회(American Speech-Language-Hearing Association: ASHA)의 웹사이트(http://asha.org)에서 확인할 수 있다. ■ ■ ■

말과 언어는 의사소통의 도구로 사용된다. **의사소통**은 정보를 교환하는 과정이고 많은 **의사소통 기능**을 포함한다. 사회적 상호작용을 추구한다든지, 목적을 요구한다든지, 생각을 공유한다든지, 무엇을 거절하거나 중재하는 것이 의사소통의 기능이다. 이를 위해 메시지를 이해 가능한 형태로 보내는 것(인코딩)과 그것을 이해하고 받아들이는 과정(디코딩)이 필요하다. 항상 메시지를 송신하는 사람과 수신하는 사람이 있어야 한다. 그러나 여기에 반드시 구어적 언어가 필요한 것은 아니다. 의사소통은 비언어적으로도 가능하다. 사실 인간의 의미 있는 상호작용의 많은 부분이 비언어적으로 발생한다(Owens et al., 2010). 언어(언어적 및 비언어적)와 말은 인간의 의사소통에서 중요한 도구다. **의사소통장애**는 생각, 사실, 감정과 욕구를 전하고 받는 능력이 결핍되어 있는 것과 언어 혹은 말 또는 둘 다, 듣기 및 듣고 이해하기, 읽기, 쓰기의 문제를 포함할 수 있다.

언어는 생각을 소통하는 것이다. 즉, 생각을 전달하고 받는 것이다. 이것은 의미를 결정하는 어떤 규칙에 의한 상징을 사용하는 임의의 체계를 통해 이루어진다. 인코딩, 즉 메시지를 보내는 것은 **표현언어**다. 디코딩, 즉 메시지를 이해하는 것은 **수용언어**다. 사람들은 언어를 생각할 때 구어만을 생각한다. 말—구어의 소리를 배열하고 구성하는 신경과 근육의 활동—은 인간이 의사소통하는 데 사용하는 가장 기본적인 상징 체계다. 우리가 언어라 부르는 규칙적인 상징 체계가 없다면 우리가 하는 것은 말이 아닌 그저 의미 없는 소리에 불과하다.

그러나 어떤 언어들은 말에 기반을 두지 않는다. 예를 들어, 미국식 수화(American Sign Language: ASL)는 말의 소리를 포함하지 않는다. 이는 말을 들을 수 없는 많은 사람 사이에서 사용되는 수화법이다. 말하는 데 필요한 신체적 장애가 있는 사람들을 위한 **보완대체 의사소통**(augmentative and alternative communication: AAC)은 구어적 언어의 소리를 대체한다(예: 그림판, 수화, 제스처, 언어산출 전자기기).

미국언어청각협회(American Speech-Language-Hearing Association: ASHA)는 의사소통장애에 대한 정의에서 말장애, 언어장애 그리고 그 밖의 다양한 의사소통장애를 포함한다고 하였다(〈핵심 개념〉 참조). **말장애**는 구어를 사용하지 못하는 것을 의미한다. 이는 말의 소리를 산출하지 못하는 장애, 일반적인 속도로 말을 하지 못하는 장애, 목소리를 내지 못하는 장애를 포함한다.

언어장애는 표현과 이해의 문제를 포함하는 개념이다. 언어는 규칙에 의한다는 것을 기억해야 한다. 다양한 규칙은 형태(음운, 형태, 구문), 내용(의미) 또는 언어의 사용(화용)을 포함한다.

- **음운**: 말의 소리를 지배하는 규칙이다. 특정한 소리와 그것이 어떻게 배열되는지를 말한다.
- **형태**: 단어의 내부 요소 변화를 정하는 규칙을 말한다. 이를테면 접미사를 더한다든지 적절한 단/복수 형태, 동사 시제 등을 만들기 위해 여타 문법적인 어조를 바꾸는 것 등을 말한다.
- **구문**: 예를 들어, 주어, 술어, 장소 수식어를 포함하여 의미 있게 문장을 조직하는 규칙을 말한다.
- **의미**: 단어에 의미와 개념을 부여하는 규칙을 말한다.
- **화용**: 사회적 목적으로 언어를 사용하는 것에 대한 규칙을 말한다.

언어장애는 언어의 다섯 가지 하위체계의 조합 혹은 그중 하나에 어려움을 보이는 것이다. 지역 및 사회적 집단, 문화/민족 집단에 따라 생기는 말과 언어의 차이는 장애로 간주되어서는 안 된다. 예를 들어, 아프리카계 미국인의 영어(흑인 영어 또는 흑인 사투리), 남부 지역 사투리, 케이즌(Cajun) 사투리는 영어의 변형이라 보아야지 말 또는 언어 장애라 할 수 없다. 이러한 차이들은 그들만의 규칙에 따른 것이며 북미의 문화적 · 언어적 다양성을 반영한 것이다. 말과 언어가 그 언어 공동체의 일정한 규칙에 기반을 둔 것이라면 그것은 장애가 아니다. 비록 듣고 말하는 것에 익숙하지 않은 언어를 사용한다 하더라도 이를 장애라 할 수 없다.

이와 비슷하게, 보완대체 의사소통 체계를 사용한다 하여 그 사람이 언어장애를 갖고 있음을 의미하진 않는다. 오히려 그러한 체계는 일시적으로 혹은 영구적으로 적절하게 말을 하지 못하는 사람의 의사소통을 지원해 주는 역할을 한다. 보완대체 의사소통 체계를 사용하는 사람은 말하는 능력의 어려움 이외에 다른 언어장애를 가지고 있을 수도 있고 그렇지 않을 수도 있다.

핵심 개념

미국언어청각협회(ASHA)의 정의

I. 의사소통장애는 개념이나 언어적, 비언어적, 상징 체계를 수신, 송신, 처리, 이해하는 능력에 어려움을 나타나는 상태를 의미한다. 의사소통장애는 듣기, 언어, 말의 부분에서 눈에 띄게 드러난다. 의사소통장애는 그 범위가 경한 것부터 중증의 것까지 있다. 이는 선천적인 것일 수도 있고 후천적인 것일 수도 있다. 한 사람이 한 가지 의사소통장애를 가질 수도 있고 중복장애를 가질 수도 있다. 의사소통장애가 일차 장애일 수도 있고 다른 장애로 인한 부차적인 장애일 수도 있다.

A. 말장애는 조음장애, 유창성장애, 음성장애다.

1. 조음장애는 말의 명료성을 저해하는 대치, 생략, 첨가, 왜곡의 비전형적인 말소리 산출이 특징적이다.

2. 유창성장애는 말의 흐름이 유창하지 않은 것으로 말의 사용에 있어 속도와 리듬이 부적절한 패턴으로 나타나는 것, 소리와 음절, 단어와 구의 반복 등으로 특징지을 수 있다. 과도한 긴장 및 발성 노력, 추가적 이상 행동을 동반하기도 한다.

3. 음성장애는 개인의 연령이나 성별에 어울리지 않는 음질, 음의 고저, 소리의 크기, 소리의 울림, 길이가 비정상적으로 목소리를 내는 것 혹은 목소리를 아예 내지 못하는 특징이 있다.

B. 언어장애는 말하기, 듣기, 다른 상징 체계를 올바로 사용하지 못하거나 이해에 어려움을 보인다. 이 장애는 (1) 언어의 형태(음운, 형태, 구문), (2) 언어의 내용(의미), (3) 의사소통에서 언어의 기능(화용)의 조합을 포함한다.

1. 언어의 형태

a. 음운은 언어의 소리 체계이고 소리의 조합을 관장하는 규칙이다.

b. 형태는 단어의 구조와 단어 형식의 구성을 관장하는 체계다.

c. 구문은 단어의 순서와 조합을 결정해 문장을 구성하며 문장의 요소들의 관계를 규정하는 것이다.

2. 언어의 내용

a. 의미는 단어와 문장의 의미를 규정하는 체계다.

3. 언어의 기능

a. 화용은 위의 언어적 요소들을 기능적으로 조합하는 것과 사회적으로 적절한 의사소통을 만드는 체계다.

II. 의사소통의 변형

A. 의사소통의 차이/방언은 상징 체계의 변형으로 특정인들의 그룹에 의해 사용되며 그들의 공유된 지역적·사회적·문화적/민족적 요소를 반영하여 결정된 것이다. 상징 체계의 지역적·사회적·문화적/민족적 다양성은 장애나 말 또는 언어장애로 간주될 수 없다.

B. 보완/대체 의사소통 체계는 일시적 또는 영구적으로, 중증 표현 및 언어 이해 장애인의 손상 및 장애를 보완하고 촉진하려는 시도다. 보완/대체 의사소통은 제스처, 말하기, 듣기 양식에 문제가 있는 사람들에게 요구될 수 있다.

출처: American Speech-Language-Hearing Association. (1993). Definitions of communication disorders and variations, *ASHA, 35*(Suppl. 10), pp. 40-41. 허가 후 게재함.

출현율

　의사소통장애의 발병률을 규명하는 것은 매우 어렵다. 이는 의사소통장애의 종류가 매우 다양하고 때로는 판별이 어렵기도 하며 종종 다른 장애의 일부분으로 나타나기 때문이다(예: 지적장애, 뇌손상, 학습장애, 자폐). 약 100만 명의 아동—특수교육을 필요로 하는 모든 아동의 약 1/5—이 기본적인 언어 또는 말 장애에 대한 치료를 받고 있다. 언어치료는 다른 주요 장애(예: 지적장애 혹은 학습장애)를 가지고 있는 아동들에게 특수교육 관련 서비스로 가장 많이 제공되는 것 중 하나다.

　8~9%의 미취학 아동과 5%의 초·중등학생은 말장애를 갖고 있다. 약 2~3%의 미취학 아동과 약 1%의 학령기 학생은 언어장애를 갖고 있다(Ehren & Nelson, 2005; National Institute on Deafness and Communication Disorders, 2010; Nelson, 1998; Onslow, Packman, & Payne, 2007). 앞으로의 의학 발전을 통해 의사소통장애를 보이는 중증 장애 아동 및 청소년들의 생은 길어질 것이다. 따라서 학교는 언어치료사뿐 아니라 특수교사 및 일반교사들이 의사소통장애에 대한 지식을 습득하고 더불어 교사들이 학생들의 의사소통을 효과적으로 도울 수 있게 하여야 한다.

의사소통의 변형

　학생이 학교에서 사용하도록 기대되는 말 또는 언어를 사용하지 않는다는 사실만으로 언어장애를 갖고 있다고 말하기는 어렵다. 보다 중요한 질문은 학생이 자신이 속한 지역사회에서 효과적인 의사소통을 하는가다(Goldstein & Iglesias, 2004; Justice, 2006; Owens, 2004). 언어 변형을 보이면서 동시에 장애를 갖고 있는 사람은 자신의 가정과 지역사회를 포함하는 모든 언어적 환경에서 어려움을 겪는다.

　규칙 기반의 체계적 언어 변형을 **방언**으로 간주한다(Vinson, 2007). 방언은 자칫 언어장애로 잘못 진단되기도 한다. 한 예로, 아프리카계 미국 아동들의 말이나 언어가 미국 표준어와 약간의 차이를 보일 경우 장애인 것으로 잘못 판단되기도 한다. 반대로, 아프리카계 미국 아동의 말 또는 언어 장애가 방언으로 오인되기도 하며, 이는 오진(underdiagnosis)을 야기한다(Stockman, 2010). 비록 언어 변형 또는 방언이 언어장애는 아니지만, 언어장애를 가지면서 동시에 장애가 아닌 언어 변형을 나타낼 수도 있다. 그런 사람은 자신과 같은 언어 변형을 사용하는 사람들과도 효과적으로 의사소통하기 어렵다.

　문화적 유산 또는 언어 형태가 전문적 하위문화(professional's subculure)의 것이 아닌 아동들에게 의사소통을 독려하는 것은 교사들과 언어치료사들이 지속적으로 그리고 더욱 관심을 갖고 있는 부분이다(3장 참조). 한편으로는 문화적·민족적 차이를 장애로 오인하지 않도록 조심해야 하며, 다른 한편으로는 언어 차이의 맥락 안에 존재하는 장애를 간과하지 않도록 조심해야 한다. 아동의 언어를 평가할 때에 전문가는 표준화된 검사와 잠재적 편견이 가지는 제한성에 대해 인식하여야 한다.

아동은 언어장애가 없다 할지라도 의사소통의 차이를 가지고 있어, 학습적 성취와 사회적 소통을 위한 특별한 교육을 필요로 할 수 있다. 소수문화의 아동들은 지배적인 문화에서 효과적으로 의사소통하기 위한 규칙을 배워야만 한다. 그러나 전문가들은 또한 아동들이 그들이 속한 문화적 맥락인 집에서 사용하는 언어를 이해하고 받아들여야 한다. 지배적인 문화의 규칙에 따라 효과적으로 의사소통하는 기술을 아동들에게 가르치지 못하면, 아동들은 많은 기회를 놓치게 되고 만다. 사실상 소수집단의 아동들은 서로 다른 두 개의 세상에 대해 배울 필요가 있다. 하나는 자신의 가정에서의 언어이고 다른 하나는 학교에서의 언어다. 언어적 차이가 문제인 많은 아동은 완전히 다른 언어를 사용하는 것이 아니라 특정 사람들의 특유의 변형된 언어를 사용하는 것이다. 이것을 방언이라 부른다. 예를 들어, 미국 표준영어와 다른 한 방언이 (언어장애가 아닌) 애팔래치아 영어(Appalachian English)다. 애팔래치아 사람들은 다른 영어 방언과는 다른 특징을 지닌 영어 방언을 사용한다. 교사는 다른 방언들이 더 열세하다거나 제한된 언어 체계가 아님을 이해해야 한다. 그리고 학생들이 이해할 수 있도록 도와야 한다. 더 나아가 교사들은 그들이 사용하고 있는 의사소통 도구에 상관없이 문화적 차이를 인지해야 한다. 다문화는 의사소통에 있어서 중요한 이슈로 떠오르고 있다(Goldstein & Iglesias, 2004).

아동들에게 말하는 방법과 아동들에게 사용하도록 하는 언어는 가족마다 매우 다르다. 비록 학생이 언어장애가 없다 하더라도 그들의 언어적 변형 때문에 학습적 맥락에서 언어를 사용할 때 불이익을 볼 수 있다. 이러한 이유로 혹자는 교과 교재에 있는 영어에 능숙하지 않은 상태에서 학교에 온 아동들에게 직접적이고 계속적인 지도를 해야 한다고 주장한다(예: Raspberry, 2001). Goldstein과 Iglesias(2004, pp. 368-369)의 추천 내용은 다음과 같다.

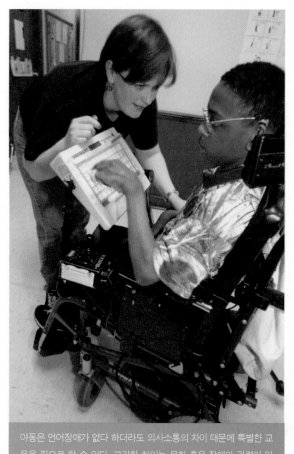

아동은 언어장애가 없다 하더라도 의사소통의 차이 때문에 특별한 교육을 필요로 할 수 있다. 그러한 차이는 문화 혹은 장애와 관련이 있을 수 있다.

• 학생의 문화적 가치와 학습 스타일을 고려한다.
• 필요시 동료와 부모, 다른 사람들의 도움을 요청한다.

- 학생의 교실의 자연스러운 맥락 안에서 바라본다.
- 지역사회의 방언의 특징을 알아둔다.
- 학생의 방언을 고려한다.
- 평가에 있어 가장 편견이 덜한 도구를 사용한다.

오늘날 특수교육 및 일반교육에서 가장 중요시되는 관심은 영어를 제2언어로 배우는 학생들을 가르치는 것이다. 그들은 영어에 능숙하지 않거나 영어를 제한적으로만 사용할 수 있다. 이중언어 교육(bilingual education)은 관심 분야인 동시에 논란의 대상이 되는데, 이는 미국 사회에서 급속히 변화하고 있는 인구에 기인한 것이다. 스페인어를 구사하는 아동들이 각 학교에서 차지하는 비중은 빠르게 증가하고 있다. 더욱이 다양한 국가에서 온 영어가 능통하지 못한 학생들이 지난 10년간 미국으로 대거 이주해 왔다. 이러한 아동들 중 다수가 영어를 잘하지 못하거나 매우 제한적으로 사용한다. 그리고 그중 장애를 가진 아동들도 더러 있다. 이중언어 특수교육(bilingual special education)은 지금도 개발 중인 분야다. 우리가 3장에서 살펴보았듯이 언어적 차이뿐 아니라 장애를 가지고 있는 아동들에게 영어를 가르치는 것은 21세기의 매우 도전적인 과제라 할 것이다.

언어장애

의사소통장애는 일반적 언어 발달에 대한 지식 없이는 이해될 수 없다. 언어와 말의 장애를 논하기에 앞서 우리는 일반 언어 발달에 대해 간단히 설명할 것이다. 언어장애는 말장애에 선행하여 심도 있게 다루어지는 부분이다. 이는 특수교육 및 특수교육 관련 서비스가 발전됨에 따라 말-언어병리학자 및 의사소통장애 관련 여타 전문가들의 주된 관심이 말에서 언어로 이동했기 때문이다(Owens et al., 2010).

신생아는 울음소리 외에는 특별히 내는 소리가 없다. 그러나 몇 년 안에 말의 다양한 복합적 소리를 낼 수 있게 된다. 또한 말을 알아듣고 글을 읽을 수 있으며 말로 의미를 표현할 수 있다. 비록 언어 발달에 내재된 메커니즘에 대해서는 여전히 알려지지 않은 부분이 많다 하더라도, 언어를 사용하는 데 있어 주요한 단계는 아동발달 전문가들에 의해 잘 알려져 있다. 언어를 배우는 데 어떤 과정이 선천적인 것이고, 어떤 부분이 환경에 의해 좌우되는 것일까? 인지와 언어 발달은 어떤 관계가 있을까? 이러한 언어의 사용과 기원에 대한 많은 의문은 아직 명확히 풀리지 않고 있다.

〈표 10-1〉은 말과 언어 그리고 의사소통의 전형적인 발달 과정을 보여 준다. 언어장애 아동은 많은 경우 정상 발달 과정에 도달하게 된다. 아동이 때때로 언어 발달 단계를

〈표 10-1〉 말, 언어, 의사소통의 발달

나이	수행 정도
신생아	사람의 얼굴과 목소리를 더 좋아한다. 소리의 크기, 억양, 음소를 식별할 수 있다.
3개월	옹알이를 시작한다. 상대에게 음성으로 반응한다.
6개월	반복 옹알이를 시작한다. '바-바-바' 다양한 옹알이를 시작한다. 성인이 하는 말의 음색을 흉내 낸다. 이를 '자곤(jargon)'이라 한다.
10개월	음소적으로 일관성 있는 형식을 덧붙인다.
12개월	초어를 시작한다. 제스처로 전달하던 의도를 말로 표현한다.
18개월	단어를 규칙에 맞게 순서대로 배열하여 말하기 시작한다.
2세	형태소를 조합하여 표현하기 시작한다. 평균길이, 즉 평균발화길이(MLU)는 1.6~2.2 정도다.
3세	보다 어른스러운 문장 구조를 만든다. 평균발화길이(MLU)는 3.6~4.7 정도다.
4세	대화자에 맞추기 위해 말하는 스타일을 바꾸기 시작한다. 평균발화길이(MLU)는 3.6~4.7 정도다.
5세	언어 문법의 90% 정도를 습득한다.
6세	쓰기와 읽기 등의 시각적 의사소통 요소들을 배우기 시작한다.
8세	모든 미국 영어 말소리를 습득한다.
청소년	자신 있게 대화에 참여하고 이야기를 나눌 수 있다. 다의적 단어와 비유적 표현을 안다. 말을 할 때 성별에 적합한 말을 사용한다.
성인	3만~6만 개의 단어를 구사한다. 다양한 청자와 목적에 적절하게 의사소통한다.

출처: Owens, R. E., Jr., Evans, D. E., & Haas, B. A. (2000). *Introduction to communication disorders: A life span perspective.* Boston: Allyn & Bacon에서 허가 후 발췌함.

잘 '따라가고' 있는 것처럼 보일 수 있음을 유의해야 한다. 다만 이후에 일반 발달 단계에 뒤처지는 것을 인지해야 한다.

아동이 어떻게 언어를 배우는지 정확하게 아는 사람은 아무도 없다. 그러나 우리는 언어 발달이 일반적으로 신체적 성장, 인지 발달, 사회화와 관련이 있음을 알고 있다. 과정의 세부적인 부분—생리적·인지적·사회적으로 언어를 배우는 데 대한 사항—은 여전히 논의되고 있다. Nelson(1998)이 논의한 의사소통 연구에서의 여섯 가지 이론과 연구는 다음과 같다.

① 언어 습득은 뇌 발달 및 뇌의 적절한 기능에 따라 결정된다. 언어장애는 가끔 뇌기

능장애의 결과로 나타나며 때로는 치료로 보완될 수 있다. 여기서는 생물학적 성숙을 강조한다.

② 언어 습득은 언어 행동 결과에 영향을 받는다. 언어장애는 부적절한 학습 때문일 수 있다. 언어 행동의 결과를 다르게 하여 언어장애 교정을 계획할 수 있다. 여기서는 행동심리학을 강조한다.

③ 언어는 정보 처리 방법과 관련된 입력과 출력에 의해 분석될 수 있다. 잘못된 처리는 언어장애의 원인이 되며, 보다 효과적인 처리 기술을 지도할 수 있다. 여기서는 정보 처리를 강조한다.

④ 언어는 형식, 내용, 사용을 지배하는 규칙에 영향을 주는 생물학적 과정에 의해 습득된다. 언어장애는 규칙에 의한 언어의 측면을 습득하지 못하는 데서 기인하며, 이러한 장애는 개인이 이러한 규칙을 배움으로써 극복할 수 있다. 여기서는 언어학적 또는 생득설(nativist) 관점을 강조한다.

⑤ 언어는 많은 인지 기술 중 하나다. 언어장애는 생각하는 것, 학습하는 것의 기본적인 문제를 반영한다. 때때로 이런 장애는 특별한 인지 기술을 가르침으로써 효과를 볼 수 있다. 여기서는 인지 발달을 강조한다.

⑥ 언어는 사회적 상호작용에 대한 필요에 의해 생긴 것이다. 언어장애는 인간이 자신이 속한 환경 속에서 효과적으로 관계를 맺는 능력이 제대로 작동하지 않는 것을 말하며, 자연스러운 환경의 조성이 때로는 효과적인 상호작용을 돕고 지원할 수 있다. 여기서는 사회적 상호작용을 강조한다.

아동이 어떻게 또는 왜 언어를 습득하는지 명확하게 아는 사람은 아무도 없다. 그러나 우리는 언어 발달이 신체적 성장, 인지 발달, 사회화와 관련되어 있다는 것을 알고 있다.

앞의 이론들은 모두 과학적으로 의미 있는 요소들을 지니고 있다. 그러나 이 중 그 어떤 이론도 언어 발달과 장애를 완벽하게 설명하진 못한다. 이 6개의 이론은 언어장애를 평가하고 효과적인 중재를 찾아내는 데 장점과 단점을 모두 가지고 있다. 신경 영상 기술(neurological imaging technology)의 발전은 언어의 생물학적 측면을 이해하는 데 많은 도움을 주었다(Foundas, 2001). 한편 실용적 또는 사회적 상호작용 이론은 언어치료사와 교사들에게 가장 직접적인 적용을 할 수 있게 한다. 이는 의사소통 기술이 성인-아동의 중재에 의해 어떻게 촉진되는지에 대해 가장 초점을 맞추고 있기 때문이다.

언어는 듣기와 말하기, 읽기와 쓰기, 기술적 담론(technical discourse), 사회적 상호작용을 포함한다. 언어장애는 이 책에서 다루는 청각장애, 지적장애, 외상성 뇌손상, 자폐범주성 장애, 학습장애 등 다른 장애의 기본이 된다.

언어장애의 분류

언어장애는 범위(하위체계 또는 형태)와 원인론(이유)의 두 가지 차원으로 구분할 수 있다. 378쪽 〈핵심 개념〉에 나온 미국언어청각협회(ASHA) 정의는 언어의 다섯 가지 하위체계, 즉 음운(소리), 형태(단어 형식), 구문(단어 순서와 문장 구조), 의미(단어와 문자의 의미), 화용(언어의 사회적 사용)을 보여 준다.

이와 같은 언어의 영역 중 하나에 문제가 생기면 사실상 하나 이상의 문제가 수반된다고 보아야 한다. 그러나 언어장애아는 특정한 한 영역에만 문제를 가지고 있다.

언어장애를 분류하는 다른 방법은 가정 원인(원인론) 또는 관련 조건에 기반을 둔 것이다. 원인론에 의한 분류는 1차적인 원인과 2차적인 원인의 두 가지 측면이 있다. **1차 언어장애**로 알려진 것은 없다. **2차 언어장애**는 지적장애, 청각장애, 자폐 범주성 장애, 뇌성마비, 외상성 뇌손상 등과 같은 다른 원인 때문에 언어장애가 2차적으로 발생하는 것이다.

문제에 대한 과학적인 접근은 분류를 필요로 한다. 그러나 인간과 인간이 사용하는 언어는 분류하기 매우 어렵다. 따라서 언어장애에 있어 모든 분류 체계는 모호함을 지닐 수밖에 없다. Owens(2004)는 언어장애를 다음과 같이 언급하고 있다.

언어장애아는 종종 음운, 형태, 구문, 의미, 화용의 언어 영역에 문제를 갖고 있다.

[언어장애]를 가진 많은 아동은 이 장의 어떤 범주에도 포함시키기 어렵다. 이 아동

들은 최초 진단 분류의 한 개 혹은 그 이상에 포함될 수도 있고 또는 어떤 범주에도 속하지 않을 수도 있다. 아동은 저마다 독특한 상황을 보일 수 있으므로 언어 평가와 중재를 개별화할 필요가 있다(p. 20).

다음의 〈성공 스토리〉에 소개된 Ryan은 이 개념의 가장 적절한 예시다. 그는 뇌손상을 입었고 그의 가족의 도움과 전문가들의 개입으로 의사소통하는 방법을 다시 습득한 경우다. Ryan은 완전히 회복되었다는 점에서 매우 행운이었던 경우다. 그러나 그가 의사소통을 하기 위해서 노력한 점은 여전히 그의 마음속에 생생히 남아 있다.

1차 언어장애

특정언어장애(specific language imairment: SLI)는 원인을 확인할 수 없는 언어장애다. 이것은 언어를 습득함에 있어 예상치 못한 그리고 설명 불가한 변형이 발생하는 것이다(Silliman & Scott, 2006). 이러한 장애는 언어에 심각한 제한을 주게 된다. 특정언어장애는 일반적으로 언어학습장애, 듣기장애 등으로 대표되는 지각장애, 지적장애로 인해서 나타나는 것이 아니다(Owens et al., 2007). 때때로 특정언어장애는 언어의 여러 측면을 포함한다. 학습장애 중에서도 특히 읽기와 쓰기의 문제는 특정언어장애 아동들의 일반적인 특징이다(Choudhury & Benasich, 2003; Kohnert, Windsor, & Yim, 2006; Peterson, Pennington, Shriberg, & Boada, 2009; Tomblin, 2010).

초기 표현언어 지체(early expressive language delay: EELD)는 아이 자신의 연령에 맞지 않게 표현언어가 현저히 늦어지는 것을 말한다(예: 2세 아이가 50개 이하의 단어를 사용한다든지 혹은 두 단어를 조합해서 표현하지 못한다든지). 2세 때 언어 발달이 늦어지는 아이의 절반 정도는 또래 친구들과 함께 생활하면서 점진적으로 언어 발달이 정상 단계로 발전한다. 그러나 나머지 절반의 아이들은 정상 단계에 도달하지 못하고 학교에 입학한 이후에도 언어장애를 겪게 된다.

읽기언어장애(language-based reading impairment)는 언어장애 기반의 읽기 문제를 의미한다. 이 장애는 아동이 읽기를 배우기 시작하기 전에는 발견할 수 없다. 음운 인식, 알파벳 외우기, 문법적 말하기와 같은 능력에 대한 연구는 이 장애에 취약한 아동을 판별하는 데 도움을 주었다(Justice & Schuele, 2004; Vellutino, Fletcher, Snowling, & Scanlon, 2004). 유치원 때 언어장애를 보이는 상당수의 유아가 초등학교 2학년 때 명백한 읽기장애를 보이곤 한다(Catts, Adlof, Hogan, & Ellis Weismer, 2005; Catts, Fey, Zhang, & Tomblin, 2001; Sawyer, 2006). **음운 인식**은 지난 20년 동안 많은 관심을 받아 왔지만 연구 결과 화용적 · 구문적 · 의미적 지식이 이후의 읽기 이해 능력을 예측하는 데 더 도움이 된다는 것이 밝혀졌다(Catts et al., 2001; DeThorne, Petrill, Schatschneider, &

★ 성공 스토리

의료 및 교육 서비스의 협력을 통해 Ryan은 성공적인 재활 프로그램으로 인해 다시 학교로 돌아갈 수 있었다.

Ryan McGarr: "과거를 되돌아보면서 머리를 다친 이후로 내가 얼마나 느렸는지 깨닫게 되었다."

대학생 Ryan McGarr는 고등학교 2학년 추수감사절에 자동차사고로 중상을 입었다. 혁신적인 외상성 뇌손상(TBI) 프로젝트가 그를 재활센터에서 다시 학교로 돌아가는 징검다리 역할을 해 주었다.

다음의 목록은 그의 주요 성공 요인들이다.

★ 서비스와 지원의 집중적 협력
★ 학습 및 어휘 발달에 대한 집중적인 교수
★ 보상 전략과 특화된 목표를 가진 교사연수

RYAN MCGARR는 중상을 입고 3일 동안 혼수상태에 빠져 있었다. 언어와 인지 부분의 후유증은 그가 학업을 이어 가는 데 문제가 되었다. 특수교사인 Nancy Maher-Maxwell은 뉴욕의 나사우 카운티 위원회에서 시행하는 협력 교육적 서비스(Nassau County Board of Cooperative Educational Services)의 특화된 외상성 뇌손상(TBI) 프로젝트에 참여했다. 그는 Ryan이 다쳤을 때 의료와 교육 서비스를 구상했다. 교사는 또한 Ryan이 사고 후 다시 학교로 돌아갔을 때 그의 개인적인 필요들을 만족시켜 주도록 교사들을 교육시켰다. 신경 회복과 낫고자 하는 강한 열망과 함께, Ryan은 집중적이고 지속적이며 특화된 특수교육 덕분에 이 같은 성공이 가능했다.

★ 서비스와 지원의 집중적 협력

Ryan의 어머니는 병원에서 외상성 뇌손상(TBI) 프로젝트에 대해 알려 준 사람에게 매우 고마워하고 있다. "어린 아들에 대한 충격과 그를 돌보아야 한다는 생각은 온 가족을 혼란에 빠뜨렸어요. 나는 어떻게 해야 할지 몰랐고 어디에도 집중할 수 없었어요." 특수교사 Maher-Maxwell은 "재활센터와 학교 복귀와 관련해서 서로 협력을 하면서 학교에 복귀해서 학교 지원들의 도움을 받은 아동은 그렇지 않은 아동보다 성공률이 높다는 연구 결과가 있습니다."라고 한다.

Ryan은 4월부터 일부 시간에만 학교에 복귀하였다. 그는 오전 시간에 통원하며 재활치료를 받았다. 그리고 오후에는 영어, 사회, 미술, 학습도우미 수업을 듣기 위해 학교에

Cutting, 2010; Mutter, Hulme, Snowling, & Stevenson, 2004; Silliman & Scott, 2006). 그러므로 언어장애 아동들의 주요 취약성에 대해 다시 한 번 주목하게 되었다. 또한 최근 연구 결과에 따르면 언어장애가 말소리장애와 병행되는 경우에 읽기장애 정도가 더 심각해지는 것으로 드러났다(Peterson, Pennington, Shriberg, & Boada, 2009).

2차 언어장애

언어장애에 대한 문헌들은 지적장애 또는 자폐 범주성 장애 등과 같은 특정 의사소통 장애와 함께 다른 특정 장애로 인해서 오는 언어장애를 포함한다(예: Owens, 2004). 사회적 상호작용 및 인간관계에서 언어를 사용하는 데 어려움이 있다는 것은 많은 장애에

갔다. 그는 고등학교 3학년 때 모든 일과에 참여하는 학생이 되었다. 매일 45분씩 특수학급 지원을 받으면서 모든 수업을 소화했다.

★ 학습과 어휘 발달에 대한 집중적인 교수

어머니는 사고 6주 후 Ryan을 만났던 때를 기억한다. 그 당시 아들은 학교 졸업이 결정된 상태였고 개별지도를 원했다. Ryan의 어머니는 "사고 9주 후 Ryan을 만난 병원의 심리학자는 그가 학교를 마칠 수 없을 것이며 내가 학습에 대해 압박을 한다고 말했어요. 그러나 그건 아들이 원한 일이었어요. 그리고 난 아들이 원하는 대로 하는 것뿐이었어요."라고 말했다. 특수교사 Maher-Maxwell은 Ryan의 학교 교육청과 접촉하였고 그의 전 영어 교사는 아이에게 홈스쿨링을 해 주기로 했다. Maher-Maxwell의 도움으로 단어와 어휘의 의미를 집중적으로 수업하는 개별화 교육이 진행되었다. 그는 플래시카드를 사용하고, Ryan과 함께 만든 재미있는 문장을 사용하여 그가 기억하기 쉽게 유도하였다. Ryan에게 역사 교과서 한 장을 읽게 하기보다는 내용을 나누어서 적은 분량으로 학습하게 했다.

★ 보상 전략과 특화된 목표를 가진 교사연수

외상성 뇌손상(TBI) 프로젝트는 Ryan이 정규교육에 복귀할 수 있도록 도왔다. 이는 교사들에 대한 지속적인 지원뿐 아니라 워크숍의 개최 등을 통해 이루어진 것이다. 교사연수는 Ryan이 다양한 통로를 통해 새로운 정보를 받아들인다는 것을 강조했다. 교사들은 노트필기, 각 단원들의 윤곽을 강조하기, 프로젝트를 조직화하기 등의 학습 기술을

강화하는 기법을 연수받았다. 특수교사 Maher-Maxwell은 "일반고등학교 교사들은 주제에 대해 설명하면 아동들이 잘 필기할 것이라고 기대합니다. 그리고 시험을 통해 평가하면 될 것이라고 생각하지요. TBI 학생의 학습 체계는 손상되었기 때문에 과정을 처리하는 속도가 일반학생보다 느리고 따라서 가르치는 데에도, 평가하는 데에도 보다 긴 시간이 필요합니다."라고 말하였다.

Ryan의 어머니는 아들이 언어 능력을 다시 회복할 수 있을지 확신하기 어려웠다고 회상한다. "언어치료에서 아들은 범주로 분류하는 기술을 매우 어려워했어요. 치료사는 아들에게 초록색 채소를 다섯 가지 말해 보라고 했지만 아들은 답변하지 못했지요. 더욱 놀라웠던 것은 아들이 누구나 할 수 있는 것들을 못했다는 거예요!"

TBI는 새로운 중재를 필요로 하는 후천적 손상이다. "내가 특수교사에게 말하지 않았더라면 아들 Ryan을 특수학급에서 지원을 받을 수 있다는 것을 몰랐을 거예요. 그가 한 번도 특수교육을 받아 본 적이 없었기 때문이에요."라고 어머니는 말한다. 머리의 손상은 그 미래를 예견하기 어려운 부분이 있다. 특수교사가 말했다. "초기 신경심리적 평가에서는 Ryan의 특수교육으로 인한 보상적 전략과 자신의 결정을 전혀 고려하지 않아서 학문적인 열망을 모두 잊게 했을지 모릅니다."

Ryan은 여전히 전보다 쉽게 산만해지고 대학입시를 위해서 더 많은 시간이 필요하다. Ryan은 내가 원하는 것이 무엇이든지 성공할 것이고 그것에 대해 조금도 의심하지 않는다고 미래에 대해서 자신감 있게 말하고 있다.

• Jean B. Crockett

서 기본적으로 보이는 문제다.

한 예로, 정서·행동장애는 사회적으로 말수가 적은 것 또는 위축에서 심각한 외향적 활동과 공격성까지의 범주를 포함한다(McCave & Marshall, 2006; Rogers-Adkinson & Griffth, 1999). 언어장애를 보이면 사회적 상호작용 기술을 발전시키는 데 특히 어려움을 겪을 수 있다. 이는 그들이 사회적 상황을 올바로 해석하지 못하며 자신을 표현하는 데 어려움을 겪기 때문이다. Donahue, Hartas와 Cole(1999)은 다음의 예를 제시하였다.

유치원 교실 안에 두 개의 인접한(남녀 공용) 화장실 문이 있다. 각각의 문에는 거의 비슷한 모양의 호박얼굴 포스터가 붙어 있다. 어른의 눈에는 잘 띄지 않지만, 한 호박에는 속눈썹이 그려져 있었다(이 호박은 세모 눈 모양 대신 네모난 모양의 윗부분에 쭈글쭈글한 모

양의 눈이 그려져 있다). 언어장애로 진단받은 남자 아동은 이 화장실에서 나와 자신의 책
상으로 돌아갔다. 다른 남자 아동이 그에게 말했다.

> 넌 왜 여자화장실에 들어간 거야? (호박의 얼굴을 가리키며)
> 응?
> 너 여자화장실에 들어갔잖아.
> 아니야– 아니야–. 저기는 여자화장실이 아니야.
> 아니야– 여자화장실이야.
> 그렇지 않아– 남자도 들어갈 수 있어. (목소리가 높아진다.)
> 아니야. 여자 호박이 그려져 있잖아.
> 그치만– 그치만…… 저건 여자가 아니야! (점점 화를 낸다.)
> 아니라니깐, 저기 속눈썹 안 보여?
> 그치만– 그치만…… 아니야! (씩씩거리며 발을 구르고 친구를 밀친다. 교사가 두 아동을 말
> 리고 언어장애 아동에게 타임아웃을 말하며 싸움을 중지하도록 한다. 아동은 화가 나서 앉으면서
> 혼잣말로 "여자 아니야."라고 투덜거린다.)(p. 72)

언어장애는 또한 아동이 또래 친구들과 사회적 상호작용을 하는 것을 제한한다. 예
를 들어, 청소년 휴대전화 사용에 관한 연구 결과, 특정언어장애 학생은 그렇지 않은 학
생에 비해 문자 메시지를 적게 보내는 것으로 나타났다. 이는 그들이 사회적인 네트워
크 발달의 기회를 감소시키는 결과를 초래한다고 할 수 있다(Conti-Ramsden, Durkin, &
Simkin, 2010).

말장애

말장애는 매우 다양하다. 즉, 서로 다른 유형, 정도, 복합적인 장애로 되어 있다. 말장
애는 학령기 아동의 의사소통 능력에 광범위한 도전이 되고 있다.
우리는 학령기 아동들의 말장애에 영향을 끼치는 주요 장애들에 대해 아주 간단한 설
명만 제공할 것이다. 대부분의 말장애는 주로 교실의 교사가 아닌 말–언어병리학자가
치료한다. 그러나 일반교사와 특수교사 모두 평가와 중재에서 말–언어병리학자와 함께
협조적으로 일해야만 한다.

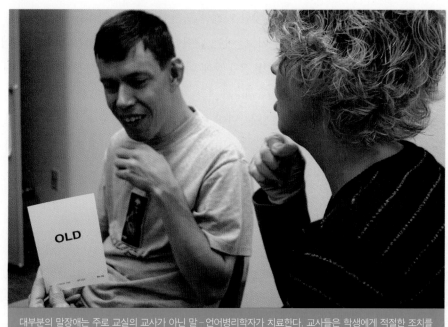

대부분의 말장애는 주로 교실의 교사가 아닌 말 – 언어병리학자가 치료한다. 교사들은 학생에게 적절한 조치를 취할 수 있도록 가능한 한 말장애에 대해 알고 있어야 한다.

음운장애

음운장애는 9세 이전의 아동에게서 나타난다. 이 장애는 유아가 정상적으로 발달하는 과정에서 단어를 정확히 말하지 못하는 것을 포함하지는 않는다. 이 장애의 원인은 잘 알려져 있지 않다. 그러나 어떤 이유에서인지 음운장애를 가진 아동은 그들의 말소리를 내는 규칙을 이해하지 못한다. 이런 아동들이 말하는 것을 들어 보면 자신의 나이에 적절하지 않다. 그들은 단어의 명료도를 구성하는 말의 소리와 음소를 산출하고 구별하는 방법을 이해하지 못하는 것으로 보인다. 이 장애는 100명의 아동 중 4~5명꼴로 나타난다. 그리고 여자 아동보다는 남자 아동에게서 다소 많이 나타난다.

음운장애는 조음장애와 개념적으로 구별하기 어렵다(Owens et al., 2007). 조음장애 아동은 단순하게 소리를 정확하게 내는 방법에 어려움이 있다. 이와는 대조적으로, 음운장애 아동은 언어의 소리에 대한 내적 표상 체계에 어려움을 보이는 것 같다. 소리 또는 소리의 특수성의 차이에 대해 이해하지 못하는 것일 수 있다. 그리고 이는 말소리를 산출하는 방법에 문제를 일으킨다. 예를 들어, 단어의 제일 끝 자음의 내적 표상이 없는 아동의 경우, Hat을 Ha로 발음하고 Dog을 Do로 발음한다.

음운은 읽고 쓰는 능력에서 매우 중요한 부분이다. 읽기를 배우는 것은 알파벳 원리—글자가 소리를 체계적으로 나타낸다는 것과 소리로 단어를 만들기 위해 조합할 수 있다는 것—에 대한 이해가 필요하다(Lane & Pullen, 2004). **음운 인식**은 언어의 소리 구조를 이해하는 것이다. 이는 소리를 조합해 단어를 만드는 것과 단어를 나누면 소리가 되는 것, 그리고 구어를 다루는 것에 대한 이해를 포함한다. 음운 인식을 하지 못하는 학생은 알파벳의 원리를 이해하지 못하고, 이는 단어를 해석하지 못하는 것으로 이어진다. 전체 아동의 경우는 아니지만 몇몇 음운장애 아동은 음운 인식도 결핍되어 있다. 몇몇 아동은 구어 회상(verbal working memory, 들은 것을 기억하는 것 또는 말하려 했던 것을 기억하는 것)에 심각한 문제가 있다. 또는 단어 습득 또는 단어 검색에 심각한 문제가 있다. 작동기억 및 단어 인출의 문제는 음운처리장애로 간주된다. 언어음운 체계의 이 같은 장애는 말소리를 내는 것과 읽고 쓰는 능력에도 영향을 끼친다.

조음장애

조음장애는 소리 산출 오류를 포함한다. 이 문제는 근본적인 음운 문제가 아니라 말소리를 빠뜨리거나 대체 또는 왜곡, 첨가하는 문제를 뜻한다. 한 예로, 혀 짧은 소리를 내는 것은 /s/ 소리의 대체 또는 왜곡을 수반한다(예: sunshine을 thunthine 또는 shunshine으로). 소리를 내는 것을 빠뜨리거나, 대체하거나, 첨가하거나 또는 소리를 잘 내지 못하는 것은 이해하기 어렵게 만들 수 있고 전혀 무슨 말인지 이해 불가능할 수도 있다. 또한 말소리를 내는 데 이러한 실수는 화자가 괴롭힘을 당하거나 놀림을 받게 할 수 있기 때문에 심각한 사회적 제약의 원인이 될 수 있다.

조음 실수는 언제 장애로 간주되는가? 그것은 임상가의 주관적 판단에 달려 있다. 그리고 이는 임상가의 경험, 오류 발생 횟수, 오류 지속성, 나이, 그리고 화자의 발달 특징 및 말을 이해할 수 있는 정도에 따라서 판단된다(Bernthal & Bankson, 2004 참조).

영유아는 말을 배울 때, 말소리를 내는 데 많은 오류를 범한다. 많은 아동이 8세 또는 9세가 될 때까지 모든 말소리를 정확히 내는 법을 배우지 못한다. 더욱이 대부분의 아동은 학교에 입학한 이후에도 빈번하게 오류를 보인다. 그러므로 아동의 연령은 조음의 적절성을 판단하는 데 가장 주요한 고려 사항이다. 또 다른 주요 사항은 아동이 생활하는 언어 공동체 특징이다. 아동은 모방을 통해 말을 배우기 때문이다. 예를 들어, 남쪽 지방인 롱아일랜드에서 자란 아동은 그 지역 특유의 소리를 낼 수 있다. 그렇다고 이것으로 아동이 말장애를 가지고 있다고 간주하지는 않는다. 장애가 아닌 차이가 존재한다는 것을 기억해야 할 것이다.

말소리를 정확하게 내지 못하는 것은 생물학적 요인에서 비롯되기도 한다. 예를 들어, 뇌손상 또는 말하는 데 사용하는 근육을 관장하는 신경의 손상은 말소리를 내는 데 지장을 주거나 아예 불가능하게 할 수 있다(Bernthal & Bankson, 1998; Cannito, Yorkston, & Beukelman, 1998). 다른 장애를 가진 아동들 중에서도 특히 지적장애와 뇌성마비와 같은 신경장애를 가진 아동들의 경우 조음장애 비율이 일반아동들에 비해 월등히 높게 나타난다. 구개파열과 같은 비정상적 구강 구조 역시 정상적인 말을 어렵게 또는 불가능하게 할 수 있다. 치아가 없는 등의 상대적으로 덜 심각한 구강 구조는 일시적인 문제를 일으키기도 한다. 듣기 능력의 손실이 조음에 문제를 일으킬 수도 있다.

대부분의 학교가 신입생을 받으면 말과 언어장애 여부를 검사한다. 그리고 거의 대부분의 경우, 3~4학년이 되어서도 조음 실수를 하는 아동들은 검사를 받도록 조치가 된다. 더 나이가 많은 아동과 성인은 자신의 말이 남들로부터 이상한 시선을 받는다고 느낄 때 스스로 도움을 요청하게 된다. 말-언어 치료를 받게 할지의 여부는 몇 가지 요인에 따라 결정되는데, 아동의 연령, 발달 특징이 포함된다. 또한 아동이 스스로 오류를 고쳐 나갈지의 여부와 주변의 괴롭힘과 부끄러움이라는 사회적인 제약을 스스로 극복할지에 대한 언어치료사의 평가 역시 말-언어 치료의 여부를 결정하는 요인으로 작용한다. 잘못 말하는 조음이 많지는 않지만 그것이 지속적이고 또한 그로 인해 아동이 사회적으로 위축되고 배척되는 경우, 대개 중재 프로그램이 요구된다.

음성장애

사람의 음성은 높이와 크기와 발음적인 부분으로 인식된다. 높이와 크기의 변화는 말의 강조점에 따라 달라진다. 발음은 말소리를 내는 것뿐 아니라 말의 비언어적 부분에도 연관이 있다. 비록 정확히 정의하기는 어렵지만, 음성장애는 ① 음성의 높이와 크기에 따른 어려움, ② 후두의 문제로 비롯된 어려움, ③ 의사소통을 방해하는 음질의 문제로 특징지을 수 있다. 또한 연령 및 성별, 문화적 배경에 따라 현저하게 차이를 보이게 된다(Robinson & Crowe, 2001).

음성장애는 다양한 원인에 의해 발생할 수 있으며, 기능적 장애, 기질성 장애, 신경장애의 세 가지 주요 범주로 분류할 수 있다(Anderson & Shames, 2006). 후두손상으로 야기된 장애(즉, 트라우마)들은 기능적 장애로 간주한다. 후두의 성장을 포함하는 것으로, 후두의 구조와 기능에 영향을 주는 신체적 상태(예: 결절, 용종, 암 조직)는 기질성 장애로 간주한다. 신경기관의 기능장애로 비롯된 장애는 신경장애로 간주한다.

음성의 잘못된 사용 혹은 남용은 또한 일시적인 비정상 음질로 이어질 수 있다. 한 예로, 고등학교 치어리더들은 일시적 음성장애를 겪는데, 이는 성대에 결절이 형성(굳은살)되는 것에서 비롯된다(Campbell, Reich, Klockars, & McHenry, 1988). 이와 같은 문제는 아동이 소리를 지를 때 발생하기도 한다. 지속적으로 큰 목소리를 내야 하는 교사 같은 직종과 열정적으로 표현하기 위해 큰 목소리로 말할 때, 시끄러운 환경에서 말할 때, 혹은 음향 시스템이 열악한 방에서 말할 때 음성장애가 야기될 수 있다.

음성의 잘못된 사용 혹은 남용으로 인한 장애는 후두의 조직에 손상을 줄 수 있다. 흡연 또는 성대주름에 자극을 주는 연기를 들이마시는 등의 행위 역시 마찬가지다. 때로는 심리적인 문제로 인해 목소리를 아예 잃어버리거나(실성증[aphonia]) 심각한 목소리

인터넷 자원

말에 영향을 주는 구순구개열,
구개열, 안면기형과 언어의 영향
에 관한 더 많은 정보는 http://
www.cleft.org/를 참고하라.
■ ■ ■

의 이상을 가져오는 경우도 있다.

공명(resonance)—음성—과 관련된 장애는 구강의 물리적인 이상(구개열 같은) 또는 뇌손상, 구강을 제어하는 신경의 문제에 의해 발생하기도 한다. 편도선, 인두편도, 부비강의 감염 또한 소리를 울리는 것에 영향을 줄 수 있다. 고도의 청각장애인은 일반적으로 정상적인 혹은 자연스러운 공명의 목소리를 내지 못한다. 결국 그들은 적절하게 공명을 내는 소리를 내어 말하는 방법을 습득하지 못한다. 이런 문제는 생물학적이나 심각한 심리적 원인이 있는 것이 아니다. 오히려 말을 할 때에 사용하는 기관을 잘못 사용하는 습관을 가진 경우다.

교사는 아동이 쉰 목소리(hoarseness), 기식음이 섞인 목소리, 이상한 음높이(음높이가 지나치게 높거나 낮은), 또는 부적절하게 크거나 지나치게 작은 음성과 같은 일반적인 음성장애 증상들을 보이는지 관찰해야 한다. 이와 같은 문제들을 발견한 교사는 언어치료사로 하여금 평가를 하도록 요구해야 한다.

유창성장애

일반적인 말에는 그 흐름에 약간의 방해가 있을 수 있다. 특히 말을 배우기 시작할 때는 일반적으로 비유창성이 나타난다. **비유창성**은 머뭇거림, 반복, 그리고 기타 다른 말 유창성에 방해가 되는 요소들로 언어를 배울 때에 지극히 정상적인 부분을 말한다. 우리는 모두 때때로 잘못된 순서로 말할 때가 있다(예: relavant를 revalent로 말하는 것). 또한 알아듣기 어려울 만큼 빠르게 말하기도 하고, 문장에서 적절하지 못한 곳에서 쉬기도 하며, 말의 강세를 잘못 하기도 하고, 비유창성을 보이기도 한다. 즉, 머뭇거림과 단어나 구를 반복해서 말하는 것이다. 또 말을 어떻게 끝낼지를 생각하기 위해 어 하는 소리로 쉼 부분을 때우기도 한다. 이런 것들이 장애로 간주되는 경우는 말의 흐름에 있어 방해가 너무 빈번하거나 전반적이어서 알아듣기 어렵거나 현저한 관심을 끄는 경우다. 청자는 다른 장애 유형에 비해 비유창성에 대해서는 보다 인내심을 갖고 참아내야 한다. 대다수의 사람은 화자가 말하려고 의도한 것의 조음 과정의 문제보다는 유창성의 문제를 더 쉽게 받아들인다. 이는 유창성의 문제는 화자가 말하거나 말하려고 계획한 것을 필요시 수정하는 것이라고 인지하기 때문이다(Robinson & Crowe, 2001).

유창성장애의 가장 빈번한 유형은 **말더듬기**(stuttering)다. 말더듬기는 정상적 비유창성과 비교했을 때 비유창성의 비율 및 유형에서 차이가 난다. 말을 더듬는 아동은 단어를 반복해서 말하고("I wa-wa-want……."), 말소리를 연장하며("It is at my hhhhhouse……."), 소리에 막힘이 있다("My name is M#ike……."). 말더듬기는 또한 관련된 이차적 행동이 있을 수 있다. 이는 비유창성을 피하거나 탈피하려는 의도로서 제스처, 고개 끄덕임, 눈 깜빡임 등을 말한다. 또한 말을 더듬는 사람과 의사소통할 때에 부

인터넷 자원

미국말더듬기협회(The Stuttering
Founation of America, http://
www.stuttersfa.org/)와 국립
말더듬기센터(National Center
for Stuftering, http://www.
stuttering.com/)는 말더듬기에
대한 보다 자세한 정보를 제공
한다.   ■ ■ ■

정적인 감정을 갖게 된다.

말더듬기는 흔한 장애는 아니다. 아동 및 성인의 1%가 말을 더듬는다. 여자 아동보다는 남자 아동이 말을 더듬는 경우가 많다. 많은 아동은 성장 과정에서 비유창성으로부터 빠르게 탈피한다. 이와 같은 아동들은 일반적으로 규칙적이며 심하지 않은 비유창성을 보인다. 그들의 머뭇거림을 알아채지 못할 수 있으며, 그들의 말하는 방식에 대해 부모와 교사가 걱정하지 않는 특징이 있다. 말더듬기가 1년 반에서 2년간 나타나는 경우는 만성적 말더듬기를 갖게 될 위험이 있다(Conture, 2001).

말을 더듬는 것으로 생각되는 아동은 언어치료사의 평가를 받아야 한다. 만성 말더듬기로 발전되는 것을 피하기 위해서 조기 진단이 매우 중요하다. 유감스럽게도 많은 교육자와 의사는 잠재적 말더듬기의 심도 있는 평가를 생각하지 않는다. 왜냐하면 비유창성을 정상적인 말-언어 발달 과정의 한 부분으로 인식하고 있기 때문이다. 전문가들 사이에서도 조기 진단과 중재에 대한 최적의 시간과 방법에 대한 의견 일치가 이루어지지 않았다(Onslow, Packman, & Payne, 2007). 치료받지 않아서 지속적인 말더듬이 현상을 보이는 경우는 평생 장애로 살게 될 수 있다. 그리고 이 장애는 의사소통하는 것, 스스로에 대해 긍정적인 생각을 하는 것, 그리고 교육적 기회 및 취업의 기회에 걸림돌이 된다(Conture, 2001).

인터넷 자원

Advance for Speech-Language Pathologists and Audiologists는 격주에 한 번씩 연구 결과를 제공한다. http://speech-language-pathology-audiology.advanceweb.com으로 들어가면 온라인상에서 업데이트를 확인할 수 있다

운동성 말장애

말을 하도록 작용하는 근육은 수의적으로 조절(voluntary control)된다. 이러한 근육이나 근육에 연결된 신경을 제어하는 뇌의 영역에 손상을 입으면 정상적으로 말하는 것에 지장을 주게 된다. 이러한 장애는 말소리를 제어하는 것(마비성 말장애[dysarthria]) 또는 말을 조합하고 계획하는 것(실행증[apraxia])을 포함한다. 마비성 말장애와 실행증은 모두 말을 하는 데 영향을 주고 속도를 늦추게 하며 발음 명료도를 떨어뜨린다(Owens et al., 2000). 또한 마비성 말장애와 실행증은 상호 배타적이 아니므로 한 사람이 두 가지 문제 모두를 갖고 있을 수 있음을 명심해야 할 것이다. 이러한 장애가 신경학적 문제에 의한 것이기 때문에 이를 종종 말의 신경학적 장애라고 부르기도 한다.

사람의 말을 듣고 말하는 구조(mechanism)를 조사함으로써 언어치료사는 운동성 말장애 및 신경학적 말장애를 가진 사람의 능력을 진단·평가한다. 이는 숨 쉬기 발음, 공명과

뇌의 영역 중 말을 제어하는 근육을 주관하는 부분에 손상을 입은 경우 여러 방면에서 말하는 능력에 지장을 줄 수 있다.

조음의 운동을 조정하는 것을 진단·평가하는 것이다. 신경학적 장애 치료를 담당하고 있는 내과, 외과 분야의 전문가들 또한 이런 문제를 보이는 사람의 문제를 평가하고 치료 전략을 세워야 한다. 신경학적 손상이 말의 명료도를 떨어지게 만드는 경우에는 보완대체 의사소통 체계(AAC)가 필요할 수 있다.

마비성 말장애 개인이 숨 쉬는 것과 후두, 목구멍, 혀, 턱, 입술을 관장하는 근육을 세밀하게 조정하지 못할 경우 말하는 데 문제가 생길 수 있다. 뇌손상의 유형에 따라서 감각, 인지 기능에 영향을 받을 수 있다. 그리고 말장애와 함께 언어장애를 가질 수 있다.

마비성 말장애는 말이 느리고, 부자연스럽고, 불명료하고, 부정확하다는 특징이 있다. 뇌손상의 영향으로 개인이 말소리를 내는 데 필요한 호흡에 지장을 주고 이로 인해 얕은 호흡, 쉰 목소리, 작은 목소리가 될 수 있다. 이런 사람은 근육이 약하기 때문에 정확한 말소리를 내는 것이 어려울 수 있다.

실행증 실행증은 운동 계획(motor planning) 및 프로그래밍의 어려움으로 특징지을 수 있다. 말을 느리게 하고 부자연스럽고 일관성이 없다. 실행증은 자신이 실수를 범하고 있음을 인식하고 그것을 교정하려고 시도한다. 그러나 교정하려는 시도가 오히려 처음에 말하려는 의미를 이해하는 것을 더 어렵게 한다. Owens와 동료들(2000)은 실행증을 가진 한 사람의 예를 다음과 같이 제시한다.

O-o-on······on······on cavation, cavation······oh darn······vavation, of, you know, to Ca-ca-caciporenia······no, Lacifacnia, vafacnia to Lacifacnion······On vacation to ta-cafornia, no darn it······to Ca-caliborneo······not bornia······fornia, Bornfifornia...no, Balliforneo, Balifornee, Balifornee, Californee, California. Phew, it was hard to say Cacaforneo. Oh darn(p. 416).

발달실행증(development aproxia)은 말과 언어 기술 발달로서 나타나는 운동 계획(motor planning)의 장애다. 이 장애는 소리를 산출하는 능력과 효과적인 의사소통을 위해서 소리를 단어로 조직화하는 데 확연한 지체를 보인다. 후천적 실행증(aquired apraxia)은 유사한 증상을 보이지만 말을 배운 이후에 받은 큰 타격이나 뇌의 손상 때문에 발생하는 것이다. 대개 실행증을 가진 사람은 자신이 실수를 하고 있음을 알고 이를 고치려 하며 자신이 하려고 하는 말이 무엇인지 안다. 단지 실행에 옮기지 못하는 것뿐이다. 결과적으로 실행증은 화자로 하여금 좌절하게 만드는 매우 특이한 장애라고 하겠다.

교육적 고려

　다양한 유형의 장애아들이 일반교실에 배치되는 경우가 점점 늘어나고 있다. 이는 곧 모든 교사가 언어장애를 어떻게 다루어야 하는지를 알고 있어야 한다는 의미다(Owens, 2004; Throneburg, Calvert, Sturm, Paramboukas, & Paul, 2000). 아동이 언어 및 말 장애를 극복하도록 돕는 것은 어느 한 전문가만의 책임이 아니다. 오히려 장애를 발견하는 것은 일반교사, 언어치료사, 부모의 공동 책임이라 하겠다. 교사는 개인적인 사례를 위해서 구체적인 제안을 할 수 있다. 교사는 아동이 말할 때 주의 깊게 들음으로써 아동이 따라 할 수 있는 적절한 말과 언어의 모델을 제공하고, 아동이 의사소통 기술을 적절하게 사용하도록 격려하기도 하며, 말과 언어를 향상하도록 도울 뿐 아니라 다른 장애로 발전하는 것을 초기 단계에서 막는 역할을 할 수도 있다.

언어의 사회적 사용을 용이하게 하기

　언어 발달을 생각해 볼 때, 일반교사의 근본적 역할은 언어의 사회적 사용을 가능하게 하는 것이다. 학생이 언어 또는 말 장애를 가졌다는 것이 교사 또는 임상가가 언어의 형식, 구조, 내용에 대해 필수적으로 가르쳐야 한다는 것을 의미하진 않는다. 오히려 언어는 다른 사람이 말하는 것을 이해하고 자신이 말한 것을 이해받음으로써 문제를 해결하는 방법을 배워야 한다.

　교실은 언어를 배우는 데 많은 기회를 제공한다. 여기에서 학생은 구조화된 관계 속에서 언어를 습득하고 피드백을 얻을 지속적인 기회를 얻는다. 언어는 대부분의 학교에서 일어나는 학습과 사회적인 습득의 기본적인 매개가 된다. 그럼에도 불구하고 교실과 교과서에서의 언어는 학생과 교사에게 자주 문제가 된다. 다음의 〈반응적 교수〉에서는 AAC를 사용하는 학생들을 위한 사회적 언어 및 개인적 화술을 향상하는 전략을 제공한다.

　학교에서 사용하는 언어는 집에서 사용하거나 또래 친구와 사용하는 언어에 비해 공식적인 언어다. 이는 구조화된 대화로 청자와 화자 또는 읽는 사람과 쓰는 사

교실은 많은 언어학습 기회를 제공한다. 또한 교사는 학생이 언어를 배우고 피드백을 얻음으로써 구조적 관계를 맺을 수 있도록 지속적인 기회를 제공해야 한다.

의사소통장애 학습자의 요구에 따른
반응적 교수

AAC를 사용하는 학생의 개인적인 대화력 증진시키기

연구의 개요

보완대체 의사소통(AAC)을 사용하는 많은 학생은 개인적인 대화 능력을 갖는 데 어려움을 겪는다(Soto, Solomon-Rice, Caputo, 2009). 개인적인 대화 또는 서술은 어린 아동이 자신이 속한 세계를 이해하는 것과 다른 사람과 관계를 맺는 데 중요한 역할을 한다(Nelson, 1993). 아동은 사건을 구성하고 기억하며, 사건의 중요도를 판단하고, 다른 사람과 사건 정보에 대해 나누면서 공유된 경험을 만들어 내며, 어른이 한 사건에 어떤 가치를 부여하는지 이해하는 데 개인적 대화 구조를 사용한다. AAC를 사용하는 아동은 AAC 장치 제한과 그들 자신이 이야기를 만들어 내 본 경험이 없기 때문에 자신의 이야기를 말하는 것에 제약을 받을 수 있다(Soto, Solomon-Rice, Caputo, 2009).

조사 연구

Soto와 동료들(2009)에 따르면, AAC를 사용하는 3명의 초등학생 연령의 학생이 이 연구에 참여하였는데 이 중 두 명의 대상자는 뇌성마비였고 다양한 양식(multimodal)의 의사소통 방법을 사용하고 있었다(Vantage Ⅱ™). 나머지 한 명은 중증의 실행증이었는데 다양한 양식의 의사소통 방법으로 발성, 일반적으로 대화하는 영어를 그대로 수화로 바꾸어서 의사소통하는 Signing Exact English(SEE, Gustason & Zawolkow, 1993), 그림 의사소통 체계, 84-location Vantage Ⅱ™를 사용하고 있었다.

중재를 위해 6개월 동안 서로 다른 중재자들이 각각 학생들과 함께했는데 주 2회 약 한 시간씩 진행되었다. 각각의 중재 회기는 두 가지 활동으로 구성되었다. ① 개별적 사진 묘사와 ② 감정 상태 묘사다. 각 활동에서 중재자는 학생에게 생일이나 방학과 같은 사진을 보여 주었다(개별적 사진 묘사 활동을 위해서). 또는 행복감, 슬픔, 화남과 같은 감정의 상태를 나타내는 것을 보여 주었다(감정 상태 활동을 위해서). 중재자는 학생에게 사건을 기억하고 있는가 또는 사진을 보고 어떤 감정을 느꼈는지 묘사할 수 있는가를 질문했다. 그리고 나서 학생의 반응을 보다 확장하고 유효하게 할 수 있는 다양한 전략을 사용했다. 여기에는 개방형 질문(open-ended questions)을 하는 것, 문장의 빈칸을 채우는 것,

두 개 중 선택하기, 새로운 단어와 단어 형식을 포함하는 전략 단어를 모형화하는 것, 스토리맵을 시각화하는 것이 포함되었다. 중재자는 큰 종이에 시각화된 이야기를 적고 학생들이 필요한 부분에 이야기를 채워 넣도록 하였다.

연구 결과

Soto와 동료들(2009)은 참여자들이 만든 이야기를 평가하기 위해 다양한 도구를 사용했다. 각 이야기들은 담화의 규모에 따라 코드화되었다(예: 주제 유지, 사건 순서, 명확성, 인용구 사용[referencing], 접속사의 연결성, 유창성). 또한 언어적 복잡성(예: 다양한 단어의 사용, 총 사용 단어 수), 사용한 구의 수, 문장의 특징, 이야기의 복잡성(예: 특징 확인, 성격과 환경 및 사건의 발단과 해결에 대한 확인)에 따라 코드화를 하였다.

세 명의 참여자 모두 전반적인 조직화 및 세부적인 묘사를 더하는 것, 언어적인 복잡성, 표현한 구의 개수, 보다 복잡한 구조의 이야기를 구사하는 것에서 실력이 향상되었다.

연구의 적용

개별적 담화 발달을 지원하기 위해서 보여 준 네 가지 사항은 다음과 같다.

① 개방 질문, 언어 촉진의 2개 중 선택하기, 언어적 비계설정(verbal scaffold), 시범 보이기를 포함하는 담화 개발 중 상호적 관계를 맺는 것
② 스토리맵이나 담화 내용을 적은 기록 등을 시각적인 가이드로 사용하는 것
③ 아동은 감정적 경험과 관련된 사건을 기억하는 경향이 있다는 것을 연구에서 보여 준 것처럼, 감정 상태와 사건을 연결하는 전략들을 사용하는 것
④ 개별적 담화 발달에 참여하기 위해 반복적인 기회를 주는 것

교사는 의사소통장애 학생의 개별적 담화 발달을 지원하기 위해 위의 사항들을 교수에 포함시킬 수 있다.

람 모두 명료성과 표현성에 대해 배워서 필수적인 정보를 쉽고 빠르게 해석하기 위함이다. 학교 언어를 사용하는 기술이 없으면 아동은 학교에서 학업적 · 실질적 · 사회적으로 실패한다.

교사는 학생의 언어장애를 진단 · 평가하고 중재를 수립하기 위해 언어치료사가 필요하다. 언어치료사가 어떻게 의사소통장애 학생의 필요를 충족하는지에 대한 세부 사항은 다음의 〈실천 사례〉에서 다룬다. 진단 · 평가와 중재 전략의 일부는 교사의 언어 또한 평가해야 한다. 교실에서의 대화 문제는 학생이 언어를 사용하는 것뿐 아니라 교사가 학생에게 말하는 방법도 포함한다. 명료하고 연관이 있으며 정보를 전달하는 방법과 청자의 주의를 집중시키는 방법을 배우는 것은 언어장애를 가진 학생뿐 아니라 교사에게도 필요하다. 다음의 〈개인적 관점〉은 어떻게 교사가 학생과 대화해야 하는지에 대한 일반적인 지침을 제공한다.

질문－물어보기 전략

교실에서 교사의 언어 역할의 한 예는 질문을 하는 것이다. 교사는 학생들이 잘못하는 것으로 판별되는 것에 때때로 너무 많은 질문을 하기도 한다. 이 때문에 학생의 표현언어를 제한하는 경우가 발생한다. 예를 들어, 한 교사가 색깔을 모르는 미취학 아동에게 반복적으로 색깔에 대한 질문을 한다. 또는 교사가 예/아니요 질문을 과도하게 사용한다(예: "이것이 파란색이니?" "다 했니?"). 이런 질문은 아동이 대화를 확장하고 추가적 질문을 유발하는 대화를 하지 못하도록 한다. 불행히도 교사는 개념을 효과적으로 가르칠 수 있게 어떻게 질문을 수정해서 질문하는지를 모르기도 한다. 그 결과, 교사의 질문은 아동들을 혼란스럽게 하기도 한다.

교사는 때때로 질문을 할 때 그 의도를 명확히 표현하지 않거나 질문의 주제 범위를 명쾌히 정해 주지 못한다. 예를 들면, 교사는 "나한테 어떤 이야기를 해 줄 거니?"(의도가 명확하지 않음) 또는 "최근에 기분이 어땠니?"(너무 광범위하거나 주제가 명확치 않음)라고 질문한다. 결과적으로 학생들은 혼란스러워한다. 교사는 이런 상황에서 문제를 명확하게 하는 법을 배워야 한다. 그리고 교사의 질문에 학생이 대답하였을 때 모호하지 않은 피드백을 주어야 한다. 교사는 학생이 수용하지 않을 것을 두려워하여 그들의 대답이 틀렸다고 말을 하지 않는 경우가 너무 많다. 그러나 정확하지 않고 명료하지 않은 피드백은 학생이 개념을 습득하는 데 방해가 된다. 우리의 주안점은 다음과 같다.

- 교사의 역할은 단순히 학생들에게 언어를 교수하는 것뿐 아니라 언어를 사용하는 방법을 가르치는 것도 포함한다. 보다 구체적으로, 교사는 학생이 교실 맥락에서 언어 사용 방법을 습득하는 과정에 반드시 도움을 주어야 한다.

실천 사례

언어치료사와의 협력교수

"Amanda, 대답해 봐. 뭐라고? 고양이가 네 혀를 물었어?"

의사소통장애 학생들이 가질 수 있는 문제로는 토의 중 사소한 부분을 잘못 이해하는 것, 답을 아는 질문에도 대답하기를 꺼리는 것, 지시 사항을 이해하지 못하는 것 등이 있다. 이러한 특징으로 인해서 일반교사들이 의사소통장애 학생을 잘못 해석할지도 모른다. 언어 지체는 의사소통장애 외에 많은 장애의 일부로 나타난다(B. Lubker, 개인적 의사소통). 이런 이유로 의사소통장애 학생과 그들의 교사들에게는 언어치료사 또는 언어 중재자와의 협력이 중요하다.

의사소통장애 학생의 교사가 된다는 것은 어떤 의미인가

미국언어청각협회(ASHA)는 언어치료사들의 자격을 총괄하는 전문기관이다. 언어치료 전문가 자격증(The Certificate of Clinical Competence: CCC)은 석사 혹은 박사 학위를 요구한다. 또한 기초과학 코스, 전문수업활동, 375시간 임상관찰/실습, 임상 연구, 임상 국가고시를 요구한다.

McCormick, Loeb와 Schiefelbusch(1997)에 따르면, 언어치료사 또는 언어 중재자는 일반교사와 협력하기 위해서 다음의 사항을 준수해야 한다.

① 말, 언어, 의사소통장애 및 지체에 대한 정보를 제공해야 한다.
② 교실과 타 학교 환경의 참여를 극대화하기 위해 말, 언어, 의사소통의 강점 및 중재 요구에 대한 정보를 수집해야 한다.
③ 진단·평가 내용을 설명해 주어야 하며 중재 목표를 설정하고 활동 계획, 적절한 재료 및 방법을 선택하는 것에 도움을 주어야 한다.
④ 개별지도와 소그룹 지도에서의 구체적인 말, 언어, 의사소통 기술에 대한 직접교수를 제공해야 한다.
⑤ 언어와 의사소통 중재 과정을 시행하기 위해 교육하고 보조하는 방법을 시범 보여야 한다.
⑥ 연령에 맞는 활동과 자연스러운 환경에서 학생의 참여를 위해 교사들과 협력적으로 임해야 한다.

협력을 위한 성공 전략

Kathleen Wright는 여러 초등학교에서 언어치료사로 일한다. 그녀는 많은 일반교사와 함께 일했다. 순회교사이기 때문에 각 교실 안에서 교수를 위해서 일정을 짜야만 한다. 그녀의 협력의 예는 다음과 같다.

나는 2학년 교실에서 언어 시간에 매주 두 번씩, 30~45분 동안 일했다. 교사는 내가 언제 방문하는지 알고 있고, 이에 맞춰 추가 성인 지원이 필요하게 되는 활동을 짰다. 이 시간 동안, 나는 '센터' 활동을 주도했다. 그룹 프로젝트를 돕기도 하고 학생 개개인을 도와주기도 했다. 나는 교실 안에서 3명의 학생들에게 언어교육을 했다. 한 학생은 조음장애를 갖고 있어 읽기에도 영향을 받고 있었다. 또 한 학생은 언어 및 사회성 문제를 보이는 자폐아였다. 다른 한 학생은 언어장애가 있었다.

언어 시간에 나는 이 세 학생의 개인적 필요를 도울 수 있었다. 그리고 그들의 언어장애가 일반교실 안에서의 수행에 어떠한 영향을 미치는지 가장 가까이서 볼 수 있었다. 조음장애를 가진 학생은 내가 교실에 함께했을 때 그 학생의 언어 기술을 더 잘 관찰할 수 있다. 또한 언어장애로 판별되지 않았지만 도움이 필요한 그리고 언어적 교수가 필요한 학생들을 도울 수 있었다.

나와 협력하고 있는 교사는 내가 학생들과 상호작용하는 것을 관찰할 수 있었고, 내가 함께하지 못할 때 내가 사용하는 몇 개의 전략을 사용할 수 있게 되었다.

협력의 장점

- 교실에서 장애아동 및 비장애아동들을 관찰할 수 있었다.
- 자연스러운 환경에서 언어 기술을 진단·평가할 수 있었다.
- 교실 안에서 필요한 언어 기술과 교육과정에 대해 알게 되었고 풀아웃(pull-out) 언어치료 회기 때에 이런 기술들을 지도할 수 있었다.

협력의 단점

- 몇몇 교실 수업에서 나는 '보조교사'로 여겨지기도 했다. 그리고 나의 기술이 효과적 교수로서 활용되지 않았다.
- 협력을 위해서 일반교사와 좋은 관계를 유지해야만 한다는 것을 알게 되었다.

개인적 관점

- 학생이 흥미 있어 하는 주제를 선택한다. 학생이 생각하고 느끼고 경험한 것에 대해 이야기한다. 이때 학생이 묘사한 것을 다른 단어와 구로 표현하여 말하도록 시범을 보인다.
- 대화를 시작한 후에는 학생이 대화를 이끌어 가도록 한다. 학생의 말에 관심을 보이고 필요하다면 재미있어 하는 모습을 보여 준다.
- 너무 많은 질문은 하지 않도록 한다. 질문을 할 때에는 설명이 필요한 부분에 개방 질문을 한다.
- 질문 후 기다리는 시간을 적절히 갖는다. 즉각적 답변을 요구하지 않는다. 학생이 대답을 구상하기에 충분한 시간을 준다. 대화가 끊기는 것에 대해 조급해하지 않는다. 서두르지 않는다.
- 질문을 하도록 격려를 한다. 정직하고 솔직한 대답을 한다

- (물론 부적절하거나 지나치게 개인적인 답변은 예외다).
- 목소리를 적절하게 하고 속도를 중간 정도로 조절한다. 특별히 심각하거나 유머가 부적절한 대화가 아닌 이상, 가볍고 유머 있는 대화를 나누도록 한다.
- 학생의 언어에 대해 헐뜯거나 비판하는 태도를 피한다. 비판하거나 학생의 모든 실수를 고치려 한다면 학생은 말하는 것을 멈출 것이다. 학생의 언어를 받아들인다는 자세를 보인다.
- 학생이 말을 하고 있을 때에 방해하지 않고 학생의 생각을 집중해서 듣는다. 학생을 존중한다는 것을 보여 준다.
- 학생이 사회적 상황에서 언어를 사용할 수 있도록 가능한 한 많은 기회를 제공한다. 언어적 목표를 달성하려는 학생의 노력에 적절한 반응을 보여 준다.

- 교사 자신의 언어 사용 방법은 학생이 언어를 효과적으로 배우는 데 매우 중요한 요소다. 특히 학생이 언어장애를 가진 경우에는 더욱 그러하다.

또 교사는 언어장애가 아동 발달과 함께 바뀔 수 있다는 것을 명심해야 한다. 아동이 한 연령에서 정상 범위의 언어를 이해하고 표현한다고 해서 그것이 다음 연령에도 계속된다는 보장은 없다. [그림 10-1]은 서로 다른 연령에서 언어 문제를 나타낸 Troy라는 아동의 변화를 보여 준다(Plante & Beeson, 2004). 언어 중재는 아동의 언어 능력의 특징 및 과정을 변화시킬 수 있다. 그러나 중재가 동반되더라도 지속적으로 언어장애가 나타날 수 있다. 언어치료를 받았음에도 불구하고 14세가 될 때까지 정상 표현언어력에 도달하지 못한 Troy의 경우 이후에 수용언어력이 표현언어력을 넘어선 것을 확인할 수 있다.

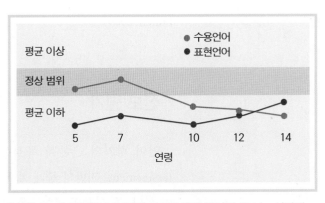

[그림 10-1] 발달적 언어장애 아동들에게 언어의 요소는 시간이 지남에 따라 변화할 수 있다. 한 아동의 수용 및 표현 언어력이 시간이 지남에 따라 정상 또래 그룹과 비교해서 어떻게 변화했는지 볼 수 있다.

출처: Plante, E., & Beeson, P. M. (2004). *Communication and communication disorders: A clinical introduction* (2nd ed.). Boston: Allyn & Bacon, p. 182. Copyright ⓒ 2004. Allyn & Bacon. 허가 후 발췌 및 게재함.

읽고 쓰기 교수: 읽기와 쓰기 표현

읽고 쓰는 능력의 발달은 많은 언어장애 학생들에게 특별히 문제가 되는 부분이다. 이 장의 앞부분에서 언급하였듯이, 언어장애 학생들은 종종 단어 인식 능력과 이해 부분 모두에서 읽기장애를 보인다. 단순히 말장애를 가진 사람이 읽기장애를 갖는 것은 흔치 않다. 그러나 언어장애를 가진 사람은 읽기장애를 가질 가능성이 매우 높다(Snowling & Hayiou-Thomas, 2006). 특히 음운 인식장애를 가진 학생은 중재 없이 음독하는 방법을 습득하지 못한다. **음독**(decoding)은 쓰인 단어를 말로 변환하는 능력을 말한다. 음독하는 방법을 배우는 언어장애 학생 중 많은 학생이 여전히 읽기 이해력(reading comprehension)에 어려움을 겪는다. 결과적으로 언어장애 아동에게 읽기 중재를 할 때에는 일반교사, 언어치료사, 특수교사가 협력하여 조직화된 교수를 하는 것이 중요하다.

읽기 문제에 더해서, 언어장애 학생들은 쓰기 표현(written expression)에 어려움을 겪는다. 학년이 올라갈수록 쓰기 언어(written language)는 중요성이 더해진다. 점점 더 어렵고 복잡한 내용을 읽게 되고 그 내용을 이해해야 한다. 그리고 쓰기에서 자기 자신을 보다 명확하게 표현해야 한다. 교사의 역할은 쓰기장애를 극복하는 과정에서 매우 중요한 역할을 한다(Graham, Harris, MacArthur, & Schwartz, 1998).

마지막으로, 언어장애 중재는 학습장애 중재에서 사용되는 유사한 전략을 많이 사용하고 있다. 주로 6장에서 다룬 초인지 훈련, 전략훈련 등의 접근법들이 언어장애 학생들에게도 적절하게 사용된다(Hallahan, Lloyd, Kauffman, Weiss, & Marinez, 2005; Mercer & Pullen, 2009).

진보 평가

언어 평가의 근본적 목적은 교수에 대한 정보를 제공하는 것이다. 진단 · 평가(assessment) 기반의 중재 계획은 내용, 형식, 사회적 맥락, 언어 사용을 반드시 고려해야 한다. 즉, 다음의 사항들을 고려해야 한다.

- 아동이 이야기하는 바가 무엇이고 아동이 말하도록 배워야 하는 것은 무엇인가.
- 아동이 어떻게 이야기하는가, 그리고 보다 지적으로 말하도록 하기 위해 어떤 교수를 해야 하는가.
- 아동은 자신의 언어 공동체의 맥락 안에서 어떻게 기능하는가.
- 의사소통과 사회화를 이루기 위해 언어를 어떻게 사용할 수 있는가.

중재 계획을 개발한 후, 교사는 지속적으로 진단·평가를 시행해야 한다. 이를 통해 진보를 관찰하고 결과 수치를 확인하며 학생이 계획의 목표를 달성하고 있는지 확인한다. 언어장애 학생의 진보를 관찰하는 방법으로 **역동적 평가**(dynamic assessment)가 있다. 이는 교수, 평가, 그리고 필요시 다시 교수하는 순서로 진행된다(Ehren & Nelson, 2005). 교사는 습득과정에서 역동적 평가를 관리하며, **언어치료사**는 학생이 지원이 있을 때와 없을 때 어떻게 수행하는지를 평가한다(Anderson & Shames, 2006). 이를 통해 언어치료사는 학생이 할 수 있는 것과 더 필요한 중재에 대한 정보를 얻게 된다. 교사는 역동적 평가를 언어치료사가 진행하는 중재반응모델(response-to intervention: RTI) 프로그램 맥락에서 할 수 있다(Ehren & Nelson).

교사는 **교육과정중심 언어평가**(curriculum-based language and communication assessment: CBLA)를 사용하여 학생의 진보를 모니터할 수 있다. CBLA는 학교 교육과정 안에서 습득하도록 되어 있는 말, 언어, 의사소통 기술을 측정한다는 점에서 6장에서 논한 교육과정중심 측정(curriculum-based measurement: CBA)과는 다르다(Staskowski & Nelson, 2007). CBLA는 일반적으로 학교 교육과정 참여를 위한 의사소통 기술과 교육과정 과업을 수행하기 위해 학생에게 필요한 전략을 측정한다. 언어치료사는 이 두 분야에 연관된 관찰을 기반으로 하여 학생이 필요로 하는 기술 및 성공을 위해 어떻게 과제를 수정할지를 결정한다.

교육의 다른 분야들과 마찬가지로 현재 경향은 서비스 제공자가 학생 성과에 관한 의사소통 중재의 가치를 보여 줄 것을 요구한다. 현재 언어치료사는 의사소통 중재에 참여한 학생의 성과를 측정할 때, 국가성과측정시스템(National Outcomes Measurement System: NOMS)을 사용한다. 미국언어청각협회는 언어치료사들이 치료 결과를 문서화하는 데 도움을 주기 위해 1990년대 초반, 의사소통의 치료 효과성을 위한 국립센터(National Center for Treatment Effectiveness in Communication)를 만들었다(Mullen & Schooling, 2010). 이러한 노력의 결과가 온라인 데이터베이스 평가 시스템인 NOMS다. 언어치료사는 기능적 의사소통을 측정하기 위해 일련의 도구를 사용한다. 그리고 중재 계획에 근거가 되는 성과를 위해서 개인 정보와 진단적 데이터와 함께 NOMS의 데이터베이스를 사용한다.

조기 중재

조기 중재는 다음의 두 가지 이유에서 매우 중요하다.

① 아동이 중재를 늦게 시작할수록 효과적으로 언어 기술을 습득할 가능성이 감소한

다(다른 것들도 동일하다).

② 기능적 언어를 배우지 않고서는 아동이 진정한 사회적 존재가 될 수 없다(Warren & Abbaduto, 1992). 아동이 뒤처진 모든 기술 중에 언어—의사소통—가 가장 중요하다. 이는 언어가 학업 및 사회적 학습의 기본이 되기 때문이다.

조기 발달과 조기 중재

아동의 조기 발달에 대한 연구에서는 초기 몇 년이 언어학습에 매우 중요한 기간이라는 것이 알려졌다. 교사는 아동의 언어, 글을 읽고 쓰는 능력, 사회적 발달은 선천적인 측면과 아동과 부모 또는 주변 사람과의 언어적 상호작용의 양에 달려 있다는 것을 알고 있다. 학교에서 학습할 준비가 되어 있는 아동은 주로 집에서 부모와 언어적 소통을 자주 하고, 아동의 행동에 대해 부모가 격려하고 지지해 주며, 언어 고유의 상징성의 중요성을 알고 있고, 탐구심과 관계에서 친절한 인도를 받으며, 성인이 아동에게 적절하게 반응을 해 준다. 이와는 대조적으로, 준비가 부족한 상태에서 입학하는 아동은 언어적 상호작용 비율이 현저히 낮은 경험을 하고, 자신의 행동에 대해 기본적으로 부정적이고 위축되는 반응을 받은 적이 많으며, 냉혹하고 형식적이고 소외되는 반응의 경험이 많다.

지금은 고전이 된 Hart와 Risley(1995)의 연구에서는 전문직 부모와 노동자 부모, 복지 도움을 받는 아동의 언어 경험을 비교했다. 언어 경험의 차이와 그로 인한 아동의 학업 성취도와 행동 면의 영향은 극명했다. 그러나 이 차이는 부모의 수입 및 인종과는 관련이 없었다. 오히려 부모가 어떻게, 얼마나 많이 아동과 이야기하는지에 대한 차이가 더 컸다. 저자들은 다음과 같이 요약하였다.

우리의 연구 자료는 아동의 성취도가 아동이 부모와의 소통 과정에서 축적하는 경험의 양에 비례한다는 것을 보여 주었다. 이는 부모가 언어적인 다양성 제공, 반응 주고받기, 상징 사용, 부드러운 안내 및 반응을 보이는 것을 말한다. 아이가 세 살일 때, 집중적 중재를 한다고 하더라도 그동안 부모와 함께 축적한 경험의 양을 따라잡기는 어렵다. 부모가 아이에게 보다 나은 역할을 한다면 중재는 불필요할 수도 있다(p. 210).

따라서 언어 발달과 관련된 많은 장애를 예방하기 위해서는 부모가 자신의 자녀가 영유아일 때 자녀와의 소통을 증진시켜 주는 것이 필요하다. 그럼에도 불구하고 많은 아동에게 유치원 및 초등학교 저학년 시기의 중재는 필요하다. 그러나 이러한 중재는 언어 발달적 관점에서 아동의 가정환경, 특히 아동과 가장 밀접한 관계의 사람—대부분의 경우, 아동의 엄마—과의 관계를 먼저 이해한 후에 이루어져야 한다(Hammer & Weiss, 2000). 언어장애 중재를 필요로 하는 미취학 아동은 중증 또는 중복 장애를 가지고 있는 경우가 종종 있다.

언어는 인지 발달과 밀접한 연관이 있다. 따라서 일반적인 지적 능력의 결핍은 언어 발달에 부정적 영향을 줄 가능성이 높다. 반대로 언어장애는 인지 발달을 방해할 수 있다. 말은 신경 및 운동 발달에 의존하기 때문에, 어떤 신경 혹은 운동적 문제든 말하는 능력에 결핍을 가져올 수 있다. 학령 전 아동의 일반적인 사회성 발달은 언어의 출현에 의존하기 때문에 언어장애 아동은 사회성 면에서 불리한 면이 있다. 따라서 학령 전 아동의 언어 중재 시에 한 가지 목표만 가지고 지도하기는 어렵다.

언어발달 지체의 조기 중재

언어장애 아동은 대부분의 아동과 동일한 발달 과정으로 따라갈 수 있지만, 각 기술 또는 단계 면에서 평균 연령보다 지체될 수 있다. 어떤 언어장애 아동은 발달의 마지막 단계에 도달하나 일반 또래 아동들의 단계에는 현저히 못 미치는 경우도 있다. 여전히 많은 아동이 언어 발달 면에서는 지체되지만 특정한 언어 특성을 습득하는 부분에서 비율적으로 큰 차이를 보이기도 한다.

어떤 아동은 말 발달이 늦다. 그러나 마침내는 연령에 맞는 말과 언어를 구사하게 된다(Vinson, 2007). 그러나 언어 발달이 지체된 많은 아동은 계속 발달 지체를 보인다(Owens, 2004). 그들은 자주 발달장애 또는 지적장애인 것으로 진단된다. 때로 이러한 아동은 환경적 요인으로 언어 발달에 필요한 성인으로부터의 언어적 자극을 포함하는 많은 경험이 부족하거나, 심각하게 방치되거나 학대받은 아동이기도 하다. 그러나 아동의 언어 지체 원인에 관계없이 지체의 특성을 이해하고 아동이 언어를 효과적으로 사용할 수 있도록 최선의 기회를 주는 것이 중요하다.

3세 이상의 유아 중에 언어를 이해하는 것처럼 보이지 않으며 자발적인 언어를 사용하지 않는 경우가 있다. 그들은 소리를 내기는 하지만 그것은 말을 배우기 이전의 어린 영아가 의사소통하는 방식이라고 볼 수 있다. 다시 말해, 그들은 **언어 이전기 의사소통**(prelinguistic communication)을 하는 것이다. 예를 들어, 그들은 몸동작이나 목소리를 사용하여 무엇을 요구하거나 타인에게서 어떤 물건이나 행동을 요구하거나 거부한다.

언어 지체 아동을 진단·평가하고 중재를 계획할 때에는 그들이 모방하는 언어 및 비언어적 행동, 그들이 자연스럽게 사용하는 의사소통 기술, 그들이 생활 속에서 사용하는 의사소통의 부분을 고려하는 것이 중요하다. 특히 어린아이일 경우에는 정상적인 사회적 상호작용을 위해서 언어를 사용하는 맥락 안에서 중재를 제공하는 것이 중요하다. 예를 들어, 부모 또는 교사는 **환경교수법**(milieu teaching)을 사용할 수 있다. 이는 자연스러운 환경에서 기능적 언어 기술을 가르치는 전략이다. 이 교수법은 아이의 관심 있는 영역에 맞춰서 교수가 이루어진다. 아이가 어떤 행동이나 사물, 활동을 성인에게 요구할

환경교수법(milieu teaching)은 자연주의적 언어를 통해 기능적 언어 기술에 접근하는 교수법이다. 이러한 접근법은 아동의 관심 있는 영역에 맞춰서 교수한다.

때, 성인은 아이의 언어를 촉진하고 의사소통을 하려는 노력에 따라 요구한 바를 제공한다. 환경교수는 부모와 아이의 일상의 상호작용과 유사한 환경에서의 중재를 구성한다는 점에서 자연주의적 접근법이라 하겠다. 언어 이전기 의사소통은 아동의 향후 언어 사용 능력에 좋은 지표가 된다(Calandrella & Wilcox, 2000). 환경교수의 효과는 최소한 어느 정도까지는 아동의 언어 이전기 의사소통에 대한 엄마의 반응에 달려 있다고 할 수 있다(Yoder & Warren, 2001).

가족 포함

연구자들은 언어 발달이 최초의 엄마와 아이의 소통에서 시작된다는 것을 점점 더 인식하게 되었다. 아동의 의사소통 능력 발달은 다른 분야의 발달과 분리되어 생각할 수 없다. 따라서 언어치료사는 장애를 가진 영아 또는 어린 아동을 평가하는 통합팀의 중요한 부분을 담당한다. 또한 언어치료사는 개별화가족서비스계획(individual family service plan: IFSP, 2장과 4장 참조)을 개발한다. 조기중재 프로그램은 부모의 역할을 확장하는 것이 포함된다. 부모는 함께 소리를 내면서 다양한 놀이를 한다. 엄마가 아기에게 사물과 활동에 대해 말하는 것을 의미한다. 그러나 아이가 소리 내기를 위해서 사물, 활동, 단어를 선택할 때에 아이가 기능적 언어를 습득할 수 있게 많은 관심을 가져야 한다(Fey, Catts, & Larrivee, 1995).

유아 특수교사는 언어 발달을 위해서 언어 이전기 중재의 중요함을 인식하고 있다. 이는 중재가 아동의 언어가 시작되기 전부터 실시되어야 함을 의미한다. 언어의 기초는 태어나서 몇 달 안에 부모 양육자의 자극 경험을 통해서 이루어진다(Koury, 2007). IFSP가 실시되는 초반기에는 교육자들이 가정의 장점과 필요를 평가하는 것을 강조했다. 그리고 부모가 아동을 가르치고 관리하는 방법을 가르치는 것을 중시했다. 현재 경향은 전문가들이 가장 잘 안다는 믿음에서 가정을 평가하는 것이 때로는 잘못될 수 있다는 것이다. 부모는 전문가의 도움을 받아서 아동 언어 발달에 중요한 역할을 수행할 수 있다. 그러나 오늘날 경향은 아는 것이 많고 능숙한 파트너인 부모의 선호도와 결정권을 존중하면서 함께 일하는 것이다(Hammer & Weiss, 2000; 4장의 논의 참조).

조기 아동기 중재는 내용, 형식, 사회적 상황에서의 언어 사용과 연관된 아동의 행동 평가를 중심으로 실시되는 것 같다. 언어를 아직 배우지 않은 아동에게는 진단 · 평가와 중재가 모방, 절차를 가진 가작화 놀이, 사물 놀이, 사물의 기능적 사용에 집중된다. 언어의 내용과 형식이 상호작용하는 초기 연령대에는 어른이 지시하였을 때 사물을 보거나 집는 정도를 평가하고, 어른의 지시에 따라 사물을 가지고 무언가를 하고, 무엇인가 거부하고 거절하기 위해 소리를 내며 사물에 주의를 집중하는 정도를 평가하는 것이 중요하다. 아동의 언어 사용을 평가할 때 조기의 목표는 다음과 같다. 아동이 어른과 상호작용하는

태어난 후 처음 몇 해가 언어 습득에서 매우 중요한 시기다.

동안에 눈을 마주치는지, 서로 번갈아 할 줄 알며 좋아하는 활동과 게임을 연장하기 위한 시도를 하는지, 어른의 시선을 따라가는지, 어른에게 행동을 지시하는지, 어른이 대답하지 않으면 행동과 소리, 단어를 수정하거나 계속해서 말하는지 등이다. 유치원에서 담화 지도(대화 기술)는 언어 중재에서 매우 중요한 부분이다. 특히 유치원 교사들은 학교에서 성공적이기 위해 필수적인 담론을 사용하여 아동들을 가르치는 것을 강조한다. 예를 들어, 아동은 그들의 경험을 자세하게 얘기할 수 있어야 하고 왜 사건이 발생했는지 말할 수 있어야 하는데, 이때 단순히 단어를 배열하기만 해서는 안 된다. 그들은 단어의 형성과 의미뿐만 아니라 대화를 서로 주고받는 것과 대화의 주제를 이어 가는 것, 또는 주제의 전환을 자연스럽게 하는 법을 습득해야 한다. 이과 같이 담화 지도가 집중된 유치원 프로그램에는 교사와 아동의 매일 개별화된 대화, 매일 교사가 아동에게 개별 혹은 소그룹으로 책을 읽어 주는 것, 빈번한 이야기 나누기 활동이 포함된다.

　　현재 추세는 청소년들의 전형적인 환경 내에서 언어 중재가 제공되는 것이다. 이것은 교사들과 언어치료사들이 서로 긴밀한 협력 관계를 구축해야 함을 의미한다. 언어치료사는 교실에서 아동과 직접 중재를 할 수 있고, 학생이 일반학급에서 정상적인 활동을 할 수 있게 교사에게 조언을 할 수 있다. 또는 언어치료사는 교사가 직접 학생들에게 효과적인 언어 중재 활동을 가능하게 도울 수 있다. 아동의 또래 친구 또한 중재 전략에 포함될 수 있다. 언어가 사회적 활동에서 필수적이기에 언어의 사용은 아동의 사회적 환경—성인뿐 아니라 또래 친구들까지—에 다른 아동들과 함께하는 것이 요구되기 때문이다(Audet & Tankersley, 1999; Fey et al., 1995; Prizant, 1999).

　　정상적으로 발달하는 또래들은 놀이 시간 동안 다음의 활동들을 통해 장애아동들의 언어 발달을 돕도록 한다. 눈 맞추는 것, 자신 또는 다른 친구의 놀이 활동을 설명하는

것, 장애아동이 말하는 것을 반복하거나 확장·명료화하도록 하는 것 등이다. 또래교수는 서로 다른 방언을 사용하는 친구의 언어와 말 발달을 도울 수 있다(McGregor, 2000). 또래 친구를 포함하는 또 다른 중재 전략은 사회극 놀이다. 아동들은 장애아동을 포함하여 3명씩 조를 만들어 다양한 환경 속에서 사회적 역할을 수행하는 법을 배운다(예: 레스토랑에서 또는 신발가게에서). 훈련 중에는 각 아동의 행동 내용과 말할 것이 대본에 쓰여 있는데, 아동이 이를 창의적 방법으로 수정하는 것도 가능하다.

성인기로의 전환

과거에는 청소년과 성인 언어 중재 프로그램을 다음 세 가지 범주에 포함시켰다. ① 자신이 의뢰한 사람(the self-referred), ② 다른 건강상의 문제가 있는 사람, ③ 중증 장애인. 청소년 또는 성인 중에는 발음, 목소리, 말 더듬는 것 때문에 사회적으로 창피를 당하는 것이나 취업에 문제가 되는 것 때문에 언어치료사를 찾게 된다. 일반적으로 이런 사람들은 오랫동안 문제를 겪어 온 사람들로, 말을 변화시키고자 하는 동기가 강하고 말로 인해 받은 사회적 편견에서 탈피함으로써 안정을 찾고자 한다.

다른 건강상의 문제를 동반한 청소년 및 성인은 질병 또는 상해의 결과로 말 또는 언어 능력의 문제가 생겼을 수 있다. 또는 상해 또는 수술 때문에 말의 메커니즘 일부를 상실했을 수 있다. 이러한 사람들의 치료에는 언제나 간학문 팀접근(interdisciplinary)이 필요하다. 진행성 질병, 심각한 신경적 손상, 또는 말 메커니즘 조직 손실의 경우에는 기능적 말 능력이 좋지 못하다. 그러나 수술, 약물, 인공 보조장치가 정상적으로 말하는 것을 가능하게 해 준다. 언어 사용 능력의 손실은 표현언어 능력 손실보다 더 장애를 보인다. 뇌손상은 자기자각, 목표 설정, 계획력, 스스로 결정하는 능력, 행동을 시작하는 능력, 충동 억제, 자신의 행동을 관찰하고 평가하는 능력, 문제 해결력에 심각한 어려움을 준다. 이러한 중증 언어 기술의 회복은 청소년이나 젊은 성인에게 있어 병원에서 학교로, 학교에서 독립적 삶으로 전환될 때에 중요한 역할을 한다(Klein, & Moses, 1999).

중증 장애인들은 보다 명료한 발음으로 말을 하기 위해 언어치료사의 도움이 필요할 수 있다. 또한 말과 언어를 대체하고 보완할 수 있는 의사소통 시스템을 배워야 할 수도 있다. 중증 장애 성인 혹은 청소년의 가장 큰 문제 중 하나는 말과 언어의 학습에서 현실적인 목표(realistic goals)를 세우는 것이다. 간단하고 기능적인 언어—예를 들어 사회적 인사, 사물 이름 말하기, 간단한 요청하기 등—는 청소년 혹은 성인에게 현실적인 목표가 될 수 있다.

전환 프로그램을 구성할 때, 학교에서 제공되었던 훈련과 지원이 성인기로까지 이어질 수 있도록 하는 것이 주안점 중 하나다. 이를 성공적으로 하기 위해 말-언어 교육은 자연스러운 환경에서 진행되어야 한다. 즉, 서비스는 지역사회 중심, 직업, 가정 내

핵심 개념

전환에 관련된 가능한 언어 문제 확인하기

고학년 아동과 청소년은 다음과 같은 경우 의사소통 전문가의 도움을 필요로 할 수 있다.

- 일상적 상황에서 지시 사항을 이해하지 못할 경우
- 매일 생활에 필요한 점이 있을 때에 언어를 효과적으로 사용할 수 없을 경우

- 예의성과 인간관계에서 요구되는 사회적 규칙을 빈번하게 어길 경우
- 중요한 부호 및 상징을 읽지 못하고, 형식을 완성하지 못하며, 간단한 보고서를 작성할 수 없을 경우
- 말에 문제가 있어 다른 사람이 무슨 말인지 이해하지 못할 경우

에서, 여가 활동으로, 소비자로서, 이동훈련 활동으로 통합되어야 한다. 중증 장애 청소년 및 젊은 성인의 말-언어 중재는 기능적 의사소통—매일의 삶에서 닥칠 수 있는 사회적 상황에서 타인의 말을 이해하고 다른 사람을 이해시키는 것—에 강조를 두어야 한다 (Justice, 2006). 적절한 의사소통 기술을 발달시키는 것(예: 눈 맞춤하기, 인사하기, 대화 주고받기, 주제를 인지하고 주제에 벗어나지 않기), 읽기, 쓰기, 여가 활동, 대중교통 이용하기, 직업 수행하기에 관련된 언어는 기능적 언어 활동의 중요한 예들이다.

오늘날, 교사들은 다른 장애 범주에 들어가지 않는 청소년과 성인의 언어장애에 관심을 가지고 있다. 이런 장애는 이전에는 기본적으로 학습 능력 문제와 사회성 문제로 여겨져 왔고 언어 관련 문제로는 다루어지지 않았다. 그러나 현재 학교에서의 사회적 문제들은 대부분 기본적으로 언어 문제에 기인한다.

일반교사는 언어와 관련된 문제를 발견할 수 있는 매우 좋은 위치에 있다. 또한 의사소통 전문가에게 도움을 요청할 수도 있다. 위의 〈핵심 개념〉은 고학년 아동 혹은 청소년의 문제의 특징들을 나열한 것으로 상담과 중재를 필요로 할 수 있는 것이다. 이러한 문제들을 최대한 조기에 효과적으로 발견하는 것은 청소년을 보다 복잡한 환경으로 잘 전환할 수 있도록 도울 수 있다.

어떤 언어장애 청소년 및 성인은 전략훈련, 즉 정보를 어떻게 선택하고 저장하며 검색하고 처리하는지를 가르치는 데 훌륭한 후보자가 될 수 있다(Hellahan et al., 2005 참조; 6장 참조). 그러나 다른 이들은 필요한 읽기 기술, 상징 능력 또는 지적 능력이 떨어져 인지 전략의 기본적 훈련이 가능하지 못할 수 있다. 교사는 이런 학생들의 중재에 적용되는 원리들에 대해 알고 있어야 한다.

요약

의사소통장애는 어떻게 정의되는가?

- 의사소통은 두 명 이상의 개인이 정보를 공유하는 것이다.
- 의사소통적 기능으로는 요구하기, 거절하기, 견해를 밝히기, 논쟁하기, 추리하기 등이 있다.
- 의사소통장애는 언어나 말 또는 둘 다를 포함할 수 있고, 이 두 영역의 의사소통 기능에 문제가 생기는 것을 말한다.
- 언어는 비록 규칙에 따르는 임의적 상징 시스템이 사용되지만 아이디어—표현과 수용—를 보내고 받는 것이다.
- 말은 신경과 근육의 활동으로 말과 언어의 소리를 형성하고 배열하는 것이다.

의사소통장애의 출현율은 어떠한가?

- 10~15%의 미취학 연령 학생, 6% 정도의 초등 및 중등 학생이 말장애를 가지고 있다고 추정하는 것이 합당하다.
- 아마도 약 2~3%의 미취학 연령 학생과 1%의 학령기 학생이 언어장애를 가지고 있을 것으로 추정된다.

의사소통 문제와 장애의 차이는 무엇인가?

- 의사소통 차이는 방언, 지역적 차이, 민족적 소수집단 그리고 비지배적(nondominant) 언어를 포함하는 것이다.
- 자신의 언어 공동체에서 문제없이 의사소통을 하는 사람은 언어 차이를 가진 자다. 반면 모든 환경에서 의사소통에 문제를 겪는 사람은 장애다.

주요 언어장애에는 어떤 것들이 있는가?

- 언어 발달과 언어장애에 대해서 서로 다른 많은 이론이 존재한다.
- 언어장애는 1차(알려진 원인은 없는) 또는 2차(다른 조건 혹은 장애에 영향을 받은)로 구분된다
- 1차 언어장애는 특정언어장애(specific language impairment: SLI), 초기 표현언어 지체(early expressive language delay: EELD), 그리고 읽기언어장애를 포함한다.
- 2차 언어장애는 정서·행동장애와 지적장애 또는 자폐 범주성 장애와 같은 다른 장애를 포함한다.

주요 말장애에는 어떤 것들이 있는가?

- 말장애는 문제가 매우 많은 종류로 이루어진 그룹으로 말–언어 산출과 관련되어 있으며 다음의 것들을 포함한다.
  - 음운장애: 언어의 소리 체계를 이해하는 데의 문제
  - 조음장애: 정확한 말소리를 산출하는 데의 문제
  - 음성장애: 적절한 음높이, 크기, 음질을 산출하지 못하는 문제
  - 유창성장애: 말을 유창하게 하지 못하는 문제
  - 운동성 말장애: 신경운동학적 손상에 의해 말에 문제가 생긴 것으로 다음을 포함
    * 마비성 말장애: 말소리 산출을 조절하지 못하는 문제
    * 실행증: 말을 계획하고 협응하는 것의 문제

의사소통장애에 대한 주요한 교육적 고려 사항은 무엇인가?

- 교사는 다음의 세 가지 영역에서 다른 전문인들과 함께 일해야 한다.
  - 언어의 사회적 사용을 촉진하기
  - 질문하기
  - 문해 지도: 읽고 쓰기

의사소통장애 학생의 진보 평가 과정에서의 주안점은 무엇인가?

- 언어 진단·평가의 기본적 목적은 교수법에 정보를 주는 것이다.
- 중재를 위한 진단·평가는 다음의 것들에 유의해야 한다.
  - 아동이 이야기하는 것과 이야기하도록 지도해야 하는 것
  - 아동이 사물에 대해 이야기하는 방법과 그에 대해 보다 지적으로 말할 수 있게 지도해야 하는 것
  - 아동이 자신의 언어적 공동체 맥락에서 기능적 언어를 사용하는 방법
  - 아동이 언어를 사용하는 방법과 그의 언어 사용이 의사소통의 목적과 사회성을 위해 보다 효과적인 방법
- 과정 관찰 평가는 역동적 평가를 해야 하고 교수, 시험, 재교육의 순서를 따라야 한다.
- 과정 관찰 평가는 교육과정중심 언어평가(CBLA)를 포함한다.

- 학생 성과 평가는 그 학습이 일어나는 곳에서 이행되어야 한다.

의사소통장애의 조기 중재에서 주안점은 무엇인가?

- 조기 중재는 조기 언어 발달에 기반한다.
- 조기 중재는 주로 언어 지체 아동에게서 진행된다.
- 조기 중재는 가족과 함께 해야 한다.

의사소통장애 학생의 전환에 있어 교육자들이 강조하는 것은 무엇인가?

- 전환은 학생의 성공적 취업의 요구를 위해 언어를 사용하는 것을 도와주는 것을 말한다.

특수교육협의회

전문적 기준

이 장에서 다루어진 미국 장애인 특수교육협의회(Council for Exceptional Children: CEC)의 공통 핵심지식 및 기술: ICC1K5, ICCK6, ICC1K8, ICC2K1, ICC2K2, ICC2K3, ICC2K4, ICC2K6, ICC3K1, ICC3K3, ICC4S5, ICC5S1, ICC6K4, ICC7K1, ICC7S2, ICC7S9, ICC8S2, ICC8S5, ICC8S8, ICC9K4, ICC9S7

부록: CEC의 공통 핵심 기준과 관련된 지식 및 기술을 제공한다.

MYEDUCATIONLAB

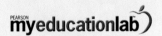

MyEducationLab(www.myeducationlab. com)의 주제 12: 의사소통장애에서 다음의 내용을 찾을 수 있다.

- 국가 수준의 기준들과 관련된 전반적 개념에 대한 학습 성과
- 각 장의 내용을 보다 심도 있게 이해하도록 도와주는 과제 및 활동 수행
- IRIS Center Resources에서 볼 수 있는 어려운 상황들에 대한 검토
- 교수 기술 수립과 학습 주제 경향을 확인할 주요 개념 이해에 대한 실제의 적용
- Book-Specific Resources의 Study Plan을 통한 교재 내용에 대한 이해도 측정. 여기에서 각 장의 퀴즈 수행, 정답에 대한 피드백을 통해 복습, 연습, 심화 활동으로 이해도를 높일 수 있음
- CCSSO 올해의 교사상 수상자의 교사 면담 코너를 통해 '왜 나는 가르치는가?'에 대한 답변 영상 시청

11 농/난청 학습자

고등학교로 진학하면서 친구들은 집단끼리 뭉치게 되었다. 새로운 학교는 훨씬 더 컸다. 나는 나 자신이 점점 더 고립되어 가는 것을 느끼기 시작했다. 어느 날 오후…… 나는 서로가 원하지만 쉽사리 하기 힘든 대화를 엄마와 나누며 소파에 앉아 있었다……. 나는 엄마에게 왜 다른 아이들처럼 친구가 많지 않은지를 물어보았다……. 엄마는 놀란 표정을 지으며 나를 보았다.

"왜 그런지 모르겠니?" 엄마가 물었다.

"몰라요."

"그건 네가 듣지 못하기 때문이야. 다른 친구들은 그걸 이해하지 않고."

그것은 뜻밖의 대답이었고 내 인생의 전환점이 되었다. 그 순간까지 나는 나의 농(deafness)을 어렴풋하게만 이해하고 있었다. 나는 그것이 나 자신과 다른 사람들 사이에서 내 인생을 이렇게 결정짓는 요인이 되는 것이라고는 결코 이해하지 못했다……. 그러나 여전히 나는 나의 인간관계, 내 미래, 언어, 교육에 관한 모든 암시를 깨닫지는 못했다. 나는 이런 것들이 단순히 청력 문제가 아니라는 것을 알지 못했다. 내가 마주해야 하는 어려움은 내가 청력 문제를 가지고 있기 때문이 아니라 내 주위를 둘러싼 아주 잔인한 세상의 가득 찬 장벽들 때문이었다. 세상의 이해는 너무 먼 곳에 있었다.

-Martha Sheridan •『농아의 내면의 삶: 인터뷰와 분석들
(Inner Lives of Deaf Children: Interviews and Analysis)』

주요 질문

- 전문가는 농과 난청을 어떻게 정의하고 분류하는가?
- 청각장애의 출현율은 어떠한가?
- 귀의 기본적인 해부학상의 특징과 생리학적인 특징은 무엇인가?
- 청각장애는 어떻게 판별되는가?
- 청각장애의 원인은 무엇인가?
- 청각장애 학습자의 심리 및 행동적 특성은 무엇인가?
- 청각장애 학습자를 위한 교육적 고려 사항은 무엇인가?
- 전문가는 청각장애 학생의 진보를 어떻게 평가하는가?
- 청각장애의 조기 중재에 대해서 중요하게 고려해야 할 사항은 무엇인가?
- 청각장애 학습자의 성년기 전환과 관련된 중요한 고려 사항은 무엇인가?

농/난청 학습자에 대한

잘못된 생각

오해 • 농인들은 아무것도 듣지 못한다.

사실 • 대부분의 농인은 약간의 잔존청력을 가지고 있다.

오해 • 농은 맹만큼 심각하지 않다.

사실 • 사람의 기능에 있어서 장애의 정확한 결과를 예측하는 것은 불가능한 일이지만, 일반적으로 농은 맹보다 적응하는 데에 어려움이 더 많다. 이것은 구어를 이해하고 말하는 능력에 대해서 청력 손실이 미치는 영향력이 광범위하기 때문이다.

오해 • 농인 간에 배타적으로 어울리지 못하는 사회화 현상은 건강하지 못한 일이다.

사실 • 많은 관련 전문가는 이제는 농 문화의 경이로운 현상은 자연스러운 것이고 고무되어야 한다고 인식하고 있다. 사실 일부 사람은 너무 지나친 통합은 농 문화의 영향력을 약화시킬 것이라고 걱정한다.

오해 • 청각장애인들은 다른 사람들이 그들에게 무슨 말을 하는지 이해하기 위해 독순을 한다.

사실 • 독순이란 단지 입술의 움직임에서 일어나는 시각적인 암시만을 일컫는 것이다. 청각장애인들의 일부는 단순히 입술만을 읽는 것이 아니라 얼굴 표정이나 턱과 혀의 움직임 등과 같은 수많은 다른 시각적인 암시(단서)를 이용한다. 독화(speechreading)에 집중하는 것이다.

오해 • 독화는 청각장애인들의 대다수가 배우고 이용하기가 비교적 쉽다.

사실 • 독화는 배우기가 매우 어렵고 청각장애인들 중에 실제로 독화를 잘하는 사람들은 매우 소수다.

오해 • 미국식 수화(American Sign Language: ASL)는 대략 막연하게 몸짓들의 모음으로 구성되어 있다.

사실 • 미국식 수화는 그 자체의 문법 규칙들을 가진 진정한 언어다.

오해 • 농인 집단 내의 사람들은 농 학생들이 일반교실에서 수업을 받는 통합교육을 선호한다.

사실 • 농인의 일부는 많은 농 학생이 일반교실에서 수업을 받는 것은 부적절한 것이라는 의견에 목소리를 내고 있다. 그들은 대다수의 농 학생을 위한 효과적인 교육 프로그램을 검토해야 할 필요성을 강조한다. 그들은 분리해서 배치하는 것(통합교육이 아니라 따로 수업을 받는 것)이 농 문화를 조성하는 방법이라고 여긴다.

오해 • 자녀와 부모가 모두 농인인 가족들은 건청인 부모를 둔 가정과 비교하여 확연히 불리하다.

사실 • 연구조사는 부모 역시 농인인 농 유아들이 학업적으로나 사회적 영역에서 더 낫다는 점을 증명했다. 관련 전문가들은 그들의 자녀들과 미국식 수화를 사용해서 의사소통을 하는 부모의 능력을 이러한 이점의 중요한 이유로 보았다.

농인이라는 것 혹은 난청인이라는 것은 종종 들리는 세상과 듣지 못하는 세상 사이에서 어려운 위치에 놓이게 된다. 이 장 서두의 인용문에서 본 Martha Sheridan(2001)의 글은 청각장애와 동반될 수 있는 고립―주로 의사소통의 문제점들에서 기인한 고립―이란 것을 반영한다. 우리가 이 장에서 보는 것처럼, 청각장애가 '농'으로 분류될 만큼 심하지 않다고 해도, 약간 '난청'일지라도 청각장애 유아는 영어 언어 발달의 모든 양상에서 사실상 확연한 불이익이 있다. 미국 사회에서 영어(언어)의 중요성은 특히 학교와 관련된 활동들에 있어서 확실히 중요하다. 학교에서 청각장애인들이 가지는 문제점들의 많은 부분은 기본적으로 그들이 영어에 있어서 갖는 어려움 때문이다. 우리는 이 장에서 이 문제를 심도 있게 다룰 것이다.

　Martha Sheridan(2001)의 글에 내재된 논쟁은 농 유아가 구어로 의사소통 방법을 교육받아야 할지 혹은 손으로 하는 수화를 통해 의사소통을 해야 할지에 관한 논쟁이다. 농인들의 거의 90%는 전형적인 건청인 부모다(National Institute on Deafness and Other Communication Disorders[NIDCD], 2008). Sheridan의 부모도 건청인이었고 수화를 배우지 않기로 결정했다. 또한 독화(speechreading)를 배우는 것이나 다른 사람이 말하는 것을 이해하기 위해서 시각적인 정보(입술 움직임을 포함한)만을 이용하는 것은 Sheridan에게도 어려운 일이었다.

　같은 상황에 놓인 다른 사람들처럼 Sheridan도 결국은 스스로 농 공동체에 몰두하게 되었고, 청각장애 학생을 위한 고등교육 기관인 갤러뎃 대학교(Galluaudet University)에서의 경험을 통해서 자신이 농인이라는 정체성을 발견했다고 하였다.

> 갤러뎃 대학교는 나에게 중요한 관문이었다. 그곳은 나 자신을 찾는 길 끝에 발견한 금으로 가득 찬 단지였고, 또 내 남은 여생의 시작을 대변했다. 농인으로 살아간다는 것이 어떤 의미인지 내가 발견한 곳은 갤러뎃 대학교에서였다……. 여기서 수화와 함께 나의 배움은 꽃을 피웠다(Sheridan, 2001, pp. 7-8).

　그러나 모든 농인이 농 공동체에 합류하는 것을 선택하는 것은 아니다. 일부 청각장애인은 통합 사회에서 살아가기 위한 영어(spoken English)를 충분히 유창하게 하게 된다. 다른 사람들은 들리는 세상과 잘 듣지 못하는 세상 모두를 아우를 수도 있다. 그러나 그 결과가 어떻든 간에 사실상 그들의 부모뿐만 아니라 모든 농인은 문화적인 정체성을 찾고 의사소통을 하는 것에 대해서 구어 대 수화를 선택해야 하는 중요한 결정을 하느라 고심한다. 후자에 대해 말하자면, 사실 모든 농인은 그들을 장애인이라기보다는 문화적 소수의 일부라고 간주한다.

　이런 모든 골치 아픈 문제들은 농(deafness)을 모든 특수교육 분야의 연구에서 가장 어려운 분야 중의 하나로 만든다. 다른 특수교육 분야의 토론에서 알 수 있듯이, 청각장애의 정의를 내리려는 시도도 분명 도전 중의 하나다.

정의와 분류

이제까지 청각장애를 구분하는 가장 흔한 방법은 농과 난청 사이의 구분이었다. 농이란 것은 아무것도 들을 수 없는 것이고, 난청이란 것은 조금은 들을 수 있는 것을 의미한다고 생각하지만, 이것은 전반적으로 사실이 아니다. 대부분의 농인은 약간의 잔존청력을 가지고 있다. 서로 다른 전문가들이 이 두 범주를 다르게 규정하는 것은 복잡한 문제다. 생리학적인 관점으로 보는 사람들과 교육적인 측면으로 보는 사람들은 서로 매우다른 극단적인 견해를 나타낸다.

완고하게 생리학적인 관점을 유지하는 사람들은 주로 청각장애 정도를 평가하는 것에 관심을 가진다. 어떤 특정한 강도(소리의 세기)에서나 혹은 그 이상에서 소리를 들을 수 없는 유아들은 농으로 분류되고, 청각 손상을 가진 다른 유아들은 난청으로 분류된다. 감응도(hearing sensitivity)는 **데시벨**(dB, 소리의 상대적인 크기의 단위)로 평가된다. 제로 데시벨(0dB)은 정상적인 청력을 가진 평균의 사람이 감지할 수 있는 가장 약한 소리를 나타낸다. 사람이 감지할 수 없는 데시벨의 각각 그다음 숫자는 청력 손상의 정도를나타낸다. 생리학적인 관점을 고수하는 대부분의 사람은 청력 손상이 있는 사람들 중에대략 90dB이나 그 이상을 농이라고 여기고 더 낮은 데시벨 단계에서 소리를 듣지 못하는 사람들은 난청이라고 간주한다. 비교해 본다면 90dB은 대략 잔디 깎는 기계에서 나오는 소음 정도다(American Academy of Otolaryngology–Head and Neck Surgery, 2007).

교육적인 관점을 가진 사람들의 견해는 말하기 능력과 언어 발달에 관련된 청력 손상이 얼마나 심한지와 언어 능력을 기본으로 해서 기본적인 범주를 나눈다. 청력 손상이란 경도에서 중도까지의 광범위한 용어로 농과 난청을 포함한다. 다음은 보편적으로 받아들여지는 농과 난청의 교육학적 정의다.

- 농은 보청기를 끼거나 착용하지 않은 채로 청력검사를 했을 때 언어학적인 정보의 성공적인 전달이 불가능한 사람들이다.
- 대부분의 난청인들은 보청기를 착용하고 청력검사를 했을 때 언어학적인 정보를 성공적으로 전달할 수 있는 충분한 잔존청력을 가진 사람들이다.

교육자는 청력 손상 시기에 대해서 매우 관심을 갖게 된다. 즉, 청력 손상과 언어 지체사이의 밀접한 관계는 중요한 핵심이다. 청력 손상이 일찍 시작될수록 건청 사회의 언어(예: 영어)를 발달시키는 데에 더 많은 어려움을 가질 것이다. 이런 이유로 전문가들은

농을 정의하는 현재의 이슈는 농 공동체의 많은 사람이 그들이 장애를 가지고 있는 것으로 여겨지는 것을 원하지 않는다는 점이다. 대신에 그들은 그들만의 언어인 미국식 수화(ASL)를 가진 문화적 그룹으로 인식되기를 원한다.

선천성 농(출생 시부터 농인 상태)과 **후천성 농**(출생 이후에 어떤 시점에서 청각장애를 얻은)이란 용어를 자주 사용한다.

자주 사용되는 두 가지 용어는 언어 습득이 결정적으로 중요한 것이라는 것을 정확히 보여 주는 좀 더 세부적인 용어들이다. **언어 습득 전 농**(prelingual deafness)이란 출생 때부터 말과 언어가 발달하기 전의 어린 연령에 농이 된 경우를 말한다. **언어 습득 후 농**(postlingual deafness)이란 말과 언어가 발달된 이후에 농이 된 경우를 말한다. 전문가들이 언어 습득 전과 후의 청각장애를 분류하는 관점은 다소 다르다. 어떤 전문가는 시기를 나누는 시점이 약 18개월 정도여야만 한다고 믿고 있고, 다른 전문가는 약 12개월 정도로 낮춰야만 한다거나 심지어는 6개월 정도라고 생각한다(Meadow-Orlans, 1987).

일부 전문가는 청력 역치에 따라 경도(mild, 26~40dB), 중등도(moderate, 41~55dB), 중등도-중도(moderate-severe, 56~70dB), 중도(severe, 71~90dB), 최중도(profound, 91dB 그 이상)로 분류하는 것이 유용하다고 본다(Andrews, Leigh, & Weiner, 2004). 청력 손상의 수준은 농과 난청의 광범위한 분류에 해당되고 직접적으로 청력 수준에 의존하는 것보다는 말과 언어의 수준을 강조하는 것에 영향을 받는다.

어떤 전문가는 너무 엄격하고 다양하게 분류하는 것을 반대한다. 왜냐하면 이런 정의들은 평가하기 어려운 점이 있고 정확한 것도 아니기 때문이다. 그러므로 청각장애의 분류를 기본으로 해서 개별적으로 듣고 말하는 능력을 기준으로 분류하는 것이 가장 바람직하다.

핵심 개념

농은 장애인가, 아니면 문화적인 차이인가

대부분의 사회에서 농이 장애라는 것은 꽤 분명한 것처럼 보인다. 그러나 장애가 있다고 여겨지는 대신에, 농은 그들만의 언어, 즉 수화를 사용하는 문화적 소수집단으로 간주해야만 한다는 논쟁이 있다(Ladd, 2003; Lane, 2002; Padden & Humphries, 1988). Harlan Lane은 다음과 같이 표현한다.

농이라는 것이 생물학적인 한계를 수반한다고 믿는 근거는 무엇일까? 왜 농은 다르거나 습득(다른 언어, 다른 문화 등)이라기보다는 상실과 관련이 있다는 것일까? 나는 그것이 이 사회가 농이란 개념을 대부분 청력으로 설명해 왔고 농인을 청력의 손실로 개념화했기 때문이라고 여긴다. 정말로 농인으로 태어난 사람의 청력과 건청인으로 태어난 사람의 청력의 차이는 농인은 아무것도 잃은 것이 없는데도 '청력의 손실'이라고 불리는 것이다(Lane, 2002, p. 366).

농 사회 내에서는 농이란 장애가 아니라고 믿고 있다는 것을 아는 것은 교육자와 다른 전문가들에게 흥미롭고 도전할 만한 문제를 제시해 준다. 그들의 바람을 영광스럽게 여겨야만 하는 걸까? 특히 특수교사들은 차이점을 교정하는 것을 도와주도록 훈련받은 사람이고, 이런 다른 점을 가진 사람들을 가능한 한 '정상'으로 만들려고 노력한다. 특수교육 서비스를 받을 자격이 있는 농 학생들을 찾지 않는 것은 전문가로서 책임이 없는 것일까?

권위 있는 한 연구팀은 역사적으로 농인들의 어떤 행동들은 병리학적인 것으로 간주되었다는 것을 밝혀냈다. 이런 행동들은 매우 풍부한 얼굴 표정과 다른 사람의 관심을 얻기 위한 과장된 형태를 포함한다. 사실 이런 행동들은 단지 문화적인 차이다(Andrew et al., 2004). 그러나 권위자들은 농 공동체의 많은 사람이 미국장애인법(Americans with Disabilities Act)의 보호 아래 동등한 권리를 주장했다는 점 또한 언급했다. 그들은 더 거슬러 올라가 다음과 같이 말했다.

'전문가들을 포함한 건청인들은 농인들의 긍정적인 양상에 대해 중점을 두고 인식해야 할 필요가 있다……'라는 조항은 만들어져야만 한다. 농을 병리학적으로 매우 심각한 것으로 간주해서 Alexander Graham Bell이 명망 높은 국립과학원(National Academy of Science)에서 발행하는 신문에서 유전적이고 생식적인 제한을 통해 농을 뿌리 뽑기 위한 엄중한 우생학이 적용되어야만 한다(Bell, 1883)라고 제안했던 때로부터 시계의 추처럼 양극단을 오락가락하고 있다. 이것은 농인들이 과거에 직면했던 상태와 태도를 증언하게 해 준다. 그들의 문화가 존중되고 그들의 한계가 아닌 능력에 중점 두기를 갈망하는 것을 이해하게 해 준다(Andrew et al., 2004, p. 12).

정의의 문제를 고려했을 때, 청각장애인들 사이에서 농은 장애로 분류되어서는 안 된다는 정서가 자라나고 있음을 주목하는 것은 중요한 일이다(Padden & Humphries, 2005). 위의 〈핵심 개념〉에서 Lane(2002)은 대문자 D를 쓰는 Deaf란 용어를 쓰는 시절과 그렇지 않은 시절에 대해 언급한다. 다음은 어떤 변화가 일어남에도 불구하고 농을 장애라기보다는 문화적 차이로 보는 사람들에 의해 자주 이용되는 차이점에 대한 것들이다.

소문자로 쓰는 'deaf'는 그들의 농이 주로 청각적인 경험인 것을 언급하는 것이다. 이것은 주로 그들의 청력을 어리거나 나이가 들어서 일부 혹은 전부를 잃어버린 사람들을 묘사할 때 사용된다. 그리고 그들 대부분의 사람은 농(Deaf) 공동체와 접촉하는 것을 원하지 않고, 그들이 사회화된 다수 사회(majority society)의 일원으로 남기 위해 노력하는 것을 더 선호한다.

'Deaf'는 농으로 태어났거나 혹은 어린 시절에 후천적으로 청력을 잃은 사람들을 말한다. 그들에게 수화와 공동체 그리고 농인 집단의 문화는 그들의 주된, 기본적인 경험과 의존성을 반영하고 그들 중 많은 사람은 그들의 경험이 다른 소수언어 민족의 경험과 유사한 것이라고 여긴다.

이 장의 뒷부분에서 우리는 농 문화의 본질과 목적을 좀 더 자세하게 논의한다. 지금은 농을 장애로 여기는 바로 그 개념에 대하여 도전이 일어났다는 것을 알고 있다는 것만으로도 충분하다.

출현율

청력 손상이 있는 유아들의 수를 추정하는 것은 정의의 다양성, 조사한 인구, 검사의 정확성과 같은 요인들 때문에 상당히 다양하다. 미국 교육부 통계는 공립학교 6~17세 인구 중에서 0.14%가 농이나 난청이 있다고 보고하고 있다. 교육부가 농과 난청으로 분리된 표를 보고하지는 않았지만, 난청 학생들이 농 학생들보다 훨씬 더 많은 비율이라는 것을 나타내는 강력한 증거 자료가 있다(Mehra, Eavey, & Keamy, 2009). 게다가 일부 권위 있는 전문가는 특수교육 혜택을 받을 수도 있는 수많은 난청 학생이 혜택을 받지 못한다고 믿고 있다.

청각장애로 인한 특수교육 서비스를 받고 있는 학생들의 절반 이상은 그 배경이 다양한데(Andrew, Shaw, & Lomas, 2011), 학생들 중 거의 29% 가까이가 스페인어를 말하는 가정 출신이라는 것은 매우 중요한 통계다(Gallaudet Reach Institute, 2008). 이에 더해서 상대적으로 높은 숫자의, 영어를 사용하지 않는 가족 출신의 청각장애 학생들에 대한 문제는 학교가 해결해야 하는 과제다. 농은 그 자체가 모국어에서도 구어 습득을 매우 어렵게 하는데, 농에 제2외국어를 배우려는 시도가 더해지는 것은 말할 필요도 없이 매우 어려운 일이다.

귀의 해부학과 생리학

귀는 신체의 기관들 중에서 가장 복합적인 것 중의 하나다. 청력 체계를 구성하는 많은 요소는 외이, 중이, 내이의 세 개의 중요한 부분으로 나뉜다. 외이는 청력에 있어서

덜 복합적이고 덜 중요한 반면에 내이는 가장 복잡하고 중요하다. [그림 11-1]은 귀의 이러한 중요 부분들을 보여 준다.

외 이

외이는 고막과 외이도(외청도)로 구성되어 있다. 외이도의 끝에는 외이와 중이 사이의 경계에 위치하고 있는 **고막**(tympanic membrane, eardrum)이 있다. **귓바퀴**는 머리 옆에 돌출되어 있는 귀의 한 부분이다. 소리를 전달하는 역할을 하는 외이의 한 부분으로 비교적 덜 중요하다. 귓바퀴에서 수집된 소리는 외이도를 통해 고막으로 이동되는데, 고막은 진동을 하면서 음파를 중이로 보낸다.

중 이

중이는 고막과 추골, 침골, 등골이라고 불리는 세 개의 매우 가는 뼈(이소골, ossicles)로 이루어져 있는데 공기가 가득 찬 공간에 들어 있다. **추골과 침골, 등골**의 연결고리는 중이와 내이 사이를 연결하는 **난원창**을 따라 고막으로 진동을 전달한다. 이소골의 기능은 공기가 들어 있는 중이 공간에서 액체로 이루어진 내이까지 에너지를 효율적으로 전달하는 것이다.

내 이

완두콩만한 크기의 내이는 수천 개의 부분이 움직이는 복잡한 메커니즘이다. 미로처럼 보이고 매우 복잡하기 때문에 귀의 이 부분은 미로라고 부른다. 내이는 그 기능에 따라 두 개의 전정계와 달팽이관 부분으로 나누어진다. 그러나 이 부분들은 각각 전적으로 독립적으로 기능하는 것은 아니다.

전정계는 내이의 윗부분에 위치하고 있는데 균형감을 책임지고 있다. 그것은 가속, 고개의 움직임, 고개의 위치 등에 극도로 예민하다. 움직임에 관한 정보는 전정 신경을 통해서 뇌로 전달된다.

듣기(hearing)의 가장 중요한 기관은 **달팽이관**이다. 전정계 아래에 있는 이 달팽이 모양의 기관은 중이에서부터 내이의 전기 신호로 바꾸어 이를 뇌로 전달하는 데 반드시 필요한 기관이다. 정상적으로 기능하는 귀는 소리가 중이의 추골, 침골, 등골을 움직이게 한다. 등골이 움직일 때 난원창을 안과 밖으로 밀면서 내이의 달팽이관의 액체가 흐르도록 한다. 액체의 움직임은 이번에는 달팽이관의 복합적인 고리 작용을 거쳐 궁극적으로는 와우신경을 자극하게 된다. 와우신경의 자극으로 전기 자극은 뇌로 보내져서 소

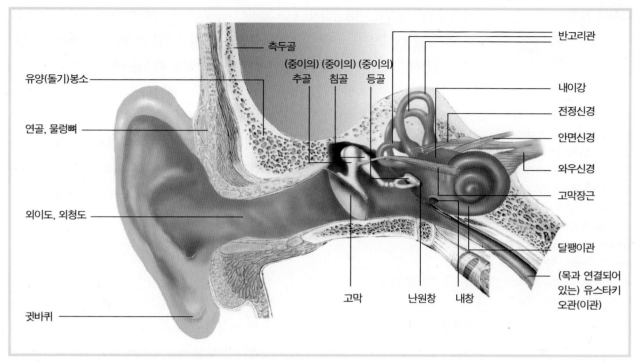

측두골

(중이의) (중이의) (중이의)
추골　　침골　　등골

반고리관

내이강

전정신경

안면신경

와우신경

고막장근

달팽이관

(목과 연결되어
있는) 유스타키
오관(이관)

유양(돌기)봉소

연골, 물렁뼈

외이도, 외청도

귓바퀴

고막　　난원창　　내창

[그림 11-1] 외이, 중이, 내이의 해부도.

리를 듣게 한다.

청각장애의 판별

일반적으로 청력검사에는 선별검사, 순음 청력검사, 어음 청력검사, 영유아를 위한 전문화된 검사의 네 가지 종류가 있다. 피검자의 검사 결과의 목적에 따라 청각사는 한 가지 검사나 혹은 이 네 가지 종류의 검사를 결합해서 할지를 결정하게 된다.

선별검사

선별검사는 영유아나 학령기 아동에게 가능한 검사다. 연방정부 계획에 따라 모든 신생아의 95%는 청력 선별검사를 받는다(Andrew et al., 2011). 이상적인 1-3-6 규칙은 다음과 같다. 신생아들은 한 달 이내에 병원에서 선별검사를 받고, 3개월이 되어서도 청력 이상 징후를 보이게 되면, 6개월부터 가족중재 프로그램에 들어가게 된다는 것이다. 그러나 불행하게도 한 달 때에 다음 검사가 필요하다는 통지서를 받은 많은 아기에게 다음 검사가 시행되지 않고, 결국은 그들이 학교에 갈 나이가 될 때까지는 아무런 서비스도 받지 못하게 된다(Brown, 2009).

인터넷 자원

국립보건원(National Institutes of Health)의 국립 농-의사소통 장애 연구소(National Institute on Deafness and Other Communicaion Disorders)는 많은 청각장애 영유아가 그런 장애를 확인할 수 있는 과학기술이 존재하는데도 감지되지 않는다는 사실을 우려해 왔다. 조기 선별(early screening)에 관한 정보는 그 연구소 사이트(http://www.nidcd.nih.gov/health/hearing/screened.asp)에서 얻을 수 있다. ▪▪▪

선별검사의 일부는 **이음향방사**(otoacoustic emissons) 평가를 위한 컴퓨터 기술과 관련이 있다. 달팽이관은 소리를 받는 것뿐만 아니라 청각적인 자극을 받을 때에 저강도 소리를 방출하기도 한다. 달팽이관에 의해 방출된 이런 소리들은 이음향방사라고 알려졌고, 이음향방사는 달팽이관이 얼마나 잘 기능하는지 평가하게 해 준다(Campbell & Mullin, 2006).

많은 학교는 초등학교 저학년 시기에 정기적인 선별 프로그램을 실시하고 있다. 이런 검사들은 개인적으로 진행되기보다는 집단적으로 실행되기 때문에 **청각사**의 사무실에서 이루어지는 검사보다는 정확하다. 선별검사를 통해 문제 가능성이 있는 경우에는 더 집중적인 평가를 위해서 의뢰된다.

순음 청력검사

순음 청력검사는 다양한 주파수에 대한 각 개인의 청력 역치를 알아보기 위해서 고안되었다. **헤르츠**(Hz)로 평가되는 주파수는 음파의 일정 시간 단위에 따른 진동의 수와 상관이 있다. 음높이(pitch)는 진동이 있을 때에는 더 높게 올라가고 진동이 적을수록 더 낮아진다. 사람의 청력 역치(threshold for hearing)는 처음에 소리를 감지할 수 있는 단계다. 즉, 집중하고 있는 중에 감지되는 소리다. 청력의 감도나 강도는 데시벨로 평가된다.

순음 청력검사기는 다양한 주파수, 음높이, 순음의 다양한 강도, 데시벨 단계를 나타낸다. 청각사는 보통은 0dB부터 110dB까지의 소리 세기를 평가하게 된다. 청력을 가진 사람이 들을 수 있는 최소한의 소리는 제로 데시벨(0dB)이다. 제로 데시벨 단계는 제로 청력 역치 단계 혹은 **청력 영점**이라고 종종 불린다. 비율을 기본으로 하는 데시벨 숫자는 소리 강도의 증가에 따라 10dB씩 증가하기 때문에 소리의 세기는 열 배씩 강해진다. 이것은 20dB은 10dB보다 10배 강한 소리이고, 30dB은 10dB보다 100배 강해진 소리라는 것을 의미한다. 바람에 흔들리는 잎사귀의 소리가 0dB인 반면에 정상적인 일상 대화는 60dB, 잔디 깎는 기계의 소리는 90dB쯤 된다(American Academy of Otolaryngology—Head and Neck Surgery, 2007).

대개 헤르츠(Hertz)는 125Hz(저음 낮은 음조)부터 8,000Hz(고음 높은 음조)까지 평가된다. 말의 주파수는 80에서 8,000Hz 정도의 범위 안에 있다. 그러나 대부분의 말 소리는 500에서 2,000Hz 범위 내다.

양쪽 귀를 따로 검사하면서 청각사는 개인이 주파수에 따른 음조를 감지할 수 있는 단계까지인 0dB에서 약 110dB 사이의, 그리고 125dB에서 8,000Hz 사이의 범위 안에서 125Hz, 250Hz, 500Hz, 1,000Hz, 8,000Hz 식으로 다양한 음조를 제시한다.

각각의 주파수에 대해서 청각사는 청각장애의 정도를 평가하여 기록한다. 예를 들어, 500Hz에서 50-dB 청각장애라고 하는 것은 그 검사를 받은 사람이 평균적인 사람이라면 0dB에서 들었을 것인 소리를 50dB이란 단계가 주어졌을 때에 500Hz의 소리를 감지할 수 있다는 것을 의미한다.

어음 청력검사

말을 이해하는 능력이 가장 근본적으로 중요한 것이기 때문에, 피검사자의 말의 방향성과 이해력을 검사하기 위해서 청각사는 **어음 청력검사**(speech audiometry)를 사용한다. **어음청취역치**(speech reception threshold: SRT)는 개인이 어느 단계에서 말을 이해할 수 있는지를 나타내는 소리 세기(데시벨) 단계다. 어음청취역치를 평가할 수 있는 방법 중의 하나는 양쪽 귀를 따로 검사할 때에 두 음절 단어의 목록을 들려주는 것이다. 청각사는 어느 소리 세기(데시벨) 단계에서 두 음소를 가진 단어의 반인 한 음절을 이해할 수 있는지, 데시벨 단계를 이용해서 어음청취역치 수준을 추정한다.

검사하기 어려운 영유아를 위한 검사

순음 청력검사와 어음 청력검사의 기본적인 가정은 검사를 받는 사람이 무엇을 해야 할지를 이해하여야 한다는 점이다. 그들은 지시하는 것을 이해할 수 있어야만 하고, 그들이 음이나 단어를 들으면 고개를 끄떡이거나 손을 들어 올리는 것을 보여 주어야만 한다. 그러나 아주 어린 영아들(4세 이하인)이나 어떤 특정한 장애가 있는 유아들은 그런 동작들 중에 아무것도 가능하지 않을 수도 있다.

청각사들은 검사하기 힘든 영유아들을 검사하기 위해서 다른 많은 방법을 사용한다. 예를 들면, 어떤 청각사들은 앞에서 언급한 이음향방사 검사를 사용하기도 하고, 다른 청각사들은 **조건화 놀이 청력검사**(conditioned play audiometry)를 시행한다. 순음이나 말을 이용해서 검사자는 유아에게 신호를 들으면 다양한 행동을 하라고 가르친다. 그 행동들은 유아의 흥미를 끌도록 만들어진 것들이다. 예를 들어, 소리를 들은 유아는 책을 집어 올리거나 장난감을 쥐거나 책을 펴는 등의 행동을 하여야 한다. **고실평가법**(tympanometry)이란 끝에 고무가 달린 탐침(탐색기)을 귀에 넣고 외이도를 봉한 다음에 압력과 소리의 영향을 평가하는 검사법으로 중이의 기능을 평가할 수 있다. 그리고 또 다른 방법은 **청성뇌간유발반응검사**(brain-stem-evoked response audiometry: BERA)인데 딸깍하는 소리와 같은 청각적 자극에 반응하는 뇌간의 전자 신호를 평가하는 방법이다.

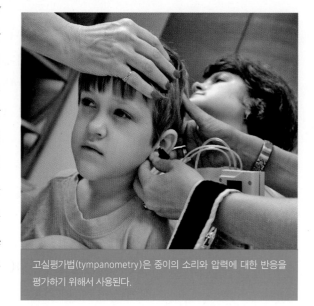

고실평가법(tympanometry)은 중이의 소리와 압력에 대한 반응을 평가하기 위해서 사용된다.

원인

청각장애의 부위(외이, 중이, 내이)뿐만 아니라 유형(전음성, 감음성, 혼합형)에 대한 원인을 알아본다.

전음성, 감음성 및 혼합형 청각장애

전문가들은 청각 메커니즘의 문제가 되는 위치를 기본으로 해서 청각장애의 원인을 분류했다. 세 가지 대분류는 전음성 청각장애, 감음성 청각장애, 혼합형 청각장애다. **전음성 청각장애**란 중이나 외이의 가운데에 있는 전도성 좁은 길을 따라 소리가 제대로 전달되지 않았을 때 발생하는 장애를 말한다. **감음성 청각장애**는 내이의 문제들에서 기인하는 장애를 말한다. **혼합형 청각장애**는 이 두 가지 장애의 결합을 말한다. 청각사들은 이런 청각 기능장애의 위치를 알아내려는 시도를 한다. 첫 번째 단서는 청력 손실의 심한 정도다. 60dB이나 70dB보다 더 큰 청각장애는 대개는 내이의 문제들과 연관이 있다는 것이 일반적인 원칙이다. 청각사들은 순음검사의 결과를 이용해서 청각장애의 위치를 밝히는 데 도움을 준다. 그리고 그들은 검사 결과를 바탕으로 청력도—개인이 몇몇의 주파수 단계에 각각 들을 수 있는 가장 약한(가장 낮은 데시벨) 위치를 그래픽으로 보여 주는—를 만든다. 청력도의 프로필은 청력 손실이 전도성인지, 감음성인지, 혹은 혼합성인지를 알아내는 데 도움이 된다.

청각장애와 외이

외이의 문제들은 중이나 내이의 문제들만큼 심각한 것은 아님에도 외이의 몇 가지 상태는 난청이 되는 원인이 될 수 있다. 예를 들어, 유아의 일부는 외이도가 형성되지 않은 결과로 폐쇄(막힘)라고 알려진 상태가 된다. 또한 유아들은 외이도의 피부가 감염된 **외이염**이나 '수영자 외이염'으로 발전될 수도 있다. 외이도에 생긴 종양도 또 다른 청각장애의 원인이 된다.

청각장애와 중이

중이의 이상(기형)이 일반적으로 외이의 문제보다 더 심각하다고는 하지만 중이의 문제도 대개는 농보다는 난청으로 구분되는 결과를 야기한다. 대부분의 중이 이상의 청각장애는 이소골의 기계적 작용과 관련되어서 발생한다. 내이의 문제들과는 달리 대부분의 중이의 청각장애들은 약품이나 외과적 처치로 고칠 수 있는 것들이다.

중이의 가장 흔한 문제는 **중이염**으로, 중이의 공간이 바이러스성 요인들이나 박테리아성 요인들로 인해 감염되는 것을 말한다. 중이염은 영유아들에게 흔한 질병이다. 적어도 유아들의 80%는 10세가 되기 전에 최소한 한 번쯤은 중이염이란 진단을 받는다(Thrasher, 2009). 그것은 유스타키오관의 기능 이상과도 관계가 있다. 예를 들어, 유스타키오관이 바이러스성 호흡기 감염 때문에 제대로 기능하지 않으면 환기 통풍이나 배수 등의 고유의 일을 하지 못하게 되고, 감염으로부터 중이를 보호하지도 못한다. 중이염은 일시적인 전음성 청각장애를 초래할 수도 있다. 그리고 이런 일시적인 손상도 언어 지체를 갖기 쉽게 만들 수도 있다(Feldman et al., 2003). 만일 치료하지 않고 방치하면 중이염은 고막을 파열시킬 수도 있다.

청각장애와 내이

가장 심각한 청각장애는 내이와 관련이 있다. 듣기 감각의 문제들뿐만 아니라 내이에 청각장애가 있는 사람은 소리의 변형, 균형 문제, 귀가 울리고 귀에서 이명이 나는 것 등과 같은 문제들을 추가로 가질 수 있다.

내이장애의 원인은 유전적인 것일 수도 있고 후천적으로 얻은 것일 수도 있다. 유전적(genetic) 혹은 유전성(hereditary) 요인들은 유아들의 농의 주된 원인이다. 실제로 400가지 이상의 서로 다른 다양한 유전성 농이 밝혀졌다(Andrews et al., 2011). 과학자들은 선천성 농의 가장 흔한 원인인 **코넥신-26 유전자** 돌연변이를 알아냈다.

내이의 문제는 박테리아성 감염(예: 어린 시절 농의 두 번째로 가장 빈번한 원인인 뇌수막염)이나 미숙아, 바이러스성 감염(예: 홍역이나 이하선염), 출생 시의 산소결핍증(산소의 부족), 엄마로부터의 태아기 때의 감염(예: 풍진, 선천성 매독, 거대세포 바이러스), Rh혈액형 부적합(요즘은 산모의 적절한 산전 관리로 인해 보통은 예방할 수 있음), 머리에 가해진 타격, 항생제 부작용, 지나치게 과도한 소음 수준 등이 원인이 되는 것이다.

다음의 두 가지 질환은 상당히 출현율이 높기 때문에 특별히 강조할 만하다. 헤르페스 바이러스인 **선천성 거대세포바이러스**(congenital cytomegalovirus: CMV)는 가장 흔한 치명적인 바이러스성 감염이기에 주의를 기울여야 한다(Kenneson & Cannon, 2007). 선천성 거대세포바이러스를 가지고 태어난 영아들이 모두 청력을 손실하는 것은 아니지만 그것은 가장 흔한 영유아들의 유전적이지 않은 농의 원인이다. 선천성 거대세포바이러스는 지적장애나 시각장애와 같은 다양한 다른 질환을 초래할 수도 있다.

게다가 큰 음악 소리, 총 소리, 기계 소리 등의 환경적인 요인에 반복해서 노출되는 것은 점진적인 혹은 갑작스러운 청각장애를 초래할 수도 있다.

심리 및 행동적 특성

청각장애는 개인의 행동 양상에 깊은 영향을 줄 수도 있고 아무런 영향을 끼치지 않을 수도 있다. 만일 꼭 선택할 수밖에 없다면 당신은 시각장애인이 되는 것과 청각장애인이 되는 것 중에서 어느 것을 선택할 것인가라는 질문을 생각해 보라. 처음에는 충동적으로 아마도 우리가 이동할 때도 시력에 의존하고 많은 자연의 아름다움이 시각적인 것이기 때문에 대부분이 농을 선택할 것이다. 그러나 영어 언어를 지향하는 사회에서 언어의 기능을 고려한다면 농인은 맹인에 비해 훨씬 더 많이 불리하다.

구어와 말의 발달

청각장애인이 발달에 있어서 가장 심하게 영향을 받는 영역은 영어의 이해와 표현이다. 우리는 영어가 미국에서 건청인들의 지배적인 언어이기 때문에 영어를 강조한다. 청각장애인은 그들이 살고 있는 건청 사회의 대부분의 사람이 사용하는 언어에 있어서 대체로 부족함이 있다. 이런 뚜렷한 차이는 중요한데, 청각장애인들은 그들만의 언어 형태인 수화에 있어서 전문적일 수도 있기 때문이다.

그럼에도 불구하고 청각장애인들이 더 불이익을 받는다는 것은 부정할 수 없는 사실이다. 언어의 이해, 언어의 표현 그리고 말의 면에서 그렇다. 말 구사 능력은 ① 청각장애의 정도와 ② 청각장애가 시작된 나이와 관련이 있다. 집중적인 언어치료를 받은 후라고 해도, 언어 습득 이전에 심한 농을 가진 아이들이 이해할 수 있는 말을 발달시키는 것은 드문 일이다(Marschark, 2002). 자신의 소리를 들을 수 있는 영유아들이나 혹은 청각장애인이 되기 전에 자신의 소리를 들을 수 있었던 어른들은 농으로 태어난 사람들에 비해 더 유리하다. 농 유아들은 턱과 입과 혀를 움직일 때 유아들이 느끼는 감각과 그런 움직임들이 만들어 내는 청각적인 소리들을 결부시키는 데에 어려움을 가지고 있다. 더욱이 농 유아들은 장애가 없는 유아들이 들을 수 있고 따라 할 수 있는 어른들의 말을 듣는 데 어려움이 있다.

〈표 11-1〉은 영어 발달에 대한 청각장애의 다양한 정도가 미칠 수 있는 영향의 일반적인 예다. 청각장애 아동의 언어 발달에 영향을 끼치는 다른 많은 요인이 상호작용을 하기 때문에 이것은 이런 관계들에 대한 일반적인 서술이다.

수 화

농 유아들은 구어를 배우는 놀라운 도전과 맞서고 있음에도 불구하고 **수화**를 쉽게 배

〈표 11-1〉 청각장애의 정도와 의사소통에 미치는 영향

청력 단계	정도	의사소통에 미치는 영향
10~15dB	보통	의사소통에 영향이 없다.
16~25dB	경미	조용한 환경에서는 말을 인식하는 데 어려움이 없지만 시끄러운 환경에서는 조용한 말을 이해하는 데 어려움이 있다.
26~40dB	경도	조용한 대화 환경에서 대화의 주제를 알고 있고 어휘가 제한되어 있다면 의사소통하는 데에 어려움이 없다. 조용한 환경에서도 약하고 멀리 떨어진 곳에서 나는 말을 듣는 게 어렵다. 교실에서의 토론을 따라가는 게 힘든 일이다.
41~55dB	중등도	가까운 거리에서의 대화는 들을 수 있다. 교실에서의 토론 같은 그룹 활동에서 의사소통을 하는 것은 어려운 일이다.
56~70dB	중등도-중도	크고 선명한 대화만 들을 수 있고 그룹 상황에서는 훨씬 더 어려움이 있다. 가끔 그 개인의 말은 현저히 떠듬거리지만 이해할 수는 있다.
71~90dB	중도	큰 소리가 아니면 대화하는 말을 들을 수가 없으며 듣는다고 해도 많은 단어를 인지할 수가 없다. 항상 알아듣는 것은 아니지만 주위 환경의 소리를 감지할 수는 있다. 개인의 말은 완전히 이해할 수 없다.
91dB+	최중도	큰 소리는 들을지도 모르지만 대화하는 말은 전혀 듣지 못한다. 시각이 의사소통을 하는 중요한 양상이다. 개개인의 말을 이해하는 게 어렵다.

출처: Schirmer, B. R. (2001). *Psychological, social, and educational dimension of deafness*. Boston: Allyn & Bacon. 허가 후 발췌함.

울 수 있다. 그러나 역사적으로 수화는 진정한 언어가 아니라고 믿는 것을 포함해서 몇 가지 오해를 받아 왔다. 수화가 구어를 단순히 마임과 비슷하게 시각적으로 표현하는 기초적인 것이라는 개념은 갤러뎃 대학교의 William Stokoe의 선구적인 작업에 의해 처음으로 도전을 받았다. 언어학자인 Stokoe는 구어 영어의 음소와 유사한 각각의 미국식 수화는 손의 형태, 위치 그리고 움직임이라는 세 가지 부분으로 이루어져 있다는 점을 발표했다(Stokoe, 1960; Stokoe, Casterline, & Croneberg, 1976). 수많은 세월 동안 Stokoe의 동료들은 그를 비웃었지만 몇 가지 영역에 대한 연구조사로 수화는 진정한 언어라고 강하게 주장한 그가 옳았다는 것을 증명했다.

수화의 문법적인 복합성   Stokoe(1960)의 수화 문법 체계를 다듬는 것을 계속 해 온 연구자들은 수화의 복합성을 확인했다. 예를 들면, 구어 언어와 마찬가지로 수화도 단어나 몸짓 수준뿐만 아니라 문장 수준의 문법적인 구조(통사론)를 가졌다(Goldin-Meadow, 2003). 손 모양, 위치 그리고 움직임은 서로 결합해서 아주 작은 부분도 구어만큼 복합적인 문법을 만들어 낸다.

수화의 비일반성   보편적인 수화는 단 하나도 존재하지 않는다. 지리학적인 또는 사회적인 분리의 결과로 서로 다른 구어들이 만들어졌고, 이것은 역시 서로 다른 수화가 나오게 했다. 예를 들어, 프랑스에 사는 청각장애인들은 프랑스식 수화로 의사소통을 하고 미국에 사는 농인들은 미국식 수화를 사용한다. 농인이 외국을 방문하면 다른 농인들과 의사소통을 하는 데 건청인이 어려움을 느끼는 것보다 더 어려움이 있다. 이것은 다른 구어들과 마찬가지로 수화도 많은 사용을 통해 점진적으로 진화하기 때문이다. 다른 말로 하자면, 수화는 단지 한 사람에 의해 혹은 공동체 사람들에 의해 만들어진 것이 아니기 때문이다. 18세기 프랑스 성직자인 Charles-Michel de l'Eppe는 '수화의 아버지'로 자주 언급된다. 이를 듣고 어떤 사람들은 l'Eppe가 수화를 발명했다고 추측한다. 그러나 그는 그 전에 이미 농 공동체에 존재하고 있었던 프랑스식 수화를 사용할 것을 권장한 것이다. 이런 점이 청각장애 학생들을 교육하는 데에 수화를 사용할 것을 주장한 그의 영향력을 축소하려는 것은 아니다.

몇몇 연구가 수화의 진화적인 양상을 입증했다. 예를 들어, 건청인 부모에게서 태어난 농 쌍둥이는 곧 서로 의사소통을 하기 위해 수화적인 시스템을 발달시키기 시작한다. 그러나 그런 식의 의사소통을 몇 년 동안 한 후에 그들의 의사소통의 수단은 여전히 가장 기초적인 것이고 미국식 수화만큼 세련된 것에는 한참을 못 미친다. 니카라과 수화에 대한 연구는 수화가 시간이 경과함에 따라 어떻게 변하는지를 기록으로 남겼고, 이는 다음의 〈핵심 개념〉에 묘사되어 있다.

수화의 발달 지표   상당히 많은 증거가 농 유아들도 거의 같은 시기에 건청 유아들이 구어에서 도달하는 것과 똑같은 언어 발달 지표를 손짓으로 보여 줌을 나타낸다(Emmorey, 2002; Goldin-Meadow, 2003). 예를 들어, 들을 수 있는 유아들이 말로 옹알이를 하는 것과 거의 같은 시기에 농 유아들은 손으로 '옹알이'를 한다. 그리고 농 영유아들은 건청 영유아들이 그들의 첫 단어와 두 단어로 된 문장을 말로 표현하는 것과 거의 같은 시기에 그들의 첫 단어와 두 단어로 된 문장을 손짓으로 나타낸다.

수화의 신경학적 기반   수화가 진정한 언어라는 추가적인 증거들은 구어가 가지고 있는 것과 똑같은 신경학적 기반들을 수화가 가지고 있다는 것을 보여 주는 연구들에서 비롯된다. 6장에서 우리는 뇌의 좌반구 내의 영역들이 언어에 대한 중요한 기능을 가지고 있다는 것에 주목했다. 바로 구어에 대한 것이었다. 흥미롭게도 신경촬영법 기술들을 이용해서 상당히 중요한 증거들은 뇌의 좌반구가 수화를 습득하고 이용하는 데 있어서 역시 중요한 위치라는 것을 보여 준다(Campbell & MacSweeney, 2004; Emmorey, 2002; Walters et al., 2007). 또한 농 뇌졸중 환자들이 뇌의 우반구보다 좌반구에 뇌졸중이 일어났을 때 수화를 하는 데 좀 더 어려움을 보일 가능성이 많다.

핵심 개념

니카라과 수화의 탄생과 진화

수년 동안 연구자들은 수화가 다수의 농인이 있는 곳이면 어디든지 시간이 경과함에 따라 자연스럽게 진화한다고 주장했다. 의사소통을 하기 위한 필요성은 수화의 발달을 이끄는 힘이었다. 이런 학자들의 결론이 설득력이 있음에도 불구하고 많은 연구가 이미 전에 존재하고 있었던 수화의 분석을 기반으로 하고 있었으나, 1970년대를 시작으로 연구자들은 니카라과의 수화의 진화를 기록하고 연구하는 기회를 가지게 되었다.

1970년대 이전 니카라과에는 농 공동체가 없었다. 농인들은 주로 서로 고립되어 있었고 그들의 가족과 친구들과 의사소통을 하기 위해서는 단순히 가정 수화 시스템과 몸짓을 흉내 내는 '미미카스(mimicas)'를 사용했다. 언어가 필요한 상황이 생긴 것은 1977년인데, 특수교육을 위한 센터가 설립되었고 50명의 어린 농아가 다니면서 프로그램이 시작됐다. 학교의 학생 수는 산디니스타 혁명(니카라과의 Somoza 정권을 무너뜨린 민족해방전선 혁명—역자 주)이 일어난 1979년에는 100명까지 늘어났다.

1980년에는 농 청소년을 위한 직업학교가 문을 열었다. 1983년까지 400명이 넘는 학생들이 이 두 학교에 등록했다. 처음에는 언어 프로그램이 구어 스페인어와 독화 그리고 수화의 사용은 선생님들에 의해서 손가락 철자 쓰기(지화, fingerspelling, 손가락 알파벳으로의 손짓 대화)로만 프로그램이 제한되었다. 프로그램은 대부분의 학생이 스페인어 단어의 개념을 완전히 파악하지 못한 채 별로 성공하지 못했다. 선생님들과는 언어학적으로 단절되었지만, 학교 운동장, 길거리, 통학 버스 등은 학생들에게 몸짓과 그들의 집에서 쓰던 기초적인 수화 시스템을 결합해서 사투리 형태로 서로 의사소통을 할 수 있는 풍부한 환경을 제공하였다. 그리고 크레올 언어와 비슷한 이것은 급속히 모습을 드러냈다. 그들은 그들만의 언어를 창조했던 것이다. 이 '첫 번째 단계'의 피진어(pidjin)는 오늘날에도 학교를 다니는 많은 학생이 여전히 사용하고 있다.

이 새로운 언어의 발달을 알지 못했던 학교 교직원들은 학생들의 마음과 같은 몸짓을 스페인어 습득의 실패로 여겼다. 학생들이 서로 무슨 말을 하는지 이해할 수 없었던 그들은 외부에 도움을 요청했고, 1984년 6월에 니카라과의 교육부 장관은 노스이스턴 대학교의 미국식 수화 언어학자인 Judy Kegl과 접촉했다. Kegl과 그의 연구 조사원들이 이 언어를 분석하기 시작했고, 그들은 어린아이들이 더 나이가 많은 아이들이 쓰던 이 피진어 형태의 언어에 동사 일치와 다른 대화상의 문법을 더해서 더 높은 수준의 복합성으로 만들었다는 것을 알아챘다. 지금은 더욱더 복잡해진 이 수화는 니카라과 수화(Nicaraguan Sign Language [ISN], 2010)라고 알려졌다.

한 가지 놀라운 발견은 시간이 흐르면서 니카라과 수화의 문법을 바꾸는 데 있어서 가장 영향력이 있는 사람들은 가장 나이가 어린 수화자들이라는 점이었다(Kegl, Senghas, & Coppola, 1992). 그렇다고 해도 이 니카라과 수화(ISN)의 복합적인 발달과 영구 보존은 세대 간의 복합적인 상호작용에 달려 있다(Senghas, 2003). 중요한 점은 구어와 마찬가지로 수화도 그 언어를 사용하는 사람들 사이의 세대 간의 상호작용을 기반으로 해서 변화한다는 점이다.

지적 능력

오랜 세월 동안 전문가들은 농인들의 구어는 인지적 결함을 가지고 있었다고 믿었다. 그러나 먼저 주목한 대로 이제 우리는 그들이 영어와 같은 구어를 가지고 있지 않을지도 모른다는 것을 알고 있다. 그러나 만약에 미국식 수화(American Sign Language: ASL)를 사용한다면 청각장애인은 그 자체의 문법 규칙이 있는 진정한 언어를 사용하고 있는 것이다.

청각장애인의 지능검사는 그 어떤 검사라도 반드시 청각장애인의 영어 구사 능력에 있어서 부족한 점을 고려해야만 한다. 구두시험보다는 도구를 써서 하는 지능검사(performance tests)가 특히 수화로 행해진다면 청각장애가 있는 개인의 지능 지수(IQ)를 훨씬 더 공정하게 평가해 줄 것이다. 이런 검사들이 사용된다면 농인과 건청인 사이의 지능 지수 차이는 없다(Prinz et al., 1996).

학업적 성취

불행하게도 대부분의 농 학생은 학업 성취에 있어서 많은 결핍을 가지고 있다. 영어 구사 기술에 크게 의존하는 읽기 능력은 아마도 학업 성취에 있어서 가장 중요한 영역일 것이고, 가장 많은 영향을 받는 영역이다. 예를 들어, 15세 청각장애 학생의 읽기 평균은 적어도 5년 정도는 부족함이 있다(Trezek, Wang, & Paul, 2010). 심지어 가장 학업적으로 우수한 수학에서도 청각장애 학생들은 건청 또래 학생들에 비해 큰 점수 차이로 뒤처진다.

여러 연구는 농 부모를 둔 농아들은 건청 부모를 둔 농아들보다 더 높은 읽기 성과와 더 나은 언어 구사 능력을 가지고 있다는 것을 증명하고 있다. 연구자들은 원인에 대해서는 의견이 일치하지 않는다(Powers, 2003). 그러나 많은 전문가는 수화의 긍정적인 영향이 원인이라고 추측한다. 농 부모들은 미국식 수화(ASL)를 사용함으로써 그들의 유아들과 더 나은 의사소통을 하고 유아들이 필요로 하는 지원을 제공해 줄 수 있을지도 모른다. 게다가 농 부모를 가진 유아들은 미국식 수화에 좀 더 능통할 가능성이 많고 미국식 수화는 이런 유아들이 문어체 영어를 배우고 읽는 데 도움을 줄 수 있다.

사회 적응

건청인의 사회적 발달과 인성의 발달은 의사소통에 크게 의존한다. 그리고 그것은 청각장애인들의 상황과도 전혀 다름이 없다. 들을 수 있는 사람들은 서로 의사소통을 하는 사람들을 찾는 것이 거의 어렵지 않다. 그러나 농인들은 대화할 다른 사람들을 찾는 어려움에 직면할 수 있다. 많은 농 학생이 외로움이라는 어려움에 처해 있다는 것을 증명해 주는 연구조사들이 많이 있다(Cambra, 1996; Charlson, Strong, & Gold, 1992). 농 학생들이 갖게 될 고립에 관해 고려해야 하는 두 가지 중요한 요소는 통합과 부모의 청력상태다.

연구자들은 통합 환경에서는 농 학생들과 그렇지 않은 학생들 간에 전형적으로는 거의 상호작용이 일어나지 않는다는 것을 보여 주고 있다(Kluwin, Stinson, & Colarossi, 2002). 게다가 통합 환경에서 농 학생은 만일 그들에게 서로 의사소통을 할 수 있는 다른 농 학생이 있다면 감정적으로 더 안정감을 느낄 수 있다(Stinson & Whitmire, 1992). 그러나 이것이 항상 가능한 것은 아닌데, 그 이유는 낮은 청각장애인의 비율 때문이다. 협동학습을 이용한 중재들은 농 학생들과 그들의 건청 또래 친구들 사이의 상호작용을 증가시키는 데 성공적이었다(Kluwin et al., 2002).

어떤 전문가들은 들을 수 있는 부모를 둔 농 유아가 역시 농 부모를 가진 유아보다 더 불행하게 될 위험이 있다고 믿는다. 이것은 들을 수 있는 많은 부모뿐만 아니라 난청 부모들도 미국식 수화에 능숙하지 않고, 그들의 자녀들과 쉽게 의사소통을 할 수 없기 때문이다(Mitchell & Karchmer, 2005). 농 유아들의 90%가 건청 부모인 것을 고려하면(Michell & Karchmer, 2004) 의사소통을 하는 데 있어 이 문제는 대단히 중요할 수도 있다.

많은 청각장애인이 다른 청각장애인들과 우선적으로 어울리는 사회적 상호작용에 대한 요구가 있다. 보통 만약에 그들의 부모가 농인이면, 농아들은 어렸을 때부터 다른 농 가족들과 어울리게 된다. 그렇기는 하지만 많은 농인은 설사 그들의 부모가 건청인이라고 할지라도, 그리고 설령 어렸을 때 다른 많은 농아와 접촉하지 않은 상태였다고 할지라도, 결국은 어른이 되면 대부분 다른 농인들과 어울린다. 다른 농인들과 어울리는 이런 특별한 현상은 농 문화에 영향을 미친다.

농 문화   과거에는 대부분의 전문가가 듣기 공동체로부터의 고립을 농인들이 만든 사회적 병리로 여겼다. 이제는 대부분의 전문가가 그들만의 문화의 가치를 믿는 많은 농인에게 동의한다. 그들은 이런 문화를 수화의 보편적인 유대에서 나오는 자연스러운 상태로 본다.

Reagan(1990)에 의해 언급된 진정한 문화로서의 농 공동체를 인정한 다음 여섯 가지 요소 중 수화의 통합적인 영향력은 첫 번째 요소다.

① **언어학적 차이**는 농 문화의 핵심 요소다. 농 공동체 안의 많은 사람은 스스로를 미국식 수화와 영어를 유창하게 구사하는 다양한 수준의 각 개인들, 즉 두 가지 언어를 구사하는 존재로 여긴다(Ladd, 2003; Padden & Humphries, 2005). 농인은 농 문화와 건청인 문화 사이뿐만 아니라 미국식 수화와 영어 사이를 지속적으로 넘나들

고 있다(Padden, 1996).

② **농에 대한 태도**는 개인이 그 자신을 농인으로 여기는지 아닌지를 나타낸다. 이런 태도는 개인의 청력과는 아무런 상관이 없을 수도 있다. 예를 들어, 비교적 심하지 않은 청각장애를 가진 사람이라도 그 자신을 심한 청각장애를 가진 사람보다 청각장애인이라고 더 순순히 생각할 수도 있다.

③ 농 공동체 내에서의 **행동 규범**들은 건청인 사회에서의 행동 규범들과는 다르다. Lane, Hoffmeister와 Bahan(1996)에 따르면, 농인들은 상호작용에서 신체적 접촉, 안부 인사를 하거나 헤어질 때 서로 가볍게 안아 주기 같은 행동규범을 중시하고, 작별인사를 할 때 건청인들보다 더 오랜 시간을 갖는다. 또한 그들은 대화를 할 때 좀 더 솔직한 경향이 있고, 그들이 대화를 나누기를 원하는 것에 대해 직접적으로 본론으로 들어가기를 주저하지 않는다.

④ **동족 결혼** 유형의 결혼 비율이 90%만큼 높다는 것은 설문조사에서 분명하게 나타난다. 농 공동체에서는 농인과 건청인 사이의 '혼합된 결혼'에 대해 눈살을 찌푸리는 경향이 있다.

⑤ 농인들에게 속한 의미 있는 사람들과 행사에 대한 **역사적 인식**은 농 공동체에 스며들어 있다. 그들은 자주 연장자들에게 공손하고 청각장애인 전통과 관계 있는 지혜와 지식의 가치를 중요하게 여긴다.

⑥ **자발적인 유기적 구조의 네트워크**는 농 공동체 내에서 풍부하다. 국립농협회(National Association of the Deaf)나 농인 올림픽(World Games for the Deaf) 그리고 농 국립극장(National Theatre of the Deaf)은 그 몇 가지 예다.

인터넷 자원

지역사회에 예정된 농 국립극장(National Theatre of the Deaf)의 공연에 대해 알고 싶으면 www.NTD.org를 방문하라

농 문화의 침식에 대한 우려   농 공동체 내의 많은 사람과 전문가는 농아가 문화적인 상태에 있어서 위험에 처해 있다고 염려한다(Lane et al., 1996; Padden & Humphries, 2005). 그들은 통합의 증가가 농 문화의 문화적인 가치를 서서히 저하시키고 있다고 믿는다. 과거에는 농 문화가 기숙학교에서 만들어진 접촉을 통해서 세대를 거쳐 내려왔다. 그러나 오늘날의 지역 학교를 다니는 많은 농아는 다른 농아들을 접할 기회가 매우 적다. 이제 많은 관련 전문가는 지역 학교를 다니고 있는 농 학생들을 위해 농 역사와 문화에 대한 수업을 발전시키는 데에 농 공동체 회원들과 연계를 갖는 것을 추천하고 있다.

농 권리운동: 갤러뎃 경험(the Gallaudet experience)   모든 장애 집단을 고려해 보면 가장은 아니라 할지라도, 농인들은 그들의 권리에 대해 거침없이 의견을 말해 왔다. 일부 농 공동체가 그들의 독자성을 잃어버리는 위험에 처해 있다고 생각함에도 불구하고, 농 공동체는 다양한 사회적·교육적·의학적 정책들을 옹호하는 데에 매우 활동적이다. 이런 권리운동(deaf activism)에 대한 두 가지 좋은 예는 현재 갤러뎃 대학교

한때는 전문가들이 건청인들 사회에서의 고립을 사회병리의 징조로 보았지만 이제는 많은 사람이 그것을 농 문화가 가지고 있는 가치로 인식한다.

의 농인 총장과 갤러뎃 단결을 위한 운동(Gallaudet's Deaf President Now and Unity for Gallaudet Movement, 〈개인적 관점〉 참조) 및 달팽이관 이식에 관한 논쟁이다.

농 권리운동: 달팽이관 이식에 대한 논쟁   농 권리운동가들은 의학적 또는 교육적인 시설에 있어 탄압받는다고 여기며 이런 부분에 대해 공격적이다. 농 공동체의 이런 부분이 얼마나 전문가들과 뜻이 맞지 않는지를 보여 주는 한 예는 달팽이관 이식의 의학적인 절차에 서로 반대되는 점이다. 이 절차는 전자적인 요소를 귀 뒤의 피부 아래와 내이 안에 외과적으로 이식하는 것이다. 귀 뒤에 착용된 작은 이 마이크로폰은 소리를 감지하여 그것을 사람에게 착용된 작은 컴퓨터화된 음성처리기(스피치 프로세서)에 전달한다. 이 스피치 프로세서는 코드 신호들을 귀 뒤에 장착된 외부 고리로 보내고 피부를 통해서 이식된 내부 고리에 그 신호들을 보낸다. 그러면 내부 고리는 내이에 이식된 전극에 신호를 전달하고, 이런 신호들은 청신경으로 보내진다([그림 11-2] 참조).

미국 식품의약국(FDA)이 1990년에 유아들에게 달팽이관 이식의 사용을 승인한 이래로 수천 번의 수술이 미국과 그 밖의 전 세계 나라들에서 실행되어 왔다. 기술은 빠르게 진보한다. 하지만 모든 청각장애인이 이 이식의 후보자들은 아니다. 대개 이 이식수술은 양쪽 귀의 감각 상실이 심하게부터 극심하게 있는 사람들에게 권해진다. 유아의 이식수술은 대부분 2세에서 6세 사이에 행해진다(National Institute on Deafness and Other Communication Disorders, 2009). 미국 식품의약국(FDA)은 12개월 미만의 영아들에게는 달팽이관 이식을 승인하지 않는다.

인터넷 자원

농 공동체(Deaf community)의 중요한 쟁점들을 다루는 두 가지 출판물의 예는 Silent News와 Deaf Life라는 잡지다. 전자는 온라인 판(www.silentnews.com/index.html)도 있다. 이 사이트는 '농 공동체의 좋은 삶을 들여다보는 것'을 소개하고 있다. Deaf Life의 웹사이트(www.deaflife.com)에는 성인과 아동만을 위한 채팅방도 있다.

개인적 관점

현재 갤러뎃 대학교의 농인 총장과 갤러뎃 단결을 위한 운동

농 총장 추진 운동

1980년대에 농인과 난청인들을 위한 인문대학교인 갤러뎃 대학교에서 신탁이사회의 건청인 총장 선정에 대해서 학생들과 교직원들이 대항할 때 중요하고 역사적인 농 권리운동이 일어났다. 1864년에 설립된 이래로 갤러뎃 대학교는 농인 총장이 있어 본 적이 없다. 그러나 1988년 3월 6일에 이사회가 또 다른 건청인 총장의 임명을 발표했을 때 학생들은 거리와 복도로 나가서 항의했다. 학교를 성공적으로 폐쇄시킨 후에 갤러뎃의 농인 총장을 위한 조직은 다음과 같은 네 가지 요구를 이슈화했다.

① 농인 총장이 즉시 임명될 것
② 이사회 의장의 사퇴
③ 17명의 건청인과 4명의 농인으로 구성되어 있는 이사회를 다수의 농인을 포함해서 재구성할 것
④ 보복이나 앙갚음이 없을 것

8일 동안의 항의 시위 후에 이사회는 네 가지 요구 모두에 응했고 그중에 가장 의미 있는 것은 장기근속 교수였던 농인 I. King Jordan을 대학교 총장으로 임명한 것이었다.

갤러뎃 단결, 화합을 위한 운동

Jordan 총장의 은퇴와 함께 2006년 5월 1일 이사회는 부총장이었던 Jane K. Fernandes를 Jordan 총장의 후임자로 임명한다는 것을 발표했다. 학생들과 교직원들은 다시 한 번 반항했고 시위를 벌이고 학교 교문을 막았다. 그 시위는 가을 학기 동안 계속되었고, 100명 이상의 학생들이 교문을 폐쇄한 것에 대해서 체포되었다.

Fernandes도 농인이라는 점을 고려해 볼 때 왜 이런 부정적인 반응이 일어났는지에 대한 의견은 다양했다(Christiansen, 2009; Tapper & Sandell, 2006; Takruri, 2006). 어떤 이들은 통합적이지 않은 선발 과정에 결함이 있었다고 말하지만, 많은 이는 Fernandes가 '완벽한 농'이 아니었다는 점을 우려했다고 지적했다. 그들은 그녀가 좀 더 많은 달팽이관 이식을 한 학생들뿐만 아니라 수화를 배우지 않고 자란 학생들을 입학시킴으로써 더욱더 통합적인 교육을 하기를 원한다는 의견을 나타냈다는 점에서 그녀를 반대했다(전하는 바에 따르면 Fernandes 역시 말[speech]과 독화[speech reading]를 사용하면서 자랐고 20대가 되기 전까지는 수화를 배우지 않았다).

2006년 10월에 Fernandes는 이사회의 결정으로 총장직에서 물러났다. 2006년 12월에 이사회는 8세 때부터 농이었고 전에는 최고층 정부기관과 대학교의 직위에서 일했던 Robert Davilla를 임시총장으로 임명하였다. 2010년 5월에는 역시 농인이었던 T. Alan Hurwitz가 총장이 되었다. 공학 기술 분야의 배경이 있는 Hurwitz는 국립농공학연구소(National Technical Institute for the Deaf) 학장을 지낸 후 총장의 자리에 올랐다.

의학 분야의 많은 사람뿐만 아니라 이런 장치들의 제조업자들이 달팽이관 이식을 기적적인 것으로 여기는데도 농 공동체의 많은 사람은 신체적으로, 문화적으로 급속히 퍼지는 이 과정을 보면서 달팽이관 이식을 반대한다.

나는 만약에 가능하다면 많은 미국인이 자녀를 생물학적으로 변화시키기 위해서, 그래서 그 자녀가 사회 소수집단보다는 다수의 집단에 속하게 되는 것에 대해서 우리 사회가 과학적인 수단을 찾거나 그것을 이용하지 않아야 한다는 점에 동의했으면 하고 기대한다. 우리가 이 생물학적 공학 기술이 그 자녀가 이 사회의 소수집단 일원으로서 짊어져야 할 짐을 덜어 줄지도 모른다는 것을 믿음에도 불구하고 말이다. 미국 흑인이나

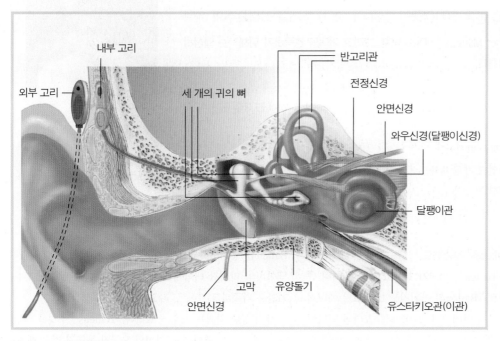

[그림 11-2] 달팽이관 이식

히스패닉계 미국인, 미국 원주민 또는 미국 농 공동체의 일원으로 살아갈 운명으로 정해져 있는 유아들을 생물학적 처치로 백인, 코카서스인 그리고 건청인으로 변화시킬 수 있다고 해도 우리가 그래서는 안 된다고 생각한다. 우리는 또한 마찬가지로 어린 농아들에게 그 장치가 완벽한 것이라고 해도 달팽이관을 이식하는 것을 거절해야만 한다 (Lane, 1992).

농 공동체는 그 수술이 완벽한 청력을 가져다준다 할지라도 그것을 받지 말아야 한다는 Lane의 주장에 정면으로 대응하지 않았다. 달팽이관 이식을 통한 완벽한 듣기가 근시일 내로 되는 것이 아님에도 불구하고, 이 기술에서의 큰 변화는 이식수술을 받은 사람들을 위한 그 어느 때보다도 많은 사례에서의 괄목할 만한 향상이다. 이런 보다 더 긍정적인 결과들은 농인들이 달팽이관 이식 여부를 결정하는 것을 더욱더 어렵게 만들었다. 이식을 통해 향상된 청력이란 혜택을 얻기 위해 많은 농인이 집중적인 구어 교수를 받을 것을 권장받기 때문이다. 나중에 다시 논의하겠지만, 농 공동체의 많은 이는 구어 학습 도구들보다 미국식 수화(ASL)를 더 선호한다. 그래서 그들은 이식을 받은 사람들이 수화에 충분히 노출되지 못한다는 점을 우려한다. 그리고 결과들도 사람에 따라 매우 다양하다는 점이다(Andrews et al., 2011). 달팽이관 이식을 비교적 성공적으로 받은 유아의 예로 〈성공 스토리〉 '달팽이관 이식을 받은 유치원생인 Bailea'를 보자. 연구조사는 유아들의 경우는 더 일찍 이식을 받을수록 더 나은 말하기 · 듣기 능력이란 결과를 가져온다는 것을 보여 준다(Geers, Moog, Biedenstein, Brenner, & Hayes, 2009). 그러나

★ 성공 스토리

달팽이관 이식을 받은 유치원생인 Bailea, 조기 중재와 협력교수의 혜택

특수교사인 Heather Miles는 "기대는 높게, 그리고 기대를 충족하기 위해서는 열심히 일합니다."라고 말한다.

달팽이관 이식을 통해 인공 귀를 사용하는 다섯 살 Bailea Kohler는 통합 유치원 교육을 받는다.

다음은 그녀의 성공 비결이다.

    ★ 집중적인 조기 중재와 잘 구성된 일과
    ★ 조직화된 협력적 접근
    ★ 청각-구어 학습의 특별 중재

"나는 그냥 Bailea를 사랑해요." 특수교사인 Heather Miles는 말한다. "Bailea는 의지가 강하고 사물에 대해 매우 호기심이 많아요." Bailea의 아버지는 Bailea가 에너지가 넘치고 행복한 5세 아이이며 "Bailea는 그녀의 언니인 Madison을 따라 하려고 노력하느라 항상 멍과 상처투성이예요."라고 말한다. Bailea는 건청 부모인 Stacia와 Mike Kohler 부부 사이에서 선천적인 농아로 태어났다. 그녀는 달팽이관 이식을 받았고, 집중적이고 지속적이며 구체적인 특수교육으로 인한 혜택을 받고 있다.

★ 집중적인 조기 중재와 잘 구성된 일과

처음에 Bailea의 의사는 Bailea의 청력이 향상될 것이라고 예견했다. "Bailea가 문이 쾅 닫히는 소리를 못 듣거나 개가 짖는 소리를 듣는 데 실패했을 때 Bailea에게 가장 좋은 것을 찾기 위해 여러 사람을 찾아 다녔어요."라고 엄마는 말한다. Bailea가 12개월이 되었을 때 일주일에 세 번 미시간주 새기노에 있는 새기노 히어링 센터(Saginaw Hearing Center)에서 집중적인 말과 언어 서비스를 시작했다. 청각사가 달팽이관 이식을 권유했다 그러나 수술을 받기 전에 6개월 동안 Bailea는 보청기(hearing aids)를 착용해야만 했다. "그것은 끊임없는 싸움이었고 Bailea는 그것을 잡아 빼려고 시도했어요." "Bailea의 청력 전문가는 병원에 있는

Bailea를 방문하려고 눈보라 속에서도 세 시간을 운전해서 앤아버의 미시간 대학에 왔어요. 우리와 함께 일하는 전문가들은 가족과도 같아요."라고 Stacia는 회상한다.

잘 구성된 일과는 매우 중요하다. "Bailea는 무엇을 책임지고 하는 것을 좋아해요. 자신의 요구가 통하지 않을 때 어떻게 분노를 조절해야 하는지 알지 못한 채로 다섯 살에 유치원에 갔어요. 유치원 친구들은 긍정적인 모델이었지만 잘 구성된 중재와 교육이 Bailea가 의사소통을 하는 것을 도와줬어요."라고 Heather는 말한다. 우리는 유아들이 학습을 할 때 시각적인 지원을 제공하고자 그림으로 된 일정을 사용해요. 우리는 또한 집단 활동 시간 동안 또래들이 카펫에 앉는 위치를 정해 주려고 테이프를 이용해요. Bailea의 특별한 위치는 앞쪽이라 필요가 있을 때는 서둘러서 자리를 뜰 수 있어요." Bailea의 언어 기술은 좋지 못하고 집단 활동 때에 집중하는 시간도 짧다. Heather는 "때로는 말하지만 웃는 소리가 너무 크게 소란스러워서 저리로 가야 해요."라고 말한다.

★ 조직화된 협력적 접근

조직화된 협력적 접근은 Bailea의 성공에 매우 중요하다. Heather Miles는 7년 동안 Bailea의 유치원 선생님인 English 부인과 협력해서 일해 왔는데 English 부인 또한

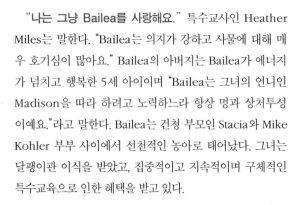

이식을 받은 유아들의 대다수는 건청 유아 정도의 청력과 말하는 기술을 여전히 얻지 못한다. 다시 한 번 말해서, 이것은 치료와는 크게 다르지만 그래도 어느 정도는 수술을 받을지를 결정하는 데 충분한 진보를 보인다.

특수교사로서의 경력을 가지고 있다. 교실은 19명의 학생 중 어느 누구에게라도 혜택이 될 수 있도록 소리를 증폭시키는 휴대용 FM 스피커가 갖추어져 있다. Heather는 아침에는 일기와 언어 과목을, 오후에는 쓰기를 협력 교수하면서 English 부인과 매일 두 시간을 같이 보낸다. 가끔 Bailea는 Heather와 함께 직접교수(6장에서 논의됨)를 위한 커다란 집단에 합류하고 다른 시간에는 서로 다른 교실에서 함께 일한다. 두 선생님 모두가 같은 목적을 향해 일하는지 공유하기 위해서 말과 청력 전문가들과 함께 한 달에 한 번씩 만난다. 청각사는 일주일에 주기적으로 교실에서 Bailea를 관찰하며 팀 회의에 정기적으로 참석한다. Heather는 "청각사는 우리에게 교실 어디에 FM 수신기를 두는 게 가장 좋은지 등의 실질적인 제안을 해 주고, 이식된 달팽이관의 볼륨과 기능을 모니터하기 위해서 Bailea의 행동을 관찰해요."라고 말한다. 학교 직원이 이식된 장치를 조정하는 일에는 책임이 없기 때문에 Bailea의 부모가 교실에서 이식 때문에 일어날지도 모르는 어떤 문제라도 미시간 대학교의 의학팀이 알 수 있도록 한다.

★ 청각–구어 학습의 특별 중재

Bailea의 가족은 Bailea가 들을 수 있도록 도와주는 하나의 팀이다. 집에서는 11세인 언니 Madison이 끈기를 가지고 Bailea가 의사소통을 하는 것을 도와준다. 그것은 쉽지 않았다. 약한 재질의 달팽이관 장치는 쉽게 깨진다. 최근 몇 달 동안 세 번이나 깨졌다. 그러나 새로운 주입물은 원래의 장치보다 더 작고 부피도 덜하다. 새로운 기술이 Bailea의 소리를 구분하는 능력에 대하여 긍정적인 차이를 만들어 준 것처럼 보인다. "내가 개인적으로 Bailea와 공부를 할 때면 Bailea는 사고가 발달할 수 있고 우리는 같이 단어로 문장을 만들어요. 이제 Bailea는 대부분의 사람이 읽을 수 있는 방식으로 발음대로 쓸 수도 있어요."라고 Heather가 말한다. Bailea의 언어 능력은 지체되었다. 그래서 Heather는 Bailea가 말을 하는 속도를 모니터하고 사물들을 자세히 설명해 주느라 시간을 더 쓴다. "Bailea는 다른 사람들이 하는 것을 잘 흉내 내요. 그러나 그녀가 항상 그 개념을 이해하는 것은 아니죠. 만약 가위를 사용해서 세 명의 등장인물을 오려 내고 그들을 이야기 순서대로 놓으라고 직접적으로 요구하면 그녀는 다른 사람들이 오려 내는 것을 쳐다볼 거예요. 그러나 Bailea가 그다음에 무엇을 해야 하는지를 정말로 이해하는 것은 아니에요." Heather는 다양한 평가를 사용해서 적어도 2주마다 Bailea의 글을 읽고 쓸 줄 아는 능력을 모니터하고 그녀의 향상을 차트로 만든다. "우리는 목표를 높게 하고 그 목표를 이루기 위해 정말 열심히 해요."라고 Heather는 말한다.

CEC 표준: 성공을 위한 길

농/난청 학생의 교사, 특수교육을 처음 배우는 경우 CEC의 지식과 기술에 대한 단계를 평가하라. 전문적인 지식과 교수법을 반영하는 다음의 질문들을 이용하라.

전문성 개발을 위한 성찰

만약 당신이 Bailea의 교사라면……
- 농/난청 학생들을 가르치는 데 당신이 좀 더 알아야 할 필요가 있는 분야는 무엇인가?
- Bailea의 학업과 행동 도전을 다루는 것을 도와주는 구체적인 기술들은 무엇인가?
- 청력 손실이 있는 학생들을 가르치는 데 있어 당신이 발달시켜야 할 가장 중요한 개인적 자질은 무엇이라고 생각하는가?

CEC 표준의 사용
- 농/난청인의 모든 발달에 걸쳐 가족은 어떤 방식으로 영향을 미치는가? (DH3K3)
- 농/난청인을 위한 시각적 · 청각적 학습의 기회를 최대화하는 교실 환경은 어떻게 구성해야 하는가? (DH5S5)
- 농/난청인을 위한 전문화된 도구 자원들은 무엇인가? (DH4K1)

• Jean B. Crockett

농 권리운동: 유전공학 논쟁   역설적으로 농 권익보호 운동가들은 농 문화 구축에 도움이 되도록 과학적인 발견들을 이용했지만 윤리적으로 곤란한 문제들에는 맞서지 않을 수 없었다(Emery, Middleton, & Turner, 2010; Middleton, Emery, & Turner, 2010). 앞에서 우리는 유아들에게 농을 일으키는 주된 원인인 코넥신–26 유전자의 돌연변이를

인터넷 자원

미국 국립농협회(National Association of the Deaf)는 수년 동안 달팽이관 이식에 반대해 왔다. 그러나 2000년 가을에 협회는 훨씬 더 중립적인 정책 강령을 발표했는데, 이는 http://www.nad.org/issues/technology/assistive-listening/cochlear-implants를 참조하라. 미국 공영 방송(The Public Broadcastiong Service PBS)은 〈소리와 분노(Sound and Fury)〉라는 다큐멘터리에 초점을 맞춘 아주 훌륭한 웹사이트(www.pbs.org/wnet/soundandfury)를 개설했다. 이 사이트는 달팽이관 이식에 그 중점을 두고 있기는 하지만 농 문화와 관계된 유용한 정보들과 다른 흥미 있는 웹사이트들의 링크들도 포함하고 있다. ▪▪◾

발견한 것을 언급했다. 부모들은 이런 정보를 이용해서 그들이 농아 자녀를 갖는 기회를 높이는 데 이용할 수도 있었다(많은 건청인이 짐작하는 것과는 반대로, 부모가 모두 농인이면 대개는 농아 자녀를 갖는 것을 더 선호한다). 예를 들어, 그들은 **체외수정**을 이용할 수도 있었는데, 대개는 불임 부부들을 도와주는 데 사용되는 그 과정은 엄마로부터 얻은 난세포를 실험실에서 수태한 다음에 엄마의 자궁에 넣는 것이다. 농 부모들은 코넥신-26 유전자 돌연변이를 가진 수정란만을 간직하는 선택을 할 수 있었다. 또 다른 선택으로 청각장애를 일으키는 유전자를 가지고 있을 가능성이 높은 기증자로부터 인공수정을 받는 것은 실제로 많이 행해지고 있다(Mundy, 2002; Sanghavi, 2006).

교육적 고려

농·난청 학생들과 일하는 교사들은 어려운 문제들에 부딪힌다. 그중 가장 큰 문제는 물론 의사소통이다. 16세기로 거슬러 올라가면 농인들이 어떻게 대화를 해야 하는지에 대한 격렬한 논쟁이 있었다(Lane, 1984). 이런 논란은 때때로 두 개의 매우 다른 관점을 대표하는 **구화법과 수화법의 논쟁**이라고 일컬어진다. 다시 말해서, 구화법은 농인들에게 말하는 것을 가르치는 것을 선호하는 반면에 수화법은 일종의 손으로 하는 의사소통의 사용을 옹호한다. 수화법은 구화법이 우세해지기 전인 19세기 중반까지 더 선호하는 방법이었다. 현재는 대부분의 전문가가 **총체적 의사소통** 혹은 **동시적 의사소통** 접근 방식이라고 일컬어지는 구어와 손을 같이 사용하는 방법을 권유한다(Andrews et al., 2004). 그러나 농 공동체 내에서는 많은 사람이 총체적 의사소통 접근 방식조차 불충분하다고 믿고 있고, 그래서 그들은 미국식 수화를 제1언어로 촉진하고 농 문화에 대한 가르침을 고취하는 **이중문화-이중언어적 접근**을 지지한다.

먼저 구화 접근 방식과 총체적 의사소통 접근 방식에서 구화법이 차지하는 비중을 구성하는 중요한 기술들에 대해 논의하고, 그런 후에 총체적 의사소통 접근방식에 대해 알아본다. 그리고 뒤이어 이중문화-이중언어적 접근방식에 대해서 논의할 것이다.

구화적인 방식: 청각-말 방식과 청각-구화 방식

청각-말 방식   **청각-말**(verbal) **방식**은 말과 언어 발달을 향상하기 위한 청력을 중점적으로 사용하는 것에 중점을 둔다(Andrews et al., 2004). 청각장애 유아들은 대부분 잔존청력이 있다고 추정하고, 그래서 그들이 잔존청력을 이용해서 혜택을 받을 수 있다고 가정한다. 청각-말 방식은 보청기나 달팽이관 이식 같은 증폭 기술(amplification technology)에 강력하게 의존하고, 이런 증폭 기술을 가능한 한 어릴수록 도입해야만 한다고 강조한다. 이 방식은 말(speech)훈련도 강력하게 중점을 두고 있다. 왜냐하면 청각 장애 유아들은 그들 자신의 말을 듣거나 다른 사람의 말을 듣는 데 문제가 있고 자주 왜 곡된 방식으로 말을 듣기 때문에 그들에게 말 소리를 어떻게 만들어 내는지 명백하게 가르쳐야 한다는 것이다.

청각-구화 방식   청각-구화(oral) 방식은 청각-말 방식과 유사하다. 하지만 이 방식 은 독화와 암시된 말과 같은 시각적인 암시의 사용을 강조한다. 이따금 독순술이라고 부적절하게 불리는 **독화**(speechreading)는 유아들에게 다른 사람들이 그들에게 무슨 말 을 하는지 이해하기 위한 시각적인 정보를 가르치는 것과 관련이 있다. 독화는 독순(입 술 읽기)보다 더 정확한 용어다. 왜냐하면 학생들이 구체적인 입술의 움직임 외에도 다 양한 자극을 돌보도록 가르치는 것이 목표이기 때문이다. 예를 들어, 독화를 능숙하게 하는 사람은 전후 맥락과 관련된 자극까지 읽는다. 그래서 그들은 특정한 유형의 상황 에서는 어떤 유형의 메시지를 예측할 수 있다. 그들은 다른 사람들이 그들에게 무슨 말 을 하는지 이해하도록 도와주는 얼굴 표정을 이용한다.

사람의 입에서 나오는 다양한 말소리를 구별할 수 있는 능력은 입술뿐만 아니라 혀와 턱으로부터 얻는 시각적 암시들을 보는 것과 연관이 있다. 예를 들어, 모음을 구별하는 법을 배우기 위해서 독화로 이해하는 사람(speechreader)은 턱이 어느 정도 열리는지와 입술의 모양과 연관된 시각적인 암시에 집중한다.

발음 암시법(cued speech)은 독화를 증대시키는 방법이다. 발음 암시법에서는 말을 하 는 동안 구체적인 소리를 나타내는 손 모양(handshapes)을 사용한다. 손 모양 중 여덟 개는 특정 자음들의 암시이고 네 개는 모음을 위해 사용된다. 발음 암시법은 독화를 하 는 사람이 입술 모양이 비슷하게 보이는 소리들을 구별하는 것을 도와준다. 이를 헌신 적으로 옹호하는 사람들이 있음에도 불구하고, 발음 암시법은 미국에서 폭넓게 사용되 지 않는다.

구화 접근에 대한 비판   몇몇 관계자는 청각장애 학생들이 구화 접근법을 배타적으 로 사용하는 것에 대해 비판적이다(Lane et al., 1996; Padden & Humphries, 2005). 특히 그들은 이 접근 방식에서 특별히 농 유아들이 수화를 중요하게 여기지 않는 것에 대해 반대한다. 이런 비판가들은 청각장애 정도가 심한 유아들이 구화 접근 방식을 사용할 만큼 충분한 청력을 가지고 있다고 추정하는 것은 이성적이지 못한 것이라고 비난한다. 그러므로 이런 유아들이 미국식 수화에 접근하는 것을 부정하는 것은 그들이 의사소통 을 위해 언어에 접근하는 것을 부정하는 것이라는 것이다.

구어 접근 방식을 비판하는 사람들은 또한 독화가 극도로 어렵고, 그렇기에 독화 를 잘하는 사람들은 드물다는 것을 지적한다(Andrews et al., 2004). 독화를 어렵게 만드는 몇 가지 요소를 간과하기가 쉽다. 예를 들어, 말하는 사람은 입의 움직임이 분명하지 않아도 많은 소리를 만들어 낸다는 것이다. 또 다른 이슈는 영어에는 많은 **호모펜**(homophenes)—말을 할 때는 똑같아 보이지만 다른 소리를 만들어 내는—이 있다는 점이다. 예를 들어, 독화로 이해하는 사람은 p, b, m의 발음들을 구별하지 못한다. 또한 말을 하는 사람들은 그들이 어떻게 소리를 만들어 내는지가 다양하다. 결국에는 어둡거나, 빨리 말하기, 고개를 돌린 채 말하기 등과 같은 요인들이 독화를 잘하는 것을 어렵게 한다(Menchel, 1988).

총체적 의사소통/동시적 의사소통

인터넷 자원

인터넷에는 만화영화로 된 지화(fingerspelling, 지문자)나 미국식 수화 사전이 있는 여러 사이트가 있다. 지화 사이트의 예는 www.pbs.org/wnet/soundandfury/culture/sign_basic.html이고, 미시간 주립대학에서 개발한 미국식 수화 사이트의 예는 http://commtechlab.msu.edu/sites/aslweb이다.

앞서 언급했듯이, 대부분의 학교는 구어와 손의 방법의 결합인 총체적 의사소통 방식을 적용했다. 총체적 의사소통은 말과 **수화 영어 시스템**(signing English systems)들 중의 하나를 동시에 사용하는 것을 포함하는 것이다. 이런 수화 방식들은 청각장애인들이 의사소통하는 것을 가르치는 전문가들이 고안해 낸 접근 방식이다. 손가락 위치에 따라 영어 알파벳의 철자를 나타낸다는 **지화**(fingerspelling)도 어떤 단어들의 철자를 나타내는 데 가끔씩 사용된다.

총체적 의사소통에 대한 불만족이 일부 전문가와 농 공동체 내의 많은 사람 사이에서 커지고 있다. 이런 비판의 초점은 미국식 수화보다 수화 영어 시스템을 사용하는 것에 있다. 수화 영어 시스템은 구어 영어와 똑같은 어순(word order)을 유지하고 있다. 그래서 말과 수화를 동시에 하는 것을 가능하게 만든다. 수화 영어 시스템을 옹호하는 사람들은 수화 영어 시스템과 영어 사이의 일치는 학생들이 영어를 더 잘 배우도록 도와준다고 주장한다. 미국식 수화 옹호자들은 수화 영어 시스템을 사용하는 것은 느리고 영어를 배우는 데 혜택이 많다고 하기에는 이상하다고 주장한다. 그들은 어순은 영어를 사용하고 이해하도록 가르치는 것에서 중요한 요소가 아니라고 주장한다.

미국식 수화를 옹호하는 사람들은 미국식 수화를 능통하게 하는 것은 학생들에게 그들이 영어를 배우는 것처럼 쉽게 이용할 수 있는 풍부한 배경을 제공하는 것이라고 믿는다. 게다가 그들은 미국식 수화가 농인들의 자연스러운 언어이고 농 학생들이 이 세상에 대해 배우는 데 가장 자연스럽고 효율적인 방법이기 때문에 발전시켜야 한다고 주장한다. 미국식 수화와는 다르게, 수화 영어 시스템은 진정한 언어가 아니다. 미국식 수화와 같은 수화는 그것을 사용하는 사람들에 의해 몇 세대에 걸쳐서 진화된 것인 반면에 수화 영어 시스템은 한 명 혹은 몇몇 사람에 의해 짧은 기간 안에 만들어진 것이다. 총체적 의사소통 방식을 비난하는 많은 사람은 이중문화-이중언어적 접근을 옹호한다.

이중문화-이중언어적 접근

이중문화-이중언어적 접근 방식에는 다양함이 존재하지만 대부분은 다음과 같은 세 가지 요인을 포함하고 있다 (Schirmer, 2001).

① 미국식 수화를 가장 주된 언어로 간주하고 영어는 제2언어로 간주한다.

② 농인들은 프로그램과 프로그램 교육과정의 발전에 있어서 가장 중요한 역할을 한다.

③ 농 문화에 대한 내용을 교육과정에 포함한다.

총체적 의사소통 방식은 구어와 손을 사용하는 방식을 혼합한다.

농 학생들을 위한 이중언어 교육은 미국식 수화를 먼저 배우고 영어를 그다음에 배우거나 혹은 동시에 두 가지를 배울 수 있게 구성할 수 있다.

이중문화-이중언어적 프로그램의 효율성과 직접적인 관계가 있는 연구조사는 걸음마 단계에 있다. 이 시점에서 우리는 이와 같은 프로그램은 효과가 있고, 미국식 수화가 농 학생들의 읽기와 쓰기 능력에 공헌할 것이라는 점을 알고 있다(Simms, Andrews, & Smith, 2005). 그러나 단 하나의 접근만을 사용해야 한다고 결론을 내리기에는 미국식 수화와 영어 수화 시스템과 다양한 접근 방식을 비교한 연구조사가 충분하지 않다. 아마도 다음과 같이 결론을 내리는 것이 오히려 가장 안전할 것이다.

농교육의 역사를 통해 교육학상의 정답으로 다양한 방법이 주기적으로 제시되어 왔지만 농 유아들의 교육을 위한 절대 안전하고(전혀 문제가 없고) 성공을 보장하는 방법은 존재하지 않는다. 1960년대와 1970년대에는 총체적 의사소통이 정답인 것으로 간주되었다. 1980년대와 1990년대에는 이중언어 교육이 해결책으로서의 장점을 내세웠다. 달팽이관 이식의 증가와 함께 더욱더 많은 수의 유아들이 구두적으로/청각적으로 교육을 받고 있다……. 그리고 구어로/청각으로 접근하는 방식에 다시 흥미가 있는 것으로 보인다. 궁극적으로는 농아들의 다양한 요구를 충족해 줄 수 있는 다양한 접근 방식만이 받아들여질 것이다(Schirmer, 2001, p. 203).

기술적 진보

많은 기술적 진보는 청각장애인이 건청 세상으로부터 정보에 접근하는 의사소통을 하는 것을 더 쉽게 만들었다. 이 폭발적인 기술적 발전은 기본적으로 보청기, (방송) 자막 넣기, 전화, 컴퓨터의 지원을 받는 교육 그리고 인터넷의 다섯 가지 영역과 연관이 있다. 다음의 〈반응적 교수〉는 농/난청 유아들이 글을 읽고 쓸 줄 아는 능력의 기술을 향상하는 데에 도움이 되는 기술을 사용한 한 가지 방식에 대해 기술하고 있다.

보청기   보청기(hearing aids)에는 세 가지 유형이 있는데 귀 뒤에 착용하는 것, 귀 안에 착용되는 것, 그리고 귀의 관을 따라 더 아래쪽에 착용되는 것이다. 귀 뒤에 착용하는 보청기는 가장 강력하다. 그래서 제일 심한 청각장애인들이 사용한다. 그것은 유아들이 가장 많이 착용하는데 일부 교실에서 사용이 가능한 FM 시스템과 함께 사용할 수 있기 때문이다. FM 시스템의 경우, 교사는 옷깃에 마이크를 착용하고 학생은 FM 수신기(휴대전화 크기만한)를 착용한다. 학생은 FM 수신기에 부착된 보청기를 통하거나 혹은 귀 뒤에 착용하는 보청기를 FM 수신기에 붙여서 증폭된 소리를 듣는다. 보청기 자체만으로도 학생은 교실에서 나는 소리를 듣게 되는 많은 혜택을 받을 수 있다.

보청기가 교육적인 프로그램들의 필요불가분한 부분이라고 해도, 청력이 너무 심하게 안 좋거나 청력의 본성 때문에 혹은 두 가지 모두 때문에 농 유아들 일부는 보청기의 혜택을 받을 수가 없다. 일반적으로 보청기는 소리를 더 크게 만들지만 더 선명하게 만들지는 않는다. 그래서 어떤 사람의 청력이 불명확하면 보청기는 단지 그런 불명확한 소리를 증폭시킬 뿐이다.

학생, 부모, 교사들이 어떤 장치든 그 효과를 최대치로 향상하기 위해서 모두 함께 일해야 하는 것은 중요하다. 이것은 교사가 그 장치의 정확한 작동법과 보수·유지에 익숙해야 한다는 것을 의미한다.

텔레비전, 비디오 그리고 영화 자막   시청자들이 자막이 있는 프로그램을 접하기 위해서는 특별한 해독기가 필요했던 때도 있었다. 현재 연방법은 13인치 이상의 스크린 크기를 가진 텔레비전은 해독기 없이 자막을 볼 수 있도록 하는 칩을 반드시 내장해야만 한다는 것을 법으로 정했고, 실제로 모든 프로그램은 반드시 자막이 있어야만 한다는 것 또한 명시하고 있다. 그러나 국립농협회(National Association of the Deaf)와 같은 옹호자들은 더 많고 더 나은 자막을 위해 계속 압력을 넣고 있다. TV로 생방송 쇼를 단 한 번만 보더라도 일부 자막이 얼마나 부정확할 수 있는지를 알 수 있다.

대여 가게에서 빌려 볼 수 있는 많은 비디오테이프와 DVD 역시 자막이 되어 있다. 자막의 가장 최근의 혁신은 후면경(Rear Window) 자막 시스템으로, 아크릴 판넬을 투영

농/난청 학습자의 요구에 따른
반응적 교수

보조공학

연구의 개요

역사적으로 보조공학(assistive technology)은 농/ 난청 학생들을 위한 청력 필요성이나 혹은 의사소통을 도와주는 데에 초점을 맞춰 왔다. 이런 전통적인 공학들은 증폭 시스템, 인공 달팽이관, 자막 서비스, 그리고 농인을 위한 전기통신 장치들(TDDs/TTYs)을 포함하고 있다. 그러나 좀 더 새로운 보조공학들은 단지 의사소통을 지원하는 것을 넘어서서 농/난청 학생들의 독특한 학습적 요구들을 다루고 있다. 화상전화, 컴퓨터카메라, 3D 아바타, 상호작용적 대화 화이트보드(예: Smart-Boards), 학생 응답 시스템(student response system), 그리고 읽기와 쓰기 소프트웨어 프로그램들은 학습 성과를 가능하게 하고 향상하는 새로운 공학들의 일부다.

농/난청 학생들이 배우기 어려운 것 중의 하나는 읽기다(Paul, 1998). 일부 연구자는 그것이 대다수의 농 유아가 건청인 부모를 가지고 있는데 이 유아들은 나중에 읽기를 배우는 것을 어렵게 하는 데 일조를 하는, 조기에 읽고 쓰는 능력을 경험하는 것이 부족할지도 모르기 때문이라고 강조한다. 전형적인 아동 발달에 관한 연구는 함께 읽기(shared reading)가 나중에 읽기 능력을 발달하는 데에 도움이 된다는 것을 증명했다(Snow, Burns, & Griffin, 1998). 더 새로운 보조공학들은 부모나 교사들이 함께 이야기책을 읽는 경험들을 창출하는 것을 도와줄 수가 있다. 그것은 이야기 문법, 활자 개념 내면화하기, 구문론과 어휘력 습득 등의 기회를 제공하는데, 이는 문어(문자 언어)를 경험하는 독특한 것이다(Muller & Hurtig, 2010).

조사 연구

Muller와 Hurtig(2010)는 수화를 지원하는 전자 이야기책이 함께 이야기책을 읽는 경험을 향상하는지 알아보기 위해서 연구를 했다. 5세 이하의 네 명의 유아와 그들의 엄마가 이 연구에 참여했다. 5주 동안에 엄마와 아이로 이뤄진 한 쌍은 터치스크린 휴대용 컴퓨터에 들어 있는 5개의 다른 전자책을 받았다. 그 전자책들은 삽입 질문(또 다른 서술이나 질문이 있는 질문), 클릭할 수 있는 본문(예를 들면, 각 단어는 그 단어에 대한 수화가 비디오 클립으로 연결되어 있는), 페이지를 알려 주는 내비게이션 등을 포함하고 있다. 부모들은 자녀가 책을 읽는 동안 어떻게 개입해야 하는지와 어떻게 수화로 그 이야기를 하는지의 제안을 포함한 각 책에 대한 전자교육(e-training)을 받았다. 매주 이야기 형식은 수화 내레이터가 있는 비디오와 수화 내레이터가 없는 비디오로 바뀌었다. 이 두 방식을 하는 동안 엄마는 수화를 통해 이야기를 읽는 것을 보충하기로 할 예정이었다.

연구 결과

종합적으로, 참가자들은 수화 내레이터를 포함했을 때에 이야기책 읽기에 더 많은 시간을 보냈다. 비록 이 시간은 한 책당 겨우 몇 분 정도만 증가했지만, 그 결과 30~60%의 더 많은 시간을 읽기에 참여하게 하였다. 그뿐 아니라 엄마들은 수화를 배우는 것에 흥미를 가지게 되었고, 수화 내레이터가 제공되지 않은 주에는 전자책 강습을 받느라 더 많은 시간을 보냈다. 마침내 이 연구 과정을 통해서 엄마와 아이 모두 수화 어휘력을 늘리게 되었다.

연구의 적용

이야기책을 함께 읽는 것은 어린 시절에 읽고 쓰는 능력을 경험하는 데 있어 아주 중요한 부분이다. 그들의 수화 능력이 부족하기 때문에 많은 교사와 부모는 농 유아들과 함께 이야기책 읽기에 참여하는 것을 주저한다(Luetke-Stahlman, 1990). 수화 부분을 포함한 전자책(e-book)은 학생과 듣기 조력자(hearing facilitators)들 모두에게 필요한 시각적인 지원을 제공함으로써 함께 읽기 경험을 쉽게 하도록 할 수 있다. 교사들은 연구의 발견을 확대해서 가르치는 동안이나 농/난청 학생들이 혼자 공부하는 동안에도 컴퓨터카메라나 상호작용적 대화 화이트보드 등과 같은 새로운 공학들이 비슷한 지원(시각적인 수화 부품 등)을 할 수 있는 방법에 대해 생각해 볼 수 있다

• Kristin L. Sayeski

한 자막을 전시해서 영화를 보는 사람이 그들의 좌석에 있는 음료수 받침대에 그것을 부착할 수 있다. 자막은 실제로는 극장의 뒤편에서 거꾸로 전시되는 것이지만 관객들은 그들의 아크릴 스크린에 반사되는 자막을 보는 것이다.

전화 조정(telephone adaptations)　청각장애인들은 청각장애가 너무 심하든지 혹은 음향적 피드백(전화 수화기가 보청기와 너무 가깝기 때문에 생기는 소음) 때문에 전화기를 사용하는 데에 문제가 있었던 시절도 있었다. 그러나 역설적으로 이제는 휴대전화기의 문자 메시지는 청각장애인들이 의사소통을 하는 데에 매우 유용한 것이 되었다. 또한 의사소통을 하는 또 다른 중요한 방법은 **텍스트폰**(text telephone: TT)인데, 가끔은 TTYs(teletypes)나 TTDs(telecommunication devices for the deaf)로 불린다. 사람들은 텍스트폰을 전화기에 연결해서 텍스트폰을 가진 누구에게나 메시지를 쳐서 사용할 수 있다. 특별한 전화 조정은 텍스트폰이 없는 사람들도 그들의 전화기에 있는 버튼을 눌러서 문자를 쳐서 텍스트폰이 있는 사람들에게 메시지를 보낼 수 있게 한다.

현재 연방정부는 각 주마다 텍스트폰을 가진 사람들이 텍스트폰이 없는 사람들에게 사람을 통해 메시지를 보내는, 즉 교환원을 통해서 의사소통을 할 수 있도록 하는 관련 서비스를 시행할 것을 요구하고 있다. 텍스트폰 사용자는 텍스트폰이 없는 사람들과도 대화를 나누거나 메시지를 남길 수 있다.

다른 확대된 공학은 **비디오 관련 서비스**(video relay service: VRS)다. 비디오 관련 서비스는 중재자로서 수화 통역기를 사용해서 청각장애인이 건청인과 의사소통을 가능하게 해 주는 서비스다. 예를 들면, 청각장애인은 텔레비전이나 비디오카메라, 인터넷을 통해 수화로 의사소통을 할 수가 있는데, 통역기가 건청인에게 말을 해 주고 다시 그 청각장애인에게 수화로 상대방의 말을 전해 준다.

아트 비디오 텔레폰 시스템(art video telephone system)과 같은 기술공학의 진보는 농 학생들이 통합적 서비스 디지털 네트워크(Integrated Services Digital Network: ISDN)의 전용선을 통해 그들의 주 언어인 미국식 수화를 사용하여 친구들과 대화를 나눌 수 있게 해 준다.

컴퓨터 보조교수(computer-assisted instruction)　소형 컴퓨터와 관련 있는 공학(DVDs나 CD-Roms)의 폭발적인 보급은 농인들과 그 가족들의 학습 능력을 확장하고 있다. 예를 들어, 컴퓨터 화면에 보이는 말 유형(speech patterns)의 시각적인 디스플레이는 청각장애를 가진 누군가가 말을 배우는 것을 도와줄 수 있다. 사람들에게 수화하는 것을 보여 주는 DVD 프로그램들 또한 우리가 미국식 수화를 배우는 것을 가능하게 한다. 컴퓨터를 기본으로 하는 공학의 또 다른 예는 C프린트(C-Print)다. C프린트는 건청인이 키 누르기를 줄인 약어 시스템을 이용해서 다른 사람이 무슨 말을 하는지를, 예를 들면 강의 중인 누군가가 하는 말을 컴퓨터에 기록한다. 청각장애 학생들은 그들의 컴퓨터에서 보이는 실시간 텍스트를 읽을 수가 있고 나중에 그 텍스트를 프린트해서 받을 수도 있다.

연구자들은 몸짓인식 기술(gesture-recognition technology)을 이용해서 농 유아들이 미국식 수화를 연습하는 것에 대해서도 연구 중이다(Brashear et al., 2006; Lee, Henderson, & Brashear, 2005). 유아는 모니터 앞에 앉아서 그 아이가 수화를 얼마나 정확히 하는지 결정하는 컴퓨터로 그의 움직임을 모니터할 수 있는 특별한 무선 장갑을 낀다.

인터넷 초고속 정보통신망은 청각장애인들에게 다양한 의사소통을 가능하게 해 주었다. 이메일, 블로그나 메시지 전송 외에도 페이스북이나 트위터 등의 새로운 소셜 네트워킹 시스템의 흐름은 지속적으로 보인다. 이 모든 것은 농 공동체가 계속 연결될 수 있는 자동차와 같은 역할을 할 수 있고, 청각장애인과 건청인 모두가 서로 의사소통을 하게 해 준다.

서비스 전달 모델

농/난청 학생들은 일반학급부터 기숙학원까지 다양한 배치 형태를 보인다. 1970년대 중반부터 더 많은 학생이 지역 학교에 다니고 있는데, 그들은 특수학급(self-contained classes), 학습도움실(resource room), 일반 정규 교실 등에서 볼 수 있다. 현재 6세부터 21세 사이의 청각장애 학생들의 86% 정도가 일반학교에 다니고 52%는 대부분의 시간을 일반 정규 교실에서 보낸다(Individuals With Disabilities Data Accountability Center, 2010). 비록 현재 대단히 많은 청각장애 학생이 일반교실에 있지만 대부분의 다른 범주의 장애보다는 더 많은 학생이 여전히 특수학교나 기숙학교에 다니고 있다. 특수학교를 다니는 경우는 9% 정도이고 기숙학교는 4% 정도다.

농 공동체의 많은 사람은 현재 발생하고 있는 통합의 정도에 대해서 비판적이다 (Aldersley, 2002; Lane et al., 1996; Padden & Humphries, 2005; Siegel, 2005). 예를 들어, 국립농협회를 포함한 몇몇 전국 조직은 기숙학교를 포함해서 배치의 완전 연속선을 지지하는 성명서를 발표했다. 그들은 기숙학교가(좀 더 작은 규모의 통학학교도) 농 문화의 개념과 미국식 수화를 고수하는 데에 중요한 영향을 끼쳐 왔다고 논쟁을 한다. 결론은 농인이 성공할 가능성이 거의 없는, 말하고 듣는 환경(건청인들의 환경) 속에 배치하는 것은 농인으로서의 그들의 정체성을 잃어버리게 하는 것이라고 믿고 있다. 특히 통합을 비난하는 사람들은 농 유아를 비장애 유아들 속에 배치하면 대개가 반에서 청각장애가 있

농/ 난청 학생들이 일반 정규 교실에서 통합되는 경우가 많아졌음에도 그들은 여전히 다른 범주의 장애보다 더 많이 분리된 환경에서 지낸다.

는 유일한 유아라고 말한다. '절대적 다수'의 학생 속에 혼자만이 청각장애인이라는 것은 서로 밀접한 관계가 있는 두 가지 문제로 이끌 수도 있다. 그 문제는 ① 의사소통을 할 수 있는 또래 친구들의 부족, ② 고도의 사회적 고립감이다. 그들이 중학교와 고등학교 단계에서 사회적 고립감을 가장 심하게 경험한다는 것을 보여 주는 몇몇 증거들이 있다(Oliva, 2004).

많은 농 학생들에게 문제점을 제시할 수는 있어도, 통합은 모든 학생에게 결코 부정적인 경험은 아니다. 농 학생들을 건청 또래들과 통합했을 때의 영향에 대한 연구조사는 사회적인 성과와 학습 성과는 개인에 따라 다양하다는 점을 끊임없이 발견하고 있다. 어떤 학생들에겐 완전통합이 이롭고, 어떤 학생들에겐 분리 배치가 최선의 것이다. 연구자들은 농 학생들에게 효과적인 통합 프로그램은 학교 행정가들, 부모의 지원과 일반 정규 교실에서 농 교육법을 이수한 특수교사에게 지도를 받을 수 있는 기회와 관련이 있다는 것을 알아냈다(Schimer, 2001).

진보 평가

많은 농/난청 학생은 장애가 없는 그들의 또래 친구들과 통합적인 환경에서 교육을 받고 있다. 그러나 이런 학생들은 우리가 앞에서 언급한 대로 특성상 학업적인 분야에서 성취도가 낮다. 그들이 적절한 가르침을 받게 하기 위해서는 교육과정에서 그들의 진보와 성과를 평가하는 것이 중요한 일이다. 게다가 농/난청 학생들은 주-연방 평가(state-and district-wide assessment)에 자주 포함된다. 교사들은 이 학생들에게 필요한 적절한 수정과 상세한 대체 평가(대안 평가)를 이해해야만 한다(Cawthon, 2009).

학업능력 평가

농/난청 학생들을 위한 학업능력 평가는 학생의 진보를 평가하는 것과 학생의 성과물을 평가하는 것을 포함한다. 진보를 평가하는 것은 건청 학생들을 평가하기 위해 사용되는 것과 유사하다. 교육과정중심 측정(CBM)의 다양한 방법의 기술적인 정확도는 농/

실천 사례
농/난청 학생들과의 협력교수

"만약에 그가 나를 들을 수 없다면 나는 어떻게 그를 가르칠 수 있을까?"

농/난청 학생들과 일하는 교사란 새로운 언어를 배우거나 통역사와 함께 일하는 것을 배운다는 것을 의미할지도 모른다. 일반교사의 입장에서는 협력을 하려고 시도한다는 것이 처음에는 불안하고 꺼려질 수도 있다. 모든 경우에서 협력을 요청받은 일반교사들은 학생의 가능성들(단지 학생의 장애만이 아니라)과 협력을 위해 특수교사가 세운 목표들을 철저하게 이해할 권리가 있다.

농/난청 학생의 교사가 된다는 것은 어떤 의미인가?

농/난청 학생들의 교사들을 교육 · 훈련하는 것은 그 내용이 아닌 평가법과 특징들 그리고 청각장애의 관리에 중점이 있다. 다시 말해서, 이 교사들은 그들이 일반교사들에게 제공할 수 있는 다음과 같은 특별한 기술들을 가지고 있다.

① 청각장애 학생들의 인지적 · 감정적 · 사회적 발달을 강화하기 위해서 필요한 의사소통 요인들(예: 시각적 암시나 편의 시설들)의 이해
② 농/난청 학생들의 시각적 또는 다른 감각적 요구들에 적합한 동일한 언어 경험들(예: 그룹으로 일할 때 다른 학생들이나 친구들과의 의사소통)을 수정하는 능력
③ 농/난청 개인들의 인지적 발달과 의사소통의 발달을 가능하게 하기 위한 교육정책들의 인지(Council for Exceptional Children, 2003).

이런 전문 지식 분야에 다가간다는 것은 협력하는 상황을 분명히 도와줄 것이지만, 협력 작업을 하는 교육 분야에서 전문 지식보다 더 많은 것을 필요로 한다는 것은 다음의 예를 보듯이 증명되었다.

협력교수를 위한 성공적인 전략

Cindy Sadonis(농/난청 학생들의 교사)와 Connie Underwood(3학년 교사)는 Joe와 Brittany를 통합하기 위해서 협력적으로 일했다. Joe는 보청기를 사용했지만 언어장애가 있었으며, Brittany는 심각한 청력 손실이 있었고 수화와 구화를 전부 사용했다.

Cindy: 저는 유치원부터 5학년까지 아홉 명의 청력 손실 학생을 가르쳐요. 학생들은 다양한 특수교육 서비스를 받아요. 하지만 모든 학생은 도서관, 음악, 체육, 지도 시간과 특별한 행사들에는 통합교육을 받아요.

Connie: 저는 3학년 교실에서 정규 수업을 가르쳐요. 학생들은 열일곱 명입니다. 저는 과거에 제 일반교실에서 청력 손상이 있는 학생들과 공부를 한 적이 있어요. 그리고 그 경험은 여러모로 긍정적이었음에도 저는 학생들과 '거리감'이 있다고 느꼈어요.

Cindy: 우리는 친구였고, 협력교수자들이었고, 경험이 있는 교사들이었음에도 둘 다 불안했어요. 저는 Connie의 교실로 갔고, Connie와 그녀의 3학년 학생들은 제 교실로 왔지요.

Connie: 저는 세 가지 중요한 걱정이 있었어요. 첫째는 통역사 없이 Joe와 Brittany와 의사소통을 하는 게 가능하게 될 것인가였어요. 아! 그때 제 수화 기술들은 부자연스러웠고 기초적인 것이었으며 극도로 잘못된 것이었지요. 두 번째는 협력교수란 얼마나 더 많은 계획과 시간이 걸리는 것일까였어요. 제가 수업을 주도하는 교사였을 때는 Cindy가 통역 및 관찰을 했으며 그다음 주에 똑같은 주제로 가르칠 수업을 준비했어요. 그녀가 수업을 이끄는 교사였을 때는 제가 그녀의 교실에서 보조 역할을 했어요. 세 번째로, 저는 학생들과의 관계에 대한 걱정을 했어요. 조언 없이도 제 학생들은 의사소통을 시도하기 위해서 수화를 사용하기 시작했어요. 그해가 끝나갈 무렵에는 점심시간이나 체육 시간 그리고 교실에서 비밀스럽게(아니면 그 아이들이 생각하기에는) 얼마나 많은 의사소통이 있었는지는 놀라운 일이었어요.

제 학생들이 청력 손상이 없는 친구들과 대화에 참여하는 것이 생각보다 더 쉽다는 것을 알았을 때나 Joe와 Brittany가 서로를 다르다고 느꼈던 시절이 있었지요.

Cindy: 대체로 스케줄 때문에 이 정도로 협력해서 가르치는 것도 보통은 어려운 것이라는 것을 아는 것은 중요해요. 통

합이 성공적으로 되기 위해서는 교사의 긍정적인 태도가 필요합니다. 도전은 그 과정에서 우리 자신에게도 존재합니다. 우리가 최선을 다해서 노력을 하는데도 사회적 상호작용은 항상 부족한 영역이었어요. 교사로서 우리도 역시 기복이 있었어요. 그들과 함께 일하는 것은 우리가 올바른 방향으로 나아가도록 도와줬어요.

청력 손상에 대해 좀 더 많은 정보를 원한다면 농과 다른 의사소통장애국립기관(National Institute of Deafness and Other Communication Disorder)의 사이트(www.nidcd.nih.gov/health/kids/index.htm)를 방문하라.

• *Margaret P. Weiss*

난청 학생들에게 적절한 것이라는 연구가 제안되었다(Allinder & Eccarius, 1999; Cheng & Rose, 2009). 이 연구를 기본으로 해서 교사는 쓰기와 수학뿐만 아니라 읽기와 이해의 향상을 관찰하기 위해 교육과정중심 측정 조사를 운영하는 것에 자신감을 가질 수 있다.

STAR 읽기(독서지수 검사, 학생들의 읽기 기술을 평가하기 위한 표준화 검사 ─역자 주), 수학 그리고 초기 문해력 평가(STAR Reading, Math, and Early Literacy Assessment, Renaissance Learning, 2006)는 농이나 난청 학생들의 학업적인 향상을 관찰하기 위해 유용하다. 이런 평가는 컴퓨터화된 평가 수단인데, 학생의 지도 계획을 세우는 것을 도와주기 위해 학생의 실력에 대한 즉각적인 정보를 제공한다. 국가학생진보점검센터(National Center on Student Progress Monitoring)는 이 방법을 평가했고, 이 평가가 진보 평가의 엄격하게 높은 기준에 부합했다는 것을 알았다(U.S. Department of Eduation, National Center on Student Progress Monitoring, 2006).

학업 성과 기록 평가의 수행은 학생을 위한 의미 있는 결과이지만, 이런 평가들은 농/난청 학생들에게는 기술적으로 적당한 것이 아닐 수도 있다. 불행하게도 대부분의 표준화된 평가는 다수 문화에 편향된 것이다(Mason, 2005). 교육자들은 이런 편향들을 학생들의 성과물의 결과로 결정을 내릴 때에 주의 깊게 고려해야만 한다. 이런 우려에도 불구하고 학생들의 학업 성취를 평가하는 방법을 가지고 있다는 것은 중요한 일이다.

시험 조정

농/난청 학생들이 표준화된 평가에 높은 비율로 포함됨에 따라 미국의 각 주들은 조정(accommodations)을 이용하기 위한 지침을 개발 중이다(Thompson, Johnston, Thurlow, & Altman, 2005). 이런 학생들을 위해 가장 흔하게 제시된 조정은 교수와 시험의 질문들을 위한 수화 통역기, 연장된 시간, 작은 집단이나 개인적인 관리 등이다. 대부분의 주에서는 아무런 제한 없이 수화로 가르치는 것을 허용하고 있다. 그러나 일부 주에서는 수화로 질문하는 조정이 표준이 아닌 것으로 간주한다(Lazarus, Thurlow, Lail, Eisenbraun, & Kato, 2006). 비표준화 조정은 점수의 기록과 시험의 통역에 자주 영향을 준다. 농/난청 학생들도 통역기에 수화로 반응하는 것과 같은 반응 조정을 받게 된다.

조기 중재

청각장애 영유아를 위한 교육은 매우 중요하다. 그런 프로그램들은 유아의 발달 향상을 도와줄 뿐만 아니라 부모의 스트레스 수준을 줄여 주는 데도 유익할 수 있다 (Lederberg & Golbach, 2002).

언어 발달은 청각장애 유아들에게 중요한 부분이고 유아기는 언어 발달에 중요한 시기다. 따라서 농의 영역에서 조기 중재를 둘러싸고 가장 논란이 되는 것 중의 많은 부분이 언어에 중점을 두고 있다는 것은 놀라운 일이 아니다. 앞의 구화법 대 수화법의 논의에서 언급한 것처럼, 일부 사람들은 중재를 하려는 노력에서 영어에 중점을 두어야 한다고 주장하고, 일부 사람들은 영유아기부터 미국식 수화 사용을 시작해야만 하다고 주장한다.

농 부모를 둔 농 영유아들은 건청 부모를 둔 유아들보다 더 뛰어난 경향이 있다. 예를 들어, 영유아기 때 건청 아이들은 그들의 건청 부모로부터 영어를 발달시키는 것과 유사한 속도로 미국식 수화를 발달시킨다. 그러나 건청 부모의 농 영유아들은 영어도, 미국식 수화도 그만큼 빠른 속도로 발달시키지 못한다. 이것은 아마도 엄마와 아이 사이에 매일 행해지는 상호작용이 영유아는 농인이고 부모는 건청인일 때보다 영유아와 부모 모두가 농인일 때 더 향상되고 자연스럽기 때문일 것이다.

미국식 수화의 용이함 외에도, 농 부모는 자녀의 농을 극복할 준비가 더 잘 되어 있다는 장점이 있다(Meadow-Orlans, 1990). 농 부모들은 그들의 농 자녀를 지원하는 데 도움이 되기 위해 그들의 경험에 의지할 수 있는 반면, 건청 부모의 대부분은 농아가 태어난 것에 대한 준비가 안 되어 있다.

건청인 부모는 특히 그들의 자녀에게 수화를 가르치기를 원한다면 그들의 아이에게 적합한 시각적 양식의 중요성을 이해하는 데에 도움이 필요할 것이다(Bornstein, Selmi, Haynes, Painter, & Marx, 1999). 예를 들어, 눈의 움직임은 동기와 흥미를 표현하는 방법이기 때문에 건청인 부모가 농아의 눈을 응시하는 것은 매우 중요한 일이다.

농아들의 건청인 부모는 자녀에게 적합한 언어 모델을 어떻게 제공해야 하는지에 대한 진퇴양난에 마주하게 된다. 수화 영어와 미국식 수화 모두, 특히 후자의 경우는 상대적으로 짧은 시간 안에 매우 유창하게 배우는 것이 어렵다. 그리고 다른 언어들처럼 미국식 수화는 성인이 습득하기에는 더욱 어렵고 원 수화인의 수화 유창함 정도와 같은 수준으로 성인이 배우기는 어렵다.

농아들의 건청 부모는 90% 정도가 농 영아들을 위한 중재의 중요성을 과소평가한다.

사실 많은 관계 당국은 조기 중재의 필요성은 아이와 부모가 모두 농인 가족들보다 건청인 부모를 둔 가족들에게 유용하다고 믿는다(Andrews & Zmijewski, 1997).

교육자들은 유아들 자신들뿐 아니라 농아들의 부모들에게 기본적인 수화를 가르치기 위한 유아 중재 프로젝트를 만들었다. 그런 프로젝트들은 부모와 영유아에게 기본적인 수화를 가르치는 것에 일반적으로 성공적이다. 아이가 한 단어 혹은 두 단어의 수화를 표현하는 것 이상의 발전을 하기 위해서는 원 수화인들이 시범을 보일 수 있는 것이 중요하다. 관계 당국은 스웨덴에서 인기 있는 실행 방법을 권유한다. 그것은 농 성인이 조기 중재의 중요한 부분이 되는 것인데, 그들은 수화 모델이 될 수도 있고 건청인 부모들이 농 유아들의 잠재력에 대한 긍정적인 기대를 갖게 하는 데 도움을 줄 수 있기 때문이다(Lane et al., 1996). 건청인 부모가 수화로 유창하게 의사소통을 할 수 없을지라도 그들의 자녀와 수화를 계속하는 것이 중요하다. 수화는 부모들에게 자녀와 의사소통하는 수단이 되어 줄 뿐만 아니라 그들이 자녀의 언어와 농 문화를 가치 있게 여긴다는 것을 보여 준다.

성인기로의 전환

실업이나 (능력 이하의 일을 하는) 불완전 취업은 청각장애인들, 특히 여성들에게 지속적인 문제가 되어 오고 있다(Punch, Hyde, & Creed, 2004; Schimer, 2001). 하지만 몇몇 증거 자료들은 이 암울한 모습이 천천히 바뀌기 시작하는 중이라는 것을 보여 준다. 이런 변화의 주된 기본적 원인은 청각장애 학생들을 위한 중등과정 이후(postsecondary) 프로그램들의 확장에 있다. 2년제나 4년제 대학을 졸업한 청각장애인 졸업생들에 대한 15년 동안의 추적 관찰은 대학교육이 만족스러운 직업과 삶을 갖는 데 있어 상당한 차이를 만든다는 것을 알아냈다(Schroedel & Geyer, 2000).

청각장애인들이 적절하고 만족할 만한 직업을 찾는 데 어려움이 있는 원인은 청각장애가 있다는 것이 무엇을 의미하고 일터에서 가능한 시설들이 무엇인지를 이해하지 못하는, 청각장애를 가지고 있지 않은 인구 구성원들과 많은 관련이 있다(Punch, Creed, & Hyde, 2006). 마찬가지로, 청각장애인들도 스스로 적합한 시설들을 요구할 준비가 되어 있지 않거나, 좋은 직업 선택을 하는 것에 어려움을 가지고 있는 경우도 있다(Punch et al., 2004).

중등과정 후의 교육

1960년대 중반 전까지 청각장애 학생들의 중등과정 후의 교육을 위해 설립된 유일한 기관은 갤러뎃 대학(College, 현재는 University)이었다. 이 기관을 제외하고는 선택의 여지없이 전통적인 단과대학이나 종합대학을 다닐 수밖에 없었다. 그러나 전통적인 중등과정 후의 학교들은 일반적으로 청각장애 학생들의 특별한 요구를 다룰 만한 능력을 갖추고 있지 않았다. 1910년과 1965년 사이에 미국 내의 정규 대학과 대학교를 졸업한 청각장애인들이 겨우 224명이라는 것을 확인한 Quigley, Jenne과 Phillips의 연구(1968)는 별로 놀랄 만한 것이 아니다.

이와 같은 연구조사 결과들로 중등과정 후의 프로그램들을 구성하게 되었다. 연방정부는 청각장애 학생들을 위한 다양하고 폭넓은 중등과정 후의 프로그램들을 개설했다. 가장 많이 알려진 두 곳은 갤러뎃 대학교와 로체스터 공과대학(Rochester Institute of Technology)의 국립농보조공학연구소(National Technical Institute for the Deaf: NTID)다. NTID 프로그램은 갤러뎃 대학교의 인문과학 지향을 보완하는 기술 분야의 훈련을 강조하고 있고 일부 청각장애 학생들은 건청 학생들과 함께 로체스터 공과대학의 수업에 참여한다.

갤러뎃과 NTID 외에도, 청각장애 학생들을 위한 100여 개가 넘는 중등과정 후의 프로그램들이 현재는 미국과 캐나다에서 가능하다. 갤러뎃과 NTID가 미국 모든 50개 주의 학생들에게 교육을 제공할 책임이 있다는 것은 법으로 정해져 있다. 다른 교육기관들은 일부 주 출신의 학생들이나 한 주 출신 학생들 혹은 특정 지역 출신 학생들만을 위해서 교육을 제공한다.

많은 농인이 보다 더 높은 고등교육을 받기 위해 갤러뎃이나 NTID 혹은 특별 프로그

인터넷 자원

『농 직업 잡지(*Deafcareers Magazine*)』(www.deaf-careers.com)는 직업 준비를 다루기 위해서 관련 전문가들과 농 공동체를 위한 포럼을 제공하고 있다.

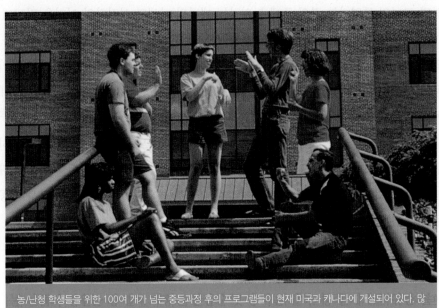

농/난청 학생들을 위한 100여 개가 넘는 중등과정 후의 프로그램들이 현재 미국과 캐나다에 개설되어 있다. 많은 농/난청 학생은 또한 전통적인 단과대학이나 종합대학을 다니기도 한다.

램이 있는 다른 대학에 다니기로 등록하기도 하지만, 일부는 전통적인 단과대학이나 종합대학을 다니기도 한다. 그 학생들은 대개는 장애학생들의 학업적 경험들을 가능하게 하기 위해 설립된 대학교의 지원 프로그램을 이용한다. 자주 권장되는 지원 중의 하나는 청각장애 학생들의 교실에 수화 통역사를 공급하는 것이다. 예를 들어, 버지니아 대학교를 최근에 졸업한 Jasmine Saleh(〈사례 소개〉 참조)에게는 그녀를 위한 편의 제공으로 동료 학생들의 노트 필기와 더불어 수화 통역사, 특별 좌석 등이 제공되었다.

수화 통역사   대부분의 정부 관계자들이 수화 통역사(sign language interpreter)를 두는 것이 가장 좋은 편의 시설 중의 하나라는 것에 동의한다고 해도, 청각장애 학생들을 학습적인 분야에서 동등한 수준으로 끌어올리는 것과는 거리가 멀다는 점을 명심하는 것이 중요하다. 우선 충분히 숙달된 통역사들이 전국적으로 부족하다(Schick, Williams, & Kupermintz, 2006). 청각장애 학생들이 고도로 숙련된 통역사를 접했을 때에도 그들이 받아들일 수 있는 정보의 양은 건청 학생들이 받아들이는 정보의 양에 훨씬 못 미친다. 즉, 건청 학생들과 농 학생들이 똑같은 강의를 듣고 보고(통역을 통해서) 할 때에는 농 학생은 학습 내용을 충분히 배우지 못한다(Marschark, Pelz, et al., 2005; Marschark, Sapere, Convertino, & Seewagen, 2005; Marschark, Sapere, Convertino, Seewagen, & Maltzen, 2004).

미국식 수화와 **문자 변환**(transliteration) 사용에 대한 통역사의 역할 관련 논쟁이 있다. 수화 영어와 유사한 문자 변환은 구화 영어와 똑같은 어순을 유지한다. 그에 반해서 미국식 수화는 통역자가 수화를 통해 전달하기 전에 다른 사람이 말하는 것의 의미를 소화해 내는 것을 요구한다. 흥미롭게도 Jasmine Saleh(〈사례 소개〉에 소개되어 있는)에 의하면 그녀의 통역사는 강의 중에 논의하는 개념의 이해와 시각화의 어려운 정도에 따라 미국식 수화와 문자 변환을 둘 다 사용했다. 예를 들어, 생물학 수업 중에 교수가 인체의 혈액 순환을 논의할 때에는 통역사가 그 개념을 이해했기 때문에 미국식 수화를 사용하는 게 가능했다. 그러나 교수가 신장(kidney)의 기울기를 강의할 때에는 그 개념을 이해하지 못해서 그냥 단지 문자 변환을 사용했다.

대부분의 대학 강사는 만약에 그 경험이 있다고 하더라도 수화 통역사와 함께 일하는 경험이 아주 많지는 않다. 그렇기는 하지만 강사들과 통역사들이 강의실에 있는 다른 학생들을 방해하지 않는 한도 내에서 청각장애 학생들에게 최적의 학습 경험을 제공하기 위해서 긴밀하게 함께 일하는 것은 중요한 일이다(Seal, 2004).

가족 관련 문제

가정을 이루는 것에 관하여 농인들은 자주 독특한 도전에 직면하게 된다. 전국적인 통

사례 소개: JASMINE SALEH

Jasmine Saleh는 캐나다 토론토에서 태어났다. 그녀는 17개월 때에 중증 농으로 진단받았다. 캐나다에서 9년 동안 살았고, 그리고 나서 가족과 함께 뉴욕으로 이주했다. 중학교 때 미네소타 주로 이사 가기 전까지는 다른 청각장애인들과의 접촉이 없었고 그 어떤 서비스도 받지 못했다. 미네소타에서 미국식 수화를 배웠고 수화 통역사가 생겼다. 그리고 나서 가족과 함께 샬럿츠빌로 이사를 했고 버지니아 대학교를 다녔다. 버지니아 대학교 시절, Jasmine을 위한 편의 시설은 수화 통역사, 동료 학생들의 노트 필기, 특별 좌석 등이었다. 2010년 5월에 졸업을 했고, 2010년 가을 학기에 일리노이 대학교의 의과 대학을 다닐 계획이다.

1. 당신이 즐거워하는 것은 무엇인가요? 가족이나 친구들과 어울려요. 우리는 영화를 보러 가요. 저는 샬럿츠빌에 있는 버지니아 대학의 청각장애 공동체 일도 하기 때문에 항상 바빠요. 우리는 청각장애와 샬럿츠빌의 문화에 대해서 홍보를 합니다. 저는 여행가는 것도 좋아해요.

2. 당신이 가장 좋아하는 휴식 방법은 무엇인가요? 운동이요! 웨이트 운동과 달리기 그리고 때때로 요가를 해요.

3. 당신이 잘하는 것은 무엇인가요? 음…… 학업적으로는 아마도 수학이요. 그렇지 않으면 야구요. 고등학교 때 야구를 했어요.

4. 당신이 싫어하는 것은 무엇인가요? 운전할 때 차선에 끼어드는 사람들하고 신호를 사용하지 않는 사람들이요.

5. 당신의 인생에 긍정적인 영향을 준 선생님이 있나요? 네, Christopher Krit 교수님이요. 그분은 버지니아 대학교에서 미국식 수화와 영어를 가르치십니다. 그 교수님은 중증 난청이신데 버지니아 대학교의 농 공동체를 위해 적극적으로 일하세요. 저를 직접 가르치신 적은 없지만 그 교수님은 교류를 통해서 청각장애인들도 무엇이든지 다 할 수 있다는 것을 보여 주셨어요!

6. 당신이 롤모델(유명인사, 가족)로 삼고 있는 분이 있나요? 왜 그 사람이 롤모델인가요? 부모님입니다. 열심히 일하시는 부모님의 도덕적 가치와 인내심은 제 인생 전반에 걸쳐서 저를 도

와줬어요.

7. 장애로 인해 가장 어려운 점은 무엇인가요? 제가 생각하기에 가장 힘든 점은 농인들은 활동이 제한적이고 건청인들이 할 수 있는 모든 것을 할 수 없다고 생각하는 다른 사람들의 오해와 추측입니다. 그래서 저는 그렇지 않다는 것을 보여 주어야만 해요.

8. 당신의 장애가 당신이 목표로 하는 것을 이루는 데 영향을 미치나요? 아니요, 제가 말하고자 하는 것은 극복해야 할 장애물은 있지만 열심히 하는 것에 대한 거예요. 열심히 한다면 무엇이든지 할 수 있어요.

9. 장애가 당신의 사회적 관계에 영향을 주었나요? 제 대학교 친구들은 저보다 성숙해요. 그리고 저는 제가 18세보단 더 성숙하다는 것을 깨달았어요. 그렇지만 저는 제 예전 친구들보다 제 대학교 친구들과 더 어울릴 수 있어요. 저는 고등학교 과정을 건너뛰었기 때문에 이제 막 고등학교 과정을 마친 친구들하고 관계를 맺는 것은 어려워요. 하지만 저는 제 예전 친구들하고 계속 연락을 하고 지내고 그 균형을 맞추려고 노력합니다.

10. 장애가 있다는 것에 대해서 다른 사람이 알면 깜짝 놀랄 만한 어떤 장점이 있나요? 저는 저의 장애로 인해서 열심히 공부하는 것과 저 자신 스스로를 옹호하고 증명하는 것을 배웠습니다.

11. 다른 사람들이 당신을 바라보는 시각에 대해서는 어떻게 생각하나요? 사람들이 이제는 저를 동등하게 여긴다고 생각해요. 저는 사람들이 저를 똑똑하고 유쾌하며 아름다운 사람으로 보기를 희망합니다. 예전에는 사람들이 저를 좀 더 두렵게 여기거나 낮춰 보는 것 같았어요.

12. 다른 사람들이 당신에 대해 알았으면 하는 점은 무엇인가요? 저는 해외로 나가 본 적이 없어요. 그런데 올 여름에 아버지와 함께 팔레스타인으로 의료 봉사 선교 여행을 갈 예정이에요.

13. 10년 뒤에 당신은 어떤 모습일까요? 작은 가정을 이루고 아마도 집에서 일하거나 아니면 의학 분야에서 일하고 있을 것 같아요. 세금을 내겠죠!

14. 다음 빈칸을 채워 주세요. 나는 _____ 없이는 살 수 없다. 여태까지 최고의 발명품인 인터넷이요.

Jamine과 연락하기
Jasmine은 온라인을 통한 당신의 연락을 환영합니다.
Jss6e@virginia.edu

계는 성인 농인들의 95%가 농 배우자를 선택한다는 것을 나타내고 있고, 이런 결혼에서 생긴 자녀들의 90%는 정상적인 보통의 청력을 가지고 있다는 것을 보여 준다(Buchino, 1993). 이 건청 자녀들은 그들의 부모를 위해 통역사 역할을 자주 한다. 부모의 통역을 요청받는 것은 권위 있는 성인 인물들(예: 의사, 변호사, 보험설계사)에 대한 자녀들의 자신감을 발달시키는 것을 도와줄 수 있다. 그러나 그것은 다음 농 부모의 건청 자식의 이야기가 보여 주듯이 불쾌한 편견들에 직면할 수도 있다.

좌석에서 몸을 웅크리고 턱을 가슴에 파묻은 채 나는 대화가 잠시 중단된 것을 알아챘다. 아빠는 믿음직한 운전자였지만 엄마는 평소보다 더 많이 담배를 피우고 있었다.
"무슨 일이 생겼니? 저 주유소?" 엄마는 내게 수화로 물었다.
"아니, 아무 일도 없어요."라고 나는 거짓말을 했다.
"확실해?"
"모든 건 다 좋아요." 아빠와 나는 주유비를 지불하러 갔고 길을 물었다. 카운터 뒤에 있던 남자는 내가 수화를 하는 것을 보더니 "허, 벙어리도 운전면허를 따는 게 허용된다고는 생각 못했는데."라고 툴툴거렸다. 이미 오래전부터 나는 이런 식의 말을 듣는 것에 익숙해져 있다. 그러나 나는 내 마음에 분노가 들끓는 것에는 결코 익숙해질 수 없었다(Walker, 1986, p. 9).

이런 자녀들은 가끔은 부모의 사회적 생활에 개입하여 통역을 할 것을 요청받는 것에 대해서 억울하게 생각한다(Buchino, 1995).
농 학생들은 손으로 하는 직업들을 준비해 온 오래된 관습이 있다(Lane, 1992). 그러나 고도의 기술을 요구하는 직업을 선호하는 직업 전선에서 비숙련되고 반숙련된 기술의 직업들은 빠르게 사라지고 있다. 그 결과, 성인 농인들은 직업 시장에 들어갈 때보다 더 큰 어려움에 직면하고 있다.

성인 농인들을 위한 교육, 일, 그리고 사회적 기회가 종종 제한되고 있음에도 불구하고 다음과 같이 미래에 대한 긍정적 견해들이 있다. 전환 프로그램의 지속적인 확장, 중등과정 후의 교육, 그리고 농인들의 잠재적 능력에 대한 대중들의 인식이 커지는 것 등은 성인 농인들의 보다 더 밝은 전망을 위한 약속들이다.

요약

전문가는 농과 난청을 어떻게 정의하고 분류하는가?

- 생리학적 관점을 가진 전문가들은 농의 구분점으로 90dB나 그 이상의 데시벨의 손상을 이용한다.
- 교육학적인 관점의 전문가들은 보청기 착용을 하거나 하지 않고 언어적 정보를 처리하지 못하는 사람들을 농으로 분류한다. 그리고 보청기의 도움으로 이런 정보들을 처리할 수 있는 사람들은 난청으로 분류한다.
- 선천적 대 후천적인 농은 농을 가지고 태어난 것 대 출생 후에 농을 얻은 경우로 구분한다. 즉, 언어 습득 전 농 대 언어 습득 후 농은 농이 말과 언어 발달 전에 발생한 것과 후에 발생한 것과 관련이 있다.
- 농인을 장애인들보다는 문화적/언어적 소수민족으로 간주해야 한다는 정서가 농 공동체 안에서 증대되고 있다.

청각장애의 출현율은 어떠한가?

- 대략 6세부터 17세 사이의 학생들의 0.14%가 청각장애인 것으로 발견된다. 그리고 난청으로 분류된 학생들이 농으로 판별된 학생들보다 더 많이 나타난다.
- 청각장애가 있는 것으로 판별된 학생들의 절반 이상이 소수민족인들이고 29%에 가까운 청각장애 학생들은 스페인어 사용 가정에서 나타난다.

귀의 기본적인 해부학상의 특징과 생리학적인 특징은 무엇인가?

- 외이(外耳)는 귓바퀴, 외이도(외청도)로 구성되어 있다.
- 중이(中耳)는 고막과 3개의 가는 뼈(이소골)인 추골, 침골, 등골로 구성되어 있다.
- 내이(內耳)는 전정계와 달팽이관으로 구성되어 있다. 전정계는 균형을 감지한다. 달팽이관은 청력에 있어서 가장 중요한 기관인데 전기 충격을 뇌에 전달하는 역할을 담당하고 있기 때문이다.

청각장애는 어떻게 판별되는가?

- 영유아를 위한 선별검사는 이음향방사로 평가하는데, 이것은 저

강도 소리 자극을 받았을 때 달팽이관으로부터 방출되는 것이다.
- 순음 청력검사는 데시벨(강도)과 주파수를 잰다.
- 어음 청력검사는 말을 감지하고 이해하는 것을 평가한다.
- 영아와 검사하기 어려운 유아들을 위한 특별한 검사는 조건화 놀이 청력검사와 고실평가법, 그리고 딸깍하는 소리와 같은 청각적 자극에 반응하는 뇌간의 전자 신호를 평가하는 청성뇌간유발반응검사(brain-sterm-evoked response audiometry: BERA)를 포함하고 있다.

청각장애의 원인은 무엇인가?

- 전음성 청각장애는 중이나 외이와 관련이 있고, 감음성 청각장애는 내이와 연관이 있으며, 혼합형 청각장애는 이 둘을 모두 포함한다.
- 외이의 장애 원인들은 외이도나 종양과 관련이 있다.
- 중이의 장애 원인들은 종종 이소골의 기능 고장에서 기인하는 것인데, 중이염은 일시적인 중이 청력 문제의 흔한 원인이다.
- 내이의 장애는 대개는 중이나 외이의 장애보다 청각장애에 보다 더 심각한 결과를 초래한다. 내이의 장애는 유전적인 것 혹은 후천적인 것이 있는데 유전적인 경우가 더 흔하다. 유전자상의, 혹은 유전성 질병으로 인한 유전적 요인들은 유아 농의 주된 원인인데 코넥신-26 유전자의 돌연변이는 현재는 선천적인 농의 가장 흔한 원인으로 여겨진다.

청각장애 학습자의 심리 및 행동적 특성은 무엇인가?

- 가장 심하게 영향을 받는 영역은 영어의 이해와 발달이다.
- 수화는 농 공동체에서 가장 기본적으로 중요한 언어.
  - 각각의 손짓(사인)은 손 모양, 위치 그리고 움직임이라는 세 가지 부분으로 구성되어 있다.
  - 수화는 구화와 마찬가지로 복합적인 문법을 가지고 있는 진정한 언어이고 만국 공통적인 수화라는 것은 없으며, 농 유아는 건청 유아들과 마찬가지로 같은 시기에 똑같이 언어적으로 중대한 시점에 도달하고, 수화의 신경학적인 토대는 구어의 신경학적인 토대와 같다.
- 농은 지능에 영향을 끼치지 않는다.

- 대부분의 청각장애 학생은 학업적으로 많은 부족함이 있는데 특히 읽기에서 그렇다.
  - 농 부모를 둔 농 학생들이 학업적으로 더 우수하다.
  - 지지하고 도와주는 가정환경은 더 높은 학업 성취와 관련이 있다.
- 농 학생들은 제한적인 사회적 상호작용 기회에 직면할지도 모른다.
  - 통합 운동은 또래 친구들이 없는 청각장애 학생들과 청각장애 학생들이 서로서로 의사소통을 할 수 있게 하는 결과를 초래했다.
  - 농 유아들의 약 90%는 건청 부모를 가지고 있고, 대부분의 건청 부모들은 수화에 서투르다.
  - 많은 관계자는 농 문화를 건강한 사회적인 의사소통의 수단으로 여긴다. 농 문화가 통합적인 프로그램들로 인하여 서서히 약해지고 무너진다는 우려가 있다. 농 권리운동가들은 달팽이관 이식과 유전공학에 대한 이슈들을 제기한다.

청각장애 학습자를 위한 교육적 고려 사항은 무엇인가?

- 구화적 방식은 다음과 같이 구성되어 있다.
  - 말과 언어의 발달을 향상하기 위해 듣기에 중점을 두는 청각－말 방식
  - 청각－말 방식과 비슷하지만 독화와 발음 암시법과 같은 시각적 암시를 첨가하는 청각－구화 방식
- 손으로 하는 방식은 수화에 중점을 둔다.
- 대부분의 교육적 프로그램들은 구어와 손을 사용하는 테크닉을 혼합한 총체적 의사소통 접근 방식(동시적 의사소통)을 사용하는데, 손을 사용하는 기술은 수화 영어 시스템의 형태로 영어 단어 어순을 지킨다.
- 일부는 다음과 같은 세 가지 요인으로 이중문화－이중언어적 접근을 옹호한다. 미국식 수화를 가장 기본적인 언어로 간주하고, 농인들은 프로그램과 교육과정의 발달과 연관되어 있으며, 교육과정은 농 문화와 관련이 있다.
- 농 학생들의 교육적 배치에는 농 학생들로만 학급을 구성하는 형태(full continuum)도 포함되지만, 통합적인 환경이 점점 더 인기가 있어 농 학생들의 86%는 정규 학교에 다니고 있고 52%는 대부분의 시간을 일반교실에서 보내고 있다. 농 공동체 내의 많은 사람은 통합 운동이 농 학생들의 '절대적 다수'(critical mass, 바람직한 결과를 얻기 위한 충분한 양)의 부재를 초래했

고, 그 결과 농 학생들의 사회적인 고립을 야기할 수도 있다고 걱정한다.
- 청각 보조 장치를 위한 수많은 기술적인 진보가 일어나고 있는데, 텔레비전, 비디오, 영화 자막과 텍스트폰 기술, 컴퓨터 보조교수, 인터넷 등이 있다.

전문가는 청각장애 학생의 진보를 어떻게 평가하는가?

- 전문가들은 수화를 사용하여 읽기 능력, 읽기 이해, 작문, 수학 등과 같은 학습적인 발전을 알기 위해서 교육과정중심 측정(CBM)을 시행할 수 있다.
- 표준화된 평가를 위한 가장 흔한 장치들은 검사 질문들을 알려주고 무엇을 해야 하는지를 지시해 주는 수화 통역가, 시간을 더 주기, 소집단이나 개인적인 관리 등이 있다.

청각장애 아동의 조기 중재에 대해서 중요하게 고려해야 할 사항은 무엇인가?

- 건청 부모를 둔 농 유아들의 가족은 농 부모들 둔 농 유아들의 가족보다 조기 중재 프로그램의 필요성이 더 클지도 모른다.
- 건청 부모들은 유창하게 수화를 구사하기 어렵기 때문에 원 수화인들(native signers)은 일부 중재 프로그램의 중요한 부분이다.

청각장애 학습자의 성인기 전환과 관련된 중요한 고려 사항은 무엇인가?

- 갤러뎃 대학교(Gallaudet University)와 국립 농 보조공학연구소(National Technical Institute fot the Deaf) 외에도 현재 몇몇의 중등교육 과정 후의 프로그램들이 청각장애 학생들을 위해 개설되어 있다.
- 대학에서 가장 많이 쓰이는 편의 시설은 수화 통역사다. 미국식 수화(ASL)는 그렇지 않는 반면에 문자 변환(transliteration)은 영어와 똑같은 어순을 유지하고 있다.
- 양쪽 모두 농 부모인 자녀들의 90%는 정상 청력을 가지고 있다. 이 아동들은 자주 농 공동체와 건청 사회 사이를 오고 가야 하는 도전에 직면한다.
- 농 학생들은 손을 이용하는 직업을 준비한 오래된 관습이 있었지만 요즘은 그런 직업들이 사라지고 있다.
- 확장된 전환 프로그램, 중등과정 후의 교육, 대중들의 인식은 성인 농인들의 더욱더 밝은 전망을 약속한다.

특수교육협의회

전문적 기준

이 장에서 다루어진 미국 장애인 특수교육협의회(Council for Exceptional Children: CEC)의 공통 핵심 지식 및 기술: ICC1K5, ICC1K6, ICC1K8, ICC2K1, ICC2K2, ICC2K6, ICC3K1, ICC4S4, ICC4S6, ICC6K4, ICC7S1, ICC7S7, ICC7S8, ICC7S9, ICC8S2, ICC8S5, ICC8S7, ICC10K3

부록: CEC의 공통 핵심 기준과 관련된 지식 및 기술을 제공한다.

MYEDUCATIONLAB

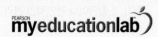

MyEducationLab(www.myeducationlab.com)의 주제 12: 감각장애에서 다음의 내용을 찾을 수 있다.

- 국가 수준의 기준들과 관련된 전반적 개념에 대한 학습 성과
- 각 장의 내용을 보다 심도 있게 이해하도록 도와주는 과제 및 활동 수행
- IRIS Center Resources에서 볼 수 있는 어려운 상황들에 대한 검토
- 교수 기술 수립과 학습 주제 경향을 확인할 주요 개념 이해에 대한 실제의 적용
- Book-Specific Resources의 Study Plan을 통한 교재 내용에 대한 이해도 측정. 여기에서 각 장의 퀴즈 수행, 정답에 대한 피드백을 통해 복습, 연습, 심화 활동으로 이해도를 높일 수 있음
- CCSSO 올해의 교사상 수상자의 교사 면담 코너를 통해 '왜 나는 가르치는가?'에 대한 답변 영상 시청

12 시각장애 학습자

너의 어머니는 너에게 맨손으로 물을 들고 다니게 하는 방법을 택했지만
아무도 맨손에 물을 들고 다니는 것이 어떤 것인지 잘 알지 못하리라.
어린 파라오가 스스로 남자임을 증명하기 위해 어깨에 소를 짊어진 것처럼,
역사는 그리 중요한 것이 아니었단다.
적어도 당신의 자녀가 "이제는 앞을 보지 못합니다."라는 말을 듣기 전까지는…….
"이 세상은 정말 장난이 아니란다."
"너는 양손에 물을 지니고 다녀야 하는 것처럼 조심히 다녀야 한다."라고 어머니는 말씀하셨다.
Ray는 그렇게 양손에 물을 가득 쥐고 다녔다. 발로 길을 확인해 가면서…….
Ray의 어머니는 그렇게 해야만 Ray에게서 진짜 '노래'가 나올 수 있을 거라고 아셨던 것 같다.
눈물과 웃음은 한통속이다. 딱따구리는 전화선을 통해 이 이야기를 듣는다.

-Stephen Kuusisto • 'Elegy for Ray Charles and His Mother'

주요 질문

- 전문가는 시각장애 학습자를 어떻게 정의하고 분류하는가?

- 시각장애의 출현율은 어떠한가?

- 눈의 해부생리학적 특성은 무엇인가?

- 시력은 어떻게 측정하는가?

- 시각장애의 원인은 무엇인가?

- 시각장애 학습자의 심리 및 행동적 특성은 무엇인가?

- 시각장애 학습자를 위한 교육적 고려사항은 무엇인가?

- 전문가는 시각장애 학습자의 학문과 기능적 기술에 대한 진보를 어떻게 평가하며, 평가를 위해 제공
  할 수 있는 편의 사항에는 어떠한 것이 있는기?

- 시각장애 학습자의 조기 중재에서 중요한 고려 사항은 무엇인가?

- 시각장애 학습자의 성인기로의 전환에서 중요한 고려 사항은 무엇인가?

시각장애 학습자에 대한
잘못된 생각

오해 • 법적 맹인일 경우에는 시력이 전혀 없다.

사실 • 법적 맹인의 대부분은 정도의 차이가 있으나 기능적으로 사용할 수 있는 시력이 있으며, 단지 그 중 소수만이 광각도 없는 전맹으로 분류될 수 있다.

오해 • 시각장애인들은 인간이 가진 감각 이상의 것을 사용하여 장애물 탐지가 가능하다.

사실 • 시각장애인들이라고 해서 특별한 감각을 더 가지고 있는 것은 아니다. 다만 소수의 경우에는 박쥐나 고래가 가지고 있는 반향음 탐지 능력(원음과 반향음의 미묘한 시간 차의 감지)을 보이는 경우도 있지만 흔하지 않다.

오해 • 시각장애인은 시각 이외의 감각이 자동적으로 더 발달하게 되어 있다.

사실 • 주의 집중을 통해 미묘한 차이를 좀 더 감지할 수 있지만 이것은 자동적으로 발생한 능력이라기보다는 이러한 감각을 많이 사용하고 학습하여 생긴 결과다.

오해 • 시각장애인들은 음악적 재능이 뛰어나다.

사실 • 음악적 재능이 정안인에 비해 뛰어나지 않다. 그러나 음악은 시각장애인들이 직업적으로 성공할 수 있는 영역이라고 말할 수 있다.

오해 • 몸을 앞뒤로 흔들거나 머리를 끄덕거리며 움직이는 것과 같은 독특한 매너리즘적인 행동은 잘못된 행동이며, 반드시 제거될 필요가 있다.

사실 • 이 분야에 대한 연구가 좀 더 필요하기는 하지만, 학자들 중에는 맹 아동이 보이는 이러한 행동이 극단적으로 문제가 될 경우가 아니라면 그것이 맹 아동을 환기시키는 역할을 할 수도 있다고 하였다.

오해 • 점자는 모든 맹 학생에게 유용한 것은 아니므로 가장 마지막에 사용될 대안이다.

사실 • 실패의 상징이 될까 두려워하며 점자를 배운 사람은 거의 없다. 전문가들은 이미 시각장애인에게서 점자의 유용성을 충분히 검증하였다.

오해 • 보행훈련은 초등학교나 중학교 시기까지 기다렸다 배우는 것이 바람직하다.

사실 • 많은 전문가는 유아기에 보행훈련을 배우면 유용하다는 사실을 강조하며, 지팡이 훈련도 이에 포함시켜야 한다.

오해 • 안내견은 안내견 사용자가 가고자 하는 곳을 안내하여 데려간다.

사실 • 안내견이 안내견 사용자를 데리고 가는 것이 아니라 사용자가 이미 가고자 하는 곳의 위치를 파악하고 있어야 하고 안내견을 조정한다. 안내견은 위험한 곳이나 장애물을 피하는 데 도움이 된다.

오해	• 공학의 발전으로 인하여 더 이상 점자나 지팡이, 안내견 등을 사용할 일이 없어질 수 있을 것이다. 또한 시력을 공학적으로 복원하는 일이 이제 머지않아 현실이 될 것이다.
사실	• 시각장애의 영역에서 공학이 눈부시게 발전하고 있는 것은 사실이지만 점자, 지팡이, 안내견을 대신할 정도로 효율적인 단계까지는 아직 발전하지 못하였으며 쉽게 그 단계까지 발전하기는 어려울 것으로 현재까지 추정된다. 인공적인 시력의 복원에 대한 연구는 흥미롭지만 아직까지는 극적인 효과를 기대하기가 어려운 실정이다.

Stephen Kuusisto는 이 장의 서두에 소개된 시를 쓴 작가다. 그는 태어날 때부터 앞을 보지 못하였으나, 시각장애인으로서 잘 적응한 사람이다. 중도 실명을 했지만 그는 자신의 에너지를 매우 생산적으로 발산하였고, 작가로서 매우 성공적인 삶을 살았다. 그가 Ray Charles에게 바치는 시를 보면 실명에 대한 사람들의 적응이 매우 다르다는 것을 알 수 있다. 사람들 중에는 불행 속에서 오히려 내적 성장과 강인한 정신력을 기를 수 있다고 표현하고 있다.

"저희 어머니는 제게 장작을 패게 하셨고, 빨래도 하게 하셨고, 음식을 할 수 있도록 불을 지피라고도 하셨어요. 사람들은 엄마가 아이를 너무 학대하는 것 아니냐고 비난할 수도 있었겠지만, 저희 어머니는 '안 보인다는 것이 바보라는 뜻은 아니기 때문에 뭐든 배워야 한다.'는 태도를 가지고 계셨지요."(Ray Charles와의 인터뷰 자료, 2004. 6. 11, Reuters UK) 그러나 시각장애인으로서 적응하고 사는 데 가장 큰 어려운 점은 시각장애에 대한 일반인들의 반응이다. 사람들은 다른 장애인에 비해 시각장애인을 만나면 더 많이 어색해하고 불편하게 생각한다. 시각장애는 우선 눈에 잘 띈다. 청각장애를 가진 사람의 경우에는 대화를 나누기 전까지는 청각장애라는 사실을 사람들이 알아채지 못한다. 그러나 시각장애인의 경우에는 대개 지팡이를 사용하거나, 짙은 선글라스를 끼고 있거나, 안내견을 사용하기 때문에 눈에 쉽게 띈다. 또한 시각장애인이 두드러지는 이유는 눈이 사회적 상호작용을 위해 중요한 역할을 하기 때문이다. 특히 정안인 시인, 작가, 작곡가 등은 눈이 정서적으로 많은 것을 표현한다고 생각한다. 그러기 때문에 그들은 눈을 맞추지 않고 대화를 하는 것을 많이 불편하다고 여길 것이다. 이러한 생각 때문에 많은 사람은 중요한 문제에서는 전화상으로 대화하는 것보다 직접 만나서 눈을 보면서 대화해야 한다고 생각한다. 우리가 실명을 두려워하는 또 하나의 이유는 눈이 미적 감각과 깊은 연관이 있기 때문이다. 아름다운 것을 보며 느끼는 즐거움이 크며, 사람을 만났을 때에도 눈으로 감지할 수 있는 신체적인 매력과 감정이 어우러지기 때문이다. 또한 '맹(blind)'이라는 단어의 의미는 일상생활에서 부정적으로 쓰일 때가 많다.

'맹(blind)'이라는 말은 단순히 보지 못한다는 것을 의미하지 않는다. 과거부터 현재까지 그 용어의 사용을 보면 '맹'은 이해의 부족과 상관이 깊다. 또한 의도적인 등한시, 모호함, 감춤, 기만 등과도 상관이 있다. 그리고 그 의미에 있어서 '안 보인다'는 직접적인 의미로 쓰이기보다는 비유적으로 쓰이는 경우가 훨씬 많다. '맹신' '맹적인 복종' '맹점' '블라인드 테스트' '사각지대(blind spot)' 등 지금 어떤 책이나 잡지를 무작정 펼쳐들어도 '맹(blind)'이라는 용어는 시각장애나 시각장애인에 대한 고려도 없이 은유나 비유적인 표현으로 다양한 상황에서 부정적으로 사용되고 있을 것이다(Kleege, 1999, p. 21).

시각장애는 가장 출현율이 낮은 장애 중 하나다. 특히 학령기의 경우에는 더욱더 그렇다. 그러나 사람들은 시각장애를 가장 두려워한다. 조사 결과 사람들이 가장 무서워하는 신체적인 문제가 무엇이냐는 질문에 암과 에이즈 다음으로 '3위'에 랭크되기도 하였다(Jernigan, 1992). 그러나 시각장애에 대한 불안은 다분히 비논리적이다. 아마도 이러한 부정적인 근심의 가장 큰 이유가 시각장애인을 만나 보지 못한 점에서 기인되었을 것이다. 시각장애인을 만나서 대화하거나 관련된 내용을 읽어 보게 되면 시각이 아닌 다른 감각, 즉 후각, 청각, 촉각 등 다양한 다른 감각으로도 아름다움을 느낄 수 있고, 다른 사람과 의사소통할 수 있다는 사실을 알게 될 것이다. 다른 장애인들과 마찬가지로 시각장애인들도 다른 사람들과 동일하게 처우받기를 원한다. 거의 대부분의 시각장애인은 불필요한 도움이나 동정을 바라지 않는다. 자신이 독립적으로 생활하기를 그 누구보다도 더 바랄 것이다. 다음의 〈개인적 관점〉에서는 시각장애인을 만날 때 활용하기에 적절한 태도에 대해 제시하고 있다.

그리고 이 장 서두에 제시한 것처럼 시각장애에 대한 잘못된 관념을 제거하고 사람들이 그동안에 잘 모르고 있던 사실을 알아보고자 한다. 처음에 제시한 사실, 즉 법적 맹인은 시각이 없을 것이라는 오해에 대한 것으로서 많은 시각장애인은 일정 부분 기능적으로 사용할 수 있는 시력이 있을 것이라고 한 것부터 규명해 보고자 한다.

정의와 분류

시각장애를 정의할 때 가장 보편적으로 나누는 기준은 법적 정의와 교육적 정의다. 일반인들이나 의학적인 전문가들은 법적 정의를 많이 사용하는 반면에 교육자들은 교육적 정의를 선호한다. 이 두 분야에서 사용하는 용어는 '맹'과 '저시각'이다.

 개인적 관점

시각장애인과 사회적 관계를 맺을 때의 예절

다음 편지는 신문에 연재되는 'Dear Abby' 난에 소개된 것으로 미국맹인재단(American Foundation for the Blind)의 회장이 보낸 것이다. 이 편지 글에는 정안인이 시각장애인을 만났을 때 어떻게 하면 되는지에 대한 팁이 제공되어 있다. 여기에 제공된 사항이 시각장애인을 만났을 때의 어색함을 줄여 줄 것이다.

Dear Abby:

일전에 당신이 받은 편지 중에 시각장애인을 대할 때 필요한 몇 가지 팁을 소개한 것이 있던 걸로 알고 있습니다. 저는 미국시각장애인재단의 회장직을 맡고 있으며, 저 또한 시각장애인입니다. 시각장애인을 대할 때의 팁을 몇 가지 덧붙이고자 합니다. 아마도 시각장애인을 대하게 될 독자들에게 유익할 것으로 생각합니다.

① 시각장애인과 대화할 경우, 자연스러운 목소리 톤과 속도를 유지하는 것이 좋습니다. 시각과 청각 장애를 동시에 가진 경우가 아니라면 더 크고 더 느리게 말씀하실 필요가 전혀 없습니다.

② 말을 먼저 걸고자 할 때는 가능하다면 먼저 이름을 부르고 말을 거는 것이 좋습니다. 특히 사람들이 많이 있는 경우라면 더욱더 중요합니다.

③ 시각장애인이 실내로 들어올 경우 곧바로 인사를 하는 것이 좋습니다. 이렇게 하면 시각장애인은 그 방에 사람이 있다는 것을 깨닫게 되며 필요한 경우 도움을 요청할 수도 있습니다.

④ 시각장애인과 대화를 마무리할 경우에는 꼭 마친다는 사실을 분명히 알려야 합니다. 간혹 이렇게 하지 않으면 상대방은 이미 떠났는데 허공에 대고 말을 하는 당황스러운 상황이 발생할 수도 있습니다.

⑤ '보는 것'과 관련된 어휘를 선택하는 것에 주저할 필요가 없습니다. '보다' '보라' 'TV 시청'의 용어는 이제 우리 일상에서 자주 사용되는 언어입니다. 또한 '맹인' '시각장애인'과 같은 용어도 사용 가능합니다.

⑥ 당신이 시각장애인을 안내할 경우에는 넓은 공간 한가운데 세워 두어서는 안 됩니다. 만약 시각장애인을 잠시 홀로 두고 어디를 다녀와야 하는 경우라면 벽이나 의자 등을 곁에 지지하여 있도록 하는 것이 좋습니다.

⑦ 위험한 상황에 놓여 있는 시각장애인을 만나게 된다면 침착하십시오. 예를 들어, 시각장애인이 벽이나 전봇대 등에 부딪힐 상황이라면 "잠깐만요, 앞에 장애물이 있어요."라고 조용하지만 분명하게 말을 전하십시오.

뉴욕, 미국맹인재단 회장
Carl R. Augusto

법적 정의

법적 정의에서는 시력과 시야의 진단을 포함한다. **법적 맹**의 경우에는 좋은 눈의 교정 시력이 20/200이거나 낮고, 시야의 경우에는 가장 넓은 부분이 20도 이하이면 이에 속한다. 20/200이라는 분수의 의미는 정상 시력을 가진 사람이 200피트 거리에서 볼 수 있는 내용을 20피트에서 볼 수 있는 정도의 시력을 의미한다. 그러므로 정상 시력을 표현할 때는 20/20이라고 표현한다. 한편 시야의 측면에서 보면 중심시력은 좋을 수도 있겠지만 주변시력이 많이 제한적인 경우가 있다. 법적인 기준을 통해 시각장애인은 세금 우대, 장애연금, 보조공학 기구에 대한 지원 등을 받도록 법적 보호를 받을 수 있다.

한편 **저시각**은 약시라고도 일컬어지는데, 법적인 측면에서 '저시각'으로 분류되는 기준은 좋은 눈의 교정시력의 경우 20/70부터 20/200 사이에 포함되어야 한다.

교육적 정의

교육 관련 전문가들은 교육 현장에서 법적인 정의가 거의 유용하지 않다는 것을 잘 알고 있다. 시력이라고 제시된 수치가 시각장애 학생의 시력이 어느 정도인지를 잘 설명해 주지도 못하고 잔존시력이 있는 경우 이를 학생이 어떻게 사용하는지에 대한 안내도 해 주지 못한다. 법적 맹으로 등록되었다고 하더라고 그들 중 일부만 시력이 전혀 없으며, 대부분은 다양한 정도의 시기능을 가지고 있는 경우가 많다.

법적 정의만으로는 시각장애 학생에게 적합한 교육 매체를 알 수 없다는 단점이 있다. 교육적 정의는 '맹'과 '저시각'을 구분할 때 읽기 매체를 기준으로 한다. 교육적 정의에서의 '맹'은 점자 사용을 기준으로 하는데, **점자**는 양각된 여섯 개의 점으로서 글씨와 상징을 나타내는 체계를 의미한다. 또한 교육적 맹으로 분류된 학생들은 오디오북과 같은 듣기 자료를 함께 사용하기도 한다. 교육적 정의에서의 '저시각'은 시각적인 자료로 학습하는 경우를 의미하는데, 확대문자를 활용하거나 보조공학 기기를 이용하여 시력을 통해 글을 읽을 수 있는 범위를 포함한다.

저시각으로서 시각을 통해 읽을 수 있는 경우에도 점자를 배우는 것이 중요하다고 믿는 사람들도 있다(뒷부분에서 논의할 것이다). 이것이 과거에는 거의 대부분의 시각장애인이 점자를 배워 학습한 이유가 되었다.

일부 전문가는 법적 정의와 교육적 정의 모두에 문제가 있다고 주장한다. 이러한 정의가 시각장애인이 할 수 있는 기능에 대해 초점을 맞춘 것이 아니라 '불능'을 강조한다는 것이다. 다음의 〈핵심 개념〉에는 이러한 내용이 논의되어 있다.

출현율

시각장애는 주로 성인에게 나타나는 장애다. 학령기와 비교해 보면 성인기와 비교하였을 때 1/10 정도만 나타난다고 볼 수 있다. 연방정부의 통계에 따르면 전체 학령기(6~17세)의 0.05%에 해당하는 학생이 시각장애를 가지고 있으며, 이는 '맹'과 '저시각' 모두를 포함한 수치다. 그러나 이 수치는 낮게 나타난 숫자일 가능성이 높다. 시각장애는 다른 장애와 중복되는 경우도 많은데, 학교에서 조사된 장애는 '주 장애'만이 기술되었기 때문이다. 가령 시각장애를 가지고 있으면서 '지적장애'를 가지고 있는 경우에는 지적장애가 주 장애이므로 지적장애로 보고되었을 것이다. 그러나 다른 장애와 비교하였을 때 시각장애는 가장 출현율이 낮은 장애의 하나일 것이다.

시각장애에 대한 기술적 정의

가능한 기술에 초점을 둔 정의

대개 장애(시각장애를 포함하여)를 정의 내릴 때는 사람이 무엇을 못하는지에 초점을 맞추고 있다. Carol Castellano는 시각장애 아동의 엄마로서 뉴저지 시각장애 아동부모협회(New Jersey Parents of Blind Children) 회장과 동시에 미국 시각장애 아동부모협회(National Organization of Parents of Blind Children)의 초대회장을 역임하였다. 그녀는 장애의 정의에 대한 새로운 시각을 보여 주었다. 그녀는 시각장애의 기술적 정의를 제안하였는데, 이는 다음과 같다.

나는 시각장애를 다른 식으로 정의할 것을 제안한다. 시각장애란 정보를 얻거나 임무를 수행할 때 대안적인 기술이나 도구를 사용하는 사람으로 정의하고자 한다. 가령 빨래를 정리하는 일을 할 경우에는 점자나 촉각 라벨을 활용하여 그 일을 할 수 있고, 책을 읽을 경우에는 대안적인 도구, 즉 점자나 확대문자를 활용하여 그 일을 할 수가 있다(Castellano, 2005, p. 16).

Castellano는 또한 '맹'과 '저시각'을 구분하는 것도 지적한 바 있다. 이러한 구분이 점자는 확대문자보다 못하다는 인식을 강화하는 경향을 가져온다고 생각하였다.

기술에 초점을 두는 정의의 중요성을 잘 보여 주는 중도 실명인의 글이 또 있다. "그래서 제가 시각장애인입니까? 제 생각에도 저는 시각장애인입니다. 그러나 저는 제가 원하는 삶을 꾸려 나가고 있습니다. 지금 저는 제가 기존에 정안인으로 살아왔던 삶과는 다른 도구와 다른 공학 기기를 사용하고 있지만 그것을 제외한다면 예전의 삶과 다르지 않습니다." (Pare, 2005, p 412)

시각장애 기술에 관한 퀴즈

Castellano(2005)는 시각장애인이 일상생활을 어떻게 수행하는지를 부모나 교사에게 알려 주기 위하여 다음과 같이 기술하였다. 다음은 그녀가 흔히 사용하는 질문들의 예다.

시각장애인들은 다음과 같은 일들을 어떻게 할까요?
1. 걸음마기 자녀를 어떻게 쫓아다닐까요?
2. 슈퍼마켓에서 어떻게 장을 볼까요?
3. 바비큐 그릴을 사용할까요?
4. 인터넷 서핑을 할까요?
5. 주스를 따라 마실 수 있을까요?

다음은 가능성 있는 답변들이다.
1. 아기 신발에 소리 나는 방울을 달아서 그 소리를 듣거나(많은 정안 부모들도 사용하는 방법임) 일회용 기저귀에서 나는 바삭거리는 소리에 귀 기울여서 따라 다닐 수도 있다.
2. 점자로 쇼핑 목록을 적고, 마켓에서 제공해 주는 쇼핑 도우미 서비스를 활용하거나, 시각장애심부름센터 직원의 도움을 받을 수도 있으며, 온라인으로 쇼핑할 수도 있다.
3. 그릴에서 사용할 수 있는 긴 안전장갑을 착용하고 사용한다.
4. 화면확대 프로그램이나 화면읽기 프로그램을 사용하면 컴퓨터를 이용할 수 있다.
5. 주스를 따를 때 나는 소리와 주스 잔의 무게, 주스 잔의 온도 등이 얼마나 부었는지 알려 주기도 하고, 한 손가락을 주스 잔 속에 걸쳐 두고 있다가 찬기가 느껴질 무렵 잔이 다 채워졌는지 알 수도 있다(Castellano, 2005, pp. 16-17).

눈의 해부생리학적 지식

시각계는 매우 복잡한 해부학적 구조를 가지고 있다. 그러므로 여기에서는 기초적인 것만 알아보고자 한다. [그림 12-1]은 눈이 어떻게 보는지를 보여 주고 있다. 우리가 본

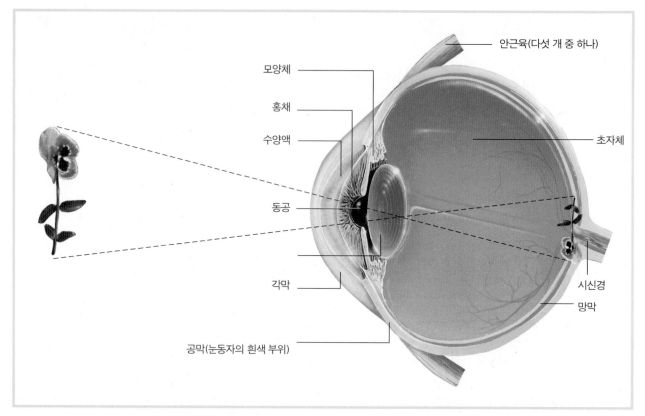

안근육(다섯 개 중 하나)

모양체

홍채

수양액

초자체

동공

각막

시신경

망막

공막(눈동자의 흰색 부위)

[그림 12-1] 눈의 해부학적 구조 및 시각적 정보 처리

피사체는 전기 신호로 바뀌어 시신경을 통해 뇌로 그 정보가 들어간다. 우리가 본 상이 시신경에 닿기 전에 빛줄기는 눈의 여러 기관을 거쳐 들어간다.

① **각막**을 거친다. 각막은 투명한 커버막으로서 눈동자의 홍채와 동공 위를 덮고 있으며 상을 굴절시켜 망막에 맺히도록 도와주는 주요 기관이다.

② **방수**를 지난다. 방수는 각막과 수정체 사이에 있는 물과 같은 것을 의미한다.

③ **동공**을 지난다. 동공은 **홍채**의 가운데에 있는 구멍을 의미하는데, 눈 색깔을 결정하는 것이 바로 홍채이고, 빛의 양에 따라 동공의 크기가 커지거나 작아진다.

④ **수정체**를 지난다. 수정체는 본 내용을 좀 더 정교화하며, 빛줄기는 수정체를 통해 방향이 바뀌게 되고 **초자체**(망막과 수정체 사이에서 눈의 모양을 둥글게 유지해 주는 겔 성분의 덩어리)를 거친다.

⑤ **망막**에 상이 맺히는데 망막은 눈 가장 안쪽 끝에 있으며, 시세포와 신경섬유가 있어 **시신경**으로 이어져 뇌로 정보를 전달한다.

시각장애의 판별

시력은 다른 크기의 글자가 여러 줄 나열되어 있는 **스넬렌 차트**(알파벳을 아는 경우)로 진단할 수 있다. 어린 유아나 글자를 모르는 경우에는 'E'가 다양한 크기로 다양한 방향을 향하고 있는 시력표를 써서 E자의 다리가 어디를 향해 있는지 답하게 하여 진단할 수 있다. 시력표는 열여덟 줄로 되어 있으며, 각 줄에는 20, 30, 40, 50, 70, 100, 200이라고 쓰여 있다. 20의 줄을 읽을 수 있으면, 그 사람의 중심시력은 20/20으로 정상 시력을 가진 것을 의미하며, 70의 줄을 읽을 수 있으면 20/70으로서 정상 시력을 가진 사람이 70피트 거리에서 볼 수 있는 것을 20피트 거리에서 볼 수 있는 정도의 시력을 의미한다.

스넬렌 차트가 시력을 진단하기 위해 가장 보편적으로 많이 쓰이고 유용하지만 한계는 있다. 첫째, 이 시력표는 원거리 시력을 진단하기에는 용이하지만 근거리 시력을 잴 수는 없다. 근거리 시력과 원거리 시력은 다를 수 있기 때문에 근거리 시력도 측정할 필요가 있다. 읽기를 하는 정도의 거리를 유지하고 다른 크기의 글자를 읽게 함으로써 이를 측정할 수 있다.

둘째, 스넬렌 차트로 측정한 시력이 다양한 상황(형광등 불빛 아래, 직사광선이 있는 창가, 광택이 있는 타일 바닥 등)에서의 학생의 진짜 시기능을 말해 주지는 못한다. 그러므로 시각장애 재활교사는 기능 시력검사를 실시한다. **기능 시력검사**(functional vision assessment)는 다양한 임무를 수행하게 하여 다양한 환경(교실, 운동장, 상점)과 빛 상황에서 어떻게 사물을 감지하는지를 관찰하면서 진단하게 된다(Zimmerman, 2011).

교사는 아동의 시각장애 여부를 판단하는 중요한 역할을 하게 된다. 그러므로 아동이 보이는 행동이나 습관과 같은 증후를 눈여겨보아야 한다. 미국실명예방재단(Prevent Blindness America, 2005)은 웹사이트를 통해 시각장애를 가진 아동이 보이는 다양한 행동 증후를 제시해 놓았다. 다음의 〈핵심 개념〉에 그 내용이 소개되어 있다.

원 인

아동과 성인에게 나타나는 시각장애의 원인

아동과 성인에게 출현 빈도가 가장 높은 시각장애는 굴절 이상으로 오는 장애다. **굴절**은 빛이 들어와서 망막에 상이 맺히기 위해 빛이 꺾이는 것을 의미한다. 근시, 원시, 난시는 굴절 이상으로서 시력에 문제를 가져온다. 안경이나 렌즈 등이 없다면 분명이 심각한 영향을 미칠 수 있겠지만 대부분의 경우에는 안경이나 콘택트렌즈를 통해 정상 범위

인터넷 자원

스넬렌 차트가 제시되어 있는 다양한 웹사이트들이 있는데, http://en. wikipedia. org/wike/Snellen-chart, http://www.,mdsupport.org/ snellen.html 등을 활용해 볼 수 있다. 또한 미국실명예방재단(Prevent Blindness America) 웹사이트에는 웹기반의 근거리 시력 측정 서비스 영역도 갖추고 있다. www.preventblindness. org/eye_tests/near_vision_ test.html

인터넷 자원

미국실명예방재단(Prevent Blindness America)은 1908년에 만들어진 기구로서 눈 건강과 안전을 위해 자발적으로 형성된 기부금으로 운영되는 기구다. 이 재단의 웹사이트(www. preventblindness.org)는 실명예방에 관련된 다양한 정보를 수록하고 있다.

핵심 개념

시각장애 가능성이 있는 유아의 행동 특성

다음 제시한 증상 중에 한 가지 이상이 나타나면 안과의사로부터 즉각적인 진단을 받을 필요가 있다.

유아의 눈

- 두 눈동자가 서로 바르지 않거나 한 눈동자가 교차되거나 바깥쪽으로 치우쳐 있다.
- 눈동자가 충혈되어 있거나 눈꼽이 많이 끼어 있고, 눈두덩이가 부어 있다.
- 눈에 물기가 많거나 충혈되어 있다.

유아의 행동

- 눈을 심하게 비빈다.
- 한쪽 눈을 감거나 손으로 가린다.
- 머리를 한쪽으로 기울이거나 머리를 앞으로 쭉 내민다.
- 읽기와 같이 근거리 시력이 요구되는 것에 어려움이 있거나 사물을 눈 가까이로 가져가서 본다.

- 눈을 심하게 깜빡거리며 읽기 등을 할 때 불편해한다.
- 사물이 흐려 보이고 잘 보지 못하는 것처럼 보인다.
- 눈을 찌뿌리면서 사물을 보려고 한다.

유아의 언어적 호소

- "눈이 가려워." "눈에서 불이 나." "눈이 거칠거칠해."라고 말한다.
- "잘 볼 수 없어."라고 말한다.
- 읽기와 같은 근거리 시력을 요하는 활동을 한 후에 "어지러워." "머리 아파." 또는 "토할 것 같아."라고 말한다.
- "모든 게 안개 긴 것처럼 뿌옇게 보여." 또는 "두 개로 보여."라고 말한다.

그렇지만 유아들 중에는 이렇게 힘들어하지 않아 보이면서도 눈의 문제를 가지고 있는 경우도 있음을 기억하고 필요한 진단을 시기적절하게 받아야 한다.

로 시력을 향상할 수 있다.

근시는 안구의 지름이 큰 경우에도 나타날 수 있는데 지름이 너무 길게 되면 상이 망막 앞쪽에 맺히게 된다([그림 12-2a] 참조). 그러나 가까운 사물을 볼 때에는 문제가 없다. 반면 안구의 지름이 짧은 경우에는 상이 망막 뒤편에 맺혀서 자세히 볼 수 없게 된다([그림 12-2b] 참조). 그러나 먼 곳의 사물을 볼 때는 문제가 없다. 이는 안구의 길이와도 상관이 있을 뿐 아니라 각막과 수정체가 굴절을 할 때의 문제로 야기될 수 있다. 각막이나 수정체의 모양이 고르지 못해 나타나는 것이 난시인데, 난시의 경우에는 상이 흐리거나 약간 왜곡되게 보일 수 있다.

원인들 중 가장 심각한 것은 녹내장, 백내장, 당뇨병성 망막증과 같은 질환 등이다. 이러한 질환은 비교적 성인기에 많이 나타나지만 녹내장과 백내장은 아동기에도 나타날 수 있다. [그림 12-3]은 이러한 질환을 가진 사람들이 어떻게 세상을 보는지를 보여 준다.

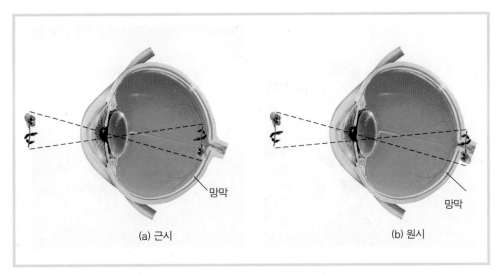

(a) 근시   (b) 원시

[그림 12-2] 시각 굴절 문제

녹내장은 시신경에 손상을 주는 안질환이다. 한때 녹내장은 높은 안압과 관련이 있다고 알려졌으나 최근에는 정상 안압을 가진 사람도 녹내장이 나타날 수 있다는 연구 결과가 발표되었다(Glaucoma Reserch Foundation, 2008). 이 질환을 '빛 도둑 뱀'이라고 묘사하기도 한다. 전혀 징후가 없기 때문에 이러한 별명이 붙었다. 그러나 녹내장은 연령이 높거나 아프리카계 미국인일수록 발병률이 높은 것으로 나타나 있는데 정기 검진을 통해 발견할 수 있다. 그러므로 만 35세 이후에는 정기 검진 시 꼭 포함해야 하고, 나이가 많을수록, 흑인일수록 꼭 정기적으로 검진을 받아야 할 필요가 있다.

백내장은 수정체가 혼탁해지는 질환이다. 선천성 백내장의 경우에는 유아기에 나타나는데, 원거리 시력과 색을 보는 데 어려움을 준다. 백내장은 수술을 통한 인공수정체로 치료할 수 있다.

당뇨병성 망막증은 당뇨병이 그 원인이 된다. 당뇨병으로 인하여 망막에 혈액 공급이 되지 않아서 발생하는 질환이다.

아동에게 영향을 주는 시각장애의 원인

아동에게 가장 출현율이 높은 세 가지의 시각장애 원인은 피질시각장애, 미숙아망막증, 시신경 위축이다(Zimmerman, 2011). 현재는 **피질시각장애**(cortical visual impairment: CVI)가 가장 대표적인 질환이다. 피질시각장애는 시각을 담당하는 뇌손상으로 발생한다. 뇌의 손상이나 이상의 원인은 다양할 수 있는데, 뇌손상, 감염 등이 원인이 될 수 있다. 아직까지도 많은 연구자가 그 특성을 정의하려고 노력하고 있지만 피질시각장애는 독특한 양상을 띤다. 새로운 시각 정보를 보지 않으려 한다거나, 가까운 사물을 더 보기

(a) 정상 시력

(b) 녹내장

(c) 백내장

(d) 당뇨병성 망막증

(e) 망막색소변성

[그림 12-3] 이 그림은 다양한 시각장애를 가진 사람이 어떻게 세상을 보는지에 대해 보여 준다.

좋아한다거나, 비의도적인 응시, 특정 색깔에 대한 선호, 빠르게 움직이는 사물을 보기 좋아하는 것, 일반적이지 않은 시각 반사 등을 나타낸다.

미숙아망막증(retinopathy of prematurity: ROP)은 안구 망막의 비정상적인 혈관 형성으로 발생하며, 결국 망막 박리로 이어진다. 미숙아망막증의 원인 발견은 20세기 의료 역사에서 극적인 결과가 아닐 수 없다. 미숙아망막증은 1940년대에 조산아들에게 처음 발견되었다. 1950년대 학자들은 인큐베이터에 제공한 과도한 산소의 공급이 실명을 가져온다고 밝혔다. 산소는 뇌손상을 막는 데 중요한 역할을 하기에 간혹 너무 높은 정도의 산소가 공급되기도 하였던 것이다. 그 이후 병원에서는 산소가 적정량 공급되도록 특별히 주의를 기울였다. 오늘날 의학의 발전으로 더 많은 조산아가 살아날 수 있게 되었다. 조산아들 중에는 많은 산소를 필요로 하는 경우도 있어 미숙아망막증의 가능성이 높아지는 경우도 있다. 또한 미숙아망막증은 과도한 산소 공급만이 원인이 아니라 조산이 원인이 될 수 있다(National Eye Institute, 2010).

시신경 위축(optic nerver hypoplasis: ONH)은 시신경 발달 부전이 원인이 될 수 있다. 시신경 발달 부전은 뇌 이상과 관련이 있을 수 있는데, 이러한 이유로 시신경 위축을 가지고 있는 아동은 언어발달장애나 지적장애를 동반할 수 있다. 시신경 위축의 정확한 원인은 현재까지 구체적으로 밝혀지지 않았다.

망막색소변성(retinitis pigmentosa: RP)은 유전적인 질환으로 망막의 지속적인 변성을 가져온다. 이 질환은 어린 유아기부터 시작될 수 있고 청소년기부터 시작될 수도 있다. 망막색소변성은 시야 결손(**터널 시력**)을 가져오며, 어두울 때 보는 것이 어렵게 된다(야맹증). 이 질환은 태아기에 유전적으로 형성되므로 매독이나 풍진과 같은 출생 전의 원인으로 포함된다.

다음으로, 사시와 안구진탕증은 안근육의 이상으로 발생되는 질환이다. **사시**는 단안 또는 양안에 나타날 수 있으며, 눈동자가 안쪽이나 바깥쪽으로 쏠리게 나타날 수 있다. 사시를 방치하면 실명이 될 수 있는데 뇌가 정확한 정보를 주지 않는 사시안의 정보를 처리하지 않아서 결국 그 눈이 기능하지 못하게 되는 것이다. 그러나 대부분의 경우에는 눈 운동이나 수술 등으로 교정될 수 있다. 눈 운동은 잘 보는 눈을 아이패치로 가리고 사시를 보이는 눈을 의도적으로 사용하게 하는

시각장애 유아는 앉기, 기기, 걷기와 같은 운동 기능 면에서 많이 지연되어 있을 수 있다. 그러므로 부모나 교사는 유아가 주변 환경을 돌아다니면서 탐색할 수 있는 기회를 최대한 많이 제공해야 한다.

방법이다. 눈의 수술은 눈 근육이 이완과 수축을 적절히 하도록 돕게 된다. **안구진탕증**은 불수의적인 안구의 움직임이 빠르게 나타나는 증상을 의미한다. 어지럼증이나 구토를 가져올 수도 있다. 간혹 뇌의 이상이나 내이의 문제 등의 신호로서 나타나기도 한다.

심리 및 행동적 특성

언어 발달

대부분의 학자와 관련 전문가는 시각 결손이 언어의 사용과 이해의 발달에 큰 영향을 주지 않는다고 믿는다(Rosel, Caballer, Jara, & Oliver, 2005). 왜냐하면 언어학습은 시각보다는 청각과 상관이 있기 때문이다. 그러므로 시각장애를 가진 아동들의 언어 기능에는 문제가 없는 것도 당연한 일일 것이다. 시각장애를 가졌지만 들을 수는 있으며, 오히려 정안 아동과 비교하였을 때 언어로 의사소통하려는 동기가 더 높을 수 있다. 시각장애 아동의 경우에는 말을 통해서만 소통이 가능하기 때문이다.

인지 능력

표준화된 지능검사의 결과   한때 학자들 사이에서는 시각장애 아동과 정안 아동의 지능을 비교해 보고자 시도한 학자들이 많았다. 그러나 오늘날 관련 전문가들은 이러한 비교는 실질적으로 불가능하다고 믿고 있다. 왜냐하면 두 집단에게 사용할 수 있는 동일한 수준의 지능검사를 찾기가 불가능하기 때문이다. 현재까지 우리가 아는 것은 시각장애가 꼭 낮은 지능을 가져오는 것은 아니라는 사실이다.

개념 발달   실험실 상황을 만들어 놓고 시각장애 아동의 개념적인 능력을 측정하기란 거의 불가능하다. 많은 학자는 유명한 인지심리학자인 Jean Piaget가 개발한 개념 활동을 활용하여 개념적 능력을 측정하였고, 정안 아동과 비교하였을 때 개념적 능력이 많이 낮다고 결론을 내린 바 있다. 이러한 결과는 시각장애 아동은 개념 발달을 위해 시각보다는 덜 효율적인 촉각을 사용해야 하기 때문이라고 할 수 있다. 그러나 이러한 지연 현상은 그리 오래 계속되지는 않는다. 아동이 언어를 사용하고, 언어를 통해 환경에 대한 정보를 받아들이게 되면 더 이상 지연되지 않는다(Perez-Pereira & Conti-Ramsden, 1999). 촉각은 시각장애인의 전 생애에 걸쳐서 매우 중요한 감각이다. 그러므로 시각장애인은 '손으로 세상을 본다'고 말할 수 있다(Hull, 1997).

시각장애 아동과 정안 아동은 환경으로부터 얼마나 많은 학습 기회와 동기를 얻느냐의 차이가 가장 크다. 정안 아동의 경우 보는 것을 통해 우연적으로 많은 정보를 얻을 수 있다. 그러므로 좀 더 적극적으로 주변 환경에 노출되어 환경을 탐색하고 다양한 정보를 습득할 수 있는 기회를 확보하여야 한다. 주변을 탐색하기 위해서는 돌아다닐 수 있어야 하는데 시각장애 유아의 경우에는 운동 발달, 즉 앉기, 기기, 걷기 등이 지연된 경우가 많다(Celeste, 2002). 그러므로 부모나 교사는 유아가 좀 더 적극적으로 환경을 탐색하도록 움직일 수 있는 기회를 많이 주어야 한다.

또한 유아의 탐색 기회를 높여 개발·발달시키기 위하여 부모와 교사는 반복과 같은 집중적이고도 다양한 지도를 시도해야 할 필요가 있다.

> 보이지 않을 경우, 예를 들어 가게 안에 있을 경우 가게의 앞쪽과 뒤쪽을 아는 것은 매우 혼란스럽다. 자신의 몸을 중심으로 앞쪽과 뒤쪽을 파악하기 때문에 자신의 몸을 움직이면서 계속 위치를 수정하게 된다. 그러므로 개념을 지도할 경우 교사는 많은 시간을 할애하여 촉각적인 정보를 통해 단계적이고 반복적으로 다양한 상황 안에서 지도할 수 있어야 한다. 이렇게 하였을 때 학생은 비로소 자세한 이미지를 형성하게 되고 높은 이해를 가져올 수 있다(Knott, 2002, p. 69).

보행훈련

보행 기술은 시각장애 학생의 성공적인 적응을 위해 매우 중요하다. **보행훈련**(orientation & mobility: O & M) 기술이란 자신과 주변, 즉 다른 사람이나 사물과의 관계, 잔존 감각을 가지고 단서를 활용하여 위치를 이해하는 '방향정위' 기술과 주변을 이동하는 '이동성'이라는 개념을 포함한다.

O & M 기술은 공간에 대한 이해 능력과 상관이 높다. 전문가에 의하면 시각장애인들은 두 가지 방법으로 공간 정보를 파악하는데, 일련의 이동 과정을 통해서 알거나 혹은 서로의 관계 안에서 환경 속의 다양한 지점의 위치를 이해하는 인지적 지도화를 통해 공간을 파악한다. **인지적 지도화**는 주변을 이동함에 있어서 좀 더 융통적으로 활용 가능하기 때문에 더 효율적이다. 연속 지점을 활용하는 방법을 예로 들면, A, B 그리고 C 지점을 연속선상에서 사용하는 방법을 취하는 경우에 A지점에서 C지점까지 이동 중에 있다면 연속 지점 방법을 이용할 경우 꼭 B지점을 거쳐야 하지만, 인지적인 지도를 사용하는 경우라면 B를 거치지 않고 바로 C로 이동할 수 있기 때문이다. 불가능한 것은 아니라 하지만 인지적인 지도를 머릿속으로 그리는 것은 쉬운 일이 아니다. 시각은 다음과 같은 사항을 가능하게 해 준다.

> 시각은 암기할 필요 없이 한 장소에서 물리적 환경에 대한 위치 정보를 한순간에 제공

한다. 낯선 교실에 처음 왔을 경우라도 한번 둘러보는 것으로 교실에 대한 정보를 순식간에 파악한다……. 다른 장소도 마찬가지다. 그러나 시각장애를 가진 아동은 새로운 교실에 대한 인지적 지도를 만들어 내기 위하여 잔존감각을 최대한 활용하여 많은 정보를 수집하고 분석하여야 하며 또한 대부분을 기억해야 한다(Webster & Roe, 1998, p. 69).

보행 기술의 능숙함 정도는 시각장애인에 따라 매우 다르다. 그래서 독립 보행을 잘하는 사람을 어떤 기준에 따라 예측하는 것도 매우 어렵다. 예를 들면, 상식적으로 생각했을 때 잔존시력이 더 높거나 시각장애 발생 시기가 늦을수록 독립 보행이 더 잘 될 것이라고 생각하기 쉬운데 꼭 그런 것만은 아니다. 시각장애인의 동기, 적절한 지도를 받았는지에 대한 요인이 더 큰 요인이 될 수 있을 것이다.

장애물 감각   시각장애인들 중에는 보행 중의 장애물을 지각하는 능력을 보이는 사람들이 있다. 이러한 능력을 **장애물 감각**(obstacle sense)이라고 하는데, 잘 모르는 사람들은 시각장애인의 이러한 능력을 시각장애인만 가지는 초감각이라고 생각하는 경향이 있다. 이러한 오해가 아직도 존재한다. 그러한 능력을 보이는 시각장애인 당사자마저도 그러한 현상을 말로 설명하기 어려워한다(Hull, 1997). 이에 대한 다양한 실험이 이루어졌는데, 실험 결과 시각장애인들 중에는 장애물을 통해 되돌아오는 높은 피치의 반향음을 통해 장애물을 감지하는 것으로 나타났다. 사실상 소리의 물리적 흐름에 대한 원리인 **도플러 효과**(Doppler effect)를 활용하고 있는 것이다.

장애물 감각은 시각장애인의 보행에서 중요하게 사용될 수 있기는 하지만 그 자체가 보행 능력을 높여 주지는 못한다. 외부의 소음(예: 자동차 소리, 사람들 말소리, 빗소리, 바람 소리 등)이 너무 커서 이 능력을 사용할 수 없게 되는 경우도 많기 때문이다. 또한 이렇게 소리를 듣고 반응해야 하기 때문에 빨리 걷지 못하게 되는 단점이 있다. 그럼에도 불구하고 학자들 중에는 이러한 현상을 보행 보조기구를 통해 좀 더 강화시키는 방법을 계속 연구하고 있다(Miura, Muraoka, & Ifukube, 2010).

감각적 예민함에 대한 오해   시각장애에 대한 오해 중에 초감각에 대한 것도 있지만 이와 더불어 감각적 예민함도 포함된다. 시각장애를 갖게 되면 다른 감각이 자동적으로 예민해진다는 개념이다. 이 또한 잘못된 개념으로서, 시각장애를 가졌기 때문에 촉각이나 청각적 역치가 자동적으로 낮아진다는 것인데 결코 그렇지 않다. 다만 잔존감각을 계속 사용하고 또 집중하다 보면 미세한 부분까지 변별이 가능해질 수는 있다. 시각이 아닌 다른 감각으로 감지할 수 있는 정보의 양이 얼마나 될지에 대해서 간과하기 쉬울 것이다.

또 하나의 오해는 시각장애인들은 자동적으로 음악에 대한 영재성을 가진다는 믿음

개인적 관점

Stephen Kuusisto의 감각적 세계

일반적으로 정안인의 경우에는 시각 이외의 감각(청각, 촉각, 후각 등)을 통해서 들어오는 정보를 놓치는 경우가 많다. 그러나 시각장애인의 경우는 이렇게 남아 있는 잔존감각에 많이 의존한다. 시각장애인이 느끼는 세계는 소리, 감촉, 냄새 등으로 가득하다. 다음은 Stephen Kuusisto의 에세이에서 발췌한 내용이다. 그는 보이지 않는 세상이 얼마나 많은 정보로 풍성한지를 보여 주고 있다.

아마 토요일이었을 것이다. 우리 부모님은 늦잠을 자는 중이셨는데 나는 계획이 있었기 때문에 조용히 옷을 입었다. 아무도 일어나지 않았다는 것을 확인한 후 나는 조용히 집을 빠져나왔다. 난 숲을 걷는 것을 좋아했고 나무 사이로 비치는 빛줄기와 그 아래의 짙은 그늘을 좋아했다. 그런데 그날 나는 그 빛을 쫓아가다가 길을 잃어버리고 말았다. 나는 근처 대학교에 있는 마구간까지 내가 왔다는 것을 알 수 있었다. 왜냐하면 차가운 아침 공기 사이로 말이 숨 쉬면서 내뱉는 훈훈한 공기를 느꼈기 때문이었다. 나는 문가에 서서 말이 숨 쉬는 것을 들었다.

Stephen Kuusisto와 그의 안내견 Corky

나는 말이 있는 곳으로 한 발짝 다가갔다. 말구유의 건초, 가죽, 말똥 냄새가 점점 더 진하게 느껴졌다.

말의 목에서는 꿀렁꿀렁 물 넘어가는 소리가 들렸다.

쥐들이 사각거리는 소리도 들렸다.

나는 믿을 수 없을 만큼 고요한 곳에서 말 막사에서 들려오는 모든 소리를 들었다.

나는 작은 시각장애 아동이었고 말을 향하고 있었다. 내 뒤에서는 고양이 한 마리가 "야옹야옹" 짖었다. 누가 생각이나 할까? 말도 어느 때는 숨을 죽인다는 것을……. 그 말도 나를 응시하고 있었다.

고양이 한 마리가 더 다가왔고, 두 마리는 뭔가 말을 주고

받았다.

바람은 천장 쪽에서 불어와 나무로 지어진 막사에서는 삐걱이는 소리가 들렸다.

그 말은 여전히 숨을 죽이고 있다.

그 말이 언제 숨을 쉬기 시작할까?

헤이! 이쁜 말!

날 위해 숨을 크게 쉬어 줘.

어디 있는 거야?

난 그때 말이 자신의 옆구리를 벽에 대고 살살 긁어대는 소리를 들었다.

그리고 나서 난 그 말의 숨소리를 다시 들을 수 있었다. 아주 긴 호흡이었다.

그 숨소리는 큰 풍선에서 바람 빠지는 소리와도 같았다. 나도 내 볼을 두 손바닥으로 꾹 누르면서 그와 비슷한 소리를 내려고 흉내 내어 보았다.

이 소리가 어때 하고 나는 말에게 물어보았다.

그 말은 코를 씰룩대며 대답했다.

난 고요함 속에서 벌레가 기어가는 소리를 들을 수 있었다.

햇빛이 내 얼굴을 따뜻하게 어루만지는 것을 느꼈다.

나는 작은 소년이었고 집에서 1.6킬로미터쯤 걸어 나온 것이다.

내가 빛이 밝을 때는 색깔이나 실루엣 정도는 볼 수 있는 정도였지만 마구간 안에서는 완벽하게 보이지 않았다.

그러나 난 결심을 했다. 말을 내 손으로 만져 보기로…….

난 말의 숨소리에 의지하여 걸어갔다. 이윽고 나는 말 바로 가까이까지 왔음을 알 수 있었다. 드디어 내가 가만히 손을 내밀자 물기가 많은 말의 콧잔등이 느껴졌다. 그의 얼굴은 부드러웠고 그 아래로 부드러운 얼굴뼈가 느껴졌다. 우리는 그렇게 함께 서 있었다. 모든 게 살아 있었고 고요했다.

출처: Kuusisto, S. (2006). *Eavesdropping*. New York: W. W. Norton & Company. 허가 후 게재함.

★ 성공 스토리

Patrick은 기능적 학업 기술과 직업교육을 하면서 고등학교 이후의 전환을 준비하고 있다.

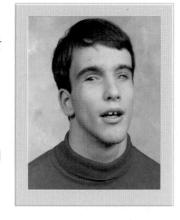

Patrick의 어머니 Audrey Pugh는 말했다. "Patrick도 다른 아이들이 가질 수 있는 모든 기회를 공평히 갖기를 원해요."

19세인 Patrick은 시각중복장애를 가지고 있으며 현재 고등학교 2학년에 재학 중이다. 그는 미래를 위하여 특별하고 지속적인 지원을 받아 왔다.

그의 성공의 열쇠는 다음과 같다.

★ 전문가로부터의 집중적인 지도
★ 엄청나게 지독한 반복
★ 직업에 대한 구체적인 목표

특수교사 Ricki Curry는 시각장애 학생을 위한 순회교사다. 그는 지난 14년간 Patrick을 지도해 왔다. 그의 발전의 핵심 키는 '시간'이다. Patrick은 왼쪽 눈이 전혀 보이지 않고, 오른쪽으로만 약간 볼 수 있으며, 말은 어눌하고 왼쪽 팔과 다리를 사용하지 못하는 아이였다. 그런데 그러한 Patrick을 다섯 살 때부터 지도해 온 그녀는 그를 위한 높은 기대치를 설정하였다. "Patrick은 뭔가 새로운 것을 배우는 것을 좋아해요." 그녀는 그가 성공할 수 있었던 것은 엄청날 정도의 무한 반복과 집중적인 특수교육이라고 말한다.

★ 전문가로부터의 집중적인 지도

Patrick은 시각-운동치료와 물리치료를 두 살 때부터 받기 시작했다. 5세 때 Ricki Curry가 만난 Patrick은 눈동자가 천장을 향해 초점 없이 움직였고, 시각을 전혀 사용하지 않는 것으로 보였다고 그녀는 기억한다. 우리는 Patrick이 잔존시력이 조금은 남아 있는 오른쪽을 이용하여 사물을 응시하고 사물이 이동함에 따라 눈동자를 움직이는 것을 목표로 설정하였다. 그러나 5세의 Patrick은 뭘 하려 하지 않고, 적응하지 않고, 고집도 무척 셌다. 그럼에도 불구하고 Patrick은 언어적인 정보를 받아들이고 계속되는 수업에 정

착하기 시작했다. 그러나 쉽게 산만해졌고, 발달은 더디기만 했다. Patrick의 부모는 발달이 느리므로 단지 시간이 더 필요할 것이라고 판단하여 만 7세까지 어린이집에 보냈다.

집에서 물리적으로 가까운 초등학교에 입학한 Patrick은 전일제 특수학급에서 학습장애를 가진 학생들과 같이 함께 공부하도록 배치되었다. 시각장애교사 Curry는 시각장애 서비스를 제공하였고, 이동과 학습에 도움을 줄 보조교사도 배치되었다. "보조교사가 함께 있는 경우에는 대개 장애 아동들이 문제를 맞닥뜨릴 기회가 없어요. 그래서 문제해결 기술을 학습하기가 어렵지요." Curry가 말했다. "그러나 한편으로는 Patrick의 손 기능이 충분하지 못하기 때문에 보조교사의 도움으로 할 수 있는 일도 많아지기도 하지요." 보조교사는 Patrick의 쓰기 활동에 도움을 많이 주었다. 또한 선생님들은 수학 문제를 풀기 좋게 작은 단계로 나누어 제시해 주기도 하고, 읽기를 위해 개별적인 지원도 하였으며, 확대문자에 접근하도록 워드프로세서 사용법을 알려 주기도 하였다.

★ 엄청나게 지독한 반복

Patrick은 또래보다 2년 늦게 초등학교를 마쳤지만 수학

이다. 물론 시각장애인 중에는 음악을 직업으로 선택한 사람들도 있다. 이는 음악적인 천재성 때문이 아니라 다른 영역에 비해 이 영역이 성공할 가능성이 있기 때문이다.

은 기계적인 계산밖에는 되지 않았다. 읽기의 경우에도 읽을 수 있지만 이해력이 낮은 편이었다. "사실을 묻는 질문에는 대답을 했지만 요약과 같은 활동은 잘하지 못했어요."라고 Curry는 기억하고 있다. "중학교에서 Patrick이 과학시간에 미토콘드리아에 대해 배울 때였는데 난 그때 갑자기 큰 충격을 받았어요. 그래, Patrick이 미토콘드리아에 대한 정의를 배웠다고 치자. 근데 이것이 Patrick에게 기능적으로 어떤 영향을 줄까? 이 단어를 일상생활에서 다시 한 번이라도 쓸 기회가 있을까?"

Patrick이 13세가 되었을 때, 그의 엄마는 Patrick의 IEP 팀 구성원들과 모여 회의를 하면서 Patrick에게 '기능적 기술'을 학습하는 것으로 결정을 내렸다. "그 시점에 저희는 모두 동의했어요. 이제 Patrick에게 필요한 것은 기능적 기술이라는 사실을요." "Patrick은 여러 가지 면에서 지원이 필요했어요. 또한 시간도 많이 요구되며 집중적인 지도와 특별한 전략으로 수업을 해야만 했지요. 이러한 수업 방식을 통해 Patrick은 필요한 정보를 적절한 속도로 배워 나갈 수 있게 되었어요. 미토콘드리아를 암기하는 대신에 간단하지만 읽기 이해력을 향상하는 수업을 하게 되었지요."

★ 직업에 대한 구체적인 목표

Patrick은 17세에 고등학교를 입학하였다. 그의 고등학교 교육은 기능적 학업, 직업교육 그리고 독립생활 기술교육이 혼합된 형태였다. 오전 시간에는 기능적 학업을 위한 국어, 수학 교과가 배정되었고, 주 3회의 오후 시간에는 직업센터로 이동하여 직업센터의 근로자들과 함께 식사를 하고 직업교육을 받았다. 나머지 주 2회는 독립생활 센터로 가서 청소, 쇼핑, 교통수단 이용하기 등에 대한 교육을 받았다.

Patrick과 교사 Curry는 매일 1시간씩 점자 공부를 함께 하면서 직업의 목표에 박차를 가했다. "난 Patrick이 할 수 있는 직업이 분명히 있다고 생각해요."라고 Curry는 말했다. "지난 2년간 필요한 기술을 갈고 닦았고, 점자를 읽고 그 점자를 묵자로 변형시킬 수도 있게 되었어요." Curry에 의하면

Patrick은 우리가 세운 목표 그 이상을 달성해 주었다. "뭐든 가르치면 그는 뭔가를 꼭 배웠어요." 이것이 매우 놀랄 일은 아니라며 Patrick의 엄마 Audrey는 "모든 사람에게 주어진 기회라면 그에게도 주는 것이 정말 필요해요."라고 말한다.

CEC 표준: 성공을 위한 길

CEC는 초보 시각장애 재활교사가 갖추고 있어야 할 지식과 기능에 대한 표준을 제시하고 있다. 교사는 자신에게 전문가로서 필요한 이러한 지식과 기능 그리고 소명이 있는지 스스로 평가해야 한다.

전문성 개발을 위한 성찰

만약 당신이 Patrick의 교사라면……

- 시각장애를 가지고 있는 학생들의 교육을 위해 특별히 좀 더 알아야 할 사항은 무엇일까?
- Patrick의 학업과 사회성을 위해 도움이 될 수 있는 것은 무엇일까?
- 시각장애를 가지고 있는 교사들에게 중요한 소양이 있다면 무엇이라고 생각하는가?

CEC 표준의 사용

- 교사의 행동과 태도가 시각장애 학생들을 어떻게 변화시킬까? (VI3K3)
- 시각장애 학생을 지원하는 보조교사나 개인교사들을 위해 어떻게 조직하고 감독하겠는가? (VI10S2)
- 시각장애가 아동의 학습과 경험에 어떠한 영향을 주는지 가족 구성원과 관련 전문가들에게 어떻게 알려 주고 지원할 것인가? (VI10S1)

• Jean B. Crochett

학업 성취

많은 학자는 시각장애 아동과 정안 아동의 학업 성취를 비교하기 위해서는 주의 깊게 해석해야 한다는 사실에 동의한다. 왜냐하면 이 두 집단은 다른 조건에서 평가되어야 하기 때문이다. 학업 능력을 평가하는 도구 중에는 점자나 확대문자로 되어 있는 것도

있지만 해석에서 유의해야 한다. 몇몇의 연구에서는 정안 아동이 맹 아동과 저시각 아동보다 학업 성취 능력이 더 낮다고 보고하기도 하였다(Rapp & Rapp, 1992).

그러나 대부분의 학자는 학업 성취 수준이 낮게 나온 이유는 시각장애 자체가 원인이 되었다기보다는 낮은 기대, 점자 능력의 부족 등과 같은 부수적인 사항이 원인이 되었을 것이라는 입장을 보이고 있다. 앞의 〈성공 스토리〉에 제시된 학생인 Patrick은 나이가 들어 점자를 익히게 되었다. 점자를 배운 이후 오히려 읽기를 즐기게 되었는데, 점자를 배우기 전에는 오른쪽 눈의 낮은 잔존시력을 사용하기 위해 5cm 정도로 가깝게 책을 보면서 힘들어했다.

읽는 관점에서 본다면 점자 읽기는 문자 읽기와 크게 다르지 않다. 예를 들어, **음운인식**(6장에서 논의된 바 있음)은 묵자와 점자의 읽기에서 중요한 요인이 된다(Connelly, 2002; Gillon & Young, 2002).

사회 적응

대부분의 시각장애인은 사회적으로 잘 적응하는 편이다. 그러나 사회 적응 측면에서 보자면 시각장애를 가지고 있을 경우 두 가지 점에서 꽤나 어려울 수 있다. 첫째, 정안인들의 사회적 관계 형성은 미묘한 시각적인 단서의 활용이 바탕이 되는 경우가 많다. 둘째, 정안인들의 사회이기 때문에 시각장애를 가진 경우라면 사회적 상호작용 자체가 편안하지 않을 수 있다(Erin, 2006).

미묘한 시각적 단서   우리와 같은 정안인들은 사회적 상호작용을 할 때 미묘한 시각적 단서를 많이 사용하게 된다. 나이가 들면서 우리는 사람들을 관찰하면서 무의식적으로 이러한 단서를 읽는 방법을 배워 나간다. 그러므로 시각장애 아동들의 경우에는 이러한 단서를 어떻게 이용해야 하는지에 대해 직접적으로 배울 필요가 있다(Jindal-Snape, 2005; S. Z. Sacks, 2006). 미소와 같은 얼굴 표정이 좋은 예가 될 수 있는데, 시각장애 아동이라면 이러한 미소가 자동적으로 형성되기는 어렵다. John M. Hull은 몇 년 동안에 걸쳐서 시각이 나빠졌다. 그는 자신의 경험을 일기로 남겼는데 거기에 '미소'에 대한 내용이 포함되어 있어 소개한다.

> 내가 미소 짓는 거의 모든 순간에 나는 그 미소를 의식한다……. 왜 그럴까? 그 미소에 대한 반응을 느끼지 못하기 때문이다. 미소가 돌아오지 않는다……. 사람들이 미소 지으면 그 미소를 본 다른 사람들은 따라서 미소 짓는다. 그러나 보지 못하는 나에게는 내가 짓는 미소가 돌아오지 않는 편지와 같다. 그들이 내 미소를 보았을까? 알아차렸을까? 내가 바른 곳을 향해 미소를 지었던 것일까?(Hull, 1997, p. 30).

시각장애에 대한 우리 사회의 불편함　일반적으로 정안인들이 시각장애인들을 대하면 너무 마음 아파하는 경향을 보이며, 이러한 경향이 원만한 상호작용을 방해할 수 있다고 전문가들은 지적하고 있다. 그래서 불행하게도 시각장애인들은 자신이 '정상'처럼 보이도록 하기 위해 많은 노력을 할 수밖에 없다고 한다. 다음은 미국 국립맹인연합회(National Federation of the Blind) 회장(맹인)이 쓴 글이다. 한 맹인 남성이 정안인들과 다를 바 없다는 것을 표현하기 위해 쓴 글로서 유머러스하기도 하지만 한편 가슴 아프기도 하다.

> Schroeder 박사는 공립학교의 교사이며 행정가다. 그는 시각장애에 대한 자신의 믿음 때문에 힘든 부분이 있다. 직업이 생기면서 그는 개인 주택을 가질 수 있게 되었다. 그런데 집에 살게 되면서 새로운 고민거리가 생겼는데 잔디를 깎아야 하는 일이었다. 잔디를 깎는 사람을 고용할 수도 있었지만 정안인 정원사를 고용한다면 주위 사람들이 생각하기를 그가 시각장애가 있어서 그런 일도 못한다고 폄하할 수 있을지도 모른다고 생각했다. 반면에 그가 스스로 잔디를 깎을 경우라고 하더라도 그런 고민은 져버릴 수 없었다. 혹시라도 일부를 놓치고 잔디를 깎을지도 모르고, 그러지 않기 위해 좁게 간격을 유지하며 잔디를 깎는다면 다른 사람들이 보기에 별나게 보일 수도 있을 것이다.
>
> Schroeder 박사는 이상하게 보이고 싶지도 않았다. 그래서 주위 사람들이 잘 볼 수 없을 때 깎는 것이 가장 좋은 방법이라고 생각하게 되었다. 결국 그는 밤에 잔디를 깎기로 결정했다. 그의 계획에 대해 다른 사람들이 어떻게 생각할지 잘 모르겠다. 그러나 목표는 정상적일지 모르지만 밤에 잔디를 깎는 것이 좋은 해결책인지 정말 의심스럽다.
>
> 다른 사람들에게 이상하게 보이지 않기 위해 눈물겹게 노력하는 Schroeder 박사의 이야기를 들으며 나의 경험이 떠올라 당황스러웠다. 정상적으로 보인다는 것이 그토록 큰 프리미엄인가?(Maurer, 2000, p. 294)

중요한 것은 원만한 사회적 상호작용을 하기 위해 시각장애인만 고칠 필요는 없다는 것이다. 시각장애인의 경우에 적절한 시각적 단서(예: 얼굴 표정, 고개 끄덕임, 손 동작 등)를 사용하는 것이 사회적 상호작용에 도움이 되는 것과 같이, 정안인의 경우에는 시각장애인과 대화하면서 전화할 때의 태도에 대해 스스로 터득할 수 있는 장점도 가질 수 있다. 정안인의 경우라도 전화 대화를 할 경우에는 청각적인 단서(예: "응, 맞아." "으응." "다시 한 번 말해 줄래?" 아니면 다양한 목소리 톤)를 활용해야 할 것이다(Fichtne, Judd, Tagalakis, Amsel, & Robillard, 1991).

상동 행동　사회적 상호작용을 방해하는 요소에는 시각장애인이 보이는 **상동 행동**(반복적이고 고정적 행동, 예를 들면 상체 흔들기, 눈 찌르기, 눈 비비기, 손가락 흔들기, 얼굴 찡그리기 등)이 있을 수 있다. 이러한 상동 행동은 생후 몇 개월부터 나타나기 시작하는데, 시각장애 정도가 심할수록 더 많이 나타난다고 볼 수는 없지만 저시각 아동보다는 맹 아동에게 더 많이 나타나는 경향이 있다(Gal & Dyck, 2009). 과거 오랫동안 맹 아동이 보이는 이러한 행동들이 맹 아동에게서 명백하게 나타나는 행동이었기 때문에 **맹인벽**(blindisms)이라고 용어를 붙였다. 그러나 이러한 행동이 중증의 지적장애 아동이나 자폐성 장애 아동에게도 나타나기도 하였다.

맹 아동의 상동 행동의 원인에 대한 이론은 분분하다(Zimmerman, 2011). 일부 학자는 이러한 행동이 외부의 감각적·사회적 자극이 부족하여 이를 만회하기 위해 자신 스스로가 만들어 내는 행동이라고 주장한다. 다른 학자들은 과도한 자극에 대해 자기 스스로 조절하려는 조절 행동이라고 믿는다. 이 두 가지 다른 견해에도 불구하고 대부분의 전문가는 시각장애 아동들이 보이는 그러한 행동이 자신의 각성 상태를 유지하기 위한 안정 장치라는 믿음에는 이견이 없다(Warren, 1994).

일부 학자 중에는 이러한 상동 행동이 무조건 없어져야 한다고 믿는 사람들도 있는데, 그것이 학습과 사회적 상호작용은 물론 신체적으로도 무리를 주기 때문에 제거해야 한다고 믿는다. 반면 또 다른 학자들은 이러한 행동이 시각장애인의 각성 상태에 도움을 주기 때문에 적절히 유지한다면 괜찮다고 믿는다(Warren, 1994). 그뿐 아니라 오히려 우리 사회가 이러한 상동 행동에 대해 좀 더 너그러워질 필요가 있다고까지 주장한다. 이러한 행동을 "일종의 특이 체질이라고 인정하고 개인의 개성이라고 생각해서 관심을 갖지 않고, 오히려 참아 주고 이해해 줄 필요가 있다."라고 주장한다(McHugh & Lieberman, 2003, p. 472).

교육적 고려

시각의 결여는 개인의 경험에 많은 제한을 준다. 환경의 정보를 얻는 주요한 수단이 결여되었기 때문이다. 특히 학교의 경우에는 많은 교육적 정보가 시각적으로 제시되기 때문에 제한성이 더 클 수밖에 없다. 그럼에도 불구하고 많은 전문가는 시각장애 학생들도 정안 학생들과 동일한 환경에서 교육시킬 수 있다고 동의한다. 그러나 교사는 시각장애 학생들을 위하여 교육적 수정을 제공해야 한다. 특별히 시각장애 학생의 다른 점이 있다면 시각이 아닌 다른 잔존감각으로 정보를 습득해야 할 필요가 있다는 사실이다. 〈표 12-1〉에는 교사가 해야 할 일과 하지 않아야 할 일이 제시되어 있다.

시각장애 정도가 심하거나 거의 보지 못하는 경우에는 다음과 같은 특별한 수정이 요구된다. ① 점자, ② 잔존시각의 활용, ③ 듣기 기술, ④ 보행훈련이 바로 그것이다. ①, ②, ③은 교육, 특히 읽기와 직접적인 관련이 있고, ④는 일상생활을 위해 꼭 필요한 영역이다.

〈표 12–1〉 시각장애 학생의 교사가 해야 할 것과 하지 말아야 할 것의 목록

해야 할 것	하지 말아야 할 것
• 보다, 쳐다보다, 살펴보다 등 보는 것과 관련된 어휘를 편안하게 사용한다. • 학생들을 부를 때는 꼭 이름을 먼저 부른다. • 판서를 할 때는 무엇을 적고 있는지 큰 소리로 말한다. • 독립심을 격려해 준다. 시각장애 학생들은 스스로 배우고 터득해야 할 것들이 많다. • 시각장애 학생이 교실에서 이루어지는 다양한 학습 활동에 참여할 수 있도록 해 준다. • 방향을 가리킬 때는 구체적으로 알려 준다. '여기' '저기'와 같은 어휘는 가능한 한 피한다. • 시각장애 학생이 경험하지 못한 것들이 많다는 것을 교사가 알아차린다면 그 간극을 메워 주도록 최선을 다한다. • 촉각을 통해 탐색하거나 점자를 읽을 때에는 필요하다면 충분한 시간을 더 제공한다. • 보조공학 기기나 점자 교재 등을 위하여 좀 더 넓은 공간을 제공한다. • 보조원보다는 보조공학 기기나 프로그램들을 사용하도록 격려한다.	• 학습을 위한 것이라고는 하지만 시각장애 학생의 손 등을 아무 때나 만져서는 안 되며, 필요할 경우 만질 것이라고 말한 후 만지며, 이러한 접촉에 대한 개인적인 견해를 존중해야 한다. • 과보호하지 않아야 한다. 학생 스스로 할 수 있는 기회를 최대한 많이 주어야 한다. • 처음 가르칠 때 어색한 점에 대해 너무 걱정하지 않아야 한다. 가르치는 사람은 장애를 가진 어린아이라는 사실을 명심해야 한다. • 학생에게 최선의 노력을 하도록 요구하는 것에 대해 어려워하지 말아야 한다. • 학생에게 좋은 행동을 보여야 하는 것에 대해 요구하는 것을 어려워하지 말아야 한다. 정안 학생에게 적용되는 규칙을 동일하게 적용하는 것이 중요하다. • 시각장애 학생에게 뭐가 어떻게 보이는지에 대해 물어보는 것을 이상하게 여기지 말아야 한다. 이렇게 물어봄으로써 교사는 시각장애 아동이 어떻게 보는지를 이해할 수 있다. • 정안 학생이 아닌 시각장애 학생이 보이는 행동이기 때문에 참아야 한다는 생각을 갖지 않아야 한다. 정안 학생에게 문제가 되는 행동이라면 시각장애 학생이 보였어도 문제인 것이다.

출처: Bishop, V. E. (2004). *Teaching visually impaired children* (3rd ed.). Springfield, IL: Charles C. Thomas.

점 자

19세기 프랑스의 Louis Braille는 본인이 시각장애인이었으며, 시각장애인이 읽고 쓸 수 있는 시스템인 점자를 개발하였다. 점자는 시각장애인들에게 널리 쓰이게 되었으나 개발 이후 몇 년간은 잘 받아들여지지 않았다.

문어적인 **점자 코드**(literary braille)는 거의 모든 일상에서 사용되는 반면에 일부 코드는 기술적인 읽기와 쓰기에 사용되기도 한다. 특히 **Nemeth 코드**는 수학과 과학 기호를 위해 사용되는 것이다. 학자들 중에는 몇 개의 점자 코드를 하나로 합친 **통합 영어 점자**(Unified English Braille)의 적용을 주장하는 사람들도 있다. 그들은 문어적인 점자와 기술적인 점자 등이 합쳐져 있어서 좀 더 효율적이며, 미국과 영국 점자의 다른 점을 보완할 수 있어서 좋다고 주장한다. 현재 관심은 갖고 있지만 아직까지 이 통합 영어 문자는 많이 확산되어 적용되지는 않고 있다(Bogart, 2009).

점자의 기본형은 직사각형의 셀이며, 이 셀은 한 개부터 여섯 개까지의 점을 포함하고 있다([그림 12-4] 참조). 다른 형태의 점들은 글자, 숫자, 맞춤법 기호 등을 나타낼 수

개인적 관점

육군 대령 Charles Barbier de la Serre와 Louis Braille

시각장애인들이 읽고 쓸 수 있는 점자 시스템을 처음 개발한 사람은 Charles Barbier de la Serre라는 프랑스 육군 장교였다. 그는 군사적 목적으로 야간에 사용하기 위해 처음 점자를 만들었으나 군대에서 사용되는 것이 받아들여지지 않자 이러한 시스템을 시각장애인들에게 소개하기 위해 맹학교를 찾았다. 그러나 그의 시스템을 강력히 반대한 사람은 다름 아닌 Louis Braille였다.

1822년 Charles Barbier de la Serre라는 프랑스 육군 장교는 그가 개발한 야간 문자를 가지고 국립맹인교육기관을 방문하였다. 그는 육군 장교로서 자신감이 충천하였을 것으로 사료되나 그가 개발한 시스템이 군대에서 거절되자 자존심이 많이 상해 있을 터였다. 그리하여 그는 자신이 만든 야간문자 시스템을 가난하고 뭔가 도움이 필요한 기관에 선심 쓰듯 주려 하였을 것이다. 그 당시 맹학생을 위한 교육기관에서는 양각된 로마자를 읽으면서 공부하였는데, 손가락으로 양각 문자를 읽는 것은 시간이 많이 소요되고 효율성도 떨어졌다. Barbier의 코드는 양각된 점이 문자를 대신 나타내고 있었기 때문에 읽기도 빠르고 정확할 수 있었다. Barbier의 코드의 효율성을 평가하기 위해 마르고 창백한 13세 소년이 선발되었는데 그는 Barbier의 코드의 많은 문제점을 지적하였다.

또한 Barbier는 위압적인 태도를 가지고 13세의 말안장 공 아들에게 명령조로 지시를 했을 것이다. 그러나 Braille는 아랑곳하지 않고 Barbier 시스템의 문제점을 조목조목 지적하였다. 그 후 Braille는 2년 동안 Barbier 시스템의 문제점을 모두 보완하고 12점이 아닌 6점의 코드를 개발하게 되었다. 문자에 해당하는 점자 코드뿐만 아니라 문장부호, 숫자, 악보에 해당하는 코드 또한 개발하였다. 그는 자신이 공들여 만든 점자 시스템을 교장에게 소개하였으나 처음에는 적용을 거부당했다. Barbier에게 했던 대로 말이다. 당시 맹 학생들은 스탠실과 같은 것으로 글씨를 표기할 수는 있었다. 그러나 자신이 쓴 것을 읽을 수는 없다는 문제를 갖고 있었다. 그러나 Braille가 만든 점자 시스템은 몇 가지 작은 도구만 있으면 스스로 쓸 수도 읽을 수도 있다는 큰 장점을 가지고 있었다. 보는 사람의 도움 없이 자신이 쓴 메시지를 다른 시각장애인에게 전달할 수 있었다. 그리고 그들이 쓴 메시지를 정안인 기숙사 관리인들은 읽을 수조차 없었다. 1847년에야 비로소 Braille가 만든 점자 코드가 학교에서 정식으로 사용 인가를 받아 가르치고 사용할 수 있게 되었다. 23년이 지난 시점이었다. 그러나 그 사이에 이미 많은 시각장애 학생이 들키면 퇴학이라는 무시무시한 조치를 받을 수 있다는 사실에도 불구하고 점자 시스템을 비밀리에 사용하고 있었다.

출처: Kleege, G. (1999). *Sight unseen*. New Havern, CT: Yale Unisersity Press, pp. 223–225.

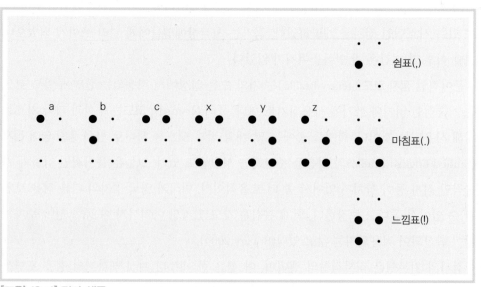

[그림 12-4] 점자 샘플

[그림 12-5] 퍼킨스 점자 타자기

[그림 12-6] 점간과 점필

있다. 셀 하나가 하나의 글자를 표현하는 것이 기본이지만 경우에 따라서는 축약한 형태의 약자도 있다. 그러므로 점자 셀 하나가 한 단어를 표현할 수도 있고, 단어의 일부를 표현할 수도 있다. 약자를 사용할 경우에는 읽기 속도가 빨라질 수 있고, 점자책의 분량을 줄일 수 있다. 연구에서는 적절히 빠른 시기에 약자를 도입하면 시각장애 학생의 문해력이 증진된다고 한다(Emerson, Holbrook, & D'Andrea, 2009).

일반적으로 점자를 읽는 가장 좋은 방법은 양손을 모두 사용하는 것이다(Wright, Wormsley, & Kamei-Hannan, 2009). 양손 점자 읽기 방법에는 몇 가지 다른 방법이 있다. 그중에 가장 많이 쓰이는 방법은 양손을 나란히 읽다가 오른손이 줄 마지막 부분을 읽기 시작할 무렵 왼손은 내려와서 다음 줄 첫 부분을 찾아서 읽기 시작하고 오른쪽 손이 합류하는 방식이다.

점자 쓰기의 두 가지 수단은 퍼킨스(Perkins) 점자 타자기와 '점간과 점필'이다. **퍼킨스 점자 타자기**는 6개의 키가 있는데 이것이 점자 셀의 점형을 만든다([그림 12-5] 참조). 점형에 해당하는 점자를 동시에 누르면 그 키가 종이에 닿아서 점자가 새겨지게 된다. 퍼킨스 점자타자기보다는 좀 더 휴대하기 간편한 것이 **점간과 점필**이다([그림 12-6] 참조). 점필은 끝이 뾰족한 기구다. 점간 사이에 점자용지를 꽂은 후 점간에 뚫어 있는 공간을 점필로 꾹꾹 누르면서 점자를 찍는다.

아마도 시각장애계의 가장 뜨거운 논쟁거리 중 하나는 시각장애 학생들에게 점자를 지도하느냐 혹은 다른 매체, 즉 녹음기나 음성합성 장치가 부착된 컴퓨터를 사용하게 하느냐의 문제일 것이다. 과거에는 시각장애인이 점자를 사용하는 일이 일반적인 것이었으나, 1960년대 중반을 기점으로 점자 사용 인구가 줄어들기 시작하더니 학령기 맹학생 중 단지 12%만이 점자가 주요 읽기 수단이라는 통계가 나왔다(Raeder, 2010).

시각장애계에서는 점자로 된 자료의 부족이 결국 점자 사용 비율이 낮아진 계기라고 주장하였고, 이로 인해 점자를 아는 학생들의 수가 문제가 될 정도로 낮아지고 있다고 강조하였다(Castellano, 2005; Shoroeder, 2002). 일반인에게 문해력이 문자로 된 자료를 읽고 쓰는 능력에 해당하는 것과 같이, 시각장애인에게 문해력이란 점자를 읽고 쓸 수 있는 능력에 해당된다. 또한 점자를 가르칠 수 있는 유자격 교사의 부족도 이러한 문제의 원인이 된다고 주장하였다. 시각장애인으로서 자신을 인정하고 수용하는 것도 점자를 배우고자 하는 의지와 상관관계가 있다.

또한 공학의 발전으로 인하여 점자 사용률이 저하되었다고 하여도 과언이 아니다. 물론 공학의 발전은 시각장애인들의 학업과 생활에 긍정적인 많은 변화를 가지고 왔다. 오디오북, 음성합성 컴퓨터, 음성인식 프로그램, 화면확대 프로그램, 확대 기구 등 많은 공학기구를 통해 시각장애인들은 과거에 비해 많은 정보를 획득할 수 있게 되었다. 그러나 이렇게 정보를 쉽게 습득할 수 있는 가운데 시각장애인들은 점자를 배우는 것을 포기하게 된 것은 아닌가 하는 의문을 품게 되었다. 또한 저시각인들이 확대 기구를 통해 글씨를 읽게 되면 눈의 피로감 때문에 읽기 자체가 주는 기쁨이 줄어드는 문제도 발생하게 되었다. "당신은『전쟁과 평화』라는 엄청난 두께의 소설을 컴퓨터 화면으로 10cm 높이의 글자로 읽고 싶다는 생각이 들겠는가?"(Castellano, 2005, p. 25) 또한 전문가들은 시각장애 학생들이 학교에서 점자 지도를 받았다 할지라도 강도 높은 교육이 아니라고 우려하고 있다. 점자 사용의 전문성에 관련된 조사 연구에서 응답자들은 점자를 배우기 시작하는 학생들의 경우에는 적어도 매일 5~6년 정도를 지도하고 학습해야 한다고 답하였다(Koenig & Holbrook, 2000; 다음의 점자 지도에 관한 〈반응적 교수〉 참조). 강도 높은 점자교육을 제공해야 한다는 것을 알지만 일선 학교는 점자를 지도할 수 있는 유자격 교사가 너무 부족하다는 문제를 안고 있다.

점자를 강조하는 사람들의 경우에는 법적 맹인으로 등록된 경우에는 점자를 배우는 것이 독립생활에서 필수적이라고 주장하고 있다. 그들의 주장을 뒷받침하는 근거가 있다. 어릴 때 점자를 습득하여 기본 읽기 매체로 점자를 사용하는 사람들은 확대문자를 주요 매체로 사용하고 있는 사람들에 비해 취업률이 2배나 더 높은 것으로 나타났다(Ryles, 2000). 점자 자료가 좀 더 많이 확보된 배경에는 **점자법**(baille bills)이 있다. 그러나 점자 법안의 내용이 주마다 차이가 있어서 맨 처음 점자 법안을 제안한 미국 국립맹인연합회는 점자법에 포함될 두 가지 주요 사항을 제시하였다.

①부모를 포함한 개별화교육 프로그램 팀 멤버 중 어느 한 명이라도 점자교육이 필요하다고 주장하면 점자를 지도해야 할 의무가 있다.
②시각장애 학생을 지도하는 교사는 능숙한 점자 사용 능력을 가지고 있어야 한다.

인터넷 자원

미국 맹인재단(American Foundation for the Blind) 웹사이트는 시각장애 아동의 점자교육을 위한 점자교육 프로그램을 제공하고 있다(www.afb.org/braillebug).

인터넷 자원

미국 국립맹인연합회(National Fereration of the Blind)는 시각장애 당사자의 옹호에 가장 앞장서는 기관이다(www.nfb.org). 더불어 가장 중요한 기관은 미국 맹인재단이다(www.afb.org).

시각장애 학습자의 요구에 따른
반응적 교수

점자 문해 지도

연구의 개요

지난 수년간 점자 문해교육 프로그램은 불발로 끝나 버렸다. 한 교사가 맡는 학생 수가 많고, 점자보다는 주요 학업 지도를 강조해야 하는 상황이었으며, 점자 능력을 평가하는 자료도 부족한 것은 물론, 강도 높은 점자교육의 필요성을 인식하고 지원해 주는 행정적 지원도 미비하였기 때문이다(Hatlen, 1998). 1997년 미국 장애인교육법(IDEA)이 개정되면서 모든 장애학생에게 IEP가 적용되어야 했고, 시각장애 학생들의 경우에는 현재 또는 미래에도 점자를 사용할 필요가 없다는 분명한 판단이 없는 경우라면 모든 학생에게 점자교육을 의무적으로 제공해야 한다고 강조하고 있다.

Ryles(1997)의 연구와 점자 전문가들의 견해(Rex, Koenig, Wormsley, & Baker, 1994)에 따라 다음과 같은 기준이 제시되었다. 시각장애 학생들이 상당한 수준의 문해력을 갖추기 위해서는 매일 1시간 반에서 2시간 정도의 점자교육이 필요하다는 것이다. 초등학교 저학년 시기에 일반학생들이 일반 문자에 대한 문해력을 익히는 것처럼 시각장애 학생들도 이 시기에 강도 높은 교육을 제공하여 읽기 주요 매체로 점자를 활용할 수 있도록 지원하여야 한다.

조사 연구

Koenig와 Holbrook(2000)은 점자 문해교육 프로그램에 대한 전문가들의 견해를 얻기 위해 연구를 진행하였다. 연구 방법으로 견해를 모을 수 있는 델파이법을 활용하였다. 델파이법은 동일한 응답자들을 대상으로 몇 차례의 설문이 이루어지는데 첫 번째 설문지를 보내서 답을 구하고 또한 설문 문항에 대한 교정에 대한 코멘트나 그 밖의 코멘트를 받는다. 두 번째 설문에는 처음 설문에서 받은 의견을 종합하여 문항을 수정하여 1차 설문의 결과와 함께 동일한 응답자들에게 보낸다. 전체의 결과를 보고 자신의 2차 설문에 반영할 수 있게 한 것이다. 이렇게 2차도 동일한 절차를 거친다. 적어도 3차까지 실시한다.

Koenig와 Holbrook(2000)은 점자를 지도한 경험이 있거나 점자 전문가로 인정되는 40명의 전문가를 섭외하였다. 이 응답자들은 다양한 상황(예: 특수학급, 순회교육, 특수학교 등)에서 교육을 담당하고 있는 사람으로 선정하였다. 또한 현재 학생을 가르치고 있거나 현재는 가르치고 있지 않지만 관련 전문가로 판단되는 사람들로 구성되었다. 첫 번째 설문지에는 점자 문해력의 11개 영역에 대한 질문이 포함되어 있고, 서비스의 강도에 대한 응답자의 긍정 또는 부정으로 답하는 문제도 포함되었고, 대안적인 방법이나 아이디어 등을 기술하거나 코멘트를 다는 영역도 포함되어 있었다. 3차 시도로 결과를 도출하였다.

연구 결과

전반적으로 좋은 점자 문해 프로그램이 갖추어야 할 조건으로 의견을 일치한 것은 다음과 같았다.

① 유치원부터 초등학교 3학년 때까지는 하루에 적어도 1~2시간 정도의 점자교육이 필요하며 많은 지원이 요구된다.
② 조기 교육 시기에는 지속적인 개념발달 교육이 필요하다.
③ 조기 교육 단계(유아원 및 초기 유치원 기간)에서는 교육이 있는 날에는 점자 이전 교육(예: 점자로 된 자신의 이름을 만져 보는 것, 촉각 라벨, 쓰기 경험)을 30분에서 1시간 정도 실시한다.
④ 정안인 아동이 하루에 1~2시간 정도 문자 매체를 경험(읽기 또는 쓰기)하는 것을 알 수 있도록 정안인 아동과의 관계를 유지한다.
⑤ 소리 내어 읽기, 읽기 기술을 포함한 듣기 기술 교육을 정기적으로 실시한다.
⑥ 컴퓨터 키보드를 활용하여 워드 작업하는 컴퓨터 수업은 초등학교 3학년 이전에 실시한다.
⑦ 초등학교 3~4학년 정도가 되면 점간과 점필로 찍고 읽는 수업을 한 주에 5회 정도 실시한다.
⑧ 중학교 시기가 시작되면 짧은 기간에 걸쳐 한 주에 1~3회 정도로 서명란에 사인하는 훈련을 실시한다.

학생들 중에는 두 가지의 읽기 매체(묵자와 점자)를 다 활용하면 좋을 수도 있는데 이럴 경우에는 무엇을 얼마나 훈련시켜야 하는지를 정하는 것이 관건이다. 응답자 중에는 두 가지 매체 모두 충분한 훈련이 필요하다고 한 사람도 있었으나, 두 가지 모두를 다 학습하게 되면 학생들의 부담이 커질 것이라는 우려를 어필한 사람도 있었고, 그래도 둘 중 더 적합한 매체를 찾아 그 부분에 대한 훈련을 좀 더 집중적으로 해야 한다는 사람도 있었다. 분명한 것은 이러한 영역에 대한 연구가 좀 더 필요하다는 사실이다.

연구의 적용

이 연구를 실시한 연구자와 CEC 시각장애분과에서는 모든 시각장애 학생의 점자 문해교육은 원칙적으로 개별적으로 접근되어야 한다고 강조한다(Koenig, Sanspree, & Holbrook, 연도 미상). 적용할 읽기 매체를 선정할 경우에는 각 학생의 필요를 정확하게 사정하여 결정하여야 할 것이다. 무엇이 더 좋다고 말할 수는 없다. 그러나 각각 다양한 상황에 놓여 있는 학생들은 자신의 특성에 맞는 특별한 지원을 받음으로써 문해력이 형성될 수 있을 것이다. 그러므로 시각장애 재활교사는 시각장애 학생들이 어떠한 지원이 요구되는지 정확히 파악하여 지원을 제공해야 한다.

• *Kristin L. Sayeski*

■ ■ ■ ■ ■ ■ ■ ■ ■

첫 번째 사항은 현재 미국 미국 장애인교육법(IDEA)에도 포함되어 있는데, 부모를 포함한 개별화 프로그램 위원 중 모두가 점자가 필요하지 않다고 할 경우에만 점자교육을 제외해도 된다는 내용이 포함되었다. 전문가들은 저시각 아동이라 하더라도 점자를 지도하는 것이 필요하다고 제안하고 있다. 점점 나빠지는 예후가 예상되는 경우가 많기 때문이다.

잔존시력의 활용

과거 오랫동안 교사와 부모는 시각장애 아동이 그들의 잔존시력으로 책 읽기와 같은 활동을 하는 것에 대해 많은 거부감을 가지고 있었다. 잘못된 개념이 이러한 저항감을 가지고 왔던 것이다. 너무 가깝게 책을 보면 렌즈가 더 두꺼워져서 눈이 아플 것이다. 너무 눈을 많이 사용하면 더 나빠질 것이다 등의 잘못된 관념으로 인하여 잔존시력을 사용하는 것을 꺼렸다. 그러나 현재에는 이런 사례가 매우 드물다고 알려져 있다. 현재에는 거의 모든 전문가가 잔존시력을 잘 활용하는 것이 중요하다는 데 의견을 같이하고 있으며 필요에 따라서는 점자 지도를 배제하지 말아야 한다고 동의하고 있다.

This is an example of 10-pt. type.

This is an example of 18-pt. type.

This is an example of 24-pt. type.

[그림 12-7] 글씨 크기에 따라 글씨 간격도 다양함. 확대도서는 대개 18포인트와 24포인트로 제작됨

잔존시력이 있는 시각장애 학생이 활용할 수 있는 읽기 방법에는 확대도서 및 확대 기구를 활용하는 방법이다. **확대도서**란 간단히 말해 글자를 확대하여 출판한 책이다. 확대도서는 일반적으로 18포인트 또는 24포인트로 제작된다. 글자의 크기를 비교할 수 있도록 [그림 12-7]에 각각의 크기로 된 글자가 제시되어 있다. 시각장애인들 중에는 크게는 30포인트까지 요구하는 경우도 있다.

일반적으로 확대도서를 활용할 때 가장 문제가 될 수 있는 것은 크기가 크다 보니 큰 공간이 요구되며, 또한 확대도서로 된 자료가 많지 않다는 점일 것이다. 미국맹인인쇄국(American Printing House for the Blind)과 몇몇 출판사에 제작되고 있기는 하나 그 수가 현저히 부족하다. 또한 잠재적인 문제점으로는 확대도서로 교육을 받고 나서 졸업 후 직업을 갖게 되었을 때 직업 현장에 확대 자료가 제공되지 않았을 경우에는 직업 수행에 어려움이 생길 수 있다는 점이다.

거의 모든 전문가는 잔존시력을 잘 활용하는 것이 중요하다는 데 의견을 같이하고 있으며, 필요에 따라서는 점자 지도를 배제하지 말아야 한다고 동의하고 있다

공학이 발전하면서 전문가들은 확대도서보다는 **확대 기구**를 사용하는 편을 더 많이 추천하고 있다(Zimmerman, Zebehazy, & Moon, 2010). 확대도서와 확대 기구를 활용하여 시각장애 학생들의 읽기 이해도와 속도를 측정한 결과에서 이 두 가지 방법 사이에는 차이가 없는 것으로 나타났기 때문이다(Lussenhop & Corn, 2003). 또한 확대 기구의 종류는 단거리 작업에 필요한 기구와 보행과 같이 원거리 시력이 요구되는 경우에 사용되는 기구로 나누어진다. 휴대용 확대경도 있고, 단안망원경, 안경에 부착하여 사용하는 양안망원경도 있다. 또한 CCTV(closed-circuit television)와 같이 책상에 놓고 사용하는 것이 있는데 컴퓨터 화면이나 TV에 확대된 영상이 보인다. 전문가들은 시각장애 학생들에게 보조공학 기기를 제공만 할 것이 아니라 효율적으로 사용할 수 있는 집중적인 교육을 제공해야 한다고 강조하고 있다(Corn & Koenig, 2002).

듣기 기술

시각장애 아동에게 듣기 기술이란 그 중요성을 아무리 강조해도 지나치지 않다. 일반적으로 시각장애 아동들은 듣기 기술을 자동적으로 습득할 것이라고 생각하는 경향이 있으나, 전문가들은 그렇지 않다고 생각한다. 거의 대부분의 시각장애 아동은 듣기 기술에 대한 훈련이 요구된다는 입장이다. 또한 교사는 교실 환경 또한 가능한 한 청각적으로 혼란을 주지 않도록 환경을 유지시켜 주어야 한다고 주장한다.

듣기 자료가 더 많이 보급되기 시작하면서 듣기 기술에 대한 중요성은 더 높아졌다. 미국맹인인쇄국과 미국 의회도서관은 이러한 듣기 자료를 제작하는 주요 기관이다. 일반 속도로도 들을 수 있지만 분당 250~275자 정도까지 압축하여 빠른 속도로 들을 수도 있다. 음을 부분적으로 제거하는 방법으로 출력 속도를 높일 수 있는데, 컴퓨터를 통해 음의 이해에 필요한 최소한의 음성 정보만 놓아두고 나머지 음은 제거하여 출력하는 방식이다.

보행훈련

보행훈련의 중요성은 더 강조할 필요도 없을 정도로 중요하다. 시각장애인에게는 자신의 주변을 이동할 수 있는 능력이 독립의 정도와 사회적 통합의 정도를 결정하는 중요한 요인이다. 시각장애의 유무를 떠나 우리의 보행은 환경의 변화로 인하여 좀 더 어려워지고 있다(Barlow, Bentzen, & Bond, 2005; Huebner & Wiener, 2005; Sauerburger, 2005). 그중에서도 도로의 폭은 넓어지고 신호등 체계도 복잡해졌다. 게다가 최근의 자동차, 특히 하이브리드는 소음이 적어서 가까이 오기 전까지는 그 소리를 들을 수 없을 정도다.

일반적으로 시각장애인의 보행의 유형은 네 가지로 구분된다. 즉, 긴 지팡이 보행, 안내견 보행, 촉각지도를 활용한 보행, 안내인 보행이다.

긴 지팡이 보행   전문가들이 가장 많이 권하는 보행 방법은 긴 지팡이 보행이다. **긴 지팡이**라고 불리는 이유는 그것이 몸을 지탱하거나 균형을 잡기 위해 사용하는 일반 지팡이에 비해 길기 때문이다. 적절한 지팡이 길이는 명치 끝보다 위로 약 4cm (1.5인치) 정도 올라간 지점에 닿을 정도다 (Rodgers & Emerson, 2005). 긴 지팡이에는 다양한 형태가 있는데, 길게 한 조각으로 된 지팡이, 접는 지팡이, 안테나형 지팡이가 있다. 접는 지팡이와 안테나형 지팡이는 휴대가 간편하다는 장점이 있지만 긴 지팡이에 비해 견고하지 못하다는 단점이 있다(Knott, 2002). 지팡이 사용자는 지팡이를 가지고 바닥과 주변의 정보를 청각과 촉각 정보로 얻게 된다. 지팡이를 통해 웅덩이,

현재에는 점점 더 많은 시각장애 유아가 지팡이 기술을 배우고 있다. 그러나 시각장애인이 보행지도사가 될 수 있느냐에 관한 이슈가 논란이 되고 있다.

계단과 같은 단차를 알 수 있고, 허리 이하의 장애물과의 충돌을 막을 수 있다.

　긴 지팡이 보행에 익숙한 시각장애인을 보면 독립 보행이 그렇게 어렵지 않게 보일 수 있다. 그러나 그렇게 하기까지는 심도 있는 훈련이 요구된다. 지팡이의 끝으로 어깨 넓이보다 조금 넓은 호를 그리게 되며, 지팡이는 세 발자국 정도 앞을 감지하게 되는데 지팡이의 끝을 바닥에 가볍게 치면서 걷는다(Castellano, 2005). 이점촉타법은 지팡이와 몸의 협응이 요구된다.

　안내견　일반인들은 많은 시각장애인이 보행을 위해 안내견을 활용하는 것으로 인식하는 경향이 있으나 이는 흔한 선택 사항은 아니다. 안내견을 사용하기 위해서는 안내견과 안내견 사용자가 고난이도의 훈련을 받아야 한다. 안내견은 다음과 같은 훈련이 필요하다.

- 안내견은 다른 사람이나 동물, 음식과 같은 사물을 무시하고 똑바로 걸을 수 있어야 한다.
- 안내견은 동일한 보폭을 유지하며 사용자의 왼쪽에 약간 앞서 걸어야 한다.
- 안내견은 모든 커브에서는 사용자의 명령이 주어지지 않는 한 멈춰야 한다.
- 안내견은 사용자의 입장에서 장애물(예: 좁은 길, 늘어뜨려 있는 나뭇가지)이 될 수 있을 거라고 파악되면 그것을 비켜 갈 수 있어야 한다.
- 안내견은 계단의 시작과 끝 지점에서 항상 멈춘 후 사용자의 명령에 따라 움직여야 한다.
- 안내견은 사용자가 엘리베이터 버튼 위치에 설 수 있도록 위치를 취해야 한다.
- 안내견 사용자가 의자에 앉아 있는 경우 조용히 의자 곁에 엎드려 있어야 한다.
- 안내견 사용자가 버스에 타고 내릴 때 버스 안에서 이동하는 것을 도울 수 있어야 한다.
- 다수의 언어적 명령을 이행할 수 있어야 한다(Harris, 2010).

　더불어 안내견 사용자도 안내견을 적절하게 활용하기 위해 많은 훈련이 필요하다.

　안내견은 여러 면에서 아동이 사용하기에는 적절하지 않다. 우선 덩치가 상당히 크고, 살아 있는 생명체이기 때문에 누군가 돌봐야 하며, 다양하고 높은 강도의 훈련이 요구되기 때문이다.

　또한 안내견이 시각장애인들이 원하는 곳으로 '안내'한다고 생각하는 사람들이 많으나 이는 잘못된 생각이다. 안내견 사용자는 자신이 가야 할 목적지를 인지하고 있어야 하고 그 경로도 알고 있어야 한다. 안내견은 단지 길 위에 있는 위험물이나 장애물을 피해 가도록 도와줄 뿐이다.

인터넷 자원

지팡이 사용 교육에 관한 영상 자료가 유투브(YouTube.com)에 소개되어 있다. 그중 가장 선호도가 높은 것은 워싱턴 주립 맹학교의 자료다(http://www.youtube/watch?v=4hlqAPH8Ulg&feature+related).

인터넷 자원

HowStuffWorks.com 웹사이트에는 안내견에 대한 많은 내용을 소개되어 있다(www.howstuffworks.com/guide-dog.htm).
안내견에 대한 양육과 훈련을 하는 다음과 같은 많은 기관에서는 안내견에 대한 정보가 필요한 시각장애인들을 위한 다양한 정보를 제공하고 있다.
The Seeing Eye, Inc.: www.seeingeye.org
Guide Dogs of America; www.guidedogsofamerica.org
Guding eyes for the Blind: www.guiding-eyes.org
Guide Dog Foundation for the Blind, Inc.:www.guidedog.org
Guide Dogs for the Blind: www.guidedogs.com

안내견과 안내견 사용자를 만나게 되면 지켜야 할 에티켓은 다음과 같다(Ulrey, 1994).

① 의젓한 안내견을 만나면 어루만져 주고 싶은 충동이 있을 수 있으나, 항상 안내견 사용자에게 어루만져도 되는지를 물어본 후 만져야 한다. 안내견은 애완견이 아니며 안내견 사용자를 위해 일을 하고 있는 상황이기 때문이다.
② 안내견 사용자가 길을 잃은 것으로 판단되면 사용자의 오른쪽으로 다가가(안내견이 거의 항상 왼쪽에 있기 때문임) 도움이 필요한지를 묻는다.
③ 안내견이 몸통에 차고 있는 하네스를 끌어서는 안 된다. 하네스를 통해 안내견과 안내견 사용자가 정보를 주고받기 때문에 하네스를 이동시키면 혼란을 줄 수 있다.

촉각지도   **촉각지도**는 주변을 양각화하여 표현한 지도다. 시각장애인들은 촉각지도를 통해 인도, 차도, 빌딩 등에 해당하는 양각된 상징을 만져 보면서 주위 환경에 대한 이해를 할 수 있다. 이러한 촉각지도는 공공장소 등에서 볼 수 있고, 종이와 같은 재질로 만들어서 휴대할 수도 있다.

양각화된 상징은 흔히 볼 수 있는 주변 지형에 관한 것뿐만 아니라 더 광활한 것도 표현할 수 있다(〈핵심 개념〉 '우주를 만지다' 참조).

안내인   안내인이 시각장애인으로 하여금 주변을 가장 안전하고 자유롭게 이동할 수 있도록 해 준다는 사실에는 의심할 나위가 없을 것이다. 그러나 대부분의 보행훈련 전문가는 안내인 보행이 사람들에 대한 의존감을 높이기 때문에 주요 수단으로는 추천하지 않는다. 안내가 가능할지라도 시각장애인이 이동하는 데 불편함이 보이지 않으면 도움을 주지 않아야 한다. 반면에 도움이 필요한 상황으로 파악될 경우에는 도움이 필요한지를 우선 물어보아야 한다. 안내를 원한다고 할 경우에는 한 팔을 내어준 후 상박 부위를 가볍게 쥘 수 있도록 한다. 시각장애인은 반보 뒤쪽에 선다. 안내인은 팔을 몸통 부위에 붙이고, 팔의 움직임을 통해 시각장애인들은 방향이나 깊이를 알 수 있다([그림 12-8] 참조).

보조공학 기구

시각장애 영역은 보조공학 분야가 발달한 영역이다. 보조공학은 ① 의사소통 및 정보 접근, ② 보행의 두 가지 분야에서 가장 많은 발달을 거두었다. 그리고 인공 안구와 같은 고도의 전문 분야도 포함될 수 있다.

의사소통 및 정보 접근을 위한 보조공학   문자 매체를 음성 또는 점자로 변환시키는 컴퓨터와 프로그램들이 있다. Kurzweil 1000은 이러한 보조공학 기기다. 사용자가 읽

핵심 개념

우주를 만지다

1980년대의 어느 해, 대학생이었던 Noreen Grice는 보스턴 과학박물관에서 인턴으로 근무를 하고 있었다. 어느 날 퍼킨스 맹학교에서 방문한 시각장애 학생들에게 천문관에서 있었던 천체 쇼가 괜찮았는지 물었다(Chandler, 2003). 그러자한 학생이 쏘아붙였다. "아주 불쾌했어요!"

그러자 그 인턴은 생각지도 못한 솔직한 답변에 당황하지도 않고 무엇이 그렇게 불쾌했는지 물었다.

그녀는 점자로 브로슈어를 만들어야겠다고 생각했다. 그런데 그 학생이 말했다 "내가 정말 놓친 것은 사진이에요." (Chandler, 2003, p.104)

이 경험은 Norren Grice가 우주의 모습을 촉각적으로 표현할 수 있도록 해 준 기폭제가 되었다. 현재 천문학자이면서 보스턴 과학박물관의 천체관 관장이 된 Grice는 천체를 다양한촉각 자료로 표현하는 것을 시도하였다. 2002년 그는 누적된경험을 바탕으로 『우주를 만지다(*Touch the Universe*)』라는책을 출간하였다. 그 책에는 사진과 양각된 모습, 점자와 확대된 글자가 포함되어 있다. 여기에는 허블 천체 망원경으로 촬영한 14컷의 사진이 포함되어 있는데, 행성, 위성, 은하계를일반인도 시각장애인도 모두 함께 즐길 수 있게 되어 있다. 그의 동료 천문학자가 그의 책에 대한 컨설팅을 해 주었는데 다음과 같은 말을 남겼다.

방사 에너지 천문학자로서(당시에는 세계적으로 유일한 시각장애인 천문학자였음) 나는 그가 만든 책을 보면서 우주에 대한 깊은 경외감과 직관적이고 강력한 교감을 느낄수 있었다. 그의 책 『우주를 만지다』에 수록된 은하계의 사진을 손으로 만지며 나는 감히 보는 것과도 비슷한 충격을받았다고 말할 수 있다. 사람들은 천 마디 글보다도 한 장의사진이 더 많은 것을 말해 준다고들 한다. 나는 그 책을 처음 접했을 때, 처음으로 한 장의 사진을 가진 느낌을 받았다

(Joseph Henry Press와 National Academic Press에서 출간된 Noreen Grice[2002]의 『우주를 말하다』라는 책의 뒷표지에 수록된 글임).

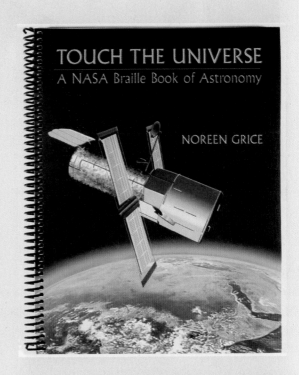

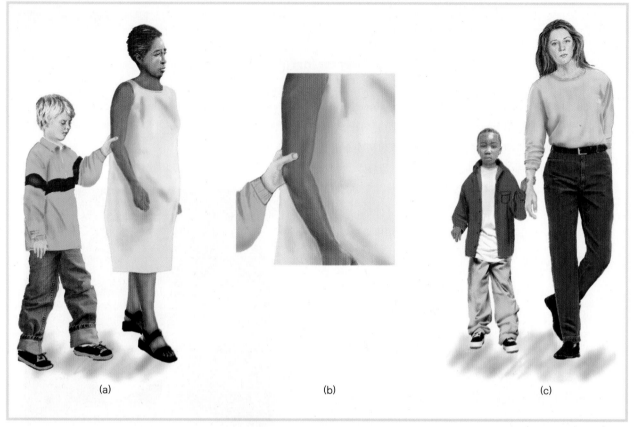

(a)   (b)   (c)

[그림 12-8] 안내 기술

(a) 어린 아동이 안내자의 안내를 받을 때 손으로 부드럽게 안내자의 팔을 감싸쥐도록 훈련하고 그 강도를 비슷하게 유지하도록 하여야 한다. (b) 엄지손가락이 바깥쪽을 향하고 나머지 손가락은 팔 안쪽에 놓이게 하여 감싸 쥐고, 안내자의 반보 옆, 반보 뒤 정도에 위치해 걷는다. (c) 키가 작은 유아의 경우에는 팔꿈치 위쪽을 잡는 것을 대신하여 하박, 손목, 손가락으로 변형하여 잡을 수 있다. 효과적인 보행을 위해서는 안내자 및 안내를 받는 사람 모두 참여하여야 한다.

어야 할 매체를 스캐너에 올려놓으면 이 기기는 문자 매체의 내용을 음성 또는 문자로 변환시켜 준다. 이 기기는 읽기장애가 있는 학생들에게도 유용하게 사용될 수 있다. 이 기기는 MP3 플레이어, 점자정보단말기 등과도 호환성이 있다.

휴대용 **점자정보단말기**는 퍼킨스 점자 타자기와 같이 점자 입력의 기능뿐만 아니라 문서 작성 기능, 음성 변환 기능 등이 포함되어 있다. 사용자가 점자로 입력을 하면 점자 디스플레이로 읽을 수도 있고, 음성으로 들을 수도 있으며, 문자나 점자로 출력도 가능하다. 근래에는 많은 사람이 PDA(personal data assistants)나 휴대전화를 사용하는데, 기종들 중에는 장애인들도 사용 가능하게 만들어 놓은 제품들이 있다. 특히 시각장애인을 위해서는 음성 지원 휴대전화 등이 있는데, 음성 지원, 화면이나 키패드 등을 사용하기 편리하게 제작한 것들이다.

시각장애인에게 지원되는 서비스에는 NFB-Newsline과 화면해설방송 서비스가 있다. NFB-Newsline은 미국 국립맹인연합회를 통해 제공되는 서비스로서 시각장애인이 잡

인터넷 자원

텔레커뮤니케이션과 인터넷 협회(Telecommunication & Internet Association)는 장애인을 위한 휴대전화 관련 품목과 기능을 소개하고 있다. www.accesswireless.org. ▪▪▪

지와 신문에 접근할 수 있도록 터치톤 전화를 통해 24시간 제공되는 서비스다. 200여 종이 넘는 신문 정보를 지원하고 있는데 유수 일간지(예: *USA Today, The New York Times, The Wall Street Journal, The Washington Post, The Los Angeles Time, The Toronto Glove and Mail* 등) 등 각종 신문을 접할 수 있다(National Federation of the Blind, 2006). **화면해설방송 서비스**란 TV 내용 중 주요한 시각 정보를 말로 설명해 주는 서비스다. 일부 극장에서는 화면해설영화 상영이 가능한 곳이 있으며 영화나 DVD의 일부에 화면해설 서비스가 포함되어 있는 것도 있다.

컴퓨터와 인터넷을 통해 정보 접근이 좀 더 원활하게 되었는데, **화면읽기 프로그램**과 화면확대 프로그램(예: JAWS)은 시각장애인이 컴퓨터로 접하는 정보를 음성이나 점자, 확대문자 등으로 접근할 수 있다.

웹페이지 디자이너들은 정안인들에게 매력적인 요인이 시각장애인들의 경우 접근의 어려움이 있을 수 있다는 사실에 대해 인식하게 되었다. 이미지와 링크로 보이는 정보들로 인하여 어려움을 겪고 있는 시각장애인 사서의 견해는 다음과 같다.

최근 인터넷 관련 분야의 공학적 발전으로 인하여 사서의 정보 접근도 큰 발전을 이루었다. 그러나 이러한 발전으로 인하여 나는 내 직업에 더 많은 어려움을 갖게 되었다. 몇 년 전만 하더라도 나는 전혀 문제없이 인터넷을 서핑할 수 있었다. 그 당시의 웹은 거의 모든 것이 문자였기 때문에 가능하였다.

그래픽의 활용이 많아지면서 키보드는 매력적인 아이콘을 클릭하여 뭔가를 실행할 수 있게 되었다. 단조롭던 배경화면도 멋드러진 도배지처럼 바뀌었다. 주요한 정보는 깜빡이거나 화면을 이동하며 주의를 끌었다. 웹페이지는 점점 사용자에게 편리하게 진화하였는데, 사용자에게 편리하게 진화한 것들이 내게는 불친절한 요소들이 되었다(V. Lewis & Klauber, 2002, p. 138).

그러나 근래에는 웹 정보 접근의 문제도 많이 좋아졌다. 미국 국립맹인연합회는 웹사이트의 정보 접근에 대한 인증 과정을 실시하고 있다.

보행을 위한 공학　학자들은 장애물을 감지하기 위한 레이저 지팡이, Miniguide와 같은 다양한 전자 기구를 제작해 왔다. 이 도구들은 반향음을 통해 장애물의 여부를 파악하는 박쥐처럼 인간도 반향음을 활용할 수 있도록 원리를 사용하는 기기들이다. 레이저 지팡이는 일반 지팡이와 비슷하나 적외선을 발사하여 장애물에 닿게 되면 소리나 진동으로 변환하여 그 정보를 시각장애인에 알려 주는 시스템이다. Miniguide는 손에 들고 다니는 2온스의 작은 기기다. 연구에 의하면 Miniguide는 담장, 전봇대, 나뭇가지 등과 같은 다양한 종류의 장애물 감지에 좋으며, 문 등을 발견하는 데에도 유용하다(J. Hill

& Black, 2003). 그러나 단차 등을 발견하는 데 어려움이 있으므로 긴지팡이와 같이 활용하는 것이 바람직하다.

GPS 정보를 활용할 수 있도록 지원하는 컴퓨터 프로그램도 있다. 24개도 넘는 GPS 위성이 미국 전역을 돌며 수백만 명의 사용자에게 위치 정보를 제공하고 있다. GPS는 주변 위치에 대한 정보를 비교적 정확하게 제시하고 있는데, BrailleNote GPS는 GPS 정보를 점자로 변환시켜서 알려 준다. 현재 BrailleNote GPS 사용자들은 이 기기를 통해 자신이 가야 할 지점에 대한 루트를 짜고 활용할 수 있다.

학자들은 인공 시각계에 대한 연구를 계속적으로 진행하며 발전시키고 있다. 일부 기술은 현재 실험 단계에 있는데 눈과 뇌의 일부를 인공으로 만드는 일이다. 예를 들면, 망막, 각막과 같은 기관과 뇌의 시각피질을 인공으로 만드는 기술이다(Visual Prosthesis, 2010). 예를 들면, 수술은 매우 복잡하며, 수술의 결과는 천차만별이다. 설령 수술이 성공적이었다고 할 경우에도 문제가 없는 것은 아니다. 태어날 때부터 시각장애였거나 어린 나이에 실명이 되어 시력을 오랫동안 사용하지 않았던 경우에는 시각적으로 받아들인 감각의 홍수를 감당해 내기 어려운 경우도 있다. 다음의 〈개인적 관점〉에서 제시한 Mike May의 사례도 그러한 경우다.

공학에 대한 주의 사항   컴퓨터화되어 있는 기기와 전자 기기를 사용하는 것에는 유의 사항이 뒤따른다. 점자의 중요성을 강조하는 사람들은 녹음기, 컴퓨터 등 보조공학 기기가 읽기와 정보 접근에 도움을 주는 것에는 동의하나 이러한 것이 점자를 대신할 수는 없다고 주장한다. 예를 들면, 중요한 부분을 찾아서 부분적으로 읽어 가려고 할 때, 점자로 읽을 때는 가능하지만 녹음 자료를 들을 경우에는 어렵다. 수업 시간에 필기를 하거나 발표를 하고 사전을 찾을 경우에는 점자를 활용하는 것이 훨씬 더 유리하다. 이는 정안인의 경우 컴퓨터가 종이와 펜을 대신할 수 없는 것처럼 컴퓨터가 점자와 점필을 대신할 수는 없는 것이다.

이동에 도움을 주는 보행 보조기구도 한계가 있다. 이는 지팡이의 대용이라기보다는 지팡이의 부족한 부분을 보완해 주는 잠재력이 있다고 말할 수 있다.

공학이 시각장애인이 직면한 어려움에 대한 해결책이 될 수는 없지만, 공학으로 인하여 시각장애인의 삶이 좀 더 수월해지고 생산적일 수는 있다. 현대는 공학으로 인해 급변하며 발달하고 있다. 시각장애인들도 발전하는 공학적인 지원을 받을 수 있어야 한다.

서비스 전달 모델

시각장애 학생의 교육적 배치는 크게 네 가지로 구분된다. 가장 분리된 환경부터 통

개인적 관점

Sendero 그룹(BrailleNote GPS)의 설립자인 Mike May는 시속 65mile(약 100km)을 질주하는 세계에서 가장 빠른 맹인 스키어다. 그는 CIA에서 고용한 첫 번째 맹인 정치 리스크 애널리스트였다. 그는 3세에 실명하였지만 한 번도 도전을 피해 본 적이 없다. 아마도 그에게 가장 큰 도전은 1999년에 그의 시력을 회복하기 위해 하게 된 줄기세포 이식수술일 것이다. 이 수술은 수술이 가능하다고 판단된 한쪽 눈에만 실시되었다. 가장 큰 도전이라고 생각된 것은 그가 수술을 통해 받게 되는 고통이나 그 눈에 남아 있는 광각의 기능이 사라질까 하는 두려움이 아니라 그가 지금까지 잘 적응하고 성공적으로 살아왔다고 자부하는 맹인의 세상을 떠나는 것이었다. 또한 시력을 회복한 사례의 둘 중 하나가 심리적으로 힘들다는 결과가 있었기 때문이다(Kruson, 2005, 2007).

유명한 과학 저서 작가인 Oliver Sacks (1996)는 아마도 오랜 시간 맹인이었다가 수술로 시력을 되찾은 사례에 대한 글을 처음으로 대중에게 소개한 사람일 것이다. Virgil은 앞서 언급한 상황을 겪었던 사람이었다. 그는 전혀 새로운 감각을 통해 수많은 정보를 받아들이고 배워야 하는 것에 실로 당황스러워했으며, 엄청난 좌절을 느끼게 되었다. Virgil은 결국 시력을 다시 잃게 되었는데, 아이러니컬하게도 이로 인해 그는 좌절의 고통 속에서 빠져나온 듯하였다.

처음에는 놀라움, 경이 그리고 기쁨 그 자체였다. 그러나 이어서 문제와 갈등이 생겨났다. 보지만 본 것이 무엇인지 모르고, 시각적 세계를 만들 수 없는 것, 그리고 동시에 자신이 익숙했던 세상을 포기하는 것 등이 그를 힘들게 하였다. 자신이 두 세계에서 어려움을 겪는다는 것을 알게 되었다. 그런데 이윽고 시력을 다시 잃게 되었다. 그런데 그렇게 다시 찾은 실명, 다시는 시각 세계로 돌아갈 수 없는 상태가 되었는데 그는 오히려 안도하였다. 실명으로 인하여 그는 더 이상 볼 필요가 없게 되었으며, 눈부심, 보는 세상에 대한 혼란에서 빠져나올 수 있게 된 것이다. 그는 지난

50년간 그가 편안하게 지냈던 세상, 잔존감각을 최대한 집중하였던 그 세상으로 다시 돌아와 자신의 정체성을 찾게 되었다(O. Sacks, 1996, pp. 151-152).

그러나 다행스럽게도 Mike May의 시각 세계는 그에게 큰 도전이 되었지만 다른 사람들과는 달리 깊은 절망과 좌절에 빠지지는 않았다. 그에 대한 전기를 쓰고 있는 전기작가 Robert Kurson은 Mike May가 지닌 세상에 대한 특별한 도전 정신과 수용하려는 자세가 그 이유일 것이라고 말하고 있다. 그러나 수술을 했지만 그의 시력은 정안인의 시력에 비해서는 훨씬 못 미치는 정도다.

그는 3차원의 세계를 보는 것에 많은 어려움을 느꼈다. 그가 보는 세계는 추상적인 미술작품같이 느껴졌다. 추상미술 작품은 여러 가지 색깔을 가지고 있고, 3차원을 평면으로 옮겨 놓은 것처럼 느껴져서 이해하기 어려웠다. 너무 많은 정보가 쏟아져 들어와서 혼란스러워지면 오히려 눈을 감고 그것을 머릿속으로 생각했다. 차나 자전거가 쏜살같이 지나가는 것과 같이 빨리 진행되는 사건에 대해서는 두려움이 컸고, 두뇌는 이렇게 빠른 정보를 해석하는 데 무리가 있었다. 사물들이 너무 가까이에 있는 것처럼 보였기 때문이다. 이전에 수술했던 사람들도 이러한 것들로 인하여 힘들어했다. 그는 스스로에게 다짐하고는 했다. 저기 보이는 도랑이 사실은 도랑이 아닐지도 모른다. 내가 스스로 안도감을 찾는다면……(Kurson, 2005).

Kurson은 다음과 같이 기술하고 있다. 뇌의 뉴런의 이미지를 연구하는 과학자들은 May의 뇌를 통해 색을 인식할 때는 뇌의 어느 부분이 활성화되는지, 움직임 그리고 2차원적인 사물이 있을 때 어떻게 인식하는지 정도만을 확인하였다. 공간적 개념, 사람 얼굴의 구분, 3차원적 사물의 인식 등에 대한 것은 확인하지 않았다. 그 이유에 대한 의견을 제시하였는데, 그

들은 그들이 확인한 것이 가장 기본적인 것이며 경험에 의지하지 않은 것들이기 때문이라고 답하였다. 이것은 May가 스스로 세상을 인식하기 위해서는 스스로 많은 노력이 필요함을 말해 주고 있다.

일반인들이 세상을 보는 것처럼 보기 위해서는 그에게 부단한 노력이 요구되었다. 그는 자신이 본 사물이 귀걸이인지, 머리카락인지, 눈썹인지를 알기 위해서 머릿속에 데이터베이스를 만들어야 했다. 그리고 자신이 가지고 있는 지식과 맥락을 활용하여 그것이 무엇인지를 생각하며 인식하였다. 예를 들어, 농구장에 있는 오렌지색의 둥근 것은 맥락상 농구공일 것이라고 생각하는 것이다. 건물들이 가까이에서 보면 무척 커 보이지만 멀리서 보면 작게 보일 수 있다고 생각하여 인식하였다. 이렇게 모든 보는 일에 대한 인지적 노력이 광범위하게 이루어져야 했다. 이로 인하여 May보다 먼저 수술을 받았던 사람들은 정서적 안녕이 훼손되었을 것이다(Kurson, 2005).

Mike May는 과학자들이나 시각장애인들을 도와서 계속 일을 해 나갔다. 과학자들에게 '안 보인다는 것' '본다는 것' 등을 이해할 수 있도록 적극적으로 도움을 제공하였다. 또한 인간의 뇌와 정서의 복잡성에 대한 내용도 포함되었다. Mike May가 펼친 '보기'에 대한 멋진 여행에 대해 더 많은 정보를 원한다면 Robert Kurson이 쓴 『고난을 헤치다: 다시 보게 된 사람의 역경과 모험(*Crashing Through: A Story of Risk, Adventure, and the Man Who Dared to See*)』(Random House, 2007)과 *Esquire* 2005년 6월호 'Into the Light' 기사를 참고하길 바란다. 싱어송라이터인 Sara Beck은 그의 이야기를 노래로 만들었으며, 영화사 Fox2000에서는 Robert Kurson이 쓴 책을 바탕으로 〈Crashing Through〉라는 영화를 제작하였다.

합된 환경까지의 순서로 나열하면 특수학교, 특수학급, 학습도움실, 일반학급(순회교사의 지원하에) 순이다. 1900년대 초반에는 거의 모든 시각장애 학생이 기숙제 특수학교에서 교육을 받았다. 그러나 지금은 **순회교사 서비스**를 받는 경우가 대부분이다. 순회교사가 인근 몇 개의 일반학교에서 교육을 받는 시각장애 학생들을 위하여 직접 학교를 방문하여 순회교육 서비스를 지원하는 것이 가장 보편적인 서비스 모델 형태다. 사실 학령기의 시각장애 학생들의 수는 매우 적기 때문에 하나의 특수학급을 형성하기 어렵다. 다음의 〈실천 사례〉의 사례는 중증의 시각장애를 가진 4학년 학생을 순회교사가 어떻게 지원하고 있는지를 나타내고 있다.

기숙제 특수학교도 현재까지 존재하며 다른 장애 영역과 비교할 경우 비교적 선호되는 교육적 배치이기도 하다. 6세부터 21세까지의 전체 시각장애 학생의 6%가 기숙제 특수학교에서 교육을 받고 있는데, 이는 지적장애의 경우 전체 지적장애 학생 중 1%밖에 안 된다는 것을 감안할 때 높은 비율을 차지하는 것이다. 기숙제 또는 통학제 시각장애 특수학교는 좀 더 중점적으로 시각장애를 위한 집중적인 서비스를 제공하기 때문에 장점을 가지고 있다. 예를 들면, 기숙제 또는 통학제 시각장애 특수학교에 재학하는 시각장애 학생들은 보행훈련에 보다 집중적인 훈련을 받을 수 있는 기회가 더 많을 수 있다(Cameto & Nagle, 2007). 기숙제 학교라 하더라도 과거에는 수년 동안 기숙하며 공부하는 경우가 대다수였지만 오늘날에는 비교적 짧은 기간(예: 1~4년 정도) 동안 생활하며 교육을 받는 경우가 많다. 통합교육에 대한 철학이 우세해짐에 따라 기숙제 특수학교는

실천 사례

시각장애 학생의 교사들과의 협력교수

"난 점자를 배울 시간이 없어요."

시각장애 학생을 위한 교사가 된다는 것은 어떤 의미인가
시각장애 학생을 지도하는 교사들 간의 협력은 대개 일반교사와 순회교사 사이에 이루어진다. 그러다 보니 순회하는 특수교사가 다른 학교에 있고, 일반교사 혼자서 시각장애 학생을 온전히 지도해야 한다고 해야 할 때 많은 좌절감을 느끼게 된다. 그러므로 협력의 시간을 따로 만들어서 협력 계획을 짜야 할 필요가 있다. 시각장애 학생이 요구할 만한 것들을 미리 예측하여 일반교사들을 지원할 수 있어야 한다. 순회교사는 일반교사가 수업 계획을 할 때 다음과 같은 내용에 대한 지원을 제공할 수 있어야 한다.

① 듣기와 보상적인 듣기 기술에 대한 지도 전략
② 지도 방법 및 교재의 교수적 수정 방법
③ 시각장애 학생이나 일반학생 모두 활동적으로 수업에 참여하게 할 수 있는 교실 환경 구성 전략
④ 기본 개념 기술 지도 전략
⑤ 자신의 사물이나 시간 등의 조직화 및 학업 기술에 관한 전략
⑥ 시각장애 아동이 사고력, 문제 해결력, 다른 인지 기술을 사용할 수 있도록 지도하는 교수 전략(Council for Exceptional Children, 2003)

협력교수를 위한 성공 전략

Ricki Curry(시각장애 순회교사)와 Jenny Garrett(4학년 학급 일반교사)이 시각장애 정도가 매우 심각한 Dennis의 교육에 대해 어떻게 협력할 것인지 대화를 나누고 있다. Dennis는 현재 Jenny Garrett의 학급에 완전 통합되어 교육받고 있는 상황이다.

Jenny: 우리 반은 9세에서 10세 정도에 해당하는 23명의 학생으로 구성되어 있어요. 그중 두 명은 학습장애이고, 한 명은 심한 정서장애이지요. 게다가 시각장애인 Dennis까지 있고요. 올해는 '읽기의 해'라서 1학년부터 6학년까지 그 프로그램에 참여하고 있지요.

Ricki: Dennis는 잔존시력이 있지만 60cm만 떨어져도 구체적인 것을 잘 보지 못하네요. 현재 확대도서를 사용하고 있고요.

Jenny: Dennis는 친구를 사귀는 데 어려움이 있어요. 사회적으로 덜 성숙된 부분도 있고, 억지스러운 말이나 다른 사람 말을 잘 듣지 않아서……. 하지만 또 다른 면을 보면 유머가 뛰어난 편이에요. 그리고 언어를 빠르게 받아들이는 능력도 있고요. Dennis는 일반 수업 시간에는 우리 학급에 계속 통합되어 있어요. 언어 블록 시간에는 순회교사인 선생님이 와서 그 시간에 점자를 별도로 지도해 주었어요. 선생님께서는 내가 수업을 계획하는 시간 뒷부분에 함께하여 과제, 교수적 수정, 관련 보조도구 등에 대한 안내를 해 주었어요. 특히 과제 같은 경우에는 해야 할 일이 더 많았는데 순회교사인 선생님께서 Dennis를 도와 과제를 잘 적도록 해 주고, 형광펜으로 강조하도록 해 주었지요. 그리하여 Dennis는 점차 스스로 과제를 적고, 과제를 적은 노트를 챙기고, 부모님의 서명을 받아 학교에 가지고 오는 일련의 일을 할 수 있게 되었어요.

Dennis를 지도하면서 가장 어려웠던 때는 맨 처음 Dennis를 만났을 때였을 거예요. 저는 Dennis의 시기능 정도, 강점과 약점, Dennis가 가진 적응 전략 등을 알아가야 했지요. Dennis로 인하여 제 수업 방식도 바꾸어야 했어요. 칠판을 사용하기보다는 Dennis가 좀 더 가까이에서 접근 가능하도록 이젤을 주로 사용했어요. 그리고 Dennis의 교육을 위해 어느 정도의 강도 높은 교육을 해야 하는지, 부모님의 기대에 어떻게 부응해야 하는지, Dennis로부터 어느 정도의 결과를 요구해야 하는지를 결정해야 했어요.

Ricki: 저는 제가 방문하는 짧은 시간 동안에 Dennis와 Jenny 선생님이 필요로 하는 것이 얼마나 많은지 듣고서 종종 당황해하곤 했지요. 그리고 지원이 제대로 이루어지지 않아서 다음 날 가 보면 엉뚱하게 흐르고 있을 때 당혹감을 느끼곤 했어요. 그러나 가끔 이렇게 좌절함에도 불구하고 모든 교과 활동에 Dennis가 참여하는 것을 지켜보면서 기쁨을 감출 수 없었지요. 이것이 통합교육의 매력이 아닌가 싶어요. 이렇게 똑똑하고 말 많고 잘생긴 Dennis가 일반아동들 사이에서 함께 수업하기 위해 얼마나 많은 노력을 하고 있을지는 감히 상상할 수도 없을 거예요.

Jenny: 협력은 성격이 맞고, 수업에 대한 열정, 에너지, 전문성이 있을 때 정말 효과적으로 되는 것 같아요.

　　일반학교에서 시각장애 학생이 가질 수 있는 시각장애로 인한 어려움에 대한 더 많은 정보는 미국 특수교육협의회

(Council for Exceptional Children) 시각장애분과 홈페이지(www.cecdvi.org)에서 살펴볼 수 있다.

•*Margaret P. Weiss*

지역의 일반학교와 협력적인 교류를 하는 기관으로 바뀌게 되었다. 기숙사 시설에서는 보행훈련, 일상생활 기술, 가정 경영 등에 관한 교육에 집중한다면 지역 학교에서는 일반적인 교육을 시키는 시스템으로 바뀌고 있다.

진보 평가

　　시각장애 학생을 위한 교사는 학문적인 내용은 물론 기능적인 기술에 대한 평가를 실시하여야 한다. 학문적 사정에는 점자를 읽고 쓰는 능력, 수학 점자의 이해 능력을 포함하며, 기능적인 평가의 가장 중요한 영역은 보행훈련 기술에 대한 것이다.

학문적 기술 사정

　　점자를 잘 읽고 쓰는 능력은 전맹 또는 저시각 학생들의 학문적 성취와 밀접한 연관이 있다. IDEA는 시각장애 학생들의 개별화교육계획에 점자 지도를 포함시킬 것을 요구하고 있다. 그러므로 점자의 향상도를 모니터하는 일은 교사로서 매우 중요한 일이다. **교육과정중심 측정**(CBM)은 시각장애 학생들에게 특별히 포함되는 교육과정 내에서 그들의 향상도를 측정하기에 좋은 방법이다. 시각장애 학생들의 읽기 능력을 평가하기 위한 점자 버전 CBM 읽기 지문이 있는데, 이것은 정안 학생들에게 사용되는 읽기 지문과 거의 유사하다(Morgan & Bradley-Johnson, 1995). 정안 학생용 읽기 지문은 점자로 변환되어 출력될 수 있으며 이를 통해 시각장애 학생들의 읽기 속도를 측정할 수 있다.

　　교사는 CBM을 수학 교과에도 적용할 수 있다. 시판되는 CBM 도구는 계산 유창성 향상도를 측정할 수 있는데, 시각장애 학생들의 경우에는 Nemeth 코드로 변환시켜 사용이 가능하다. 표준화된 수학 CBM 도구는 한 유형에 많은 항목이 포함되어 있다(예: 두 자리 숫자 덧셈 문제들). 정안 학생의 경우에는 2~4분 정도 소요되는 분량이다(Thurber, Shinn, & Smolkowski, 2002). CBM 도구는 분당 얼마나 많이 정답을 내는지 숫자를 파악하여 점수를 낸다. 시각장애 학생의 경우에는 이보다 더 긴 시간이 요구된다. 이는 일반

글자에 비하여 Nemeth 코드를 읽어 내기 위해서 2배 정도의 시간이 더 소요되기 때문이다. 저시각 학생의 경우에는 확대문자 버전을 사용할 수 있다. 다만 일반 글자에 비해서는 좀 더 많은 시간이 요구되기는 하지만 2배 이하에 해당된다.

기능적 기술에 대한 사정

시각장애 학생의 성공적인 적응에는 보행 기술이 그 무엇보다 중요하다. 그러므로 이에 대한 적절한 사정이 필요하다. 일반적으로 보행 기술에 대한 사정을 위해 그동안은 교사가 관찰하거나 학생들의 보고와 면담을 통해 체크리스트에 주관적으로 기록하는 형식을 띠고 있었다.

그러나 보행훈련에 활용되는 현대 과학은 진보를 평가하는 기술도 향상될 수 있도록 도움을 주고 있다. 보행 전문가는 GPS 시스템을 활용하여 시각장애 학생들의 보행 향상도를 점검할 수 있다. GPS 시스템에 GeoLogger를 덧붙이면 이 시스템이 이동 횟수, 모드, 루트 그리고 이동 소요 시간에 대한 데이터를 알려 준다. 이러한 데이터를 바탕으로 시각장애 학생의 보행 능력이 얼마나 향상되었는지를 점검하는 데 도움을 받을 수 있다.

시험에 대한 편의

IDEA는 요구가 있는 장애학생을 위해 시험에 대한 편의 혹은 다른 형태의 테스트를 받도록 하고 있다. 대부분의 시각장애 학생을 위한 시험에 대한 편의는 제시 방식에 대한 변형(예: 점자로 된 시험지, 확대 기구, 확대문자)과 학생의 표현 방식에 대한 변형(예: 점자정보단말기 사용)이다. 시간에 대한 편의도 시각장애 학생들에게 중요하다. 정안 학생이 묵자로 된 읽기 자료를 읽을 때보다 시각장애 학생이 점자 자료를 읽을 때 소요되는 시간이 더 많이 요구되기 때문이다. 그러나 과학적으로 시각장애 학생들에게 어느 정도의 시간이 더 많이 요구되는지에 대한 연구물은 아직까지도 많지 않다(Zebehazy, Hartmann, & Durando, 2006). 또한 일반학생을 대상으로 하는 테스트는 시각장애 학생들을 평가하기에 적절하지 못한 부분이 있을 수 있다는 점도 유의해야 한다(Thompson, Johnstone, Thurlow, & Altman, 2005; Thompson & Thurlow, 2003). 대부분 많은 주에서는 시험의 편의를 제공하였을 경우에 미치는 신뢰도나 타당도의 문제가 있음을 알고 있음에도 불구하고 시각장애 학생들에게 적절한 시험의 편의를 제공하고 있다(Lazurus, Thurlow, Lail, Eisenbraun, & Kato, 2006).

조기 중재

학자들은 신생아가 태어나자마자 자신의 환경에서 시각적 정보를 처리하기 시작한다고 주장하고 있다(Berk, 2005). 이 사실은 조기 중재가 왜 중요하며 얼마나 빨리 시작되어야 하는지에 대해 이해할 수 있게 한다. 이미 언급한 바와 같이, 시각장애를 가지고 태어난 유아들은 운동 발달에서 정안 유아보다 뒤떨어져 있다. 그러므로 유아교육 프로그램에서 보행훈련은 매우 중요한 교육 요소가 된다. 한때 보행훈련 교사들은 보행훈련을 가르치기에 어린 유아는 연령상 적합하지 않다고 생각한 바 있다. 또한 정안 부모들은 자녀가 지팡이를 사용하는 것을 원하지 않았는데 그것이 너무 낙인을 찍기 때문이라고 생각하는 경향이 있었다. 어느 시각장애인은 다음과 같이 언급하였다.

> 우리 부모님은 제가 지팡이를 가능한 한 오랫동안 사용하지 않기를 바라셨어요. 교사들도 그것을 지지하였고요. 부모님에게 지팡이는 시각장애인의 상징이었어요. 이러한 생각이 저에게 영향을 미쳤어요. 어린아이였을 때는 괜찮았지만, 시각장애인으로 성장해야 할 저에게는 좋지 않은 생각이었어요. 그 때문에 저는 11세가 되어서야 지팡이를 사용할 수 있게 되었어요(Wunder, 1993, p. 568)

그러나 근래 들어서는 점점 많은 유아가 보행 기술을 배우고 있다.

사회적 상호작용에 대한 중요성도 강조되고 있다. 많은 사람은 시각장애 유아가 정안 유아들과 함께 통합 상황에서 교육을 받아야 한다고 믿고 있으나, 교사가 의도적으로 유아들 간의 상호작용을 촉진시키는 것에는 비판적이다. 통합 상황에서는 거의 모든 경우 같은 반 친구들은 정안 유아일 것이다. 이럴 경우 시각장애 유아는 사회적 소외를 당하기 쉽다. 연구에 의하면, 같은 장소에 있다고 하여 정안 유아에 의한 자연스러운 사회적 상호작용이 일어나는 것은 아니다(Celeste, 2006; D'Allura, 2002). 교사는 다양한 활동을 반복적으로 지도하면서 적절한 사회적 상호작용을 가르쳐야 한다.

전문가들은 시각장애 유아의 조기 중재에 부모 참여의 중요성을 강조하고 있다. 부모는 유아가 오랫동안 머무르는 가정에서 다양한 활동을 통해 운동 발달, 보행훈련, 언어 발달 등을 시킬 수 있는 소중한 자원이다. 그러므로 부모는 이러한 발달에 도움을 주는 활동에 대한 지원을 받을 수 있어야 한다.

성인기로의 전환

청소년기와 성인기의 시각장애인은 독립생활, 직업 영역에서 많은 어려움이 있다. 적성에 맞는 직업을 찾고 독립생활에 성공하기까지는 교사와 부모의 지원과 본인의 준비가 그 무엇보다도 필요하다. 예를 들면, Aaron (AJ) Faxon, Jr.(《사례 소개》 참조)는 오랫동안 지속적인 시각장애 재활교사의 교육으로 많은 혜택을 본 경우다.

독립생활

중학교 정도부터 적절한 훈련을 받게 된다면 거의 대부분의 시각장애 학생은 독립생활이 가능하다. 그러나 조사에서는 시각장애 학생들이 일상생활 기술에 대한 적절한 교육을 받고 있지 않은 것으로 나타나 있다(S. Lewis & Iselin, 2002; Wolffe et al., 2002). 학자들의 주장에 의하면 통합교육이 강조되고 일반학교에서 교육을 받게 된 후부터 독립생활 기술 교육에 대한 중요성이 많이 희석되었다는 것이다(Spungin, 2003). 그 이유는 시각장애 학생들을 순회 교육하는 시각장애 재활교사들이 일상생활 기술에 초점을 맞출 수 있을 만큼의 시간적인 여유가 없다는 것이다.

많은 전문가는 또한 사회가 시각장애 학생이나 성인을 바라보는 시점에 문제가 있다고 강조하고 있다. 많은 사람은 시각장애인들의 경우 자조 능력이 떨어진다고 보는 경향이 있기 때문이다.

많은 사람은 실명이 매우 애석한 현상이라고 생각하며, 정안인들의 사회에서는 시각장애를 바라보는 시각이 지극히 온정적인 것이다. 이것은 하루 이틀의 문제가 아니고 아주 오랜 역사를 가지고 있다. 국가의 시책도 그렇게 설계된 것들이 많다. 예를 들면, 미국 국립맹인연합회(NFB)는 보행자 신호를 인식하도록 도와주는 설비(음향신호기와 같은 설비, accessible pedestrian signals[APSs])와 보도의 점 블록(raised dome detectable warnings, 위험한 곳을 알려 주기도 하고 지하철역의 승강장으로 유도하기도 함)과 같이 도드라진 경고 설비를 모두 갖추는 것에 대한 반대 의견을 낸 바 있다. 시각장애인을 위한 가장 보편적인 설비로서 국가 도로 연구 프로그램에서는 APSs 설치에 대한 안내 서적도 발행하였다.

NFB는 APSs가 복잡한 교차로에서는 필요할지 모르나 모든 교차로에 설치될 필요는 없다고 피력한다(Maurer, 2003). 때로는 APSs가 주는 정보가 오히려 혼돈스러울 수도 있고 지속될 경우 오히려 소음공해가 되기도 하며, 시각장애인이 교통의 흐름을 듣고 교차로를 건너고자 할 때 방해가 될 수도 있다고 주장하였다. 또한 보도의 점 블록(raised dome)도 모든 장소에서 필요하지는 않다고 주장하였다.

사례 소개: AJ FAXON

Aaron 'AJ' Faxon, JR.는 양안에 시신경 위축이라는 시각장애를 가지고 태어났다. 시신경 위축이란 시신경이 잘 형성되지 않은 상태를 의미하는데, 이로 인하여 AJ는 시력과 시야의 손상을 가지게 되었다. AJ는 유치원 때, 점자를 읽고, 퍼킨스 점자 타자기를 이용해 쓸 수 있게 되었다. 그는 현재 고등학교 3학년이며, 이번 가을에 대학에 입학하고자 한다. AJ는 시각장애를 가진 학생들을 위한 교사가 되기를 열망하고 있다.

1. 당신이 즐거워하는 것은 무엇인가요?   저는 '골볼'이라는 스포츠를 좋아합니다. 골볼은 실내체육관에서 하는 경기로서 아주 조용하게 진행되는 게임입니다. 모든 선수는 안대를 착용해야 하며, 골볼에서 사용되는 공은 그 안에 소리가 나는 벨이 들어가 있는 거예요. 선수는 양 사이드에서 세 명씩 삼각형을 이루어 포지션을 정합니다. 모든 선수는 볼을 굴려서 각각 두 번씩 상대 진영으로 보내게 됩니다. 상대방이 그 공을 막지 못하고 바운더리까지 공이 이동하여 바운더리에 닿게 되면 1점을 얻게 됩니다. 전·후반 15분씩으로 경기 시간이 정해져 있습니다. 골볼 경기는 미국 U.S. 토너먼트가 있습니다. 전 우리 고등학교 학생들에게 이 경기를 처음 소개해서 같이 경기를 즐기고 있습니다.

2. 당신이 가장 좋아하는 휴식 방법은 무엇인가요?   저는 가족이나 친구들과 낚시를 가는 것을 좋아합니다. 그리고 독서도 좋아하는데 얼마 전에 Jane Austen의 『오만과 편견』을 다 읽었습니다.

3. 당신이 잘하는 것은 무엇인가요?   저는 점자를 빨리 읽고 씁니다. 그리고 사회성도 좋은 편입니다.

4. 속상한 점은 무엇인가요?   자신과 다르다는 이유로 조롱하는 사람들을 대할 때는 마음이 상해요. 전 그 어떤 사람도 사람에게 자신의 잣대를 댈 권리는 없다고 생각해요.

5. 당신의 인생에 긍정적인 영향을 준 선생님이 있나요? Ricki 선생님을 들고 싶어요. 제 시각장애 재활교사예요. 제게 좋은 영향을 많이 주셨지요. 곁에 있는 것만으로도……. 선생님이시만 개인적으로 친구와도 같은 소중한 분이세요. 저의 많은 일을

함께 해 주셨지요……. 유치원 때부터……. 정말 제게는 가장 소중한 친구라고 말씀드릴 수 있어요.

6. 당신이 롤모델(유명인사, 가족)로 삼고 있는 분이 있나요? 왜 그 사람이 롤모델인가요?   제 가족 구성원 모두가 제게는 롤모델이라고 감히 말씀드릴 수 있어요. 왜냐하면 우리 모두는 서로의 단점을 보완해 주기 때문이에요. 우리 가족은 저의 부족한 점을 메워 주고, 저는 우리 가족의 부족한 점을 메워 주거든요. 저는 연방정부의 경호원이셨던 아버지로부터 강인함을 배웠어요. 그리고 명랑하고 밝은 어머니로부터 공감하는 마음을 배웠지요. 제 누나 Erica는 사람들과 참 잘 어울리는 성격인데요. 특히 모든 사람의 장점을 보는 따뜻한 눈을 가졌어요. 사람을 자신의 잣대로 쉽게 판단하지 않는 좋은 성격을 가졌지요.

7. 장애로 인해 가장 어려운 점은 무엇인가요?   누나나 다른 사람들이 운전할 때 저는 못한다는 생각에 좀 서글퍼질 때도 있어요. 그치만 못하는 게 있는 반면에 제가 다른 잔존감각을 잘 활용하는 능력을 가졌다고 생각하면 그것도 꼭 나쁘진 않아요.

8. 당신의 장애가 당신이 목표로 하는 것을 이루는 데 영향을 미치나요?   아니요, 절대로 그렇게 생각하지 않아요. 저의 꿈에 관한 한 저는 오히려 제 시각장애 재활교사를 만난 것을 감사하게 생각해요. 저는 정말 많이 받았다고 생각해요. 그래서 제가 하고 싶어 하는 시각장애 재활교사를 통해 제가 받은 것들을 나누고 싶은 생각이 커요. 저는 꼭 시각장애 재활교사가 될 수 있도록 최선을 다할 생각입니다.

9. 장애가 당신의 사회적 관계에 영향을 주었나요?   제가 다니고 있는 일반학교에는 두세 명의 친구가 있어요. 그치만 저처럼 시각장애를 가진 친구들은 훨씬 더 많이 있어요. 이 친구들은 저와 같은 점이 많기 때문에 서로를 이해하기에도 편해요. 서로 짓궂은 장난도 하고, 함께 팀 활동도 하고, 장기 자랑도 하면서 즐겁게 지내고 있어요. 이런 친구들과 친하게 지낸다는 것이 정말 멋진 일이라고 생각해요.

10. 장애가 있다는 것에 대해서 다른 사람이 알면 깜짝 놀랄

만한 장점이 있나요?　저는 저의 장애가 제 발목 붙잡는 족쇄라고 생각해 본 적이 없어요. 오히려 저의 추진력이 되어 준다고 생각해요. 사람들은 아마도 제가 시각장애를 가지고 있으면서 잘 적응하는 것에 놀랄지도 몰라요. 잘 모르겠어요. 많은 경우 사람들은 제가 시각장애인지 전혀 알지 못하거든요. 그 자체로 놀랄 일이겠지요?

11. 다른 사람들이 당신을 바라보는 시각에 대해서는 어떻게 생각하나요?　어떤 사람들은 저를 불쌍하게 여길지도 몰라요. 그러나 저는 그러한 동정을 원하지 않아요. 왜냐하면 저는 이렇게 태어난 데에는 분명 뜻이 있을 것이라고 생각하거든요. 또한 사람들은 제가 사용하는 공학 기구들을 보면서 제가 특별대우를 받고 있다고 생각할 수도 있어요. 근데 정말 특별대우가 아니에요. 저는 이러한 공학적 지원이 없이는 학교에서 공부를 할 수조차 없거든요. 하지만 보조공학 기기의 지원을 통해 저는 다른 학생들과 함께 공부를 할 수 있답니다. 그리고 어떤 사람들은 저를 존경하는지도 모르지요. 제가 하는 하루 일과를 경이롭게 지켜보면서…….

12. 다른 사람들이 당신에 대해 알았으면 하는 점은 무엇인가요?　저는 일반 사람들이 시각장애인을 다른 사람으로 여기지 않기를 바라고 있어요. 장애의 여부를 떠나 함께 생활하면서 모두 동일한 인간으로 생각하는 날이 오기를 바라요.

13. 다음 빈칸을 채워 주세요. 나는 _____ 없이는 살 수 없다.　빈칸에 채우고 싶은 말은 '나의 시각장애'입니다. 시각장애가 없다면 제가 살아온 생과는 너무 다른 삶을 살겠지요. 저는 제가 살아온 방식을 사랑합니다.

AJ는 온라인을 통한 당신의 연락을 환영합니다.
Aj.faxon@ gmail.com

NFB의 반대 주장을 살펴보면 우리 사회는 시각장애인에게 필요한 편의를 필요 이상으로 많이 제공하려는 경향이 있음을 알 수 있으며, 이러한 현상을 보면 정안인 사회가 시각장애인을 너무 무기력한 사람들로 보고 있음을 시사한다고 볼 수 있다. NFB의 주장에 동의하거나 아니면 너무 예민한 것은 아니냐고 생각할지 모르지만, 정안인 사회에서 시각장애인을 보는 시각이 온정주의적이라는 것은 의심할 여지가 없다. 보행훈련 프로그램을 받고 있는 루이지애나 공과대학 학생들이 뉴욕의 세계무역센터(2001년 테러가 일어났던)를 꼭대기 층까지 방문한 후 그중 한 명이 시각장애인을 대하는 태도와 허술했던 보안에 대해 대하여 다음과 같은 글을 썼다.

우린 세계무역센터의 허술한 보안 체계에 대한 농담을 했다. 세계무역센터에 폭탄 테러를 하고 싶다면 흰지팡이만 가지고 들어가면 된다고……. 지팡이를 가지고 들어가면 모두 당신을 환영할 것이라고……. 그리고 보니 그때 당시에는 기억을 못했지만 1993년에도 세계무역센터에 폭탄이 터진 적이 있었다는 사실이 생각이 났다. 그 당시 내 고향 근처 미주리 스프링필드의 연방교도소에는 시각장애인이 있었다. 그의 죄목이 뭐냐고? 그는 1993년 폭탄 테러를 주모한 주동자였다. 그런데 우리 사회는 왜 아직 이러는가?

우리 사회에는 부족하다고 생각되는 사람에게는 무분별한 호의를 베풀기도 한다. 특수성을 인정하되 이 사람들도 같은 사람으로 여겨지길 원한다는 것을 인식해야 하며, 그들 중에는 좋은 사람도 있고 나쁜 사람도 있음을 알아야 한다. 그런데 일반적으로 우리 사회는 장애인 집단에서는 좋은 사람과 나쁜 사람을 구분하지 못하는 것 같다 (Lansaw, 2000, pp. 964-965)

이러한 온정주의의 폐단은 보통의 일을 해내는 시각장애인을 영웅으로 만들어 놓기도 한다. 맥킨리산이나 에베레스트산에 오르는 것이 물론 보통 사람들이 해내는 일은 아니다. 그러나 Erik Weihenmayer는 자신이 느낀 감정에 대해 다음과 같이 기술하고 있다.

나는 산을 타거나 그것을 준비하기 위해 나의 모든 시간을 보내지는 않는다. 부분적으로는 시각장애 홍보를 위해 일을 하기도 한다. 언젠가 미국맹인재단에서 홍보차 TV 인터뷰에 응해 달라고 부탁을 해 왔다. 아침에 하는 그저 그런 토크쇼였다. 나는 그들이 '놀랍고 영감을 주는' 훌륭한 시각장애인이라고 선정하여 초대한 사람들 중의 한 사람이었다. 몇 명의 시각장애인이 흰 지팡이나 안내견을 가지고 안내를 받아 방청객들 앞에 줄줄이 앉아 있었다. 첫 번째로 인터뷰한 사람이 바로 나였다. 토크쇼 진행자가 먼저 말문을 열었다. "시각장애인 등반가시라고요……. 여러분, 정말 놀랍지 않습니까? 앞을 보는 저조차도 감히 그렇게 높은 산을 등반한다는 것은 생각하지도 못할 일입니다."

사람들은 등반가 Erik Weihenmayer를 영웅시한다. 그러나 사람들이 시각장애인에게 거는 기대가 낮아서 하는 말이면 가슴이 아프다.

'앞을 보는 저조차도……'라는 표현은 어제 오늘 듣는 말이 아니었다. 그러나 항상 그 말은 내 기분을 상하게 했다. 그녀는 아마도 다른 많은 문제 때문에 등반하기가 적합하지 않을는지도 모른다. 몸무게가 너무 많이 나간다든지, 천식이 있다든지, 등산은 해 본 적이 없을는지도 모른다. 그런데 마치 성공과 실패의 모든 조건을 '보느냐 못 보느냐'로 보는 경향이 싫다. 이런 생각이 들자 난 나머지 시간에는 아무 말 없이 그 자리에 앉아 있었다. 아마도 사람들은 등반은 해도 별 볼일 없는 사람으로 여겼을지도 모른다. 방청객은 이 시각장애인들이 얼마나 '일반인'과 비슷한지, 그것이 얼마나 놀라운 일인지를 감탄해 마지않으며 쇼를 관람하였다. 나의 경우에도 다른 사람에게 우리 집의 위치를 설명해 주면 사람들은 엄청나다고 했고, 대화할 때 눈 맞춤을 하면 또 놀랍다고 하였으며, 흘리지도 않고 컵에 물을 따르면 기가 막히다고 했다. 사람들이 시각장애인에게 거는 기대치가 얼마나 낮은지를 보여 주는 일이었다. 놀랍다는 그들의 반응에…… 나는 진짜 나의 영웅들을 생각하며 가슴 아파했다(Weihenmayer, 2001, pp. 166-168).

그러나 시각장애인들이 정안인들처럼 일상생활 기술을 잘 개발하여 독립적인 생활을 하고 있다고 한다면 이러한 기술이 자연스럽고 쉽게 습득되었을 것이라고 생각하는 것은 정말 잘못된 생각이다. 이러한 기술을 습득하기 위해 실로 많은 노력과 구체적인 교육이 있어야만 가능한 일이기 때문이다. 미국 국립맹인연합회(NFB) 웹사이트에서 독립생활 기술에 대한 다양한 제안 사항을 확인할 수 있다.

취 업

취업 연령에 해당하는 시각장애인 다수는 직업이 없다. 또한 현재 직업이 있는 시각장애인 중에는 그 직업이 요구하는 것보다 훨씬 더 높은 학력과 자격을 소지하고 있는 경우가 많다. 조사 연구(Capella-McDonnall, 2005; Houtenville, 2003)에서는 정안인에 비해 절반 정도의 비율만이 취업되어 있는 상황이라고 한다. 또한 취업자의 경우에도 다른 장애 영역에 비해 가장 낮은 시간당 수당을 받고 있는 것으로 나타났다(Kirchner & Smith, 2005). 이와 같은 상황에 대한 원인은 시각장애라는 원인보다는 학교에서의 전환교육에 대한 문제 때문이라고 말할 수 있다. 전맹의 경우라고 할지라도 효율적인 전환교육 프로그램을 통해 다양한 직업에 대한 준비가 가능하다고 본다. 즉, 교직, 단순노무직, 의학 분야, 공학 분야 등 다양할 수 있다. 전환교육은 고등학교를 졸업하기 전에 장기적으로 그리고 강도 높게 실시되어야 하고, 감독하의 실습과 인턴십 등이 포함되어야 한다. 연구에 따르면, 유사 업무에 대한 경험은 시각장애인의 취업과 많은 상관관계가 있다(McDonnall & Crudden, 2009; Zimmerman, 2011).

구직의 가능성을 높이는 가장 큰 요인은 직업장의 편의시설이다. 취업한 시각장애인들은 작은 편의로도 충분히 그들의 직업을 유지하는 데 도움이 된다고 주장한다. 취업인들이 제안하는 작은 편의로는 이동 지원(카풀도 가능함), 작업장의 조도를 높이는 것, 직사광선을 막기 위해 창문에 선팅을 하는 것, 작업장 입구에 눈을 치워 놓는 것, 화재 시 장애물을 피해 나갈 수 있도록 하는 정기적인 소방훈련, 복도에 장애물을 치워 놓는 것, 컴퓨터 소프트웨어(예: 화면확대 프로그램), 음성합성 장치, 점자 프린터기 등이 있다(Rumrill, Roessler, Battersby-Longden, & Schuyler, 1998; Rumrill, Schuyler, & Longden, 1997).

시각장애인에게는 일상적인 일에 적응해 나가는 것도 많은 노력이 요구된다. 그러나 시각장애인들은 우리 사회의 일반적인 사람들과 공통점이 훨씬 더 많다. 특수교사 및 일반교사는 특별한 프로그램을 제공하되 다른 학생들과 다르지 않도록 미묘한 균형을 유지하고, 다른 학생들과 동일한 기대치와 잣대로 학생을 지도해야 할 것이다.

인터넷 자원

미국맹인재단 웹사이트에는 시각장애인들의 취업을 돕는 정보가 많이 제시되어 있는데, 직업에 대한 조사 내용, 구직 정보, 취업 정보, 직업 유지에 대한 정보 등이 포함되어 있다. 또한 이 웹사이트 내에는 채용을 희망하는 업체에 대한 정보와 취업한 시각장애인들 중 멘토가 되어 줄 수 있는 사람들에 대한 정보도 포함되어 있어 매우 유용하다. http://www.afb.org/Section.asp?SectionID=7

요약

전문가는 시각장애 학습자를 어떻게 정의하고 분류하는 가?

- 법적 정의에서는 시력과 시야를 기준으로 한다.
  - 법적 맹은 좋은 눈의 교정시력이 20/200(0.1) 이하이고, 저시력은 좋은 눈의 교정시력이 20/70(0.35)부터 20/200(0.1)까지를 의미한다.
  - 시야의 측면에서 보면 20도 이하인 경우를 의미한다.
- 교육적 정의에서는 읽기 매체를 기준으로 한다.
  - 점자나 청각 자료를 사용하는 경우에는 교육적 맹이라고 분류한다.
  - 확대문자나 확대 기구를 사용하여 프린트 자료를 읽을 수 있는 경우를 교육적 저시력으로 분류한다.
- 일부 사람은 시각장애를 기술적인 측면으로 분류하는 것이 더 좋다고 주장하는데, 정보를 습득하거나 활동을 할 때 요구되는 시각에 초점을 맞추어야 한다고 주장한다.

시각장애의 출현율은 어떠한가?

- 시각장애는 주로 성인에게 오는 장애다.
- 전체 학령기(만 6~17세) 아동의 약 0.05% 정도가 시각장애로 분류된다.

눈의 해부생리학적 특성은 무엇인가?

- 사물을 보게 되면 전기 신호가 되어 시신경을 통하여 후두엽으로 들어와서 지각하게 된다.
- 빛은 각막, 방수, 동공, 수정체, 초자체를 지나 망막에 상이 맺히게 되며 시신경을 통해 후두엽으로 들어온다.

시력은 어떻게 측정하는가?

- 시력은 원거리 시력을 의미하여 보통 스넬렌 차트를 통해 측정한다.
- 근거리 시력을 측정하는 도구도 있다.
- 시각장애 재활교사는 학생이 일상생활에서 어떻게 시력을 기능적으로 사용하는지 측정할 수 있다.

시각장애의 원인은 무엇인가?

- 가장 흔한 시각장애의 원인
  - 근시
  - 원시
  - 난시
- 성인기와 아동기 모두에 나타날 수 있는 원인
  - 시신경을 손상시키는 녹내장
  - 수정체를 뿌옇게 하는 백내장
  - 망막의 혈액 공급에 문제가 되어 나타나는 당뇨병성 망막증
- 아동에게 나타날 수 있는 원인
  - 아동기에 가장 많이 나타나는 시각장애 원인은 피질시각장애, 미숙아망막증, 시신경 위축임
    * 피질시각장애는 뇌손상이나 뇌기능 이상으로 나타남
    * 미숙아망막증은 조산아에게 제공되는 과도한 산소 또는 다른 기타의 요인으로 발생 가능함
    * 시신경 위축은 시신경 발달의 문제로 인해 형성됨
  - 망막색소변성도 아동기에 나타날 수 있으며 터널 시력과 야맹증을 가져옴
- 근육 이상으로 인한 원인
  - 안근육의 이상으로 눈동자의 초점이 맞추어지지 않는 사시
  - 눈동자가 불수의적으로 빠르게 움직이는 안구진탕증

시각장애 학습자의 심리 및 행동적 특성은 무엇인가?

- 유아기에 다양한 발달상의 지체를 보일 수 있으나 언어 영역은 거의 지체되지 않음
- 유아 초기에는 개념 발달에 지체를 보일 수 있으나 연령이 높아감에 따라 지체 현상은 사라짐
- 거의 모든 유아가 운동 발달이 지체될 수 있으므로 양육자나 교사는 유아가 환경을 탐색하도록 도움을 주어 운동 발달을 촉진시킬 수 있음
- 보행훈련 기술은 공간 지각 발달을 촉진함
  - 시각장애인들은 공간에 대한 정보를 순서적으로 혹은 인지적 지도화를 통해 기억하고 활용할 수 있는데, 인지적 지도화가 공간 지각에 더욱더 효과적임

- 시각장애인들 중에는 고주파 반향음(도플러 효과)에 의해 장
  애물을 감지하는 능력이 있는 사람도 있음
- 시각장애가 있으면 다른 감각이 자동적으로 발달하고 또한
  오감 이외의 감각이 새롭게 발달한다고 생각하는 사람들이
  있으나 이것은 오개념임
- 시각장애 학생들은 일반학생들에 비해 학업 성취 수준이 낮다
  는 연구 결과가 있는데, 그 원인의 대부분은 학생에 대한 낮은
  기대 그리고 점자 사용 능력의 저하와 상관이 있음
- 시각장애인들은 사회적 적응에 문제를 갖는 경우가 있는데, 이
  것은 우리 사회가 가진 시각장애에 대한 편견에서 기인한 것이
  라 말할 수 있음
- 시각장애인들 중에는 상동 행동을 보이는 사람들이 있음
  - 전문가들은 이러한 행동의 원인을 시각으로 감각을 받아들일
    수 없어 각성 상태를 유지하기 위한 형태로도 해석할 수 있음
    을 주장함
  - 전문가들은 이러한 행동을 못하도록 제재해야 한다고 생각하
    지 않음

시각장애 학습자를 위한 교육적 고려 사항은 무엇인가?

- 점자를 읽는 능력은 시각장애 학생에게 필수적임
  - 전문가들은 점자를 원활하게 사용하는 시각장애 학생들의 비
    율이 위험할 정도로 낮게 떨어졌다고 염려함
  - 점자법을 통해 시각장애 학생들이 점자 지도를 받을 수 있는
    가능성이 높아졌음
  - 미 연방법은 IEP팀 일원 중 어느 누구라도(부모 포함) 점자의
    필요성을 주장할 경우에는 점자교육을 받을 수 있도록 근거
    를 보장하고 있음
  - 전문가들은 저시각인들도 점자교육을 받을 경우 많은 이점이
    있음을 주장함
- 잔존시각을 사용하는 것은 매우 중요함
  - 공간을 많이 차지하지만 확대도서는 매우 효과적인 매체임
  - 확대경은 먼 것을 볼 때 이용할 수 있는 것도 있고, 가까운 것
    을 볼 때 이용할 수 있는 것도 있음
- 듣기 기술은 중요함
- 보행 기술은 필수적임
  - 지팡이 보행법을 습득하는 것은 매우 중요함
  - 안타깝게도 맹인 혹은 저시각인 중에는 자신이 시각장애인임
    을 드러나게 한다는 이유로 지팡이 사용을 거부하는 경우도

있음
  - 영유아기 단계에서도 지팡이 기술을 익힐 수 있음
  - 맹인도 보행교사가 될 수 있다는 문제에 대해 논쟁이 되고
    있음
- 안내견이 효과적인 경우도 있음
  - 안내견은 아동보다는 성인에게 적합하며, 안내견을 사용하
    기 위해서는 안내견 사용자와 안내견이 집중적인 훈련을 받
    아야 함
  - 안내견은 안내견 사용자가 원하는 곳으로 안내하지 않으며,
    안내견 사용자가 위치를 파악하고 있어야 함
  - 안내견은 사용자에게 위험하다고 판단될 때 명령에 불복종하
    거나 신호를 보내 주는 역할을 함
- 촉각지도는 매우 효율적임
- 안내인 보행에 전적으로 의지하는 것은 옳지 않으나 경우에 따
  라 매우 효율적인 보행 방법임
- 보조공학 기기는 점차 그 중요도가 높아지고 있음
  - 보조공학 기기는 의사소통 및 정보 접근에 효과적임. 점자정보
    단말기, 화면해설 방송 서비스, 화면읽기 프로그램 등이 있음
  - 보행을 위한 보조공학 기기도 있음. 장애물을 발견하는 도구
    로서 GPS 시스템과 같은 기기도 활용이 가능함
  - 시각장애 학생은 공학 기기에 너무 의존적이지 않도록 주의
    하며, 점필과 점간, 지팡이 등을 기본적으로 사용할 수 있도
    록 해야 함
- 시각장애 재활교사를 통한 순회교육 서비스는 가장 보편적인
  서비스 모형이지만 다른 장애 영역에 비해 분리교육에 대한 선
  호도 있음

전문가는 시각장애 학습자의 학문과 기능적 기술에 대한 진보를 어떻게 평가하며, 평가를 위해 제공할 수 있는 편의 사항에는 어떠한 것이 있는가?

- 교사는 CBM을 통해 기본적인 점자 사용 능력(읽기, 수학 포함)
  의 진보를 평가하여야 함
- 보행교사는 GPS 시스템을 통하여 학생의 보행 능력을 평가할
  수 있어야 함
- 시각장애 학생들도 점자로 된 시험을 통해 표준화된 학업성취
  평가에 참여할 수 있도록 전문가들을 지원할 수 있어야 함
- 시험을 위한 편의 사항에는 점자 시험지 제공, 확대출력 시험지
  제공, 시간 연장 등이 포함될 수 있음

시각장애 학습자의 조기 중재에서 중요한 고려 사항은 무엇인가?

- 시각장애 유아를 위한 교육은 가능한 한 빠를수록 더욱더 효과적임
- 통합 상황은 시각장애 유아에게 도움을 주는 환경일 수는 있으나 교사가 시각장애 유아와 일반유아가 원활하게 상호작용할 수 있도록 지원해 주는 것이 뒷받침되어야 함
- 부모의 개입이 중요함
- 최근 많은 전문가가 유아기의 보행훈련의 중요성을 강조하고 있음

시각장애 학습자의 성인기로의 전환에서 중요한 고려 사항은 무엇인가?

- 시각장애인들은 대부분 독립적인 생활을 영위하고 있음

- 사회통합에서 필수적인 사항은 독립생활 기술을 습득하는 것임
- 정안인 사회는 시각장애인들이 도움이 필요한 존재라는 편견에서 벗어나야 함
- 독립생활 기술에 대한 구체적인 지도는 매우 중요함
- 직업 연령에 해당하는 시각장애인들 중에는 무직이 많고, 직업이 있는 경우라면 그 직업에 비해 능력이 너무 높은 경우에 해당하는 경우가 많음
- 이전의 직업 경험은 직장을 갖는 데 매우 중요한 요소임
- 전환 프로그램은 철저하게 시간을 두고 이루어져야 함
- 직장에서의 편의시설은 시각장애인의 직업 수행을 위해 필수적임

특수교육협의회

전문적 기준

 이장에서 다루어진 미국 장애인 특수교육협의회(Council for Exceptional Children: CEC)의 공통 핵심 지식 및 기술: ICC1K5, ICC1K6, ICC1K7, ICC1K8, ICC2K1, ICC2K2, ICC2K4, ICC2K5, ICC3K2, ICC4S3, ICC4S4, ICC4S5, ICC4S6, ICC5K5, ICC5S3, ICC5S11, ICC7S7, ICC7S9, ICC8S2, ICC9K4, ICC9S2, ICC9S5, ICC10K3, ICC10S6

부록: CEC의 공통 핵심 기준과 관련된 지식 및 기술 목록을 제공한다.

MYEDUCATIONLAB

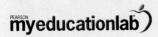 MyEducationLab(www.myeducationlab.com)의 주제 15: 감각장애에서 다음의 내용을 찾을 수 있다.

- 국가 수준의 기준들과 관련된 전반적 개념에 대한 학습 성과
- 각 장의 내용을 보다 심도 있게 이해하도록 도와주는 과제 및 활동 수행
- IRIS Center Resources에서 볼 수 있는 어려운 상황들에 대한 검토
- 교수 기술 수립과 학습 주제 경향을 확인할 주요 개념 이해에 대한 실제의 적용
- Book-Specific Resources의 Study Plan을 통한 교재 내용에 대한 이해도 측정. 여기에서 각 장의 퀴즈 수행, 정답에 대한 피드백을 통해 복습, 연습, 심화 활동으로 이해도를 높일 수 있음
- CCSSO 올해의 교사상 수상자의 교사 면담 코너를 통해 '왜 나는 가르치는가?'에 대한 답변 영상 시청

사고는 사고 이전과 이후에 큰 차이를 남긴다.

"Alan은 뇌손상을 당하기 전에도 이름을 외우기 어려워했다. 나는 남편의 사고 이후에 더 많이 일을 해야만 했다." 뇌손상 관련 일을 돕고 있는 기관에서는 사고가 난 지 얼마나 되었는지 묻는다. 마치 상담자가 배우자가 작고한 지 얼마나 되었냐고 묻는 것처럼 말이다.

구체적으로 무엇 이후를 말하는 것인가?

당신 인생에 엄청난 영향을 준 그 이후로 말한다.

여기 나의 의견이 있다. 어느 날, 가족들과 야외에 하이킹을 간다. 하늘에서 타는 듯한 유성이 당신의 가족 중 한 명의 머리 위로 떨어진다. 유성은 땅에 커다란 균열을 만든다. 불행하게도 가족 중 한 명은 그 커다란 균열로 인한 구덩이 안에 빠지게 된다. 당신은 1년 동안 그를 구하기 위해 노력을 한다. 마침내 구덩이에서 올라오도록 도와주어 위로 올라오는 데 성공하지만 이미 그는 어려움으로 인해 아예 다른 사람이 되어 있다. 그는 유성이 자기에게 떨어졌다는 사실을 모른다. 그는 아마 끝까지 모를 것이다. 단지 자신이 혼란스럽고 어두운 곳에서 오랜 시간을 보냈다는 것을 알 뿐이다. 그는 자신이 가지고 있었던 많은 것을 그 커다란 웅덩이에 두고 와 버렸다. 그리고 그것을 다시 찾는 것은 불가능한 일이 되어 버렸다.

-Cathy Crimmins • 『망고 공주는 어디 있을까?(*Where is the Mango Princess?*)』(2000)

주요 질문

● 저출현, 중도 · 중복장애의 정의는 무엇이며, 출현율은 어떠한가?

● 외상성 뇌손상은 무엇이며, 그것이 교육에 어떤 영향을 미치는가?

● 농-맹은 어떻게 정의되며, 그것이 수반하는 특수교육적 문제는 무엇인가?

● 많은 저출현, 중도 · 중복장애 학생에게 적용되는 교육적 고려사항은 무엇인가?

저출현, 중도 · 중복장애 학습자에 대한
잘못된 생각

오해 · 저출현, 중도 · 중복장애 학습자들은 그 정도가 매우 심해서 보호작업장(sheltered workshop)에서 일하는 것이 그들이 기대할 수 있는 최상의 직업이다.

사실 · 집중적이고 광범위한 지원을 통해서 현재 많은 중도 · 중복장애인들이 보다 통합된 작업 환경에서 일할 수 있다.

오해 · 중도 · 중복장애인들은 그 정도가 심해서 대규모 시설에서 집중적인 지원을 받으면서 사는 것이 최선의 기대 수준이다.

사실 · 집중적이고 광범위한 지원을 통해서 많은 중도 · 중복장애인은 소규모의 지역사회 주거시설(community residential facility: CRF)에서 독립적 혹은 반독립적으로 살 수 있다.

오해 · 외상성 뇌손상(traumatic brain injury: TBI)을 입은 자는 시간이 지나면 장애 없이 완전히 회복하고 기능할 수 있다.

사실 · 외상성 뇌손상을 입은 자 중 일부는 완전히 회복하기도 하지만 대다수의 경우에는 그렇지 않다. 대개 외상성 뇌손상 환자는 장기간의 장애를 갖게 된다. 그러나 이런 장애는 최선의 치료 및 사회복귀 프로그램을 통해서도 완전히 없어지지 않을 수 있다.

오해 · 시간이 지나면서 점점 시력이 떨어지는 어셔 증후군(Usher syndrome) 학생에게 시력이 좋을 때에 점자를 소개하고 지팡이 훈련을 시키는 것은 낙인을 찍게 할 수 있으므로 좋지 못한 방법이다.

사실 · 점자와 보행 훈련은 시력이 저하되는 마지막 단계까지 기다려서는 안 된다. 이러한 복잡한 기술을 배우기 시작하는 것이 그들이 겪게 될 낙인보다 더 중요하다.

오해 · 말을 하지 못하는 사람들은 다른 사람에게 자신의 말을 이해시키는 데 극도의 어려움을 겪는다.

사실 · 적절한 보완대체 의사소통(AAC) 시스템을 통해 말을 하지 못하는 사람도 정상적 대화 수행이 가능하다. 때로는 비장애인의 말과 비슷한 비율로 의사소통이 가능하기도 하다. 보완대체 의사소통이 대화의 유연성, 속도, 유용성 면에서 기술의 발전과 함께 급속하게 증가하고 있다. 현재 보완대체 의사소통 사용자가 전형적인 언어 의사소통을 최대한 가능하게 하고 있다.

오해 · 중도 · 중복장애인의 바람직하지 못한 행동을 제어하기 위한 유일한 방법은 처벌이다.

사실 · 행동기능평가(functional behavioral assessment)와 긍정적 행동지원(positive behavioral supports)은 처벌 없이 바람직하지 못한 행동을 바람직한 행동으로 대체하는 더 많은 방법을 찾아가고 있다. 종종 중도 · 중복장애인이 의사소통하려는 바가 무엇인지를 알아내는 것과 타인과 의사소통함에 있어 보다 효과적이고 효율적인 방법을 알려 주는 것이 가장 중요한 점이기도 하다.

오해 · 점자는 오직 맹인을 위한 것이다.

사실 · 맹인을 포함한 다음에 제시한 두 가지의 경우에도 점자 지도가 도움이 된다. ① 시각장애의 정도가 심해 글자를 확실하게 읽을 수 없는 경우, ② 시간이 지나면서 상황이 악화되어 결국에는 점자를 읽어야 할 수밖에 없는 경우.

저출현, 중도 · 중복장애는 다른 모든 장애의 범주와 마찬가지로 그 정의에 대한 논쟁이 매우 많은 영역이다. 장애가 잘 노출되지 않고 중복적이거나 중증일 경우에 특히 혼란스럽다. 이러한 장애의 원인과 의미, 이러한 장애를 앓는 사람들의 삶은 더욱 이해하기 어려울 수도 있다.

정의와 출현율

TASH(Association for Persons with Severe Handicaps)에서는 중도장애에 대해 다음과 같은 정의를 사용한다.

> 연령대, 인종, 종교, 성적 기호를 불문하고 장애를 가진 자로, 통합 사회의 참여 및 모든 일반인과 유사한 삶의 질을 누리기 위해 한 개 이상의 주요 생활 활동에서 지속적인 지원(ongoing support)을 필요로 하는 자. 이동, 의사소통, 자기조절(self-care), 공동체 생활 및 고용, 자급자족과 같은 생활 활동에 도움을 필요로 한다(Snell & Brown, 2006, pp. 69-70).

중도장애인은 어떤 영역에서든 일반적으로 하나 이상의 장애를 갖고 있다. 더욱이 경한 장애가 복합적으로 있는 경우에는 심한 교육 문제를 야기하기도 한다(Kauffman, 2008). 2004년 미국 장애인교육발전법(Individuals with Disabilities Education Improvement Act: IDEIA)에는 다음과 같이 명시되어 있다. "중복장애는 동시에 수반되어서 나타나는 장애를 의미한다……. 그 복합적인 장애는 매우 심한 교육적 문제를 야기하기 때문에 한 가지 장애에만 집중된 특수교육 프로그램을 적용하기 어렵다(34 CFR, Sec. 300(b)(6)). IDEA는 또한 다음과 같이 밝히고 있다.

> '중도장애 아동'이라는 용어는 그들의 물리적, 정신적 혹은 정서적 문제의 강도 때문에 고도로 전문화된 교육, 사회, 심리학적, 의학적 서비스를 필요로 하는 장애아동을 말한다. 이를 통해 효과적이고 의미 있는 사회참여 및 자기충족감을 위하여 아동의 잠재성을 강화하고자 하는 것이다. 이 용어는 심한 정서장애(정서분열증을 포함하는), 자폐, 중도 및 심각한 지적장애, 농-맹, 지적장애-맹, 뇌성마비-농과 같은 두 개 이상의 심한 장애를 가진 아동을 포함하는 개념이다.
> 중도장애 아동은 심각한 언어 및 감각-인지장애를 경험하고, 뚜렷한 사회 자극에 반응하지 못하는 것, 자해, 자기자극, 심하고 장기적인 분노 발작의 징후, 언어적 제어의 기본적인 형식 부재와 같은 비정상적 행동을 보여 주며, 또한 심하게 연약한 심리사회학

적 조건을 가지고 있을 수 있다(34 CFR, Sec. 315.4(d)).

저출현, 중도·중복장애는 개념적으로 연관되어 있는 경우가 종종 있다. 이는 장애의 경우에 상대적으로 적은 비율로 나타난다(Kauffman, 2008). 더욱이 거의 모든 저출현, 중도·중복장애는 한 개 이상의 주요 생활 활동에서 광범위하고 지속적인 지원을 필요로 한다. 즉, 저출현, 중도·중복장애는 모두 함께 출현하는 경향이 있다. 이 장에서 다룰 저출현, 중도·중복장애는 인구의 약 1%보다 적다고 보면 된다.

이러한 점을 염두에 두고 이 장에서는 외상성 뇌손상과 농-맹의 범주를 먼저 다룰 것이다. 그 후에 모든 저출현, 중도·중복장애 범주의 이슈—보완대체 의사소통, 행동 문제, 조기 중재, 성인기로의 전환—를 다룰 것이다.

우리는 5장에서 중도 지적장애에 대해 언급하였다. 그리고 9장에서 자폐 범주성 장애를 다뤘다. 그러나 우리가 이 장에서 소개할 내용의 많은 부분은 자폐 및 중도 지적장애인에게 적용되는 부분이기도 하다. 그럼에도 불구하고 자폐 범주성 장애는 다른 장애의 모든 범주와 마찬가지로 경도에서 중도까지 범위가 넓다는 점을 염두에 두어야 할 것이다.

미식축구 게임 중 뇌손상을 입은 Justine Greenwood가 단기기억 치료 세션에 참여하고 있다.

외상성 뇌손상

IDEA가 **외상성 뇌손상**(traumatic brain injury: TBI) 범주를 인식하게 된 것은 1990년이다. 이때부터 외상성 뇌손상 학생은 특수교육 및 관련 서비스를 받을 수 있게 되었다. 오늘날에는 외상성 뇌손상 학생들의 특성과 교육적 요구에 대해 보다 광범위하게 이해되고 있다(예: 인터넷에서 '외상성 뇌손상' 또는 'tbi'를 검색하거나 www.ninds.nih.gov/disorders/tbi/tbi.htm을 참고한다). 뇌성마비와는 달리, 외상성 뇌손상은 정상적인 신경 발달 시기 이후 외상에 의해 얻어진 뇌손상이다. 이 장의 서두에 소개된 Cathy Crimmins의 경우와 같이, TBI는 평생을 좌우하는 요인이 된다. 이는 종종 잘못 이해되기도 하고 잘못 관리되기도 하는 독특한 교육적 문제를 보인다. 최근 의학의 발달로 진단과 치료 면에서 많은 발전을 이루고 있다.

역사적으로 보면, 장애에 대한 치료와 인식은 종종 부상병이 시민사회로 돌아올 때 이루어졌다. TBI는 이라크와 아프가니스탄 전쟁에서 가장 흔히 발생하는 부상 중 하나였기 때문에 일반인들에게 보다 잘 알려지게 되었고, TBI의 질 높은 치료를 요구하게 되었다.

정의 및 특징

TBI에 대해 일반적으로 받아들여지는 정의는 다음과 같다.

① 외부적 충격에 의해 뇌손상을 입은 것이다.
② 퇴행성 혹은 선천적 원인에 의한 질병이 아니다.
③ 의식이 변화 혹은 약화되는 현상이 있다.
④ 상해로 인해 신경학적 또는 신경행동학적(neurobehavioral) 기능장애가 생긴다.

대부분의 정의는 또한 TBI가 학교에서 학습을 할 때 필요한 능력 및 일상생활을 하는 데 필요한 기능에 장애를 수반한다고 명시한다.

TBI는 개방성 뇌손상 또는 폐쇄성 뇌손상의 두 상해에 의해 야기될 수 있다. **개방성 뇌손상**(open head injuries)은 머리에 관통 손상을 입은 것을 포함한다. 이는 추락 사고, 총기 사고, 폭행, 교통사고, 수술로 인해 야기되는 상해를 말한다. **폐쇄성 뇌손상**(closed head injuries)은 두부 관통 손상은 아니지만 내부적 충격에 의한 뇌의 압착 혹은 팽창 또는 다른 뇌신경 조직의 전단 움직임의 손상을 말한다. 이라크나 아프가니스탄에 파병 되었던 군인들은 종종 급조폭발물(improved explosive device: IED)의 결과로 TBI가 되기도 한다. 그들은 무엇인가 머리를 관통하거나 뇌의 일부가 도려내지는 손상인 개방성 뇌손상을 입거나 폭발 충격으로 인한 뇌진탕 또는 어딘가에 심하게 부딪히는 등의 두부가 개방되지는 않는 폐쇄형 뇌손상을 입는다. 뇌손상과 그에 따르는 증상들은 어떤 형태든지 매우 심각한 지경에 이르게 한다.

TBI의 교육적 정의는 학습에서 중요한 하나 또는 그 이상의 손상에 초점을 둔다. TBI에 대한 연방정부(IDEA)의 정의는 다음과 같다.

> 외부적 충격에 의해 발생하는 뇌손상으로 부분적 혹은 전체적 기능장애의 원인이 된다. 또는 심리사회적 장애(혹은 둘 다 포함될 수 있음)를 야기하며 아동의 교육 수행에 부정적 영향을 주는 것이다. 이 용어는 인식, 언어, 기억, 주의, 논리, 추상적 생각, 판단, 문제 해결, 감각·인식·운동 능력, 심리사회적 행동, 신체적 기능, 정보 처리, 말하기와 같은 분야 중 하나 혹은 그 이상의 분야에 장애를 야기하는 개방성 뇌손상 혹은 폐쇄성 뇌손상에 적용된다. 이 용어는 선천적이거나 퇴행적인 현상에 의한 상해에는 해당되지 않으며 또한 출산외상(birth trauma)에 의한 뇌손상 역시 적용되지 않는다(34 CFR, Sec.

인터넷 자원

TBI에 대한 더 많은 정보를 얻으려면 미국뇌손상협회(Brain Injury Association of America) 웹사이트(www.biausa.org)를 방문하면 된다. 또는 traumatic braininjury.com/을 방문하거나 구글에서 'traumatic brain injury'를 검색할 수 있다.

300.7(6)(12)).

TBI의 영향 범위는 아주 경도부터 최중도까지 광범위하며 종종 다른 의학적 이슈와 동반되어서 나타나는 경우가 있다(Best, Heller, & Bigge, 2010). TBI의 영향은 바로 나타나기도 한다. 아동 혹은 청소년은 말 그대로 하룻밤 사이에 변화를 겪는다. 급작스러운 변화는 고통을 겪는 본인에게는 물론이거니와 가족과 교사에게도 어려움으로 작용한다(Ashley, 2004). 그러나 때로는 TBI의 영향이 상해 이후 즉각적으로 나타나지 않고 수개월 후, 심지어는 수년 후에 나타나기도 한다. TBI가 학습 및 심리사회적 영역에 영향을 미치는 문제들은 다음과 같다.

- 사물을 기억하는 문제
- 새로운 정보를 습득하는 문제
- 구어 및 언어 문제
- 순서를 이해하는 데 있어서의 어려움
- 정보 처리의 어려움(사물을 감지하는 것)
- 매우 불규칙한 능력 또는 수행력(어떤 것은 할 수 있으나 어떤 것은 하지 못하는 것)
- 매우 불규칙한 발달 과정(어떤 것은 매우 빠르게 습득하나 어떤 것은 그렇지 못하는 것)
- 부적절한 매너 또는 버릇
- 유머나 사회적 상황을 이해하지 못하는 것
- 쉽게 피로를 느끼거나 좌절하거나 화를 내는 것
- 불필요한 두려움이나 걱정
- 과민성
- 갑작스러운, 지나친 감정의 변화
- 우울증
- 공격성
- 보속증(같은 생각이나 행동을 지속적으로 되풀이하는 현상)

TBI의 큰 어려움 중 하나는 그것이 때로는 '드러나지 않는다'는 것이다. 다음의 〈개인적 관점〉에 나오는 Ronald의 이야기와 같이, 경우에 따라서는 마비가 오거나 말에 문제를 보이거나 쉽게 드러나는 뇌손상의 특징을 보이거나 하는 것도 사실이다. 그러나 많은 경우에 TBI는 이상한 점이 잘 드러나지 않는다. 일반적인 관찰자는 TBI 환자가 휠체어를 타고 있다든지 침을 흘린다든지와 같은 명백한 이상 증세를 찾기 힘들다.

개인적 관점

Ronald는 자동차 사고로 외상성 뇌손상을 입은 15세 소년이다. 사고가 났던 해는 그가 13세였던 중학교 1학년으로, 당시 그의 성적은 최상위권이었으며 운동신경이 매우 뛰어난 학생이었다. Ronald는 사고 이후 병원과 재활센터를 다녔다. 그는 TBI의 영향으로 심각한 신체적 문제와 인지장애를 겪게 되었다. 그는 조음장애 및 침 조절이 안 되는 장애를 갖게 되었다. 그는 휠체어를 타야 했고 힘과 조정에서 심각한 정도까지 장애를 갖게 되었다. 그는 심각한 단기기억 문제로 새로운 것을 학습하는 데 문제를 보였다. 눈떨림 현상도 있었고(의도치 않게 눈이 떨리는 현상), 누군가의 도움 없이는 대소변을 볼 수 없었다. 쉽게 피로를 느끼고, 큰 소리에 민감하게 반응하며, 자신의 사고 이전의 모습을 기억하고 우울증 증세를 보이기도 하며, 부적절한 사회적 행동을 나타내기도 했다. 현재 Ronald의 IQ는 88로, 그의 능력은 좋아졌다 나빠졌다를 반복한다……

출처: Grandinette & Best (2009), p. 137.

출현율

TBI의 정확한 출현율은 판단하기 힘든 부분이 있으나 분명한 것은 아동과 청소년 사이에서 TBI가 위험 수준에 가깝게 발생하고 있다는 점이다. 여성보다는 남성이 더 출현율이 높으며 연령대는 남성과 여성 모두 청소년기 후기에서 성인기 초반에 높게 분포되어 있다. 미국 특수교육협의회(Council for Exceptional Children, 2001)는 TBI를 "소리 없는 전염병"이라고 했다. 이는 TBI의 출현율이 계속해서 증가하기 때문에 전염병이라고 표현한 것이고, '소리 없는'이라고 한 이유는 많은 뇌손상의 경우 보고되지 않은 경우가 많고 TBI의 많은 경우 발견되지 않거나 다른 장애로 오해되기 때문이다. TBI의 출현율 정도가 혼란스러운 이유는 TBI 발생 원인이 평범한 안전 예방책만으로도 완전히 예방 가능하거나 피할 수 있는 경우가 많기 때문이다. 최근 들어 TBI 출현율이 더욱 증가하고 있으며, 이는 TBI를 저출현이 아닌 다출현(빈번히 발생하는) 장애로 간주해야 할지에 대한 토의가 이루어져야 할 때라고 볼 수 있다(Grandinette & Best, 2009; Stichter, Conroy, & Kauffman, 2008 참조).

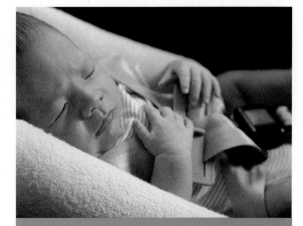

영아 혹은 유아를 적절한 카시트에 안전히 태우는 것처럼 간단한 안전 수칙을 지키는 것만으로도 TBI를 예방할 수 있음에도 TBI의 출현율이 증가한다는 것은 우려되는 부분이다.

원 인

5세 이하의 유아 중에서 대부분의 TBI는 낙하 사고로부터 비롯되며 이 외에는 차 사고와 아동학대의 부차적 결과로 나타나기도 한다. 5세 이후부터 청소년기로 갈수록 대다수의 경우가 차 사고로 인한 것이다(보행자 사고, 자전거 사고, 오토바이 사고, 자동차 사고를 포함). 폭행과 총격에 의한 상해도 청소년 및 그 이상의 나이대에서는 증가하고 있는 추세다. 폐쇄성 뇌손상은 교통사고 외에도 낙하 사고나 아동학대 등을 포함한 다양한 이유로 발생될 수 있다(Lajiness-O'Neill & Erdodi, 2011).

교육적 고려

TBI로 인한 교육적 어려움은 다양하며, 상해의 특성 및 심각성에 따라 달라지고 상해를 입었던 당시 개인의 연령 및 능력에 따라 달라진다. TBI 학생을 교육하는 데 있어 중요한 이슈는 가족 구성원, 교사, 또래 친구들이 TBI 학생의 급작스러운 변화(학습 능력, 외모, 행동, 감정 상태)에 잘 대처하도록 도와주는 것이다(Lajiness-O'Neill & Erdodi, 2011). 학생 자신이 사고 이전에 다녔던 교실과 학교에 성공적으로 복귀하기 위해서는 일반교사, 특수교사 모두 TBI 및 그 영향에 대해 연수를 받아야 한다(DePompei & Tyler, 2004; Grandinette & Best, 2009; Stichter et al., 2008). 다음 목록은 TBI 학생을 적절하게 교육하는 데 필수적인 특징 사항이다.

① 병원 또는 재활센터에서 학교로 전환하기
② 일반교사, 특수교사, 다른 치료사들, 상담가, 행정관리자, 학생 가족이 한 팀으로 접근하기
③ 인식, 사회/행동적, 감각운동에 대한 개별화교육 프로그램(IEP)
④ 학생이 문제를 풀도록 지원하는 교육적 절차에서는 학생이 오랫동안 집중하도록 유도하고 이전에 배운 기술들을 활용하도록 하며, 이를 통해 새로운 것을 배우게 하고 피로감을 조절하고 적절한 사회적 행동을 하도록 유도하기
⑤ 교육과정의 내용뿐 아니라 학습적 기술을 배우게 함으로써 인지 과정을 강조하기
⑥ 단기 및 연간 개별화교육 프로그램(IEP) 목표와 함께 장기적인 목표에 대한 계획 세우기

교사들은 뇌손상이 학교에서 학생의 심리적·사회적 환경에 어떻게 구조적으로 영향을 주는지 파악하는 것이 매우 중요하다.

교사는 TBI 학생이 인지 능력을 회복하도록 집중적으로 지원해야 한다. 이는 인지 능력이 학습 및 사회적 발달에 매우 중요한 역할을 하기 때문이다. 기억 능력, 학습 정보 및 사회적 상황을 파악하는 능력은 학생의 장기적 성공을 위한 주요 열쇠가 된다. 교사는 학생이 대응 메커니즘을 이해하도록 도와야 하고 회복하기 어려운 어떤 능력에 대해

서는 녹음기, 계획표 짜기, 이외의 다른 조직적 매체 및 기억력 보조기를 통해 대안 전략을 배우도록 지원해야 한다.

사고 이후 학교에 복귀하는 데 가장 큰 문제—결과가 심각한 경우—는 학생이 자신의 변화를 감지하지 못하는 데 반해 또래 친구 및 교사는 TBI 학생이 이전과 다르다는 것을 인지한다는 것이다. Dell Orto와 Power(2000)는 우리 사회가 성과물, 조직성, 독립성, 성공을 강조하므로 TBI 학생에 대해서 부정적인 태도를 갖게 한다고 경고한다. "TBI로 인한 학습 부진은 성취의 가치와 충돌하는데, 이는 교사들을 불편하게 할 뿐 아니라 어린 학생에게는 좌절과 도전에 대한 실패로 인식될 것이다."(p. 22) 많은 교사는 TBI 학생을 담당하기를 원치 않는다. 많은 TBI 학생이 문제행동을 보이기 때문이다(516쪽의 학습 및 심리사회적 영역에 영향을 미치는 문제들에 대한 목록 참조). 결과적으로 앞에서 언급한 TBI 학생을 적절하게 교육하는 데 필수적인 사항과 같이, TBI 학생의 학교 복귀에는 다양한 전문가를 포함하는 팀 차원의 접근이 필요하다. 이와 같은 팀 차원의 협력 및 문제 해결은 학생의 학교 복귀에 필수적이다(팀 문제해결 방법에 대한 자세한 내용은 다음의 〈실천 사례〉 참조).

TBI 학생의 학습 및 사회적 기술을 평가하는 것은 쉽지 않다. 이는 심리사회적 요인이나 원인에 따른 장애인지, 그 이외의 요인에 따른 장애인지를 구별하는 것이 어렵거나 불가능한 경우도 있기 때문이다. 심리사회적 원인이 되는 장애가 정확하게 무엇인지 파악하는 것보다 학생의 학업 및 사회적 학습에 장애가 되는 요인이 무엇인지 파악하는 것이 더 중요하다. 신경학자들은 TBI의 결과에 대한 정보를 주어 교사들이 합리적인 기대치를 설정하도록 돕고 학생이 회복되지 못할 능력에 대해 보상받을 수 있는 대안 기술을 가르쳐야 한다.

언어장애   TBI는 학생의 정상 발달 시기 이후에 언어장애가 될 수 있다. 또는 상해 이전에 겪었던 언어장애를 더 심하게 할 수도 있다(또는 뇌손상 이전에 언어장애가 있었던 경우에는 언어장애 정도가 더 심해질 수도 있다, 10장 참조). TBI 학생들이 학습장애나 언어발달 지체를 이미 가지고 있었을 수도 있지만, 그들에게 나타나는 문제는 매우 다양하다.

언어장애는 학교로 복귀하는 TBI 학생들에게 가장 큰 걸림돌이 된다. 뇌손상으로 인해 겪게 되는 언어 이해 능력 및 언어 형성 능력의 손실은 **운동-말장애**(motor-speech disorder)로 불리기도 한다. 이는 10장에서 다루어진 부분이다. 이런 학생은 단어를 생각해 내거나 말하는 데 어려움을 겪기도 하고 대화의 주제 혹은 사회적 상황에 적절한 문장을 구성하는 데 문제를 보이기도 한다. 이러한 문제는 TBI 학생에게 좌절, 분노, 혼란의 원인이 된다.

TBI와 연관된 언어장애는 기본적으로 의사소통을 위한 사회적 요구 및 인지 능력과 연관이 있다. 학생은 빠르게 대응하기, 조직화하기, 추상적인 것 다루기, 주의 집중하기

실천 사례
저출현, 중도·중복장애 학생과의 협력교수

"우리가 학생에게 요구하는 목표는 서로 다를 수 있다. 이 문제를 어떻게 극복할 것인가?"

이들 장애학생의 교사가 된다는 것은 어떤 의미인가

미국 장애인 특수교육협의회(CEC)는 저출현, 중도·중복장애 학생들을 연수하는 데 특별한 기준들을 갖고 있지 않다. 대신 CEC는 개별화된 독립적 교육과정을 요하는 학생들을 가르치는 교사들을 위한 기준을 가지고 있다. 이 분야의 전문 지식을 가진 교사들은,

① 학습자의 학습 및 사회 능력, 태도, 관심, 가치가 교수 및 직업 발달에 어떤 영향을 주는지를 알고 있다.
② 적절한 적용 및 보조공학을 사용할 수 있다.
③ 기본 구조 및 교육과정 전반의 관계를 판단하고 가르칠 수 있다.

협력을 위한 성공 전략

중도장애 학생의 경우 광범위한 학교의 지원을 필요로 하는 경우가 많다. 교사, 간호사, 보조교사 등을 포함하는 많은 전문가는 이러한 지원을 제공하기 위해 협력해야 한다. 학생 교육에 관련된 많은 사람이 일을 하게 되면 문제가 일어나게 되고 누구나 협력적으로 문제를 해결할 수 있어야 한다.

협동적 환경에서의 파트너들은 문제가 발생하기에 앞서 예방하는 계획을 준비해야 한다. 문제들은 환경이나 사람에 대한 학생의 반응, 학생의 환경, 전문가들의 목표의 차이, 전문적 철학의 차이 등과 관련이 있다. 문제 원인은 차이가 있다 하더라도 각각을 해결하는 데 사용되는 단계적 절차는 유사하다. Mostert(1998)는 다음의 단계들을 성공적인 문제해결 방법으로 언급하고 있다.

① 해결해야 할 문제가 있는가? 이에 대한 해결 단계는 질문에 대한 반응에서 시작된다. 여기에 정말 문제가 있는가? 누구의 문제인가? 문제는 해결 가능한 것인가?
② 문제는 무엇인가? 문제가 확인되면 참여자는 이를 구체적이고 객관적인 용어로 정의해야 한다. "나는 그의 태도가 마음에 들지 않아."와 같은 문장은 상황을 보다 구체적으로 묘사할 수 있도록 다음과 같이 다시 묘사해야 한다. "John은 내가 교실에서 질문을 할 때에 다른 학생들

에 대해 적절하지 않은 조언을 한다." 문제가 정의된 이후에 파트너들은 다양한 환경에서 문제의 발생 빈도, 지속 시간에 대한 데이터를 수집해야 한다.
③ 어떻게 문제가 해결될 수 있을까? 모든 참여자는 문제의 해결책을 만들어 낸다. 이는 브레인스톰 단계이고 어떤 제안이든 상관없이 받아들여진다.
④ 어떤 해결책 혹은 조합이 최선인가? 협력하는 파트너들은 제시된 해결책에 대해 토의하고 개인 감정을 배제하고 평가해야 한다. 학생에 대한 중재는 이전의 성공 증거가 있는지(연구에 기반을 둔, 입증된), 적절한 지원과 자원이 있는지, 참여자들이 온전히 수행할 수 있는지, 중재가 학생에게 진정으로 적절한지에 대해 평가되어야 한다. 이러한 항목들에 맞지 않는 해결책은 사용하지 않는다.
⑤ 어떤 해결책을 선택할 것인가? 모든 해결책을 평가한 후, 파트너들은 하나의 해결책을 선택해야 한다.
⑥ 어떻게 해결책을 이행할 것인가? 이 단계에서는 팀의 구성원들에게 해결책의 책임감을 부여하는 것이 필요하다. 이는 팀이 기대하는 것이 어떻게 나타날지에 대해, 해결책이 수행되는 것을 파트너들이 어떻게 모니터할 것인가에 대해, 데이터를 공유하기 위한 모임 스케줄을 어떻게 할 것인가에 대해 구체화하는 것을 의미한다.
⑦ 이것이 시행되었는가? 이 단계는 다시 데이터 수집을 필요로 한다. 파트너들은 해결책이 그 목표 달성에 성공했는지에 대한 정보를 제공할 수 있어야 한다. 그렇지 않으면 모든 절차를 다시 시행해야 한다. 만일 해결책이 성공적이었다면 팀은 더 나아가 다음 문제의 해결을 시도할 수 있다!

다른 전문가들과 함께 하는 문제해결 방법은 효과적인 의사소통 기술을 사용하여서 장벽을 극복한 열린 의사소통 환경을 개발할 것을 요구한다. Walther-Thomas, Korinek, McLaughlin과 Williams(2000)에 따르면 이러한 기술들은 다음과 같다.

① 듣기: 발화자의 말을 듣고, 다른 말로 바꾸어 보고, 느낌

을 말하고, 요약하는 것
② 반복: 반복해서 같은 메시지를 다른 채널을 통해 상대에게 보내는 것
③ 공감: 자신이 보낸 메시지에 대해 상대가 어떻게 반응할 것인지 예측하는 것
④ 이해: 자신이 사용한 언어가 명확하고 간결한지 확인하는 것

다른 전문가들과 협력할 때, 그리고 학생들과 협력할 때에도 문제가 생기는 것을 피할 수 있는 방도는 없다. 그러나 갈등을 피하기 위해 파트너들은 갈등 상황이 발생하기에 앞서 문제해결 전략을 만들고 토의해야 한다. 문제해결 전략은 효과적인 의사소통 기술과 함께 협력자들이 지속적이면서 적절한 지원을 학생에게 제공하는 데 도움을 준다.

• *Margaret P. Weiss*

(특히 산만한 환경에서), 새로운 기술 배우기, 사회적 상황에 적합하게 반응하기, 적절한 반응 보이기 등과 같은 과업을 하는 데 어려움을 겪게 된다. 사실상 TBI는 효과적 의사소통을 위한 사회적 상호작용의 주고받는(give-and-take) 면에서 근본적인 문제를 일으킬 수 있다.

TBI의 언어 능력에 대한 영향은 매우 다양하다. 개개인의 능력 및 장애를 세밀하게 평가하는 것이 매우 중요하다. 반응 시간을 보다 길게 부여하는 것 또는 산만한 환경을 최소화하는 것과 같은 특별한 적용을 시도하는 것에서 사회적 언어사용 교수에 초점을 두는 것까지 중재 방법이 다양하다.

뇌손상 부위 및 정도에 따라 인지 및 의사소통의 사회성 등을 포함한 의사소통을 저해하는 동작 제어 문제를 야기할 수 있다. TBI 학생 중에는 말을 하는 데 사용되는 근육을 움직이지 못해 의사소통을 하지 못할 수도 있다. 뒤에서 설명할 보완대체 의사소통 체계에 의존할 수밖에 없기도 하다.

사회 및 정서 문제　뇌손상은 다양한 중증 사회성 및 정서 문제를 야기할 수 있다. 우리는 TBI가 뇌손상의 부위에 따라 폭력적, 공격성, 과잉행동장애, 충동성, 주의 산만, 그밖에도 다양한 정서 및 행동 문제를 야기할 수 있다는 것을 이미 배웠다. TBI가 야기할 수 있는 다른 문제는 많은 심리사회적 문제를 포함하는데 그중 몇 가지를 앞의 일반 특징에서 언급한 바 있다.

TBI가 정서 및 행동에 미치는 영향은 물리적 충격 이외의 것에 따라 결정되는 부분이 많다. 또한 사고 당시 학생의 연령 및 사회적 환경에 따라 좌우된다. 아동 혹은 청소년의 잘못된 행동과 연관된 가정, 지역사회, 학교 환경은 TBI의 발생을 증가시키는 위험 요소들과 관련이 있다. 이러한 환경은 TBI로 야기된 정서 및 행동 문제를 더 악화시키는 것으로 알려져 있다. 적절한 행동에 도움이 되는 좋은 환경을 만들어 주는 것은 뇌손상의 결과를 효과적으로 다루는 데 매우 중요한 부분이다.

TBI와 연관된 정서 문제들은 특히 복잡하다. Eileen Vosper는 12세 소녀로 6세 된 개 Kelli를 데리고 있는 것을 좋아한다. Kellie는 뇌손상 관련 장애를 입은 아동 및 성인을 위한 치료 프로그램에서 지원한 개다. Kellie와 만나는 시간은 길지 않지만 의미 있는 시간이다.

정서 · 행동장애 학생들에게 사용되는 전형적인 **행동수정**(behavior modification) 또는 **행동관리**(behavior management) 전략들은 TBI 학생들에게도 적용 가능한 것들이다. 학생과의 관계 형성(rapport)이 중요한 것처럼, 지속성, 예측성, 강화(칭찬, 격려, 그밖의 보상)는 특히 중요하다(Persel & Persel, 2004). TBI 학생과 바람직한 관계를 갖는 것은 특히 어려운 과제일 수 있다. 이와 같은 학생들은 자신을 도우려는 사람을 향해 예측 불가한 행동을 보이고 짜증을 내거나 화를 내기도 하기 때문이다(Kauffman, Pullen, Mostert, & Trent, 2011 참조).

TBI는 종종 한 사람의 자아를 완전히 흐트러트린다. 자신의 정체성을 회복하는 것은 장기간의 재활을 필요로 하며 다학문적 노력을 필요로 하는 힘든 과정을 거쳐야 한다(Best et al., 2010; Grandinette & Best, 2009). 효과적인 교육과 치료는 교실 행동 관리뿐 아니라 가족치료, 약물치료, 인지훈련 및 의사소통 훈련을 필요로 한다.

농-맹

11장과 12장에서 언급하였듯이 맹 또는 농의 장애 정도에 따라서 독립적 기능에 영향을 줄 수 있다. 농-맹 모두를 가지고 있는 중복장애 학생은 시각장애와 청각장애의 단순한 장애보다 더 심각한 문제를 갖게 된다. 정보를 얻는 기초적인 길—시력 및 청력—이 제한되어 있기 때문에 농-맹 학생은 의사소통 및 환경에서 길을 찾는 데 있어 광범위한 위험에 처하게 된다.

일상생활에서 듣지 못하고 보지 못하는 것이 농-맹 학생을 여러 장애 중에서도 가장 힘든 장애로 만들지라도, 농-맹 학생이 질적으로 열악한 삶을 살 수밖에 없는 것은 아니다. 일반적으로 농-맹 학생의 성과는 최소한 다음과 같은 세 가지 요인에 달려 있는 것으로 보인다.

농아에 대한 다양한 정보는 www.deafblind.com과 http://nationaldb.org/에서 찾을 수 있다.

① 개인이 받는 교수의 질과 강도가 매우 중요하다. 농-맹 학생의 교사는 "모든 기회를 활용하여 교수해야 한다. 성인과의 모든 상호작용과 환경의 모든 측면은 아동이 감각장애로 인해 겪는 장애를 극복하도록 돕는 데 활용되어야 한다."(Hodges, 2000, p. 167)

② 시각장애 및 청각장애 정도 및 유형은 개인에 따라서 매우 다를 수 있다. 농-맹 장애는 저시력(20/70에서 20/200까지의 시력)부터 완전한 시력 손실까지 그 범위가 매우 광범위하다. 청각장애도 경한 경우에서 심한 경우까지를 포함한다. 예외의 경우를 제외하고는 일반적으로 장애의 정도가 심할수록 개인이 적응하는 능력에 끼치는 영향도 클 수밖에 없다.

③ 농-맹 학생의 대다수는 다른 장애 및 질병을 갖고 있다. 예를 들어, 지능이 떨어지거나 자폐이거나 신체적 장애가 있을 수 있다.

정 의

11장과 12장에서 청각장애와 시각장애의 정의와 관련한 상당한 논쟁이 있다는 것을 이미 다룬 바 있다. 이는 곧 농-맹을 정의하는 것은 청각장애 및 시각장애를 정의하는 것보다 훨씬 더 많은 논쟁의 여지가 있다는 것을 충분히 예측 가능하게 한다. 미국 장애인교육법(IDEA)은 농-맹을 다음과 같이 개별적으로 정의한다.

(1) (i) 좋은 눈의 중심 교정시력이 20/200이거나 그 이하인 사람, 또는 시야가 20도 이하인 사람, 또는 지속적인 시각 손상으로 이와 같은 정도의 시력 또는 시야(혹은 시력 및 시야 모두의) 문제에 대한 진단을 받은 사람

   (ii) 만성적 청각장애가 심각하여 최대로 소리 증폭을 해도 말을 이해하기 어렵거나 청각 손실이 진행되는 경우로 그 상태가 지속될 것으로 예상되는 경우, 그리고

   (iii) 문장에서 묘사된 장애를 복합적으로 가진 경우로 (1) (i)과 (ii)에 묘사된 정의

모두에 해당되며 일상생활 활동을 독립적으로 하기 어렵고 심리사회적 적응이 어려우며 직업을 갖기 힘든 경우

(2) 인지 및 행동 장애로 인해 청각 및 시각에 대한 정확한 측정은 어려우나 기능 및 행동 평가를 통해 심한 청각 및 시각 장애를 가지고 있어서 일상생활 활동을 독립적으로 하기 매우 어렵고 심리사회적 적응이 어려우며 직업을 갖기 힘든 경우, 또는

(3) 장관이 명하는 요구 사항을 충족한 경우(34 CFR, Sec. 396.4 (c)(2))

출현율

농-맹의 정의 및 기준이 주마다 다르고 농-맹 학생이 동시에 다른 장애 조건을 갖고 있기 때문에 정확한 출현율을 언급하는 것은 매우 어렵다. 농-맹 장애는 둘 중 하나만의 장애를 갖고 있는 경우에 비해서는 훨씬 드물다. 예를 들어, 연방정부는 2007년에 특수교육을 받는 6~11세 학생 중에서 529명의 농-맹 학생이 있음을 보고한 바 있으며, 이는 약 3만 2,000명에 이르는 청각장애 학생 및 1만 2,000명에 이르는 시각장애 학생 수와 비교했을 때 현저하게 낮은 출현율이라 하겠다(National Data Accountability Center, 2010).

원 인

농-맹의 원인은 크게 ① 유전적/만성적 증후군, ② 출생 전 조건, ③ 출생 후 조건의 세 가지 범주로 분류할 수 있다.

유전적/만성적 증후군   연구자들은 농-맹에 관련된 유전적/만성적 증후군을 찾아내기 위해 지대한 노력을 하고 있다. 몇몇의 이런 증후군은 손상된 유전자 및 손상된 염색체의 결과로 인한 것이다. 많은 경우의 유전적/만성적 증후군은 농-맹과 관련된 것으로 알려져 있다. 가장 흔한 경우가 차지 증후군, 어셔 증후군, 다운 증후군이다.

차지 증후군   차지 증후군(CHARGE syndrome)은 출산에서 나타나는 신체적 변형으로 특징지을 수 있다. 'CHARGE'라는 글자는 각각 특정 조건을 나타내는 머리글자다. C = coloboma, cranial nerves(안조직 결손과 뇌신경 이상, 안구 결함), H = heart defects(심장 결함), A = atresia of the choanae(후비공 폐쇄), R = retardation in growth and mental development(성장 및 발달 지연), G = genital abnormalities(비뇨생식기 이상), E = ear malformation and/or hearing loss(귀 이상과 난청). 차지 증후군이 특정 유전자(CHD7)의 돌연변이에 의해 발생한다는 강력한 증거가 최근 밝혀졌다

(Zentner, Layman, Martin, & Scacheri, 2010).

안조직 결손(coloboma)은 아이가 태어날 때 비정상적으로 형성된 동공 또는 망막 및 시력의 비정상 상태를 말한다. 안조직 결손은 다양한 시력 결함 및 빛에 민감한 것 등을 포함하는 시력 문제를 야기할 수 있다. **뇌신경**은 뇌와 다양한 근육 및 신체 분비선 사이의 정보를 제공한다. 차지 증후군은 뇌신경의 비정상적인 발달로 인해 안면 마비 또는 결함을 가지거나 삼키는 데 문제가 있기도 하다.

폐쇄는 출생 시 신체의 일부가 폐쇄되거나 기관이 부재한 것을 말한다. **후비공**은 코에서 목까지 이어지는 공기의 통로기관이다. 후비공이 막히거나 좁아지면 숨 쉬는 데에 영향을 주게 된다. 이러한 호흡의 문제는 후비공 수술을 통해 개선될 수 있다.

어셔 증후군   어셔 증후군(Usher syndrome)은 유전적인 것으로 청각장애 및 **망막색소변성**으로 특징지을 수 있다. 12장에서 언급한 것처럼 망막색소변성은 유아기, 아동기 초반, 청소년기에 시력 문제를 야기할 수 있고 점진적으로 상태가 악화된다. 어두운 곳에서 시력이 떨어지며 **야맹증**으로 불리기도 한다. 또한 병이 진행됨에 따라 시야가 좁아지는데 이를 **터널 시력** 현상이라고 한다.

어셔 증후군의 세 유형은 청력 손실, 시력 손실 및 균형 문제가 언제 어떻게 나타났느냐에 따라 구분된다. 예를 들어, 어셔 증후군의 종류에 따라 청력이 전농 또는 난청이거나 처음에는 청력이 좋았다가 점점 청력이 손실되는 유형이 있다. 어떤 사람들은 유아기부터 야맹증을 겪으며, 어떤 사람들은 청소년기부터 야맹증이 나타나기도 한다. 어떤 이들은 내이 문제로 인해 유아기부터 심한 균형 문제를 겪으며, 어떤 이들은 균형 문제가 전혀 없기도 하며, 혹은 정상 균형감각을 가졌으나 점차 퇴화되기도 한다.

현재까지 연구자들은 11개의 염색체 중 하나의 변형이 어셔 증후군을 야기할 수 있다는 것을 발견하였다(National Institute on Deafness and Other Communication Disorders, 2010). 어셔 증후군이 맹을 야기하는 가장 흔한 유전적 조건이긴 하지만 전체적 출현율은 낮다. 미국에는 어셔 증후군을 가진 사람이 약 1만 6,000명 정도인 것으로 추정된다(〈핵심개념〉 참조).

다운 증후군   지적장애(5장 참조)의 가장 흔한 원인인 **다운 증후군** 또한 가끔 농아와 연관되어 있다. 다운 증후군은 어셔 증후군과는 다르게 유전적인 것이 아닌 염색체 손상으로 일어난다.

출생 전 조건   다운 증후군처럼 가장 흔한 **출생 전** 두 가지 조건—**풍진**과 **선천성 거대세포바이러스**(congenital cytomegalovirus: CMV)—은 지적장애나 농-맹을 야기할 수 있다. 임산부가 풍진을 앓는 경우, 특히 임신 3개월의 경우에는 태아에게 농-맹을 포함한

핵심 개념

어셔 증후군의 유전성 및 지질학적 분포

74명 중 약 1명 정도가 어셔 증후군을 가지고 있다 그러나 대부분 자신이 어셔 증후군이라는 것을 모른다. 어셔 증후군은 상염색체 열성장애로, 이는 부모 모두가 보인자여야 함을 의미한다. 또한 이런 부모가 임신할 경우 태어날 아기가 어셔 증후군일 확률은 1/4이다. 즉, 보인자일 가능성 자체가 상대적으로 낮고, 설사 보인자라 할지라도 어셔 증후군 출현율은 낮다. 그러나 다음과 같은 사람의 경우에는 어셔 증후군을 유발할 가능성이 매우 높아진다.

가족력에 상관없이 우리 모두는 5개 혹은 그 이상의 열성 염색체를 가지고 있는 것으로 판단된다. 이는 곧 다음 세대에 유전적 장애를 유발할 잠재성이 있다는 것을 의미한다. 그러나 서로 상관관계가 없는 두 사람이 만나 정확히 같은 열성 염색체를 가질 가능성은 매우 낮기 때문에 열성 상염색체 열성장애 아기를 출산할 가능성은 그만큼 낮아지는 것이다. 반대로 직계 혹은 먼 친적 중 유사한 염색체를 가진 사람들이 만날 경우에는 두 사람이 상염색체 열성장애 아기를 출산할 가능성이 높아지고, 이는 곧 특정한 장애를 유발하게 되는 것이다. 따라서 어떤 형태의 친척 관계에 있는 두 사람이 만나 부모가 될 경우 아기는 평균적 상염색체 열성장애 발생 비율이 높은 위험에 처하게 되는 것이다. 근친결혼이 관습화되어 있는 문화 혹은 같은 유전적 결함을 지닌 자들이 결혼하는 경우(즉, 청각장애인끼리의 결혼), 상염색체 열성장애아를 출산할 가능성이 상대적으로 높아진다(Dykens, Hodapp, & Finucane, 2000, p. 46)

유감스럽게도, 특정 문화 그룹 안에서의 결혼을 강요한 역사가 있었다. 즉, 남루이지애나의 프랑스계 아카디안(Acadian)의 경우다. 이로 인해 이 지역에서는 어셔 증후군 발병률이 상대적으로 높아졌다. 남루이지애나의 어셔 증후군은 또한 잘 알려진 신경학자 Oliver Sacks가 내레이션을 한, 〈The Ragin' Cajun Usher Syndrome〉이란 BBC가 제작한 비디오에도 나타난다. 다음 내용은 루이지애나의 청각장애학교에서 27년간 학생을 가르친 퇴임 교사의 말이다.

시작하기 앞서, 남루이지애나의 프랑스계 아카디안 사람들 사이에서 어셔 증후군은 사람들이 '알고는 있지만' 그것이 '무엇'이고 '왜' 발생하는지에 대해서는 모르는 질병이었다. 그들은 세대가 거듭될수록 원인을 알 수 없지만 자녀들이 청각장애를 보이며 점차 시력을 잃어 간다는 것을 알았다. 두려운 질병이었으나 참을 수밖에 없었다. 거듭해서, 사촌들, 이모들, 삼촌들, 그리고 때로는 한 가정에서 세 명 이상의 자녀가 이 같은 증상을 가지게 되었다. 그러나 아무도 어떻게 해야 할지, 이 증상을 무엇이라 불러야 할지조차 몰랐다.

이것이 미국의 다른 지역보다 남루이지애나 아카디안들의 어셔 증후군 출현율이 현격히 높았던 이유다. 이러한 이례적으로 높은 출현율은 몇몇 연구를 통해 드러났다. 예를 들어, Kloepfer, Laguaite와 McLaurin(1966)은 라피엣(Lafayette), 버밀리언(Vermilion)의 30% 이상이 청각장애이고 아카디안들은 어셔 증후군을 보인다고 추정했다. 수백 년 동안의 종족 내의 근친결혼이 출현율을 높이는 결과를 낳은 것이다. 각각 자신의 정상인 선조로부터 어셔 증후군을 발병시키는 열성 염색체를 물려받은 두 부모는 결혼 후 장애 아동을 출산할 확률이 높아질 수밖에 없는 것이다.

아카디안 혹은 케이준(Cajun)들은 그 이름에서 보이듯 캐나다의 아카디아(Acadia[Nova Scotia]) 출신이다. 그들은 1700년대에 영국인들에 의해 추방되었고 남루이지애나 지역에 정착하게 되었다. 처음에는 그 지역민들에게 받아들여지지 않았고, 따라서 문화적 · 언어적으로 고립될 수밖에 없었다. 그러나 시간이 지남에 따라 케이준들은 그들의 음악과 놀이와 잊을 수 없는 맛의 음식들을 세계에 알리기 시작했다.

루이지애나 청각장애학교(Louisiana School for the Deaf: LSD)의 많은 학생은 아카디아 지역 출신으로 어셔 증후군 학생 비율을 높이고 있다. 신생아부터 21세 사이의 루이지애나 농-맹 인구 중 어셔 증후군(Type 1)의 비율은 15~20%로, 이는 다른 주의 평균인 3%에 비해 매우 높은 수치다(Melancon, 2000, p. 1).

역사적으로 21세기 초에는 아카디안의 어셔 증후군 출현율을 낮추는 사건들이 많았다. 아직 시기상조인 감이 없지 않으나 카트리나 허리케인과 영국 석유 유출 사건은 걸프만의 루이지애나 인구를 분산시키는 효과를 가져왔다. 이와 같은 인구 분산은 근친결혼율을 낮추고 결과적으로 어셔 증후군 출현율을 낮추는 결과를 기대할 수 있었다.

다양한 장애가 유발될 수 있다. 또한 포진 바이러스인 CMV를 갖고 태어난 아이는 농-맹을 포함한 다양한 장애를 가질 위험이 있다.

출생 후 조건   가장 흔한 **출생 후** 조건으로 농-맹을 야기할 수 있는 것은 **수막염**과 외상성 뇌손상(TBI)이다. 5장에서 공부했듯이, 수막염은 뇌 표면의 감염이며 지적장애를 유발할 수 있다. TBI는 이 장의 초반부에 다루었듯이 농-맹을 비롯한 다양한 장애를 갖게 할 수 있다.

심리 및 행동적 특성

농-맹인은 최소한 다음의 세 가지 영역에 심각한 문제를 갖고 있다. ① 정보 접근, ② 의사소통, ③ 보행훈련 능력(Aitken, 2000).

정보 접근의 문제   농-맹인은 일반적인 정보 자원에 접근하는 것(예: 인터넷, TV, 뉴스)이 일반인에 비해 훨씬 어렵다. 또한 의사소통은 대부분 정보에 기반을 둔 것이기 때문에 정보 접근에 제약이 있으므로 의사소통에 부정적인 영향을 주게 된다.

> 정보 접근에 어려움이 있으므로 생활 경험이 제한된다. 매일의 일상적 경험의 어려움—샌드위치를 만드는 방법, 수도꼭지에서 물이 나온다는 것을 아는 것—은 농-맹인이 세상에 대한 지식을 쌓는 것을 어렵게 한다. 세상에 관련된 지식을 쌓지 못한다면 무엇에 관해서 의사소통할 것인가?(Aitken, 2000, p. 3)

의사소통의 문제   대부분의 전문가는 농-맹인이 겪는 가장 어려운 장애는 의사소통이라는 데 의견을 모은다(Aitken, 2000; Miles, 1998). 의사소통 기회를 제공하기 위한 다양한 방법에 대한 교사, 전문가, 부모들의 강력한 합의가 없이는 농-맹 아동은 사회적으로 고립되기 쉽다. 이러한 고립의 유형은 출생 시부터 시작되기도 한다.

> 아기는 자신을 달래는 소리에 반응하거나 눈을 맞추지 못할 수 있다. 엄마 얼굴이 보이지 않거나 희미하게 보이며 엄마 목소리가 아주 작게 들려서 다른 소음과 분간하지 못할 수 있다. 농-맹 아기는 자신의 주변 환경에 대해 아주 적게 이해하게 되거나 형태와 소리를 반 정도만 이해하게 되어 세상을 매우 두려운 곳으로 인식하기도 한다. 아기는 엄마를 바라보면서 주의 집중을 하지 못하며 다른 아기들이 즐겨 하는 눈, 소리, 움직임을 이용한 놀이를 하지 못한다. 만약 아기의 시력과 청력이 심각하게 손상되어 누군가가 안으려 하는 것을 알아차리지 못하거나 어떤 일이 일어나려 하는 것을 알지 못한

다면 다른 사람과 관계를 맺는 것이 더욱 어렵게 될 것이다(Pease, 2000, p. 38).

이러한 고립이 한번 형성되면 그것을 극복하는 것이 쉽지 않다. 따라서 전문가와 부모가 함께 협력하여 가능한 한 의사소통의 기회를 많이 그리고 풍부하게 주는 것이 필요하다. 의사소통을 풍부하게 하는 한 가지 방법은 페이스북(Facebook)과 같은 소셜 네트워크를 신중히 이용하는 것이다. 이러한 네크워크를 통해 농-맹인들은 찾기 힘든 다른 농-맹인들을 찾고 그들과 의사소통할 수 있으며, 또한 보다 많은 사람을 만날 수 있게 된다.

언어가 풍부한 환경을 제공하는 것에 대해서는 Hellen Keller(1880~1968)와 교사였던 Annie Sullivan(1866~1936)의 예보다 더 좋은 예는 없을 것이다. 고전 영화 〈미라클 워커(The Miracle Worker)〉(Green & Penn, 1962)를 통해 Hellen Keller의 성공 사례는 잘 알려져 있다. 19개월에 시력과 청력을 잃은 Hellen Keller는 1904년 레드클리프 대학을 우수한 성적으로 졸업하며, 각종 에세이 및 책을 집필하고(가장 잘 알려진 *The Story of My Life*[1905]는 그녀가 대학 시절 집필한 것으로 전 세계 50개국 언어로 번역되었음), 시각 장애에 대해 강의하기 위해 전국을 돌아다니며, 여성의 참정권에 대한 대변인으로 일하고, 국민이 국가로부터 받을 수 있는 상 중에 최고인 대통령 훈장을 받는 등 이례적인 성공을 거둔다.

심한 장애도 극복할 수 있는 인간의 숭고한 정신이 살아 있는 증거가 바로 Hellen Keller라 할 것이다. 그러나 Hellen Keller가 가능했던 것은 집중적이고 광범위한 특수 교육 교수 방법의 힘이었다는 것도 매우 중요하다. Annie Sullivan 선생의 50년간의 희생과 지속적인 관계 유지 없이 Hellen Keller가 장애를 극복할 수 있었을지는 알 수 없다. Sullivan 선생은 태어날 때는 시력을 잃은 상태였으며 몇 차례의 수술 후에 시력을 회복한 경우다.

Sullivan 선생은 1887년 당시 7세이던 Hellen Keller의 집에 오게 된다. 그 당시 Hellen은 기본적인 의사소통은 가능했으나 매우 성질을 부리는 아이였다. 지속적이고 집중적인 교수를 통해 Sullivan 선생은 Hellen이 언어와 상위 개념들을 익힐 수 있도록 만들었다.

Sullivan 선생과 Hellen은 농-맹아의 집중적인 교수를 강조하는 단순한 교사-학생 팀이 아니다. Laura Bridgman과 Samuel Gridley Howe의 이야기를 담은 다음의 〈개인적 관점〉을 참조하라.

보행훈련 능력의 문제 12장에서 논의하였듯이, 시력을 잃었거나 저시력을 가진 이들은 이동하는 데 심각한 문제를 호소한다. 농-맹인은 이러한 문제가 보다 더 심각하다. 시력은 잃었으나 들을 수 있는 사람은 소리 정보를 통해 길을 찾을 수 있다. 예를 들어,

인터넷 자원

퍼킨스 맹학교 박물관(Perkins School for the Blind's Perkins Museum)은 농-맹에 관한 많은 역사적 정보를 가지고 있다(http://perkins.pvt.k12.ma.us/museum/section.php?id=213). 사이트를 방문하면 Laura Bridgeman과 Ann Sullivan에 대한 정보를 찾을 수 있다.

Helen Keller의 정보를 위해서는 http://perkins.pvt.k12.ma.us/museum/section.php?id=218을 방문하라.

미국맹인재단에서도 Helen Keller의 편지와 논문을 포함한 자료들 가지고 있다. www.afb.org/section.asp?sectionid=1을 방문하라.

개인적 관점

Laura Bridgman와 Samuel Gridley Howe 선생님

대부분의 사람이 Hellen Keller의 이야기를 잘 알고 있지만, 문서상으로 알려진 언어를 배운 첫 번째 농-맹 장애인은 Laura Bridgman(1829~1998)이다. Laura는 2세 때 성홍열에 걸려 시력과 청력을 잃었다.

Samuel Gridley Howe(1801~1876) 선생은 19세기의 대담한 사회활동가로, 학교, 감옥, 정신병원을 개혁하고 1857년 불운의 Harper's Ferry 사건과 함께 미국 노예해방을 주창하는 John Brown 운동의 재정적 지원을 했던 'Secret Six'의 회원으로 활동했다. Howe는 1824년 하버드에서 의학 학위를 받는다. 그 후 7년간 그리스 독립전쟁에서 외과의사로 참전하였으며 이후 보스턴으로 돌아왔다. 1832년 퍼킨스와 매사추세츠 맹학교(Perkins Institution and Massachusetts School for the Blind, 현재 퍼킨스 맹학교)의 대표로 지명되어 일하게 된다.

Howe는 Laura에 대한 신문 기사를 읽고 난 후 Laura의 부모를 만나러 간다. 그리고 당시 8세이던 Laura를 퍼킨스 학교로 보내도록 권유하였다. 이때가 1837년이었다. 그곳에서 Howe와 동료 교사들은 수년간 Laura와 함께 힘든 시간을 보내게 된다.

Laura Bridgman과
Samuel Gridley Howe

Howe는 Laura가 의사소통을 할 수 있도록 가르쳤을 뿐 아니라 Laura를 철학적이고 종교적인 실험의 대상자로 여겼다. Laura에게 의사소통을 할 수 있게 지도함으로써 Howe는 감각 입력이 개념을 형성하는 데 필수적이라고 주장하는 물질주의자(materialists)들의 의견이 틀렸음을 밝혀낸다. "Laura가 주위 세상에 다가갈수록 모든 것은 정신력에 달렸음을 확인하며 Howe 역시 가슴 벅차했다."(Freeberg, 2001, p. 41) 종교에 관해서 Howe는 비록 Laura가 감각 기능은 잃었지만 그럼에도 그녀에게는 온전한 선천적 도덕관념이 있음을 보이려 하였다.

Howe는 퍼킨스 맹학교 학생들의 성취도를 대중에게 보이기 위해 학교를 공개했다. Laura를 보기 위해 곧 수백 명의 사람들이 모여들었으며, 그녀는 많은 관심을 받게 되었다. 조기

방문자 중 한명이었던 Charles Dickens는 Laura와의 만남을 American Notes에 기고한다. 이후 Howe와 Laura의 노력에 대한 성취 내용을 글로 출판되게 된다.

Howe는 Laura가 기대했던 만큼 진전을 보이지 않게 되자 결국 실망하고 만다. Laura는 의사소통은 잘하게 되었지만 성격이 미성숙했고 종종 격분하곤 했으며, Howe의 철학적·신학적 이론을 증명할 만한 이상적인 사례로는 부족했다.

비록 Hellen Keller만큼 엄청나지는 않더라도 Laura의 성취는 당대에 매우 드문 성과였다. 당시만 해도 많은 기관은 농-맹인이 정신적으로 뒤처져 있다고 믿을 때였다. 더욱이 Laura Bridgman이 아니었다면 Hellen Keller는 그녀의 지성을 펼쳐 줄 교육을 받지 못했을지 모른다. Hellen Keller의 부모는 Laura의 성취에 대한 글을 읽고 나서 자신의 하나뿐인 딸을 교육해야 한다는 것을 깨우치게 되었다. 그뿐 아니라 Hellen Keller를 가르친 Sullivan 자신도 퍼킨스 맹학교의 학생이었으며, Hellen을 가르치기 전에 Laura에 대한 기록을 참고하였다.

무엇보다 중요한 것은 아마도 이것일 것이다.

Laura Bridgman의 드라마틱한 이야기는 대중의 관심을 끌어 19세기 미국의 많은 장애인이 보다 넓은 개혁의 길로 가도록 이끌었다. Howe와 다른 교사들은 교수 도구들을 개발하고 교육과정을 실험하며 새로운 연구기관을 만들어 수천 명의 감각장애인들이 교육받을 수 있는 기회를 박탈당할 수밖에 없었던 장벽을 극복하도록 도왔다……. 몇 세기에 걸쳐 편견과 오해들을 서서히 걷어내고 이러한 학생들과 교사들은 농-맹인들이 마주하고 있는 가장 큰 장애 중 하나인 뿌리 깊은 사람들의 오해—감각장애인들은 완전한 인간이 아니며 무엇을 수행할 수 없는 존재라는 것—를 걷어 내기 시작했다. 초기 몇 년 동안 주요한 개혁운동이 일어났다. 그 기간 동안 장애인에 대한 오해를 풀기 위해 Laura만큼 새로운 관점을 보여 준 사람은 없었다(Freeberg, 2001, pp. 220-221).

출처: The Education of Laura Bridgman: First Deaf and Blind Person to Learn Language by E. Freeberg, Cambridge, MA: Harvard University Press, Copyright ⓒ 2001 by the President and Fellows of Harvard College. 허가 후 게재함.

차가 오는 소리를 듣고 건널목을 건널 수 있으며 버스나 기차, 공사 중인 소리를 듣고 자신의 위치를 확인하는 것이 가능하다. 그러나 농-맹인은 청각적 신호를 이용하여 길을 찾는 것이 불가능하다.

교육적 고려

농-맹 아동, 특히 영아 및 유아 교육에 중요한 것은 일반적으로 의사소통, 보행훈련 영역에 있다. 특히 의사소통은 사회적 상호작용을 위해 필요한 것이다. 이러한 의사소통 기술을 효과적으로 가르친다면 농-맹 아동의 사회적 상호작용이 발달될 것이다(Janssen, Riksen-Walraven, & Van Dijk, 2004).

의사소통과 보행훈련에 대한 강조에 있어서는 교사와 학부모가 최소한 직접적 교수와 구조적이고 예측 가능한 일과라는 두 가지 중요한 원칙을 반드시 기억해야 한다.

직접적 교수의 중요성   많은 장애학생(예: 지적장애, 학습장애, 시각장애, 청각장애)은 비장애학생보다 교사가 직접 교수하는 것에 더 많이 의존한다. 비장애학생이 자연스럽게 학습하는 경우가 많은 반면(예: 자신의 주변에서 일어나는 사건을 보고 듣는 것을 통해), 장애학생은 교재를 이용한 교수를 직접적으로 해 주어야만 이해하곤 한다(Kauffman, 2002; Kauffman & Hallahan, 2005 참조). 농-맹 학생들은 다른 장애학생들보다 정보를 받아들이는 감각이 제한적이기 때문에 직접적 교수 방법이 더욱 중시된다.

구조적이고 예측 가능한 일과   학습에 성공적인 환경을 만들기 위해 교사와 다른 전문가들, 부모는 농-맹 학생들이 안전을 느낄 수 있도록 하는 것이 중요하다. 이러한 안전에 대한 느낌을 만들기 위한 가장 좋은 방법 중 하나는 구조화되고 예측 가능한 일과를 사용하는 것이다(Chen, Alsop, & Minor, 2000; Miles, 1998; Smith, Smith, & Blake, 2010). 이에 대한 자세한 사항은 다음의 〈반응적 교수〉에 나와 있다.

의사소통   농-맹 학생에게 손은 의사소통에 매우 중요한 역할을 한다. 결과적으로 손은 "표현의 기본적 수단 또는 목소리"가 된다(Miles, 1999, p. 1). 전문가들은 농-맹 학생과의 터치를 포함하여서 다양한 의사소통 모델들을 사용한다. 점자는 가장 많이 활용하는 도구다. 그밖에 촉각을 사용한 학습 전략들에는 '손 위에 손' 지도 방법(hand-over-hand guidance), '손 아래 손' 지도 방법(hand-under hand guidance), 변형 수화(adapted sign), 촉각 자극(touch cues) 등이 있다(Chen, Downing, & Rodriguez-Gil, 2000/2001).

'손 위에 손' 지도 방법   '손 위에 손' 지도 방법은 물건이나 신호를 탐색할 때 어른

저출현, 중도 · 중복장애 학습자의 요구에 따른

반응적 교수

예측 가능하고 구조화된 일과를 구성하는 것의 중요성

연구의 개요

활동적 상호작용을 통한 학습 증진 프로젝트(Promoting Learning Through Active Interaction: PLAI)*에 참여한 연구진 및 의사들은 중복장애 영아와 가족들과 함께 작업할 수 있는 몇 개의 모듈을 개발하였다(Chen, Alsop, & Minor, 2000; Klein, Chen, & Haney, 2000). 이 모듈 중 하나는 예측 가능한 일과를 만들어 주는 것에 초점을 맞춘다. 특히 농-맹 영아들을 위한 모듈이 있는데 다음과 같은 목표를 추천하고 있다.

- 매일 똑같은 시간에 같은 순서로 진행되는 최소한 다섯 가지 이상의 예측 가능한 활동을 계획한다.
- 구체적인 활동을 통해 예측 가능한 순서를 계획한다(예: 하위 일과를 계획한다).
- 구체적인 청각, 시각, 촉각, 후각, 운동 단서를 사용하여 영아가 익숙한 활동을 예측할 수 있도록 돕는다(Chen et al., 2000, p. 6).

다음은 14개월인 Michael과 그의 엄마인 Cecelia, 누나인 Kate가 이러한 목표들을 어떻게 이행하였는지에 대한 내용이다. Michael은 미숙아로 태어나 출생 당시 몸무게가 1파운드 8온스(약 780그램)밖에 되지 않았다. Michael은 심한 미숙아망막증, 뇌성마비, 정도를 알 수 없는 청각 손실이 있는 것으로 진단되었다.

> Michael의 엄마인 Cecelia는 조기 중재자의 도움으로 Michael의 주변에서 일어나는 매일의 사건을 예측 가능하게 만들어 주면 보다 쉽게 이해할 수 있다는 점을 알게 되었다. Michael 엄마는 이른 아침과 저녁 일과와 Michael의 일상생활을 보다 예측 가능하게 하기 위해 몇 가지 방법을 더 사용했다. 아침에 우유를 먹고 난 후 Michael은 항상 목욕을 한다. 목욕을 하고 나서 Cecelia는 Michael에게 로션을 발라 주고 어깨와 등 마사지를 해 준다. 잘 시간에는 엄마가 Michael에게 우유병을 주고 Michael의 누나인 Kate는 텔레비전을 보면서 Michael을 재운다. 엄마는 Michael과 함께 '하위일과(subroutines)'를 계획하였다는 것을 알게 되었다. 예를 들어, Michael의 기저귀를 갈고 닦아 준 이후에 엄마는 Michael의 배를 불어 주며 "오케이, 다 됐어. 다 말랐어."라고 말한다. 그 후 파우더를 바르고 새 기저귀를 채워 주고는 "다 됐다."라고 말한다. 그리고 Michael을 안아 올리며 뽀뽀를 해 준다.

> 이 외의 예측 가능한 일과와 하위일과도 있다. Michael의 방에 들어가기 전 엄마는 "엄마 들어간다."라고 크게 말한다. 엄마는 Michael을 들어 안기 전에 그의 어깨를 만져 미리 알 수 있게 해 준다. 욕조에 Michael을 넣기 전에는 발을 몇 번 물에 담가 줌으로써 Michael이 욕조에 들어갈 때 소리 지르는 것을 멈추게 도와준다. 엄마가 Michael의 등을 마사지해 주기 전에 엄마 손에 있는 로션 냄새를 맡게 한다(Chen et al., 2000, pp. 6-7).

연구의 적용

예측 가능하고 구조화된 일과가 계속적으로 영아에게 적용되고 있지만 농-맹을 포함한 중복장애를 가진 취학 연령 아동에게는 이것이 더욱 중요한 부분이다. 학교의 일과는 농-맹아에게 더욱 중요한데, 이는 활동이 배울 수 있는 유일한 방법이기 때문이다. 이런 학생들은 시각적으로 관찰하거나 듣는 것을 통해 세상에 대해 감각적으로 알아가는 법을 학습할 수 없다. 그 결과 안전한 학습 환경 및 담임교사와의 신뢰를 전적으로 의지하게 된다(Moss & Hagood, 1995). 학교 일과는 농-맹아에게 다음과 같이 도움이 된다.

- 상호작용(turn-taking) 일과: 상호작용의 균형을 갖게 됨으로써("내가 먼저 하고 그다음은 너.") 학생은 언제 반응해야 할지 알게 되고, 학습에 더 활동적으로 참여하게 된다.
- 이동 일과: 교실이나 학교를 돌아다니는 것을 학생이 불편해할 경우 그들은 움직이지 않겠다고 할 수 있다. 이동을 하지 않는다는 것은 곧 탐험에 대한 기회, 사회적 상호작용 및 독립성에 대한 기회를 감소시키는 것이다.
- 의사소통 일과: 농-맹 학생은 촉각을 통한 의사소통에 의존한다. 다른 사람과의 직접적인 상호작용 없이 학생은 소통하지 못하게 된다. 그리하여 이러한 학생들이 의사소통을 위해 사물이 아닌 제스처를 사용하는 것과 같은 의사소통 일과를 구성해 주는 것이 중요하다.

• *Kristin L. Sayeski*

*PLAI 프로젝트는 노스리지 소재 캘리포니아 주립대, 유타 주립대의 SKI-HI 연구소, 그리고 몇 개의 조기 중재 프로그램을 포함하는 4년의 협동 프로젝트다. 이는 미 교육부의 특수교육 프로그램에 의해 지원을 받는 프로젝트다.

이 아이의 손에 손을 얹는 것이다. 이 기술은 특히 신체에 장애를 가져서 손을 움직이지 못하는 학생에게 특히 필요하지만 몇 가지 단점이 있다(Chen et al., 2000/2001; Miles, 1999). 어떤 학생들은 자신의 손을 스스로 조정하는 능력을 잃는 것을 싫어하기 때문에 이 교수법을 거부한다. 더욱이 어떤 학생들은 자기 스스로 물건을 만지려는 의욕을 상실해 버리고 누군가가 자신의 손을 움직여 주기를 기다리는 등 수동적인 자세를 갖게 될 수도 있다.

'손 아래 손' 지도 방법   손 아래 손 지도는 손 위의 손 지도의 대체로서 종종 제안되는 것이다. 이 기술은 아이가 사물을 탐색하는 동안 어른이 아이의 손 밑에 부드럽게 스치는 것을 말한다. 이는 가리키는 것과 같은 촉각이 된다(Miles, 1999). 손 아래 손 지도의 가장 큰 이점 중 하나는 학생 주도적이라는 점이다.

변형 수화   미국식 수화(American Sign Language) 및 영어수화(signed English)는 청각장애인들이 사용하는 의사소통 체계로서 시각을 기반으로 한 것이다. 그러므로 농–맹인이 사용하는 데에 한계가 있거나 아예 불가능할 수 있다. 그 결과 다양한 촉각을 기반으로 하는 신호 체계가 개발되었다(Chen et al., 2000/2001). 예를 들어, 농–맹인은 신호를 받아들이는 데 있어 신호를 보내는 사람에게 손을 얹어 그의 손을 만질 수 있고, 신호를 보내기 위해서 교사 또는 부모가 농–맹인의 손을 만져 신호를 보낼 수 있게 지도하는 것이다.

촉각 자극   촉각 자극은 상황과 맥락에 따라 다양한 메시지를 전달할 수 있는 촉각 신호 체계다. 이때 중요한 점은 촉각 자극이 일관성이 있어야 한다는 것이다. 만일 다른 사람이 다양한 메시지를 위해 동일한 촉각 자극을 사용하면 아동이 이를 해석하지 못할 수 있다. 예를 들어, 아동의 어깨를 만지거나 살짝 두드리는 것은 다음을 표현하는 것이다.

- 긍정적인 피드백('잘했어')
- 요청하기 또는 가르치기('앉아')
- 정보 주기('네 차례야')
- 안심시키기 또는 확신시키기('울지 마' 또는 '넌 괜찮아')

촉각 자극은 선택적으로, 전통성이 있게, 일관성 있게 사용되어 그것이 무엇을 표현하는지를 아동들이 이해할 수 있어야 한다(Chen et al., 2000/2001, p. 3).

보행훈련   시청각장애를 모두 가진 사람에게 보행훈련(orientation and mobility:

O&M)은 시각장애 하나만을 가진 사람에 비해 훨씬 더 중요하다. 이는 농-맹인들은 환경을 파악하는 데 훨씬 더 어려운 조건을 갖고 있기 때문이다.

시각장애와 청각장애를 모두 가진 사람을 위한 O&M 훈련은 시각장애인을 위한 O&M 훈련과 비교할 때 최소한 두 가지 이상의 방법적인 면에서 차이가 있다. 우선 농-맹인과 의사소통하기 위해서는 수정 작업이 필요하다(Gense & Gense, 2004). O&M 교사는 통역사, 변형 수화 및 촉각 자극과 같은 수정을 사용해 농-맹 학생과 의사소통해야 한다.

둘째, 주변 사람들에게 농-맹 학생이 있다는 것을 미리 알려 줄 필요가 있다. 농-맹 학생 중 아주 잘 이동하는 학생일지라도 때로는 일시적으로 방향을 잃을 수 있고 도움을 필요로 할 수 있다. 청각에는 문제가 없는 시각장애인은 상대적으로 쉽게 도움을 요청할 수 있다. 그러나 듣지도 못하고 보지도 못하는 사람이 주변 도움을 요청한다는 것은 훨씬 어려운 것이며 시각과 청각 모두 장애가 있다는 것을 주변 사람이 인지하는 것도 쉽지 않다. 긴 지팡이가 시각장애인이라는 것을 나타내 주지만 청각장애도 있다는 것을 인지시켜 주지는 못한다. 그 결과, 어떤 전문가들은 **도움 카드**(assistance cards)를 사용할 것을 조언하기도 한다. 도움 카드는 보통 비교적 작은 카드로(3"×6") 농-맹인이 붐비거나 익숙지 않은 건널목에 있을 때에 들어서 표시할 수 있다. 카드에는 그가 도움을 필요로 한다는 말이 쓰여 있다(예: "이 길을 건널 수 있게 도와주십시오. 저는 청각장애와 시각장애를 갖고 있습니다. 저를 위해서 잠시 터치해 알려 주십시오. 감사합니다.", Franklin & Bourquin, 2000, p. 175).

어셔 증후군 학생을 위한 특별한 고려 사항   어셔 증후군 학생은 대부분 시력이 점차적으로 퇴화되는 문제를 갖고 있기 때문에 특수교육에서 어려운 부분들이 있다. 처음에는 좋은 시력일 수 있으나 결국에는 시력이 퇴화되어 거의 볼 수 없게 되곤 한다. 어셔 증후군과 동반되는 색소성망막염의 영향은 일정치 못하며, 때로는 매우 급격한 변화를 주기도 한다. 따라서 학생과 가족이 이에 대해 무방비 상태로 노출되기도 한다(Miner & Cioffi, 1999). 퇴행이 수년간에 걸쳐 천천히 일어난다고 해도 어셔 증후군 학생의 교사와 부모는 언젠가는 시각장애인이 될 것이라는 사실을 대비하여야 한다. 그들에게 점자와 O&M 훈련을 조기에 가르치는 것이 종종 아동을 당혹스럽게 하고 자아감에 상처를 줄 것이라고 두려워하기도 한다. 그러나 대부분의 기관은 아직 시력에 문제가 없을 때, 즉 시력을 잃기 전에 점자와 O&M 훈련을 가르쳐야 한다는 것에 동의하고 있다.

교육적 고려

여기에서 서술하는 몇몇의 도구와 방법은 이 장에서 언급하고 있는 어떤 장애든지 적용 가능하다. 의사소통, 행동관리, 조기 중재, 전환교육, 취업, 가족 지원, 정상화는 장애 학생들에게 자주 거론되는 주제다.

보완대체 의사소통

인터넷 자원

구글에 'augmentative and alternative communication'을 검색하거나 http://www.issac-online.org/select_language.html 등의 사이트를 방문하면 더 많은 정보를 볼 수 있다.

중도 · 중복장애인에게 구어는 매우 어려운 능력이다. 그들은 신체적 또는 인지적 장애를 가지고 있고, 대개 신경 손상으로 인하여 정상적 발화를 통한 의사소통이 어렵다. 따라서 교육자와 전문가들은 그들을 위해 **보완대체 의사소통**(augmentative or alternative communication: AAC) 시스템을 개발해야 한다.

AAC는 이런 장애를 가진 자가 자신의 요구와 필요를 표현하고, 정보를 공유하며, 사회적 친밀감을 교류하기 위한 또는 사회적 에티켓을 표현하기 위한 매뉴얼 또는 전자 도구를 의미한다(Beukelman, Yorkston, & Reichle, 2000; Gerenser & Forman, 2007; Heller & Bigge, 2010). AAC가 반드시 필요한 학생은 지적 능력이 매우 뛰어난 학생부터 지적장애가 있는 학생까지 범위가 넓다. 그러나 모두 한 가지 공통적인 특징을 가지고 있다. 그것은 신체적 결함으로 인해 발화를 통한 효과적인 의사소통이 어려운 것이다. 이런 학생 중에는 전혀 발화를 못하는 경우도 있다. 어떤 이들은 주변의 소음 때문에 자신의 말을 전달하기 어렵거나 특정한 단어나 소리를 내지 못하기도 하고, 의사소통하고자 하는 대상과의 친밀감이 부족하여 자신의 의견을 전달하지 못하기도 한다.

인터넷 자원

www.learnersonline.com/weekly/archive2001/week21/index.htm을 방문하여 Nikki Kissace에 대한 내용과 단순화된 수화에 대한 정보를 찾을 수 있다.

손으로 하는 사인 또는 제스처는 어떤 사람들에게 도움이 될 수 있다. 그러나 신체적 한계가 심한 사람의 경우에는 손을 사용하는 일반적인 수화를 사용해서 의사소통을 하지 못한다. 그들은 대개 특수 장비를 사용한 의사소통 방법을 사용해야 한다. 현재 외과 의사 Nikki Kissane 박사는 그가 버지니아 대학 재학 중 단순화한 수화를 개발했다. 언어력에 어려움이 있는 아동 및 성인은 그의 단순화된 수화를 기존의 수화보다 쉽게 터득할 수 있었다(〈핵심 개념〉 참조).

수화 이외의 방법으로 의사소통을 가능하게 하기 위해서 해결해야 하는 문제는 어휘 선택과 그 어휘 요소를 효과적이고 효율적인 방식으로 표현하게 하는 것이다. 비록 AAC의 기본적 발상은 매우 단순하지만, 최적의 어휘를 선정하는 것과 다양한 중증 장애인들에게 의사소통을 효율적으로 할 수 있는 방법을 고안해 주는 것은 매우 어려운 일이다. AAC 평가는 평가 첫 단계부터 사용자와 함께 이루어져야 한다. 왜냐하면 AAC를 통해 개인적으로나 전문적으로 대체 의사소통을 하게 될 사람은 AAC 전문가가 아닌

핵심 개념

단순화된 수화

단순한 제스처를 통해 효과적으로 의사소통하는 방법을 찾아내는 것은 미국 버니지아대 학생이었던 Nikki Kissane에게는 쉬운 일이 아니었다. 그러나 그의 연구 결과 덕분에 말을 하지 못하는 아동과 성인 또는 제한된 언어 능력을 가진 자들은 새로운 단순화된 의사소통 시스템을 통해 기존의 수화보다 더 쉽게 배우고 사용하고 이해할 수 있었다…….

Kissane은 자신의 할아버지가 여러 번의 뇌졸중 후 신체적·정서적 어려움을 겪는 것을 본 후 심리학 교수 John Bonvillian을 찾아가 청각에는 문제가 없으나 말을 하지 못하는 사람들을 위한 수화 의사소통 연구에 참관할 수 있는지 묻는다…….

Kissane은 20여 개가 넘는 수화 사전을 공부한다. 그리고 수화가 말하려 하는 사물이나 행동을 묘사하는 '상징성'과 그 의미를 쉽게 떠올릴 수 있는 '투명성'을 띤다는 것을 알아내게 된다. 다시 말해, 아이를 팔에 안고 좌우로 가볍게 흔드는 행동을 묘사함으로써 '아기'를 표현하고, 공을 던지는 듯한 제스처를 통해서는 '던지다'라는 상징을 묘사하는 것이다.

그의 연구를 통해 Kissane은 '빗' '책' '잡다'와 같은 일상의 단어들을 위한 900개의 수화 동작을 확인하였다. 이 단어들은 쉽게 이해되고 단순한 손과 팔 제스처를 통해 의사소통할 수 있는 것들이다. 또한 연구 결과로 발견한 것들을 보충할 수 있는 수많은 새로운 수화를 고안하였다.

이러한 수화가 단순화된 시스템에 포함될 수 있는지 판단하기 위해 버지니아대 학생들의 자원봉사를 통해서 어떤 수화를 더 쉽게 기억하고 따라 할 수 있는지를 관찰했다. 최소한 70% 이상의 참여자들이 완벽하게 기억하는 수화들은 목록에 포함시켰다.

Kissane은 또한 초등학교 미술 교사인 어머니의 수업을 참관했는데 여기에는 자폐 아동도 몇 명 있었다. 그는 제스처를 그리는 방법에 대해 어머니에게 배웠다.

"나는 자폐 아동이 운동과 인지 기술에서 어려움을 보이는 부분을 관찰하기 위해 몇 가지 수업을 참관했다."라고 Kissane은 말했다.

눈

축하하다

자다

출처: Wooten, I. L. (2001, May 18). Student develops new sign language system. *Inside UVA, 31*(18), 12. 허가 후 게재함, Photos from The Daily Progress, Charlottesvile, VA. 허가 후 게재함.

AAC 사용자이기 때문이다(Cardona, 2000, p. 237).

　AAC에 대한 다양한 접근법이 개발되어 왔다. 어떤 것은 상대적으로 단순하거나 로테크(low-technology) 방법이고 어떤 것은 복잡하고 하이테크(high-technology) 방법을 요구하기도 한다. 직접선택과 훑기 방법(scanning)이 AAC를 위해 고안되었고, 이는 개

★ 성공 스토리

보조공학과 전문가들의 협력을 통해 David는 독립성과 학업 성취를 이뤄 내다.

David의 어머니인 Womack 부인: "산소호흡기 소리가 들릴 때마다 어떤 교사들은 David을 조심스레 다루려 했지만 저는 아이를 학생으로 생각해 주기를 원했어요."

16세 소년 David Womack은 중증 신체장애 학생들을 위한 학교에 다닌다. 다음 내용은 그의 성공 요인의 열쇠가 되는 것들이다.

★ 집중적인 협력

★ 공학에 대한 지속적인 강조

★ 독립성과 학업 성취도에 대한 구체적인 목표

2학년으로 올라간 두 번째 날, 7세 David Womack은 스쿨버스에서 내리다가 차에 치이는 사고를 당했다. 사고로 인해 척수를 다친 그는 목 아래로는 움직일 수 없게 되었고 스스로 호흡조차 할 수 없게 되었다. 2년간 재활훈련을 받은 후, David는 병원을 떠나 학교에 복귀할 준비를 하게 되었다. 부모 및 다른 IEP팀은 아홉 살인 David가 집중 의료 조치 및 신체적 지원이 요구되는 학생들을 위한 특수학교에 가도록 결정했다. David의 성공은 집중적이고 지속적이며 구체적인 특수교육의 결과다.

★ 집중적인 협력

David의 특수학교는 의료 및 치료 전문가들과 특수교사와 일반교사 자격증 두 개를 가진 교사들로 이루어져 있다. David은 이 학교에서 산소호흡기에 의존해야 하는 첫 번째 학생이었다. 그는 빨대 모양의 관을 불고 빨아들이는 호흡으로 조절하는(sip-and-puff) 휠체어에 앉은 상태에서 3학

년에 들어갔다. 'the vent'라고 불리는 그의 생명지원 시스템은 그의 휠체어 뒤에 있어 크고 리드믹한 소리를 냈다. 개별 담당 간호사가 항상 몇 미터 이내에서 따라다녔다. "정말 무서웠어요."라고 Womack 부인은 회상한다. "모두가 긴장 상태였어요."

학교 과제는 Womack 가족이 달라진 삶에 적응하도록 돕는 것과 David가 자신의 새로운 잠재성을 발견하도록 자극을 주는 것이었다. 모든 관련자가 신체장애에 대해 경험이 많은 사람들이었지만 David의 경우는 특히 어려웠다. David가 의존하는 산소호흡기와 개인 담당 간호사의 존재는 그가 처한 위험성을 더욱 강조하는 것이었다. 작업치료사였던 Ginette Howard는 "David를 환자가 아닌 학생으로 대함으로써 모든 이의 기대를 끌어올려야 했어요!"라고 말한다.

학교 공학팀은 David의 교실에서의 학습을 지원했다. Howard와 컴퓨터 교사인 Maryann Cicchillo는 David가

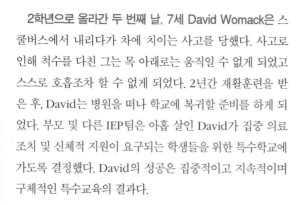

인의 능력에 따라 결정된다. 사용되는 시스템은 손이나 헤드스틱(head-stick), 눈동자 움직임으로 가리키는 것, 발이나 혀 또는 머리 움직임이나 숨 쉬는 것을 조절하여 작은 스위치를 작동하는 것 등이 포함된다. 때로는 키가 잘못 눌리지 않도록 설계된 키가드(key guard)가 포함되어 있는 타이핑기나 컴퓨터 단말기(computer terminal)를 사용하기도 하고 키 누르는 방식이 다른 대안 도구를 사용하기도 한다. David Womack이라는 청소년이 대안 키보드를 사용한 〈성공 스토리〉를 참조하라. 어떤 학생들은 그림, 단어 또는 다른 상징들이 그려져 있는 의사소통판을 사용한다. 이는 직접선택 또는 훑기 방법을 통해 작동되는 것이다. 의사소통판의 내용 및 배치 방식은 개인의 능력, 선호도, 의사소통 필요 부분에 따라 달라진다.

오늘날 연구자들은 비언어 의사소통 문제를 위한 더 많은 혁신적이고 창의적인 테크

읽고 쓰고 컴퓨터를 사용하는 데 필요한 도구를 제공해 주기 위해 소프트웨어 관련 지식과 복잡한 공학 기술들을 총동원하였다. 교사는 그들의 지시를 따라서 하였고 David의 학습 및 사회적 성숙을 담당하는 간호사인 Gail Nolan 역시 그렇게 했다. 비록 느렸지만 David는 안정적으로 꾸준히 진보를 보이게 되었다.

★ 공학에 대한 지속적인 강조

David는 병원을 떠나는 것을 두려워했다. 따라서 산소호흡기를 교실에서 안전히 사용하도록 하는 것이 급선무였다. "우리는 동작 단추 위에 플라스틱 박스를 씌워 다른 사람들이 건드리지 못하게 하였습니다."라고 Howard는 회상한다. 두 번째 해에 David는 자신감이 더 생기고 새로운 공학을 사용하는 데 적극적이게 되었다. 그는 소극적이고 두려워하는 자세에서 벗어나 컴퓨터를 사용하는 데 흥미를 느끼고 신뢰하기 시작했다. 컴퓨터를 사용할 수 있게 하는 것이 관건이었다.

"David는 목을 고정하기 위한 장치를 하고 있었습니다. 입은 움직일 수 있었지요."라고 Howard는 말한다. 그와 컴퓨터 교사인 Cicchillo는 전기막대기로 작동하는 작은 대안 키보드를 선택했다. 많은 노력 끝에 David는 치아로 막대를 물고 작은 키보드를 누를 수 있게 되었다. Cicchillo는 교사들이 학교 네트워크를 통해 적절한 소프트웨어를 이용 가능하도록 조치했다. 점진적으로 David는 막대를 사용하는 데 익숙해졌으며 학교생활을 독립적으로 할 수 있다는 기대를 하게 되었다.

★ 독립성과 학업 성취도에 대한 구체적인 목표

David의 공학적 접근은 학생으로서의 독립성을 증가시켰다. 그는 키보드 사용을 줄이고 글쓰기 과제의 속도를 빠르게 하기 위해 단어예측 소프트웨어와 약어/확장 프로그램을 사용하였다. 그는 정확성과 속도를 향상할 수 있는 새로운 공학 기술을 배우려고 노력하였다. "숙제, 시험, 과제를 할 수 있게 하기 위해 얼마나 많은 공학 기술을 찾아보았는지 다 말할 수 없을 겁니다."라고 Cicchillo는 말한다.

"과학은 제가 제일 좋아하는 과목이에요."라고 David가 말한다. 이렇게 말하는 그의 젊은 목소리는 부드럽고 숨소리가 섞여 있다. Dorothy Vann의 과학실은 조정할 수 있는 책상과 낮은 싱크대가 갖춰져 있어 참여하는 데 전혀 문제가 없었다. 과학실은 David가 참여하는 데 어떤 문제도 없도록 교수적 공학시설이 갖추어져 있다. 생물 수업 시간에는 작은 카메라들이 장착되어 비디오 이미지를 보여 주는 일반 현미경을 통해 슬라이드를 관찰한다. Vann은 "David는 그가 원래 보여 주었던 것보다 훨씬 더 많은 것을 해내고 있어요."라고 말한다.

협력자 각각에게 David와 함께 작업하는 것은 계속해서 발전하는 과정이었다. David와 함께 일하는 과정에서 작업치료사 Howard와 컴퓨터 교사 Cicchillo는 교사와 아동이 새롭게 산소호흡기에 적응하는 데 가장 중요한 점이 그들의 두려움을 극복하는 것임을 알아냈다. 과학 교사 Dorothy Vann은 "아동이 자신의 성공을 믿고 성취를 위한 목표를 받아들이기까지는 약간의 시간이 필요합니다."라고 말한다.

• Jean B. Crokett

놀로지 해결책들을 개발하고 있다. 동시에 그들은 매우 개별화되고 연구 결과를 기반으로 한 결정의 중요성을 점점 더 인식하는 추세다. 과학적 관점에서 그다지 신뢰할 만하지 못한 AAC는 큰 도움이 되지 못한다. 연구자들은 나이가 어린 AAC 사용자들이 다른 또래들이 사용하는 것과 비슷한 수준의 말을 할 수 있도록 노력하고 있다. 그들이 의사소통하려는 사람과 효과적으로 소통할 수 있게 AAC 사용자들을 훈련시키려는 노력 또한 하고 있다. 이는 AAC 사용자들을 화용론적으로 훈련하는 것이다. 다음의 〈개인적 관점〉 '뇌성마비와 함께하는 삶'은 Chris Featherly가 18세 고등학생 시절에 쓴 것이다. 그의 이야기와 AAC 사용자들이 쓴 이야기들(Oken-Fried & Bersani, 2000)은 AAC의 가치와 사용에 관련된 주제들이다.

Chris Featherly는 뇌성마비였다. 우리는 이 선천적 신경 상태에 대해 14장에서 다루

개인적 관점

뇌성마비와 함께하는 삶: Chris Featherly

내 이름은 Chris Featherly다. 나는 뇌성마비로 살아가는 삶에 대해 내가 아는 한도 내에서 설명하고자 한다.

나는 18세이며 텍사스의 포트워스에서 태어났다. 현재는 일리노이 주 미들로디언에 있는 브레멘 고등학교에 다니고 있다.

5세 때 처음 조부모님과 함께 살기 위해 텍사스로 이사를 갔을 때 의사소통에서 단지 다섯 개 정도의 일반적인 수화(generic sign)를 할 수 있었다. 할머니는 내가 하는 수화를 알아들을 수 없어 도서관에 가서 수화책을 빌려 왔다. 이제 할머니는 그보다 더 좋은 것이 있을 거라고 생각했다! 학교 시스템에서는 세 개의 링으로 철해진 48쪽의 의사소통 그림카드를 사용하기를 원했다. 내가 오른손으로는 카드를 잡고 48쪽을 뒤적이며 의사소통하는 것을 볼 수 있겠는가? 난 불가능하다고 본다! 할머니는 나를 시카고 다운타운에 있는 Siegel 연구소에 데려가 언어 능력 테스트를 받아 보게 했다. 그들은 "이 아이는 Touch Talker(AAC의 일종, www.prentrom.com에서 이 기기 및 다른 기기들에 대한 설명을 찾아보라)를 사용하는 게 좋겠네요……."라고 했다. 어떻게 되었을까? 학교의 언어치료사는 "안 될 거예요. 이 아이는 언어를 쓸 줄 몰라요. 그리고 그것(Touch Talker)을 사용한다고 해도 자신의 목소리로 말할 수는 없어요."라고 했다. 할머니는 어떻게 했을까? 홈우드의 다른 언어치료사를 찾아갔다. 당신이 생각한 대로다. 그는 "Touch Talker라……."라고 말했다. 할머니는 나를 다시 학교로 데리고 왔지만 역시 '노'라고 대답하였다. 할머니는 나를 Shriners에 데려가겠다고 말했다. 그들이 Touch Talker가 대안이라고 말한다면 그것이 바로 내게 맞는 의사소통 수단일 것이기에. 그들이 뭐라고 말했을 것 같은가? 그렇다! 그들 역시 Touch Talker라고 말했다. 이제 우리는 학교의 반응이 어떨지 예상할 수 있을 것이다. 그리고 Touch Talker는 구입을 위한 예산이 처리 가능한 것이었다. 이제 돈도 절약하고 Touch Talker를 구입하여 불필요한 것을 벗고 필요한 것을 채우게 되었다. 자, 이제 우리 할머니가 어떤 분이셨는지에 대해 조금 이해할 수 있겠는가?

[Chris는 또한 그의 발달 단계에 맞춘 소프트웨어와 하드웨어의 업그레이드와 온라인 자료의 사용에 대해 설명한다.]

출처: Featherly, C. (2000). Life with cerebral palsy. In M. Oken-Fried & H. A. Bersani (Eds.), *Speaking up and spelling it out: Personal essays on augmentative and alternative communication* (pp. 189–193). Baltimore: Paul H. Brookes. 허가 후 게재함.

게 될 것이다. 그가 뇌성마비라는 것은 여기서 중요하지 않다. 그보다 어떤 사람들은 신체적 어려움 때문에 발화 언어를 효율적으로 사용하지 못하고 이에 따라 대안의 의사소통 수단을 필요로 한다는 것이 더 중요하다.

AAC 사용자들은 일반 의사소통자들과는 달리 세 가지의 특별한 어려움에 직면하게 된다.

① AAC는 일반적 의사소통에 비해 훨씬 느리다. 아마 일반 언어의 1/20 정도의 속도일 것이다. 이것이 AAC 사용자와 일반인 모두를 매우 답답하게 만드는 요인이 된다.

② 글을 모르는 AAC 사용자들은 타인들이 선택된 어휘 및 상징에만 의존할 수밖에 없다. 만일 어휘와 상징, 다른 시스템의 요소들이 제대로 선택되지 않으면 AAC 학습은 매우 제한적이고 이로 인해 인간관계도 어려워진다.

③ AAC는 다양한 사회적 맥락에서 사용될 수 있어야 하며 지나친 피로를 느끼지 않는 범위 내에서 정확하고 효율적으로 의사소통을 할 수 있어야 한다. 개인의 언어 습득과 학업 기술을 배우는 데 도움이 되어야 한다.

AAC 분야의 발달은 위의 사항들이 동시에 강조된다는 전제하에 가능할 것이다. AAC는 점점 더 문해력을 강조하고 있으며 또한 의사소통을 위해 글을 쓰는 것을 강조하고 있다. 장애 여부와 관계없이 기본적인 문해력에 대한 강조와 모든 학생의 문해력에 대한 강조는 비슷하다고 하겠다(Yoder, 2001).

마이크로 컴퓨터의 유용성과 가능성이 매우 증가하고 있는 것은 AAC를 제공할 수 있는 정도를 바꾸어 놓고 또한 사용자가 의사소통에서 성공한다는 것을 확실하게 해 준다. 마이크로 컴퓨터의 새로운 주변기기들의 발달은 매우 제한된 근육 제어만 할 수 있는 중증 장애인들까지도 보다 효과적인 의사소통을 할 수 있게 해 준다. 더욱이 현재 마이크로 컴퓨터 소프트웨어는 아동 본인이 가지고 있는 언어 기술을 적절하게 사용하도록 돕는다.

AAC에 대한 더 많은 정보는 많은 웹사이트를 통해 찾아볼 수 있다. 국제보완-대체 의사소통학회(International Society for Augmentative and Alternative Communication: ISAAC)는 『보완대체 의사소통(*Augmentative and Alternative Communication*)』이라는 전문 저널을 출간하며 웹사이트 또한 구축해 놓고 있다. 부모는 AAC의 유용성을 알고 아동에게 효과적인 기구와 훈련을 요구해야 한다.

행동 문제

특정한 중도 · 중복장애를 가진 사람들은 자기자극, 자해, 갑자기 화냄, 공격성 등의 복합적이거나 개별적인 문제행동을 가질 수 있다. 모든 저출현, 중도 · 중복장애인들이 여기서 다룰 문제를 보이는 것은 아니라는 것을 주의할 필요가 있다. 농-맹인 및 TBI, 자폐 또는 다른 중도 · 중복장애인들 중 많은 사람은 이러한 행동의 문제를 갖고 있지 않다. 그럼에도 불구하고 심각한 정도로 이러한 행동 문제를 보이는 대부분의 사람은 중도 · 중복장애를 갖고 있다. 더 나아가 우리가 여기서 다룰 행동들은 어떤 장애에든 복잡성과 심각성을 더하게 된다. 그 결과, 이러한 행동 문제의 해결책을 찾아내는 것이 장애를 가진 자를 존중하는 동시에 그들이 일상의 학교 및 지역사회 활동에 참여할 수 있도록 돕게 되므로 매우 중요하다(Best et al., 2010; Heller et al., 2009 참조).

중도장애의 행동 문제에는 많은 논쟁의 여지가 있다. 어떤 교사, 전문가들은 적절한 교수 프로그램이 제공된다면 이러한 장애의 행동 문제가 나타나지 않을 것이라 주장한다. 반면 **행동기능평가**(functional behavioral assessment: FBA), **긍정적 행동지원**(positive behavioral support: PBS), 비혐오적 치료(즉, 처벌이 없는 치료)가 모든 경우에 충분한 조치일 것이라는 주장도 있다. 그러나 긍정적 행동지원과 비혐오적 치료만으로는 경우에 따라서 행동장애를 극복하는 데 충분치 못하다는 주장도 존재한다(예: Cullen & Mudford, 2005; Mulick & Butter, 2005; Newsom & Kroeger, 2005).

인터넷 자원

행동장애의 관리에 대해서는 www.pbis.org를 참조하라.

자기자극 **자기자극**(self-stimulation)은 다음과 같이 정의할 수 있다. 반복적이고 상동적인 행동으로 어떤 명백한 목적도 없고 단지 감각적 자극만을 주는 것이다. 자기자극(정형화된 움직임의 형태)은 매우 다양한 형태로 나타날 수 있다. 예를 들면, 침 소리를 낸다든지, 물건을 빙빙 돌린다든지, 손바닥을 친다든지, 한곳만 응시하는 것 같은 행동들이 있다. 반복적 및 상동적 행동(스테레오타입이라 불리기도 한다)은 여러 원인이 있을 수 있는데, 감각 자극과 더불어 사회적 요구도 원인이 될 수 있다(Bodfish, 2007).

거의 대부분의 사람도 자기자극의 습관을 갖고 있다. 이를테면 입술을 깨문다든지, 머리카락을 꼰다든지, 손톱을 물어뜯는 행동 등이다. 그러나 장애로 특징지을 수 있을 만큼 높은 비율은 아니다. 일반 아기도 자기자극을 하는 것과 마찬가지로 특히 피곤하거나 지루할 때 일반 성인도 자기자극을 한다. 장애아동에게 나타나는 자기자극이 높은 비율, 사회적으로 적절치 않다는 점들이 일반인들에게서 보이는 자기자극과 차별적이라 하겠다.

자기자극은 높은 비율로 나타나서 학습을 방해하거나 사회적으로 수용 불가하거나 그 정도가 심해 신체 손상을 나타내는 경우 문제가 된다. 자폐 또는 다른 전반적 발달장애인들은 학습 및 사회적 학습에서 배제될 때에 나타나기도 한다. 이러한 경우에 개인이 학업 및 사회적 기술을 학습하도록 돕기 위해서 개입적·직접적 중재가 성공적이다.

자해 행동 **자해 행동**(self-injurious behavior: SIB)은 반복된 신체 상해 행동을 의미하는데, 자신을 때리거나 할퀴거나 찌르거나 머리를 마구 돌리거나 하는 것 등을 말한다. 억제되지 않은 자상적 행동은 종종 자해로 이어진다. 자기자극이 빈번해지고 정도가 심해지면 자해성 행동이 될 수 있다. 손을 빠는 것은 모든 아기가 가지는 자기자극 행동이다. 어떤 일반 성인은 때때로 이런 행동을 지속적으로 하기도 한다. 그러나 중도 발달장애인에게는 이것이 자해 행동이 될 수 있어 심각한 피부병변을 일으키기도 한다.

발작 심각한 발작(tantrum)에는 자해, 소리 지르기, 울기, 사물을 던지거나 부수기, 공격성 등을 포함하는 다양한 행동이 포함된다. 때로는 발작을 일으키는 상황이 무엇인지 알려지지 않을 수 있는데, 특히 일반 관찰자에게는 더욱 그럴 수 있다. 그러나 종종 발작은 어떤 행동(신변 처리나 학습 과제)을 요구 및 요청하는 과정에서 촉발되기도 한다. 이런 발작의 결과로 인해서 아동에게 했던 요구를 취소하게 되므로 발작 행동이 더욱 강화받게 되기도 한다.

발작은 학습하는 것 또는 중요한 무엇을 하는 것을 회피하려는 사람에게 장애로 작용한다. 발작하는 아동과 상호작용하는 것을 사람들이 피하기 때문에 사회화를 방해받게 된다. 발작하는 아동과 성공적으로 작업하는 교사 및 관련자들은 그들의 성취를 위한 합당한 요구를 취소하지 않는다. 그들은 요구를 수정해 주거나 상황을 바꾸어 주거나 대안적인 요구를 하여서 발작이 감소되도록 한다.

타인에 대한 공격성   모든 공격성이 발작과 관련이 있는 것은 아니다. 중도·중복장애인 중에는 계획적으로 위협적인 행동을 보이거나 남에게 상해를 입히는 공격성을 지닌 자들이 있다(Gardner, 2007). 때로는 이런 행동이 갑자기 튀어나오기도 하고, 또는 잘 아는 지인이라면 미리 인지할 수 있는 예측 가능한 미묘한 행동 이후에 공격성을 나타내기도 한다.

일상생활 기술의 어려움   일상생활 기술의 어려움은 옷 입기, 밥 먹기, 화장실 가기와 같은 일상생활 기술에 어려움이 있는 것을 말한다. 중도·중복장애인의 경우 나이가 들고 성인이 되면서 필요한 적응 기술을 가르쳐야 한다. 이러한 적응 행동은 옷을 고르고 적절하게 입기, 음식을 준비하고 식사하기, 자기 몸을 청결하게 하기, 사회적 활동하기, 돈 사용하기, 대중교통 이용하기, 게임하기, 그 밖의 레크리에이션 활동하기와 같은 광범위한 것들을 포함한다(Snell & Brown, 2006).

행동기능평가 및 긍정적 행동 중재와 지원   문제행동은 종종 뇌손상 또는 뇌장애와 관련이 있는 경우가 많다. 한 예로, 장애가 심한 자폐인 경우에 자기자극, 자해 행동, 발작이 나타날 수도 있고, 또는 이 모든 것이 복합적으로 나타날 수도 있다. 그러나 전문가와 교사들은 문제행동이 나타나는 환경을 분석하고 환경을 바꾸는 것에 더욱 주목하는 추세다. 즉, 변경할 수 없거나 과거에 있었던 문제행동의 원인보다는 그 행동에 영향을 미치는 즉각적이고 변경 가능한 원인을 찾는 데 초점을 맞추고 있다(Best et al., 2010; Bodfish, 2007; Snell & Brown, 2006).

앞의 장에서 **행동기능평가**(FBA)와 **긍정적 행동 중재와 지원**(positive behavioral intervention and support: PBIS)의 개념을 소개한 바 있다. 기본적으로 비교적 경한 장애 학생들에게 적용되는 것이었다(7장과 9장 참조). 그러나 이러한 과정은 중도·중복장애 아동에게 특히 중요하다. FBA는 왜 그리고 어떤 상황에서 문제행동이 나타나는지를 찾으려는 것이며, PBIS는 적절한 행동을 지원하는 환경을 만들고자 하는 것이다.

FBA는 종종 학생이 어떻게 자기자극, 자해 행동, 발작 또는 공격성을 사용하는지를 밝힌다. 학생은 종종 선호하지 않거나 싫어하는 활동이나 과제를 회피하기 위해 문제행동을 하게 된다(Kauffman & Landrum, 2009). 많은 경우에 연구자 및 임상가들은 이와 같은 문제행동 외에는 학생에게 다른 효과적이고 효율적인 의사소통 수단이 없음을 발견한다. 따라서 학생이 수용할 수 없는 의사소통을 어떻게 사용하는지 파악하여야 한다. 그다음에 학생에게 타인에게 원하는 것, 표현하고자 하는 감정을 더 효과적이고 효율적이면서 수용 가능한 방법으로 의사소통하는 방법을 가르치는 것이 중요한 과제라고 하겠다. FBA는 중도 · 중복장애 학생이 부적절한 행동을 통해 그들의 다양한 요구와 필요를 의사소통하고자 한다는 것을 밝혀 왔다(예: "내게 집중해 주세요." "여기서 나가게 해 주세요." "여기는 할 게 없어요." "너무 할 것이 많아요." 또는 "그걸 지금 하고 싶지 않아요.").

PBIS는 학생들이 적절한 행동을 통해 의사소통을 '가능'하게 하는 교수법이다. 중도 · 중복장애 학생의 경우 PBIS를 통해 학교, 집, 이웃, 지역사회에서 행동을 관리하는 것이 중요하다. 다음의 〈반응적 교수〉에서는 중도 · 중복장애의 PBIS에 대한 설명을 보다 자세하게 하였다.

조기 중재

대부분의 중도 · 중복장애 아기들은 부모나 의사 또는 간호사가 그들의 장애를 알아차리기 매우 쉽기 때문에 출생 직후 혹은 얼마 되지 않아 발견된다. 중도 · 중복장애 신생아 중에는 집중적인 의학적 치료를 필요로 하는 경우도 있다. 따라서 이런 경우에는 즉시 **신생아 집중치료실**(NICUs)로 보내진다. 신생아 집중치료실은 성인이나 더 큰 아동들이 가는 중환자실(ICU) 개념으로 신체 기능에 대해서 24시간 관리가 이루어진다. 신생아 집중치료실은 특별히 훈련된 전문가들로 이루어져 있는데, 주로 특별하게 훈련된 간호사, 의사, 호흡관리 의사, 작업치료사, 사회복지사들로 구성되어 있다. 신생아 집중치료실은 비용이 많이 들기 때문에 모든 병원이 이 시설을 갖추고 있지는 않다. 그 결과, 신생아들은 신생아 집중치료실이 있는 다른 병원으로 이송되기도 한다. 아기가 지속적인 의학적 관리를 받는다 하더라도 대부분의 전문기관은 부모가 가능한 한 많은 시간을 아기와 보낼 것을 강조하는데, 이는 부모와 아기 간의 친밀한 관계 형성을 위한 것이다. 어떤 신생아 집중치료실은 부모가 아기와 '방 안에서' 시간을 보내도록 허용하기도 한다.

전문기관들은 신생아 집중치료실(NICUs)에서 부모가 영아와 가능한 한 많은 시간을 보낼 것을 권장한다.

어떤 중도 · 중복장애 아동은 출생 시에는 정상으로 보이나 출생 후 몇 년 안에 전반적 발달장애로 진단되기도 한다. 매우 심한 TBI의 경우 심각한 뇌손상을 입는 사고가 있기 전까지 실제적으로 정상적 발달 과정을 보이기도 한다. 따라서 조기 중재는 다음의 두 가지 의미를 지닌다 할 수 있다. ① 아동의 인생 초기, ② 장애가 발견된 다음 가능한 한 빨리.

미국 장애인 특수교육협의회(Council for Exceptional Children: CEC)의 조기중재부서(Division for Early Childhood: DEC)는 조기 중재에서 필수적으로 고려해야 하는 6개의 기준에 근거해서 활동할 것을 권고한다. ① 연구 또는 가치 기반의 활동, ② 가족 중심의 활동, ③ 다문화적

저출현 중도 · 중복장애 학습자의 요구에 따른

반응적 교수

긍정적 행동 중재와 지원

긍정적 행동 중재와 지원이란 무엇인가

최근의 재인증 절차를 거친 미국 장애인교육법은 교사, 학교 시스템, 학생의 문제행동을 지원하는 데 관련된 사람들에게 문제행동을 긍정적 행동 중재와 지원(PBIS)이라고 불리는 메커니즘을 이용해서 지원할 것을 요구하고 있다. PBIS는 보다 바람직한 행동을 가르치고 또는 문제행동을 감소시키기 위하여 환경의 변화를 통해 대안적이고 수용 가능한 의사소통을 도출하는 절차를 말한다(Kogel, Kogel, & Dunlap, 1996). 행동 관리에 대한 이러한 접근은 기본적으로 목표 행동의 제거에 집중하는 기존의 행동수정 계획과는 다르다. 기존의 접근법은 가능한 환경 또는 개인적인 문제행동의 유발 요인을 중시하지 않았다. 예를 들어, 학생이 머리를 책상에 박는 바람직하지 않은 행동은 학생에게 딱딱한 야구모자를 씌움으로써 제거되었다. 비록 이것이 허용 가능한 해결책으로 보일 수 있지만, 머리를 박는 행위가 주변에, 친구에게 지루함 또는 불안을 표현하는 행위라면 야구모자를 씌우는 해결책은 행동의 기능을 고려하지 않았으며, 원래 문제행동의 원인에 대해 또 다른 형태로 표현하게 될 가능성을 유발한다.

반면 PBIS는 두 가지의 기본적 가정을 따르고 있다. ① 각각의 행동은 의사소통의 목적을 가지고 있다. ② 전형적으로 특정한 행동에는 여러 가지 요소가 영향을 준다. 따라서 이러한 가정을 기반으로 하여 중재는 행동기능평가(FBA, Horner, Vaughn, Day, & Ard, 1996)를 포함시킨다. FBA는 행동의 목적을 찾고 어떻게 환경적 조건을 지원해야 하는지를 판단하게 한다. 이러한 평가 결과는 다원적인 계획을 개발하게 한다. 이는 대안적 반응을 가르치는 것, 행동이 일어나기 전에 즉시 상황을 변화시키는 것, 수용할 만한 반응을 촉진하기 위해 의미 있는 강화를 제공하는 것을 포함한다(Horner et al., 1996).

연구의 적용

다음의 지원 전략들은 PBIS를 이행하는 데 포함되는 것들이다.

- 심한 좌절 활동을 제거하기(예: 어려운 과제, 바람직하지 않은 지시)
- 기능적이고 의미 있는 교육과정 선택하기(학생의 관점에서)
- 사전 수정을 통해 상황의 두려움과 불안을 감소시키기(예: 좌절감을 느낄 때 어떻게 행동할지에 대해 교사가 가르쳐 주는 것)
- 요구를 할 때나 자신의 의견을 표현할 때 보다 적절한 방법을 지도하기
- 바람직한 행동을 강화하고 수용하지 못하는 부분은 의사 표현하도록 행동수정을 사용하기
- 학생의 흥미와 강점을 고려한 활동을 만들어 내기

• Kristine L. Sayeski

■ ■ ■ ■ ■ ■ ■ ■ ■ ■

관점, ④ 학문 간의 협력, ⑤ 발달 및 연령에 적합한 활동, ⑥ 정상화 원리에 충실(Dunst, 2011; Noonan & McCormick, 2006 참조).

연구 또는 가치 기반의 활동　조기 중재 프로그램은 가능한 한 연구 결과가 효과가 있는 것으로 나타난 방법을 사용해야 한다(Dunst, 2011; Moris & Mather, 2008). 유감스럽게도 기술과 접근법이 적용되기에 앞서 필요한 모든 연구를 진행하는 것은 불가능하다. CEC의 연구팀은 접근법의 효과에 대한 정확한 증거가 제공되지 않은 연구의 경우에는 조기 아동 특수교육 공동체의 가치를 기반으로 하여야 한다고 권고한다. 이러한 가치기

반 활동은 비가부장적 방법과 상호 존중의 돌봄으로 중심 환경을 안전하고 깨끗하게 만들고 가족이 의학적 결정을 하는 데 불편이 없도록 함으로써 각 아동과 가족에게 가족 구성원과의 소통을 통한 개별화된 활동을 제공한다.

가족 중심의 활동   한때는 조기 아동중재 특수교육 프로그램의 지배적인 철학이 가족과 부모의 역할을 간과하거나 기본적으로 그들이 장애아동에게 잠재적인 부정적 영향을 준다고 간주하였던 적이 있다. 조기 중재 프로그램이 가족을 포함했을 때, 부모가 아동에게 줄 수 있는 영향은 거의 없다고 생각하거나 부모 역할 기술의 향상을 위한 훈련이 필요하다고 간주했다. 비록 어떤 부모는 실제로 더 좋은 부모가 되기 위한 교육을 필요로 하나, 가부장적인 경우에 해당되며 충분한 능력이 있는 대다수 부모에게도 자녀 교육은 당혹스러울 수 있다. 이러한 이유로 전문기관들은 부모가 자녀를 대하는 방법에 대해 해 줄 것이 거의 없거나 아예 없다는 가정을 하지 말 것을 권고한다. 대신 부모, 형제, 확대가족이 장애아동의 학습 과정에서 가치 있고 통합적인 교육 진행 과정의 일부를 수행할 것이라고 강조한다.

1, 2, 4장에서 다루었듯이, 미국 장애인교육법은 가족과 부모가 신생아 및 영아의 교육과정에서 핵심적 역할을 한다고 인식한다. 개별화가족서비스계획(IFSP)의 요구는 사실상 가족이 아동의 의사결정 과정의 중심에 있어야 한다고 주장한다. 가족중심주의 철학은 아동의 학습 중재 계획 개발 시에 가족의 특별한 우선순위 및 요구를 중시하는 것이다.

다문화적 관점   미국의 소수민족 인구의 변동 추이를 생각해 볼 때, 모든 특수교육 프로그램은 문화적으로 민감해야 한다. 특히 조기 중재 전문가들이 다문화적 관점에서 일하는 것이 중요하다. 이는 자신의 아이가 장애로 진단된 것이 부모에게는 충분히 스트레스로 받아들여지기 때문이다(Dunst, 2011; Noonan & McCormick, 2006). 가족이 사용하는 언어를 할 줄 아는 사람이 최소한 한 명은 필요하다. 의사소통의 관점에서와 마찬가지로 양육과 민감성에서도 그러하다. 장애, 성별, 인종, 종교, 민족적·문화적 성향에 있어 편견 없고 차별 없는 서비스를 제공하는 것이 중요하다. 그러나 가장 중요한 다문화적 요인은 효과적인 서비스를 제공하는 것일 것이다(Kauffman, Conroy, Gardner, & Oswald, 2008).

학문 간의 협력   중도·중복장애 영아 및 유아의 정의가 여러 분야에서 필요하기 때문에 최선의 실제는 여러 전문가의 참여를 강요하고 있다. 이러한 전문가들이 조직적으로 협동하여 질적인 서비스를 제공하는 것이 중요하다. 학문 간 모델은 다양하나 성공을 위한 가장 필수적인 요소는 각 영역의 전문가들이 독립적으로 일하는 것이 아니라 협동적으로 작업하는 것이다. 어떤 전문기관들은 전문가들이 서로의 역할을 공유할 것을 권고하기도 한다.

발달 및 연령에 적합한 활동   **발달에 적합한 활동**(developmentally appropriate practice: DAP)이란 용어는 비장애아동의 조기교육 관련 기관인 미국 전국유아교육협회(National Association for the Education of Young Children)에서 처음 사용되었다. DAP는 아동의 발달 수준에 따른 교육 방법을 사용하는 것과 아동의 개별적 필요를 충족하는 것을 말한다. 많은 조기교육 특수교사는 DAP에 동의한다. 그러나 그들은 생활연령에 적합한 교육 방법과 균형을 맞춰야 한다고 믿는다. 그들은 장애유아가 그들의 연령보다 어린 비장애유아들보다는 가능한 한 생활연령이 동일한 비장애 또래들과 교육해야 한다고 생각한다.

성인기로의 전환

대부분의 중도 · 중복장애인들에게 성인기로의 전환은 매우 중요하다. 특수교육은 장애인의 전환 서비스를 구축하는 데 지대한 노력을 하였다. 이런 서비스의 많은 부분은 장애인의 대우에 대한 철학적 관점의 변화에 따라 만들어졌으며, 중도 · 중복장애인의 대우 변화에 대한 증거다. 예를 들어, 불과 얼마 전까지만 해도 중도 · 중복장애인에게는 **보호작업장**(shelterd workshop)에 취직하는 것이 가장 좋은 경우였다. 그러나 현재는 보다 많은 선택 사항이 생겼으며 비장애인과 함께 근무하는 **경쟁 고용**(competitive employment)에 성공한 경우도 있다.

철학적 관점의 변화   중도장애인을 보다 존엄하게 대우하는 전환 프로그램에서는 최소한 두 가지 원칙을 꼽아 볼 수 있다(Westling & Fox, 2000). 첫째로, 5장에서 보았듯이 **자기결정**의 강조. 이러한 자기결정의 강조로, 전문가들은 **개인 중심의 계획**(person-centered plan)을 발전시켰는데, 이는 미래 계획에 대한 학생과 가족의 선호도에 초점을 맞추는 것이다(Snell & Brown, 2006). 비록 개인 중심의 계획이 현재 중도장애인 대부분의 프로그램에 포함되었다 하더라도, 그러한 계획이 특별히 도움이 되는 것은 아니라는 주장도 있다(예: Osborne, 2005).

둘째로, 전문가들은 자연스러운 지원이 전환 계획의 부분이 되어야 한다고 주장한다. 대상자의 특별한 요구에 맞추어 항상 새로운 서비스를 개발하는 것이 아니라 **자연스러운 지원**(natural supports)을 위해서 전문가들은 일터 혹은 지역사회에 이미 존재하는 유용한 자원을 찾는다. 일에서 자연스러운 지원은 동료로 하여금 **직무지도원**(job coach)를 즉시 부르지 않고 대응하도록 훈련하는 것을 의미한다. 지역사회 생활에서 자연스러운 지원은 장애인이 도우미가 있는 시설에서 사는 것이 아니라 자신의 아파트에 살면서 자신의 이웃, 가족 구성원, 유급 도우미의 지원으로 **일상생활 기술**(daily living skills)의 지원을 받는 것이다.

직업 프로그램   학생이 16세가 되기 이전에 IEP에 전환 계획을 반드시 포함해야 한다(14세가 가장 적절하다). 전환 계획은 학생이 직업생활에 대비하는 방법 또는 고등교육이나 훈련에 대비하는 방법에 대한 권고 사항을 포함해야 한다.

많은 중도·중복장애 학생은 초등학교 때부터 직업훈련을 하는 것이 필요하다. 이는 그들이 어떤 직업을 성공적으로 이행하는 기술을 배우기 위해 수년의 시간이 걸릴 수 있기 때문이다. 초등학교 훈련은 스케줄을 따를 줄 알고, 사회적 관계를 맺고, 직업에 맞는 과업을 수행하고(예: 출근 사항을 확인하는 것, 점심값을 모으는 것), 다양한 직업군에 대해 배우는 것으로 이루어질 수 있다.

중학교에서는 학생이 지역사회의 실제 작업 상황에서 직무지도원과 함께 일하는 것에 집중하도록 한다. 학생은 이러한 직업 선택에 스스로 선택권이 있어야 하며 학생들이 가능한 한 충분히 다양한 직업을 경험하고 자신이 좋아하고 즐기는 일이 무엇인지 발견하도록 한다. 초기 단계에서는 여러 다른 직종에 대해 자원봉사를 하는 방식으로 선택할 수 있다. 이후에는 학생이 임금을 받는 직종을 선택하는 것이 바람직하다. 임금을 받는 것은 더욱 현실감 있는 경험이며 학생이 재정적인 부분을 배울 수 있는 기회가 된다.

지역사회 적응 기술과 가사 기술   5장에서 제시했듯이, 지역사회 적응 기술은 대중교통 이용하기, 장보기, 돈 관리하기, 인터넷 사용하기 등을 포함한다. 가사 기술에는 식사 준비하기, 빨래하기, 집 안 청소하기, 텃밭 가꾸기 등이 포함된다. 학생들이 부모 집을 떠날 시간이 얼마 남지 않았기 때문에 또한 가사 기술을 가르치는 것이 종종 소그룹 형태로 이루어지고, 자신의 집이 아닌 특정 장소를 사용하는 것이 보다 효과적일 수 있다. 즉, 가사 기술은 종종 가사기술 지도 교실 또는 학교 식당 등에서 배우게 된다.

학교에서 지도할 수 있는 환경을 만들어 주는 또 다른 이유는 장애학생이 비장애 또래와 소통할 기회를 가질 수 있게 하기 위해서다. 일반 수업에 참여하는 것은 학생들에게 사회적 기회를 제공하고, 사회적 기술은 지역사회 및 직업 환경에 성공적으로 통합하는 데 매우 중요하다(Everson & Trowbridge, 2011; Inge & Moon, 2011 참조).

지난 30~40년 동안 중도·중복장애인들이 성인이 되어 생산적인 삶을 살도록 하기 위해 엄청난 노력을 하였다. 중도·중복장애인들이 대규모의 주거기관에 살면서 대중과 최소한의 의사소통만 했던 것이 그리 오래된 일이 아니다. 오늘날 집중적이고 광범위한 지도와 전문가 및 지역사회의 지원은 많은 중도·중복장애인이 비장애인들과 함께 일할 수 있는 꿈을 꾸게 해 주었으며, 독립적으로 혹은 준독립적으로 스스로 살 수 있다는 것 또는 작은 **지역사회 거주시설**(community residential facility: CRF)에서 살 수 있다는 것을 꿈꾸게 해 주었다.

요약

저출현, 중복·중도장애의 정의는 무엇이며, 출현율은 어떠한가?

- 저출현, 중도·중복 장애는 비교적 덜 빈번하게 발생하며, 이동성, 의사소통, 자기관리, 독립적 생활, 취업, 개인적 역량과 같은 일상 활동의 주요한 부분에서 한 영역 이상 광범위한 지원이 필요하다. 이러한 저출현, 중도·중복장애인는 전체 학습자의 1% 혹은 그 이하로 추정된다.

외상성 뇌손상은 무엇이며, 그것이 교육에 어떤 영향을 미치는가?

- 외상성 뇌손상(TBI)은 뇌손상으로 전체적 혹은 일부 장애를 일으키거나 심리사회적 부적응으로 인해 교육적인 수행에 영향을 준다.
  - 폐쇄성 또는 개방성 뇌손상일 수 있다.
  - 학교에 적응하기 위한 중요한 능력들—인지, 언어, 기억력, 주의력, 논리력, 추상 사고력, 판단력, 문제 해결력, 감각 또는 지각 및 운동 장애, 심리사회적 행동, 신체적 기능, 정보 처리 과정 또는 언어—에 영향을 줄 수 있다.

농–맹은 어떻게 정의되며, 그것이 수반하는 특수교육적 문제는 무엇인가?

- 농–맹은 듣기 및 보기의 심각한 장애로 정의되며 약간의 청력 및 시력이 남아 있는 경우에도 해당된다.
  - 농–맹은 유전적 혹은 염색체이상 증후군, 출생 전, 출생 후 환경 등 다양한 요인에 의해 발병한다.
  - 농–맹인은 정보 접근, 의사소통, 보행훈련 능력에 어려움을 겪는다.
  - 농–맹인은 직접교수, 예측 가능하며 구조화된 일과, 의사소통 및 보행훈련을 강조한다.

저출현, 중복·중도장애 학생에게 적용되는 교육적 고려 사항은 무엇인가?

- 의사소통, 행동 관리, 조기 중재, 성인기로의 전환 등이 이와 같은 장애를 가진 많은 학습자에게 고려되어야 하는 적용 사항들이다.
  - 보완대체 의사소통(AAC)은 구어로 효과적인 의사소통을 하지 못하는 사람들에게 중요하다.
  - 특별한 관리가 요구되는 일반적인 행동 문제는 자기자극, 자해 행동, 충동성, 타인에 대한 공격성, 일상생활 기술의 어려움을 포함하며, 이러한 문제들은 행동기능평가 및 긍정적 행동지원을 필요로 한다.
  - 조기 중재는 연구 또는 가치 기반의 활동, 가족 중심의 활동, 다문화적 관점, 학문 간의 협력, 발달 및 연령에 적합한 활동, 정상화 원리를 따라야 한다.
  - 성인기로의 전환은 개인 중심의 계획을 중시하며, 자연스러운 지원 및 직업 프로그램, 지역사회 적응 기술과 가사 기술 등을 포함해야 한다.

특수교육협의회

전문적 기준

이 장에서 다루어진 미국 장애인 특수교육협의회(Council for Exceptional Children: CEC)의 공통 핵심 지식 및 기술: ICC1K5, ICC1K7, ICC2K1, ICC2K6,` ICC3K1, ICC3K3, ICC4S3, ICC5K4, ICC5K6, ICC5S3, ICC5S10, ICC5S16, ICC6S1, ICC7S1, ICC7S7, ICC7S9, ICC8S2, ICC10S1, ICC10S6

부록: CEC의 공통 핵심 기준과 관련된 지식 및 기술을 제공한다.

MYEDUCATIONLAB

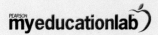

MyEducationLab(www.myeducationlab.com)의 주제 14, 16: 지체장애 및 건강장애, 그리고 중복장애와 외상성 뇌손상에서 다음의 내용을 찾을 수 있다.

- 국가 수준의 기준들과 관련된 전반적 개념에 대한 학습 성과
- 각 장의 내용을 보다 심도 있게 이해하도록 도와주는 과제 및 활동 수행
- IRIS Center Resources에서 볼 수 있는 어려운 상황들에 대한 검토
- 교수 기술 수립과 학습 주제 경향을 확인할 주요 개념 이해에 대한 실제의 적용
- Book-Specific Resources의 Study Plan을 통한 교재 내용에 대한 이해도 측정. 여기에서 각 장의 퀴즈 수행, 정답에 대한 피드백을 통해 복습, 연습, 심화 활동으로 이해도를 높일 수 있음
- CCSSO 올해의 교사상 수상자의 교사 면담 코너를 통해 '왜 나는 가르치는가?'에 대한 답변 영상 시청

chapter

14 지체장애 및 건강장애 학습자

Jim은 무거운 발걸음으로 계단을 내려와 운동장을 가로질러 갔다. 그는 세상이 불만스러웠다. 이곳 위까지 데려온 삼촌들에게도 화가 나고 혼자서 집으로 오라고 하는 엄마에게도 화가 났다. 삼촌이 오실 때까지 트럭 안에서 기다릴까도 생각해 봤지만 내리막길이었기 때문에 다리가 멈추지 않아 관성처럼 그대로 내려갔다.

Penn은 엠파이어스테이트 빌딩에 가 본 적이 있다고 하였다. 독립기념관도 가 보았다고 하였다. Penn이 그곳에 가서 본 것들을 얘기했는데 Jim은 도무지 알아들을 수가 없었다. 그리고 하반신 편마비를 가진 Penn에게 무슨 얘기를 어떻게 해야 하는지도 몰랐다. Penn에게 다가가 말을 건네려 하자 높은 곳에서 떨어질 때처럼 가슴이 철렁 내려앉는 것 같았다. Jim은 크게 숨을 내쉰 다음 Penn을 향해 다가가 "안녕, Penn."이라고 인사했다. 그러자 Penn도 "안녕, Jim."이라고 인사했다. 두 소년은 서로 바라보며 미소를 지었다. 그리고 어른들처럼 겸연쩍게 악수를 나누었다. Jim이 Penn의 다리를 바라보자 Penn은 그의 오른쪽 다리를 두 번 두드렸다.

"이쪽 다리야, 난 이 다리를 움직일 수 없어." Penn이 말했다.

"아, 그래…… 유감이구나." Jim이 대답했다.

그러자 Penn은 어깨를 움찔하며 "아니야, 괜찮아…… 더 안 좋았을 수도 있었잖아."라고 말했다. Penn은 왼쪽 다리를 쭉쭉 뻗어 차며 "이 다리는 말짱한 걸."이라고 웃으며 말했다.

-Tony Earley • 『소년, 짐(Jim the Boy)』(2000)

주요 질문

- 지체장애는 어떻게 정의되고 분류되하는가?
- 지체장애의 출현율은 어떠하며, 어떠한 특수교육적 지원이 요구되는가?
- 주요 신경운동장애는 무엇인가?
- 주요 정형외과적 및 근골격 장애는 무엇인가?
- 건강 또는 신체적 기능에 영향을 주는 기타 질환은 무엇인가?
- 지체장애를 어떻게 예방할 수 있는가?
- 지체장애인의 심리 및 행동적 특성은 무엇인가?
- 의수족, 보장구, 적응 보조기기란 무엇인가?
- 지체장애 학생을 위한 주요한 교육적 고려 사항은 무엇인가?
- 조기 중재는 왜 중요하며 무엇에 초점을 맞추어야 하는가?
- 지체장애 학생의 전환에서 주요한 이슈는 무엇인가?

지체장애 및 건강장애 학습자에 대한
잘못된 생각

오해 · 뇌성마비는 전염된다.
사실 · 뇌성마비는 병이 아니다. 그리고 신경학적 손상으로서 진행성도 아니다. 근육 조절과 협응의 문제
이며 태내 혹은 출생 직후의 뇌손상이 원인이다.

오해 · 의학의 발달로 인하여 모든 지체장애의 출현율이 낮아지고 있다.
사실 · 의학 기술의 발달로 인하여 오히려 지체장애 아동의 출현율은 증가하고 있다. 의학 기술의 도움으
로 심각한 의학적 조건에서도 생존할 확률이 높은데, 이들은 거의 정상적으로 발달하기도 하고 과
잉행동이나 학습장애와 같은 경도의 장애를 갖기도 한다.

오해 · 지체장애 학생의 교육에서 가장 큰 문제는 매우 특수한 지도가 필요하다는 것이다.
사실 · 교육에서 가장 어려운 일은 장애가 없는 학생들에게 장애가 주는 영향을 알려 주는 일이며, 어떠한
편의를 제공해야 하는지에 대해 가르쳐 주는 것이다.

오해 · 지체장애가 심할수록 지적장애도 심할 것이다.
사실 · 중증의 뇌성마비나 다른 지체장애를 가지고 있는 학생이라고 하더라도 명석한 지적 능력을 가진
아동들이 있다.

오해 · 간질을 겪는 사람은 정신적으로도 문제가 있을 것이다.
사실 · 간질(또는 발작장애)을 가지고 있더라고 정신적으로 장애를 갖는 비율은 간질이 없는 일반인의 비
율과 차이가 나지 않는다.

오해 · 관절염은 성인들, 특히 노인에게서만 나타난다.
사실 · 관절염은 어느 연령대에나 발생할 수 있다.

오해 · 지체장애인은 성적 표현에 대한 욕구가 없다.
사실 · 지체장애인도 일반인들이 갖는 성적 욕구가 있으며 성적 표출을 위한 해결책이 필요하다.

오해 · 지체장애는 사람의 성격에도 영향을 미칠 것이다.
사실 · 지체장애를 가지고 있다고 하더라도 지체장애가 없는 사람들과 마찬가지로 다양한 성격을 가질 수
있다. 지체장애를 가졌기 때문에 어떤 특별한 성격을 가진다는 것은 있을 수 없다.

오해 · 뇌성마비나 이분척추의 아동은 일단 걷는 것을 배우고 나면 일생을 통해 계속 걸을 수 있다.
사실 · 걷기를 배웠다고 하더라도 지속적인 치료나 개입이 필요한 경우가 많다. 청소년기까지 계속 치료
나 개입을 해야 하는 경우도 있고, 길게는 전 생애에 걸쳐 치료를 받아야 하는 경우도 있다. 이러한
치료나 개입이 없는 경우에는 어렸을 때 걸을 수 있었다 하더라도 중간에 걷기가 어려워져서 걸을
수 없게 되는 상황까지도 발생할 수 있다.

서양에서는 문화적으로 많은 사람이 자신의 신체에 지대한 관심을 가지고 있다. 그들은 건강하고 또 연약하지 않는 것의 관심을 넘어 아름다움(잘생기거나 매력적인)에 많은 관심을 가진다. 사실 일부는 자신의 삶의 질보다도 '멋진 신체' 가꾸기에 여념이 없기까지 하다. 그들 중에는 자신의 몸이 망가지는 것에도 아랑곳하지 않고 몸 가꾸기에 심한 열정을 쏟는 사람들도 있다. 이러한 문화적 특성으로 인하여 지체장애인들은 두 가지 측면에서 어려울 수밖에 없다. 지체장애가 주는 제한점을 해결해 나가야 한다는 점과 다른 사람들에게 받아들여질 수 있어야 한다는 점이다.

지체장애인들에 대해 사람들은 빤히 쳐다보기도 하고, 무서워하기도 하고, 놀리기도 하고, 사회적으로 거부하기도 하며, 비열하게 대하기도 하였다. 이러한 현상은 과거의 역사에 많이 등장하지만 현재에도 계속되는 사례가 있다(역사적 조망을 위해 Holmes, 2004; Metzeler, 2006 참조). 사람들 중에는 장애가 있는 사람을 당황스러워하기도 하고, 이해하기 힘들어하는 경우도 있다. 그리고 후천적으로 장애를 입은 사람들은 장애로 인하여 성격이 많이 바뀌었을 것이라고 단정 짓기도 한다. 일부 뇌손상은 분명 성격 변화에도 영향을 줄 수 있겠지만 대부분의 경우에는 장애가 성격 변화를 가져오지는 않는다.

Tony Earley(2000)의 이야기(이 장 서두에 제시된)에도 그러한 내용이 담겨 있다. Jim과 그의 하반신 편마비 친구 Penn에 관한 이야기인데, Jim은 친구 Penn이 한쪽 다리가 마비되어 나타난 첫날 분노와 두려움을 함께 경험한다. 열 살 소년인 Jim은 친구가 그렇게 된 것에 대한 분노와 두려움과 호기심을 함께 느꼈을 것이다. 죽음에 대해서도 생각했을 수 있고, 평생 장애를 가지는 것이 어떤 느낌일까에 대한 생각 등 다양한 생각을 하였을 것이다. 아마 나이를 떠나 누구라도 그러한 감정과 의문을 가졌을 것이다. Penn이 그러했던 것처럼 지체장애인들은 장애를 적용하고 받아들이기 위해 노력할 것이고 그대로의 삶을 살아가기 위해 최선을 다할 것이다.

소아마비는 백신이 나오면서 사실상 없어진 질환이지만, 부분 마비나 그 밖의 다른 지체장애의 원인이 되는 것들은 아직도 많이 존재하며 오히려 증가하고 있다. 외상성 뇌손상과 같은 원인은 사실 증가하고 있다. 지체장애에 대한 일반인들의 태도 또한 그리 좋아지지 않았다. 지체장애 아동은 장애를 수용하는 문제 이외에도 다양한 현실적 어려움을 갖는다. 일상생활에서 직면하는 다양한 문제를 해결하는 것이 크고 작은 기적과도 같을 수 있기 때문이다.

정의와 분류

이 장에서는 기본적으로 신체나 건강상의 문제를 가지고 있는 아동에게 초점을 두고 있다. 여기서 말하는 지체장애 및 건강장애를 지닌 학생이란 이러한 문제로 인하여 학교 출석이나 교육에 어려움이 있는 학생을 의미하며, 그러한 이유로 특수교육과 관련 서비스, 훈련, 보조공학 기구, 특별한 교재나 시설을 요구하는 학생들을 말한다.

지체장애 및 건강장애 학생들 중에는 다른 장애를 동반하기도 하고 특별한 재능이 있거나 영재인 경우도 있다. 그러므로 지체장애 학생의 특성은 매우 광범위하다고 말할 수 있다. 아동의 신체 증상이나 조건은 의사나 의료계 전문가들의 관심사일 수 있지만 이러한 조건이 교육에 영향을 미칠 수 있기 때문에 교사 또한 잘 알고 있다. 그러므로 학생들의 신체의 제한, 의료적인 조건, 건강상의 문제 등은 이 학생의 다학문 팀에도 매우 강조된다(Best, Heller, & Bigge, 2010).

아동은 **선천적 기형**일 수도 있고, 출생 이후에 사고나 질병으로 인해 장애를 가질 수도 있다. 어떤 지체장애는 매우 경미할 수도 있고 일시적일 수도 있지만, 또 어떤 경우에는 중증일 수 있고 진행성일 수도 있으며 일생을 통해 계속될 수도 있다. 그러므로 지체장애의 넓은 범위로 인하여 일반성을 정의하기에는 어려움이 크다. 여기에서는 크게 세 가지로 분류하여 제시하고자 한다. 신경운동적 장애, 정형외과적 근골격장애, 그 밖에 지체와 건강에 영향을 주는 장애로 나눈다.

급성과 만성을 나누는 것도 중요하다. 그리고 간헐성 질환과 진행성 질환을 구분하는 것도 필요하다.

급성 질환은 매우 심각하고 위중할 수 있지만 입원이나 치료를 통해 해결되는 것을 의미한다. 예를 들어, 심각한 전염병이나 심각한 교통사고 등이 이에 포함될 수 있다. 반면에 **만성** 질환은 상태가 지속되는 것을 의미하고, 최상의 치료를 받더라도 상태를 완벽하게 낫게 할 수 없는 질환을 의미한다. 뇌성마비는 전형적인 만성장애이며, 치료를 통해서도 낫게 할 수는 없다.

간헐성 질환이란 대개는 모든 기능을 하는 데 아무런 문제가 없으나 증상이 일시적으로 반복되는 질환을 의미한다. 일반적으로 일시적으로 반복되는 현상이 시간이 갈수록 심해지고 더 잦아지는 것을 의미하지 않는다. 예를 들어, 천식이나 발작이 대표적인 간헐성 질환이다. 반면에 **진행성** 질환이란 시간이 갈수록 증세가 좀 더 악화되는 질환을 의미하며, 증세가 더욱 복잡해지고 위중해진다. 근이영양증은 진행성 질환의 예가 될 수 있다.

출현율

대략 학령기 아동의 1%(약 50만 명 정도)가 지체장애로 분류된다. 그중에 7만 5,000명은 정형외과적인 장애를 가지고 있고 그 밖의 대부분이 건강장애를 가지고 있다. 이 수치에는 후천적 뇌손상, 중복장애, 발달 지체 유아는 포함되어 있지 않다. 통계적으로 살펴보면 특수교육 지원을 받는 지체장애 및 건강장애 학생의 출현율이 기하급수적으로 증가되고 있는데, 그 이유는 건강장애 아동의 증가 때문이다(연방 특수교육법 적용에 대한 국회 연차보고서 참조). 한편 건강장애 학생 출현율의 증가로 인하여 지체장애 학생들의 교육적 요구는 잘 부합되지 않고 있으며, 건강과 사회적 서비스 프로그램도 미처 충족되지 못하고 있는 상황이다.

또한 출현율이 증가하고 있는 이유는 특정 장애의 경우 장애를 판정하여 서비스를 제공하는 기준이 완화된 것도 있을 수 있다. 역설적으로 의학적인 발전은 장애를 예방하고 질병을 치료하는 가능성을 높여 주었지만, 의학적인 발전으로 인하여 심각한 상황의 의료적 문제가 있는 아동의 생존율도 함께 증가하고 있다. 즉, 의학적 발전으로 인하여 심각한 장애나 병마와 싸워서 이긴 사람들이 늘었다는 것이다. 과거에는 중도 · 중복장애를 가지고 있으며 심각한 만성 질환을 가지고 있는 아동이 생존할 확률이 미약하였다면, 현재에는 정상적인 수명을 살다 가는 경우도 많아진 것이다. 사망률이 높은 질병이 낮아졌다는 의미가 결코 장애인의 수가 적어졌다는 것을 의미하지는 않는다. 게다가 환경적 요인(사고, 중독, 가난, 영양실조, 질병, 상해 등)이 개선되지 않는 이상 의학이 아무리 발전했다고 장애의 출현율이 낮아지는 것은 아니다.

신경운동적 장애

신경운동적 장애란 뇌나 척추(신경학적인)의 손상이 원인이 되는 장애를 뜻하며, 이러한 장애는 신체 일부의 움직임에 영향을 준다(운동장애). 이러한 뇌손상은 태내, 출생 당시 혹은 직후에 발생한 뇌손상을 의미한다. 13장에 제시된 **외상성 뇌손상**(traumatic brain injury: TBI)은 후천적으로 외부적인 원인으로 발생한 뇌손상(Lajiness-O'Neill & Erdodi, 2011 참조)을 의미한다. 반면에 여기에 제시된 뇌손상은 외부의 충격과 같은 것이 원인이 된 것이 아니라 다양한 원인으로 발생할 수 있는데, 그 원인에는 산소 결핍(출생 중 뇌에 산소 공급의 부족, 익사 시의 호흡곤란), 뇌의 감염, 뇌발작, 뇌종양, 대사 이상(당뇨, 간질환, 신장질환으로 인한), 화학물질이나 약물로 인한 중독 등이 포함된다.

뇌손상의 많은 경우에 신경운동학적 장애의 원인이 무엇이라고 단정 지어 말할 수 없다. 그러나 중요한 것은 아동의 신경 시스템이 손상되었다는 점이다. 무엇이 원인이었든지 많은 유아가 근육의 문제 또는 마비장애를 가지고 있다는 것이다. 이 유아들은 일반 유아와 같이 움직일 수 없기 때문에 그들을 위한 교육 지원에는 특수 보조기기, 특수한 교육적 절차 또는 편의시설 등이 일반적으로 제공되어야 한다.

뇌성마비

뇌성마비(cerebral palsy)는 병이 아니다. 전염이 되는 것도 아니고 진행성의 질환도 아니다. 하지만 오히려 잘못된 치료가 더 복잡한 문제를 야기하기도 한다. 그렇다고 증상이 일시적으로 낫게 되는 것도 아니다. Martin(2006)은 다음과 같이 뇌성마비에 대한 간명한 정의를 내렸다.

뇌성마비는 이동과 자세의 문제를 지닌다. 그 원인은 태내, 산중 또는 생후 초기 몇 년 사이에 발생한 뇌손상이 원인이 된다. 이로 인하여 뇌는 신체의 근육을 통제하거나 편안하게 움직이는 것을 못하게 된다. 뇌는 우리의 근육 긴장도를 통제하여 몸을 움직이거나 이동시키는 역할을 한다. 그러나 뇌가 적절한 메시지를 몸으로 제공하지 않기 때문에 뇌성마비 유아는 기본적인 운동 기능, 예를 들면 기거나 앉거나 걷는 것과 같은 것을 배우는 데 어려움이 있다(p. 2).

Martin(2006)이나 다른 학자들이 제시한 바에 의하면, 뇌성마비는 움직임이나 자세에만 영향을 미치는 것이 아니다. 실질적으로 뇌성마비는 일련의 문제가 동반되는 증후군이라고 볼 수 있는데, 뇌의 손상으로 인하여 운동기능장애, 간질, 정서·행동적인 문제, 심리적인 문제 등이 동반될 수 있다(Best & Bigge, 2010).

뇌성마비 유아들 중에는 뇌손상으로 인하여 운동기능장애만 있는 경우도 있고, 많은 문제와 장애를 동반하는 경우도 있다. 일반적인 정의를 살펴보면, 뇌성마비는 뇌가 발달하는 시기에 뇌의 손상으로 인하여 마비, 유약함, 협응의 부족이나 운동기능장애가 발생하는 것이다. 뇌성마비의 정도도 매우 다양한데, 남들이 잘 알아차리지 못할 만큼 경미한 경우부터 그 정도가 너무 심각하여 거의 모든 운동 기능을 할 수 없는 경우까지 포함된다. 이렇듯 뇌성마비의 범주가 넓고 뇌성마비 아동은 매우 이질적인 그룹이므로 뇌성마비라는 장애명만으로는 아동의 서비스에 대한 요구 등을 알기에는 역부족이다. 그러므로 뇌성마비를 적절하게 분류할 필요도 있다(Bax, 2001, p. 75).

뇌성마비를 위한 치료라는 것이 따로 없지만, 의학과 재활공학의 발전으로 인하여 기능적 장애의 많은 부분이 극복될 수도 있

의학 및 재활공학의 발전은 뇌성마비 학생들에게 장애를 극복할 수 있는 희망을 높여 주고 있다.

다는 희망이 커지고 있다. 예를 들면, 경직형 뇌성마비의 경우, 척추 밑에 있는 신경의 일부를 절개하는 외과적 수술과 함께 장기적인 물리치료를 제공하면 근육을 좀 더 원활하게 사용할 수 있게 된다. 이러한 수술과 치료는 걷지 못했던 아동을 걸을 수 있게 해 주기도 하고, 좀 더 정상적으로 걷도록 하는 효과를 가져다준다.

원인과 유형　발달상 발생한 어떤 형태의 뇌손상이라고 할지라도 뇌성마비의 원인이 될 수 있다. 태내에 있을 때의 산모의 감염이나 만성 질환, 태중에서의 뇌손상, 산모의 독극물 중독이나 X선 노출 등 다양한 것이 태아 뇌손상의 원인이 될 수 있다. 태어나는 중에도 뇌손상이 발생할 수 있는데, 조산, 산소 결핍, 고열, 감염, 독극물 흡입, 과다출혈 등이 원인이 될 수 있다. 다시 말해서, 산소의 부족, 독, 뇌출혈, 뇌의 직접적인 충격 등 뇌에 가해지는 다양한 문제가 뇌성마비의 원인이 된다.

뇌성마비는 어떠한 사회경제적인 조건에서도 발생할 수는 있으나, 사회경제적 지수가 낮은 집단에서 태어난 유아의 발생 빈도가 좀 더 높다. 왜냐하면 사회경제적 지수가 낮은 환경에 있는 산모들의 경우 영양이 불충분할 수 있고, 산전 또는 산후 관리 등이 부족할 수 있으며, 신생아에게 적절한 환경이 아닐 수 있으며, 조산의 위험이 높을 수 있기 때문이다. 그러나 심각한 조산으로 태어난 극소저체중 유아의 뇌성마비 발생률은 현재 조산아의 의료적 접근이 좋아지면서 계속 줄어들고 있다(Robertson, Watt, & Yasui, 2007).

뇌성마비에는 크게 손상된 신체 부위적 접근과 운동장애의 유형적 접근의 두 가지 분류 체계가 있다. 그러나 일부는 다양한 유형을 혼합한 형태를 띠기도 한다. 손상된 신체 부위적 접근은 뇌성마비에만 적용되는 것이 아니라 다른 운동기능장애를 분류할 때도 적용된다. 가장 일반적인 분류는 **사지마비**(양하지, 양상지 모두 포함됨)와 **하지마비**(양하지)다.

이와 유사하게, 운동장애 유형적 접근은 다른 신경운동장애를 분류할 때에도 적용된다. **경직형**은 근육이 긴장되어 있고 뻣뻣하며 움직임이 부적절함을 보이는 유형이며, **불수의형**은 갑작스럽고 불수의적인 운동 형태를 보이고 균형을 맞추기 어려운 유형이며, **운동실조형**은 근육 톤이 낮거나 몸이 처져 있는 상태의 유형을 의미한다.

뇌성마비에서 중요한 것은 뇌손상의 원인으로 발생한 뇌성마비는 신체의 견고함과 신체를 원활하게 움직이는 것에 어려움이 있다는 점이다. 신체 움직임의 어려움은 몸의 부위뿐만 아니라 얼굴 표현이나 말에도 영향을 준다. 그렇기 때문에 뇌성마비를 가진 사람들 중에는 이동의 어려움뿐만 아니라 말장애, 얼굴 뒤틀림, 침 흘림 등의 문제도 동반될 수 있다. 그러나 뇌손상이 있어서 신체적 기능의 문제가 있다고 하더라도 지적인 문제나 정서적인 문제가 모든 경우에 동반되는 것은 아니다.

부가적인 장애와 교육적 적용   뇌성마비는 발달기에 나타나는 장애이며, 운동기능장애를 넘어 많은 장애를 동시에 가져오기도 한다. 뇌가 손상될 때 운동 기능을 포함하여 감각 기능, 인지 기능, 정서 반응이 함께 손상될 가능성이 있다. 뇌성마비 아동들 중에는 청각장애, 시각장애, 지적장애, 언어장애, 정서 · 행동장애 등을 동반하는 경우가 많다. 또한 얼굴 뒤틀림이나 침 흘림과 같은 안면의 문제를 동반하는 경우도 흔하다.

그러나 그들 중에는 지적인 능력이 정상적이거나 혹은 그 이상을 보이는 아동들도 제법 많다. 하지만 뇌성마비 아동 집단과 일반아동 집단의 지능 평균을 비교해 보았을 때는 일반아동의 지능이 더 높다. 또 한편으로는 지능검사의 결과에 대한 해석에 유의해야 할 필요가 있다. 기본적으로 지능검사나 학력검사와 같은 표준화 검사 도구는 이동과 개념 형성, 반응 속도 등에 문제가 있는 뇌성마비 아동들을 측정하기에는 적절하지 않기 때문이다. 또한 신체적인 기능의 어려움으로 인하여 정서적으로 긴장되어 스트레스를 받게 되므로 이러한 상황이 시험에 지장을 줄 수 있기 때문이다.

교육적인 측면에서도 뇌성마비 아동은 그들의 다양한 장애만큼이나 다양한 측면에서의 어려움들이 있다. 운동 기능의 문제로 인하여 다양한 보조기기를 지원받아야 하는 것은 물론 부가적인 장애로 인하여 시각장애, 청각장애, 학습장애, 정서 · 행동장애, 지적장애 등의 아동들에게 요구되는 교육적 지원도 필요할 수 있기 때문이다. 그러므로 지속적이고 사려 깊은 교육적 사정이 매우 중요하다. 교육 지원에서는 특수교육의 다양한 접근과 다양한 장애의 이해가 요구되며, 다학문적인 교육 환경이 요구된다(Best et al., 2010; Heller, Alberto, Forney, & Schwartzman, 2009).

발작(간질)

인터넷 자원

간질에 대한 좀 더 많은 정보는 미국간질재단(Epilepsy Foundation of America) 웹사이트 (www.efa.org)에 많이 제시되어 있다.

뇌의 특정 부위에서 비정상적인 전기 에너지가 방출될 때 **간질**(seizure)이 일어난다. 방출된 전기가 뇌신경을 건드리면 의식을 잃거나 신체가 불수의적으로 움직이기도 하고, 비정상적인 감각 현상이 나타나기도 한다. 간질은 뇌신경의 부위에 따라 영향력이 다르며, 방출된 전기가 어디까지 영향을 주느냐에 따라 다르다.

심각한 질환이나 고열이 온 아동 10명 중 1명이 발작 증세를 보일 수 있다(Weinstein, 2002). 그러나 **발작**(epilepsy) 증세를 보였던 모든 아동이 '간질'이 있는 것은 아니다. 간질이 있는 사람들의 경우에는 만성적인 신경계적 문제가 있으며, 반복되는 발작 증세를 보인다(Arzimanoglou, Guerrini, & Aicardi, 2004; Weinstein, 2002). 발작은 비전형적인 두뇌 활동과 관련이 있으며, 일반유아에 비해 발달기에 발생된 장애(예: 지적장애, 뇌성마비)를 가지고 있는 아동에게 더 많이 나타날 수밖에 없다(Best et al., 2010).

원인과 유형   발작은 뇌의 손상이 원인이 된다. 뇌 사진이나 분자생물학 등의 발전으로 인하여 학자들은 간질의 위험에 대해 좀 더 이해할 수 있게 되었다(Barkovich, 2005). 발작의 가장 일반적인 원인은 산소 결핍, 저혈당, 감염, 신체적 충격 등이다. 이러한 상황이 발생하면 뇌의 신경화학적 반응이 나타날 가능성이 높아지기 때문이다. 그러나 발작의 원인은 분명하게 없는 경우가 많다. 어떤 유형의 발작은 진행성일 수 있다. 발작은 뇌에 손상이나 기능의 혼란을 야기하기도 하는데, 이것이 또 다른 발작을 가져오게 되는 가능성을 높이기 때문이다. 발작의 원인은 분명하지 않지만, 중요한 것은 적절한 약물치료를 받게 되면 대부분 발작의 통제가 가능하게 된다는 사실이다.

발작에는 여러 가지 유형이 있는데, 신경학자들 간에 분류 체계에 대한 다양한 의견이 있어 논란의 여지가 있다. 그러나 교육을 담당하는 사람들은 분류 체계보다는 발작에도 다음과 같은 여러 측면이 있다는 것을 인지하는 것이 더 중요하다.

- **소요 시간**: 짧게는 수초에 끝나기도 하고, 5~6분 이상 지속되기도 한다.
- **빈도**: 발작은 몇 분에 한 번씩 발생할 수도 있고, 일 년에 한 번 정도 발생할 수도 있다.
- **움직임**: 격동적인 경련을 일으키기도 하고, 경미한 움직임(예: 눈 깜빡임) 정도의 증상이 나타나기도 한다.
- **원인**: 발작의 원인은 고열, 독극물, 외상 등 앞서 언급한 것처럼 매우 다양하다. 그러나 많은 경우 원인을 모른다.
- **관련 장애**: 발작은 관련이 있는 장애가 있을 수 있지만, 의학적인 문제나 장애와 전혀 관련이 없기도 하다.
- **통제**: 발작은 약물로 완벽하게 통제할 수 있어서 발작이 전혀 나타나지 않을 수도 있고, 부분적으로만 통제될 수도 있다.

교육적 접근   발작이 있는 아동의 50%는 평균 이상의 지능을 가지고 있다. 즉, 발작이 있는 아동과 일반아동의 지능 차이는 특별히 없는 것이다. 그러나 지적장애가 없으면서 발작을 보이는 아동들은 일반아동에 비해 학습장애의 출현율이 더 높다(Arzimanoglou et al., 2004). 발작을 보이는 아동들 중에는 장애를 동반하는 경우도 많으나 장애가 전혀 없는 경우도 많다. 결과적으로 일반교사나 특수교사 모두 교육 현장에서 발작을 보이는 아동을 만날 수 있는 것이다.

발작이 있는 아동이 의료적 치료를 받고 있는 경우라고 하더라도 교사는 발작이 일어났을 때의 대처 방법에 대하여 정확히 숙지하고 있어야 한다(〈핵심 개념〉 참조). 발작을 의료적 접근으로만 알고, 원인에 대해 이해하지 못하고 응급 처치에 대해 무지한 것이 발작에 대한 교사들의 가장 잘못된 오해다(Arzimanoglou et al., 2004; Best et al., 2010).

기본적으로 발작은 의료적 문제이며 의료적 지원이 요구되는 것이기는 하나 교사들

핵심 개념

발작적 간질에 대한 응급 처지

발작이 일어났을 경우 해야 할 기본적인 응급 처치는 의외로 매우 간단하다. 발작 증세가 스스로 멈춰질 때까지 안전한 곳에 눕힌다. 대발작을 포함한 다양한 발작에 대해 어떻게 대처하는지를 대중에게 알리는 것은 중요하다.

발작이 일어나면 우선 다음과 같은 점에 유의한다.

첫째, 차분하게 주변의 다른 사람들을 진정시킨다.
둘째, 발작 중에는 움직임을 가라앉히겠다고 힘을 가해 누르지 않는다.
셋째, 발작이 지속되는 시간을 확인한다.
넷째, 주위에 부딪힐 수 있는 물건이 있는지를 확인하고 치운다.
다섯째, 넥타이 등 몸을 조이는 것들을 확인하고 느슨하게 한다.

여섯째, 자켓과 같은 것을 말아서 뒷목 아래로 넣는다.
일곱째, 발작하는 사람은 옆으로 눕혀 기도가 막히지 않도록 조치한다. 힘을 가해 입을 벌리려고 해서는 안 된다. 발작 중에 혀를 삼킬 수도 있다고 알고 있는 경우가 있는데 이는 사실이 아니다. 힘을 가하다가 치아나 턱이 다칠 수도 있다.
여덟째, 발작 이후 숨이 멎는 경우는 거의 없지만, 이런 경우가 아니라면 일반적으로 인공호흡기를 사용할 필요는 없다.
아홉째, 발작이 자연스럽게 진정될 때까지 옆에서 기다린다.
열째, 의식이 돌아오면 자연스럽고 친절하게 대한다.
열한째, 의식이 돌아와도 혼란스러워하거나 혼자서 집에 돌아가기 어려울 정도로 여겨지는 경우에는 가족이나 친구에게 연락하거나 택시를 불러 준다.

출처: http://www.epilepsyfoundation.org/answerplace/Medical/firstaid/

도 대처에 대한 책임이 있다. 그 책임은 다음과 같다.

① 일반교사 및 특수교사가 발작에 대한 무지, 미신, 편견을 가지고 있어서는 안 되며, 학생이 발작을 나타낼 때에는 차분하게 대처할 수 있어야 한다.

② 중증의 지적장애 학생이나 중도 · 중복장애 학생을 지도하는 특수교사의 경우에는 학습을 지원함과 동시에 발작이 나타날 수 있는 가능성이 높다는 것을 인식하고 그 부분을 고려하여야 한다. 교사는 발작이 지속된 시간을 체크하여 기록하고 발작이 일어나기 전에 학생이 개입된 활동을 기록한다. 이러한 기록은 의사의 진단과 치료에 도움이 될 것이다. 또한 학생이 현재 발작장애로 인하여 약물을 복용하고 있는 경우라면 약물의 종류와 약물로 인한 부작용의 가능성에 대해 이해하고 있어야 한다(Best et al., 2010).

지적장애가 없으면서 발작을 보이는 아동들 중에는 발작으로 인하여 학습이나 행동의 문제가 있을 수 있다. 이러한 문제는 발작으로 인한 뇌의 손상으로 나타날 수도 있고,

학생이 복용하는 항경련제의 부작용으로 나타날 수도 있으며, 부모나 교사의 잘못된 관리 등이 원인이 될 수도 있다. 교사는 발작이 학생의 주의 집중 정도나 학습의 지속 시간에 영향을 줄 수 있다는 사실에 대해 잘 알고 있어야 한다. 짧은 소발작을 나타낼 경우 교사는 동일한 내용을 반복하여 지도해 줄 수 있어야 하고, 학생에게는 학습에 반응할 수 있는 충분한 시간을 제공하여야 한다. 그리고 대발작을 보이는 경우에는 명석한 학생일지라도 일반적인 학습 수준에 못 미칠 수 있게 되기도 한다.

발작을 보이는 많은 학생 중에는 지능이 학습에 전혀 문제가 없는 경우가 많지만, 일부는 학습장애를 보이기도 하고 또 일부는 정서·행동적인 문제를 보이기도 하여 발작이 없는 일반학생들보다 그 출현율이 더 높다. 학습 등의 문제를 보인다면 학교는 이 학생의 사정, 배치, 상담, 발작에 대한 적절한 지식의 제공, 과제 제시 등을 실시할 때 매우 신중해야 한다. 발작 증세를 보이는 학생들의 삶의 질을 결정하는 요인은 장애학생의 경우와 마찬가지로, **실행 기능**(7장 참조), **적응 행동** 문제(5장 참조), 지능, 심리사회적 기술의 문제, 가정의 경제 수준, 발병 시기 등이 될 수 있다(Sherman, Slick, & Eyrl, 2006).

이분척추 및 그 밖의 척수장애

신경 손상이 뇌에는 영향을 주지 않고 척수에만 문제를 가져올 수 있다. 척수장애는 태내에서 발병할 수도 있고 후천성으로 발병할 수도 있는데, 이는 손상 부위 아래의 움직임이나 기능에 문제를 가져온다(Best et al., 2010).

태내에서 배아가 분화되기도 하고 합쳐지기도 하는데, 중앙선이 합쳐질 때 제대로 결합이 되지 않으면 구개파열 등이 생기기도 한다. 이와 마찬가지로 **이분척추**도 선천적인 중앙선 결합이 문제의 원인이 되는데 척추가 중앙으로 제대로 결합되지 않아서 발생하게 된다. 이것은 **신경관 결함**(척추, 척수, 뇌의 이상, Barkovich, 2005; Liptak, 2002 참조)의 하나다. 신경관 결함은 머리부터 척추가 끝나는 지점까지 어디든 발생이 가능하다. 척추(spinal column)가 제대로 닫히지 않으며, 척수(신경섬유)가 빠져나오게 되면 신경이 손상되어 신경 손상 부위 이하의 감각이 없거나 마비가 오게 되는 것이다. 그러므로 이분척추를 가지고 있는 경우에는 손상 부위 이하로 신경이 전달되지 않기 때문에 대개 하반신 마비와 더불어 항문/방광 괄약근 조절의 문제가 있을 수 있다.

이분척추는 신생아 단계에서 척추의 분리된 부분을 닫는 외과적 수술이 이루어질 수 있으나 한번 손상된 신경은 회복이 불가능하다. 이분척추는 태아기에 발생되는 결함으로서 지체장애의 원인 중 가장 흔한 것 중의 하나이지만 현재까지 그 원인이 밝혀져 있지 않다.

사고로 인한 척수 손상 또한 신체 마비의 주요 원인 중의 하나다. 특별히 증상이 다르지는 않지만 척수 손상은 정상적인 발달을 해 온 아동이나 성인이 사고 등으로 인해 후

인터넷 자원

이분척추에 대한 좀 더 많은 정보는 이분척추협회(Spina Bifida Association) 웹사이트(www.spinalcord.org)에 많이 제시되어 있다.

천적으로 갖게 되는 장애다.

교육과 사회적 적용   마비의 범위는 몇 번째 척수에 문제가 있느냐에 따라 다르다. 척수 손상 아동들 중에는 독립적인 걷기가 가능한 경우도 있고, 브레이스를 착용해야 걷는 아동도 있으며, 휠체어를 사용해야 하는 아동도 있다. 감각의 여부나 신체의 움직임 정도도 손상의 상태에 따라 다양하다. 그러므로 교육적 지원 또한 다양하다. 그러나 근육의 문제나 마비 정도만이 걷기에 영향을 주는 요인이 아니라는 것을 아는 것도 중요하다. 그러므로 동기나 걷기를 유인하는 환경인지 아닌지를 주의 깊게 분석하는 것이 매우 중요하다.

일부 학생 중에는 위급한 의학적 문제로 인한 수술이나 감염 등의 치료로 입원을 반복하기도 한다. 감각이 없는 부위의 경우에는 화상의 위험이나 타박상, 압박으로 인한 상처들이 많이 발생할 수 있다. 이러한 아동은 학교생활 중에도 수시로 자세를 바꿔 주어야 하고, 부상이 발생할 수도 있는 여러 수업 활동에는 지속적인 모니터를 해 주어야 한다.

이분척추를 가진 아동들 중에는 공간 지각, 방향 감각, 거리 감각, 운동 기술의 협응, 신체 이미지 형성 등에 문제가 있는 경우가 있다. 항문이나 방광 기능에 문제가 있을 수도 있는데, 이러한 경우에는 정해진 시간에 배뇨 또는 관장의 도움을 제공해야 한다. 많은 학생이 혼자서 용변을 깔끔히 볼 수 있도록 이미 훈련을 받았지만, 교사는 어떻게 도움을 주어야 하는지에 대한 방법을 학교 간호사를 통해 알고 있어야 한다.

근래에는 이분척추를 포함한 신체 마비를 가진 사람을 위한 학교와 사회의 환경이 많이 좋아졌다. 그럼에도 불구하고 척수 손상 학생이 어떤 활동에 어디까지 통합되어 참여하도록 하는 것이 좋은가에 대한 이슈가 불거져 나오곤 한다. 예를 들면, 이분척추를 가진 고등부 휠체어 육상 선수가 비장애인들이 하는 육상경기에 참여하길 원하여 이에 대한 법적 조치를 취하는 경우도 있었다(Saslow, 2007).

정형외과적 그리고 근골격 장애

지체장애 아동들 중에는 근육이나 뼈의 결함으로 장애를 갖게 된 경우도 있다. 신경에 문제가 없는데도 걷거나 움직이지 못하는 것이다. 다리, 팔, 관절, 척추 등의 근육이나 골격의 문제로 인하여 걷거나 앉지 못하고 팔이나 손 등을 사용하지 못하게 되는 것이다. 이러한 결함은 선천적인 경우도 있고, 후천적으로 발생하는 경우도 있다. 그러므로 그 원인으로는 태아의 선천적 결함, 감염성 질환, 사고, 발달장애 등이 속할 수 있다.

가장 빈번히 발생하는 근골격장애는 아동과 청소년기에 발생하는 **근이영양증**과 **소아류머티스성 관절염**이다. 근이영양증은 유전적인 질환으로서 근육섬유가 퇴화되면서 신체가 점차 약화되는 질환이다. 현재까지는 특별한 치료책이 없다. 그러나 약리학의 발달로 인하여 미래에 희망을 가져다줄 것으로 예측한다(Welch et al., 2007). 소아 류머티스성 관절염은 근육과 관절의 문제로 신체 쇠약의 잠재 가능성이 있다. 이 또한 특별한 치료책이 없으며 원인도 밝혀지지 않았다(Best et al., 2010). 이 질환으로 인해 심한 통증과 다른 합병증이 나타나기도 하는데 열, 호흡기 문제, 심장 문제, 눈 감염 등이 수반되는 경우도 있다. 뇌성마비와 같은 다른 지체장애 아동의 경우에도 관절염이 합병증으로 나타나서 관절과 신체의 움직임에 어려움을 주기도 한다. 이러한 증상들은 학생의 학업과 사회성 발달에 유의미한 영향을 미친다.

다양한 차원의 선천적·후천적 문제나 결함이 근골격계에 영향을 주기도 한다. 근골격계의 문제로는 척추가 휘어지는 **척추만곡증**이 있으며 신체 기형(Best et al., 2010; Heller, Alberto, Forney, & Schwartzman, 2009 참조) 등이 있다. 근이영양증이나 관절염 그리고 척추만곡증과 같은 근골격계 문제를 가지고 있는 아동은 다른 지적장애를 동반하지 않는 이상 지적 능력이 정상이다. 근골격계의 문제만 있을 경우에는 특별한 교육이 필요한 것은 아니지만 신체의 움직임이 좀 더 원활할 수 있도록 하는 치료를 지원하거나, 교육 중 신체의 위치나 자세를 좀 더 잘 활용할 수 있게 해 주어 비장애학생이 받는 교육 경험을 최대한 동일하게 받을 수 있도록 지원해 주어야 한다.

기타 건강 및 지체에 영향을 미치는 조건

이미 언급한 바와 같이 다양한 질환, 물리적 장애, 선천성 기형, 사고로 인한 상처 등 여러 가지가 건강 및 신체에 영향을 주기 때문에 이에 대한 다양한 특수교육과 관련 서비스가 필요하다. 만성 질환 아동과 그 밖의 건강 문제를 가지고 있는 아동의 수는 최근 10년 사이에 급격히 증가하였다(Perrin, Bloom, & Gortmaker, 2007). 특히 소아비만, 소아당뇨, 천식과 같은 질환이 그 대표적인 예다.

특수교사는 지체장애의 다양한 범위와 여러 유형의 편의시설에 대해 이해하고 있어야 한다. 이는 적절한 교육이나 지원을 하는 데 무엇보다 중요하기 때문이다(Best et al., 2010; Heller et al., 2009 참조). 또한 교사는 만성 질환을 가진 아동의 특수성에 대한 이해가 필요하다. 이 질환으로 인하여 많은 아동은 수차례 입원과 퇴원을 반복하고, 다양한 활동에서 배제되었으며, 약물 복용, 검사 등으로 유년 시절을 보내서 유년기가 통째로 없는 경우도 있을 수 있다는 사실을 이해하여야 한다(Zylke & DeAngelis, 2007).

천식도 증가하고 있는 폐질환이다. 수시로 폐렴이 나타나기도 하고 호흡장애가 발생하기도 한다. 호흡곤란의 경우에는 약물과 같은 것으로 완화시킬 수 있다. 심한 천식은 생명을 위협할 수도 있고, 다양한 활동을 제한하기도 한다. 특별한 이유도 없이 천식이

인터넷 자원

건강장애 아동과 그 가족은 공통의 문제를 안고 있는 경우가 많다. Family Voices 웹사이트(www.familyvoices.org)에는 이에 대한 많은 정보가 제시되어 있다. 그 밖의 특정 장애에 도움이 되는 사이트들이 있는데, 천식과 알레르기에 관한 정보는 미국 천식알레르기재단(Asthma and Allergy Foundation of America) 웹사이트(www.aafa.org)가 유용하고, 담낭섬유증은 담당섬유증재단(National Cystic Fibrosis Foundation) 웹사이트(www.cff.rog), 다발성경화증은 다발성경화증협회(National Multiple Sclerosis Society) 웹사이트(www.nmss.org)가 유용하며, 그 밖의 희귀 질환의 경우에는 국립희귀질환기구(National Organization for Rare Diseases) 웹사이트(www.rarediseases.org)를 확인하는 것이 좋다.

좋아질 수도 있고 나빠질 수도 있다. 증세를 예측할 수 없다는 것이 가장 어려운 점이 될 것이다.

선천성 기형은 신체 어느 부위와 장기에 나타날 수 있다. 아주 경미한 정도부터 생명을 위협하는 것까지 그 범위가 다양하다. 많은 경우 그 원인을 예측하지 못한다. 그러나 유전이나 산모의 알코올 섭취, 약물, 감염 등이 원인인 경우도 있다.

유아기 사고로 인한 사망률은 계속 증가하고 있다. 미국에서는 수백만 명의 아동이 다쳐서 일시적 혹은 영구적 장애를 갖기도 한다. 사고로 인하여 TBI를 받지 못하면 사고 부위 이하는 부분적 혹은 전체적으로 마비가 될 수 있다. 또한 어쩔 수 없이 절단을 해야 하기도 한다.

후천성 면역결핍증(AIDS)을 가지고 있는 경우, 지적장애, 뇌성마비, 발작, 정서 · 행동장애와 같은 신경학적 문제가 동반되기도 한다. AIDS는 산모를 통해 태어나는 순간 발병한다. HIV가 흔히 앞에서 언급한 다양한 신경학적 문제를 동반하는 경우가 많지만 약물치료를 통해 치유가 되는 경우도 있다(Willen, 2006).

AIDS나 그 밖의 바이러스 및 박테리아 감염이 있는 아동이나 청소년의 경우에도 약물이나 그 밖의 치료로 인하여 오랫동안 생존하는 비율이 높아졌기 때문에 이 학생들을 위한 특수교육과 관련 서비스 요구도 많아졌다. 교사는 감염을 예방하는 방법과 어떠한 경우에만 감염되는지를 알아 너무 염려하지 않아도 된다는 사실에 대해서도 잘 숙지하고 있어야 한다(Best et al., 2010).

태아알코올증후군은 산모의 알코올 남용으로 발생한다. 그 밖의 다른 것을 남용했을 수도 있고 산전 관리를 제대로 안 했을 수도 있는데, 이로 인해 가능성은 더 높아진다. 산모가 알코올 중독자라면 아기가 태어났을 때에도 육아에 소홀하거나 부모의 학대를 받게 될 가능성도 높아진다. 약물을 하는 산모의 경우에는 태아에게 화학적으로 손상을 주기도 하고, 산모가 매독에 걸릴 가능성도 높아져서 이로 인하여 태아에게 장애를 입히기도 한다. 약물이나 알코올 등에 중독된 사람들이 늘어나면 장애아동의 출현율 또한 높아질 것이다. 그러나 다양한 문제에도 불구하고 이러한 유아에게 적절한 조기 교육과 서비스를 제공하게 되면 매우 효과적이다.

건강과 관련된 다양한 문제를 가진 아동들에게는 아주 작은 실수가 치명적일 수 있다는 사실을 명심해야 한다. 그러므로 의학적으로 매우 허약한 아동을 위한 일일 건강관리 계획, 응급처치 계획, 비상연락망 등을 철저히 준비해야 한다. 그 학생들의 교육 배치는 의료 관계자, 교사, 행정가, 부

인터넷 자원

태아알코올증후군에 대한 좀 더 많은 정보는 www.cdc.gov/ncbddd/fas를 방문하라. 그리고 태아 알코올 스펙트럼에 대한 전반적인 정보는 미국 국립태아알코올증후군기구(National Organization on Fetal Alcohol Syndrome) 웹사이트(www.nofas.org)를 확인하라.

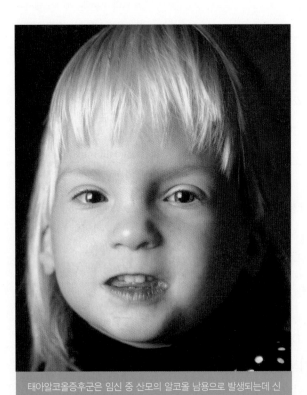

태아알코올증후군은 임신 중 산모의 알코올 남용으로 발생되는데 신체 및 발달 기형을 가져온다.

모와 학생 등이 팀을 이루어 결정해야 한다.

요즘에는 산소호흡기에 의지하기만 하는 경우의 아동들이 퇴원해서 집으로 오고 있다. 산소호흡기 또는 다른 의료 기기에 의존해야만 하는 경우라도 일반교육을 받는 것이 더 타당할 수는 있으나 아직까지도 논박의 여지는 있다. 교사, 행정가, 부모 등이 함께 각각의 사례에 합당한 결정을 할 수 있어야 한다. 의료적 판단과 일반교육에 참여하기를 원하는 학생의 흥미 등을 적극적으로 고려하여 결정할 필요가 있다.

인터넷 자원

태아알코올증후군을 포함한 다양한 질환에 대한 좀 더 많은 정보는 국립의학도서관 웹사이트 (www.nlm.nih.gov)에 제시되어 있다.

지체장애의 예방

많은 지체장애는 특별한 예방책이 없다고 하지만, 또 다른 많은 지체장애는 예방이 가능하다. 예를 들어, 안전벨트나 기타 안전 장구 미착용으로 사고 후 다양한 지체장애가 발생할 수 있다. 또한 음주나 약물 후 운전, 약물 남용, 부주의한 총기 소지, 임신 중 알코올 및 약물 남용 등을 피했다면 많은 장애는 예방 가능했을 것이다. 또한 바른 식습관이나 운동 습관을 통해 비만이나 당뇨 등의 가능성을 줄였다면 이로 인한 합병증이나 유전적 증상 등도 예방 가능했을 것이다(Torpy, 2010 참조).

임신 적기보다는 10대의 어린 산모의 경우에도 문제의 소지가 많다. 임신 적기의 산모에 비해 10대 산모에게서 태어난 아기들이 조산의 위험 가능성이 높다. 따라서 청소년 임신을 예방함으로써 다양한 장애 출현율을 예방할 수 있다. 어린 산모들은 산전 관리에 소홀하고, 감염의 위험이 높을 수 있으며, 불충분한 영양 관리는 물론 산후 관리에도 어려움이 있어 어린 산모에게서 태어난 신생아들은 다양한 장애의 위험이 높을 수 있다. 유아 예방접종과 장애의 상관관계는 거의 희박하다고 검증되었고, 과학적 관점에서 볼 때 예방접종은 매우 필요한 것이라고 여겨질 수 있지만, 유아를 위한 보편적인 질병에 대한 예방접종 건수는 줄어들고 있다(Specter, 2009 참조).

미국에서는 아동학대가 지체장애의 또 하나의 원인으로 관심을 끌고 있으며 이에 대한 예방의 중요성이 매우 강조되고 있다. 신생아부터 청소년까지의 수천 명의 아동이 아동학대의 희생양이 되고 있다. 특히 이 시기에는 부모 다음으로 많은 시간을 이 아동들과 보내는 교사가 아동 학대나 방임을 감시하고 보고하며 예방하는 중요한 역할을 해야 한다.

10대 청소년이 출산을 할 경우에는 조산이나 저체중아의 출현 빈도가 높은데, 이렇게 태어난 아기들이 학령기에 이르면 학습 문제가 동반될 가능성이 높다.

특히 지체장애나 지적 및 정서 장애 등의 장애가 있는 아동의 경우는 비장애아동보다 아동학대에 노출되는 빈도가 더 높다(Vig & Kaminer, 2002). 장애가 있는 아동은 더 다치기 쉽고 약하기 때문에 학대하는 부모의 표적이 되기 쉽다. 게다가 장애가 있는 아동의 양육은 좀 더 힘들기 마련이므로 이러한 특성으로 인해 학대의 대상이 될 가능성이 더 높다. 양육 자체로도 매우 힘들고 지치는데, 장애가 있는 경우 시간, 에너지, 비용, 인내심 등이 더 많이 요구될 수 있으므로 부모는 장애아동 양육에 많은 스트레스를 받게 된다. 이러한 이유로 학대받는 아동들 중에 장애아동의 빈도가 높다는 것은 그리 놀라운 일이 아니다. 그러므로 장애아동의 부모는 특별한 양육 훈련과 지원이 요구된다.

1장과 5장에서 **페닐케톤뇨증**(PKU)을 다룬 바 있다. PKU는 신생아에게 나타나는 대사 이상으로 특별한 식이요법이 수반되지 않을 경우에는 지적장애로 연결될 수 있다고 언급한 바 있다. 대개 PKU는 지적장애를 가져올 수 있다고 알려져 있는데, 특별한 식이요법으로 장애를 예방할 수 있으므로 장애 예방 관련 영역에서도 관심을 기울이고 있다. 선천적 대사 이상 유아는 지적장애는 물론 뇌손상을 가져올 수도 있다. 대사 이상을 통제하지 못하면 **신경독**으로 발전되어 지적장애는 물론 뇌손상을 가져올 수 있기 때문이다.

신생아가 PKU가 있다고 판정될 경우 거의 무상이거나 저렴한 비용으로 특별한 식이요법을 할 수 있다. 그러나 이 식이요법은 살아가는 동안 계속 유지해야 한다. 특히 여자일 경우 임신 중에도 태아가 위험하지 않도록 지속적인 식이요법을 해야 한다.

심리 및 행동적 특성

학업 성취

지체장애 학생들의 학업 성취에 대해 일반화해 말하기는 매우 어렵다. 왜냐하면 장애의 특성과 정도가 매우 넓게 분포되어 있기 때문이다. 너무 다양하기 때문에 환경적 측면, 심리적 측면에서도 지체장애 학생들의 학업 성취와 관련 있는 요인을 찾는 것도 힘들며, 이 또한 일반화하기 어렵다(Batchaw, 2002; Best et al., 2010; Heller et al., 2009 참조).

지체장애 아동들은 대개 학교 출석이 들쭉날쭉하다. 진료를 받으러 가거나, 입원을 해야 하거나, 집에서 절대 안정을 취해야 할 경우 등이 많기 때문이다. 또한 지체장애 아동 중에는 일반아동들이 하는 동일한 형태의 교육을 받아도 전혀 문제가 없는 경우도 있으나 지적장애, 감각 문제 등이 동반될 수 있어 특수교육이 요구되는 경우도 많다. 빈번한 의료적 문제가 있는 경우에는 정상적인 인지 능력과 동기 수준을 가졌을지라도 또래 집단보다 많이 떨어지기도 한다. 의료적 문제가 심각하거나 오랫동안 지속될 경우에는 크게 두 가지가 원인이 되어 학업 성취가 어려울 수 있다. 첫째, 교육에 영향을 주는 다양한 경험의 부족이 원인이 될 수 있고, 둘째, 교육적 경험의 부족으로 인하여 교육 자료를 어떻게 조작하고 반응하는지를 몰라 학업적으로 낮은 성취도를 보일 수 있다.

지체 문제가 경미하거나 일시적일 경우에는 학업에 전혀 문제가 없는 것은 당연하다. 그런데 건강 문제가 매우 위중하고 만성적일 경우에도 일부 학생은 높은 학업 성취도를 보이기도 한다. 이러한 학생들은 대개 우수한 인지 능력과 높은 동기를 가지고 있으며, 부모나 교사로부터 최대한의 교육 지원을 받고 있는 경우일 것이다. 다른 집단과 비교해 보았을 때, 신경학적 손상을 가지고 있는 학생들의 경우는 인지 및 개념적 결함이 있을 가능성이 높아 학업 능력이 뒤떨어지는 경향을 보인다.

성격 특성

성격 유형과 지체장애 사이의 연관성에 대해서는 아직 어떤 연구도 밝혀낸 바가 없다. 비장애아동과 마찬가지로 지체장애 아동도 성격이 다양하다. 성격이 다양한 심리 및 환경적 요인들에 영향을 받는 것처럼 지체장애 아동도 마찬가지다. 그렇다면 지체장애 아동들이 자신들의 신체적 제한에 대해 어떻게 적응하며, 다른 사람들과 어떻게 사회적 상호작용을 하는지는 부모, 형제자매, 교사, 또래 그리고 지역사회가 보이는 반응과 연관이 있을 것이다(Best et al., 2010; Heller et al., 2009).

지역사회의 반응 지역사회의 일반인들의 태도는 지체장애 아동의 자기 자신에 대한 자아개념, 심리적 적응, 교육, 직업 등에 많은 영향을 미칠 것이다. 지역사회의 반응이 두려움, 거절, 차별과 같은 것이라면 아마 그들은 자신의 장애를 숨기거나 일반인들로부터 자신을 감추려고 자신의 에너지를 허비할지도 모른다. 장애인에 대한 사회의 반응이 '불쌍함' '도움을 주어야 할 대상으로 여김'이라면 그들은 노력하려는 의지를 보이기보다는 쉽게 의지해 버릴지도 모른다. 사회가 그들을 바라볼 때 신체적으로는 일부 제한점이 있으나 다른 사람들과 다르지 않다고 인정하는 분위기라면 장애학생들도 독립적으로 뭔가 시도하려고 노력할 것이며, 사회의 생산적 일원이 되고자 노력할 것이다.

장애인을 인정하는 사회 분위기를 조성하는 방법에는 몇 가지가 있다. 우선 전문가나 관련 단체가 장애를 두려워하거나 어려워하는 사람들을 위해 정보를 주고 교육을 시키는 것이 필요하다. 그리고 지체장애인들이 좀 더 자주 대중매체에 보일 수 있도록 해야 한다. 또한 대중매체에 비춰지는 지체장애인의 모습은 좀 더 사실적이고 긍정적이어야 한다. 지체장애인이 공공시설에 쉽게 접근할 수 있도록 장애 요소를 제거하고 다양한 형태의 차별이 금지되도록 정부를 향한 주장을 펼쳐야 할 것이다. 사회가 장애를 가진 사람들을 좀 더 많이 고용한다면 일반 대중은 자신의 일을 충실히 해내는 많은 장애인을 보게 될 것이고, 이렇게 되면 많은 사람이 장애인을 다른 사람들과 마찬가지로 능력이 있는 사람으로 그리고 긍정적인 시각으로 바라볼 수 있을 것이다. 법적인 보호로 인해 학교에서는 점점 더 중증의 장애아동들을 만날 수 있게 되었다. 하지만 많은 중증의 지체장애 학생은 거절을 당하고, 동정을 받으며, 차별을 받는다. 신체적 결함이 심할수록 사회는 부정적인 시각을 더 많이 갖는 것이 아직까지도 현실이다.

지체장애의 측면에서 보았을 때 제도가 장애아동과 가족의 욕구를 전부 다 해결하기에는 역부족이다. 특히 의학적 처치에 대한 성공률이 높아지면서 심각한 정도의 장애를 가진 아동이나 만성 질환을 가진 아동의 생존율도 높아지고 있는데, 치료와 유지를 위한 비용(대개 막대한 비용이 드는 경우가 많음)을 누가 감당해야 하는지에 대한 이슈에서 한정된 자원 내에서 어떤 아동과 가족이 그러한 서비스를 받을 수 있는지를 결정하는 문제가 매우 중요하게 되었다.

아동과 가족의 반응   언급한 바와 같이 지체장애 아동의 자아개념은 다른 사람들이 어떻게 반응하느냐에 따라 매우 다르다(Olrick, Pianta, & Marvin, 2002; Singh, 2003). 부끄러움과 죄책감은 학습된 반응이다. 장애아동이 자신에 대해 그렇게 부정적인 자아개념을 갖게 된 것은 다름 아니라 다른 사람들이 자신의 장애(또는 자신의 장애와 유사한 것)에 대해 그러한 반응을 하였기 때문이다.

장애의 정도에 따라 많은 차이가 있을지라도 장애학생들이 자신을 어떻게 돌보는지에 대해 학습한 만큼 장애학생들의 독립심과 자기효능감은 달라진다. 그리고 다른 사람들이 장애아동들의 장애에 대해 정직하고 분명하게 인식시켜 준다면 좀 더 현실적인 자아개념과 현실적인 장래 희망을 갖게 된다.

그러나 주변 사람들이 장애를 어떻게 받아들이든지 지체장애 아동은 특정한 심리적 반응이 나타날 수 있다. 장애인이 아니었으면 하고 바라는 마음, 다른 아이들이 하는 모든 활동을 자신도 하고 싶은 마음, 자신의 장애가 하루아침에 기적처럼 사라졌으면 하는 마음 등등. 적절한 지원과 교육을 통해 장애아동은 마침내 장애를 받아들이고 장애를 인정하며 그 자체로서 행복한 삶을 영위할 수 있게 된다. 두려움과 걱정도 흔히 나타날 수 있다. 장애아동이 부모와 떨어져서 입원하거나 아픈 검사를 받는 상황에서는 두렵고 걱정되는 것이 당연할 것이다. 그러나 이러한 상황에서도 적절한 관리와 지원은 정서적인 스트레스를 많이 완화시켜 줄 수 있을 것이다. 입원으로 인한 심리적인 어려움을 없앨 수 있어야 한다. 그리고 학대받거나 방치되는 아동들에게는 오히려 병원 환경이 집보다 더 안전할 수 있다.

심리적인 관점에서 봤을 때, 장애아동의 연령이나 장애의 정도(예: 선천성, 후천성 혹은 진행성 등)는 고려해야 할 대상이다. 장애아동마다 매우 다르기는 하지만 고려해야 할 것이다. 지체장애가 경미하고 일시적이었던 아동일 경우라도 오히려 그 점 때문에 이미 장애가 발생하여 잘 관리받은 아동보다도 더 잘 적응하지 못하고 부정적이고 쇠약하며

장애아동들이 자신의 장애를 어떻게 인식하는지는 다른 사람들이 그 아동을 어떻게 생각하는지, 그리고 가족이
장애에 대해 어떠한 태도를 갖는지와 많은 상관이 있다. 가족들이나 주변 사람들이 장애를 자연스럽게 받아들이
고 지역사회의 다양한 활동 등에 참여함으로써 장애아동은 자신을 다른 사람과 같은 '일반적인' 사람으로 생각
하게 된다.

혼란스러워할 수도 있다. 장애아동과 그 가족의 감정을 잘 이해하는 것은 매우 중요하
다. 그러나 장애아동이 자신의 행동의 결과를 알도록 인지시켜 주는 것은 교육과 재활
에서 매우 중요하다. 청소년기는 어느 부모에게나 힘들다. 그러나 장애를 가졌다고 해
서 청소년기가 더 쉽게 혹은 더 어렵게 넘어가는 것은 아니다.

　가족의 지원, 학교에서의 경험, 의료적 치료, 장애에 대한 태도는 만성적인 건강장애
를 가진 아동의 삶에 지대한 영향을 미친다. 그리고 가족의 문화권에 대한 이해도 중요
하다. 장애를 바라보는 시각이 문화적으로 다르기 때문에 이를 고려하여 커리큘럼을 만
들고 아동과 가족을 지원할 수 있어야 한다.

의수족, 보장구, 일상생활을 위한 적응 보조기기

　많은 지체장애 아동은 일상생활에서 좀 더 기능을 잘하기 위해 의족이나 보장구, 일상
생활을 위한 적응 보조기기 등을 사용한다. **의수족**은 몸의 신체 일부를 대신해 줄 수 있
는 인공적인 대체물(예: 의수, 의족 등)이다. **보장구**는 신체의 일부가 좀 더 기능을 잘 할
수 있도록 보조해 주는 기기(브레이스 등)다. **적응 보조기기**는 가정, 회사, 학교 등 일상생
활 환경에서 일반생활, 신변 자립, 직업생활을 좀 더 잘 수행하도록 도움을 주는 다양한
기기를 의미한다.

이러한 기기를 선택할 때 명심해야 할 사항은 잔존기능의 사용, 간편성, 내구성이다. 팔, 어깨, 등 근육이 의수를 움직여야 하는 경우라면 너무 복잡하고 또 너무 많은 기능을 요하기 때문에 어린 유아에게 적합하지 않을 것이다. 아동의 연령, 절단 부위의 길이나 기능 그리고 아동의 신체 능력을 전체적으로 고려해 볼 때, 오히려 야구용 글러브처럼 단순하게 생긴 보장구나 다른 간편한 보조기기가 더 도움이 될 수도 있을 것이다. 다시 말해서, 이러한 기기를 선택할 때는 우선 아동 개개인의 능력과 필요에 대한 세부적인 평가가 필요하다. 양하지가 없는 경우에는 팔로 휠체어를 움직이면서 이동하거나 아니면 의족을 하고 목발이나 지팡이를 함께 사용할 수 있다. 의수족을 제작할 때에는 개인의 능력과 선호에 대한 섬세한 평가가 이루어져야 한다(Best et al., 2010; Heller et al., 2009).

의수족, 보장구 등을 사용하고자 할 때에도 잔존기능을 가장 중요하게 고려해야 한다.

① 의수족, 보장구, 기타 적응 보조기기 등을 사용할 때나 사용하지 않을 때에도 가장 중요한 것은 잔존기능의 활용이다. 예를 들어, 뇌성마비나 근이영양증 아동은 특별한 기기의 도움 없이 잔존기능을 활용할 수 있는 훈련을 받아야 한다. 이러한 기구 없이 잔존기능만을 사용하는 훈련을 하게 되면 좀 더 독립적일 수 있으며, 신체의 문제가 되는 부분의 약화를 조금이라도 예방해 볼 수 있기 때문이다. 그리고 보장구의 도움 없이 좀 더 효율적으로 기능하는 방법을 익힐 수 있기 때문이다.

② 엄청난 공학의 발전이 이루어졌다고 하더라도 대부분의 장애인이 당장 그것의 혜택을 볼 수 있다고 생각해서는 안 된다. 현재 실험 단계에 있으며 엄청난 비용이 드는 기기가 실용화 단계로 되기까지는 많은 시간이 소요될 것이다. 그 전까지는 고비용으로 인해 소수만이 그 기기를 이용할 수도 있는 것이다. 설령 그 기기를 통해 장애학생이 여러 활동에 참여할 수 있는 기회가 넓어질 수 있다고 할지라도 실용화 단계가 되기까지는 사용이 어려울 것이다. 지금 연구되고 있는 것들이 실용화되기 전까지는 지금 이용하는 의수족이나 보장구 등이 향후 오랫동안 사용될 것으로 예측된다.

공학의 발전으로 인하여 많은 장애인이 엄청난 도움을 받았다(Best et al., 2010; DeFord, 1998; Levy & O'Rourke, 2002; Lindsey, 2000). 공학의 도움으로 그전에 사용했던 일반적인 보장구나 의수족 등이 해를 거듭할수록 계속 좋아지고 있다. 예를 들어, 브레이스나 휠체어의 경우에는 재질과 디자인 등이 엄청나게 발전했다. 과거에 뇌성마비 아동이나 신경학적인 문제를 가지고 있었던 경우 흔히 사용했던 가죽을 덧댄 철재 브레이스는 무거울 뿐만 아니라 부착하기도 어렵고, 변형을 예방하거나 기능을 향상하는 데도 별로 효과적이지 못했다. 지금은 재질이 소프트한 플라스틱으로 바뀌면서 디자인과 기능이 몰라보게 좋아졌다. 휠체어도 움직임의 반경이 더 넓어졌지만 무게는 오히려 가벼

핵심 개념

의수족

장애인들 중 특히 의수족을 착용한 사람들 중에 자신의 장애를 감추지 않고 다양하게 사회 참여를 하는 사람들이 점점 증가하고 있다. 만화 〈Doonesbury〉에서조차 이라크 전쟁에서 한쪽 다리의 무릎 아래를 잃은 사람이 의족을 하고 등장한다. 의수족은 공학과 디자인이 발전되면서 편리함과 실용성이 좋아진 것은 물론 스타일까지 근사해졌다. 그러다 보니 사회적으로 새로운 윤리적 이슈가 생겨났다.

남아프리카공화국의 의족 육상선수 Oscar Pistorius와 같이 본인을 장애인이라고 생각하지 않게 된 사람들이 많아졌다는 것이다(Goodman, 2007; Longman, 2007 참조). 의족 육상선수 Oscar Pistorius는 양 다리의 무릎 아래에 J자 모양을 한 탄소섬유 블레이드 일명 '치타'를 착용하고 있다.

스포츠 경기 관계자들은 휠체어 레이싱과 일반 달리기의 경쟁은 불공정하다고 생각하는 것처럼 치타와 같은 의족이나 의수를 착용하였을 때 일반인들과 경쟁하는 것도 불공정하다고 생각하게 되었다.

레슬링 경기의 경우라면 어떤 의수족을 착용하면 불공정한 것인가? 머리를 써야 하는 경쟁이라면 인공 지능의 경우도 불공정한 것인가? 지금은 이런 문제를 논한다는 것이 우스울 만큼 너무 앞서 간다고 생각할지 모른다.

그러나 불과 몇 년 전만 하더라도 의족을 하고 일반인과 함께 경쟁하는 것과 같은 문제는 생각지도 못할 정도의 일이었을 것이다. 그런데 현재에는 이런 문제가 논쟁의 여지가 되고 있음을 명심해야 할 것이다. 계산 가능한 초소형 인공지능 장치, 새로운 수술 기법, 새로운 공학적 아이디어, 발전된 형태의 의수족 등이 계속적으로 변화·발전하면서 윤리적인 문제에 대한 이슈는 점점 더 많아질 것이다(Cascio, 2007; McGrath, 2007).

워지고 디자인은 물론 개인의 신체 상태와 원하는 기능에 따라 다양하게 만들어지고 있다. 또한 의사소통 능력을 향상하기 위한 컴퓨터 관련 기기들도 많이 제공되고 있다.

현재의 보조공학 기기에 대한 중요한 관점은 이 기기들을 어떻게 디자인하고 어떻게 기능을 향상해야 하느냐보다는 각각의 학생들을 어떻게 평가하여 그들에게 가장 적절하고 효과적인 보조공학 기기를 제공하느냐는 것이다. 많은 학교에서는 그러한 보조공학 기기를 최대한 효과적으로 사용하고 있지 않은 듯하다. 그러한 보조공학 기기를 제공할 때 다양한 측면에서의 필요 여부를 꼼꼼하게 평가하지 않아서 경우에 따라서는 지급 후에 사용하지 않는 경우도 있기 때문이다.

현재 의수족에 대해서는 크게 사회적 수용 측면과 스포츠의 참여 부분에서 사회적 이슈가 되고 있다. 전쟁 이후 상이용사들이 많았을 당시 이후에는 별로 많지 않았던 일이 근래에 많이 나타나고 있다는 것이다(McGrath, 2007 참조). 2007년 5월 13일자 뉴욕타

인터넷 자원

Adrian's Adaptive Closet이라는 웹사이트에는 휠체어 사용자를 위해 고안된 기능성 옷을 취급하는 여러 사이트에 대한 링크가 되어 있다(www.adrianscloset.com).

인터넷 자원

휠체어공학에 대한 정보는 www.
wheelchairnet.org, www.
whirlwindwheelchair.org/ralf.
htm 등에 제시되어 있다

임즈 일요판에는 지체장애인이 일반 대중 앞에서 자신의 의수족을 부끄럽지 않게 내보이는 사진이 실렸다. 그리고 점점 더 많은 지체장애인들이 의수족을 부끄러워하지 않으며 사람들에게 거리낌없이 보이는 경향이 높아지고 있다는 것이다(Navarro, 2007). 스포츠 경기에서도 의수족과 수술과 관련한 문제가 하나의 이슈가 되고 있다(Goodman, 2007 참조). 의수족이나 외과적인 수술과 관련한 것(예: 라식 수술, 특별한 인공 부품 삽입술 등)이 스포츠 경기에서 공정하지 못할 정도의 이점을 준다고 문제를 제기하게 된 것이다(Longman, 2007; M. Howe, 연도 미상 참조). 약물과 같은 문제와 더불어 이슈가 된 것이다. 이것이 공정한지, 공정하지 않은지에 대한 논의보다 이 문제로 인하여 의수족에 대한 사회적 관심이 높아진 것은 사실이다.

교육적 고려

대개 지체장애 아동들은 도움이 필요하고 학습에 어려움이 있다고 생각할지 모른다. 우리는 그 아동들이 할 수 없는 몇 가지의 일 때문에 쉽게 기대 수준을 낮추는 경향이 있다. 지체장애 아동들은 일반아동과는 조금 다른 방법(예: 손 대신 발이나 입으로 그림을 그림)으로 활동을 할지 모르지만 일반아동이 하는 거의 대부분의 활동을 해내는 경우도 많은데 우리는 쉽게 그 사실을 잊어버리곤 한다. 지체장애가 있는 학생이더라도 이 학생이 어느 정도까지 학습이 가능한지, 최적의 환경을 제공한다면 얼마나 효과적으로 수행할 수 있을지 등을 파악하지 않고 지체장애를 제한으로서만 받아들인다면, 이는 신체적 다름에 대한 모욕이고 비인간적인 행위다. 모든 학과 지도 그리고 체육도 포함해서 학생의 다양한 능력을 고려하여야 한다. 특수체육은 특수교육의 하나의 영역으로 자리 매김하였으며, 특수체육을 통해 많은 학생이 다양한 방식으로 체육 교과를 수행하게 되었다(Kelly & Block, 2011).

지체장애 학생을 위한 교육은 특수교육보다는 오히려 일반교육에 더 가깝다(Best et al., 2010). 지체장애인들은 자신의 많은 문제를 스스로 해결하며, 그렇게 하기 위해 노력한다. 하지만 주변 사람들의 약간의 배려나 환경의 지원이 요구될 수도 있는데, 이러한 지원이 없을 때는 그들의 삶이 매우 힘들어진다. 건물, 가구, 가전제품, 의류 등이 지체장애인을 고려하여 건축되고 제작되었다면 지체장애를 가졌더라

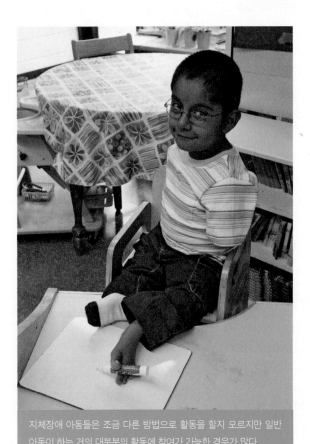

지체장애 아동들은 조금 다른 방법으로 활동을 할지 모르지만 일반 아동이 하는 거의 대부분의 활동에 참여가 가능한 경우가 많다.

도 그들이 학교, 회사, 지역사회에서 일반인들과 다름없이 생활할 수 있을 것이다.

지체장애 학생을 지도하는 교사나 관련 전문가들은 그들의 교육에 '자율성' 및 '자기옹호' 기술을 포함시켜야 한다(Best et al., 2010; Heller et al., 2009). 대부분의 지체장애 아동은 높은 자기효능감을 원하기 때문에 가능하면 모든 일을 스스로 해내려는 노력을 한다. 그러므로 스스로 많은 일을 최대한 할 수 있도록 지원해 주기 위해 이에 필요한 내용을 교육에 포함시키는 것이 바람직하다. 여기에는 자신의 장애에 대한 올바른 인식도 포함시키는 것이 좋다. 그리고 교사는 장애가 교육에서 심리적으로 어떠한 영향을 미치는지에 대한 이해가 필요하다.

인터넷 자원

Attainment Company(www.attainmentcompany.com)는 특수교육계에서 새롭게 대두되는 이슈를 소개하고 그러한 이슈에 대해 잘 적응하기 위한 정보를 제공하고 있다. ■■■

개별화 계획

지체장애 학생의 장애는 매우 다양하고 그 정도도 아동마다 많이 다르기 때문에 다양한 수준의 교육과 관련 서비스가 요구된다. 그러므로 이 학생들을 위한 개별화교육 프로그램은 구체적이어야 한다. 특히 어리고 장애가 심할수록 개별화교육 프로그램의 교육 목표는 매우 정밀한 단계로 나뉘어 있을 것이다(Best et al., 2010; Heller et al., 2009 참조). 연방정부의 법에 근거하여 3세 미만을 위한 아동의 경우에는 개별화교육계획이 아닌 **개별화가족서비스계획**(IFSP)이 요구된다(4장; Dunst, 2011 참조).

교육 배치

지체장애 학생은 장애 유형이나 정도, 환경, 건강 문제 등을 고려하여 다양한 상황에서 교육을 받을 것이다. 그러나 많은 경우 일반교육 현장에 함께 배치될 것이다(Best et al., 2010; Nabors & Lehmkuhl, 2004). 일반학교에서 교육을 받고 있다고 하더라도 입원 시기가 길어지면 병원학교에서 교육을 받을 수도 있고, 퇴원 후 가정에서 요양하고 있는 상황이라면 학교로 복귀하기 전까지는 순회교육을 받을 수도 있다. 이런 경우는 대개 장애가 일시적이거나 심하지 않는 경우에 해당하고, 장애 정도가 심각하고 만성적일 경우에는 병원학교나 특수학교 등에 배치되는 경우도 있다.

요즘에는 거의 대부분의 장애학생이 일반학교에 통합되어 교육받는 추세다. 의료적 치료가 좋아지고, 생명공학의 발전으로 장애학생들의 이동성과 신체 활용 범위 등이 넓어졌으며, 통학이나 지역사회 및 학교 건물의 접근 가능성이 높아지고, 사회적으로 통합의 분위기가 확산되면서 통합교육을 받고 있는 장애학생들의 수가 더욱더 많아졌다. 어느 교육적 배치든지 장단점은 있다. 이러한 장단점을 충분히 고려하여 가장 적합한 교육 환경에 아동이 배치될 수 있어야 한다. 또한 학생의 요구도 충분히 반영될 수 있어야 한다. 예를 들면, 교사들이 어떻게 협력하는지에 대해 다음의 〈실천 사례〉를 읽어 보면 도움이 될 것이다. 간혹 교육적 배치에서 하나는 장점이 너무 과장되게 부풀려지기도 하고 또 하나는 사라지는 경향마저 보이기도 한다.

교육목표와 교육과정

교육목표와 교육과정은 지체장애 학생 집단을 대상으로 작성되어서는 안 된다. 왜냐하면 학생들의 수행 범위는 매우 다양하기 때문이다. 두 학생이 거의 비슷한 유형과 정도의 장애를 가졌다고 할지라도 각각의 학생을 대상으로 지적, 신체적, 감각적, 정서적 등으로 전체적인 사정을 하여 교육목표와 교육과정을 수립해야 한다. 장애 정도가 심하고 만성적인 중증의 지체장애 학생을 위해서는 교육에서 두 가지 사항을 미리 예측하여야 한다. ① 비장애학생들이 가졌던 다양한 경험을 하지 못한 경우가 많을 것이다. ② 어떤 활동은 아예 못할 수도 있고, 어떤 활동은 다른 학생들과는 다른 방식으로 수행할 것이다. 예를 들면, 중증의 뇌성마비 아동은 비장애아동들이 하는 대부분의 실외 놀이를 함께 하기 어려울 것이고, 물건을 쥐거나 책 페이지를 넘기거나 글씨를 쓰거나 보장구 없이는 타이핑을 하기 어려울 것이다. 이 아동은 특수체육이 필요할 것이다. 576쪽의 〈반응적 교수〉에 특수체육에 대해 소개해 놓았으니 참조하길 바란다. 그리고 더 필요하다면 그 밖의 교재를 참고하면 된다(Kelly & Block, 2011 참조).

지체장애만 있는 경우라면 교육과정과 교육목표는 일반아동들과 다르지 않다(읽기, 쓰기, 수학, 그 밖의 다양한 지식에 접근하는 경험 등). 그러나 지체장애 학생들은 추가적으로 특별 지도를 받아야 할 분야가 있다(보행 기술, 일상생활 기술, 작업 관련 기술 등). 그리고 지체장애 학생들의 수행 기술에 도움을 줄 수 있는 다양한 보조공학 기기의 활용법도 익혀야 한다. 지체장애 이외에 다른 중복장애를 동반한 경우에는 더 많은 교육과정 수정이 요구될 것이다(Best et al., 2010; Heller et al., 2009).

중도 · 중복장애 학생들의 교육 목표는 보다 기능적인 측면, 즉 지역사회에서 생활에 필요한 내용과 관련시켜야 한다. 최근 들어 교육 관계자 및 전문가들은 지역사회의 생활(예: 교차로 건너기, 물건 사고 돈 관리하기, 대중교통 수단 활용하기, 주위 사람들에게 인사하기 등)에 대해 좀 더 강조하며 이러한 내용을 교육에 포함시키고 있다. 이러한 교육이 좀 더 효율적으로 이루어지기 위해서는 지역사회 환경에서 이루어져야 한다.

지체장애 아동을 위한 교육목표와 교육과정은 비장애아동들에게 적용되는 것과는 상당히 다른 내용도 포함될 수 있다. 예를 들면, 신경 근육의 문제를 가지고 있는 유아를 위한 교육은 기초 자조 기술(예: 음식 삼키기, 씹기, 혼자 밥 먹기)에 초점을 두어야 할 필요도 있을 것이다. 중 · 고등부가 되면 비장애학생들처럼 적성 직업을 탐색하고 준비하는 것은 동일하게 하겠지만, 지체장애 학생들은 그 외에도 성인생활에 필요한 편의의 요구를 포함한 자기옹호 기술 등도 포함해야 할 것이다(Best et al., 2010).

인터넷 자원

독립생활에 대한 아이디와 안내 등에 대한 정보는 다음의 사이트르 확인하는 것이 유용하다. 반려견 관련 사이트(Canine Companions, www.caninecompanions.org), 컴퓨터 관련 제품(www.cosingthegap.com), 독립생활 연구 및 활용 센터(Independent Living Research Utilization Center, www.ilru.org), 독립생활연구소(Institute on Independent Living, www.independentliving.org).

실천 사례

지체장애 및 건강장애 학생을 위한 협력교수

"하지만 저는 간호사가 아니에요!"

지체장애 및 건강장애 학생들은 다양하고 복잡한 보호와 지원이 요구된다. 그러다 보니 그들을 위한 의료 전문가, 관련 서비스 전문가, 특수교사 등이 필요하다. 하루하루 신체적으로 지원해 주어야 할 것들이 많다 보면 이 아동을 위한 인지적 및 사회적 지원 등에 대한 생각을 잊기 쉽다. 장애 정도나 상황에 따라 다르겠지만 많은 아동은 일반학급에 입급된 경우가 많다. 그러므로 아동의 특수한 요구에 부응하기 위하여 특수교사는 일반교사와도 긴밀한 유대관계를 맺어야 한다.

지체장애 학생의 교사가 되는 것은 어떤 의미인가

지체장애 학생을 지도하는 특수교사는 우선 교수 및 학습에 대한 지식이 필요하다. 그리고 보조공학, 자세 지원, 사회성 기술 등에 대한 지식도 풍부해야 한다. 미국 특수교육협의회(CEC)에서는 지체장애 학생을 지도하는 교사는 다음과 같은 능력이 필요하다고 밝히고 있다.

① 지체장애 및 건강장애 학생들이 일반교육 장면에서 최대한 모든 교육 활동에 참여하도록 하기 위해 그에 맞는 보조공학 기기 등을 제공하고 교수 적합화를 할 수 있어야 한다.
② 지체장애 및 건강장애 학생들의 의사소통 양식 및 교육적 특성을 알고 그에 필요한 교육적 편의 사항을 제공할 수 있어야 한다.
③ 지체장애 및 건강장애 학생들이 적응할 수 있도록 교육적 환경에서의 편의시설을 제공할 수 있어야 한다.
⑤ 특별한 건강관리 교육을 실행할 수 있어야 한다.

넓은 범주의 의료 관계자 및 부모와 원활하게 협력하기 위해서는 특수교사가 위에 제시한 내용에 해당하는 기술을 가지고 있어야 한다. 이러한 지식을 가지고 특수교사는 일반교사와도 적절한 협력을 할 수 있어야 한다. 특수교사는 교수-학습 내용을 수정하고, 교실 환경을 수정하며, 적절한 의사소통 수단을 활용할 수 있도록 하는 데 도움을 줄 수 있다.

협력을 위한 성공 전략

Jo는 5~6세 정도 되는 뇌성마비 아동과 이분척추를 가진 아동들을 위한 특수교사다. Charlotte은 28명으로 구성된 6세 유치원반의 일반교사다. 그 유치원반 학생들 중에는 형식적인 학교 교육이 처음인 경우도 많이 포함되어 있다. 그들은 자신의 협력 경험을 다음과 같이 말하고 있다.

Jo: 우리는 학생들을 우선 두 개의 집단으로 나누었어요. 우리 반 학생들도 두 집단으로 나누고 Charlotte 선생님 반 학생들도 두 집단으로 나누었어요. 때로는 우리 반과 Charlotte 선생님 반 학생 모두를 한 집단으로 하여 수업을 진행하기도 했는데, 내가 자신 있는 분야에 대해서는 내가 주교사가 되고 Charlotte 선생님이 자신 있는 분야는 그녀가 주교사가 되어 학생들을 지도하기도 했어요.

Charlotte: 우리는 협력을 위하여 음악 시간을 함께 하기로 계획했어요. 음악 시간에는 음악 전문교사가 와서 수업을 했는데, 저와 Jo 선생님은 교실에 함께 있으면서 수업이 원활하게 진행될 수 있도록 학생들을 지원했어요. 한 선생님이 그 많은 학생을 한꺼번에 가르치는 것에 어려움이 있을 수 있기 때문에 도움을 드릴 필요가 있었어요. 물론 음악선생님이 그 반을 지도하는 데 도움이 될 만한 아이디어를 미리 드리기도 했고요.

Charlotte: 음악선생님에게는 새로운 경험이고 도전이 되었지만 다양한 능력의 아동을 함께 지도하는 데 좋은 경험이었다고 하셨어요. 학생들을 대하는 방식이나 비슷한 교육철학이 있는 사람을 만나는 게 정말 중요하다고 생각해요. 그것보다도 일단 협력을 위해서는 서로 먼저 친하게 지내는 것이 필요하고요. 어느 정도의 인내심도 요구된다고 생각해요. 우리가 서로에게 호감을 갖고 서로의 의견을 존중하지 않았다면 아마도 협력이 성공적이진 못했을 거예요.

Jo: 제가 가장 중요하게 생각한 것은 협력이 학생들에게 도움을 주고 있느냐는 것이었어요. 모든 학생이 수업을 따라가고 그 속에서 함께하는 것의 가치를 배울 수 있도록 노력했어요. 그리고 장애아동들도 이를 통해 더 풍부한 사회적 경험을 할 수 있기를 바랐고요. 그렇지만 사회적 상호작용과 더불어 그 아동들이 배워야 할 것들을 잘 배울 수 있도록 균형을 찾는 데 주력했어요.

Charlotte: 협력에서 가장 중요한 것은 '우리가 얼마나 잘 협력했는가?'가 아니라 '우리의 협력이 얼마나 학생들의 필요에 부응했는가?'이겠지요.

• *Margaret P. Weiss*

지체장애 및 건강장애 학습자의 요구에 따른
반응적 교수

특수체육

특수체육(adapted Physical education)이란 무엇인가

특수체육은 환경이나 배치가 아닌 교육적 서비스의 일종이다. 장애학생이 일반체육 교육을 받을 수 없는 상황에서는 특수체육을 필요로 한다. 일반체육과는 달리 대안적인 활동, 교수적 수정 또는 적합화, 다른 성취 기준 등이 포함된다. 특수체육은 경우에 따라서 일반학생들과 통합된 상황에서 장애학생과 비장애학생에게 함께 제공될 수도 있고, 장애학생들만을 위해서 따로 적용되기도 한다.

특수체육은 누구에게 제공되는가

IEP에 특수체육이 필요하다고 언급된 장애학생이라면 누구나 특수체육을 받을 수 있다. 미국 장애인교육법(IDEA)은 체육교육 서비스(필요에 따라 특별히 고안된)가 장애학생 누구에게나 주어져야 한다고 명시되어 있다. 장애학생에게 필요한 교수적 수정은 IEP 위원회에서 결정한다. 대근육의 결함이나 제한, 유연성 등의 문제 등을 가지고 있는 장애아동은 특수체육을 받을 수 있다.

교수적 수정 전략

일반 체육 수업을 수정하는 전략에는 다음과 같은 사항이 포함될 수 있다(Auxter, Pyfer, & Huettig, 2005).

- 공간을 제한한다. 축구장이나 농구장의 넓이, 골대 크기, 육상 트랙의 길이 등.
- 운동 기구나 도구에 변화를 준다. 보다 큰 공, 색깔이 있는 공, 넓은 야구 배트, 채가 큰 라켓, 가벼운 활 등.
- 운동장을 좁히고 선수는 더 늘린다.
- 경기 규칙을 수정한다. 모든 사람이 앉아서 경기를 한다거나, 움직임이 조금 힘든 학생의 경우 테니스에서 두 번 뛴 공까지는 받을 수 있게 한다거나, 선수 교체를 좀 더 빈번히 한다거나, 게임 시간 등을 단축할 수도 있다.
- 볼링장 레일에 부착하는 범퍼, 앉아서 탈 수 있는 스키 등과 같은 특별히 고안된 도구를 사용한다.

특수체육에서 가장 중요한 목표는 장애학생을 다양한 활동(예: 신체 활동, 여가 · 레크리에이션 활동 등)에 참여할 수 있도록 하는 것이다. 특수체육 또한 최소제한환경(least restrictive environment)에서 이루어져야 한다. 환경을 결정할 때에는 학생들의 안전과 의미 있는 참여의 기회 등을 고려하여야 한다. 아마도 많은 학생의 최소제한환경이란 일반체육 시간이 될 것이다.

• *Kristin L. Sayeski*

어느 학생에게도 죽음, 임종 등에 대한 토의는 필요할 수 있겠지만, 얼마 남지 않은 시한부 선고를 받은 학생이 포함된 학급에서는 특히 이 문제를 중요하게 다루어야 한다. 교사는 솔직하고 직접적으로 죽음과 임종에 대해 언급할 수 있어야 한다. 죽음이라는 것은 금기시되는 주제가 아니다. 교사는 학생들의 감정을 부정하고 입막음하려 해서는 안 된다. 시한부 선고를 받은 학생과 학급 학생들을 위해서 교사는 이에 대한 다른 차원의 지원을 해 줄 전문가의 지원을 받아야 할 수도 있다(Heller et al., 2009).

다른 원리와의 연결

지체장애만 있는 경우보다 다른 장애를 동반하는 경우가 더 많다. 그러므로 다양한 원리가 필요하며, 특수교육은 여러 서비스 중 하나에 해당된다(Batshaw, 2002 참조).

많은 지체장애 학생은 물리치료나 작업치료 등의 치료 지원이 필요할 것이다(〈반응적 교수〉 '일반교육 현장에서의 물리 및 작업 치료의 접목' 참조). 치료사들은 학생들이 가장 효율적으로 신체를 사용하고, 교실에서도 치료의 효과를 높이고, 독립심을 길러 주고, 좋은 신체 습관을 가질 수 있도록 다양한 조언을 제공해 줄 수 있을 것이다. 그중에서도 교사는 학생을 이동시키거나 자세를 잡아 줄 때 학생이나 교사 모두에게 위험하지 않도록 하는 방법을 알아야 하고, 교실에서 학생이 최대한 독립적으로 보행할 수 있고 다양한 교육 활동에 참여하여 학습할 수 있도록 많은 점을 고려할 수 있어야 한다.

학생에게 잘 맞게 제작된 의수족이나 보장구 등은 학생들의 신체 움직임에 많은 도움을 줄 것이다. 이러한 의수족 및 보장구 전문가와의 협의를 통해 교사는 이러한 보조장치의 기능이나 작동 방법에 대해 이해하고 학생에게 기대할 수 있는 행동의 범위도 잘 이해할 수 있게 될 것이다.

심리학자와 사회복지사의 협력도 중요하다. 부모와 이 학생의 사례를 관리하는 지역사회 센터와 긴밀하게 협조하게 되면 학생이 치료에 빠진다거나 하는 문제 등을 예방할 수 있기에 필요하다. 지체장애 아동은 자칫 심리적인 스트레스를 겪기가 쉬운데, 학교심리학자를 통해 이러한 문제에 대한 도움을 받을 수도 있고, 학생의 지적 능력의 잠재 가능성에 대한 사정을 받아 보게 할 수도 있다.

말-언어치료도 지체장애 학생, 특히 뇌성마비 학생들이 많이 받는 치료 지원 중의 하나다. 교사는 학교 상황에서 학생의 말을 어떻게 향상해 줄 수 있는지에 대한 조언을 받아 도움을 줄 수 있다.

장애의 여부를 떠나 모든 사람은 놀이와 레크리에이션이 필요하다. 다양한 놀이 프로그램을 통해 지체장애 아동들은 놀잇감, 게임, 신체적 운동 등을 접하게 될 것이다. 이러한 프로그램을 통해 레크리에이션 기술을 익히고 좀 더 생산적인 여가를 즐길 수 있도록 지원해 주어야 한다(Kelly & Block, 2011). 특수체육은 그러한 면에서 장애학생들에게 매우 중요한 역할을 할 것이다.

조기 중재

지체장애를 가진 어린 유아와 함께 일하는 사람들은 ① 조기 발견 및 개입, ② 의사소통 능력의 발달의 두 가지 염려를 한다. 발달 지체가 확인되면 교육이나 치료가 제때 이

지체장애 및 건강장애 학습자의 요구에 따른
반응적 교수

일반교육 현장에서의 물리 및 작업 치료의 접목

대부분의 지체장애 학생은 교육 프로그램의 일환으로 관련 서비스를 받을 것이다. 관련 서비스에는 언어치료부터 대중교통 수단 활용에 관련한 서비스까지 매우 다양할 것이다. 그중 지체장애 학생들은 작업치료와 물리치료를 가장 많이 받고 있다. 여러 연구에 의하면 이러한 관련 서비스가 교육 현장에 접목되었을 때 가장 효과가 크다(Heller et al., 2009 참조).

물리 및 작업 치료

물리치료와 작업치료의 차이점을 이해하는 것은 어려울 수 있다. 그러나 이러한 치료를 교육 환경에서 이루어지는 교육과 접목시키고자 할 때에는 무엇보다 정확한 이해가 중요하다.

물리치료는 감각 및 대근육 운동 기능과 관련이 있다. 물리치료사는 학생이 학교에서 이루어지는 다양한 활동을 할 때 어떻게 자세를 취하는 것이 좋은지에 대한 안내와 시범을 보여 주기도 한다. 또한 학교 환경을 어떻게 이동해야 하는지에 대하여 적절한 보행 기술을 교육하기도 하고, 근육의 힘을 단련시키며, 몸을 잘 조절할 수 있도록 지도한다. 작업치료사는 일상생활 기술, 즉 옷 입기, 씻기, 신변 처리하기 등과 관련한 활동 등을 하면서 학생의 소근육 운동(물건 쥐기, 글씨 쓰기, 음식 썹기 등)을 주로 담당한다.

학급에서의 적용

학급 학생에게 관련 서비스를 제공하는 다양한 서비스 제공자와의 다학문 팀 협력은 이제 교사로서 당연한 일이 되었다. 물리치료와 작업치료를 교실에서 접목할 때에 교사는 다음과 같은 사항을 고려하여야 한다.

- 그 치료 서비스가 교육과 관련된 것인가, 아니면 의료와 관련된 것인가? 예를 들어, 교육과 관련된 서비스라면 학생이 이

동할 때 교사나 보조교사가 어떻게 자세를 잡는지에 대한 방법이 포함될 수 있지만, 의료와 관련된 치료라면 학생의 근육을 강화하는 것이 될 수 있을 것이다.
- 학생의 IEP 목표는 무엇인가? 치료 서비스가 학생의 목표를 달성하는 데 도움을 주는가? 예를 들면, 독립적인 보행, 보조공학 기기의 조절, 자세의 교정, 신체 조절 능력의 향상 등은 모두 치료의 목표이지만 이러한 목표는 교육과도 매우 밀접하여 학생의 IEP 목표를 달성하는 데에도 도움을 줄 것이다.
- 어떠한 서비스가 필요한가? 직접, 간접 아니면 직간접? 직접적인 서비스란 치료사로부터 아동이 직접적으로 받는 치료를 의미한다. 치료실보다는 자연스러운 환경(교실, 운동장, 체육관 등)에서 어떤 동작이나 기술이 필요할 때 이러한 치료가 이루어지는 것이 바람직하다. 반면에 간접적인 서비스란 부모, 교사 또는 보조교사를 대상으로 하는 상담이 포함된다. 상담 모델에서는 치료사가 수업에서의 교수적 수정, 수업 자료에 대한 추천, 활동을 원활하게 하도록 하는 환경의 수정, 수업 시간의 변경 등에 대한 상담을 지원한다. 더 나아가 자신이 하는 치료 서비스에 대해 교사에게 알려 주기도 한다. 학생의 향상도를 모니터링하여 IEP팀에게도 알려 준다.
- 또래 지원이 적절한가? 학생의 기술이 좋아지면 적절한 또래 지원도 끌어들인다. 이렇게 되면 어른의 지원을 더 이상 유지시키지 않아도 되는데, 학생은 의존감이 낮아지고 독립심이 높아질 수 있다.

이렇게 치료사의 지원을 받아 교사가 학생에게 어떻게 적용하는지를 잘 알게 되면 활동 참여도 원활해지고, 동시에 물리치료 및 작업치료의 효과도 상승하게 된다.

•Kristin L. Sayeski

■ ■ ■ ■ ■ ■ ■ ■ ■ ■

루어지지 않아 더 나빠지는 것을 예방하기 위해서 되도록 빨리 조기 중재가 들어가야 한다. 빠른 개입은 치료의 효과를 극대화한다(Dunst, 2011 참조). 지체장애 유아의 경우에는 의사소통 기술이 어려울 수 있는데, 의사소통 발달은 모든 유아 프로그램의 중요한 목표에 포함된다(9장 참조). 〈성공 스토리〉에서 다루어진 4세의 Danielle은 집중적인

언어 프로그램을 받았고, 그의 환경은 수정되었다.

의사소통 기술 외에도 어린 지체장애 유아의 치료와 교육을 맡고 있는 사람들은 핸들링(handling)과 포지셔닝(positioning)을 신경 써야 한다. 핸들링이란 유아를 어떻게 들어 올리고 안고 이동하고 도와주는지에 대한 전반적인 것을 의미한다. 포지셔닝이란 아동의 자세를 맞추고, 아동의 자세를 고려하여 놀잇감이나 교재 등을 정렬해 주는 것 등을 의미한다.

좋은 포지셔닝은 신체의 효율성과 조작 능력을 극대화해 주고, 바람직하지 않은 근육 반응을 줄여 주며, 운동 패턴 등을 향상한다(Best et al., 2010). 그러나 한 아동을 위한 좋은 포지셔닝이 다른 아동에게는 적합하지 않을 수 있음을 명심해야 한다.

지체장애 아동을 지도하는 교사는 대근육 반응(예: 머리 조절, 앉기, 구르기, 서기, 걷기 등)을 향상하는 방법에 대해 잘 알고 있어야 한다. 그리고 잘못된 반사 운동이 신체 활동에 어떠한 영향을 미치는지에 대해서도 알고 있어야 한다. 중증의 신경학적 문제로 아동이 운동장애가 있는 경우라면 교사는 우선적으로 '먹기(예: 씹기, 삼키기 등)'를 지도해야 하고 말하기에 영향을 주는 구강 운동에 대해 초점을 맞추어 우선적으로 지도해야 한다(Best et al., 2010; Martin, 2006). 가리키기, 팔 뻗기, 쥐기, 펴기 등과 같은 소근육 운동도 매우 중요하다. 이러한 기술은 따로 지도하는 것이 아니라 일상생활 중에 자조 기술이나 의사소통 등과 연관시켜서 지도해야 한다.

운동 기능은 독립적으로 지도하기보다는 일상생활과 교육 활동들과 함께 접목하여 지도하고, 의사소통 기술, 독립심, 창의성, 동기 그리고 미래의 학업과 관련시켜 지도하는 것이 중요하다. 사회적 반응성, 적절한 사회적 상호작용의 시도, 다른 아동들과 함께하는 놀이, 문제해결 능력은 교사가 교육 목표에 필수적으로 포함시켜야 한다.

전 환

특수교육에서는 전이 또는 전환(transition)이라고 하는데, 이는 한 기관에서 다른 환경으로의 변환을 의미한다. 흔히 학교생활에서 직업생활 혹은 성인생활로의 전환을 의미한다. 그러나 장애아동을 위한 전환은 좀 더 넓은 의미를 지니고 있다. (그런데 어린 유아가 교육기관을 변환하는 것은 흔히 전환이라는 용어를 사용하여 의미의 변화를 주고 있다. 그러므로 여기서는 전환이라는 용어를 사용할 것이다.) 병원을 퇴원하여 학교로 기관을 옮기는 것도 전환이다. 사실 전환은 태어나면서부터 시작된다. 그러나 여기에서는 청소년기에서 성인기로 넘어가는 시점을 중점적으로 다루고자 한다. 지체장애 학생들의 경우 일반적인 전환 계획으로는 불충분하다(Moon, 2011; Scanlon, 2011 참조)

특별히 지체장애 학생의 전환을 준비하기 위해서는 두 가지 사항에 대해 중요하게 다

⭐ 성공 스토리

Danielle은 집중적인 조기 중재와 부모와 전문가들 간의 의사소통으로 성공적으로 성장할 수 있었다.

Danielle의 엄마인 Jennifer Durrance: "Danielle의 선생님은 Danielle이 자신의 학교생활을 엄마에게 얘기해 주지 못한다는 것을 알고 매일 Danielle의 학교생활 노트를 작성해 주셨어요."

3년간의 조기교육을 마친 후 4세가 된 Danielle은 통합어린이집에서 유아특수교육을 받게 되었다.

다음은 Danielle의 성공 비결이다.

- ★ 강도 높은 조기 중재
- ★ 교사들과의 끊임없는 의사소통
- ★ 지체장애와 학업 준비에 중점을 둔 분명한 교육 목표

특수교사인 Leigh Anne Williams는 3~4세 정도의 비장애 유아와 장애 또는 발달 지체를 가진 유아를 지도하고 있다. Danielle은 그 반 유아들 중 휠체어를 이용하는 유일한 아이다. Danielle의 엄마인 Jennifer Durrance는 Williams 선생님과 자주 대화를 나누는데, Danielle이 어린이집 프로그램을 통해 적절한 특수교육과 관련 서비스를 잘 받고 있는지를 확인하곤 한다. Danielle은 9개월부터 철저하고 힘든 특수교육을 지금까지 받으면서 잘 성장하고 있다.

★ 강도 높은 조기 중재

Danielle은 뇌성마비를 가지고 있으며, 신경학적인 문제로 인하여 보행, 언어, 사회적 상호작용 등에 어려움을 보였다. 할로윈 전날 Danielle은 스탠딩 탁자에서 까만 종이에 하얀 물감을 톡톡 쳐서 마귀 가면을 만들었다. 스탠딩 탁자는 보조기기로서 수직으로 설 수 있게 도움을 주는

데, Danielle은 하루에 60분 정도까지 사용할 수 있다. 만들기 활동을 마치고 다른 유아들은 손을 씻고, Danielle은 교실 수업 보조교사의 도움을 받아 스탠딩 탁자에서 휠체어로 옮겨졌다. 그 반에는 3명의 수업 보조교사가 있는데 그들이 돌아가면서 Danielle의 이동을 돕는다. "제게는 3명의 수업 보조교사가 있어요. 그들은 돌아가면서 Danielle을 안아 올려 앉히고, Danielle이 워커를 사용할 수 있게 돕거나 교실 천장에 달려 있는 그네도 탈 수 있게 도와준답니다."라고 Williams 교사는 말한다.

Danielle은 34주 만에 태어난 미숙아였는데, 태어날 때 산소 부족이 있었으며 4파운드 4온스(약 1.9킬로그램)로 작았다. 그래서 생후 11일 동안 병원에 있었다. Danielle이 4개월이 될 무렵 부모는 뭔가 이상한 점을 발견하였다. "Danielle은 뒤집지도 않았고 아기침대에 놓여 있는 장난감을 만지지도 않았어요. 아기들은 두 손을 만지기도 하고

루어야 한다. 그것은 직업과 사회적 성(sociosexuality)이다. 청소년기가 되면 직업, 사회적 관계 및 성에 대하여 시험 삼아 해 보거나 아니면 보다 직접적이고 심각하게 숙고해 보게 된다. 지체장애 학생들의 경우도 마찬가지다. 이 시기의 학생은 이런 사항에 대한 질문(나는 내가 원하는 직업을 가질 수 있을까? 나 스스로 독립적으로 생활할 수 있을까? 좋은 친구 관계를 만들고 또 계속 유지할 수 있을까? 나를 외적으로 매력적으로 생각하는 사람이 있을까? 나의 성적 욕망을 어떻게 채울 수 있을까?)을 하거나 뭔가 시도를 해 봄으로써 자신은 물론 가족까지도 당황케 하기도 한다. 청소년기의 학생은 일반적으로 이러한 질문을 스스로 던지며 나름대로의 성장 과업을 이루려는 가운데 어려움을 겪지만, 지체장애가 있는 청소년기의 학생들은 더 힘든 시간을 겪게 되는 것이다(White, Schuyler, Edelman,

처다보기도 하잖아요. 근데 Danielle은 항상 한 손만 쳐다보고 한 손을 바닥에 놔두는 것이 좀 이상했어요." 6개월이 되었는데 Danielle은 앉지 못했고, 한곳을 바라보는 두 눈동자는 확실히 교차되어 있었다. 9개월째에 Danielle은 발달검사를 받고 MRI를 찍었는데 뇌성마비 확진을 받았다. 그 후 곧바로 조기교육 서비스가 시작되었다. 특수교사가 Danielle의 집으로 와서 교육을 시작했다. 그리고 센터에서는 물리치료와 작업치료를 주당 몇 회기 받았다. 안과의사도 방문하였다.

★ 끊임없는 의사소통

Danielle의 엄마 Jennifer Durrance는 Danielle이 조기교육 서비스 프로그램에서 통합어린이집 프로그램으로 전환(transition)할 때 많은 대화를 나눴는데 그것이 또한 성공의 비결이라고 생각한다. "전환 회의에 참석했을 때 한 선생님께서 제게 Danielle의 사진이 있으면 보여 달라고 했는데, 저는 그것이 참 감사했어요. 그러면서 별로 부담스럽지 않고 좋았는데, 아마도 그런 상황에서 많은 부모님은 걱정스럽고 당황스러울 수 있을 것 같다는 생각을 했어요. 선생님들이 부모님들의 그 심정을 알고 계셨음 해요."

Danielle의 엄마는 Danielle의 장애가 Danielle의 생활과 학습에 어떻게 영향을 미치고 있는지에 대해 교사들에게 최대한 많은 정보를 제공하였다.

- 일반아동들과 함께 교육을 받는 경우라면 교사는 IEP에 대해 더 많은 이해가 필요함
- 교사와의 원만한 의사소통을 최우선의 과제로 생각함
- 부모가 알고 있는 아동에 대한 정보를 교사가 최대한 활용하도록 하기 위해 노력함

★ 지체장애와 학업 준비에 중점을 둔 분명한 교육 목표

Danielle은 그린밸리 통합어린이집에 다니기 시작했다. 장애유아를 위한 캐롤라이나 교육과정 평가를 통해 모든 영역의 발달 수준을 진단한 결과 지속적인 향상을 보였다. 인지와 사회 적응 영역에서의 평가 결과를 보면, 또래 유아와 비교하였을 때 약 1세에서 1세 반 정도의 지연이 있는 것으로 나타났다. 감추어 놓은 사물에 대한 기억을 할 수 있었고, '텅 빈/꽉 찬'과 같은 개념을 이해하고 있으며, '하나를 더하면……'에 해당하는 개념도 잘 알고 있었다. 사회적으로는 지시를 따를 수 있었고, 활동이나 놀이에서 열심히 참여하는 자세를 보였으며, 친구들과 함께 놀이하는 것을 즐겼다. Danielle의 IEP는 지체장애로 인하여 사회적 상호작용이 약간 제한적이라고 기술되어 있다. Danielle의 소근육 및 대근육 운동 기능은 또래 아동에 비해 2세 정도 지연된 것으로 나타났다. Danielle은 물리치료와 작업치료를 받으면서 보행 기술과 지구력을 향상할 수 있는 훈련과 조작 능력과 시각 운동을 위한 훈련을 하였다. Danielle은 언어치료도 받았다. Danielle은 연령 수준에 맞는 개념과 어휘력을 가지고 있었지만 먼저 의사소통을 시도하지 않는 경향이 있었으며, 다른 사람이나 동물이 내는 소리를 잘 모방하려고 하지 않는 특성을 보였다.

다음 봄에 있을 IEP팀 회의에서는 그다음 학년도에 Danielle이 교육받을 곳을 결정할 것이다. Danielle의 부모와 팀 회의에 참여한 다양한 교사와 치료사는 Danielle이 일반초등 병설유치원으로 학교를 옮겨야 할지, 아니면 어린이집에서 좀 더 확장된 프로그램을 받을지를 결정할 것이다.

• Jean B. Crockett

Hayes, & Batshaw, 2002).

앞서 언급한 바와 같이 지체장애인들이 가지는 특정한 정서·행동적 문제를 예측하기란 어렵다. 지금 걷지 못하는 어린 아동이 언젠가는 걷게 된다는 것을 의미하는 것은 아니다. 어쩌면 성인이 되어서도 걷기를 위한 서비스가 필요할 수도 있다(Bottos, Feliciangeli, Sciuto, Gericke, & Vianello, 2001). 많은 지체장애인은 성인이 되어서도 서비스가 필요할 수 있다. Bottos와 동료들은 "뇌성마비 학생을 지도할 때 아동의 현재 상황을 고려하여 지도 계획을 수립하기보다는 평생을 고려하여 지도 계획을 수립하고 서비스를 제공해야 한다. 그리고 학생이 성장하여 어른이 되면 서비스 등이 중단되는 경우가 많은데 장애 정도도 심해지고 삶의 질이 낮아질 수 있다."라고 강조하고 있다(2001, p. 526).

직업의 선택

지체장애 청소년을 위해서는 직업의 목표를 수립하기 위하여 자신이 가진 특별한 능력, 장애 관련 문제, 동기 등에 대해 주의 깊게 사정해야 한다. 고등부 이후의 교육은 개인의 흥미, 능력, 요구, 접근 가능성 등을 우선 고려하여야 한다. 특정 장애의 경우에는 직업의 선택에서 어느 부분은 분명 제외될 수밖에 없을 수도 있다. 그렇지만 장애가 있더라도 높은 성취 동기와 자신에게 있는 잔존 기능을 최대한 발휘하여 다양한 전문 영역에서 두각을 나타내는 경우도 많을 것이다.

지체장애 청소년들과의 가장 큰 어려움 중의 하나는 그들에게 현실적인 직업에 대한 조망을 가질 수 있도록 돕는 일일 것이다. 직업에 대한 고려를 위하여 신체적인 제한 범위는 물론 지능, 정서적인 특성, 동기, 직업 기술도 주의 깊게 사정되어야 한다. 또한 특정 직업에 대한 가능성, 직원 채용 여부 등도 함께 고려해야 할 사항이다. 예를 들면, 경도 지적장애를 가지고 있으면서 양하지와 상지에 경직성 뇌성마비를 가지고 있는 경우라면 변호사, 연구 기술자, 타이피스트라는 직업을 가질 수 있는 가능성은 거의 없을 것이다. 그러나 뇌성마비를 가졌지만 성적이 뛰어나고 동기가 높은 아동이라면 신체적 한계와 사회적 오명을 극복하면서 다양한 직업(신체적인 것보다는 지적인 것) 현장에서 성공적으로 직업 수행을 할 수도 있을 것이다. 예를 들면, 〈사례 소개〉에 소개된 Tyler Rich의 경우에는 현재 직업 준비를 탄탄하게 쌓고 있음을 알 수 있다.

지체장애 학생들은 저마다 다양하기에 직업에 대한 조망 또한 다양하다. 장애의 정도가 매우 가볍거나 일시적일 경우에는 어느 직업이라도 선택이 가능할 것이다. 하지만 비교적 장애 정도가 심하지 않은 경우라 할지라도 사회적 · 정서적으로 부적절하거나 직업 능력이 부족한 경우에는 취업이 어려울 수 있다. 이러한 경우에는 직업재활 센터에서 이와 관련된 훈련을 받아야 할 것이다. 장애가 심한 경우, 자신의 지적 능력과 원만한 사회적 상호작용 기술, 잔존기능을 최대한 발휘하게 되면 좋은 직업 분야에서 경쟁력 있는 고용인(또는 고용주)이 될 수도 있을 것이다.

중증의 장애인들을 포함하여 장애인들의 직업에 대한 전망은 최근 들어 매우 좋아졌다. 그 이면에는 법 제정, 연구, 관련 프로젝트 등의 공이 컸다고 말할 수 있다. 대중교통 수단이나 공공 건물에 다양한 편의시설이 설치되어 장애인이 쉽게 이용할 수 있게 되었으며, 공학의 발전으로 장애인이라도 할 수 있는 직업의 폭이 더욱 다양해졌다. 그러다 보니 좀 더 많은 장애인이 직업을 위한 준비를 하여 취업률 또한 높아졌다. 결과적으로 장애인들의 독립생활, 경제적 안정, 사회적 수용도 좋아져서 장애인의 취업은 장애인에게 좋은 일임과 동시에 사회나 국가 경제 면에서 효과적인 일이 되었다.

직업에 대한 준비는 유아기부터 시작하는 것이 좋다. 청소년기가 되기 훨씬 전부터 다양한 직업에 대해 탐색할 수 있는 교육을 제공하는 것이 바람직하다. 이러한 과정에서

사례 소개: Tyler Rich

Tyler Rich는 선천성 뇌성마비를 가지고 있으며 하반신 사용에 어려움이 있다. 워커를 사용해 왔는데, 고등학교 2학년 때 Segway Personal Transporter(사진 참조)를 알고 난 후 이 보장구를 사용하게 되었고, Segway를 사용하는 장애인 동호회에 가입하게 되었다. 그 후 Tyler는 재활공학에 대한 관심이 높아져 Segway의 보장구를 만드는 회사인 SegVator를 알게 되고 그 회사에 접촉을 하게 되었다. 현재 Tyler는 그 회사에서 만드는 자동차 리프트, 다양한 좌석 등 여러 가지를 테스트하는 사람이 되었다.

1. 당신이 즐거워하는 것은 무엇인가요? 저는 플라이 낚시를 좋아하고 배 타는 것을 좋아해요. 물에서 하는 것은 다 좋아하지요. 저의 할아버지는 범선에서 사셨는데, 아마 제 피에도 물을 좋아하는 집안 내력이 들어 있는 것 같아요. 저는 예전에는 워커를 사용했어요. 근데 지금은 워커를 사용할 때 썼던 에너지를 가지고 체육관으로 가서 다리의 특정 부위의 근육을 강화하는 운동을 하고 있어요. 운동을 하면 기분이 좋고요. 이 운동을 통해 주요 부위의 힘이 단련되어 제 Segway를 더 잘 사용하게 된 것 같아 좋아요.

2. 당신이 가장 좋아하는 휴식 방법은 무엇인가요? 저는 컴퓨터 게임하는 것을 좋아해요. 책도 많이 읽고요. 특히 좋아하는 장르는 풍자문학이에요.

3. 속상한 점은 무엇인가요? 사람들의 '무지'요. 사람들이 잘 모를 때 저는 알려 주기 위해 노력하는데요. 노력해도 잘 안 되면 그냥 저도 상관 안 해요.

4. 사람들의 '무지'가 속상하다고 했는데, 그냥 모든 것에 대한 '무지'를 말하는 건가요, 아니면 특별히 어떤 부분에 대한 '무지'인가요? 좀 더 얘기해 주세요. 우선 제가 말씀드리는 '무지'란 넓게 보면 '닫힌 마음'을 의미해요. 저는 모르는 사람을 만났을 때 그저 상대방의 외모로 그 사람을 판단하려고 하지 않아야 한다고 생각해요. 점점 시간을 두고 알아가면서 그 사람에 대해 알아간다고 생각해요. 저는 사람들이 다른 사람에 대해 좀 더 받아들이려는 자세를 갖는다면 세상이 좀 더 좋아질 거라고 생각해요.

5. 당신의 인생에 긍정적인 영향을 준 선생님이 있나요? 제 고등학교 직업 선생님이신 Coughlin 선생님이라는 분이 계세요. 저는 공학 쪽에 관심이 많았는데 선생님께서는 제 관심 영역을 알아차리시고 교육과정에 맞추어 교실에서 수업하는 것을 대신하여 제가 직접 경험하게 해 주시고 저만의 프로젝트를 할 수 있도록 해 주셨어요. 지금은 제가 고3인데요. 저는 그 선생님 수업 시간에 수업조교를 하고 있답니다.

6. 당신이 롤모델(유명인사, 가족)로 삼고 있는 분이 있나요? 왜 그 사람이 롤모델인가요? 제 친할아버지와 외할아버지께서 제 롤모델이세요. 제 외할아버지는 목공일을 하셨던 분이세요. 저의 공학 쪽의 디자인과 관련된 부분에 대해 외할아버지의 영향을 받아서 흥미가 생긴 것 같아요. 그리고 외할아버지는 범선에서 사셨는데 배에 대한 흥미와 다양한 수상 활동에 대한 취미는 외할아버지의 영향을 받아서 생긴 거예요. 그리고 제 친할아버지는 기계를 디자인하시는 분이셨어요. 늘 뭔가를 뚝딱 만들어 내곤 하셨지요. 저는 친할아버지도 많이 닮은 것 같아요.

7. 장애로 인해 가장 어려운 점은 무엇인가요? 솔직히 말씀드리자면 장애는 제게 별로 불편함을 주지 않아요. 저는 태어날 때부터 뇌성마비를 가졌고, 다른 생에 대해서는 잘 알지도 못하지요. 저는 세상의 모든 일을 할 수 있다고 생각해요. 단지 방법이 다를 뿐 다른 사람이 하는 일을 저는 다 할 수 있다고 보거든요.

8. 당신의 장애가 당신이 목표로 하는 것을 이루는 데 영향을 미치나요? 뇌성마비는 그 정도가 사례마다 매우 다르잖아요. 저는 매우 활동적이고 기능 면에서도 뭐든 할 수 있는데, 사람들은 제 신체가 마비되었다고 생각하기도 하고 제가 인지장애가 있는 줄 아는 경우도 있어요. 제 경우는 단지 보행에만 문제가 좀 있을 뿐인데…….

9. 장애가 당신의 사회적 관계에 영향을 주었나요? 저와 친구가 되기 위해서는 사람을 잘 받아들일 수 있는(다름을 이해하고 받아들이는) 성격이 있어야 한다고 봐요. 저 또한 그런 성격을 가진 사람과 친구가 되고 싶어 했는데 다행히도 그런 친구들을 많이 만났어요. 저는 저희 동네에 있는 스키 리조트에서 개최한 프로그램

에 참여하면서 친구들을 많이 사귀었어요. 저는 매우 활동적인 사람이기 때문에 뇌성마비가 있다고 해서 너무 조심스럽게 다루어지는 것을 원하지 않았어요. 그런데 제가 Wintergreen Adaptive 스키 프로그램에서 만난 친구들은 그런 저를 이해해 주었어요.

10. 장애가 있다는 것에 대해서 다른 사람이 알면 깜짝 놀랄 만한 어떤 장점이 있나요?   저는 힘든 일에 대한 가치를 인정하고 그것을 감사히 여겨요. 제가 힘들게 얻은 일이 아니면 그 만한 가치가 있다고 생각하지 않거든요. 저는 저의 목표를 달성하기 위해 어려운 일이어도 하려고 했기 때문에 정말 멋진 일들을 많이 해 본 것 같아요.

11.다른 사람들이 당신을 바라보는 시각에 대해서는 어떻게 생각하나요?   Segway는 게으른 사람들이 쓰는 도구라는 오명을 갖고 있다고 생각해요. 사람들은 제가 그것을 타고 다니는 것을 보고 제가 단지 걷기 싫어서 탄다고 생각하기도 해요. 그런데 그건 정말 잘못된 생각이에요. 저는 날마다 정말 열심히 일하거든요.

12. 10년 뒤에 당신은 어떤 모습일까요?   10년 후 저는 공학 분야에서 일을 하고 있을 것 같아요. 저는 학부에서는 기계공학을, 대학원에 가면 생명 – 의료공학(biomedical engineering)을 공부해 보고 싶어요. 35세 전에 저는 의료공학 기기를 만드는 회사를 직접 창립해서 장애인들의 삶을 좀 더 편안하게 해 주고 싶어요. 참! 저는 제트기 부분 오너십을 갖기를 원해요.

12. 다음 빈칸을 채워 주세요. 나는 _____ 없이는 살 수 없다   빈칸에 넣고 싶은 말은 '위트'예요. 저는 생각하는 것을 좋아하고 제가 누구인지 사유하는 것을 좋아해요.

Tyler는 온라인을 통한 당신의 연락을 환영합니다.
tyler.rich@gmail.com

지체장애 아동들은 자신들이 좋아하는 일이 무엇인지, 자신이 무엇을 잘하는지 등에 대해 생각하게 되고 다양한 직업이 주는 가치 등을 이해하게 된다. 이러한 과정을 통해 학생들이 자신에게 맞는 직업 프로그램을 찾아 자신의 기능을 최대한 발휘하며 기쁘게 할 수 있는 일을 찾도록 하는 것이 이러한 교육의 목표가 될 수 있다.

중도장애인을 위한 **지원 고용**(supported employment) 개념은 그리 오래전에 만들어진 개념은 아니지만 현재 널리 확산되어 있다. 이 개념은 장애인이 일반 업무 환경에 일하고 있는 상태에서의 지원을 의미한다. 일반 직장에서 비장애인과 동일하게 취업되어 보통의 임금을 받고 있는 경우이지만 효율적인 직업 수행을 위해 지원(직능훈련을 포함하여)을 제공하는 것을 말한다. 예를 들어, 한 장애인이 어떤 슈퍼마켓 입구의 안내 데스크에 고용되었다면 이 직업이 요하는 기술에 대한 지원이 제공된다. 이 경우에는 고객과의 인사, 눈 맞춤, 미소, 쇼핑 카트의 제공, 물건 정보의 제공 등에 해당되는 기술을 요할 것이다. 또한 언제 고객을 도와주고, 언제 고객을 편히 그냥 두어야 하는지 등 다양한 면에서의 기술도 필요할 것이다. 이에 직무지원원는 이러한 직업 기술을 가르치고 훈련하는 역할을 하게 된다.

새로운 공학과 전자 기기 등의 발전으로 지체장애 학생들의 독립생활과 직업에 대한 전망이 좋아졌다. 공학 기기가 이미 개발되어 있다면 교사는 그것을 사용할 수 있도록 소프트웨어에 대한 이해(예: 소프트웨어는 컴퓨터 키의 기능을 다르게 변경하기도 함)가 필요하다.

하지만 교사는 특별한 기기를 사용하지 않고도 일반 기기를 가지고 쉽게 변형할 수 있는 방법도 있음을 알아야 한다. 헤드스틱(손이나 발을 원활하게 사용할 수는 없지만 목 근육을 수의적으로 사용할 수 있는 경우 컴퓨터나 그 밖의 기기의 키를 터치하기 위해 사용하는 도구)으로 컴퓨터를 사용하는 학생이라면 키보드를 단순히 세로 방향으로만 놓아주는 것도 좋은 방법이 될 수 있다. 교사는 우선 간단하고 저렴하며 일반학생들이 사용하는 동일한 사물이나 도구를 사용하면서도 학생들에게 기능을 향상해 줄 수 있는 것을 찾을 수 있어야 한다. 특별한 장비나 도구를 사용하는 것이 아니라 일반적인 도구 등을 사용하게 되면 비장애학생들도 지체장애 학생들이 자신들과 크게 다르지 않다고 인식할 수 있기 때문에 매우 중요하다. 다른 기구들로 인해 시선을 끌게 되는 것도 장애인들에게는 하나의 장애가 될 수 있기 때문이다.

사회적 성

상당히 최근까지도 지체장애가 인간의 '성'을 무효화한다고 생각해 왔다. 사람들은 몸이 불편하면, 특히 걷지 못하면 성적으로 매력적이지 않고 또한 성적 기능도 부족하거나 거의 없다고 생각했다.

다행히 그러한 태도는 변화되었다. 장애인도 성교육을 포함한 가정생활 교육을 받을 권리가 있고, 적절한 성적 관계 등을 포함한 모든 형태의 인간관계를 누릴 권리가 있다고 인식하고 있다. 다른 아동들과 마찬가지로 지체장애 아동들을 위한 성교육도 조기에 시작해야 하고, 몸의 구조와 기능, 인간과의 관계와 책임, 성적 만족을 줄 수 있는 대안적 방법 등에 대한 정보 제공 등에 대한 교육도 성인기까지 계속 이루어져야 한다. 지체장애 청소년들은 깊은 친구 관계를 경험하고 사람과 사람 사이의 따뜻한 신체 접촉(성적인 것이 아닌)도 경험할 필요가 있다. 그러나 지체장애인이 모든 사람과 플라토닉한 관계를 유지하는 것을 기대하는 것도, 성적 환상에 머물러 있는 것도 모두 비현실적인 것이다. 아무리 장애가 심하다고 하더라도 대부분의 지체장애인들은 성적 욕구, 성적 쾌감에 대한 욕구가 살아 있으며, 결혼이나 임신에 대한 욕구도 있다. 특수교육과 재활의 목적은 특별한 개개인이 인간으로서 최대한 충만하게 살 수 있도록 하는 데 있다. 그러므로 지체장애 청소년을 위한 교육에는 대안적인 방법으로 성적 쾌감을 느끼는 방법, 다른 방식으로의 성행위 등에 대한 교육도 포함시킬 필요가 있을 것이다. 섬세한 교육과 재활을 통해 장애인들도 성적 표현이나 성적 만족에 대해서 학습할 수 있는 기회를 제공하여야 할 것이다.

요약

지체장애는 어떻게 정의되고 분류되는가?

- 지체장애란 신체적 제한과 건강 문제로 인해 학교생활이나 학습에 어려움이 있어 특별한 서비스와 훈련, 기기, 자료, 설비 등이 요구되는 경우를 의미함
  - 선천성 또는 후천성
  - 급성 또는 만성, 간헐성 또는 진행성
  - 다른 장애, 예를 들면 지적장애, 정서 · 행동장애 등이 동반될 수도 있고, 영재성을 갖기로 함
- 주요 유형에는 신경운동적 장애, 정형외과적 장애, 근골격장애 그리고 그 밖에 건강이나 신체에 영향을 주는 질환으로 나뉨

지체장애의 출현율은 어떠하며, 어떠한 특수교육적 지원이 요구되는가?

- 전체 아동 중 약 1%가 지체장애 및 건강장애를 가지고 있다.
  - 이 중 50%는 중복장애를 가지고 있음
  - 1/10 정도는 정형외과적인 문제를 가지고 있음
  - 전체 80%는 만성적인 건강 문제를 가지고 있음

주요 신경운동장애는 무엇인가?

- 모든 아동은 뇌손상(태내, 출산 중, 출산 직후)이나 척추장애가 있다.
  - 마비, 약화, 불협음, 운동 불능 등과 같은 특성을 보이는 뇌성마비는 인지장애와 다른 장애를 동반하는 경우도 있다.
  - 간질은 뇌의 비정상적인 전기 방전으로 나타난다.
  - 이분척추는 태아의 발달기에 척추 닫힘의 실패로 나타난다.

주요 정형외과적 및 근골격 장애는 무엇인가?

- 근이영양증은 근육이 점점 소실되거나 약화되는 진행성 질환이다.
- 소아 류머티스 관절염은 관절 주변의 급성 염증으로 만성적인 통증과 합병증이 나타난다.

건강 또는 신체적 기능에 영향을 주는 기타 질환은 무엇인가?

- 태아알코올증후군(FAS)은 임신 중 산모의 알코올 남용으로 인하여 나타나는 기형 및 인지장애임
- 후천성 면역결핍증(AIDS)은 생명을 위협하는 바이러스성 감염, 신경의 합병증(인지장애, 간질, 뇌성마비, 정서 · 행동장애)이 나타남
- 사고

지체장애를 어떻게 예방할 수 있는가?

- 안전에 대한 주의, 더 나은 건강 관리, 10대의 임신 예방, 아동학대의 예방, 뇌 또는 척수 손상을 가져오는 사고 등에 대한 예방

지체장애인의 심리 및 행동적 특성은 무엇인가?

- 일반화할 수 있는 것은 전혀 없다.
- 가족이나 사회의 반응에 따라 특성이 달라질 수 있다.

의수족, 보장구, 적응 보조기기란 무엇인가?

- 의수족이란 인공적인 신체 부위를 말한다.
- 보장구란 신체 부위의 기능을 보완하는 기구다.
- 적응 보조기기란 일상생활에 도움을 주는 다양한 기기를 의미한다.

지체장애 학생을 위한 주요한 교육적 고려 사항은 무엇인가?

- 교육은 학생의 잠재 가능성을 끌어올려야 한다.
- 교육, 일상생활에 필요한 기구, 직업, 미래 등은 최대한 일반적인 것이 좋다.

조기 중재는 왜 중요하며, 무엇에 초점을 맞추어야 하는가?

- 조기 중재는 미래의 장애를 예방하고 유아의 발달을 최대한 끌어올리기 때문에 중요하다.
- 조기 중재는 의사소통 능력, 핸들링, 포지셔닝 그리고 사회적 기술에 중점을 두어야 한다.

지체장애 학생의 전환에서 주요한 이슈는 무엇인가?

- 전환교육이란 한 환경에서 다른 환경으로 잘 전환시키기 위한
교육을 의미하며 미래 성인기에 대한 준비도 포함된다.

- 직업의 선택과 준비는 매우 중요한 이슈다.
- 사회적 성은 또 하나의 중요한 이슈이다.

특수교육협의회

전문적 기준

이 장에서 다루어진 미국 장애인 특수교육협의회(Council for Exceptional Children: CEC)의 공통 핵심 지식 및 기술: ICC1K5, ICC1K8, ICC2K4, ICC2K5, ICC3K5, ICC4S3, ICC4S4, ICC4S6, ICC5S1, ICC5S2, ICC5S3, ICC5S15, ICC6S1, ICC7S1, ICC7S5, ICC7S7, ICC7S9, ICC8K2, ICC8K4, ICC8S2, ICC8S4, ICC8S6, ICC10K2, ICC10K4, ICC10S6

부록: CEC의 공통 핵심 기준과 관련된 지식 및 기술을 제공한다.

MYEDUCATIONLAB

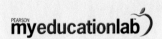

MyEducationLab(www.myeducationlab.com)의 주제 16: 중복장애와 외상성 뇌손상에서 대한 다음의 내용을 찾을 수 있다.

- 국가 수준의 기준들과 관련된 전반적 개념에 대한 학습 성과
- 각 장의 내용을 보다 심도 있게 이해하도록 도와주는 과제 및 활동 수행
- RIS Center Resources에서 볼 수 있는 어려운 상황들에 대한 검토
- 교수 기술 수립과 학습 주제 경향을 확인할 주요 개념 이해에 대한 실제의 적용
- Book-Specific Resources의 Study Plan을 통한 교재 내용에 대한 이해도 측정. 여기에서 각 장의 퀴즈 수행, 정답에 대한 피드백을 통해 복습, 연습, 심화 활동으로 이해도를 높일 수 있음
- CCSSO 올해의 교사상 수상자의 교사 면담 코너를 통해 '왜 나는 가르치는가?'에 대한 답변 영상 시청

특별한 재능과 재주(영재성)를 지닌 학습자

영재는 스스로 알기도 매우 어려울 것 같고 가까운 사람들이 그들의 영재성을 알아차리기도 어려울 것 같다. 가까운 사람들은 영재 학습자와 아주 친밀해서 영재가 지닌 능력을 알아차리지 못한다. 친한 사람들은 자신들과 영재 학습자가 어떻게 다른지조차 인식할 수 없다. 사람들은 영재에 대한 시각을 지나지 못하고 오직 영재 학습자와 그들의 제한된 관점에서 알 수 있는 차이만을 인식한다.

-Mark Twain • 『Mark Twain의 자서전(*The Autobiography of Mark Twain*)』

주요 질문

- 영재성은 어떻게 정의되는가?
- 영재의 출현율은 어떠한가?
- 영재의 원인은 무엇인가?
- 영재는 어떻게 판별되는가?
- 영재학생의 심리 및 행동적 특성은 무엇인가?
- 문화적 가치는 영재학생의 교육에 어떻게 영향을 미치는가?
- 어떤 집단의 영재학생이 경시되는가?
- 영재학생을 위한 중요한 교육적 고려 사항은 무엇인가?
- 영재아동의 조기 중재에서 주요 문제는 무엇인가?
- 영재학생의 전환교육을 위해 어떠한 내용이 제안되고 있는가?

특별한 재능과 재주(영재성)를 지닌 학습자에 대한

잘못된 생각

오해 • 특별한 인지적 재능을 지닌 사람들은 신체적으로 약하고, 사회성이 없고, 관심사가 좁고, 정서적으로 불안정한 경향을 보이고, 조기에 능력이 하락한다.

사실 • 특별한 인지적 재능을 지닌 사람들은 개인별로 다양한 양상을 보이는데, 대부분 건강하고 잘 적응하고 사회적으로 매력적이고 도덕적으로 책임감이 강하다.

오해 • 특별한 재주나 재능을 지닌 사람들은 감각적으로 초인적인 특성을 갖는다.

사실 • 특별한 재주나 재능을 지닌 사람들은 초인적인 것이 아니라 특별한 영역에서 놀랄 만한 재능을 가진 사람이다. 다른 사람들처럼 특정한 부분에 결함을 가질 수도 있다.

오해 • 특별한 재주나 재능을 가진 사람들은 정신적으로 불안정한 경향을 가진다.

사실 • 이러한 재능이나 재주를 지닌 사람들은 재능이 없는 사람들만큼이나 정서적으로 건강하고 잘 적응하는 경향을 보인다.

오해 • 인구의 3~5%가 특별한 재능이나 재주를 가지고 있는 것으로 알고 있다.

사실 • 출현율은 적용되는 영재성의 정의에 따라 알 수 있다. 어떤 정의들은 인구의 1~2%에 해당하고 다른 정의들은 20%가 넘는다.

오해 • 영재성은 안정적인 특성이고 전 생애 동안 항상 일관적으로 눈에 띄게 나타난다.

사실 • 눈에 띄는 재능과 특별한 재주의 산물 중 어떤 것은 조기에 개발되고 삶을 통해 지속된다. 그러나 어떤 경우는 재능이나 재주가 성인기가 될 때까지 눈에 띄지 않는 경우도 있다. 때때로 눈에 띄는 능력을 보여 주던 아동이 별 특징이 없는 성인이 되는 경우도 있다.

오해 • 특별한 재능을 지닌 사람들은 무엇이든지 잘한다.

사실 • 특별한 재능을 지닌 어떤 사람들은 많은 면에서는 뛰어난 능력을 가졌으나 어떤 사람들은 오직 한 영역에서만 뛰어난 재능을 지니고 있다.

오해 • IQ 검사에서 어떤 특정한 수준 이상의 점수를 받는다면 특별한 인지적 재능을 지닌 사람이다.

사실 • IQ는 영재성의 한 유형을 나타내는 오직 한 가지 지표다. 창의성과 높은 동기는 일반적으로 지능만큼이나 중요하다. 시각과 공연 예술 같은 영역의 재능과 재주는 IQ 검사로는 평가할 수 없다.

오해 • 어떤 부분에서 진정한 재능과 재주를 지닌 학생들은 특수교육이 없어도 탁월하다. 그들에게는 오직 모든 학생에게 적절한 교수와 인센티브가 요구된다.

사실 • 특별한 재능과 재주를 지닌 어떤 아동들은 특수교육 없이도 눈에 띄는 높은 수준으로 수행할 것이고, 어떤 아동들은 성취를 하는 데 있어 어려움을 겪을 때에도 탁월하게 수행할 것이다. 그러나 대부분은 그들의 앞선 능력과 관련하여 적절하고 의도적으로 계획된 교수를 지원받지 못한 경우 잠재적 수준의 성취를 달성할 수 없을 것이다.

특별한 재능을 지닌 사람들이나 이에 관한 잠재력을 지닌 사람들은 자신의 재능을 의식하지 못하고 삶을 살아갈 수 있다. 이 장 서두에서 Mark Twain이 언급한 것처럼, 가까운 사람들에게도 그 재능이 눈에 띄지 않을 수 있다. 때때로 특별한 재능과 재주를 가진 아동이나 청소년은 가족과 측근들이 그들의 특별한 능력에 가치를 두지 않기 때문에 재능이 발견되지 않기도 한다. 그리고 때때로 젊은 사람들은 기회나 훈련이 주어지지 않기 때문에 재능이 인정받지 못한다. 특히 놀라운 재능이나 재주를 지닌 학생들이 빈곤하거나 소수집단에 속한 사람들인 경우 그들의 잠재력을 개발하고 보여 주기 위한 기회들을 얻지 못할 수 있다. 모든 재능 있는 아동들이 가능한 한 최대로 그들의 재능을 개발하기 위한 훈련과 기회를 갖는다면 얼마나 더 많은 뛰어난 예술가와 과학자들이 있을 수 있겠는가? 우리는 얼마나 많은지는 모르지만 그러한 사람들이 많을 수 있다는 것을 알고 있다.

장애와는 다르게 재능과 재주는 거의 모든 사람이 계획적으로 지원해야 한다고 믿고 있다. 영재성이 낙인의 위험과 거부가 없는 것은 아니다. 많은 사람은 어떤 영역의 성취가(특히 학업적 지식이나 성취 영역에서) 평범한 수준이 아닌 개인에 대해서 낮은 정도의 관용을 보인다. 평균 또래들의 수준과 매우 차이 나는 성취를 보이는 아동들은 부모로부터, 다른 아동들로부터, 혹은 학교 관련자들로부터 비판, 사회적 고립, 사회적 압력의 대상이 되기도 한다(Callahan, 2011; Freeman, 2000, 2005).

영재성의 문제 중 어떤 부분은 장애 상태와 아주 유사하다. 예를 들면, 특별한 재능과 재주를 지닌 아동들을 정의하고 판별하는 것은 지적장애 아동, 정서 혹은 행동 장애아동을 정의하고 판별하는 것만큼이나 어렵다(Kauffman & Hallahan, 2005 참조). 그러나 영재성과 관련된 철학적 질문의 기저에는 이러한 특수성에 대해서 우리가 달리 생각하고 있음을 내포하고 있다. 우리는 특별한 도움이 주어지지 않는다면 일반적인 경쟁 수준에서 성취하지 못하는 불리한 상황에 있는 사람들을 돕고자 하는 도덕적 의무를 느낀다. 그러나 우리보다 이미 앞서고 더 잘할 수 있는 특별한 재능을 지닌 사람들을 돕기 위해서는 불리한 상황에 처한 사람들을 돕기 위한 상황과 같은 도덕적 책임감을 지니고 있지 못하는 경우가 있다.

최고의 성취를 보이고 더욱 최고가 될 수 있는 학생들을 돕는 바람직한 상황과 필요는 종종 의문스럽게 다루어지고 있다. 오늘날의 주안점은 재능이나 재주가 있는 것으로 판별된 아동들을 위해 특별한 관심을 두기보다는 모든 학생의 재능을 개발하는 것에 있다. 그러나 몇몇 연구자가 언급한 바와 같이 아동낙오방지법(No Child Left Behind Act of 2002 [NCLB])의 영향을 받아 영재성을 무시하고 경시하는 경향은 매우 현명하지 못하다(Gallagher, 2000b; Gentry, 2006; Goodkin, 2005; Kauffman & Konold, 2007; Mendoza, 2006; Van Tassel-Baska, 2006). DiGennaro(2007)는 재능이 많은 학생을 무시하는 것은 현대 미국 교육정책의 추한 비밀이라고 기술하고 있다.

인터넷 자원

국립영재아동협회(National Association for Gifted Children) 홈페이지(www.nagc.org)에 방문할 수 있다.

정의

특별한 재능을 지닌 학생들은 같은 연령의 다른 학생들과 비교하여 어떤 면에서는 뛰어남을 보인다. 영재성을 어떻게 정의하는가에 대해 교육자 간의 동의는 거의 존재하지 않는다. 학교 시스템은 특별한 재능과 재주를 가진 학생들을 교육하는 것과 관련하여 매우 다른 실제(practice)를 보이고 있는데, 이는 영재에 관한 분명한 정의가 없기 때문이다. 정의에 관한 동의가 없는 것은 다음의 질문과 관련한 의견의 차이에 주로 기인한다.

① **특별한 재능과 재주를 지닌 학생들은 어떻게 뛰어남을 보이는가?** 그들은 일반적 인지, 통찰력, 창의성, 특별한 재능, 그리고 학업 과목이나 가치 있는 과제, 도덕적 판단, 다른 요소들과의 결합과 관련된 성취에서 뛰어남을 보이는가? 만약 모든 사람이 어떤 측면에서 혹은 다른 측면에서 재능을 가지고 있다면 어떠한 영재성이 가장 중요한 것인가? 어떠한 측면의 영재성이 격려되어야 하는가?

② **영재성은 어떻게 측정되는가?** 영재성이 적성과 성취의 표준화 검사, 교사 판단, 학교나 일상생활에서 과거에 나타난 수행 혹은 다른 방법으로 측정될 수 있는가? 영재성이 어떤 특정한 방법으로 측정된다면 어떤 사람들은 간과될 수도 있다. 과거의 수행이 검사된다면 영재성의 실제를 두고 정의되는 것이다. 어떤 측정 기법이 타당하고 신뢰성 있는가? 어떤 측정이 특별한 재능과 재주와 관련된 잠재력을 지닌 학생들을 판별할 것인가?

③ **학생이 어느 정도 뛰어남을 보여야 특별한 재능과 재주를 가지고 있다고 간주할 것인가?** 학생들이 비교집단보다 50%, 80%, 60%, 99%보다 더 잘해야 하는가? 특별한 재능을 지닌 사람들의 수는 영재성의 기준에 따라 다양할 것이다. 인구의 어느 정도가 특별한 재능을 지녔다고 간주되어야 하는가?

④ **누가 비교집단이 될 수 있는가?** 비교집단을 같은 생활연령의 모든 학생, 같은 학교의 다른 학생들, 같은 인종의 학생들 혹은 어떤 집단으로 구성할 것인가? 대부분의 사람들은 어떤 집단에서 능력이 있거나 똑똑하다. 집단은 무엇을 기준으로 선정해야 하는가?

⑤ **특별한 재능이 있는 학생들은 왜 판별되어야 하는가?** 그들의 판별에서 사회적 혹은 문화적으로 어떤 긍정적인 것을 기대하는가? 개별 학생들의 교육적 요구를 충족하도록 하는 것이 중요한가? 국가 경제나 안전의 이슈가 있는가? 이러한 개별 학생들의 판별이 엘리트 집단이나 사회적 힘을 유지하게 하는가? 이러한 학생들에게 특수교육의 기회를 제공하는 것은 다른 이들이 개인적·사회적 이익을 갖는 데 도움이 되는가? 특별한 재능이나 재주를 지닌 학생들을 성공적으로 판별하기 위해서

는 어떤 기준을 사용할 것인가?

지적장애처럼 재능, 재주는 우리가 선택하는 것에 달려 있다. 어떤 이들은 임의로 정의가 바뀌기 때문에 오늘은 영재(혹은 지적장애)로 여겨질 수 있으나 내일은 아닐 수 있다. 전문가들이 사용하는 정의는 내재적으로 옳고 그름이 없다. 어떤 정의들은 다른 정의들보다 더욱 논리적이고 더욱 정확하고 혹은 더욱 실용적이지만, 우리는 여전히 그 정의들이 절대적 감각에서 정확하다고 말하기 어렵다. 우리는 영재의 개념과 정의에 대한 결정을 하기 전에 재능과 재주를 지닌 개인들을 판별해야 하는 이유에 대해 합의를 이루지 못하고 있다. 영재성의 정의는 그들의 생존을 위해 가장 유용하고 필요한 문화적 믿음에 따라 만들어지고 있다. 영재성은 정의하는 것이지 발견하는 것이 아니다 (Callahan, 2011; Gallagher, 2000a, 2000b, 2002; Heller, Monks, Sternberg, & Subotnik, 2000; Lohman, 2006 참조).

심지어 영재성에 관한 용어는 다소 혼란스러울 수 있다. 영재(재능)의 단어 외에 어떤 면에 있어 우수한 개인을 기술하기 위해 사용되는 다양한 용어가 있다. 예를 들어, 재주가 있는, 창의적인, 통찰력이 있는, 천재성이 있는, 조숙한 등이다.

- **조숙**(precocity)은 눈에 띌 정도로 빠른 발달을 하는 것이다. 조숙한 아동은 매우 어린 나이에 언어, 음악, 수학과 같은 영역에서 재능을 보인다.
- **통찰력**(insight)은 관련 없는 정보로부터 관련성을 도출하고, 관련 정보를 혼합하는 참신하고 유용한 방법을 찾고, 새로운 정보와 오래된 정보를 새롭고 의미 있는 방법으로 관련짓는 것이다.
- **천재성**(genius)은 어떠한 영역에서 특정한 적성이나 역량을 나타낼 때 사용되곤 한다. 보통 매우 드물게 나타나는 인지적 힘(종종 IQ에 의해 추정된다)이나 창의성에 의해 나타난다.
- **창의성**(creativity)은 참신하고 유용한 생각을 표현할 수 있는 능력, 새롭고 중요한 관계를 알아채고 설명할 수 있는 능력, 예전에는 생각해 보지 않았으나 결정적인 질문을 할 수 있는 능력을 일컫는다.
- **재주**(talent)는 일반적으로 특별한 능력, 적성, 성취로 나타난다.
- **영재성**(giftedness)은 이 장에서 사용되고 있는 용어로 인지적 우수성(천재성을 나타내는 데 필요한 것은 아님), 창의성과 연관되는데, 동기 유발에 있어서 비슷한 연령의 또래들과 구분될 정도로 뛰어나서 사회에 가치 있는 기여를 가능하게 만든다.

영재성이 무엇을 의미하는지에 대한 합의가 부족한 것은 정부 정의의 문제에서도 제기된다. 연방 규정에서는 주 단위의 프로그램 개발과 연구 지원을 독려하고 있음에도

영재아동들은 뛰어난 인지적 능력을 지닐 수 있고, 이는 평균의 지적 능력을 지닌 성인들과 상대하는 것을 가능케 한다.

불구하고 연방정부에서 특별한 재능과 재주를 지닌 학생을 위한 특수교육이 제공되고 있지 않다. 특수교육을 위한 연방정부는 오직 학생이 영재성에 덧붙여 장애를 가지고 있을 때에만 특수교육의 적용을 제시하고 있다(Huefner, 2006; Zirkel, 2003 참조). 그러나 대부분의 주는 프로그램을 규정하고 있고, 주 정의의 가장 일반적인 요소는 ① 일반적인 지적 능력, ② 특정한 학업 적성, ③ 창의적인 사고 능력, ④ 미술과 공연예술에서 우수한 능력, ⑤ 리더십 능력이다.

특수교육 분야는 영재성이 다양한 영역의 인간 노력에서 표현될 수 있다는 다른 방법에 대해 알아차리기 시작했다. 마찬가지로 교육자들은 영재성의 의미가 문화적 가치에서 기인함을 인정하기 시작하였다(Gallagher, 2002; Karnes & Bean, 2001; Lohman, 2006; Sternberg, 1998, 2000). 많은 능력과 영재성을 측정하는 다양한 방법이 있다. 영재성으로 무엇을 고려할 것인가와 그것을 어떻게 측정할 것인가는 문화적인 가치와 믿음이 무엇인가에 크게 의존한다. 대부분의 전문가는 이제 지능이 영재성의 모든 것이 아님을 인정하고 있다(Lohman, 2006).

인간 지능의 다양한 측면을 인식하게 됨으로써 우리는 단일한 숫자로 제시되고(IQ) 불변하다고 추정되는 일반적 지능의 사전적 개념에 만족하지 않게 되었다(Gould, 1996). Sternberg(1997)는 영재성의 세 가지 주요 유형(분석적, 종합적, 실용적)을 제시하는 지능이론을 기술하였다.

- **분석적 영재성:** 문제의 부분들을 이해하고 어떻게 서로 관련되어 있는지와 같이 문

제를 분리하는 능력이 반영된다. 이 기술은 일반적으로 전통적인 지능검사를 통해 측정된다.

- **종합적 영재성**: 새로운 상황에 대처할 때 통찰력, 직관력, 창의성, 숙련 정도를 반영한다. 일반적으로 예술과 과학에서의 높은 성취와 관련되어 있다.
- **실용적 영재성**: 매일의 문제들을 해결하기 위한 분석적이고 종합적인 능력을 적용하는 것과 관련되어 있다. 이러한 종류의 기술들은 성공적인 직업을 가진 사람들의 특징이 된다.

인터넷 자원

특별한 재능과 재주를 지닌 학생들의 교육을 알아보기 위한 사이트가 있다. www. hoagiesgifted.org/

개인들이 '다중지능'을 지니고 있다는 것은 오늘날 대중적인 생각이다(Gardner & Hatch, 1989; Chan, 2006 참조). 그러나 다중지능 개념은 연구가 지지하지 못하고 있기 때문에 과학적으로 옹호하기는 어렵다(Lloyd & Hallahan, 2007; Willingham, 2009). 다중지능 이론은 널리 타당한 것으로 여겨지나 이론을 실제적 교수에 적용한 믿을 만한 내용은 거의 없다(Lloyd & Hallahan, 2007 참조).

현재 특별한 재능과 재주를 지닌 학생들을 교육하는 대부분의 전문가는 영재성을 다른 사람들에게서는 나타나지 않으나 특정한 영역에서의 수행이 매우 뛰어남을 의미하는 것으로 정의하고 있다. 영재성이 사회적 가치가 있는 어떤 일을 하기 위해 눈에 띄는 능력이라고 믿고는 있지만, 이것은 타고나는 것이 아니며 일생 동안 불변하는 것도 아니다(Reis & Renzulli, 2009). 더구나 한 가지 면에 영재성을 지니고 있다 해서 그 사람이 다른 모든 것을 잘하는 것도 아니다. 혹은 한 가지에 대해 좋은 생각을 하는 사람이 다른 모든 것에 대해서 좋은 생각을 하는 것도 아니다. 사람들은 특별한 것을 하기 위한 그들의 능력을 개발하면서 그 분야에 관한 것을 특별하게 잘하게 된다. 능력은 "다른 지적 내용을 위한 의지에 적용될 수 있는 정신적 도구다……. 모든 인지검사는 개발된 능력을 측정한다. 거기에는 예외가 없다."라고 말하는 것은 잘못되었다(Lohman, 2006, p. 37).

출현율

연방정부의 보고서와 법률에서는 미국 학령기 인구의 3~5% 정도가 특별한 재능과 재주를 지니고 있다고 추정하고 있다. 영재성의 출현율은 사용된 정의에 따라 달라진다. 만약 영재성이 주어진 기준에서 최상위 x퍼센트라고 정의되면 출현율에 대한 질문은 다시 답해져야 된다. 물론 x퍼센트가 전국 표본의 백분율을 의미하는 것이라면, 해당 학교나 문화 집단에서의 영재학생 출현율이 수행을 측정하는 데 사용되는 기준과 상관없이 비교집단에 따라 다양할 것이다

영재성의 기원

오늘날 정의된 것처럼, 영재성은 보통 수준의 사람들과 모든 면에서 다른 것을 의미하지는 않는다. 그 대신 영재성은 사람들 일생의 어떤 시점 동안 보일 수 있는 구체적이고 가치 있고 흔치 않은 재능을 일컫는다. 영재성에 기여하는 주요 요인들은 전형적인 혹은 예외적인 행동의 유형을 촉진하는 요인들과 거의 동일하다.

① 유전, 신경학적 기능, 영양 상태와 같은 생물학적 요인들
② 가족, 학교, 또래 집단, 지역사회과 같은 사회적 요인들

우리는 모두 유전과 사회적 환경과 물리적 환경 영향의 조합 속에 있다. 어떤 환경이 뛰어난 수행 능력을 촉진하는가? 우리는 학생들의 환경을 바꿀 수는 있지만 그들의 유전적 구성을 바꿀 수는 없다.

영재성은 한 사람의 유전적 계승에 따라 부분적으로 결정될 수 있지만, 유전적 조합이 무엇이든지 간에 극도로 복잡하게 나타나고 인종이나 사회적 계층에 따라 분배되지 않는다. 영재성이 전적으로 유전된다는 생각은 영재와 관련한 최악의 생각 중 하나다 (Gallagher, 2006). 아동들은 동등한 능력을 지니고 태어나지 않는다.

현대사회의 가치를 담은 개념과 생각을 다른 이보다 빨리 배울 수 있는 능력을 타고난 청소년들이 있다. 이러한 청소년들과 그들의 능력은 많은 사회적 영향을 조건으로 하고 그들의 환경적 맥락과 상호작용을 해야만 한다. 그러므로 다문화 사회에서 이러한 특별한 재능을 지닌 학생들을 찾는 것이 어려워지고 있다(Gallagher, 200b, p. 6).

가족, 학교, 또래 집단 그리고 지역사회는 영재성 발달에 매우 큰 영향을 준다. 수행에 대한 격려, 기회, 기대, 요구, 보상은 모두 아동의 학습에 영향을 준다. 가족, 학교, 문화는 아동의 영재성을 어떻게 키워낼 수 있을까? 연구에서는 영재아동들의 부모들은 아동의 재능에 대한 태도와 관리가 다른 부모들과 크게 다른 것으로 나타났

연구자들은 특히 아동의 나이가 어릴수록 가정과 가족이 매우 중요하다고 한다.

다(Renzulli & Park, 2002). 가정과 가족들은 특히나 아동의 어린 시절 때 매우 중요하다(Muratori et al., 2006 참조). 다음은 성공적인 사람들의 가족 특성이다.

- 가족들의 몇몇(보통 한쪽 혹은 양쪽 부모)은 아동의 재능에 대해 개인적으로 흥미를 지니고 있고 재능 발달에 큰 지지와 격려를 제공한다.
- 부모들은 특히 생활방식과 관련하여 아동에게 역할 모델이 된다(최소한 아동의 재능 발달 시작에 있어서).
- 아동이 탐색하고, 재능 영역과 관련된 가정 활동에 가족들과 함께 참여하게 하는 등의 구체적인 부모의 격려가 있다. 아동의 흥미와 능력을 나타내는 작은 조짐이 보상이 된다.
- 부모는 자녀가 말을 배우는 것처럼 당연히 재능 영역에서 배울 수 있다고 생각한다.
- 가족들은 재능과 관련하여 기대하는 행동과 가치를 보인다. 아동 발달 단계에 따른 적절한 수행에 대한 기준과 분명한 스케줄을 지니고 있다.
- 교수는 다양한 환경에서 비공식적으로 발생한다. 조기 학습은 탐색적이고 놀이와 같다.
- 가족들은 멘토와 상호작용하고 아동의 연습에 대해 안내 정보를 받는다. 안내 정보에는 아동이 성취해야 할 구체적인 과제들, 해결되어야 하는 문제나 특정한 강조점들, 아동의 구체적인 목적이나 목표 달성 시기, 연습해야 하는 시간 등과 관련된 것이다.
- 부모들은 연습을 지켜보고 아동에게 요구되는 연습 시간을 채우도록 요구하고, 필요한 곳에서 교수를 제공하며, 아동이 잘하거나 기준에 도달했을 때 보상을 제공한다.
- 부모들은 아동을 위해 특별한 지도와 교사를 찾는다.
- 부모들은 아동이 자신의 능력을 대중 앞에서 보일 수 있는 이벤트(예: 연주회, 콘서트, 오디션 등)에 참여하도록 격려한다.

학교가 아동들의 영재성을 어떻게 키울 수 있는가에 대해서는 거의 주목을 받고 있지 못하다(Robinson, Shore, & Enersen, 2007). 학교가 영재성을 찾아내는 방법, 지도를 위해 아동을 집단화하고 교육과정을 구성하며 수행에 대해 보상하는 것은 모든 가능한 학생이 성취하는 것에 매우 큰 영향을 끼친다. 학교가 모든 특정한 영역에서 뛰어난 수준의 성취를 보이는 모든 학생의 수행을 촉진할 때 영재성은 모든 문화와 사회·경제 집단에서 발견될 수 있다.

영재성의 판별

영재성을 측정하는 것은 복잡한 문제다(Lohman, 2006). 조기 판별의 목적은 특별한 재능을 지닌 아동이 자기실현을 이루고 사회에 기여할 수 있도록 그들의 특별한 잠재력을 개발하도록 돕는 것이다.

영재성을 판별하는 가장 일반적인 방법은 IQ(집단 혹은 개별 검사), 표준화된 성취검사 점수, 교사 추천, 부모 추천, 또래 추천, 자기추천, 학생의 작업물이나 수행 평가가 포함된다(Robinson, 2005). 보통 이러한 방법들 중 몇몇을 함께 사용한다.

모든 문화와 인종 집단, 사회적 계층의 개인들을 위한 공정한 판별 절차를 개발하는 것에서 교육자들은 다양한 영재성의 정의를 고려하고 아동 행동의 문화적 다양성의 영향을 인지해야만 한다(McCluskey, Baker, McCluskey, 2005; Tomlinson, Ford, Reis, Briggs, & Strickland, 2004). 다문화 차이를 수용하는 데 있어서 사회경제적 지위, 언어, 다양한 인종과 문화 집단에서 나타나는 가치의 다양성을 인식하는 것이 중요하다. Hunsaker와 Callahan(1995)은 공정성을 확실히 하기 위한 여덟 가지의 판별 원칙을 제안하였다.

① 재능의 협의 개념을 뛰어넘는 사정
② 영재성의 다양한 측면을 판별하기 위해 사용되는 적절하고 분리된 판별 절차
③ 재능을 사정하기 위한 신뢰성 있고 타당한 도구와 전략
④ 취약 대상들을 위해 마련된 적절한 도구
⑤ 각 아동의 개별적 접근을 기반으로 측정 도구를 통한 단일한 점수 산출의 한계 인식
⑥ 다차원적 측정/다차원적 기준이 적용된 접근 실시
⑦ 개별 사례 연구의 가치와 점수 총합의 한계 공감
⑧ 판별과 배치가 서비스를 받을 학생의 수가 아닌 개별 학생의 요구와 능력에 기초

판별 방법은 평균보다 훨씬 우수한 능력을 지닌 학생만을 판별하기 위해 고려해야 하는 점과 영재 수준의 수행을 보일 수 있는 장래성을 지닌 학생을 포함할 수 있는 점을 모두 고려하려는 데 균형을 두어야 한다(Robinson, 2005 참조)

심리 및 행동적 특성

영재성은 기록된 역사를 통틀어서 모든 사회에서 특정한 유형으로 인식되어 왔다. 많은 사회에서 특별한 재능을 가지고 태어난 개인은 하나 또는 두 가지 측면에서 고

정관념이 있어 왔다. ① 신체적으로 약하고, 사회적으로 잘 적응하지 못하고, 관심이 제한적이고, 감정적 불안정과 조기 감소(decline)로 인한 지연이 있거나 혹은 이 모두와는 반대로 다음과 같이 나타난다. ② 지능과 체격에서 우수하고, 사회적 매력, 성취, 감정적 안정, 도덕적인 성격, 그리고 일반적 사람들이 가지고 있는 약점들이 없다. 한 가지 혹은 다른 고정관념에 부합하는 것처럼 보이는 소수의 개인을 찾는 것이 가능한 것처럼 보이지만 대다수의 특별한 재능과 재주를 지닌 사람들은 어떤 고정관념과도 맞지 않는다.

대부분의 영재학생에게 도전적인 과제를 준다면 그들은 학교에 대해서 적대적이거나 지루해하지 않는다.

　그럼에도 불구하고 고정관념은 계속되었다. 한 가지 흔한 오해는 천재성은 사람들에게 정신적 질병을 준다는 것이다. 영재성과 정신 이상이 연관되어 있다는 생각은 최악의 오해 중 하나다(Gallagher, 2006). 천부적 재능을 지닌 어떤 사람은 정신적 질병이나 신체적 장애에도 불구하고 놀라운 일들을 성취한다(Goldsmith, 2005; Martin, Burns, & Schonlau, 2010; Mueller, 2009 참조).

　아마도 영재의 기질을 보이는 대다수의 학생이 일반적인 사람들이 가지는 지적 능력, 창의력 그리고 동기보다 더 큰 능력이 요구되는 직업을 갖는다는 사실은 놀라운 일이 아니다. 대부분 그들 스스로 전문적이고 관리자 수준 등의 역할을 찾는데, 이는 성인기에 동료들 사이에서도 눈에 띄게 구분된다. 하지만 모든 학생이 직업 관련 성공을 보이는 것은 아니다. 몇몇은 그들의 재능을 사용하지 않는 진로를 택하거나, 그들 스스로 자신의 뛰어남을 보여 주는 데 실패하기도 한다(Manstetten, 2000).

　특별한 재주와 재능을 가진 학생들의 자아개념, 사회적 관계 그리고 다른 심리학적 특징들은 상당히 흥미로운 문제들이었다(Assouline & Colangelo, 2006; Robinson et al., 2007). 이러한 학생들 중 대다수는 행복하였고, 동료들에게 인기가 많았고, 감정적으로 안정적이었으며, 자아 충족적이었다. 그들은 폭넓고 다양한 흥미를 가지고 있을 수 있고 긍정적인 용어를 사용하여 자신들을 인식하였다. 그럼에도 불구하고 몇몇의 영재학생은 놀림을 받거나 그로 인해 정신적 상처를 입는다(Perterson & Ray, 2006). 다음의 〈사례 소개〉에서 Maria Hernandez가 언급하듯이 영재성은 낙인이 될 수도 있다.

　뛰어난 지적 능력을 가진 학생들은 자주 그들 스스로의 감정이나 다른 이의 감정에 매우 예민할 수 있으며, 개인 간의 관계, 개인 내적인 상태 그리고 도덕적 문제들에 대해 크게 걱정하기도 한다. 그들의 발달된 인지 능력을 사용하는 것은 어린 나이에 대부분의

사례 소개: Maria Hernandez

Maria Hernandez는 사우스캐롤라이나의 그린빌에서 태어나고 자랐다. 그녀의 부모는 모두 코스타리카 출신이다. Maria는 영재학생이다. 그녀는 매우 어린 나이에 읽기를 시작하였다. Maria는 3세경에 스스로 읽기를 배웠고 18세로 최근 메리볼드윈 대학을 졸업하였다. Maria는 경제학에서 국제관계를 전공하였다. Maria는 이번 가을 로스쿨을 다닐 예정이며, 사우스캐롤라이나 대학에서 MBA 복수전공 프로그램에도 참여할 것이다.

1. 당신이 즐거워하는 것은 무엇인가요? 나는 읽는 것을 좋아합니다. 나는 평범하지 않은 많은 소설책을 읽는데, 내가 정말 좋아하는 활동입니다. 또한 나의 가족들이나 친구들과 함께 시간을 보내는 것을 좋아합니다.

2. 당신이 가장 좋아하는 휴식 방법은 무엇인가요? 독서요! 나는 아주 어렸을 때부터 독서를 하고 있고, 앉아서 좋은 책들을 읽는 것을 좋아합니다.

3. 당신이 잘하는 것은 무엇인가요? 나는 읽기에 능숙하고 최근에는 글을 잘 쓰는 방법을 배웠습니다. 내가 대학에 들어갔을 때까지 훌륭한 작가는 아니었는데, 지금은 뛰어난 것 같습니다. 나는 또한 수학을 잘합니다. 수학은 학교에 다니면서 내가 항상 좋아해 온 과목입니다.

4. 당신이 싫어하는 것은 무엇인가요? 사람들이 나의 물건들을 정리하려고 하는 것이요. 나는 나만의 정리 방법을 가지고 있는데 사람들이 와서 물건들을 바꾸어 놓으면 혼란스러워요.

5. 당신의 인생에 긍정적인 영향을 준 선생님이 있나요? 네, 경제학 선생님이요. 전공에서 처음 경제학 수업을 수강해야 했는데 그때 나는 전혀 경제학을 좋아하지 않았어요. 그러나 그 선생님은 놀라웠어요. 그녀는 설명을 매우 잘하였고 항상 그녀에게 질문을 할 수 있었어요. 선생님의 연구실은 늘 열려 있었고 항상 행복하셨지요. 저는 선생님과 진정으로 친해졌고 선생님 수업에서 조교가 되었어요. 이를 통해 그녀는 나를 도와주었고 어떻게 다른 사람들과 긍정적인 방법으로 상호작용하는지 가르쳐 주었어요. 나는 선생님을 매우 존경해요.

6. 당신이 롤모델(유명인사, 가족)로 삼고 있는 분이 있나요? 왜 그 사람이 롤모델인가요? 나의 어머니는 제가 알고 있는 사람 중에 가장 강한 사람 중 한 분이에요. 나는 외동이에요. 어머니는 내가 고작 열네 살이 되었을 때 저를 대학에 보냈어요. 그녀에게는 정말로 힘든 일이었지요. 나는 또한 어머니의 강인함을 존경해요. 어머니는 코스타리카에서 태어났고 미국에 와서 장학금을 받기 위해 정말로 열심히 일을 해야만 했어요. 어머니는 혼자의 힘으로 미국에 왔고 매우 강한 사람이에요.

7. 특별한 재능을 가지고 있다는 것과 관련해 가장 힘든 점은 무엇인가요? '영재'라는 명칭에 따른 낙인이요. 나는 나 스스로를 천재라고 생각하지 않아요. 사람들은 내가 영재이기 때문에 친구 없을 것이라고 추측하고 대부분의 시간을 공부하는 데 보낼 것이라 생각해요. 나는 사람들이 나에 대해서 알 수 있는 기회를 갖기 전까지 내가 영재라는 것을 말하지 않는 것을 배웠어요. 메리볼드윈 대학에서 16세에 기숙사로 들어갔고 나이 든 학생들과 상호작용하기 시작했어요. 처음에는 힘들었어요. 나는 여전히 상대방이 나를 알기까지 사람들에게 말을 하지 않아요. 때때로 내가 그들에게 영재라고 말을 할 때 그들은 믿지 않아요. 그렇지만 그들은 나를 친구가 될 수 있는 사람으로 본답니다.

8. 당신의 특별한 재능이 당신이 목표로 하는 것을 이루는 데 영향을 주었다고 생각하나요? 글쎄요, 내가 처음 대학에 갔을 때 나는 의사가 되고 싶었어요. 영재학생들은 많은 시간 동안 수학과 과학 분야에서 일하도록 압력을 받지요. 수업을 들었을 때 내게는 과학이 어렵다는 것을 알았어요. 과학 과제를 할 수는 있었지만 내가 과학을 즐거워하지 않는다는 것을 깨달았지요. 나는 의학부 예과시험보다는 법학부 입학 준비를 결정했어요.

9. 당신의 영재성이 당신의 사회적 관계에 영향을 주었나요? 대학의 친구들은 훨씬 성숙하였고 내가 대부분의 18세 학생보다 훨씬 성숙하다는 것을 알았어요. 나는 고향의 친구들보다 그들과 더 많이 관계를 맺었어요. 고향에 있는 친구들과 계속 연락을 하고 지내는 것은 어려웠죠. 나는 고등학교를 건너뛰었고 고등학교를

막 마친 친구들과 어울리는 것이 어려웠어요. 그러나 나는 균형을 유지하려고 노력했어요.

10. 다른 사람들이 당신을 어떻게 생각하는 것 같나요? 나는 사람들이 대부분 나를 정상적인 사람이라고 생각한다고 여겨요. 나는 잘난 척하지는 않아요. 나는 내가 무엇인가를 입증하려고 하는 것 같지 않아요. 나는 사람들이 나를 행복하고 농담을 잘하고 웃는 것을 좋아하는 항상 명랑하고 쾌활한 사람으로 생각한다고 여겨요.

11.다른 사람들이 당신에 대해 알았으면 하는 것이 있다면 무엇인가요? 나는 일곱 살 때부터 농구를 했어요. 어떤 사람들은 영재학생들이 스포츠를 잘 못한다고 생각해서 이 얘기를 들으면 놀라는데 저는 스포츠를 좋아해요. 또 영재는 똑똑한 것이라고 생각하지 않아요. 영재는 스스로 적응해서 열심히 일하는 것이에요.

12. 10년 뒤에 당신은 어떤 모습일까요? 큰 국제경제 기업의 법률 분야에서 일하고 있을 거예요. 나는 새로운 경제 아이디어가 많은 중국에서 일하고 싶어요. 그리고 다른 나라와 주들을 여행 하고 싶어요.

13. 다음 빈칸을 채워 주세요. 나는 _____ 없이는 살 수 없다.   음악과 책.

성인이 사용하는 사회적 혹은 감정적 조절 전략을 발전시키는 데 도움이 되는 것 같다. 한마디로, 높은 지적 능력을 가진 많은(전부는 아닌) 학생은 자아 인식, 자아 확신, 사회적 숙련도, 도덕적 책임감을 지니고 있다. 예를 들어, 영재 Gregory Smith의 기록(618쪽의 〈개인적 관점〉 참조)을 살펴보면, 그는 다른 아동들과 사회적 정의 문제에 대해 매우 걱정하고 있다.

그러나 영재학생들에게 도덕적 교육이 전혀 필요 없다고 가정하는 것은 매우 큰 실수다. 영재학생들도 때때로 다른 학우들을 괴롭힌다(Peterson & Ray, 2006). 더구나 개별 학생들은 Tannenbaum(2000b)이 기술했듯이 그들의 특별한 재능을 악마와 같은 목적을 위해 사용할 수 있다. 그러므로 특별한 재능과 재주가 선과 악의 목적을 위한 거대한 잠재력으로 사용될 수 있음을 인식하고, 특별한 재능과 재주가 도덕적으로 옳은 것에 사용될 수 있도록 도와주는 것이 중요하다.

영재성은 폭넓고 다양한 능력과 평균에서부터 차이의 정도로 구성된다(Callahan, 2011). 게다가 개인의 영재성의 정도와 본성은 개인의 사회적 혹은 정서적 적응 그리고 심리학적 · 교육적 요구에 영향을 미칠 수 있다. 예를 들어, 지능 지수 180 이상인 사람들만 영재라고 범주화하는 것은 거의 지적장애를 범주화하는 것과 같다(지능 지수 20 혹은 그 이하). 사실 예외적으로 조숙한 아동들—그들의 재능이 매우 흔치 않은—은 학교의 특별한 조정을 위한 집단 구성이 요구될 수도 있다(중도 지적장애 학생에게 특별한 조정이 필요한 것처럼, Gross 2000; von Karolyi & Winner 2005 참조). 영재아동들은 비범한 재능과 함께 그들의 발달과 성취가 성인의 수준과 같거나 앞서는 경우를 말한다. 그들은 가끔 어린 나이의 재능으로 다른 사람들을 놀라게 하고, 다른 학생들에게는 필요하지 않은 기회가 필요하다. 다음의 〈개인적 관점〉에는 음악 영재의 예로 Geoff Gallante의 사례를 소개하였다.

특별한 재능과 재주를 지닌 학생과 그들의 교육에 관한 문화적 가치

미국 문화에서 특별히 지적 능력이 뛰어난 아동들의 요구에 부합하는 교육을 위한 합의를 이루고 지속적인 공적 지원을 마련하는 것은 어렵다(Gallagher, 2000a, 2002, 2004; Murray, 2005). 이것은 미국만의 문제는 아니고, 뛰어난 재능을 가진 아이들을 인식하고 키우는 것을 거부하는 사회적 한계다(DiGennaro, 2007; De Hahn, 2000; Murray, 2005; Tannenbaum, 1993, 2000a 참조)

Gallagher(2000a)는 특별한 재능을 지닌 학생들에 대한 미국 사회의 양면성을 기술하고 있다. 우리 사회는 영재들이 생산한 좋은 것들을 사랑하지만, 그들의 지적 수행이 뛰어남을 인정하는 것을 싫어한다. 영재학생을 위한 특수교육을 반대하는 사람들은 이미 영재학생들의 교육을 위해 특별한 자원을 할당하고 학생 지도를 위해 그들을 따로 분리하는 것은 미국 정신에 어긋나며 비인간적이라고 주장한다. 가장 우수한 학생들만 특수한 프로그램에 선택될 때 몇몇 아동을 배제하게 되는 것은 문제가 있다. 그러나 일반적인 특수교육에 대한 논쟁 없이 영재학생들을 위한 특수교육에 대해 논쟁하는 것은 불가능한 것 같다. 왜냐하면 모든 특수교육은 평범하지 않은 개인의 차이를 인식하고 조정하는 것을 포함하기 때문이다(Kauffman & Hallahan, 2005).

소외되는 특별한 재주와 재능을 가진 학생 집단

경제적인 필요나 종교적 차별, 장애 혹은 성 편견에 의해 불이익을 가지는 학생들은 영재학생들을 위한 프로그램에서 자주 간과된다. 사실 많은 영재 학습자의 집단은 다문화 사회에서 소홀하게 다루어진다(Callahan, 2011). 다음 두 가지 사실은 간과될 수 없다.

① 좀 더 높은 사회경제적 수준에 있는 아동들은 특수교육자들이 영재학생에게 추천하는 적절한 교육, 아동이 지닌 깊은 관심을 추구할 수 있는 기회, 지적 자극을 받을 수 있는 많은 이점을 이미 가지고 있다.

개인적 관점

Geoff Gallante: 트럼펫 신동

1학년 학생이 관중을 압도하다

Geoff Gallante는 Wynton Marsalis와 함께 연주하고, Maynard Ferguson과 함께 즉흥연주를 했다. 그리고 수많은 농구 게임에서 국가를 연주하였고, 일요일에는 버지니아 대학교의 앙상블에 참여하여 〈트럼펫 연주자의 자장가(Trumpeter's Lullaby)〉를 연주할 것이다. 이는 여섯 살 어린이 치고는 나쁜 이력이 아니다. "이것은 정말 대단한 일입니다."라고 Wind 앙상블의 감독인 William Pease가 말했다. 또한 〈베니스 축제(Carnival of Venice)〉가 아닌 〈트럼펫 연주자의 자장가〉는 고등학교 수준의 연주인데 그는 이제 겨우 여섯 살입니다."라고 하였다.

워싱턴 신문과 텔레비전 방송에 출연해 왔던 페어팩스 지역의 Geoff는 보기 드물게 금관악기를 잘 부르는 어린아이다.

"당신은 피아노와 바이올린 그리고 다른 관악기와는 다른 금관악기를 잘 다루는 영재를 보게 될 겁니다."라고 Pease가 말하였다. "금관악기는 악기 연주를 위해 엄청난 양의 공기를 들이마시고, 공기의 양을 바꾸면 실제로 연주하고 있는 악보와는 다른 소리가 납니다."

Geoff Gallante는 4세 때 트럼펫을 연주하기 시작하였다. 연주를 시작한 지 2년 후에 Geoff는 인상 깊은 경력을 쌓고 있다.

금관악기의 복잡함을 추가하자면 입술과 입의 위치와 사용에 따라 생성되는 음의 톤이 달라지고, 트럼펫은 열 살 이하의 어린이가 연주하기 매우 어려운 악기다.

Geoff Gallante는 4세 때 트럼펫을 불기 시작하였다. 연주 2년 후에는 놀라운 경력을 얻어 왔다. "사실 아이의 덩치를 보면 정말 놀라운 일이에요. 그 아이는 작습니다. 트럼펫 크기만한 아이가 연주하는 것을 들을 거예요." Pease가 말했다. "Geoff가 내는 매우 부드럽고 따뜻한 소리는 정말 좋습니다."

Geoff는 처음 악기를 손에 든 네 살 때부터 사람들을 놀라게 했다. Geoff는 할머니의 집에 있었고, 형의 나팔을 찾았으며, 어머니로부터 입술 위치 배우기를 통해 빠르게 배웠다.

"Geoff가 소리를 내고 그의 눈은 소리에 취해 있었지요."라고 그의 아버지인 David Gallante가 말하였다. "그는 트럼펫 주위를 돌아다니다가 한두 달쯤 후에 트럼펫을 불기 시작했어요. Geoff는 그가 가지고 있는 CD를 라디오에 넣고 그것으로 트럼펫을 연주하기 시작했어요." Gallante는 트럼펫 교사에게 그의 아들을 가르쳐 달라고 설득했으나 대부분 그만두었다.

Geoff는 8명 정도의 교사에게 레슨을 의뢰하였다. "그들은 내가 미쳤고 현실적으로 고려할 가치가 없다고 묵살했죠. 그들은 네 살짜리가 트럼펫을 분다는 말을 믿지 않았고 시간 낭비라고 생각했어요." Gallante는 말했다. "나는 결국 교사 한 명을 설득했고 Geoff를 제자로 맡겠다는 동의를 받았지요." 그의 밴드에서 유치원생이었던 Geoff는 중학교 학생들과 오디션을 치렀다. 그리고 교향악단에 앉았고, 악단은 가장 어려운 음악을 연주했다. 그것은 또한 그가 Uva Wind Ensemble에서 캠프 상담가로 일했던 구성원을 만난 곳이기도 하다.

"그들은 우리가 그와 연주하는 것을 재미있을 것이라고 생각했습니다." Pease가 말했다. "이는 사실이에요. Geoff가 어린 나이에 대단히 좋은 소리를 만드는 것이 놀랍습니다."

나이: 6세

학년: 1학년

거주지: 페어팩스 카운티

트럼펫 시작 연령: 4세

출연: The Washington Post, Down beat Magazine, 다양한 BBC 라디오 방송, CBS 〈The Early Show〉, NBC 〈Tonight Show with Jay Leno〉, NBC 〈Today〉 쇼

협연: The Tonight Show Band, Arturo Sandoval, Phill Driscoll, Wynton Marsalis, Maynard Ferguson, Chuck Mangione and Doc Severinsen. 그는 또한 다음의 연주자들과 연주를 하였다. The Washington SymphonicBrass, 257th Army Band, Metropolitan Jazz Orchestra, U.S. Army Blues Jazz Ensemble, George Mason University symphony orchestra and jazz ensemble. Geoff는 오클랜드 피닉스, 솔트레이크시티, 디트로이트에서 열린 NBA 게임에서 국가를 연주하였다.

출처: "First-grader blows away audiences" by Byran Mckenzie, *Charlottesville Daily Progress,* Charlottesvile, VA, February, 24, 2007, p. A2. 허가 후 게재함.

② 특별한 재주와 재능을 가진 많은 개인이 삶의 현실에서 불이익을 받고 간과당하고
차별받으면서 인간의 잠재력을 엄청나게 낭비하는 결과를 갖게 되었다.

학습부진 학생

Monks와 Katzko(2005)는 학습부진을 "잠재능력과 성취 간의 차이"(p. 189)로 정의
하였다. 학생들은 낮은 기대, 동기의 부족, 가족에 대한 정신적 외상 그리고 다른 이유들
로 인하여 그들의 능력에 비해 성취하는 것이 어려울 수 있다(Robinson et al., 2007). 많
은 여성은 사회적 혹은 문화적 장벽으로 인해 성취에 문제를 가진다. 소수인종의 학생
들도 그들이 지닌 능력의 판별이나 프로그래밍에 대한 편견 때문에 종종 낮은 성취를
보인다. 이와 같이 명백한 장애를 가진 학생들은 빈번히 배제되거나 성취할 기회를 갖
지 못하였다.

특별한 재능을 가진 학습부진 아동들은 정서적 혼란이나 충돌, 방임적인 가정환경의
요인들로 인해 학습부진으로 이끄는 결과를 초래할 수 있다. 빈번한 원인은 적절치 않
은 학교 프로그램, 즉 도전적이지 않은 학교 과제와 학생들이 이미 습득한 많은 학습 자
료로 인한 지루함, 혹은 교사가 낮은 성취 기대를 보이거나 학생의 잘못된 행동으로 인
해 낮게 평가하는 것일 수 있다. 관련 문제는 특별한 재능이나 재주를 지닌 학습부진 학
생들이 종종 부정적인 자아 이미지를 갖거나 학교에 대해 부정적인 태도를 지닌다는 것
이다. 학생들이 학교와 자신에 대해 부정적인 태도를 보일 때 그들이 지닌 어떠한 특별
한 능력도 간과될 수 있다.

학습부진을 예방하거나 반응하는 방법 중 하나는 학년이나 과목을 뛰어넘어서 학교
가 좀 더 양육적이고 더 많은 흥미와 도전을 제공하는 것이다. 그러나 월반(학년이나 과
목을 뛰어넘는 것—역자 주)은 언제나 좋은 것이 아니며, 월반만으로 학습부진 학생들이
가지는 문제들을 다루기에는 충분하지 않다. 상담, 개인 및 가족 치료, 그리고 다양한 지
원적·교정적 전략은 월반을 위한 가능한 대체 수단 혹은 추가적인 지원이라고 할 수
있다.

학습부진과 비생산성을 혼동해서는 안 된다. 생산성을 나타내지 못한다는 것이 학생
을 학습부진으로 판단하기 위해 필요한 것은 아니다. 비범한 재능을 가진 학생들이 지
속적으로 뛰어난 무엇인가를 생산할 것이라고 기대해서는 안 된다. 하지만 이 점은 영
재의 정의의 어려움에서 강조되는 부분이다. 즉, 우리는 누군가가 더 이상 영재적인 기
질을 보이지 않거나 낮은 성취를 보인다고 말하기 전까지 생산성의 산물들 사이에 얼마
만큼의 시간을 주어야 하는가? 우리는 이미 앞서 영재성은 인간적 측면에서 뛰어난 것
이 아니라 수행에서 뛰어난 것이라고 설명하였다. 그러나 우리는 영재적 수행을 위한
끊임없는 요구가 비현실적이고 비인간적이라는 것을 알고 있다.

낮은 사회경제적 지위에 있거나 외진 지역에서 사는 학생

가난한 환경에서 성장하는 아동들은 장난감, 읽기 자료, 여행이나 탐험을 할 수 있는 기회, 좋은 영양 섭취와 의료적 지원, 또 전형적으로 다른 가정이 지니는 다른 많은 혜택을 가지지 못할 수 있다. 학습을 위한 기본적 필요와 기회의 부족은 그들의 지능과 창의력을 가려 버릴 수 있다. 가난한 지역 아동의 가족들은 아동의 재능을 촉진할 수 있는 조기 경험과 기회들을 제공하기 위한 경제적 자원을 가지고 있지 못하다. 저소득 가정의 영재학생들을 위한 지원은 쉽게 예산 삭감의 우선순위로 제시되곤 한다(Murray, 2005 참조).

외진 지역에 살고 있는 아동들은 많은 사람이 거주하는 지역에 있는 전형적인 자원에 접근하는 것이 어려울 수 있다. 이러한 많은 아동은 또한 경제적인 궁핍을 경험하고 부유한 가족이 가진 혜택들을 경험하지 못한다(Davis & Rimm, 2004).

문화적 · 인종적 소수집단

아시아 국가의 많은 소수인종처럼 몇몇 인종 집단은 일반 인구의 비율에서 제시되는 것보다 더 많은 영재학생을 위한 프로그램에 포함되어 있다. 그러나 다른 인종적 집단, 특히 아프리카계 미국인과 스페인계 히스패닉 학생들의 수는 영재학생을 위한 프로그램에서 실제보다 적게 나타난다(Yoon & Gentry, 2009)

오늘날 현장에서 가장 큰 어려움은 문화적으로 다양하고 불이익을 받는 특별한 재능을 가진 학생들을 판별하고, 이러한 학생들을 특별한 프로그램에 참여시키고 유지하는 것이다(Moore, Ford, & Milner, 2005; Robinson et al., 2007). 몇몇의 문화적 그리고 인종적 집단들은 영재학생들을 위한 프로그램에서 경시되어 왔다. 특별한 재능을 가진 많은 소수인종 학생은 미국 사회에서 성취의 중요성을 인식하면서도 학습부진으로 남아 있다(Borland, 2004; Bridglall & Gordon, 2005; Lohman, 2005; Tomlinson et al., 2004).

특별한 재주와 재능을 지닌 학생들을 위한 적절한 판별과 프로그램 개발은 모든 인종 집단 사이에서 대략 동등한 비율로 나타남을 예상할 수 있다. 그러나 이러한 비율은 교육자들이 다음을 성취하고자 하는 노력을 재개할 때 일어날 수 있을 것이다.

- 문화적으로 민감한 판별 기준을 고안하고 채택하라.
- 잘 드러나지 않는 집단에서 학생의 교육적 그리고 진로에 대한 열망을 높이기 위해 상담을 실시하라.
- 모든 인종 집단이 사용 가능한 높은 성취 모델을 제시하라.
- 영재교육 프로그램에 소수인종 학생들의 참여를 유지하라.

인터넷 자원

영재, 선행, 특별한 교육의 학습자를 위한 자료는 The Prufrock 출판사(www.prufrock.com)에서 살펴볼 수 있다. ■ ■ ■

• 소수인종 집단의 참여를 확실하게 할 수 있게 시스템을 채택하라.
• 소수 아동들의 가족과 관계를 형성하라.

궁극적으로 모든 문화와 인종적 기반을 가지는 아동과 청소년들을 위해서 지적 자극, 가족과 지역사회의 안전을 위한 더 큰 사회적-환경적 문제들이 반드시 다루어져야 한다 (Borland, 2004; Gallagher, 1998, 2000a; Gordon & Bridglall, 2005). 학교 밖 환경에서의 평등한 기회는 프로그램에서 비범한 능력을 보이는 소수 학생들이 잘 드러나지 않는 문제들을 다루는 데 도움이 될 수 있다(Davis & Rimm, 2004; Ford & Moore, 2006 참조).

장애학생

장애와 영재의 능력을 동시에 가지는 학생들의 교육은 이 분야의 새로운 화두로 떠오르고 있다. Gallagher(2006)는 학생의 **이중 예외성**(장애와 영재성을 모두 지니고 있음을 의미)이 영재교육에서 가장 중요한 개념이라고 제시하였다.

이중 예외성을 지닌 학생을 위한 특수교육의 주요한 목적은 특정한 장애를 지닌 영재학생을 판별하고 연구하고 발전시키며 교사와 이러한 아동과 청소년들을 위해 일하는 다른 전문직을 준비시키고, 해당 아동과 청소년들에게 유익한 학제 간 협력을 향상하며, 성인의 삶을 위해 학생들을 준비시키는 것이다. 교육자들은 이중 예외성을 지닌 영재들을 교육하기 위해 월반을 포함한 프로그램의 전체적인 영역을 고려해야 한다. 다음의 〈반응적 교수〉에서 '누가 이중 예외성을 지닌 학생인가'는 이러한 학생들을 위한 교수전략의 초기 단계에 관한 요약을 제시하고 있다.

말을 못하거나 신체적으로 자신을 표현하는 데 장애가 있는 학생들도 일상의 관찰을 통해 잠재력을 드러낼 수 있다.

장애인에 대한 우리의 편견은 우리가 그들의 능력을 인식하는 데 거리를 두게 한다. 예를 들어, 한 아동이 말하는 것 혹은 신체적 활동에 문제를 보이거나 지적 지체와 연관된 행동(예: 침 흘리기, 털썩 앉기, 멀건 눈으로 쳐다보기)을 보이면, 우리는 이 아동이 지적장애가 있다고 추정하는 경향이 있다. 전형적으로 중도 지적장애와 연관된 신체적 특징을 가지고 있는 학생은 사실 지적으로는 우수할 수 있다. 그러나 이것이 인지되지 않는다면 뇌성마비를 가지고 있는 영재학생과 다른 신체적 장애학생들은 쉽게 간과될 수 있다. 영재성과 청각장애를 지

영재 학습자의 요구에 따른

반응적 교수

이중 예외성을 지닌 학생의 판별과 교수 전략

누가 '이중 예외성을 지닌' 학생인가

이중 예외성이라는 용어는 재능을 가지면서 학습장애나 뇌성마비와 같은 장애를 가진 것을 말한다. 불행히도 '장애' 특성들이 중심 무대에 있는 한, 영재성에 대한 판별은 매우 도전적일 수 있다. 연구자들은 장애학생 인구에서의 영재 판별을 가로막는 장애물들을 밝혀 왔다(Cline & Hegeman, 2001). 장애물은 다음을 포함한다.

- 가능한 재능에 관심을 기울이지 않고 장애의 평가에 초점을 맞춘다.
- 신체적 혹은 일반적인 지적 기대와 연관된 고정관념이 있다.
- 추상적 사고나 언어 능력과 같은 인지적 능력의 특정 영역에서 발달적 지연이 명백히 일어난다.
- 단어 경험의 부족은 장애의 제한성 때문이다.
- 영재성을 높은 인지적 능력만으로 보는 좁은 시야를 갖는다.
- 특정 장애는 가능한 재능과 재주를 압도한다.

이러한 장애물들을 극복하기 위해서 연구자들은 다음 사항을 추천한다.

① 교과 외의 활동 참여에 관한 정보를 포함한 평가 도구들을 사용한다.
② 강점의 형태는 구체적인 장애 기술에 추가적으로 기재되어야 한다.
③ 능력은 경험적 기회와 관련하여 관찰되어야 한다.
④ 시험 동안 적합화와 조정이 제공되어야 한다(예: 시각장애 학생들을 위해 색칠하는 문항 삭제, 학습장애 학생들을 위해 연장 시간 제공)
⑤ 비교는 비슷한 장애를 가진 다른 학생과 이루어져야 한다.
⑥ 장애에 영향받지 않는 영역은 더 비중을 두어야 한다(Cline & Hegeman, 2001; Willard-Holt, 1999).

이중 예외성을 지닌 학생의 요구를 충족하기 위한 전략

장애학생의 영재성 미판별 문제를 다루기 위해서 학교는 모든 학생 중에서 영재성 판별의 옹호자가 되어야 한다. 부모, 학교 직원 그리고 지역사회는 영재학생의 고유한 요구를 지원하기 위해서 활동적인 역할을 맡아야 한다.

이중 예외성을 지닌 학생들의 영재성 개발을 촉진하기 위한 교수 전략들은 다음과 같다.

- 강점, 흥미 그리고 지적 영재성의 개발에 초점을 맞추라.
- 보상적 전략들의 사용을 가르치고 격려하라.
- 의사소통 제약을 줄이고 의사소통의 대안적 방법을 개발하라.
- 학생과의 개방된 논의를 통해 자신의 강점과 약점을 인정하여 건강하고 현실적인 자아개념을 형성하도록 돕는다.
- 높은 수준의 추상적 사고와 창의성, 문제해결 접근법을 강조한다.
- 영재성과 장애 영역에서 개별적인 속도로 교수를 제공한다.
- 높은 기대 수준을 설정하고 자기지시(self-direction)를 위한 길을 촉진한다.
- 학생의 강점을 활용하는 교수적 선택 사항을 제공하라.

• *Kristin L. Sayeski*

■ ■ ■ ■ ■ ■ ■ ■ ■

닌 학생들은 만약 그들의 의사소통 기술이 덜 개발되었거나 교사가 재능의 신호를 알아차리지 못하거나 청각장애인들과의 의사소통 능력이 떨어지는 교사에게서 배웠다면 그들의 능력을 알아차릴 수 없을 것이다. 문어와 관련된 학습장애를 가지고 있는 학생들은 영재성을 발견하기 어려울 수 있다(Assouline, Nicpon, & Whiteman, 2010). 사실 자폐 범주성 장애나 지적장애와 같이 의사소통 문제와 관련된 장애를 가지고 있는 학생도 영재성을 보일 수 있다(Assouline, Nicpon, & Doobay, 2009; Martin et al., 2010). 그리고 신체적 장애를 가지고 있는 학생들도 우리가 기대하지 못한 비범한 재능을 가지고 태어날 수 있고, 이는 1장에서 언급된 예술가 Doug Landis의 사례에 기술되어 있다.

영재성은 묘사된 거의 모든 장애의 조합에서 발생한다. 노벨상(물리와 화학)을 두 차례 수상한 Marie Curie는 심한 우울증으로 고통받았다(Goldsmith, 2005). 청각장애 타악기 연주자인 Evelyn Glennie, 시각장애인 의대생인 Timothy Cordes 또한 같은 예다. 그들은 우리가 가지고 있는 편견에 부합하지 않았다. 사실 그들은 장애를 가진 전형적인 사람들이 아니었고 또한 사실상 장애를 가지고 있지 않은 사람도 아니었다. 결과적으로 그들의 장애는 그들의 재능 영역의 추구를 방해하지 않았다.

우리는 비장애인이 영재로 자주 발견되는 만큼 장애인이 영재로 발견되는 수수께끼를 만들고 싶지 않다. 하지만 명백히 영재성과 장애를 지닌 학생들은 도외시되는 집단이다. 이러한 학생들의 요구에 부합하는 주 요인은 적절한 기술과 훈련을 제공하기 위한 다양한 훈련과 지침의 조화다.

여 성

여성들은 방치된 영재학생들의 가장 큰 집단을 구성하고 있다. 오늘날 비범한 잠재능력을 가진 여성들에게는 한 세대 전의 여성들에게는 거부되었던 많은 교육과 직업의 선택의 기회가 주어졌다(Callhan, 2011; Goldsmith, 2005 참조).

문화적 요인들은 특별한 재주와 재능을 가진 여성들의 개발과 인식에 반하여 작용하였다. 간단히 말해서, 여성들은 화학, 물리, 약학 혹은 치의학과 같이 전통적으로 남성들이 주도해 왔던 직업이나 학문적 영역에 들어서기 위한 공정한 기회와 동기가 부족하였다. 여성들은 이러한 분야에 입문했을 때 종종 성취에 비하여 부당한 방식으로 보상받아 왔다. 영문학에서는 여성들을 남성에게 의존적이거나 남성을 위해 스스로를 희생하는 아내, 어머니 혹은 '약한' 자매로 묘사하는 경향이 있었다. 영재성을 가진 여성들의 이러한 걸림돌은 최근 공공의 관심을 크게 얻고 있는 실정이다(Davis & Rimm, 2004 참조).

영재성을 지닌 여성들은 많은 성취의 척도와 적성(예: 전문성과 진로 성취, 표준화된 검사 점수, 학점)에서 남성에 비해 뒤처지고, 과학이나 공학 그리고 수학과 같은 학문 분야들을 추구하지 않는 경향을 보여 왔다. 간단히 말해, 그들은 진보된 학문과 전문적이고 높은 지위, 급여, 권력을 수반하는 직업 분야에서 적은 수로 나타나 있다. 우리는 이렇게 여성의 수치가 낮게 나타나는 이유를 추정하여 알 수 있을 뿐이다(Kerr, 2000). 여성들에 대한 부모의 낮은 기대와 성 차이에 대한 지나친 강조와 미화, 성역할에 대한 학교와 사회의 고정관념들, 그리고 성취에 있어 해로운 교육적 실제들을 포함하는 많은 요소가 이러한 상황에 기여를 해 왔다.

특별한 능력을 가진 여성들에 대한 소홀함과 실제보다 적은 수치로 표시되는 문제들은 과거에 우리가 믿었던 것보다 훨씬 더 복잡한 문제들을 가지고 있다. 소수 인종과 문화의 과소 표시와 같이, 여성을 포함한 문제들은 문화적·사회적·정치적 문제들, 그리고 우리가 단순히 해결할 수 없는 문제들과 밀접한 관계를 지니고 있다. 그럼에도 불구하고 영재성을 지닌 여성들의 교육은 그들의 능력에 적합한 직업을 선택하고 기존의 여성 역할에 대한 고정관념들을 탈피하는 새로운 영역을 탐색하기 위해서 여성들이 도전적인 분야에 참여하게 하는 위험을 무릅쓰게 함으로써 향상될 수 있다.

특별한 재능과 재주를 지닌 여성의 인식과 개발을 차별하는 문화적 요인들이 있다. 영재성을 지닌 여성들의 장벽들은 인식되지 못하고 있다.

교육적 고려

현재 교육의 주요 관심은 특정한 영역에서의 재능을 전체 범주에 걸쳐 발달시키는 데 있다(Callhan, 2011; Heller et al., 2000; Robinson et al., 2007; Tomlinson et al., 2002 참조). 그러나 이러한 관점에서 중요한 것은 많은 영재학생에게도 똑같이 특수교육이 요구된다는 점이다. 영재학생을 위한 특수교육에 대한 연방정부의 요구가 존재하지 않았지만, 국립영재아동협회(National Association for Gifted Children)에서는 지역주민들이 그들의 서비스 질에 대해 평가할 수 있는 주와 지역의 프로그램 기준들을 발표했다. 그럼에도 불구하고 주와 지역의 정책은 공평하지 않고 적절하지 않다(Van Tassel-Baska, 2006).

모든 연령대의 학생들은 상대적으로 강점을 가지고 있고, 학교는 학생들이 자신의 최고 능력에 대해 확인하고 이해할 수 있도록 도와야 한다. 동료에 비해 그들의 재능이 비범하게 높은 학생들은 그들의 재능을 보상할 수 있는 교수 자료들과 활동들에 접근할 수 있어야 한다(Davis & Rimm, 2004). 한 가지 사고방식에 모든 것을 맞추려는 것은 인간 발달의 잘못된 관점을 반영하는 것이다.

우수한 재능을 가진 젊은 사람들은 다양한 학생으로 구성된 교실에서 지루함과 부정적인 동료 압박으로 고통받는다. 모든 연령대와 학년 수준의 학생들이 도전적이고 적합한 교육을 받는다면 그들의 재능을 전체적으로 발전시킬 수 있을 것이다. Noshua Watson과 같은 사람들은 이러한 지침들이 그녀를 동년배들과 따로 분리할 때 가능한

⭐ 성공 스토리

지역의 월반 프로그램에서 뛰어난 성취를 보인 Noshua

Noshua: "나는 드디어 나 자신이 되었다고 느꼈어요!"

18세의 Noshua Watson은 스탠퍼드 대학교의 PEG로 알려진 영재 프로그램에 등록했다. 그녀는 영재를 위한 지역의 월반 프로그램을 통해 고등학교와 대학 과정을 마쳤다.

다음 내용들은 그녀의 성공에 있어 핵심적인 요소다.
- ⭐ 월반이 적용되는 집중적인 프로그램
- ⭐ 끈질긴, 개별화된, 학업적 도전
- ⭐ 개인적 성장과 특별한 능력에 대한 구체적 관심

13세의 Noshua Watson은 PEG로 알려진 버지니아에 있는 메리볼드윈 컬리지(Mary Baldwin College)의 영재학생 프로그램에 등록했다. 고등학교와 대학 과정에서 Noshua는 그녀의 개인적 성장을 독려하는 지원적 환경에서 도전을 받았다. 그녀는 4학년 때 경제 과목 수업을 돕고 연구를 보조하는 등 대학 활동에 열심이었다. Noshua는 그녀의 성공에 대한 집중적, 지속적 그리고 특별한 학습 요구에 대한 구체적인 교수에 관하여 인정받았다.

⭐ 월반이 적용되는 집중적인 프로그램.

"PEG와 같은 월반 프로그램은 우리 문화의 도전입니다."라고 프로그램 기획자인 Celeste Rhodes가 말하였다. "부모와 학생은 특별함을 받아들이기 위한 그들의 능력에 격려받을 필요가 있습니다."라고 그녀가 말하였다. Rhodes는

PEG 프로그램이 10대의 관심을 가진 동기부여된 학생들을 위한 대안적 프로그램이지만 진지한 목적을 지니고 있음을 기술하였다. "당신은 인터뷰에서 볼 수 있어요."라고 그녀가 말하였다. "여기에는 에너지와 추진력이 있습니다."

Rhodes에게 영재성은 IQ에만 좁게 한정되는 것이 아니라 오랜 시간에 걸친 지속적인 성취를 반영한 다양한 척도를 포함한다. "우리는 4년 동안 학생들에게 월반 프로그램을 제공해요. 그것은 오랜 규율, 고강도 과제, 높은 수준의 성적들을 필요로 합니다." 긴 에세이와 인터뷰 과정을 통해서도 PEG는 학생과 프로그램 사이의 적절한 조화를 찾는다. "우리가 지역에 거주하기 때문에 정서적 안정이 매우 중요합니다."라고 Rhodes는 말했다. Noshua가 인정하듯이, "PEG 학생으로서 우리는 학문적 영역에서 열성을 가지며 준비했어요. 하지만 정서적 · 신체적으로 아직 성숙하지 못해요. 우

것이라고 주장한다. Noshua의 〈성공 스토리〉를 읽어 보라.

Gallagher(2006)에 따르면, 영재학생들의 요구에 따라 특수교육이 필요 없다는 믿음은 영재 발달에 반하는 최악의 생각이다. "이러한 생각은 교육자에게 '아무것도 하지 마라'는 것과 같다. 이는 영재아동과 영재아동보다 낮은 기대치를 지닌 아동에게 실제로 해가 되지 않는다는 통합을 수용할 수 있게 촉진한다."(Gallagher, 2006, p. 10) 우리가 앞서 언급했듯이, 가족적 지원은 재능의 발달에 결정적 역할을 한다(Freeman, 2000). 많은 학생은 또한 그들의 잠재능력을 성취하기 위해 특별한 학교 지원을 필요로 한다. 영재학생들을 위한 특수교육 현장의 지도자들은 영재학생의 특수교육은 다음의 세 가지 특징을 지녀야 한다고 합의하고 있다.

① 학생의 발달된 인지 기술들을 조정해 주기 위해 고안된 교육과정(Van Tassel-Baska

리는 여전히 많은 특별한 요구를 가진 청소년일 뿐이지요."

★ 끈질긴, 개별화된, 학업적 도전

Noshua는 그녀의 높은 수준의 인지적 기술에 맞는 개별화된 교육과정 도움을 받았다. 소집단 교수는 개별 학습, 월반과 같은 개인적 멘토링과 결합되어 있다. Noshua는 대학의 교양 과정들을 선택할 수 있었으나 PEG 단계의 수업들(문학 그리고 수학 영역에서 각각 하나씩)을 들어야 했다. 그녀는 또한 대학생활과 대학 수준 학습을 위해 PEG 전문가 학생이 고안한 학습 기술들을 배웠다. "나는 지적으로 도전받았으나 나만의 속도로 사회적으로 성숙할 수 있었고 이는 나에게 중요했어요."라고 그녀는 말했다.

★ 개인적 성장과 특별한 능력에 대한 구체적 관심

첫 2년 동안, Noshua는 어린 PEG 학생들을 위한 특별한 기숙사에 살았다. 사회적 활동들이 촉진되었고 지역 생활을 통해서 우정을 쌓았다. 지역의 협조자들은 또래의 요구에 민감했고 학문적 조언들을 중시하였다. 그녀의 마지막 2년 동안, Noshua는 독립된 일반 기숙사에 살았고 경제학 전공 교직원이 그녀의 학문적 조언자였다.

그녀의 능력에 부합하는 교육적 대안들을 선택하는 것은 Noshua나 가족에게 익숙한 내용이었다. 그녀는 마그넷(magnet) 학교에 참석하였고, 열성적인 학습자로서 그녀의 강력한 의지와 생각을 가진 것으로 묘사되었다. 그녀는 처음으로 3학년에서 5학년까지 지역의 공립학교 프로그램에서 영재교육을 받았다. Noshua의 가족은 6학년 때 이사했

다. 이곳에는 영재학생들을 위한 프로그램이 없었다. 심화 학급들은 학교 수업 전후로만 열렸고, Noshua는 교통 문제로 참석하기가 어려웠다.

주니어 학년 시기는 좋은 경험이 아니었다. "나는 학업적으로 좌절했는데, 나의 상담자는 내가 불어와 스페인어를 둘 다 배우고 싶다면 수학 역시 그 이상의 학년에 해당하는 단계를 학습해야 한다고 말했기 때문이에요. 나는 사회적으로도 좌절했는데, 모든 또래 아이가 학교에서 단지 '놀고' 싶어 했기 때문이지요. 나의 부모님들은 이것을 허락하지 않았고, 이것은 내가 친구들과 관계 맺는 데 어려움을 주었어요. 나는 내가 다소 괴짜였다고 말할 수 있어요."라고 그녀는 유쾌하게 말했다.

Noshua는 영재학생들을 위한 프로그램에서 세 번의 여름을 보내고 드디어 그녀 스스로 만족을 느낄 수 있었다. 8학년 때, 그녀와 그녀의 부모는 일반고등학교에서 대안책을 제시하는 프로그램을 찾았다. "이것이 내가 PEG에 관해 들었을 때이고, 난 동료들에 대해서도 들었어요. 우리는 지난 6월에 같이 대학을 졸업했어요." 대학원을 시작하면서, 그녀는 "나는 스탠퍼드에 있는 것이 정말 좋아요. 나의 인생 경험은 남달랐고, 나의 또래들보다 더 독립적이었어요."라고 말하였다.

• Jean B. Crockett

& Stambaugh, 2006 참조)

② 교육과정의 특정한 내용 영역에서 비범한 재능을 보이는 학생들의 학습과정과 일치하는 교육적 전략들(Davis & Rimm, 2004; Dixon & Moon, 2006 참조)

③ 학생의 교수를 위한 적절한 집단화를 촉진할 수 있는 행정적 배치(Callahan, 2000, 2001, 2011; Robinson et al., 2007; Tomlinson et al., 2002 참조)

주와 지역들은 영재학생들을 교육하기 위한 다양한 종류의 계획들을 고안했다. 일반적으로 계획에는 **심화**(학생들을 높은 학년에 배치하지 않고도 제공되는 부가적인 경험들)나 **월반**(학생들을 그들의 동료에 비해 앞선 학년에 배치하는 것)을 제공하는 것을 말한다.

교사들로부터 적은 도움을 받거나 아예 도움을 받지 않는 일반적인 교육적 배치에서부터 특수한 영역들, 즉 과학이나 수학 혹은 미술과 같이 더 앞서 간 교육과정을 제공

수학과 같은 월반교육 프로그램은 긍정적으로 평가되어 왔고 영재학생들을 위한 대학의 조기 입학을 지원할 수 있다.

STEM 고등학교에 대한 정보는 www. hsalliance.org/stem/ index/asp를 참조하라.

하는 특별학교에 걸쳐 많은 심화와 월반의 변환 방법이 고안되었다. 과학, 기술, 공학 그리고 수학이 특성화된 특수 고등학교인 STEM 고등학교는 특정 범주의 영재학생 에게는 적절하다(Ambrose, 2010 참조). 교 사가 혼자 해결해야 하는 일반적인 교실과 영재학생들을 위한 특별학교의 양극단에서 교사자문 프로그램, 자원교실, 지역사회 멘 토 프로그램(영재학생들이 개인적으로 전문가 들과 함께 하는), 독립적 학업 프로그램, 특 수학급, 고등학교나 대학 조기 입학을 포함 하여 학년에서 빠른 성취를 보이는 학생을 위한 프로그램이 있다.

모든 지역사회가 가능한 선택 내용들을 제시하는 것은 아니다. 제공된 서비스의 종류 는 주에 따라 그리고 주 내에 있는 학교에 따라 크게 변화된다. 누구나 예상할 수 있듯 이, 대도시 지역이 시골이나 작은 도시보다 더 많은 선택 사항을 제시한다.

월반과 통합 같은 영재를 위한 몇몇 교육적 조건은 매우 논쟁적이다. 하나의 프로그 램 선택 사항이 모든 영재학생의 요구에 맞는 것은 아니다. 학생이 장애나 영재성을 가 지고 있거나 혹은 둘 다 가지고 있는 것은 사정, 판별, 교수와 밀접하게 연계되어 있다. 장애나 영재성을 가지고 있는 학생을 통합할 때는 학생의 두 유형에 모두 부합하는 전 략을 세우는 것이 중요하다. 다음의 〈실천 사례〉에서는 관련된 한 가지 전략을 기술하고 있다.

정보통신의 발전, 집과 학교에서의 컴퓨터의 존재, 그리고 미국 교육의 수월성에 대한 요구는 가장 가능성이 큰 학생들의 교육을 위한 세 가지 시사점을 의미한다. 비범하고 높은 성과를 이루는 학생들의 교육을 증진시키는 컴퓨터의 사용 가능성은 엄청나다. 사 용설명서 소프트웨어 사용, 정보은행의 접근, 지능을 요구하는 컴퓨터 게임의 개발, 영 어나 외국어 쓰기와 편집, 컴퓨터 언어 습득, 그리고 선행 수학 문제 풀기는 어느 정도의 가능성 중 몇 가지에 불과하다(Robinson et al. 2007 참조).

실천 사례
영재학생과의 협력교수

"내 학생 중 절반이 읽기에 어려움을 가진다면 나는 그 문제에 어떻게 도전할 수 있는가?"

영재학생과 활동하는 것은 교실에서 다양한 성취 수준을 고려해야 하는 교사들에게 특별히 도전적일 수 있다. 영재학생을 지도하는 교사의 협력은 모든 학생을 대하는 일반교사들을 도와줄 수 있다.

영재학생의 교사가 된다는 것은 어떤 의미인가

미국 특수교육협의회(Council for Exceptional Children, 2003)는 영재학생의 교사는 다음에 제시된 내용들을 하도록 요구하고 있다.

① 영재학생 개인을 위한 차별화된 자료를 확인하라.
② 영재학생을 위한 교수와 학습의 효율적인 관리를 제공하라.
③ 차별화된 학습 환경을 지원하는 단체 활동을 확인하라.
④ 자기평가, 문제 해결 그리고 다른 인지적 전략들을 사용할 수 있도록 교수하라.

협력교수 또는 협력을 위한 성공 전략

차별화된 교실에서의 지도는 학생 준비도에 기초를 두고 학생의 기술과 지식을 지속적으로 사정하고, 개인에게 맞는 과제나 다양한 활동, 개별 혹은 집단의 다양한 수준에 따라 적극적으로 주제를 탐색하는 것을 반영한다(Tomlinson, 1995). 단일 학급 교사가 폭넓은 다양한 기술을 가진 20~30명 사이의 학생들을 관리하는 것은 어려울 수 있다. 영재 교사는 집단 혹은 개인이 활동할 때 학생의 진전을 평가하고 자원 수집을 도우면서 이 과정을 촉진할 수 있다.

예를 들어, 다음의 차별화된 활동을 참고하라. 이 교수의 목적은 모든 학생이 물의 순환 과정을 배우도록 하는 것이다(Trank, 2006, p. 327).

흥미나 학습 특성에 따라 차별화된 물 순환 활동

물 순환 활동 선택 사항을 배부하라. 학생들은 교실에서(시간 허가) 혹은 숙제로 완수할 수 있는 여섯 가지 활동 중 가능한 활동을 선택한다.

A. 물방울의 이동 과정을 설명하는 만화를 그리라. 적절한 그림 설명을 포함한다.
B. 모든 단계를 포함한 정확한 물 순환 과정을 그리라. 한 단계에서 다른 단계로 넘어가는 물방울의 과정들을 반드시 보여 주라.
C. 물방울의 이동 과정에 관한 소설을 작성하라. 당신의 물방울 이동 이야기에 기반을 두라.
D. 우리가 공부한 다른 순환 과정을 사용한 유사 게임을 기획하라(예를 들어, 탄소 과정이나 질소 과정이 있다). 가능한 이야기를 작성하거나 그리라. 당신의 물방울의 이동과 어떻게 다른가?
E. 이동 과정을 막대그래프로 그리고, 각자 상황에 사용된 시간을 근거로 다른 두 개의 물방울의 이동을 작성하라.
F. 물 순환의 지역 버전을 작성하라. 지역의 강 이름과 만, 바다, 산 등을 반드시 포함하라.

교사 성찰

이러한 차별화된 활동들은 Gardner(1993)와 Sternberg(1988)가 정의한 다양한 흥미와 학습 스타일에 적합하도록 계획되었다. 나의 목적은 자연에서의 물과 순환 과정에 대한 학생들의 이해를 견고하게 하는 것이었다. 학생들이 활동을 선택하는 것을 관찰하였을 때 그들의 학습 성향을 더 깊이 있게 볼 수 있도록 도와주었다. 몇몇의 활동은 다른 것보다 더 어렵다는 것을 기록하였다. 또한 나는 추가적인 도전 상황에 놓인 학생들을 보았다(Trank, 2006, p. 327).

이 수업은 모든 성취 단계의 학생에게 사용될 수 있다. 하지만 모든 학생이 교수를 이해하기 위한 교수적 지원의 필요성은 달라진다. 영재학생 담당 교사와의 협력은 교사들에게 교수적 지원을 제공할 뿐만 아니라, 학생의 활동을 관찰하게 하고 이후 교수 개발을 가능하게 한다. 이러한 차별화는 협력 없이는 불가능하다.

• *Margaret P. Weiss*

조기 중재

어린 영재아동들은 정의, 판별, 프로그램 개발 그리고 평가에서 특별한 문제들을 보여준다(Brighton & Jarvis, 2011; Porter, 2005; Robinson et al., 2007; Ruf, 2005). 교육자들이 모델 프로그램의 개발과 영재성을 가진 유아들을 위한 더 나은 서비스를 제공해 왔으나, 그러한 노력에 대한 부정적인 태도는 지속되고 있다. 아동들을 위한 더 나은 교육의 발전을 방해하는 장애물들은 부모 지지의 부재, 적절한 교사 훈련의 부족, 유아보다는 나이 든 학생들의 비범한 능력 강조, 재정적 어려움, 학교 조기 입학을 막는 법적 제한 등을 포함한다. 재능을 가진 학생을 위한 조기 판별과 프로그램의 장애물들은 영재아동들과 생활연령이 높은 학생들이 있는 반으로 월반하는 것을 거부하는 학교 정책과 이념들을 반영한다.

Ruf(2005)는 영재의 조기 징후에 대해 설명하고 영재성을 다섯 수준으로 구분하여 각 수준에 해당하는 아동 능력의 전형적인 특성을 기술하였다. 아동에 대한 기술은 자녀의 나이가 출생부터 9세 혹은 그 이상의 연령이 되는 부모들이 하였다. 〈표 15-1〉은 4~5세 아동의 예시를 포함한다. Ruf의 분류에서 1단계는 일반적 능력에서 대략 90 혹은 98 백분위 사이에 속해 있는 학생들을 의미한다(검사를 치른 학생들 중 90~98% 이상의 점수를 획득한 것을 의미). 분류 체계에서 각 상위 단계는 더 높은 수행을 보이고 학생 집단 중 더 적은 비율의 학생을 말한다.

영재성을 가진 어린 아동들의 교육에 관한 많은 질문은 아직 풀리지 않은 채 남아 있다. 상대적으로 3, 4학년 전의 아동들을 위한 판별과 프로그램이 얼마나 도움이 되는지 혹은 부모나 교사가 영재성을 지닌 취학 전 아동을 지도하기 위해 얼마나 훈련을 받았는지에 관한 내용들은 거의 알려져 있지 않다. 장애 유아들은 혹시나 그들이 지닐 수 있는 특별한 재능이 간과되지 않도록 가능한 한 최고의 조기 중재를 받을 필요가 있다(Odom & Wolery, 2006; Porter, 2005 참조).

학교의 조기 입학과 학년 및 교과의 월반이 만병통치약은 아니지만, 몇몇 영재학생에게는 눈에 띄는 이점들을 제공한다. 영재학생이 가장 필요한 것은 그들의 능력이 도전받는 특정한 영역에서 더 높은 학년의 학생들과 같이 공부할 수 있는 자유다. 이러한 아이들에게는 그들이 일반적인 교육과정을 빠른 속도로 통과할 수 있도록 자격 규정을 적용할 필요가 있다. 불행히도 영재성을 가진 취학 전 학생들이 그들의 능력에 맞는 적절한 교육적 프로그램을 받고 있는 경우는 거의 없는 상황이다. 월반을 지원하는 연구의 정보에 관해서는 다음의 〈반응적 교수〉'월반: 국가 기만 보고서'를 참조하라.

인터넷 지원

당신은 'educational acceleration(교육월반)'이라는 검색 용어를 가용하여 웹검색 하길 원할 수 있다. ■ ■ ■

〈표 15-1〉 4∼5세 영재유아의 예시

1단계

Johathan Truett: 4세인 Johnathan은 Hop on Pop과 우리가 읽어 주었을 만한 Seuss 박사의 책들을 읽었다. 그는 간단한 단어들을 읽기 시작했으며, 우리는 글을 읽다가 그가 인지하거나 알 수 있을 것 같은 단어에서는 읽기를 멈추었다. 그러자 그는 더 어려운 단어들을 읽기 시작했다.

2단계

Debra Sund: 4세인 Debra는 그레이엄 크래커(graham cracker) 박스의 상표를 읽는다. 5세가 되기 전, '승강기'와 같은 긴 단어를 읽었다. 그녀는 글자들을 소리 내어 읽는 방식으로 배운 것 같지 않았다. 대신에 그녀는 모르는 단어를 보았을 때 무엇이냐고 물어보았다. 그녀는 단어를 한번 보거나 읽으면 바로 알았다. 4세 6개월 때 공원에서 집으로 돌아가는 길에, Debra는 우리가 살기 위해 무엇이 필요하냐고 물었다. 그녀의 아버지는 공기에 우리가 숨 쉬는 데 필요한 무언가가 있다고 설명했다. Debra는 "산소를 말하는 건가요?"라고 대답하였다.

3단계

Brennan Ahlers: Brennan은 4세 무렵 책의 한 챕터를 읽기 시작했다. 그는 4세 6개월 때 간단한 나눗셈이나 곱셈을 암산하였다. 그가 유치원을 다닐 때, 나는 Brennan을 위한 어떠한 조정이 필요한지에 대해 물어볼 만큼 Brennan의 수준을 잘 알고 있지 못했다. 그의 교사는 그가 계속 도전적일 수 있게 노력하였으나, 그는 지루하다고 불평하였다. 많은 학생이 자신의 이름을 쓰지 못하는 반면에 Brennan는 벌써 읽고 쓸 수 있었다. 그는 주소와 전화번호를 기억해야 하는 것에 의문을 가졌는데, 그것이 너무 간단했기 때문이다. Brennan은 모든 아이가 그것을 알 것이라고 생각했다.

4단계

Rebecca Renick: 4세 때 Rebecca의 보모는 그녀와 학교 놀이를 하였고 그녀에게 덧셈과 뺄셈 문제지를 주었다. Rebecca는 문제에 올바른 답을 기입하였다. 교사는 Rebecca가 놀이에 있어 항상 다른 아이들보다 더 복잡하고 흥미로운 사고를 가졌다고 말하였다. 그녀가 좌절하게 될 때 "그들은 이해하지 못했어."라고 말하며 책 코너로 가서 독서를 하였다. 그녀는 농담을 들으면 나의 어머니에게 전화를 걸어 그 농담을 말하였다. 그녀는 또한 알록달록한 비즈 공예를 좋아하였고 그것들로 완벽한 패턴들을 만들었다.

5단계

Jacob Jones: 4세 6개월 때, 우리는 도서관에 갔고 Jacob은 컴퓨터 설명서 칸으로 향했다. 그 누구도 그가 정말로 그것을 읽는다고 생각하지 않았으나 그는 읽었다. 우리는 그가 어떠한 수준의 책이라도 읽을 수 있도록 도왔고, 5세에는 교회에서 인간 창조에 관한 책을 읽을 때마다 흥미로운 질문에 답해야 했다.

출처: Ruf, D. L. (2005). *Losing our minds: Gifted children left behind*. Scottsdale, AZ: Great Potential Press, pp. 63, 88, 113-114, 144, 178.

성인기로의 전환

자신의 잠재력에 거의 도달하고 성인의 역할을 하는 기회들이 주어지는 영재학생들을 위해, 아동기부터 청소년기에서 성인기, 고등학교에서 고등교육이나 고용 전환은 일

영재학생의 요구에 따른
반응적 교수

월반: 국가 기만 보고서

불평등한 사람의 평등한 처우가 있는 한 어떠한 것도 불평등하지 않다.

- Thomas Jefferson

연구의 개요

2004년, 『국가 기만 보고서: 학교가 우수한 학생들을 어떻게 붙잡아 두는가(*A Nation Deceived: How School Hold Bock Its Brightest Students*)』가 출판되었다(Colangelo, Assouline, & Gross). 이 보고서는 월반에 관한 50년간 진행된 다양한 형태의 연구를 요약하였고, 학문적·사회적으로 모두 영재학생에게 이점을 주는 다양한 형태의 월반에 대한 결과를 종합하고 있다. 불행히도, 능력 추적(IQ나 성적[GPA]과 같은 국제적 측정 도구에 기반을 둔 학생 능력 분류의 극단적인 형태)에 관한 우려는 월반 프로그램에 대한 걱정을 흘려보냈다. 월반은 학년별로 진행되는 것이 아니라 학생이 또래 학생들보다 어리지만 제공되는 교육적 프로그램을 말한다. 효과적인 월반 프로그램은 학생의 동기와 준비와 관련하여 교육과정의 복잡성과 수준에 맞춘다(Colangelo et al., 2004).

이 보고서는 많은 학생이 상급 학년으로 가기에 사회적으로 충분히 성숙하지 못하다는 믿음, 학생들을 그들의 학년 수준에 '안전한' 교육과정에 두어야 한다는 생각, 월반은 학생들 사이의 지식의 간격을 만든다는 믿음을 포함한 월반과 관련된 많은 잘못된 믿음을 없애고 있다.

보고서는 오늘날 학교에서 적용되는 18가지 월반 유형을 제시하고 각 실제와 연관된 관련 연구들을 검토하고 있다. 월반의 종류는 유치원의 조기 입학, 1학년의 조기 입학, 학년 뛰어넘기, 계속적인 진보, 개인 학습 속도에 맞춘 교수, 과목 – 주제 월반/부분적 월반, 결합된 학급들, 조밀한 교육과정, 텔레스코핑(telescoping) 교육과정, 멘토링, 정규교과 이외 프로그램, 일치된 교과목들, 조기 졸업, 이중등록, 선행 배치, 시험을 통한 학점 이수, 대학에서의 월반, 그리고 중학교 – 고등학교 – 대학교의 조기 입학을 말한다.

결과의 요약

연구의 종합은 성공적인 월반과 관련된 중요한 측면을 강조한다. 몇몇 주요 결과는 다음과 같다.

① 월반은 성공적인 학교 개혁보다 학생의 성취를 향상하는 데 있어서 효과적이다.

② 월반에 참여한 학생들은 참여하지 않은 학생들보다 더 높은 교육적 수준을 열망한다.

③ 교육과정이 느린 속도로 움직일 때, 지루함과 불만이 빈번히 발생한다.

④ 월반에서 발생되는 문제들은 미완성된 부적절한 계획으로 나타날 수 있다.

⑤ 거의 모든 형태의 월반은 학력 성장 결과를 나타낸다(380개의 연구 결과로부터).

⑥ 대학 입학자들이 사회적 혹은 정서적 어려움을 경험하는 경우는 거의 없다. 문제가 일어날 때 그들은 보통 단기간 그리고 전반적 적응 시기를 지닌다.

⑦ 영재학생들은 사회적·정서적으로 또래에 비해 더 성숙한 모습을 보인다. 따라서 월반은 더 나은 인간적 성숙의 만남을 제공할 수 있다.

⑧ 아이오와 월반 척도(Iowa Acceleraltion Scale: IAS)는 월반 결정에 관한 증명된 도구다.

⑨ 선행 배치(advanced placement: AP) 과목과 이중등록 학급들, 원거리 교육 그리고 여름 프로그램들과 같이 조기 대학 입학의 많은 대체안이 가능하다.

아이오와 월반 척도

보고서 전반에 걸쳐 일관된 주제는 월반의 긍정적인 효과와 관련된 것이다. 학년을 뛰어넘는 월반 학생들의 '준비'를 평가하는 데 사용되는 도구 중 하나가 IAS이다. IAS는 아동 연구팀이 월반 아동의 잠재력에 대한 객관적 자료를 검토하는 데 사용하기 위해 만들어졌다. 조사에서는 20개의 항목을 4개의 하위척도로 나누어 구성하고 있다. ① 학문적 능력과 성취, ② 학교 정보, ③ 대인간 기술, ④ 적성과 지원. 4개 하위척도의 총합은 다음의 권고안 중 하나로 해석된다. ⓐ 뛰어난 지원자, ⓑ 좋은 지원자, ⓒ 경계선의(marginal) 지원자, ⓓ 열등한 지원자. 연구들은 IAS의 효과를 검증하여 학교와 가족에게 유용한 도구라는 것을 조사하였다(Assouline et al., 2003).

학교는 무엇을 할 수 있는가

보고서는 학교 전문가들이 월반을 결정할 때 다음의 세 가지 질문을 하도록 권장한다.

① 우리가 학생의 능력을 제대로 평가해서 이들이 더 진보되고 빠르게 진행되는 교육과정에 참여할 준비가 되었는가?
② 평가의 결과, 어떠한 월반의 형태가 아동에게 가장 적합한가?
③ 우리는 몇몇의 경우에 월반이 유용하지 않다는 것을 알고 있다. 우리는 학교가 월반에 참여하는 학생의 성공을 보장하도록 하기 위해 어떠한 것을 할 수 있는가?(Colangelo et al., 2004, p. 69)

보고서의 메시지는 분명하다. 학부모, 교사, 관리자 및 교육대학은 영재학생들의 요구를 충족하기 위해 월반에 대한 연구를 잘 알고 있어야 한다. Borland(1989)는 월반의 저항에 관한 현재의 사회적 난제를 요약하였다.

월반은 교육 분야에서 가장 흥미로운 현상 중 하나다. 연구가 밝혀낸 것과 대부분의 실무자가 믿는 것 간의 차이 외에 다른 문제는 생각할 수 없었다. 월반에 대한 연구에서 적절한 월반의 이점은 너무나 명백한 까닭에 교육자가 그것을 반대하는 것이 어렵다고 본다(p. 185).

• Kristin L. Sayeski

■ ■ ■ ■　■ ■ ■ ■ ■ ■ ■

반적으로 전혀 문제가 되지 않는다. 특히 청소년기에 이러한 학생들은 자신의 상대적 강점과 약점을 인식하는 경향이 있다. 이는 그들이 해당 영역에서 대부분의 또래보다 더 잘 수행하지만 자신을 바라볼 때 상대적인 약점으로 여겨 자신이 영재성을 지니지 않는다고 생각할 수 있음을 의미한다(Plucker & Stocking, 2001; Robinson et al., 2007)

많은 측면에서 이러한 청소년의 전환교육은 장애 청소년과 성인들이 직면한 전환의 문제를 반영하는 경향이 있다(Kohler & Field, 2006 참조). 모든 영재 청소년과 젊은 성인이 전환기를 수월하게 헤쳐 나가는 것은 아니다. 많은 학생이 개인 및 직업 상담과 학교 및 지역사회 자원에 학생들을 연결하는 네트워크 시스템이 필요하다(Herbert & Kelly; Neihart et al., 2002).

특별한 재능과 재주를 지닌 청소년 교육의 중요한 문제가 있다면, 이는 월반 대 심화일 것이다. 심화를 지지하는 사람들은 학생들이 또래와 함께 지속적으로 사회적 접촉을 하는 것이 필요하다고 생각한다. 그들은 학생들이 또래의 교육과정을 따라가고 더 깊이 있는 주제로 공부해야 한다고 주장한다. 월반의 지지자들은 특별한 능력과 재능을 가진 학생들을 위해 도전과 적절한 교육 기회를 제공할 수 있는 유일한 방법은 그들을 나이 든 학생들과 경쟁하게 하는 것이라고 믿는다. 교육자들은 학생들의 인지 능력이 자신의 나이 이상이기 때문에 학생들을 위해 빠른 속도로 교육과정을 진행해야 한다고 주장한다.

영재 청소년들을 위한 월반은 고등학교에 다니는 동안에 AP 과목, 대학 조기 입학 또는 대학 교과목 등록을 의미할 수 있다(Callahan, 2003; Colangelo et al., 2004b; Muratori et al., 2006 참조). 가장 높은 수준의 영재학생들 중 일부는 심지어 대학원 과정에 조기 입학할 수 있다. 다음의 〈개인적 관점〉에서 버지니아 대학의 대학원 학생인 신동의 경우는 과격한 월반이 당연한 선택이었던 것으로 보인다. Gregoroy Smith와 같은 매우 비

 개인적 관점

신동이 현재 대학원 학생이다

Gregory R. Smith는 5월 31일, 13세의 나이에 랜돌프 메이컨 대학(Randolp-Macon College)에서 학사학위를 받으며 하나의 목표를 완료했다. 이제 이 신동은 대학의 대학원 과정 프로그램으로 점프하여 다른 목표를 향해 가고 있다.

Smith는 자신의 열네 번째 생일 다음 날, 화요일 두 개의 첫 여름 강의를 시작했다. 그는 앞으로 계획하는 여러 박사학위 중 수학 박사학위를 위해 공부할 것이다.

"버지니아 대학교는 모든 것 중에 첫 번째 선택이에요."라고 Smith는 말하였다. "고등학교 졸업 후 대학원 과정을 위해 버지니아 대학에 지원하는 것이 나의 계획이었어요. 나는 우리나라에서 최고의 대학교 중 한 곳에서 공부할 기회를 얻어서 정말 흥분돼요."

버지니아 대학의 직원들은 Smith의 선택에 모두 똑같이 흥분해 있었다. 부총장이자 교무처장인 Gene Block은 "Greg이 우리 대학원 과정 프로그램에 참여하는 것을 환영합니다. 그의 지적 성취, 국제 서비스에 관한 열정은 버지니아 대학 전통에 잘 부합합니다. 우리는 Greg에게 학문적으로 도전하는 것뿐만 아니라 동료들 간에 집과 같이 편하게 느끼는 환경을 제공하는 것이 중요하다는 것을 깨달았습니다."

Smith는 유아기부터 영재로 인식되어 왔다. 펜실베이니아 주 웨스트레딩에서 태어났고, 14개월 때 수학 문제를 풀었고 두 살 때 읽기를 시작하였다. 다섯 살 때 K-12 교육을 마친 후 가족들은 플로리다로 이사를 갔고, 다음으로 버지니아로 가서 열 살 때 애시랜드의 랜돌프 메이컨 대학에 등록하였다. 그는 수학 전공의 학사학위와 함께 우등으로 졸업하였고 PhiBeta Kappa와 다른 5개의 명예협회들의 구성원이었다.

Smith는 세계 평화의 추구와 어린이 권리 옹호자가 되기 위해 미디어에 관심을 두었다. 그는 국제 청소년 옹호를 설립하고 기독교 아동 기금의 청소년 대사와 어린이를 위한 World Centers for Compassion의 청소년 대변인으로 봉사했다. 지난 한 해 동안, 그는 미국 전역을 여행하면서 4대륙 6개국을 방문했다. 인도적 지원 노력으로 동티모르에서 고아를 돕고, 브라질 상파울루에서 청소년을 도왔다. 그리고 Smith는 르완다 사람들이 자신의 첫 번째 공공 도서관을 구축하는 데에 도움을 주었다.

그는 Bill Clinton 전 대통령과 전 소련 대통령 Mikhail Gorbachev뿐만 아니라, 아일랜드의 Betty Williams와 남아프리카의 대주교 Desmond Tutu와 같은 노벨 평화상 수상자 등과 만났다. 또한 유엔 안전보장이사회와 여러 주 의회 전에 참여하였다.

Smith의 목표 중 하나는 분쟁 지역의 아동 점유 건물을 표시하고 보호할 수 있도록 아동을 위한 국제적인 상징을 만드는 것이다. 또한 그는 국제 법률에 의해 아동들을 위한 전쟁 대피소를 안전한 피난처로 만드는 것을 희망하고 있다.

Smith는 "나는 모든 어린이가 순수하고 무고함을 가지고 태어나지만 우리가 그들에게 증오와 폭력을 가르치기 때문에 폭력적인 행동을 한다고 믿어요."라고 말한다. "평화로운 미래를 위해 반드시 평화적인 양육이 있어야만 해요. 폭력적이고 비도덕적인 길로 인도하는 부패에 저항하는 어린이가 되도록 하는 환경을 만드는 것은 우리에게 달려 있지요."

2002년과 2003년 노벨 평화상에 지명된 Smith는 Muhammad Ali와 세계 어린이상을 공동 수상하였다. 그는 전국에서 선발된 43명 학생 중의 한 명으로, 졸업 연구들을 위해 Jack Cooke 협회로부터 6년 동안 1년에 최고 5만 달러씩을 수여받았다.

출처: Graves, L. (June 13, 2004). Child prodigy now U. Va. grad student. *Inside UVA*. 허가 후 게재함.

범한 지적 능력, 사회적 성숙과 도덕적 헌신을 지닌 청소년을 위한 대학 및 대학원 조기 입학에 대한 논쟁은 어려운 부분이다.

같은 연령의 또래들과 크게 다르진 않은 다른 영재학생들의 경우 급진적인 월반 프로그램에서 혜택을 받지 못하는 것으로 보인다. 특히 수학에서의 월반 프로그램은 매우 긍정적으로 평가되어 왔다(Asouline & Lupkowski-Shoplik, 2003; Brody & Stanley, 2005;

Muratori et al., 2006 참조). 사실 전체 그리고 부분적 시간의 대학교 조기 입학은 학생 개인을 위한 서비스가 지원되고 상담을 제공받는 한 청소년에게 효과적이다. 이는 자신의 자기존중감 향상을 할 수 있는 적절하고 보상적인 사회 경험뿐만 아니라, 학문적 도전과 성공을 확실시할 수 있도록 일찍 대학에 입학하는 학생들을 위한 상담과 지원 서비스를 제공하는 것이 중요하다.

월반과 심화를 넘어서, 영재 청소년들은 성공적이고 만족할 만한 성인기와 진로의 전환을 하고자 한다면 사회 및 개인적 발달에 대한 관심이 늘 필요하다(Assouline & Colangelo, 2006). 특별한 특성과 요구를 지닌 다른 학생 집단처럼, 그들은 비슷한 특성과 비슷한 도전에 직면한 다른 학생들로부터 배우고 사회화할 수 있는 기회를 얻을 수 있다. 학생들은 자연과 삶의 의미에서의 성찰과 그들 스스로 선택한 방향에 대한 이점을 얻을 수 있을 것이다. 주어진 적절한 지원을 통해 그들은 자기결정력과 생존 기술을 사용할 수 있다(Neihart et al., 2002 참조)

요약

영재성은 어떻게 정의되는가?

- 동년배 학생들과 비교했을 때 영재학생은 몇 가지 측면에서 뛰어남을 보인다. 그러나 영재를 어떻게 정의하는가에 대해서는 합의가 이루어지지 않았다. 정의에서 합의하지 못한 것은 다음을 포함한다.
  - 무엇을 측정하였는가
  - 어떻게 측정되었는가
  - 어느 정도 뛰어나야 하는가
  - 비교집단
  - 영재성을 판별하는 이유들
- 영재성은 사실상 무엇이든 우리가 이루기를 소원하는 것이다.
- 분석적, 종합적 그리고 실제적 지능과 같이 다른 종류의 영재성이 있을 것이다.

영재의 출현율은 어떠한가?

- 출현율은 정의에 근거한다. 전국의 학교 시스템은 일반적으로 영재를 학생의 약 3~5%로 판별한다.

영재의 원인은 무엇인가?

- 생물학적(주로 유전적) 그리고 사회적 요소들(예: 가족, 학교, 동료 집단, 사회)이 모두 관련된다.
  - 이러한 두 가지 요소가 영재성에 각기 얼마나 기여하는지는 정확하게 알 수 없다(특히 개인적인 사례에서).
  - 우리는 유전적 요소가 아닌 많은 사회적 요소를 바꿀 수 있고, 학교가 영재를 어떻게 육성하는지에 더 많은 관심을 가질 필요가 있다.

영재는 어떻게 판별되는가?

- 개인 지능검사는 영재를 판별하는 전통적인 방법이었다.
- 성취와 흥미뿐만 아니라 동료, 가족, 교사 그리고 자기 자신이 선정한 문화적으로 민감한 부가적인 판별 절차에 더 많은 관심이 주어지고 있다.

영재학생의 심리 및 행동적 특성은 무엇인가?

- 영재학생들은 전형적으로 어린 나이에 읽기를 시작하고 대부분 아동들보다 훨씬 빠른 발달을 보인다.
- 영재학생들은 기본적으로 많은 부분에서 우수하다.
- 영재학생들은 전형적으로 학교와 학습을 좋아한다.
- 영재학생들은 다른 학생들과 동일한 심리학적 그리고 신체적 문제들을 지닌다.

문화적 가치는 영재학생의 교육에 어떻게 영향을 미치는가?

- 미국 문화는 영재성에 대해 양면적인 태도를 지니고 있다. 즉, 재능이 가져다주는 좋은 것들을 좋아하지만, 지적 우수성과 지적 능력을 지닌 개인을 판별하는 것은 좋아하지 않는다.

어떤 집단의 영재학생이 경시되는가?

- 학습부진 학생들은 종종 간과된다.
- 낮은 사회경제적 지위와 외딴 지역에 사는 학생의 영재성은 알아차려지지 못한다.
- 소수 문화 및 인종 집단 학생들은 간과되는 경향이 있다.
- 또한 장애 학생들은 잘 판별되지 않는다.
- 여성이 잘 드러나지 않는다.

영재학생을 위한 중요한 교육적 고려 사항은 무엇인가?

- 영재학생을 위한 조정과 관련하여 가장 일반적인 두 가지 방법이 월반과 심화인데, 두 가지 모두 장점과 단점, 지지자와 반대자가 있다.

영재아동의 조기 중재에서 주요 문제는 무엇인가?

- 어린(3, 4학년 이전) 영재를 효과적으로 판별할 수 있는 연구가 부족한 것이 주요 문제다.

영재학생의 전환교육을 위해 어떠한 내용이 제안되고 있는가?

- 영재 청소년의 문제는 동일한 연령의 장애학생이 보이는 문제와 같고, 많은 학생이 향후 교육과 진로에 관한 개인적 상담을 요구할 것이다.
- 월반(대학 조기 입학 포함)과 심화(상급 코스의 과목 배치 포함)가 기본적인 두 가지 조정이다.

특수교육협의회

전문적 기준

이 장에서 다루어진 미국 장애인 특수교육협의회(Council for Exceptional Children: CEC)의 공통 핵심 지식 및 기술: ICC1K4, ICC1K5, ICC1K7, ICC1K8, ICC2K4, ICC2K5, ICC2K6, ICC3K1, ICC3K2, ICC3K4, ICC4S3, ICC5K3, ICC5S2, ICC7S1, ICC7S9, ICC8S4, ICC8S5, ICC8S6
부록: CEC의 공통 핵심 기준과 관련된 지식 및 기술을 제공한다.

MYEDUCATIONLAB

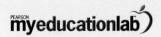

MyEducationLab(www.myeducationlab.com)의 주제 17: 영재에서 다음의 내용을 찾을 수 있다.

- 국가 수준의 기준들과 관련된 전반적 개념에 대한 학습 성과
- 각 장의 내용을 보다 심도 있게 이해하도록 도와주는 과제 및 활동 수행
- IRIS Center Resources에서 볼 수 있는 어려운 상황들에 대한 검토
- 교수 기술 수립과 학습 주제 경향을 확인할 주요 개념 이해에 대한 실제의 적용
- Book-Specific Resources의 Study Plan을 통한 교재 내용에 대한 이해도 측정. 여기에서 각 장의 퀴즈 수행, 정답에 대한 피드백을 통해 복습, 연습, 심화 활동으로 이해도를 높일 수 있음
- CCSSO 올해의 교사상 수상자의 교사 면담 코너를 통해 '왜 나는 가르치는가?'에 대한 답변 영상 시청

CEC 지식 및 기술에 대한 기초 중핵 표준

표준 1:   기초

ICC1K1:   특수교육 실행의 토대가 되는 모델, 이론 및 철학
ICC1K2:   행동 관리 계획과 실행에 관한 법률, 정책 및 윤리
ICC1K3:   특수교육과 교육기관 구조 및 기능 간의 관계
ICC1K4:   학습 요구와 관련된 학생, 부모, 교사 및 관련 전문가의 권리와 책임
ICC1K5:   다양한 문화 배경 속의 특별한 학습자의 정의와 판별에서의 논점
ICC1K6:   평가, 적격, 교육 환경 결정과 관련된 이슈, 확증 및 정당한 법적 절차
ICC1K7:   가족 체계와 교육에서의 가족 역할
ICC1K8:   역사적인 측면에서 본 다문화의 공헌과 관점
ICC1K9:   학교 문화의 영향 속에서 본 개인
ICC1K10: 가정과 학교 간의 가치, 언어와 관습 차이로 오는 영향
ICC1S11: 학생은 자신의 특수교육 철학을 구술한다.

표준 2:   학습자의 발달 및 특성

ICC2K1:   인간의 성장과 발달 그리고 장애
ICC2K2:   장애의 특성별로 본 교육적 함의
ICC2K3:   특수학습 요구 아동과 가족의 문화·환경 특성과 영향
ICC2K4:   아동 발달 지원을 위한 가족 체계와 가족의 역할
ICC2K5:   일반아동과 특수아동의 유사점과 차이점
ICC2K6:   특수아동 간의 유사점과 차이점
ICC2K7:   약물 복용이 특수아동에게 미치는 영향

표준 3:   개인별 학습 차이

ICC3K1:   장애가 아동의 삶에 미치는 영향
ICC3K2:   장애가 학습자의 학업·사회 능력, 태도, 흥미, 가치관과 직업 개발에 미치는 영향
ICC3K3:   문화 속에서 본 신념, 전통, 가치의 변천과 특수아동, 가족, 학교 간의 관계에 미치는 영향
ICC3K4:   가족, 학교, 지역사회 관계에 영향을 준 문화적 관점
ICC3K5:   문화적 배경이 다른 학습자의 학습 양식에 따른 전략

표준 4:   교수 전략

ICC4K1:   특별한 특성을 지닌 학습자와 환경을 확인하는 근거 기반의 실제
ICC4S1:   다양한 환경에서 장애아동의 통합을 촉진시키는 전략을 사용한다.
ICC4S2:   아동 스스로 평가하고 문제를 해결하는 능력과 자신의 욕구에 맞는 인지 전략 사용을 지도한다.

ICC4S3:   특수아동의 특성에 맞는 지도 전략과 자료를 선택·활용한다.

ICC4S4:   환경 전반적으로 기술을 유지하고 일반화를 촉진하는 전략을 사용한다.

ICC4S5:   자아인식, 자기조절 능력, 자기조절력, 자신감, 자존감을 증진시키는 절차를 사용한다.

ICC4S6:   특수아동의 성공적인 전환을 촉진하는 전략을 사용한다.

표준 5:   학습환경과 사회기술

ICC5K1:   학습환경에 대한 요구

ICC5K2:   특수학생을 위한 학급 운영론과 전략

ICC5K3:   효과적인 교수와 학습 관리

ICC5K4:   특수아동의 행동에 영향을 미치는 교사 태도와 행동

ICC5K5:   교육 환경과 이외의 다양한 환경에서 요구되는 사회 기술

ICC5K6:   행동위기 예방과 중재 전략

ICC5K7:   다양한 문화 속에서의 통합적 및 생산적 삶을 위한 준비 전략

ICC5K8:   서로의 문화를 존중하고 인정하는 교육 환경 창출 방법

ICC5K9:   특정 문화를 부정적인 측면으로 사고화되는 되는 것에 대한 이해

ICC5K10:   인종 차별주의를 극복하기 위한 전략

ICC5S1:   안전하고 긍정적인 지원 분위기와 시설을 갖춘 학습 환경을 조성한다.

ICC5S2:   다양한 교육 장면에서 현실적으로 요구되는 개인행동과 사회행동을 확인한다.

ICC5S3:   다양한 교육 환경으로의 통합에 필요한 지원을 확인한다.

ICC5S4:   개별·집단활동에 적극적으로 참가할 수 있는 학습환경을 설계한다.

ICC5S5:   행동 조절이 가능하도록 학습환경을 수정한다.

ICC5S6:   학습환경 조성 및 개선에 관한 정보와 자료를 수집한다.

ICC5S7:   장애학생 및 일반학생들과 유대관계를 맺고 유지한다.

ICC5S8:   자신의 권익을 옹호하는 방법을 지도한다.

ICC5S9:   자기옹호를 격려하고 자립 능력을 강화시키기 위한 환경을 조성한다.

ICC5S10:   효과적인 행동지도 전략을 다양하게 사용한다.

ICC5S11:   장애아동의 학습요구에 적합한 행동지도 전략을 사용한다.

ICC5S12:   일과표를 작성하여 적용한다.

ICC5S13:   긍정적인 문화 경험을 유도하는 학습환경을 구성·개발·유지한다.

ICC5S14:   학생 간에 발생하는 갈등을 문화, 집단 및 개인 발전을 도모하는 방법으로 중재한다.

ICC5S15:   보조전문인력, 자원활동자나 개인교사의 활동을 계획하고 지도하며 지원한다.

ICC5S16:   보편적인 예방책을 사용한다.

표준 6:   의사소통

ICC6K1:   언어와 문화 차이가 아동의 성장과 발달에 미치는 영향

ICC6K2:   아동이 속한 문화와 언어 사용 그리고 다른 문화나 언어와 차이가 나는 방식

ICC6K3:   잘못된 해석과 이해를 일으킬 수 있는 문화에 따른 행동과 의사 전달 방식

ICC6K4:   보완 의사소통 전략과 보조 수단

ICC6S1:   특수아동의 의사소통 기술을 향상하고 지원해 주는 전략을 사용한다.

ICC6S2:   모국어가 다른 학생에게 교과 지도를 하기 위한 의사소통 전략과 자료를 사용한다.

표준 7:   교수 계획

ICC7K1:   교육과정 개발과 교수 실행의 토대가 되는 이론과 연구
ICC7K2:   일반 교육과정과 특수 교육과정의 영역과 순서
ICC7K3:   국가 수준, 지역 수준, 학교 수준의 교육과정 기준
ICC7K4:   교수와 학습환경을 계획하고 관리하기 위한 공학
ICC7K5:   교수, 중재, 직접 서비스와 관련된 보조교사의 역할과 책임
ICC7S1:   일반 교육과정 영역과 특수아동의 위한 수정 방안을 모색하고 우선순위를 정한다.
ICC7S2:   팀원들은 협력하여 포괄적이면서 장기적인 개별 프로그램을 개발하고 적용한다.
ICC7S3:   교수 목표를 결정하고 진전을 모니터하는 데 가족을 참여시킨다.
ICC7S4:   교육 계획을 세우기 위해 실제적인 기능을 평가한다.
ICC7S5:   과제 분석을 한다.
ICC7S6:   학습 목표들을 달성하기 위한 활동을 하고 그 결과를 평가한다.
ICC7S7:   학업 교과 내용을 정의적, 사회적, 생활 기술들과 병합한다.
ICC7S8:   문화, 언어, 성별을 고려한 교수 내용과 자료, 전략을 개발하고 선택한다.
ICC7S9:   교수와 보조공학을 교육 프로그램 속에 포함시켜 지도한다.
ICC7S10:   교수-학습 지도안을 준비한다.
ICC7S11:   일일 학습 지도에 필요한 자료들을 준비하고 체계적으로 정리한다.
ICC7S12:   교육 시간을 효율적으로 사용한다.
ICC7S13:   지속적으로 관찰하면서 학생의 요구에 반응하는 방식으로 지도한다.
ICC7S14:   사회적 태도와 행동에 적절히 반응하는 자기효능 행동을 갖춘 사람으로 준비시킨다.
ICC7S15:   지속적인 사정 결과를 반영하여 교수적 실제를 수정하고 평가한다.

표준 8:   사 정

ICC8K1:   교육 사정 관련 기본 용어
ICC8K2:   사정과 관련된 법적 조항과 윤리
ICC8K3:   선별, 위탁 전, 위탁과 분류 절차
ICC8K4:   교육적 사정 도구의 사용과 한계
ICC8K5:   국가 수준, 지역 수준에서 본 적용과 수정
ICC8S1:   관련 배경 정보를 수집한다.
ICC8S2:   편향되지 않은 공식적·비공식적 사정을 실시한다.
ICC8S3:   평가에 도움이 되는 공학을 활용한다.
ICC8S4:   사정 전략을 개인별로 개발하거나 수정한다.
ICC8S5:   공식적·비공식적 사정으로 도출된 정보를 해석한다.
ICC8S6:   문화 및 언어 배경이 다양한 특수아동의 적격 여부, 프로그램, 배치를 결정하기 위해 사정
         정보를 사용한다.
ICC8S7:   효과적인 의사소통 기술을 사용해서 관련인 모두에게 사정 결과를 보고한다.
ICC8S8:   특수아동을 위한 지도를 사정하고 진보 상황을 평가한다.
ICC8S9:   개인별로 평가 전략을 개발하고 수정한다.
ICC8S10:   사정 기록을 작성하고 관리한다.

표준 9:   전문가적 및 윤리적 실행

ICC9K1:   교수에 영향을 주는 문화에 따른 편견과 차이
ICC9K2:   특수학습 요구 아동을 위한 모범이 되는 교사의 중요성
ICC9K3:   생애 전반적으로 이루어지는 전문성 개발
ICC9K4:   연구로 타당화된 실행을 지속시키는 방법
ICC9S1:   CEC 윤리강령과 전문가 수칙을 준수한다.
ICCS92:   높은 인격과 능력을 갖추고 전문적인 실행을 결정한다.
ICC9S3:   적절한 서비스를 옹호하기 위해 윤리적으로 행동한다.
ICC9S4:   법률과 정책에 따라 전문적인 활동을 한다.
ICC9S5:   특수학습 요구 아동의 질 높은 삶에 필요한 잠재력과 교육을 심화시켜 제공하기 위한 방
            침을 세운다.
ICC9S6:   문화, 언어, 종교, 성별, 장애, 사회경제적 지위와 개인별 성에 대한 이해를 설명한다.
ICC9S7:   자신의 능력의 한계에 맞게 실행하고 필요한 경우 지원을 받는다.
ICC9S8:   구어, 비구어와 쓰기 언어를 효과적으로 사용한다.
ICC9S9:   자신의 교수를 스스로 평가한다.
ICC9S10: 특수성(장애)에 대한 정보를 습득한다.
ICC9S11: 실행을 통하여 교수력 향상과 함께 전문적인 성장을 도모한다.
ICC9S12: 특수학습 요구 아동, 가족과 비장애 또래에게 도움이 되는 활동을 한다.
ICC9S13: 증거기반의 실제를 반영하도록 노력한다.

표준 10:   협 력

ICC10K1:   자문과 협력 모델과 전략
ICC10K2:   개별 프로그램 계획에서 특수학습 요구 아동, 가족, 학교와 지역사회 전문 인력의 역할
ICC10K3:   특수학습 요구 아동 가족의 관심사와 그 지원 전략
ICC10K4:   특수학습 요구 아동, 가족, 학교 인력과 지역사회 구성원 간의 효과적인 의사소통과 협력
            을 촉진하는 요인
ICC10S1:   특수학습 요구 아동에 대한 대화 내용의 비밀을 유지한다.
ICC10S2:   특수학습 요구 아동 평가에서 가족을 포함한 인물들과 협력한다.
ICC10S3:   가족과 전문가 간에 상호 존중과 이익을 주고받는 관계가 이루어진다.
ICC10S4:   교육팀에 적극적으로 참여하도록 특수학습 요구 아동과 가족을 지원한다.
ICC10S5:   특수학습 요구 아동과 가족 간에 협력 회의를 계획하고 실시한다.
ICC10S6:   학교 인력과 지역사회 구성원들은 특수학습 요구 아동을 다양한 환경에 통합하기 위해 협
            력한다.
ICC10S7:   집단 문제해결 기술과 협력 활동을 개발, 수행, 평가한다.
ICC10S8:   교수 방법과 수정 기법을 다른 사람들에게 보여 주고 지도한다.
ICC10S9:   특수학습 요구 아동의 특성과 요구에 대해 학교 인력과 의견을 교환한다.
ICC10S10: 특수학습 요구 아동 가족들의 다양한 배경을 알기 위해 효과적으로 대화를 한다.
ICC10S11: 보조교사를 관찰하고 평가하고 피드백을 제공한다.

1차 언어장애(primary language disorder) 알려진 원인이 없는 언어장애

2차 언어장애(secondary language disorder) 지적장애, 청각장애, 뇌손상처럼 다른 장애에 의한 언어장애

3염색체성(trisomy 21) 다운 증후군의 21번째 염색체 이상으로 21번째 염색체가 3개로 되어 정상적인 46개가 아닌 47개 염색체를 만듦

IQ-성취 불일치(IQ-achievement discrepancy) 학업 수행 능력이 학생의 지적 능력 수준에 근거하여 기대되는 정도보다 현저하게 낮음

Kurzweil 1000 활자를 말로 변환시켜 주는 시각장애인용 컴퓨터 도구. 사용자가 프린트된 시각 자료를 스캐너 위에 놀려 놓으면 전자 음성으로 읽힘

Nemeth 코드(Nemeth Code) 수학과 과학에 사용되는 Braille 상징

NFB-Newsline 미국맹인연합회(National Federation of the Blind)에서 제공하는 무료 서비스로 24시간 내내 버튼식 전화기를 통해 잡지와 신문에 접근할 수 있음

NTs(neurotypicals) 신경학적 장애를 나타내지 않는 아스퍼거 증후군을 가진 사람들을 지칭하는 용어

ㄱ

가족 상호작용(family interaction) Turnbull의 가족체계 모델의 요소. 가족이 얼마나 화합하고 적응 능력이 있는가를 의미함

가족생활 주기(family life cycle) Turnbull의 가족체계 모델의 요소. 출생과 유아기, 아동기, 청소년기, 성인기로 이루어짐

가족체계 이론(family systems theory) 개인의 행동은 가족의 맥락에서 가장 잘 이해되고, 가족의 행동은 다른 사회적 체계의 맥락에서 가장 잘 이해된다는 것을 강조함

가족 기능(family functions) Turnbull의 가족체계 모델의 요소. 경제적, 일상생활, 사회적, 의료적, 교육적 요구와 같은 내용을 포함함

가계 연구(familiality studies) 주어진 상태가 유전으로 인한 것인지의 정도를 결정하는 방법. 대상자 친인척의 발병률을 조사함

가족중심 모델(family-centered model) 소비자 주도의 모델로 가족의 목표를 위한 자원과 지원을 동원하는 동안 가족이 서비스에 대하여 스스로 결정을 내리도록 권장함

가족 특성(family characteristics) Turnbull의 가족체계 모델의 요소. 장애의 유형과 정도뿐만 아니라 가족의 규모, 문화적 배경, 사회경제적 배경까지 포함됨

가족활동 환경(family activity settings) 식사하기와 계절에 따른 기념행사와 같이 가족이 정기적으로 참여하는 활동. 긍정적 행동지원(PBS) 적용의 초점이 될 수 있음

각막(cornea) 눈의 동공과 홍채 앞에 있는 투명한 막. 빛을 굴절시켜 모아 주는 역할을 함

간질(siezure, convulsion) 갑작스러운 의식의 변화, 대개 운동성이나 감각적인 현상을 동반함. 두뇌의 비정상적인 전기 에너지의 방출이 원인임

감음성 청각장애(sensorineural hearing impairement) 내이의 역기능에 기인한 중증의 청각장애

강력한 남성의 뇌(extreme male brain) 몇몇 연구자가 양수에서 나타난 안드로겐(남성 호르몬)의 높은 수치가 아동의 자폐 성향을 유발할 가능성이 좀 더 많다는 주장에 근거하여 자폐인들에게 적용되는 표현

개방성 뇌손상(open head injury) 총상이나 물건에 의해 머리가 관통되어 뇌 조직에 손상을 입었을 때와 같이 머리에 개방창(開放創)이 있는 뇌손상

개별화가족서비스계획(individualized family service plan: IFSP) 장애유아와 그 가족을 위한 서비스를 제공하기 위한 PL 공법 99-457의 요구 사항. 전문가와 부모에 의해 작성됨. 아동을 위한 IEP와 유사함

개별화교육 프로그램(individualized education program: IEP) 미국 장애인교육법(IDEA)은 각 특수교육 대상 아동을 위해 교육팀에서 작성된 IEP를 요구함. IEP는 현재 교육적 수행의 진술, 교수 목표, 제공되어야 할 교육적 서비스, 교수적 목표가 달성되었음을 결정하는 기준과 절차가 포함되어야만 함

경도 정신지체 또는 지적장애(mild mental retardation or intellectual disability) 지능지수로 지적장애를 분류할 때 지능지수 50~70의 범위

경쟁 고용(competitive employment) 장애인들에게 최저 임금을 제공하고 대부분의 고용자가 비장애인인 직장

경직형(spasticity) 근육의 강직성과 수의적 움직임에 어려움을 가짐. 강직성 뇌성마비와 관련됨

경추 반투명 초음파 검사(nuchal translucency sonogram) 다운 증후군을 선별하기 위한 방법. 태아의 목 뒤 부분의 유체와 엄마의 혈액에 있는 단백질을 분석하는 검사

고막(tympanic membrane, eardrum) 외이와 중이 사이의 해부학적 경계. 외부의 소리를 모아 여기에서 진동을 함

고막운동성검사(Tympanometry) 압력과 소리에 대한 중이의 반응을 측정하는 방법

고착성(perseveration) 행동을 계속해서 반복하는 경향으로 주로 뇌손상이나 ADHD인 사람들에게서 볼 수 있음

공격성(aggression) 의도적으로 남을 해하려 하는 행동 혹은 다른 사람을 회피하거나 도망가려고 유도하는 행동

공동 주의집중(joint attention) 어떤 자극에 대한 눈 응시나 손가락으로 지적하기와 같은 비언어적 수단, 한 사람이 다른 사람에게 주의를 환기시키는 과정

공명(resonance) 목소리 통로 기관의 크기, 형태, 질감 상태에 영향을 받는 소리의 질

공존이환(comorbidity) 한 환자가 두 개 이상의 질환을 동시에 갖고 있는 상태

과잉행동 아동 증후군(hyperactive child syndrome) 부주의하고, 충동적이고, 과잉행동을 보이는 아동을 일컫는 용어. 1960년대와 1970년대에 많이 사용함

과제 분석(task analysis) 직접교수의 주된 방법으로 학업적 과제를 교수하기 위해 작은 단계로 나누는 과정

교육과정중심 측정(curriculum based measurement: CBM) 학생이 배우는 교육과정에서의 수행을 평가하기 위한 형식적 평가 방법으로, 일반적으로 학생들에게 학교에서 사용하는 교육과정에서 추출된 소수의 표본 문항을 제시함. 전문가들은 CBM이 학생을 국가 수준의 규준과 비교하거나 학생이 배운 교육과정 내용을 반영하지 않는 시험을 적용하는 것보다 나은 방법이라고 주장함

교환일기(traveling notebook) 부모와 전문가들의 의사소통 시스템으로 짧은 의견이나 알리는 내용 등을 교환

구개파열(cleft palate) 구강의 윗부분이 갈라지거나 균열이 있는 증상. 윗입술이 갈라진 것(구순열)도 포함함

구문론(syntax) 문법, 단어가 의미 있는 문장 구조로 연결

구화법과 수화법의 논쟁(oralism-manualism debate) 청각장애 학생들에게 말하는 법을 가르쳐야 하는지 혹은 수화를 가르쳐야 하는지의 교육 목표에 관한 논쟁

굴절(refraction) 눈의 구조(각막, 수양액, 동공, 렌즈, 유리체액)를 통해 들어오는 광선의 굴절

귓바퀴(auricle) 겉귀의 드러난 부분으로 연골로 이루어져 있음. 소리를 모아 바깥의 외이도를 통해서 고막에까지 전달되도록 함

그래픽 조직자(graphic organizer) 정보의 조직을 위해 선, 원, 박스모양을 사용하여 내용의 시각적 표현을 향상하는 방법

근시(myopia) 원거리의 사물을 보는 시력에 영향을 미침. 안구가 너무 길 때 주로 발생함

근이영양증(muscular dystrophy) 근섬유의 변성으로 인해 근육이 점차 약화되는 유전질환

급성(acute) 대부분 치료에 의해 회복 가능한 심각한 질병이나 부상 상태임

긍정적 행동중재계획(postive behavior intervention plan: PBIP) 긍정적 강화(보상) 절차를 강조하는 행동 변화를 위한 계획

긍정적 행동 중재와 지원(positive behavioral intervention and support: PBIS) 바람직하지 않은 행동에 대해 벌을 주기보다 바람직한 행동을 유도하는 방법을 찾는 행동과학의 체계적인 절차. 긍정적인 강화(보상) 절차는 학생의 바람직한 행동이나 바람직하지 않은 행동 모두를 유도하기 위해 사용됨

긍정적 행동지원(positive behavioral support: PBS) 학생들의 바람직한 행동을 유도하기 위한 긍정적 강화(보상) 절차

기능 시력검사(functional vision assessment) 매일의 상황에서 개인의 시각 사용을 평가하는 것

기능적 자기공명영상(functional magnetic resonance imaging: fMRI) 뇌가 활동할 때 두뇌의 변화를 감지하기 위해 사용되는 MRI의 변용. PET 스캔과는 다르고 방사능 물질을 사용하지 않음

기대 성장 규준(expected growth norms) CBM에서 적용됨. 전형적인 교수가 제공되었을 때 평균 수준의 학생이 학습하리라 기대되는 정도의 비율

기억술(mnemonics) 어떤 것을 기억하기 위해 기억을 증진시킬 수 있는 단서를 사용하는 방법. 리듬이나 노래, 기억 정보와 관련된 시각적 영상과 같은 기억을 돕는 전략

기저핵(basal ganglia) 뇌를 구성하는 일련의 구조로 미상핵, 창백핵(담창구), 조가비핵을 포함함. ADHD를 보이는 경우에 앞의 두가지 핵에 이상이 있는 것이 나타나기도 함. 일반적으로

운동의 협응과 조절을 담당함

기초선 측정점(baseline data point)　CBM에서 사용됨. 중재가 시작되기 이전에 수집된 초기 점수. 예를 들어, 학생이 유창성 중재를 받기 전에 읽기에서 1분당 정확히 읽어 내는 단어의 수

긴 지팡이(long cane)　시각장애인이 넓은 호를 그리면서 앞으로 나아갈 때 사용하는 이동 수단. 지팡이를 사용하기 위해서는 훈련이 필요하며, 시각장애인이 가장 흔히 사용하는 이동 수단임

ㄴ

난시(astigmatism)　각막과 수정체의 조절 이상으로 흐리게 보이는 증상임

난원창(oval window)　중이와 내이 사이에 있는 연결 부위

낭포성 섬유증(cystic fibrosis)　유전적 질환으로 주로 위장관과 호흡기관에 영향을 끼침. 특성으로는 탁하고 끈적거리는 점액질이 분비되어 호흡과 소화에 자주 지장을 줌

내면화(internalizing)　보이지 않는 행동. 불안, 두려움, 위축, 개인의 기분이나 내적인 상태의 다른 표시

내용 향상(content enhancement)　그래픽 조직자나 연상 기호 등을 사용하여 더 핵심적이고 두드러지게 교육과정을 수정하는 것

노르에피네프린(norepinephrine)　신경전달물질로, ADHD인 사람들은 이 수치가 비정상적으로 나타남

녹내장(glaucoma)　안구 내의 과도한 안압(안압과 관련된 경우가 대부분이지만 그렇지 않은 경우도 있음)으로 인해 치료되지 않는다면 시력 손상을 일으킴. 원인은 알려져 있지 않음

뇌량(corpus callosum)　수백만 개의 신경다발이 좌우 대뇌 반구를 연결하는 뇌의 한 부분. 좌우 대뇌 반구의 정보를 교환하는 역할을 함. ADHD인 사람은 이 부분에 발달 이상을 보임

뇌성마비(cerebral palsy: CP)　뇌가 미성숙한 시기에 손상되어 마비, 협응, 운동기능 저하가 특징임

뇌신경(腦神經, granial nerves)　두뇌와 신체의 다양한 분비선과 근육을 연결하는 12쌍의 신경

뇌염(encephalitis)　뇌의 염증성 질환, 아동의 정신 발달에 부정적인 영향을 끼칠 수 있음

뇌파전위기록장치(electroencephalography: EFG)　두뇌의 전기적 활동을 측정하기 위한 방법

ㄷ

다문화 교육(multicultural education)　성, 사회계층, 민족, 인종, 장애, 문화적 차이와 상관없이 모든 학생에게 균등한 교육의 기회를 제공하기 위해 교육과정과 교육 제도를 변화시키는 것

다운 증후군(down syndrome)　21번째 염색체 기형으로 인해 발생되는 현상으로, 가장 일반적인 기형은 염색체가 한 쌍이 아닌 세 개이며(이러한 상태를 때때로 3염색체성[trisomy 21]이라고 함), 지적장애와 눈꼬리가 치켜 올라간 눈, 근긴장 저하, 하나의 손바닥 주름, 체력이 약하고 비만이 되는 경향 등의 신체적 특성을 가짐

단계적 과제(tiered assignment)　한 가지 주제이나 난이도가 다양한 과제

단기기억(short-term memory: STM)　단기간의 정보를 회상하는 능력

단순포진(herpes simplex)　바이러스성 질환으로 입안의 발진과 고열 증세가 나타남. 생식기에 악영향을 주게 되고 태아 발달기의 마지막 단계에서 산모를 통해 감염되었다면 아동기에 정상 이하의 지적 능력을 갖게 될 수 있음

단편적(episodic)　에피소드에서 일어나는, 지나가는 일시적인 상태이나 되풀이될 수도 있음

달리 분류되지 않는 전반적 발달장애(Pervasive Developmental Disorder Not Otherwise Specified: PDD-NOS)　다섯 가지 자폐 범주성 장애 중의 하나로 다른 어떤 진단 범주에도 부합하지 않는 발달장애

달팽이관(cochlea)　내이(內耳)의 전정기관 밑에 위치한 달팽이처럼 생긴 기관. 중이로부터 전달되는 소리를 뇌로 전달될 수 있게 전자 신호로 바꾸는 역할을 함

담창구(globus pallidus)　대뇌 반구의 기저핵에 있는 회백색의 덩어리. ADHD인 사람들이 비정상적인 발달을 보이는 곳

당뇨병성 망막증(diabetic retinopathy)　혈액이 망막에 원활하게 공급되지 않아 발생이 야기됨. 급속도로 시각장애를 일으킴

데시벨(decibels)　소리의 상대적 크기 단위. 제로 데시벨(0dB)은 건청인이 소리를 정확히 감지할 수 있는 지점을 말함

도움 카드(assistance card)　시각과 청각 장애인들이 소지하는 비교적 작은 카드로 건널목을 건널 때에 도움이 필요하다는 것을 타인에게 알리는 내용이 적혀 있음

도파민(dopamine)　신경전달물질로 ADHD인 사람들은 비정상적인 수준을 보일 수 있음

도플러 효과(Doppler effect)　청취자가 소리의 발원체 쪽으로 이동함에 따라 소리 증가의 높낮이 현상을 설명하기 위해 사용하는 용어

독소(toxins)　태아 기형의 원인이 되는 환경적 독소. 인지적

손상을 초래할 수 있음

독화(speechreading) 입의 움직임과 시각적인 단서만을 사용하는 독화뿐 아니라 말하는 것의 의미를 파악할 수 있는 다른 시각적 정보를 사용하도록 가르치는 지도 방법

동공(pupil) 안구의 홍채 부분의 중앙에 있는 수축성 구멍

동시적 의사소통(simultaneous communication) 농아인들이 손과 구화를 동시에 사용하는 것

등골(stapes) 중이에 있는 등잔 모양의 작은 뼈

또래 교사(peer confederates) 교사를 도와주는 또래들

또래교수(peer tutoring) 학생들은 서로를 효과적으로 가르칠 수 있다는 개념을 근거로 일반학급의 장애학생들을 통합하는 데 사용되는 방법. 배우는 사람이나 가르치는 사람의 역할은 장애학생이나 비장애학생 누구나 할 수 있음

또래보조 학습전략(peer-assisted learning strategies: PALS) 음운 인식, 읽독, 이해 전략과 같은 증거에 기반을 둔 읽기에서 가장 좋은 훈련 방법. PALS에서는 높은 학습도를 보이는 학생과 낮은 학습도를 보이는 학생이 짝을 이루어 구조화된 개인교습에 참여하면서 '교사(tutor)'와 '학생(tutee)'의 역할을 교대로 수행함

또래 중재 교수(peer-mediated instruction) 학업 또는 사회적 기술을 가르치는 데 학생들의 또래 급우가 지원하는 의도적 방법

ㄹ

루벨라(독일 홍역)(rubella[German measles]) 바이러스성 질병으로 임신 초기 3개월에 발명이 되는 경우 태아 기형의 원인이 됨

리탈린(Ritaline) ADHD를 위한 정신과의 가장 보편적인 처방약. 일반직인 명칭은 메틸페니에이트(methylpheniate)

리탈린의 모순 효과(paradoxical effect of Ritalin) 각성제인데도 사람의 행동을 진정시키도록 작용하는 약물로, ADHD 환자에게는 그 효과가 명확하지만 ADHD가 아닌 사람들에게는 효과가 없다는 믿음이 최근에는 떨어짐

ㅁ

마비성 말장애(dysarthria) 두뇌 손상으로 조음 시 사용되는 근육이 손상되어 나타나는 상태

마음이론(theory of mind) 사회적 교류에서 다른 사람의 입장을 받아들이는 능력. 다른 사람의 감정, 의도, 욕구 등을 추론하는 능력. 자폐 범주성 장애인이 나타내는 장애

만성의(chronic) 오랜 기간 지속되는 증상. 일시적으로 끝나는 것이 아닌 증상

말(speech) 대화 중 음성 언어의 연속과 형태

말-언어병리학자(speech-language pathologist: SLP) 말, 언어, 의사소통, 삼킴, 음성, 유창성 관련 장애에 관련된 일을 함. 학교나 건강보호 전문로 일할 수 있음. 개인의 말-언어장애를 평가하고 진단함

말장애(speech disorders) 비정상적인 음성을 포함한 구어 의사소통으로 비인지적이거나 분노, 감정의 부적절성, 대화자의 부적절한 행동이 원인

망막(retina) 눈의 뒷부분에 위치한 시신경과 연결된 신경섬유를 포함한 부분

망막색소변성(retinitis pigmentosa) 망막의 변성에 의한 유전적인 상태. 시야가 좁아지고 야간 시야에 영향을 줌

맞춤 고용(customized employment) 개인의 흥미와 기술과 직업을 연결하여 취업하게 함

매독(syphilis) 질 내 질병으로 특히 태내 발달기의 후반기에 감염된 경우 정신지체의 원인

모계 혈청 검사(maternal serum screening: MSS) 다운 증후군이나 이분척추와 같은 발달장애를 선별하기 위한 태아 선별검사 방법. 어머니의 혈액을 채취하여 분석함. 보통 시행되는 양수검사나 융모막검사(CVS)가 좀 더 정확하지만 혈액검사가 더 안전함

모국어 강조(native-language emphasis) 하루 중 거의 대부분은 학생의 모국어를 사용하고 영어는 부수적인 과목에서 지도하는 것으로, 언어적으로 소수인 학생을 가르치기 위한 방법

목표선(aim line) CBM에서 사용됨. 예상되는 성장 규준에 기초하여 교수의 기초 데이터 지점에서 예상되는 끝 지점까지 연결한 선

무관용(zero tolerance) 연방과 주 법률에 의해 지원받는 학교 정책으로 어떠한 참작할 만한 상황이나 무기나 약물의 종류와 상관없이 무기나 약물 소지는 자동적으로 벌칙(대개 정지나 제적)을 받음

무도증(choreoathetoid) 의도치 않은 움직임과 균형 잡는 것의 어려운 특징이 있음. 무도 무정위형 뇌성마비와 관련 있음

무상의 적절한 공교육(free appropriate public education: FAPE) 연방정부 특수교육법의 가장 주요한 목적으로 모든 장애아동의 교육은 모든 경우에 무상이고(예: 공공 비용) 특정한 학생을 위해 적절하게 제공됨

무언어(mute) 언어가 거의 없거나 언어적 표현이 거의 없는

것. 많은 자폐인의 특성임

문자 변환(transliteration)   대부분의 수화 통역자가 사용하는 방법으로 구화와 같은 어순을 유지함. 미국수화(ASL)가 사용될 수 있음

미국 장애인교육발전법(Individuals with Disabilities Education Improvement Act: IDEIA)   장애인을 위한 서비스를 보장하는 연방법. 이 법은 2004년 재인준되었고 '장애인교육진흥법'으로 명칭을 바꾸었음

미국 장애인교육법(Individuals with Disabilities Education Act: IDEA)   1990년 제정되고 1997년과 2004년에 재인준된 장애인교육법으로, 1975년 제정된 공법 94-142를 대체함. 연방법의 기금 지원을 받는 모든 학교 체계는 3세와 21세 사이의 모든 아동에게 장애의 정도에 상관없이 무상의 적절한 공교육을 제공해야만 함을 요구함

미국장애인법(Americans with Disabilities Act: ADA)   장애인들을 위한 시민권 입법으로 광범위한 활동에서의 차별을 금지함

미상핵(caudate)   뇌의 기저부에 있는 구조. ADHD 특성을 보이는 사람은 이 부분이 비정상적으로 발달함

미세 뇌손상(minimal brain injury)   뇌손상과 같은 신경학적 증상은 없으나 행동 문제를 보이는 아동을 지칭하는 용어. 과거에 사용되었던 용어이나, 진단을 내리기에는 적절한 용어가 아니므로 현재는 사용하지 않음(예: 미세 뇌손상의 명확한 증상이 있어도 학습에 어려움이 없는 아동도 있음). 이 용어는 부주의, 충동성, 과잉행동을 보이는 아동에게 사용되며 1950년대와 1960년대에 많이 사용되었음

미숙아망막증(retinopathy of prematurity: ROP)   출생 후 과다 농축된 산소에 노출되어 발생함. 눈의 렌즈 뒤 망막 부분을 형성하는 조직의 상처가 원인임

ㅂ

바이반스(Vyvanse)   주의력결핍 과잉행동장애 증상에 처방되는 각성제

반복 읽기(repeated readings)   학생이 실수가 없거나 적은 수준으로 적절하게 읽을 때까지 동일한 짧은 구절을 반복하여 (한 주에 여러 번) 읽기

중재반응모델 또는 처치에 대한 반응 접근(response-to-intervention[RTI] or response-to-treatment approach)   학습장애 여부를 규정하는 방법. 점진적으로 교수적 중재의 심화 수준을 높여 나가면서 학생이 성취하지 못하는 단계에서 학습

장애를 진단하거나 특수교육 평가를 의뢰함

반향어(echolalia)   말을 들은 직후 혹은 이후에 단어나 문구를 앵무새처럼 반복하는 것으로 자폐 범주성 장애를 지닌 사람들에게서 자주 관찰됨

발달실행증(developmental apraxia)   아동이 소리를 산출하고 효과적인 의사소통을 위해 단어의 소리를 조직하는 데 어려움을 겪는 것으로 운동 계획에 어려움을 갖는 말 혹은 언어 장애. 그 원인은 아직 알 수 없음

발달에 적합한 활동(developmentally appropriate practice: DAP)   유아의 발달적 수준과 각 유아들의 요구에 맞는 교육적 방법으로 국립유아교육협회(National Association for the Education of Young Children)에서 제안함

발음 암시법(cued speech)   청각장애인들의 독화(speech reading)를 돕기 위해 화자가 소리를 나타내는 수신호를 사용하는 방법

발작(epilepsy)   계속적인 간질의 패턴

방언(dialects)   음운, 어휘 혹은 문법에서 표준 언어와 다른 언어의 변이. 방언은 특정한 집단 구성원 간의 뚜렷한 차이가 있을 수 있음(예: 인종 집단, 지역별 집단)

백내장(cataracts)   수정체가 흐려지는 것. 색깔을 감지하는 감각과 원거리 시력에 영향을 줌

법적 맹(legally blind)   시력이나 교정시력이 20/200이거나 시야가 20도 이하인 사람.

변형 수화(adapted signs)   시각과 청각 장애인들이 사용하는 변형된 수화. 시각에는 문제가 없는 청각장애인들을 위한 미국식 수화와 같이 시각에 기초하기보다는 촉각에 기초하는 수화

보도의 점 블록(raised dome detectable warnings)   안전하지 않은 곳에서 맹인을 경고해 주도록 고안된 보도의 범퍼

보완대체 의사소통(augmentative or alternative communication: AAC)   언어 사용을 보완하거나 말소리를 사용하지 않는 대안 형식의 의사소통 방법

보장구(orthosis)   인체의 상실된 기능을 부분 또는 전체적으로 복구할 수 있게 고안된 장치(예: 보조기 또는 목발)

보편적 설계(universal design)   잠재적인 사용자들의 광범위한 사용 가능성을 위해 고안된 새로운 건물, 도구, 산업 프로그램에 대한 디자인

보편적 학습설계(Universal Design for Learning: UDL)   모든 학습자에게 적합한 교수설계

보행신호 알림(accessible pedestrian signal: APSs)   시각장애인을 위해 횡단보도에 설치한 장치로 보행 신호가 켜짐을 알려

줌. 신호는 소리로, 촉감으로 혹은 두 가지를 모두 이용하여 알릴 수 있음

보행훈련 기술(orientation and mobility[O & M] skills) 다른 사람이나 사물, 표지물과의 관계에서 느끼는 감각 능력으로 환경에서 이동하기 위한 능력

보호 영어 방식(sheltered-English approach) 소수 학생의 영어 습득을 위해 개별적인 수준을 고려하여 영어로 수업을 하는 방법

보호작업장(sheltered workshop) 특정 기술을 배울 수 있는 장애인을 위해 고안된 구조화된 환경을 제공하는 시설. 전환을 위한 배치일 수도 있고 항구적인 배치일 수도 있음

부분 참여(partial participation) 일반교실에서 장애학생들이 비장애학생들과 동일하게 제한된 범위에서 수업 활동에 참여하는 것으로, 교사는 모든 학생이 최대한 활동에 참여하도록 조정함

불안장애(anxiety disorder) 불안함, 두려움, 그리고 불안과 두려움 때문에 일상 활동을 기피하는 특징을 나타내는 장애

비계설정 교수(scaffolded instruction) 학습 과제 초기에 교사가 학생에게 도움을 주는 것에서 점차적으로 학생이 과제를 독립적으로 할 수 있도록 교사의 도움을 줄여 나감

비디오 관련 서비스(video relay service: VRS) 농아인과 건청인의 의사소통을 가능하게 하는 수화, 통역기, 비디오카메라나 컴퓨터, 인터넷 연결을 사용하는 서비스

비언어적 학습장애(nonverbal learning disabilities) 사회적 상호작용, 수리 능력, 시-공간적 능력과 촉각적 과제에 장애가 있는 사람

비유창성(dysfluencies) 머뭇거림, 반복이나 정상적인 말하기 흐름의 방해

비형식적 읽기 목록(informal reading inventory: IRI) 읽기를 사정하는 방법으로, 교사는 학생에게 난이도가 점점 높은 수준으로 작성된 단어 목록과 문단을 읽게 함. 교사는 읽기 자료에서의 어려운 정도와 학생이 보인 오류의 유형을 기록함

ㅅ

사시(strabismus) 눈동자의 움직임이 안쪽과 바깥쪽으로 서로 벗어나 있는 상태임

사지마비(quadriplegia) 팔과 다리가 모두 마비된 상태

사회적 지원(social support) 장애인과 가족에게 제공되는 정서적·정보적·물질적인 도움. 비공식적이지만 장애아 가족을 돕는 가치 있는 지원을 의미

산소 결핍(anoxia) 뇌손상의 원인이 될 수 있음

상반된 충동의 조화(synaesthesia) 인지 체계나 다른 감각 자극과 관련된 하나의 감각적 인지 체계의 자극이 있을 때 발생

상보적 교수(reciprocal teaching) 짧은 기간 동안 학생이 점진적으로 공동 교수자의 역할을 하게 하는 인지적 교수 전략. 교사는 네 가지 전략을 시범 보임. ① 예측하기, ② 질문하기, ③ 요약하기, ④ 명료화하기. 학습을 촉진하기 위한 교사와 학생의 대화가 포함됨

생활연령(chronological age) 사람의 나이를 나타내는 연령. 정신연령과 IQ 측정을 비교할 때 사용됨. IQ=(정신연령÷생활연령)×100

선별 도구(screening instruments) 추후 진단·평가의 필요 여부를 결정하기 위한 간편 평가

선천성 거대세포바이러스(congenital cytomegalovirus: CMV) 신생아들에게 가장 빈번하게 발생하는 바이러스 감염. 청력장애를 포함하여 각종 장애를 발생시킬 수 있음

선천성 농(congenitally deaf) 태어날 때부터의 농. 유전적 요소에 의해 발병하거나 태아 발달기 손상에 의해 발생하기도 하고 또는 분만 시 일어나는 손상에 의해 발병하기도 함

선천성 대사장애(inborn errors of metabolism) 아미노산, 탄수화물, 비타민, 미량 요소와 같이 신체의 기본적인 물질의 대사작용을 위한 효소의 결핍. 때때로 지적장애를 유발함. 페닐케톤뇨증(PKU)이 한 예

선천적 기형(congenital anomaly) 태어나면서부터 주어지는 기형(결함). 유전적 결함일 수도 있고 그렇지 않을 수도 있음

선천적인(congenital) 태어나면서부터 주어지는 증상이나 특징. 유전적 요인일 수도 있고 그렇지 않을 수도 있음

센터중심 프로그램(center-based program) 집이 아닌 학교나 센터에서 주로 시행되는 프로그램

소뇌(cerebellum) 운동 근육의 조정과 움직임을 담당하는 뇌의 한 부분. ADHD를 보이는 사람은 이 부분이 비정상적으로 발달함.

소두증(microcephalus) 작고 원뿔 모양의 두개골 형태로 인해 뇌의 정상 발달을 저해하고 결국에는 지적장애를 유발함

소아 류머티스 관절염(juvenile rheumatoid arthritis) 근육과 관절을 포함한 순환계에 심각한 증상을 나타내는 질병

손 아래 손 지도 방법(hand-under-hand guidance) 농-맹 장애인들을 위한 촉각학습 전략으로, 교사는 아동이 사물을 탐색하는 동안 학생의 한손이나 양손 밑에 자신의 손을 둠

손 위에 손 지도 방법(hand-over-hand guidance) 농-맹 장

애인들을 위한 촉각학습 전략으로, 교사는 농–맹 장애학생(농맹 아동)의 손 위에 손을 얹고 사물의 탐색을 안내함

수두증(hydrocephalus)　뇌척수액의 과도한 압력으로 인해 머리가 커지는 것이 특성인 상태

수막염(meningitis)　장애의 원인이 될 수 있는 뇌나 척수의 바이러스 감염이나 박테리아 감염

수면 무호흡(sleep apnea)　수면 중의 호흡 정지

수양액(aqueous humor)　각막과 수정체 사이의 액체 물질

수용언어(receptive language)　대화의 의도를 이해하고 해석하기

수정(adaptations)　교육과정 내용이나 개념적 난이도에 변화를 주거나 교수 목표와 방법에 변화를 주는 것

수정체(lens)　눈을 통과하는 광선의 초점을 바꾸어 주는 조직

수행 요약(summary of performance: SOP)　연방정부법에 따른 것으로, 학교는 개별 장애학생의 중등학교 진학 적격성을 위한 SOP를 개발하여야 함. 현재 수행도와 고용, 훈련 혹은 중등 이후 교육에 대한 추후 수행도, 보조도구, 지원 서비스에 대한 평가 요약을 제공함

수화(sign language)　농아인의 주된 의사소통 방법. 고유의 문법을 가진 언어 체계

수화영어 시스템(signing English systems)　농아 학생을 가르치기 위해 토털 커뮤니케이션의 방법으로 구어를 동시에 사용함. 영어 구어와 같이 사용하므로 미국의 수화와는 다름

순간시간표집(momentary time sampling)　정해진 시간 동안 목표 행동의 대표적인 표본을 표집하기 위해 사용하는 간격 기록 절차

순음 청력검사(pure-tone audiometry)　청력 손상 정도를 알아보기 위한 다양한 강도와 빈도의 순음(톤)검사

순회교사 서비스(itinerant teacher service)　시각장애 학생 등을 위한 서비스로, 특수교사가 몇몇 다른 학교를 방문해 대상학생과 일반교육 교사를 지원함. 대상 학생들은 그들의 지역 학교에 속해 있고 일반학교에서 수업을 받음

쉽게 속음(gullibility)　빈약한 증거에도 불구하고 상당히 의심스러운 말이나 주장을 믿는 성향. 지적장애인(특히 경도 지적장애인)의 주요한 특성으로 여겨지기도 함

스넬렌 차트(snellen chart)　시력을 측정. 글자나 숫자가 나열되어 있거나 E자의 트인 부분이 여러 방향으로 향하게 제시되기도 함(어린 아동이나 글씨를 모르는 사람들에게 활용함)

스트라우스 증후군(strauss syndrome)　산만한 행동, 자극에 민감한 반응, 과잉행동. 지적장애를 가진 Alfred Strauss와

Heinz Werner의 연구에 기인함

스트라테라(strattera)　ADHD를 위한 비각성적 약물. 신경전달물질인 노르에피네프린에 영향을 줌

시력(visual acuity)　정확하게 볼 수 있는 능력. 보통 스넬렌 차트로 측정

시신경(optic nerve)　안구의 후면에서 뇌에 시각 정보를 보내는 신경

시신경 위축(optic nerve hypoplasia: ONH)　시신경의 발육 부전에 의한 증상. 종종 두뇌 이상을 수반하여 다른 문제(예: 언어나 인지 장애)를 야기할 수 있음. 아동기 시각장애 중 가장 일반적인 원인임

신경관 결함(neural tube defect)　척추를 포함한 신경계의 결함

신경독(neurotoxin)　신경 세포를 손상시키는 것으로 알려진 물질

신경전달물질(neurotransmitters)　뇌에서 신경들 간에 정보를 보내는 데 사용되는 화학물질

신생아 집중치료실(neonatal intensive care unit: NICU)　심각한 물리적 문제를 가진 신생아를 24시간 돌보고 모니터하기 위해 제공되는 병원의 특별한 시스템. 의사, 간호사, 사회사업가, 작업치료사, 호흡기 치료사와 약사와 같은 전문가로 구성된 관계자가 포함됨. 아동이나 성인을 위한 집중 관리 시스템과도 비슷함.

실성증(aphonia)　목소리를 잃어버리는 증상

실제적 지능(practical intelligence)　일상 중에 발생하는 문제들을 해결하는 능력

실행 기능(executive functions)　작동기억, 내면의 언어, 정서와 각성 수준의 조절 및 문제의 분석과 문제 해결을 위한 의사소통을 통해 자신의 행동을 조정하는 능력. ADHD인 사람들은 지체되거나 손상되어 있음

실행증(apraxia)　말을 계획하거나 협응하는 것의 어려움

심화(enrichment)　영재학생이 생활연령에 적절한 학년에서 수업을 받지만 그들을 위해 추가적인 학습 경험을 제공하는 접근

○

아스퍼거 증후군(Asperger syndrome)　자폐 범주성 장애 중의 하나. 경도 자폐성으로 언어나 인지에는 심각한 증상이 없음. 사회적 상호작용에 기본적인 문제가 있는 것이 특징임

애더럴(adderall)　ADHD를 위한 정신자극제. 리탈린(Ritalin)보다 지속 효과가 깊

안조직 결손(coloboma)　홍채가 비정상적으로 형성되거나 망

막이나 시신경에 문제가 있는 눈의 질병. 시력에 손상을 줄 수 있으며 빛에 매우 민감한 증상을 유발하기도 함

안구진탕증(nystagmus)　안구의 빠른 불수의 운동(不隨意運動)을 나타내는 증상. 뇌 기능 이상이나 내이(內耳)의 결함으로 나타나기도 함

안드로겐(androgen)　남성적 성질을 제어하는 호르몬

야맹증(night blindness)　주로 색소성 망막염이 원인이 되는데 조도가 낮을 때 보는 것이 어려운 증상을 말함

약체 X 증후군(fragile X syndrome)　23번째 염색체 쌍에 있는 X염색체의 하단부가 떨어진 상태로 많은 신체적 기형뿐만 아니라 지적장애를 가질 수 있음. 여성보다는 남성에게서 더 많이 발생되고 지적장애의 가장 일반적인 유전적 원인으로 간주됨

양수천자(amniocentesis)　태아 주변의 양수를 검사하는 의학적 과정. 장애 여부를 판단하기 위해 의뢰되기도 함

양전자방사단층촬영 스캔(positron emission tomography [PET] scans)　소량의 방사성 염료를 뇌에 주입하여 인지 과제를 수행하는 동안 뇌의 혈류를 측정하는 전산화 기법. 염료는 활성화된 신경 세포에 모이게 되며 두뇌의 어느 영역이 활성화되는지를 나타냄

어셔 증후군(Usher syndrome)　청각 손실과 색소성 망막염에 의한 유전적 증후군으로, 저시각과 터널 시력을 보이는 진행성 상태. 발달적인 발생과는 다르게 청각장애, 시각장애, 균형 장애의 세 가지 다른 유형이 있음

어음 청력검사(speech audiometry)　순음을 이용한 청력 손실 발견이 아니라 말의 이해력과 사람 인식을 검사하는 기술

어음청취역치(speech-reception threshold: SRT)　말을 이해할 수 있는 소리의 크기(dB) 수준

언어(language)　의사소통 수단을 위한 상징 체계

언어 습득 전 농(prelingual deafness)　언어 발달 이전에 생기는 청각장애로 주로 출생과 동시에 발생함

언어 습득 후 농(postlingual deafness)　말과 언어 발달 이후에 발생된 청각 손실

언어 이전기 의사소통(prelinguistic communication)　유아가 자신들의 언어를 습득하기 이전에 몸짓과 소리를 통해 하는 의사소통

언어장애(language disorders)　운동, 인지, 사회성 발달과 같은 다른 영역에서의 발달과 비교했을 때 자신의 생각을 표현하고 이해하는 언어적 기술의 부족으로 인한 의사소통장애

역동적 평가(dynamic assessment)　중재반응모델에서 학습

자의 학습 여부를 지속적으로 분석하는 상호작용적 평가 과정

역사(history)　환자의 삶에서 강점과 약점과 관련한 자신의 기능에 관한 '이야기'. ADHD의 진단 시 많은 의료진이 중요하게 여김

연속 시간 지연(constant time delay)　교수 과정의 하나로 교사가 학생에게 지시 사항을 요구함과 동시에 촉진 활동을 한 후, 같은 요구를 하고 촉진 활동 전에 일정 시간을 기다리는 것을 수차례 실시하는 것. 지적장애 아동들을 대상으로 흔히 사용됨

염색체(chromosome)　세포의 핵 속에 있는 막대 모양의 구조물. 유전적 특성을 전달하는 유전자를 포함하고 있음. 인간 신체의 각 세포는 23쌍의 유전자를 염색체 쌍으로 가짐

염색체 장애(chromosomal disorder)　염색체 이상 혹은 손상으로 인한 여러 종류의 증후군. 지적장애를 야기할 수 있음

영재성(giftedness)　아동이 또래 친구들보다 매우 높은 인지적(지적인) 우수성, 창의성, 높은 수준의 동기를 지니고 있음을 일컫는 말. 이로 인해 아동이 사회에서 특별한 가치가 있는 일에 기여할 가능성이 있음

외면화(externalizing)　드러나는 행동. 타인을 향해서 보이는 공격적이거나 파괴적인 행동

외상성 뇌손상(traumatic brain injury: TBI)　출생, 난산, 퇴행성 질환을 포함하지 않은 뇌손상으로 교육적 수행에 영향을 주는 심리사회적인 부적응이나 전적 또는 부분적인 장애. 인지, 언어, 기억, 주의 집중, 유추, 추상적 사고, 판단력, 문제 해결력, 감각적·지각적·운동적 장애, 심리사회적 행동, 신체적 기능, 정보 처리 과정이나 말하기에 영향을 미침

외이염(external otitis)　외이도 피부의 감염. 수영하는 사람의 귀(swimmer's ear)라고도 함

운동실조형(atonic)　근긴장의 어려움, 근육 긴장 저하를 보임

운동-말장애(motor-speech disorder)　사고나 질병으로 인한 언어 이해나 표현 능력에서의 손상

원시(hyperopia)　가까운 곳에 있는 사물을 보는 데 어려움을 갖는 시력 상태. 보통 안구가 너무 작아 발생함

월반(acceleration)　특별한 재능이나 소질이 있는 학생들이 자신과 동갑인 아동들보다 1~2학년 앞의 학습 진도를 배우는 접근법

윌리엄스 증후군(Williams syndrome)　7번째 염색체의 결함 상태. 경도에서 중등도 정신지체를 보임. 심장 결함, 작은 요정 얼굴 모습을 보임. 공간 감각, 읽기, 쓰기와 수학에 심각한 장애를 보이는 반면 사회성과 구화 능력에는 강점을 보임

유뇨증(enuresis)　소변을 자제하지 못하여 소변을 가리지 못

하는 증상

유리액(vitreous humor) 눈의 렌즈와 망막 사이의 눈동자를 채우고 있는 변형성의 점액질 물체

유분증(encopresis) 대변을 자제할 수 없어서 대변을 가리지 못하는 증상

유전학 연구(heritability studies) 상태가 유전된 것인지의 정도를 결정하는 방법. 일란성 쌍생아와 이란성 쌍생아의 출현율을 비교함

유창성 장애(말더듬, stuttering) 비정상적인 지연, 연장, 반복성을 가진 말. 이야기를 이어 나가려고 할 때 얼굴을 찡그리거나, 몸짓과 손짓이 동반되어 말이 끊기고, 화가 나게 되어 말하는 것을 피함

융모막 융모생검법(chorionic villus sampling: CVS) 다운 증후군과 같은 각종 염색체 이상을 진단하기 위해 태아가 자궁에 있을 때 행하는 검사법. 융모막(태반을 형성하는 세포막) 조직의 일부를 채취하여 검사. 양수검사보다 먼저 시행될 수 있으나 유산의 위험이 약간 더 높음

음독(decoding) 글자를 구어로 바꿀 수 있는 능력으로 음운 인식과 알파벳 원리의 이해에 기반을 둠. 읽기장애인들에게 주요한 문제로 나타남

음소 인식(phonemic awareness) 소리나 음소로 이루어진 단어를 이해하는 능력

음운 인식(phonological awareness) 말의 흐름을 단어, 음절, 음소와 같이 작은 단위로 쪼개어 이해하는 능력. 대부분의 학습장애가 있는 학생들이 음운 인식 능력이 부족하여 읽기의 어려움이 있다고 판단됨.

음운론(phonology) 각각의 소리들이 모여 어떻게 단어를 만들어 내는지에 대한 연구

음운장애(phonological disorders) 9세 이전에 나타나는 장애로 자신의 언어를 생성하기 위해 소리를 산출하는 능력에서의 결함이 나타남

응용행동분석(applied behavior analysis: ABA) 행동학습 이론에 기초한 고도로 구조화된 접근법으로, 기능적인 기술들을 가르치는 것과 지속적으로 진보를 진단·평가하는 것에 초점을 맞춤

의뢰전 팀(prereferral teams: PRTs) 학습장애 아동들의 교육을 위해 다양한 전공, 특히 일반교육자와 특수교육자가 이룬 팀. 일반교사에게 학습장애 아동에 대한 책임감을 고취시키고 특수교사에게 부적절한 위탁교육을 최소화하기 위해 고안됨

의미론(semantics) 단어나 문장의 의미를 연구하는 학문

의사소통(communication) 정보를 나누는 과정

의사소통 기능(communicative function) 의사소통을 하는 행동으로 요구하거나 거절하거나 칭찬하거나 논쟁하거나 추론하는 것 등을 말함

의사소통 의도(communicative intent) 사회적 반응으로 의사소통의 필요를 느끼는 것. 대부분의 자폐아는 이 부분의 능력이 떨어짐

의사소통장애(communication disorders) 말하기나 언어를 사용하여 의사소통하는 능력에 장애가 있는 것

의수족(prosthesis) 신체 일부분을 부분적으로 또는 완전히 대체하도록 고안된 장치

이분척추(spina bifida) 태아기 동안 발생된 선천적 척추 기둥뼈의 가운데 부분의 미봉합

이소골(ossicles) 고막에서부터 난원창으로, 즉 중이에서 내이로 음파를 효과적으로 전달하기 위해 결합되어 있는 세 개의 작은 뼈(후골, 치골, 등골)

이음향방사(otoacoustic emissions) 청각 자극에 반응하여 달팽이관에서 생성되는 저강도의 소리. 영아나 유아들의 청각 문제를 선별하기 위해 사용됨

이중 예외성(twice exceptional) 장애와 특별한 재능을 동시에 지님

이중문화-이중언어 접근(bicultural-bilingual approach) 청각장애 학생들에게 미국수화를 모국어로, 영어를 제2언어로 가르치는 것을 강조하며 청각장애인 문화를 촉진하는 교육 접근법

이해력 점검(comprehension monitoring) 자신이 읽은 것의 이해 정도를 파악하고 읽으면서 스스로의 읽기 능력 향상을 위해 조절하는 능력. 학습장애 학생들에게는 이 능력이 결여되어 있음

인간중심 계획(person-centered plan) 장애인을 위한 계획 수립과 과정에서 장애인과 그 가족을 가장 중심에 두는 방법

인공와우 이식수술(cochlear implantaionv) 청각장애인에게 환경적 소리를 들게 해 주는 수술 절차. 귀 피부에 외부 코일을 붙여 마이크를 통해 소리를 귀 뒤의 뼈 속에 삽입된 안쪽 코일로 전달하면 이것을 다시 내이의 달팽이관에 이식되어 있는 전극으로 전달하는 방법

인지(cognition) 문제를 해결하고 전략을 사용하는 능력. 학습장애인들은 이 영역에 어려움을 보임

인지훈련(cognitive training) 생각이나 생각하는 방식을 바꾸도록 디자인된 훈련 과정

인지적 지도화(cognitive mapping) 시각장애인이 주변의 몇

몇 지점을 일제히 알 수 있게 하는 것으로 공간적 환경을 인지적으로 개념화하는 방법이며 비순차임. 보행에 있어서 공간적 개념화 방법보다 보행에 더 효과적임

인체면역결핍바이러스(human immunodeficiency virus: HIV) AIDS를 유발하는 바이러스. 레트로바이러스 유형으로 신체의 면역 체계에 점차적으로 장애를 입혀 AIDS에 이르게 함. 이 바이러스는 혈류에 'HIV positive'로 나타나는 사람에게 발견됨

일상생활 기술(daily living skills) 옷 입기, 용변 보기, 목욕하기, 요리하기 등과 같이 일반인들의 전형적인 일상 활동. 독립적으로 생활하기에 요구되는 기술들

읽기 언어장애(language-based reading impairment) 언어 문제로 인한 읽기장애

읽기 유창성(reading fluency) 편안하고 유연하게 읽는 능력. 정상적 속도와 적절한 표현으로 읽는 능력. 읽기 이해에 영향을 미치는 것

읽기 이해(reading comprehension) 읽어서 이해하는 능력

임상 병력(clinical history) 부모나 배우자 또는 의미 있는 타인 등과 같은 가까운 사람들과 환자 간의 이력

임시의 대안적 교육환경(interim alternative educational setting: IAES) 과도한 행동 문제를 보이는 학생을 위한 일반교육 이외의 임시 장소로 그들을 위한 교육은 그곳에서 지속됨

ㅈ

자기결정(self-determination) 전 생애에 걸쳐 삶의 질과 관련된 결정을 하는 것으로, 다른 사람에 의해서가 아니라 자신이 자기 생활에 대한 조절력을 가짐

자기공명영상(magnetic resonance imaging: MRI) 뇌의 단층을 촬영하기 위해 전자파를 사용하는 신경 영상 기법. 문제가 있는 뇌의 영역을 정확히 보여 주기 위해 사용되는 방법

자기감독(self-monitoring) 스스로의 행동을 유지하고 조절하도록 하는 인지훈련 기술 방법

자기교수(self-instruction) 문제를 푸는 과정에서 스스로에게 큰 소리로 이야기하면서 풀도록 하는 인지훈련 기술 방법

자기자극(self-stimulation) 감각적인 피드백을 받기 위해서 하는 반복적이고 상동적인 특정 활동

자기조절(self-regulation) 본인의 행동을 조절해 나가는 일반적인 능력(예: 문제 해결 상황에서 전략 구상). 인지장애를 가진 경우 어려운 능력

자연스러운 지원(natural supports) 친구, 가족, 동료와 같이 지원에 사용될 수 있는 인간을 둘러싼 환경적 자원

자폐(autism) 다섯 가지 자폐 범주성 장애 중의 하나. 극단적인 사회성 및 의사소통장애의 특징을 보임. 그 외에도 특정 행동의 반복, 환경 변화 혹은 일상생활의 변화에 대한 부적응, 감각 경험에 대한 비정상적 반응 등의 일반적 특성이 있음. 보통 3세 이전에 증상이 나타남. 전반적 발달장애, 즉 심각한 분리, 인식 능력 부족, 언어장애, 자기자극, 30개월 이전에 시작되는 것이 특징임

자폐 범주성 장애(autism spectrum disorders) 다섯 가지 유사한 유형: 자폐, 아스퍼거 증후군, 레트 증후군, 아동기 붕괴성 장애, 비전형성 전반적 발달장애(PDD NOS). 이들은 의사소통 능력, 사회적 상호작용, 반복적이고 상동적인 형태의 행동 등에서 그 정도가 다르게 나타남

자폐 천재(autistic savant) 사회성이나 언어적 능력은 현저히 떨어지는 심각한 자폐증을 가지고 있는 반면, 미술이나 수학 연산 등의 특정 분야에서는 매우 뛰어난 능력을 지닌 사람

자폐적 퇴행(autistic regression) 생후 16~24개월까지는 정상적으로 성장하는 듯하지만 그 이후에 자폐적 성향을 나타내고 결국에는 자폐증으로 진단되는 현상

자해 행동(self-injurious behavior: SIB) 물기, 머리 박기와 같이 자신의 신체에 해를 입히는 행동. 대체로 중도 복합장애의 경우 나타남

작동기억(working memory: WM) 다른 인지적 작업을 수행하면서 정보를 기억하는 능력

잠재적 교육과정(hidden curriculum) 대부분의 사람이 가르치지 않아도 저절로 배우는 사회적 상호작용을 아스퍼거인들은 보이지 않는 교육과정을 통해 배워야 함

장애물 감각(obstacle sense) 시각장애인들 중 일부가 가지고 있는 기술로, 주위 환경의 장애물을 인지하는 능력. 연구에 따르면 흔히들 생각하는 초능력의 암시가 아니라 고주파 반향의 높낮이에서의 미묘한 변화를 감지하는 학습의 결과임

재주(talent) 특별한 능력, 소질, 수행도를 지칭함

저시각(low vision) 교육적 관점에서 사용하는 용어로 시각 손상이 매우 심각하지는 않지만 일반적인 시각 자료를 읽는 것은 어려워 좀 더 큰 사이즈로 확대해야 읽을 수 있는 경우를 말함

저체중아(low birth weight: LBW) 2.5kg 이하로 태어난 신생아. 보통 미숙아라고도 하며 지적장애와 같은 의학적·행동적 문제를 가질 위험이 있음

적법절차 청문(due process hearing) 판사의 판결 과정 전에 비법정 소송 절차가 진행됨

적응 보조기기(adaptive devices) 지체장애인들이 비교적 쉽게 다룰 수 있게 특별 제작된 것으로 자기관리, 작업 또는 레크리에이션 활동을 성취하도록 하는 개조된 일상 도구

적응 행동(adaptive behavior) 사람들의 일상생활 속에서 사용되는 사회적이고 실용적인 지능. 이는 IQ와 함께 지적장애의 여부를 결정하는 수단으로 사용됨

적응 행동 기술(adaptive behavior skills) 일상생활 환경에 적응하는 데 요구되는 기술들(예: 의사소통, 자기관리, 가정생활, 사회성, 지역사회 활용, 자기지시, 건강과 안전성). 보통 적응 행동 조사에 의해 측정됨. AAMR 정의에서 제시된 두 개의 주요한 구성 요소 중 하나임(나머지는 지능 기능임)

적합화(수정, accommodations) 교육과정 내용이나 개념적인 난이도를 크게 바꾸지 않는 범위 내에서 교수 전달법(delivery), 학생의 수행, 진단 · 평가 방법에 변화를 주는 것

전두엽(frontal lobes) 두뇌의 앞부분에 위치한 두 개의 엽으로 실행 기능을 담당하고 있으며 ADHD인들의 경우 비정상적인 발달을 보이는 곳임

전음성 청각장애(conductive hearing impairment) 귀(예: 외이 혹은 중이)에서 소리가 제대로 전달되지 않았을 때 발생하는 청력 손실로 주로 경한 경우임

전장애아교육법(Education for All Handicapped Children Act) 1975년 법제화되었고 공법 94-142로 알려져 있으며, 지금은 IDEA로 알려져 있음. 1990년 명칭을 변경하였고 1997년, 2004년 재인준하였음

전전두엽(prefrontal lobes) 전두엽의 가장 앞쪽에 위치한 두 개의 쌍엽(雙葉). 실행 기능을 관장하고 있는데, ADHD인 사람들에게서 이 부분의 비정상적인 발달을 관찰할 수 있음

전정계(vestibular mechanism) 내이의 위 부분에 위치한 부드러운 반원형의 액체가 찬 통로. 균형과 관련된 머리 움직임, 변속을 감지

전형적 움직임이나 구어적 행동(sterotyped motor or verbal behaviors) 몸 비틀기, 사물 돌리기, 손 펄럭이기, 흔들기와 같은 반복적이고 상동적인 움직임으로 맹인에게도 관찰되는 행동

전환 계획(transition plan) 고등학교 졸업 후의 전환과 관련된 학생의 IEP 목표와 서비스를 규정하는 계획. 미국 장애인교육법(IDEA)에 의하면 16세 이전에 IEP상에 전환 계획이 포함되어야 함

점간과 점필(slate and stylus) 점간을 벌려 종이를 넣어 고정시키고 철필로 점자를 새기는 방법

점자(braille) 종이 위에 도드라진 점들을 찍어 시각장애인들이 손가락 끝으로 더듬어 읽게 만든 문자 시스템. 직사각형의 점 칸에 1~6개의 점을 찍는데, 그 배열이 서로 다른 문자와 기호를 나타냄

점자 정보단말기(braille notetakers) 점자로 필기할 수 있는 휴대용 장치로 저장된 후 글자 혹은 점자로 변환됨

점자 코드(literary braille) 대부분의 쓰기 상황에서 사용되는 점자

점자법(braille bills) 시각장애인들이 점자를 접할 수 있게 하도록 몇 개의 주(미국)에서 제정된 법안. 세부 조항은 주마다 다르나 대부분의 옹호자는 ① 부모가 원할 경우 시각장애 자녀들이 점자를 접할 수 있게 하고, ② 시각장애 학생들을 가르치는 교사들이 점자에 능숙하도록 할 것을 청원함

점진적 시간 지연(progressive time delay) 교사가 학생에게 반응을 요구하는 동시에 촉진을 하는 교수 절차로, 회기가 거듭되면서 점진적으로 요구와 촉진 사이의 간격을 넓혀 가는 방법. 주로 지적장애 학생에게 사용하는 방법임

정동장애(affective disorder) 기분이나 감정의 장애로 인해 발생하며 우울이나 조울로 나타나는 기분이나 정서적인 상태의 장애

정서장애(emotional disturbance) 연방정부 특수교육법과 교육을 방해하는 문제행동을 위한 규정을 위해 사용되는 용어. 연방정부의 용어는 정서적 장애가 있는 학생의 문제를 나타내기 위해 사용하였음

정서 · 행동장애(emotional or behavioral disorders) 연방정부에서 제안한 '정서장애'를 대신하여 국립정신건강 · 특수교육연합회(National Mental Health and Special Education Coalition)에서 제안한 용어

정신분석의(psychoanalytic) 주로 무의식적인 갈등으로 인해 정서장애나 행동장애가 나타나며, 가장 효과적인 예방과 치료적 중재는 무의식적인 동기를 이해하고 표출하게 하는 것이라는 가정을 기반으로 하는 정신분석학과 관련됨

정신연령(mental age) IQ 검사 점수에 의한 연령 수준. 생활연령과 대비됨. IQ=(정신연령÷생활연령)×100

정신자극제(psychostimulants) 행동 억제와 실행 기능을 조절하는 두뇌의 전두엽과 전전두엽 영역의 도파민 수치를 올리는 약물요법. 주로 ADHD인 사람들에게 사용됨

조건화 놀이 청력검사(conditioned play audiometry) 순음이나 말소리를 들려주고 아이가 일정한 신호를 들으면 들었다는 신호로 다양한 활동을 하도록 검사자가 지도하는 검사 방법

조기 집중적 행동중재(early intensive behavioral intervention: EIBI) 응용행동분석을 기반으로 한 프로그램으로, 중재자로서의 부모 역할을 강조하고 매우 구조화된 훈련을 통해 개별적인 기술을 지도하기 위해 전문가와 부모의 적극적인 참여를 요구함

조숙(precocity) 두드러지게 빨리 발달함

조정(modifications) 장애학생이 좀 더 정상적으로 반응할 수 있도록 평가나 교육을 변경하는 것

좌측 측두엽(left temporal lobe) 뇌의 좌측 측면. 신경영상학에 의하면 좌측 측두엽은 말과 언어를 관장하며 이 부위에 문제가 있으면 읽기장애를 나타냄

주거 지원(supported living) 크거나 작은 시설이 아니라 자연적인 환경에서의 생활을 강조한 지적장애나 장애 성인의 생활 기반 조성을 위한 접근

주의력결핍 과잉행동장애(attention deficit hyperactivity disorder: ADHD) 주의력, 과잉행동, 충동성에 심각한 문제가 있는 것으로 특징지을 수 있는 장애. 학습장애인들 사이에서 종종 발견됨

중도 정신지체 또는 지적장애(severe mental retardation or intellectual disabilities) 20~35 정도 수준의 IQ를 가진 것으로 판단되는 사람

중등도 정신지체 또는 지적장애(moderate metal retardation or intellectual disabilities) 지능지수로 지적장애를 분류할 때 지능지수 35~50의 범위

중복 서비스 체계(wraparound service systems) 개별화된 아동과 가족의 요구를 충족하기 위한 교육적 서비스뿐만 아니라 가능한 의사소통 서비스(예: 정신건강, 사회복지, 청소년 사법 등)

중심축 반응교수(pivotal response teaching: PRT) 한 개인이 다른 영역에서 기능적으로 행동하기 위해서는 몇 가지 기술이 중요하며 결정적이라는 가정에 기초를 둔 교수법

중앙 응집력(central coherence) 인지 체계가 의미를 갖고 정보를 통합하는 기제. 자폐 범주성 장애를 가진 사람에게 취약함

중이염(otitis media) 중이에 발생하는 염증

증거 명시(manifestation determination) 장애가 드러나거나 드러나지 않거나 상관없이 학생의 문제를 확정 짓는 것

지속 수행검사(continuous performance test: CPT) 빠르게 나타나는 자극에 주의를 지속적으로 집중시킬 수 있는지를 측정하는 테스트. ADHD를 진단하는 데 도움이 됨

지역사회 거주시설(community residential facility: CRF) 3~10명의 지적장애인들이 관리하에 도시나 이웃들이 있는 주거 구역에 그룹홈 형태로 거주하는 곳

지원(supports) AAIDD의 지적장애 개념화에서 중요한 용어로, 개인의 발달, 교육, 흥미와 개인적인 삶의 질을 촉진하는 전략과 자원

지원 경쟁 고용(supported competitive employment) 장애 성인이 최소 임금 이상의 수입을 얻는 작업장에서 지속적인 직무지원이나 전문가의 지원을 받음. 직업장의 대다수는 비장애인임

지원 고용(supported employment) 독립적으로 노동하기 어려운 장애인이 지원교육에 통합되는 방법. 직업상 장애인의 기능을 지원할 사람인 고용 전문가, 직무지원원를 포함함

지적장애(intellectual disabilities) '정신지체'의 새로운 용어. 지능과 적응 행동의 장애

지화(fingerspelling) 한 손의 다양한 손가락의 위치에 의해 영어 알파벳의 철자를 나타냄

직무지도원(job coach) 장애(특히 지적장애)를 가진 성인의 직업상담, 지도 및 계획부터 고용주, 가족 및 정부와 서비스 업체와 관련된 모든 사람과의 상호작용을 돕는 사람

직접교수(direct instruction: DI) 특히 읽기와 수학을 중심으로 한 학업교수 방법으로 반복 연습와 즉각적인 피드백을 강조함. 수업은 교사가 정확하게 순서에 따라 배열하고 빠른 속도로 시연함

진행성(progressive) 회복이 거의 불가능하고 시간이 지날수록 악화되는 질병이나 상태

ㅊ

차지 증후군(CHARGE syndrome) 청각장애와 시각장애가 함께 야기되는 유전적 증후군. 신체적 변형이라는 특징을 지님. 이는 종종 안검홍채 맥락막 선천적 결손증(홍채 체, 망막, 시신경의 결손), 안면신경, 심장병, 후비공(뒤콧구멍, 코에서 목까지 공기가 통하는 길) 폐쇄증, 지능 발달 지연, 유전적 기형, 귀 기형, 청력 손실을 포함함

창의성(creativity) 독창적이고 실용적인 생각을 표현하고 새로움과 중요성의 관계를 알아차려 밝혀내며, 이전에 생각하지 못했던 결정적인 것을 질문하는 능력

척추만곡증(scoliosis) 척추의 비정상적인 구부러진 변형

천식(asthma) 가끔씩 호흡이 어려워지는 현상이 나타나는 폐의 질환으로 기관지의 염증 반응 때문에 발생하며 특히 숨을 내쉬는 데 어려움이 있음

천재성(genius) 어떤 영역에서 특별한 적성과 능력을 가리키는 단어로 사용됨. 보기 드문 지적 능력

청각-구화 방식(auditory-oral approach) 농인들에게 가르치는 의사소통 방법으로 독화나 큐드 스피치(cued speech)와 같이 시각적 단서를 사용할 것을 강조함

청각-말 방식(auditory-verbal approach) 청각장애인들을 가르치기 위한 구두 접근법(oral approach)의 한 방법. 가능한 잔존청력을 사용하도록 강조. 증폭된 음량과 발화를 강조함

청각사(audiologist) 청력학, 청력장애 관련 과학, 청각장애 발견, 교정에 관해서 훈련받은 사람

청력 영점(audiometric zero) 청력 측정 장치에서 일반 청력을 가지고 있는 사람들이 들을 수 있는 제일 작은 소리

청성뇌간유발반응검사(brain stem-evoked response audiometry: BERA) 클릭 하는 소리와 같은 청각적 자극에 반응하는 뇌간의 전자 신호를 측정하는 것임

체계적 교수(systematic instruction) 교수적 촉진, 수행의 결과, 자극 조절의 변환을 포함한 교수. 지적장애 학생에게 적용됨

체외수정(in vitro fertilization) 모체로부터 난자를 추출하여 시험관 내에서 정자와 혼합하여 수정시키고 다시 모체의 자궁에 넣음. 불임 부부의 임신을 돕는 데 사용됨

초기 표현언어 지체(early expressive language delay: EELD) 2세경에 나타나는 표현언어 발달에서의 유의미한 지체

초인지(metacognition) 과제를 완수하기 위해 필요한 조절 기제와 과제를 학습하기 위해 사용 가능한 전략에 대한 개인의 이해

촉각 자극(touch cues) 농-맹인의 의사소통에 사용되는 촉각적 신호. 다양한 메시지를 의미화할 수 있음

촉각지도(tactile map) 맹인이 주변을 인식할 수 있도록 한 부조로 재현된 환경

총체적 의사소통 접근(total communication approach) 구화와 수화, 지화 등을 혼합한 청각장애 학생 교수를 위한 접근

최소제한환경(least restrictive environment: LRE) 특수아동이 가능한 한 일반 환경에서 교육받아야 한다는 사실에 대한 법적 용어

최중도 지적장애(profound mental retardation or intellectual disablties) IQ가 약 20 이하인 개인을 정의하는 분류법

추골(망치뼈, malleus) 중이의 세반고리관 안에 있는 망치 모양의 뼈

출생 시(perinatal) 출산 시기

출생 후(postnatal) 출생 후

출생 전(prenatal) 태아기

침골(incus) 중이의 이소골 연쇄에 있는 모루 모양의 뼈

ㅋ

코넥신-26 유전자(connexin-26 gene) 청력장애를 발생시키는 돌연변이 유전자. 아동들에게 선천적 청력장애를 일으키는 주요 요인

코칭(coaching) 친구나 치료사가 ADHD인 사람을 격려하거나 지원해 주는 기술

ㅌ

탈시설화(deinstitutionalization) 1960년대 시작된 사회적 움직임으로, 많은 지적장애인과 정신질환자가 정신시설에서 가정이 속한 지역사회나 가정으로 움직이는 것을 말함. 장애인들이 사회로 통합되는 주요한 촉매제로 인식됨

태아 알코올 스펙트럼(fetal alcohol spectrum: FAS) 임신 기간 동안 산모의 음주와 관련되어 나타나는 기형. 성장 지연, 두뇌 손상, 지적장애, 과잉행동, 안면 기형, 심장질환 등을 포함하여 경도에서 중도의 수준으로 결함을 갖게 됨. 알코올태아(alcohol embryopathy)라고도 함

태아알코올증후군(fetal alcohol spectrum disorders: FASD) 산모가 임신 기간 동안 많은 양의 알코올을 섭취하여 아동에게 발생하는 장애

터널 시력(tunnel vision) 시야가 좁아지거나 주변 시야의 이상을 보이는 상태

텍스트폰(text telephone: Tt) 청각장애인들을 위한 전화 장치로 특별한 수용자에 전화를 연결하여 청각장애인 간 의사소통을 함. TTY(teletype) 혹은 TTD(telecommunication device for the deaf)와 관련됨

통제 소재(locus of control) 사람들의 성공이나 실패를 설명하는 방법에 대한 동기 용어. 내적 통제 소재를 가진 사람은 성공이나 실패의 원인이 자신이라고 믿는 반면 외적 통제 소재를 가진 사람들은 자신의 수행이 외부적 요소에 의한다고 믿는 경향이 있음

통찰력(insight) 새롭고 창의적이고 유용한 방법으로 정보의 다양한 부분을 조합하고 분리하는 능력

통합(inclusion) 일반학급이나 학교 활동에 장애학생을 배치하고자 하는 생각

통합영어점자(unified English Braille) 과학과 수학의 Nemeth 코드와 같이 기술 분야의 점자 코드임. 아직 보편적으로 사용되고 있지는 않음

특정언어장애(specific language impairment: SLI) 판정되지 않은 원인을 가진 의사소통장애. 청력 손실, 지적장애, 뇌손

상 혹은 다른 추정 원인들과 관련되지 않음. specific language disability라고도 명명

ㅍ

퍼킨스 점자 타자기(Perkins Brailler) 점자를 찍는 시스템으로 6개의 키가 있고, 각각의 셀은 6개의 점(dot)으로 구성되어 종이에 돌출된 인쇄물로 남게 됨

페닐케톤뇨증(phenylketonuria: PKU) 신체에서 페닐알라닌을 타이로신으로 바꾸지 못해서 야기되는 선천성 대사 이상 증세로 페닐알라닌의 축적으로 인해 비정상적인 뇌 발달을 초래함

폐쇄(atresia) 일반적으로 열려 있어야 할 신체의 한 부분이 없거나 닫혀 있음

폐쇄성 뇌손상(closed head injury) 두개골의 관통 없이 발생한 뇌손상. 머리에 심각한 타격을 입거나 성인이 머리를 강하게 흔들었을 때 발생할 수 있음

표현언어(expressive language) 의사소통에서 메시지를 부호화하고 송부함

품행장애(conduct disorder) 공공연하고 공격적이며 타인에게 지장을 주는 행동이나 도둑질, 거짓말하기, 불장난 등과 같은 비밀스러운 비사회적인 행동이 특징인 장애. 공공연함이나 비밀리에 행동하는 것들 모두를 포함할 수 있음

프래더-윌리 증후군(Prader-Willi syndrome) 부친의 염색체의 15번째 염색체 쌍의 이상에서 오는 유전적 결함. 유전적 비만을 야기하며 지적장애를 나타내는데, 대부분 경도 지적장애 범주에 속함

피질시각장애(cortical visual impairment: CVI) 시각피질의 기능 이상으로 발생된, 아직까지 완전히 밝혀지지 않은 아동기 시각장애. 매일 시기능의 변화가 심하다는 특징이 있음

ㅎ

하위문화(subculture) 국가나 다른 독립체의 전체적인 문화가 아니라 일부분과 관련된 문화. '미시문화(microculture)'라고도 불리지만 거대 문화의 소수이거나 반드시 작은 것은 아님

하지마비(paraplegia) 두 다리가 마비된 상태

학급차원의 또래교수(classwide peer tutoring: CWPT) 학급 구성원의 전체가 또래교수에 참여하며 학생이 교사로부터 지시를 받은 특별한 기술로 또래 친구들을 지도함

학습된 무기력(learned helplessness) 아무리 노력해도 실패할 것이라고 믿는 심리적 상태를 일컫는 동기(motivation)에 관한 용어

행동 관리(behavior management) 바람직한 행동은 증가시키고 그렇지 않은 행동은 감소시키기 위해 사용되는 전략 및 기법. 교실에서나 집 또는 다른 환경에서 적용할 수 있음

행동기능평가(functional Behavioral Assessment: FBA) 적절하지 않은 행동을 유지시키는 결과(행동이 나타내는 목적이 무엇인가), 선행 사건(행동을 유발하는 것은 무엇인가), 그리고 상황 사건(맥락적 요소)을 찾는 것으로 구성되는 평가

행동수정(behavior modification) 관찰 가능한 반응에서의 특정한 변화를 만들어 내기 위해 환경적 배경, 특히 행동 후 결과를 전반적으로 조정하는 것임. 강화, 벌, 모델링, 자기교수, 둔감화, 안내된 연습 외에도 특정한 반응을 강화하거나 감소시키는 기술을 포함함

행동 억제(behavioral inhibition) 의도된 반응을 중지하는 능력, 진행 중인 반응을 중지하는 능력, 진행 중인 반응을 방해로부터 보호하는 능력, 반응을 즉시 자제하는 능력. 실행 기능을 작동하게 하는 기제. ADHD의 경우 이 기능이 지체되거나 손상되어 있음

행동 표현형(behavioral phenotype) 정신병리학적인 증상뿐 아니라 인지, 언어, 사회성을 포함하는 행동의 모음으로, 특정한 유전적 증후군을 가진 사람들에게서 함께 나타남

헤르츠(hertz: Hz) 소리의 빈도수를 측정하는 단위. 소리의 높음과 낮음을 일컬음

협동적 교수(cooperative teaching) 일반교사와 특수교사가 함께 일반학급에서 지도하는 접근법. 특수교사가 일반교육의 맥락을 더 잘 이해하도록 도와줌

협력교수(co-teaching) 특수교사와 일반교사가 한 교실에서 나란히 함께 수업하는 것으로 두 교사가 모든 학생에게 교수를 제공함

협력적 자문(collaborative consultation) 특수교사 혹은 일반교사가 장애아동을 위한 교수 전략을 찾아내기 위해서 협력적으로 함께 하는 접근법. 두 교사의 관계는 공유된 책임감과 동일한 권한을 가진다는 전제를 기반으로 함

협력학습(cooperative learning) 교사가 서로 다른 능력을 가진 학생들(예: 장애학생들을 포함하여)이 함께 수행 과제를 해결하도록 유도하는 교육 접근법

형태론(morphology) 단어 형성에 대한 언어심리학. 의미의 변화를 위해 단어를 첨삭하는 방법

호모펜(homophenes) 소리는 다르나 얼굴과 입술의 움직임 측면에서는 같아 보이는 단어

혼합형 청각장애(mixed hearing impairment) 감음성 청력

손상과 전도성 청력 손상 둘 다에 의한 청각장애

홍채(iris)　눈동자 내 색깔이 있는 부분으로, 들어오는 빛의 양에 따라 수축되거나 팽창됨

화면읽기 프로그램(screen reader)　컴퓨터 화면을 확대하거나 화면의 내용을 음성으로 변화시키는 컴퓨터의 소프트웨어

화면해설방송 서비스(Descriptive Video Service)　시각장애인을 위해 주요한 시각적 요소를 음성으로 설명하여 제시하는 서비스. 텔레비전 프로그램과 영화에서 사용됨

화용론(話用論, pragmatics)　사람들이 사회적 상황에서 어떻게 언어를 사용하는지에 관한 언어심리학적 연구로 언어적 기제보다는 언어의 기능적 사용을 강조함

확대 기구(magnifyng devices)　저시각인들에게 가깝거나 멀게 보이도록 도와주는 기구들(예: 안경 위에 단안경이나 쌍안경을 올려서 사용하는 휴대용 확대경)

확대도서(large-print books)　일반적으로 사용하는 10포인트보다 큰 활자로 인쇄된 책. 큰 활자책의 포인트는 보통 18포인트임

환경교수법(milieu teaching)　자연스러운 환경에서 기능적 언어 기술을 가르치는 것을 목표로 하는 언어 중재 방법

후견(guardianship)　한 사람에게 타인을 위해 결정할 수 있는 권한을 주는 법적 용어. 완전한, 제한적인, 일시적으로 사용될 수 있고 중도 지적장애 아동 부모의 경우가 해당됨

후두(larynx)　성대를 포함한 목의 구조. 후두염은 목의 염증에 의해 일시적으로 목소리가 안 나오는 증상

후비공(choanae)　코에서 목까지 이어지는 공기가 통하는 길

후천성 농(adventitiously deaf)　질병이나 사고에 의해 정상 청력을 가졌던 사람에게 청각장애가 생김

후천성 면역결핍증(acquired immune deficiency syndrome: AIDS)　바이러스에 의하여 면역 시스템이 파괴되는 질병으로 현재까지 개발된 치료법이 없음

후천적 실행증(acquired apraxia)　아동이 발성이나 원활한 의사소통을 위한 단어나 말소리들을 조직화하거나 그것을 발성하는 것에 문제가 있는 것과 같은 운동 계획(motor planning)에 어려움을 보이는 발달 운동신경장애. 그러나 이 문제는 신경 손상에 기인한 것으로 알려져 있음

참고문헌

CHAPTER 1

Bateman, B. D. (2007). Law and the conceptual foundations of special education practice. In J. B. Crockett, M. M. Gerber, & T. J. Landrum (Eds.), *Achieving the radical reform of special education: Essays in honor of James M. Kauffman* (pp. 95–114). Mahwah, NJ: Erlbaum.

Bateman, B. D. (2011). Individual education programs for children with disabilities. In J. M. Kauffman & D. P. Hallahan (EDs.), *Handbook of special education*. New York: Routledge.

Bateman, B. D., & Linden, M. A. (2006). *Better IEPs: How to develop legally correct and educationally useful programs* (4th ed.). Verona, WI: Attainment.

Board of Education of Hendrick Hudson v. Rowley, 484 US 176 (1982).

Bolger, K. E., & Patterson, C. J. (2001). Developmental pathways from child maltreatment to peer rejection. *Child Development, 72,* 549–568.

Carr, M. R. (2004, January 4). My son's disability, and my own inability to see it. *The Washington Post,* p. B5.

Crockett, J. B., & Kauffman, J. M. (1999). *The least restrictive environment: Its origins and interpretations in special education.* Mahwah, NJ: Erlbaum.

Crockett, J. B., & Kauffman, J. M. (2001). The concept of the least restrictive environment and learning disabilities: Least restrictive of what? Reflections on Cruickshank's 1977 guest editorial for the *Journal of Learning Disabilities.* In D. P. Hallahan & B. K. Keogh (Eds.), *Research and global perspectives in learning disabilities: Essays in honor of William M. Cruickshank* (pp. 147–166). Mahwah, NJ: Erlbaum.

Dupre, A. P. (1997). Disability and the public schools: The case against "inclusion." *Washington Law Review, 72,* 775–858.

Earley, P. (2006). Crazy: *A Father's search through America's mental health madness.* New York: Penguin.

Gelman, J. A., Pullen, P. L., & Kauffman, J. M. (2004). The meaning of highly qualified and a clear roadmap to accomplishment. *Exceptionality, 12,* 195–207. dio:10.1207/s15327035ex1204_2

Gerber, M. M. (2011). History. In J. M. Kauffman & D. P. Hallahan (Eds.), *Handbook of special education.* New York: Routledge.

Gladwell, M. (2008). *Outliers: The story of success.* New York: Little, Brown.

Goin, M. K. (2007, July 8). The wrong place to treat mental illness. *The Washington Post,* p. B7.

Gresham, T. (2007, May 7). Something to cheer about. *The Daily Progress,* pp. E1, E6. Charlottesville, VA.

Hallahan, D. P., & Kauffman, J. M. (1977). Labels, categories, behaviors: ED, LD, and EMR reconsidered. *Journal of Special Education, 11,* 139–149. doi:10.1177/002246697701100202

Hallahan, D. P., Lloyd, J. W., Kauffman, J. M., Weiss, M., & Martinez, E. (2005). *Introduction to learning disabilities* (3rd ed.). Boston: Allyn & Bacon.

Hart, B., & Risley, T. R. (1995). *Meaningful differences in the everyday experience of young American children.* Baltimore: Brookes.

Hendrick, I. G., & MacMillan, D. L. (1989). Selecting children for special education in New York City: William Maxwell, Elizabeth Farrell, and the development of ungraded classes, 1900–1920. *Journal of Special Education, 22,* 395–417. doi:10.1177/00224669890220040

Heward, W. L. (2003). Ten faulty notions about teaching and learning that hinder the effectiveness of special education. *The Journal of Special Education, 36,* 186–205. doi:10.1177/002246690303600401

Holmes, M. S. (2004). *Fictions of affliction: Physical disability in Victorian culture.* Ann Arbor, MI: University of Michigan Press.

Huefner, D. S. (1994). The mainstreaming cases: Tensions and trends for school administrators. *Educational Administration Quarterly, 27–55.* doi: 10.1177/0013161X94030001004

Huefner, D. S. (2006). *Getting comfortable with special education law: A framework for working with children with disabilities* (2nd ed.). Norwood, MA: Christopher Gordon.

Hungerford, R. (1950). On locusts. *American Journal of Mental Deficiency, 54,* 415–418.

Itard, J. M. G. (1962). *The wild boy of Aveyron* (G. Humphrey & M. Humphrey, Trans.). Upper Saddle River, NJ: Pearson.

Kanner, L. (1964). *A history of the care and study of the mentally retarded.* Springfield, IL: Charles C. Thomas.

Kauffman, J. M. (1999a). Today's special education and its messages for tomorrow. *The Journal of Special Education, 32,* 244–254. doi:10.1177/002246699903200405

Kauffman, J. M. (1999b). How we prevent the prevention of emotional and behavioral disorders. *Behavioral Disorders, 65,* 448–468.

Kauffman, J. M. (2004). The President's commission and the devaluation of special education. *Education and Treatment of Children, 27,* 307–324.

Kauffman, J. M. (2005). Waving to Ray Charles: Missing the meaning of disability. *Phi Delta Kappan, 86*(6), 520–521, 524.

Kauffman, J. M. (2007). Conceptual models and the future of special education. *Education and Treatment of Children, 30*(4), 1–18.

Kauffman, J. M. (2008). 44: Special education. In T. L. Good (Ed.),

21st Century education: *A reference handbook* (pp. 405–413). Thousand Oaks, CA: Sage.

Kauffman, J. M. (2010). *The tragicomedy of public education: Laughing, crying, thinking, fixing.* Verona, WI: Attainment.

Kauffman, J. M., & Brigham, F. J. (2009). *Working with troubled children.* Verona, WI: Attainment.

Kauffman, J. M., & Hallahan, D. P. (1974). The medical model and the science of special education. *Exceptional Children, 41,* 97–102.

Kauffman, J. M., & Hallahan, D. P. (2005a). *Special education: What it is and why we need it.* Boston: Allyn & Bacon.

Kauffman, J. M., & Hallahan, D. P. (Eds.). (2005b). *The illusion of full inclusion: A comprehensive critique of a current special education bandwagon* (2nd ed.). Austin, TX: Pro–Ed.

Kauffman, J. M., & Hallahan, D. P. (2009). Parental choices and ethical dilemmas involving disabilities: Special education and the problem of deliberately chosen disabilities. *Exceptionality, 17,* 45–62. doi:10.1080/09362830802667835

Kauffman, J. M., & Hallahan, D. P. (Eds.). (2011). *Handbook of special education.* New York: Routledge.

Kauffman, J. M., & Hung, L. Y. (2009). Special education for intellectual disability: Current trends and perspectives. *Current Opinion in Psychiatry, 22,* 452–456. doi: 10.1097/ YCO. 0b013e32832eb5c3

Kauffman, J. M., & Konold, T. R. (2007). Making sense in education: Pretense (including NCLB) and realities in rhetoric and policy about schools and schooling. *Exceptionality, 15,* 75–96. doi:10.1080/09362830701294151

Kauffman, J. M., & Landrum, T. J. (2006). *Children and youth with emotional and behavioral disorders: A history of their education.* Austin, TX: Pro–Ed.

Kauffman, J. M., & Landrum, T. J. (2007). Educational service interventions and reforms. In J. W. Jacobson, J. A. Mulick, & J. Rojahn (Eds.), *Handbook of intellectual and developmental disabilities* (pp. 173–188). New York: Springer.

Kauffman, J. M., & Landrum, T. J. (2009). Politics, civil rights, and disproportional identification of students with emotional and behavioral disorders. *Exceptionality.* doi: 10.1080/09362830903231903

Kauffman, J. M., Mock, D. R., Tankersley, M., & Landrum, T. J. (2008). Effective service delivery models. In R. J. Morris & N. Mather (Eds.), *Evidence–based interventions for students with learning and behavioral challenges* (pp. 359–378). Mahwah, NJ: Erlbaum.

Kauffman, J. M., & Wiley, A. L. (2004). How the president's Commission on Excellence in Special Education (PCESE) devalues special education. *Learning Disabilities: A Multidisciplinary Journal, 13,* 3–6.

Lamb, H. R., & Weinberger, L. E. (Eds.). (2001). *Deinstitutionalization: Promise and problems.* San Francisco: Jossey–Bass.

Lloyd, J. W., Forness, S. R., & Kavale, K. A. (1998). Some methods are more effective than others. *Intervention in School and Clinic, 33,* 195–200.

MacMillan, D. L., & Forness, S. R. (1998). The role of IQ in special education placement decisions: Primary and determinative or peripheral and inconsequential? *Remedial and Special Education, 19,* 239–253.

Metzler, I. (2006). *Disability in medieval Europe: Thinking about physical impairment during the Middle Ages, c. 1100–1400.* New York: Routledge.

National Research Council. (2001). *Educating children with autism.* Washington, DC: National Academy Press.

Nomani, A. Q. (2007, April 29). My brother's battle—and mine. *The Washington Post,* p. B2.

Palmer, D. S., Fuller, K., Arora, T., & Nelson, M. (2001). Taking sides: Parent's views on inclusion for their children with severe disabilities. *Exceptional Children, 67,* 467–484.

Pinel, J. P. J. (2006). *Biopsychology* (5th ed.). Boston: Allyn & Bacon/Pearson.

Pinker, S. (2002). *The blank slate: The modern denial of human nature.* New York: Viking.

Rothstein, R., Jacobsen, R., & Wilder, T. (2006, November). *"Proficiency for all"—An oxymoron.* Paper presented at symposium on "Examining America's commitment to closing achievement gaps: NCLB and its alternatives." Teachers College, Columbia University, New York.

Rozalski, M., Miller, J., & Stewart, A. (2011). Least restrictive environment. In J. M. Kauffman & D. P. Hallahan (Eds.), *Handbook of special education.* New York: Routledge.

Sarason, S. B. (1990). *The predictable failure of educational reform: Can we change course before it's too late?* San Francisco: Jossey–Bass.

Sitlington, P. L., & Clark, G. M. (2006). *Transition education and services for students with disabilities* (4th ed., p. 83). Boston: Allyn & Bacon/Pearson. Reprinted with permission.

Stichter, J. P., Conroy, M. A., & Kauffman, J. M. (2008). *An introduction to students with highincidence disabilities.* Upper Saddle River, NJ: Merrill/Pearson.

Torrey, E. F., & Zdandowicz, M. T. (1999, July 9). Deinstitutionalization hasn't worked: "We have lost effectively 93 percent of our state psychiatric hospital beds since 1955." *The Washington Post.* Retrieved from www.psychlaws.org/ generalresources/article17.htm

Turnbull, H. R. (2007). A response to Professor Vitello. *Remedial and Special Education, 28,* 69–71. doi: 10.1177/07419325070280020501

U.S. Department of Education. (2008). *Thirtieth annual report to Congress on implementation of the Individuals with Disabilities Education Act.* Washington, DC: Author.

Vitello, S. J. (2007). Shared responsibility reconsidered: A response to Professor Turnbull on IDEIA 2004 accountability and personal responsibility. *Remedial and Special Education, 28,* 66–68. doi: 10.1177/07419325070280020401

Walker, H. M., & Sprague, J. R. (2007). Early, evidence–based intervention with school–related behavior disorders: Key issues, continuing challenges, and promising practices. In J. B. Crockett, M. M. Gerber, & T. J. Landrum (Eds.), *Achieving the radical reform of special education: Essays in honor of James M. Kauffman* (pp. 37–58). Mahwah, NJ: Erlbaum.

Warnock, M. (2005). *Special educational needs: A new look. Impact No. 11.* London: Philosophy of Education Society of Great Britain.

Welch, E. M., Barton, E. R., Zhuo, J., Tomizawa, Y., Friesen, W. J., Trifillis, P., et al. (2007). PTC124 targets genetic disorders caused by nonsense mutations. Retrieved from www.nature.com/nature/journal/vaop/ncurrent/abs/nature05756.html

Winzer, M. A. (1993). *The history of special ducation: From isolation to integration.* Washington, DC: Gallaudet University Press.

Wolfensberger, W. (1972). *The principle of normalization in human services.* Toronto: National Institute on Mental Retardation.

Yell, M. L. (2006). *The law and special education* (2nd ed.). Upper Saddle River, NJ: Pearson.

Yell, M. L., & Drasgow, E. (2005). *No child left behind: A guide for professionals.* Upper Saddle River, NJ: Merrill/Pearson.

Yell, M. L., Katsiyannis, A., & Bradley, M. R. (2011). The Individuals with Disabilities Education Act: The evolution of special education law. In J. M. Kauffman & D. P. Hallahan (Eds.), *Handbook of special education.* New York: Routledge.

Yell, M. L., Rogers, D., & Rogers, E. L. (1998). The legal history of special education: What a long, strange trip it's been! *Remedial and Special Education, 19,* 219–228.

Zelder, E. Y. (1953). Public opinion and public education for the exceptional child–court decisions 1873–1950. *Exceptional Children, 19,* 187–198.

Zigmond, N. (2007). Delivering special education is a two–person job: A call for unconventional thinking. In J. B. Crockett, M. M. Gerber, & T. J. Landrum (Eds.), *Achieving the radical reform of special education: Essays in honor of James M. Kauffman* (pp. 115–137). Mahwah, NJ: Erlbaum.

Zigmond, N., & Kloo, A. (2011). General and special education are (and should be) different. In J. M. Kauffman & D. P. Hallahan (Eds.), *Handbook of special education.* New York: Routledge.

Zigmond, N., Kloo, A., & Volonino, V. (2009). What, where, and how? Special education in the climate of full inclusion. *Exceptionality, 17,* 189–204. doi:10.1080/09362830903231986

CHAPTER 2

Anastasiou, D., & Keller, C. (2011). International differences in provision for exceptional learners. In J. M. Kauffman & D. P. Hallahan (Eds.), *Handbook of special education.* New York: Routledge.

Bateman, B. D. (2007). Law and the conceptual foundations of special education practice. In J. B. Crockett, M. M. Gerber, & T. J. Landrum (Eds.), *Achieving the radical reform of special education: Essays in honor of James M. Kauffman* (pp. 95–114). Mahwah, NJ: Erlbaum.

Bateman, B. D. (2011). Individual education programs for children with disabilities. In J. M. Kauffman & D. P. Hallahan (Eds.), *Handbook of special education.* New York: Routledge.

Bateman, B. D., & Linden, M. A. (2006). *Better IEPs: How to develop legally correct and educationally useful programs* (4th ed.). Verona, WI: Attainment.

Boardman, A. G., & Vaughn, S. (2007). Response to intervention as a framework for prevention and identification of learning disabilities: Which comes first, identification or intervention? In J. B. Crockett, M. M. Gerber, & T. J. Landrum (Eds.), *Achieving the radical reform of special education: Essays in honor of James M. Kauffman* (pp. 15–35). Mahwah, NJ: Erlbaum.

Brolin, D. E., & Loyd, R. J. (2004). *Career development and transition services: A functional life–skills approach* (4th ed). Upper Saddle River, NJ: Pearson.

Browder, D. M., Wood, W. M., Test, D. W., Karvonen, M., & Algozzine, B. (2001). Reviewing resources on self–determination: A map for teachers. *Remedial and Special Education, 22,* 233–244. doi:10.1177/074193250102200407

Chambers, C. R., Wehmeyer, M. L., Saito, Y., Lida, K. M., Lee, Y., & Singh, V. (2007). Self–determination: What do we know? Where do we go? *Exceptionality, 15,* 3–15. doi:10.1207/s15327035ex1501_2

Cheney, D., Flower, A., & Templeton, T. (2008). Applying Response to Intervention metrics in the social domain for students at–risk of developing emotional or behavioral disorders. *Journal of Special Education, 42*(2), 108–126.

Cook, B. G., & Friend, M. (1998). Co–teaching: Guidelines for creating effective practices. In E. L. Meyen, G. A. Vergason, & R. J. Whelan (Eds.), *Educating students with mild disabilities: Strategies and methods* (2nd ed., pp. 453–479).

Cook, B. G., McDuffie, K. A., Oshita, L., & Cook, S. C. (2011). Co–teaching for students with disabilities: A critical analysis of the empirical literature. In J. M. Kauffman & D. P. Hallahan (Eds.), *Handbook of special education.* New York: Routledge.

Council for Exceptional Children. (1998). *What every special educator must know* (3rd ed.) Reston, VA: Author.

Crockett, J. B., & Kauffman, J. M. (1999). *The least restrictive environment: Its origins and interpretations in special education.* Mahwah, NJ: Erlbaum.

Crockett, J. B., & Kauffman, J. M. (2001). The concept of the least restrictive environment and learning disabilities: Least restrictive of what? Reflections on Cruickshank's 1977 guest editorial for the *Journal of Learning Disabilities.* In D. P. Hallahan & B. K. Keogh (Eds.), *Research and global perspectives in learning disabilities: Essays in honor of William M. Cruickshank* (pp. 147–166). Mahwah, NJ: Erlbaum.

Cronin, M. E. (2000). Instructional strategies. In P. L. Sitlington, G. M. Clark, & O. P. Kolstoe (Eds.), *Transition education and services for adolescents with disabilities* (3rd ed., pp. 255–283). Boston: Allyn & Bacon/Pearson.

Cruickshank, W. M. (1977). Guest editorial. *Journal of Learning Disabilities, 10,* 193–194. doi: 10.1177/002221947701000401

Duhon, G. J., Mesmer, E. M., Atkins, M. E., Greguson, L. A., & Olinger, E. S. (2009). Quantifying intervention intensity: A systematic approach to evaluating student response to increasing intervention frequency. *Journal of Behavioral Education, 18,* 101–118.

Earley, P. (2006). *Crazy: A father's search through America's mental health madness.* New York: Penguin.

Esquith, R. (2007). *Teach like your hair's on fire: The methods and madness inside room 56.* New York: Viking.

Everson, J. M., & Trowbridge, M. H. (2011). Preparing students with low–incidence disabilities for community living opportunities. In D. P. Hallahan & J. M. Kaufman (Eds.), *Handbook of special education.* New York: Routledge.

Fairbanks, S., Sugai, G., Guardino, D., & Lathrop, M. (2007). Response to intervention: Examining classroom behavior support in second grade. *Exceptional Children, 73,* 288–310.

Falk, K. B., & Wehby, J. H. (2001). The effects of peer–assisted learning strategies on the beginning reading skills of young children with emotional or behavioral disorders. *Behavioral Disorders, 26,* 344–359.

Finn, C. E., Jr., Rotherham, A. J., & Hokanson, C. R., Jr. (Eds.). (2001). *Rethinking special education for a new century.* New York: Thomas B. Fordham Foundation.

Fuchs, D., & Fuchs, L. S. (1994). Inclusive schools movement and the radicalization of special education reform. *Exceptional Children, 60,* 294–309.

Fuchs, D., Fuchs, L. S., & Stecker, P. M. (2010). The "blurring" of special education in a new continuum of general education placements and services. *Exceptional Children, 76,* 301–323.

Fuchs, D., Fuchs, L. S., Thompson, A., Svenson, E., Yanb, L., Otaiba, S. A., et al. (2001). Peer–assisted learning strategies in reading: Extensions for kindergarten, first grade, and high school. *Remedial and Special Education, 22,* 15–21. doi:10.1177/074193250102200103

Fuchs, D., Mock, D., Morgan, P. L., & Young, C. L. (2003). Responsiveness–to–intervention: Definitions, evidence, and implications for the learning disabilities construct. *Learning Disabilities Research and Practice, 18,* 157–171. doi:10.1111/1540–5826.00072

Fuchs, L. S., Fuchs, D., Compton, D. L., Bryant, J. D., Hamlett, C. L., & Seethaler, P. M. (2007). Mathematics screening and progress monitoring at first grade: Implications for responsiveness–to–intervention. *Exceptional Children, 73,* 311–330.

Fulk, B. M., & King, K. (2001). Classwide peer tutoring at work. *Teaching Exceptional Children, 34*(2), 49–53.

Gardner, R., Cartledge, G., Seidl, B., Woolsey, M. L.,Schley, G. S., & Utley, C. A. (2001). Mt. Olivet after–school program: Peer–mediated interventions for at–risk students. *Remedial and Special Education, 22,* 22–33. doi:10.1177/074193250102200104

Gibb, G. S., & Dyches, T. T. (2007). *Guide to writing quality individualized education programs* (2nd ed.). Boston: Allyn & Bacon/Pearson.

Gliona, M. F., Gonzales, A. K., & Jacobson, E. S. (2005). Dedicated, not segregated: Suggested changes in thinking about instructional environments and the language of special education. In J. M. Kauffman & D. P. Hallahan (Eds.), *The illusion of full inclusion: A comprehensive critique of a current special education bandwagon* (2nd ed., pp. 135–146). Austin, TX: Pro–Ed.

Goin, M. K. (2007, July 8). The wrong place to treat mental illness. *The Washington Post,* p. B7.

Goodman, E. (2007, May 29). Wheels competing with feet. *The Charlottesville Daily Progress,* p. A8.

Greene, G., & Kochhar–Bryant, C. A. (2003). *Pathways to successful transition for youth with disabilities.* Upper Saddle River, NJ: Pearson.

Greenwood, C. R., Arrega–Mayer, C., Utley, C. A., Gavin, K. M., & Terry, B. (2001). Classwide peer tutoring learning management system: Applications with elementary–level English language learners. *Remedial and Special Education, 22,* 34–47. doi:10.1177/074193250102200105

Hallahan, D. P. (2007). Learning disabilities: Whatever happened to intensive instruction? *LDA Newsbriefs, 42*(1), 1, 3–4, 24.

Hallahan, D. P., Lloyd, J. W., Kauffman, J. M., Weiss, M., & Martinez, E. (2005). *Introduction to learning disabilities* (3rd ed.). Boston: Allyn & Bacon/Pearson.

Hockenbury, J. C., Kauffman, J. M., & Hallahan, D. P. (1999–2000). What's right about special education? *Exceptionality, 8*(1), 3–11.

Hoover, J. J., & Patton, J. R. (2004). Differentiating standards– based education for students with diverse needs. *Remedial and Special Education, 25,* 74–78. doi:10.1177/07419325040250020101

Huefner, D. S. (2006). *Getting comfortable with special education law: A framework for working with children with disabilities* (2nd ed.). Norwood, MA: Christopher Gordon.

Hughes, W., Wood, W. M., Konrad, M., & Test, D. W. (2006). Get a life: Students practice being self–determined. *Teaching Exceptional Children, 38*(5), 57–63.

Hungerford, R. (1950). On locusts. *American Journal of Mental Deficiency, 54,* 415–418.

Itard, J. M. G. (1962). *The wild boy of Aveyron* (G. Humphrey & M. Humphrey, Trans.). Upper Saddle River, NJ: Pearson.

Johns, B. H. (2003). NCLB and IDEA: Never the twain should meet. *Learning Disabilities: A Multidisciplinary Journal, 12*(3), 89–91.

Jones, M. (2006). Teaching self–determination: Empowered teachers, empowered students. *Teaching Exceptional Children, 39*(1), 12–17.

Kauffman, J. M. (1995). Why we must celebrate a diversity of restrictive environments. *Learning Disabilities Research and Practice, 10,* 225–232.

Kauffman, J. M. (1999–2000). The special education story: Obituary, accident report, conversion experience, reincarnation, or none of the above? *Exceptionality, 8*(1), 61–71.

Kauffman, J. M. (2002). *Education deform: Bright people sometimes say stupid things about education*. Landham, MD: Scarecrow Education.

Kauffman, J. M. (2004). The president's commission and the devaluation of special education. *Education and Treatment of Children, 27*, 307–324.

Kauffman, J. M. (2005). *Characteristics of emotional and behavioral disorders of children and youth* (8th ed.). Upper Saddle River, NJ: Pearson.

Kauffman, J. M. (2007). Conceptual models and the future of special education. *Education and Treatment of Children, 30*(4), 1–18. doi:10.1353/etc.2007.0024

Kauffman, J. M., Bantz, J., & McCullough, J. (2002). Separate and better: A special public school class for students with emotional and behavioral disorders. *Exceptionality, 10*, 149–170.

Kauffman, J. M., & Hallahan, D. P. (1997). A diversity of restrictive environments: Placement as a problem of social ecology. In J. W. Lloyd, E. J. Kame'enui, & D. Chard (Eds.), *Issues in educating students with disabilities* (pp. 325–342). Mahwah, NJ: Erlbaum.

Kauffman, J. M., & Hallahan, D. P. (2005a). *Special education: What it is and why we need it*. Boston: Allyn & Bacon/Pearson.

Kauffman, J. M., & Hallahan, D. P. (Eds.). (2005b). *The illusion of full inclusion: A comprehensive critique of a current special education bandwagon* (2nd ed.) Austin, TX: Pro-Ed.

Kauffman, J. M., & Hallahan, D. P. (2009). Parental choices and ethical dilemmas involving disabilities: Special education and the problem of deliberately chosen disabilities. *Exceptionality, 17*, 1–18.

Kauffman, J. M., & Konold, T. R. (2007). Making sense in education: Pretense (including NCLB) and realities in rhetoric and policy about schools and schooling. *Exceptionality, 15*, 75–96.

Kauffman, J. M., & Landrum, T. J. (2007). Educational service interventions and reforms. In J. W. Jacobson, J. A. Mulick, & J. Rojahn (Eds.), *Handbook of intellectual and developmental disabilities* (pp. 173–188). New York: Springer.

Kauffman, J. M., McGee, K., & Brigham, M. (2004). Enabling or disabling? Observations on changes in the purposes and outcomes of special education. *Phi Delta Kappan, 85*, 613–620.

Kauffman, J. M., Mock, D. R., Tankersley, M., & Landrum, T. J. (2008). Effective service delivery models. In R. J. Morris & N. Mather (Eds.), *Evidence-based interventions for students with learning and behavioral challenges* (pp. 359–378). Mahwah, NJ: Erlbaum.

Kauffman, J. M., Mostert, M. P., Trent, S. C., & Pullen, P. L. (2006). *Managing classroom behavior: A reflective case-based approach* (4th ed.). Boston: Allyn & Bacon/Pearson.

Kauffman, J. M., & Pullen, P. L. (1996). Eight Myths about special education. *Focus on Exceptional Children, 28*(5), 7–8. Reprinted with permission.

Kauffman, J. M., & Sasso, G. M. (2006a). Certainty, doubt, and the reduction of uncertainty: A rejoinder. *Exceptionality, 14,* 109–120.

Kauffman, J. M., & Sasso, G. M. (2006b). Toward ending cultural and cognitive relativism in special education. *Exceptionality, 14,* 65–90.

Kauffman, J. M., & Wiley, A. L. (2004). How the President's Commission on Excellence in Special Education (PCESE) devalues special education. *Learning Disabilities: A Multidisciplinary Journal, 13*, 3–6.

Kavale, K. A., Kauffman, J. M., & Bachmeier, R. J. (2007). *The politics of response-to-intervention and reality surrounding the identification of specific learning disability*. Manuscript submitted for publication.

Kourea, L., Cartledge, G., & Musti-Rao, S. (2007). Improving reading skills of urban elementary students through total class peer tutoring. *Remedial and Special Education, 28*, 95–107. doi:10.1177/07419325070280020801

Lamb, H. R., & Weinberger, L. E. (Eds.). (2001). *Deinstitutionalization: Promise and problems*. San Francisco: Jossey-Bass.

Landrum, T. J., & Kauffman, J. M. (2006). Behavioral approaches to classroom management. In C. M. Evertson & C. S. Weinstein (Eds.), *Handbook of classroom management: Research, practice, and contemporary issues* (pp. 47–71). Mahwah, NJ: Erlbaum.

Lazarus, S. S., Thurlow, M. L., Lail, K. E., & Christensen, L. (2009). A longitudinal analysis of state accommodations policies: Twelve years of change 1993–2005. *Journal of Special Education, 43*(2), 67–80.

Lloyd, J. W., & Hallahan, D. P. (2007). Advocacy and reform of special education. In J. B. Crockett, M. M., Gerber, & T. J. Landrum (Eds.), *Achieving the radical reform of special education: Essays in honor of James M. Kauffman* (pp. 245–263). Mahwah, NJ: Erlbaum.

Maheady, L., Harper, G. F., & Mallette, B. (2001). Peer-mediated instruction and interventions with students with mild disabilities. *Remedial and Special Education, 22,* 4–14. doi:10.1177/074193250102200102

Martin, E. W. (1995). Case studies on inclusion: Worst fears realized. *The Journal of Special Education, 29,* 192–199.

Mercer, C. D., Mercer, A. R., & Pullen, P. C. (2011). *Teaching students with learning problems, eighth edition*. Upper Saddle River, NJ: Pearson.

Miller, S. P. (2002). *Validated practices for teaching students with diverse needs and abilities*. Boston: Allyn & Bacon/Pearson.

Mock, D. R., & Kauffman, J. M. (2002). Preparing teachers for full inclusion: Is it possible? *The Teacher Educator, 37,* 202–215. doi:10.1080/08878730209555294

Mock, D. R., & Kauffman, J. M. (2005). The delusion of full inclusion. In J. W. Jacobson, J. A. Mulick, & R. M. Fuchs (Eds.), *Fads: Dubious and improbably treatments for developmental disabilities* (pp. 113–128). Mahwah, NJ: Erlbaum.

Moon, M. S. (2011). Section X editor: Transition of adults with low incidence disabilities. In J. M. Kauffman & D. P. Hallahan (Eds.), *Handbook of special education*. New York: Routledge.

Moon, M. S., & Inge, K. (2000). Vocational preparation and transition. In M. E. Snell & F. Brown (Eds.), *Instruction of students with severe disabilities* (5th ed., pp. 591–628). Upper Saddle River, NJ: Merrill/Pearson.

Moore, T. (2007, January 19). Classroom distinctions. *The New York Times*, p. A27.

Mostert, M. P., Kavale, K. A., & Kauffman, J. M. (Eds.). (2008). *Challenging the refusal of reasoning in special education.* Denver, CO: Love.

Nomani, A. Q. (2007, April 29). My brother's battle and mine. *The Washington Post*, p. B2.

Noonan, M. J., & McCormick, L. (2006). *Young children with disabilities in natural environments: Methods and procedures.* Baltimore: Brookes.

O'Connor, R. E., & Sanchez, V. (2011). Responsiveness to intervention models for reducing reading difficulties and identifying learning disability. In J. M. Kauffman & D. P. Hallahan (Eds.), *Handbook of special education*. New York: Routledge.

Osborne, J. G. (2005). Person–centered planning: a *faux fixe* in the service of humanism? In J. W. Jacobson, J. A. Mulick & J. Rojahn (Eds.), *Handbook of intellectual and developmental disabilities* (pp. 313–329). New York: Springer.

Palmer, S. B., & Wehmeyer, M. L. (2003). Promoting self–determination in early elementary school: Teaching self–regulated problem–solving and goal–setting skills. *Remedial and Special Education, 24*, 115–126. doi:10.1177/0741932503 0240020601

Pierangelo, R., & Giuliani, G. A. (2006). *Assessment in special education: A practical approach* (2nd ed.). Boston: Allyn & Bacon/Pearson.

Pisha, B., & Coyne, P. (2001). Smart from the start: The promise of universal design for learning. *Remedial and Special Education, 22*, 197–203. doi:10.1177/074193250102200402

Powers, L. E., Garner, T., Valnes, B., Squire, P., Turner, A., Couture, T., et al. (2007). Building a successful adult life: Findings from youth–directed research. *Exceptionality, 15*, 45–56. doi:10.1207/s5327035ex1501_5

Pugach, M. C., & Warger, C. L. (2001). Curriculum matters: Raising expectations for students with disabilities. *Remedial and Special Education, 22*, 194–196. doi:10.1177/074193250102200401

Rothstein, R., Jacobsen, R., & Wilder, T. (2006, November). *"Proficiency for all"—An oxymoron. Paper presented at symposium on Examining America's commitment to closing achievement gaps: NCLB and its alternatives.* Teachers College, Columbia University, New York.

Rozalski, M., & Miller, J. (2011). Least restrictive environment. In J. M. Kauffman & D. P. Hallahan (Eds.), *Handbook of special education*. New York: Routledge.

Sasso, G. M. (2001). The retreat from inquiry and knowledge in special education. *The Journal of Special Education, 34*, 178–193.

Sasso, G. M. (2007). Science and reason in special education: The legacy of Derrida and Foucault. In J. B. Crockett, M. M. Gerber, & T. J. Landrum (Eds.), *Achieving the radical reform of special education: Essays in honor of James M. Kauffman* (pp. 143–167). Mahwah, NJ: Erlbaum.

Scanlon, D. J. (2011). Section IX editor: Transition of adults with high incidence disabilities. In J. M. Kauffman & D. P. Hallahan (Eds.), *Handbook of special education*. New York: Routledge.

Schwartz, A. A., Jacobson, J. W., & Holburn, S. C. (2000). Defining person centeredness: Results of two consensus methods. *Education and Training in Mental Retardation and Developmental Disabilities, 35*, 235–249.

Scruggs, T. E., Mastropieri, M. A., & McDuffie, K. A. (2007). Co–teaching in inclusive classrooms: A metasynthesis of qualitative research. *Exceptional Children, 73*, 392–416.

Shogren, K. A., Wehmeyer, M. L., Palmer, S. B., Soukup, J. H., Little, T. D., Garner, N., et al. (2007). Examining individual and ecological predictors of the self–determination of students with disabilities. *Exceptional Children, 73*, 488–509.

Simpson, R. L., & Kauffman, J. M. (2007). Inclusão de alunos deficientes em salas de aula regulares (Inclusion of students with disabilities in general education). In J. M. Kauffman & J. A Lopes (Eds.), *Pode a educação especial deixar de ser especial?* (pp. 167–190). Braga, Portugal: Psiquilíbrios Edições.

Siperstein, G. N., Parker, R. C., Bardon, J. N., & Widaman, K. F. (2007). A national study of youth attitudes toward the inclusion of students with intellectual disabilities. *Exceptional Children, 73*, 435–455.

Sitlington, P. L., & Clark, G. M. (2006). *Transition education and services for students with disabilities* (4th ed.). Boston: Allyn & Bacon/Pearson.

Spooner, F., Baker, J. N., Harris, A. A., Ahlgrim–Delzell, L., & Browder, D. M. (2007). Effects of training in universal design for learning on lesson plan development. *Remedial and Special Education, 28*, 108–116. doi:10.1177/074193250702800 20101

Thurlow, M. L. (2000). Standards–based reform and students with disabilities: Reflections on a decade of change. *Focus on Exceptional Children, 33*(3), 1–16.

Thurlow, M. L. (2010). Special issue: Testing students with disabilities. *Applied Measurement in Education, 23*, 121–131.

Thurlow, M. L., Nelson, J. R., Teelucksingh, W., & Draper, I. L. (2001). Multiculturalism and disability in a results–based educational system: Hazards and hopes for today's schools. In C. A. Utley & F. E. Obiakor (Eds.), *Special education, multicultural education, and school reform: Components of quality education for learners with mild disabilities* (pp. 155–172). Springfield, IL: Charles C. Thomas.

Thurlow, M., & Quenemoen, R. F. (2011). Standards–based reforms and students with disabilities. In J. M. Kauffman & D. P. Hallahan (Eds.), *Handbook of special education*. New York: Routledge.

Tomlinson, C. A. (2001). *How to differentiate instruction in mixed–ability classrooms* (2nd ed.). Alexandria, VA: Association for Supervision and Curriculum Development.

Torrey, E. F., & Zdandowicz, M. T. (1999, July 9). Deinstitutionalization hasn't worked: "We have lost effectively 93 percent of our state psychiatric hospital beds since 1955." *The Washington Post*. Retrieved from www.psychlaws.org/generalresources/article17.htm

U.S. Department of Education. (1995). *Seventeenth annual report to Congress on the implementation of the Individuals with Disabilities Education Act*. Washington, DC: Author. Retrieved from http://www.ed.gov/about/reports/annual/osep/2002/index.html

U.S. Department of Education. (2005). *Twenty–seventh annual report to Congress on implementation of the Individuals with Disabilities Education Act*. Washington, DC: Author.

U.S. Department of Education. (2009). *Twenty–eighth annual report to Congress on implementation of the Individuals with Disabilities Education Act*. Washinton, DC: Author.

Walsh, J. M., & Jones, B. (2004). New models of cooperative teaching. *Teaching Exceptional Children, 36*(5), 14–20.

Warnock, M. (2005). *Special educational needs: A new look. Impact No. 11*. London: Philosophy of Education Society of Great Britain.

Wolfensberger, W. (1972). *The principle of normalization in human services*. Toronto: National Institute on Mental Retardation.

Yell, M. L. (2006). *The law and special education* (2nd ed.). Upper Saddle River, NJ: Pearson.

Yell, M., & Crockett, J. B. (2011). Free appropriate public educaiton. In J. M. Kauffman & D. P. Hallahan (Eds.), *Handbook of special education*. New York: Routledge.

Yell, M. L., & Dragsow, E. (2005). *No child left behind: A guide for professionals*. Upper Saddle River, NJ: Merrill/Pearson.

Zigmond, N. (2003). Where should students with disabilities receive special education services? Is one place better than another? *The Journal of Special Education, 37*, 193–199. doi:10.1177/00224669030370030901

Zigmond, N. (2007). Delivering special education is a two–person job: A call for unconventional thinking. In J. B. Crockett, M. M. Gerber, & T. J. Landrum (Eds.), *Achieving the radical reform of special education: Essays in honor of James M. Kauffman* (pp. 115–137). Mahwah, NJ: Erlbaum.

Zigmond, N., & Kloo, A. (2011). General and special education are (and should be) different. In J. M. Kauffman & D. P. Hallahan (Eds.), *Handbook of special education*. New York: Routledge.

CHAPTER 3

Abedi, J., Hofstetter, C., & Lord, C. (2004). Assessment accommodations for English language learners: Implications for policy–based empirical research. *Review of Educational Research, 74*, 1–28. doi:10.3102/00346543074001001

Ahlberg, M. (2004). Concept maps: Theory, methodology, technology. *Proceedings of the First International Conference on Concept Mapping*. Pamplona, Spain.

Albus, D., Thurlow, M., Liu, K., & Bielinski, J. (2005). Reading test performance of English–language learners using an English Dictionary. *The Journal of Educational Research, 98*, 245–254. doi:10.3200/JOER.98.4.245–256

Anastasiou, D., Gardner, R., & Michail, D. (2011). Ethnicity and exceptionality. In J. M. Kauffman & D. P. Hallahan (Eds.), *Handbook of special education*. New York: Routledge.

Armendariz, F., & Umbriet, J. (1999). Using active responding to reduce disruptive behavior in a general education classroom. *Journal of Positive Behavior Interventions, 1*, 152–158.

Artiles, A. J., Rueda, R., Salazar, J. J., & Higareda, I. (2005). Within–group diversity in minority disproportionate representation: English language learners in urban school districts. *Exceptional Children, 71*, 283–301.

Artiles, A. J., Trent, S. C., Hoffmann–Kipp, P., & Lopez–Torres, L. (2000). From individual acquisition to cultural–historical practices in multicultural teacher education. *Remedial and Special Education, 21*, 79–89, 120. doi:10.1177/074193250002100203

Associated Press. (2004, April 18). Gay teens harassed at school: Persecution leads to law. *Charlottesville Daily Progress*, p. A11.

Banks, J. A. (2006). *Cultural diversity and education: Foundations, curriculum, and teaching* (5th ed.). Bosten: Allyn & Bacon/Pearson.

Banks, J. A., & Banks, C. A. (2007). *Multicultural education: Issues and perspectives* (6th ed.). Hoboken, NJ: Wiley.

Banks, J. A., & Banks, C. A. (2010). *Multicultural education: Issues and perspectives* (7th ed.). Hoboken, NJ: Wiley.

Bateman, B. D. (1994). Who, how, and where: Special education's issues in perpetuity. *The Journal of Special Education, 27*, 509–520. doi:10.1177/002246699402700410

Bell, K. (2004). GLSEN in tough times: Training educators about LGBT issues in a challenging political, economic, and educational climate. *Beyond Behavior, 13*(2), 29–30.

Bennett, L. (2000). Equality by design: Three charter schools try new approaches to integration. *Teaching Tolerance, 17*, 43–49.

Calhoon, M. B., Al Otaiba, S., Cihak, D., King A., & Avalos, A. (2007). Effects of a peer–mediated program on reading skill acquisition for two–way bilingual first–grade classroom. *Learning Disability Quarterly, 30*, 169–184.

Calhoon, M. B., Al Otaiba, S., Greenberg, D., King, A., & Avalos, A. (2006). Improving reading skills in predominantly Hispanic Title 1 firstgrade classrooms: The promise of peer–assisted learning strategies. *Learning Disabilities Research & Practice, 21*, 261–272. doi:10.1111/j.1540–5826.2006.00222.x

Cartledge, G. (2004). Another look at the impact of changing demographics on public education for culturally diverse learners with behavior problems: Implications for teacher preparation. In L. M. Bullock & R. A. Gable (Eds.), *Quality personnel preparation in emotional/behavioral disorders: Current perspectives and future directions* (pp. 64–69). Denton, TX: Institute for Behavioral and Learning Differences at the University of North Texas.

Cartledge, G., & Kourea, L. (2008). Culturally responsive classrooms for culturally diverse students with and at risk for disabilities. *Exceptional Children, 74,* 351–371.

Cartledge, G., & Loe, S. A. (2001). Cultural diversity and social skill instruction. *Exceptionality, 9* 33–46. doi:10.1207/S15327035EX091&2_4

Cho, S., Singer, G. H. S., & Brenner, M. (2000). Adaptation and accommodation to young children with disabilities: A comparison of Korean and Korean American parents. *Topics in Early Childhood Special Education, 20,* 236–249. doi:10.1177/027112140002000404

Christle, C. A., & Schuster, J. W. (2003). The effects of using response cards on student participants, academic achievement, and on–task behavior during whole–class math instruction. *Journal of Behavior Education, 12,* 147–165.

Chularut, P., & DeBacker, T. (2003). The influence of concept mapping on achievement, self–regulation, and self–efficacy in students of English as a second language. *Contemporary Educational Psychology, 29,* 248–263. doi:10.1016/j.cedpsych.2003.09.001

Cloud, N. (2002). Culturally and linguistically responsive instructional planning. In A. J. Artiles and A. A. Ortiz (Eds.), *English language learners with special education needs: Identification, assessment and instruction.* McHenry, IL: Center for Applied Linguistics.

Collins, K. (2000). No place for bigotry: An anti–bias club changes the atmosphere at a suburban high school. *Teaching Tolerance, 17,* 26–27.

Colon, E. P., & Kranzler, J. H. (2007). Effects of instructions on curriculum–based measurement of reading. *Journal of Psychoeducational Assessment, 24,* 318–328. doi:10.1177/0734282906287830

Council for Exceptional Children. (2000). Improving results for culturally and linguistically diverse students. *Research Connections in Special Education, 7.*

Coutinho, M. J., & Oswald, D. P. (2000). Disproportionate representation in special ducation: A synthesis and recommendations. *Journal of Child and Family Studies, 9,* 135–156. doi:10.1023/A:1009462820157

Coutinho, M. J., & Oswald, D. P. (2011). Gender and exceptionality. In J. M. Kauffman & D. P. Hallahan (Eds.), *Handbook of special education.* New York: Routledge.

Cushner, K., McClelland, A., & Safford, P. (2006). *Human diversity in education: An interactive approach* (5th ed.). Boston: McGraw–Hill.

Dadurka, D. (2004, April 22). Ruffner's life, work honored. *Charlottesville Daily Progress,* p. A2.

Daley, T. C., & Carlson, E. (2009). Predictors of change in eligibility status among preschoolers in special education. *Exceptional Children, 75,* 412–426.

De Melendez, W. R., & Beck, V. (2010). *Teaching young children in multicultural classrooms: Issues, concepts, and strategies* (2nd ed.). Clifton Park, NY: Thomson Delmar.

Denton, C. A., Anthony, J. L., Parker, R., & Hasbrouck, J. E. (2004). The effects of two tutoring programs on the English reading development of Spanish–English bilingual students. *Elementary School Journal, 104,* 289–305.

Elksnin, L. K., & Elksnin, N. (2000). Teaching parents to teach their children to be prosocial. *Intervention in School and Clinic, 36,* 27–35. doi:10.1177/105345120003600104

Elliot, B. (2000). Finding my stride: A gay student takes the bold step of being true to himself. *Teaching Tolerance, 17,* 40–41.

Evertson, C. M., & Weinstein, C. S. (Eds.). (2006). *Handbook of classroom management: Research, practice, and contemporary issues.* Mahwah, NJ: Erlbaum.

Fuchs, D., Fuchs, L. S., & Compton, D. L. (2004). Identifying reading disabilities by responsiveness to instruction: Specifying measure and criteria. *Learning Disabilities Quarterly, 27,* 216–227. doi:10.2307/1593674.

Fujiura, G. T., & Yamaki, K. (2000). Trends in demography of childhood poverty and disability. *Exceptional Children, 66,* 187–199.

Fulk, B. M., & King, K. (2001). Classwide peer tutoring at work. *Teaching Exceptional Children, 34*(2), 49–53.

Gallucci, J. P. (2000). Signs of remembrance: A school for the deaf celebrates Dia de los Muertos. *Teaching Tolerance, 18,* 30–31.

Gelman, J. A., Pullen, P. L., & Kauffman, J. M. (2005). The meaning of highly qualified and a clear roadmap to accomplishment. *Exceptionality, 12,* 195–207. doi:10.1207/s15327035ex1204_2

George, C. C. & Vannest, K. J. (2009). The participation in high stakes assessment of students with emotional and behavioral disorders: Implications for teachers. *Beyond Behavior, 18,* 33–39.

Gersten, R., & Baker, S. (2000). What we know about effective instructional practices for English–language learners. *Exceptional Children, 66,* 454–470.

Gersten, R., Brengelman, S., & Jimenez, R. (1994). Effective instruction for culturally and linguistically diverse students: A reconceptualization. *Focus on Exceptional Children, 27*(1), 1–16.

Gollnick, D. M., & Chinn, P. C. (2006). *Multicultural education in a pluralistic society* (7th ed.). New York: Macmillan.

Good, R. H., & Kaminski, R. A. (Eds.). (2002). *Dynamic Indicators of Basic Early Literacy Skills* (6th ed.). Eugene, OR: Institute for the Development of Educational Achievement. Available: http://dibels.uoregon.edu

Good, T. L., & Nichols, S. L. (2001). Expectancy effects in the classroom: A special focus on improving the reading performance of minority students in first grade classrooms. *Educational Psychologist, 36,* 113–126.

Greenwood, C. R., Arrega–Mayer, C., Utley, C. A., Gavin, K. M, & Terry, B. J. (2001). Classwide peer tutoring learning management system: Applications with elementary-level English language learners. *Remedial and Special Education, 22,* 34–47. doi:10.1177/074193250102200105

Greenwood, C. R., Hart, B., Walker, D., & Risely, T. (1994). The opportunity to respond and academic performance revisited: A behavioral theory of developmental retardation and its prevention. In R. Gardner, D. M. Sainato, J. O. Cooper, T. E. Heron, W. L. Heward, J. Eshlemann, & T. A. Grossi (Eds.), *Behavior analysis in education: Focus on measurably superior instruction* (pp. 213–223). Pacific Grove, CA: Brooks/Cole.

Gunn, B., Smolkowski, K, Biglan, A., Black, C., & Blair, J. (2005). Fostering the development of reading skill through supplemental instruction: Results for Hispanic and non-Hispanic students. *The Journal of Special Education, 39,* 66–85. doi:10.1177/00224669050390020301

Hallahan, D. P., Lloyd, J. W., Kauffman, J. M., Weiss, M., & Martinez, E. (2005). *Introduction to learning disabilities* (3rd ed.). Boston: Allyn & Bacon.

Hammill, D. D. (2004). What we know about correlates of reading. *Exceptional Children, 70,* 453–468.

Heward, W. L. (2003). Ten faulty notions about teaching and learning that hinder the effectiveness of special education. *The Journal of Special Education, 36,* 186–205. doi:10.1177/002246690303600401

Hicks, M. A. (2005). Lessons from rental cars: The struggle to create seeing communities. *Educational Studies, 38,* 120–126. doi:10.1207/s15326993es3802_4

Horwitz, S. (1998, April 5). Lessons in black and white; crossing color lines in room 406 with Miss Kay and her kids. *The Washington Post,* p. F1.

Hosp, J. L., & Reschly, D. J. (2004). Disproportionate representation of minority students in special education: Academic, demographic, and economic predictors. *Exceptional Children, 70,* 185–199.

Kauffman, J. M. (2001). *Characteristics of emotional and behavioral disorders of children and youths* (7th ed.). New York: Merrill/Pearson.

Kauffman, J. M. (2003). Appearances, stigma, and prevention. *Remedial and Special Education, 24,* 195–198. doi:10.1177/07419325030240040201

Kauffman, J. M., Conroy, M., Gardner, R., & Oswald, D. (2008). Cultural sensitivity in the application of behavior principles to education. *Education and Treatment of Children, 31,* 239–262.

Kauffman, J. M., & Hallahan, D. P. (2005). *Special education: What it is and why we need it.* Boston: Allyn & Bacon/Pearson.

Kauffman, J. M., & Konold, T. R. (2007). Making sense in education: Pretense (including NCLB) and realities in rhetoric and policy about schools and schooling. *Exceptionality, 15,* 75–96.

Kauffman, J. M., & Landrum, T. (2009). Politics, civil rights, and disproportional identification of students with emotional and behavioral disorders. *Exceptionality, 17,* 177–188. doi:10.1080/09362830903231903

Kauffman, J. M., McGee, K., & Brigham, M. (2004). Enabling or disabling? Observations on changes in special education. *Phi Delta Kappa, 85,* 613–620.

Kauffman, J. M., Mostert, M. P., Trent, S. C., & Pullen, P. L. (2006). Managing classroom behavior: *A reflective case-based approach* (4th ed.). Boston: Allyn & Bacon/Pearson.

Klingner, J. K., & Edwards, P. A. (2006). Cultural considerations with response to intervention models. *Reading Research Quarterly, 41,* 108–117. doi:10.1598/RRQ.41.1.6

Lewis, A. C. (2004). Desegregation and degeneration. *Phi Delta Kappan, 85,* 643–644.

Linan-Thompson, S., Vaughn, S., Hickman-Davis, P., & Kouzekanani, K. (2003). Effectiveness of supplemental reading instruction of English language learners with reading difficulties. *Elementary School Journal, 103,* 221–238. doi:10.1086/499724

Linan-Thompson, S., Vaughn, S., Prater, K., & Cirino, P. T. (2006). The response to intervention of English language learners at risk for reading problems. *Journal of Learning Disabilities, 39,* 390–398. doi:10.1177/00222194060390050201

Lustig, D. G., & Strauser, D. R. (2007). Causal relationships between poverty and disability. *Rehabilitation Counseling Bulletin, 50,* 194–202. doi: 10.1177/00343552070500040101

MacSwan, J., & Rolstad, K. (2006). How language proficiency tests mislead us about ability: Implications for English language learner placement in special education. *Teachers College Record, 108,* 2304–2328. doi:10.1111/j.1467-9620.2006.00783.x

McAfee, M. (2000). Welcome to Park Day School: A bay area teacher shares her independent school's commitment to community. *Teaching Tolerance, 18,* 24–29.

McCardle, P., & Leung, C. Y. Y. (2006). English language learners: Development and intervention. *Topics in Language Disorders, 26,* 302–304.

McCardle, P., McCarthy, J. M., & Leos, K. (2005). English language learners and learning disabilities: Research agenda and implications for practice. *Learning Disabilities Research & Practice, 20,* 68–78. doi:10.1111/j.1540-5826.2005.00122.x

McCourt, F. (1996). *Angela's ashes.* New York: Scribner.

McDonnell, L. M., McLaughlin, M. J., & Morison, P. (Eds.). (1997). *Educating one and all: Students with disabilities and standards-based reform.* Washington, DC: National Academy Press.

McIntyre, T. (2007). *Are behaviorist interventions inappropriate for culturally different youngsters with learning and behavior disorders?* Retrieved from http://maxweber.hunter.cuny.edu/pub/eres/EDSPC715_MCINTYRE/CBehModR.html

Mostert, M. P. (2002). Useless eaters: Disability as handicap in Nazi Germany. *The Journal of Special Education, 36,* 155–168. doi:10.1177/00224669020360030601

Mundy, L. (2002, March 31). A world of their own. *The Washington Post Magazine,* pp. 22–29, 38–43.

Nguyen, L., Huang, L. N., Areganza, G. F., & Liao, Q. (2007). The influence of race and ethnicity on psychiatric diagnoses and clinical characteristics of children and adolescents in children's services. *Cultural Diversity and Ethnic Minority Psychology, 13,* 18–25. doi:10.1037/1099–9809.13.1.18

Novak, J. D., & Gowin, D. B. (1984). *Learning how to learn.* New York: Cambridge University Press.

Osher, D., Cartledge, G., Oswald, D., Sutherland, K. S., Artiles, A. J., & Coutinho, M. (2004). Cultural and linguistic competency and disproportionate representation. In R. B. Rutherford, M. M. Quinn, & S. R. Mathur (Eds.), *Handbook of research in emotional and behavioral disorders* (pp. 54–77). New York: Guilford.

Oswald, D. P., & Coutinho, M. J. (2001). Trends in disproportionate representation: Implications for multicultural education. In C. A. Utley & F. E. Obiakor (Eds.), *Special education, multicultural education, and school reform: Components of quality education for learners with mild disabilities* (pp. 53–73). Springfield, IL: Charles C. Thomas.

Pavri, S. (2001). Loneliness in children with disabilities: How teachers can help. *Teaching Exceptional Children, 33*(6), 52–58.

Peck, A., & Scarpati, S. (2004). Literacy instruction and research. *Teaching Exceptional Children, 36*(6), 71.

Pierce, R. L., Adams, C. M., Speirs Neumeister, K. L., Cassady, J. C., Dixon, F. A., & Cross, T. L. (2007). Development of an identification procedure for a large urban school corporation: Identifying culturally divers and academically gifted elementary students. *Roeper Review, 29,* 113–118. doi:10.1080/02783190709554394

Pollard–Durodola, S. D., Mathes, P. G., Vaughn, S., Cardenas–Hagan, E., & Linan–Thompson, S. (2006). The role of oracy in developing comprehension in Spanish–speaking English language learners. *Topics in Language Disorders, 26,* 365–384.

Pullen, P. L. (2004). *Brighter beginnings for teachers.* Lanham, MD: Scarecrow Education.

Randolph, J. J. (2007). Meta–analysis of the research on response cards: Effects on test achievement, quiz achievement, participation, and off–task behavior. *Journal of Positive Behavior Interventions, 9*(2), 113–128.

Ravitch, D. (2003). *The language police: How pressure groups restrict what students learn.* New York: Knopf.

Reschly, D. J. (2001, July 13). *Overrepresentation, it's not what you think it is: Equal treatment studies.* Presentation at the Office of Special Education Programs Annual Research Project Directors' Conference, Washington, DC.

Reyna, V. F. (2004). Why scientific research? The importance of evidence in changing educational practice. In P. McCardle & V. Chhabra (Eds.), *The voice of evidence in reading research* (pp. 47–58). Baltimore: Paul H. Brookes.

Ruzic, R., & O'Connell, K. (2001). *Concept maps.* National Center on Accessing the General Curriculum. Retrieved from http://udl.cast.org/ncac/ConceptMaps1669.cfm

Shealey, M. W., & Callins, T. (2007). Creating culturally responsive literacy programs in inclusive classrooms. *Intervention in School and Clinic, 42,* 195–197. doi:10.1177/105345120704200 40101

Singh, N. N., Baker, J., Winton, A. S. W., & Lewis, D. K. (2000). Semantic equivalence of assessment instruments across cultures. *Journal of Child and Family Studies, 9,* 123–134. doi:10.1023/A:1009424003319

Sutphin, M. (2007, January). *Mapping concepts from the classroom to the computer: Instructors hope to combined concept maps and the Internet to test agriculture students.* Blacksburg, VA: Virginia Technical University College of Agriculture and Life Sciences. Retrieved from http://www.cals.vt.edu/news/pubs/innovations/jan2007/concepts.html

Takaki, R. (1994). Interview: Reflections from a different mirror. *Teaching Tolerance, 3*(1), 11–15.

Thurlow, M. L., Nelson, J. R., Teelucksingh, W., & Draper, I. L. (2001). Multiculturalism and disability in a results–based educational system: Hazards and hopes for today's schools. In C. A. Utley & F. E. Obiakor (Eds.), *Special education, multicultural education, and school reform: Components of quality education for learners with mild disabilities* (pp. 155–172). Springfield, IL: Charles C. Thomas.

Tyler, N. C., Yzquierdo, Z., Lopez–Reyna, N., & Flippin, S. S. (2004). Cultural and linguistic diversity and the special education workforce: A critical overview. *The Journal of Special Education, 38,* 22–38. doi:10.1177/00224669040380010301

U.S. Department of Education. (2005). *Twenty–seventh annual report to Congress on the implementation of the Individuals with Disabilities Education Act.* Washington, DC: Author.

U.S. Department of Education. (2009). *Twenty–eighth annual report to Congress on the implementation of the Individuals with Disabilities Education Act.* Washington, DC: Author.

Utley, C. A., & Obiakor, F. E. (2001a). Learning problems or learning disabilities of multicultural learners: Contemporary perspectives. In C. A. Utley & F. E. Obiakor (Eds.), *Special education, multicultural education, and school reform: Components of quality education for learners with mild disabilities* (pp. 90–117). Springfield, IL: Charles C. Thomas.

Utley, C. A., & Obiakor, F. E. (2001b). Multicultural education and special education: Infusion for better schooling. In C. A. Utley & F. E. Obiakor (Eds.), *Special education, multicultural education, and school reform: Components of quality education for learners with mild disabilities* (pp. 3–29). Springfield, IL: Charles C. Thomas.

Utley, C. A., & Obiakor, F. E. (Eds.). (2001c). *Special education, multicultural education, and school reform: Components of quality education for learners with mild disabilities.* Springfield, IL: Charles C. Thomas.

Vaughn, S., Cirino, P. T., Linan–Thompson, S., Mathes, P. G., Carlson, C. D., Cardenas–Hagan, E., Pollard–Durodola, S. D., Fletcher, J. M., & Francis, D. J. (2006). Effectiveness of a Spanish intervention and an English intervention for English language learners at risk for reading problems. *American Educational Research Journal, 43,* 449–487. doi:10.3102/00028312043003449

Vaughn, S., Linan–Thompson, S., Mathes, P. G., Cirino, P. T., Carlson, C. D., Pollard–Durodola, S. D., et al. (2006).

Effectiveness of a Spanish intervention for first–grade English language learners at risk for reading difficulties. *Journal of Learning Disabilities, 39*, 56–73. doi:10.1177/00222194060390 010601

Vaughn, S., Mathes, P., Linan–Thompson, S., Cirino, P., Carlson, C. Pollard–Durodola, S., et al. (2006). Effectiveness of an English intervention for first–grade English language learners at risk for reading problems. *The Elementary School Journal, 107,* 153– 180. doi:10.1086/510653

Vaughn, S., Mathes, P., Linan–Thompson, S., & Francis, D. (2005). Teaching English language learners at risk for reading difficulties to read in Spanish or English. *Learning Disabilities Research & Practice, 20*(1), 58–67. doi:10.1111/j.1540–5826.2005.00121.x

Villegas, A. M., & Lucas, T. (2007). The culturally responsive teacher. *Educational Leadership, 64*(6), 28–33.

Walker, T. (2000). Street smart: Sidewalk libraries open a world of learning for urban youth. *Teaching Tolerance, 17, 22*–25.

Welsh, P. (2004, June 20). When the street and the classroom collide. *The Washington Post,* pp. B1,B4.

Wiesel, E. (2004, July 4). The America I love. *Parade,* pp. 4–5.

Xu, Y., Gelfer, J. I., Sileo, N., Filler, J., & Perkins, P. (2008). Effects of peer tutoring on young children's social interactions. *Early Child Development and Care, 178,* 617–635. doi:10.1080/03004430600857485

CHAPTER 4

Anderson, L., Larson, S., Lakin, C., & Kwak, N. (2002). Children with disabilities: Social roles and family impacts in the NHIS–D. *DD Data Brief, 4*(1), 1–11.

Bailey, D. B., Raspa, M., Humphreys, B. P., & Sam, A. M. (2011). Promoting family outcomes in early intervention. In J. M. Kauffman & D. P. Hallahan (Eds.), *The handbook of special education.* New York: Routledge.

Bell, R. Q., & Harper, L. V. (1977). *Child effects on adults.* Hillsdale, NJ: Erlbaum.

Bellefontaine, S., Hastings, P., Parker, R., & Forman, D. (2006, June 19). Child compliance to mothers and fathers: Sequential analysis of a clean–up task. Paper presented at the annual meeting of the XVth Biennial International Conference on Infant Studies, Westin Miyako, Kyoto, Japan. Retrieved from http://www.allacademic.com/meta/p94058_index.html

Berry, J. O., & Hardman, M. L. (1998). *Lifespan perspectives on the family and disability.* Boston: Allyn & Bacon.

Blacher, J., & Baker, B. L. (2007). Positive impact of intellectual disability on families. *American Journal on Mental Retardation, 112,* 330–348. doi:10.1352/0895–8017 (2007)112[0330:PIOIDO]2.0.CO;2

Brooks–Gunn, J., & Lewis, M. (1984). Maternal responsivity in interactions with handicapped infants. *Child Development, 55,* 858–868.

Clay, V. (2006). Lessons from my brother. *Exceptional Parent,*

36(12), 24–25.

Davis, N. O., & Carter, A. S. (2008). Parenting stress in mothers and fathers of toddlers with autism spectrum disorders: Associations with child characteristics. *Journal of Autism and Developmental Disorders, 38,* 1278–1291 doi:10.1007/s10803–007–0512–z

Drotar, D., Baskiewicz, A., Irvin, N., Kennell, J., & Klaus, M. (1975). The adaptation of parents to the birth of an infant with a congenital malformation: A hypothetical model. *Pediatrics, 56,* 710–717.

Esquivel, S. L., Ryan, C. S., & Bonner, M. (2008). Involved parents' perceptions of their experiences in school–based team meetings. *Journal of Educational and Psychological Consultation, 18,* 234–258. doi: 10.1080/10474410802022589

Featherstone, H. (1980). *A difference in the family: Life with a disabled child.* New York: Basic Books.

Ferguson, P. M. (2002). A place in the family: An historical interpretation of research on parental reactions to having a child with a disability. *The Journal of Special Education, 36,* 124–130. doi:10.1177/00224669020360030201

Fiedler, C. R., Simpson, R. L., & Clark, D. M. (2007). *Parents and families of children with disabilities: Effective school–based support services.* Upper Saddle River, NJ: Merrill/Pearson.

Floyd, F. J., Purcell, S. E., Richardson, S. S., & Kupersmidt, J. B. (2009). Sibling relationship quality and social functioning of children and adolescents with intellectual disability. *American Journal of Intellectual and Developmental Disabilities, 114,* 110–127. doi:10.1352/2009.114.110–127

Fox, L., Vaughn, B. J., Wyatte, M. L., & Dunlap, G. (2002). "We can't expect other people to understand": Family perspectives on problem behavior. *Exceptional Children, 68,* 437–450.

Gallagher, P. A., Powell, T. H., & Rhodes, C. A. (2006). *Brothers & sisters: A special part of exceptional families* (3rd ed.). Baltimore: Brookes.

Gerlach, E. K. (1999). *Just this side of normal: Glimpses into life with autism.* Eugene, OR: Four Leaf Press.

Glidden, L. M., & Jobe, B. M. (2006). Brief research report: The longitudinal course of depression in adoptive and birth mothers of children with intellectual disabilities. *Journal of Policy and Practice in Intellectual Disabilities, 2,* 139–142. doi:10.1111/j.1741–1130.2006.00067.x

Groneberg, J. G. (2008). *Road map to Holland: How I found my way through my son's first two years with Down syndrome.* New York: New American Library.

Harry, B. (2002). Trends and issues in serving culturally diverse families of children with disabilities. *The Journal of Special Education, 36,* 131–138. doi:10.11 77/00224669020360030301

Hastings, R. P., Daley, D., Burns, C., & Beck, A. (2006). Maternal distress and expressed emotion: Cross–sectional and longitudinal relationships with behavior problems of children with intellectual disabilities. *American Journal on Mental Retardation, 111,* 48–61. doi:10.1352/0895–8017(2006)111[48:MDAEEC]2.0.CO;2

Howell, A., Hauser–Cram, P., & Kersh, J. E. (2007). Setting the stage: Early child and family characteristics as predictors of later loneliness in children with developmental disabilities. *American Journal on Mental Retardation, 112,* 18–30. doi:10.1352/0895–8017(2007)112 [18:STSECA]2.0.CO;2

Jurbergs, N., Palcic, J., & Kelley, M. L. (2007). School–home notes with and without response cost: Increasing attention and academic performance in low–income children with attention–deficit/hyperactivity disorder. *School Psychology Quarterly, 22,* 358–379. doi:10.1037/1045–3830.22.3.358

Kauffman, J. M., Mostert, M. P., Trent, S. C., & Pullen, P. L. (2011). *Managing classroom behavior: A reflective case–based approach.* Upper Saddle River, NJ: Pearson.

Kelley, M. L., (1990). *School–home notes: Promoting children's classroom success.* New York: Guilford Press.

Keogh, B. K., Garnier, H. E., Bernheimer, L. P., & Gallimore, R. (2000). Models of child–family interactions for children with developmental delays: Child–driven or transactional? *American Journal on Mental Retardation, 105,* 32–46.

Lambie, R. (2000). *Family systems within educational contexts: Understanding at–risk and special–needs students.* Denver, CO: Love.

Lehmann, J. P., & Baker, C. (1995). Mothers' expectations for their adolescent children: A comparison between families with disabled adolescents and those with non–labeled adolescents. *Education and Training in Mental Retardation and Developmental Disabilities, 30,* 27–40.

Lenhard, W., Breitenbach, E., Ebert, H., Schindelhauer–Deutscher, H. J., Zang, K. D., & Henn, W. (2007). *Intellectual and Developmental Disabilities, 45,* 98–102. doi:10.1352/1934–9556(2007)45[98:AOMTTC]2.0.CO;2

Lessenberry, B. M., & Rehfeldt, R. A. (2004). Evaluating stress levels of parents with disabilities. *Exceptional Children, 70,* 231–244.

Lucyshyn, J. M., Horner, R. H., Dunlap, G., Albin, R. W., & Ben, K. R. (2002). Positive behavior support with families. In J. M. Lucyshyn, G. Dunlap, & R. W. Albin (Eds.), *Families and positive behavior support: Addressing problem behavior in family contexts* (pp. 3–43). Baltimore: Brookes.

Magana, S., Schwartz, S. J., Rubert, M. P., & Szapocznik, J. (2006). Hispanic caregivers of adults with mental retardation: Importance of family functioning. *American Journal on Mental Retardation, 111,* 250–262. doi:10.1352/0895–8017 (2006)111[250:HCOAWM]2.0.CO;2

Mahoney, G., & Robenalt, K. (1986). A comparison of conversational patterns between mothers and their Down syndrome and normal infants. *Journal of the Division for Early Childhood, 10,* 172–180.

Mangelsdorf, S. C., & Schoppe–Sullivan, S. J. (2007). Introduction: Emergent family systems. *Infant Behavior & Development, 30,* 60–62. doi:10.1016/j.infbeh.2006. 11.006

Meadow–Orlans, K. P., Mertens, D. M., & Sass–Lehrer, M. A. (2003). *Parents and their deaf children: The early years.* Washington, DC: Gallaudet University Press.

Meyer, D. J., & Vadasy, P. F. (2008). *Sibshops: Workshops for siblings of children with special needs.* Baltimore: Brookes.

Mueller, T. G., Singer, G. H., & Draper, L. M. (2008). Reducing parental dissatisfaction with special education in two school districts: Implementing conflict prevention and alternative dispute resolution. *Journal of Educational and Psychological Consultation, 18,* 191–233. doi:10. 1080/10474410701864339

Orsmond, G. I., & Seltzer, M. M. (2000). Brothers and sisters of adults with mental retardation: Gendered nature of the sibling relationship. *American Journal on Mental Retardation, 105,* 486–508.

Orsmond, G. I., Seltzer, M. M., Greenberg, J. S., & Krauss, M. W. (2006). Mother–child relationship quality among adolescents and adults with autism. *American Journal on Mental Retardation, 111,* 121–137. doi:10.1352/0895–8017(2006)111[121:MRQAAA]2.0.CO;2

O'Shea, D. J., & O'Shea, L. J. (2001). Why learn about students' families? In D. J. O'Shea, L. J. O'Shea, R. Algozzine, & D. J. Hammittee (Eds.), *Families and teachers of individuals with disabilities: Collaborative orientations and responsive practices* (pp. 5–24). Boston: Allyn & Bacon.

O'Shea, D. J., O'Shea, L. J., Algozzine, R., & Hammitte, D. J. (Eds.). (2001). *Families and teachers of individuals with disabilities: Collaborative orientations and responsive practices.* Boston: Allyn & Bacon.

Parette, H. P., & Petch–Hogan, B. (2000). Approaching families: Facilitating culturally/linguistically diverse family involvement. *Teaching Exceptional Children, 33*(2), 4–10.

Parish, S. L., Rose, R. A., Grinstein–Weiss, M., Richman, E. L., & Andrews, M. E. (2009). Material hardship in U.S. families raising children with disabilities *Exceptional Children, 75,* 71–92.

Plant, K. M., & Sanders, M. R. (2007). Predictors of caregiver stress in families of preschool–aged children with developmental disabilities. *Journal of Intellectual Disability Research, 51, Part 2,* 109–124. doi:10.1111/j.1365–2788.2006.00829.x

Rossiter, L., & Sharpe, D. (2001). The siblings of individuals with mental retardation: A quantitative integration of the literature. *Journal of Child and Family Studies, 10,* 65–84. doi:10.1023/ A:1016629500708

Scorgie, K., & Sobsey, D. (2000). Transformational outcomes associated with parenting children who have disabilities. *Mental Retardation, 38,* 195–206. doi:10.1352/0047–6765(2000)038<0195:TOAWPC>2.0.CO;2

Silverman, A. (2005). No overalls for Sophie! KJZZ, The National Public Radio Affiliate in Phoenix, AZ.

Singer, G. H. S. (2002). Suggestion for a pragmatic program of research on families and disability. *The Journal of Special Education, 36,* 148–154. doi:10.1177/0022466 9020360030501

Singer, G. H. S. (2006). Meta–analysis of comparative studies of depression in mothers of children with and without developmental disabilities. *American Journal on Mental Retardation, 111,* 155–169. doi:10.1352/0895–8017(2006)111[155:MOCSOD]2.0.CO;2

Singer, G. H. S., Goldberg–Hamblin, S. E., Peckham–Hardin, K. D., Barry, L., & Santarelli, G. E. (2002). Toward a synthesis of family support practices and positive behavior support. In J. M. Lucyshyn, G. Dunlap, & R. W. Albin (Eds.), *Families and positive behavior support: Addressing problem behavior in family contexts* (pp. 155–183). Baltimore: Brookes.

Skinner, D., Bailey, D. B., Correa, V., & Rodriguez, P. (1999). Narrating self and disability: Latino mothers' construction of identities vis–à–vis their child with special needs. *Exceptional Children, 65*, 481–495.

Slonims, V., & McConachie, H. (2006). Analysis of mother–infant interaction in infants with Down syndrome and typically developing infants. *American Journal on Mental Retardation, 111*, 273–289. doi:10.1352/0895–8017(2006)111[273:AOMIII]2.0.CO;2

Smith, L. E., Greenberg, J. S., Seltzer, M. M., & Hong, J. (2008). Symptoms and behavior problems of adolescents and adults with autism: Effects of mother–child relationship quality, warmth, and praise. *American Journal on Mental Retardation, 113*, 387–402. doi:10.1352/2008.113:387–402

Stoneman, Z., & Gavidia–Payne, S. (2006). Marital adjustment in families of young children with disabilities: Associations with daily hassles and problem–focused coping. *American Journal on Mental Retardation, 111*, 1–14. doi:10.1352/0895–8017(2006)111[1:MAIFOY]2.0.CO;2

Taylor, N. E., Wall, S. M., Liebow, H., Sabatino, C. A., Timberlake, E. M., & Farber, M. Z. (2005). Mother and soldier: Raising a child with a disability in a low–income military family. *Exceptional Children, 72*, 83–99.

Technical Assistance Alliance for Parent Centers. (2009). About the Alliance. Retrieved from http://www.taalliance.org/about/index.asp

Turnbull, A., & Turnbull, R. (2006). Fostering family–professional partnerships. In M. E. Snell & F. Brown (Eds.), *Instruction of students with severe disabilities* (6th ed.). Upper Saddle River, NJ: Merrill/Pearson.

Turnbull, A., Turnbull, R., Erwin, E., & Soodak, L. (2006). *Families, professionals, and exceptionality: Positive outcomes through partnerships and trust.* Upper Saddle River, NJ: Merrill/Pearson.

Warger, C. (2003–2004). *Five homework strategies for teaching students with disabilities.* ERIC Clearinghouse on Disabilities and Gifted Education. Retrieved from http://www.ericdigests.org/2002–1/homework.html

Zuniga, M. E. (1992). Families with no roots. In E. W. Lynch & M. J. Hanson (Eds.), *Developing crosscultural competence* (2nd ed., pp. 151–179). Baltimore: Brookes.

CHAPTER 5

AAMR Ad Hoc Committee on Terminology and Classification. (2010). *Mental retardation: Definition, classification, and systems of supports* (11th ed.). Washington, DC: American Association on Mental Retardation.

Abbeduto, L., Brady, N. & Kover, S. T. (2007). Language development and Fragile X syndrome: Profiles, syndrome–specificity, and within syndrome differences. *Mental Retardation and Development Disabilities Research Reviews, 13*, 36–46. doi:10.1002/mrdd.20142

Abbeduto, L., Keller–Bell, Y., Richmond, E. K., & Murphy, M. M. (2006). Research on language development and mental retardation: History, theories, findings, and future directions. *International Review of Research in Mental Retardation, 32*, 1–39. doi:10.1016/S0074–7750(06)32001–0

Abbeduto, L., Murphy, M. M., Cawthon, S. W., Richmond, E. K., Weissman, M. D., Karadottir, S., et al. (2003). Receptive language skills of adolescents and young adults with Down or Fragile X syndrome. *American Journal on Mental Retardation, 108*, 149–160.

Abbeduto, L., Murphy, M. M., Richmond, E. K., Amman, A., Beth, P., Weissman, M. D., et al. (2006). Collaboration in referential communication: Comparison of youth with Down syndrome or Fragile X syndrome. *American Journal on Mental Retardation, 111,* 170–183. doi:10.1352/0895–8017(2006)111[170:CIRCCO]2.0.CO:2

Ager, A. K. (1990). *The Life Experiences Checklist.* Windsor, Ontario, Canada: NFER–Nelson.

Agran, M., Fodor–Davis, J., Moore, S., & Deer, M. (1989). The application of a self–management program on instruction–following skills. *Journal of the Association for the Severely Handicapped, 14,* 147–154.

Alvarez, H. (2008, January 10). Alzheimer's disease in individuals with Down syndrome. *eMedicine,* Retrieved from http://emedicine.medscape.com/article/1136117–overview

Ashbaugh, J. W. (2002). Down the garden path of self–determination. *Mental Retardation, 40,* 416–417.

Atkins v. State of Virginia, 536 U.S. 304 (2002).

Bailey, D. B., Raspa, M., Holiday, D., Bishop, E., & Olmsted, M. (2009). Functional skills of individuals with Fragile X syndrome: A lifespan cross–sectional analysis. *American Journal of Intellectual and Developmental Disabilities, 114,* 289–303. doi:10.1352/1944–7558–114.4.289–303

Baumeister, A. A. (2006). Mental retardation: Confusing sentiment with science. In H. N. Switsky & S. Greenspan (Eds.), *What is mental retardation? Ideas for an evolving disability in the 21st Century* (rev. ed., pp. 95–126). Washington, DC: American Association on Mental Retardation.

Bebko, J. M., & Luhaorg, H. (1998). The development of strategy use and metacognitive processing in mental retardation: Some sources of difficulty. In J. A. Burack, R. M. Hodapp, & E. Zigler (Eds.), *Handbook of mental retardation and development* (pp. 382–407). New York: Cambridge University Press.

Beck, S., Wojdyla, D., Say, L., Betran, A. P., Merialdi, M., Requejo, J. H. & Van Look, P. F. A. (2010). The worldwide incidence of preterm birth: A systematic review of maternal mortality and morbidity. *Bulletin of the World Health Organization, 88,*

31–38. doi:10.2471/BLT.08.062554

Beirne–Smith, M., Patton, J., & Kim, S. (2006). *Mental retardation: An introduction to intellectual disability* (7th ed). Upper Saddle River, NJ: Merrill/Person.

Belser, R. C., & Sudhalter, V. (2001). Conversational characteristics of children with fragile X syndrome: Repetitive speech. *American Journal on Mental Retardation, 106,* 28–38.

Brown, R. I., & Brown, I. (2005). The application of quality of life. *Journal of Intellectual Disability Research, 49,* 718–727. doi:10.1111/i.1365–2788.2005.00740.x

Bush, A., & Beail, N. (2004). Risk factors for dementia in people with Down syndrome: Issues in assessment and diagnosis. *American Journal on Mental Retardation, 109,* 83–97.

Caballo, C., Crespo, M., Jenaro, C., Verdugo, M. A., & Martinez, J. L. (2005). Factor structure of the Schalock and Keith Quality of Life Questionnaire (QOL–Q): Validation on Mexican and Spanish samples. *Journal of Intellectual Disability Research, 49,* 773–776. doi:10.1111/j.1365–2788.2005.00750.x

Campbell, F. A., Ramey, C. T., Pungello, E., Sparling, J., & Miller–Johnson, S. (2002). Early childhood education: Young adult outcomes from the Abecedarian Project. *Applied Developmental Science, 6,* 42–57. doi:10.1207/S1532480XADS0601_05

Carr, J. (1994). Annotation: Long term outcome for people with Down's syndrome. *Journal of Child Psychology and Psychiatry, 35,* 425–439. doi:10.1111/j.1469–7610.1994.tb01732.x

Carter, E. W., Hughes, C., Guth, C. B., & Copeland, S. R. (2005). Factors influencing social interaction among high school students with intellectual disabilities and their general education peers. *American Journal on Mental Retardation, 110,* 366–377. doi:10.1352/0895–8017(2005)110[366:FISIAH]2.0.CO;2

Chapman, D. A., Scott, K. G., & Mason, C. A. (2002). Early risk factors for mental retardation: Role of maternal age and maternal education. *American Journal on Mental Retardation, 107,* 46–59.

Collodi, C. (1930). *Pinocchio: The adventures of a puppet* (M. A. Murray, Trans.). New York: A. L. Burt Co. (Original work published 1883)

Conners, F. A. (2003). Phonological working memory difficulty and related interventions. In J. A. Rondal & S. Buckley (Eds.), *Speech and language intervention in Down syndrome* (pp. 31–48). London: Colin Whurr.

Council for Exceptional Children. (2003). *What every special educator must know: Ethics, standards, and guidelines for special educators* (5th ed.). Arlington, VA: Author.

Cummins, R. A. (2005a). Instruments for assessing quality of life. In J. Hogg & A. Langa (Eds.), *Assessing adults with intellectual disabilities: A service provider's guide* (pp. 119–137). Malden, MA: Blackwell.

Cummins, R. A. (2005b). Issues in the systematic assessment of quality of life. In J. Hogg & A. Langa (Eds.), *Assessing adults with intellectual disabilities: A service provider's guide* (pp.

9–22). Malden, MA: Blackwell.

Davis, P. K., & Cuvo, A. J. (1997). Environmental approaches to mental retardation. In D. M. Baer & E. M. Pinkerston (Eds.), *Environment and behavior* (pp. 231–242). Boulder, CO: Westview Press.

Davis, S. (1997). *The Human Genome Project: Examining the Arc's concerns regarding the Human Genome Project's ethical, legal, and social implications.* Presentation at the DOE Human Genome Program Contractor–Grantee Workshop VI. Retrieved from www.ornl.gov/hgmis/resource/arc.html

Delquadri, J. C., Greenwood, C. R., Stretton, K., & Hall, R. V. (1983). The peer tutoring spelling game: A classroom procedure for increasing opportunity to respond and spelling performance. *Education and Treatment of Children, 6,* 225–239.

Dienst, J. (2007, January 25). Woman cleared of murder. New York: WNBC.com Dimitropoulos, A., Feurer, I. D., Butler, M. G., & Thompson, T. (2001). Emergence of compulsive behavior and tantrums in children with Prader–Willi syndrome. *American Journal on Mental Retardation, 106,* 39–51.

Drew, C. J., & Hardman, M. L. (2007). *Intellectual disabilities across the life span* (9th ed.). Upper Saddle River, NJ: Pearson.

Dykens, E. (2001). Introduction to special issue. *American Journal on Mental Retardation, 106,* 1–3.

Dykens, E. M., Hodapp, R. M., & Finucane, B. M. (2000). *Genetics and mental retardation syndromes: A new look at behavior and interventions.* Baltimore: Brookes.

Elliott, A. (Director.) (2005). *The collector of Bedford Street* [Documentary short]. New York: Welcome Change Productions. (Available from New Day Films, 190 Route 17M, P.O. Box 1084, Harriman, NY 10926; www.Newday.com).

Evenhuis, H. M. (1990). The natural history of dementia in Down's syndrome. *Archives of Neurology, 47,* 263–267.

Everson, J. M., & Trowbridge, M. H. (2011). Preparing students with low–incidence disabilities for community living opportunities. In J. M. Kauffman & D. P. Hallahan (Eds.), *The handbook of special education.* New York: Routledge.

Fidler, D. J., Hepburn, S. L., Most, D. E., Philofsky, A., & Rogers, S. J. (2007). Emotional responsivity in young children with Williams syndrome. *American Journal on Mental Retardation, 112,* 194–206. doi:10.1352/0895–8017(2007)112[194:ERIYCW]2.0.CO;2

Fidler, D. J., Hodapp, R. M., & Dykens, E. M. (2002). Behavioral phenotypes and special education: Parent report of educational issues for children with Down syndrome, Prader–Willi syndrome, and Williams syndrome. *The Journal of Special Education, 36,* 80–88. doi:10.1177/00224669020360020301

Fraser, J., & Mitchell, A. (1876). Kalmuc idiocy: Report of a case with autopsy, with notes on sixty–two cases. *Journal of Mental Science, 22,* 161–179.

Glidden, L. M. (2006). An update on the label and definitional asynchrony: The missing mental and retardation in mental retardation. In H. N. Switsky & S. Greenspan (Eds.), *What is mental retardation? Ideas for an evolving disability in the 21st century* (rev. ed., pp. 39–49). Washington, DC: American Association on Mental Retardation.

Greenspan, S. (2004). Why Pinocchio was victimized: Factors contributing to social failure in people with mental retardation. *International Review of Research in Mental Retardation, 28,* 121–144. doi:10:10.1016/S0074–7750(04)28004–1

Greenspan, S. (2006a). Functional concepts in mental retardation: Finding the natural essence of an artificial category. *Exceptionality, 14,* 205–224. doi:10.1207/s1532 703ex1404_3

Greenspan, S. (2006b). Mental retardation in the real world: Why the AAMR definition is not there yet. In H. N. Switsky & S. Greenspan (Eds.), *What is mental retardation? Ideas for an evolving disability in the 21st century* (rev. ed., pp. 165–183). Washington, DC: American Association on Mental Retardation.

Greenspan, S. (2009). Foolish action in adults with intellectual disabilities: The forgotten problem of risk–unawareness. In L. Glidden (Ed.), *International review of research in mental retardation* (Vol. 36, pp. 147–194). New York: Elsevier. doi:10.1016/s0074–7750(08)00005–0

Greenspan, S., Loughlin, G., & Black, R. S. (2001). Credulity and gullibility in people with developmental disorders: A framework for future research. *International Review of Research in Mental Retardation, 24,* 101–135. doi:10.1016/S0074–7750(01)80007–0

Greenspan, S., & Switsky, H. N. (2006). Lessons from the Atkins decision for the next AAMR manual. In H. N. Switsky & S. Greenspan (Eds.), *What is mental retardation? Ideas for an evolving disability in the 21st century* (rev. ed., pp. 283–302). Washington, DC: American Association on Mental Retardation.

Greenwood, C. R. (1991). Classwide peer tutoring: Longitudinal effects on the reading, language, and mathematics achievement of at–risk students. *Reading & Writing Quarterly, 7,* 105–123.

Hagerman, R. J. (2001). Fragile X syndrome. In S. B. Cassidy & J. E. Allanson (Eds.), *Management of genetic syndromes* (pp. 165–183). New York: Wiley–Liss.

Haldeman–Englert, C. (2008, February). Williams syndrome. *Medline Plus,* Retrieved from http://www.nlm.nih.gov/medlineplus/ency/article/001116.htm

Hardman, M. L., & Clark, C. (2006). Promoting friendship through Best Buddies: A national survey of college program participants. *Mental Retardation, 44,* 56–63. doi:10.1352/0047–6765(2006)44[56:PFTBBA]2.0CO;2

Harrison, P. L., & Boney, T. L. (2002). Best practices in the assessment of adaptive behavior. In A. Thomas & J. Grimes (Eds.), *Best practices in school psychology IV* (pp. 1167–1179). Washington, DC: National Association of School Psychologists.

Hatton, D. D., Wheeler, A. C., Skinner, M. L., Bailey, D. B., Sullivan, K. M., Roberts, J. E., et al. (2003). Adaptive behavior in children with Fragile X syndrome. *American Journal on Mental Retardation, 108,* 373–390.

Hodapp, R. M., & Dykens, E. M. (2007). Behavioral effects of genetic mental retardation disorders. In J. W. Jacobson, J. A. Mullick, & J. Rojahn (Eds.), *Handbook of intellectual and developmental disabilities* (pp. 115–131). New York: Springer.

Hodapp, R. M., & Fidler, D. J. (1999). Special education and genetics: Connections for the 21st century. *Journal of Special Education, 33,* 130–137. doi:10.1177/0022 46699903300301

Hof, P. R., Bouras, C., Perl, D. P., Sparks, L., Mehta, N., & Morrison, J. H. (1995). Age–related distribution of neuropathologic changes in the cerebral cortex of patients with Down's syndrome. *Archives of Neurology, 52,* 379–391.

Human Genome Project. (2008, September 16). *Human Genome Project Information: Ethical, legal, and social issues.* Retrieved from http://www.ornl.gov/sci/techresources/Human_Genome/elsi/elsi.shtml

Human Genome Project. (2009a, June 11). *Human Genome Project Information: Gene Therapy.* Retrieved from http://www.ornl.gov/sci/techresources/Human_Genome/medicine/genetherapy.shtml#3

Human Genome Project. (2009b, August 12). *Human Genome Project Information.* Retrieved from http://www.ornl.gov/sci/techresources/Human_Genome/home.shtml

Inge, K. J., & Moon, M. S. (2011). Preparing students with low incidence disabilities to work in the community. In J. M. Kauffman & D. P. Hallahan (Eds.), *The handbook of special education.* New York, Routledge.

Institute of Education Sciences, National Center for Special Education Research. (2009, July). *Facts from NLTS2: Secondary Experiences and Academic Performance of students with mental retardation.* Retrieved from http://nces.ed.gov/pubSearch/pubsinfo.asp?pubid=NCSER20093020

John, A. E., Rowe, M. L., & Mervis, C. B. (2009). Referential communication skills of children with Williams syndrome: Understanding when messages are not adequate. *American Journal of Intellectual and Developmental Disabilities, 114,* 85–99. doi:10.1352/2009.114.85–99

Kaiser, A. P., & Grim, J. C. (2006). Teaching functional communication skills. In M. E. Snell & F. Brown (Eds.), *Instruction of students with severe disabilities* (6th ed., pp. 447–488). Upper Saddle River, NJ: Pearson.

Kasari, C., Freeman, S. F. N., & Hughes, M. A. (2001). Emotion recognition by children with Down syndrome. *American Journal on Mental Retardation, 106,* 59–72.

Kaufman, S. Z. (1999). *Retarded isn't stupid, mom!* (rev. ed.). Baltimore: Brookes.

Kazdin, A. E. (n.d.). Helping parents with intellectual disabilities raise their children: A review of *The health and wellness program: A parenting curriculum for families at risk.* Retrieved from http://psycnet.apa.org/critiques/52/14/16.html

Kemp, C., & Carter, M. (2006). Active and passive task related behavior, direction following and the inclusion of children with disabilities. *Education and Training in Developmental Disabilities, 41,* 14–27.

Kresnak, J. (2001, February 27). Some question cops' methods when grilling youth. *Detroit Free Press.*

Kuna, J. (2001). The Human Genome Project and eugenics: Identifying the impact on individuals with mental retardation. *Mental Retardation, 39,* 158–160. doi:10.13 52/0047–6765(2001)039<0158:THGPAE>2.0.CO;2

Lancioni, G. E., O'Reilly, M. F., Seedhouse, P., Furniss, F., & Cunha, B. (2000). Promoting independent task performance by persons with severe developmental disabilities through a new computer–aided system. *Behavior Modification, 24,* 700–718. doi: 10.1177/0145445500245005

Lenhoff, H. M., Wang, P. P., Greenberg, F., & Bellugi, U. (1997). Williams syndrome and the brain. *Scientific American, 277*(6), 68–73. doi:10.1177/scientificamerican1297–68

MacMillan, D. L., Gresham, F. M., Bocian, K. M., & Lambros, K. M. (1998). Current plight of borderline students: Where do they belong? *Education and Training in Mental Retardation and Developmental Disabilities, 33,* 83–94.

Mank, D., Cioffi, A., & Yovanoff, P. (2003). Supported employment outcomes across a decade: Is there evidence of improvement in the quality of implementation? *Mental Retardation, 41,* 188–197.

Martin, J. E., Rusch, F. R., James, V. L., Decker, P. J., & Trtol, K. A. (1982). The use of picture cues to establish self–control in the preparation of complex meals by mentally retarded adults. *Applied Research in Mental Retardation, 3,* 105–119. doi:10.1016/0270–3092(82)90001–7

McDonnell, J. J. (2011). Instructional contexts for students with significant cognitive disabilities. In J. M. Kauffman & D. P. Hallahan (Eds.), *Handbook of special education.* New York: Routledge.

McDonnell, J. J., Hardman, M. L., & McDonnell, A. P. (2003). *An introduction to persons with moderate and severe disabilities* (2nd ed.). Boston: Allyn & Bacon.

Mechling, L. C., Gast, D. L., & Fields, E. A. (2008). Evaluation of a portable DVD player and system of least prompts to self–prompt cooking task completion by young adults with moderate intellectual disabilities. *The Journal of Special Education, 42,* 179–190. doi:10.1177/0022466907313348

Medline Plus. (2007, October 19). Inborn errors of metabolism. Retrieved from http://www.nlm.nih.gov/medlineplus/ency/article/002438.htm

Mervis, C. B., & Becerra, A. M. (2007). Language and communicative development in Williams syndrome. *Mental Retardation and Developmental Disabilities Research Reviews, 13,* 3–15. doi:10.1002/mrdd.20140

Mervis, C. B., Klein–Tasman, B. P., & Mastin, M. E. (2001). Adaptive behavior of 4– through 8–year–old children with Williams syndrome. *American Journal on Mental Retardation, 106,* 82–93.

Meyer, G. A., & Batshaw, M. L. (2002). Fragile X syndrome. In M. L. Batshaw (Ed.), *Children with disabilities* (5th ed.). Baltimore: Brookes.

Moldavsky, M., Lev, D., & Lerman–Sagie, T. (2001). Behavioral phenotypes of genetic syndromes: A reference guide for psychiatrists. *Journal of the American Academy of Child and Adolescent Psychiatry, 40,* 749–761. doi:10.1097/00004583–200107000–00009

Morse, T. E., & Schuster, J. W. (2000). Teaching elementary students with moderate intellectual disabilities how to shop for groceries. *Exceptional Children, 66,* 273–288.

Mortweet, S. L., Utley, C. A., Walker D., Dowson, H. L., Delquadri, J. C., Reddy, S. S., & Ledford, D. (1999). Classwide peer tutoring: Teaching students with mild mental retardation in inclusive classrooms. *Exceptional Children, 65,* 524–536.

MR/DD Data Brief. (2001, April). *Characteristics of service use by persons with MR/DD living in their own homes or with family members: NHIS–D analysis.* Minneapolis, MN: University of Minnesota Research and Training Center on Community Living, Institute on Community Integration.

National Institute of Neurological Disorders and Stroke. (2008, October 29). NINDS Microcephaly Information Page. Retrieved from http://www.ninds.nih.gov/disorders/microcephaly/microcephaly.htm

Patton, J. P., & Keyes, D. W. (2006). Death penalty issues following *Atkins. Exceptionality, 14,* 237–255. doi:10.1207/s15327035ex1404_5

Percy, M., Lewkis, S. Z., & Brown, I. (2007). Introduction to genetics and development. In I. Brown & M. Percy (Eds.), *A comprehensive guide to intellectual disabilities* (pp. 87–108). Baltimore: Brookes.

Perske, R. (2008). False confessions from 53 persons with intellectual disabilities: The list keeps growing. *Intellectual and Developmental Disabilities, 46,* 468–479. doi:10.1352/2008.46:468–479

Polloway, E. A., Patton, J. R., & Nelson, M. A. (2011). Intellectual and developmental disabilities. In J. M. Kauffman & D. P. Hallahan (Eds.), *Handbook of special education.* New York: Routledge.

Polloway, E. A., Smith, J. D., & Antoine, K. (2010). Biological causes. In M. Beirne–Smith, J. R. Patton, & S. H. Kim (Eds.), *Intellectual disabilities* (8th ed.). Upper Saddle River, NJ: Pearson.

Ramey, C. T., & Campbell, F. A. (1984). Preventive education for high–risk children: Cognitive consequences of the Carolina Abecedarian Project. *American Journal of Mental Deficiency, 88,* 515–523.

Ramey, C. T., & Campbell, F. A. (1987). The Carolina Abecedarian Project: An educational experiment concerning human malleability. In J. J. Gallagher & C. T. Ramey (Eds.), *The malleability of children* (pp. 127–139). Baltimore: Brookes.

Roberts, J. E., Price, J., & Malkin, C. (2007). Language and communication development in Down syndrome. *Mental Retardation and Developmental Disabilities Research Reviews, 13,* 26–35. doi:10.1002/mrdd.20136

Romer, L. T., Richardson, M., Aigbe, E., & Porter, A. (2003).

Down the garden path of self-determination: A response to Ashbaugh. *Mental Retardation, 41*, 290–298. doi:10.1352/0047–6765(2003)41<292:DTGPOS>2.0.CO;2

Rueda, R., Monzo, L., Shapiro, J., Gomez, J., & Blacher, J. (2005). Cultural models of transition: Latina mothers of young adults with developmental disabilities. *Exceptional Children, 71*, 401–414.

Rusch, F. R. (2008). *Beyond high school: Preparing adolescents for tomorrow's challenges*. Upper Saddle River, NJ: Pearson.

Sands, D., & Wehmeyer, M. (2005). Teaching goal setting and decision making to students with developmental disabilities. In M. L. Wehmeyer, M. Agran, M. L. Wehmeyer, & M. Agran (Eds.), *Mental retardation and intellectual disabilities: Teaching students using innovative and research-based strategies* (pp. 273–296). Auckland, New Zealand: Pearson.

Schalock, R. L., Brown, I., Brown, R. I., Cummins, R., Felce, D., Matikka, L., et al. (2002). Quality of life: Its conceptualization, measurement, and application. A consensus document. *Mental Retardation, 40*, 457–470. doi:10.1352/0047–6765(2002) 040<0457: CMAAOQ>2.0.CO;2

Schalock, R. L., & Keith, K. D. (1993). *Quality of life questionnaire*. Worthington, OH: IDA Publishing.

Schweinhart, L. J., Montie, J., Xiang, Z., Barnett, W. S., Belfield, C. R., & Nores, M. (2005). *Lifetime effects: The High/Scope Perry Preschool study through age 40*. (Monographs of the High/Scope Educational Research Foundation, 14). Ypsilanti, MI: High/Scope Press.

Scott, N., Lakin, C., & Larson, S. A. (2008). The 40th anniversary of deinstitutionalization in the United States: Decreasing state institutionalization populations, 1967–2007. *Intellectual and Developmental Disabilities, 46*, 402–405. doi:10.1352/2008.46:402–405

Sigafoos, J., O'Reilly, Cannella, H., Upadyaya, M. Edrisinha, C., Lancioni, G. E., & Young, D. (2005). Computer-presented video prompting for teaching microwave oven use to three adults with developmental disabilities. *Journal of Behavioral Education, 14*, 189–201. doi:10.1007/s10864–005–6297–2

Sitlington, P. L., Neubert, D. A., & Clark, G. M. (2010). *Transition education services for students with disabilities*. Upper Saddle River, NJ: Pearson.

Snell, M. E., Luckasson, R., et al. (2009). Characteristics and needs of people with intellectual disability who have higher IQs. *Intellectual and Developmental Disabilities, 47*, 220–233. doi:10.1352/1934–9556–47.3.220

Sparrow, S. S., Chicchetti, D. V., & Balla, D. A. (2005). *Vineland Adaptive Behavior scales* (2nd ed.). Circle Pines, MN: American Guidance Service.

Spinath, F. M., Harlaar, N., Ronald, A., & Plomin, R. (2004). Substantial genetic influence on mild mental impairment in early childhood. *American Journal on Mental Retardation, 109*, 34–43.

Spinelli, C. G. (2006). *Classroom assessment for students in special and general education* (2nd ed.). Upper Saddle River, NJ: Merrill/Pearson.

Stancliffe, R. J., Abery, B. H., & Smith, J. (2000). Personal control and the ecology of community living settings: Beyond living unit size and type. *American Journal on Mental Retardation, 105*, 431–454.

Switsky, H. N. (2006). The importance of cognitive-motivational variables in understanding the outcome performance of persons with mental retardation: A personal view from the early twenty-first century. *International Review of Research in Mental Retardation, 31*, 1–29. doi:10.1016/S0074–7750(05)31001–9

Tansley, G. H., Burgess, B. L., Bryan, M. T., Su, Y., Hirsch-Reinshagen, V., Pearce, J., et al. (2007). The cholesterol transporter ABCG1 modulates the subcellular distribution and proteolytic processing of β-amyloid precursor protein. *Journal of Lipid Research, 48*, 1022–1034. doi:10.1194/jlr.M600542–JLR200

Tarleton, B., & Ward, L. (2007). "Parenting with support": The views and experiences of parents with intellectual disabilities. *Journal of Policy and Practice in Intellectual Disabilities, 4*, 194–202. doi:10.1111/j.1741–1130.2007.00118.x

Taylor, H. G., Klein, N., Minich, N. M., & Hack, M. (2000). Middle-school-age outcomes in children with very low birthweight. *Child Development, 71*, 1495–1511. doi:10.1111/1467–8624.00242

Taylor, R. L., Richards, S. B., & Brady, M. P. (2005). *Mental retardation: Historical perspectives, current practices, and future directions*. Boston: Allyn & Bacon.

Thompson, J. R., Bradley, V. J., Buntinx, W. H. E., Schalock, R. L., Shogren, K. A., Snell, M. E., et al. (2009). *Conceptualizing supports and the support needs of people with intellectual disability. Intellectual and Developmental Disabilities, 47*, 135–146. doi:10.1352/1934–9556–47.2.135

Tymchuk, A. J. (2006). *The health and wellness program: A parenting curriculum for families at risk*. Baltimore: Brookes.

Urv, T. K., Zigman, W. B., & Silverman, W. (2008). Maladaptive behaviors related to dementia status in adults with Down syndrome. *American Journal of Mental Retardation, 113*, 73–86. doi:10.1352/0895–8017(2008)113[73:MBRTDS]2.0.CO;2

Van der Molen, M. J., Van Luit, J. E. H., Jongmans, M. J., & Van der Molen, M. W. (2007). Verbal working memory in children with mild intellectual disabilities. *Journal of Intellectual Disability Research, 51*, 162–169. doi:10. 1111/j.1365–2788.2006.00863.x

Venn, J. J. (2007). *Assessing students with special needs*. Upper Saddle River, NJ: Prentice Hall.

Wade, C., Llewellyn, G., & Matthews, J. (2008). Review of parent training interventions for parents with intellectual disability. *Journal of Applied Research in Intellectual Disabilities, 21*, 351–366. doi:10.1111/j.1468–3148.2008.00449.x

Wechsler, D. (2003). *Wechsler intelligence scale for children* (4th ed.). San Antonio, TX: Psychological Corporation.

Wehman, P., Moon, M. S., Everson, J. M., Wood, W., & Barcus, J. M. (1988). *Transition from school to work: New challenges for youth with severe disabilities*. Baltimore: Brookes.

Wehmeyer, M. L., Garner, N., Yeager, D., Lawrence, M., & Davis, A. K. (2006). Infusing self–determination into 18–21 services for students with intellectual or developmental disabilities: A multi–stage, multiple component model. *Education and Training in Developmental Disabilities, 41,* 1–13.

Wehymeyer, M. L., & Mithaug, D. E. (2006). Self–determination, causal agency, and mental retardation. *International Review of Research in Mental Retardation, 31,* 31–71. doi:10.1016/S0074–7750(05)31002–0

Wehmeyer, M. L., Palmer, S. B., Agran, M., Mithaug, D. E., & Martin, J. E. (2000). Promoting causal agency: The self–determined learning model of instruction. *Exceptional Children, 66,* 439–453.

Whitaker, S. (2008). The stability of IQ in people with low intellectual ability: An analysis of the literature. *Intellectual and Developmental Disabilities, 46,* 120–128. doi:10.1352/0047–6765(2008)46[120:TSOIIP]2.0.CO;2

Winsor, J., & Butterworth, J. (2008). Participation in integrated employment and community–based nonwork services for individuals supported by state disability agencies. *Intellectual and Developmental Disabilities, 46,* 166–168. doi:10.1352/0047–6765(2008)46[166:PIIEAC]2.0.CO;2

Wolfensberger, W. (2002). Social role valorization and, or versus, "empowerment." *Mental Retardation 40,* 252–258.

Ysseldyke, J., & Olsen, K. (1999). Putting alternate assessments into practice: What to measure and possible sources of data. *Exceptional Children, 65,* 175–185.

CHAPTER 6

Aarnoudse–Moens, C. S. H., Weisglas–Kuperus, N., van Goudoever, J. B., & Oosterlaan, J. (2009). Meta–analysis of neurobehavioral outcomes in very preterm and/or very low birth weight children. *Pediatrics, 124,* 717–728. doi:10.1542/peds.2008–2816

Adams, G. L., & Engelmann, S. (1996). *Research on direct instruction: 25 years beyond DISTAR.* Seattle: Educational Achievement Systems.

Al–Yagon, M. (2007). Socioemotional and behavioral adjustment among school–age children with learning disabilities: The moderating role of maternal personal resources. *The Journal of Special Education, 40,* 205–217. doi:10.1177/00224669070400040201

Allsopp, D. H., Kyger, M. M., & Lovin, L. (2008). Mathematics dynamic assessment: Informal assessment that responds to the needs of struggling learners in mathematics. *Teaching Exceptional Children, 40,* 6–16.

Bear, G. G., Kortering, L. J., & Braziel, P. (2006). School completers and noncompleters with learning disabilities: Similarities in academic achievement and perceptions of self and teachers. *Remedial and Special Education, 27,* 293–300. doi:10.1177/07419 32506070050401

Beichtman, J. H., Hood, J., & Inglis, A. (1992). Familial transmission of speech and language impairment: A preliminary investigation. *Canadian Journal of Psychiatry, 37,* 151–156.

Bender, W. N., Rosenkrans, C. B., & Crane, M. K. (1999). Stress, depression, and suicide among students with learning disabilities: Assessing the risk. *Learning Disability Quarterly, 22,* 143–156. doi:10.2307/1511272

Berkeley, S., Bender, W. N., Peaster, L. G., & Saunders, L. (2009). Implementation of response to intervention: A snapshot of progress. *Journal of Learning Disabilities, 42,* 85–95. doi:10.1177/0022219408326214

Blachman, B. (2001). Phonological awareness. In D. P. Pearson (Ed.), *Handbook of reading research* (pp. 483–502). Mahwah, NJ: Erlbaum.

Boada, R., & Pennington, B. F. (2006). Deficient implicit phonological representations in children with dyslexia. *Journal of Experimental Child Psychology, 95,* 153–193. doi:10.1016/j.jecp.2006.04.003

Bryan, T., Burstein, K., & Ergul, C. (2004). The social–emotional side of learning disabilities: A science–based presentation of the state of the art. *Learning Disability Quarterly, 27,* 45–51. doi:10.2307/1593631

Bryan, T. H., Donahue, M., Pearl, R., & Sturm, C. (1981). Learning disabled children's conversational skills—The "TV Talk Show." *Learning Disability Quarterly, 4,* 250–260. doi:10.2307/1510946

Bryan, T. H., & Sullivan–Burstein, K. (1998). Teacher–selected strategies for improving homework completion. *Remedial and Special Education, 19,* 263–275. doi:10.1177/074193259801900502

Butler, D. L. (1998). Metacognition and learning disabilities. In B. Y. L. Wong (Ed.), *Learning about learning disabilities* (2nd ed., pp. 277–307). San Diego, CA: Academic Press.

Case, L. P., Harris, K. R., & Graham, S. (1992). Improving the mathematical problem–solving skills of students with learning disabilities. *The Journal of Special Education, 26,* 1–19.

Clarizio, H. F., & Phillips, S. E. (1986). Sex bias in the diagnosis of learning disabled students. *Psychology in the Schools, 23,* 44–52. doi:10.1002/1520–6807(198601)23:1<44::AIDPITS2310230108>3.0.CO;2–L

Cobb, R. B., & Alwell, M. (2009). Transition planning/coordinating interventions for youth with disabilities: A systematic review. *Career Development for Exceptional Individuals, 32,* 70–81. doi:10.1177/0885728809336655

Cook, B. G., McDuffie, K. A., Oshita, L., & Cook, S. C. (2011). Co–teaching for students with disabilities: A critical analysis of the empirical literature. In J. M. Kauffman & D. P. Hallahan (Eds.), *Handbook of special education.* New York: NY: Routledge.

Cortiella, C. (2009). *The state of learning disabilities.* New York: National Center for Learning Disabilities. Retrieved from www.ld.org/stateofld

Council for Exceptional Children. (2003). *What every special educator must know: Ethics, standards, and guidelines for* special educators (5th ed.). Arlington, VA: Author.

Daniel, S. S., Walsh, A. K., Goldston, D. B., Arnold, E. M., Reboussin, B. A., & Wood, F. B. (2006). Suicidality, school dropout, and reading problems among adolescents. *Journal of Learning Disabilities, 39*, 507–514. doi:10.1177/0022219406 0390060301

DeFries, J. C., Gillis, J. J., & Wadsworth, S. J. (1993). Genes and genders: A twin study of reading disability. In A. M. Galaburda (Ed.), *Dyslexia and development: Neurobiological aspects of extra–ordinary brains* (pp. 187–294). Cambridge, MA: Harvard University Press.

Deno, S. L. (1985). Curriculum–based measurement: The emerging alternative. *Exceptional Children, 52,* 219–232.

Deshler, D. D., Schumaker, J. B., Lenz, B. K., Bulgren, J. A., Hock, M. F., Knight, J., et al. (2001). Ensuring content–area learning by secondary students with learning disabilities. *Learning Disabilities Research & Practice, 16,* 96–108. doi:10.1111/0938–8982.00011

DeThorne, L. S., Hart, S. A., Petrill, S. A., Deater–Deckard, K., Thompson, L. A., Schatschneider, C., et al. (2006). Children's history of speech–language difficulties: Genetic influences and associations with reading–related measures. *Journal of Speech, Language, and Hearing Research, 49,* 1280–1293. doi:10.1044/1092–4388(2006/092)

Ellis, A. (2001). *Research on educational innovations* (3rd ed.). Larchmont, NY: Eye On Education.

Ellis, A. K., & Fouts, J. T. (1997). Research on educational interventions. Larchmont, NY: Eye on Education.

Ellis, E. S., & Howard, P. W. (2007, Spring). Graphic organizers: Power tools for teaching students with learning disabilities. *Current Practice Alerts, 13.* Retrieved from http://www.teachingld.org/pdf/alert13.pdf

Engelmann, S., & Bruner, E. C. (1969). DISTAR reading I: An instructional system. Chicago: SRA.

Epstein, M. H., Munk, D. D., Bursuck, W. D., Polloway, E. A., & Jayanthi, M. (1998). Strategies for improving home–chool communication about homework for students with disabilities. *Journal of Special Education, 33,* 166–176. doi:10.1177/002246699903300304

Fisher, S. E., & Francks, C. (2006). Genes, cognition and dyslexia: Learning to read the genome. *Trends in Cognitive Sciences, 10,* 250–257. doi:10.1016/j.tics. 2006.04.0003

Foegen, A., Jiban, C., & Deno, S. (2007). Progress monitoring measures in mathematics: A review of the literature. *The Journal of Special Education, 41,* 121–139. doi:10.11 77/00224669070410020101

Forness, S. R., & Kavale, K. A. (2002). Impact of ADHD on school systems. In P. Jensen & J. R. Cooper (Eds.), *NIH consensus conference on ADHD.* Bethesda, MD: National Institutes of Health.

Frostig, M., & Horne, D. (1964). *The Frostig program for the development of visual perception: Teacher's guide.* Chicago: Follett.

Fuchs, D., & Fuchs, L. S. (2005). Peer–assisted learning strategies:

Promoting word recognition, fluency, and reading comprehension in young children. *The Journal of Special Education, 39,* 34–44. doi:10.1177/00224669050390010401

Fuchs, D., Fuchs, L., & Burish, P. (2000). Peer–assisted learning strategies: An evidence–based practice to promote reading achievement. *Learning Disabilities Research & Practice, 15*(2), 85–91. doi:10.1207/SLDRP1502_4

Fuchs, D., Fuchs, L. S., McMaster, K. L., Yen, L., & Svenson, E. (2004). Nonresponders: How to find them? How to help them? What do they mean for special education? *Teaching Exceptional Children, 37,* 72–77.

Fuchs, D., Mock, D., Morgan, P. L., & Young, C. L. (2003). Responsiveness–to–intervention: Definitions, evidence, and implications for the learning disabilities construct. *Learning Disabilities Research & Practice, 18,* 157–171. doi:10.1111/1540–5826.00072

Fuchs, L. S. (2003). Assessing intervention responsiveness: Conceptual and technical issues. *Learning Disabilities Research & Practice, 18,* 172–186. doi:10.1111/1540–58 26.00073

Fuchs, L. S., Deno, S. L., & Mirkin, P. K. (1984). The effects of frequent curriculum–based measurement and evaluation of pedagogy, student achievement and student awareness of learning. *American Educational Research Journal, 24,* 449–460.

Fuchs, L. S., Powell, S. R., Seethaler, P. M., Cirino, P. T., Fletcher, J. M., Fuchs, D., & Hamlett, C. L. (2011). The development of arithmetic and word–problem skill among students with mathematics disability. In J. M. Kauffman & D. P. Hallahan (Eds.), *Handbook of special education.* New York: Routledge.

Gabrieli, J. D. E. (2009). Dyslexia: A new synergy between education and neuroscience. *Science, 325,* 280–283. doi:10.1126/Science.1171999

Gajria, M., Jitendra, S., Sood, S., & Sacks, G. (2007). Improving comprehension of expository text in students with LD: A research synthesis. *Journal of Learning Disabilities, 40,* 210–225. doi:10.1177/00222194070400030301

Galaburda, A. M., LoTurco, J., Ramus, F., Fitch, R. H., & Rosen, G. D. (2006). *Nature Neuroscience, 9,* 1213–1217.

Gerber, P. J. (2009). Transition and adults with learning disabilities. In J. M. Taymans (Ed.), *Learning to achieve: A review of the research literature on serving adults with learning disabilities* (pp. 211–228). Washington, DC: National Institute for Literacy.

Gerber, P. J., Ginsberg, R., & Reiff, H. B. (1992). Identifying alterable patterns in employment success for highly successful adults with learning disabilities. *Journal of Learning Disabilities, 25,* 475–487. doi:10.1177/ 002221949202500802

Gersten, R., Chard, D. J., Jayanthi, M., Baker, S. K., Morphy, P., & Flojo, J. (2009). Mathematics instruction for students with learning disabilities: A meta–analysis of instructional components. *Review of Educational Research, 79,* 1202–1242. doi:10.3102/0034654309334431

Good, R. H., Simmons, D. C., & Kame'enui, E. J. (2001). The

importance and decision-making utility of a continuum of fluency-based indicators of foundational reading skills for thirdgrade high-stakes outcomes. *Scientific Studies of Reading, 5,* 257–288. doi:10.1207/S1532799XSSR0503_4

Graham, S., & Harris, K. R. (2003). Students with learning disabilities and the process of writing: A meta-analysis of SRSD studies. In H. L. Swanson, K. R. Harris, & S. Graham (Eds.), *Handbook of learning disabilities* (pp. 323–344). New York: Guilford.

Graham, S., & Harris, K. R. (2011). Writing and students with disabilities. In J. M. Kauffman & D. P. Hallahan (Eds.), *Handbook of special education.* New York: Routledge.

Guttorm, T. K., Leppanen, P. H. T., Poikkeus, A.-M., Eklund, K. M., Lyytinen, P., & Lyytinen, H. (2005). Brain event-related potentials (ERPs) measured at birth predict later language development in children with and without risk for dyslexia. *Cortex, 41,* 291–303. doi:10.1016/S0010-9452(08)70267-3

Hallahan, D. P. (1975). Comparative research studies on the psychological characteristics of learning disabled children. In W. M. Cruickshank & D. P. Hallahan (Eds.), *Perceptual and learning disabilities in children. Vol. 1: Psychoeducational practices* (pp. 29–60). Syracuse, NY: Syracuse University Press.

Hallahan, D. P. (1992). Some thoughts on why the prevalence of learning disabilities has increased. *Journal of Learning Disabilities, 25,* 523–528. doi:10.1177/0022219492025 00806

Hallahan, D. P., & Cruickshank, W. M. (1973). *Psycho-educational foundations of learning disabilities.* Upper Saddle River, NJ: Pearson.

Hallahan, D. P., Kneedler, R. D., & Lloyd, J. W. (1983). Cognitive behavior modification techniques for learning disabled children: Self-instruction and self-monitoring. In J. D. McKinney & L. Feagans (Eds.), *Current topics in learning disabilities* (Vol. 1, pp. 207–244). New York: Ablex.

Hallahan, D. P., Lloyd, J. W., Kauffman, J. M., Weiss, M. P., & Martinez, E. A. (2005). *Learning disabilities: Foundations, characteristics, and effective teaching.* Boston: Allyn & Bacon.

Hallahan, D. P., & Mercer, C. D. (2002). Learning disabilities: Historical perspectives. In R. Bradley, L. Danielson, & D. P. Hallahan (Eds.), *Identification of learning disabilities: Research to practice* (pp. 1–67). Mahwah, NJ: Erlbaum.

Hallgren, B. (1950). Specific dyslexia (congenital word blindness: A clinical and genetic study). *Acta Psychiatrica et Neurologica, 65,* 1–279.

Hammill, D. D. (1990). On defining learning disabilities: An emerging consensus. *Journal of Learning Disabilities, 23,* 74–84. doi:10.1177/002221949002300201

Hammill, D. D., Leigh, J. E., McNutt, G., & Larsen, S. C. (1981). A new definition of learning disabilities. *Learning Disability Quarterly, 4,* 336–342.

Harris, K. R., Graham, S., & Mason, L. H. (2003). Self-regulated strategy development in the classroom: Part of a balanced approach to writing instruction for students with disabilities. *Focus on Exceptional Children, 35*(7), 1–16.

Hayworth, C. M. A., Kovas, Y., Harlaar, N., Hayiou-Thomas, M. E., Petrill, S. A., Dale, P. S., & Plomin, R. (2009). Generalist genes and learning disabilities: A multivariate genetic analysis of low performance in reading, mathematics, language and general cognitive ability in a sample of 8000 12-year-old twins. *The Journal of Child Psychology and Psychiatry, 50,* 1318–1325. doi:10.1111/j.1469-7610.2009.02114.x

Helmuth, L. (2001). Dyslexia: Same brains, different languages. *Science, 291,* 2064.

Hoeft, F., Ueno, T., Reiss, A. L., Meyler, A., Whitfield-Gabrieli, S., Glover, S., & Gabrieli, J. D. E. (2007). Prediction of children's reading skills using behavioral, functional, and structural neuroimaging measures. *Behavioral Neuroscience, 121,* 602–613. doi:10.1037/0735-7044.121.3.602

Hosp, M. K., Hosp, J. L., & Howell, K. W. (2007). *The abcs of CBM: A practical guide to curriculum-based measurement.* New York: Guilford.

Kauffman, J. M., & Hallahan, D. P. (2005). *Special education: What it is and why we need it.* Boston: Allyn & Bacon.

Kavale, K. A. (1988). The long-term consequences of learning disabilities. In M. C. Wang, M. C. Reynolds, & H. J. Walberg (Eds.), *Handbook of special education: Research and practice. Vol. 2: Mildly handicapped conditions.* New York: Pergamon Press.

Kephart, N. C. (1971). *The slow learner in the classroom* (2nd ed.). Columbus, OH: Merrill/Pearson.

Kirk, S. A. (1963). Behavioral diagnosis and remediation of learning disabilities. In *Proceedings of the Conference on Exploration into the Problems of the Perceptually Handicapped Child, First Annual Meeting, Vol. 1.* Chicago: April 6, 1963.

Kirk, S. A., & Kirk, W. D. (1971). *Psycholinguistic learning disabilities: Diagnosis and remediation.* Urbana: University of Illinois Press.

Kourea, L., Cartledge, G., & Musti-Rao, S. (2007). Improving the reading skills of urban elementary students through total class peer tutoring. *Remedial and Special Education, 28,* 95–107. doi:10.1177/07419325070280020801

Kunsch, C. A., Jitendra, A. K., & Sood, S. (2007). The effects of peer-mediated instruction in mathematics for students with learning problems: A research synthesis. *Learning Disabilities Research & Practice, 22,* 1–12. doi:10.1111/j.1540-5826.2007.00226.x

Lasley II, T. J., Matczynski, T. J., & Rowley, J. B. (2002). *Instructional models: Strategies for teaching in a diverse society.* Belmont, CA: Wadsworth/Thomas Learning.

Leinhardt, G., Seewald, A., & Zigmond, N. (1982). Sex and race differences in learning disabilities classrooms. *Journal of Educational Psychology, 74,* 835–845. doi:10.1037/0022-0663.74.6.835

Levin, J. R. (1993). Mnemonic strategies and classroom learning: A twenty year report card. *Elementary School Journal, 27,* 301–321.

Lewis, B. A. (1992). Pedigree analysis of children with phonology disorders. *Journal of Learning Disabilities, 25,* 586–597.

doi:10.1177/002221949202500908

Lewis, B. A., & Thompson, L. A. (1992). A study of development of speech and language disorders in twins. *Journal of Speech and Hearing Research, 35,* 1086–1094.

Lindstrom, L. E., & Benz, M. R. (2002). Phases of career development: Case studies of young women with learning disabilities. *Exceptional Children, 69,* 67–83.

Maag, J. W., & Reid, R. (2006). Depression among students with learning disabilities: Assessing the risk. *Journal of Learning Disabilities, 39,* 3–10. doi:10.1177/00222194060390010201

MacMillan, D. L., Gresham, F. M., & Bocian, K. M. (1998). Discrepancy between definitions of learning disabilities and school practices: An empirical investigation. *Journal of Learning Disabilities, 31,* 314–326. doi:10.1177/002221949803100401

MacMillan, D. L., & Siperstein, G. N. (2002). Learning disabilities as operationally defined by schools. In R. Bradley, L. Danielson, & D. P. Hallahan (Eds.), *Identification of learning disabilities: Research to practice* (pp. 287–333). Mahwah, NJ: Erlbaum.

Madaus, J. W., & Banerjee, M. (2011). Transition to postsecondary education. In J. M. Kauffman & D. P. Hallahan (Eds.), *Handbook of special education.* New York: NY: Routledge.

Maheady, L., Harper, G. F., & Mallette, B. (2003, Spring). Classwide peer tutoring. *Current Practice Alerts.* Retrieved from http://www.teachingld.org/pdf/PeerTutoring_rev1.pdf

Margalit, M. (2006). Loneliness, the salutogenic paradigm and learning disabilities: Current research, future directions, and interventional implications. *Thalamus, 24,* 38–48.

Mastropieri, M. A., & Scruggs, T. E. (1998). Constructing more meaningful relationships in the classroom: Mnemonic research into practice. *Learning Disabilities Research & Practice, 13,* 138–145.

Mastropieri, M. A., Scruggs, T. E., & Whedon, T. B. (1997). Using mnemonic strategies to teach information about U.S. Presidents: A classroom–based investigation. *Learning Disability Quarterly, 20,* 13–21. doi:10.2307/1511089

McGrady, H. J., Lerner, J. W., & Boscardin, M. L. (2001). The educational lives of students with learning disabilities. In P. Rodis, A. Garrod, & M. L. Boscardin (Eds.), *Learning disabilities and life stories* (pp. 177–193). Boston: Allyn & Bacon.

McGrath, L. M., Smith, S. D., & Pennington, B. F. (2006). Breakthroughs in the search for dyslexia candidate genes. *Trends in Molecular Medicine, 12,* 333–341. doi:10.1016/j.molmed.2006.05.007

McMaster, K., & Espin, C. (2007). Technical features of curriculum–based measurement in writing: A review of the literature. *The Journal of Special Education, 41,* 68–84. doi:10.1177/00224669070410020301

Mercer, C. D., Mercer, A. R., & Pullen, P. C. (2011). *Teaching students with learning problems.* Boston: Pearson.

Molfese, D. M. (2000). Predicting dyslexia at 8 years of age using neonatal brain responses. *Brain and Language, 72,* 238–245.

doi:10.1006/brln.2000.2287

Morgan, P. L., & Fuchs, D. (2007). Is there a bidirectional relationship between children's reading skills and reading motivation? *Exceptional Children, 73,* 165–183.

Murawski, W. W., & Swanson, H. L. (2001). A meta–analysis of co–teaching research: Where are the data? *Remedial and Special Education, 22,* 258–267. doi:10. 1177/074193250102200501

National Institute of Child Health and Human Development. (2000). *Report of the National Reading Panel: Teaching children to read: An evidence–based assessment of the scientific research literature on reading and its implications for instruction.* Washington, DC: National Institute of Child Health and Human Development. Retrieved from http://www.nichd.nih.gov/publications/nrp/upload/smallbook_pdf.pdf

National Joint Committee on Learning Disabilities. (1989, September 18). *Modifications to the NJCLD definition of learning disabilities.* Letter from NJCLD to member organizations. Washington, DC: Author.

National Joint Committee on Learning Disabilities. (2006). *Learning disabilities and young children: Identification and intervention.* Retrieved from http://www.ldonline.org/article/11511

O'Connor, R. E., & Sanchez, V. (2011). Responsiveness to intervention models for reducing reading difficulties and identifying learning disability. In J. M. Kauffman & D. P. Hallahan (Eds.), *Handbook of special education.* New York: Routledge.

Olson, R., Wise, B., Conners, F., Rack, J., & Fulker, D. (1989). Specific deficits in component reading and language skills: Genetic and environmental influences. *Journal of Learning Disabilities, 22,* 339–348. doi:10.1177/002221948902200604

Paulesu, E., Demonet, J. F., Fazio, F., McCrory, E., Chanonine, V., Brunswick, N., et al. (2001). Dyslexia: Cultural diversity and biological unity. *Science, 291,* 2165–2167. doi:10.1126/science.1057179

Pelkey, L. (2001). In the LD bubble. In P. Rodis, A. Garrod, & M. L. Boscardin (Eds.), *Learning disabilities and life stories* (pp. 17–28). Boston: Allyn & Bacon.

Pennington, B. F. (1990). Annotation: The genetics of dyslexia. *Journal of Child Psychology and Child Psychiatry, 31,* 193–201. doi:10.1111/j.1469-7610.1990.tb01561.x

Petrill, S. A., Deater–Deckard, K., Thompson, L. A., DeThorne, L. S., & Schatschneider, C. (2006). Reading skills in early readers: Genetic and shared environmental influences. *Journal of Learning Disabilities, 39,* 48–55. doi:10.1177/00222194060390010501

Plomin, R., & Kovas, Y. (2005). Generalist genes and learning disabilities. *Psychological Bulletin, 131,* 592–617. doi:10.1037/0033–2909.131.4.592

Pullen, P. C. (2002, October 1). Expert connection: Phonological awareness. *TeachingLD.org.* Retrieved from http://TeachingLD.org/expert_connection/phonological. html

Queen, O. (2001). Blake Academy and the Green Arrow. In P. Rodis, A. Garrod, & M. L. Boscardin (Eds.), *Learning disabilities and life stories* (pp. 3–16). Boston: Allyn & Bacon.

Raskind, M. H., Goldberg, R. J., Higgins, E. L., & Herman, K. L. (1999). Patterns of change and predictors of success in individuals with learning disabilities: Results from a twenty-year longitudinal study. *Learning Disabilities Research & Practice, 14,* 35–49. doi:10.1207/sldrp1401_4

Raskind, W. H. (2001). Current understanding of the genetic basis of reading and spelling disability. *Learning Disability Quarterly, 24,* 141–157. doi:10.2307/1511240

Reiff, H. B., Gerber, P. J., & Ginsberg, R. (1997). *Exceeding expectations: Successful adults with learning disabilities.* Austin, TX: Pro-Ed.

Reynolds, C. A., Hewitt, J. K., Erickson, M. T., Silberg, J. L., Rutter, M., Simonoff, E., et al. (1996). The genetics of children's oral reading performance. *Journal of Child Psychology and Psychiatry, 37,* 425–434. doi:10.1111/j.1469–7610.1996.tb01423.x

Rojewski, J. W., & Gregg, N. (2011). Career choice patterns of work-bound youth with high incidence disabilities. In J. M. Kauffman & D. P. Hallahan (Eds.)., *Handbook of special education.* New York: Routledge.

Rooney, K. J. (1998). *Independent strategies for efficient study.* Richmond, VA: Educational Enterprises.

Rourke, B. P. (1995). *Syndrome of nonverbal learning disabilities: Neurodevelopmental manifestations.* New York: Guilford Press.

Rumsey, J. M., Horwitz, B., Donohue, B. C., Nace, K. L., Maisog, J. M., & Andreason, P. (1999). A functional lesion in developmental dyslexia: Left angular gyral blood flow predicts severity. *Brain and Language, 70,* 187–204. doi:10.1006/brln.1999.2158

Scanlon, D., Patton, J. R., & Raskind, M. (2011). Transition to daily living for persons with high incidence disabilities. In J. M. Kauffman & D. P. Hallahan (Eds.), *Handbook of special education.* New York: Routledge.

Schulte-Korne, G., Deimel, W., Muller, K., Gutenbrunner, C., & Remschmidt, H. (1996). Familial aggregation of spelling disability. *Journal of Child Psychology and Psychiatry, 37,* 817–822. doi:10.1111/j.1469 7610.1996.tb01477.x

Schulte-Korne, G., Ziegler, A., Deimel, W., Schumaker, J., Plume, E., Bachmann, C., et al. (2006). Interrelationship and familiality of dyslexia related quantitative measures. *Annals of Human Genetics, 71,* 160–175. doi:10.1111/j.1469–1809.2006.00312.x

Scruggs, T., Mastropieri, M., & Marshak, L. (2011). Science and social studies. In J. M. Kauffman & D. P. Hallahan (Eds.), *Handbook of special education.* New York: Routledge.

Semrud-Clikeman, M., Walkowiak, J., Wilkinson, A., & Minne, E. P. (2010). Direct and indirect measures of social perception, behavior, and emotional functioning in children with Asperger's disorder, nonverbal learning disability, or ADHD. *Journal of Abnormal Child Psychology, 38,* 509–519. doi:10.1007/s10802–009–9380–7

Sexton, M., Harris, K. R., & Graham, S. (1998). Self-regulated strategy development and the writing process: Effects on essay writing and attributions. *Exceptional Children, 64,* 295–311.

Shalev, R. S. (2004). Developmental dyscalculia. *Journal of Child Neurology, 19,* 765–771.

Shaywitz, S. E., Shaywitz, B. A., Fletcher, J. M., & Escobar, M. D. (1990). Prevalence of reading disability in boys and girls: Results of the Connecticut Longitudinal Study. *Journal of the American Medical Association, 264,* 998–1002.

Smith, S. D. (2007). Genes, language development, and language disorders. *Mental Retardation and Developmental Disabilities Research Reviews, 13,* 96–105. doi:10.1002/mrdd.20135

Spekman, N. J., Goldberg, R. J., & Herman, K. L. (1992). Learning disabled children grow up: A search for factors related to success in the young adult years. *Learning Disabilities Research & Practice, 7,* 161–170.

Swanson, H. L., & Jerman, O. (2006). Math disabilities: A selective meta-analysis of the literature. *Review of Educational Research, 76,* 249–274. doi:10.3102/ 00346543076002249

Swanson, H. L., Kehler, P, & Jerman, O. (2010). Working memory, strategy knowledge, and strategy instruction in children with reading disabilities. *Journal of Learning Disabilities, 43,* 24–47. doi:10.1177/0022219409338743

Swanson, H. L., Zheng, X., & Jerman, O. (2009). Working memory, short-term memory, and reading disabilities: A selective meta-analysis of the literature. *Journal of Learning Disabilities, 42,* 260–287. doi:10.1177/0022219409331958

Tarver, S. G. (1999, Summer). Direct instruction. *Current Practice Alerts, 2.* Retrieved from http://www.teachingld.org/pdf/Alert2.pdf

Troia, G. A. (2004, Summer). A focus on phonological awareness acquisition and intervention. *Current Practice Alerts, 10.* Retrieved from http://www.dldcec.org/pdf/alert10.pdf

Vaughn, S., & Fuchs, L. S. (2003). Redefining learning disabilities as inadequate response to instruction: The promise and potential problems. *Learning Disabilities Research & Practice, 18,* 137–146. doi:10.1111/1540–5826.00070

Willows, D. M. (1998). Visual processes in learning disabilities. In H. L. Swanson (Ed.), *Handbook of assessment of learning disabilities: Theory, research, and practice* (pp. 147–175). Austin, TX: Pro-Ed.

Worling, D. E., Humphries, T., & Tannock, R. (1999). Spatial and emotional aspects of language inferencing in nonverbal learning disabilities. *Brain and Language, 70,* 220–239. doi:10.1006/brln.1999.2156

Wright, V. R., Chau, M., & Aratani, Y. (2010). *Who are America's poor children: The official story.* The National Center for Children in Poverty. Retrieved from http://www.nccp.org/publications/pdf/text_912.pdf

Zigmond, N., & Kloo, A. (2011). General and special education are (and should be) different. In J. M. Kauffman & D. P. Hallahan (Eds.), *Handbook of special education.* New York: Routledge.

CHAPTER 7

Allsopp, D. H. (1999). Using modeling, manipulatives, and mnemonics with eighth-grade math students. *Teaching Exceptional Children, 32,* 74–81.

American Psychiatric Association. (2000). *Diagnostic and statistical manual of mental disorders* (4th ed., rev.). Washington, DC: Author.

American Psychiatric Association. (2010, May 20). American Psychiatric Association: DSM–V Development: 314.0x Attention Deficit/Hyperactivity Disorder: Proposed Revision. Retrieved from http://www.dsm5.org/ProposedRevisions/Pages/proposed revision. aspx?rid=383#

Arnsten, A. F. T., Berridge, C. W., & McCracken, J. T. (2009). The neurological basis of attention–deficit/hyperactivity disorder. *Primary Psychiatry, 16,* 47–54.

Barbaresi, W. J., Katusic, S. K., Colligan, R. C., Weaver, A. L., Leibson, C. L., & Jacobsen, S. J. (2006). Long-term stimulant medication treatment of ADHD: Results from a population based study. *Journal of Developmental and Behavioral Pediatrics, 27,* 1–10. doi:10.1079/00004703–200602000–00001

Barkley, R. A. (1994). Impaired delayed responding: A unified theory of attention deficit hyperactivity disorder. In D. K. Routh (Ed.), *Disruptive behavior disorder in childhood* (pp.11–58). New York: Plenum Press.

Barkley, R. A. (1997). Behavioral inhibition, sustained attention, and executive functions: Constructing a unifying theory of ADHD. *Psychological Bulletin, 121,* 65–94. doi:10.1037/0033–2909.121.1.65

Barkley, R. A. (2000a). *A new look at ADHD: Inhibition, time, and self-control* [video manual]. Baltimore: Guilford Press.

Barkley, R. A. (2000b). *Taking charge of ADHD: The complete, authoritative guide for parents* (rev. ed.). New York: Guilford Press.

Barkley, R. A. (2006a). Associated cognitive, developmental, and health problems. In R. A. Barkley (Ed.), *Attention–deficit hyperactivity disorder: A handbook for diagnosis and treatment* (3rd ed., pp. 122–183). New York: Guilford Press.

Barkley, R. A. (2006b). Etiologies. In R. A. Barkley (Ed.), *Attention–deficit hyperactivity disorder: A handbook for diagnosis and treatment* (3rd ed., pp. 219–247). New York: Guilford Press.

Barkley, R. A. (2006c). History. In R. A. Barkley (Ed.), *Attention–deficit hyperactivity disorder: A handbook for diagnosis and treatment* (3rd ed., pp. 3–75). New York: Guilford Press.

Barkley, R. A. (2006d). Primary symptoms, diagnostic criteria, prevalence, and gender differences. In R. A. Barkley (Ed.), *Attention–deficit hyperactivity disorder: A handbook for diagnosis and treatment* (3rd ed., pp. 76–121). New York: Guilford Press.

Barkley, R. A. (2006e). A theory of ADHD. In R. A. Barkley (Ed.), *Attention–deficit hyperactivity disorder: A handbook for diagnosis and treatment* (3rd ed., pp. 297–334). New York: Guilford Press.

Barkley, R. A. (2008). Commentary on excerpt of Chrichton's chapter, On attention and its diseases. *Journal of Attention Disorders, 12,* 205–206. doi:10.1177/1087054 708320391

Barkley, R. A., & Edwards, G. (2006). Diagnostic interview, behavior rating scales, and medical examination. In R. A. Barkley (Ed.), *Attention–deficit hyperactivity disorder: A handbook for diagnosis and treatment* (3rd ed., pp. 337–368). New York: Guilford Press.

Barkley, R. A., & Murphy, K. R. (1998). *Attention–deficit hyperactivity disorder: A clinical workbook* (2nd ed.). New York: Guilford Press.

Barkley, R. A., & Murphy, K. R. (2007). Comorbid psychiatric disorders in adults with ADHD. *The ADHD Report, 15*(2), 1–7. doi:10.1521/adhd.2007.15.2.1

Barkley, R. A. Murphy, K., & Kwanik, D. (1996). Psychological adjustment and adaptive impairments in young adults with ADHD. *Journal of Attention Disorders, 1,* 41–54. doi:10.1177/108705479600100104

Bateman, B., Warner, J. O., Hutchinson, E., Dean, T., Rowlandson, P., Gant, C., et al. (2004). The effects of a double blind, placebo controlled, artificial food colourings and benzoate preservative challenge on hyperactivity in a general population sample of preschool children. *Archives of Disease in Childhood, 89,* 506–511. doi:10.1136/adc.2003.031435

Bauermeister, J. J., Canino, G., Polanczyk, G., & Rohde, L. A. (2010). ADHD across cultures: Is there evidence for a bidimensional organization of symptoms? *Journal of Clinical & Adolescent Psychology, 39,* 362–372. doi:10.1080/15374411003691743

Bender, S., Banaschewski, T., & Resch, F. (2010). Attention–deficit [hyperactivity] disorder. In R. A. Carlstedt (Ed.), *Handbook of integrative clinical psychology, psychiatry, and behavioral medicine* (pp. 379–410). New York: Springer.

Biederman, J., Faraone, S. V., Mick, E., Spencer, T., Wilens, T., Kiely, K., et al. (1995). High risk for attention deficit hyperactivity disorder among children of parents with childhood onset of the disorder: A pilot study. *American Journal of Psychiatry, 152,* 431–435.

Biederman, J., Petty, C. R., Monuteaux, M. C., Fried, R., Byrne, D., Mirto, T., & Faraone, S. V. (2010). Adult psychiatric outcomes of girls with attention deficit hyperactivity disorder: 11–year follow–up in a longitudinal case–control study. *American Journal of Psychiatry, 167,* 409–417. doi:10.1176/appi.ajp.2009.09050736

Birch, H. G. (1964). *Brain damage in children: The biological and social aspects.* Baltimore: Williams & Wilkins.

Campbell, S. B., & von Stauffenberg, C. (2009). Delay and inhibition as early predictors of ADHD symptoms in third grade. *Journal of Abnormal Child Psychology, 37,* 1–15. doi:10.1007/s10802–008–9270–4

Castle, L., Aubert, R. E., Verbrugge, R. R., Khalid, M., & Epstein, R. S. (2007). Trends in medication treatment for ADHD. *Journal of Attention Disorders, 10,* 335–342. doi:10.1177/1087054707299597

Cepeda, N. J., Cepeda, M. L., & Kramer, A. F. (2000). Task

switching and attention deficit hyperactivity disorder, *Journal of Abnormal Child Psychology, 28,* 213–226. doi:10.1023/A:1005143419092

Cherkasova, M. V., & Hechtman, L. (2009). Neuroimaging in attention–deficit hyperactivity disorder: Beyond the frontostriatal circuitry. *The Canadian Journal of Psychiatry, 54,* 651–664.

Chrichton, A. (1798). *An inquiry into the nature and origins of mental derangement* (Vols. I and II). London: Strand Publishers.

Christakis, D. A., Zimmerman, F. J., DiGiuseppe, D. L., & McCarty, C. A. (2004). Early television exposure and subsequent attentional problems in children. *Pediatrics, 113,* 708–713. doi:10.1542/peds.113.4.708

Cobb, B., Sample, P. L., Alwell, M., & Johns, N. R. (2006). Cognitive–behavioral interventions, dropout, and youth with disabilities. *Remedial and Special Education, 27,* 259–275. doi:10.1177/07419325060270050201

Conners, C. K. (2007). *Conners–3.* Boston: Pearson.

Conners, C. K., Erhardt, D., & Sparrow, E. (2000). *Conners' Adult ADHD Rating Scales.* North Tonawanda, NY: Multi–Health Systems.

Connor, D. F. (2006). Simulants. In R. A. Barkley (Ed.), *Attention–deficit hyperactivity disorder: A handbook for diagnosis and treatment* (3rd ed., pp. 608–647). New York: Guilford Press.

Cooper, P. (1999). ADHD and effective learning: Principles and practical approaches. In P. Cooper & K. Bilton (Eds.), *ADHD: Research, practice and opinion* (pp. 138–157). London: Whurr.

Corkum, P., Andreou, P., Schachar, R., Tannock, R., & Cunningham, C. (2007). The telephone interview probe: A novel measure of treatment response in children with attention deficit hyperactivity disorder. *Educational and Psychological Measurement, 67,* 169–185. doi:10.1177/0013164406292038

Cox, D. J., Merkel, R. L., Kovatchev, B., & Seward, R. (2000). Effect of stimulant medication on driving performance of young adults with attention–deficit hyperactivity disorder. *Journal of Nervous and Mental Disease, 188,* 230–234. doi:10.1097/00005053–200004000–00006

Cruickshank, W. M., Bentzen, F. A., Ratzeburg, F. H., & Tannhauser, M. T. (1961). *A teaching method of brain–injured and hyperactive children.* Syracuse, NY: Syracuse University Press.

Cruickshank, W. M., Bice, H. V., & Wallen, N. E. (1957). *Perception and cerebral palsy.* Syracuse, NY: Syracuse University Press.

Danckaerts, M., Sonuga–Barke, E. J. S., Banaschewski, T., Buitelaar, J., Dopfner, M., Hollis, C., & Coghill, D. (2010). The quality of life of children with attention deficit/hyperactivity disorder: A systematic review. *European Child and Adolescent Psychiatry, 19,* 83–105. doi:10.1007/s00787–009–0046–3

Davies, S., & Witte, R. (2000). Self–management and peer–monitoring within a group contingency to decrease uncontrolled verbalizations of children with attention– deficit/hyperactivity disorder. *Psychology in the Schools, 37,* 135–147. doi:10.1002/(SICI)1520–6807(200003)37:2 [lt]135::AID–PITS5[gt]3.0.C0;2–U

DeRamirez, R. D., & Shapiro, E. S. (2005). Effects of student ethnicity on judgments of ADHD symptoms among Hispanic and White teachers. *School Psychology Quarterly, 20,* 268–287.

DuPaul, G. J., Arbolino, L. A., & Booster, G. D. (2009). Cognitive–behavioral interventions for attention–deficit/hyperactivity disorder. In M. J. Mayer, J. E. Lochman, & F. M. Gresham (Eds.), *Cognitive–behavioral interventions for emotional and behavioral disorders: School–based practices* (pp. 295–327). New York: Guilford Press.

DuPaul, G. J., Barkley, R. A., & Connor, D. F. (1998). Stimulants. In R. A. Barkley (Ed.), *Attention–deficit hyperactivity disorder: A handbook for diagnosis and treatment* (pp. 510–551). New York: Guilford Press.

DuPaul, G. J., & Eckert, T. L. (1997). The effects of school–based interventions for attention deficit hyperactivity disorder: A meta–analysis, *School Psychology Review, 26,* 5–27.

DuPaul, G. J., Eckert, T. L., & McGoey, K. E. (1997). Interventions for students with attention–deficit/hyperactivity disorder: One size does not fit all. *School Psychology Review, 26,* 369–381.

DuPaul, G. J., & Ervin, R. A. (1996). Functional assessment of behaviors related to attention–deficit hyperactivity disorder: Linking assessment to intervention design. *Behavior Therapy, 27,* 601–622. doi:10.1016/S0005–7894(96)80046–3

DuPaul, G. J., Power, D. T. J., Anastopolos, A. D., & Reid, R. (1998). *ADHD Rating Scale–IV: Checklists, norms, and clinical interpretations.* New York: Guilford Press.

Ervin, R. A., DuPaul, G. J., Kern, L., & Friman, P. C. (1998). Classroom–based functional and adjunctive assessments: Proactive approaches to intervention selection for adolescents with attention deficit hyperactivity disorder. *Journal of Applied Behavior Analysis, 31,* 65–78. doi:10.1901/jaba.1998.31–65

Evans, S. W., Pelham, W. E., Smith, B. H., Bukstein, O., Gnagy, E. M., Greiner, A. R., et al. (2001). Dose–response effects of methylphenidate on ecologically valid measures of academic performance and classroom behavior in adolescents with ADHD. *Experimental and Clinical Pharmacology, 9,* 163–175.

Fabiano, G. A., Pelham, W. E., Gnagy, E. M., Burrows–MacLean, L., Coles, E. K., Chacko. A., et al. (2007). The single and combined effects of multiple intensities of behavior modification and methylphenidate for children with attention deficit hyperactivity disorder in a classroom setting. *School Psychology Review, 36,* 195–216.

Faraone, S. V., & Doyle, A. E. (2001). The nature and heritability of attention–deficit/hyperactivity disorder. *Child and Adolescent Psychiatric Clinics of North America, 10,* 299–316.

Feingold, B. (1975). *Why your child is hyperactive.* New York: Random House.

Fischer, M., Barkley, R. A., Smallish, L., & Fletcher, K. (2007). Hyperactive children as young adults: Driving abilities, safe driving behavior, and adverse driving outcomes.

Accident Analysis and Prevention, 39, 94–105. doi:10.1016/j.aap.2006.06.008

Floet, A. M. W., Scheiner, C., & Grossman, L. (2010). Attention–deficit/hyperactivity disorder. *Pediatrics in Review, 31,* 56–69. doi:10.1542/pir.31-2-56

Forness, S. R., & Kavale, K. A. (2002). Impact of ADHD on school systems. In P. Jensen & J. R. Cooper (Eds.), *Attention deficit hyperactivity disorder: State of the science; Best practices* (pp. 1–20). Kingston, NJ: Civic Research Institute.

Frazier, T. W., Youngstrom, E. A., Glutting, J. J., & Watkins, M. W. (2007). ADHD and achievement: Meta–analysis of the child, adolescent, and adult literatures and a concomitant study with college students. *Journal of Learning Disabilities, 40,* 49–65. doi:10.1177/00222194070400010401

Goldstein, K. (1936). The modification of behavior consequent to cerebral lesions. *Psychiatric Quarterly, 10,* 586–610.

Goldstein, K. (1939). *The organism.* New York: American Book Co.

Goldstein, S., & Kennemer, K. (2009). Neuropsychological aspects of attention–deficit hyperactivity disorder. In C. R. Reynolds & E. Fletcher–Janzen (Eds.), *Handbook of clinical child neuropsychology* (3rd ed., pp. 617–633). New York: Springer.

Hallahan, D. P., & Cottone, E. A. (1997). Attention deficit hyperactivity disorder. In T. E. Scruggs & M. A. Mastropieri (Eds.), *Advances in learning and behavioral disabilities, Vol. 11* (pp. 27–67). Greenwich, CT: JAI Press.

Hallowell, E. M., & Ratey, J. J. (2006). *Delivered from distraction: Getting the most out of life with attention deficit disorder.* New York: Ballentine Books.

Harris, K. R., Friedlander, B. D., Saddler, B., Frizzelle, R., & Graham, S. (2005). Self–monitoring of attention versus self–monitoring of academic performance: Effects among students with ADHD in the general education classroom. T*he Journal of Special Education, 39,* 145–156. doi:10.1177/002246699703100108

Hoffmann, H. (1865). Die Geschichte vom Zappel– Philipp [The Story of Fidgety Philip]. In *Der Struwwelpeter* [Shaggy Peter]. Germany: Pestalozzi–Verlag.

Horner, R. H., & Carr, E. G. (1997). Behavioral support for students with severe disabilities: Functional assessment and comprehensive intervention. *The Journal of Special Education, 31,* 1–11.

Kameenui, E. J., & Carnine, D. W. (1998). *Effective teaching strategies that accommodate diverse learners.* Englewood Cliffs, NJ: Pearson.

Katusic, S. K., Barbaresi, W. J., Colligan, R. C., Weaver, A. L., Leibson, C. L., & Jacobsen, S. J. (2005). Psychostimulant treatment and risk for substance abuse among young adults with a history of attention–deficit/hyperactivity disorder: A population–based, birth cohort study. *Journal of Child and Adolescent Psychopharmacology, 15,* 764–776. doi:10.1089/cap.2005.15.764

Kavale, K. A., & Forness, S. R. (1983). Hyperactivity and diet treatment: A meta–analysis of the Feingold hypothesis. *Journal of Learning Disabilities, 16,* 324–330. doi:10.1177/002221948301600604

Kemp, L., Fister, S., & McLaughlin, P. J. (1995). Academic strategies for children with ADD. *Intervention in School and Clinic, 30,* 203–210.

Kohn, A. (1993). *Punished by rewards: The trouble with gold stars, incentive plans, A's, praise, and other bribes.* Boston: Houghton Mifflin.

Kucan, L., & Beck, I. L. (1997). Thinking aloud and reading comprehension research: Inquiry, instruction, and social interaction. *Review of Educational Research, 67,* 271–299.

Landau, S., Milich, R., & Diener, M. B. (1998). Peer relations of children with attention–deficit hyperactivity disorder. *Reading and Writing Quarterly: Overcoming Learning Difficulties, 14,* 83–105.

Lawrence, V., Houghton, S., Tannock, R., Douglas, G., Durkin, K., & Whiting, K. (2002). ADHD outside the laboratory: Boys' executive function performance on tasks in videogame play and on a visit to the zoo. *Journal of Abnormal Child Psychology, 30,* 447–462. doi:10.1023/A:1019812829706

Levy, F., Barr, C., & Sunohara, G. (1998). Directions of aetiologic research on attention deficit hyperactivity disorder. *Australian and New Zealand Journal of Psychiatry, 32,* 97–103. doi:10.3109/00048679809062715

Levy, F., & Hay, D. A. (2001). *Attention, genes, and attention–deficit hyperactivity disorder.* Philadelphia: Psychology Press.

Li, D., Sham, P. C., Owen, M. J., & He, L. (2006). Meta–analysis shows significant association between dopamine system genes and attention deficit hyperactivity disorder (ADHD). *Human Molecular Genetics, 15,* 2276–2284. doi:10.1093/hmg/ddl152

Lloyd, J. W., Hallahan, D. P., Kauffman, J. M., & Keller, C. E. (1998). Academic problems. In R. J. Morris & T. R. Kratochwill (Eds.), *The practice of child therapy* (pp. 167–198). Boston: Allyn & Bacon.

Majewicz–Hefley, A., & Carlson, J. S. (2007). A meta–analysis of combined treatments for children diagnosed with ADHD. *Journal of Attention Disorders, 10,* 239–250. doi:10.1177/1087054706289934

Marshall, R. M., Hynd, G. W., Handwerk, M. J., & Hall, J. (1997). Academic underachievement in ADHD subtypes. *Journal of Learning Disabilities, 30,* 635–642. doi:10.1177/002221949703000607

Meszaros, A., Czobor, P., Balint, S., Komlosi, S., Simon, V., & Bitter, I. (2009). Pharmacotherapy of adult attention deficit hyperactivity disorder (ADHD) a meta–analysis. *International Journal of Neuropsychopharmacology, 12,* 1137–1147.

Mikami, A., Jack, A., & Lerner, M. D. (2009). Attention–deficit/hyperactivity disorder. In J. L. Matson (Ed.), *Social behavior and skills in children* (pp. 159–185). New York: Springer.

Milberger, S., Biederman, J., Faraone, S. V., Guite, J., & Tsuang, M. T. (1997). Pregnancy, delivery and infancy complications and attention deficit hyperactivity disorder: Issues of gene–1 environment interaction. *Biological Psychiatry, 41,* 65–75.

doi:10.1016/0006–3223(95)00653–2

Molina, B. S. G., Flory, K., Hinshaw, S. P., Greiner, A. R., Arnold, L. E., Swanson, J. M., et al. (2007). Delinquent behavior and emerging substance use in the MTA at 36 months: Prevalence, course, and treatment effects. *Journal of the American Academy of Child and Adolescent Psychiatry, 46,* 1028–1040. doi:10.1097/chi.0b013e3180686d96

Molina, B. S. G., Hinshaw, S. P., Swanson, J. M., Arnold, L. E., Vitiello, B., Jensen, P. S., & MTA Cooperative Group. (2009). MTA at 8 years: Prospective follow–up of children treated for combined–type ADHD in a multisite study. *Journal of the Academy of Child and Adolescent Psychiatry, 48,* 484–500. doi:10.1097/chi.0b013e31 819c23d0

MTA Cooperative Group. (1999). A 14–month randomized clinical trial of treatment strategies for attention–deficit/hyperactivity disorder. *Archives of General Psychiatry, 56,* 1073–1086.

National Institutes of Health. (1998). Diagnosis and Treatment of Attention Deficit Hyperactivity Disorder. NIH Consensus Statement Online 1998 Nov 16–8; 16(2), 1–37. Retrieved September from http://consensus.nih.gov/1998/1998Attention DeficitHyperactivityDisorder110html.htm

Neuman, R. J., Lobos, E., Reich, W., Henderson, C. A., Sun, L.–W., & Todd, R. D. (2007). Prenatal smoking exposure and dopaminergic genotypes interact to cause a severe ADHD subtype. *Biological Psychiatry, 61,* 1320–1328. doi:10.1016/j.biopsych.2006.08.049

Nigg, J. T. (2006). *What causes ADHD? Understanding what goes wrong and why.* New York: Guilford Press.

Nigg, J. T., Nikolas, M., Knottnerus, G. M., Cavanagh, K., & Friderici, K. (2010). Confirmation and extension of association of blood lead with attention–deficit/hyperactivity disorder (ADHD) and ADHD symptom domains at population–typical exposure levels. *The Journal of Child Psychology and Psychiatry, 51,* 58–65. doi:10.1111/j.1469–7610.2009.02135.x

Nikolas, M. A., & Burt, S. A. (2010). Genetic and environmental influences on ADHD symptom dimensions of inattention and hyperactivity: A meta–analysis. *Journal of Abnormal Psychology, 119,* 1–17. doi:10.1037/a0018010

Palmer, E. D., & Finger, S. (2001). An early description of ADHD (Inattentive Subtype): Dr. Alexander Chrichton and 'mental restlessness' (1798). *Child Psychology and Psychiatry Review, 6,* 66–73. doi:10.1017/S1360641701002507

Pasamanick, B., Lilienfeld, A. M., & Rogers, M. E. (1956). Pregnancy experience and the development of behavior disorders in children. *American Journal of Psychiatry, 112,* 613–617.

Pfiffner, L. J., Barkley, R. A., & DuPaul, G. J. (2006). Treatment of ADHD in school settings. In R. A. Barkley (Ed.), *Attention–deficit hyperactivity disorder: A handbook for diagnosis and treatment* (3rd ed., pp. 122–183). New York: Guilford Press.

Pinel, J. P. J. (2006). *Biopsychology* (5th ed.). Boston: Allyn & Bacon.

Polanczyk, G., Silva de Lima, M., Horta, B. L., Biederman, J., & Rhode, L. A. (2007). The worldwide prevalence of ADHD: A systematic review and metaregression analysis. *American Journal of Psychiatry, 164,* 942–948. doi:10.1176/appi.ajp.164.6.942

Posner, K., Pressman, A. W., & Greenhill, L. L. (2009). ADHD in preschool children. In T. E. Brown (Ed.), *ADHD comorbidities: Handbook for ADHD complications in children and adults* (pp. 37–53). Washington, DC: American Psychiatric Publishing.

Ramsay, J. R. (2010). *Nonmedication treatments for adult ADHD: Evaluating impact on daily functioning and well–being.* Washington, DC: American Psychological Association.

Reid, R., Casat, C. D., Norton, H. J., Anastopoulos, A. D., & Temple, E. P. (2001). Using behavior rating scales for ADHD across ethnic groups: The IOWA Conners. *Journal of Emotional & Behavioral Disorders, 9,* 210–218. doi:10.1177/106342660100900401

Reid, R., & Lienemann, R. O. (2006). Self–regulated strategy development for written expression with students with attention deficit/hyperactivity disorder. *Exceptional Children, 73,* 53–68.

Reid, R., Trout, A. L., & Schartz, M. (2005). Self–regulation interventions for children with attention deficit/hyperactivity disorder. *Exceptional Children, 71,* 361–377.

Richards, T. L., Deffenbacher, J. L., Rosen, L. A., Barkley, R. A., & Rodricks, T. (2007). Driving anger and driving behavior in adults with ADHD. *Journal of Attention Disorders, 10,* 54–64. doi:10.1177/1087054705284244

Rooney, K. J. (1995). Teaching students with attention disorders. *Intervention in School and Clinic, 30,* 221–225.

Rosenshine, B. (1995). Advances in research on instruction. *The Journal of Educational Research, 88,* 262–268.

Rowland, A. S., Umbach, D. M., Catoe, K. E., Stallone, L., Long, S., Rabiner, D., et al. (2001). Studying the epidemiology of attention–deficit hyperactivity disorder: Screening method and pilot results. Canadian *Journal of Psychiatry, 46,* 931–940.

Rucklidge, J., Brown, D., Crawford, S., & Kaplan, B. (2007). Attributional styles and psychosocial functioning of adults with ADHD: Practice issues and gender differences. *Journal of Attention Disorders, 10,* 288–298. doi:10.1177/1087054706289942

Schachar, R., Mota, V. L., Logan, G. D., Tannock, R., & Klim, P. (2000). Confirmation of an inhibitory control deficit in attentiondeficit/hyperactivity disorder. *Journal of Abnormal Child Psychology, 28,* 227–235. doi:10.1023/A:1005140103162

Schatz, D. B., & Rostain, A. L. (2007). ADHD with comorbid anxiety: A review of the current literature. *Journal of Attention Disorders, 10,* 141–149. doi:10.1177/1087 054706286698

Scheffler, R. M., Brown, T. T., Fulton, B. D., Hinshaw, S. P., Levine, P., & Stone, S. (2009). Positive association between attention–deficit/hyperactivity disorder medication use and academic achievement during elementary school. *Pediatrics, 123,* 1273–1279. doi:10.1542/peds.2008–1597

Semrud–Clikeman, M., Steingard, R. J., Filipek, P., Biederman,

J., Bekken, K., & Renshaw, P. F. (2000). Using MRI to examine brain–ehavior relationships in males with attention deficit disorder with hyperactivity. *Journal of the American Academy of Child and Adolescent Psychiatry, 39,* 477–484. doi:10.1097/00004583–200004000–00017

Shapiro, E. S., DuPaul, G. J., & Bradley–Klug, K. L. (1998). Self–management as a strategy to improve the classroom behavior of adolescents with ADHD. *Journal of Learning Disabilities, 31,* 545–555. doi:10.1177/002221949803100604

Shaw, P., & Rabin, C. (2009). New insights into attention–deficit/ hyperactivity disorder using structural neuroimaging. *Current Psychiatry Reports, 11,* 393–398. doi:10.1007/s11920–009–0059–0

Solanto, M. V. (1998). Neuropsychopharmacological mechanisms of stimulant drug action in attention–deficit hyperactivity disorder: A review and integration. *Behavioural Brain Research, 94,* 127–152. doi:10.1016/S0166–4328(97)00175–7

Spencer, T. J., Biederman, J., & Wilens, T. E. (2010). Medications used for attention–deficit/hyperactivity disorder. In M. K. Dulcan (Ed.), *Dulcan's textbook of child and adolescent psychiatry* (published on–line) American Psychiatric Publishing. Retrieved from http://www.psychiatryonline.com/content.aspx?aid=468068

Still, G. F. (1902). Some abnormal psychical conditions in children. *The Lancet, 1,* 1008–012, 1077–082, 1153–1168.

Strauss, A. A., & Werner, H. (1942). Disorders of conceptual thinking in the brain–injured child. *Journal of Nervous and Mental Disease, 96,* 153–172.

Swanson, J., Arnold, L. E., Hechtman, L., Molina, B., Hinshaw, S., Vitiello, B., & MTA Cooperative Group. (2008). *Journal of Attention Disorders, 12,* 4–14. doi:10.117 7/1087054708319345

Tankersley, M. (1995). A group–oriented contingency management program: A review of research on the good behavior game and implications for teachers. *Preventing School Failure, 40,* 59–72.

Tripp, G., & Alsop, B. (2001). Sensitivity to reward delay in children with attention deficit hyperactivity disorder (ADHD). *Journal of Child Psychology and Psychiatry, 42,* 691–698. doi:10.1111/1469–7610.00764

Tripp, G., & Wickens, J. R. (2009). Neurobiology of ADHD. *Neuropharmacology, 57,* 579–589. doi:10.1016/j.neuropharm.2009.07.026

Vaughn, S., Schumm, J. S., & Arguelles, M. E. (1997). The ABCDEs of Co–teaching. *Teaching Exceptional Children, 30*(2), 4–10.

Volkow, N. D., Wang, G.–J., Newcorn, J., Telang, F., Solanto, M. V., Fowler, J. S., et al. (2007). Depressed dopamine activity in caudate and preliminary evidence of limbic involvement in adults with attention–deficit/hyperactivity disorder. *Archives of General Psychiatry, 64,* 932–940. doi:10.1001/archpsyc.64.8.932

Walcott, C. M., Scheemaker, A., & Bielski, K. (2009). A longitudinal investigation of inattention and preliteracy development. *Journal of Attention Disorders, 14,* 79–85. doi:10.1177/1087054709333330

Weiss, L. (1992). *Attention deficit disorder in adults.* Lanham, MD: Taylor Publishing.

Weiss, M., Hechtman, L., & Weiss, G. (2000). ADHD in parents. *Journal of the American Academy of Child and Adolescent Psychiatry, 39,* 1059–1061. doi:10.1097/00004583–200008000–00023

Werner, H., & Strauss, A. A. (1939). Types of visuomotor activity in their relation to low and high performance ages. *Proceedings of the American Association on Mental Deficiency, 44,* 163–168.

Werner, H., & Strauss, A. A. (1941). Pathology of figure–background relation in the child. *Journal of Abnormal and Social Psychology, 36,* 236–248. doi:10.1037/h0058060

Weyandt, L. L. (2009a). Attention–deficit/hyperactivity disorder in adults. In M. C. Smith & N. DeFrates–Densch, N. (Eds.), *Handbook of research on adult learning and development* (pp. 670–692). New York: Routledge.

Weyandt, L. L. (2009b). Executive functions and attention deficit hyperactivity disorder. *The ADHD Report, 17*(6), 1–7. doi:10.1521/adhd.2009.17.6.1

Weyandt, L. L., & DuPaul, G. (2006). ADHD in college students. *Journal of Attention Disorders, 10,* 9–19. doi:10.1177/1087054705286061

Whalen, C. K., Henker, B., Ishikawa, S. S., Jamner, L. D., Floro, J. N., Johnston, J. A., et al. (2006). An electronic diary study of contextual triggers and ADHD: Get ready, get set, get mad. *Journal of the American Academy of Child and Adolescent Psychiatry, 45,* 166–174. doi:10.1097/01.chi.0000189057.67902.10

Wilens, T. E., & Biederman, J. (1992). Pediatric psychopharmacology: The stimulants. *Pediatric Clinics of North America, 15*(1), 191–222.

Willcutt, E. G., Chhabildas, N., & Pennington, B. F. (2001). Validity of the DSM–IV subtypes of ADHD. *ADHD Report, 9*(1), 2–5. doi:10.1521/adhd.9.1.2.16970

Willcutt, E. G., Pennington, B. F., Boada, R., Ogline, J. S., Tunick, R. A., Chhabildas, N. A., et al. (2001). A comparison of the cognitive deficits in reading disability and attention–deficit/ hyperactivity disorder. *Journal of Abnormal Psychology, 110,* 157–172. doi:10.1037/0021–843X.110.1.157

Wolraich, M. L., Wilson, D. B., & White, J. W. (1995). The effect of sugar on behavior or cognition in children: A meta–analysis. *Journal of the American Medical Association, 274,* 1617–1621.

Woodward, L. J., Fergusson, D. M., & Horwood, L. J. (2000). Driving outcomes for young people with attentional difficulties in adolescence. *Journal of the American Academy of Child and Adolescent Psychiatry, 39,* 627–634. doi:10.1097/00004583–200005000–00017

CHAPTER 8

Anastasiou, D., Gardner, R., & Michail, D. (2011). Ethnicity and exceptionality. In J. M. Kauffman & D. P. Hallahan (Eds.),

Handbook of special education. New York: Routledge.

Bateman, B. D., & Linden, M. A. (2006). *Better IEPs: How to develop legally correct and educationally useful programs* (4th ed.). Verona, WI: Attainment.

Bower, E. M. (1982). Defining emotional disturbance: Public policy and research. *Psychology in the Schools, 19,* 55–60. doi:10.1002/1520–6807(19820108)19:1<55::AID-PITS2310190112>3.0.CO;2–2

Brigham, F. J., & Kauffman, J. M. (1998). Creating supportive environments for students with emotional or behavioral disorders. *Effective School Practices, 17*(2), 25–35.

Brolin, D. E., & Loyd, R. J. (2004). *Career development and transition services: A functional life–skills approach* (4th ed). Upper Saddle River, NJ: Prentice Hall.

Cheney, D., & Bullis, M. (2004). The school–to–community transition of adolescents with emotional and behavioral disorders. In R. B. Rutherford, M. M. Quinn, & S. R. Mathur (Eds.), *Handbook of research in emotional and behavioral disorders* (pp. 369–384). New York: Guilford.

Chesapeake Institute. (1994, September). *National agenda for achieving better results for children and youth with serious emotional disturbance*. Washington, DC: Author.

Coleman, M., & Vaughn, S. (2000). Reading interventions for students with emotional/behavioral disorders. *Behavioral Disorders, 25,* 93–104.

Colvin, G. (2004). *Managing the cycle of acting–out behavior in the classroom*. Eugene, OR· Behavior Associates.

Cooper, P. (2005). Biology and behaviour: The educational relevance of a "biopsychosocial" perspective. In P. Clough, P. Garner, J. T. Pardeck, & F. K. O. Yuen (Eds.), *Handbook of emotional and behavioural difficulties in education* (pp. 91–105). London: Sage.

Costello, E. J., Egger, H., & Angold, A. (2005). 1–year research update review: The epidemiology of child and adolescent psychiatric disorders: I. Methods and public health burden. *Journal of the American Academy of Child and Adolescent Psychiatry, 44,* 972–986.

Costello, E. J., Foley, D., & Angold, A. (2006). 10–year research update review: The epidemiology of child and adolescent psychiatric disorders: II. Developmental epidemiology. *Journal of the American Academy of Child and Adolescent Psychiatry, 45,* 8–25.

Council for Exceptional Children. (2008). *What every special educator should know* (6th ed.). Reston, VA: Author.

Coutinho, M. J., & Oswald, D. P. (2011). Gender and exceptionality. In J. M. Kauffman & D. P. Hallahan (Eds.), *Handbook of special education*. New York: Routledge.

Cullinan, D. (2004). Classification and definition of emotional and behavioral disorders. In R. B. Rutherford, M. M. Quinn, & S. R. Mathur (Eds.), *Handbook of research in emotional and behavioral disorders* (pp. 32–53). New York: Guilford.

Cullinan, D. (2007). *Students with emotional and behavior disorders: An introduction for teachers and other helping professionals* (2nd ed.). Upper Saddle River, NJ: Merrill/

Pearson.

DiPerna, J. C. (2006). Academic enablers and student achievement: Implications for assessment and intervention in the schools. *Psychology in the Schools, 43,* 7–17. doi:10.1002/pits.20125

DiPerna, J. C., & Elliott, S. N. (2000). *Academic competence evaluation scales*. San Antonio, TX: Psychological Corporation.

Dunlap, G., Strain, P. S., Fox, L., Carta, J. J., Conroy, M., Smith, B. J., et al. (2006). Prevention and intervention with young children's challenging behavior: Perspectives regarding current knowledge. *Behavioral Disorders, 32,* 29–45.

Epstein, M. H., & Sharma, J. (1997). *Behavioral and Emotional Rating Scale* (BERS): A strength–based approach to assessment. Austin, TX: Pro–Ed.

Evertson, C., & Weinstein, C. (Eds.). (2006). *Handbook of classroom management: Research, practice and contemporary issues*. Mahwah, NJ: Erlbaum.

Farmer, E. M. Z., & Farmer, T. W. (1999). The role of schools in outcomes for youth: Implications for children's mental health services research. *Journal of Child and Family Studies, 8,* 377–396. doi:10.1023/A:1021943518480

Farmer, T. W. (2000). Misconceptions of peer rejection and problem behavior: Understanding aggression in students with mild disabilities. *Remedial and Special Education, 21,* 194–208. doi:10.1177/074193250002100401

Farmer, T. W., Farmer, E. M. Z., & Gut, D. (1999). Implications of social development research for school based intervention for aggressive youth with emotional and behavioral disorders. *Journal of Emotional and Behavioral Disorders, 7,* 130–136. doi:10.1177/106342669900700301

Farmer, T. W., Quinn, M. M., Hussey, W., & Holahan, T. (2001). The development of disruptive behavioral disorders and correlated constraints: Implications for intervention. *Behavioral Disorders, 26,* 117–130.

Fenning, P. A., & Bohanon, H. (2006). Schoolwide discipline policies: An analysis of discipline codes of conduct. In C. Everston & C. Weinstein (Eds.), *Handbook of classroom management: Research, practice, and contemporary issues* (pp.1021–1039). Mahwah, NJ: Erlbaum.

Forness, S. R., & Beard, K. Y. (2007). Strengthening the research base in special education: Evidence–based practice and interdisciplinary collaboration. In J. Crockett, M. Gerber, & T. Landrum (Eds.), *Achieving the radical reform of special education* (pp. 169–188). Mahwah, NJ: Erlbaum.

Forness, S. R., & Kavale, K. A. (2001). Ignoring the odds: Hazards of not adding the new medical model to special education decisions. *Behavioral Disorders, 26,* 269–281.

Forness, S. R., & Knitzer, J. (1992). A new proposed definition and terminology to replace "serious emotional disturbance" in Individuals with Disabilities Act. *School Psychology Review, 21,*12–20.

Fox, J., & Davis, C. (2005). Functional behavior assessment in schools: Current research findings and future directions. *Journal of Behavioral Education, 14*(1), 1–4. doi:10.1007/

s10864–005–0957–0

Fox, J. J., & Gable, R. A. (2004). Functional behavioral assessment. In R. B. Rutherford, M. M. Quinn, & S. R. Mathur (Eds.), Handbook of research in emotional and behavioral disorders (pp. 143–162). New York: Guilford.

Furlong, M. J., Morrison, G. M., & Fisher, E. S. (2005). The influences of the school contexts and processes on violence and disruption in American schools. In P. Clough, P. Garner, J. T. Pardeck, & F. K. O. Yuen (Eds.), Handbook of emotional and behavioural difficulties in education (pp. 106–120). London: Sage.

Furlong, M. J., Morrison, G. M., & Jimerson, S. (2004). Externalizing behaviors of aggression and violence and the school context. In R. B. Rutherford, M. M. Quinn, & S. R. Mathur (Eds.), Handbook of research in emotional and behavioral disorders (pp. 243–261). New York: Guilford.

Garrity, C., Jens, K., Porter, W. W., Sager, N., & Short–Camilli, C. (1997). Bullyproofing your school: Creating a positive climate. Interventionin School and Clinic, 32, 235–243.

Garrity, C., Jens, K., Porter, W. W., Sager, N., & Short–Camilli, C. (2000). Bully proofing your school: A comprehensive approach for elementary schools (2nd ed.) Longmont, CO: Sopris West.

Gresham, F. M., & Kern, L. (2004). Internalizing behavior problems in children and adolescents. In R. B. Rutherford, M. M. Quinn, & S. R. Mathur (Eds.), Handbook of research in emotional and behavioral disorders (pp. 262–281). New York: Guilford.

Hallenbeck, B. A., & Kauffman, J. M. (1995). How does observational learning affect the behavior of students with emotional or behavioral disorders? A review of research. Journal of Special Education, 29, 45–71. doi:10.1177/002246699502900103

Huefner, D. S. (2006). Getting comfortable with special education law: A framework for working with children with disabilities (2nd ed.). Norwood, MA: Christopher–Gordon.

Ishii–Jordan, S. R. (2000). Behavioral interventions used with diverse students. Behavioral Disorders, 25, 299–309.

Jolivette, K., Stichter, J. P., & McCormick, K. M. (2002). Making choices—improving behavior—engaging in learning. Teaching Exceptional Children, 34(3), 24–30.

Jones, V., Dohrn, E., & Dunn, C. (2004). Creating effective programs for students with emotional and behavioral disorders. Boston: Allyn & Bacon.

Kauffman, J. M. (1997). Conclusion: A little of everything, a lot of nothing is an agenda for failure. Journal of Emotional and Behavioral Disorders, 5, 76–81.

Kauffman, J. M. (1999). How we prevent the prevention of emotional and behavioral disorders. Exceptional Children, 65, 448–468.

Kauffman, J. M. (2005). How we prevent the prevention of emotional and behavioural difficulties in education. In P. Clough, P. Garner, J. T. Pardeck, & F. K. O. Yuen (Eds.), Handbook of emotional and behavioural difficulties in education (pp. 366–376). London: Sage.

Kauffman, J. M. (2010). The problem of early identification. In H. Ricking & G. C. Schulze (Eds.), Förderbedarf in der emotionalen und sozialen Entwiklung: Prävention, Interdisziplinarität, und Professionalisierung. (pp. 171–177) Bad Heilbrunn, Germany: Klinkhardt Verlag.

Kauffman, J. M., Bantz, J., & McCullough, J. (2002). Separate and better: A special public school class for students with emotional and behavioral disorders. Exceptionality, 10, 149–170.

Kauffman, J. M., & Brigham, F. J. (2009). Working with troubled children. Verona, WI: Attainment.

Kauffman, J. M., Conroy, M., Gardner, R., & Oswald, D. (2008). Cultural sensitivity in the application of behavior principles to education. Education and Treatment of Children, 31, 239–262. doi:10.1353/etc.0.0019

Kauffman, J. M., & Landrum, T. J. (2006). Children and youth with emotional and behavioral disorders: A brief history of their education. Austin, TX: Pro–Ed.

Kauffman, J. M., & Landrum, T. J. (2009a). Cases in emotional and behavioral disorders of children and youth (2nd ed.). Upper Saddle River, NJ: Merrill/Pearson.

Kauffman, J. M., & Landrum, T. J. (2009b). Characteristics of emotional and behavioral disorders of children and youth (9th ed.). Upper Saddle River, NJ: Merrill/Pearson.

Kauffman, J. M., & Landrum, T. J. (2009c). Politics, civil rights, and disproportional identification of students with emotional and behavioral disorders. Exceptionality, 17, 177–188. doi:10.1080/09362830903231903

Kauffman, J. M., Mock, D. R., & Simpson, R. L. (2007). Problems related to underservice of students with emotional or behavioral disorders. Behavioral Disorders, 33, 43–57.

Kauffman, J. M., Mock, D. R., Tankersley, M., & Landrum, T. J. (2008). Effective service delivery models. In R. J. Morris & N. Mather (Eds.), Evidence–based interventions for students with learning and behavioral challenges (pp. 359–378). Mahwah, NJ: Erlbaum.

Kauffman, J. M., Nelson, C. M., Simpson, R. L., & Mock, D. R. (2011). Contemporary issues. In J. M. Kauffman & D. P. Hallahan (Eds.), Handbook of special education. New York: Routledge.

Kauffman, J. M., Pullen, P. L., Mostert, M. P., & Trent, S. C. (2011). Managing classroom behavior: A reflective case–based approach (5th ed.). Upper Saddle River, NJ: Merrill/Pearson.

Kauffman, J. M., Simpson, R. L., & Mock, D. R. (2009). Problems related to underservice: A rejoinder. Behavioral Disorders, 34, 172–180.

Kazdin, A. E. (2008). The Kazdin method for parenting the defiant child. Boston: Houghton Mifflin.

Keogh, B. K. (2003). Temperament in the classroom: Understanding individual differences. Baltimore: Brookes.

Kerr, M. M., & Nelson, C. M. (2010). Strategies for addressing behavior problems in the classroom (6th ed.). Upper Saddle River, NJ: Merrill/Pearson.

Konopasek, D., & Forness, S. R. (2004). Psychopharmacology in the treatment of emotional and behavioral disorders. In R. B.

Rutherford, M. M. Quinn, & S. R. Mathur (Eds.), *Handbook of research in emotional and behavioral disorders* (pp. 352–368). New York: Guilford.

Landrum, T. J. (2000). Assessment for eligibility: Issues in identifying students with emotional or behavioral disorders. *Assessment for Effective Intervention, 26*(1), 41–49.

Landrum, T. J. (2011). Emotional and behavioral disorders. In J. M. Kauffman & D. P. Hallahan (Eds.), *Handbook of special education.* New York: Routledge.

Landrum, T. J., & Kauffman, J. M. (2003). Emotionally disturbed, education of. In J. W. Guthrie (Ed.), *Encyclopedia of education* (2nd ed.,pp. 726–728). New York: Macmillan Reference.

Landrum, T. J., Tankersley, M., & Kauffman, J. M. (2003). What's special about special education for students with emotional and behavioral disorders? *The Journal of Special Education, 37,* 148–156. doi:10.1177/00224669030370030401

Lane, K. L., Kalberg, J. R., & Menzies, H. M. (2009). *Developing schoolwide programs to prevent and manage problem behaviors: A step–by–step approach.* New York: Guilford.

Lane, K. L., & Menzies, H. M. (Eds.). (2010). Academic problems. *Behavioral Disorders* [special issue].

Lewis, T. (2000). Establishing and promoting disciplinary practices at the classroom and individual student level that ensure safe, effective, and nurturing learning environments. In L. M. Bullock & R. A. Gable (Eds.), *Positive academic and behavioral supports: Creating safe, effective, and nurturing schools for all students.* Reston, VA: Council for Exceptional Children.

Liaupsin, C. J., Jolivette, K., & Scott, T. M. (2004). School–wide systems of behavior support: Maximizing student success in schools. In R. B. Rutherford, M. M. Quinn, & S. R. Mathur (Eds.), *Handbook of research in emotional and behavioral disorders.* New York: Guilford.

Martella, R. C., Nelson, J. R., & Marchand–Martella, N. E. (2003). *Managing disruptive behaviors in the schools: A schoolwide, classroom, and individualized learning approach.* Boston: Allyn & Bacon.

Masia, C. L., Klein, R. G., Storch, E. A., & Corda, B. (2001). School–based behavioral treatment for social anxiety disorder in adolescents: Results of a pilot study. *Journal of the American Academy of Child and Adolescent Psychiatry, 40,* 780–786.

Mattison, R. E. (2004). Psychiatric and psychological assessment of emotional and behavioral disorders during school mental health consultation. In R. B. Rutherford, M. M. Quinn, & S. R. Mathur (Eds.), *Handbook of research in emotional and behavioral disorders* (pp. 163–180). New York: Guilford.

Mayer, M. J., & Cornell, D. G. (Eds.). (2010). New perspectives on school safety and violence prevention. *Educational Researcher* [special issue], 39(5). doi:10.310 2/0013189X09356778

Merrell, K. W. (2002). *School social behavior scales* (2nd ed.). Eugene, OR: Assessment–Intervention Resources.

Mueller, M. M., Edwards, R. P., & Trahant, D. (2003). Translating multiple assessment techniques into an intervention selection model for classrooms. *Journal of Applied Behavior Analysis, 36,* 563–573. doi:10.1901/jaba.2003.36–563

Nelson, C. M., & Kauffman, J. M. (1977). Educational programming for secondary school age delinquent and maladjusted pupils. *Behavioral Disorders, 2,* 102–113.

Nelson, C. M., Leone, P. E., & Rutherford, R. B., (2004). Youth delinquency: Prevention and intervention. In R. B. Rutherford, M. M. Quinn, & S. R. Mathur (Eds.), *Handbook of research in emotional and behavioral disorders* (pp. 282–301). New York: Guilford.

O'Mahony, P. (2005). Juvenile delinquency and emotional and behavioral difficulties in education. In P. Clough, P. Garner, J. T. Pardeck, & F. K. O. Yuen (Eds.), *Handbook of emotional and behavioural difficulties in education* (pp. 142–154). London: Sage.

Qi, C. H., & Kaiser, A. P. (2003). Behavior problems of preschool children from low–income families: Review of literature. *Topics in Early Childhood Special Education, 23,* 188–216. doi:10.1177/02711214030230040201

Rogers–Adkinson, D., & Griffith, P. (Eds.). (1999). *Communication disorders and children with psychiatric and behavioral disorders.* San Diego: Singular.

Sasso, G. M., Conroy, M. A., Stichter, J. P., & Fox, J. J. (2001). Slowing down the bandwagon: The misapplication of functional assessment for students with emotional and behavioral disorders. *Behavioral Disorders, 26,* 282–296.

Schaffner, L. (2006). *Girls in trouble with the law.* New Brunswick, NJ: Rutgers University Press.

Sitlington, P. L., & Clark, G. M. (2006). *Transition education and services for students with disabilities* (4th ed.). Boston: Allyn & Bacon.

Skiba, R. J., & Rausch, M. K. (2006). Zero tolerance, suspension, and expulsion: Questions of equity and effectiveness. In C. Evertson & C. Weinstein (Eds.), *Handbook of classroom management: Research, practice, and contemporary issues* (pp. 1063–1089). Mahwah, NJ: Erlbaum.

Sprague, J., & Walker, H. (2000). Early identification and intervention for youth with antisocial and violent behavior. *Exceptional Children, 66,* 367–379.

Sugai, G., & Horner, R. H. (Ed.). (1999–2000). Special issue: Functional behavioral assessment. *Exceptionality, 8*(3).

Thomas, J. M., & Guskin, K. A. (2001). Disruptive behavior in young children: What does it mean? *Journal of the American Academy of Child and Adolescent Psychiatry, 40,* 44–51.

U.S. Department of Education. (2008). *Thirtieth annual report to Congress on implementation of the Individuals with Disabilities Education Act.* Washington, DC: Author.

U.S. Department of Education, Office of Special Education Programs, Technical Assistance Center on Positive Behavioral Interventions and Supports. (2009). *Is school–wide positive behavior support an evidence–based practice?* Retrieved from http://www.pbis.org/research/default.aspx

U.S. Department of Health and Human Services. (2001). *Report* of the Surgeon General's Conference on Children's Mental Health: A National Action Agenda. Washington, DC: Author.

Van Acker, R., Boreson, L., Gable, R. A., & Patterson, T. (2005). Are we on the right course? Lessons learned about current FBA/BIP practices in schools. *Journal of Behavioral Education, 14*(1), 35–56. doi:10.1007/s10864–005–0960–5

Walker, H. M., Ramsey, E., & Gresham, F. M. (2003–2004a). Heading off disruption: How early intervention can reduce defiant behavior—and win back teaching time. *American Educator, 27*(4), 6–21.

Walker, H. M., Ramsey, E., & Gresham, F. M. (2003–2004b). How disruptive students escalate hostility and disorder—and how teachers can avoid it. *American Educator, 27*(4), 22–27, 47.

Walker, H. M., Ramsey, E., & Gresham, F. M. (2004). *Antisocial behavior in school: Strategies and best practices* (2nd ed.). Pacific Grove, CA: Brooks/Cole.

Walker, H. M., & Sprague, J. R. (2007). Early, evidence–based intervention with school–based behavior disorders: Key issues, continuing challenges, and promising practices. In J. B. Crockett, M. M. Gerber, & T. J. Landrum (Eds.), *Achieving the radical reform of special education: Essays in honor of James M. Kauffman* (pp. 37–58). Mahwah, NJ: Erlbaum.

Weinstein, C. E., Palmer, D. R., & Schulte, A. C. (2002). *Learning and study strategies inventory* (2nd ed.). Clearwater, FL: H & H.

Wolf, M. M., Braukmann, C. J., & Ramp, K. A. (1987). Serious delinquent behavior as part of a significantly handicapping condition. *Journal of Applied Behavior Analysis, 20,* 347–359.

Yell, M. L. (2006). *The law and special education* (2nd ed.). Upper Saddle River, NJ: Pearson Education.

Yell, M. L., Katsiyannis, A., & Bradley, M. R. (2011). The Individuals with Disabilities Education Act: The evolution of special education law. In J. M. Kauffman & D. P. Hallahan (Eds.), *Handbook of special education*. New York: Routledge.

CHAPTER 9

Adamson, L. B., Bakeman, R., Deckner, D. F., & Romiski, M. (2009). Joint engagement and the emergence of language in children with autism and Down syndrome. *Journal of Autism and Developmental Disorders, 39,* 84–96. doi:10.1007/s10803–008–0601–7

Adreon, D., & Stella, J. (2001). Transition to middle and high school: Increasing the success of students with Asperger syndrome. *Intervention in School and Clinic, 36,* 266–271. doi:10.1177/105345120103600502

Ali, S., & Frederickson, N. (2006). Investigating the evidence base of social stories. *Educational Psychology in Practice, 22,* 355–377.

American Psychiatric Association: DSM–V Development. (2010). 299.00: Autism Spectrum Disorder: Proposed Revision. Retrieved from http://www.dsm5.org/ProposedRevisions/Pages/proposedrevision.aspx?rid=94

Asperger, H. (1991). The "Autistic Psychopathy" in childhood. In U. Frith (Ed. & Trans.), *Autism and Asperger syndrome* (pp. 37–92). Cambridge, UK: Cambridge University Press, 1991. (Original work published 1944)

Autism Genome Project Consortium. (2007). Mapping autism risk loci using genetic linkage and chromosomal rearrangements. *Nature Genetics, 39,* 319–328. doi:10.1038/ng1985

Auyeung, B., Baron–Cohen, S., Ashwin, E., Knickmeyer, R., Taylor, K., & Hackett, G. (2009). Fetal testosterone and autistic traits. *British Journal of Psychology, 100,* 1–22. doi:10.1348/000712608X311731

Barbeau, E. B., Mendrek, A., & Motton, L. (2009). Are autistic traits autistic? *British Journal of Psychology, 100,* 23–28. doi:10.1348/000712608X337788

Baron–Cohen, S. (2002). The extreme male brain theory of autism. *Trends in Cognitive Sciences, 6,* 248–254. doi:10.1016/S1364–6613(02)01904–6

Baron–Cohen, S. (2003). *The essential difference: Men, women and the extreme male brain*. London: Penguin.

Baron–Cohen, S., Auyeung, B., Ashwin, E., & Knickmeyer, R. (2009). Fetal testosterone and autistic traits: A response to three fascinating commentaries. *British Journal of Psychology, 100,* 39–47. doi:10.1348/000712608X394271

Baron–Cohen, S., Leslie, A. M., & Frith, U. (1985). Does the autistic child have a "theory of mind"? *Cognition, 21,* 37–46. doi:10.1016/0010–0277(85)90022–8

Bedford, H., Booy, R., Dunn, D., DiGuiseppi, C., Gibb, D., Gilbert, R., et al. (1998). Correspondence. *The Lancet, 351,* 907. doi:10.1016/S0140–6736(05)70320–2

Bell, R. Q., & Harper, L. V. (1977). *Child effects on adults*. Hillsdale, NJ: Erlbaum.

Bellini, S., & Hopf, A. (2007). The development of the autism social skills profile: A preliminary analysis of psychometric properties. *Focus on Autism and Other Developmental Disabilities, 22,* 80–87. doi:10.1177/10883576070220020801

Ben–Sasson, A., Hen, L., Fluss, R., Cermak, S. A., Engel–Yeger, B., & Gal, E. (2009). A meta–analysis of sensory modulation symptoms in individuals with autism spectrum disorders. *Journal of Autism and Developmental Disorders, 39,* 1–11. doi:10.1007/s10803–593–3

Bettelheim, B. (1967). *The empty fortress*. New York: Free Press.

Bishop, D. V. M., Whitehouse, A. J. O., Watt, H. J., & Line, E. A. (2008). *Developmental Medicine & Child Neurology, 50,* 1–5.

Bleuler, E. (1951). *Textbook of psychiatry* (A. A. Brill, Trans.). New York: Dover. (Original work published 1916)

Cadigan, K., & Estrem, T. (Fall/Winter, 2006/2007). Identification and assessment of autism spectrum disorders. *Impact, 19*(3), 4–5.

Cannon, J. (2004, July 22). Youth uses Web to help others on "wrong planet." *Charlottesville Daily Progress.*

Causton–Theoharis, J., Ashby, C., & Cosier, M. (2009). slands of loneliness: Exploring social interaction through the autobiographies of individuals with autism. *Intellectual and Developmental Disabilities, 47,* 84–96. doi:10.1352/1934–556–47.2.84

Cederlund, M., Hagberg, B., Billstedt, E., Gillberg, I. C., & Gillberg, C. (2008). Asperger syndrome and autism: A comparative longitudinal follow-up study more than 5 years after original diagnosis. *Journal of Autism and Developmental Disorders, 38,* 72–85. doi:10.1007/s10803-07-0364-6

Centers for Disease Control and Prevention. (2008, October 20). *Update: Measles outbreaks continue in U.S.* Retrieved from http://cdc.gov/Features/MeaslesUpdate/

Centers for Disease Control and Prevention. (2009, December 18). Prevalence of autism spectrum disorders—Autism and Developmental Disabilities Monitoring Network, United States, 2006. *Morbidity and Mortality Weekly Report, 58,* SS-10; 1–20.

Chen, R. T., & DeStefano, F. (1998). Vaccine adverse events: Causal or coincidental? *The Lancet, 351,* 611–612. doi:10.1016/S0140-6736(05)78423-3

Clifford, S. M., & Dissanayake, C. (2008). The early development of joint attention in infants with autistic disorder using home video observations and parental interview. *Journal of Autism and Developmental Disorders, 38,* 791–805. doi:10.1007/s10803-07-0444-7

Cohen, I. L., Schmidt-Lackner, S., Romanczyk, R., & Sudhalter, V. (2003). The PDD behavior inventory: A rating scale for assessing response to intervention in children with pervasive developmental disorder. *Journal of Autism and Developmental Disabilities, 33,* 31–45. doi:10.1023/A:1022226403878

Cohen, I. L., & Sudhalter, V. (2005). *PDD Behavior Inventory* (PDDBI). Lutz, FL: Psychological Assessment Resources.

Colle, L., Baron-Cohen, S., Wheelwright, S., & van der Lely, H. K. J. (2008). Narrative discourse in adults with high-functioning autism or Asperger syndrome. *Journal of Autism and Developmental Disorders, 38,* 28–40. doi:10.1007/s10803-007-0357-5

Conroy, M., Stichter, J. P., & Gage, N. (2011). Current issues and trends in the education of children and youth with autism spectrum disorders. In J. M. Kauffman & D. P. Hallahan (Eds.), *Handbook of special education.* New York: Routledge.

Constantino, J. N., & Gruber, C. P. (2005). *The social responsiveness scale* (SRS). Los Angeles: Western Psychological Services.

Coo, H., Ouellette-Kuntz, H., Lloyd, J. E. V., Kasmara, L., Holden, J. J. A., & Lewis, M. E. S. (2008). Trends in autism prevalence: Diagnostic substitution revisited. *Journal of Autism and Developmental Disorders, 38,* 1036–1046. doi:10.1007/s10803-007-0478-x

Courchesne, E., Carper, R., & Akshoomoff, N. (2003). Evidence of brain overgrowth in the first year of life in autism. *Journal of the American Medical Association, 290,* 337–344.

Courchesne, E., Karns, C. M., Davis, H. R., Ziccardi, R., Carper, R. A., Tigue, B. S., et al. (2001). Unusual brain growth patterns in early life in patients with autistic disorder. *Neurology, 57,* 245–254.

Editors of The Lancet. (2010, February 2). Retraction—Ileal-lymphoid-nodular hyperplasia, non-specific colitis, and pervasive developmental disorder in children. *The Lancet.*

Retrieved from http://www.thelancet.com/journals/lancet/article/PIIS0140-6736%2810%2960175-4/fulltextdoi:10.1016/S0140-6736(10)60175-4

Eisenberg, L., & Kanner, K. (1956). Early infantile autism, 1943–955. *American Journal of Orthopsychiatry, 26,* 556–566.

Elder, L. M., Dawson, G., Toth, K., Fein, D., & Munson, J. (2008). Head circumference as an early predictor of autism symptoms in younger siblings of children with autism spectrum disorder. *Journal of Autism and Developmental Disorders, 38,* 1104–1111. doi:10.1007/s10803-007-04959

Eldevik, S., Hastings, R. P., Hughes, J. C., Jahr, E., Eikeseth, S., & Cross, S. (2009). Meta-analysis of Early Intensive Behavioral Intervention for children with autism. *Journal of Clinical Child & Adolescent Psychology, 38,* 439–450. doi:10.1080/15374410902851739

Falter, C. M., Plaisted, K. C., & Davis, G. (2008). Male brains, androgen, and the cognitive profile in autism: Convergent evidence from 2D:4D and congenital adrenal hyperplasia. *Journal of Autism and Developmental Disorders, 38,* 997–998. doi:10.1007/s10803-008-0552-z

Fenson, L. (2007). *MacArthur-Bates Communicative Development Inventories* (CDIs) (3rd ed.). Baltimore: Brookes.

Fenson, L., Marchman, V. A., Thal, D. J., Dale, P. S., Reznick, J. S., & Bates, E. (2003). *MacArthur-Bates Communicative Development Inventories* (CDIs) (2nd ed.). Baltimore: Brookes.

Fombonne, E. (2001). Is there an autism epidemic? *Pediatrics, 107,* 411–412. doi:10.1542/peds.107.2.411

Fombonne, E., Roge, B., Claverie, J., Courty, S., & Fremoile, J. (1999). Microcephaly and macrocephaly in autism. *Journal of Autism and Developmental Disorders, 29,* 113–119. doi:10.1023/A:1023036509476

Frith, U. (2003). *Autism: Explaining the enigma* (2nd ed.). Malden, MA: Blackwell.

Fukomoto, A., Hashimoto, T., Ito, H., Nishimura, M., Tsuda, Y., Miyazaki, M., & Kagami, S. (2008). Growth of head circumference in autistic infants during the first year of life. *Journal of Autism and Developmental Disorders, 38,* 411–418.

Gerhardt, P. F. (2003). Transition support for learners with Asperger syndrome: Toward a successful adulthood. In R. W. Du Charme & T. P. Gullotta (Eds.), *Asperger syndrome: A guide for professionals and families* (pp. 157–171). New York: Kluwer Academic/Plenum.

Gilliam, J. E. (1995). *Gilliam Autism Rating Scale.* Austin, TX: Pro Ed.

Glessner, J. T., Wang, K., Cai, G., Korvatska, O., Kim, C. E., Wood, S., & Hakonarson, H. (2009). Autism genome-wide copy number variation reveals ubiquitin and neuronal genes. *Nature, 459,* 569–573. doi:10.1038/nature07953

Graetz, J. E., Mastropieri, M. A., & Scruggs, T. E. (2009). Decreasing inappropriate behaviors for adolescents with autism spectrum disorders using modified social stories. *Education and Training in Developmental Disabilities, 44*(1), 91–104.

Grandin, T. (1995). *Thinking in pictures*. New York: Doubleday.

Grandin, T. (2002, May 6). First person: Myself. *Time, 56.*

Gray, C., & Garand, J. (1993). Social stories: Improving responses of students with autism with accurate social information. *Focus on Autistic Behavior, 8,* 1–10

Guber, P. (Producer), & Levinson, B. (Director). (1988). *Rain Main* [Motion picture]. United States: United Artists.

Hendricks, D., & Wehman, P. (2009). Transition from school to adulthood for youth with autism spectrum disorders: Review and recommendations. *Focus on Autism and Other Developmental Disorders, 24*(2), 77–88. doi:10.1177/1088357608329827

Hermelin, B. (1976). Coding and the sense modalities. In L. Wing (Ed.), *Early childhood autism*. London: Pergamon.

Herschkowitz, N. (2000). Neurological bases of behavioral development in infancy. *Brain Development, 22,* 411–416. doi:10.1016/S0387-7604(00)00185-6

Hertz-Picciotto, I., & Delwiche, L. (2009). The rise of autism and the role of age at diagnosis. *Epidemiology, 20,* 84–90. doi:10.1097/EDE.0b013e3181902d15

Hewetson, A. (2002). *The stolen child: Aspects of autism and Asperger syndrome*. Westport, CT: Bergin & Garvey.

Hoopman, K. (2000). *Blue bottle mystery*. London: Jessica Kingsley.

Hoopman, K. (2001). *Of mice and aliens*. London: Jessica Kingsley.

Hoopman, K. (2002). *Lisa and the lacemaker*. London: Jessica Kingsley.

Hoopman, K. (2003). *Haze*. London: Jessica Kingsley.

Hoopman, K. (2006). *All cats have Asperger syndrome*. London: Jessica Kingsley.

Horner, R. H., Albin, R. W., Sprague, J. R., & Todd, A. W. (2000). Positive behavior support. In M. E. Snell & F. Brown (Eds.), *Instruction of students with severe retardation* (5th ed., pp. 207–243). Upper Saddle River, NJ: Merrill/Pearson.

Howlin, P., Magiati, I., & Charman, T. (2009). Systematic review of Early Intensive Behavioral Interventions for children with autism. *American Journal on Intellectual and Developmental Disabilities, 114,* 23–41. doi:10.1352/2009.114:23–1

Individuals With Disabilities Education Improvement Act of 2004. (2004). 20 U.S.C. § 1400 *et seq.*

Institute of Medicine. (2004). *Immunization safety review: Vaccines and autism*. Washington, DC: National Academies Press.

Joint Attention. (n.d.). In *Wikipedia*. Retrieved from http://en.wikipedia.org/wiki/Joint_attention

Kaland, N., Callesen, K., Moller-Nielson, A., Mortensen, E. L., & Smith, L. (2008). Performance of children and adolescents with Asperger syndrome or high functioning autism on advanced theory of mind tasks. *Journal of Autism and Developmental Disorders, 38,* 1112–1123. doi:10.1007/s10803–007–0496–8

Kanner, L. (1973). *Childhood psychosis: Initial studies and new insights* (pp. 1–43). Washington, DC: V. H. Winston. (Reprinted from Autistic disturbances of affective contact. Nervous Child,

2, 217–250, by L. Kanner, 1943.)

Koegel, L. K., Koegel, R. L., Harrower, J. K., & Carter, C. M. (1999). Pivotal response intervention I: Overview of approach. *Journal of the Association for Persons with Severe Handicaps, 24,* 174–185. doi:10.2511/rpsd.24.3.174

Koegel, R. L., & Koegel, L. K. (Eds.). (2006). *Pivotal response treatments for autism: Communication, social, and academic development*. Baltimore, MD: Brookes.

Kogan, M. D., Blumberg, S. J., Schieve, L. A., Boyle, C. A., Perrin, J. M., Ghandour, R. M., & van Dyck, P. C. (2009). Prevalence of paren-treported diagnosis of autism spectrum disorder among children in the US, 2007. *Pediatrics, 124*(4), 1–9.

Kuusikko, S., Pollock-Wurman, R., Jussila, K., Carter, A. S., Mattila, M.-J., Ebeling, H., & Moilanen, I. (2008). Social anxiety in high-functioning children and adolescents with autism and Asperger syndrome. *Journal of Autism and Developmental Disorders, 38,* 1697–1709. doi:10.1007/s10803–008–0555–9

Lainhart, J. E. (2003). Increased rate of head growth during infancy in autism. *Journal of the American Medical Association, 290,* 393–394.

Landa, R. J., Holman, K. C., & Garrett-Mayer, E. (2007). Social and communication development in toddlers with early and later diagnosis of autism spectrum disorders. *Archives of General Psychiatry, 64,* 853–864. doi:10.1001/archpsyc.64.7.853

Le Couteur, A., Haden, G., Hammal, D., & McConachie, H. (2008). Diagnosing autism spectrum disorders in pre-school children using two standardised [sic] assessment instruments: The ADI-R and the ADOS. *Journal of Autism and Developmental Disorders, 38,* 362–372. doi:10.1007/s10803–07–0403–3

Lotter, V. (1966). Epidemiology of autistic conditions in young children: I. Prevalence. *Social Psychiatry, 1,* 124–137. doi:10.1007/BF00584048

Luna, B., Doll, S. K., Hegedus, S. J., Minshew, N. J., & Sweeney, J. A. (2007). Maturation of executive function in autism. *Biological Psychiatry, 61,* 474–481. doi:10.1016/j.biopsych.2006.02.030

Luyster, R., Lopez, K., & Lord, C. (2007). Characterizing communicative development in children referred for autism spectrum disorders using the MacArthur-Bates Communicative Development Inventory (CDI). *Journal of Child Language, 34,* 623–654. doi:10.1017/S0305000907008094

Luyster, R., Qiu, S., Lopez, K., & Lord, C. (2007). Predicting outcomes of children referred for autism using the MacArthur-Bates Communicative Development Inventory. *Journal of Speech, Language, and Hearing Research, 50,* 667–681. doi:10.1 044/1092–4388(2007/047)

Mandell, D. S., Wiggins, L. D., Carpenter, L. A., Daniels, J., Diguiseppi, C., Durkin, M. S., ... Kirby, R. S. (2009). Racial/ethnic disparities inthe identification of children with autism spectrum disorders. American *Journal of Public Health, 99,* 493–498. doi:10.2105/AJPH.2007.131243

Mills, J. L., Hediger, M. L., Molloy, C. A., Chrousos, G. P., Manning-Courtney, P., Yu, K. F., et al. (2007). Elevated levels of growth-related hormones in autism and autism spectrum disorder. *Clinical Endocrinology, 67,* 230–237.

Minshew, N. J., Sweeney, J., & Luna, B. (2002). Autism as a selective disorder of complex information processing and underdevelopment of neocortical systems. *Molecular Psychiatry, 7*(Suppl. 2), S12–S15. doi:10.1038/sj.mp.4001166

Muller, R. A. (2007). The study of autism as a distributed disorder. *Mental Retardation and Developmental Disabilities Research Reviews, 13*, 85–95. doi:10.1002/mrdd.20141

Murch, S. H., Anthony, A., Casson, D. H., Malik, M., Berelowitz, M., Dhillon, A. P., et al. (2004). Retraction of an interpretation. *The Lancet, 363*, 750. doi:10.1016/S0140–6736(04)15715–2

Murray, D. S., Creaghead, N. A., Manning–Courtney, P., Shear, P. K., Bean, J., & Prendville, J. (2008). The relationship between joint attention and language in children with autism spectrum disorders. *Focus on Autism and Other Developmental Disabilities, 23*, 5–8. doi:10.1177/1088357607311443

Myles, B. S. (2003). Social skills instruction for children with Asperger syndrome. In R. W. Du Charme & T. P. Gullotta (Eds.). *Asperger syndrome: A guide for professionals and families* (pp. 21–42). New York: Kluwer Academic/Plenum.

Myles, B. S., & Simpson, R. L. (2001). Understanding the hidden curriculum: An essential social skill for children and youth with Asperger syndrome. *Intervention in School and Clinic, 36*, 279–286. doi:10.1177/105345120103600504

Myles, B. S., & Simpson, R. L. (2003). *Asperger syndrome: A guide for parents and teachers*. Austin, TX: Pro-Ed.

Naess, P. (Director), & Bass, R. (2005). *Mozart and the Whale* [Motion picture]. United States: Millennium Films.

National Research Council. (2001). *Educating children with autism*. Washington, DC: National Academy Press.

Page, T. (2007, August 20). Parallel play: A lifetime of restless isolation explained. *The New Yorker*, pp. 36–41.

Piven, J., Arndt, S., Bailey, J., & Andreason, N. C. (1996). Regional brain enlargement in autism: a magnetic resonance imaging study. *Journal of the American Academy of Child and Adolescent Psychiatry, 35*, 530–536. doi:10.1097/00004583–199604000–00020

Piven, J., Arndt, S., Bailey, J., Havercamp, S., Andreason, N. C., & Palmer, P. (1995). An MRI study of brain size in autism. *American Journal of Psychiatry, 152*, 1145–1149.

Reichow, B., & Wolery, M. (2009). Comprehensive synthesis of Early Intensive Behavioral Interventions for young children with autism based on the UCLA Young Autism Project Model. *Journal of Autism and Developmental Disorders 39*, 23–41. doi:10.1007/s10803–008–0596–0

Robison, J. E. (2007). *Look me in the eye: My life with Asperger's*. New York: Crown.

Rogers, S. J. (2000). Diagnosis of autism before the age of 3. *International Review of Mental Retardation, 23*, 1–31. doi:10.1016/S0074–7750(00)80004–X

Sacks, O. (1995). *An anthropologist on Mars*. New York: Knopf.

Sallows, G. O., & Graupner, T. D. (2005). Intensive behavioral treatment for children with autism: Four–year outcome and predictors. *American Journal on Mental Retardation, 110*, 417–438. doi:10.1352/0895–8017(2005)110[417:IBTFCW]

2.0.CO;2

Sayers, B. (2010). Book Review: *All cats have Asperger's syndrome*. BellaOnline: The Voice of Women. Retrieved from http://www.bellaonline.org/articles/art49950.asp

Schechter, R., & Grether, J. K. (2008). Continuing increases in autism reported to California's developmental services system: Mercury in retrograde. *Archives of General Psychiatry, 65*, 19–24. doi:10.1001/archgenpsychiatry.2007.1

Scheuermann, B., & Webber, J. (2002). *Autism: Teaching does make a difference*. Stamford, CT: Wadsworth Group.

Schopler, E., Reichler, R. J., & Renner, B. (1988). *Childhood autism rating scale* (CARS). Los Angeles: Western Psychological Services.

Schuler, A. L. (1995). Thinking in autism: Differences in learning and development. In K. A. Quill (Ed.), *Teaching children with autism: Strategies to enhance communication and socialization* (pp. 11–32). New York: Delmar.

Scott, J. (Producer), & Hicks, S. (Writer/Director). (1996). *Shine* [Motion picture]. Australia: New Line Cinema.

Sebat, J., Lakshmi, B., Malhotra, D., Troge, J., Lese–Martin, C., Walsh, T., et al. (2007). Strong association of de novo copy number mutations with autism. *Science, 316*, 445–449. doi:10.1126/science.1138659

Semel, E., Wiig, E. H., Secord, W. A. (2004). Clinical evaluation of language fundamentals (4th ed.). Upper Saddle River, NJ: Pearson.

Shattuck, P. T. (2006). The contributions of diagnostic substitution to the growing administrative prevalence of autism in U.S. special education. *Pediatrics, 117*, 1028–1037. doi:10.1542/peds.2005–1516

Shore, S. (2003). My life with Asperger syndrome. In R. W. Du Charme & T. P. Gullotta (Eds.), *Asperger syndrome: A guide for professionals and families* (pp. 189–209). New York: Kluwer Academic/Plenum.

Simpson, R. L. (2004). Finding effective intervention and personnel preparation practices for students with autism spectrum disorders. *Exceptional Children, 70*, 135–144.

Simpson, R. L., de Boer–Ott, S. R., Griswold, D. E., Myles, B. S., Byrd, S. E., Ganz, J. B., et al. (2005). *Autism spectrum disorders: Interventions and treatments for children and youth*. Thousand Oaks, CA: Corwin Press.

Simpson, R. L., de Boer–Ott, S. R., & Smith–Myles, B. (2003). Inclusion of learners with autism spectrum disorders in general education settings. *Topics in Language Disorders, 23*, 116–133. doi:10.1097/00011363–200304000–00005

Skuse, D. H. (2009). Commentary: Is autism really a coherent syndrome in boys, or girls? *British Journal of Psychology, 100*, 33–37. doi:10.1348/000712608X369459

Stone, W. L., McMahon, C. R., Yoder, P. J., & Walden, T. A. (2007). Early social–communicative and cognitive development of younger siblings of children with autism spectrum disorders. *Archives of Pediatric and Adolescent Medicine, 161*, 384–390. doi:10.1001/archpedi.161.4.384

Strock, M. (2004). *Autism spectrum disorders (pervasive*

developmental disorders). Bethesda, MD: U.S. Department of Health and Human Services, National Institutes of Health, National Institute of Mental Health. Retrieved from www. nimh.nih.gov/publicat/autism.cfm

Sulzer–Azaroff, B., Hoffmann, A. O., Horton, C. B., Bondy, A., & Frost, L. (2009). The Picture Exchange Communication System (PECS): What do the data say? *Focus on Autism and Other Developmental Disabilities, 24*(2), 89–103. doi:10.1177/1088357609332743

Sutcliffe, J. S. (2008). Genetics: Insights into the pathogenesis of autism. *Science, 321,* 208–209. doi:10.1126/science.1160555

Tager–Flusberg, H., Rogers, S., Cooper, J., Landa, R., Lord, C., Paul, R., ..., & Yoder, P. (2009). Defining spoken language benchmarks and selecting measures of expressive language development for children with Autism Spectrum Disorders. *Journal of Speech, Language, and Hearing Research, 52,* 643–652. doi:10.1044/1092– 4388(2009/08–0136)

Tammet, D. (2006). *Born on a blue day: A memoir of Asperger's and an extraordinary mind.* London: Hodder & Stoughton.

Travis, L. L., & Sigman, M. D. (2000). A developmental approach to autism. In A. J. Sameroff, M. Lewis, & S. M. Miller (Eds.), *Handbook of developmental psychopathology* (2nd ed., pp. 641–655). New York: Kluwer Academic/Plenum.

Treffert, D. A. (2006). *Extraordinary people: Understanding savant syndrome.* New York: Authors Guild Backprint Bookstore.

Volkmar, F. R., & Pauls, D. (2003). Autism. *The Lancet, 362,* 1133–1141. doi:10.1016/S0140–6736(03)14471–6

Wakefield, A. J., Murch, S. H., Anthony, A., Linnell, J., Casson, D. M., Malik, M., et al. (1998). Illeallymphoid–nodular hyperplasia, non–specific colitis, and pervasive developmental disorder in children. *The Lancet, 351,* 637–641. doi:10.1016/S0140–6736(97)11096–0

Wang, K., Zhang, H., Ma, D., Bucan, M., Glessner, J. T., Abrahams, B. S., & Hakonarson, H. (2009). Common genetic variants on 5p14.1 associate with autism spectrum disorders. *Nature, 459,* 528–533. doi:10.1038/nature07999

Werner, E., & Dawson, G. (2005). Validation of the phenomenon of autistic regression using home videotapes. *Archives of General Psychiatry, 62,* 889–895. doi:10.1001/archpsyc.62.8.889

Wing, L. (1981). Asperger syndrome: A clinical account. *Psychological Medicine, 11,* 115–129. doi:10.1017/S0033291700053332

Wing, L., & Potter, D. (2002). The epidemiology of autistic spectrum disorders: Is prevalence rising? *Mental Retardation & Developmental Disabilities Research Reviews, 8*(3), 151–161. doi:10.1002/mrdd.10029

CHAPTER 10

American Speech–Language–Hearing Association. (1993). Definitions of communication disorders and variations. *ASHA, 35*(Suppl. 10), 40–41.

Anderson, N. B., & Shames, G. H. (2006). *Human communication disorders* (7th ed.). Boston: Allyn & Bacon.

Audet, L. R., & Tankersley, M. (1999). Implications of communication and behavioral disorders for classroom management: Collaborative intervention techniques. In D. Rogers–Adkinson & P. Griffith (Eds.), *Communication disorders and children with psychiatric and behavioral disorders* (pp. 403–440). San Diego: Singular.

Bernthal, J. E., & Bankson, N. W. (1998). *Articulation and phonological disorders* (4th ed.). Boston: Allyn & Bacon.

Bernthal, J. E., & Bankson, N. W. (2004). *Articulation and phonological disorders* (5th ed.). Boston: Allyn & Bacon.

Calandrella, A. M., & Wilcox, M. J. (2000). Predicting language outcomes for young prelinguistic children with developmental delay. *Journal of Speech, Language and Hearing Research, 43,* 1061–1071. PMid:11063230

Campbell, S. L., Reich, A. R., Klockars, A. J., & McHenry, M. A. (1988). Factors associated with dysphonia in high school cheerleaders. *Journal of Speech and Hearing Disorders, 53,* 175–185. PMid:3361859

Cannito, M. P., Yorkston, K. M., & Beukelman, D. R. (Eds.). (1998). *Neuromotor speech disorders: Nature, assessment, and management.* Baltimore: Brookes.

Catts, H., Adlof, S., Hogan, T., & Ellis Weismer, S. (2005). Are specific language impairment and dyslexia distinct disorders? *Journal of Speech, Language, and Hearing Research, 48,* 1378–1396. doi:10.1044/1092–4388(2005/096)

Catts, H. W., Fey, M. E., Zhang, X., & Tomblin, J. (2001). Estimating the risk of future reading difficulties in kindergarten children: A research–based model and its clinical implications. *Language, Speech, and Hearing Services in Schools, 32,* 38–50. doi:10.1044/0161–1461(2001/004)

Choudhury, N., & Benasich, A. A. (2003). A family aggregation study: The influence of family history and other risk factors on language development. *Journal of Speech, Language, and Hearing Research, 46,* 261–272. doi:10.1044/1092–4388(2003/021)

Conti–Ramsden, G., Durkin, J., & Simkin, Z. (2010). Language and social factors in the use of cell phone technology by adolescents with and without specific language impairment (SLI). *Journal of Speech, Language, and Hearing Research, 53,* 196–208. doi:10.1044/0192–4388(2009/08/0241)

Conture, E. G. (2001). *Stuttering: Its nature, diagnosis, and treatment.* Boston: Allyn & Bacon.

DeThorne, L. S., Petrill, S. A., Schatschneider, C., & Cutting, L. (2010). Conversational language use as a predictor of early reading development: Language history as a modeling variable. *Journal of Speech, Language, and Hearing Research, 53,* 209–223. doi:10.1044/0192–4388(2009/08/0060).

Donahue, M. L., Hartas, D., & Cole, D. (1999). Research on interactions among oral language and emotional/behavioral disorders. In D. Rogers–Adkinson & P. Griffith (Eds.), *Communication disorders and children with psychiatric and behavioral disorders* (pp. 69–97). San Diego: Singular.

Fey, M. E., Catts, H. W., & Larrivee, L. S. (1995). Preparing preschoolers for academic and social challenges of school. In M. E. Fey, J. Windsor, & S. F. Warren (Eds.), *Language intervention: Preschool through the elementary years* (pp. 3–37). Baltimore: Brookes.

Foundas, A. L. (2001). The anatomical basis of language. *Topics in Language Disorders, 21*(3), 1–19.

Goldstein, B., & Iglesias, A. (2004). Language and dialectical variations. In J. E. Bernthal & N. W. Bankson (Eds.), Articulation and phonological disorders (5th ed., pp. 348–375). Boston: Allyn & Bacon.

Graham, S., Harris, K. R., MacArthur, C., & Schwartz, S. (1998). Writing instruction. In B. Y. L. Wong (Ed.), *Learning about learning disabilities* (2nd ed., pp. 391–424). San Diego: Academic Press.

Gustason, G., & Zawolkow, E. (1993). *Signing exact English dictionary.* Los Alamitos, CA: Modern Signs Press.

Hallahan, D. P., Lloyd, J. W., Kauffman, J. M., Weiss, M., & Martinez, E. (2005). *Introduction to learning disabilities* (3rd ed.). Boston: Allyn & Bacon.

Hammer, C. S., & Weiss, A. L. (2000). African American mothers' views of their infants' language development and language-learning environment. *American Journal of Speech–Language Pathology, 9,* 126–140.

Hart, B., & Risley, T. R. (1995). *Meaningful differences in the everyday experience of young American children.* Baltimore: Brookes.

Hulit, L. M., & Howard, M. R. (2010). *Born to talk: An introduction to speech and language development* (4th ed.). Boston: Allyn & Bacon.

Justice, L. M. (2006). *Communication sciences and disorders: An introduction.* Upper Saddle River, NJ: Pearson.

Justice, L. M., & Schuele, C. M. (2004). Phonological awareness: Description, assessment, and intervention. In J. E. Bernthal & N. W. Bankson (Eds.), *Articulation and phonological disorders* (5th ed., pp. 376–411). Boston: Allyn & Bacon.

Klein, H. B., & Moses, N. (1999). *Intervention planning for adults with communication problems: A guide for clinical practicum and professional practice.* Boston: Allyn & Bacon.

Kohnert, K., Windsor, J., & Yim, D. (2006). Do language-based processing tasks separate children with language impairment from typical bilinguals? *Learning Disabilities Research and Practice, 21,* 19–29. doi:10.1111/j.1540–5826.2006.00204.x

Koury, L. N. (2007). Service delivery issues in early intervention. In R. Lubinski, L. A. C. Golper, & C. M. Frattali (Eds). *Professional issues in speech language pathology and audiology* (pp. 349–370). Clifton Park, NY: Thomson Delmar.

Lane, H. B., & Pullen, P. C. (2004). *Phonological awareness assessment and instruction: A sound beginning.* Boston: Allyn & Bacon.

McCabe, P. C., & Marshall, D. J. (2006). Measuring the social competence of preschool children with specific language impairment: Correspondence among informant ratings and behavioral observations. *Topics in Early Childhood Special Education, 26,* 234–246. doi:10.1177/02711214060260040401

McCormick, L., Loeb, D. F., & Schiefelbusch, R. L. (1997). *Supporting children with communication difficulties in inclusive settings: School–based language intervention.* Boston: Allyn & Bacon.

McGregor, K. K. (2000). The development and enhancement of narrative skills in a preschool classroom: Towards a solution to clinician–client mismatch. *American Journal of Speech–Language Pathology, 9,* 55–71.

Mercer, C. D., & Pullen, P. C. (2009). *Students with learning disabilities* (7th ed.). Upper Saddle River, NJ: Merrill/Pearson.

Mullen, R., & Schooling, T. (2010). The National Outcomes Measurement System for pediatric speech–language pathology. *Language, Speech, and Hearing Services in Schools, 41,* 44–60. doi:10.1044/0161–1461(2009/08–0051)

Muter, V., Hulme, C., Snowling, M. J., & Stevenson, J. (2004). Phonemes, rimes, vocabulary and grammatical skills as foundations of early reading development: Evidence from a longitudinal study. *Developmental Psychology, 40,* 665–681. doi:10.1037/0012–1649.40.5.665

Nelson, K. (1993). The psychological and social origins of autobiographical memories. *Psychological Science, 4,* 7–14. doi:10.1111/j.1467–9280.1993.tb00548.x

Onslow, M., Packman, A., & Payne, P. A. (2007). Clinical identification of early stuttering: Methods, issues, and future directions. *Asia Pacific Journal of Speech Pathology and Audiology, 10,* 15–31.

Owens, R. E., Jr. (2004). *Language disorders: A functional approach to assessment and intervention* (4th ed.). Boston: Allyn & Bacon.

Owens, R. E., Jr., Evans, D. E., & Haas, B. A. (2000). *Introduction to communication disorders: A life span perspective.* Boston: Allyn & Bacon.

Owens, R. E., Metz, D. E., & Haas, A. (2007). *Introduction to communication disorders: A lifespan perspective.* Boston: Allyn & Bacon.

Owens, R. E., Metz, D. E., & Farinella, K. A. (2010). *Introduction to communication disorders: A lifespan evidence–based perspective.* Upper Saddle River, NJ: Pearson.

Peterson, R. L., Pennington, B. F., Shriberg, L. D., & Boada, R. (2009). *What influences literacy outcome in children with speech sound disorder? Journal of Speech, Language, and Hearing Research, 52,* 1175–1188. doi:10.1044/0192–4388(2009/08–0024)

Plante, E., & Beeson, P. M. (2004). *Communication and communication disorders: A clinical introduction* (2nd ed.). Boston: Allyn & Bacon.

Prizant, B. M. (1999). Early intervention: Young children with communication and emotional/behavioral problems. In D. Rogers–Adkinson & P. Griffith (Eds.), *Communication disorders and children with psychiatric and behavioral disorders* (pp. 295–342). San Diego: Singular.

Raspberry, W. (2001, August 21). Bi–English education: Low–income children might benefit from early immersion in standards. *Charlottesville Daily Progress*, p. A6.

Robinson, R. L., & Crowe, T. A. (2001). Fluency and voice. In D. M. Ruscello (Ed.), *Tests and measurements in speech–language pathology* (pp. 163–183). Boston: Butterworth– Heinemann.

Rogers–Adkinson, D., & Griffith, P. (Eds.). (1999). *Communication disorders and children with psychiatric and behavioral disorders*. San Diego: Singular.

Sawyer, D. J. (2006). Dyslexia: A generation of inquiry. *Topics in Language Disorders, 26*, 95–109.

Shields, D. (1990). *Dead languages*. St. Paul, MN: Greywolf Press.

Silliman, E. R., & Scott, C. M. (2006). Language impairment and reading disability: Connections and complexities. *Learning Disabilities Research and Practice, 21*, 1–7. doi:10.1111/j.1540–5826.2006.00202.x

Snowling, M. J., & Hayiou–Thomas, M. E. (2006). The dyslexia spectrum: Continuities between reading, speech, and language impairments. *Topics in Language Disorders, 26*, 110–126.

Soto, G., Solomon–Rice, P., & Caputo, M. (2009). Enhancing the personal narrative skills of elementary school–aged students who use AAC: The effectiveness of personal narrative intervention. *Journal of Communication Disorders, 42*, 43–57. doi:10.1016/j.jcomdis.2008.08.001

Staskowski, M., & Nelson, N. W. (2007). Service delivery issues in educational settings. In R. Lubinski, L. A. C. Golper, & C. M. Frattali (Eds). *Professional issues in speech language pathology and audiology* (pp. 329–348). Clifton Park, NY: Thomson Delmar.

Stockman, I. J. (2010). A review of developmental and applied language research on African American children: From a deficit to difference perspective on dialect differences. *Language, Speech, and Hearing Services in Schools, 41*,23–38. doi:10.1044/0161–1461(2009/08–0086)

Throneburg, R. N., Calvert, L. K., Sturm, J. J., Paramboukas, A. A., & Paul, P. J. (2000). A comparison of service delivery models: Effects on curricular vocabulary skills in the school setting. *American Journal of Speech–Language Pathology, 9*, 10–20.

Vellutino, F. R., Fletcher, J. M., Snowling, M. J., & Scanlon, D. M. (2004). Specific reading disability (dyslexia): What have we learned in the past four decades? *Journal of Child Psychology and Psychiatry, 45*, 2–40. doi:10.1046/j.0021–9630.2003.00305.x

Vinson, B. (2007). *Language disorders across the lifespan* (2nd ed.). New York: Thornson.

Warren, S. F., & Abbaduto, L. (1992). The relation of communication and language development to mental retardation. *American Journal on Mental Retardation, 97*, 125–130. PMid:1418929

Yairi, E., & Ambrose, N. (2004). Stuttering: Recent developments and future directions. *The AHSA Leader, 18*, 4–5, 14–15.

Yoder, P. J., & Warren, S. F. (2001). Relative treatment effects of two prelinguistic communication interventions on language development of toddlers with developmental delays vary by maternal characteristics. *Journal of Speech and Hearing Research, 44*, 224–237. doi:10.1044/1092–4388(2001/019)

CHAPTER 11

Adams, M. (1990). *Beginning to read: Thinking and learning about print*. Cambridge, MA: MIT Press.

Aldersley, S. (2002). Least restrictive environment and the courts. *Journal of Deaf Studies and Deaf Education, 7*, 189–199. doi:10.1093/deafed/7.3.189

Allinder, R. M., & Eccarius, M. A. (1999). Exploring the technical adequacy of curriculum–based measurement in reading for children who use manually coded English. *Exceptional Children, 65*, 271–288.

American Academy of Otolaryngology—Head and Neck Surgery. (2007). *Noise & Hearing Protection*. Retrieved from http://www.entnet.org/healthinfo/hearing/noise_hearing.cfm

Andrews, J. F., Leigh, I. W., & Weiner, M. T. (2004). *Deaf people: Evolving perspectives from psychology, education, and sociology*. Boston: Allyn & Bacon.

Andrews, J. F., Shaw, P. C., & Lomas, G. (2011). Deaf and hard of hearing students. In J. M. Kauffman & D. P. Hallahan (Eds.). *Handbook of special education*. New York: Routledge

Andrews, J. F., & Zmijewski, G. (1997). How parents support home literacy with deaf children. *Early Child Development and Care, 127*, 131–139. doi:10.1080/03004 43971270111

Bornstein, M. H., Selmi, A. M., Haynes, O. M., Painter, K. M., & Marx, E. S. (1999). Representational abilities and the hearing status of child/mother dyads. *Child Development, 70*, 833–852. doi:10.1111/1467–8624.00060

Brashear, H., Henderson, V., Park, K–H., Hamilton, H., Lee, S., & Starner, T. (2006). American Sign Language recognition game development for deaf children. In *Proceedings of the 8th International ACM SIGACCESS Conference on Computers and Accessbility* (pp. 79–86). Portland, OR: ACM Press.

Brill, R. G., MacNeil, B., & Newman, L. R. (1986). Framework for appropriate programs for deaf children. *American Annals of the Deaf, 131*, 65–77.

Brown, A. S. (2009). Intervention, education, and therapy for children who are deaf and hard of hearing. In J. Katz, L. Medwetsky, R. Burkhard, & L. Hood (Eds.), *Handbook of clinical audiology* (6th ed., pp. 934–954). Philadelphia: Lippincott, Williams, & Wilkins.

Buchino, M. A. (1993). Perceptions of the oldest hearing child of deaf parents. *American Annals of the Deaf, 138*, 40–45.

Cambra, C. (1996). A comparative study of personality descriptors attributed to the deaf, the blind, and individuals with no sensory disability. *American Annals of the Deaf, 141*, 24–28.

Campbell, K. C. M., & Mullin, G. (2006, May 31). Otoacoustic emissions. *eMedicine*. Retrieved from http://www.emedicine.com/ent/topic372.htm

Campbell, R., & MacSweeney, M. (2004). Neuroimaging studies of crossmodal plasticity and language processing in deaf people. In G. A. Calvert, C. Spence, & B. E. Stein (Eds.),

The handbook of multisensory processing (pp. 773–784). Cambridge, MA: MIT Press.

Cawthon, S. (2009). Professional development for teacher of students who are deaf or hard of hearing: Facing the assessment challenge. *American Annals of the Deaf, 154,* 50–61. doi:10.1353/aad.0.0073

Cawthon, S. W. (2010). Science and evidence of success: Two emerging issues in assessment accommodations for students who are deaf or hard of hearing. *Journal of Deaf Studies and Deaf Education, 15,* 185–203. doi: 10.1093/deafed/enq002

Charlson, E., Strong, M., & Gold, R. (1992). How successful deaf teenagers experience and cope with isolation. *American Annals of the Deaf, 137,* 261–270.

Cheng, S., & Rose, S. (2009). Investigating the technical adequacy of curriculum–based measurement in written expression for students who are deaf or hard of hearing. *Journal of Deaf Studies and Deaf Education, 14,* 503–515. doi:10.1093/deafed/enp013

Christiansen, J. B. (2009). The 2006 protest at Gallaudet University: Reflections and explanations. *Sign Language Studies, 10,* 69–89. doi:10.1353/sls.0.0033

Council for Exceptional Children. (2003). *What every special educator must know: Ethics, standards, and guidelines for special educators* (5th ed.). Arlington, VA: Author.

Emery, S. D., Middleton, A., & Turner, G. H. (2010). Whose deaf genes are they anyway? The Deaf community's challenge to legislation on embryo selection. *Sign Language Studies, 10,* 155–169. doi:10.1353/sls.0.0037

Emmorey, K. (2002). *Language, cognition, and the brain: Insights from sign language research.* Mahwah, NJ: Erlbaum.

Feldman, H. M., Dollaghan, C. A., Campbell, T. F., Colborn, D. K., Janosky, J., Kurs–Lasky, M., et al. (2003). Parent–reported language skills in relation to otitis media during the first 3 years of life. *Journal of Speech, Language, and Hearing Research, 46,* 273–287. doi:10.1044/1092–4388(2003/022)

Gallaudet Research Institute. (2008, November). *Regional and National Summary Report of Data from the 2007–8 Annual Survey of Deaf and Hard of Hearing Children and Youth.* Washington, DC: GRI, Gallaudet University, Retrieved from http://gri.gallaudet.edu/Demographics/2008_National_Summary.pdf

Geers, A. E., Moog, J. S., Biedenstein, J., Brenner, C., & Hayes, H. (2009). Spoken language scores of children using cochlear implants compared to hearing age–mates at school entry. *Journal of Deaf Studies and Deaf Education, 14,* 371–385. doi:10.1093/deafed/enn046

Goldin–Meadow, S. (2003). *The resilience of language: What gesture creation in deaf children can tell us about how all children learn language.* New York: Psychology Press.

Individuals With Disabilities Data Accountability Center. (2010, April 12). Part B: Educational Environment, 2007. Retrieved from https://www.ideadata.org/PartBData.asp

Kegl, J., Senghas, A., & Coppola, M. (1999). Creation through contact: Sign language emergence and sign language change in Nicaragua. In M. DeGraff (Ed.), *Comparative grammatical change: The intersection of language acquisition, creole genesis, and diachronic syntax* (pp. 179–237). Cambridge, MA: MIT Press.

Kenneson A., & Cannon M. J. (2007). Review and meta–analysis of the epidemiology of congenital cytomegalovirus (CMV) infection. *Review of Medical Virology, 17,* 253–276. doi:10.1002/rmv.535

Kluwin, T. N., Stinson, M. S., & Colarossi, G. M. (2002). Social processes and outcomes of inschool contact between deaf and hearing peers. *Journal of Deaf Studies and Deaf Education, 7,* 200–213. doi:10.1093/deafed/7.3.200

Ladd, P. (2003). *Understanding Deaf culture: In search of Deafhood.* Clevedon, England: Multilingual Matters.

Lane, H. (1984). *When the mind hears: A history of the deaf.* New York: Random House.

Lane, H. (1992). *The mask of benevolence: Disabling the Deaf community.* New York: Knopf.

Lane, H., Hoffmeister, R., & Bahan, B. (1996). *A journey into the Deaf world.* San Diego, CA: Dawn Sign Press.

Lazarus, S. S., Thurlow, M. L., Lail, K. E., Eisenbraun, K. D., & Kato, K. (2006). *2005 state policies on assessment participation and accommodations for students with disabilities* (Synthesis Report 64). Minneapolis, MN: University of Minnesota, National Center on Educational Outcomes. Retrieved from http://education.umn.edu/NCEOOnlinePubs/Synthesis64/

Lederberg, A. R., & Golbach, T. (2002). Parenting stress and social support in hearing mothers of deaf and hearing children: A longitudinal study. *Journal of Deaf Studies and Deaf Education, 7,* 330–345.

Lee, S., Henderson, V., & Brashear, H. (2005, June). *CopyCat: An ASL game for deaf children.* Paper presented at the meeting of the Rehabilitation Engineering & Assistive Technology Society of North America Student Design Competition, Atlanta, GA.

Marschark, M. (2002). *Language development in children who are deaf: A research synthesis.* Alexandria, VA: National Association of State Directors of Special Education (NASDE).

Marschark, M., Pelz, J. B., Convertino, C., Sapare, P., Arndt, M. E., & Seewagen, R. (2005). Classroom interpreting and visual information processing in mainstream education for deaf students: Live or Memorex®? *American Educational Researc Journal, 42,* 727–761. doi:10.3102/00028312042004727

Marschark, M., Sapare, P., Convertino, C., & Seewagen, R. (2005). Access to postsecondary education through sign language interpreting. *Journal of Deaf Studies and Deaf Education, 10,* 38–50. doi:10.1093/deafed/eni002

Marschark, M., Sapare, P., Convertino, C., Seewagen, R., & Maltzen, H. (2004). Comprehension of sign language interpreting: Deciphering a complex task situation. *Sign Language Studies, 4,* 345–368. doi:10.1353/sls.2004.0018

Mason, T. C. (2005). Cross–cultural instrument translation: Assessment, translation, and statistical applications. *American*

Annals of the Deaf, 150, 67–72. doi:10.1353/aad.2005.0020

Meadow–Orlans, K. P. (1987). An analysis of the effectiveness of early intervention programs for hearing–impaired children. In M. J. Guralnick & F. C. Bennett (Eds.), *The effectiveness of early intervention for at–risk and handicapped children* (pp. 325–362). New York: Academic Press.

Meadow–Orlans, K. P. (1990). Research on developmental aspects of deafness. In D. F. Moores & K. P. Meadow–Orlans (Eds.), *Educational and developmental aspects of deafness* (pp. 283–298). Washington, DC: Gallaudet University Press.

Mehra, S., Eavey, R. D., & Keamy, D. G. (2009). The epidemiology of hearing impairment in the United States: Newborns, children, and adolescents. *Otolaryngology—Head and Neck Surgery, 140,* 461–472. doi:10.1016/j.otohns.2008.12.022

Menchel, R. S. (1988). Personal experience with speechreading. *Volta Review, 90*(5), 3–15.

Middleton, A., Emery, S. D., & Turner, S. D. (2010). Views, knowledge, and beliefs about genetics and genetic counseling among deaf people. *Sign Language Studies, 10,* 170–196. doi:10.1353/sls.0.0038

Mitchell, R. E., & Karchmer, M. A. (2004). Chasing the mythical ten percent: Parental hearing status of deaf and hard of hearing students in the United States. *Sign Language Studies, 4,* 138–163. doi:10.1353/sls.2004.0005

Mitchell, R. E., & Karchmer, M. A. (2005). Parental hearing status and signing among deaf and hard of hearing children. *Sign Language Studies, 5,* 231–244. doi:10.1353 /sls.2005.0004

Moeller, M. P., & Luetke–Stahlman, B. (1990). Parents' use of signing exact English: A descriptive analysis. *Journal of Speech and Hearing Disorders, 55,* 327–338.

Mueller, V., & Hurtig, R. (2010). Technology–enhanced shared reading with deaf and hard–of–hearing children: The role of a fluent signing narrator. *Journal of Deaf Studies and Deaf Education, 15,* 72–101. doi:10.1093/deafed/enp023

Mundy, L. (2002, March 31). A world of their own. T*he Washington Post Magazine,* pp. 22–31.

Narr, R. A. F. (2006). Teaching phonological awareness with deaf and hard–of–hearing students. *Teaching Exceptional Children, 38*(4), 53–58.

National Institute on Deafness and Other Communication Disorders. (2008, August 4). Quick statistics. Retrieved from NIDC website: http://www.nidcd.nih.gov/health/statistics/quick.htm

National Institute on Deafness and Other Communication Disorders. (2009, August). *Cochlear implants.* Retrieved from http://www.nidcd.nih.gov/health/hearing/coch.htm#c

Nicaraguan sign language. (2010, March 15). Wikipedia. Retrieved from http://en.wikipedia.org/wiki/Nicaraguan_Sign_Language

Oliva, G. A. (2004). *Alone in the mainstream: A deaf woman remembers public school.* Washington, DC: Gallaudet University Press.

Padden, C., & Humphries, T. (1988). *Deaf in America: Voices from a culture.* Cambridge, MA: Harvard University Press.

Padden, C., & Humphries, T. (2005). *Inside deaf culture.* Cambridge, MA: Harvard University Press.

Padden, C. A. (1996). Early bilingual lives of Deaf children. In I. Parasnis (Ed.), *Cultural and language diversity and the Deaf experience* (pp. 99–116). Cambridge, England: Cambridge University Press.

Paul, P. (1998). *Literacy and deafness: The development of reading, writing, and literate thought.* Boston: Allyn & Bacon.

Powers, S. (2003). Influences of student and family factors on academic outcomes of mainstream secondary school deaf students. *Journal of Deaf Studies and Deaf Education, 8,* 57–78. doi:10.1093/deafed/8.1.57

Prinz, P. M., Strong, M., Kuntze, M., Vincent, M., Friedman, J., Moyers, P., et al. (1996). A path to literacy through ASL and English for Deaf children. In C. E. Johnson & J. H. V. Gilbert (Eds.), *Children's language* (Vol. 9, pp. 235–251). Mahwah, NJ: Erlbaum.

Punch, R., Creed, P. A., & Hyde, M. B. (2006). Career barriers perceived by hard–of–hearing adolescents: Implications for practice from a mixed–methods study. *Journal of Deaf Studies and Deaf Education, 11,* 225–237.

Punch, R., Hyde, M., & Creed, P. A. (2004). Issues in the school–to–work transition of hard of hearing adolescents. *American Annals of the Deaf, 149,* 28–38. doi:10.1353/aad.2004.0015

Quigley, S., Jenne, W., & Phillips, S. (1968). *Deaf students in colleges and universities.* Washington, DC: Alexander Graham Bell Association for the Deaf.

Reagan, T. (1990). Cultural considerations in the education of deaf children. In D. F. Moores & K. P. Meadow–Orlans (Eds.), *Educational and developmental aspects of deafness* (pp. 73–84). Washington, DC: Gallaudet University Press.

Renaissance Learning. (2006). *STAR early literacy assessment.* Wisconsin Rapids, WI: Author.

Sanghavi, D. M., (2006, December 5). Wanting babies like themselves, some parents choose genetic defects. *The New York Times.* Retrieved from www.nytimes.com/2006/12/05/health/05essa.html?ex=1322974800&en=9fbb1b0e738b55d1&ei=5088partner=rssnyt&emc=rss

Schick, B., Williams, K., & Kupermintz, H. (2006). Look who's being left behind: Educational interpreters and access to education for deaf and hard–of–hearing students. *Journal of Deaf Studies and Deaf Education, 11,* 3–20. doi:10.1093/deafed/enj007

Schirmer, B. R. (2001). *Psychological, social, and educational dimensions of deafness.* Boston: Allyn & Bacon.

Schroedel, J. G., & Geyer, P. D. (2000). Long–term career attainments of deaf and hard of hearing college graduates: Results from a 15–year follow–up survey. *American Annals of the Deaf, 145,* 303–314.

Seal, B. C. (2004). *Best practices in educational interpreting* (2nd ed.). Boston: Allyn & Bacon.

Senghas, A. (2003). Intergenerational influence and ontogenetic development ·in the emergence of spatial grammar in Nicaraguan Sign Language. *Cognitive Development, 18,* 511–531. doi:10.1016/j.cogdev.2003.09.006

Sheridan, M. (2001). *Inner lives of deaf children: Interviews and analysis.* Washington, DC: Gallaudet University Press.

Siegel, L. (2000). The educational and communication needs of deaf and hard of hearing children: A statement of principle on fundamental educational change. *American Annals of the Deaf, 145,* 64–77.

Simms, L., Andrews, J., & Smith, A. (2005). A balanced approach to literacy instruction for deaf signing students, *Balanced Reading Instruction, 12,* 39–54.

Snow, C., Burns, N., & Griffin, P. (1998). *Preventing reading difficulties in young children.* Washington, D.C.: National Academy of the Sciences.

Stinson, M. S., & Whitmire, K. (1992). Students' views of their social relationships. In T. N. Kluwin, D. F. Moores, & M. G. Gaustad (Eds.), *Toward effective public school programs for deaf students: Context, process, and outcomes* (pp. 149–174). New York: Teachers College Press.

Stokoe, W. C. (1960). *Sign language structure.* Silver Spring, MD: Linstok Press.

Stokoe, W. C., Casterline, D. C., & Croneberg, C. G. (1976). *A dictionary of American Sign Language on linguistic principles* (2nd ed.). Silver Spring, MD: Linstok Press.

Takruri, L. (2006, October 30). Gallaudet exposes debate over deafness. *The Washington Post.* Retrieved from http://www.washingtonpost.com/wp–dyn/content/article/2006/10/30/AR2006103000087.html

Tapper, J., & Sandell, C. (2006, May 10). *Is deaf university president not 'deaf enough'* ABC News Internet Ventures. Retrieved from http://www.abcnews.go.com/WNT/story?id=1947073

Thompson, S. J., Johnstone, C. J., Thurlow, M. L., & Altman, J. R. (2005). *2005 State special education outcomes: Steps forward in a decade of change.* Minneapolis, MN: University of Minnesota, National Center on Educational Outcomes. Retrieved from http://education.umn.edu/NCEO/OnlinePubs/2005StateReport.htm/

Thrasher, R. D. (2009, October 26). Middle ear, otitis media with effusion. *eMedicine,* Retrieved from http://emedicine.medscape.com/article/858990–overview

Trezek, B., Wang, Y., & Paul, P. (2010). *Reading and deafness: theory, research, and practice.* Clifton Park, NY: Delmar.

U.S. Department of Education, National Center on Student Progress Monitoring. (2006). *Review of progress monitoring tools.* Retrieved from http://www.student progress.org/chart/chart.asp

Walker, L. A. (1986). *A loss for words: The story of deafness in a family.* New York: Harper & Row.

Waters, D., Campbell, R., Capek, C. M., Woll, B., David, A. S., McGuire, P. K., et al. (2007). Fingerspelling, signed language, text and picture processing in deaf native signers: The role of the mid–fusiform gyrus. *NeuroImage, 35,* 832–840. doi:10.1016/j.neuroimage.2007.01.025

CHAPTER 12

Barlow, J. M., Bentzen, B. L., & Bond, T. (2005). Blind pedestrians and the changing technology and geometry of signalized intersections: Safety, orientation, and independence. *Journal of Visual Impairment and Blindness, 99,* 587–598.

Barlow–Brown, F., & Connelly, V. (2002). The role of letter knowledge and phonological awareness in young Braille readers. *Journal of Research in Reading, 25,* 259–270. doi:10.1111/1467–9817.00174

Berk, L. E. (2005). *Infants and children: Infants through middle childhood* (5th ed.). Boston: Allyn & Bacon.

Bishop, V. E. (2004). *Teaching visually impaired children* (3rd ed.). Springfield, IL: Charles C. Thomas.

Bogart, D. (2009). Unifying the English Braille codes. *Journal of Visual Impairment and Blindness, 103,* 581–583.

Cameto, R., & Nagle, K. (2007). Orientation and mobility skills of secondary school students with visual impairments. Facts from NLTS2. NCSER 2008–3007. Retrieved from http://ies.ed.gov/ncser/pdf/20083007.pdf

Capella–McDonnall, M. E. (2005). Predictors of competitive employment for blind and visually impaired consumers of vocational services. *Journal of Visual Impairment and Blindness, 99,* 303–315.

Castellano, C. (2005). *Making it work: Educating the Blind/VI student in the regular school.* Greenwich CT: Information Age Publishing.

Celeste, M. (2002). A survey of motor development for infants and young children with visual impairments. *Journal of Visual Impairment and Blindness, 96,* 169–174.

Celeste, M. (2006). Play behaviors and social interactions of a child who is blind: In theory and practice. *Journal of Visual Impairment and Blindness, 100,* 75–90.

Chong, C. (2004). Appropriate use of the electronic notetaker in school. *Braille Monitor, 47,* 29–31.

Corn, A. L., & Koenig, A. J. (2002). Literacy for students with low vision: A framework for delivering instruction. *Journal of Visual Impairment and Blindness, 96,* 305–321.

Council for Exceptional Children. (2003). *What every special educator must know: Ethics, standards, and guidelines for special educators* (5th ed.). Arlington, VA: Author.

D'Allura, T. (2002). Enhancing the social interaction skills of preschoolers with visual impairments. *Journal of Visual Impairment and Blindness, 96,* 576–584.

Emerson, R. W., Holbrook, M. C., & D'Andrea, F. M. (2009). Acquisition of literacy skills by young children who are blind: Results from the ABC Braille Study. *Journal of Visual Impairment and Blindness, 103,* 610–624.

Erin, J. N. (2006). Teaching social skills to elementary and middle school students with visual impairments. In S. Z. Sacks & K. E. Wolffe (Eds.), *Teaching social skills to students with visual impairments: From theory to practice* (pp. 364–404). New York: American Foundatio for the Blind.

Fichten, C. S., Judd, D., Tagalakis, V., Amsel, R., & Robillard,

K. (1991). Communication cues used by people with and without visual impairments in daily conversations and dating. *Journal of Visual Impairment and Blindness, 85,* 371–378.

Gal, E., & Dyck, M. J. (2009). Stereotyped movements among children who are visually impaired. *Journal of Visual Impairment and Blindness, 103,* 754–765.

Gillon, G. T., & Young, A. A. (2002). The phonological–awareness skills of children who are blind. *Journal of Visual Impairment and Blindness, 96,* 38–49.

Glaucoma Research Foundation. (2008, September 4). *What is glaucoma?* Retrieved from http://www.glaucoma.org/learn/what_is_glaucom.php

Grice, N. (2002). *Touch the universe.* Washington DC: Joseph Henry Press, National Academies press.

Harris, T. (2010, May 9). Howstuffworks: How guide dogs work. Retrieved from http://animals.howstuffworks.com/animal–facts/guide–dog.htm

Hatlen, P. (1998). Goal 8: Educational and developmental goals, including instruction, will reflect the assessed needs of each student in all areas of academic and disability–specific core curricular. In A. L. Corn & K. M. Huebner (Eds.), *A report to the nation: The national agenda for the education of children and youths with visual impairments, including those with multiple disabilities* (pp. 50–52). New York: AFP Press.

Hill, J., & Black, J. (2003). The Miniguide: A new electronic travel device. *Journal of Visual Impairment and Blindness, 97,* 655–656.

Houtenville, A. J. (2003). A comparison of the economic status of working–age persons with visual impairments and those of other groups. *Journal of Visual Impairment and Blindness, 97,* 133–148.

Huebner, K. M., & Wiener, W. (2005). Guest editorial. *Journal of Visual Impairment and Blindness, 99,* 579–583.

Hull, J. M. (1997). *On sight and insight: A journey into the world of blindness.* Oxford, England: Oneworld Publications.

Jernigan, K. (1992, June). Equality, disability, and empowerment. *Braille Monitor, 35,* 292–298.

Jindal–Snape, D. (2005). Self–evaluation and recruitment of feedback for enhanced social interaction by a student with visual impairment. *Journal of Visual Impairment and Blindness, 99,* 486–498.

Kirchner, C., & Smith, B. (2005). Transition to what? Education and employment outcomes for visually impaired youths after high school. *Journal of Visual Impairment and Blindness, 99,* 499–504.

Kleege, G. (1999). *Sight unseen.* New Haven, CT: Yale University Press.

Knott, N. I. (2002). *Teaching orientation and mobility in the schools: An instructor's companion.* New York: American Foundation for the Blind Press.

Koenig, A. J., & Holbrook, M. C. (2000). Ensuring high–quality instruction for students in braille literacy programs. *Journal of Visual Impairment and Blindness, 94,* 677–694.

Koenig, A. J., Sanspree, M. J., & Holbrook, M. C. (n.d.). Determining the reading medium for students with visual impairments. *D.V.I. Quarterly.* Retrieved from http://www.ed.arizona.edu/dvi/Postion%20Papers/determining_ Read_med.htm

Kurson, R. (2005, June). Into the light. *Esquire.* Retrieved from http://www.esquire.com/print-this/ESQ0605BLIND_114.2

Kurson, R. (2007). *Crashing through: A true story of risk, adventure, and the man who dared to see.* New York: Random House.

Kuusisto, S. (2004, June). Elegy for Ray Charles.

Kuusisto, S. (2006). *Eavesdropping.* New York: W. W. Norton. Ragged Edge.

Lansaw, J. (2000, December). Citizenship and the irony at the top of the world. *Braille Monitor, 43,* 963–965.

Lazurus, S. S., Thurlow, M. L., Lail, K. E., Eisenbraun, K. D., & Kato, K. (2006). *2005 state policies on assessment participation and accommodations for students with disabilities* (Synthesis Report 64). Minneapolis, MN: University of Minnesota, National Center on Educational Outcomes.

Lewis, S., & Iselin, S. A. (2002). A comparison of the independent living skills of primary students with visual impairments and their sighted peers: A pilot study. *Journal of Visual Impairment and Blindness, 96,* 335–344.

Lewis, V., & Klauber, J. (2002). [Image] [Image] [Image] [Link] [Link] [Link]: Inaccessible Web design from the perspective of a blind librarian. *Library Hi Tech, 20,* 137–140. doi:10.1108/07378830210432499

Lussenhop, K., & Corn, A. L. (2003). Comparativestudies of the reading performance of studentswith low vision. *RE:view, 34,* 57–69.

Maurer, M. (2000, April). Blindness, quotas, and the disadvantages of civil rights. *Braille Monitor, 43,* 287–296.

Maurer, M. (2003). The Federation is attacked forseeking to enhance mobility and safety. *Braille Monitor, 46,* 1–5.

McDonnall, M. C., & Crudden, A. (2009). Factors affecting the successful employment of transition–age youths with visual impairments. *Journal of Visual Impairment and Blindness, 103,* 329–341.

McHugh, E., & Lieberman, L. (2003). The impact of developmental factors on stereotypic rocking of children with visual impairments. *Journal of Visual Impairment and Blindness, 97,* 453–473.

Miura, R., Muraoka, T., & Ifukube, T. (2010). Comparison of obstacle sense ability between the blind and the sighted: A basic psychophysical study of designs of acoustic assistive devices. *Acoustical Science and Technology, 31,* 137–147. doi:10.1250/ast.31.137

Morgan, S. K., & Bradley–Johnson, S. (1995). Technical adequacy of curriculum–based measurement for Braille readers. *School Psychology Review, 24,* 94–103.

National Cooperative Highway Research Program. (n.d.). Accessible pedestrian signals: A guide to best practices. Retrieved from http://www.apsguide.org/index.cfm

National Eye Institute. (2010, May). Facts about retinopathy of prematurity (ROP). Retrieved from http://www.nei.nih.gov/health/rop/rop.asp#5

National Federation of the Blind. (2006). NFBNEWSLINE® Retrieved from http://www.nfb.org/nfb/Newspapers_by_Phone.asp?SnID=389319

Pare, J. G. (2005, June). Am I blind? *Braille Monitor, 48,* 412–414.

Perez–Pereira, M., & Conti–Ramsden, G. (1999). *Language development and social interaction in blind children.* East Sussex, England: Psychology Press, Ltd.

Prevent Blindness America. (2005). *Signs of possible eye trouble.* Retrieved from http://www.preventblindness.org/children/trouble_signs.html

Raeder, W. N. (2010, May). The case for Braille. National Braille Press. Retrieved from http://www.nbp.org/ic/nbp/braille/case_for_braille.html

Rapp, D. W., & Rapp, A. J. (1992). A survey of the current status of visually impaired students in secondary mathematics. *Journal of Visual Impairment and Blindness, 86,* 115–117.

Rex, E. J., Koenig, A. J., Wormsley, D., & Baker, R. (1994). *Foundations of braille literacy.* New York: American Foundation for the Blind.

Rodgers, M. D., & Emerson, R. W. (2005, October). Human factor analysis of long cane design: Weight and length. *Journal of Visual Impairment and Blindness, 99,* 622–632.

Rosel, J., Caballer, A., Jara, P., & Oliver, J. C. (2005). Verbalism in the narrative language of children who are blind and sighted. *Journal of Visual Impairment and Blindness, 99,* 413–425.

Rumrill, P. D., Roessler, R. T., Battersby–Longden, J. C., & Schuyler, B. R. (1998). Situational assessment of the accommodation needs of employees who are visually impaired. *Journal of Visual Impairment and Blindness, 92,* 42–54.

Rumrill, P. D., Schuyler, B. R., & Longden, J. C. (1997). Profiles of on–the–job accommodations needed by professional employees who are blind. *Journal of Visual Impairment and Blindness, 91,* 66–76.

Ryles, R. (2000). Braille as a predictor of success. In *Braille into the next millennium.* Washington, DC: National Library Service for the Blind and Physically Handicapped and Friends of Libraries for Blind and Physically Handicapped Individuals in North America.

Ryles, R. N. (1997). The relationship of reading skills on employment, income, education, and reading habits. *Journal of Visual Impairment & Blindness, 83,* 306–313.

Sacks, O. (1996). *An anthropologist on Mars: Seven paradoxical tales.* New York: Vintage Books.

Sacks, S. Z. (2006). The development of social skills: A personal perspective. In S. Z. Sacks & K. E. Wolffe (Eds.), *Teaching social skills to students with visual impairments: From theory to practice* (pp. 3–19). New York: American Foundation for the Blind.

Sauerburger, D. (2005). Street crossings: Analyzing risks, developing strategies, and making decisions. *Journal of Visual Impairment and Blindness, 99,* 659–663.

Schroeder, F. K. (2002). Research and future opportunities for the blind. *Braille Monitor, 45,* 581–586.

Spungin, S. J. (2003). Cannibalism is alive and well in the blindness field. *Journal of Visual Impairment and Blindness, 97,* 69–71.

Thompson, S., & Thurlow, M. T. (2003). *2003 state special education outcomes: Marching on.* Minneapolis, MN: University of Minnesota, National Center on Educational Outcomes, University of Minnesota.

Thompson, S. J., Johnstone, C. J., Thurlow, M. L., & Altman, J. R. (2005). *2005 state special education outcomes: Steps forward in a decade of change.* Minneapolis, MN: University of Minnesota, National Center on Educational Outcomes.

Thurber, R. S., Shinn, M. R., & Smolkowski, K. (2002). What is measured in mathematics tests? Construct validity of curriculum–based mathematics measures. *School Psychology Review, 31,* 498–513.

Ulrey, P. (1994). When you meet a guide dog. *RE:view, 26,* 143–144.

Visual Prosthesis. (2010, May 10). In *Wikipedia.* Retrieved from http://en.wikipedia.org/wiki/Visual_prosthesis#cite_note-Ings-0

Warren, D. H. (1994). Blindness and children: An individual differences approach. New York: Cambridge University Press.

Webster, A., & Roe, J. (1998). *Children with visual impairments: Social interaction, language, and learning.* London: Routledge.

Weihenmayer, E. (2001). Touch the top of the world: A blind man' journey to climb farther than the eye can see. New York: Dutton.

Wolffe, K. E., Sacks, S. Z., Corn, A. L., Erin, J. N., Huebner, K. M., & Lewis, S. (2002). Teachers of students with visual impairments: What are they teaching? *Journal of Visual Impairment and Blindness, 96,* 293–303.

Wright, T., Wormsley, D. P., & Kamei–Hannan, C. (2009). Hand movements and Braille reading efficiency: Data from the Alphabetic Braille and Contracted Braille Study. *Journal of Visual Impairment and Blindness, 103,* 649–661.

Wunder, G. (1993, March). Mobility: Whose responsibility is it? *Braille Monitor, 36,* 567–572.

Zebehazy, K., Hartmann, E., & Durando, J. (2006). High–stakes testing and implications for students with visual impairments and other disabilities. *Journal of Visual Impairment and Blindness, 100,* 598–601.

Zimmerman, G. J., (2011). Blindness and low vision. In J. M. Kauffman & D. P. Hallahan (Eds.), *Handbook of special education.* New York: Routledge.

Zimmerman, G. J., Zebehazy, K. T., & Moon, M. L. (2010). Optics and low vision devices. In A. L. Corn & J. N. Erin (Eds.), *Foundations of low vision: Clinical and functional perspectives* (2nd ed., pp. 192–237). New York: AFB Press.

CHAPTER 13

Aitken, S. (2000). Understanding deafblindness. In S. Aitken, M. Buultjens, C. Clark, J. T. Eyre, & L. Pease (Eds.), *Teaching children who are deafblind: Contact, communication, and learning* (pp. 1–34). London: David Fulton.

Ashley, M. J. (Ed.). (2004). *Traumatic brain injury: Rehabilitative treatment and case management* (2nd ed.). Boca Raton, FL: CRC Press.

Best, S. J., Heller, K. W., & Bigge, J. L. (2010). *Teaching individuals with physical or multiple disabilities* (6th ed.). Upper Saddle River, NJ: Pearson.

Beukelman, D. R., Yorkston, K. M., & Reichle, J. (Eds.). (2000). *Augmentative and alternative communication for adults with acquired neurologic disorders.* Baltimore: Brookes.

Bodfish, J. W. (2007). Stereotypy, self–injury, and related abnormal repetitive behaviors. In J. W. Jacobson, J. A. Mulick, & J. Rojahn (Eds.), *Handbook of intellectual and developmental disabilities* (pp. 481–505). New York: Springer.

Cardona, G. W. (2000). Spaghetti talk. In M. Oken–Fried & H. A. Bersani (Eds.), *Speaking up and spelling it out: Personal essays on augmentative and alternative communication* (pp. 237–244). Baltimore: Brookes.

Chen, D., Alsop, L., & Minor, L. (2000). Lessons from Project PLAI in California and Utah: Implications for early intervention services to infants who are deaf–blind and their families. *Deaf–Blind Perspectives, 7*(3), 1–8.

Chen, D., Downing, J., & Rodriguez–Gil, G. (2000/2001). Tactile learning strategies for children who are deaf–blind: Concerns and considerations from Project SALUTE. *Deaf–Blind Perspectives, 8*(2), 1–6.

Council for Exceptional Children. (2001). Traumatic brain injury: The silent epidemic. *CEC Today, 7*(7), 1, 5, 15.

Crimmins, C. (2000). *Where is the mango princess?* New York: Knopf.

Cullen, C., & Mudford, O. C. (2005). Gentle teaching. In J. W. Jacobson, R. M. Foxx, & J. A. Mulick (Eds.), *Controversial therapies for developmental disabilities: Fad, fashion, and science in professional practice* (pp. 423–432). Mahwah, NJ: Erlbaum.

Dell Orto, A. E., & Power, P. W. (2000). *Brain injury and the family: A life and living perspective* (2nd ed.). Washington, DC: CRC Press.

DePompei, R., & Tyler, J. (2004). Children and adolescents: Practical strategies for school participation. In M. J. Ashley (Ed.), *Traumatic brain injury: Rehabilitative treatment and case management* (2nd ed., pp. 559–580). Boca Raton, FL: CRC Press.

Dunst, C. J. (2011). Advances in theory, assessment and intervention with infants and toddlers with disabilities. In J. M. Kauffman & D. P. Hallahan (Eds.), *Handbook of special education.* New York: Routledge.

Dykens, E. M., Hodapp, R. M., & Finucaine, B. M. (2000). *Genetics and mental retardation syndromes: A new look at behavior and interventions.* Baltimore, MD: Brookes.

Everson, J. M., & Trowbridge, M. H. (2011). Preparing students with low–incidence disabilities for community living opportunities. In J. M. Kauffman & D. P. Hallahan (Eds.), *Handbook of special education.* New York: Routledge.

Fagbemi, M. (2009). Internet social networking sites: Building community one friend at a time. *Deaf–Blind Perspectives, 17,* 8–9.

Franklin, P., & Bourquin, E. (2000). Picture this: A pilot study for improving street crossings for deaf–blind travelers. *RE:view, 31,* 173–179.

Freeberg, E. (2001). *The education of Laura Bridgman: First deaf and blind person to learn language.* Cambridge, MA: Harvard University Press.

Gardner, W. I. (2007). Aggression in persons with intellectual disabilities and mental disorders. In J. W. Jacobson, J. A. Mulick, & J. Rojahn (Eds.), *Handbook of intellectual and developmental disabilities* (pp. 541–562). New York: Springer.

Gense, D. J., & Gense, M. (2004). *The importance of orientation and mobility skills for students who are deaf–blind.* Retrieved from http://dblink.org/lib/o&m.htm

Gerenser, J., & Forman, B. (2007). Speech and language deficits in children with developmental disabilities. In J. W. Jacobson, J. A. Mulick, & J. Rojahn (Eds.), *Handbook of intellectual and physical disabilities* (pp. 563–579). NY: Springer.

Grandinette, S., & Best, D. J. (2009). Traumatic brain injury. In K. W. Heller, P. E. Forney, P. A. Alberto, S. J. Best, & M. N. Schwartzman, *Understanding physical, health, and multiple disabilities* (2nd ed., pp. 118–138). Upper Saddle River, NJ: Pearson.

Green, P. M. (Producer), & Penn, A. (Director). (1962). *The Miracle Worker.* United States: Paramount Pictures.

Hall, B. D. (1979). Choanal atresia and associated multiple anomalies. *Journal of Pediatrics, 95,* 395–398. doi:10.1016/S0022–3476(79)80513–2

Heller, K. W., & Bigge, J. L. (2010). Augmentative and alternative communication. In S. J. Best, K. W. Heller, J. L. Bigge, *Teaching individuals with physical or multiple disabilities* (6th ed., pp. 221–254). Upper Saddle River, NJ: Pearson.

Heller, K. W., Forney, P. E., Alberto, P. A., Best, S. J., & Schwartzman, M. N. (2009). *Understanding physical, health, and multiple disabilities* (2nd ed.). Upper Saddle River, NJ: Pearson.

Hodges, L. (2000). Effective teaching and learning. In S. Aitken, M. Buultjens, C. Clark, J. T. Eyre, & L. Pease (Eds.), *Teaching children who are deafblind: Contact, communication, and learning* (pp. 167–199). London: David Fulton Publishers.

Horner, R. H., Vaughn, B., Day, H. M. & Ard, B. (1996). The relationship between setting events and problem behavior. In L. K. Koegel, R. L. Koegel, & G. Dunlab (Eds.), *Positive behavioral support: Including people with difficult behavior in the community* (pp. 381–402). Baltimore: Brookes.

Individuals With Disabilities Education Improvement Act of 2004. (2004). 20 U.S.C. § 1400 *et seq.*

Inge, K. J., & Moon, M. S. (2011). Preparing students with low incidence disabilities to work in the community. In J. M. Kauffman & D. P. Hallahan (Eds.), *Handbook of special education*. New York: Routledge.

Janssen, M. J., Riksen–Walraven, J. M., & van Dijk, J. P. M. (2004). Enhancing the interactive competence of deafblind children: Do intervention effects endure? *Journal of Developmental and Physical Disabilities, 16,* 73–94. doi:10.1023/B:JODD.0000010040.54094.0f

Kauffman, J. M. (2002). *Education deform: Bright people sometimes say stupid things about education*. Lanham, MD: Scarecrow Education.

Kauffman, J. M. (2008). Special education. In T. L. Good (Ed.), *21st century education: A reference handbook* (pp. 405–413). Thousand Oaks, CA: Sage.

Kauffman, J. M., Conroy, M., Gardner, R., & Oswald, D. (2008). Cultural sensitivity in the application of behavior principles to education. *Education and Treatment of Children, 31,* 239–262. doi:10.1353/etc.0.0019

Kauffman, J. M., & Hallahan, D. P. (2005). Special education: *What it is and why we need it*. Boston: Allyn & Bacon.

Kauffman, J. M., & Landrum, T. J. (2009). *Characteristics of emotional and behavioral disorders of children and youth* (9th ed.). Upper Saddle River, NJ: Merrill/Pearson.

Kauffman, J. M., Pullen, P. L., Mostert, M. P., & Trent, S. C. (2011). *Managing classroom behavior: A reflective case–based approach* (5th ed.). Upper Saddle River, NJ: Pearson.

Keller, H. (1905). *The story of my life*. New York: Grosset & Dunlap.

Klein, M. D., Chen, D., & Haney, C. M. (2000). *Promoting learning through active interation: A guide to early communication with young children who have multiple disabilities*. Baltimore: Brookes.

Kleopfer, H. W., Laguaite, J. K., & McLaurin, J. W. (1966). The hereditary syndrome of congenital deafness and retinitis pigmentosa (Usher's syndrome). *Laryngoscope, 76,* 850–862.

Koegel, L. K., Koegel, R. L., & Dunlap, G. (Eds.). (1996). *Positive behavioral support: Including people with difficult behavior in the community*. Baltimore: Brookes.

Lajiness–O'Neill, R., & Erdodi, L. A. (2011). Traumatic brain injury. In J. M. Kauffman & D. P. Hallahan (Eds.), *Handbook of special education*. New York: Routledge.

Melancon, F. (2000). A group of students with Usher syndrome in south Louisiana. *Deaf Blind Perspectives, 8*(1), 1–3.

Miles, B. (1998). *Overview of deaf–blindness*. Monmouth, OR: DB–LINK. Retrieved from www.tr.wou.edu/dblink/Overview2.htm

Miles, B. (1999, March 9). *Talking the language of the hands*. Retrieved June 1, 2001, from www.tr.wou.edu/dblink/hands2.htm

Miner, I., & Cioffi, J. (1999, October 25). *Usher syndrome in the school setting*. Retrieved May 15, 2001, from www.tr.wou.edu/dblink/usherfulltext.htm

Morris, R. J., & Mather, N. (Eds.). (2008). *Evidence–based interventions for students with learning and behavioral challenges*. London: Taylor & Francis.

Moss, K., & Hagood, L. (1995). *Teaching strategies and content modifications for the child with deaf blindness*. Austin, TX: Texas School for the Blind and Visually Impaired.

Mostert, M. P. (1998). *Interprofessional collaboration in schools*. Boston: Allyn & Bacon.

Mulick, J. A., & Butter, E. M. (2005). Positive behavior support: A paternalistic utopian delusion. In J. W. Jacobson, R. M. Foxx, & J. A. Mulick (Eds.), *Controversial therapies for developmental disabilities: Fad, fashion, and science in professional practice* (pp. 385–404). Mahwah, NJ: Erlbaum.

National Data Accountability Center. (2010, June). Individuals with Disabilities Education Act (IDEA) Data. Retrieved from https://www.ideadata.org/default.asp

National Institute on Deafness and Other Communication Disorders. (2010, June 7). Usher syndrome. Retrieved from http://www.nidcd.nih.gov/health/hearing/usher.asp

Newsom, C., & Kroeger, K. A. (2005). Nonaversive treatment. In J. W. Jacobson, R. M. Foxx, & J. A. Mulick (Eds.), *Controversial therapies for developmental disabilities: Fad, fashion, and science in professional practice* (pp. 405–422). Mahwah, NJ: Erlbaum.

Noonan, M. J., & McCormick, L. (2006). *Young children with disabilities in natural environments*. Baltimore: Brookes.

Oken–Fried, M., & Bersani, H. A. (Eds.). (2000). *Speaking up and spelling it out: Personal essays on augmentative and alternative communication*. Baltimore: Brookes.

Oley, C. A. (2001). CHARGE association. In S. B. Cassidy & J. E. Allanson (Eds.), *Management of genetic syndromes* (pp. 71–84). New York: Wiley–Liss.

Osborne, J. G. (2005). Person–centered planning: A faux fixe in the service of humanism? In J. W. Jacobson, R. M. Foxx, & J. A. Mulick (Eds.), *Controversial therapies for developmental disabilities: Fad, fashion, and science in professional practice* (pp. 313–329). Mahwah, NJ: Erlbaum.

Pease, L. (2000). Creating a communicating environment. In S. Aitken, M. Buultjens, C. Clark, J. T. Eyre, & L. Pease (Eds.), *Teaching children who are deafblind: Contact, communication, and learning* (pp. 35–82). London: David Fulton Publishers.

Persel, C. S., & Persel, C. H. (2004). The use of applied behavior analysis: Traumatic brain injury rehabilitation. In M. J. Ashley (Ed.), *Traumatic brain injury: Rehabilitative treatment and case management* (2nd ed., pp. 403–453). Boca Raton, FL: CRC Press.

Smith, K. G., Smith, I. M., & Blake, K. (2010). CHARGE syndrome: An educator's primer. *Education and Treatment of Children, 33,* 289–314.

Snell, M. E., & Brown, F. (2006). *Instruction of students with severe disabilities* (6th ed.). Upper Saddle River, NJ: Pearson.

Stichter, J. P., Conroy, M. A., & Kauffman, J. M. (2008). *An introduction to students with high–incidence disabilities*. Upper Saddle River, NJ: Merrill–Prentice Hall.

Thompson, R. H., & Iwata, B. A. (2001). A descriptive analaysis of social consequences following problem behavior. *Journal of Applied Behavior Analysis, 34,* 169–178. doi:10.1901/jaba.2001.34–169

Walther–Thomas, C., Korinek, L., McLaughlin, V. L., & Williams, B. T. (2000). *Collaboration for inclusive education: Developing successful programs.* Boston: Allyn & Bacon.

Westling, D. L., & Fox, L. (2000). *Teaching students with severe disabilities* (2nd ed.). Upper Saddle River, NJ: Merrill.

Wrong Diagnosis. (2010, June 26). Prevalence and incidence of Usher syndrome. Retrieved from http://www.wrongdiagnosis.com/u/usher_syndrome/prevalence.htm

Yoder, D. E. (2001). Having my say. *Augmentative and Alternative Communication, 17,* 2–10.

Zentner, G. E., Layman, W. S., Martin, D. M., & Scacheri, P. C. (2010). Molecular and phenotypic aspects of CHD7 mutation in CHARGE syndrome. *American Journal of Medical Genetics Part A, 152A,* 674–686.

CHAPTER 14

Arzimanoglou, A., Guerrini, R., & Aicardi, J. (2004). *Aicardi's epilepsy in children* (3rd ed.). Philadelphia: Lippincott Williams & Wilkins.

Auxter, D., Pyfer, J., & Huettig, C. (2005). *Principles and methods of adapted physical education and recreation* (10th ed.). New York: McGraw–Hill.

Barkovich, A. J. (2005). *Pediatric neuroimaging* (4th ed.). Philadelphia: Lippincott Williams & Wilkins.

Batshaw, M. L. (Ed.). (2002). *Children with disabilities* (5th ed.). Baltimore: Brookes.

Batshaw, M. L., & Tuchman, M. (2002). PKU and other inborn errors of metabolism. In M. L. Batshaw (Ed.), *Children with disabilities* (5th ed., pp. 333–345). Baltimore: Brookes.

Bax, M. (2001). Editorial: What's in a name? *Developmental Medicine and Child Neurology, 43,* 75.

Best, S. J., & Bigge, J. L. (2010). Cerebral palsy. In S. J. Best, K. W. Heller, & J. L. Bigge, *Teaching individuals with physical or multiple disabilities* (6th ed.). Upper Saddle River, NJ: Merrill/Pearson.

Best, S. J., Heller, K. W., & Bigge, J. L. (2010). *Teaching individuals with physical or multiple disabilities* (6th ed.). Upper Saddle River, NJ: Merrill/Pearson.

Bottos, M., Feliciangeli, A., Sciuto, L., Gericke, C., & Vianello, A. (2001). Functional status of adults with cerebral palsy and implications for treatment of children. *Developmental Medicine and Child Neurology, 43,* 516–528. doi:10. 1017/S001216220 1000950

Cascio, J. (2007, June 13). *The accidental cyborg.* Retrieved from http://ieet.org/index.php/IEET/more/cascio20070613/

DeFord, S. (1998, July 26). High tech for the disabled. *The Washington Post Education Review, 4,* 30.

Dunst, C. J. (2011). Advances in theory, assessment and intervention with infants and toddlers with disabilities. In J.

M. Kauffman & D. P. Hallahan (Eds.), *Handbook of special education.* New York: Routledge.

Earley, T. (2000). *Jim the boy.* Boston: Little, Brown.

Goodman, E. (2007, May 29). Wheels competing with feet. *Charlottesville Daily Progress,* A8.

Heller, K. W., Alberto, P. A., Forney, P. E., & Schwartzman, M. N. (2009). *Understanding physical, sensory, and health impairments: Characteristics and educational implications* (2nd ed.). Upper Saddle River, NJ: Pearson.

Holmes, M. S. (2004). *Fictions of affliction: Physical disability in Victorian culture.* Ann Arbor, MI: University of Michigan Press.

Howe, M. (n.d.) *Born to run.* Retrieved from www.spectrum.ieee.org/print/2189

Kelly, L. E., & Block, M. E. (2011). Physical education. In J. M. Kauffman & D. P. Hallahan (Eds.), *Handbook of special education.* New York: Routledge.

Lajiness–O'Neill, R., & Erdodi, L. A. (2011). Traumatic brain injury. In J. M. Kauffman & D. P. Hallahan (Eds.), *Handbook of special education.* New York: Routledge.

Levy, S. E., & O'Rourke, M. (2002). Technological assistance: Innovations for independence. In M. L. Batshaw (Ed.), *Children with disabilities* (5th ed., pp. 629–645). Baltimore: Brookes.

Lindsey, J. E. (Ed.). (2000). *Technology and exceptional individuals* (3rd ed.). Austin, TX: Pro–Ed.

Liptak, G. (2002). Neural tube defects. In M. L. Batshaw (Ed.), *Children with disabilities* (5th ed., pp. 467–492). Baltimore: Brookes.

Longman, J. (2007, May 15). An amputee sprinter: Is he disabled or too-abled? *The New York Times.* Retrieved from http://www.nytimes.com/2007/05/15/sports/othersports/15runner.html?ex=1183176000&en=1a1cac2e919125c0&ei=5070

Martin, S. (2006). *Teaching motor skills to children with cerebral palsy and similar movement disorders: A guide for parents and professionals.* Bethesda, MD: Woodbine House.

McGrath, B. (2007, July 30). Muscle memory: The next generation of bionic prostheses. *The New Yorker,* pp. 40–45.

Metzler, I. (2006). *Disability in medieval Europe: Thinking about physical impairment during the Middle Ages, c. 1100–1400.* New York: Routledge.

Moon, M. S. (Ed.). (2011). Section X. Transition of adults with low incidence disabilities. In J. M. Kauffman & D. P. Hallahan (Eds.), *Handbook of special education.* New York: Routledge.

Nabors, L. A., & Lehmkuhl, H. D. (2004). Children with chronic medical conditions: Recommendations for school mental health clinicians. *Journal of Developmental and Physical Disabilities, 16,* 1–19. doi:10.1023/B:JODD.0000010036.72472.55

Navarro, M. (2007, May 13). "This is who I am. If you have a problem with it, that's your problem." *The New York Times, Section 9,* 1, 8–9.

Olrick, J. T., Pianta, R. C., & Marvin, R. S. (2002). Mother's and father's responses to signals of children with cerebral palsy during feeding. *Journal of Developmental and Physical*

Disabilities, 14, 1–17. doi:10.1023/A:1013537528167

Perrin, J. M., Bloom, S. R., & Gortmaker, S. L. (2007). The increase of childhood chronic conditions in the United States. *Journal of the American Medical Association, 297,* 2755–2759.

Robertson, C. M. T., Watt, M., & Yasui, Y. (2007). Changes in the prevalence of cerebral palsy for children born very prematurely within a population–based program over 30 years. *Journal of the American Medical Association, 297,* 2733–2740.

Saslow, E. (2007, April 12). In Maryland, a fight to the finish line: Wheelchair racer's quest for inclusion spurs debate. *The Washington Post,* A1, A16.

Scanlon, D. J. (Ed.). (2011). Section IX. Transition of adults with high incidence disabilities. In J. M. Kauffman & D. P. Hallahan (Eds.), *Handbook of special education.* New York: Routledge.

Sherman, E. M. S., Slick, D. J., & Eyrl, K. L. (2006). Executive dysfunction is a significant predictor of poor quality of live in children with epilepsy. *Epilepsia, 47,* 1936–1942. doi:10.1111/j.1528–1167.2006.00816.x

Singh, D. K. (2003). Families of children with spina bifida: A review. *Journal of Developmental and Physical Disabilities, 15,* 37–55. doi:10.1023/A:1021452220291

Specter, M. (2009). *Denialism: How irrational thinking hinders scientific progress, harms the planet, and threatens our lives.* New York: Penguin.

Torpy, J. M. (2010). Chronic diseases of children. *Journal of the American Medical Association, 303*(7), 682. doi:10.001/jama.303.7.682

Vig, S., & Kaminer, R. (2002). Maltreatment and developmental disabilities in children. *Journal of Developmental and Physical Disabilities, 14,* 371–386. doi:10.10 23/A:1020334903216

Weinstein, S. (2002). Epilepsy. In M. L. Batshaw (Ed.), *Children with disabilities* (5th ed., pp. 493–523). Baltimore: Brookes.

Welch, E. M., Barton, E. R., Zhuo, J., Tomizawa, Y., Friesen, W. J., Trifillis, P., et al. (2007, May 3). PTC124 targets genetic disorders caused by nonsense mutations. *Nature, 447,* 87–91. Retrieved from www.nature.com/nature/journal/vaop/ncurrent/abs/nature05756.html

White, P. H., Schuyler, V., Edelman, A., Hayes, A., & Batshaw, M. L. (2002). Future expectations: Transition from adolescence to adulthood. In M. L. Batshaw (Ed.), *Children with disabilities* (5th ed., pp. 693–705). Baltimore: Brookes.

Willen, E. J. (2006). Neurocognitive outcomes in pediatric HIV. *Mental Retardation and Developmental Disabilities Research Reviews, 12,* 223–228. doi:10.1002/mrdd.20 112

Zylke, J. W., & DeAngelis, C. D. (2007). Pediatric chronic diseases—stealing childhood. *Journal of the American Medical Association, 297,* 2765–2766.

CHAPTER 15

Ambrose, D. (Ed.). (2010). STEM high schools. *Roeper Review,* *32*(1), special issue.

Assouline, S. G., & Colangelo, N. (2006) Social–emotional development of gifted adolescents. In F. A. Dixon & S. M. Moon (Eds.), *The handbook of secondary gifted education* (pp. 65–86). Waco, TX: Prufrock Press.

Assouline, S. G., & Lupkowski–Shoplik, A. (2003). *Developing mathematical talent: A guide for challenging and educating gifted students.* Waco, TX: Prufrock Press.

Assouline, S. G., Nicpon, M. F., & Doobay, A. (2009). Profoundly gifted girls and autism spectrum disorder. *Gifted Child Quarterly, 53,* 89–105. doi: 10.1177/001698 6208330565

Assouline, S. G., Nicpon, M. F., & Whiteman, C. (2010). Cognitive and psychosocial characteristics of gifted students with written language disability. *Gifted Child Quarterly, 54,* 102–115. doi: 10.1177/0016986209355974

Borland, J. H. (1989). *Planning and implementing programs for the gifted.* New York: Teachers College Press.

Borland, J. H. (1997). The construct of giftedness. *Peabody Journal of Education, 72*(3&4), 6–20.

Borland, J. H. (2004). *Issues and practices in the identification and education of gifted students from under–represented groups.* Storrs, CT: National Research Center on the Gifted and Talented.

Brighton, C. M., & Jarvis, J. M. (2011). Early identification and intervention in gifted education: Developing talent in diverse learners. In J. M. Kauffman & D. P. Hallahan (Eds.), *Handbook of special education.* New York: Routledge.

Brody, L. E., & Stanley, J. C. (2005). Youths who reason exceptionally well mathematically and/or verbally. In R. J. Sternberg & J. E. Davidson (Eds.), *Conceptions of giftedness* (2nd ed., pp. 20–37). New York: Cambridge University Press.

Callahan, C. M. (2000). Evaluation as a critical component of program development and implementation. In K. A. Heller, F. J. Monks, R. J. Sternberg, & R. F. Subotnik (Eds.), *International handbook of giftedness and talent* (2nd ed., pp. 537–548). New York: Pergamon.

Callahan, C. M. (2001). Evaluating learner and program outcomes in gifted education. In F. A. Karnes & S. M. Bean (Eds.), *Methods and materials for teaching the gifted* (pp. 253–298). Waco, TX: Prufrock Press.

Callahan, C. M. (2003). *Advanced placement and international baccalaureate programs for talented students in American high schools: A focus on science and mathematics.* Storrs, CT: National Research Center on the Gifted and Talented.

Callahan, C. M. (2011). Special gifts and talents. In J. M. Kauffman & D. P. Hallahan (Eds.), *Handbook of special education.* New York: Routledge.

Chan, D. W. (2006). Perceived multiple intelligences among male and female Chinese gifted students in Hon Kong: The structure of the Student Multiple Intelligences Profile. *Gifted Child Quarterly, 50,* 325–338.

Cline, S., & Hegeman, K. (2001). Gifted children with disabilities. *Gifted Child Today, 24*(3), 16–24.

Colangelo, N., & Assouline, S. G. (2000). Counseling gifted

students. In K. A. Heller, F. J. Monks, R. J. Sternberg, & R. F. Subotnik (Eds.), *International handbook of giftedness and talent* (2nd ed., pp. 595–608). New York: Pergamon.

Colangelo, N., Assouline, S. G., & Gross, M. U. M. (2004a). *A nation deceived: How schools hold back America's brightest students*. Vol. I. Iowa City, IA: Connie Belin & Jacqueline N. Blank International Center for Gifted Education and Talent Development.

Colangelo, N., Assouline, S. G., & Gross, M. U. M. (Eds.). (2004b). *A nation deceived: How schools hold back America's brightest students*. Vol. II. Iowa City, IA: Connie Belin & Jacqueline N. Blank International Center for Gifted Education and Talent Development.

Council for Exceptional Children. (2001). *Performance–based standards*. Retrieved from www.cec.sped.org/ps/perf_based_stds/index.html

Dale, E. J. (2000). Technology for individuals with gifts and talents. In J. E. Lindsey (Ed.), *Technology and exceptional individuals* (3rd ed., pp. 375–407). Austin, TX: Pro-Ed.

Davis, G. A., & Rimm S. B. (2004) *Education of the gifted and talented* (5th ed.). Boston: Allyn & Bacon.

De Hahn, E. L. H. (2000). Cross–cultural studies in gifted education. In K. A. Heller, F. J. Monks, R. J. Sternberg, & R. F. Subotnik (Eds.), *International handbook of giftedness and talent* (2nd ed., pp. 549–561). New York: Pergamon.

DiGennaro, J. (2007, February 10). Gifted minds we need to nurture. *The Washington Post*, A17.

Dixon, F. A., & Moon, S. M. (Eds.). (2006). *The handbook of secondary gifted education*. Waco. TX: Prufrock Press.

Ford, D. Y., & Moore, J. L. (2006). Being gifted and adolescent: Issues and needs of students of color. In F. A. Dixon & S. M. Moon (Eds.), *The handbook of Secondary gifted education* (pp. 113–136). Waco, TX: Prufrock Press.

Freeman, J. (2000). Families: The essential context for gifts and talents. In K. A. Heller, F. J. Monks, R. J. Sternberg, & R. F. Subotnik (Eds.), *International handbook of giftedness and talent* (2nd ed., pp. 573–586). New York: Pergamon.

Freeman, J. (2005). Permission to be gifted: How conceptions of giftedness can change lives. In R. J. Sternberg & J. E. Davidson (Eds.), *Conceptions of giftedness* (2nd ed., pp. 80–97). New York: Cambridge University Press.

Gallagher, J. J. (1998). Accountability for gifted students. *Phi Delta Kappan, 79*, 739–742.

Gallagher, J. J. (2000a). Changing paradigms for gifted education in the United States. In K. A. Heller, F. J. Monks, R. J. Sternberg, & R. F. Subotnik (Eds.), *International handbook of giftedness and talent* (2nd ed., pp. 681–693). New York: Pergamon.

Gallagher, J. J. (2000b). Unthinkable thoughts: Education of gifted students. *Gifted Child Quarterly, 44*, 5–12. doi: 10.1177/001698620004400102

Gallagher, J. J. (2002). *Society's role in educating gifted students: The role of public policy*. Storrs, CT: National Research Center on the Gifted and Talented.

Gallagher, J. J. (2004). Public policy and acceleration of gifted students. In N. Colangelo, S. G. Assouline, & M. U. M. Gross (Eds.), *A nation deceived: How schools hold back America's brightest students. Vol. II* (pp. 39–45). Iowa City, IA: Connie Belin & Jacqueline N. Blank International Center for Gifted Education and Talent Development.

Gallagher, J. J. (2006). According to Jim: Best and worst of gifted education. *Roeper Review, 29*, 10.

Gardner, H., & Hatch, T. (1989). Multiple intelligences go to school: Educational implications of the theory of multiple intelligences. *Educational Researcher, 18*(8), 4–9.

Gentry, M. (2006). No Child Left Behind: Neglecting excellence. *Roeper Review, 29*, 24–27.

Goldsmith, B. (2005). *Obsessive genius: The inner world of Marie Curie*. New York: Norton.

Goodkin, S. (2005, December 27). Leave no gifted child behind. *The Washington Post*, A 25.

Gould, S. J. (1996). *The mismeasure of man* (Rev. ed.). New York: Norton.

Gross, M. U. M. (2000). Issues in the cognitive development of exceptionally and profoundly gifted individuals. In K. A. Heller, F. J. Monks, R. J. Sternberg, & R. F. Subotnik (Eds.), *International handbook of giftedness and talent* (2nd ed., pp. 179–192). New York: Pergamon.

Gross, M. U. M. (2002). Social and emotional issues for exceptionally intellectually gifted students. In M. Neihart, S. M. Reis, N. M. Robinson, & S. M. Moon (Eds.), *The social and emotional development of gifted children. What do we know?* (pp. 19–29). Waco, TX: Prufrock Press.

Heller, K. A., Monks, F. J., Sternberg, R. J., & Subotnik, R. F. (Eds.). (2000). *International handbook of giftedness and talent* (2nd ed.). New York: Pergamon.

Herbert, T. P., & Kelly, K. R. (2006). Identity and career development in gifted students. In F. A. Dixon & S. M. Moon (Eds.), *The handbook of secondary gifted education* (pp. 35–64). Waco, TX: Prufrock Press.

Huefner, D. S. (2006). *Getting comfortable with special education law: A framework for working with children with disabilities* (2nd ed.). Norwood, MA: Christopher–Gordon.

Hunsaker, S. L., & Callahan, C. M. (1995). Creativity and giftedness: Published instrument uses and abuses. *Gifted Child Quarterly, 39*, 110–114. doi:10.1177/0016 98629503900207

Karnes, M. B., & Bean, S. M. (Eds.). (2001). *Methods and materials for teaching the gifted*. Waco, TX: Prufrock Press.

Kauffman, J. M., & Hallahan, D. P. (2005). *Special education: What it is and why we need it*. Boston: Allyn & Bacon.

Kauffman, J. M., & Konold, T. R. (2007). Making sense in education: Pretense (including NCLB) and realities in rhetoric and policy about schools and schooling. *Exceptionality, 15*, 75–96.

Kerr, B. (2000). Guiding gifted girls and young women. In K. A. Heller, F. J. Monks, R. J. Sternberg, & R. F. Subotnik (Eds.), *International handbook of giftedness and talent* (2nd ed., pp. 649–658). New York: Pergamon.

Kohler, P. D., & Field, S. (2006). Transition–focused education: Foundation for the future. In B. G. Cook & B. R. Schirmer (Eds.), *What is special about special education? Examining the role of evidence–based practices* (pp. 86–99). Austin, Tx: Pro–Ed.

Landrum, M. S., Callahan, C. M., & Shaklee, B. D. (Eds.). (2001). *Aiming for excellence: Gifted program standards*. Waco, TX: Prufrock Press.

Lloyd, J. W., & Hallahan, D. P. (2007). Advocacy and reform of special education. In J. B. Crockett, M. M. Gerber, & T. J. Landrum (Eds.), *Achieving the radical reform of special education: Essays in honor of James M. Kauffman* (pp. 245–263). Mahwah, NJ: Lawrence Erlbaum Associates.

Lohman, D. F. (2005, September). *Identifying academically talented minority students* (RM05216). Storrs, CT: University of Connecticut, National Research Center on the Gifted and Talented.

Lohman, D. F. (2006). Exploring perceptions and awareness of high ability. *Roeper Review, 29*, 32–40.

Lubinski, D., Benbow, C. P., & Morelock, M. J. (2000). Gender differences in engineering and the physical sciences among the gifted: An inorganic–organic distinction. In K. A. Heller, F. J. Monks, R. J. Sternberg, & R. F. Subotnik (Eds.), *International handbook of giftedness and talent* (2nd ed., pp. 633–648). New York: Pergamon.

Manstetten, R. (2000). Promotion of the gifted in vocational training. In K. A. Heller, F. J. Monks, R. J. Sternberg, & R. F. Subotnik (Eds.), *International handbook of giftedness and talent* (2nd ed., pp. 439–446). New York: Pergamon.

Martin, L. T. Burns, R. M., & Schonlou, M. (2010). Mental disorders among gifted and nongifted youth: A selected review of the epidemiological literature. *Gifted Child Quarterly, 54*, 31–41. doi:10.1177/0016986209352684

McCluskey, K. W., Baker, P. A., & McCluskey, A. L. A. (2005). Creative problem solving with marginalized populations: Reclaiming lost prizes through in–the–trenches interventions. *Gifted Child Quarterly, 49*, 330–341.

Mendoza, C. (2006). Inside today's classrooms: Teacher voices on No Child Left Behind and the education of gifted children. *Roeper Review, 29*, 28–31.

Monks, F. J., & Katzko, M. W. (2005). Giftedness and gifted education. In R. J. Sternberg & J. E. Davidson (Eds.), *Conceptions of giftedness* (2nd ed., pp. 187–200). New York: Cambridge University Press.

Moore, J. L., Ford, D. Y., & Milner, H. R. (2005). Recruitment is not enough: Retaining African American students in gifted education. *Gifted Child Quarterly, 49*, 51–67.

Mueller, C. E. (2009). Protective factors as barriers to depression in gifted and nongifted adolescents. *Gifted Child Quarterly, 53*, 3–14. doi:10.1177/0016986208326552

Muratori, M. C., Stanley, J. C., Gross, M. U. M., Ng., L., Tao, T., Ng., J., et al. (2006). Insights from SMPY's greatest former child prodigies: Drs. Terence ("Terry") Tao and Lenhard ("Lenny") Ng reflect on their talent development. *Gifted Child Quarterly, 50*, 307–324.

Murray, S. (2005, July 19). Grants for gifted children face major threat from budget ax. *The Washington Post*, A19.

Neihart, M., Reis, S. M., Robinson, N. M., & Moon, S. M. (Eds.). (2002). *The social and emotional development of gifted children. What do weknow?* Waco, TX: Prufrock Press.

Odom, S. L., & Wolery, M. (2006). A unified theory of practice in early intervention/early childhood special education. In B. G. Cook & B. R. Schirmer (Eds.), *What is special about special education? Examining the role of evidence–based practices* (pp. 72–85). Austin, TX: Pro–Ed.

Peterson, J., Duncan, N., & Canady, K. (2009). A longitudinal study of negative life events, stress, and school experiences of gifted youth. *Gifted Child Quarterly, 53*, 34–49. doi:10.1177/0016986208326553

Peterson, J. S., & Ray, K. E. (2006). Bullying among the gifted: The subjective experience. *Gifted Child Quarterly, 50*, 252–269

Plucker, J. A., & Stocking, V. B. (2001). Looking outside and inside: Self–concept development of gifted adolescents. *Exceptional Children, 67*, 535–548.

Porter, L. (2005). *Gifted young children: A guide for teachers and parents* (2nd ed.). Berkshire, England: Open University Press.

Reis, S. M., & Renzulli, J. S. (2009). Myth 1: The gifted and talented constitute one single homogeneous group and giftedness is a way of being that stays in the person over time and experiences. *Gifted Child Quarterly, 53*, 233–235. doi: 10.1177/0016986209346824

Renzulli, J. S., & Park. S. (2002). *Giftedness and high school dropouts: Personal, family, and schoolrelated factors*. Storrs, CT: National Research Center on the Gifted and Talented.

Robinson, A., Shore, B. M., & Enersen, D. L. (2007). *Best practices in gifted education: An evidencebased guide*. Waco, TX: Prufrock Press.

Robinson, N. M. (2005). In defense of a psychometric approach to the definition of academic giftedness: A conservative view from a die–hard liberal. In R. J. Sternberg & J. E. Davidson (Eds.), *Conceptions of giftedness* (2nd ed., pp. 280–294). New York: Cambridge University Press.

Ruf, D. L. (2005). *Losing our minds: Gifted children left behind*. Scottsdale, AZ: Great Potential Press.

Smutny, J. F. (2001). Creative strategies for teaching language arts to gifted students (K–8). (ERIC Digest No. E612). Retrieved from www.ericec.org

Sternberg, R. J. (1997). A triarchic view of giftedness: Theory and practice. In N. Colangelo & G. A. Davis (Eds.), *Handbook of gifted education* (2nd ed., pp. 43–53). Boston: Allyn & Bacon.

Sternberg, R. J. (1998). Abilities are forms of developing expertise. *Educational Researcher, 27*(3), 11–20.

Sternberg, R. J. (2000). Giftedness as developing expertise. In K. A. Heller, F. J. Monks, R. J. Sternberg, & R. F. Subotnik (Eds.), *International handbook of giftedness and talent* (2nd ed., pp. 23–54). New York: Pergamon.

Sternberg, R. J. (2001). What is the common thread of creativity?

Its dialectical relation to intelligence and wisdom. *American Psychologist, 56,* 360–362.

Tannenbaum, A. J. (1993). History of giftedness and "gifted education" in world perspective. In K. A. Heller, F. J. Monks, & A. H. Passow (Eds.), *International handbook of research and development of giftedness and talent* (pp. 3–27). New York: Pergamon.

Tannenbaum, A. J. (2000a). A history of giftedness in school and society. In K. A. Heller, F. J. Monks, R. J. Sternberg, & R. F. Subotnik (Eds.), *International handbook of giftedness and talent* (2nd ed., pp. 23–54). New York: Pergamon.

Tannenbaum, A. J. (2000b). Giftedness: The ultimate instrument for good and evil. In K. A. Heller, F. J. Monks, R. J. Sternberg, & R. F. Subotnik (Eds.), *International handbook of giftedness and talent* (2nd ed., pp. 447–466). New York: Pergamon.

Tomlinson, C. (1995). *Differentiating instruction for advanced learners in the mixed–ability middle school classroom.* (ERIC Digest No. E536). Retrieved from www.ericec.org

Tomlinson, C. A., Ford, D. Y., Reis, S. M., Briggs, C. J., & Strickland, C. A. (Eds.). (2004). *In search of the dream: Designing schools and classrooms that work for high potential students from diverse cultural backgrounds.* Washington, DC: National Association for Gifted Children.

Tomlinson, C. A., Kaplan, S. N., Renzulli, J. S., Purcell, J., Leppien, J., & Burns, D. (2002). *The parallel curriculum: A design to develop high potential and challenge high–ability learners.* Thousand Oaks, CA: Corwin.

Van Tassel–Baska, J. (2000). Theory and research on curriculum development for the gifted. In K. A. Heller, F. J. Monks, R. J. Sternberg, & R. F. Subotnik (Eds.), *International handbook of giftedness and talent* (2nd ed., pp. 345–365). New York: Pergamon.

Van Tassel–Baska, J. (2006). A content analysis of evaluation findings across 20 gifted programs: A clarion call for enhanced gifted program development. *Gifted Child Quarterly, 50,* 199–215.

Van Tassel–Baska, J., & Stambaugh, T. (2006). *Comprehensive curriculum for gifted learners* (3rd ed.). Boston: Allyn & Bacon.

Von Karolyi, C., & Winner, E. (2005). Extreme giftedness. In R. J. Sternberg & J. E. Davidson (Eds.). *Conceptions of giftedness* (2nd ed., pp. 377–394). New York: Cambridge University Press.

Willard–Holt, C. (1999). *Dual exceptionalities.* (ERIC Digest No. E574.) Alexandria, VA: ERIC Clearinghouse on Disabilities and Gifted Education.

Willingham, D. T. (2009). *Why don't students like school? A cognitive scientist answers questions about how the mind works and what it means for your classroom.* San Francisco: Jossey–Bass.

Yoon, S. Y., & Gentry, M. (2009). Racial and ethnic representation in gifted programs. *Gifted Child Quarterly, 53,* 121–136. doi: 10.1177/0016986208330564

Zirkel, P. A. (2003). *The law and gifted education.* Storrs, CT: National Research Center on the Gifted and Talented.

인 명

내 용

Daniel P. Hallahan

버지니아 대학교 교육학과 교수이자 박사연구 위원장이다. 1996년부터 1998년까지 최고 영예로운 석좌교수로 지명되었고, 2002년부터 2004년까지 버지니아 대학교에서 영예로운 교수상을 수상하였으며, 1998년에는 최고 강사상을 수상한 바 있다. 2003년에는 버지니아 주에서 선정한 10명의 고등교육 우수교수상 수상자 중 1인의 영예를 안았다. 많은 저널의 편집위원을 하였으며, *Exceptionality*라는 학술 저널의 초대 편집위원장으로 추대된 바 있다. 특수아동협의회(Council for Exceiptional Children: CEC)의 분과인 Division of Learning Disabilities의 회장직을 수행한 바 있으며, 2000년에는 CEC 연구상을 수상하였다. 100편이 넘는 학술 저널에 기여하였고 17권의 전문서적의 저술과 감수 등을 하였다. 이 책 외에도 Pearson 출판사를 통해 최근 발행한 Hallahan, Lloys, Kauffman, Weiss와 Martinez의 공저『학습장애: 개념, 특성 그리고 효과적인 교수, 제3판(*Learning Disabilities: Foundations, Characteristics, and Effective Teaching*, 3rd ed.)』(2005)이 있고, Kauffman과 함께 저술한『특수교육: 특수교육이란 무엇이고, 왜 필요한가(*Special Education: What It Is and Why We Need It*)』(2005)가 있다.

James M. Kauffman

버지니아 대학교 교육학과 명예교수이며, 1992년부터 1994년까지 그리고 1999년부터 정년퇴임하던 2003년까지 학장을 역임하였다. 2007년에는 제자들인 Crochett, Gerber와 Landrum에 의해『특수교육의 근본적 개혁의 달성: James M. Kauffman에게 존경을 표하는 에세이(*Achieving the Radical Reform of Special Education: Essays in Honor of James M. Kauffman*)』라는 책이 발간되었다. 다양한 수상 경력이 있으며, 2006년에는 효과적인 행동분석에 대한 발표로 응용행동분석협회의 상을 받았고 그 내용이 매스컴에 소개된 바 있다. 1997년에는 Curry 교육재단으로부터 명예로운 교수상을 받았고, 1994년에는 CEC 연구상을 받았다. 또한 행동장애아동협의회(Council for Chilren with Behavioral Disorders: CCBD)의 회장직을 수행한 바 있다. 일반 및 특수 초등교사 출신이며 정서 · 행동장애 학생의 교육을 담당하였다. 100편이 넘는 학술 저널에 기여하였고 수많은 전문서적의 저술과 감수 등을 하였다. Hallahan과 함께 저술한『특수교육 핸드북(*Handbook of Special Education*)』, Landrum과 함께 저술한『정서 · 행동장애 아동 및 청소년의 특성, 제9판(*Characteristics of Emotional and Behavioral Disorders of Children and Youth*, 9th ed.)』, 그리고 Bringham과 함께 저술한『행동문제를 보이는 아동의 지도(*Troubled Children*)』가 있으며, 단독으로 저술한『공교육의 희비극: 웃고, 울고, 생각하고, 고치고(*The Tragicomedy of Public Education: Laughing and Crying, Thinking and Fixing*)』등 다수가 있다.

Paige C. Pullen

버지니아 대학교 특수교육학과 부교수로, 읽기장애 학생 지도법, 읽기 진단과 처방 등 읽기 관련 교육을 주로 강의하고 있다. 국립아동건강발달연구소(NICHD)와 OSEP(The Office of Special Education Programs) 등을 통해 지원받은 대형 연구 프로젝트를 수행한 실적이 있으며, 주요 연구 관심 영역은 유아 문해 발달 및 읽기장애 예방 등이다. 현재 읽기 문제를 보이는 학생들의 지도를 위해 다수의 학교와 읽기 센터(Estern Resial Reading First Technical Assistance Center[ERRFTAC])에 컨설팅을 제공하고 있다. 주요 저서로는 Holly Lane 박사와 함께 저술한 『음운 인식 사정과 교육(*Phonological Awareness Assessment and Instruction*)』, Cecil Mercer 박사와 함께 저술한 『학습장애 학습자(*Students with Learning Disabilities*)』가 있다.

역자 소개

장혜성(Chang Haesong)
이화여자대학교 특수교육과 졸업
이화여자대학교 대학원 특수교육학 석사
미국 펜실베이니아 주립대학교 대학원 특수교육학 석사
이화여자대학교 대학원 특수교육학 박사
현) 가톨릭대학교 특수교육과 교수

김수진(Kim Soojin)
이화여자대학교 특수교육과 졸업
미국 하와이 주립대학교 특수교육학 석사
이화여자대학교 특수교육학 박
현) 연성대학교 유아특수재활과 교수

김호연(Kim Hoyeon)
단국대학교 특수교육과 졸업
단국대학교 특수교육학 석사
미국 캘리포니아 주립대학교 특수교육학 박사
현) 강남대학교 중등특수교육과 교수

최승숙(Choi Seongsook)
이화여자대학교 특수교육과 졸업
미국 펜실베이니아 주립대학교 대학원 특수교육학 석사
미국 일리노이 대학교(어바나-샴페인) 대학원 특수교육학 박사
현) 강남대학교 초등특수교육과 교수

최윤희(Choi Yunhee)
이화여자대학교 특수교육과 졸업
이화여자대학교 교육대학원 교육학(특수교육 전공) 석사
이화여자대학교 대학원 특수교육학 박사
현) 광운대학교 교육대학원 특수교육/장애통합교육 전공 교수

특별한 학습자를 위한
특수교육
Exceptional Learners: An Introduction to Special Education (12th edition)

2014년 8월 20일 1판 1쇄 인쇄
2014년 8월 25일 1판 1쇄 발행

지은이 • Daniel P. Hallahan · James M. Kauffman · Paige C. Pullen
옮긴이 • 장혜성 · 김수진 · 김호연 · 최승숙 · 최윤희
펴낸이 • 김진환
펴낸곳 • ㈜ 학지사
　　　　121-838 서울시 마포구 양화로 15길 20 마인드월드빌딩
대표전화 • 02)330-5114　　팩스 • 02)324-2345
등록번호 • 제313-2006-000265호

홈페이지 • http://www.hakjisa.co.kr
커뮤니티 • http://cafe.naver.com/hakjisa

ISBN 978-89-997-0419-2 93370

Korean Translation Copyright ⓒ 2014 by hakjisa Publisher, Inc.

정가 26,000원

인터넷 학술논문 원문 서비스 **뉴논문** www.newnonmun.com

이 도서의 국립중앙도서관 출판시도서목록(CIP)은 서지정보유통지
원시스템 홈페이지(http://seoji.nl.go.kr)와 국가자료공동목록시스템
(http://www.nl.go.kr/kolisnet)에서 이용하실 수 있습니다.
(CIP제어번호: CIP2014022336)